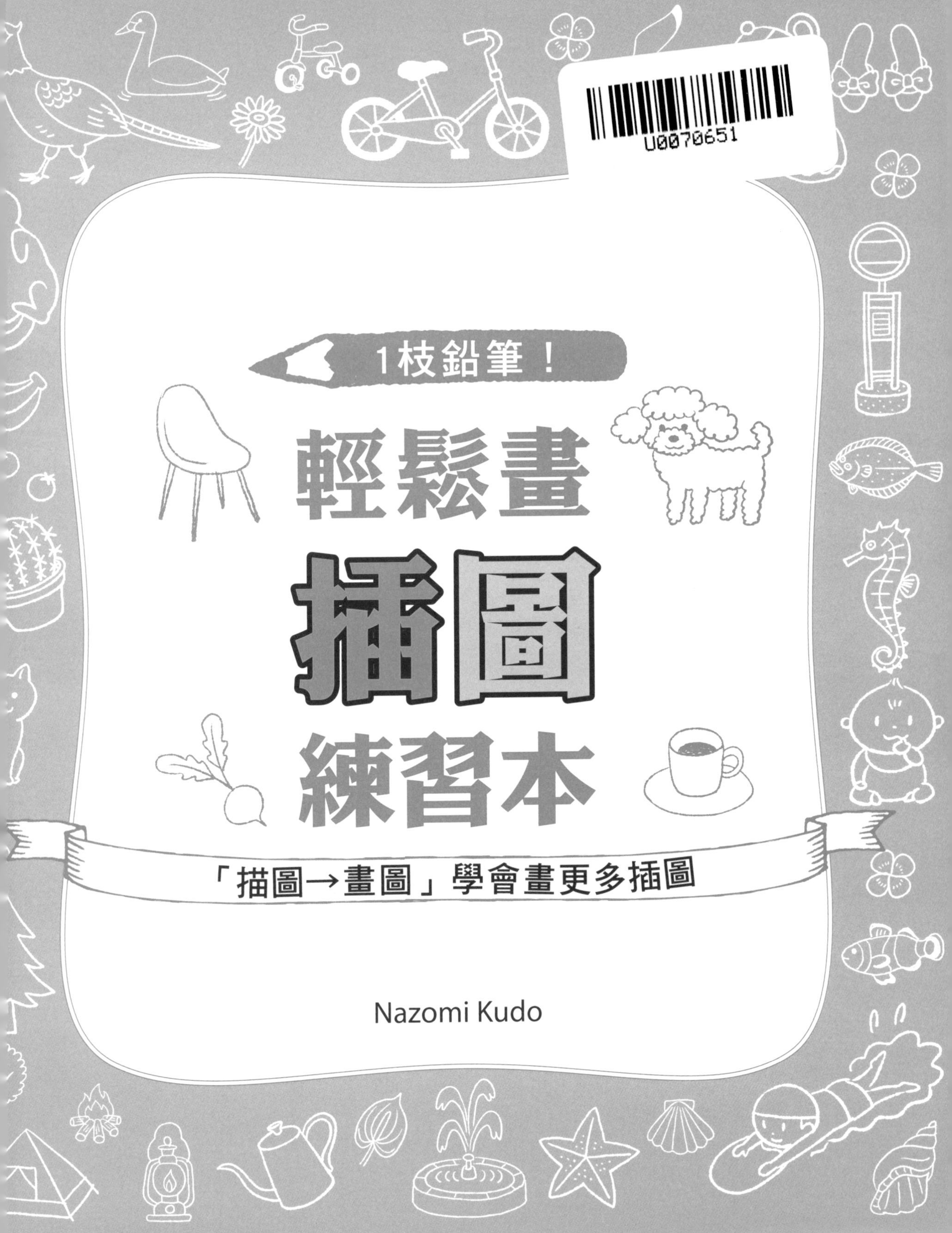
U0070651
1枝鉛筆！
輕鬆畫
插圖
練習本
「描圖→畫圖」學會畫更多插圖
Nazomi Kudo

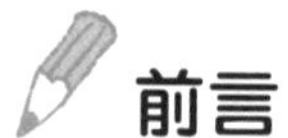

前言

大家喜歡畫圖嗎？還是很不擅長？人並不能非常清楚地記得物體的形狀。將腦中浮現的模糊形貌繪成圖是一件困難的事，但是將圖樣照本宣科地畫出來反而不是件難事。

這是一本練習本，運用了一些小巧思，透過「看步驟」→「描圖」→「畫圖」，讓人能簡單畫出小插圖。只要 1 枝鉛筆就可以開始。當然，也可以使用喜歡的原子筆和彩色筆。

書中利用很多題材，包括身邊的物品、各種動物、人物、活動等。非常適合運用於學校或幼稚園的宣傳單。

歡迎大家從喜歡的頁數開始動手畫吧！

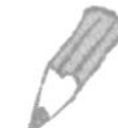

本書的使用方法

從「看步驟」→「描圖」→「畫圖」3 步驟學畫插圖。讓我們邊畫邊學吧！為「完成圖」著色也別有一番樂趣喔！

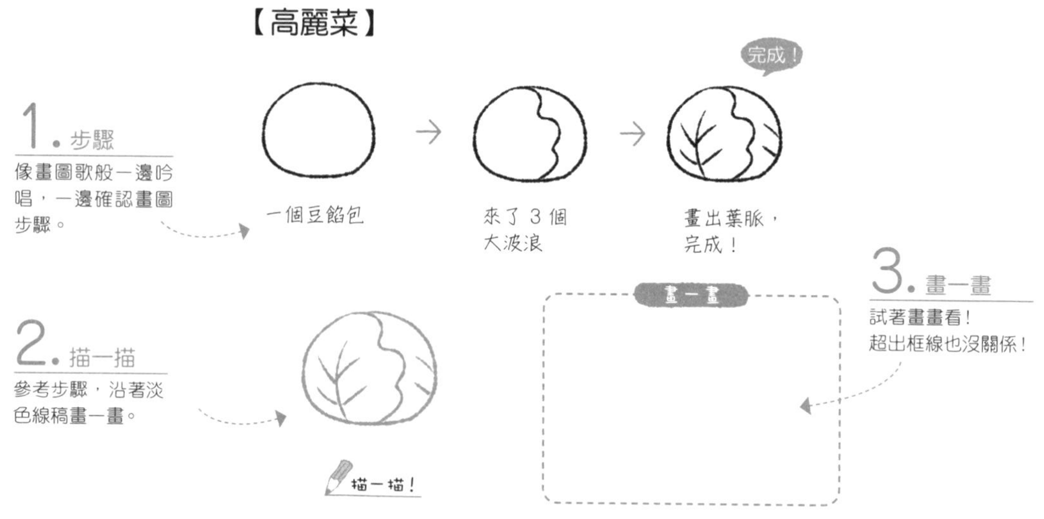

※步驟只是參考。每個人有自己的習慣，所以只要方便好畫，方法不限。

※當只用黑色或白色也無法看出是什麼動物時，才會塗上灰色。

※書中出現各種生物和工具，比起正式名稱，更著重於方便好畫的樣貌呈現。

Contents

前言……2

第1章　食物一二三…9

● 綠色蔬菜…………12
高麗菜　萵苣　白菜　青江菜　菠菜　茼蒿
小黃瓜　櫛瓜　蘆筍　青椒　苦瓜　青花菜

● 紅色蔬菜…………14
番茄　小番茄　茄子　南瓜　紅蘿蔔　櫻桃蘿蔔

● 白色和黃色蔬菜…15
蔥　豆芽菜　芹菜　白蘿蔔　白花椰菜　玉米

● 菇類………………16
蘑菇　香菇　舞菇　杏鮑菇　鴻喜菇　金針菇

● 根莖類……………17
蓮藕　竹筍　洋蔥　蒜　牛蒡　蕪菁

● 薯類………………18
馬鈴薯　番薯　山藥　茨菰　小芋頭　烤番薯

● 豆類………………19
黃豆　蠶豆　菜豆　毛豆　荷蘭豆　豌豆

● 辛香料……………20
蘘荷　辣椒　薑　紫蘇葉　山葵　秋葵

● 野菜等……………21
栗子　花生　核桃　筆頭菜　紫萁　魁蒿

● 水果………………22
草莓　櫻桃　香蕉　桃子　柿子　蘋果
蜜柑　凸柑　奇異果　藍莓　無花果　鳳梨
葡萄　哈密瓜　西瓜　檸檬　切片西瓜　切片檸檬
西洋梨　火龍果　枇杷　酪梨　山竹　榴槤

● 肉類………………26
牛排肉　薄片包裝肉　小羊排　雞翅膀　去骨火腿　雞腿

● 海鮮類……………27
鮭魚切片　竹筴魚剖半　明太子　生魚片　海帶芽　秋刀魚

● 乳製品等…………28
牛奶　蛋　罐裝　寶特瓶　優格　粗鹽醃牛肉

● 家常菜……………29
可樂餅　烤雞肉串　三明治　粗捲壽司　炸竹筴魚　炸蝦

● 推車等……………30
手拉車　台車　手推車　提籃

● 切片剖面…………31
秋葵　番茄　青椒　橘子　蘋果　西洋梨　蓮藕
洋蔥　南瓜　香蕉　草莓　火龍果

● 壽司………………32
鮪魚壽司　蝦壽司　鯡魚卵壽司　鮭魚卵壽司　蛋壽司　豆皮壽司

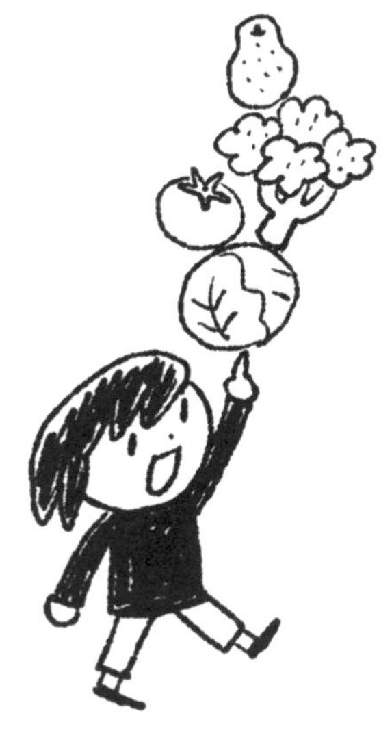

●早餐和輕食.........33
飯　味噌湯　吐司　煎蛋　蛋包飯　咖哩飯
炸薯條　果汁　熱狗　炸雞　咖啡　漢堡
●餐點..................35
天婦羅　烤魚　玉子燒　拉麵　餃子　小籠包
義大利麵　墨西哥捲餅　披薩　焗烤料理
牛排　漢堡排　起司鍋　沙拉碗
天婦羅蓋飯　竹盤蕎麥麵　月見烏龍麵　炸豬排蓋飯
火鍋　西班牙燉飯　鰻魚飯
●小吃等...............40
章魚燒　炒麵　關東煮　鯛魚燒
蘋果糖　棉花糖　法蘭克香腸　剉冰　巧克力
●麵包..................42
可頌麵包　菠蘿麵包　甜甜圈　麻花麵包　法式甜甜圈　美式炸熱狗
奶油捲　肉桂捲　卡士達麵包　巧克力餡螺旋麵包　法棍麵包　貝果三明治
●甜點..................44
杯子蛋糕　蒙布朗　切片蛋糕　瑞士捲　鬆餅　布丁
泡芙　閃電泡芙　馬卡龍　薯片　餅乾　糖果
●和果子...............46
糰子　中式包子　銅鑼燒　仙貝　草莓大福　冰淇淋汽水
●冰品..................47
冰棒　霜淇淋　義式冰淇淋　冰淇淋　水果聖代

第 2 章　家中物品一二三...49
●食器和盤子.........52
湯匙　奶油刀　瓷湯匙　筷子　叉子　刀子
沙拉碗（容器）　小烤杯　湯鍋　焗烤盤　茶碗蒸碗　蓋飯碗
香檳杯　茶杯　紅酒杯　咖啡杯　啤酒杯　杯子
碗　湯碗　淺盤　圓盤　小缽　魚盤
●廚房用品............56
菜刀　砧板　量杯　秤　電子秤　量匙
夾子　橡膠刮刀　打蛋器　削皮刀　勺子　鍋鏟
雙柄鍋　平底鍋　單柄鍋　玉子燒鍋　蛋糕架　燒水壺
開瓶器　磨泥器　廚房剪刀　切絲器　濾網　過濾網篩
●甜點用品............60
擀麵棍　戚風蛋糕模型　刷子　手套　塔派模型　磅蛋糕模型
●調味料等............61
美乃滋　胡椒　保存瓶　果醬瓶　蜂蜜　調味瓶
●容器等...............62
咖啡壺　茶壺　酒壺　水壺　泡茶壺　牛奶壺
●廚房家電............63
烤土司機　微波爐　電子鍋　快煮壺　電子鍋掀蓋
熱水瓶　果汁機　熱烤盤　咖啡機

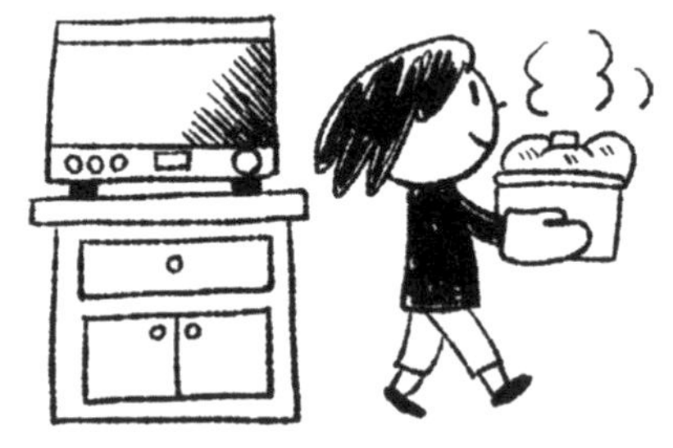

●一般家電............65
電視　筆電　耳機　遊戲機
手機　智慧型手機　吸塵器
直立型吸塵器　冰箱　洗衣機　滾筒式洗衣機
●季節家電............68
冷氣　電熱扇　電風扇　煤油暖氣
●燈具..................69
吊燈　立燈　桌燈　投射燈
●家具..................70
邊桌　圓桌　方桌　書桌
圓弧型椅　兒童椅　方型椅　辦公椅
床　床的正面　鏡子　沙發
無腳櫃　有腳櫃　時尚有腳櫃　掀蓋式書櫃
●房間備品............74
掛鐘　桌上鐘　熨斗　裁縫機　衣架　手持除塵器
●洗臉..................75
毛巾　肥皂　牙刷　牙膏　吹風機　電動刮鬍刀
梳子　扁梳　口罩　急救箱　體重計　洗衣籃
抽取式衛生紙　洗髮精　捲筒式衛生紙　噴霧　馬桶　馬桶掀蓋
●玄關..................78
傘　拖鞋　鑰匙　鞋拔　掃把　畚斗
●園藝工具...........79
花盆　澆花器　鋸子　鏟子　電動工具　螺絲起子

第 3 章　人物和寵物...81
●人物動作............84
走路 1　走路 2　跑步 1　跑步 2
側臥　趴臥　仰躺　坐著
洗臉　洗頭　如廁　淋浴
看手機　玩遊戲　泡茶　敲門
穿鞋　戴帽　撐傘　開門
爬樓梯　下樓梯　絆倒　跌倒
睡覺　起床　騎自行車
吃東西　用筷子吃　用杯子喝　用吸管喝
燙衣服　晾衣服　烹飪　打掃
●嬰兒..................94
開心　爬爬　吸吮　大哭
●小孩..................95
男生 1　女生 1　男生 2　女生 2
●家庭..................96
爸爸　媽媽　爺爺　奶奶
●時尚..................98
開領套衫　圓領開襟衫　牛仔外套　連帽衣

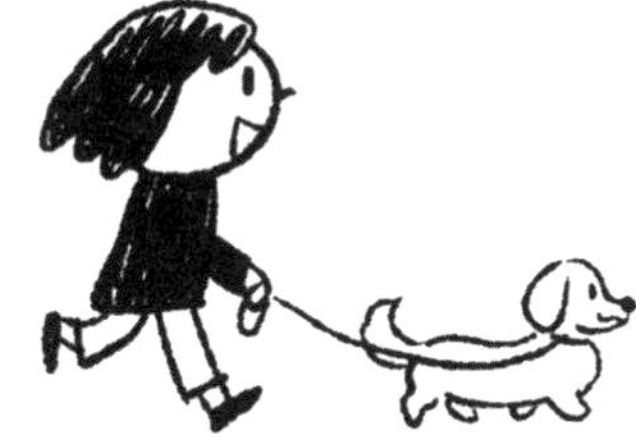

短褲　百褶裙　寬襬褲　傘狀裙
Polo 衫　V 領毛衣　襯衫　外套
西裝褲　牛仔褲　風衣外套　牛角扣外套
● **時尚配件**...........102
圍巾　肩背包 1　托特包　肩背包 2　肩背包 3　手提包
靴子　穆勒鞋　涼鞋　帆布鞋　皮帶　襪子
● **穿搭**..................104
春季穿搭　夏季穿搭　秋季穿搭　冬季穿搭
● **寵物（狗）**.........106
坐著正面　坐著側面　站著　走路
臘腸犬　吉娃娃　貴賓犬　巴哥犬
● **寵物（貓）**.........108
坐著　縮腳坐　翻肚撒嬌　恫嚇
折耳貓　屹耳加菲貓　挪威森林貓　斯芬克斯貓
● **各種寵物**...........110
兔子 1　倉鼠 1　兔子 2　倉鼠 2
烏龜　鸚鵡　金魚　玄鳳鸚鵡

第 4 章　街道一二三...113

● **車站**..................116
電車（正面）　電車（側面）　新幹線
平交道號誌　售票機　剪票口
● **汽車**..................118
一般汽車　四輪驅動車　輕型汽車　小型廂型車
卡車　救護車　清潔車　消防車
公車　計程車　警車
● **交通工具**...........121
三輪車　自行車　輕型機車
● **道路**..................122
公車站　計程車搭乘處　紅綠燈　行人紅綠燈
天橋　加油站
● **花店**..................124
花店　花束
玫瑰　玫瑰（花苞）　鬱金香　非洲菊
火鶴　常春藤　水仙　百合
三色堇　仙人掌　虞美人　菊花
● **公園**..................128
玩沙場　玩沙用具　蹺蹺板　單槓
盪鞦韆　溜滑梯　公園入口
公園椅　飲水機　噴泉
麻雀　綠頭鴨　烏鴉
● **住家等**...............132
大樓公寓　舊式公寓　獨棟住家
● **咖啡店**...............133
咖啡店　咖啡店客人　咖啡師
● **便利商店**...........134
便利商店　便利商店店員
ATM　中式包子保溫箱　自動販賣機
● **街道和工作的人**...136
郵局　派出所　蕎麥麵店
郵筒　警察　蕎麥麵師傅
家庭式餐廳　百貨公司　麵包店
女服務生　禮賓人員　麵包師傅
● **醫院**..................140
醫院　醫生　病床　拐杖　護理師
繃帶　軟膏　OK 繃　溫度計　藥袋　藥
針筒　聽診器　點滴　點滴架

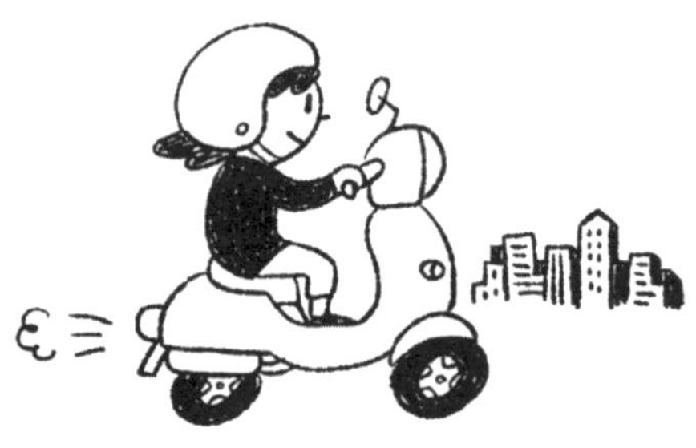

第 5 章　各種生物...145

● 動物

小雞　雞　松鼠　垂耳兔.........148
鼯鼠　水豚　鼴鼠　鴿子.........149
鴨嘴獸　袋熊　豬　綿羊.........150
熊貓　無尾熊　貓頭鷹　猴子...151
野豬　犰狳　浣熊.................152
刺蝟　熊　北極熊.................153
蝙蝠　食蟻獸　變色龍...........154
鬣蜥蜴　貘　鱷魚.................155
鹿　山羊　獾伽狓.................156
狐狸　小熊貓　貉.................157
羊駝　馬　鴕鳥.....................158
袋鼠　駱駝　長頸鹿...............159
鼬鼠　老虎　大象.................160
樹懶　河馬　犀牛.................161
斑馬　獅子　狼.....................162
大猩猩　牛　豹.....................163

● 鳥類.................164

白天鵝　鵜鶘　紅鶴
鶴　雉雞　海鷗

● 魚類.................166

剝皮魚　鯛魚　食人魚　河豚
翻車魚　小丑魚　比目魚　神仙魚

● 海洋小型生物......168

海星　海膽　扇貝　蛤蜊　水母　扁面蛸
花園鰻　寄居蟹　海螺　裸海蝶
螃蟹　蝦　章魚　海馬
烏賊　大山椒魚　墨西哥鈍口螈

● 海洋大型生物......172

海豹　海獺　魟魚
海獅　皇帝企鵝　企鵝
殺人鯨　旗魚　儒艮
海豚　鯊魚　鯨魚

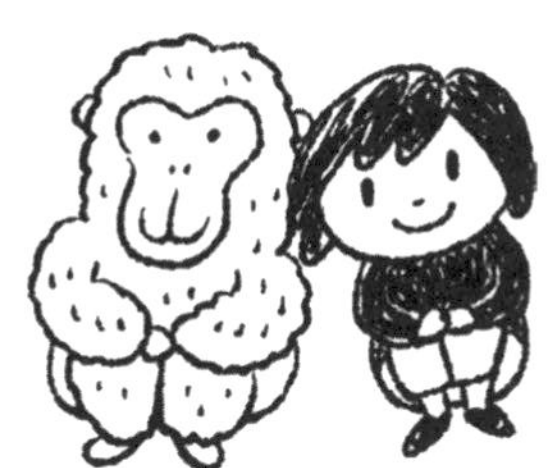

第 6 章　學校和辦公室...177

● 學校和備品.........180

校舍　體育館
教室椅　教室桌　黑板　置物櫃

● 文具用品...........182

鉛筆　橡皮擦　三角尺　美工刀　圓規　釘書機
口紅膠　剪刀　磁鐵　放大鏡　捲尺　鋼筆
美式圖釘　扁式圖釘　蝴蝶夾　自動鉛筆　燕尾夾　透明膠帶

● 理科教室...........185

試管　實驗量杯　錐形瓶　帶噴嘴洗瓶　滴管　藥瓶
砝碼　鑷子　天秤　顯微鏡

● 美術教室...........187

油畫調色盤　顏料　蠟筆　畫筆　水彩調色盤　畫架

● 音樂教室...........188

直笛　口風琴　鈴鼓　小鼓　平台鋼琴

● 運動用品...........189

球棒和球　桌球拍　棒球手套　網球拍　籃板　跨欄

● 學校用品...........190

供餐袋　割烹服　針線　針插　地球儀　室內鞋

● 學校生活...........191

上學去　雨天　合唱　鋼琴伴奏
供餐員　供餐　投球　最後一棒
前翻　跳繩　側翻　跳箱
浮板　自由式　滑雪　溜冰

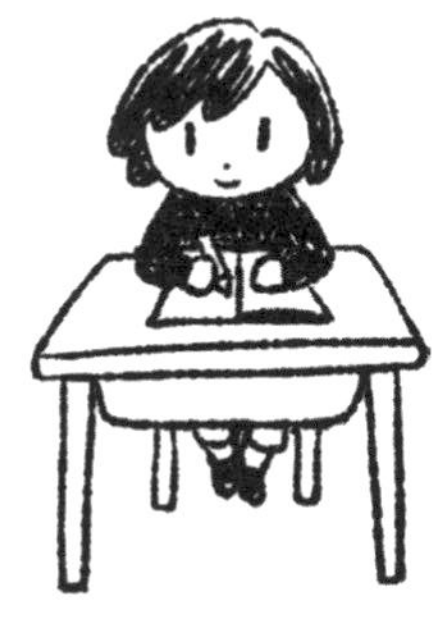

● 打掃和衛生.........195

擦拭打掃　拖地　洗手　漱口

● 上課..................196

舉手　看書　寫筆記　看外面

講台　寫黑板　擦黑板　體操

● 制服..................198

幼稚園　小學　立領學生制服　水手服

畢業典禮（女生）　畢業典禮（男生）

● 辦公室...............200

辦公大樓　夾板　檔案夾

會議室　文件櫃　桌上型電腦

辦公室電話　咖啡機　電梯

手扶梯　影印機　高樓大廈

● 女性員工............204

行禮（正面）　行禮（側面）　櫃台

導引　面向電腦　員工餐廳

● 男性員工............206

交換名片　打電話

勝利姿勢　喝咖啡

第 7 章　外出和活動...209

● 天空之旅............212

飛機 1　飛機 2　行李箱

波士頓包　空服員　飛機乘客

● 遊船之旅............214

客輪　帆船　燈塔　船舵　船錨　救生圈

● 自然..................216

樹木 1　樹木 2　樹木 3　樹木 4　樹木 5　樹木 6

向日葵　橡實　楓葉　銀杏葉　幸運草　蒲公英

● 昆蟲..................218

蜜蜂　瓢蟲　蚱蜢　蝴蝶　蜻蜓　蟬

鍬形蟲　獨角仙　蝸牛　螳螂　捕蟲網　昆蟲箱

● 露營..................220

群山　帳篷　提燈　睡袋

燒烤爐　燒烤串　營火　飯盒

● 休閒..................222

登山女孩　釣魚　背包　水壺

野餐 1　野餐 2　便當

● 暑假..................224

祭典歡慶　團扇　水溜溜　彈珠汽水　風鈴

海水浴場　海灘　椰子樹　退潮拾貝

● 遊樂園...............226

咖啡杯　雲霄飛車　天鵝船

摩天輪　旋轉木馬

● 聖誕節...............228

蠟燭　聖誕鐘　禮物　聖誕襪

聖誕樹幹蛋糕　薑餅

聖誕花圈　聖誕樹　聖誕蛋糕

天使　聖誕老公公　教堂

馴鹿　聖誕老公公駕雪橇　連起來描一描

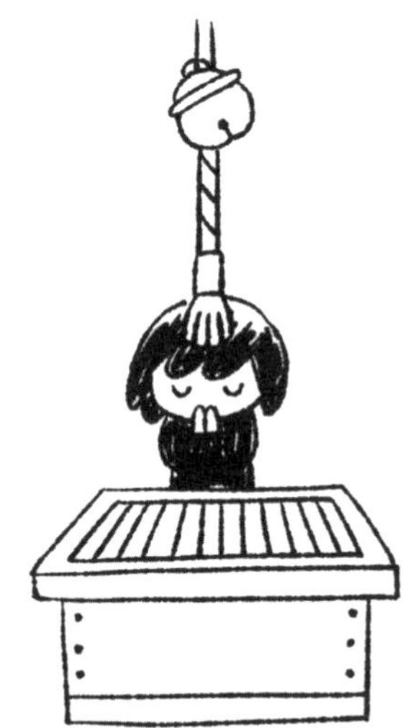

● 新年..................232

鳥居　不倒翁　神籤　鈴鐺和賽錢箱

和服　和服褲裙

● 寒假..................234

陀螺　鏡餅　羽子板　招財貓

雪人　滑雪橇

暖桌　打雪戰 1　打雪戰 2

滑雪板　溫泉

後記......238

第1章

食物一二三

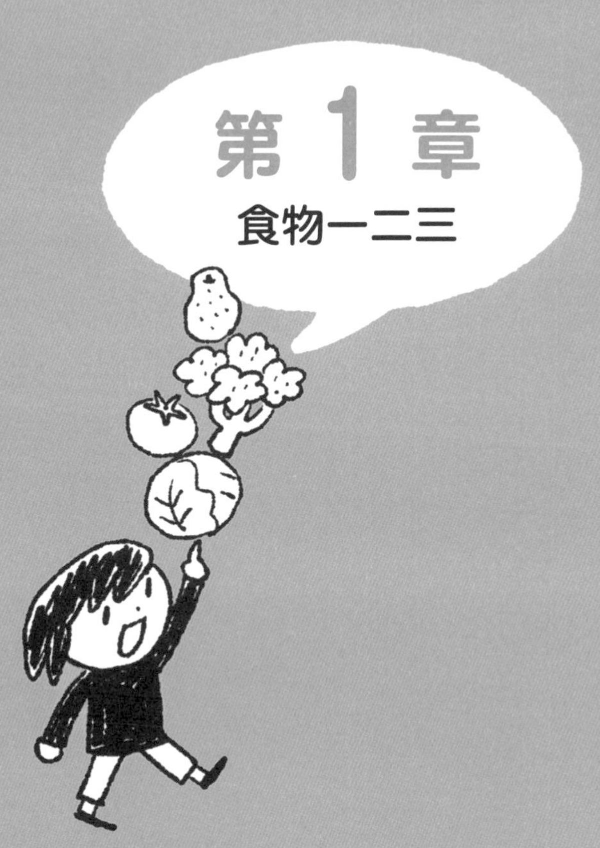

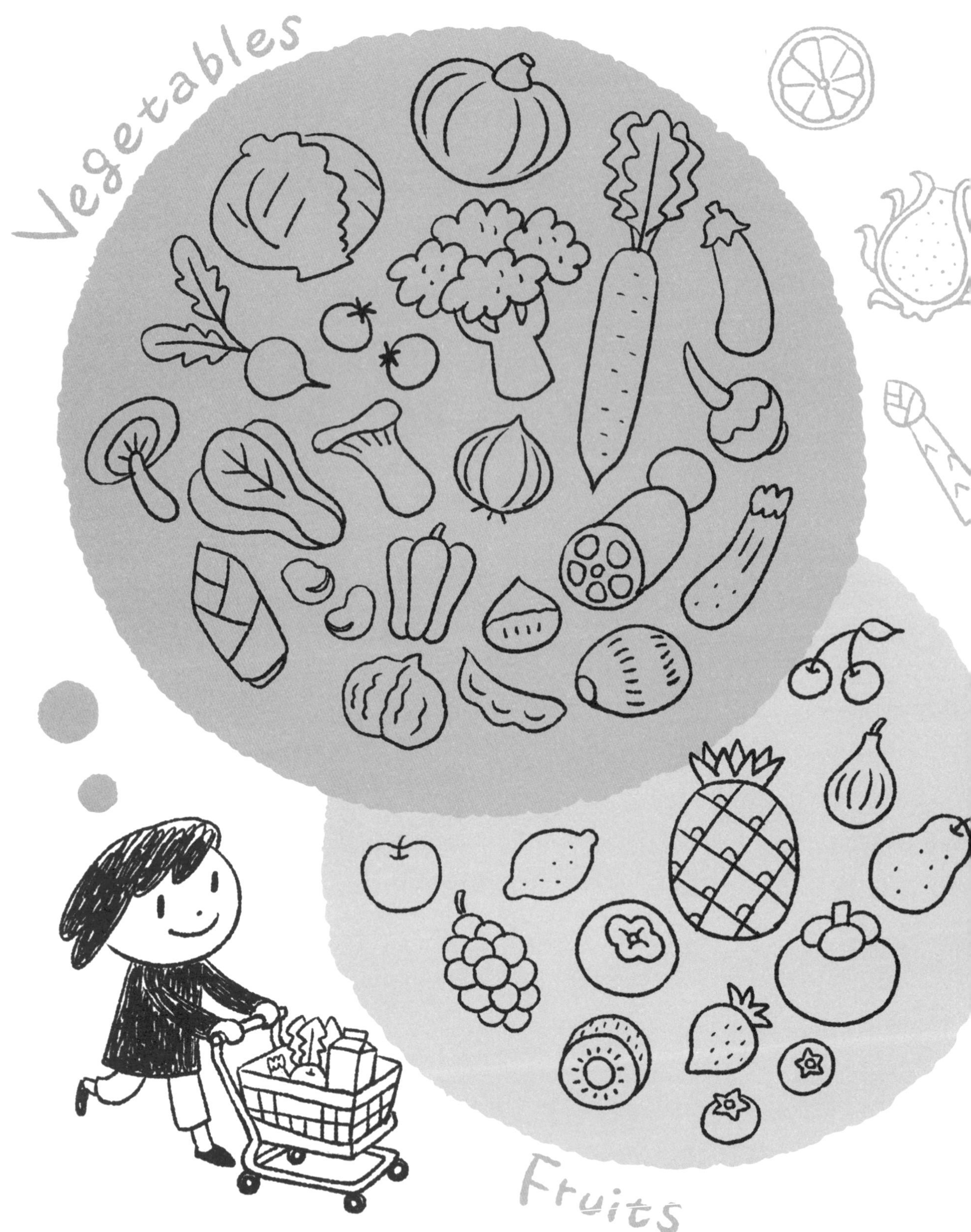
Vegetables
Fruits

Food court

Sweets

【高麗菜】

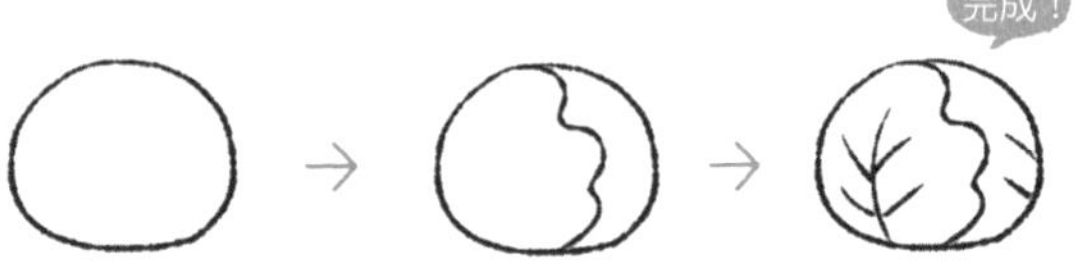
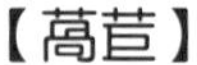

一個豆餡包　來了 3 個大波浪　畫出葉脈，完成！

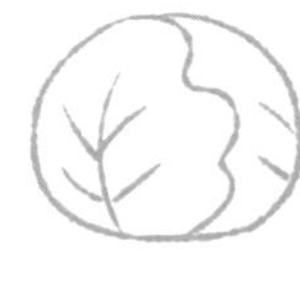

描一描！

畫一畫

【萵苣】

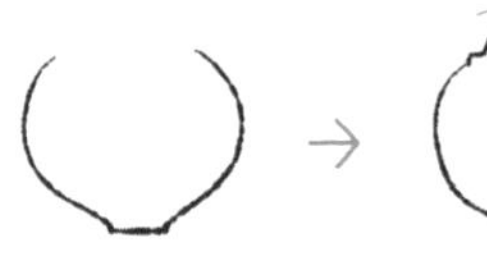

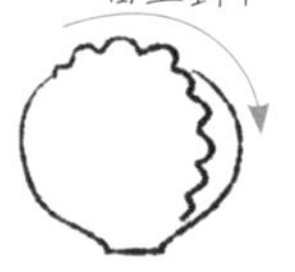
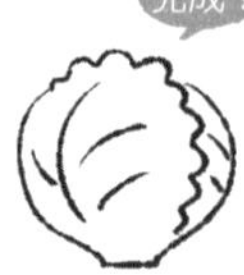

畫一個圓花瓶　由上到下畫出小波浪　畫出葉脈，完成！

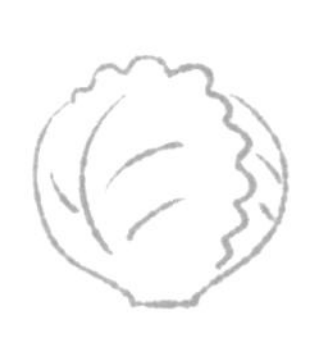

描一描！

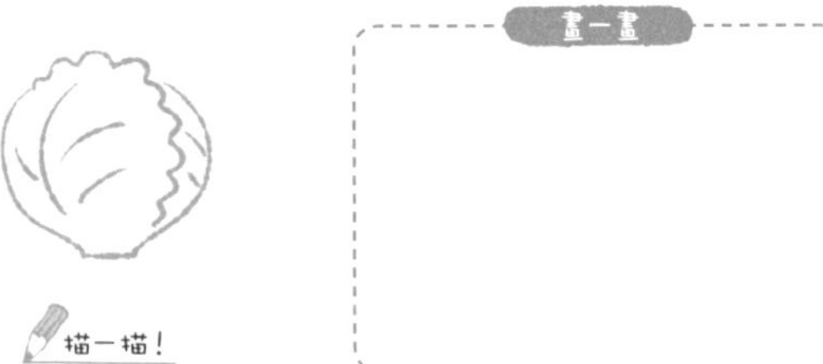

畫一畫

【白菜】

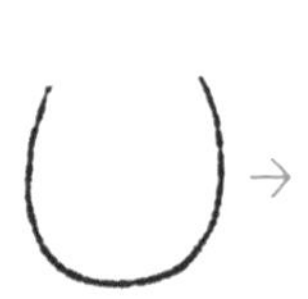
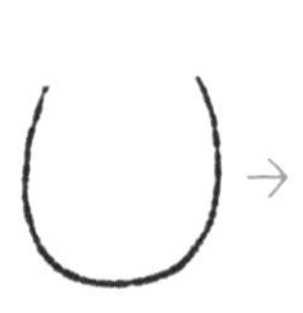
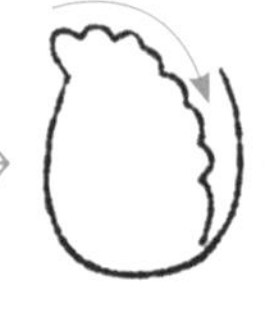

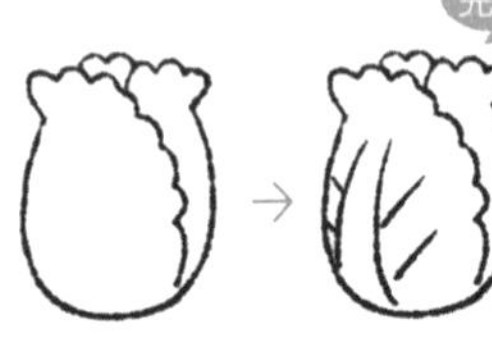
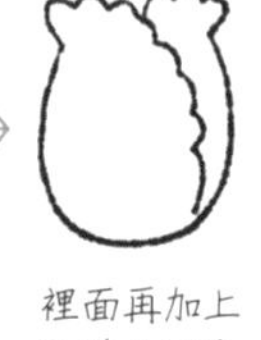

底部胖胖的葫蘆形　由上到下畫出小波浪　裡面再加上 2 道小波浪　畫出葉脈，完成！

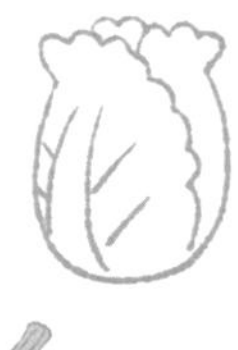

描一描！

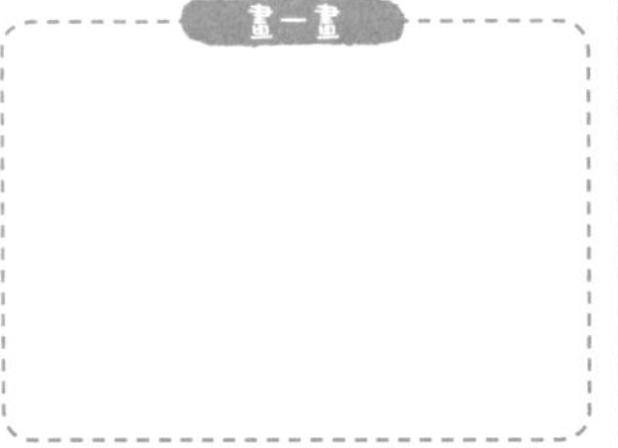

畫一畫

【青江菜】

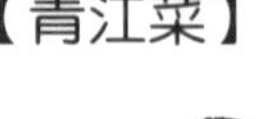

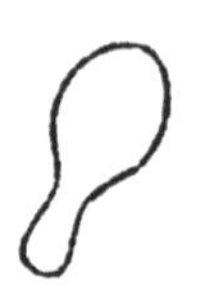
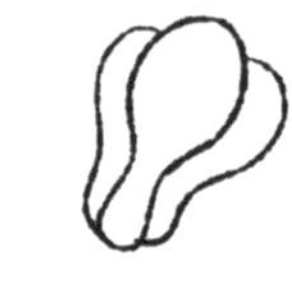
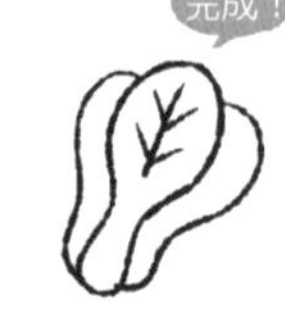

一個飯匙形　兩邊再加上 2 個　畫出葉脈，完成！

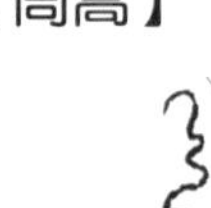

描一描！

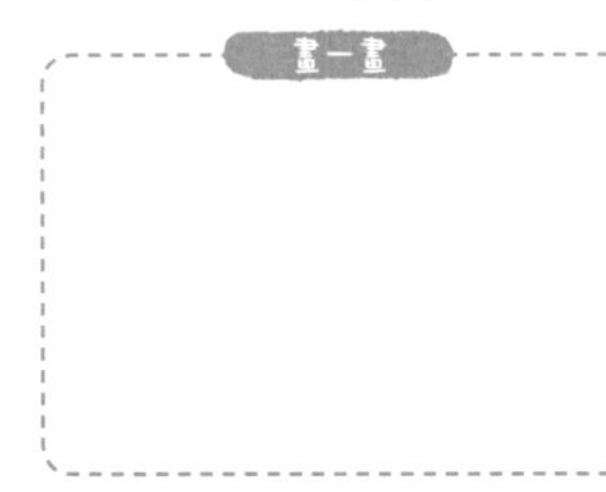

畫一畫

【菠菜】

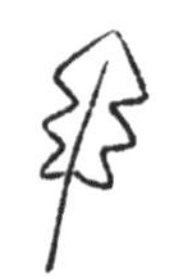
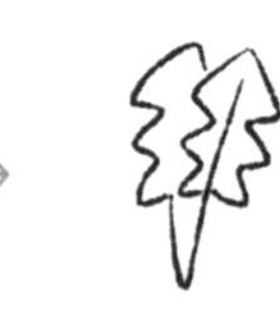
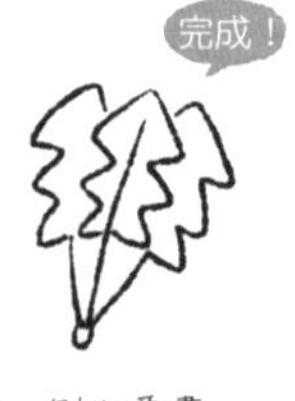

棒子畫上鋸齒狀葉片　後面再畫一片　另一側也要畫，完成！

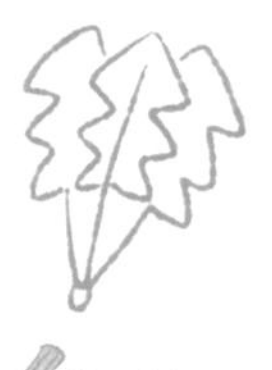

描一描！

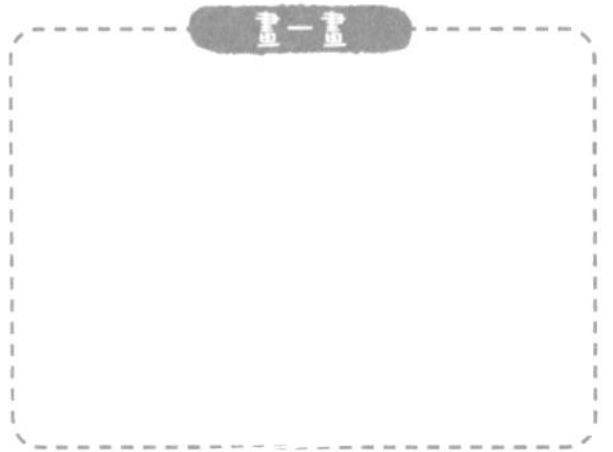

畫一畫

【茼蒿】

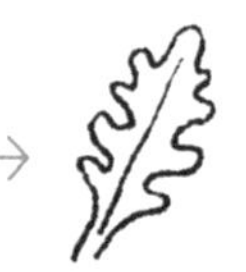
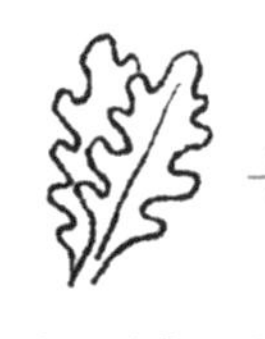

4 根圓手指　另一側也畫 4 根手指　後面再畫一片　另一側也畫一片，完成！

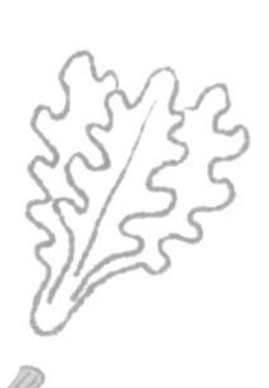

描一描！

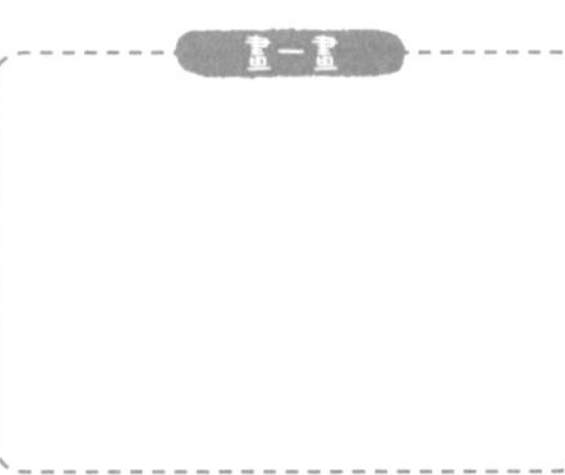

畫一畫

【小黃瓜】

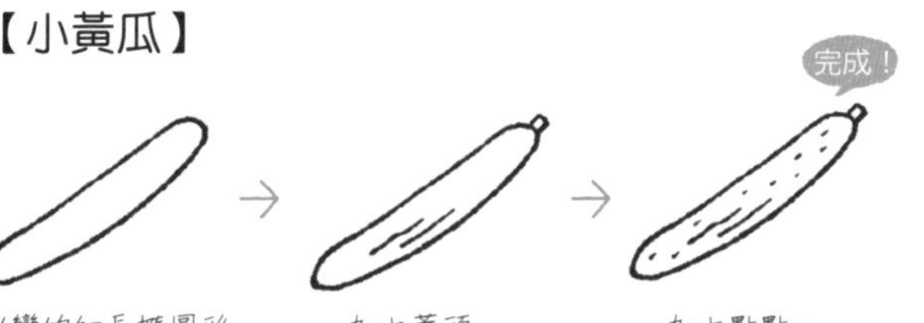

微彎的細長橢圓形

加上蒂頭，2 條紋路

加上點點，完成！

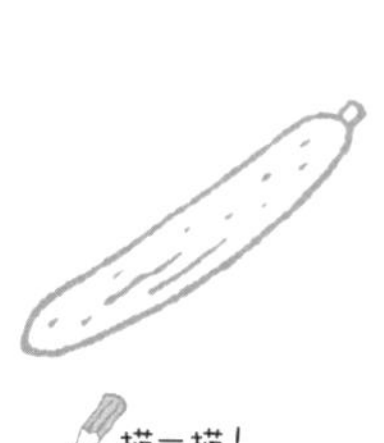

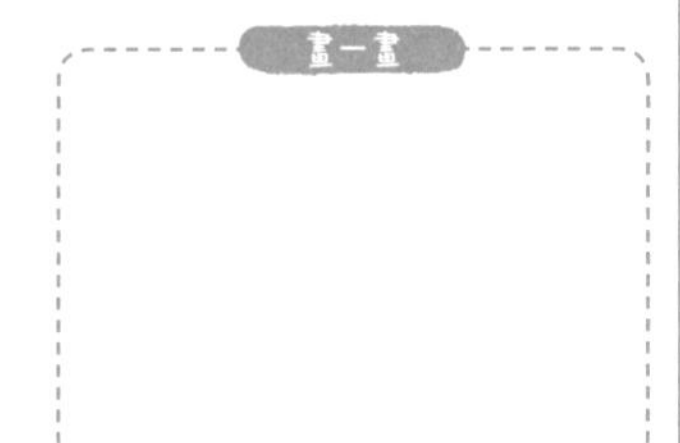

【櫛瓜】

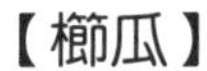

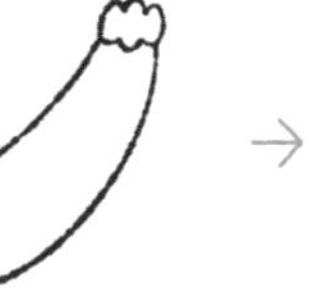

上下各 3 個突起狀

底部圓鼓的長條狀

加上紋路和點點，完成！

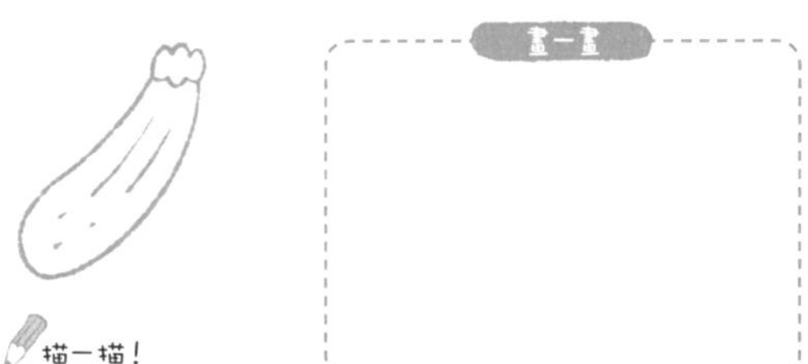

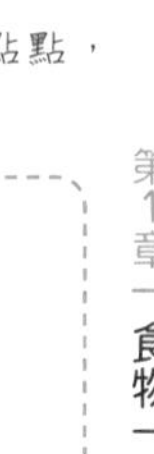

【蘆筍】

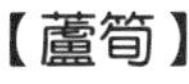

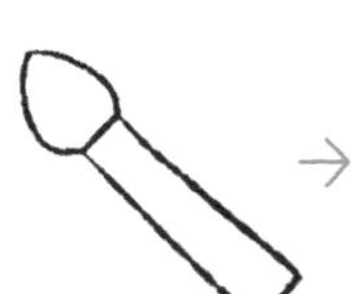

一根點燃的蠟燭

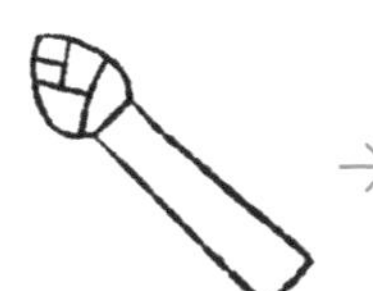

從上面開始畫 2 個「Y」字

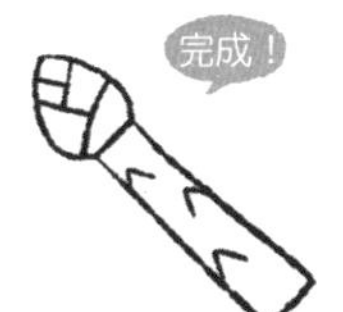

加上 3 座山，完成！

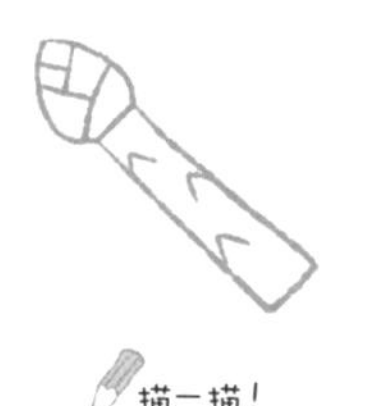

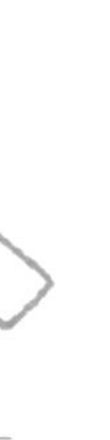

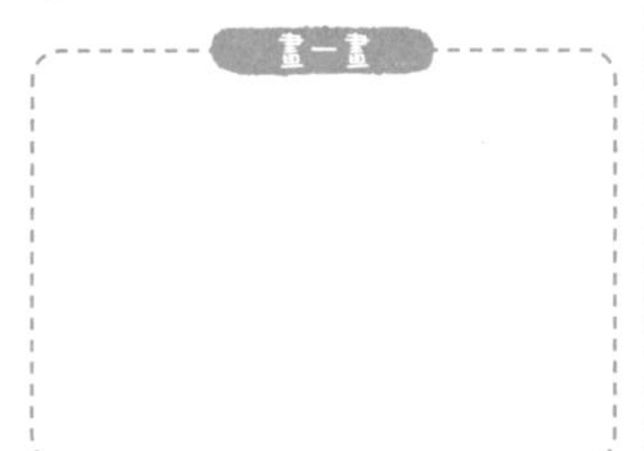

【青椒】

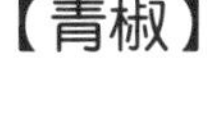

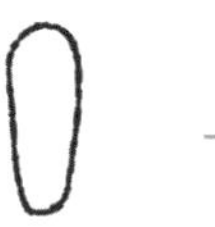

上面較寬的縱向橢圓形

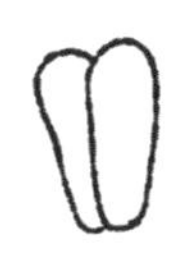

藏起半邊臉的橢圓形

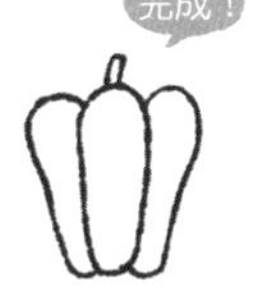

另一側也畫一個半橢圓形，加上蒂頭，完成！

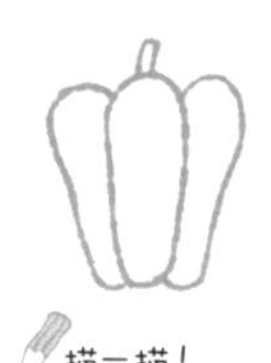

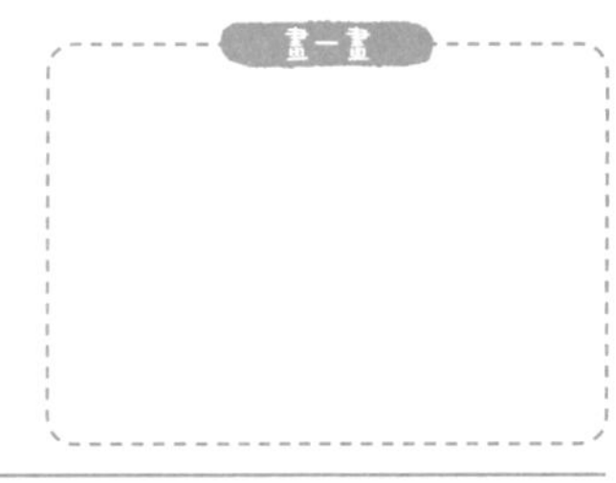

【苦瓜】

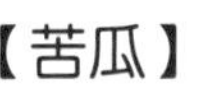

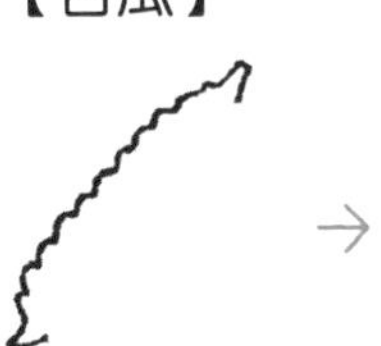

上下為尖頭狀，加上凹凸線條

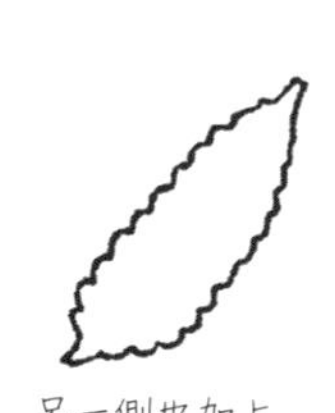

另一側也加上凹凸線條

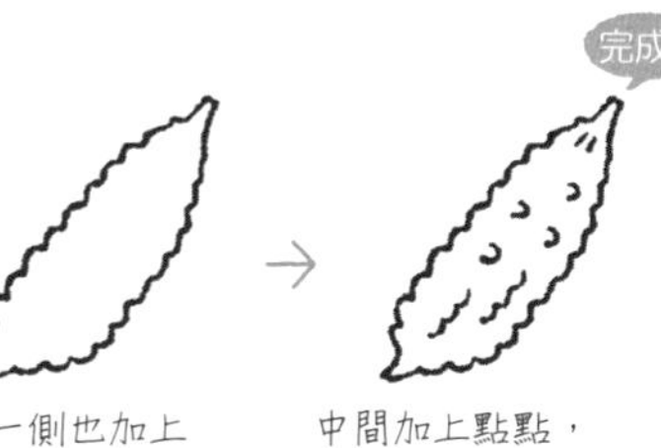

中間加上點點，完成！

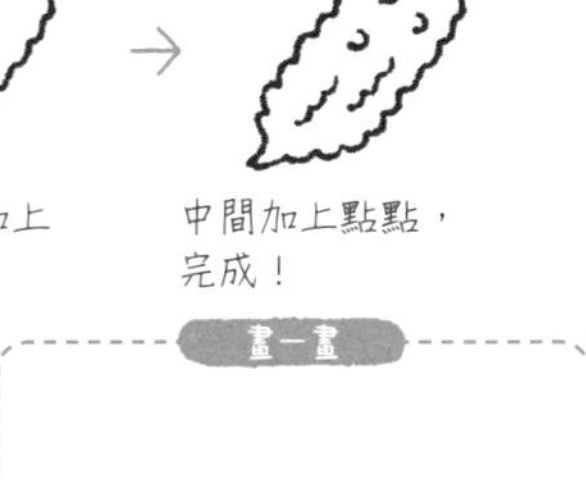

【青花菜】

一朵雲

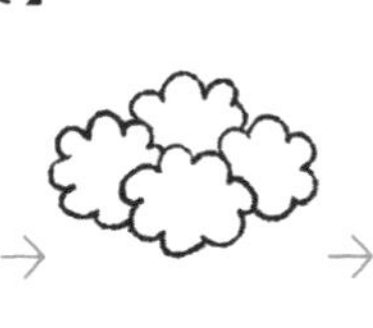

兩側和裡面也畫 3 朵雲

粗粗的菜梗與雲朵相連

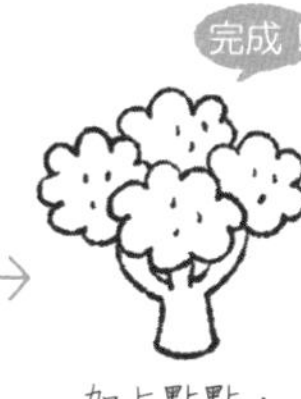

加上點點，完成！

【番茄】

一個小圓 → 坐在星星上 → 畫一個圈，完成！

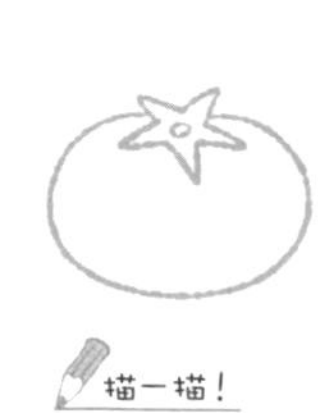

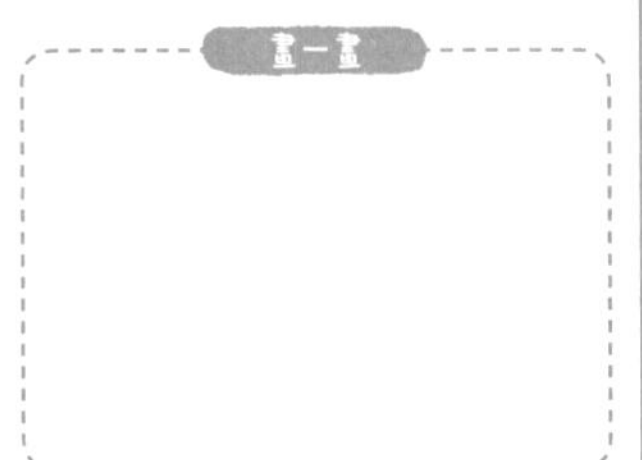

【小番茄】

2 顆小星星 → 畫一個微傾的圈 → 改變斜向，畫一個圈，完成！

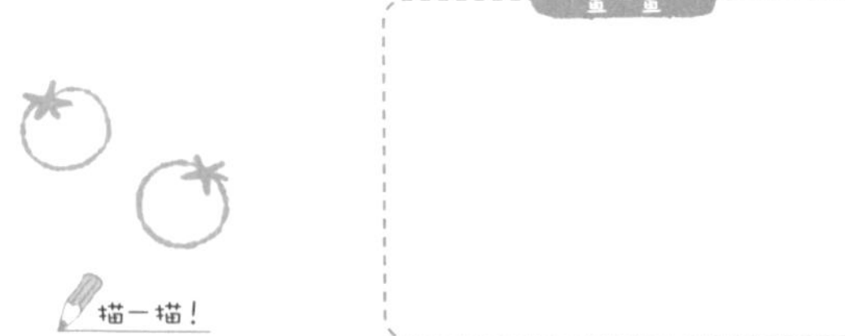

【茄子】

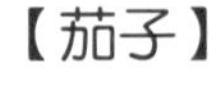

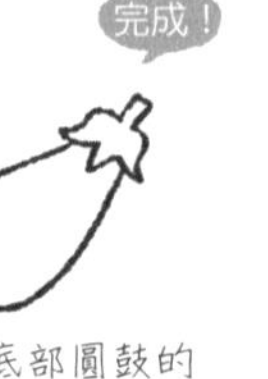

類似「ク」字 → 畫出分成 3 道的瀏海 → 加上底部圓鼓的臉，完成！

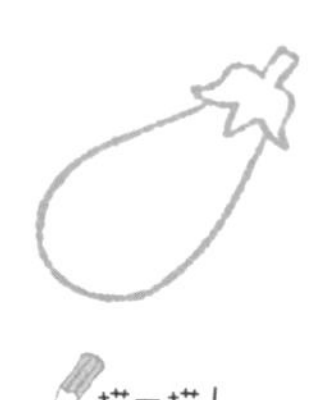

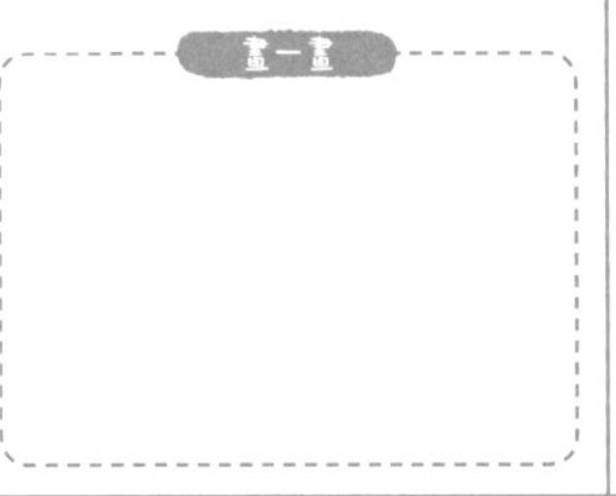

【南瓜】

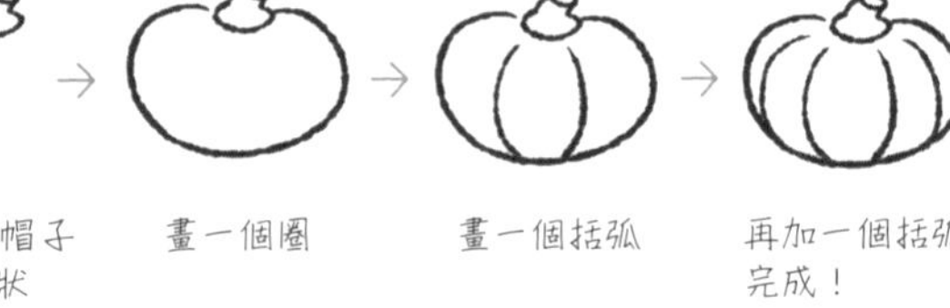

類似帽子的形狀 → 畫一個圈 → 畫一個括弧 → 再加一個括弧完成！

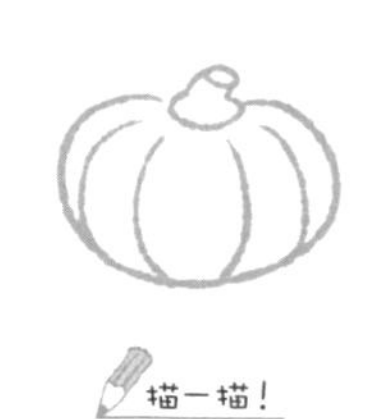

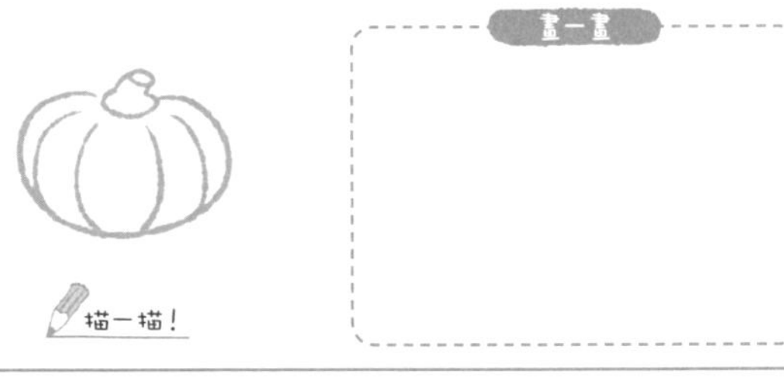

【紅蘿蔔】

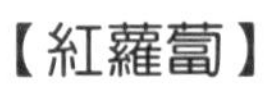

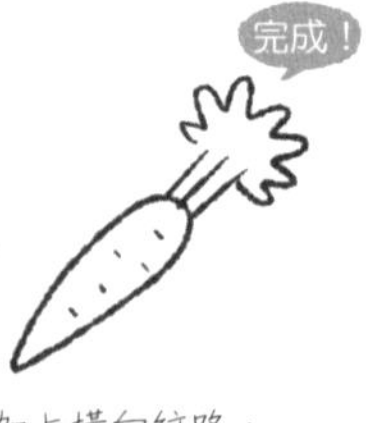

飛濺的水滴 → 大爆炸！ → 加上橫向紋路，完成！

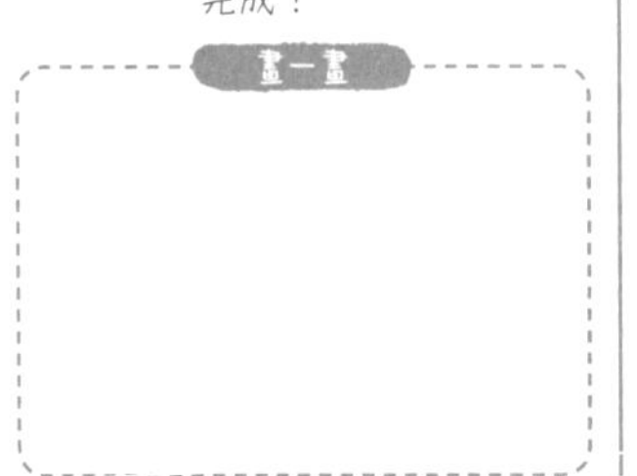

【櫻桃蘿蔔】

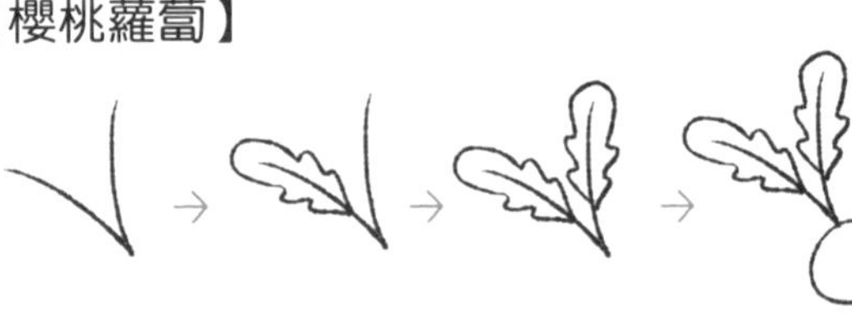

一個「V」字 → 加上葉子 → 再畫一片 → 加上對話框，完成！

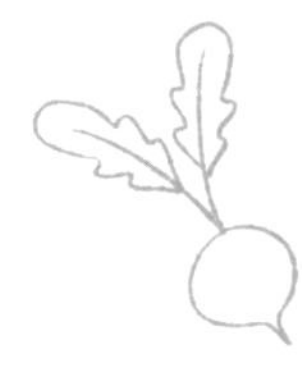

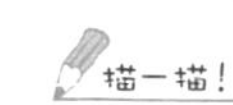

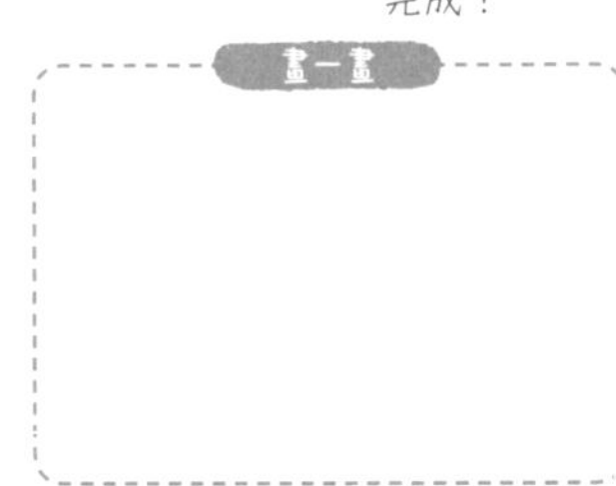

【蔥】

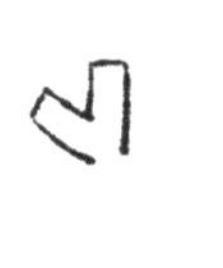
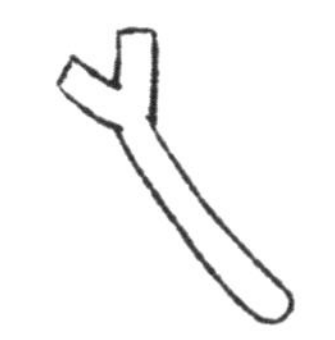
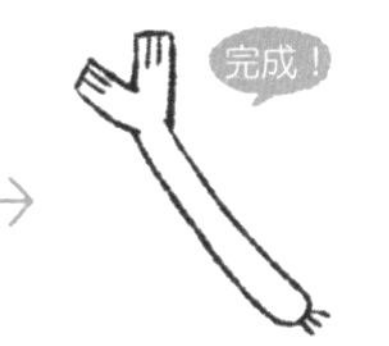

類似「V」字

一個長長的「Y」字

加上紋路和根鬚，完成！

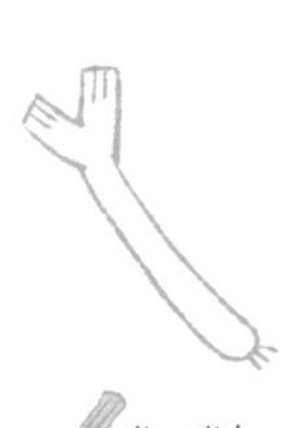

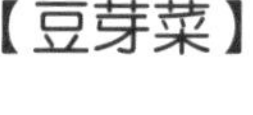

【豆芽菜】

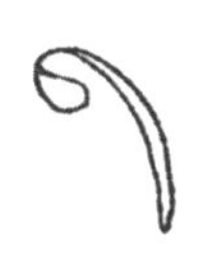
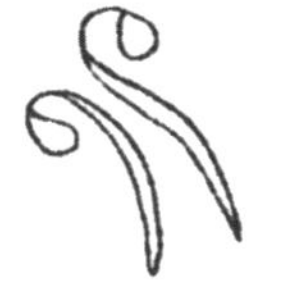

將「の」字尾端拉長

再畫一個反方向的

裡面再加一個，完成！

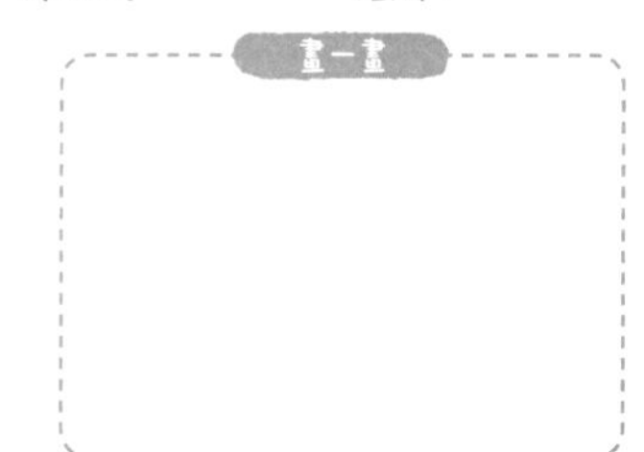

【芹菜】

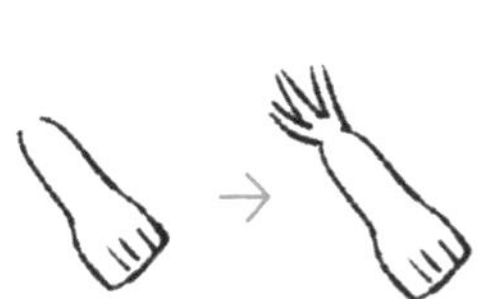
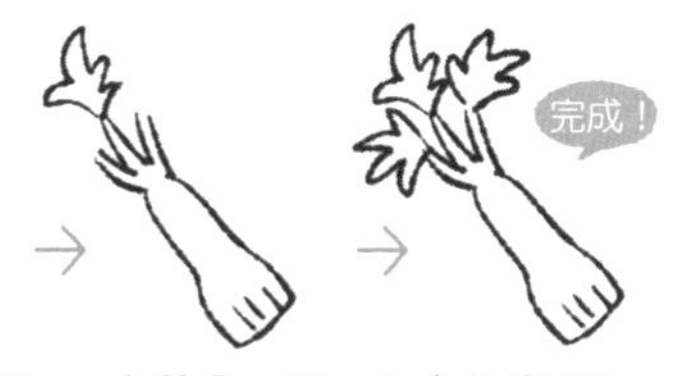
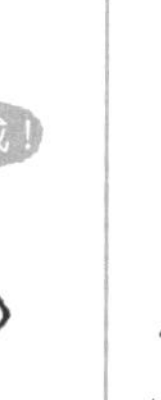

類似果汁罐的形狀

道路分歧

中間畫一個bye-bye手

兩邊也畫出bye-bye手，完成！

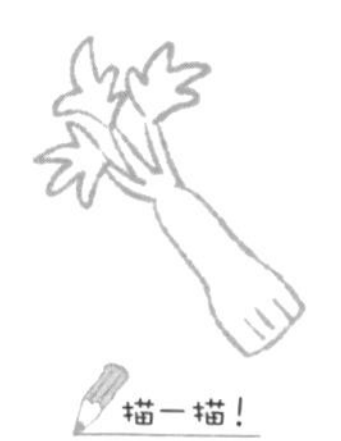

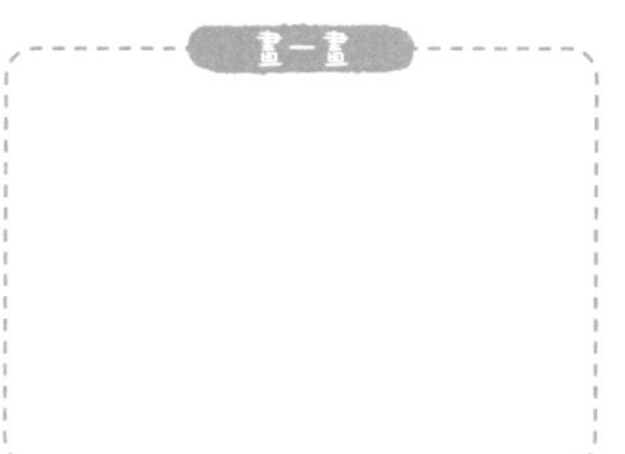

【白蘿蔔】

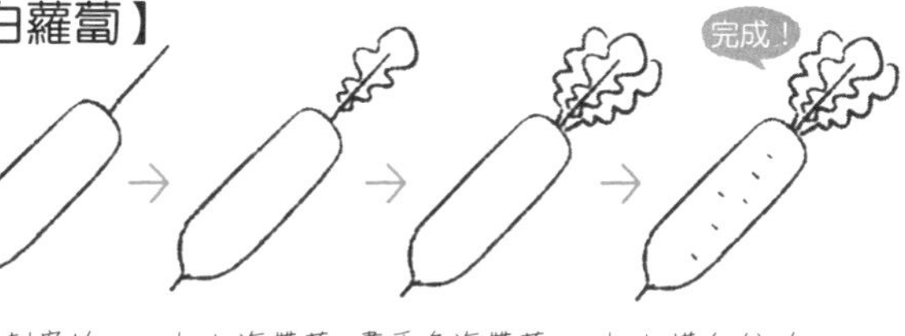

竹籤刺穿的維也納香腸

加上海帶芽

畫更多海帶芽

加上橫向紋路，完成！

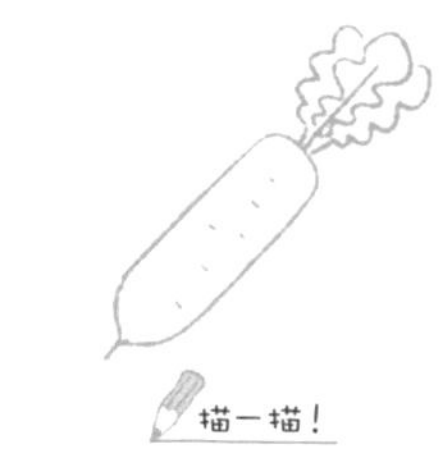

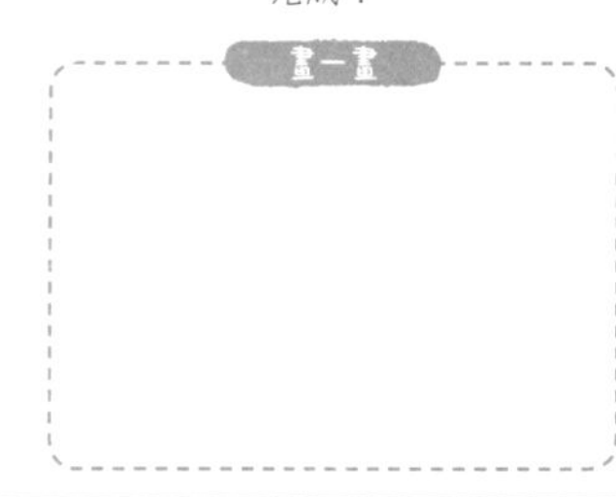

【白花椰菜】

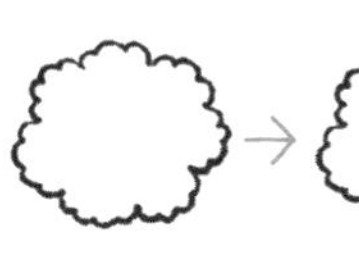
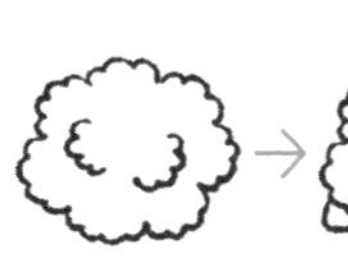
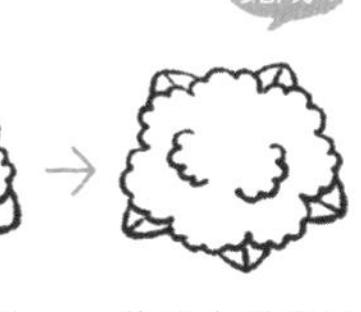

蓬鬆絨毛

中間也畫出蓬鬆感

藏著5片葉片

葉片中間畫線，完成！

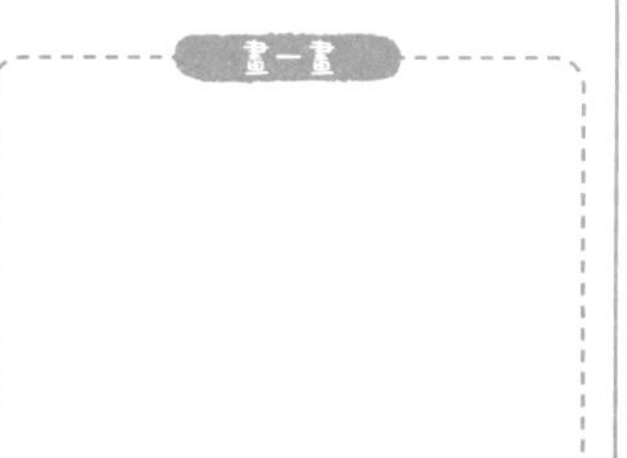

【玉米】

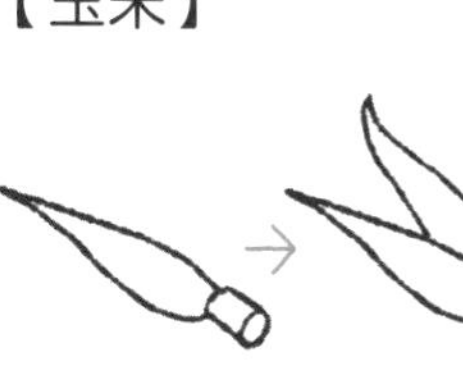
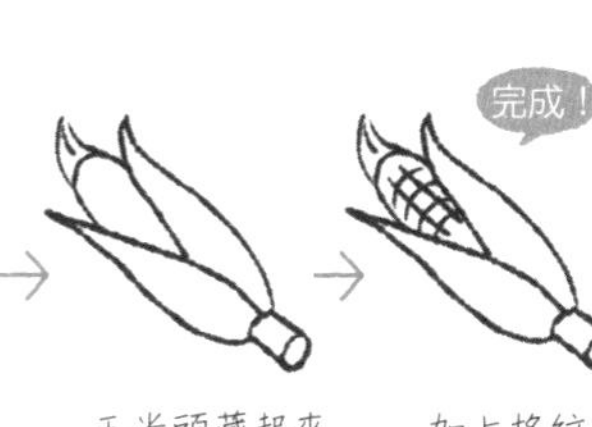

一枝筆

前端分叉

玉米頭藏起來

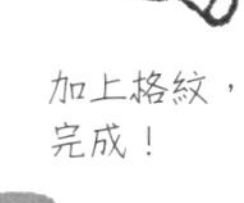

加上格紋，完成！

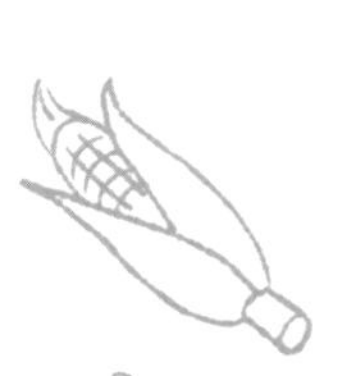

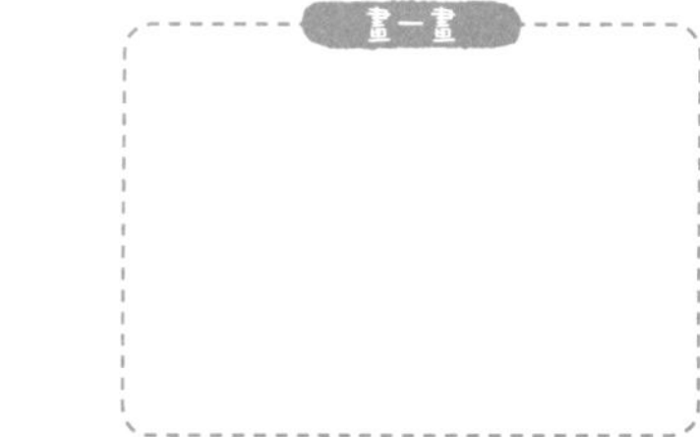

【蘑菇】

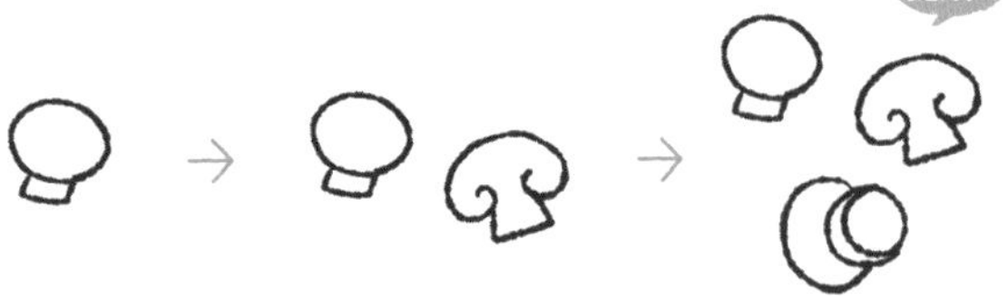
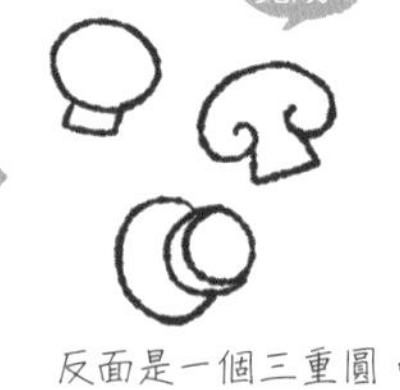

類似鈕扣的形狀

剖面是一個圓頭黑桃

反面是一個三重圓，完成！

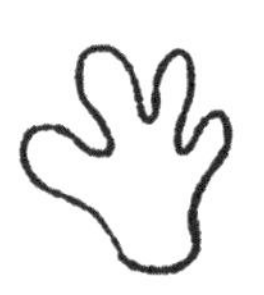
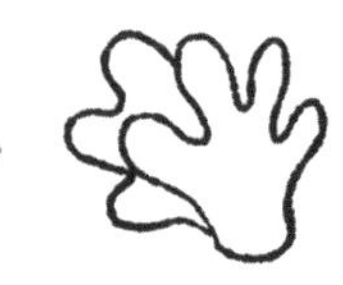
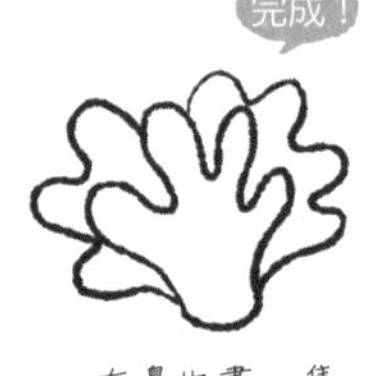

描一描！

畫一畫

【香菇】

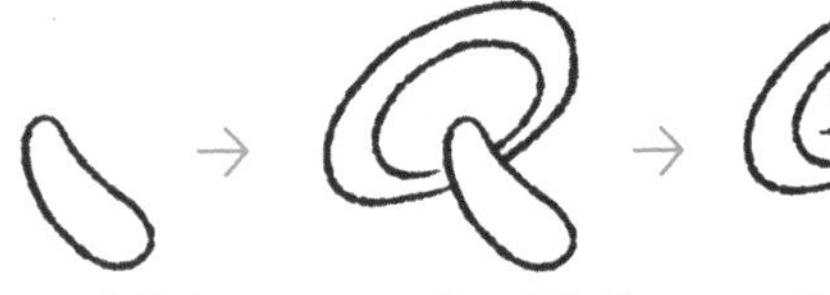

一個雷根糖

戴上貝雷帽

畫出紋路，完成

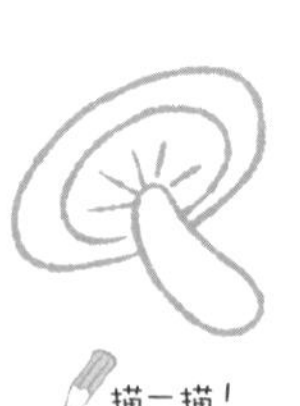
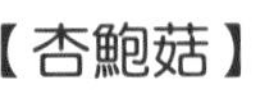
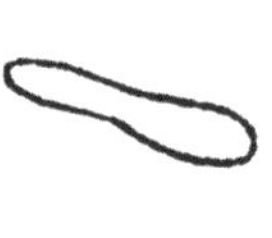
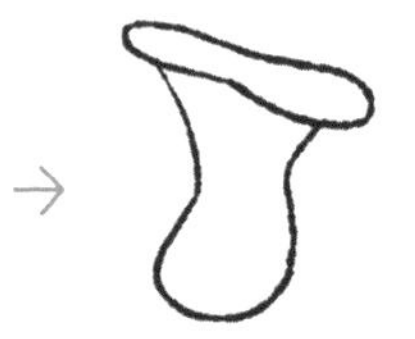
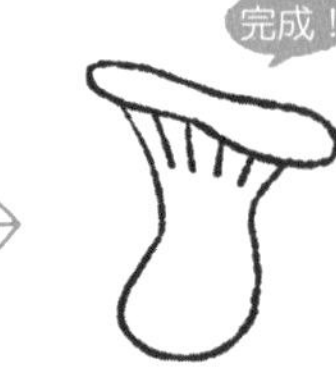

描一描！

畫一畫

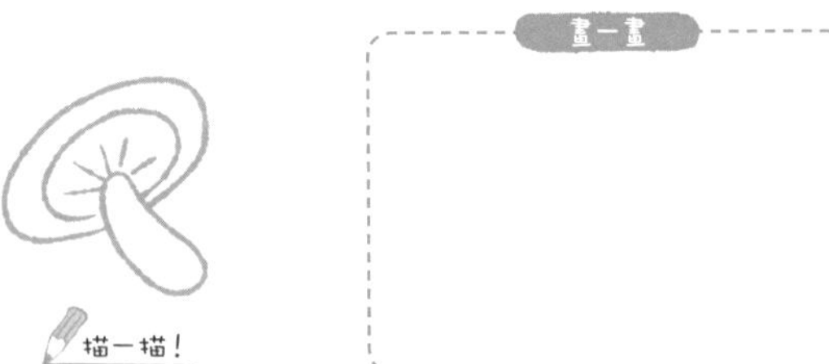

【舞菇】

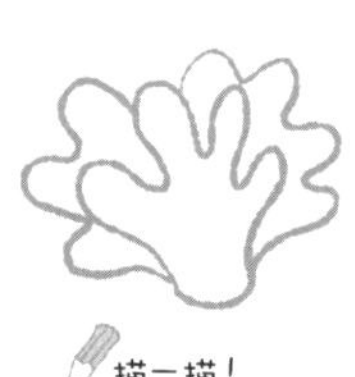
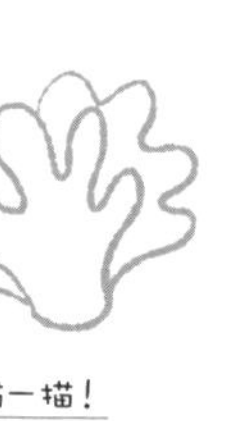
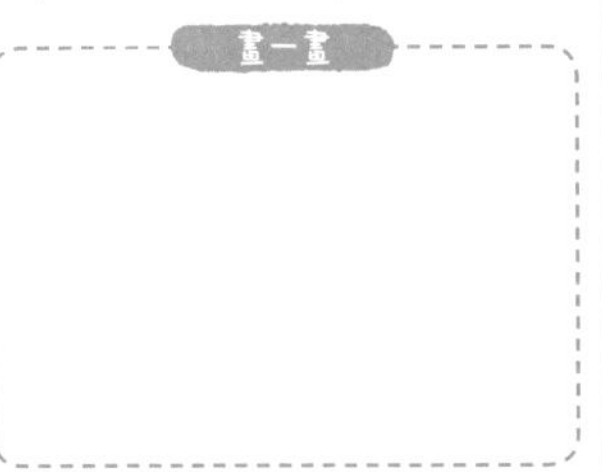

一隻手套

左邊裡面再畫一隻

右邊也畫一隻，完成！

描一描！

畫一畫

【杏鮑菇】

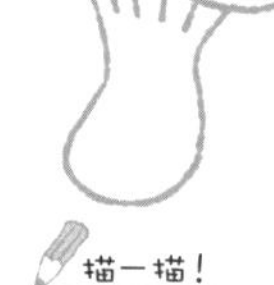
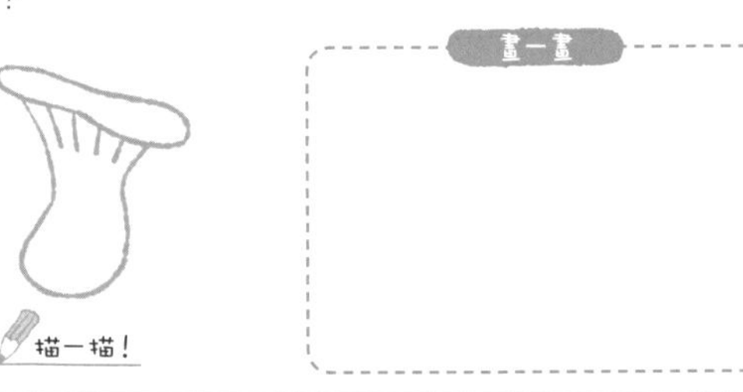

類似橡皮筋的樣子？

向下融化的形狀

加上紋路，完成！

描一描！

畫一畫

【鴻喜菇】

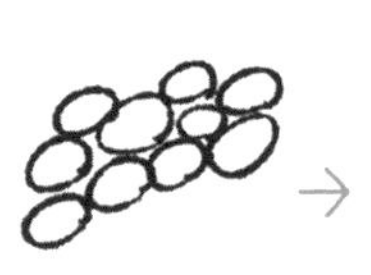
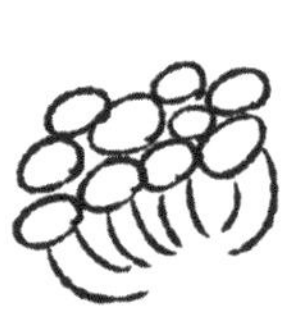
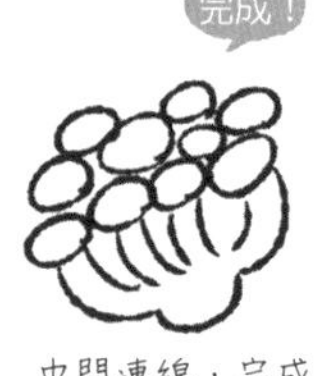

方向一致的數個圓

許多細長脖子

中間連線，完成！

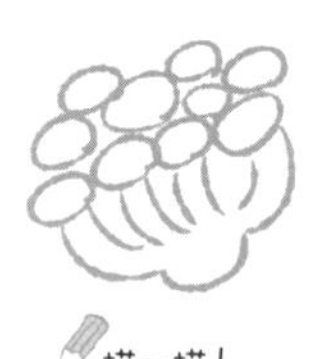
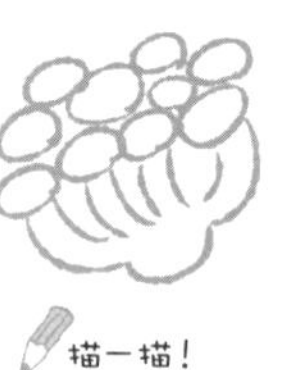
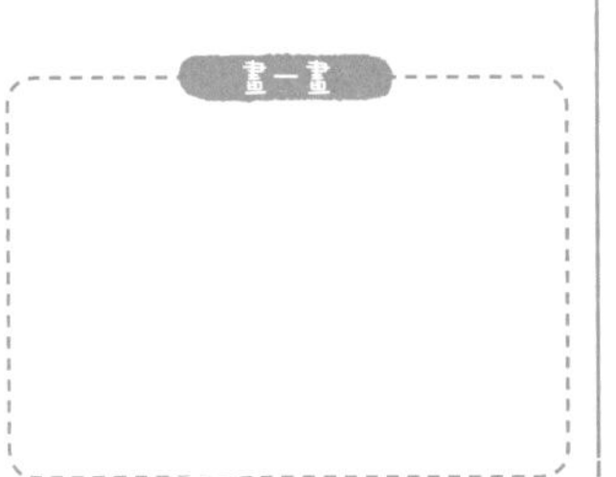

描一描！

畫一畫

【金針菇】

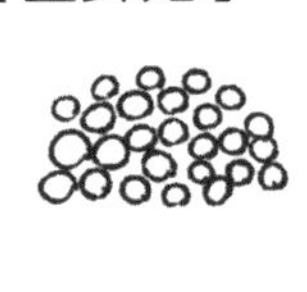
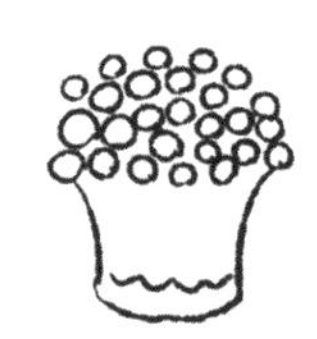

畫許多小圓

畫一個如杯狀的底部

畫出紋路，完成

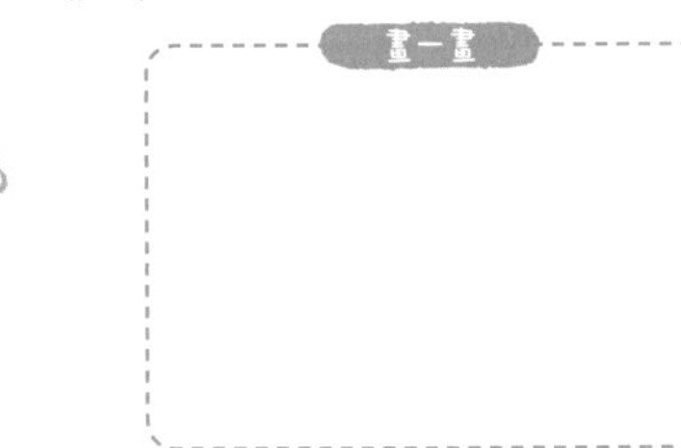

描一描！

畫一畫

根莖類

【蓮藕】

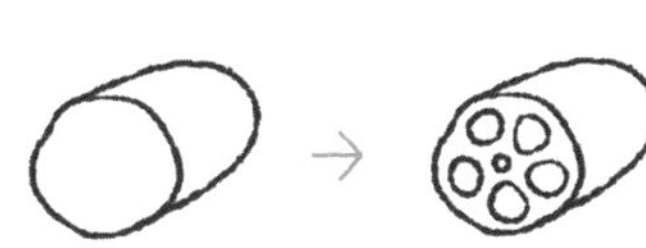
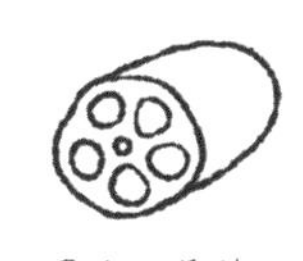
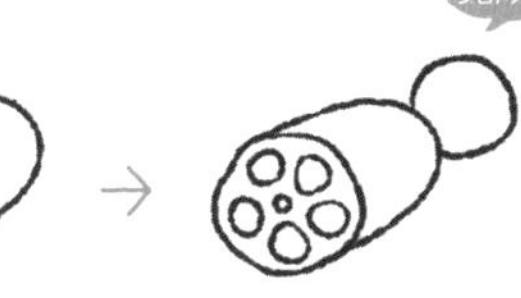

切開的維納斯香腸 → 畫出一朵花 → 加上圓尾巴，完成！

完成！

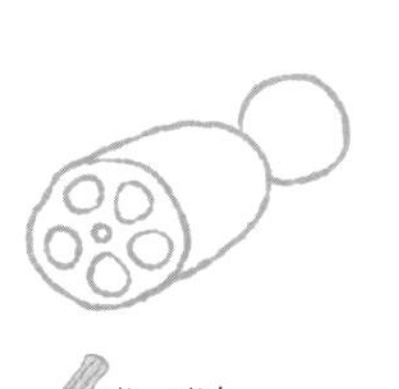

描一描！

畫一畫

【竹筍】

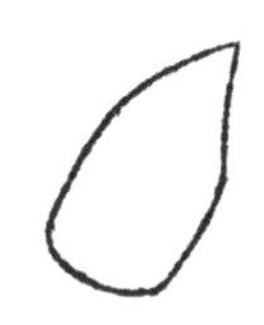
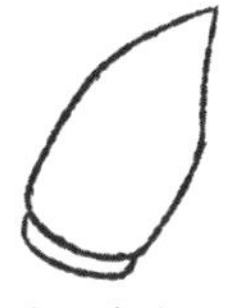
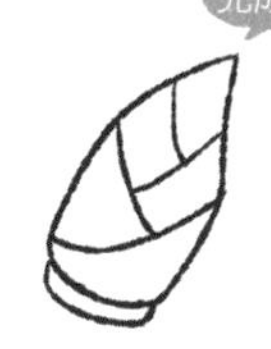

尖帽子 → 畫出邊緣 → 畫出 2 個連起來的「y」，完成！

完成！

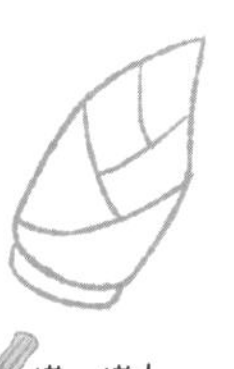

描一描！

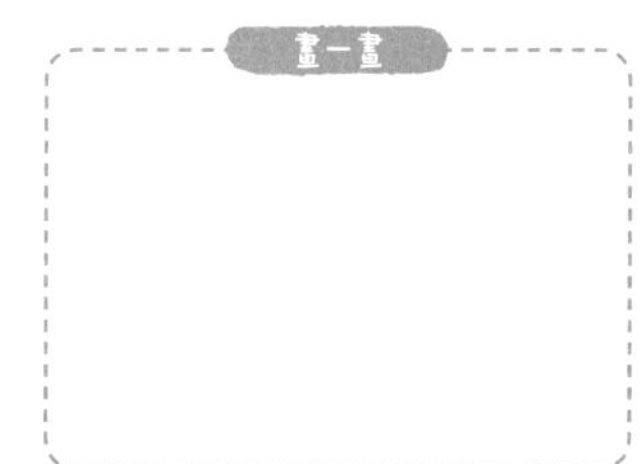

畫一畫

【洋蔥】

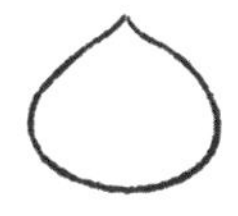

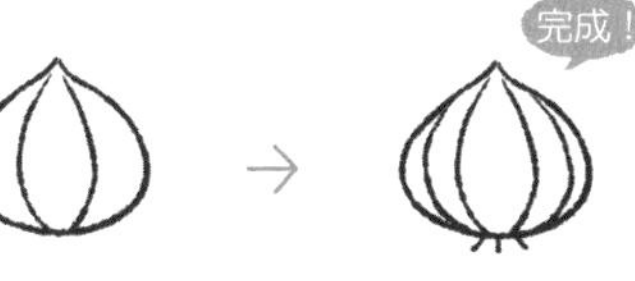

像一個包子 → 畫一個括弧 → 再加一個括弧和 3 條根鬚，完成！

完成！

描一描！

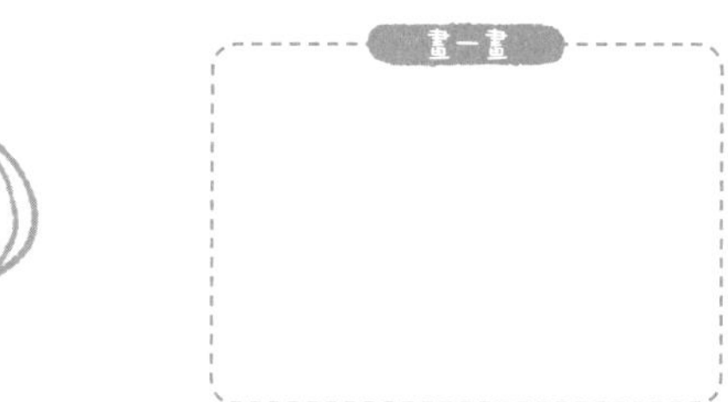

畫一畫

【蒜】

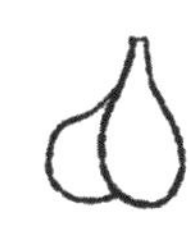
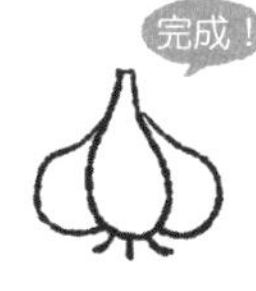

一滴淚 → 左邊也一滴 → 右邊也一滴，加上 3 條根鬚，完成！

完成！

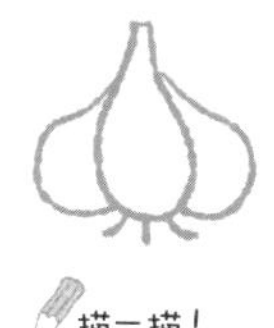

描一描！

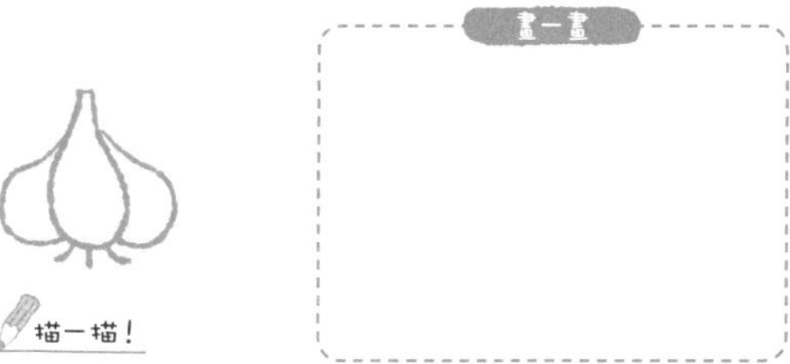

畫一畫

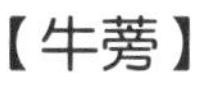

【牛蒡】

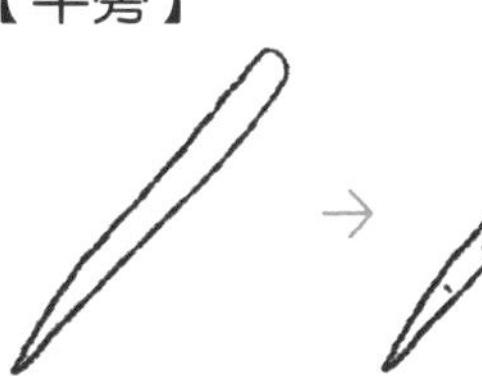
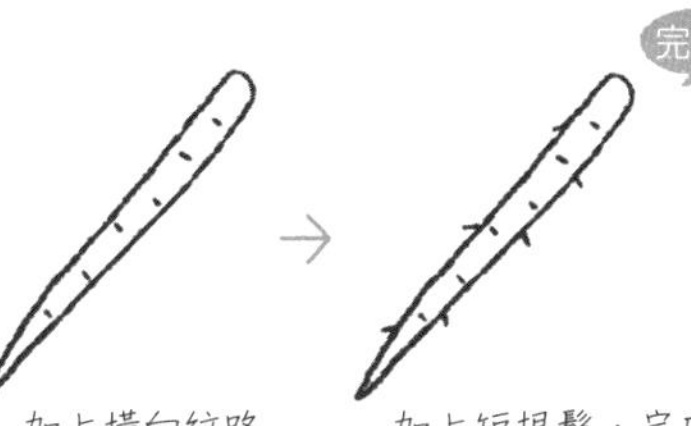

如枝條般的細長形 → 加上橫向紋路 → 加上短根鬚，完成！

完成！

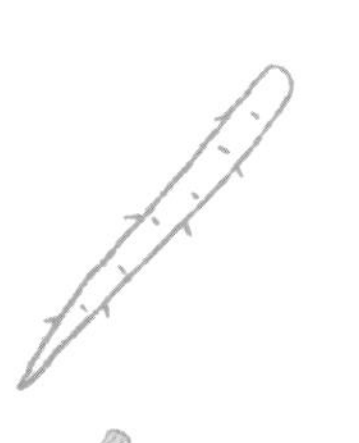

描一描！

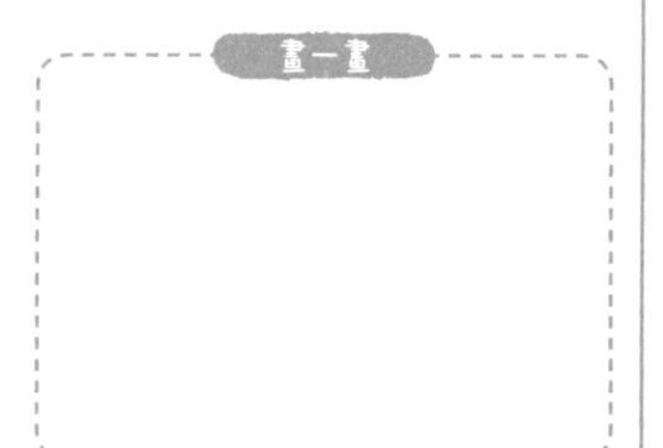

畫一畫

【蕪菁】

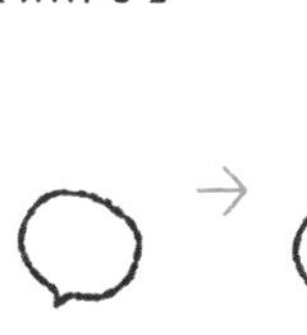
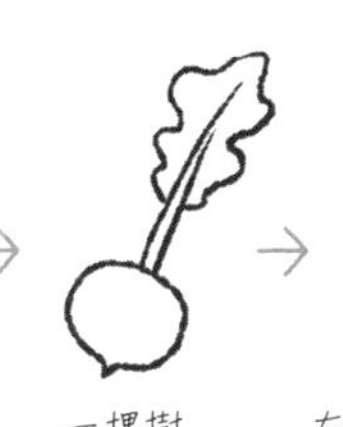
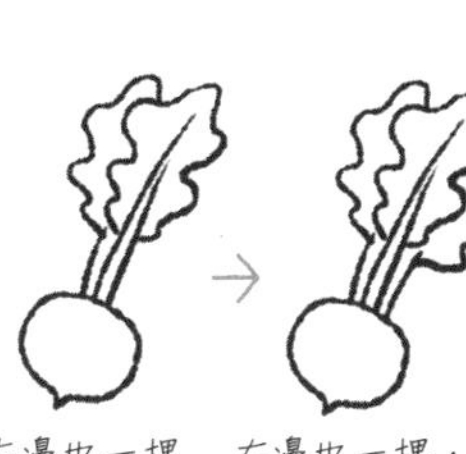

畫一個對話框 → 一棵樹 → 左邊也一棵 → 右邊也一棵，完成！

完成！

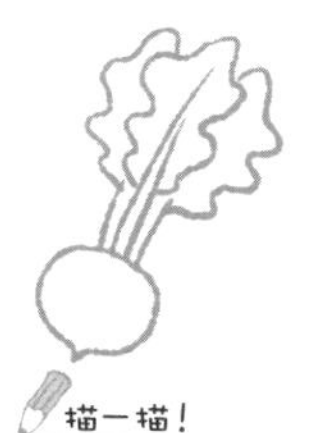

描一描！

畫一畫

【馬鈴薯】

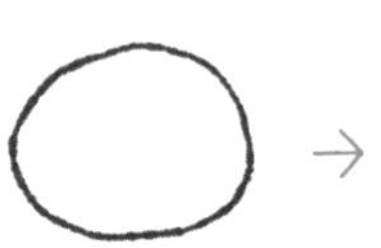

畫一個不太圓的圓

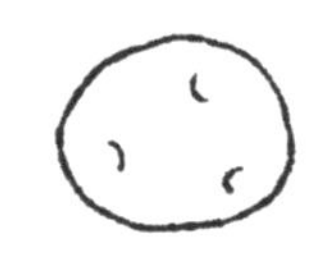

3 個凹洞

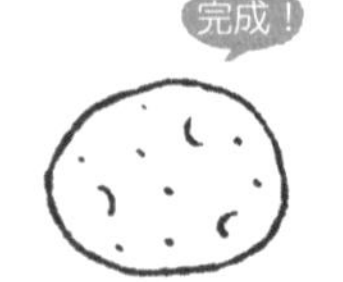

加上點點，完成！

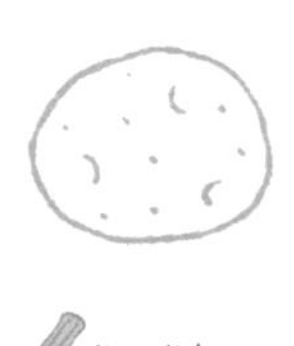

描一描！

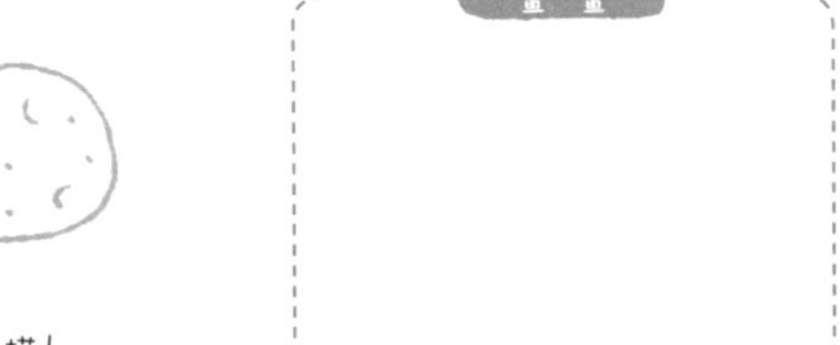

【番薯】

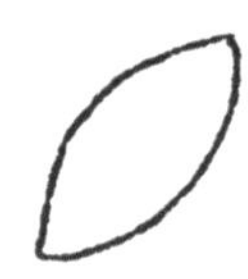

一片葉片

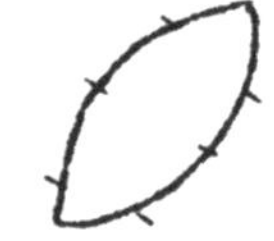

刺刺的根鬚

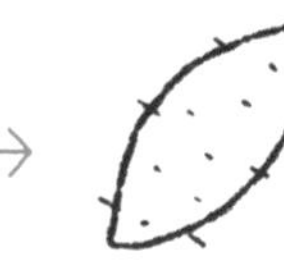

加上點點，完成！

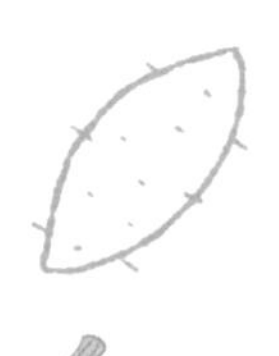

描一描！

畫一畫

【山藥】

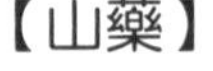

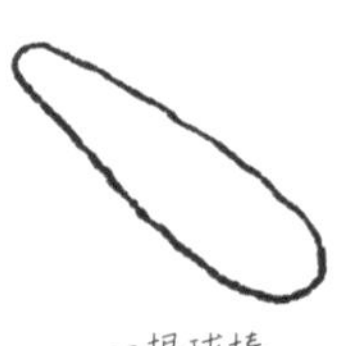

一根球棒

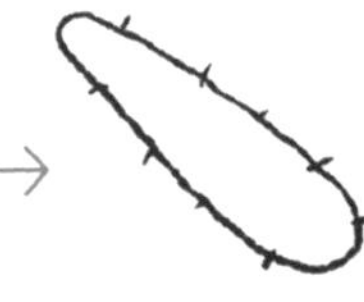

刺刺的根鬚

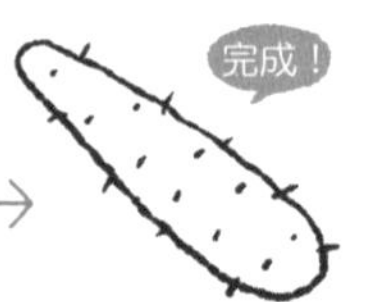

加上點點，完成！

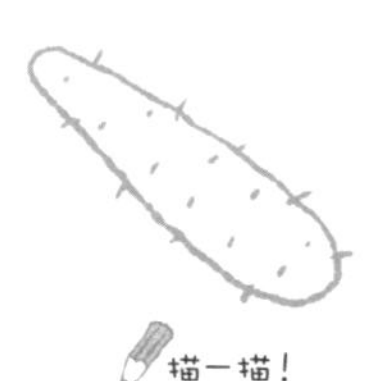

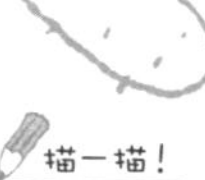

描一描！

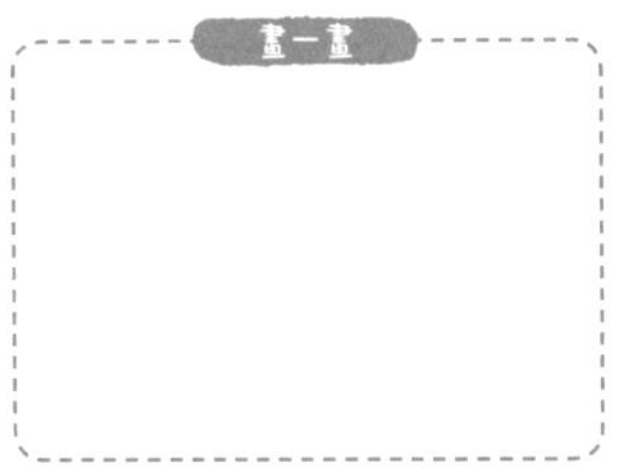

【荸薺】

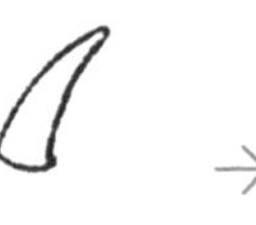

一隻角

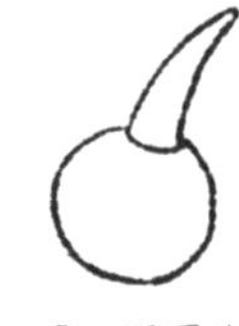

畫一張圓臉

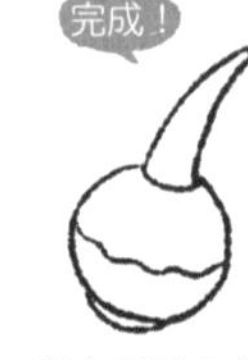

畫出頭髮和脖子，完成！

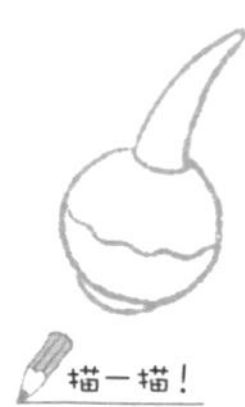

描一描！

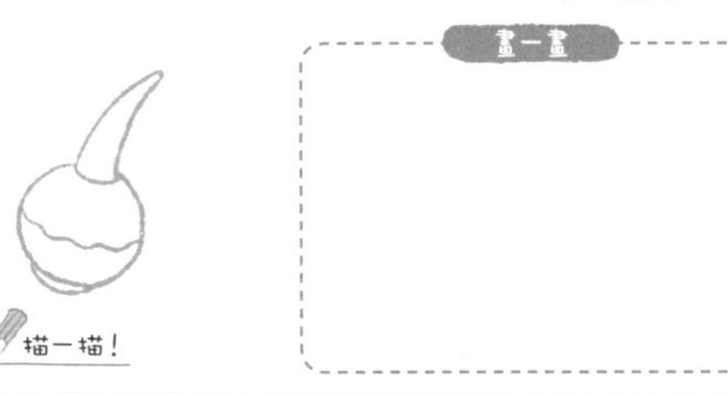

【小芋頭】

畫一個圓

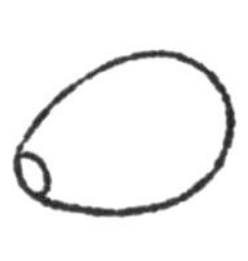

一顆蛋

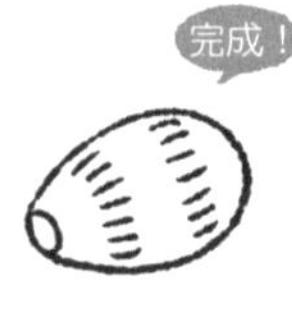

畫出紋路，完成！

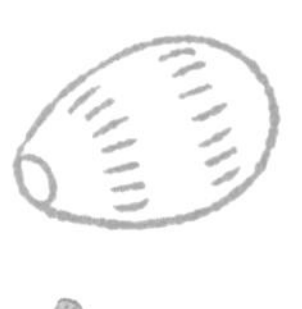

描一描！

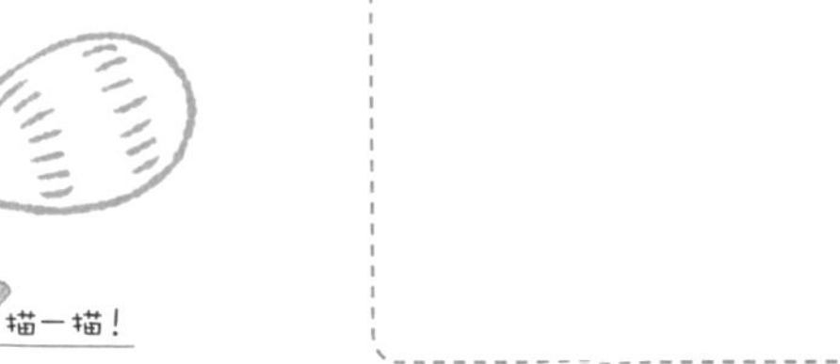

【烤番薯】

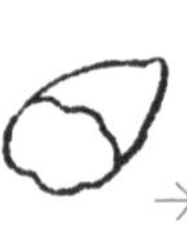

雲朵戴上一頂帽子

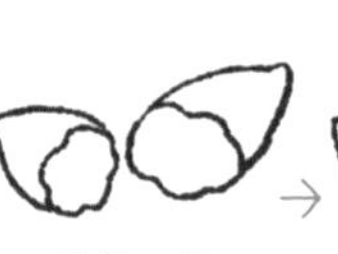

再畫一個

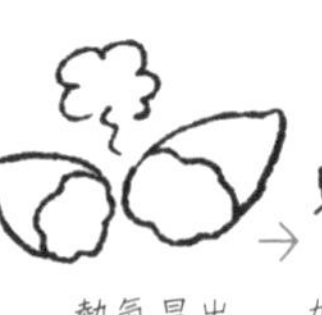

熱氣冒出的樣子

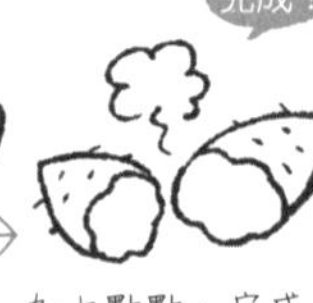

加上點點，完成

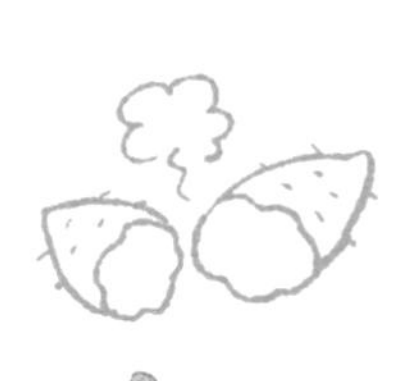

描一描！

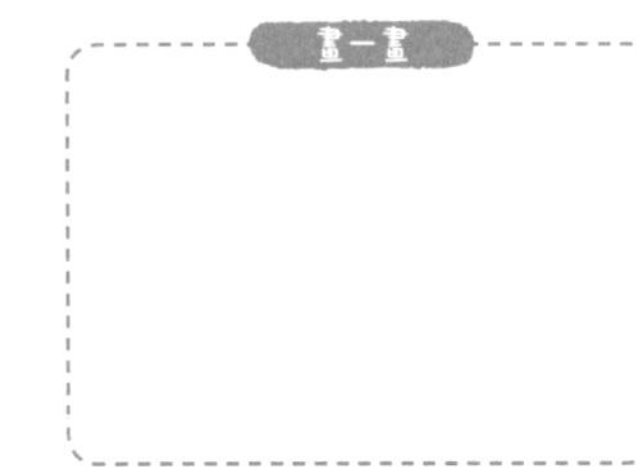

【黃豆】

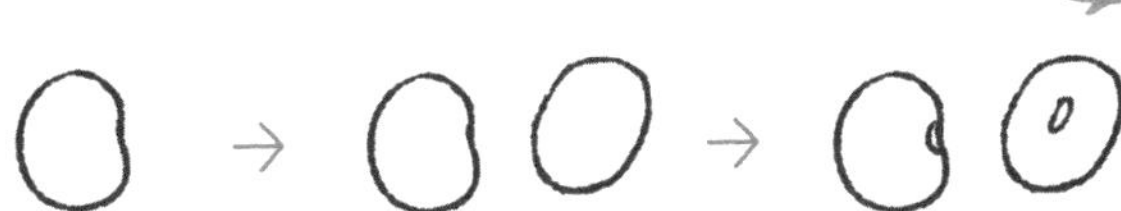
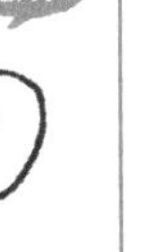

一個微凹的橢圓形 → 一個正常的橢圓形 → 畫出被咬一小口的樣子，完成！

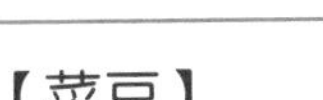

畫一畫

【蠶豆】

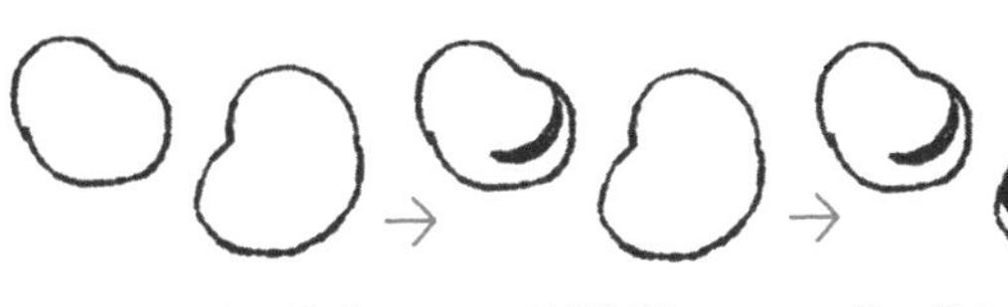

明顯內凹的橢圓形 → 面帶微笑 → 另一個也在微笑，完成！

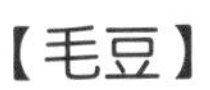

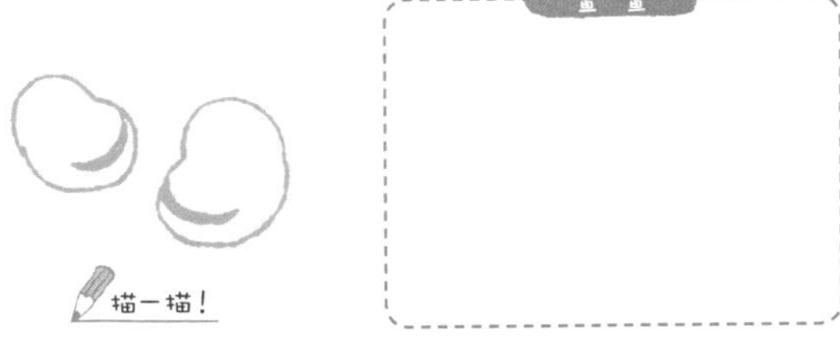

【菜豆】

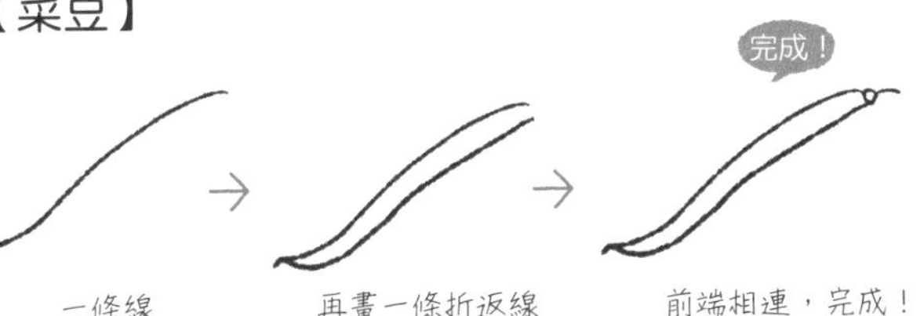

一條線 → 再畫一條折返線 → 前端相連，完成！

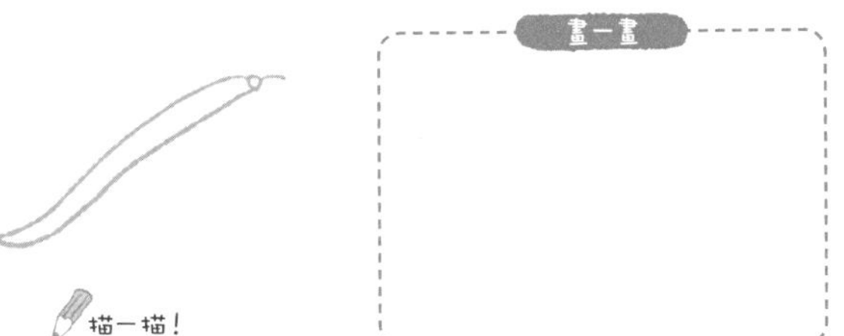

【毛豆】

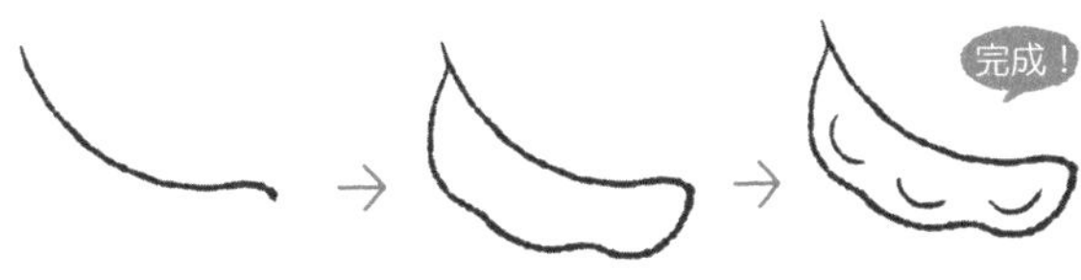

大波浪 → 小波浪 → 加 3 個波浪，完成！

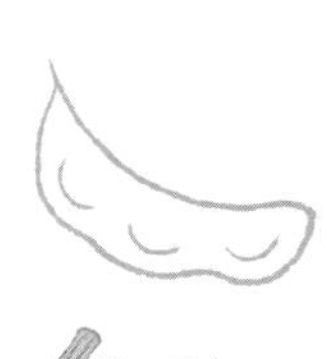

【荷蘭豆】

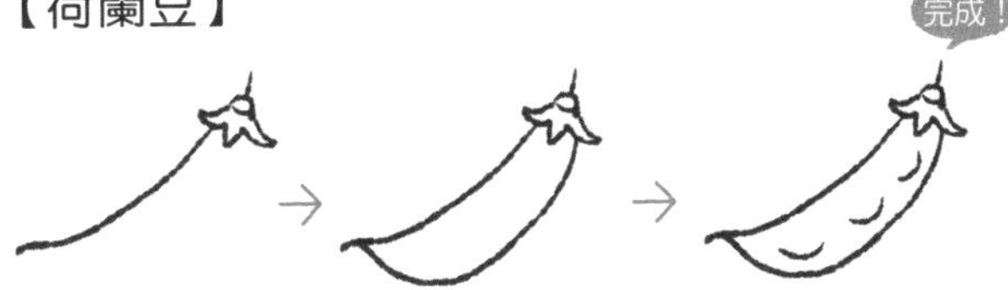

畫一頂帽子和鋸齒狀瀏海 → 長長的臉 → 加 3 個波浪，完成！

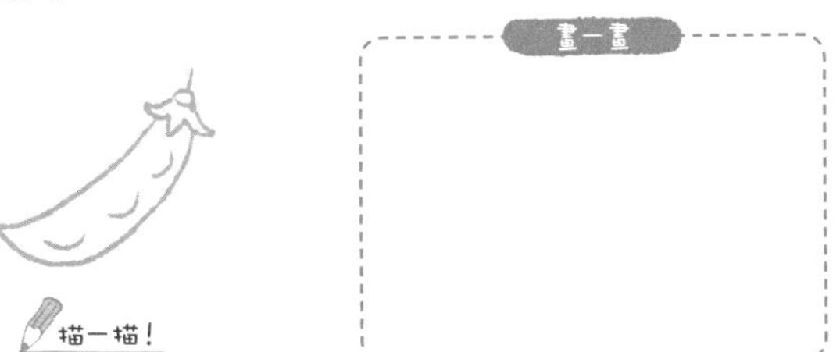

【豌豆】

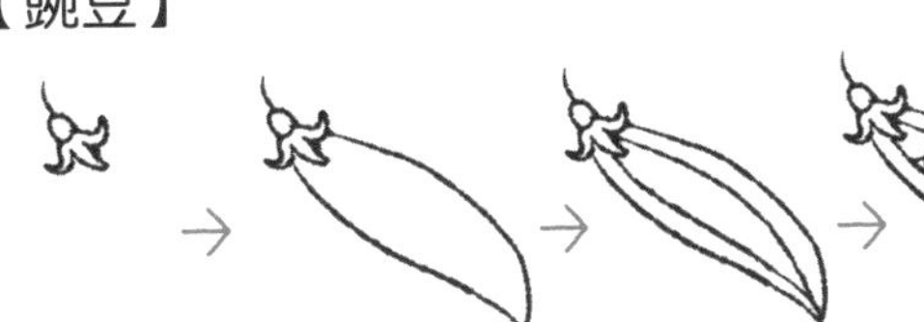

畫一頂帽子和鋸齒狀瀏海 → 長長的臉 → 中間再畫一張臉 → 塞進滿滿的圓形，完成！

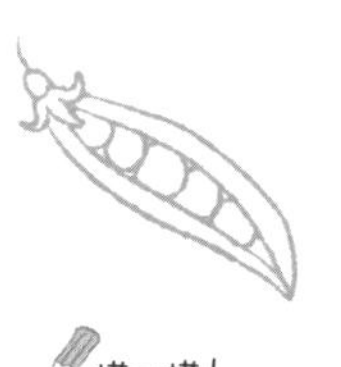

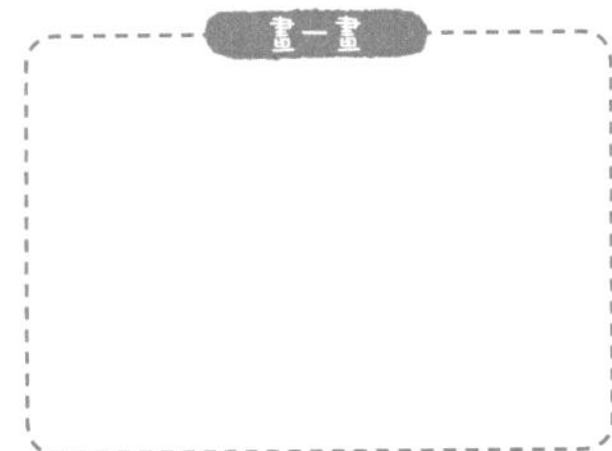

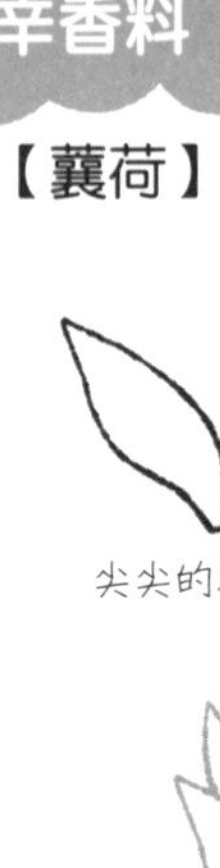

辛香料

【蘘荷】

完成！

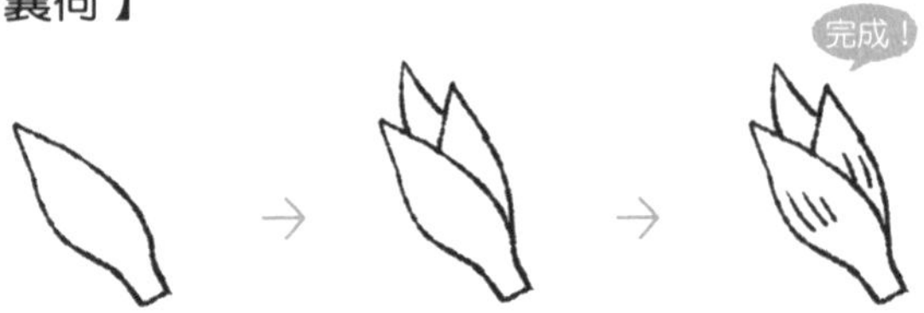

尖尖的花瓣 → 裡面再畫 2 片 → 加上紋路，完成！

描一描！

畫一畫

【辣椒】

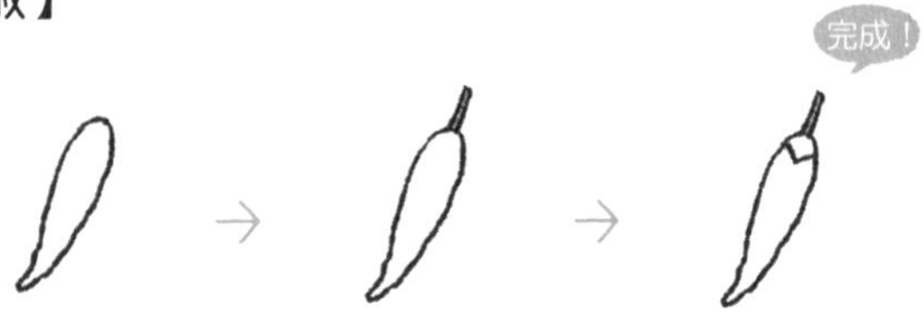

完成！

類似花瓣的形狀 → 插進牙籤 → 畫一個「V」字，完成！

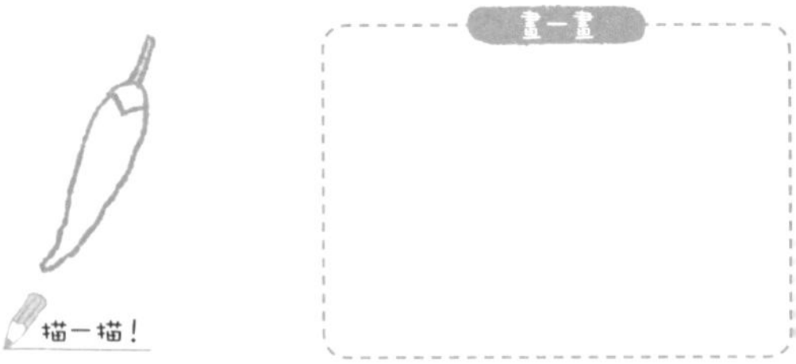

描一描！

畫一畫

【薑】

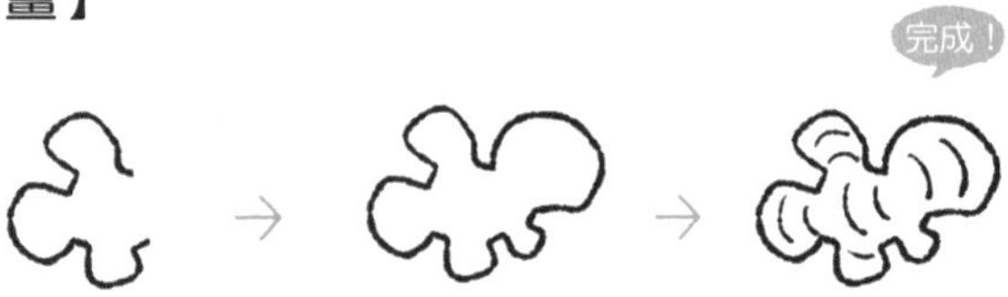

完成！

凹凸不平的岩石 → 另一側也凹凸不平 → 加上紋路，完成！

描一描！

畫一畫

【紫蘇葉】

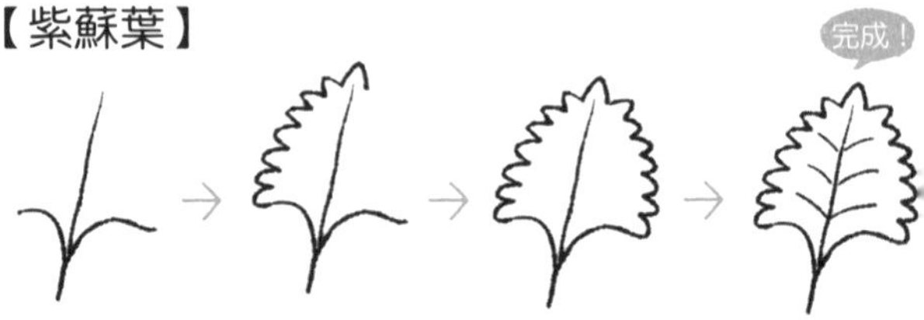

完成！

道路分成 3 岔路 → 從上開始畫出鋸齒狀 → 另一側也畫出鋸齒狀 → 加上 3 個「V」字，完成！

描一描！

畫一畫

【山葵】

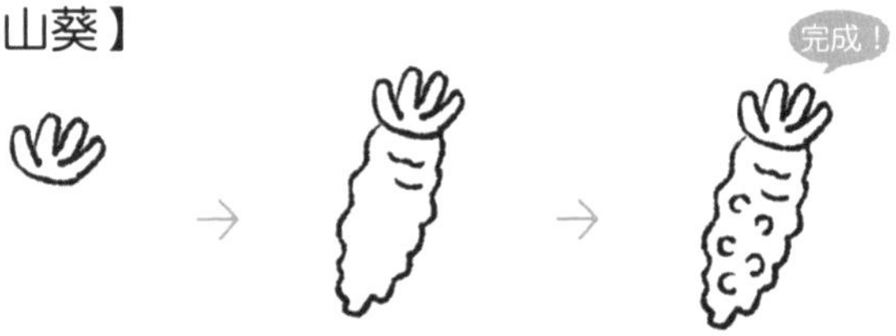

完成！

一隻 bye-bye 手 → 皺皺的袖子 → 加上很多「C」字，完成！

描一描！

畫一畫

【秋葵】

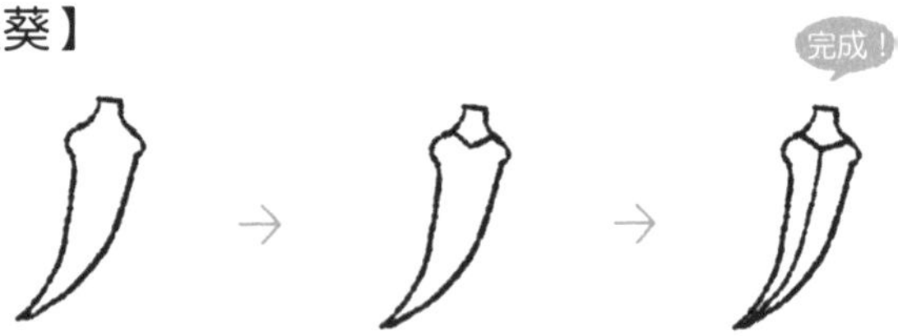

完成！

類似畫筆的形狀 → 畫出一個「V」字 → 中間加一條線，完成！

描一描！

畫一畫

【栗子】

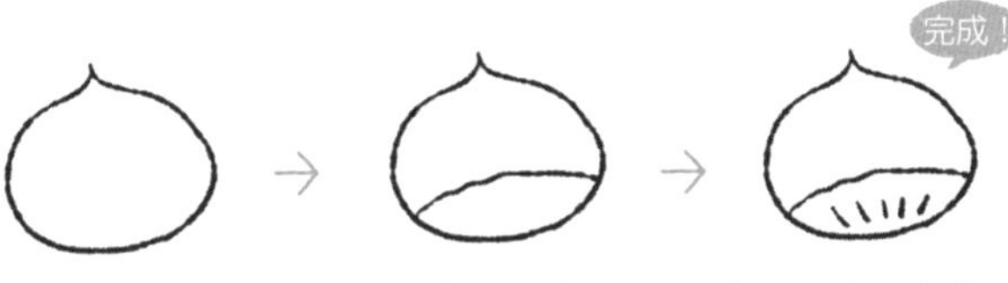

尖尖頭 → 畫一條線 → 加上紋路，完成！

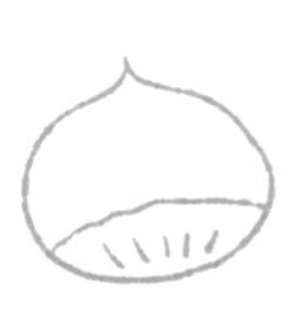

描一描！

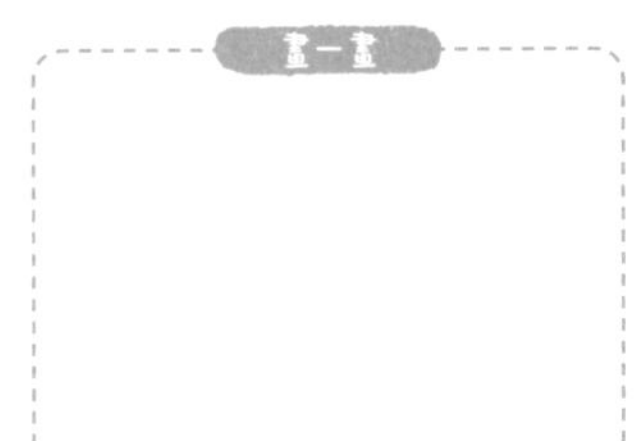

【花生】

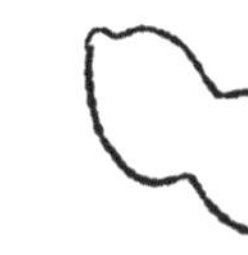

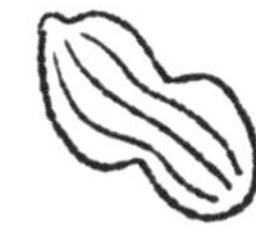

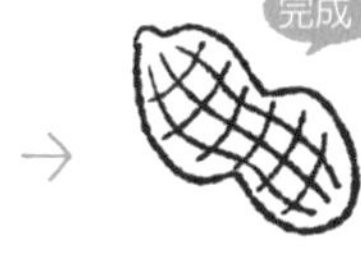

類似葫蘆的形狀 → 3 條縱向紋路 → 畫出網狀，完成！

描一描！

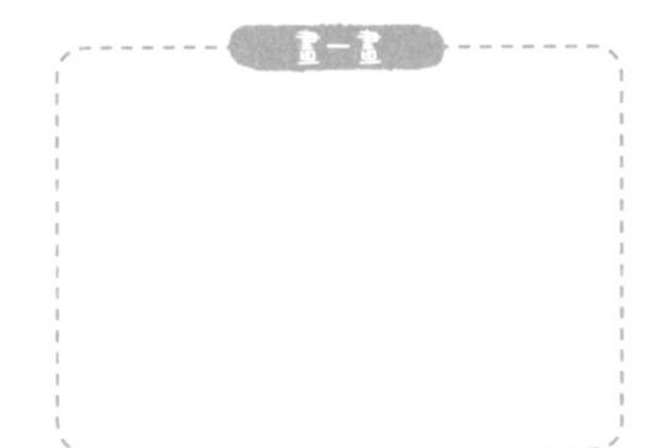

【核桃】

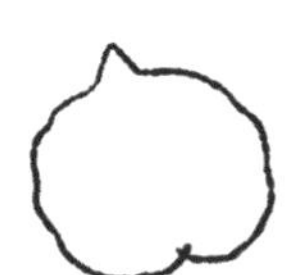

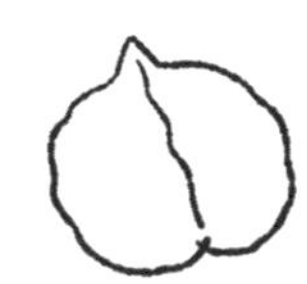

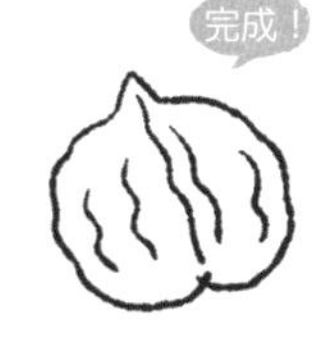

尖尖頭有個凹下巴 → 中間有道波浪 → 畫出小波浪，完成！

描一描！

畫一畫

【筆頭菜】

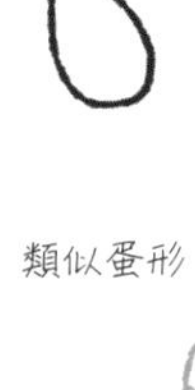

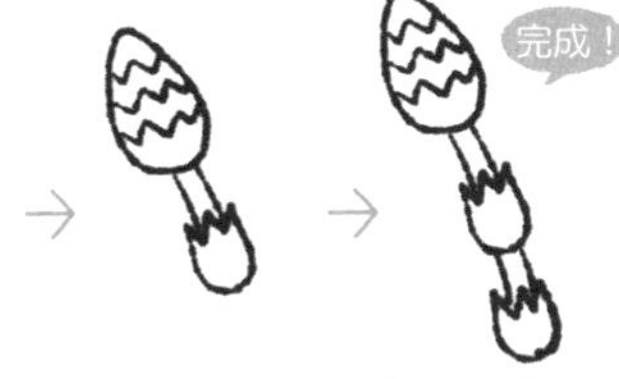

類似蛋形 → 3 段鋸齒狀 → 伸出脖子，加上一朵鬱金香 → 再畫一次脖子和鬱金香，完成！

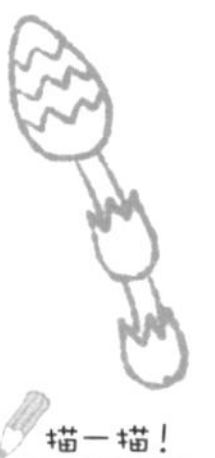

描一描！

畫一畫

【紫萁】

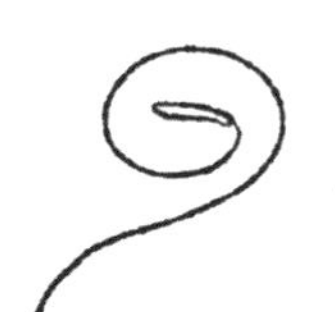

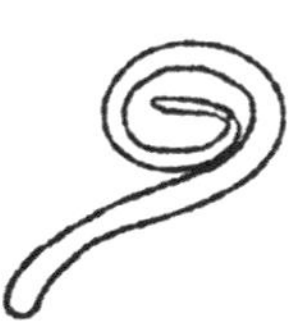

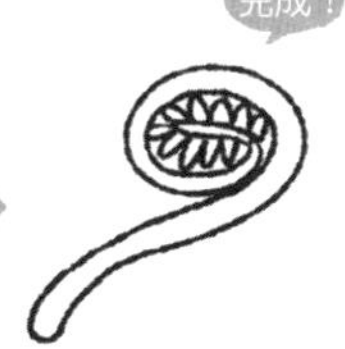

中間圍成一圈，像一個「？」 → 圈成雙重線畫成的「？」 → 加上葉片，完成！

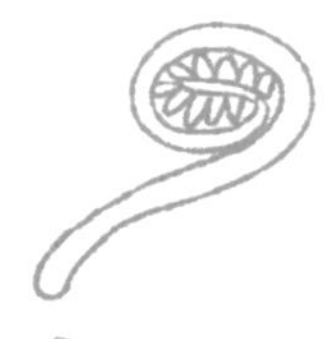

描一描！

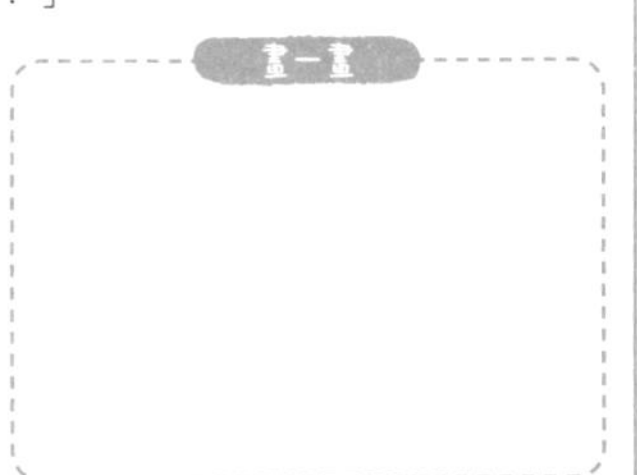

【魁蒿】

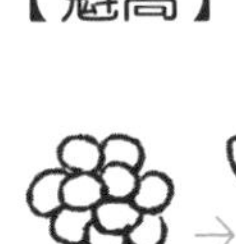

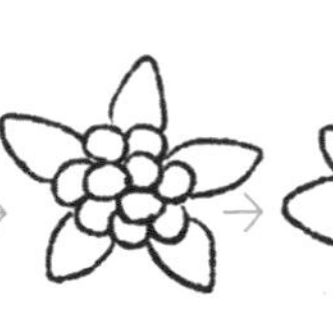

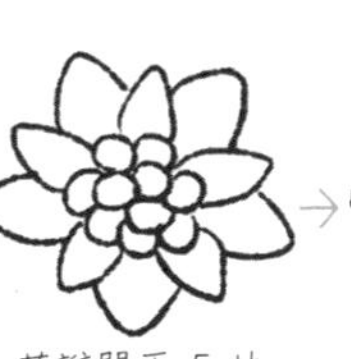

相連的小圓 → 5 片花瓣 → 花瓣間再 5 片 → 加上紋路，完成！

描一描！

【草莓】

完成！

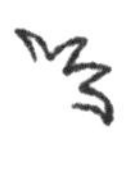
→
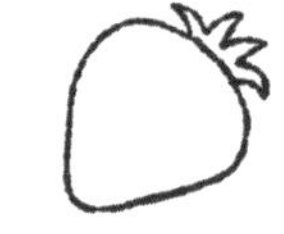
→

鋸齒狀的頭　加上倒三角臉　畫出點點，完成！

描一描！

畫一畫

【櫻桃】

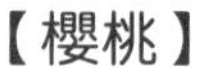

完成！

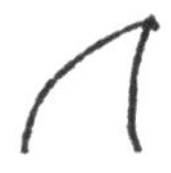
→
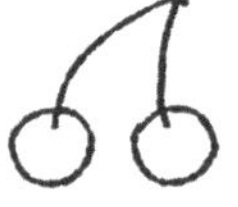
→
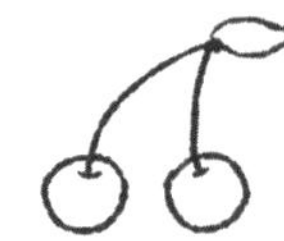

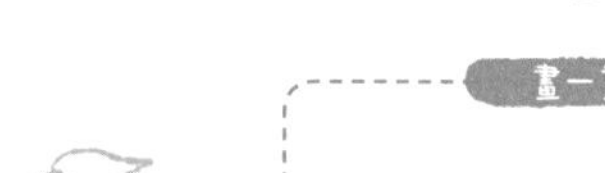

畫一個倒「V」　畫 2 個圓　加上飄揚的葉片，完成！

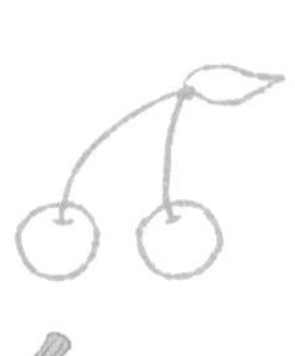

描一描！

畫一畫

【香蕉】

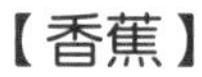

完成！

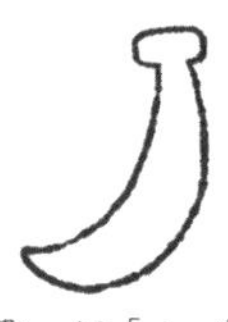
→
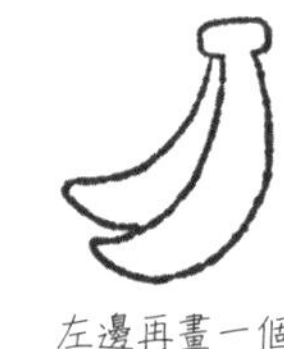
→
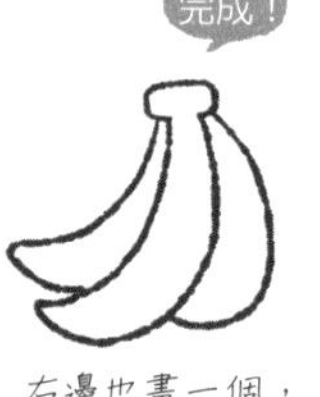

畫一個「J」字　左邊再畫一個　右邊也畫一個，完成！

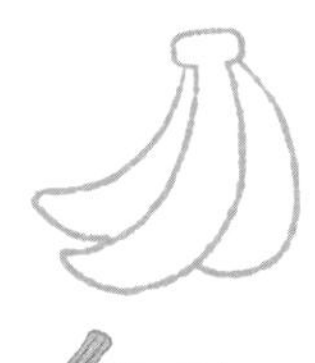

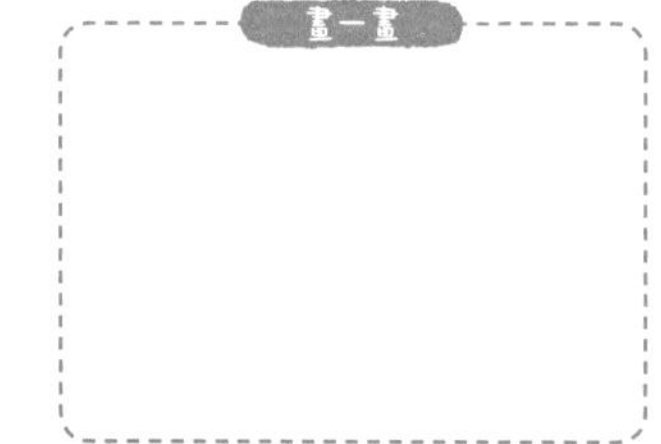

描一描！

畫一畫

【桃子】

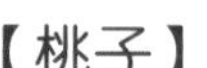

完成！

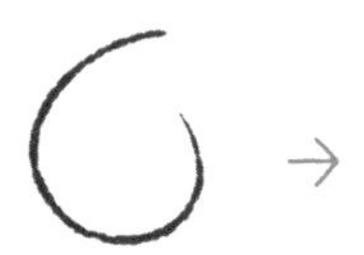
→
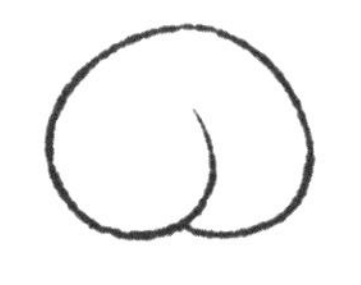
→
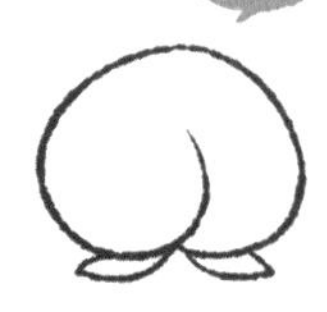

畫一個「し」字　加一個相反的「し」，形成一個屁股形　加上博士鬍，完成！

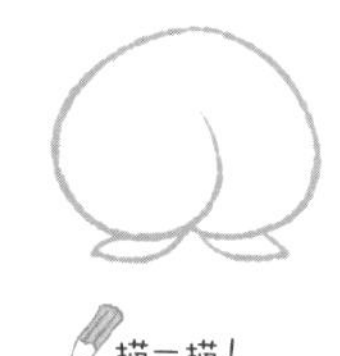

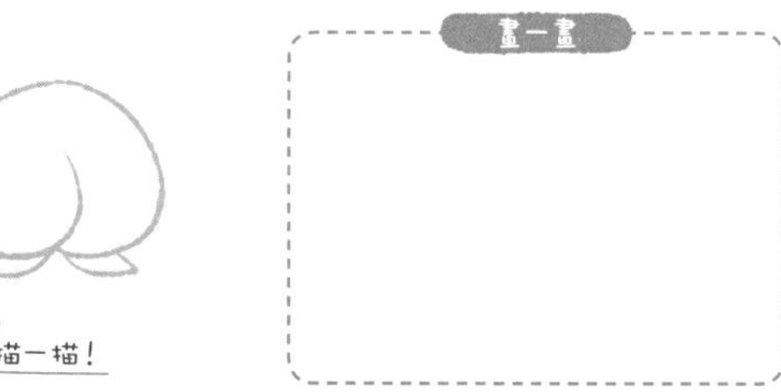

描一描！

畫一畫

【柿子】

完成！

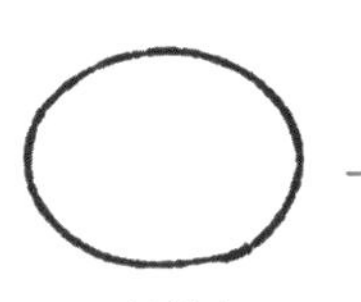
→
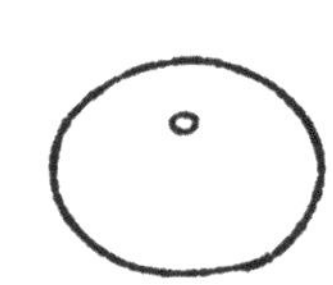
→
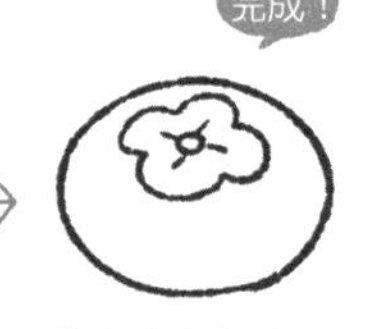

一個欄子　上方畫一個小肚臍　畫成花朵的樣子，完成！

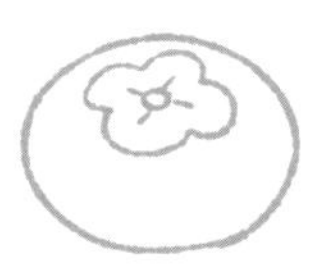

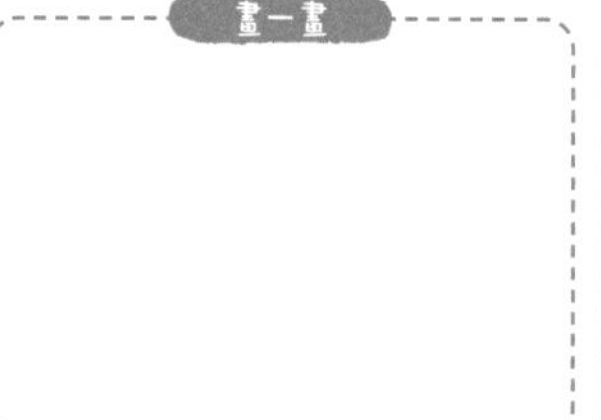

描一描！

畫一畫

【蘋果】

完成！

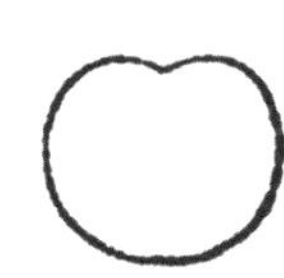
→
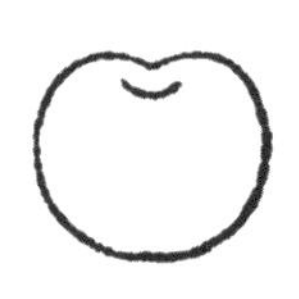
→
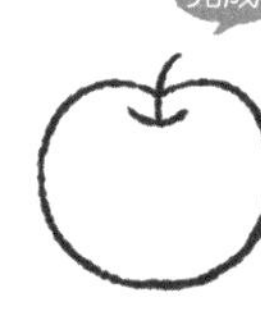

微鼓的心形　上面畫一個凹痕　加上一條線，完成！

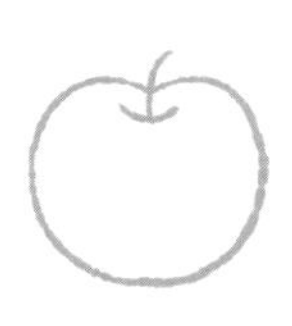

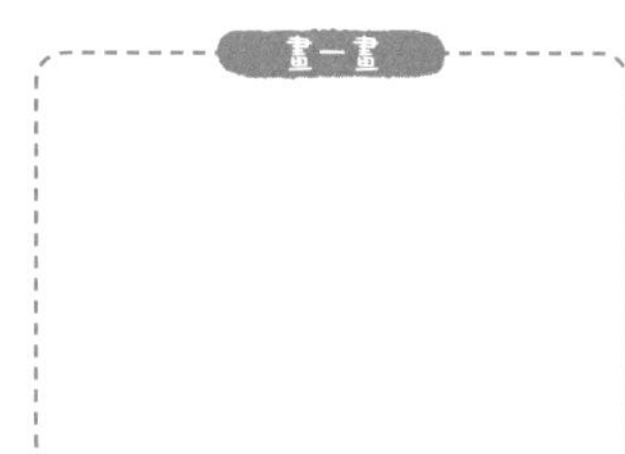

描一描！

畫一畫

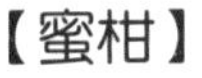

【蜜柑】

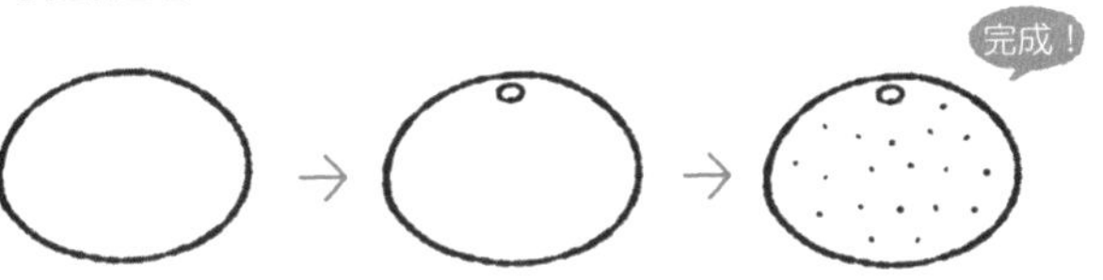

一個糰子 → 畫一個小圓 → 加上點點，完成！

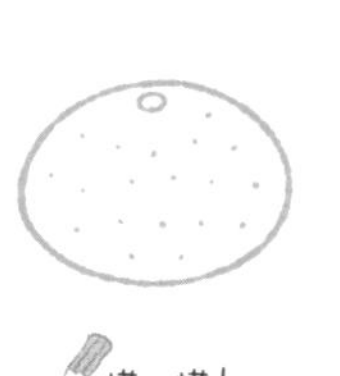

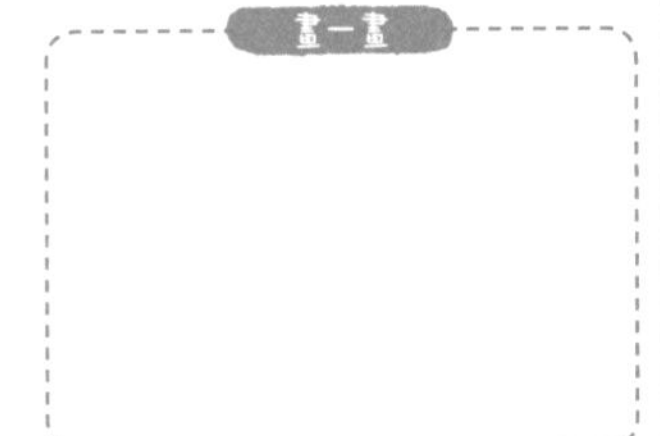

【凸柑】

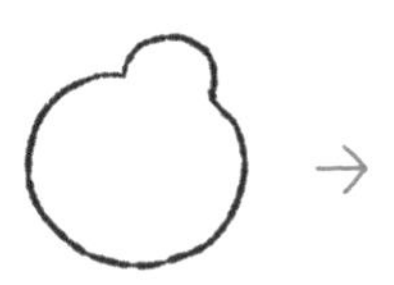

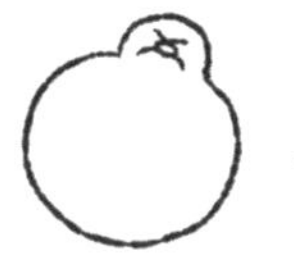

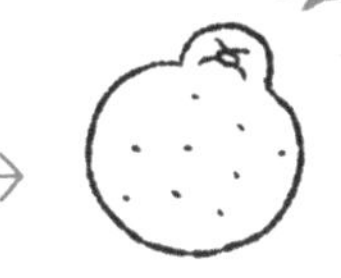

大小相連的 2 個圓 → 畫一個像肚臍的蒂頭 → 畫上點點，完成！

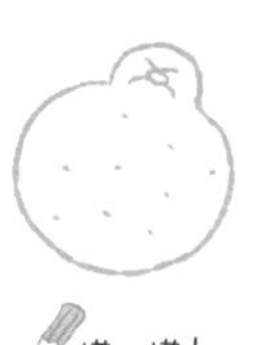

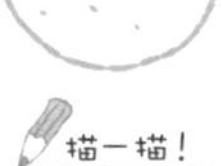

【奇異果】

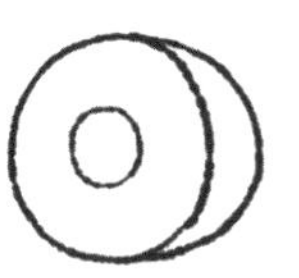

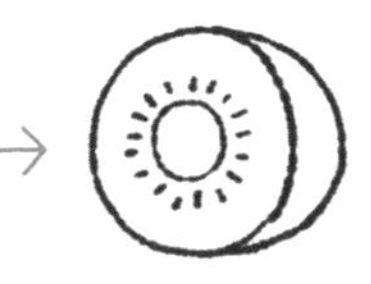

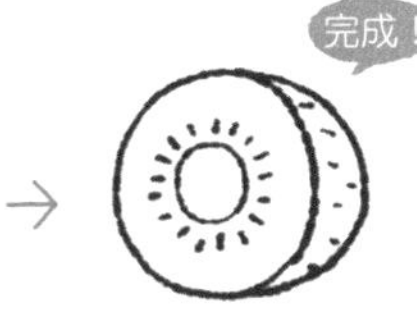

畫一個雙重圓，加一個新月 → 類似太陽的樣子 → 畫上點點，完成！

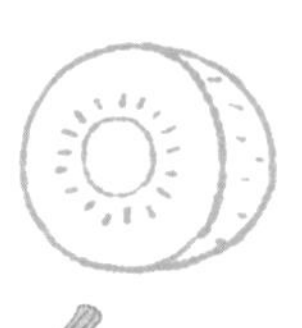

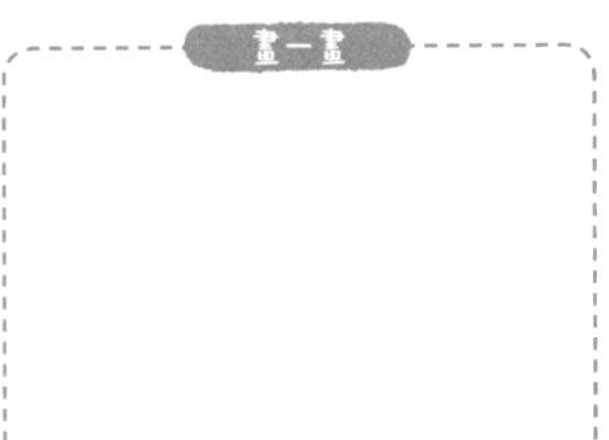

【藍莓】

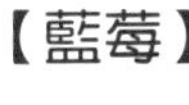

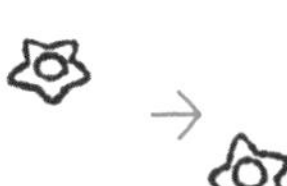

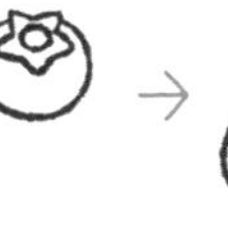

一顆星星 → 畫一個圈，再一顆星星 → 畫一個圈 → 畫一個向後的藍莓，完成！

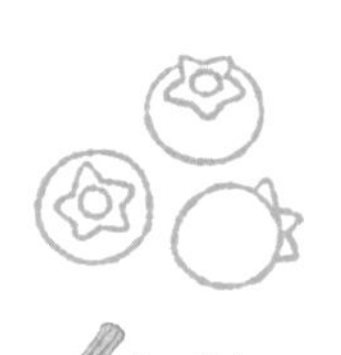

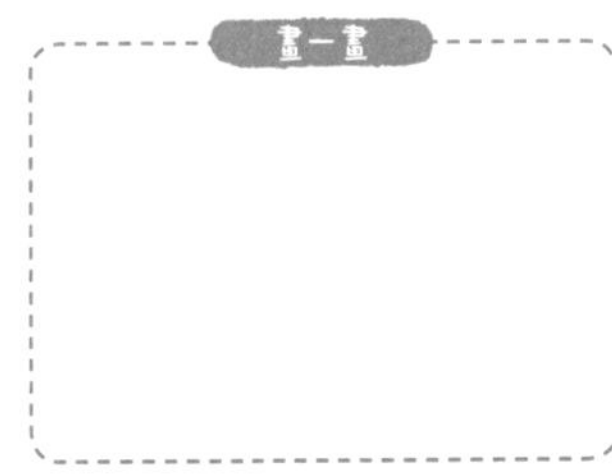

【無花果】

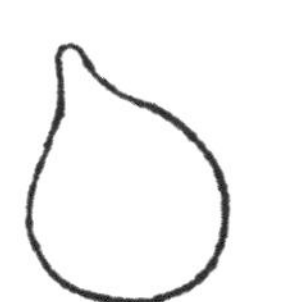

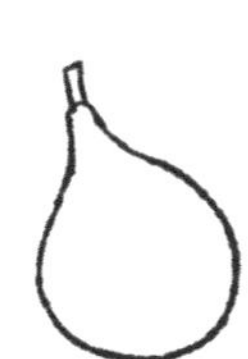

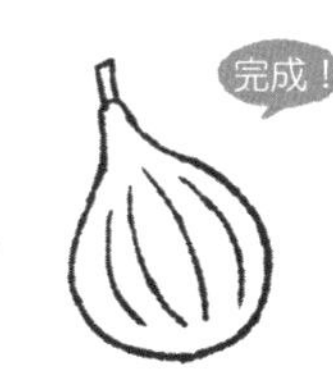

類似水滴的形狀 → 畫出蒂頭 → 畫出紋路，完成！

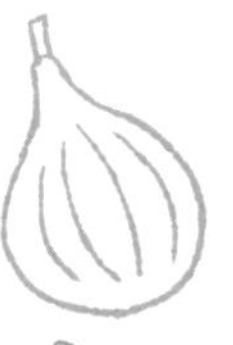

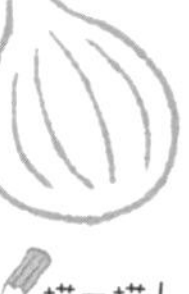

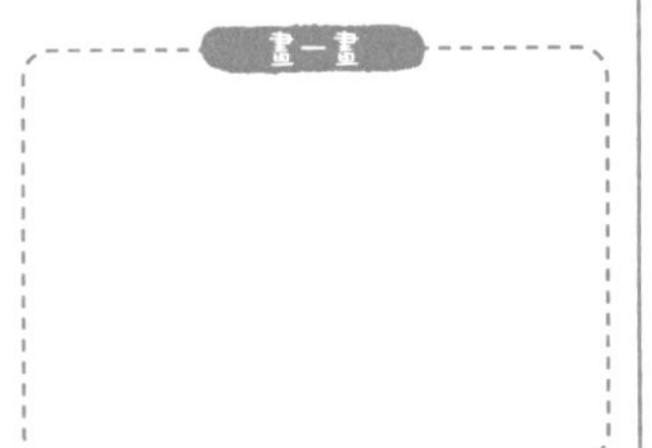

【鳳梨】

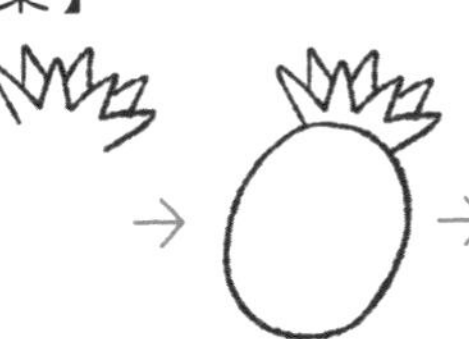

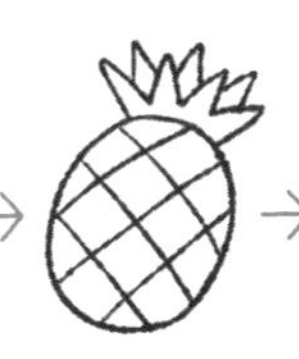

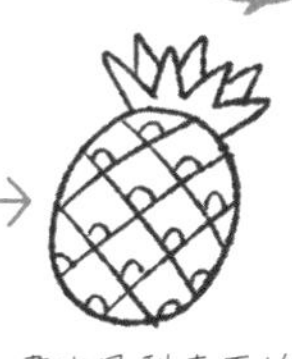

鋸齒狀的頭 → 長長的臉 → 畫滿網狀 → 畫出鳳梨表面的樣子，完成！

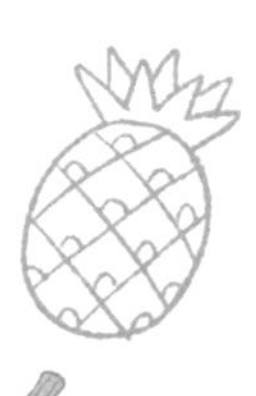

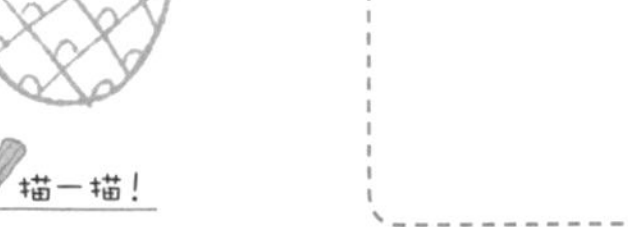

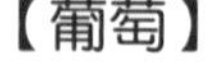

【葡萄】

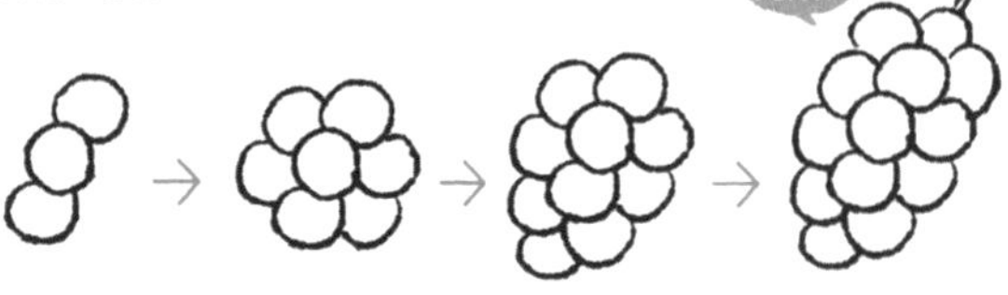

畫 3 個圓 → 左右各 2 個圓 → 下面再加 3 個圓 → 上面也畫 3 個圓和蒂頭，完成！

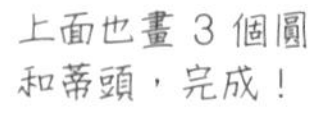

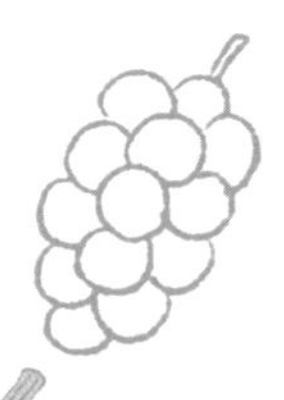

【哈密瓜】

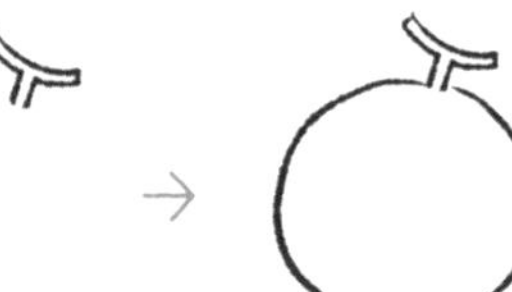

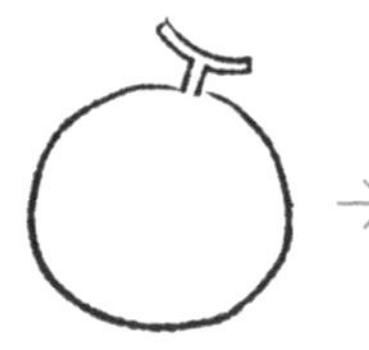

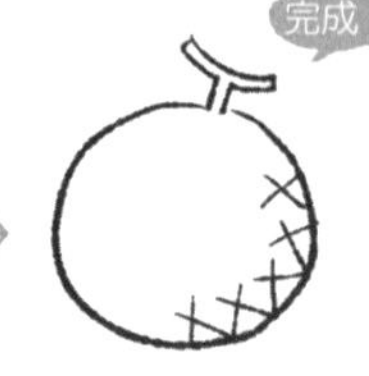

一個 T 字形 → 連結一個圓 → 加上網狀圖樣，完成！

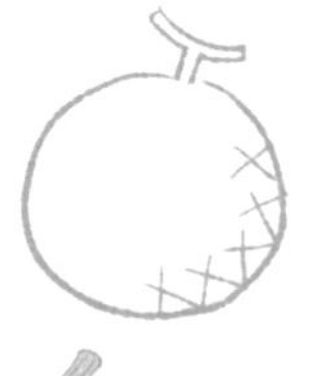

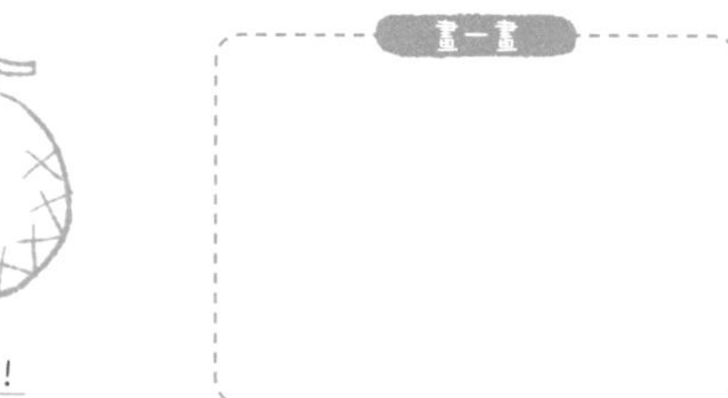

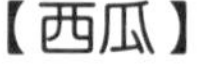

【西瓜】

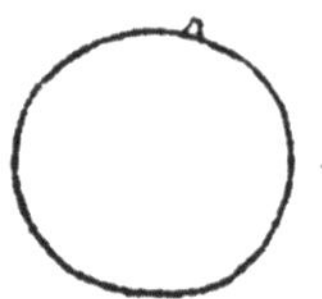

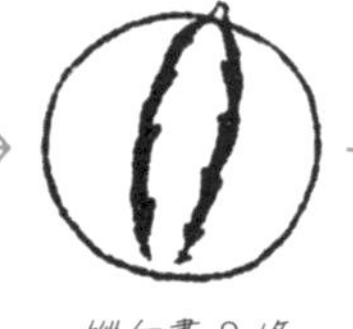

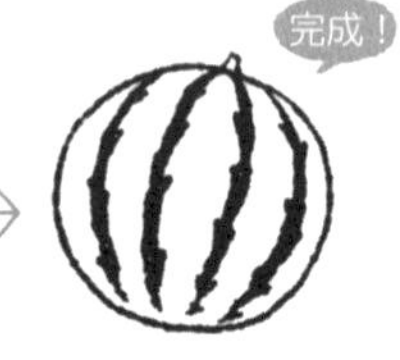

一個大圓和一個小蒂頭 → 縱向畫 2 條鋸齒狀線條 → 兩邊再加上鋸齒狀線條，完成！

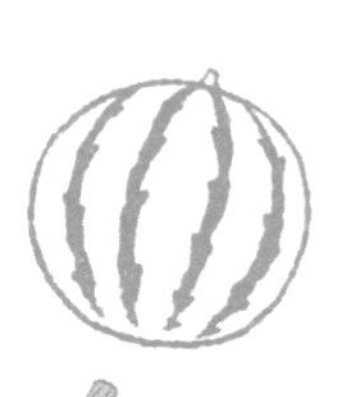

【檸檬】

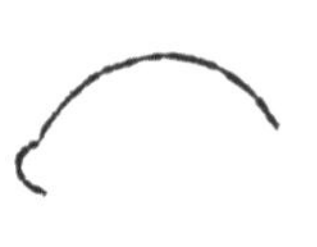

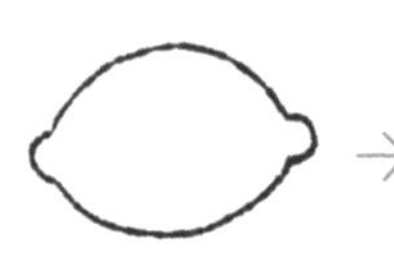

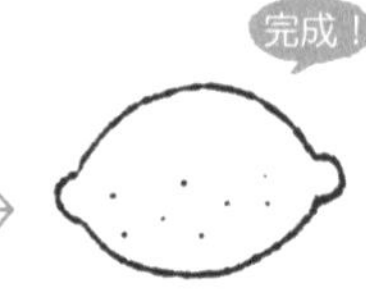

畫一個半圓，左邊突出 → 畫下面的半圓，右邊突出 → 畫上點點，完成！

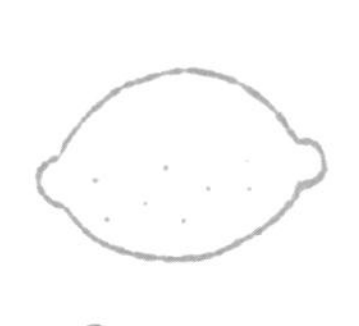

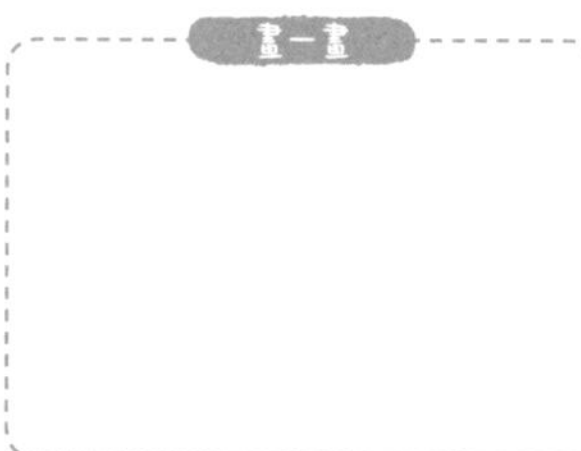

【切片西瓜】

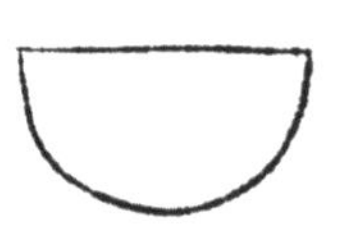

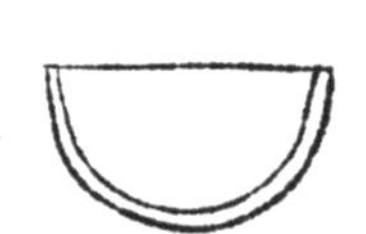

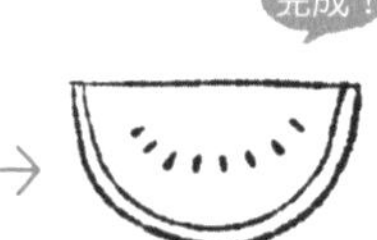

一個口袋 → 畫一條繡線 → 加上並列的點點，完成！

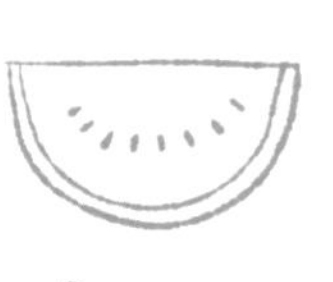

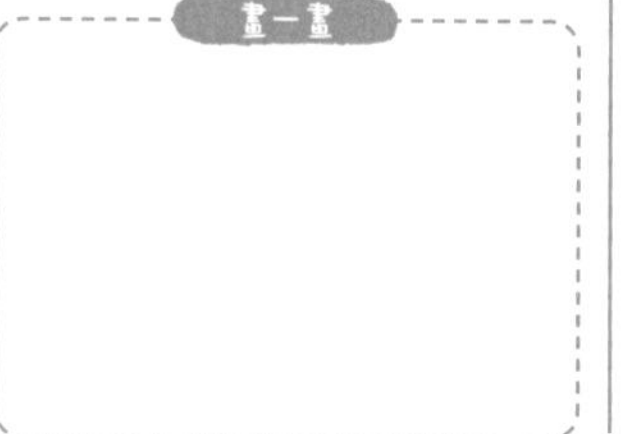

【切片檸檬】

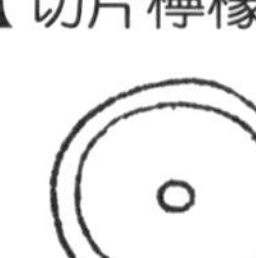

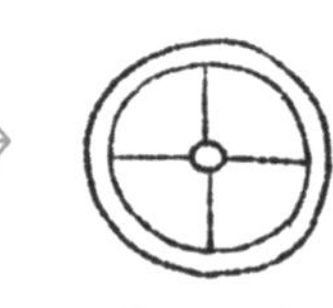

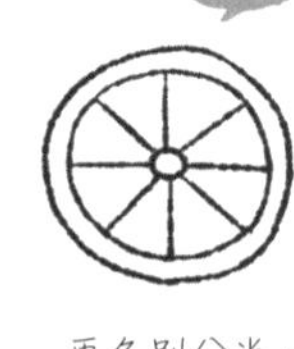

畫一個雙重圓，中間一個小圓 → 圓內用十字分成 4 等分 → 再各別分半，完成！

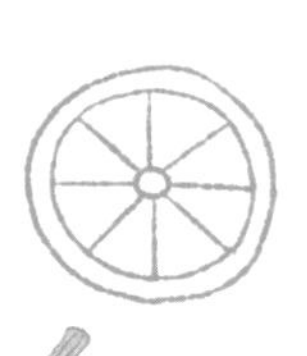

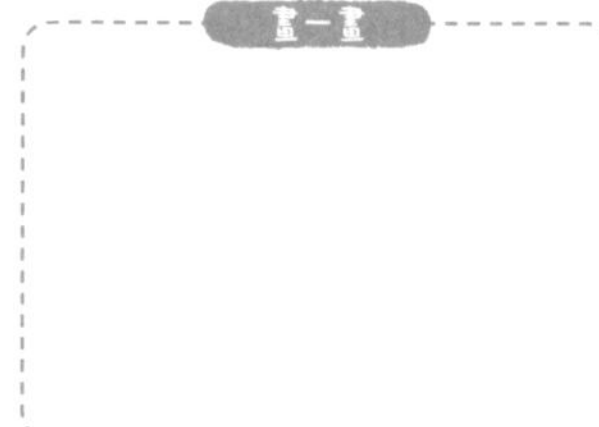

【西洋梨】

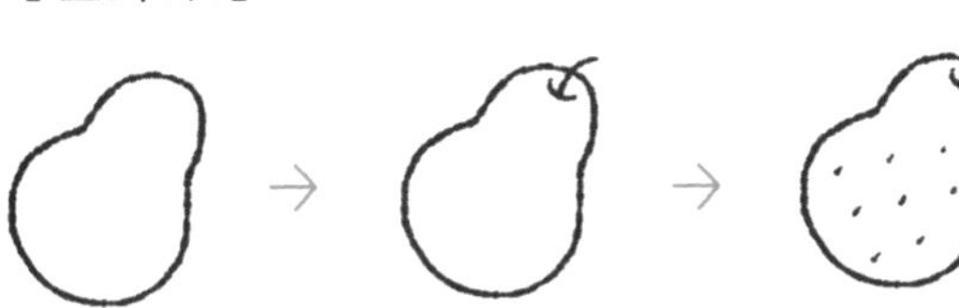

一個葫蘆形 → 畫一個凹痕和蒂頭 → 畫上點點，完成！

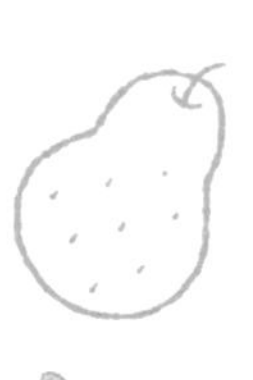

描一描！

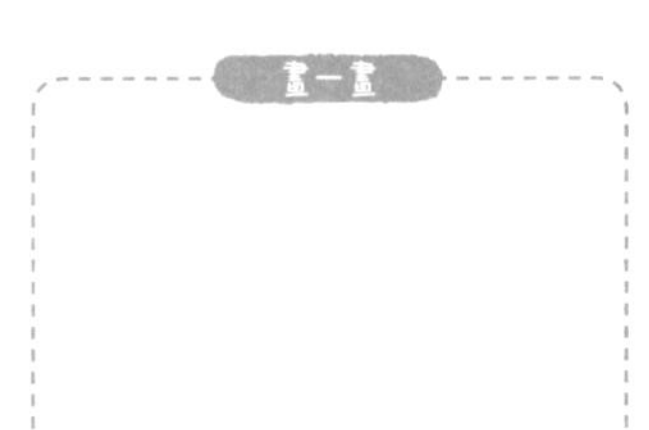

【火龍果】

3 片尖花瓣 → 裡面再畫 4 片 → 再畫 4 片，完成！

描一描！

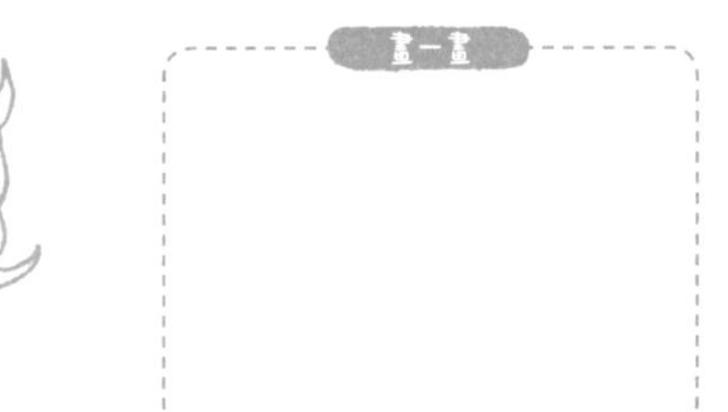

【枇杷】

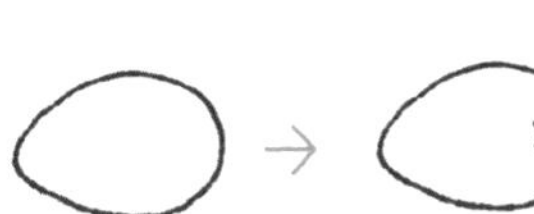

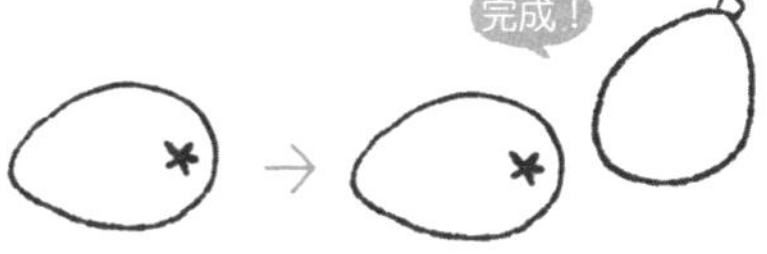

一邊尖尖的橢圓形 → 畫一顆星 → 再畫一個枇杷，完成！

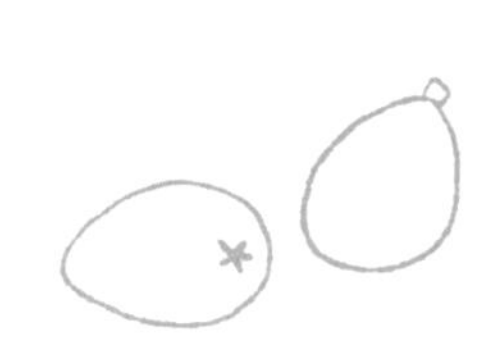

描一描！

【酪梨】

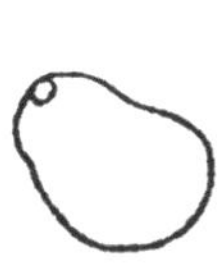

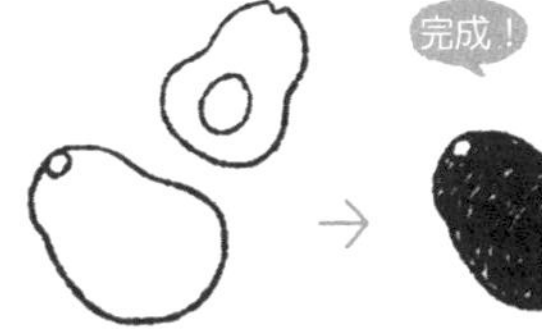

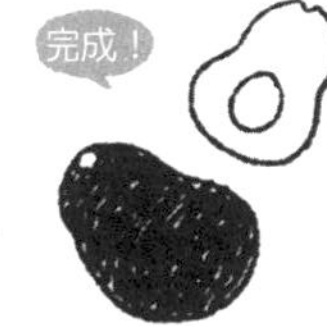

一個葫蘆形，和一個圓蒂頭 → 再畫一個剖面形，加上種子 → 皮塗色，完成！

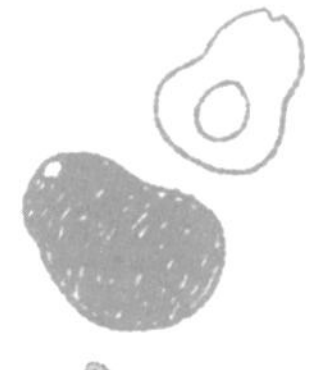

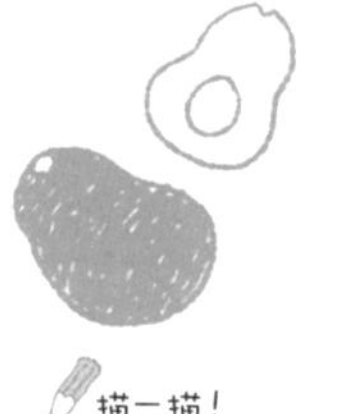

描一描！

【山竹】

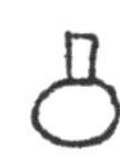

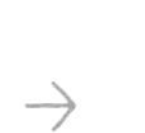

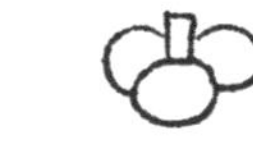

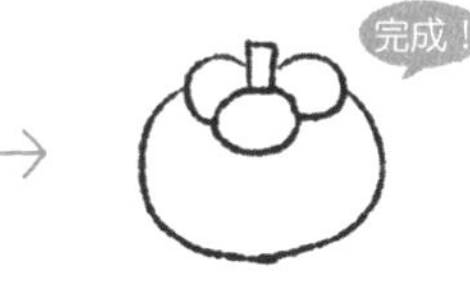

蒂頭和一片圓葉 → 裡面再畫 2 片圓葉 → 畫出圓果實，完成！

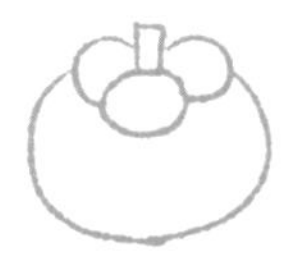

描一描！

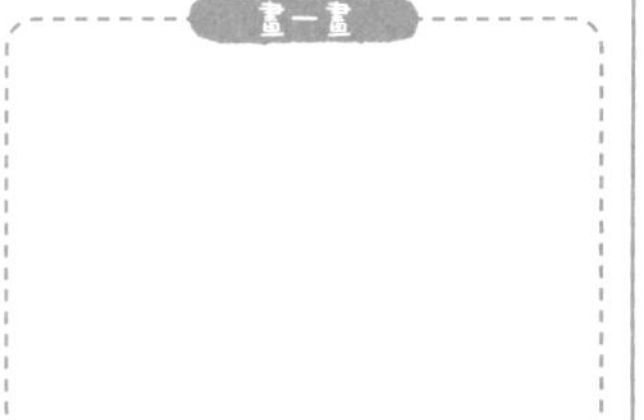

【榴槤】

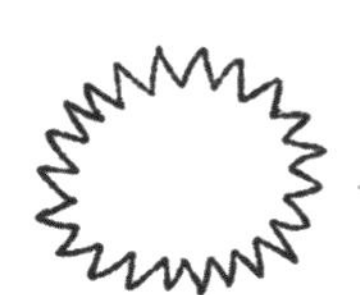

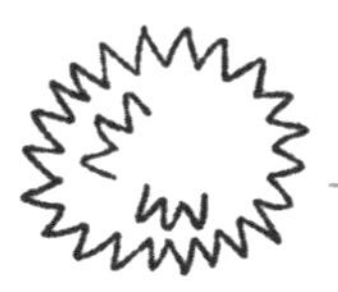

畫一個鋸齒狀的圓 → 內側再畫 2 個鋸齒狀 → 加上鋸齒狀和蒂頭，完成！

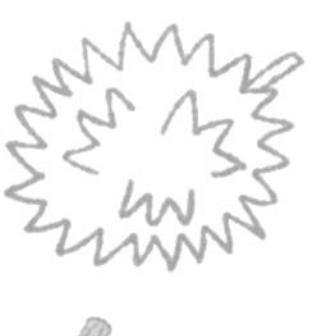

描一描！

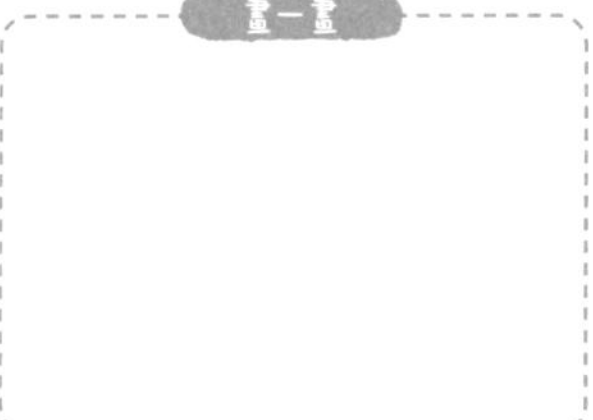

【牛排肉】

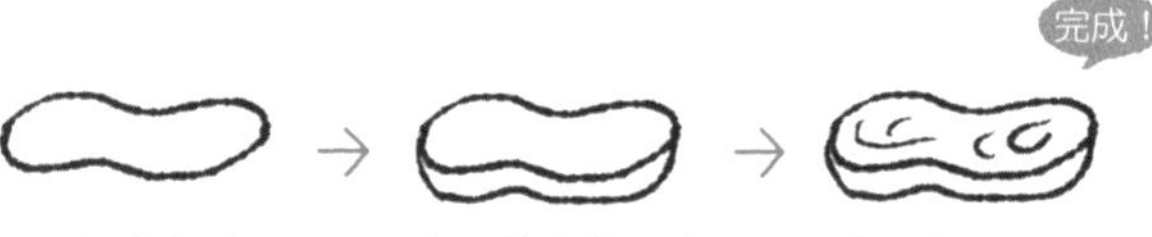
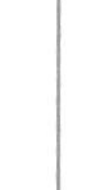

一個橫向較寬的橡皮筋 → 加上厚度變立體 → 畫出表面紋路，完成！

描一描！ 畫一畫

【薄片包裝肉】

圓角長方形，黏上貼紙 → 3 片薄切肉 → 畫上紋路，完成

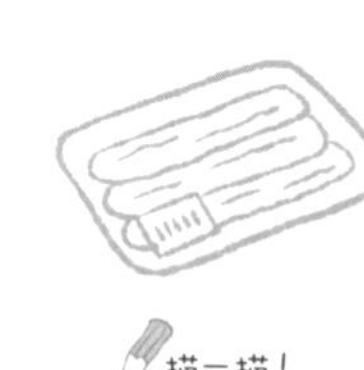
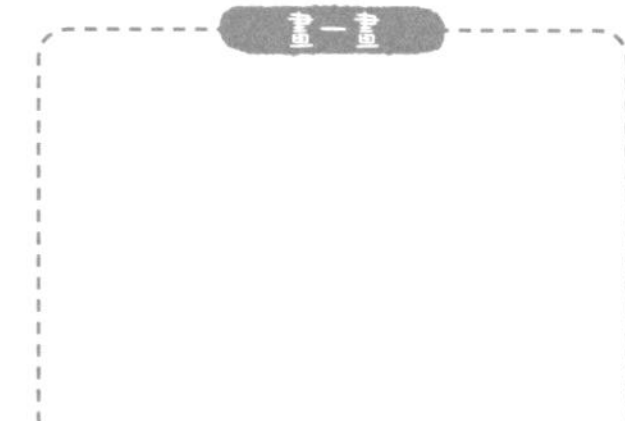

描一描！ 畫一畫

【小羊排】

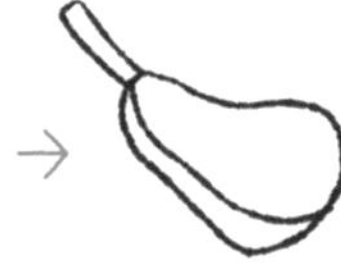
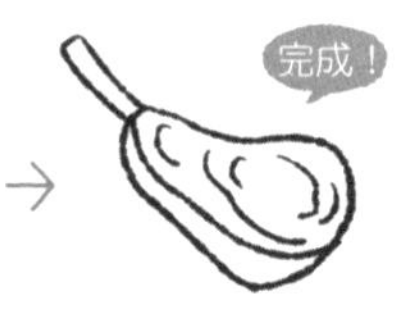

一個葫蘆形，加上厚度變立體 → 畫出骨頭 → 畫出肉的表面紋路，完成！

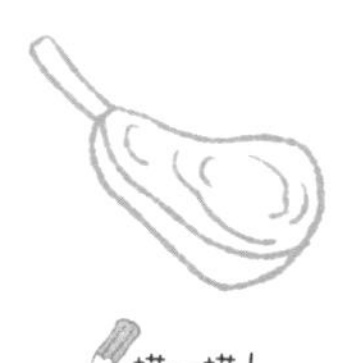
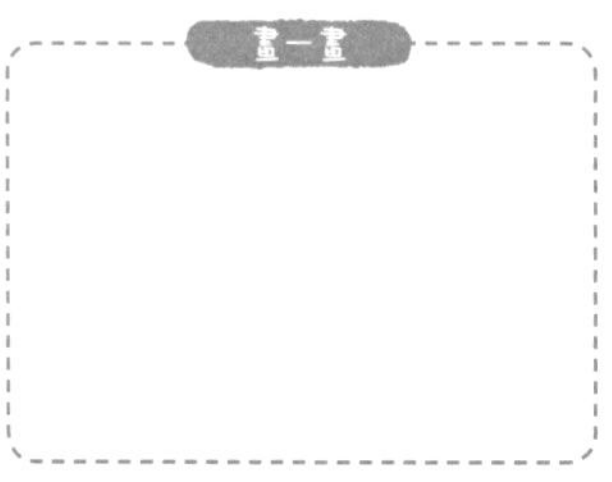

描一描！ 畫一畫

【雞翅膀】

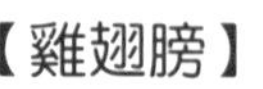
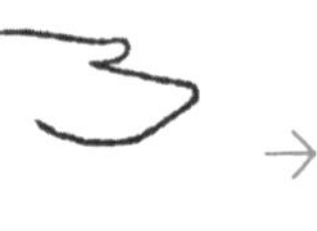
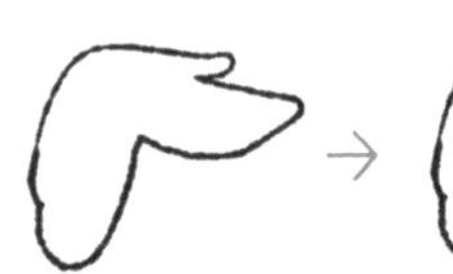
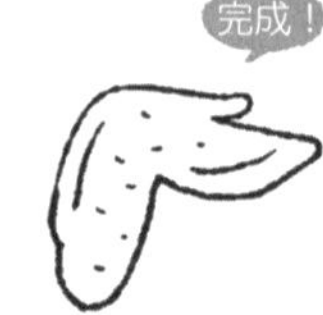

畫出向右突出的雞翅前端 → 往下的彎鉤形 → 畫出表面紋路，完成！

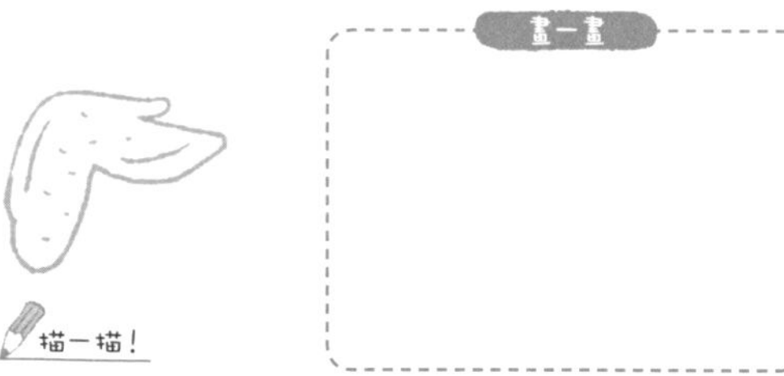

描一描！ 畫一畫

【去骨火腿】

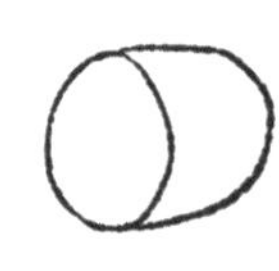
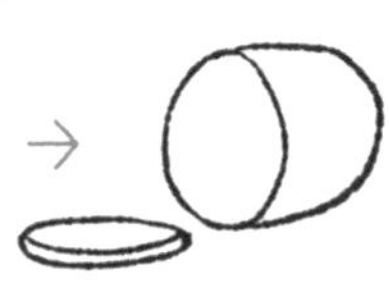
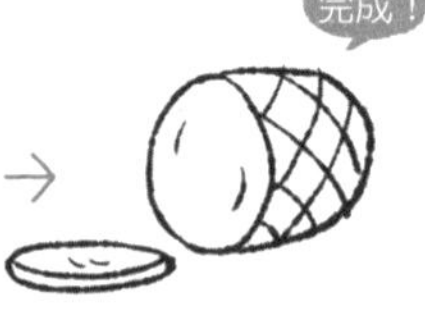

縱向橢圓形加上深度 → 一片切片火腿 → 加上網狀圖樣，完成！

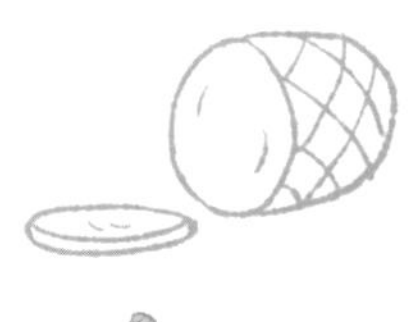
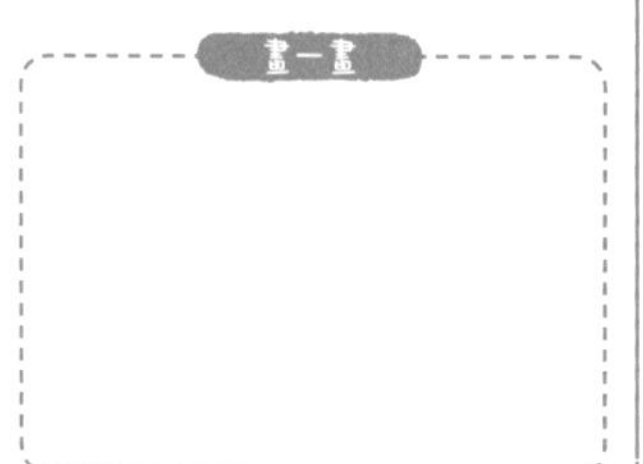

描一描！ 畫一畫

【雞腿】

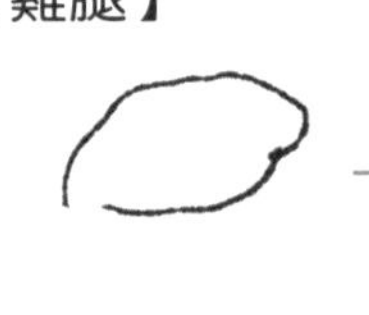
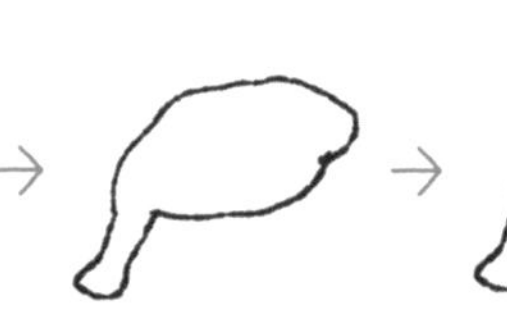
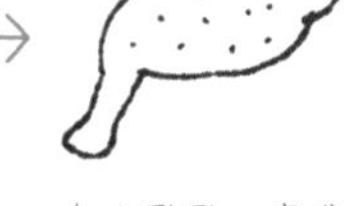

畫出厚厚的雞肉 → 下面畫出手握的腿骨 → 加上點點，完成！

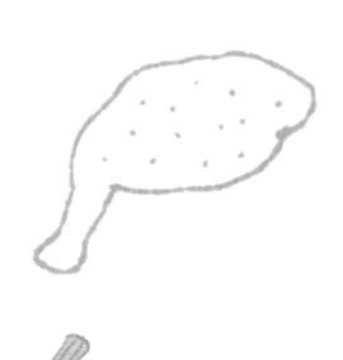
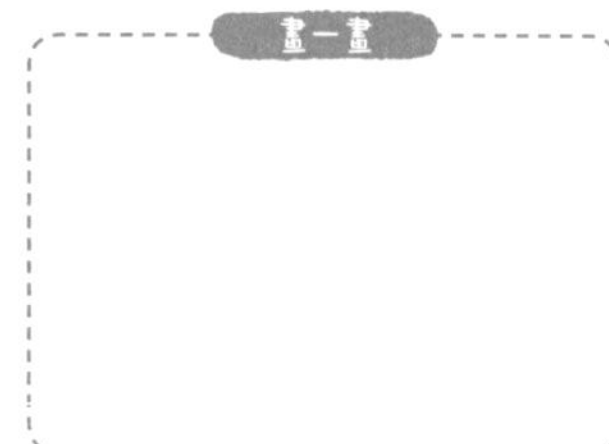

描一描！ 畫一畫

【鮭魚切片】

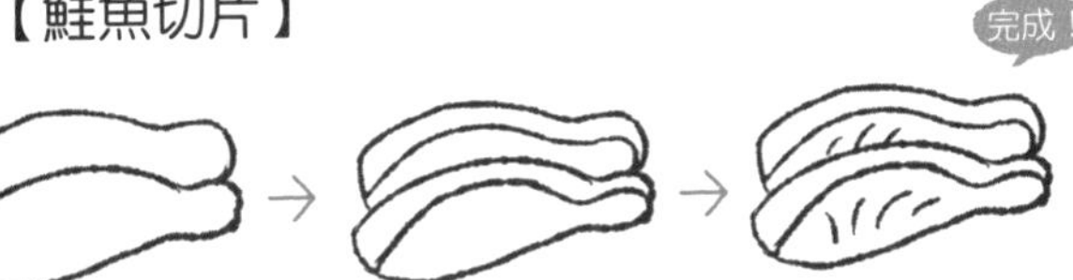
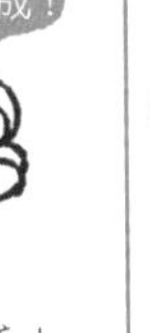

完成！

畫 2 片重疊的切片 → 畫皮的部分 → 加上紋路，完成！

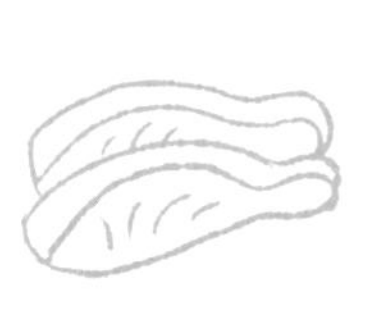
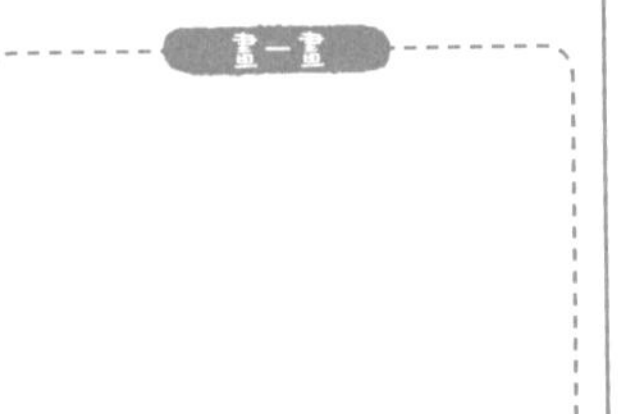

畫一畫

描一描！

【竹筴魚剖半】

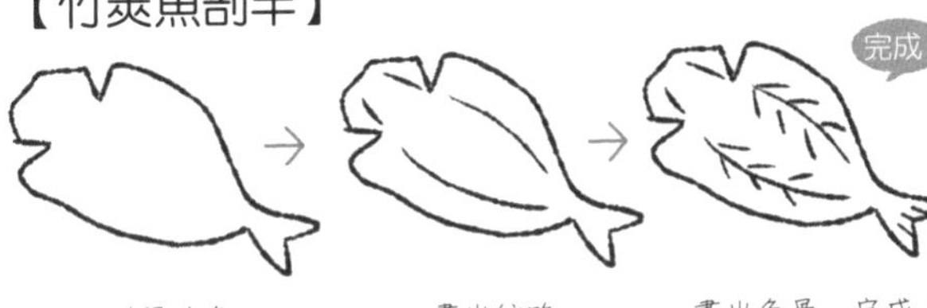

完成！

剖開的魚 → 畫出紋路 → 畫出魚骨，完成！

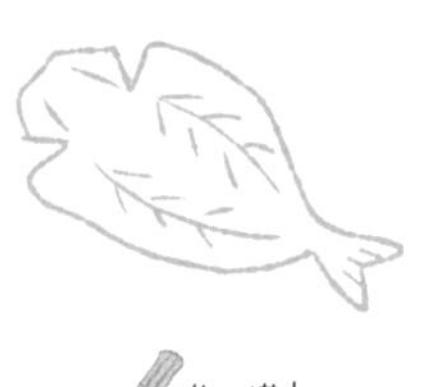

畫一畫

描一描！

【明太子】

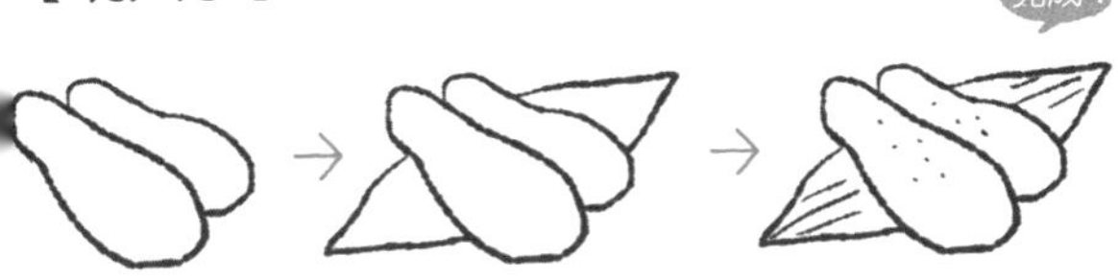

完成！

2 個重疊的明太子 → 下面鋪上葉片 → 畫出表面紋路，完成！

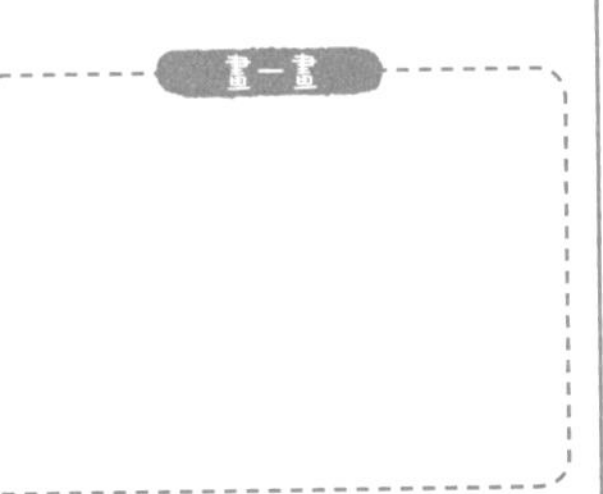

畫一畫

描一描！

【生魚片】

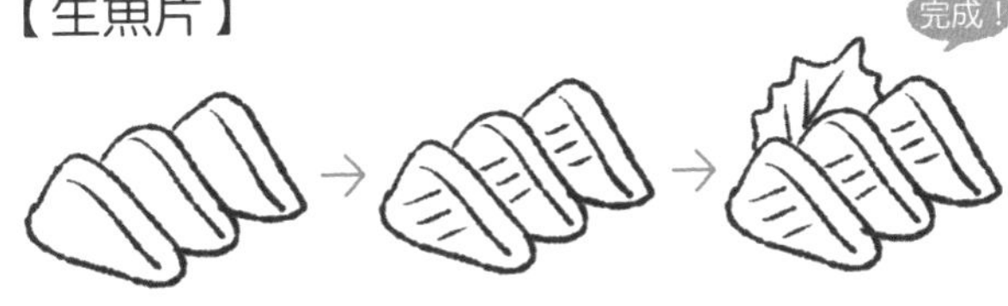

完成！

立體畫出 3 個重疊的三角形 → 加上表面紋路 → 加上紫蘇葉，完成！

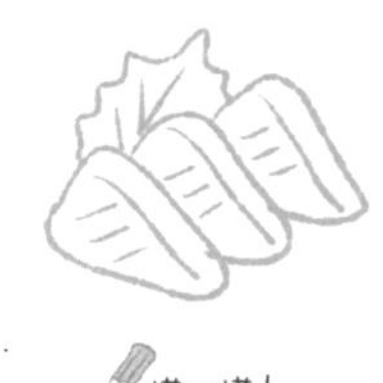

畫一畫

描一描！

【海帶芽】

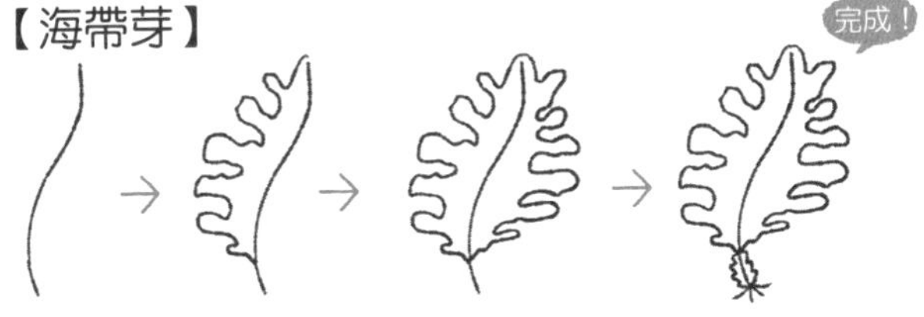

完成！

一條如「ㄴ」的弧線 → 左側畫出飄動的葉片 → 右側也畫出飄動的葉片並與左側連結 → 畫出根部，完成！

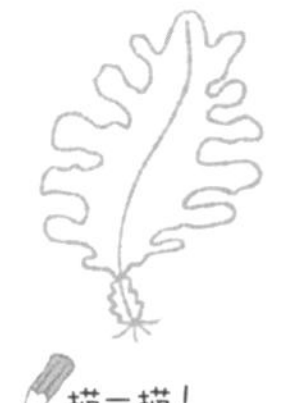
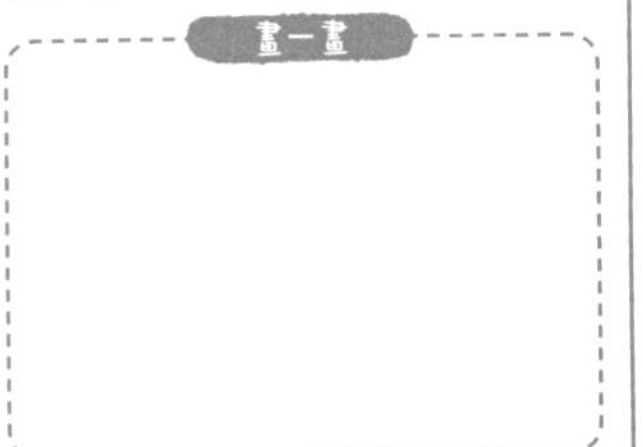

畫一畫

描一描！

【秋刀魚】

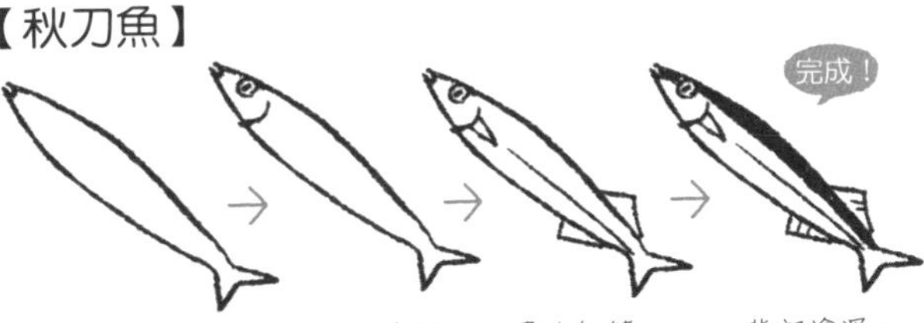

完成！

細長的秋刀魚身 → 畫出魚眼和魚鰓 → 畫出鰓鰭、背鰭、尾鰭 → 背部塗深，完成！

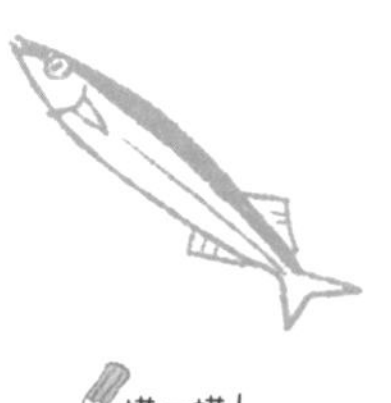
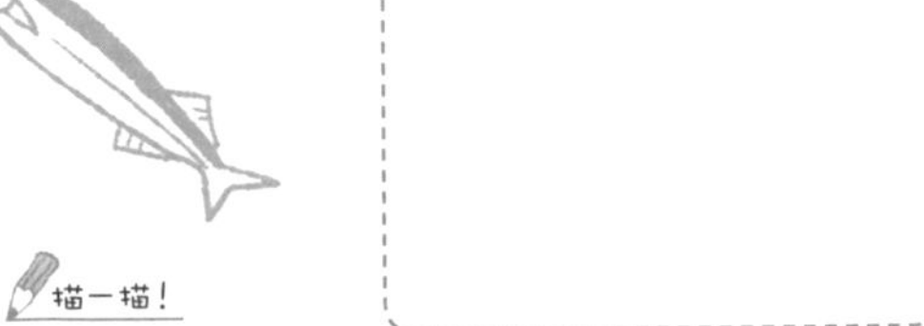

畫一畫

描一描！

【牛奶】

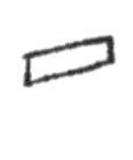

最上面密封的部分

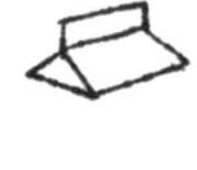

畫出三角形屋頂

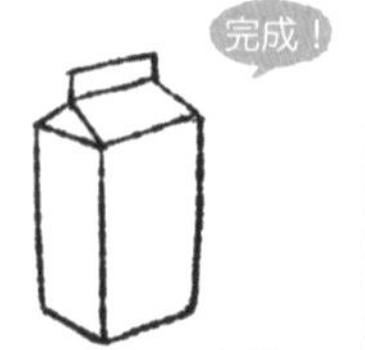

加上 3 條直線變立體，完成！

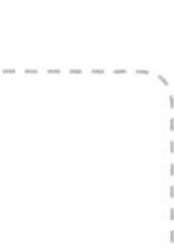

描一描！

畫一畫

【蛋】

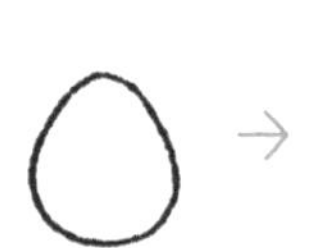

一個蛋形

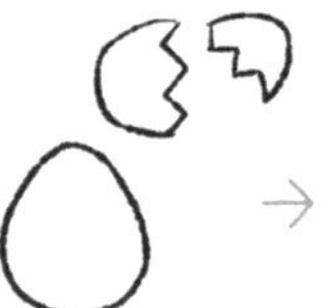

旁邊畫一個破掉的蛋形

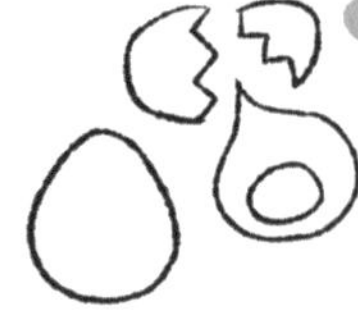

畫出裡面的蛋，完成！

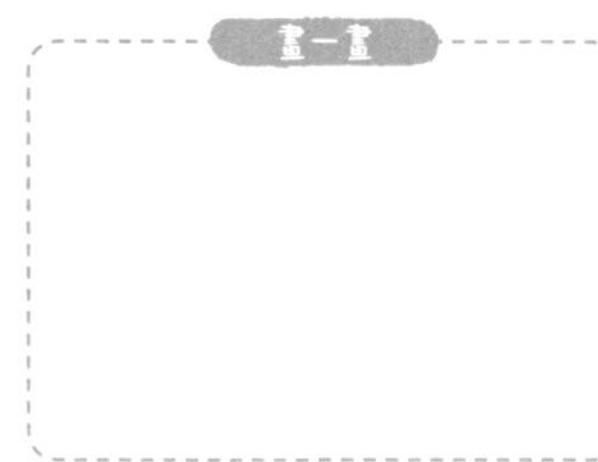

描一描！

畫一畫

【罐裝】

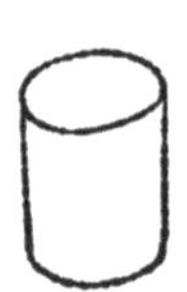

一個圓柱

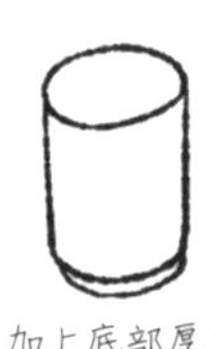

加上底部厚度

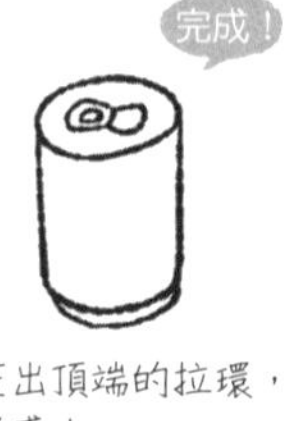

畫出頂端的拉環，完成！

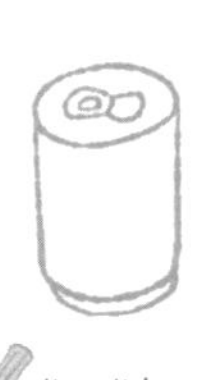

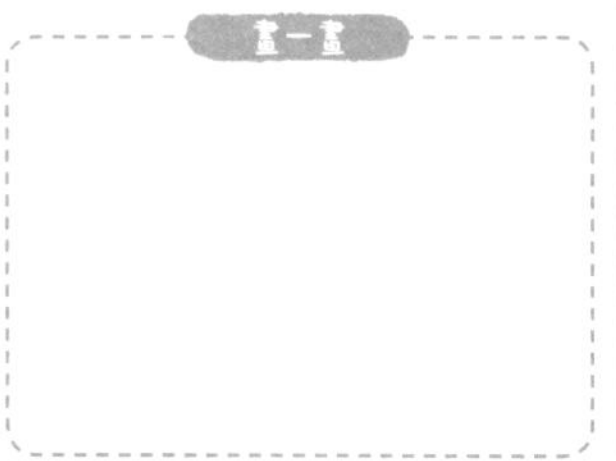

描一描！

畫一畫

【寶特瓶】

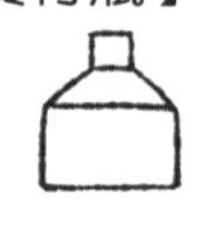

用線將小的方形和大的方形相連

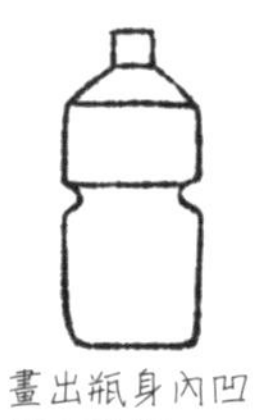

畫出瓶身內凹的下半部

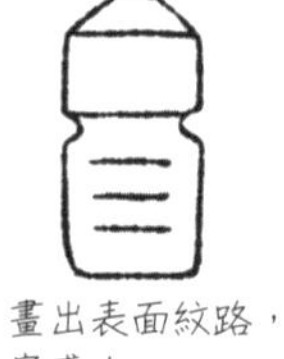

畫出表面紋路，完成！

描一描！

畫一畫

【優格】

從蓋子畫起

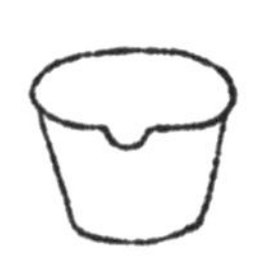

畫一個下方較窄的杯子

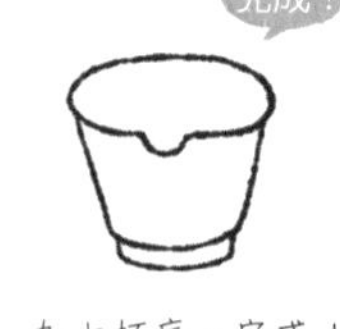

加上杯底，完成！

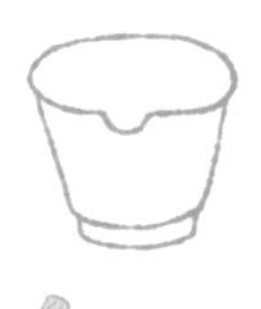
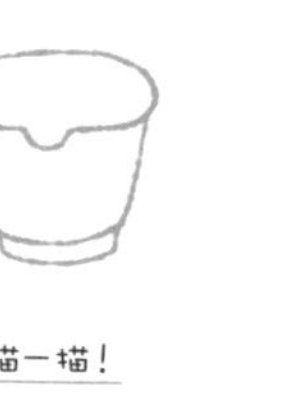
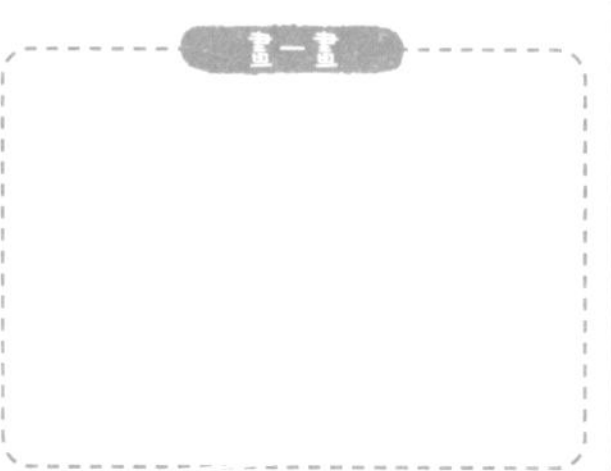

描一描！

畫一畫

【粗鹽醃牛肉】

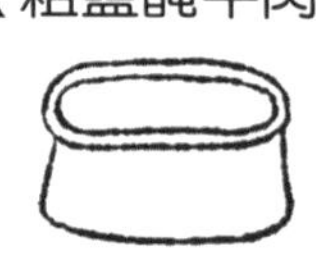

畫一個雙重橢圓形加上底部較寬的罐子

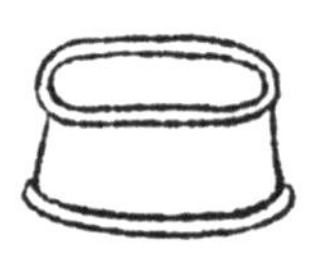

底部也畫成雙層的樣子

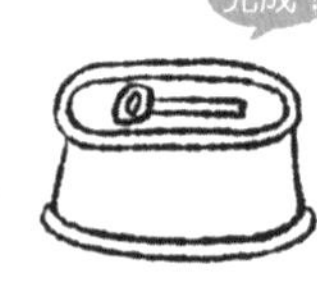

畫上拉環，完成！

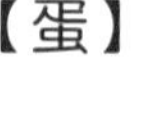

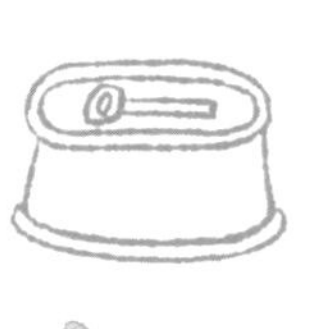
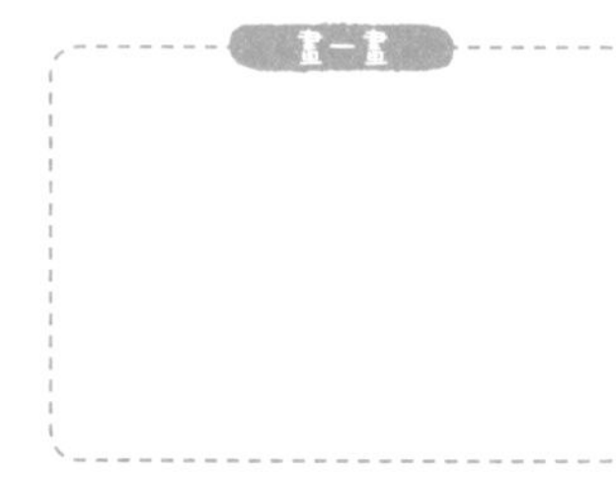

描一描！

畫一畫

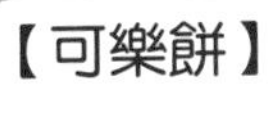

【可樂餅】

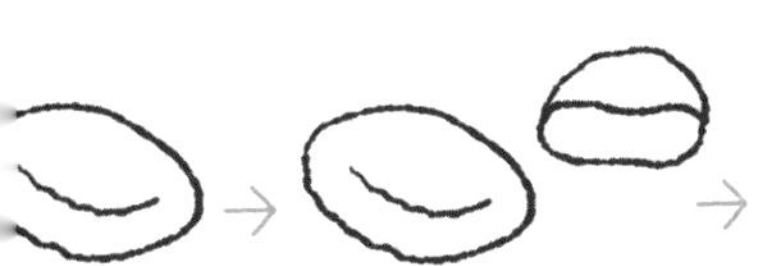
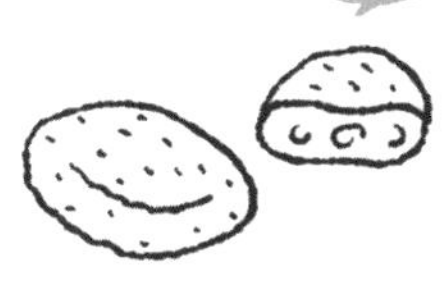
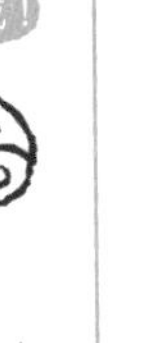

抖線畫出厚度

旁邊畫一個半塊可樂餅

畫上點點，完成！

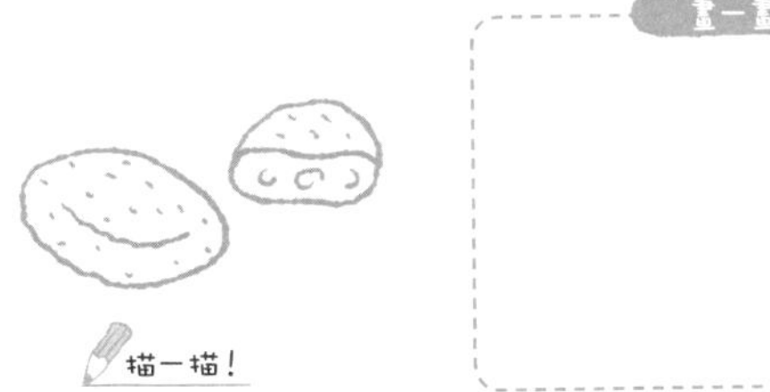

【烤雞肉串】

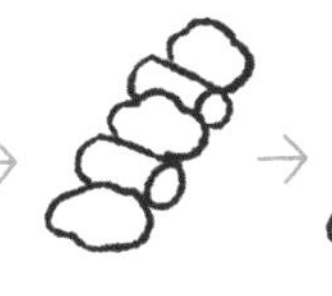
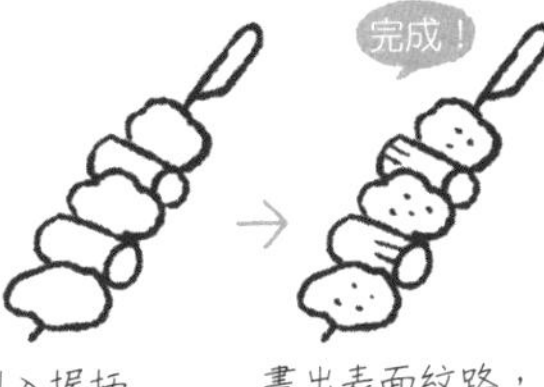

依序畫出雞肉、蔥、雞肉

裡面再畫一次蔥和雞肉

刺入握柄扁平的竹籤

畫出表面紋路，完成！

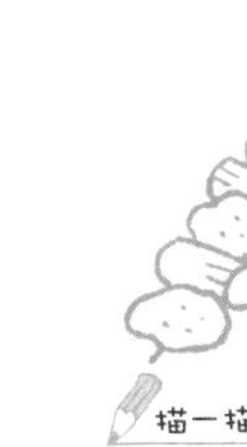
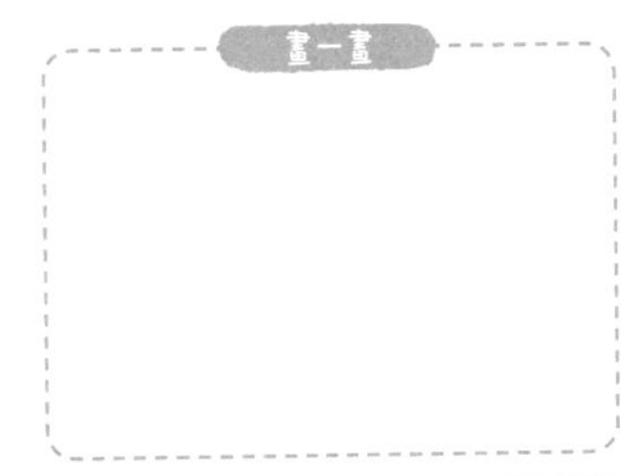

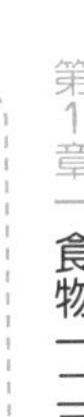

【三明治】

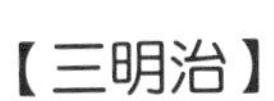
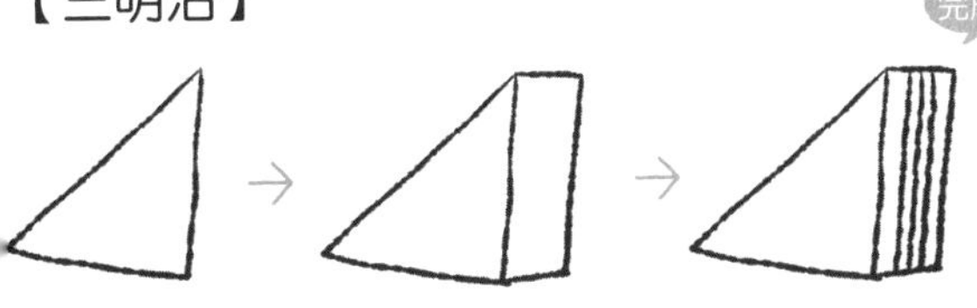

畫一個三角尺

畫出深度

畫出 3 條直線，完成！

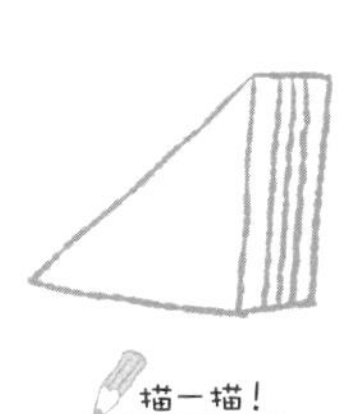
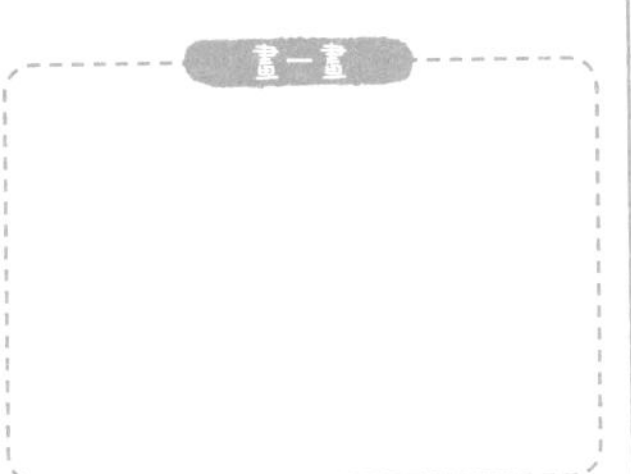

【粗捲壽司】

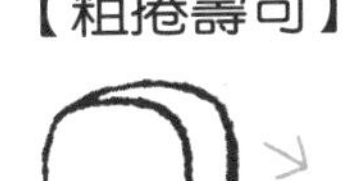
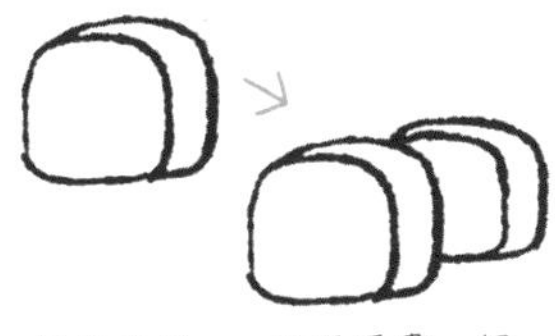
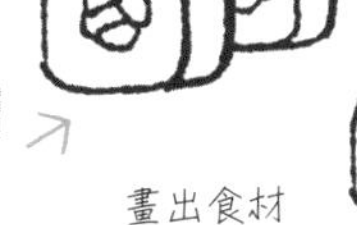

圓角方形，加上深度

裡面再畫一個

畫出食材

加上海苔和飯的圖樣，完成！

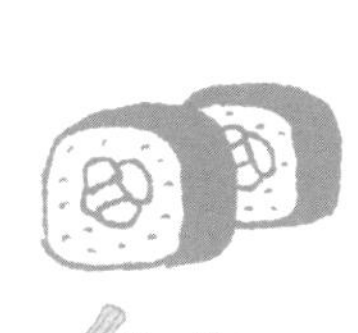
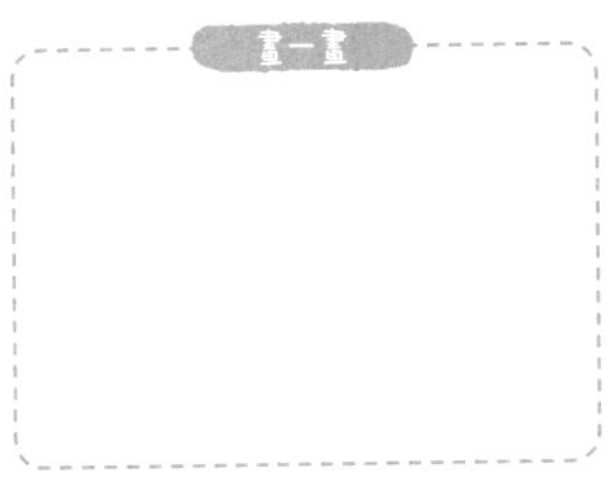

【炸竹筴魚】

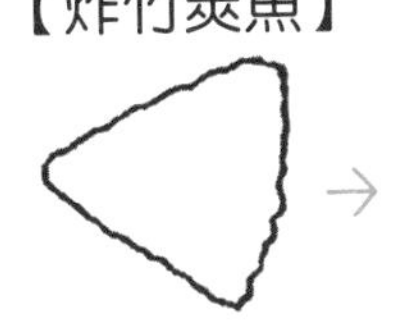
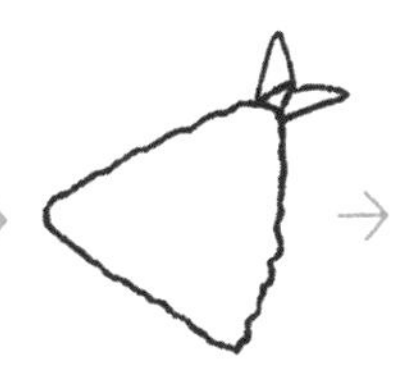
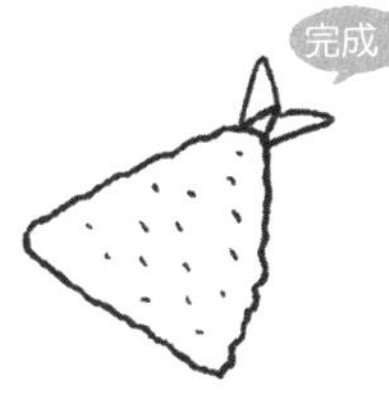

用抖線畫出三角形

加上魚尾

畫出炸衣的點點，完成！

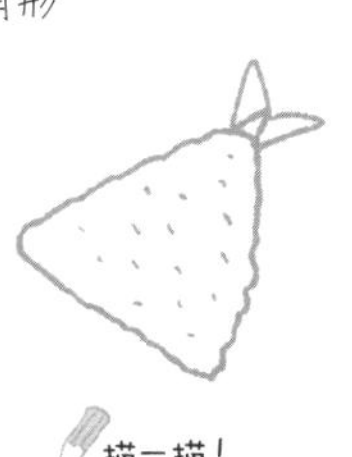
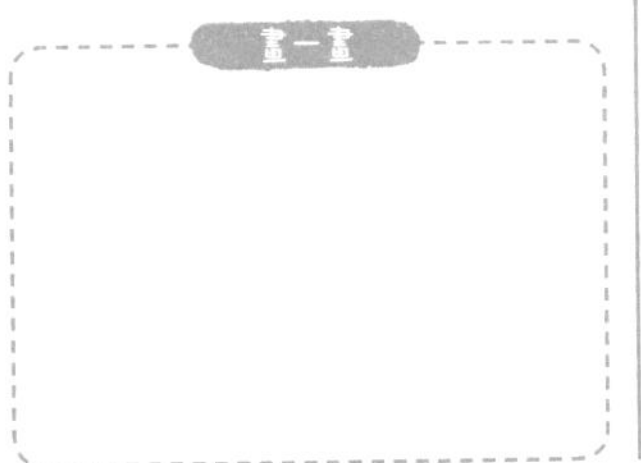

【炸蝦】

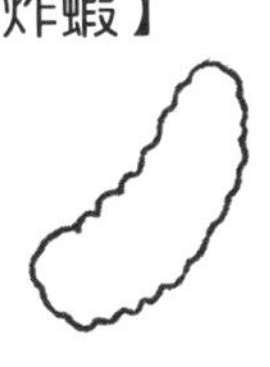
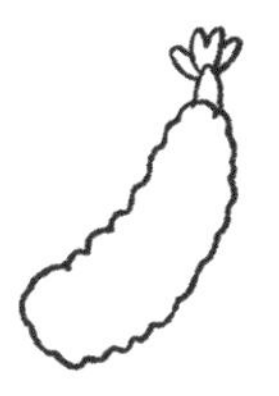
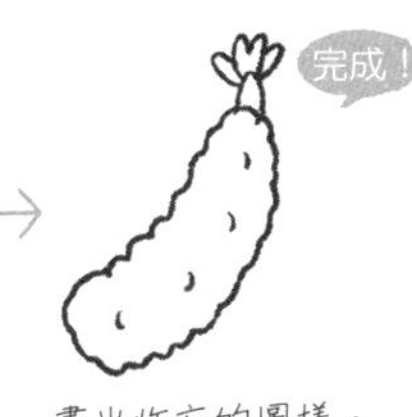

以「ノ」字的形狀，畫出酥脆的炸衣

加上蝦尾

畫出炸衣的圖樣，完成！

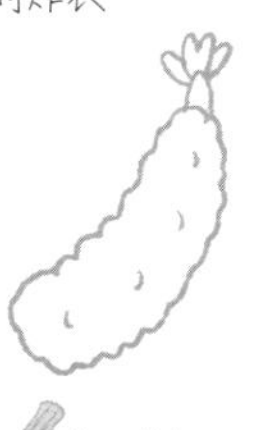
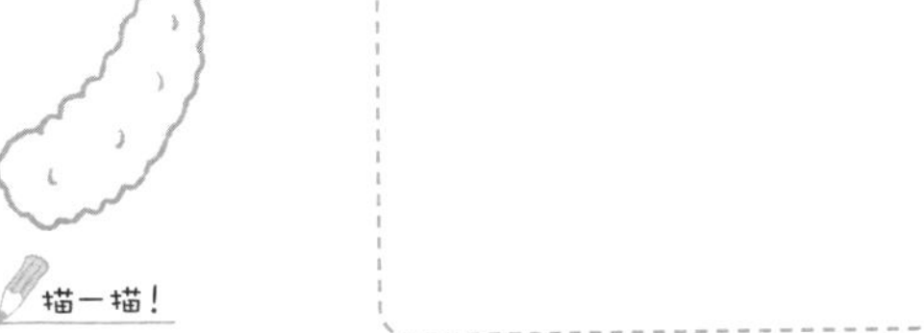

推車等

【手拉車】

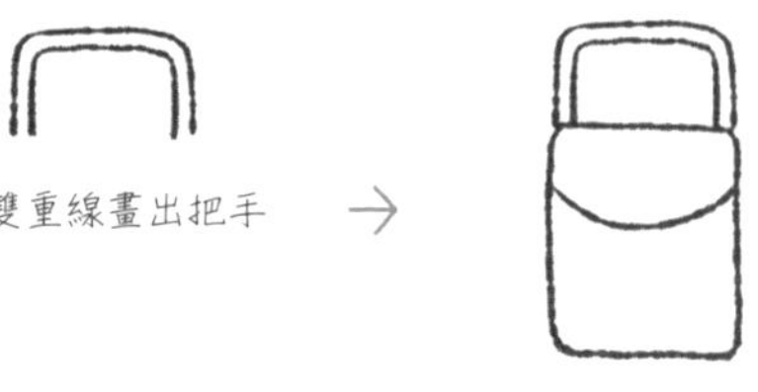

用雙重線畫出把手 →

加上長方形掀蓋

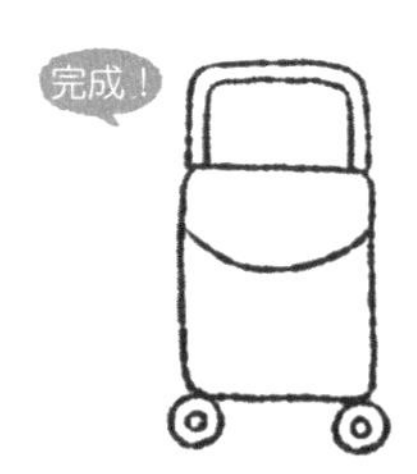

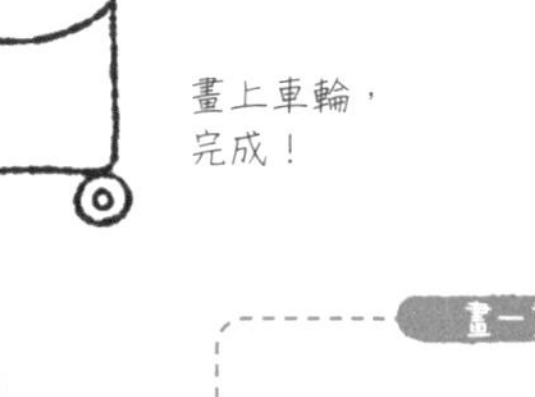

畫上車輪，
完成！

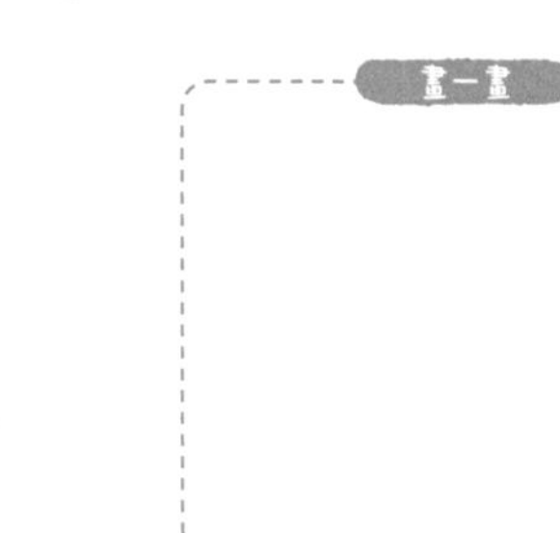

【台車】

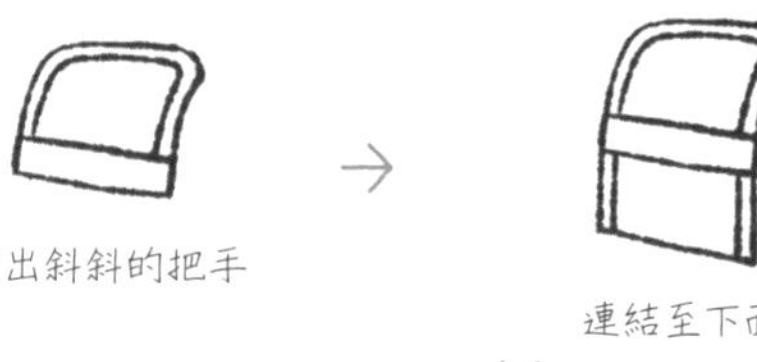

畫出斜斜的把手 →

連結至下面

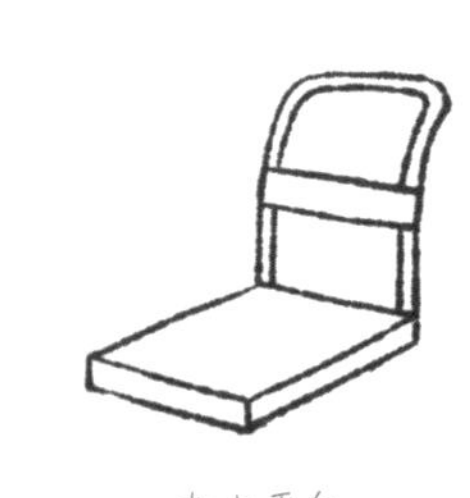

加上平台 →

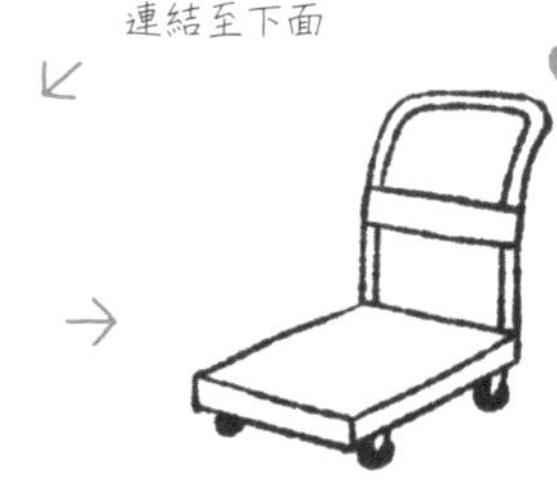

畫上車輪，完成！

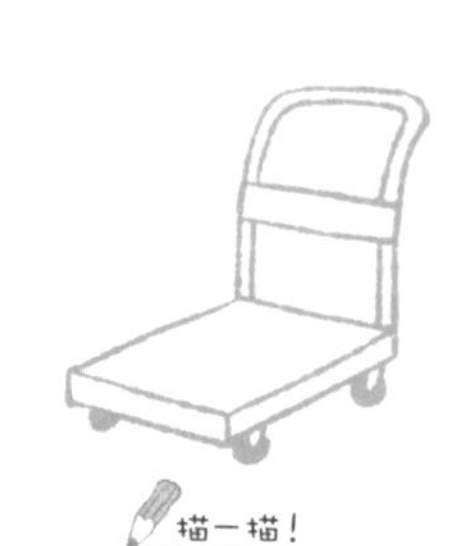

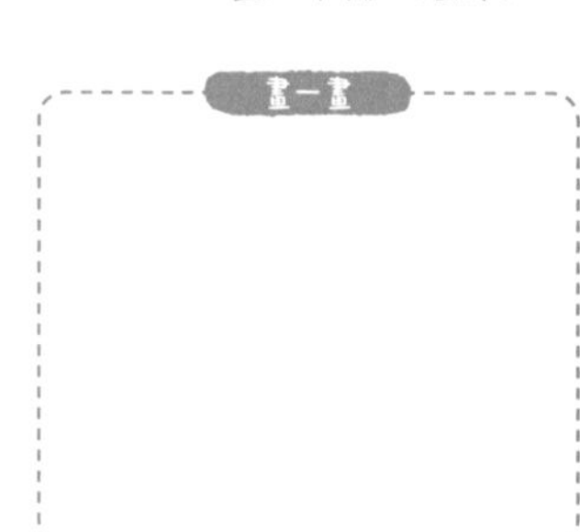

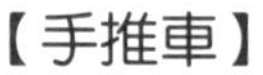

【手推車】

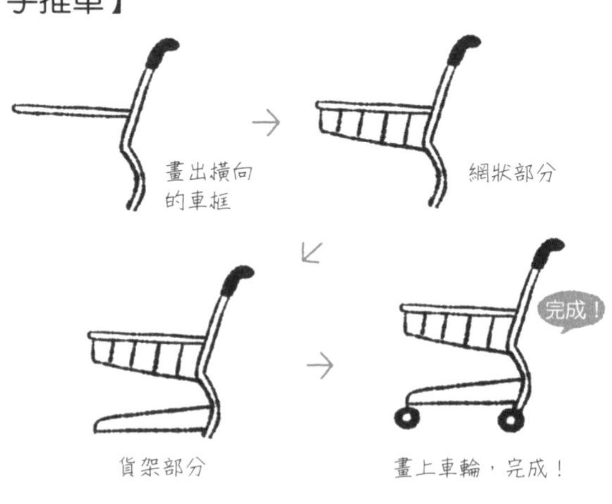

畫出橫向的車框 →

網狀部分

貨架部分 →

畫上車輪，完成！

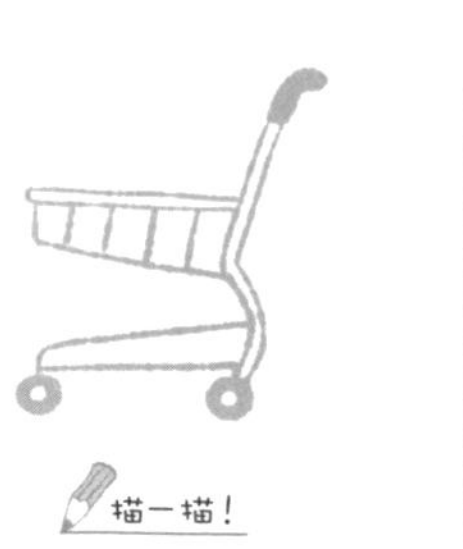

【提籃】

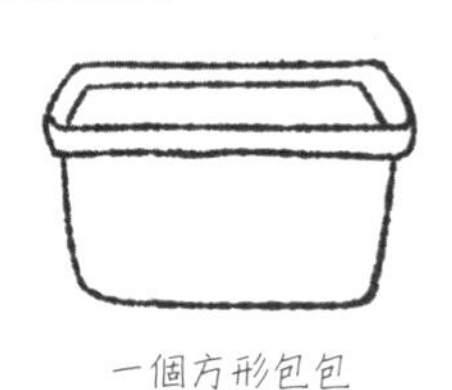

一個方形包包 →

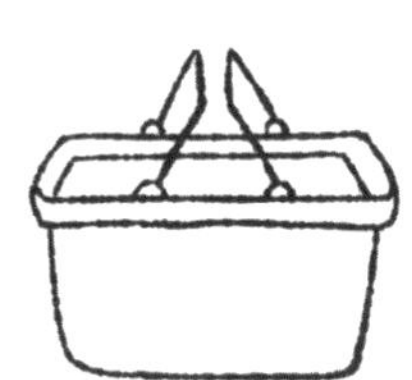

畫出提把

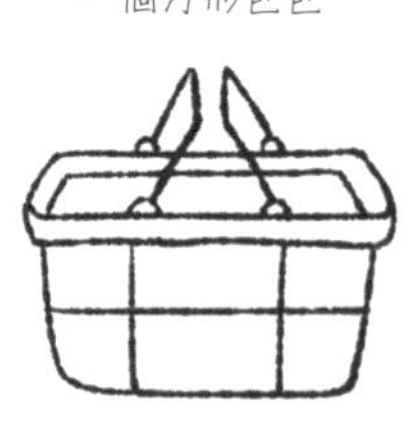

先分成 6 等分 →

加上線條，完成！

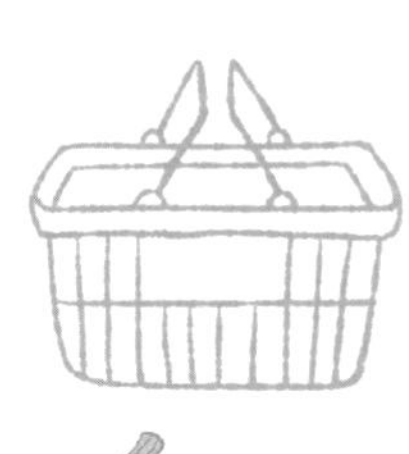

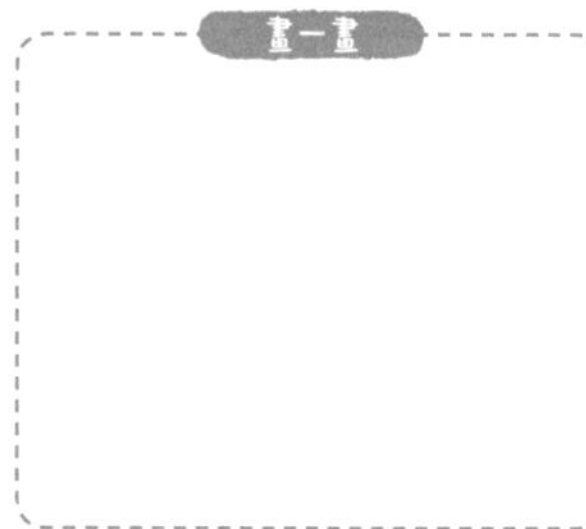

切片剖面

【秋葵】

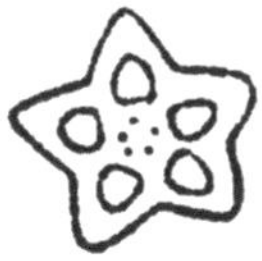

畫一畫

【番茄】

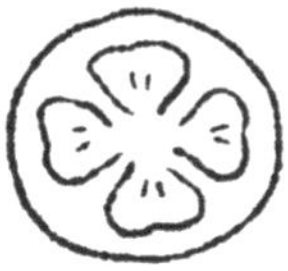

畫一畫

【青椒】

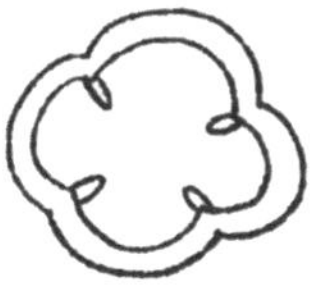

畫一畫

【橘子】

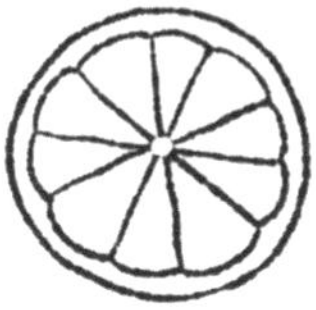

畫一畫

【蘋果】

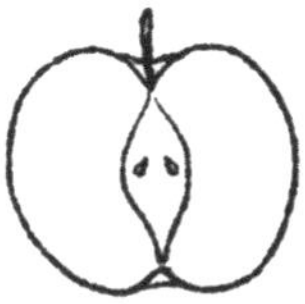

畫一畫

【西洋梨】

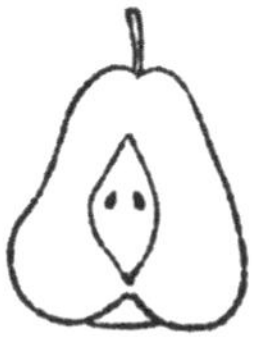

畫一畫

【蓮藕】

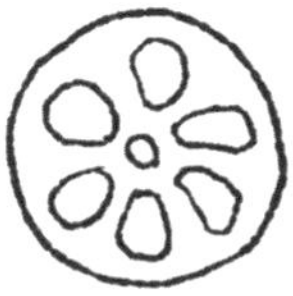

畫一畫

【洋蔥】

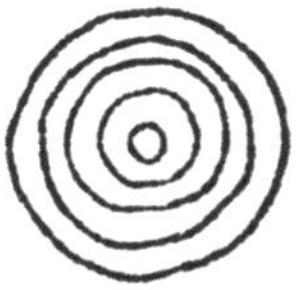

畫一畫

【南瓜】

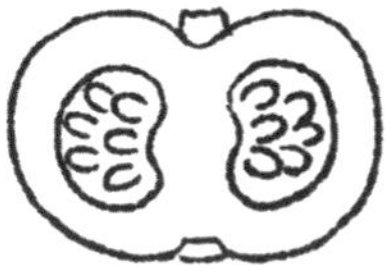

畫一畫

【香蕉】

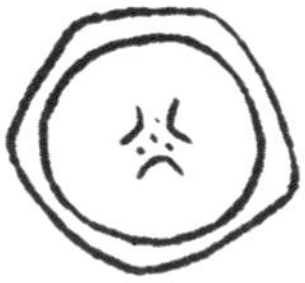

畫一畫

【草莓】

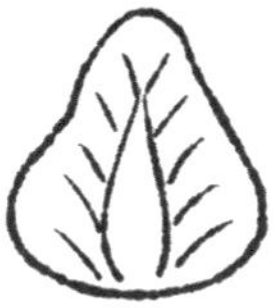

畫一畫

【火龍果】

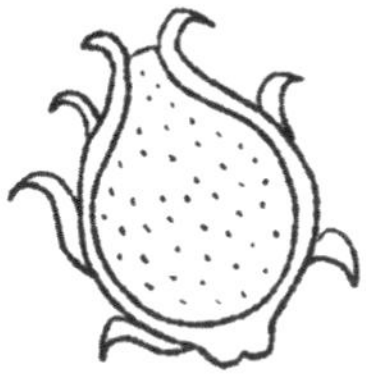

畫一畫

【鮪魚壽司】

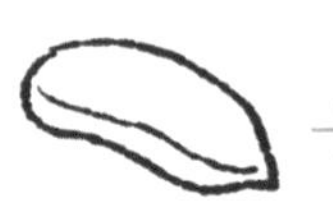
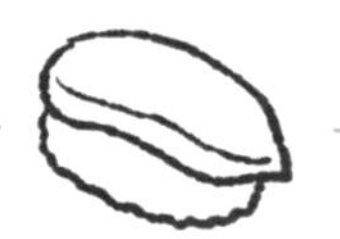
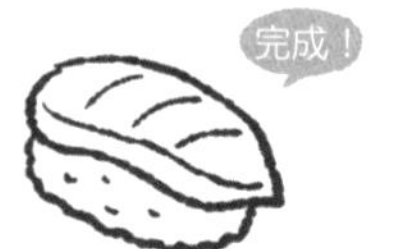
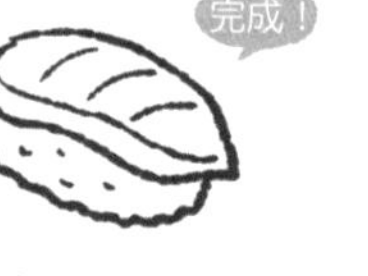

畫出生魚片的輪廓，加上厚度

用凹凸線條畫出醋飯

加上紋路和顆粒感，完成！

描一描！

畫一畫

【蝦壽司】

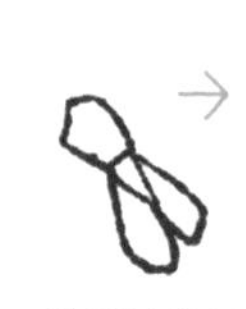
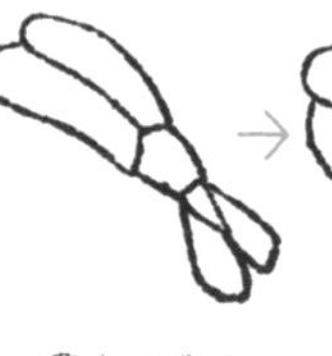
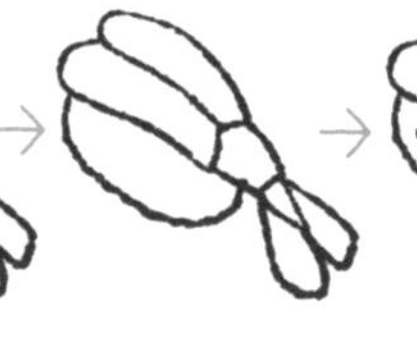
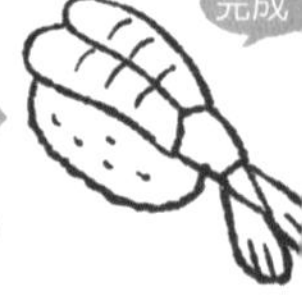

從蝦尾畫起

畫出切成 2 片的蝦身

用凹凸線條畫出醋飯

加上紋路和顆粒感，完成！

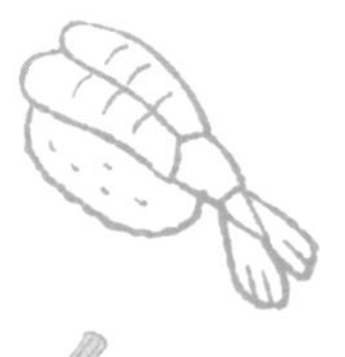

描一描！

畫一畫

【鯡魚卵壽司】

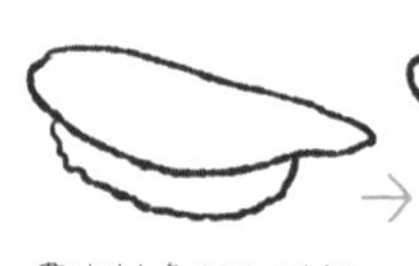
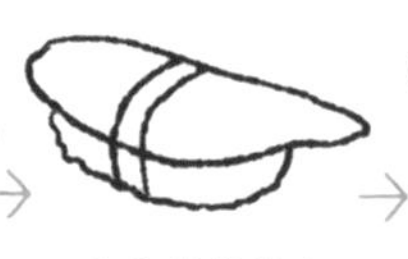

畫出鯡魚卵和醋飯

用 2 條線畫出海苔位置

畫上海苔和顆粒感，完成！

描一描！

畫一畫

【鮭魚卵壽司】

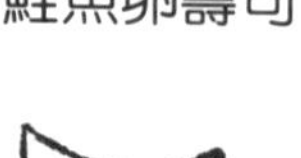
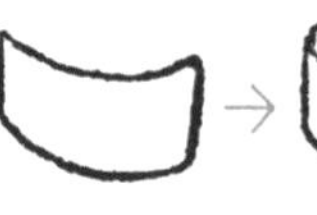
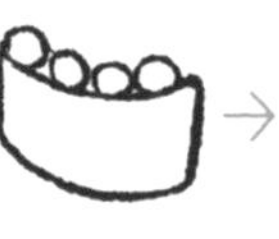
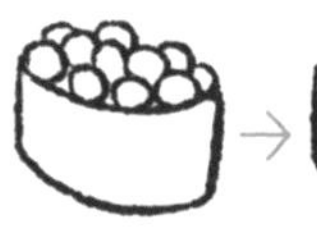
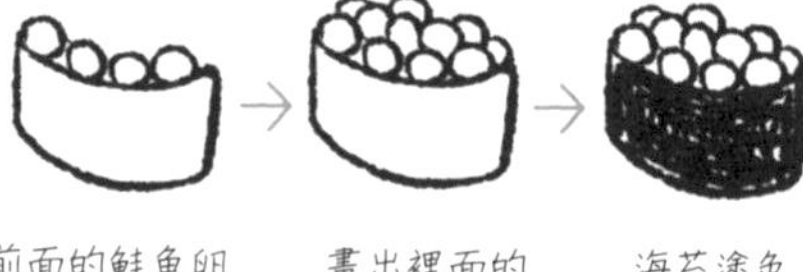

畫出軍艦捲的海苔

前面的鮭魚卵

畫出裡面的鮭魚卵

海苔塗色，完成！

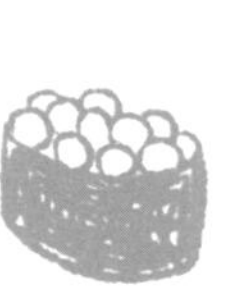

描一描！

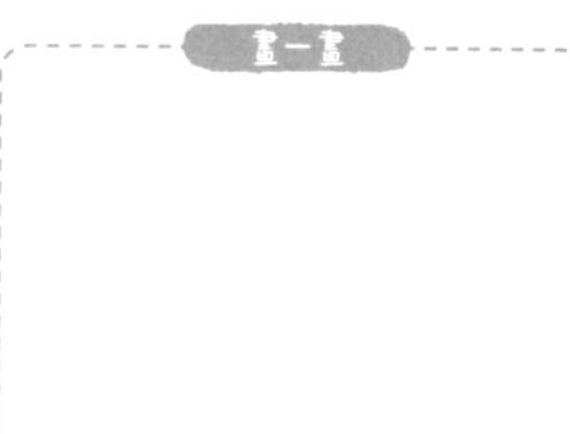

畫一畫

【蛋壽司】

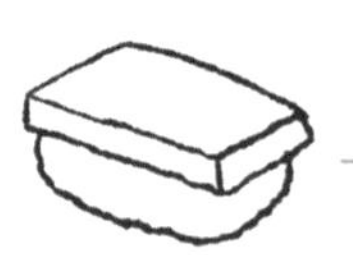
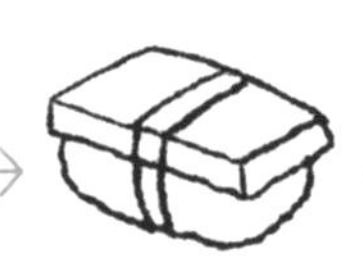
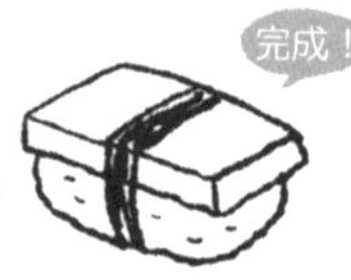

畫出有厚度的蛋和醋飯

用 2 條線畫出海苔位置

畫上海苔和顆粒感，完成！

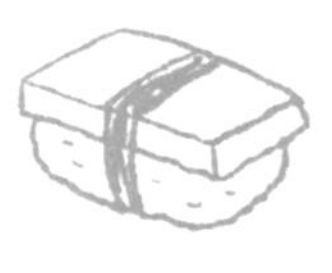

描一描！

畫一畫

【豆皮壽司】

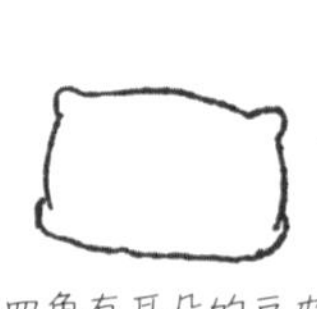
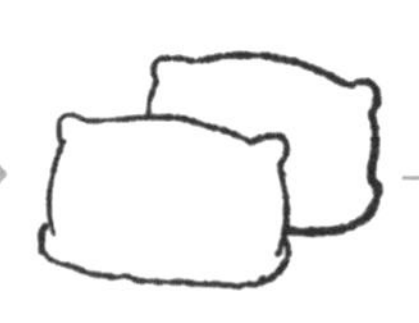
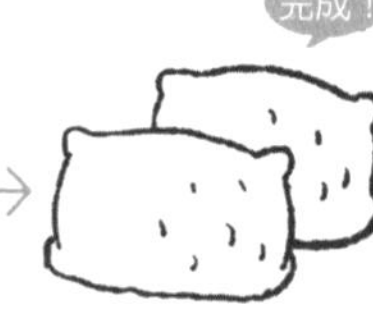

四角有耳朵的豆皮

裡面再畫一個

畫出表面紋路，完成

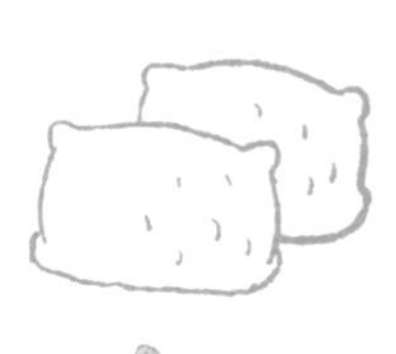

描一描！

畫一畫

【飯】

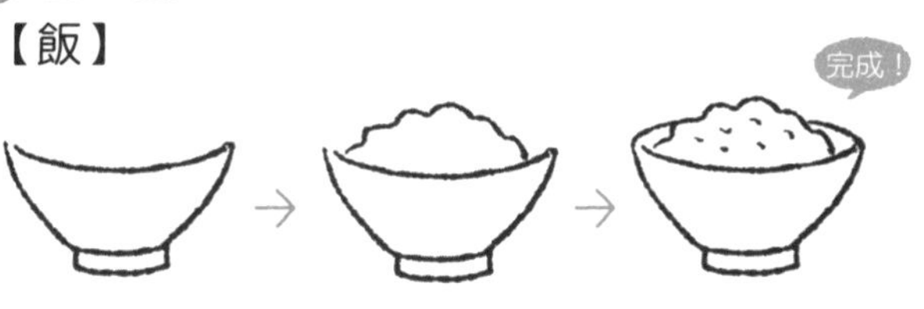

前面的碗

滿滿的飯

畫出深度和飯粒，完成！

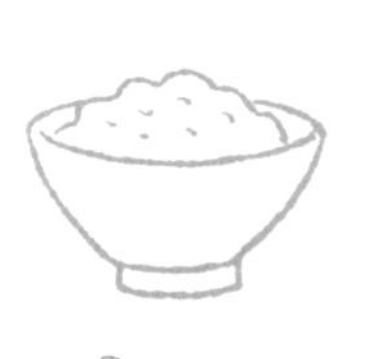

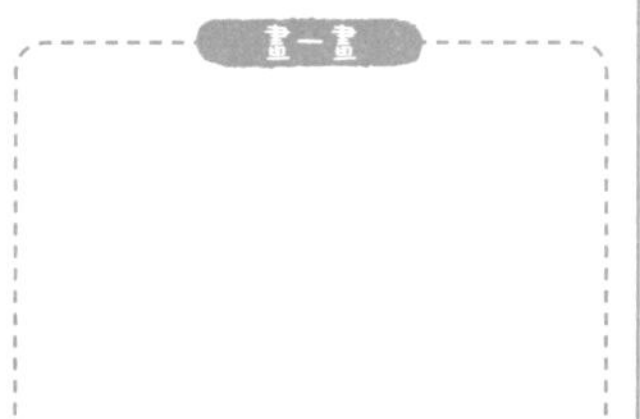

【味噌湯】

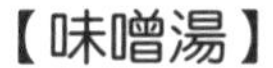

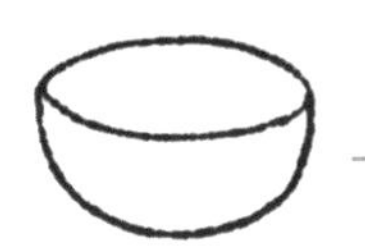

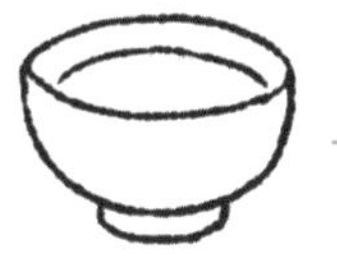

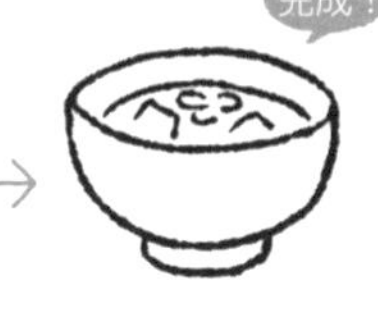

畫一個碗

加上湯的表面和碗的托底

畫出食材，完成！

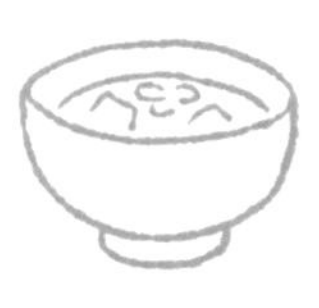

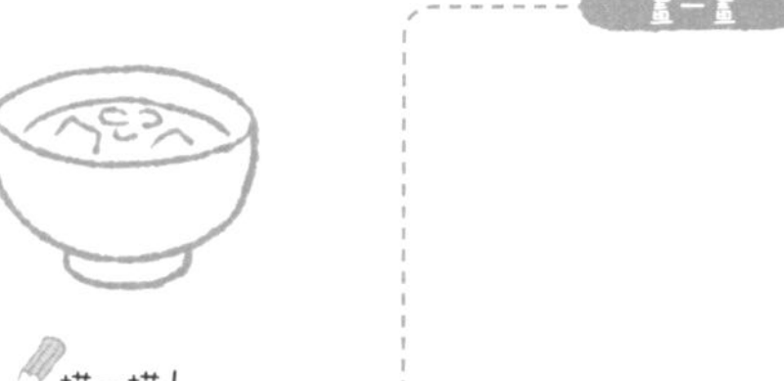

【吐司】

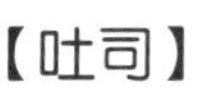

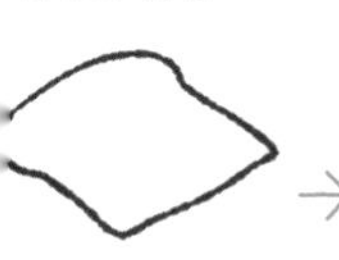

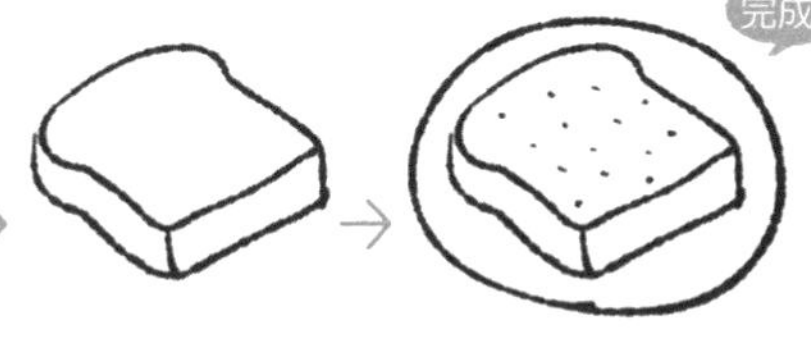

吐司表面

畫出厚度

加上盤子和焦痕，完成！

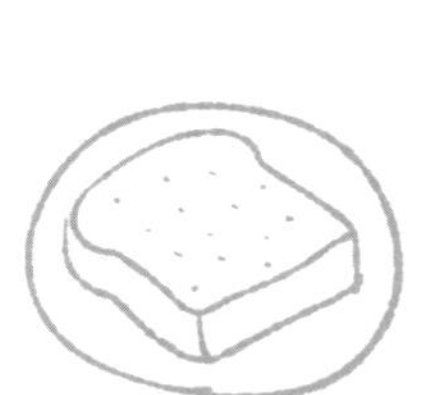

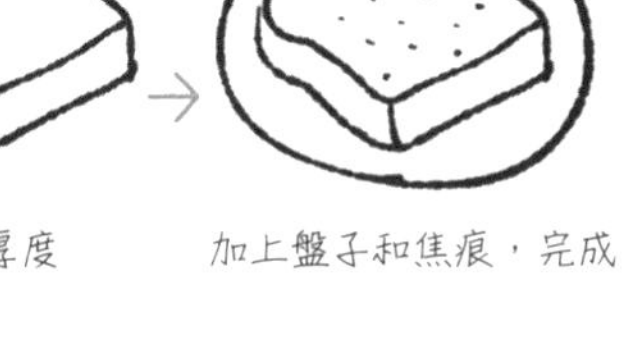

【煎蛋】

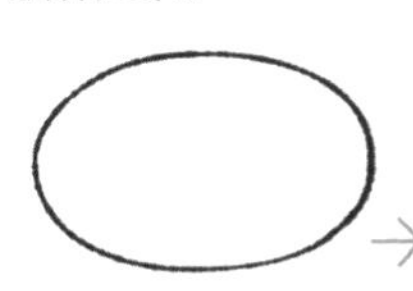

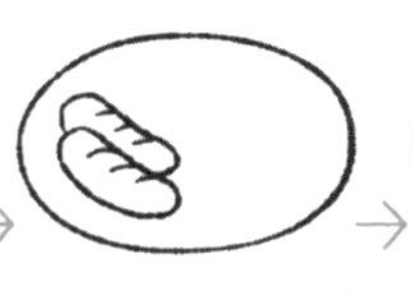

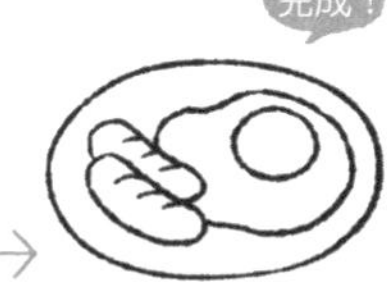

以橢圓形畫出盤子

從前面畫起，先畫 2 條維也納香腸

加上煎蛋，完成！

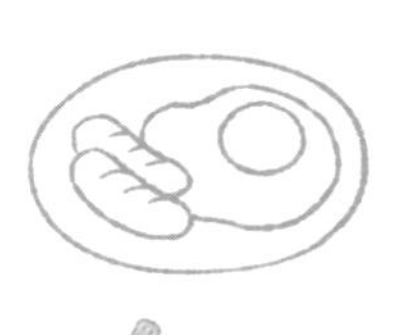

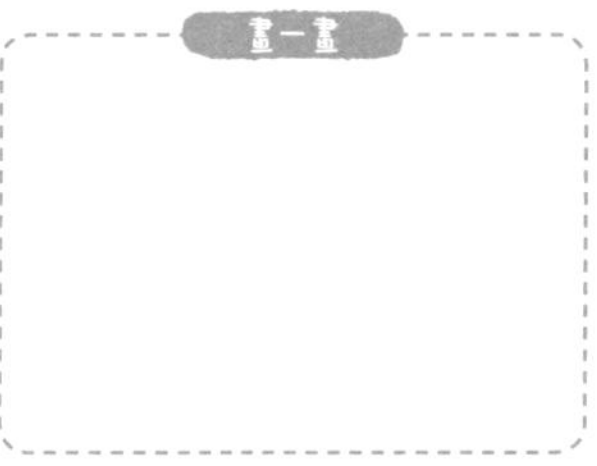

【蛋包飯】

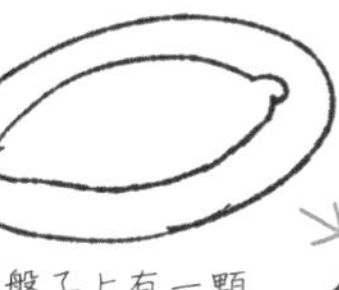

盤子上有一顆橄欖球

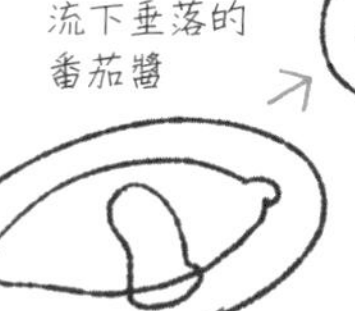

流下垂落的番茄醬

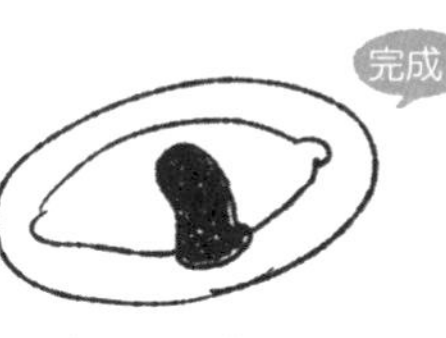

番茄醬塗色，完成！

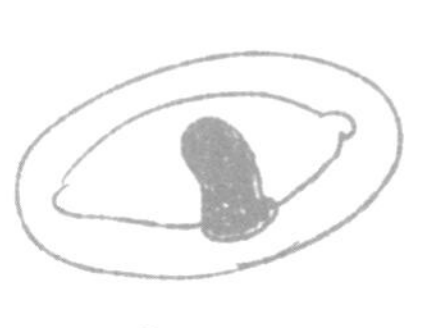

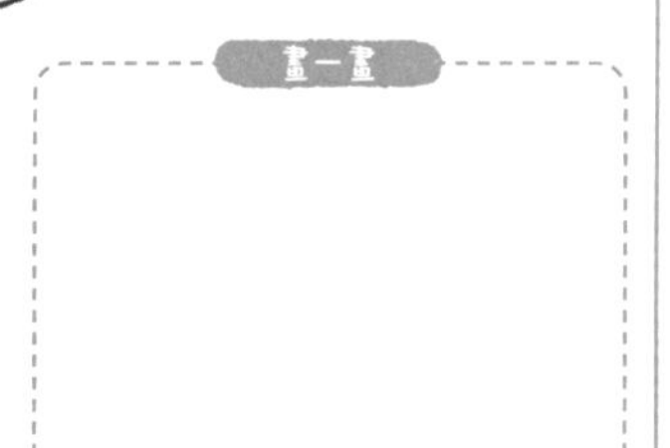

【咖哩飯】

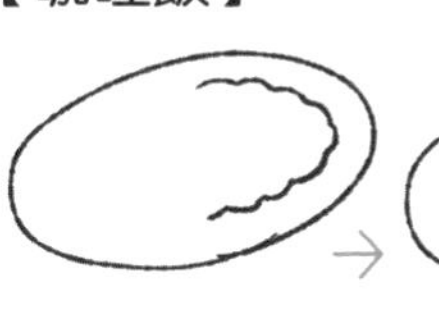

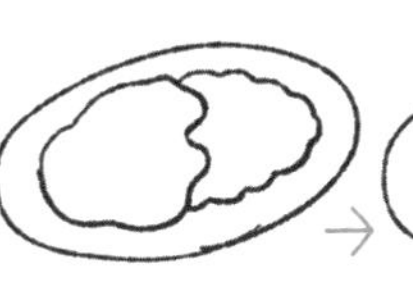

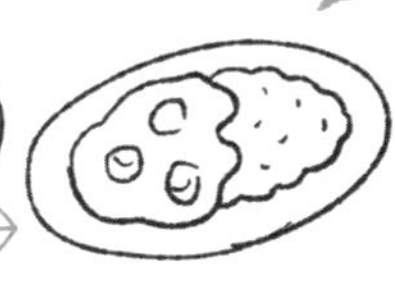

橢圓形盤子有形狀凹凸的飯

左側有流下的咖哩醬

畫出食材，完成！

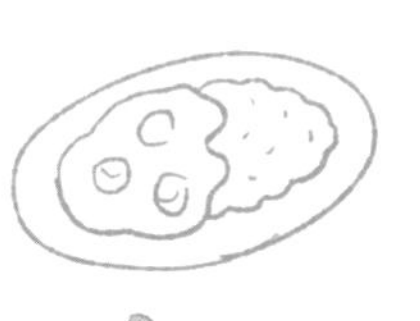

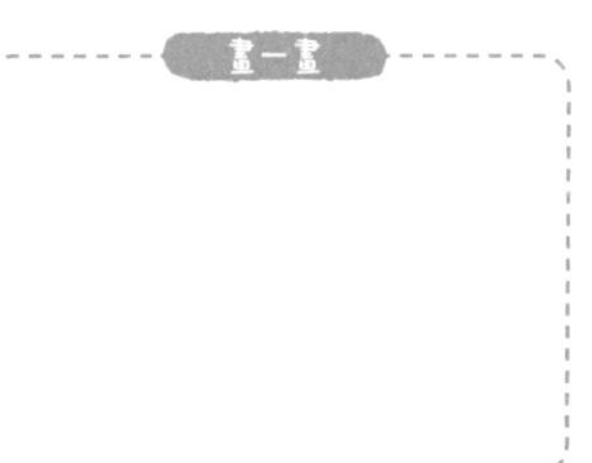

【炸薯條】

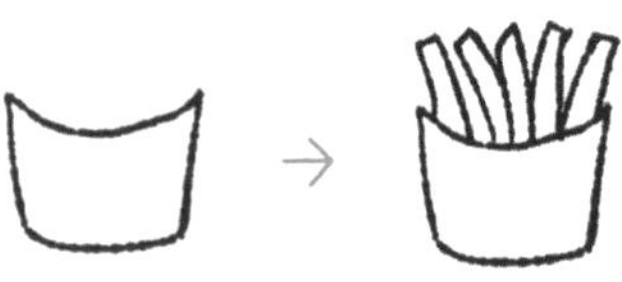
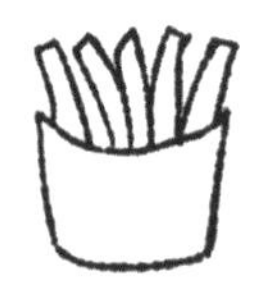
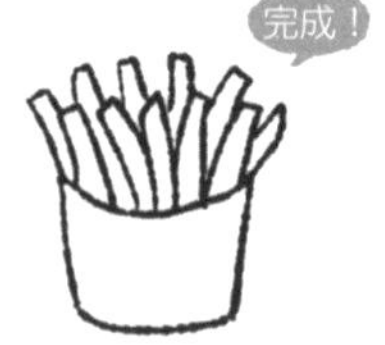
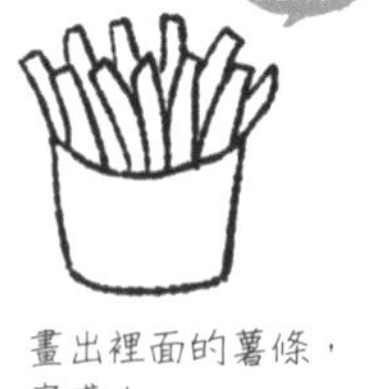

薯條容器 → 前面有幾根錯落的薯條 → 畫出裡面的薯條，完成！

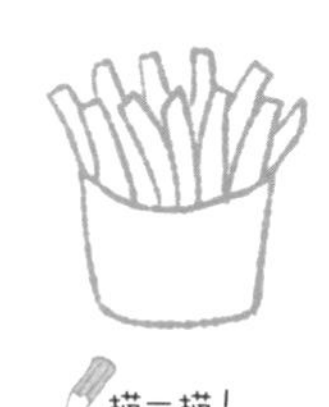
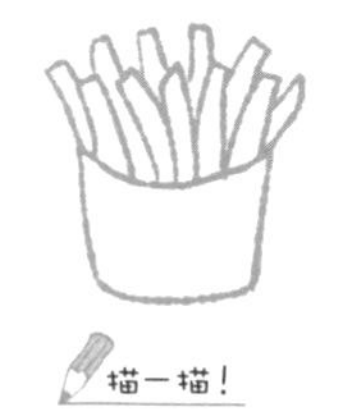

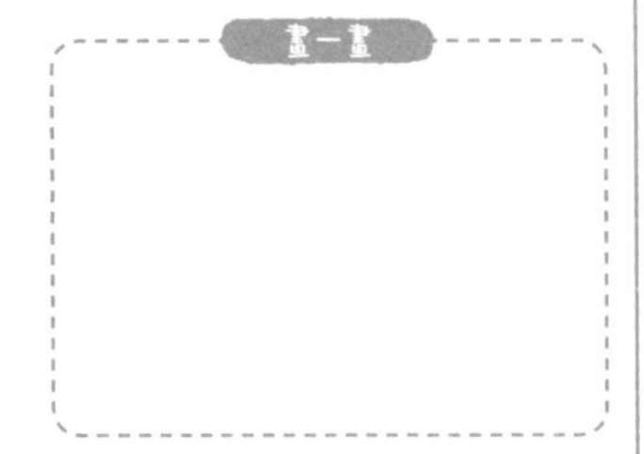

【果汁】

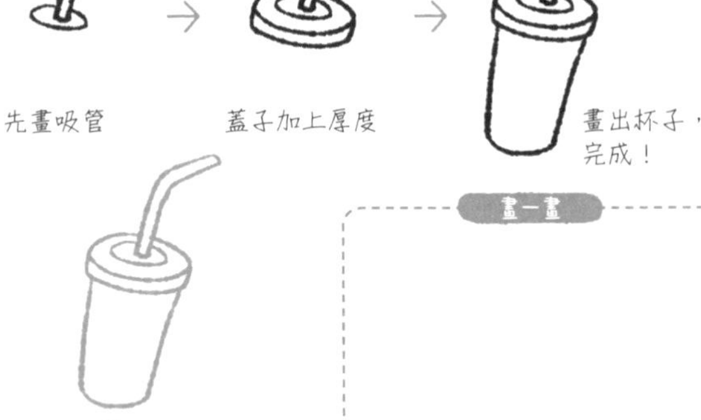

先畫吸管 → 蓋子加上厚度 → 畫出杯子，完成！

【熱狗】

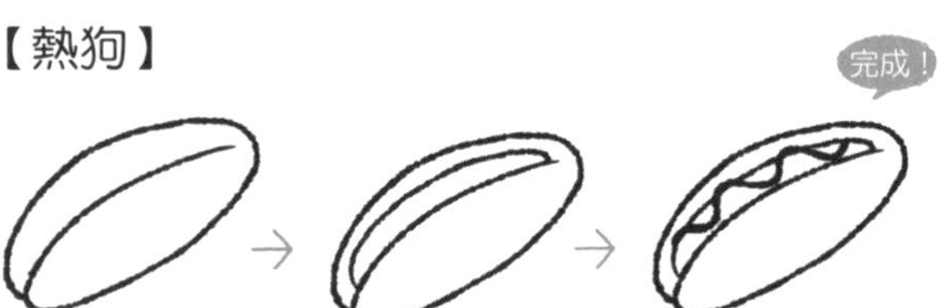

一個有切痕的麵包 → 內藏一根維納斯香腸 → 淋上波浪狀的番茄醬，完成！

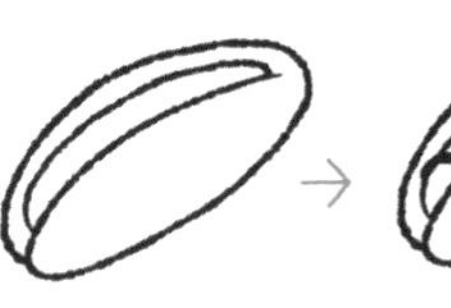
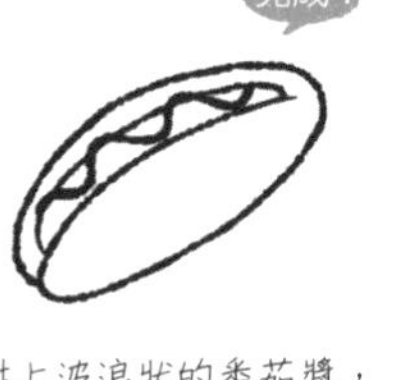

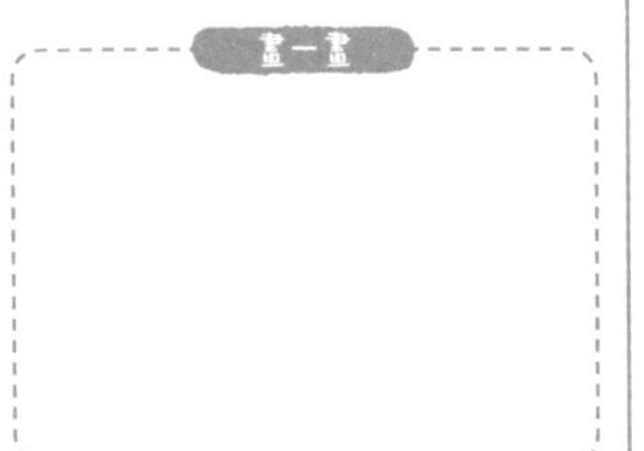

【炸雞】

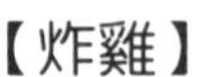

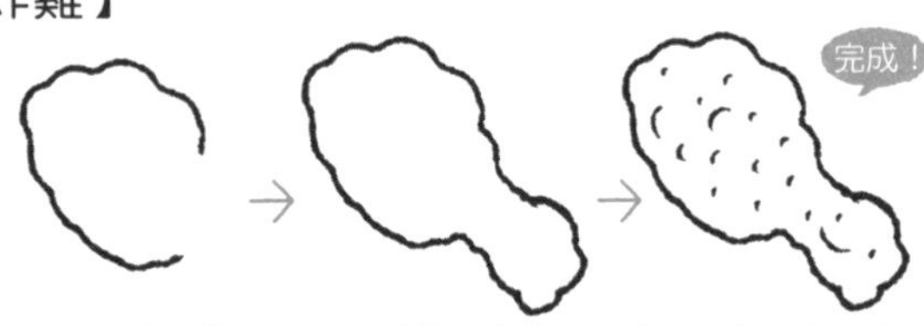

用凹凸線條畫出形狀 → 手握部分為細細的骨頭 → 畫出表面紋路完成！

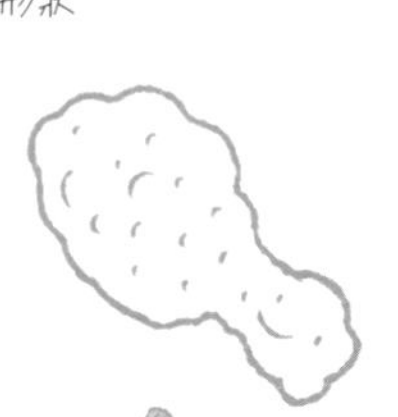

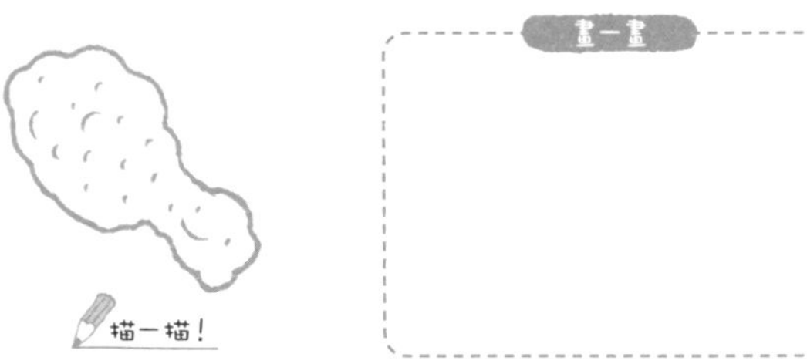

【咖啡】

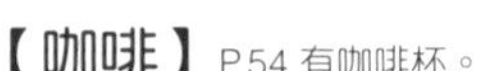

P.54 有咖啡杯。

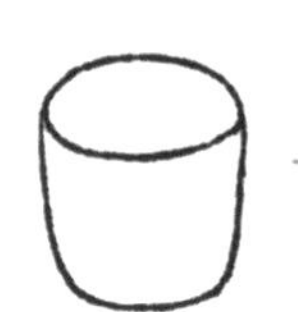
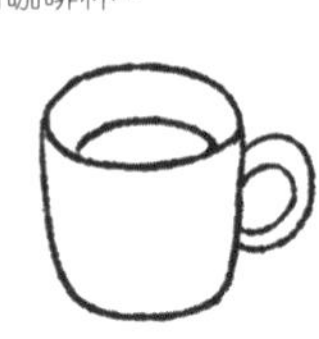
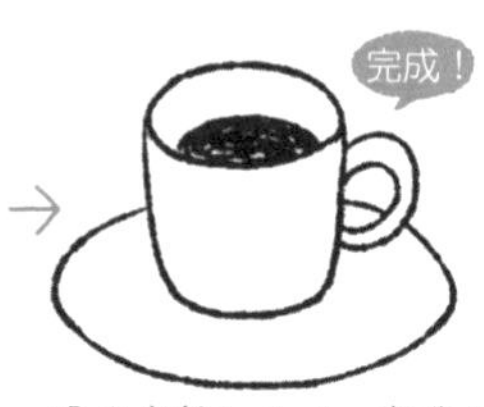

先從簡單的杯子畫起 → 畫出杯把 → 畫出底盤和咖啡，完成！

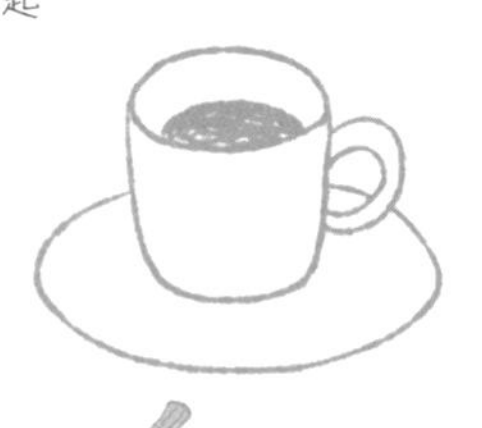

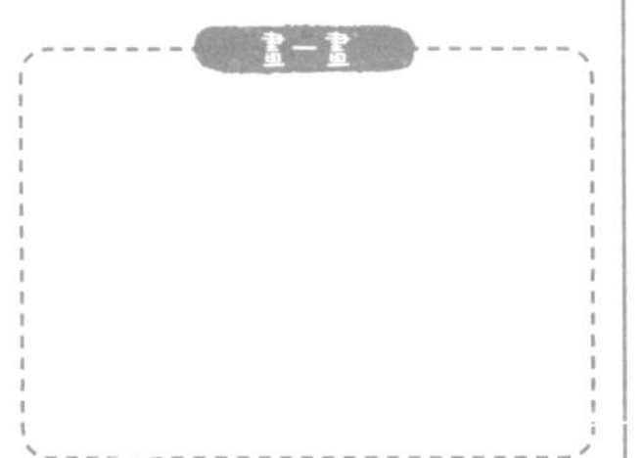

【漢堡】

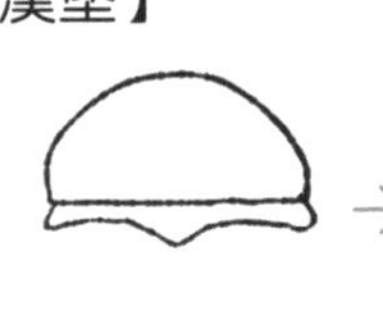
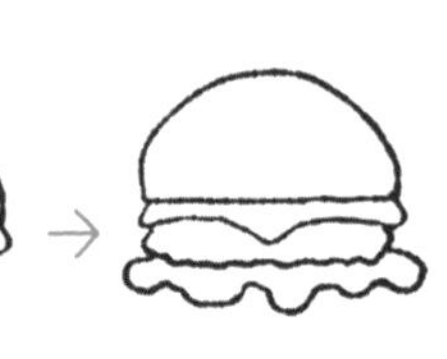
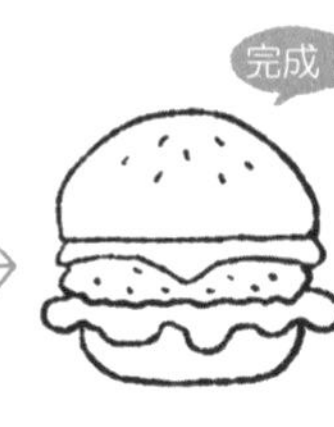

上面的小圓麵包和一點點起司 → 漢堡排和下面的萵苣 → 畫出下面的小圓麵包完成！

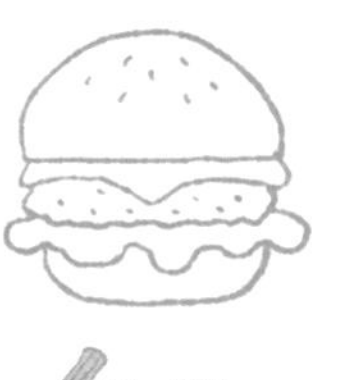

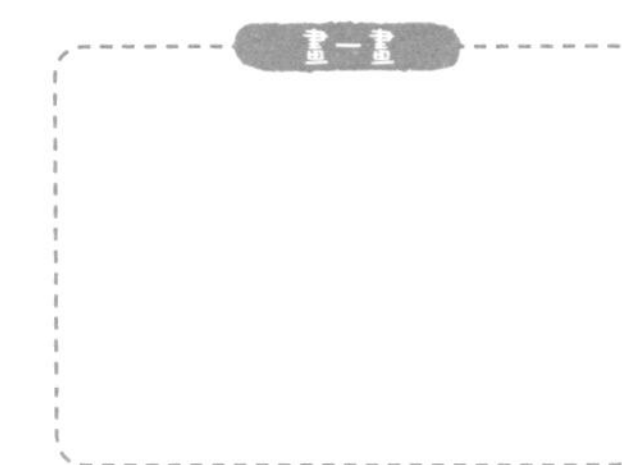

【天婦羅】

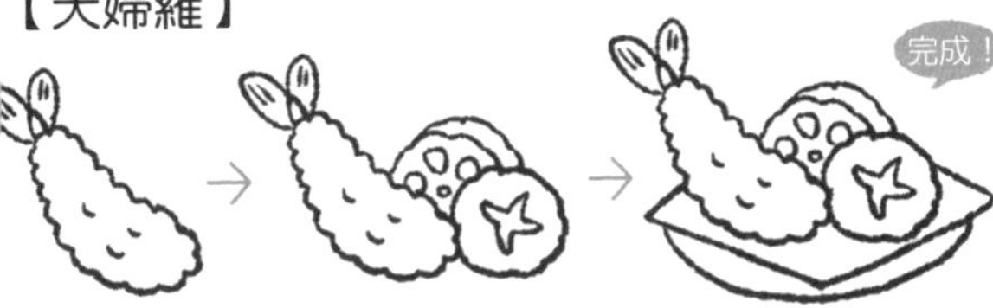

裹上炸衣的炸蝦天婦羅 → 有星星的是香菇，有洞的是蓮藕 → 畫出盤子，完成！

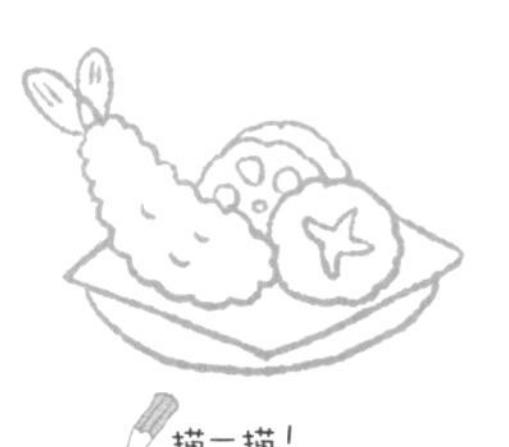
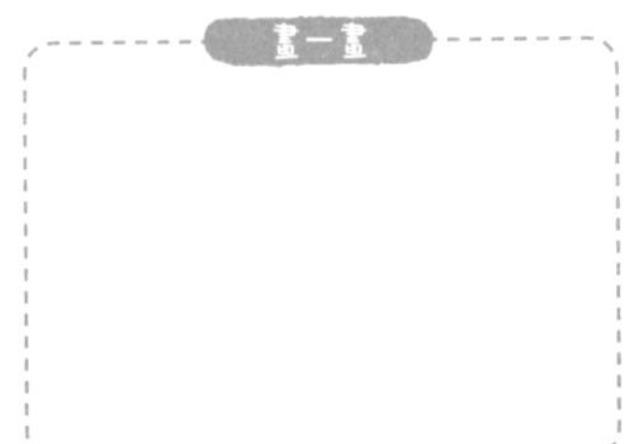

【烤魚】

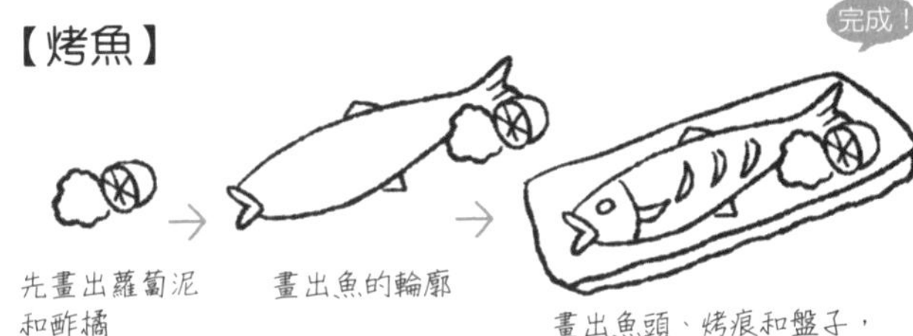

先畫出蘿蔔泥和酢橘 → 畫出魚的輪廓 → 畫出魚頭、烤痕和盤子，完成！

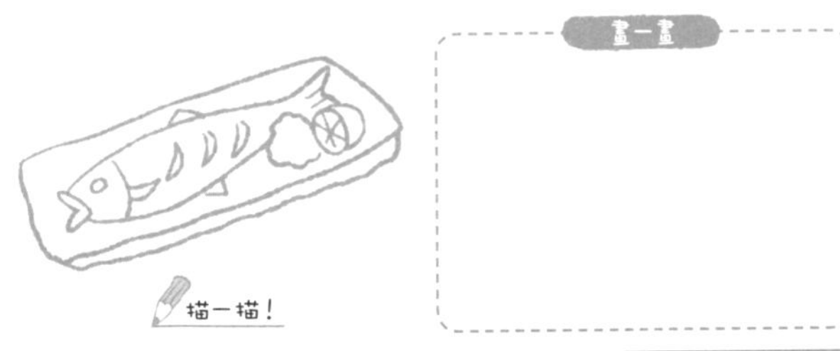

【玉子燒】

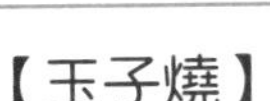
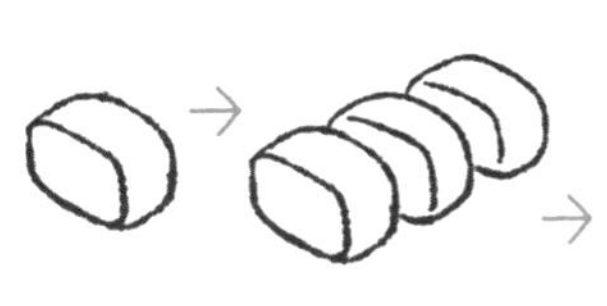
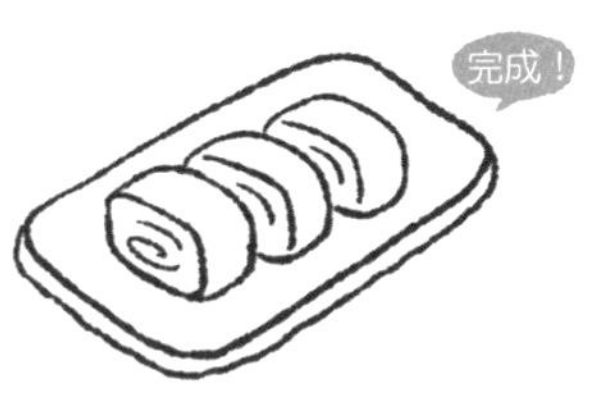

圓角方形加上厚度 → 裡面畫 2 個並排的玉子燒 → 畫出捲捲的圖樣和盤子，完成！

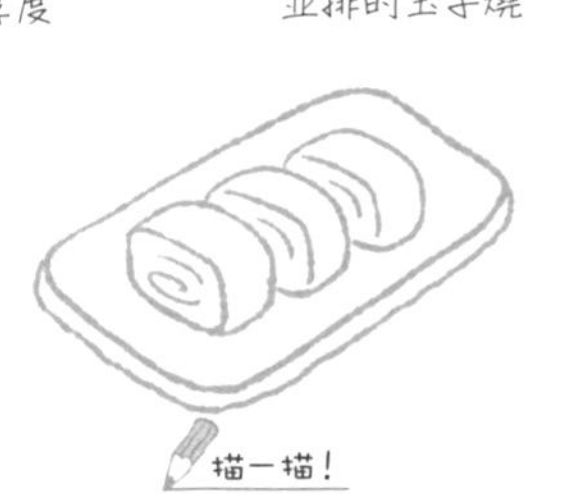
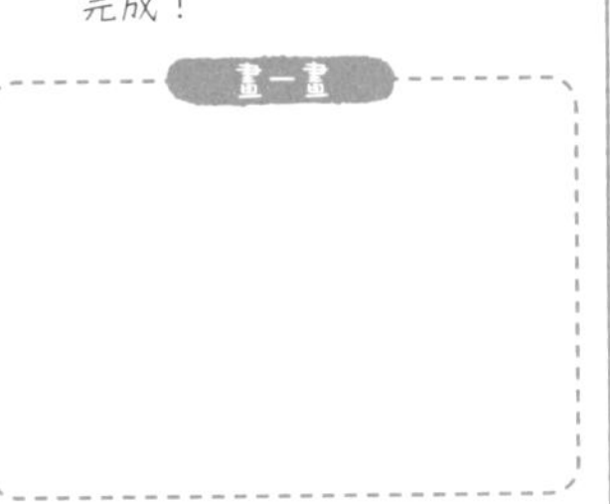

【拉麵】

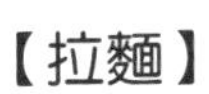
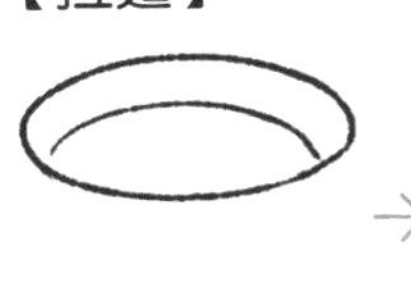
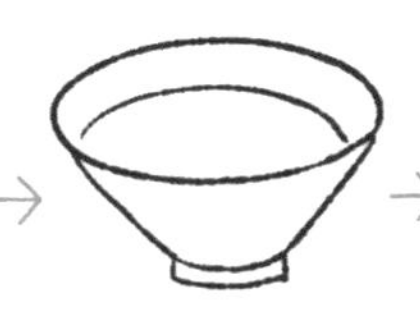
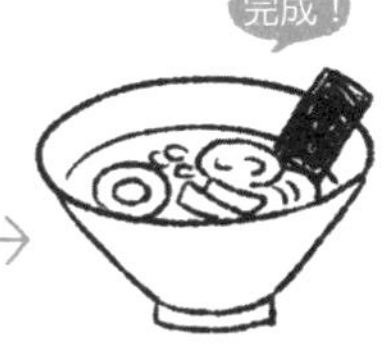

碗緣和油脂的線 → 畫出碗的側邊和托底 → 畫出麵和海苔，完成！

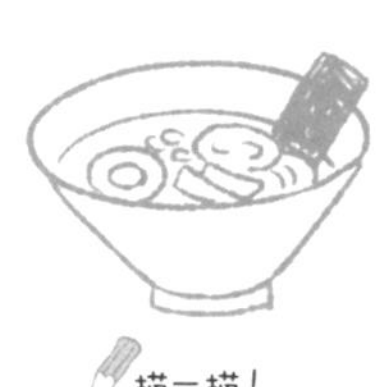
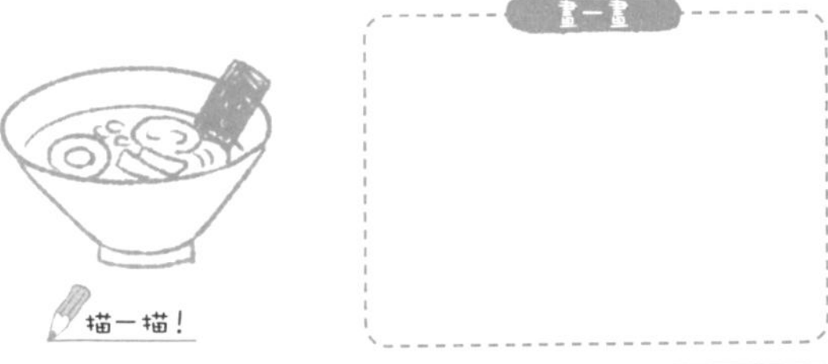

【餃子】

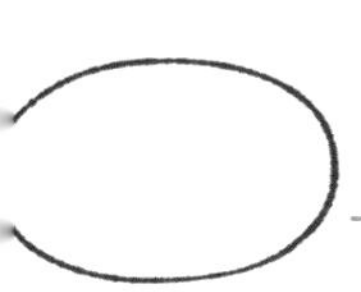
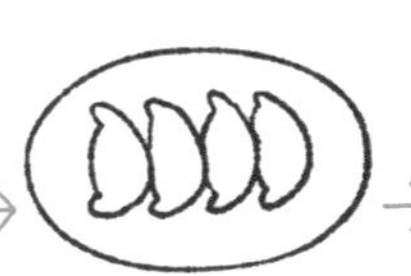
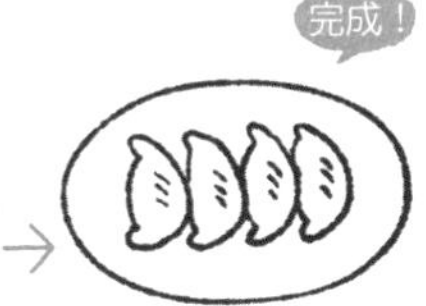
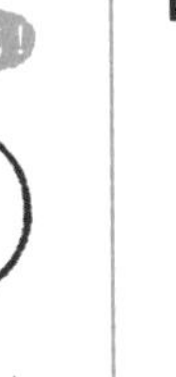

橢圓形盤子 → 並排的餃子 → 加上焦痕，完成！

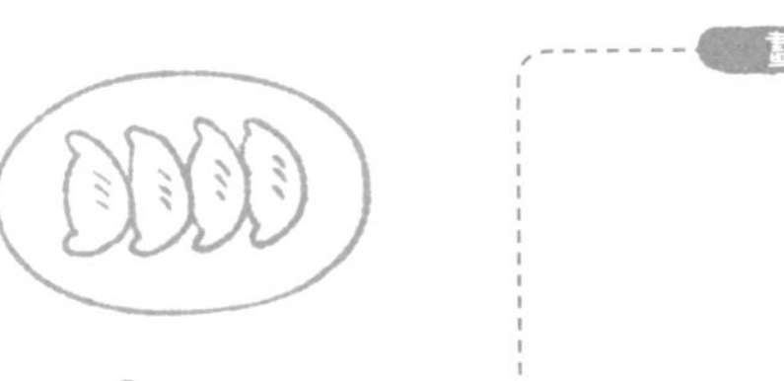
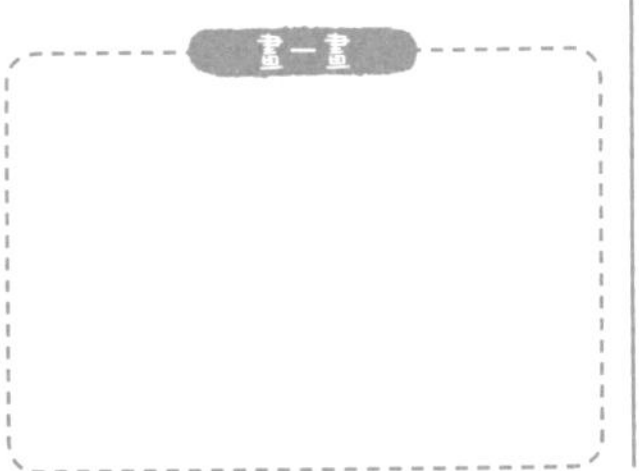

【小籠包】

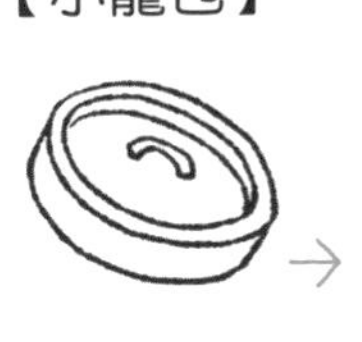
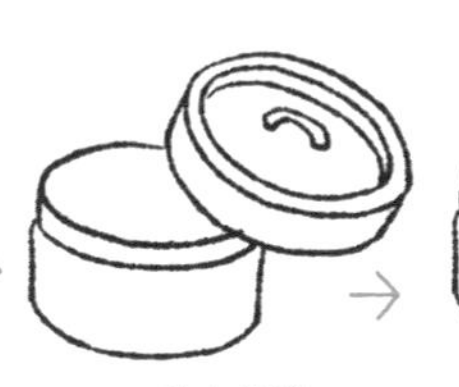
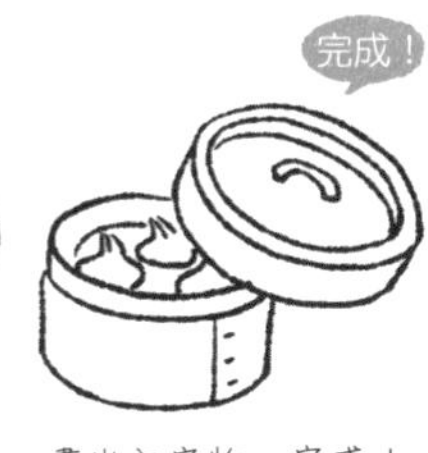

一個掀開的蓋子 → 畫出容器 → 畫出內容物，完成！

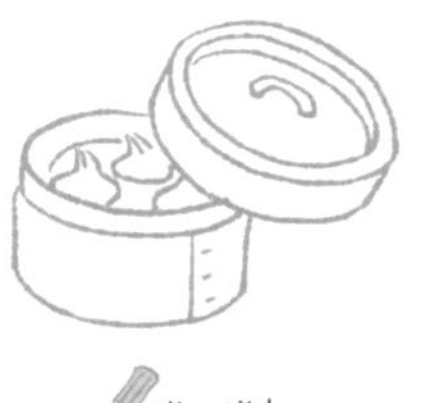
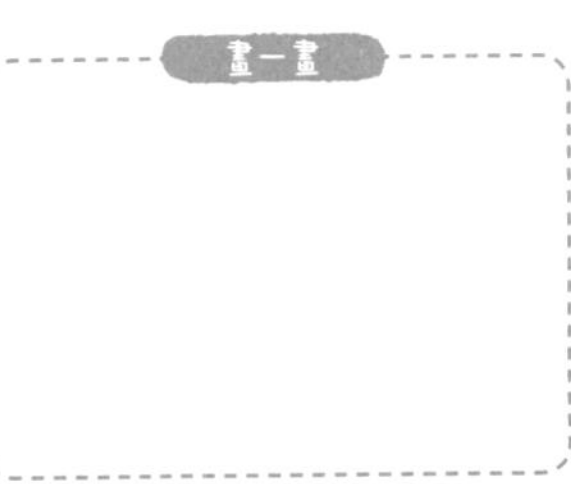

【義大利麵】

上面畫羅勒

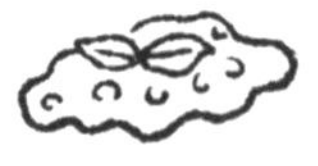
下面畫食材

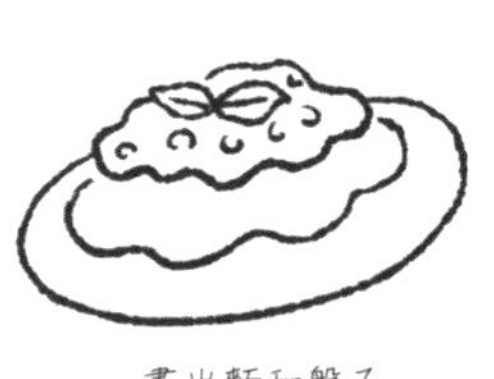
畫出麵和盤子

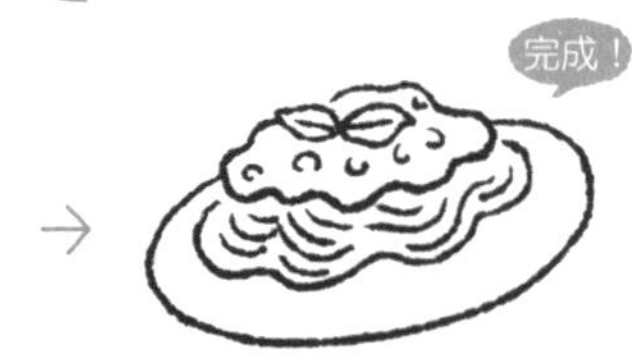

描繪麵的樣子，完成！

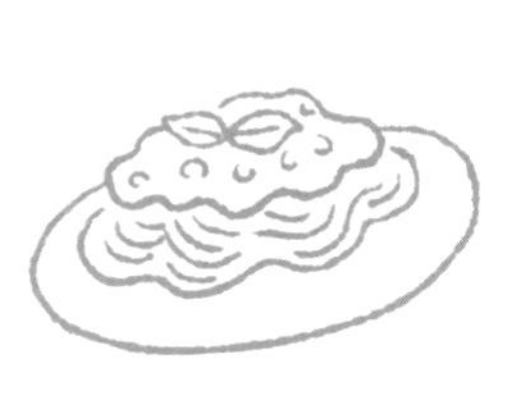
描一描！

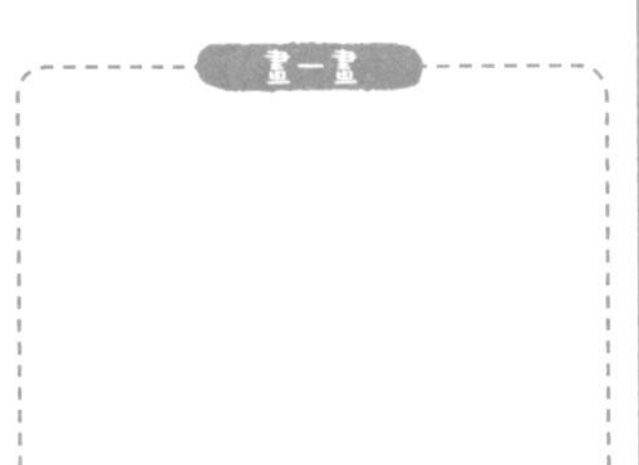

【墨西哥捲餅】

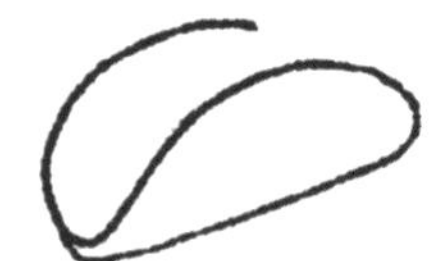
畫出 2 個折起的外側

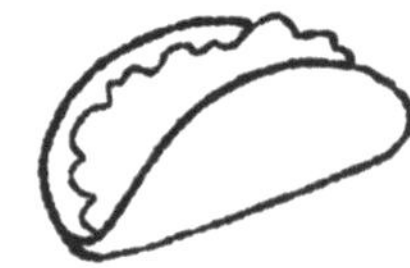
中間加上萵苣

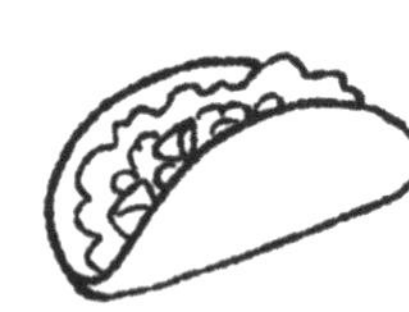
加上食材和焦痕

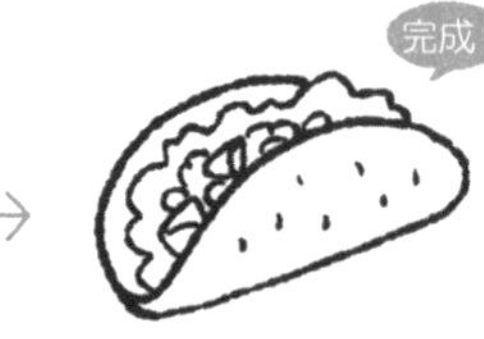

畫上點點，完成！

描一描！

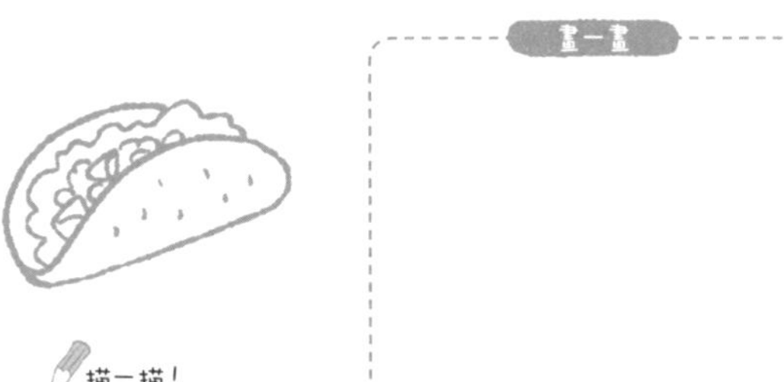

【披薩】

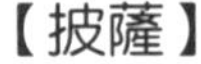

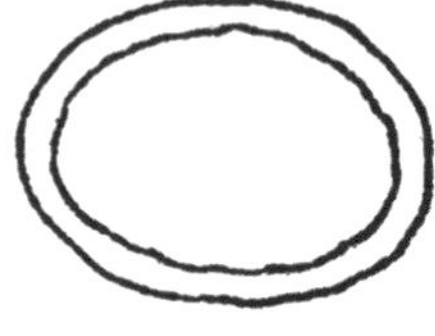
不太圓的雙重圓

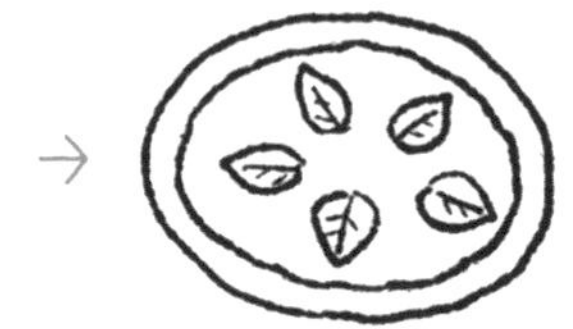
畫出 5 片羅勒

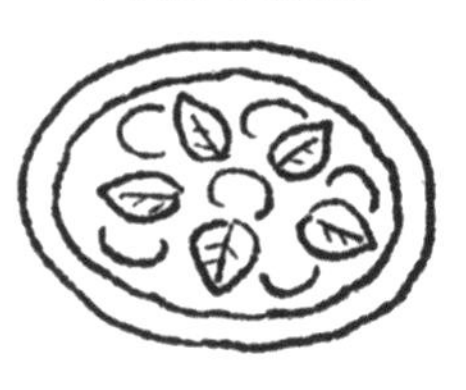
畫食材

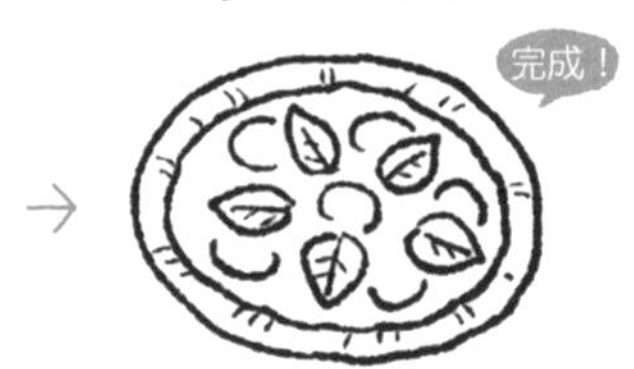

加上焦痕，完成！

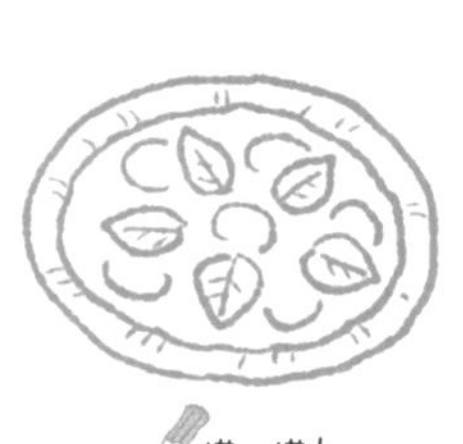
描一描！

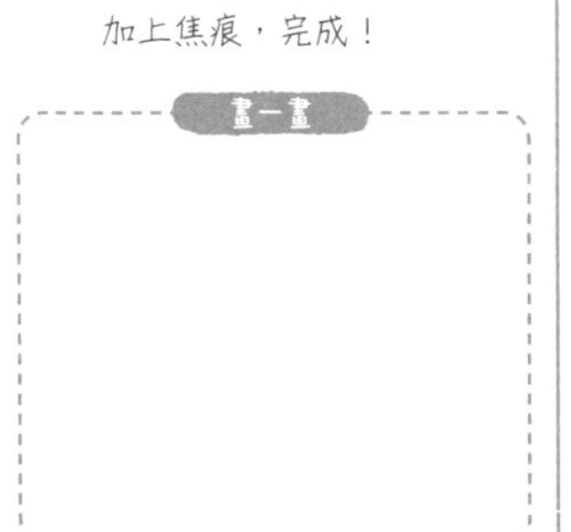

【焗烤料理】

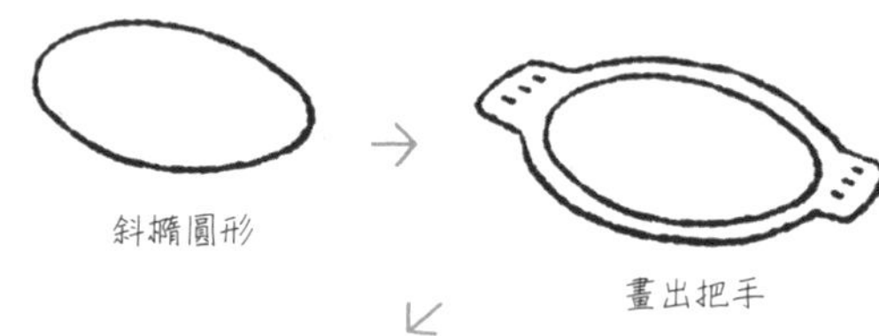
斜橢圓形

畫出把手

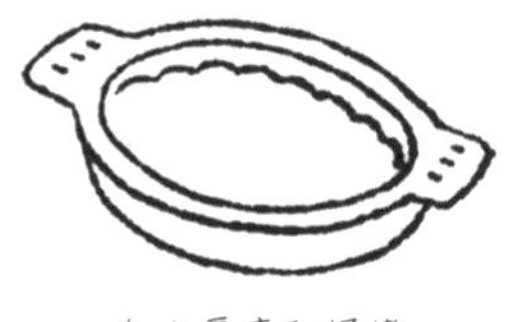
加上厚度和焗烤料理的邊緣

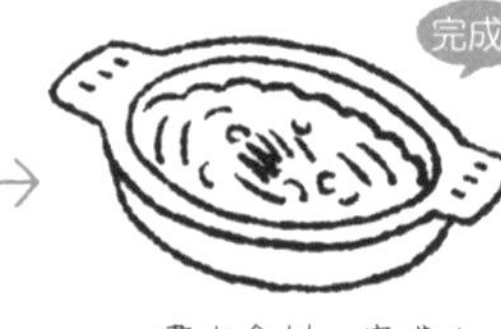

畫出食材，完成！

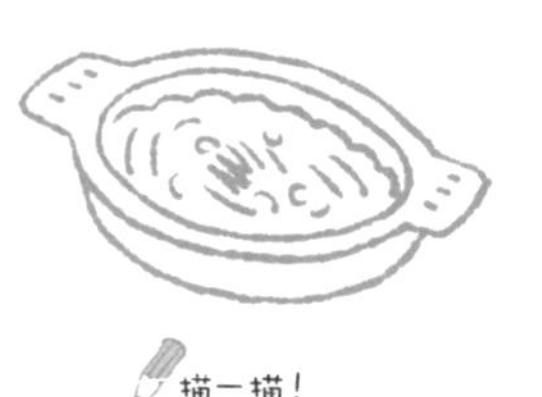
描一描！

畫一畫

【牛排】

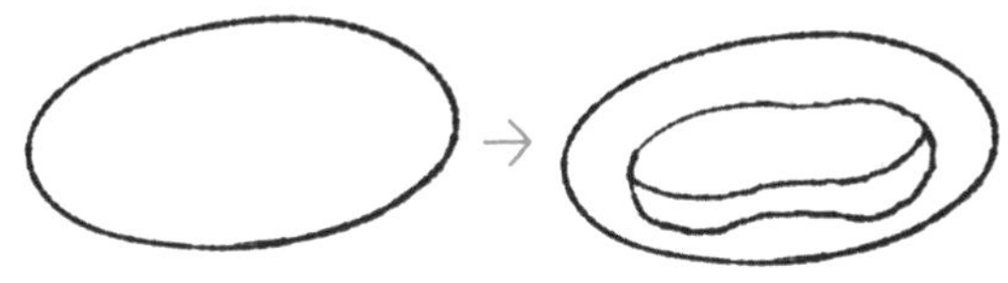

畫一個盤子

一片有厚度的牛排

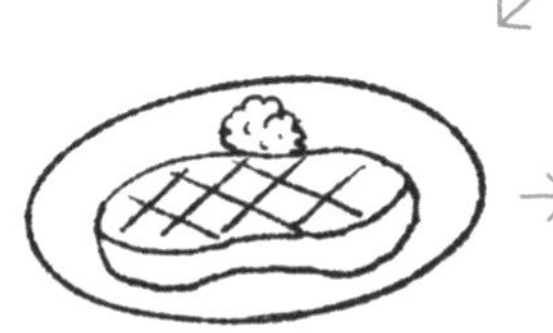

肉加上焦痕，裡面加上綠花椰

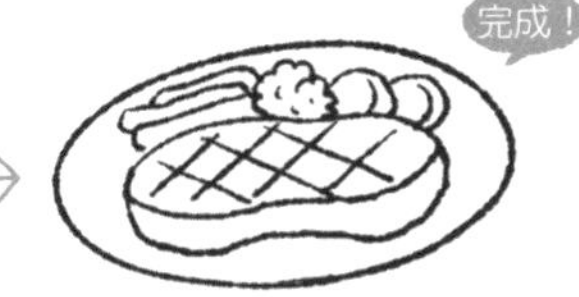

加上紅蘿蔔和馬鈴薯，完成！

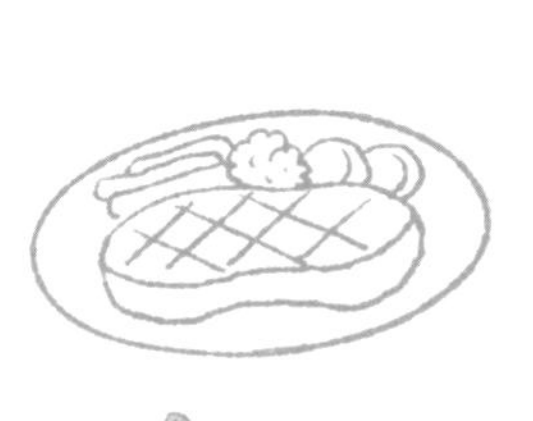

描一描！

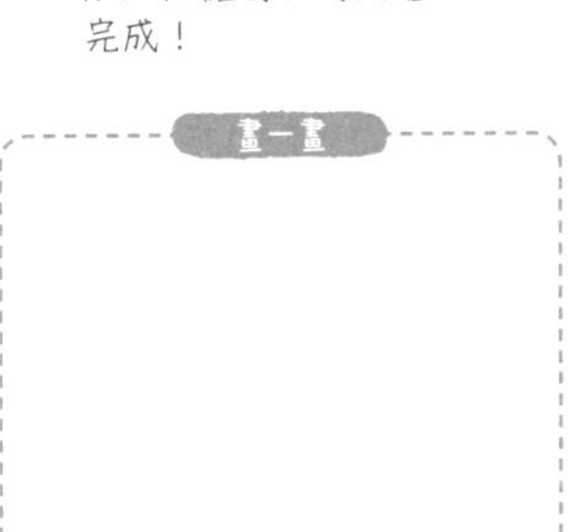

【漢堡排】

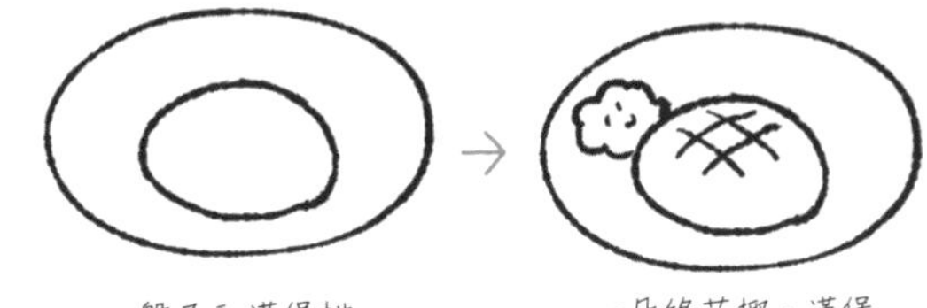

盤子和漢堡排

一朵綠花椰，漢堡排上面的焦痕

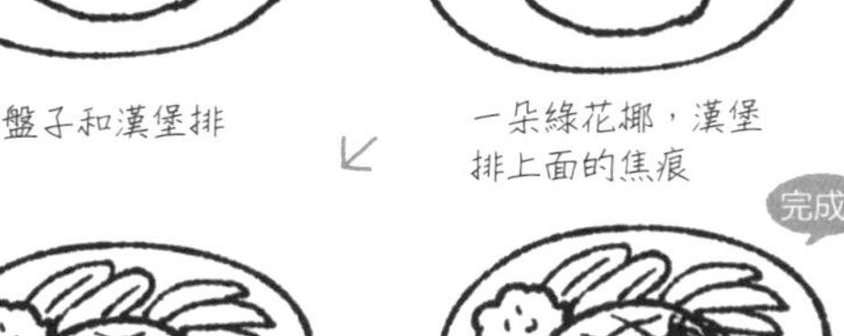

畫出配菜

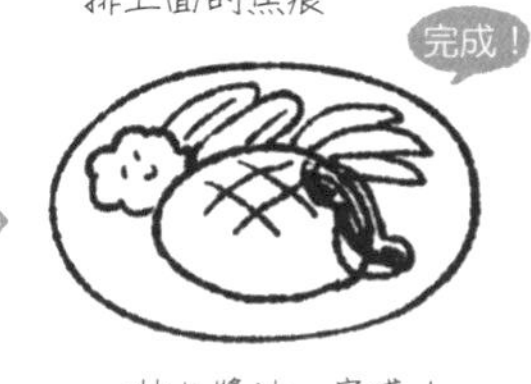

淋上醬汁，完成！

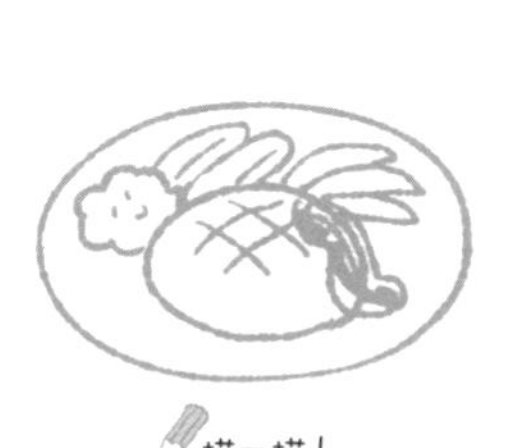

描一描！

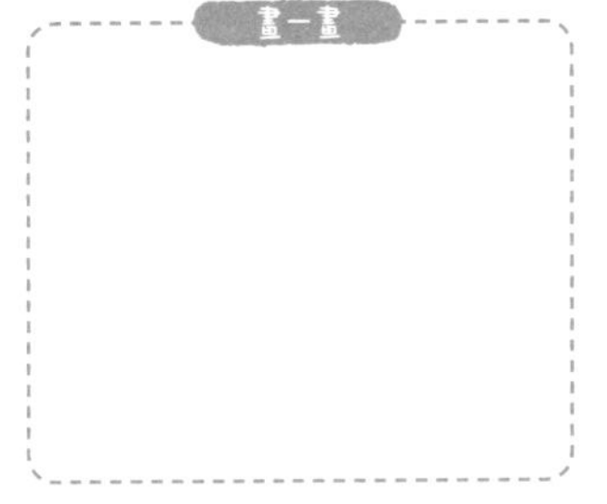

【起司鍋】

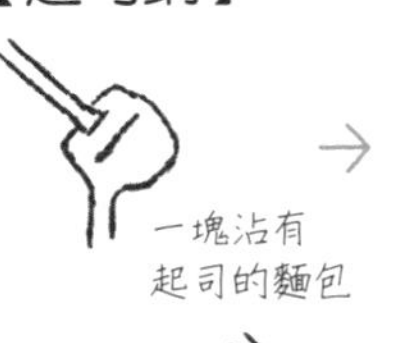

一塊沾有起司的麵包

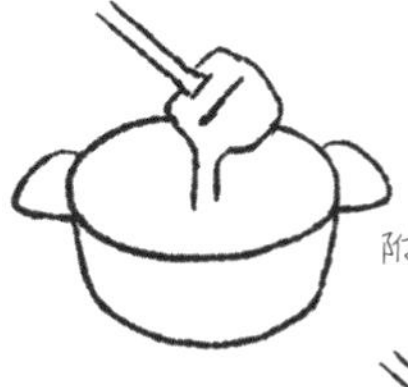

附把手的小鍋

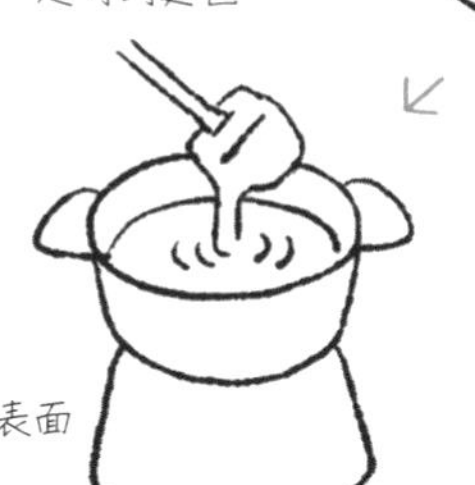

畫出起司表面和底座

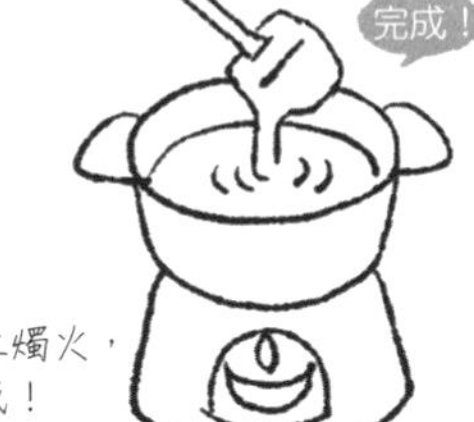

加上燭火，完成！

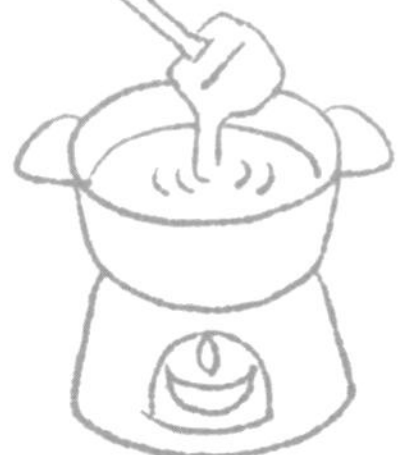

描一描！

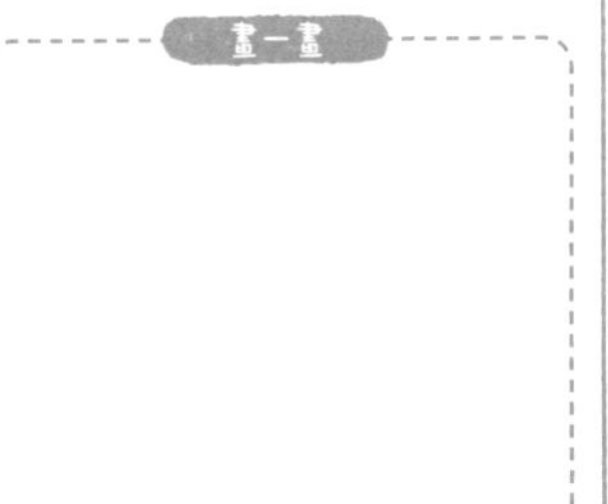

【沙拉碗】 P.53 有沙拉碗（容器）。

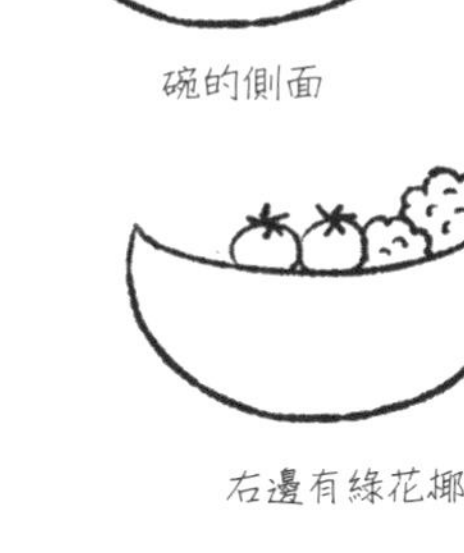

碗的側面

前面有小番茄

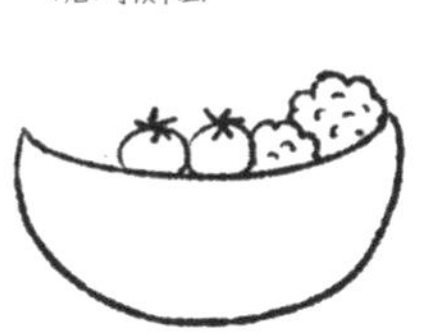

右邊有綠花椰

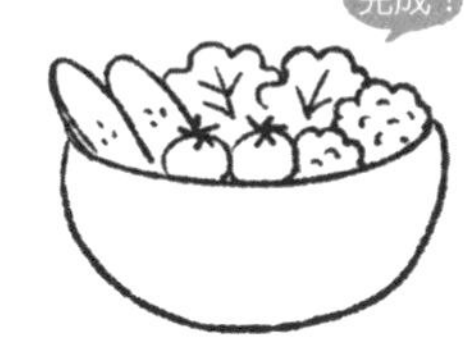

加上萵苣和小黃瓜，完成！

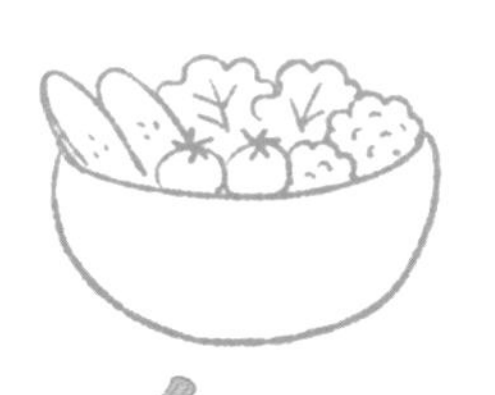

描一描！

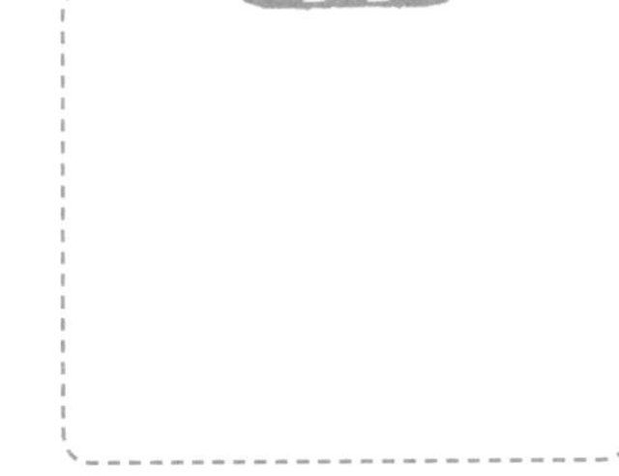

【天婦羅蓋飯】

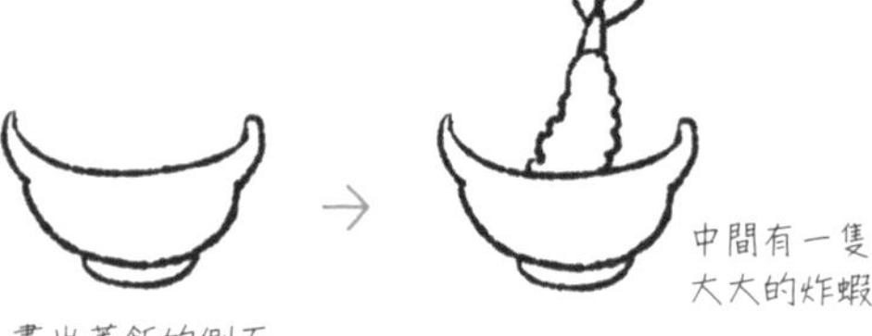

畫出蓋飯的側面

中間有一隻大大的炸蝦

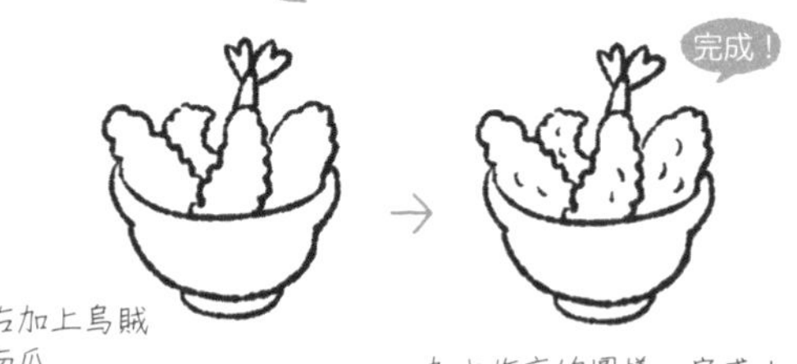

左右加上烏賊和南瓜

加上炸衣的圖樣，完成！

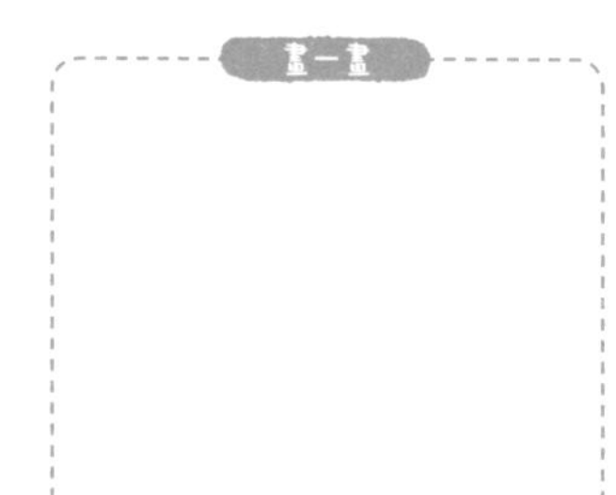

【竹盤蕎麥麵】

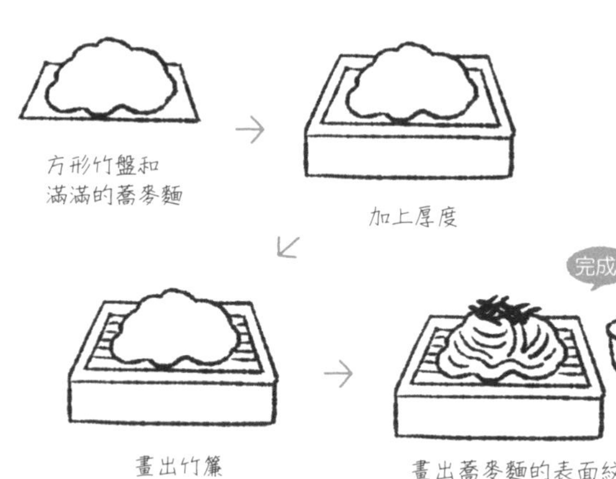

方形竹盤和滿滿的蕎麥麵

加上厚度

畫出竹簾

畫出蕎麥麵的表面紋路，加上海苔和醬汁，完成！

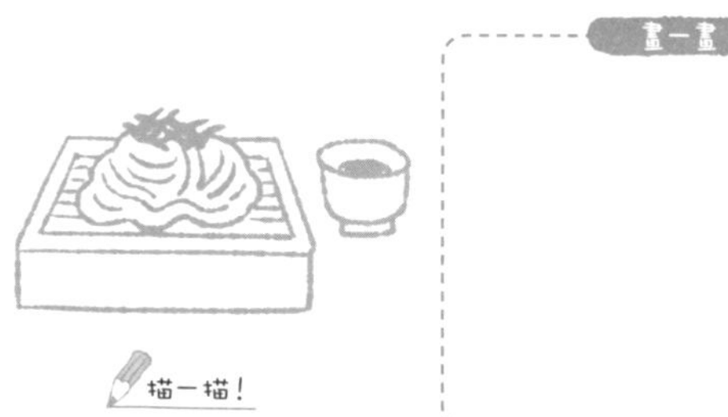

【月見烏龍麵】

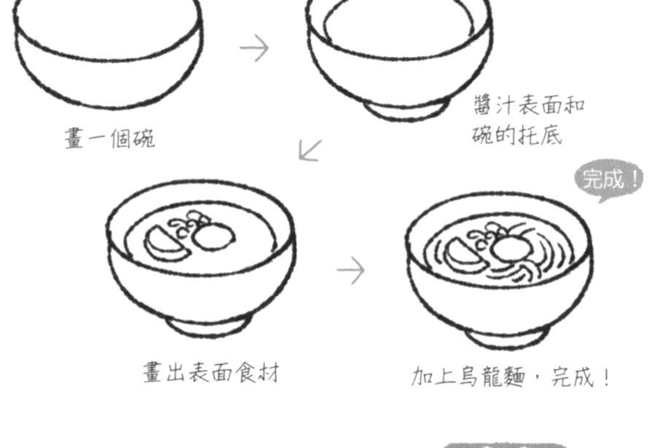

畫一個碗

醬汁表面和碗的托底

畫出表面食材

加上烏龍麵，完成！

畫一畫

描一描！

【炸豬排蓋飯】

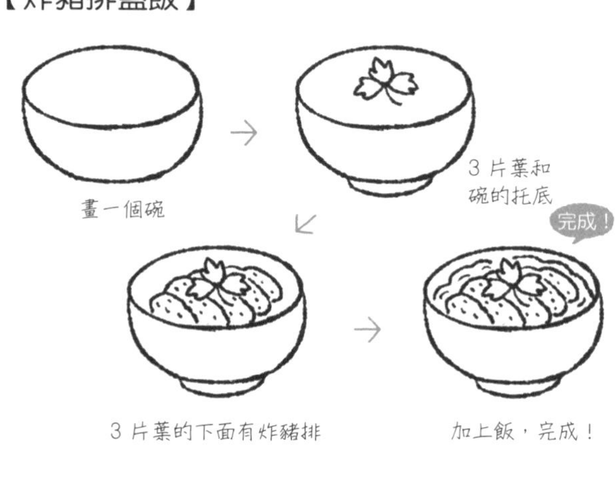

畫一個碗

3 片葉和碗的托底

3 片葉的下面有炸豬排

加上飯，完成！

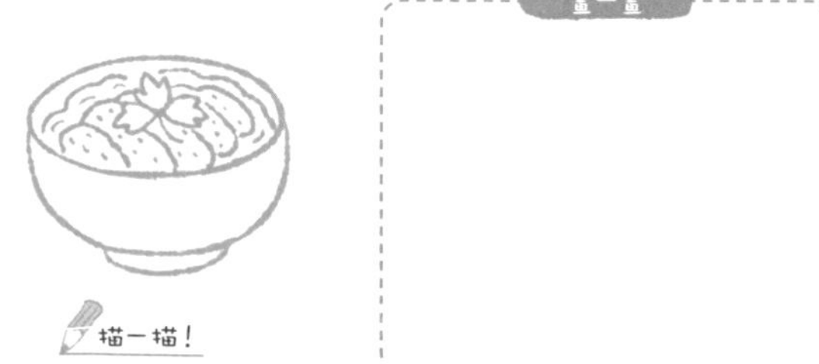

【火鍋】

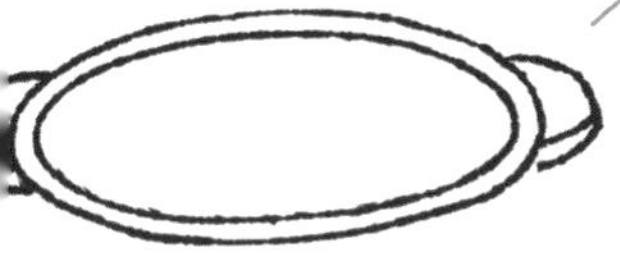

用雙重橢圓形畫出鍋子厚度，加上把手

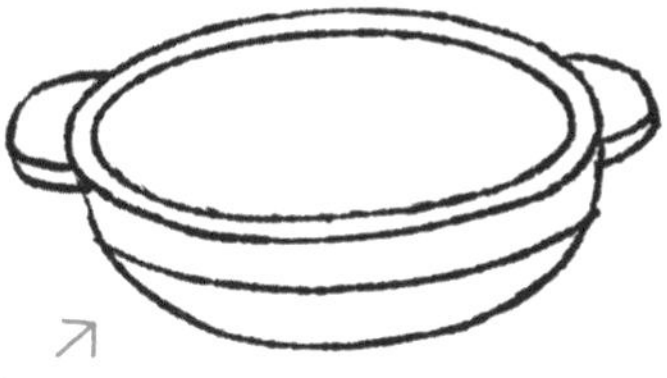

畫出鍋子側面

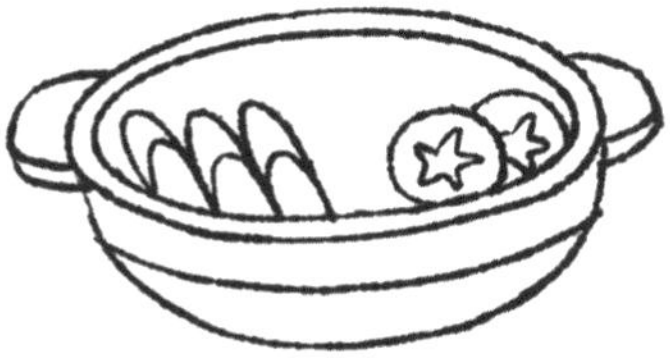

食材從前面畫起，有蔥和香菇

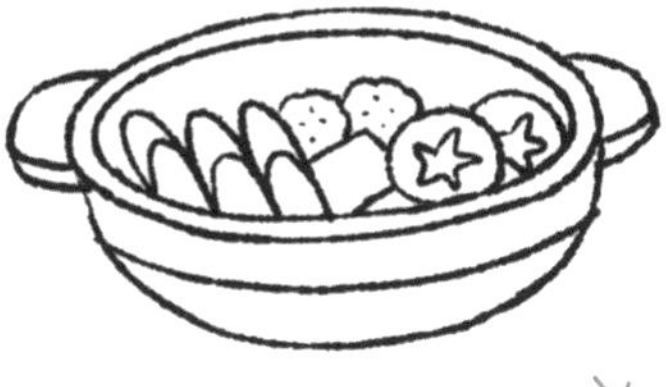

也加上豆腐和丸子，看起來更豐盛

完成！

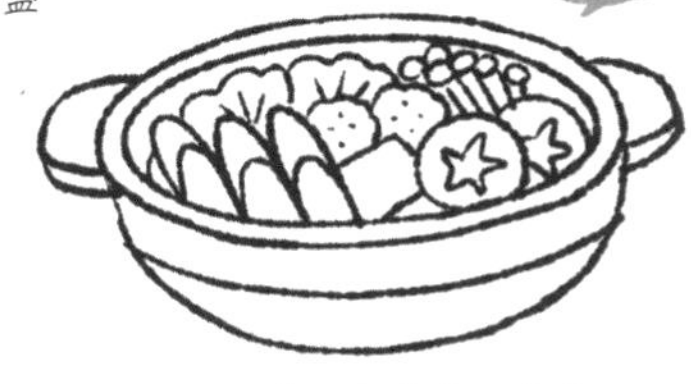

加上白菜和金針菇，完成！

畫一畫

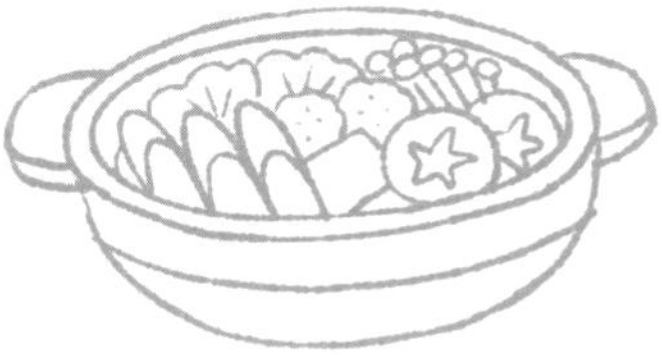

描一描！

【西班牙燉飯】

用斜橢圓形畫一個鍋子，加上把手

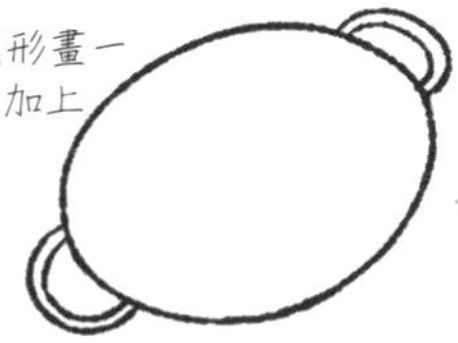

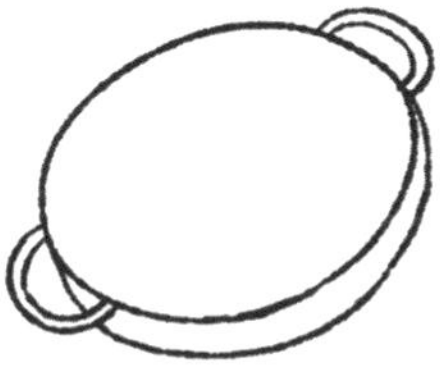

畫出側面

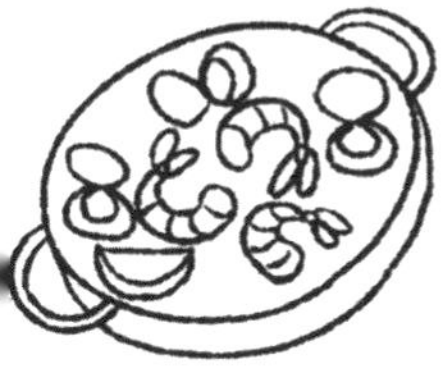

加上蝦、貝類、檸檬

完成！

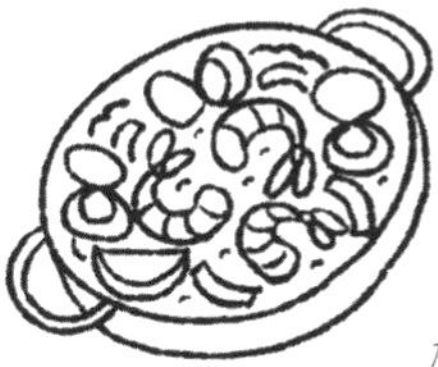

加上紅椒和飯，完成！

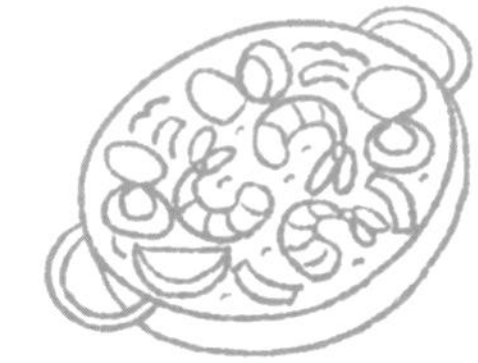

畫一畫

描一描！

【鰻魚飯】

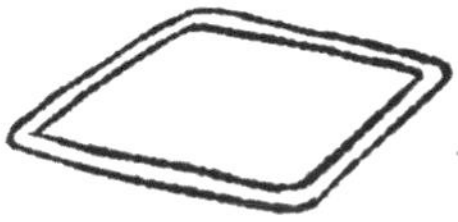

方形容器的上面部分

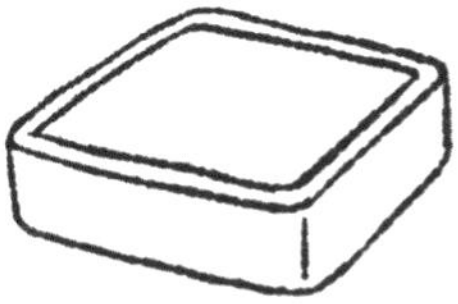

畫出側面變立體

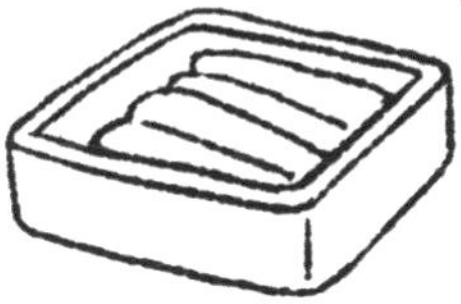

蒲燒鰻的鰻魚

完成！

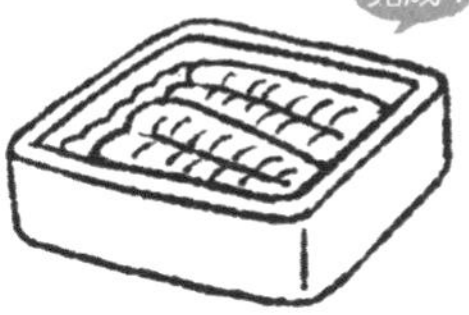

畫出表面紋路，完成！

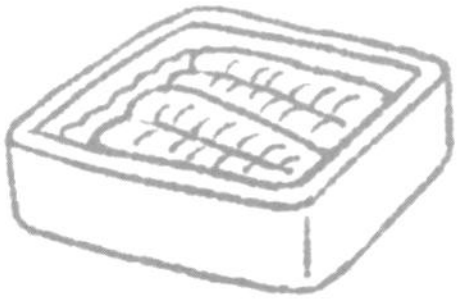

畫一畫

描一描！

【章魚燒】

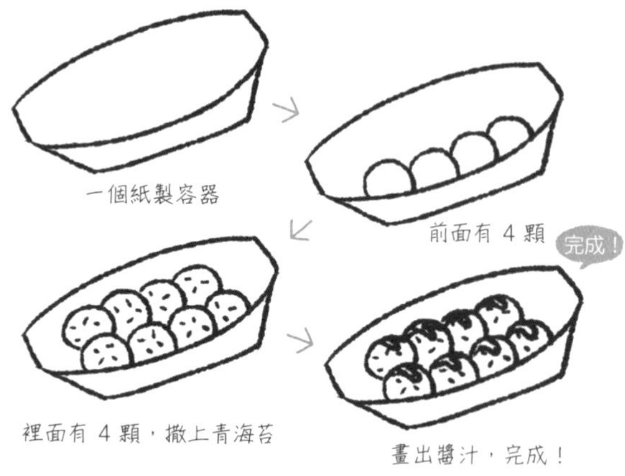

一個紙製容器

前面有 4 顆

裡面有 4 顆，撒上青海苔

完成！

畫出醬汁，完成！

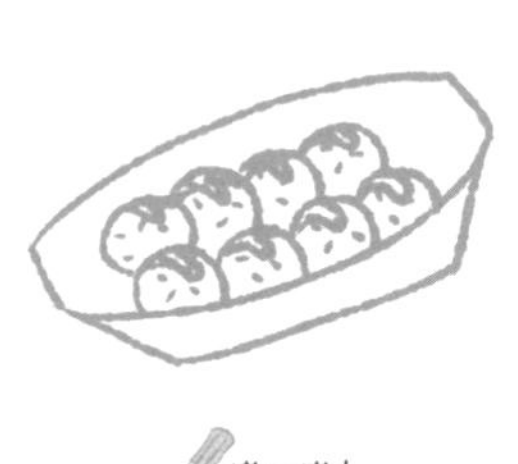

描一描！

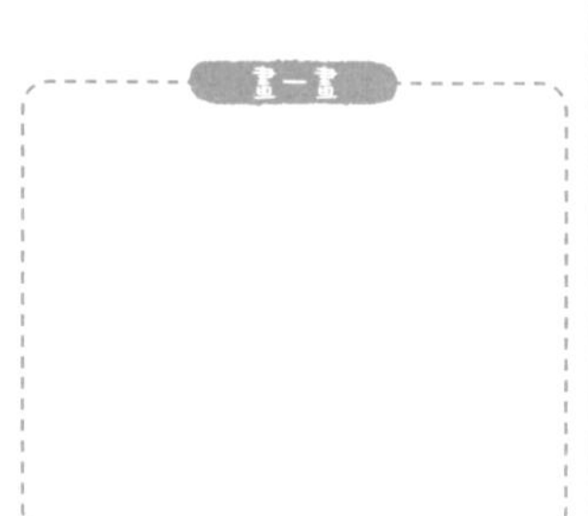

畫一畫

【炒麵】

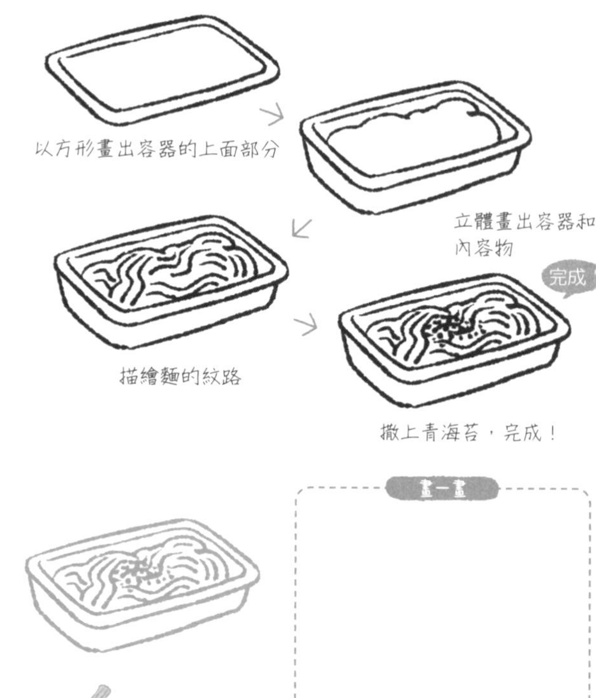

以方形畫出容器的上面部分

立體畫出容器和內容物

描繪麵的紋路

完成！

撒上青海苔，完成！

描一描！

畫一畫

【關東煮】

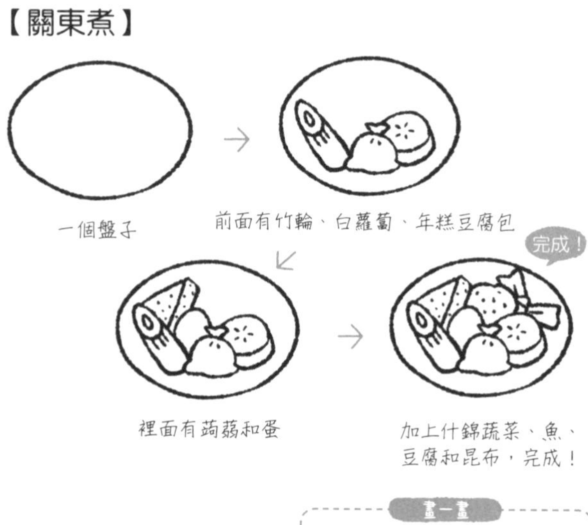

一個盤子

前面有竹輪、白蘿蔔、年糕豆腐包

裡面有蒟蒻和蛋

完成！

加上什錦蔬菜、魚、豆腐和昆布，完成！

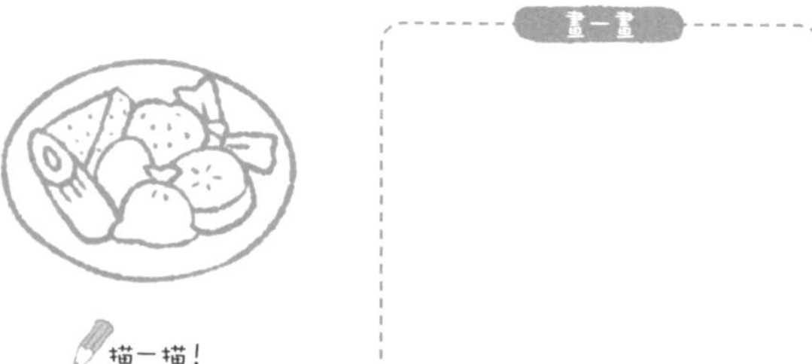

描一描！

畫一畫

【鯛魚燒】

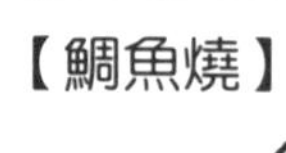

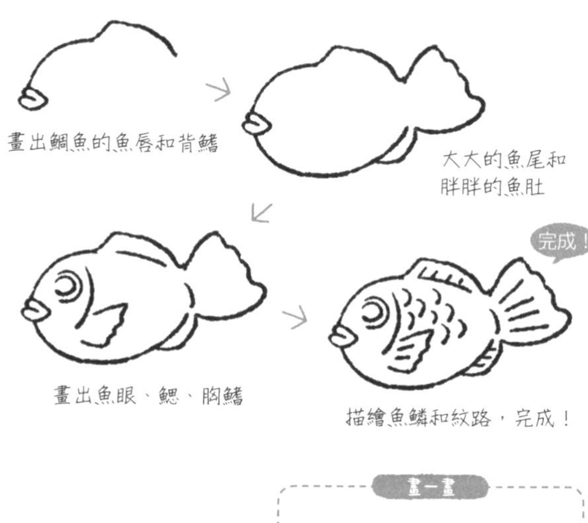

畫出鯛魚的魚唇和背鰭

大大的魚尾和胖胖的魚肚

畫出魚眼、鰓、胸鰭

完成！

描繪魚鱗和紋路，完成！

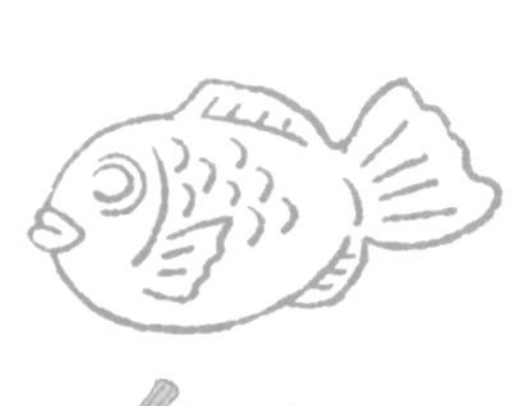

描一描！

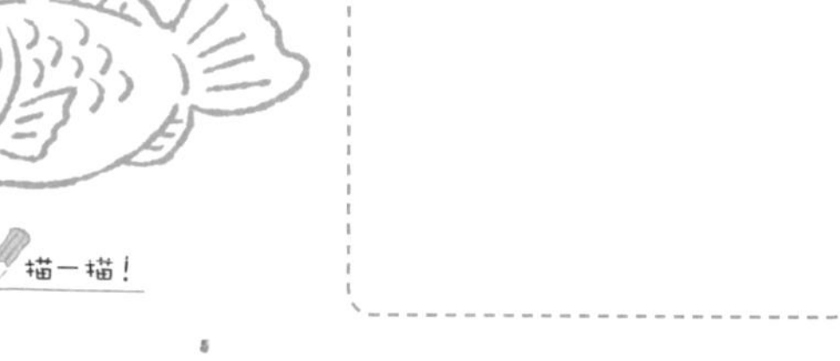

畫一畫

【蘋果糖】

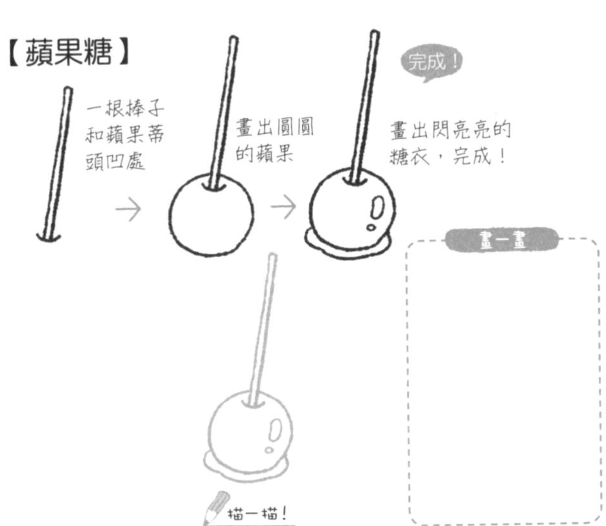

【棉花糖】

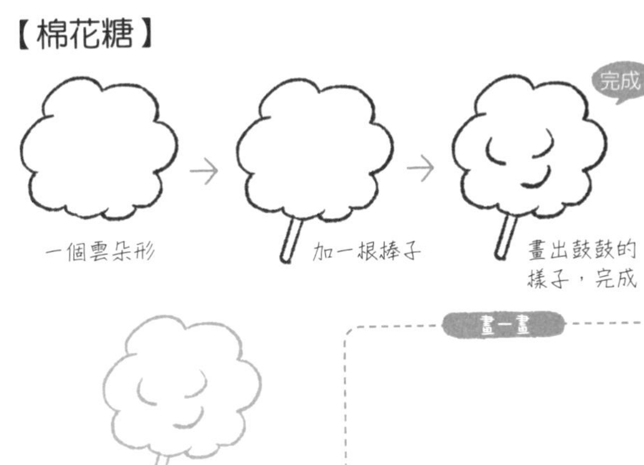

【法蘭克香腸】

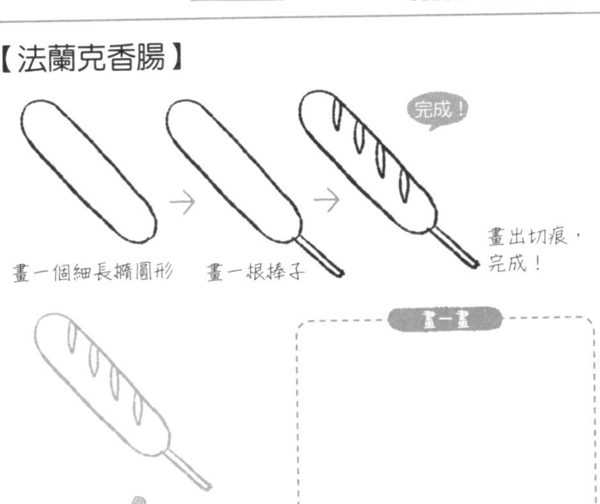

【剉冰】

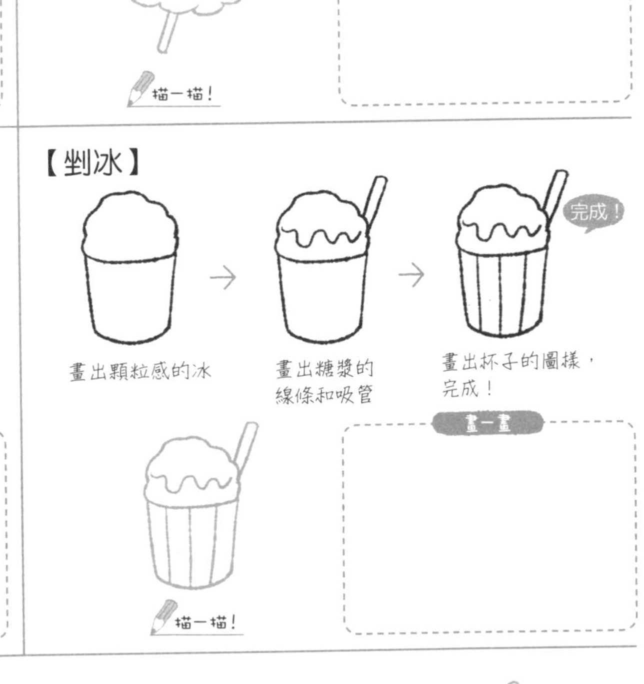

【巧克力】

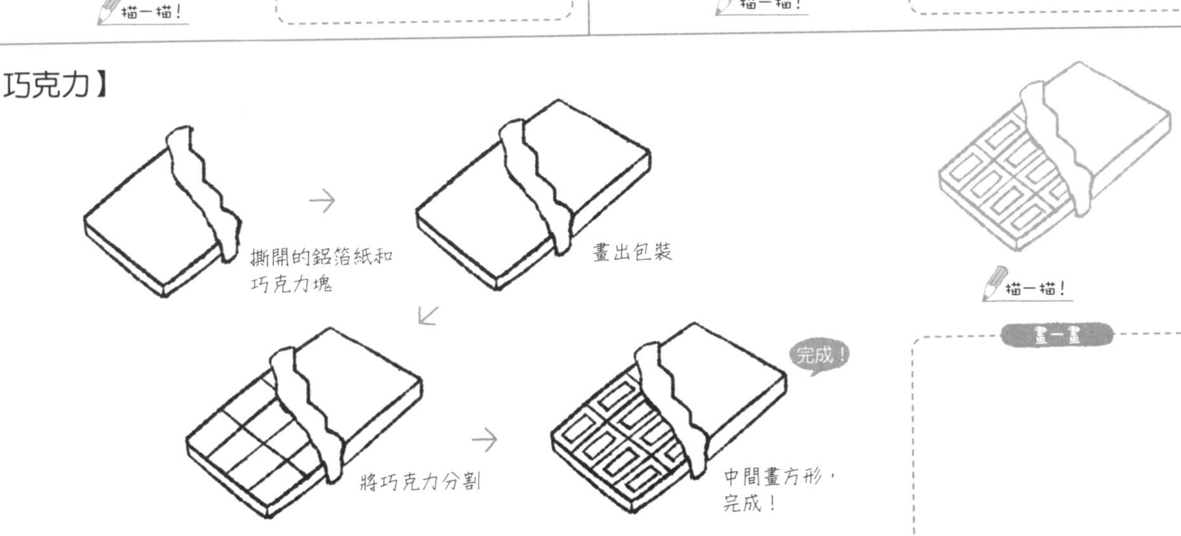

【可頌麵包】

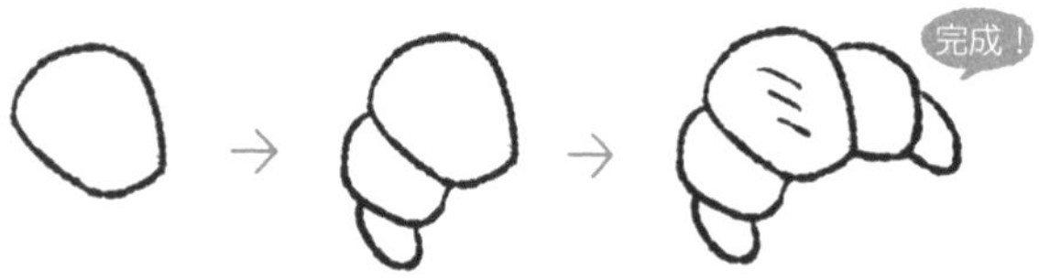

先畫出中間最大的部分 → 左邊畫 2 個 → 畫出右邊 2 個和焦痕，完成！

【菠蘿麵包】

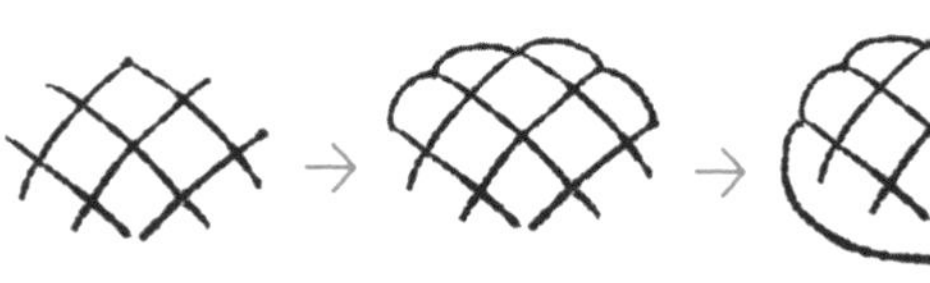

各 3 條線畫出網狀 → 上面畫出鼓鼓突起的樣子 → 畫出下面的麵包，完成！

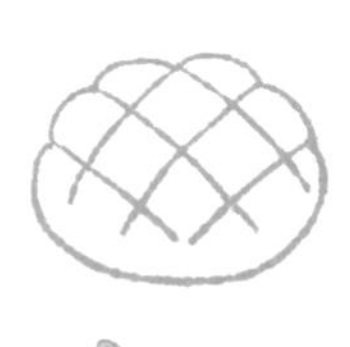

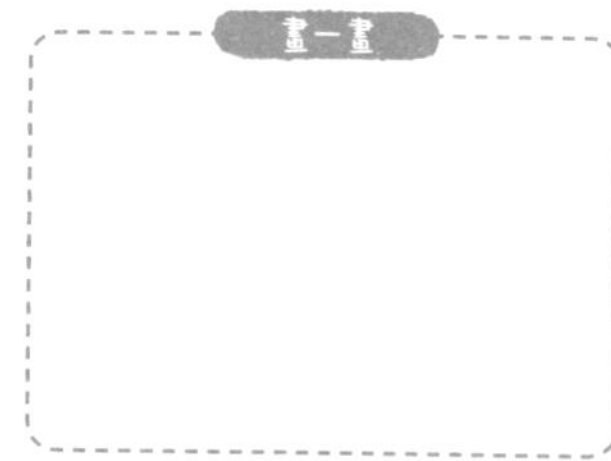

【甜甜圈】

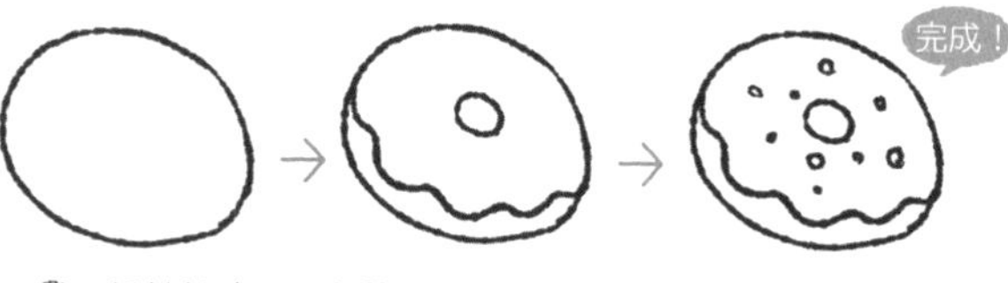

畫一個斜斜的橢圓形 → 中間有一個洞，用波浪線條畫出巧克力 → 畫出上面的配料，完成！

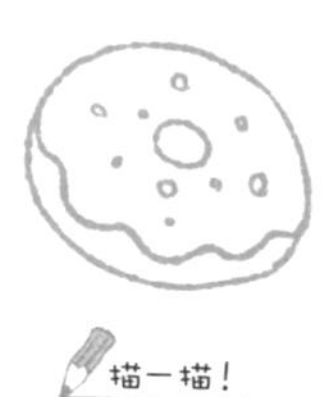

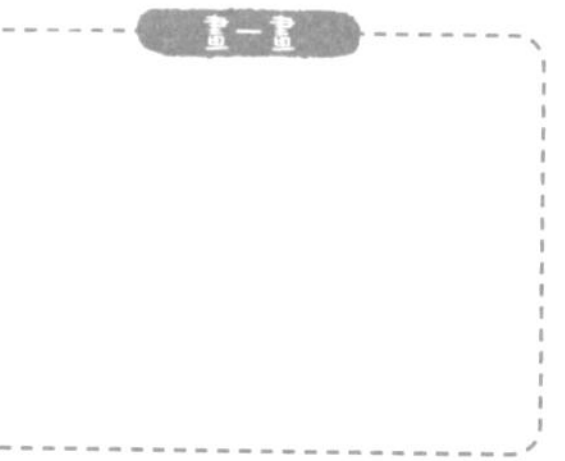

【麻花麵包】

完成！

畫一個下面較短的「S」 → 再畫一個連在一起的「S」 → 畫出連結的線和焦痕，完成！

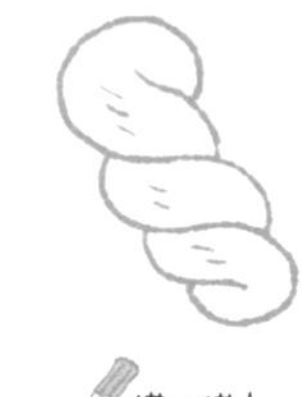

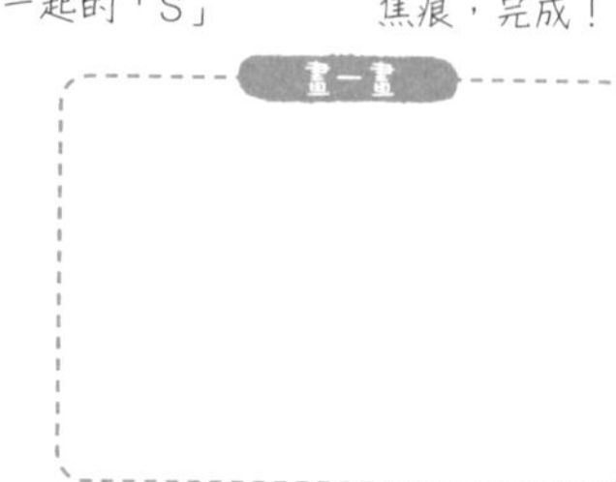

【法式甜甜圈】

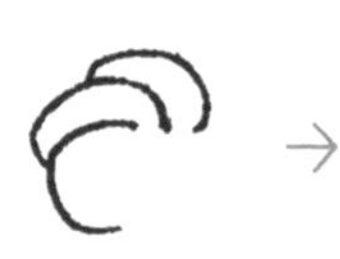

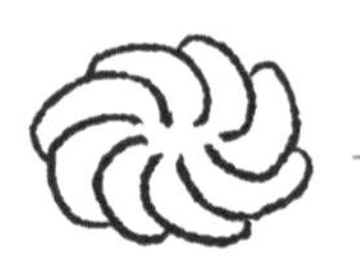

完成！

3 個重疊的「C」 → 就這樣畫一圈 → 中間連結，完成！

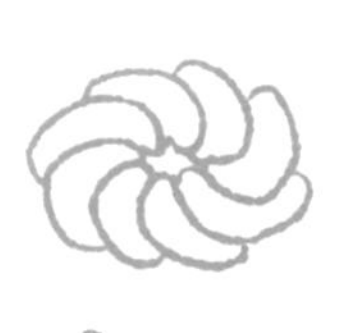

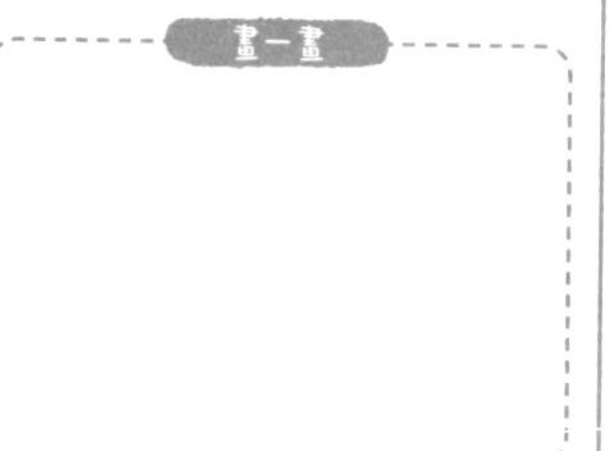

【美式炸熱狗】

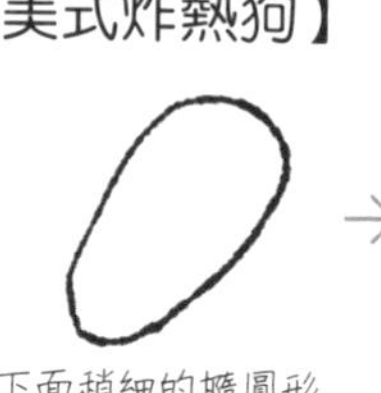

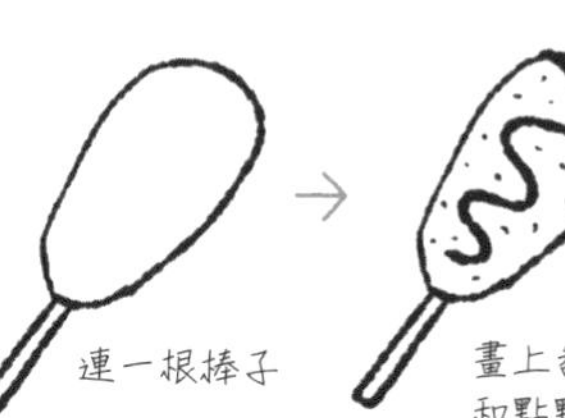

下面稍細的橢圓形 → 連一根棒子 → 畫上番茄醬和點點，完成！

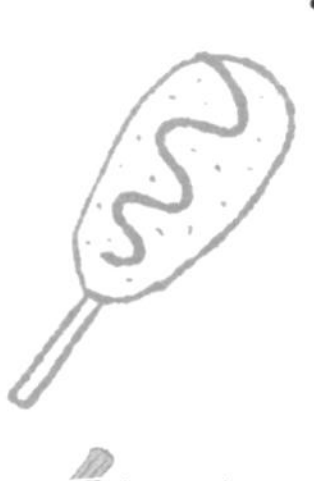

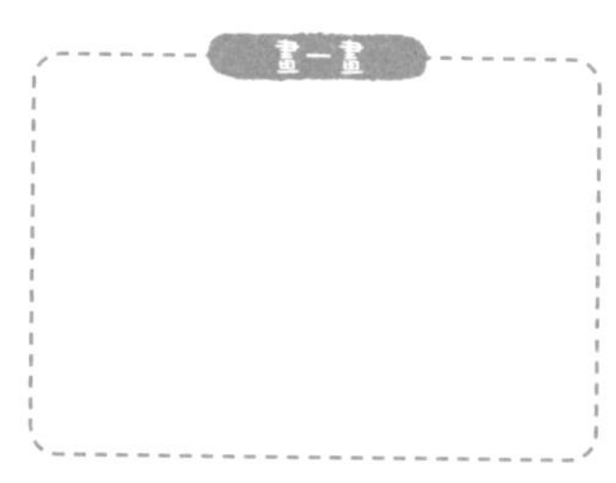

【奶油捲】

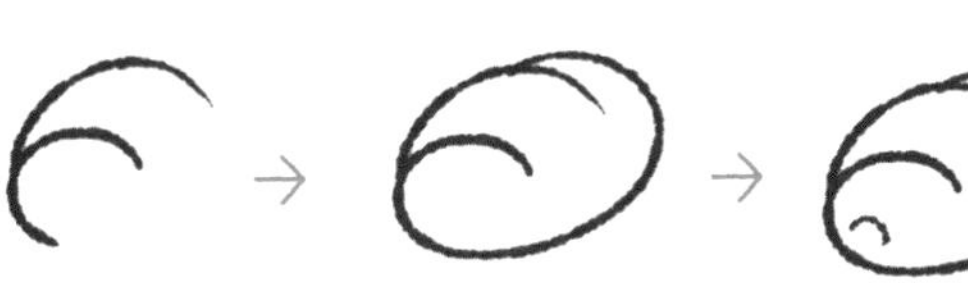
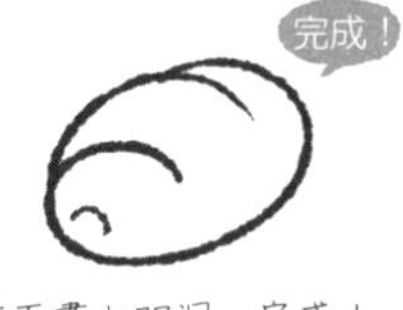

畫出前面鼓起狀和中間

畫出裡面鼓起狀和下面的線條

前面畫上凹洞，完成！

畫一畫

描一描！

【卡士達麵包】

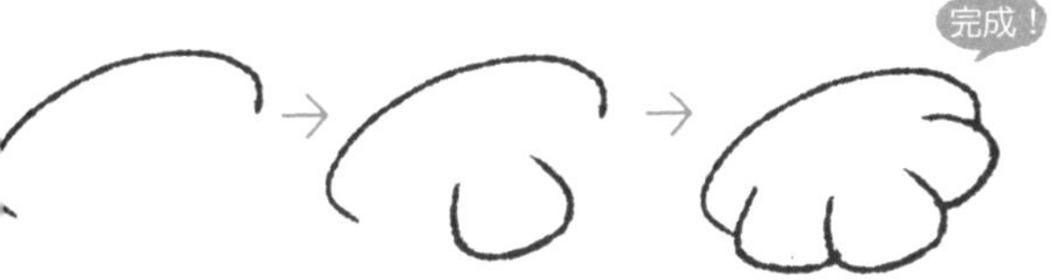

畫一條弧線

畫一個中間突出部分

畫出左右兩邊突出部分，完成！

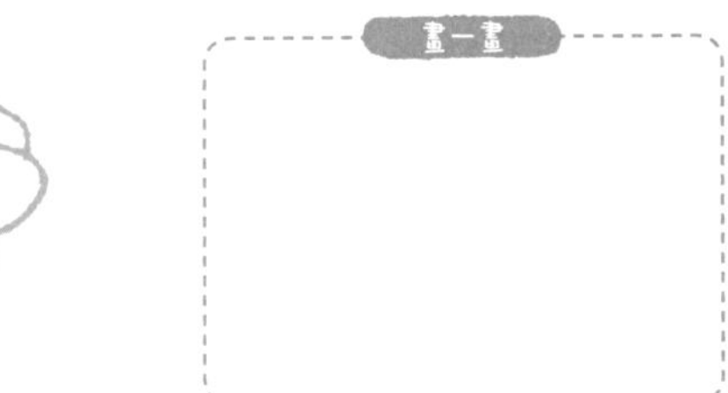

畫一畫

描一描！

【法棍麵包】

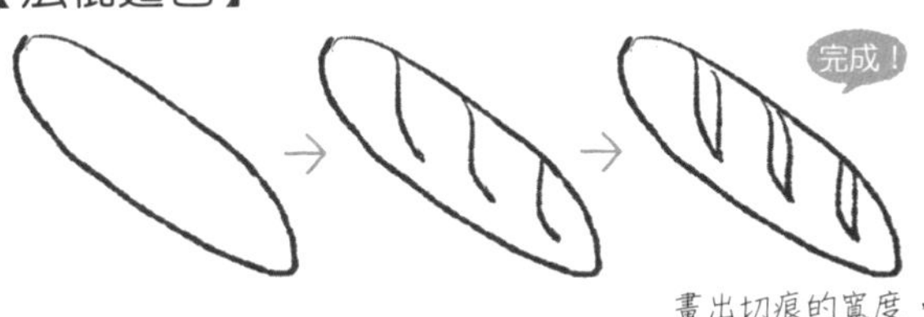

一個細長麵包

有 3 道切痕

畫出切痕的寬度，完成！

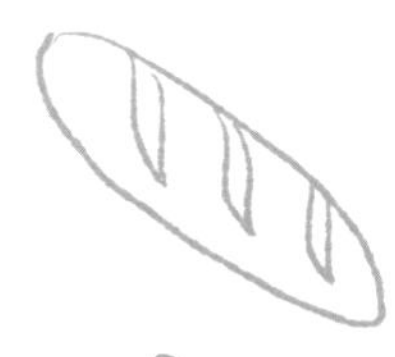
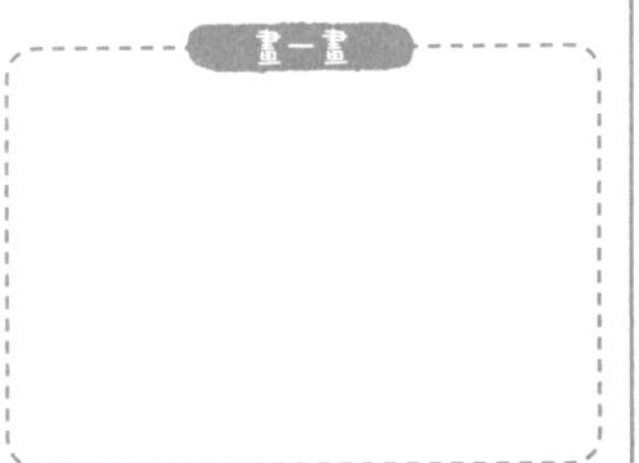

畫一畫

描一描！

【肉桂捲】

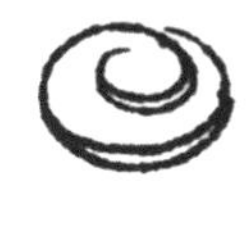

用雙重線畫出漩渦的前面

下面再加一段

畫出最下面的線條，完成！

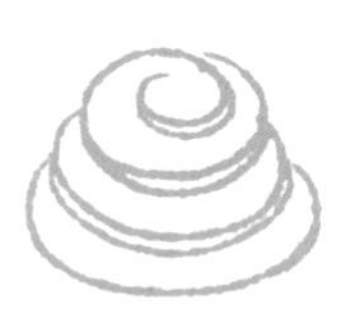
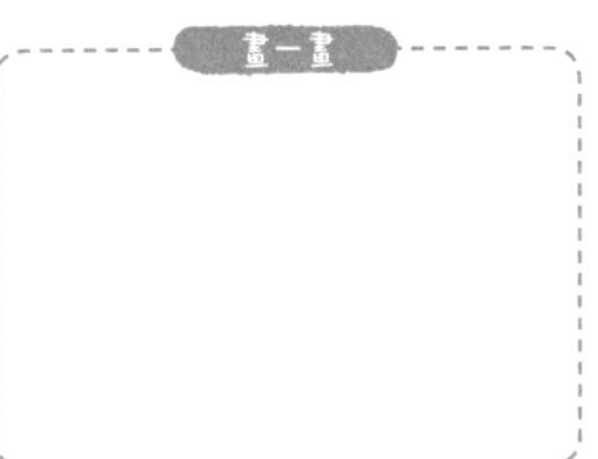

畫一畫

描一描！

【巧克力餡螺旋麵包】

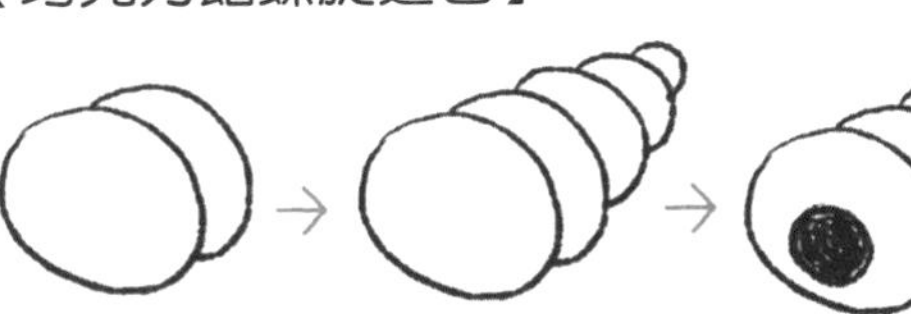

2 個重疊的橢圓形

橢圓形越往裡面越小

畫出巧克力，完成！

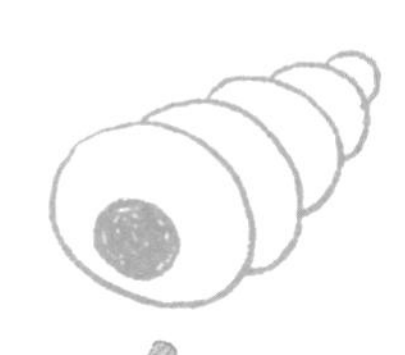
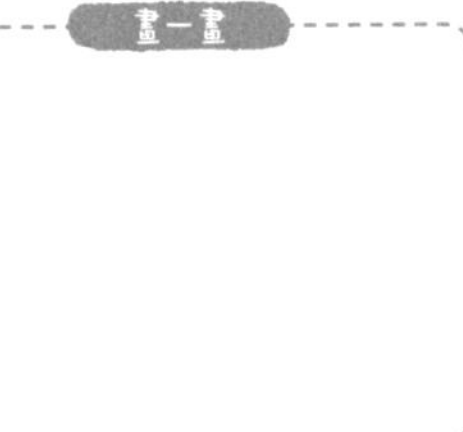

畫一畫

描一描！

【貝果三明治】

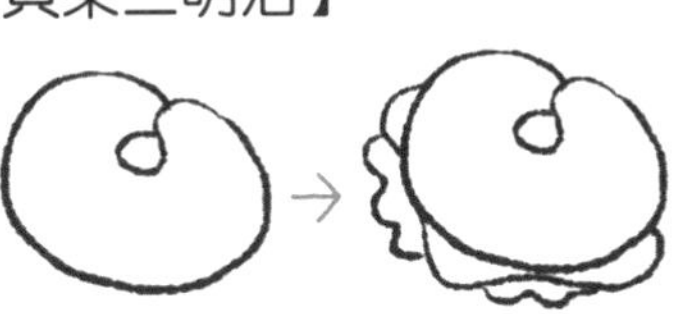
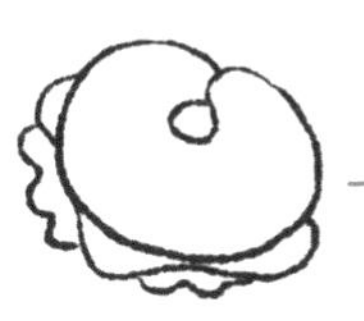
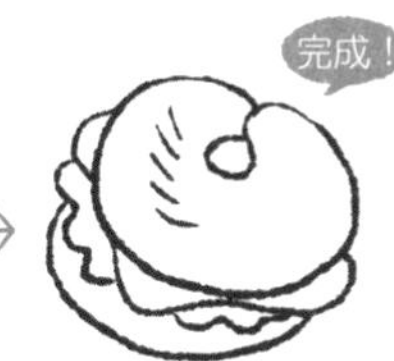

以厚厚的「C」字形畫出上半部

下面有起司和萵苣

加上下半部，完成！

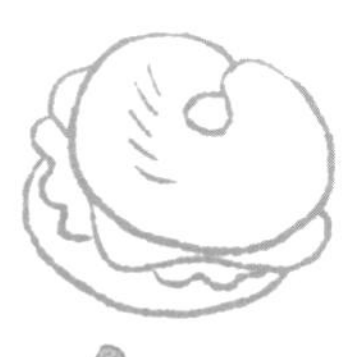
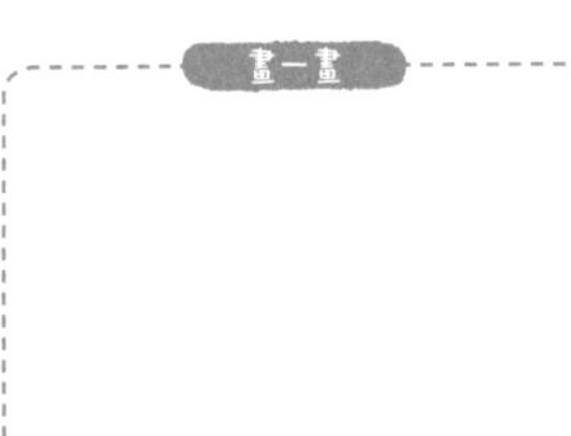

畫一畫

描一描！

【杯子蛋糕】

邊緣加上荷葉邊線條 → 畫出杯子 → 畫出杯子的凹痕，完成！

描一描！

畫一畫

【蒙布朗】

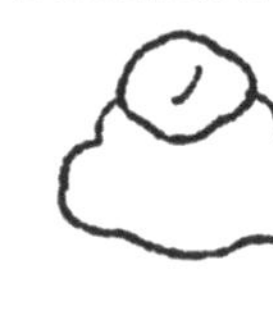

頂端的栗子和滿滿的鮮奶油 → 畫出杯子 → 加上鮮奶油的紋路完成！

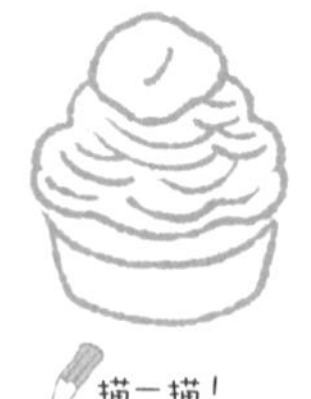

描一描！

畫一畫

【切片蛋糕】

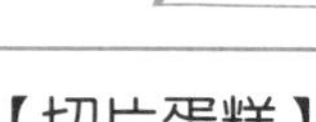

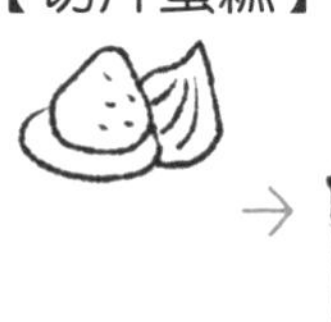

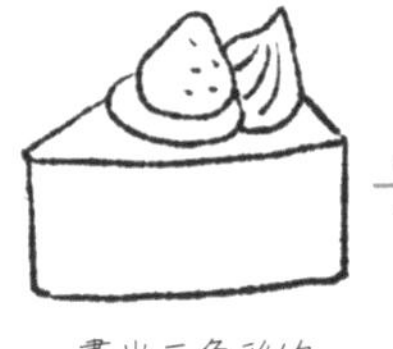

上面的草莓和裡面的鮮奶油 → 畫出三角形的海綿蛋糕 → 畫出中間的鮮奶油和點點，完成！

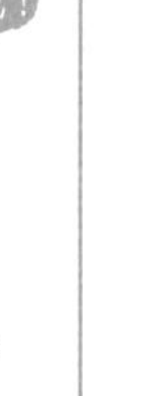

描一描！

畫一畫

【瑞士捲】

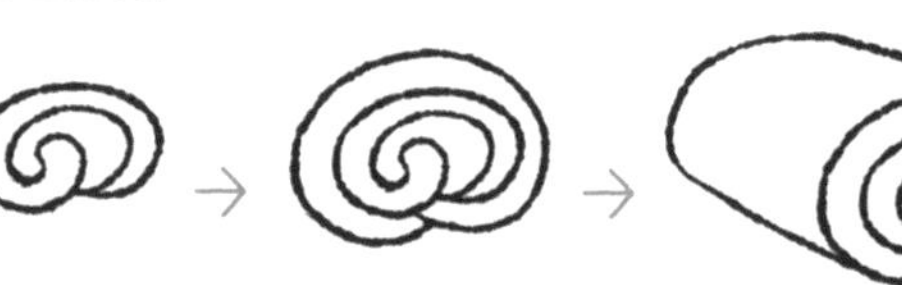

以胖胖的「の」字畫出鮮奶油 → 外側畫一圈，就成了一片蛋糕捲 → 將蛋糕拉長，完成

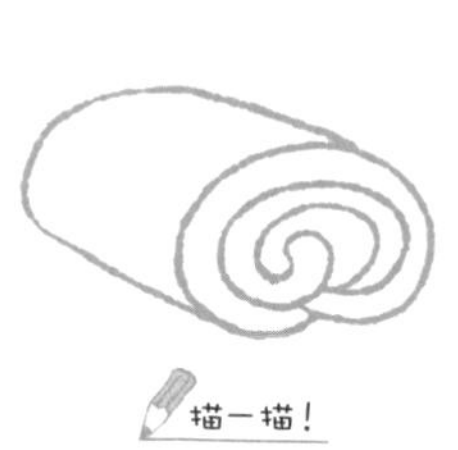

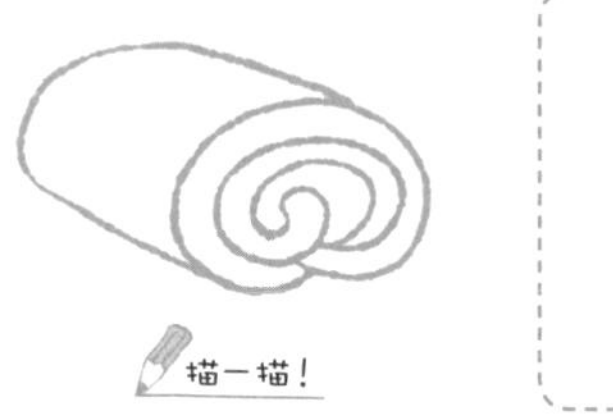

描一描！

畫一畫

【鬆餅】

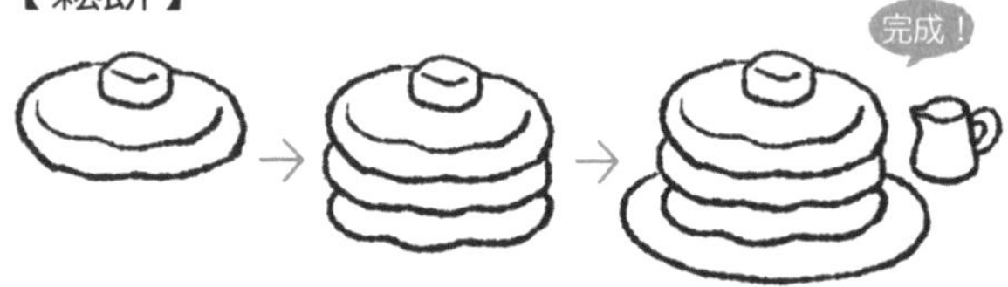

奶油和一片有厚度的鬆餅 → 下面重疊 2 片 → 加上盤子和糖漿，完成！

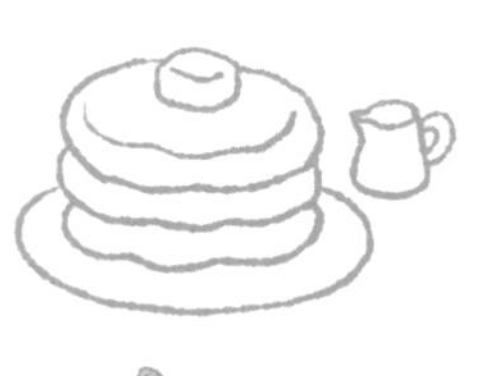

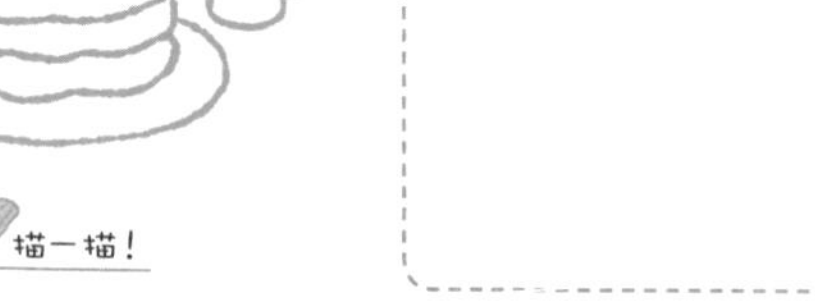

描一描！

畫一畫

【布丁】

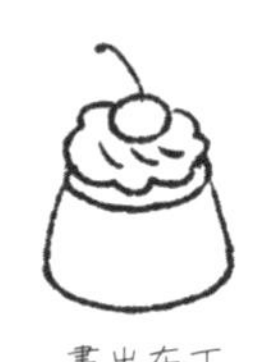

櫻桃和下面的鮮奶油 → 畫出布丁 → 裝入透明容器，完成！

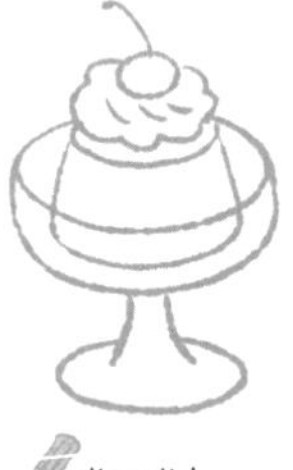

描一描！

畫一畫

【泡芙】

完成！

一個雲朵狀的泡芙 → 溢出來的鮮奶油 → 畫出下面的泡芙，完成！

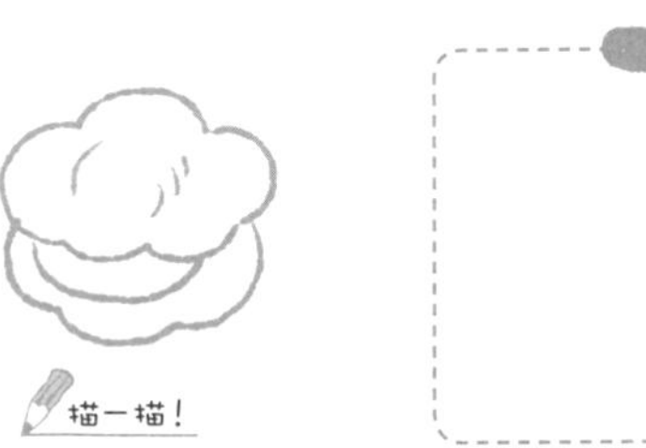

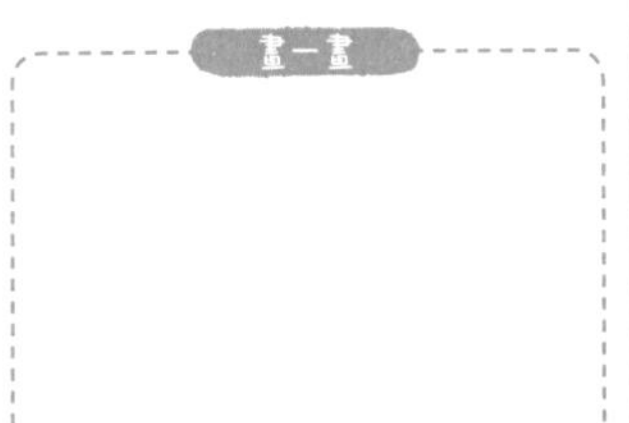

描一描！

畫一畫

【閃電泡芙】

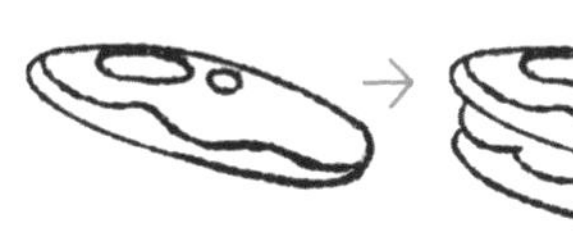

畫一個橢圓形，描繪出巧克力輪廓

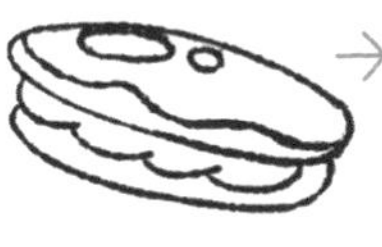

鮮奶油和下面的泡芙

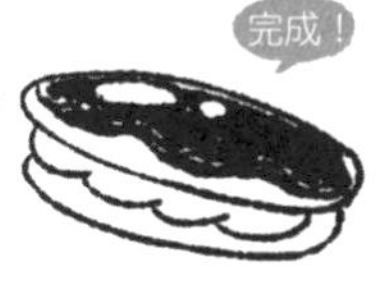

巧克力塗色，完成！

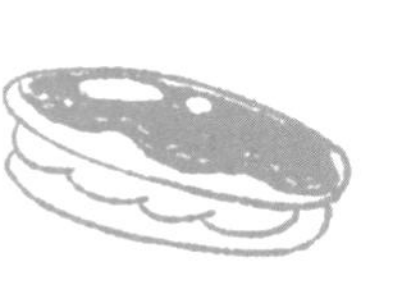

描一描！

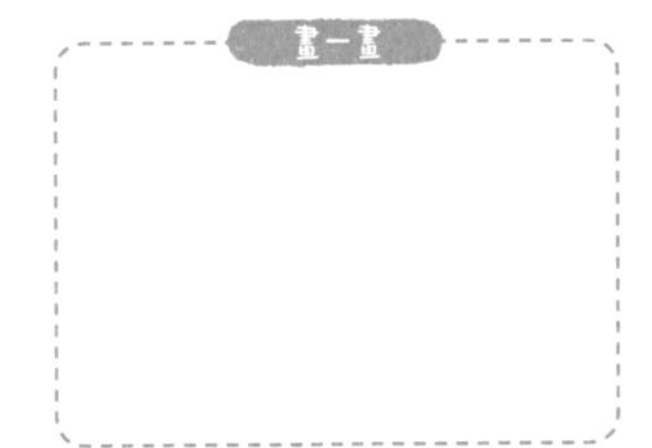

畫一畫

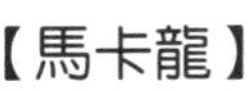

【馬卡龍】

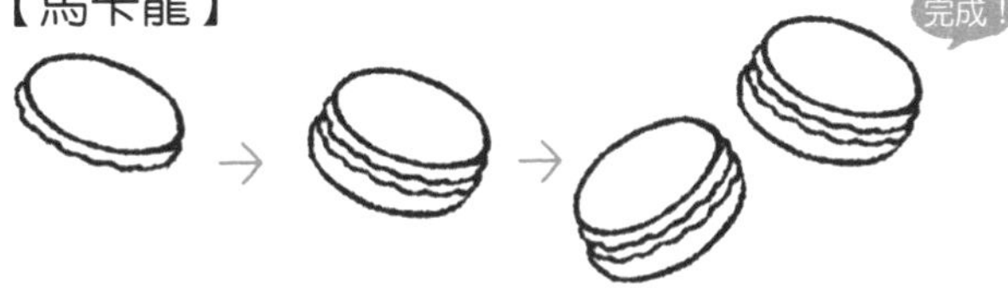

上面的馬卡龍和中間的鮮奶油 → 再一層鮮奶油和下面的馬卡龍 → 再畫一顆，完成！

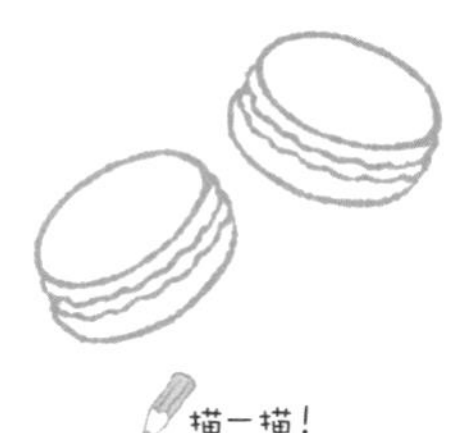

描一描！

畫一畫

【薯片】

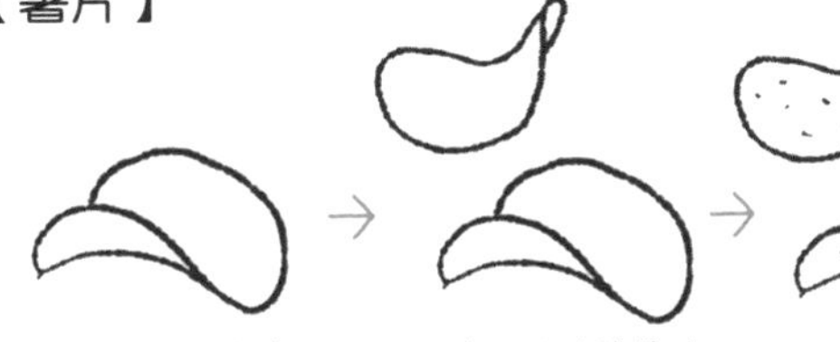

邊邊掀起的薄薯片 → 再一片翻面的薄薯片 → 加上點點，完成！

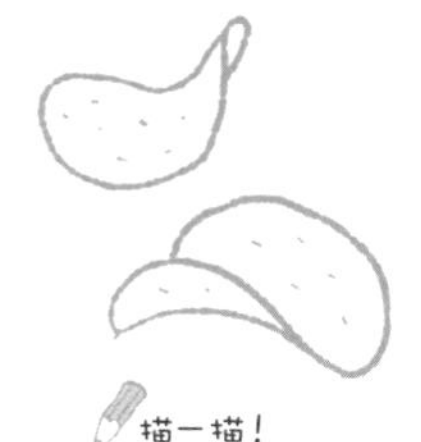

描一描！

畫一畫

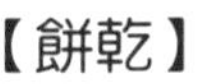

【餅乾】

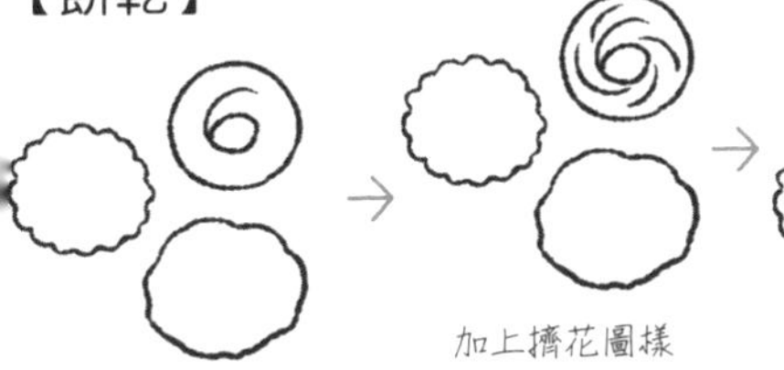

3 種形狀不一樣的餅乾

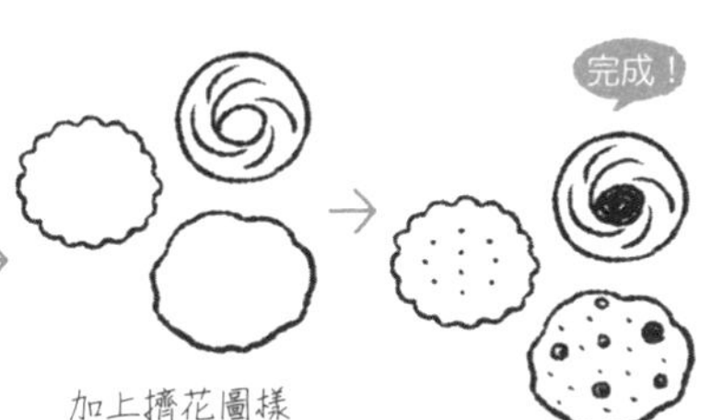

加上擠花圖樣

完成！

畫出表面紋路，完成！

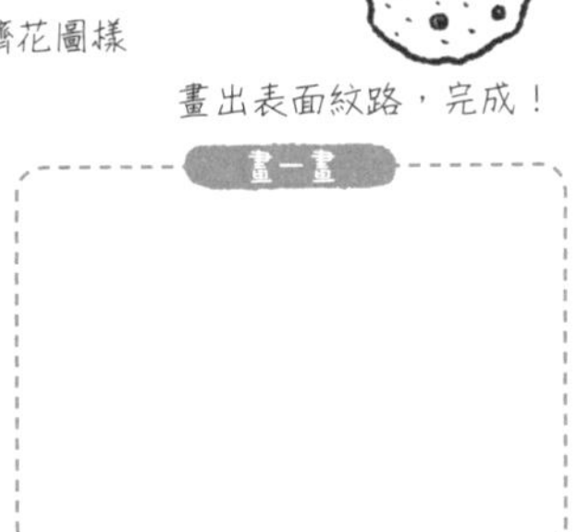

描一描！

畫一畫

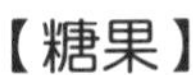

【糖果】

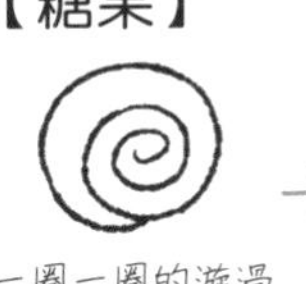

一圈一圈的漩渦

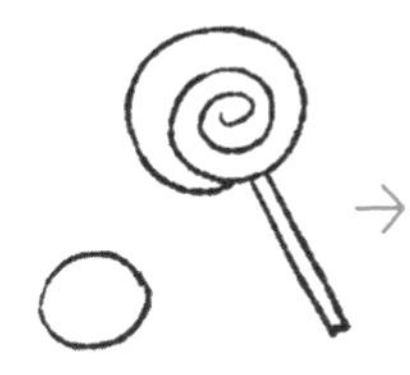

加上棒子，旁邊畫一個圓

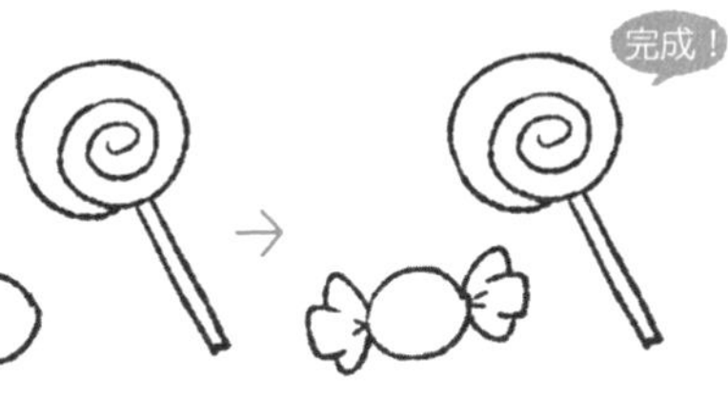

畫成一顆小糖果，完成！

描一描！

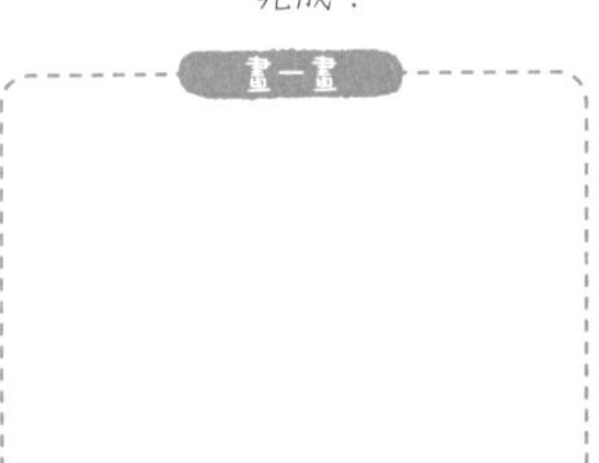

畫一畫

【糰子】

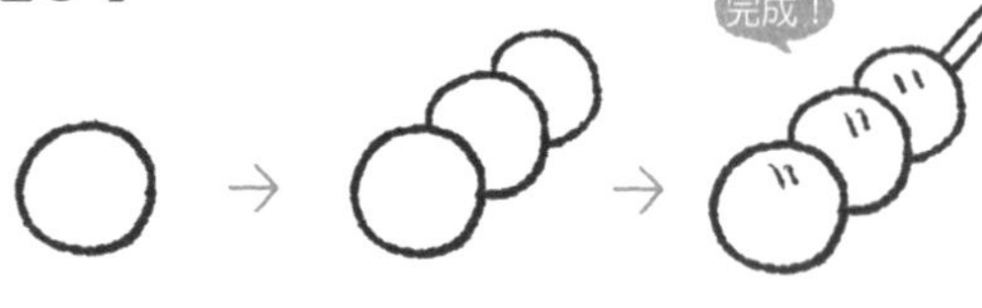

一個圓 → 裡面有 2 個圓 → 加上棒子和焦痕，完成！

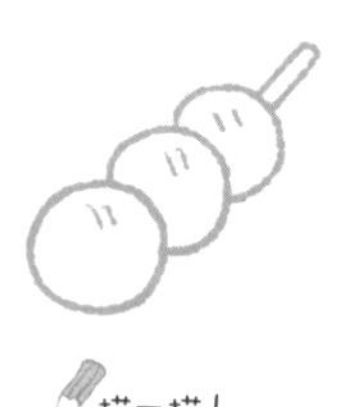

描一描！

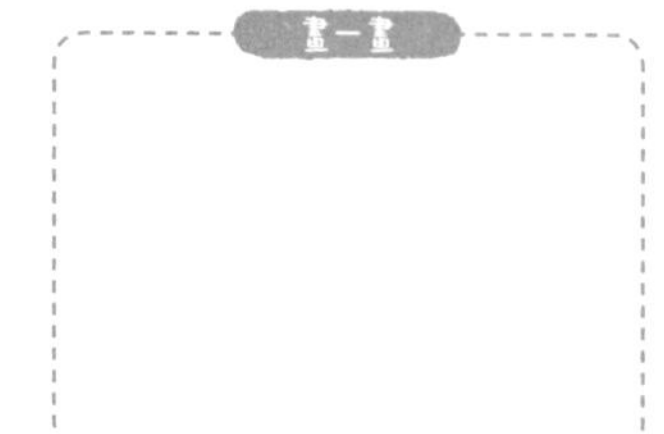

【中式包子】

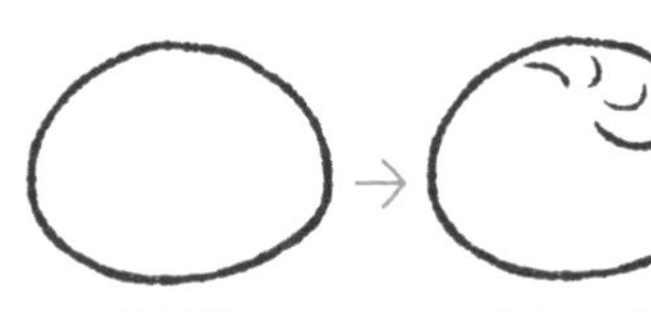

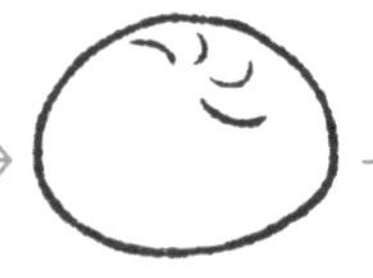

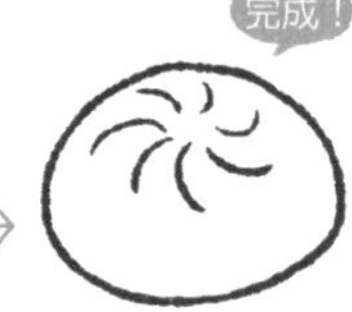

一個橢圓形 → 中間有 4 條捏痕 → 前面再加 3 條捏痕完成！

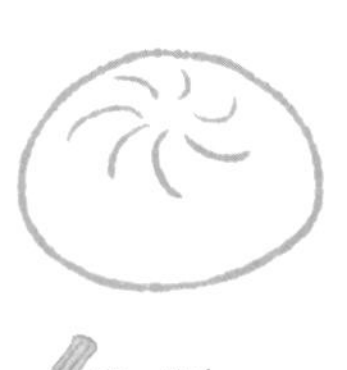

描一描！

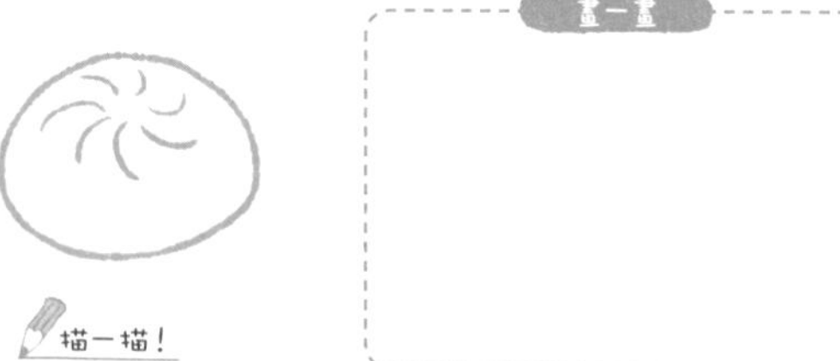

【銅鑼燒】

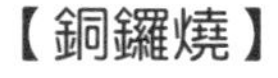

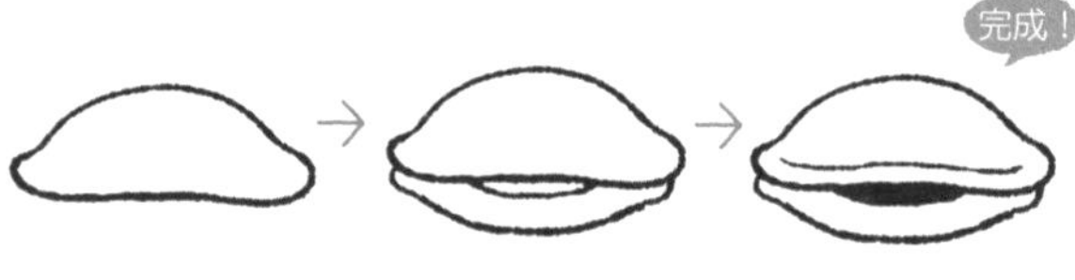

一個扁平的帽子形 → 下面的銅鑼燒和餡料 → 餡料塗色，完成！

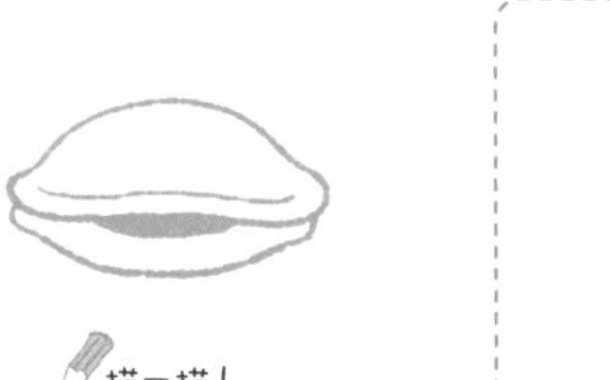

描一描！

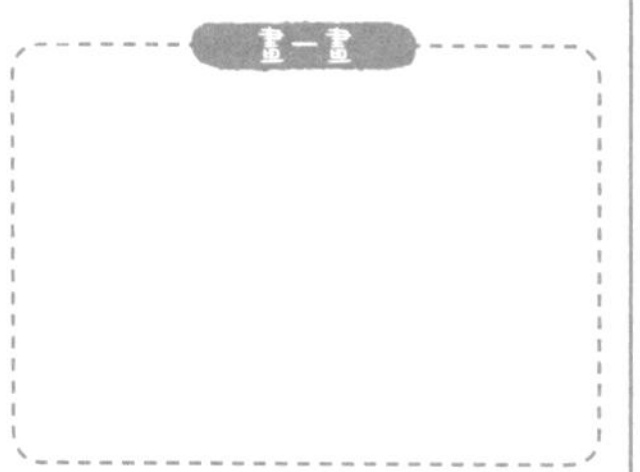

【仙貝】

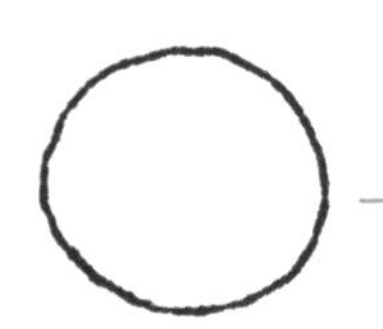

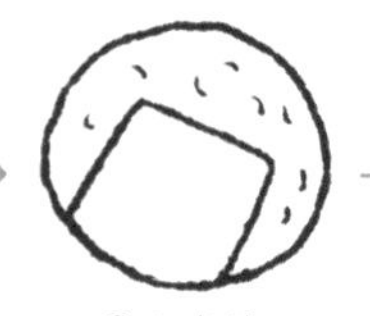

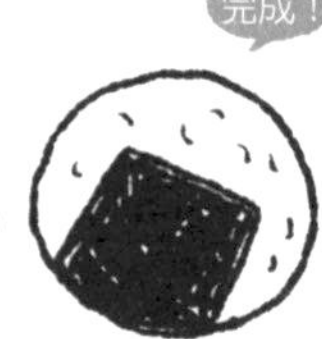

一個線條凹凸的圓形 → 畫出海苔和表面紋路 → 海苔塗色，完成！

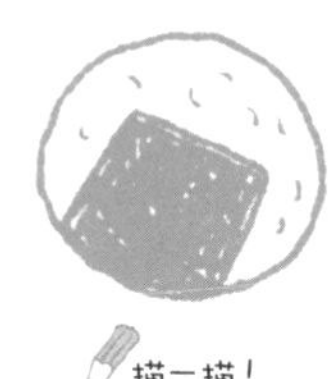

描一描！

畫一畫

【草莓大福】

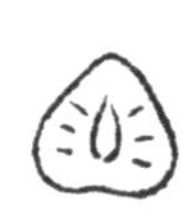

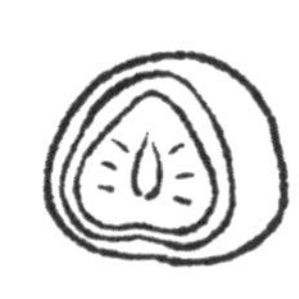

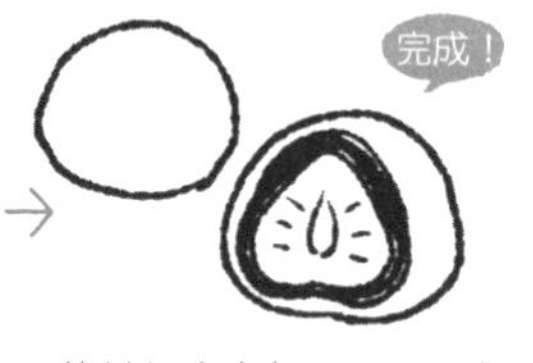

畫出剖面的草莓 → 像包住般畫出 2 個圓 → 餡料部分塗色，裡面再畫一個圓，完成！

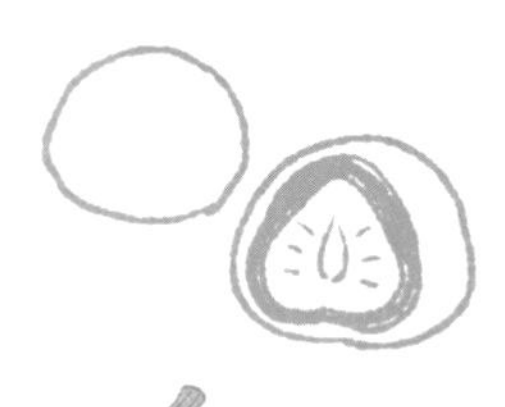

描一描！

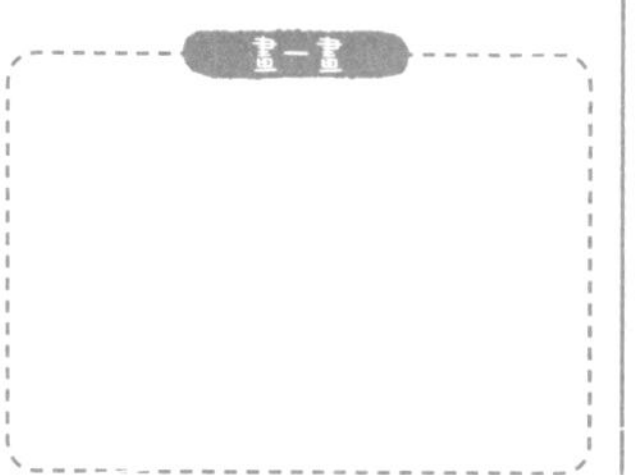

【冰淇淋汽水】

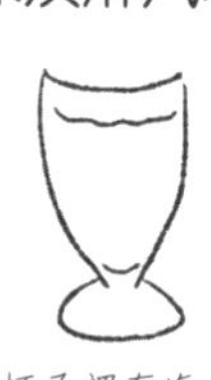

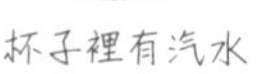

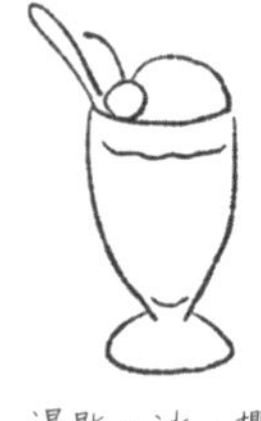

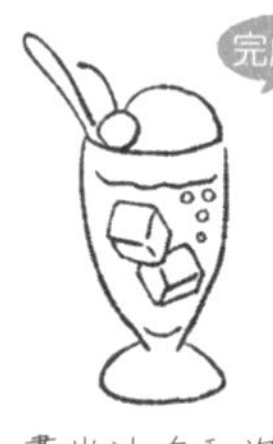

杯子裡有汽水 → 湯匙、冰、櫻桃 → 畫出冰塊和泡泡完成！

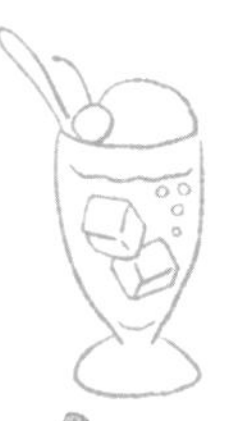

描一描！

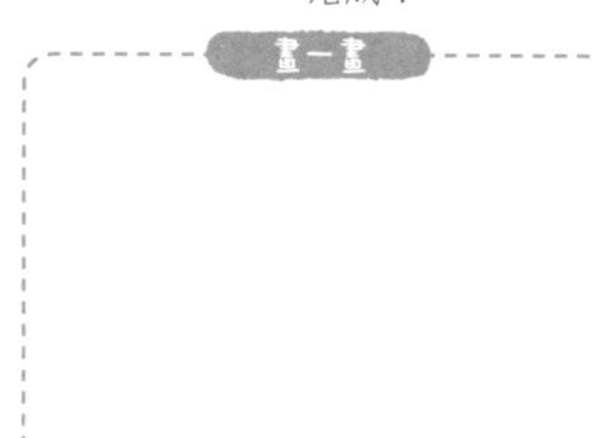

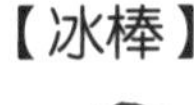

【冰棒】

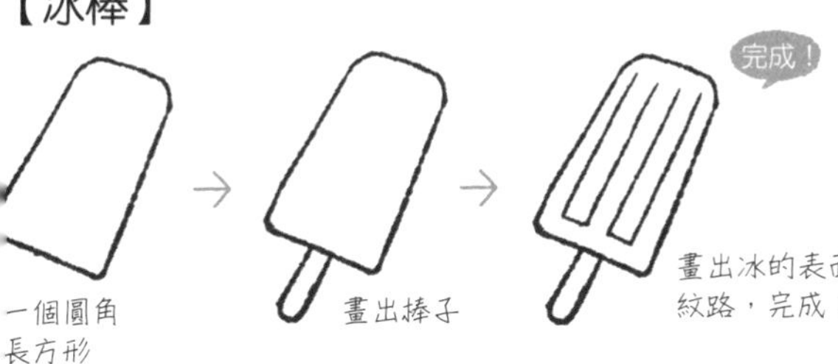

一個圓角長方形

畫出棒子

畫出冰的表面紋路，完成！

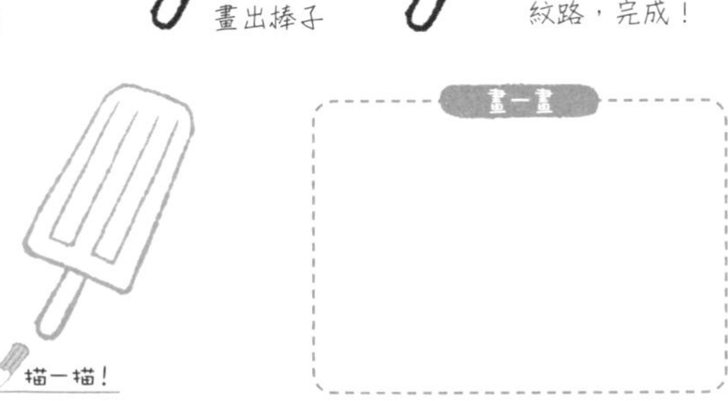

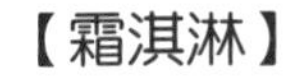

【霜淇淋】

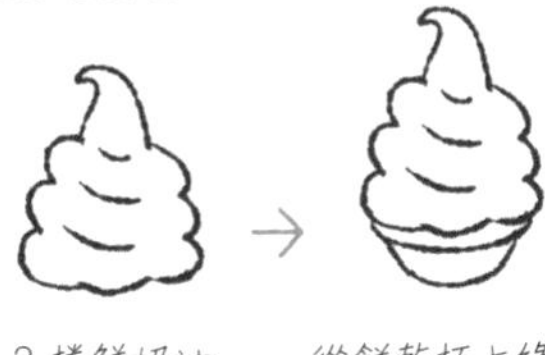

3 捲鮮奶油

從餅乾杯上緣畫起

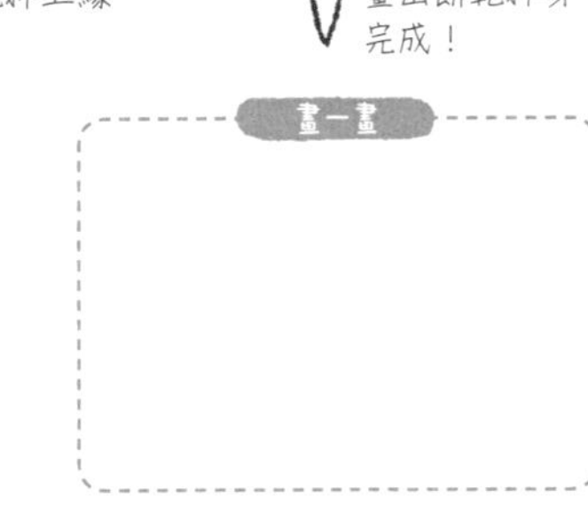

畫出餅乾杯身，完成！

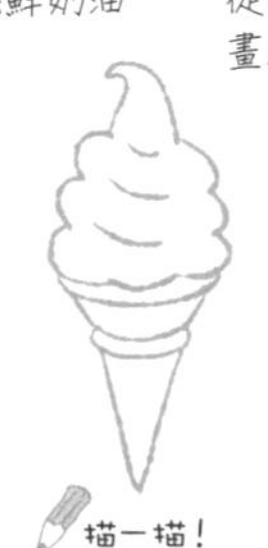

【義式冰淇淋】

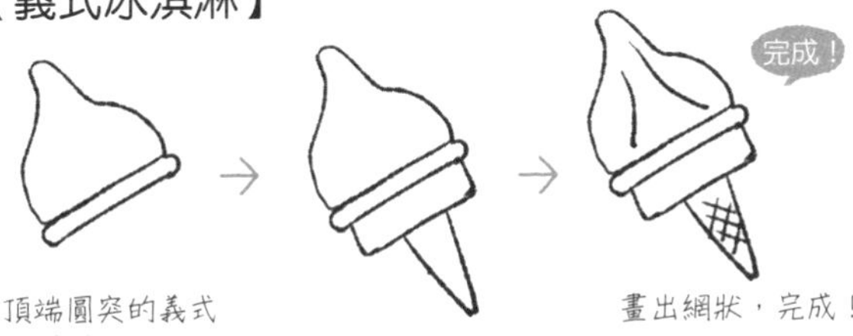

頂端圓突的義式冰淇淋

畫出餅乾杯

畫出網狀，完成！

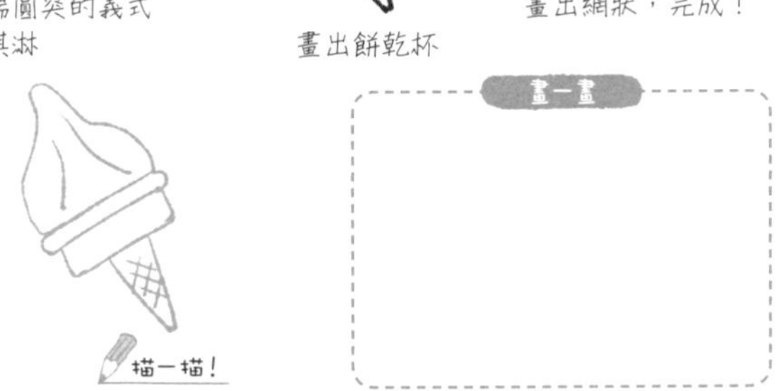

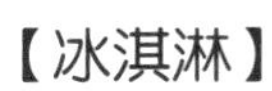

【冰淇淋】

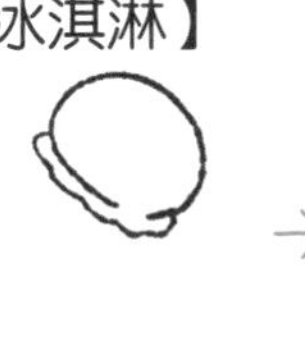

一球冰淇淋

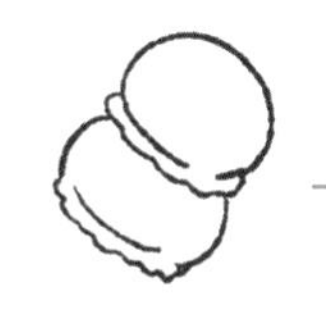

下面畫一球稍大的冰淇淋

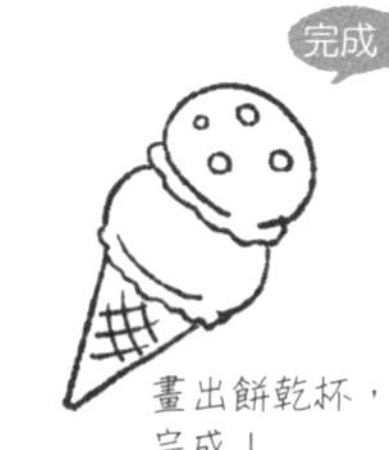

畫出餅乾杯，完成！

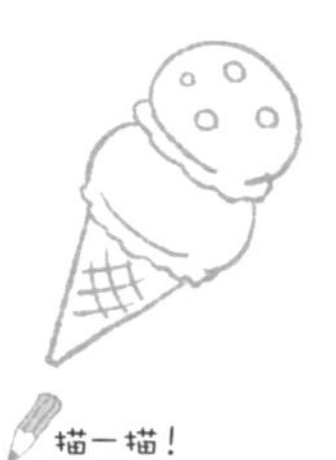

畫一畫

【水果聖代】

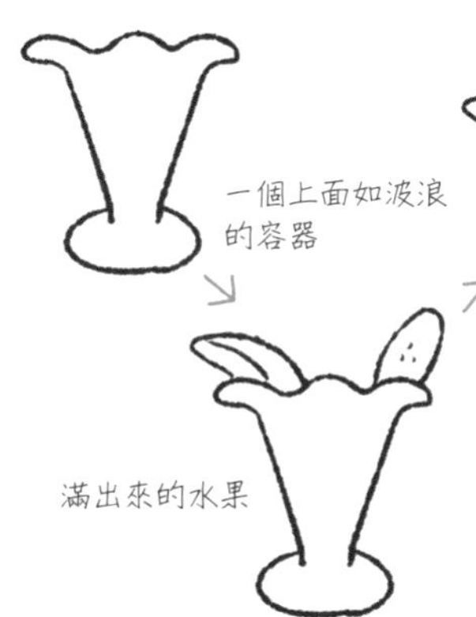

一個上面如波浪的容器

滿出來的水果

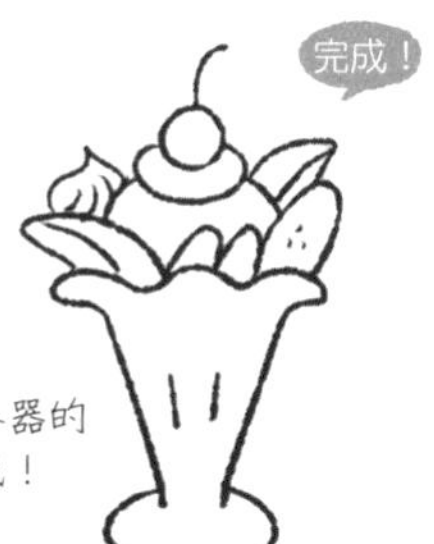

冰淇淋、鮮奶油和配料

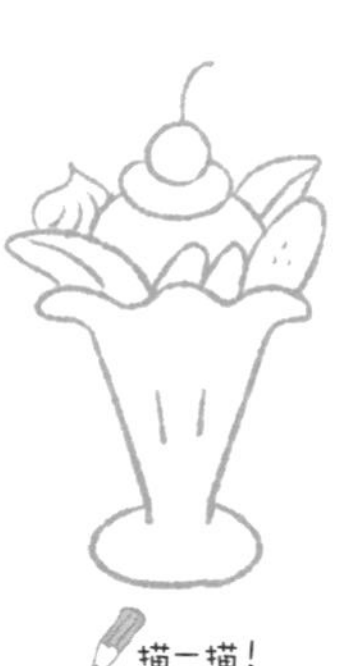

畫出鮮奶油和容器的表面紋路，完成！

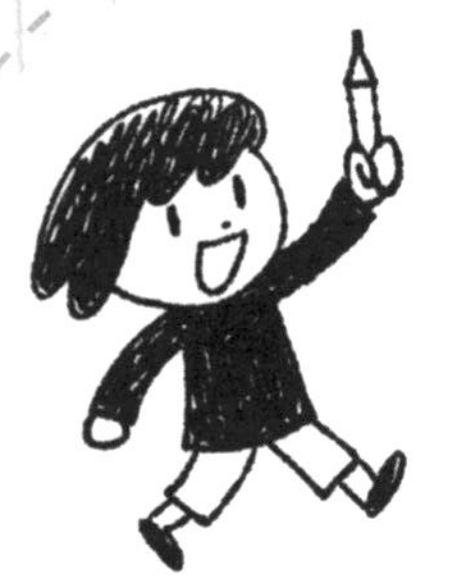

MEMO

喜歡的圖，再畫一次！

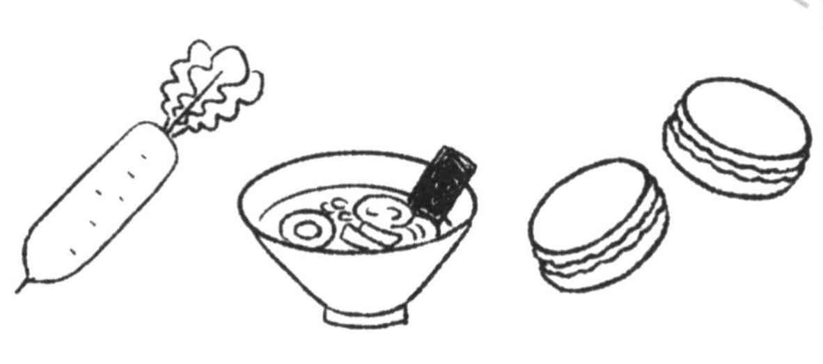

第2章
家中物品一二三

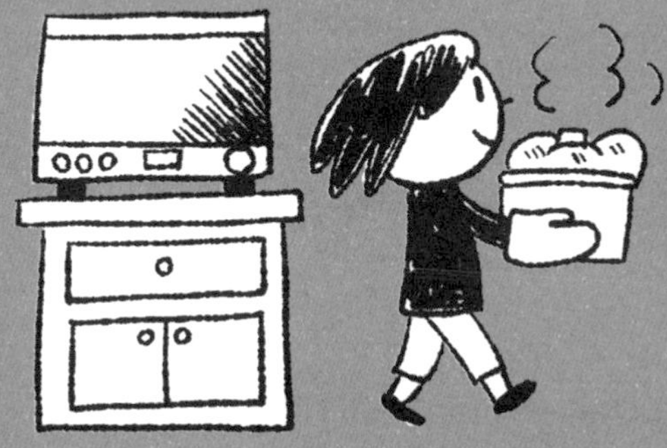

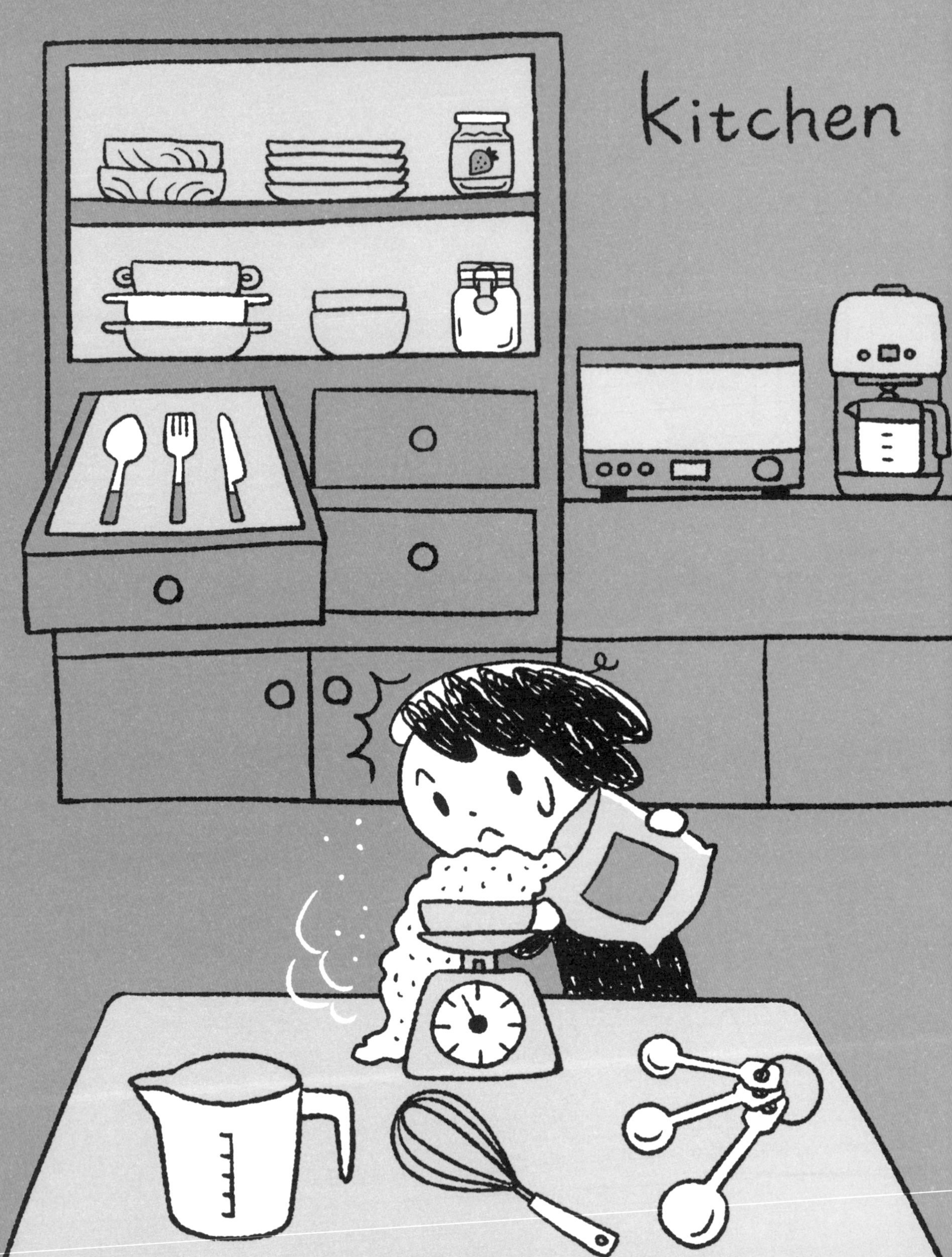
kitchen

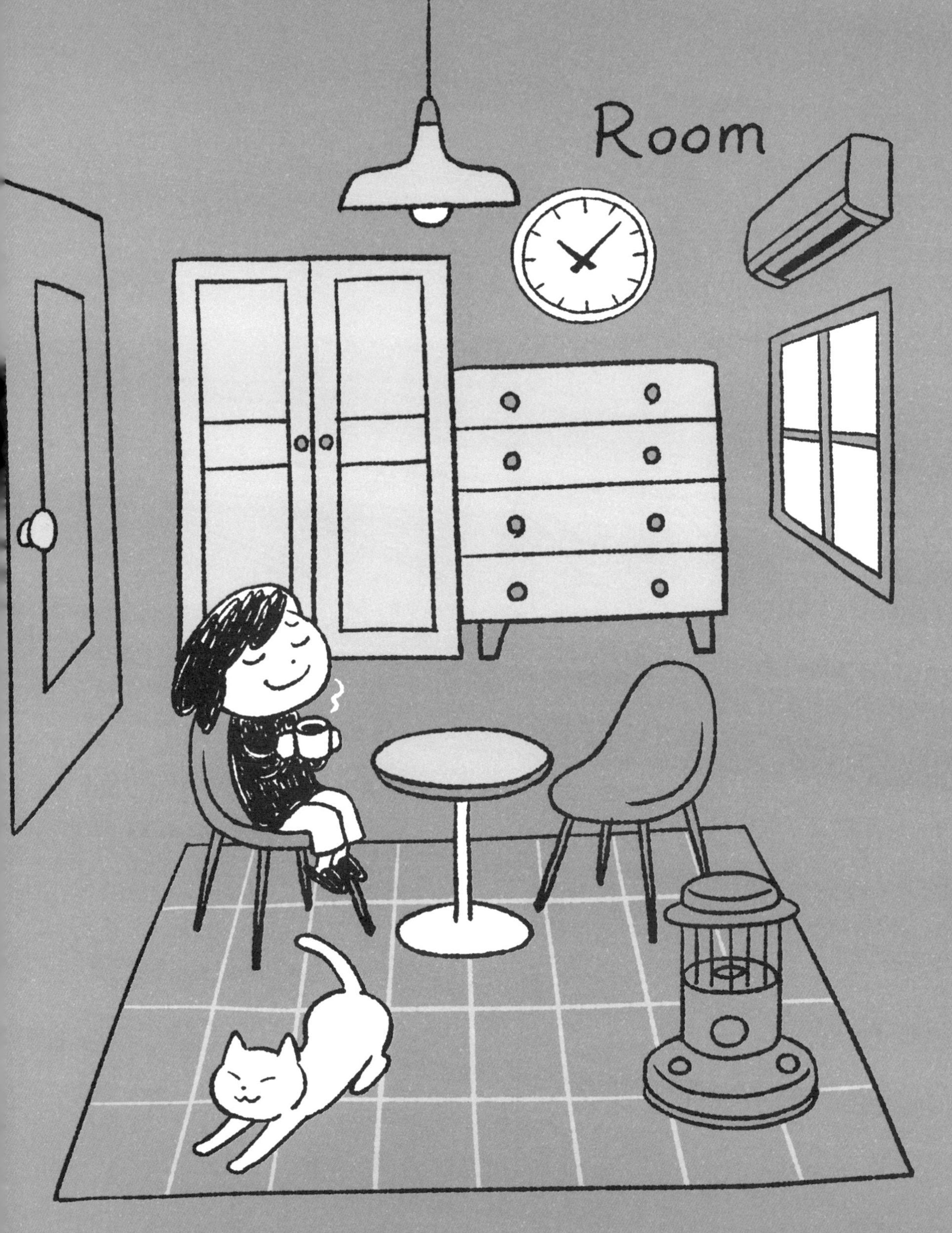
Room

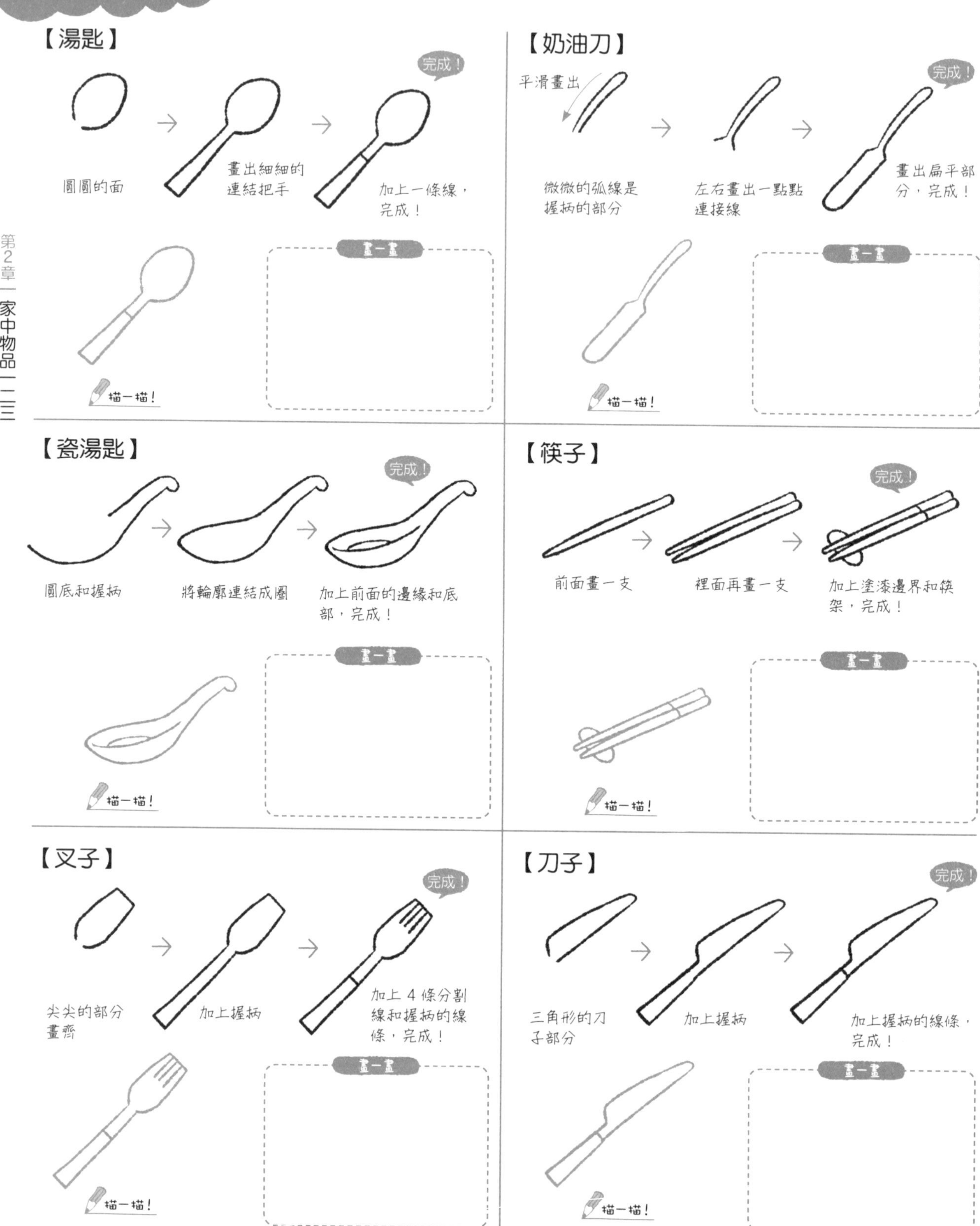
【湯匙】
完成！
圓圓的面
畫出細細的連結把手
加上一條線，完成！
描一描！
畫一畫
【奶油刀】
完成！
平滑畫出
微微的弧線是握柄的部分
左右畫出一點點連接線
畫出扁平部分，完成！
描一描！
畫一畫
【瓷湯匙】
完成！
圓底和握柄
將輪廓連結成圈
加上前面的邊緣和底部，完成！
描一描！
畫一畫
【筷子】
完成！
前面畫一支
裡面再畫一支
加上塗漆邊界和筷架，完成！
描一描！
畫一畫
【叉子】
完成！
尖尖的部分畫齊
加上握柄
加上 4 條分割線和握柄的線條，完成！
描一描！
畫一畫
【刀子】
完成！
三角形的刀子部分
加上握柄
加上握柄的線條，完成！
描一描！
畫一畫

【沙拉碗（容器）】 ※P.37 有放入沙拉的沙拉碗。

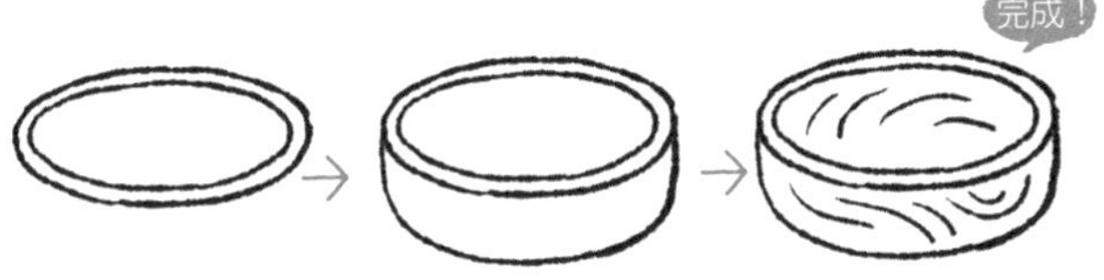

畫一個雙重橢圓形　畫出側面變立體　畫出木紋，完成！

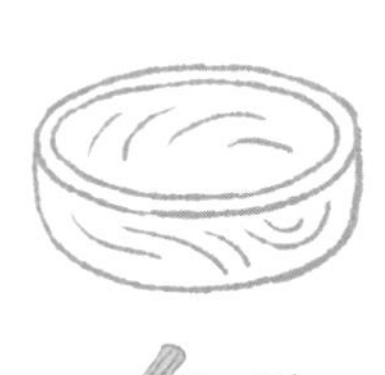
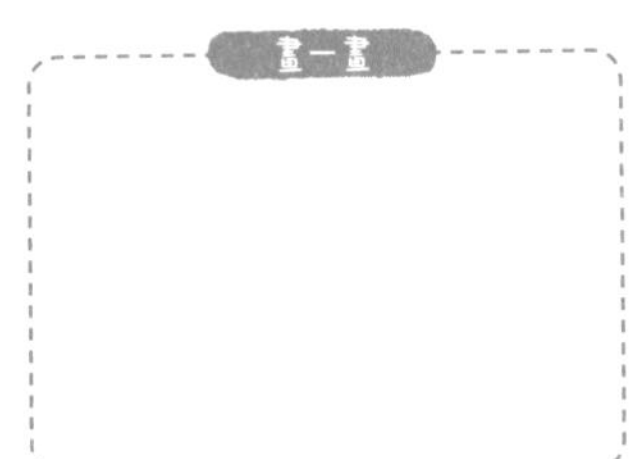

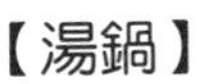

【小烤杯】

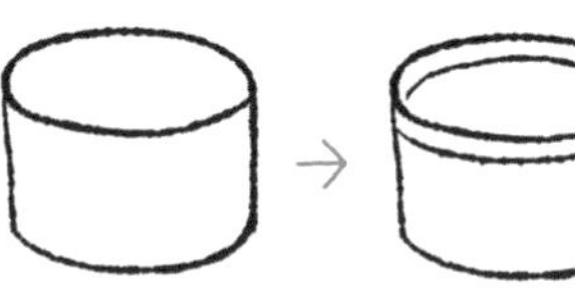
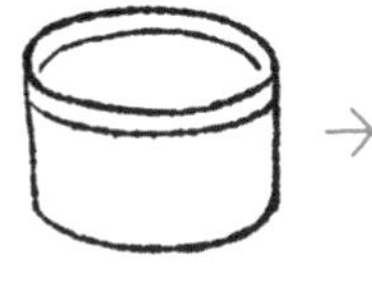
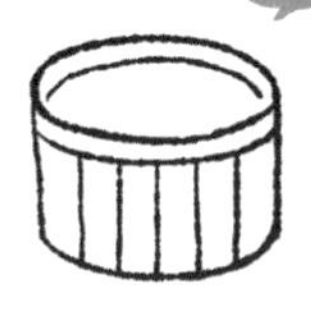

矮圓柱　加上邊緣線條　畫上直線，完成！

【湯鍋】

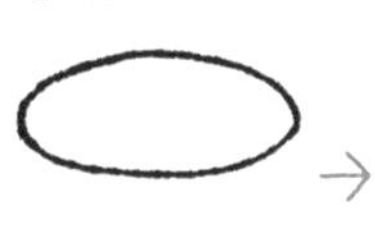
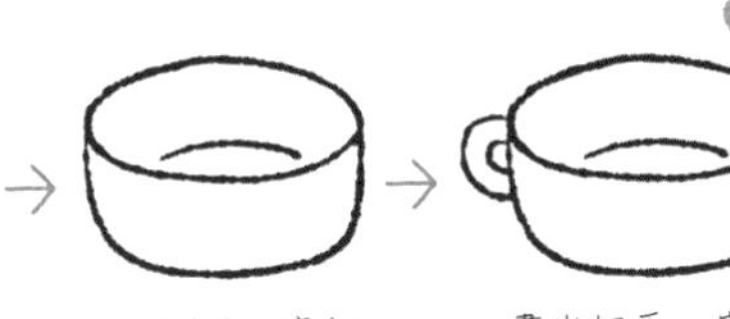

畫一個橢圓形　加上側面和底部變立體　畫出把手，完成！

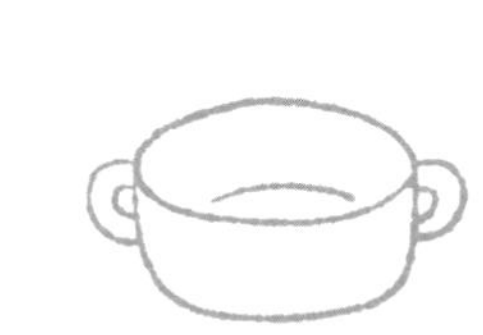
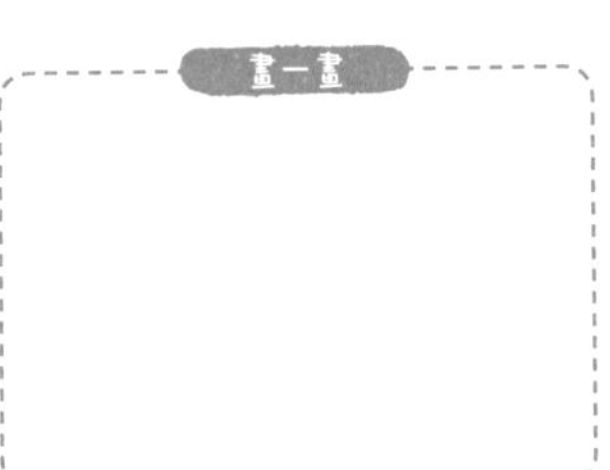
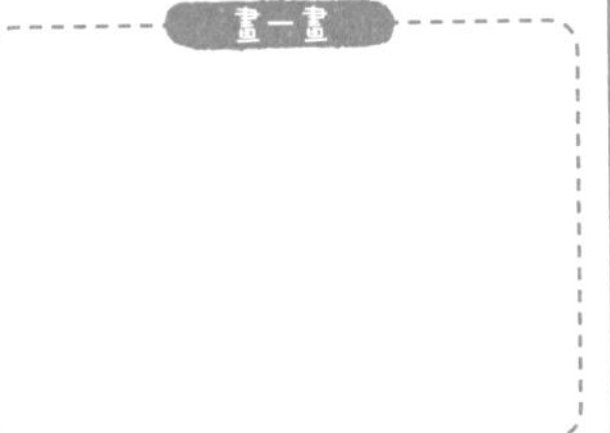

【焗烤盤】

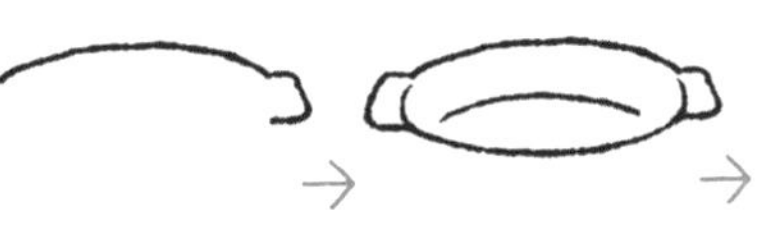
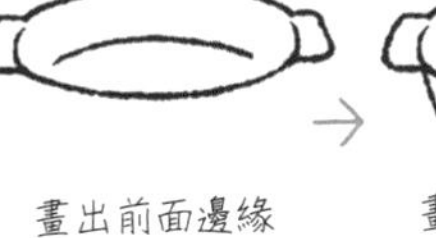

2 個把手和裡面邊緣　畫出前面邊緣和底部　畫成立體形狀，完成！

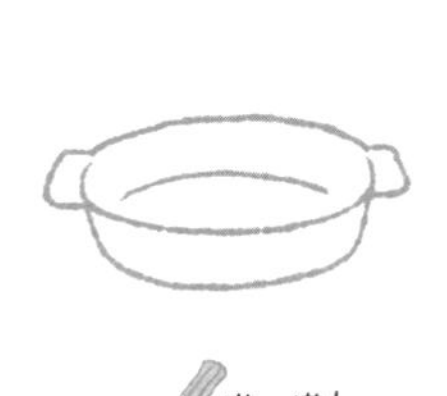
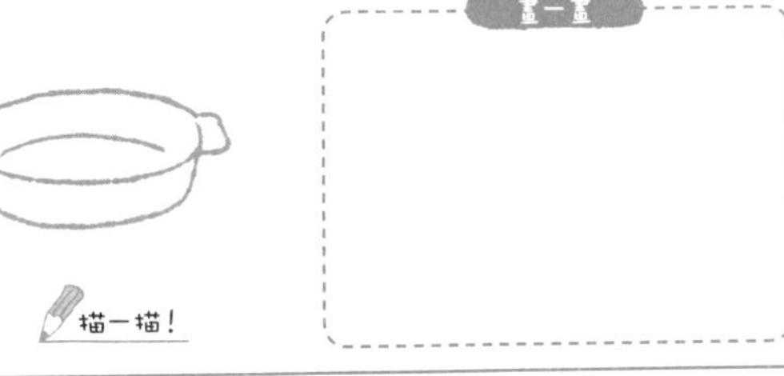

【茶碗蒸碗】

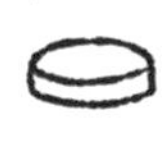
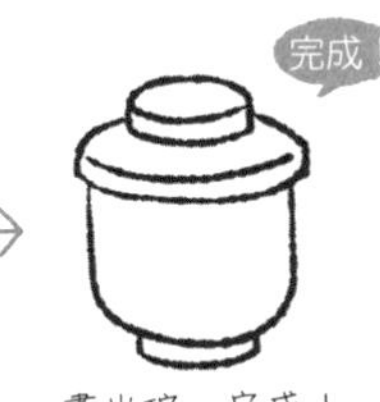

畫出碗蓋頂帽　畫出碗蓋　畫出碗，完成！

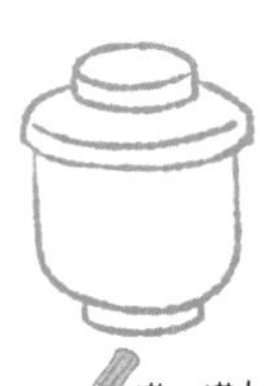
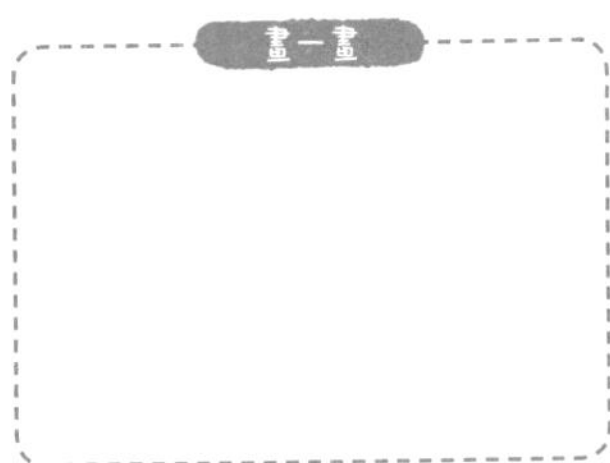

【蓋飯碗】

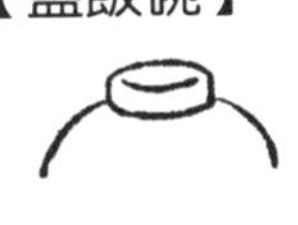
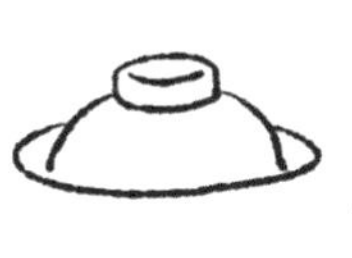
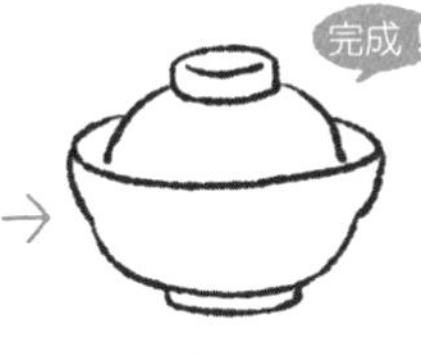

畫出碗蓋　畫出蓋飯碗的邊緣　畫出側面和托底，完成！

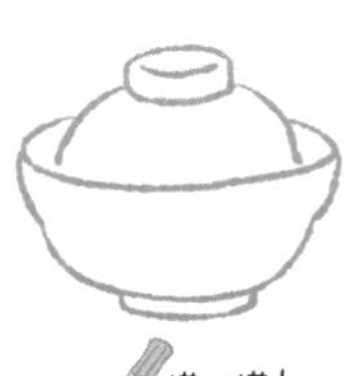
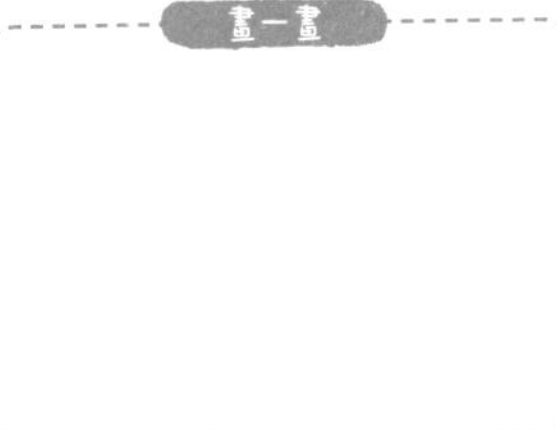

【香檳杯】

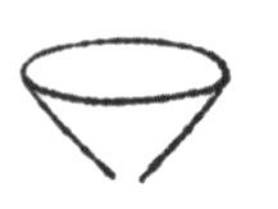
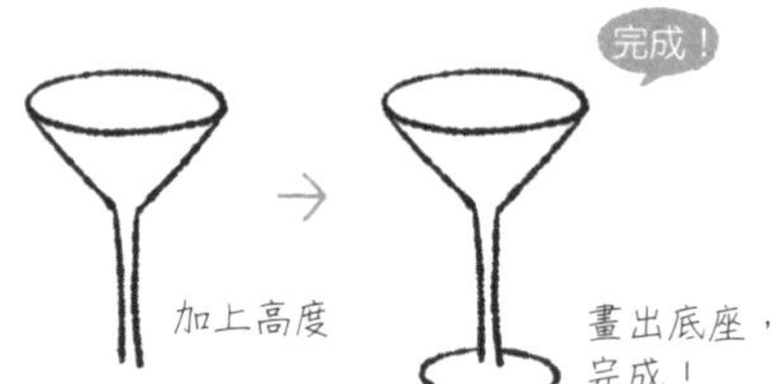

畫一個橢圓形，加上三角錐

加上高度

畫出底座，完成！

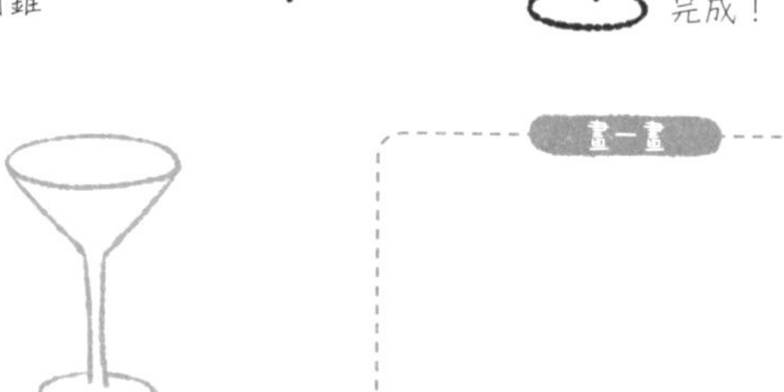

【茶杯】

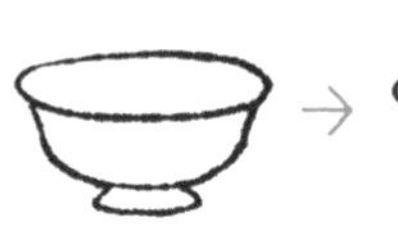

畫出橢圓形的邊緣和淺淺的側面

畫出漂亮的杯把

畫出杯碟，完成！

【紅酒杯】

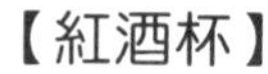
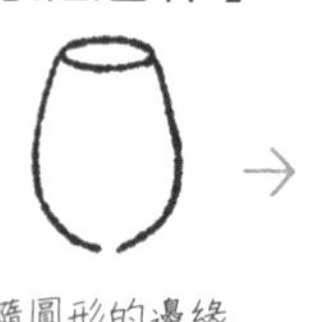
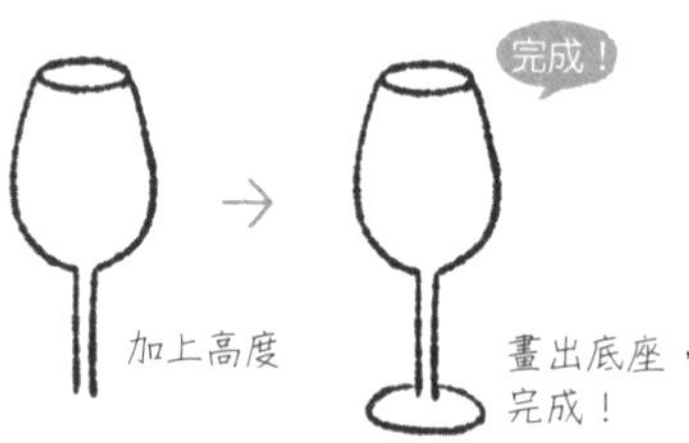

橢圓形的邊緣和長長的側面

加上高度

畫出底座，完成！

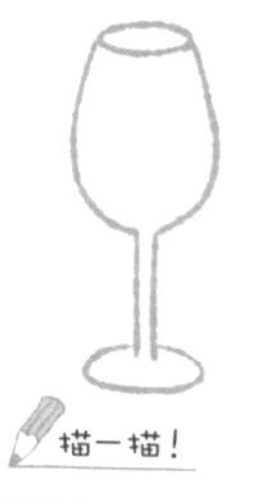
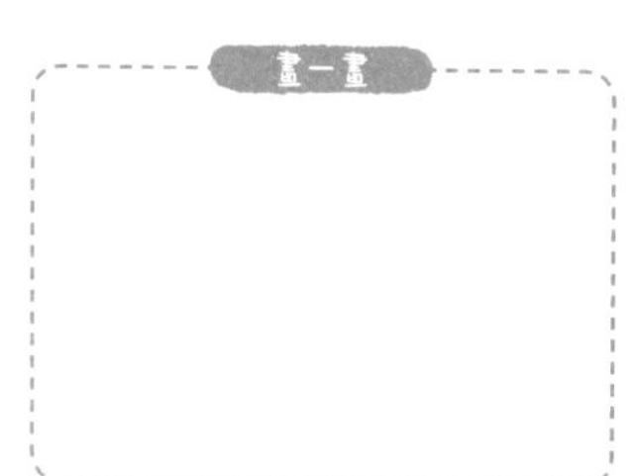

【咖啡杯】 P.34 有咖啡。

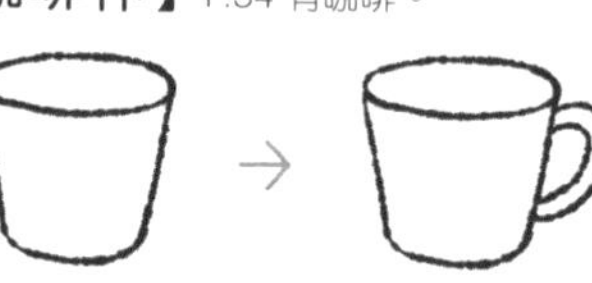
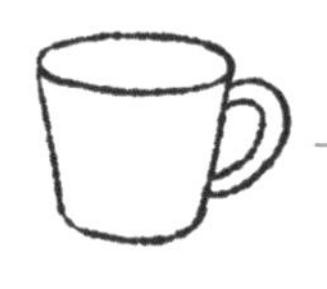

橢圓形的邊緣和方形側面

加上杯把

畫出杯碟，完成！

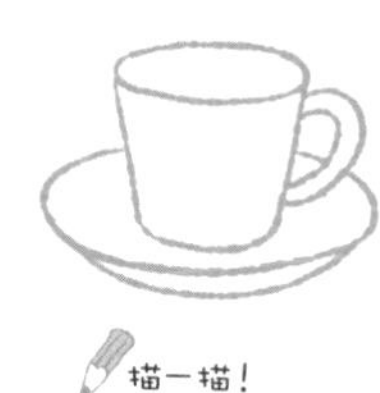

【啤酒杯】

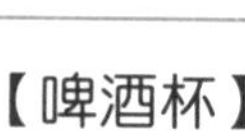
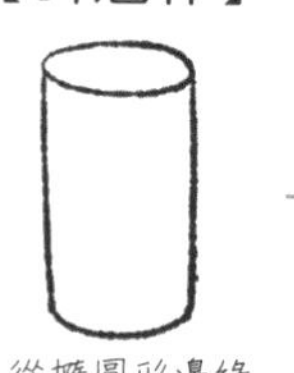
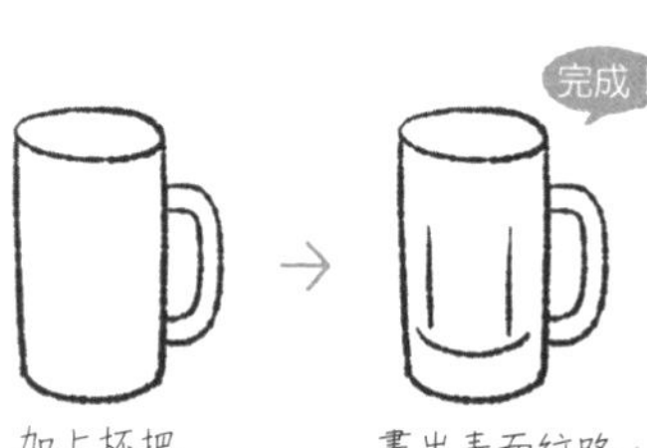

從橢圓形邊緣畫出圓柱

加上杯把

畫出表面紋路，完成！

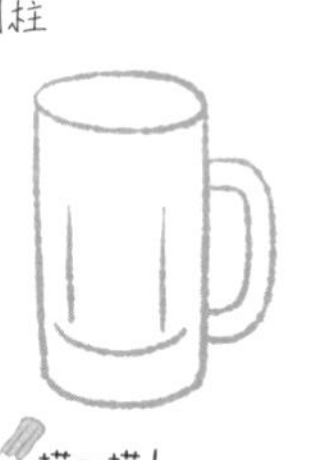
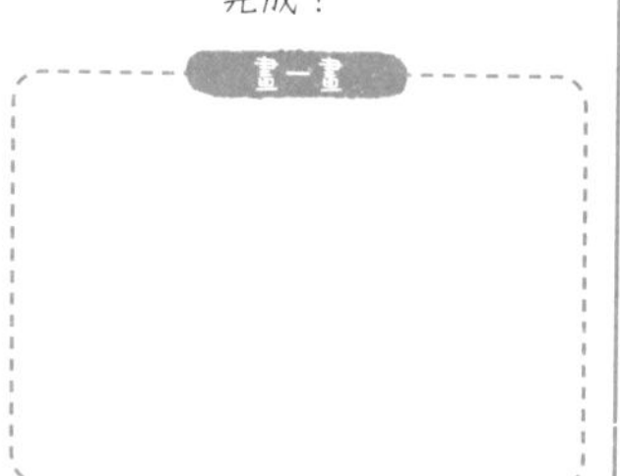

【杯子】

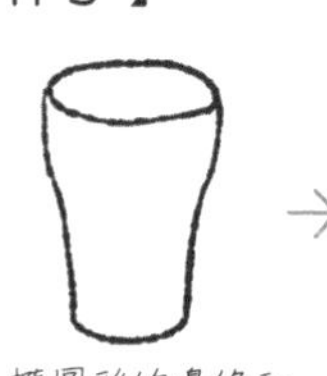
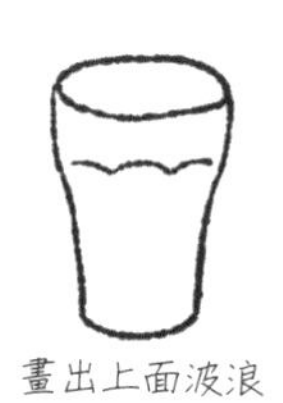
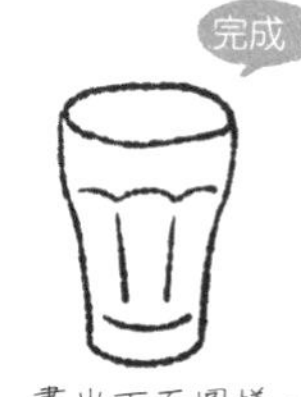

橢圓形的邊緣和曲線立體杯身

畫出上面波浪圖樣

畫出下面圖樣，完成！

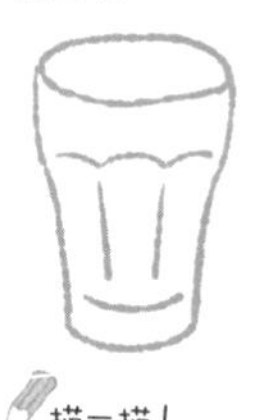

【碗】

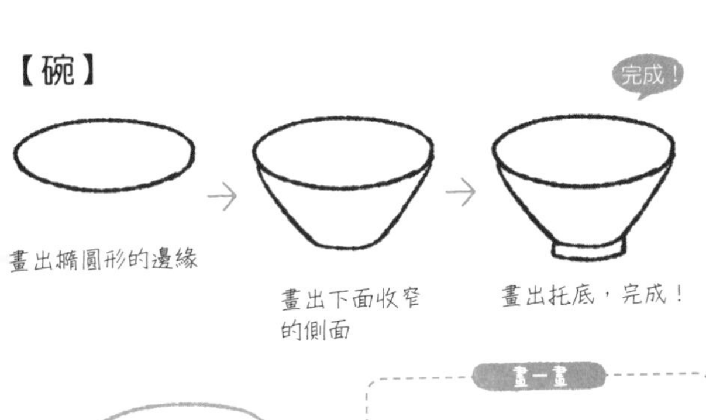

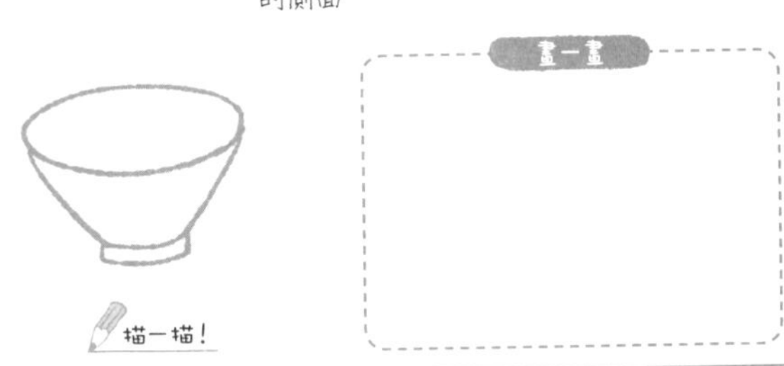

【湯碗】

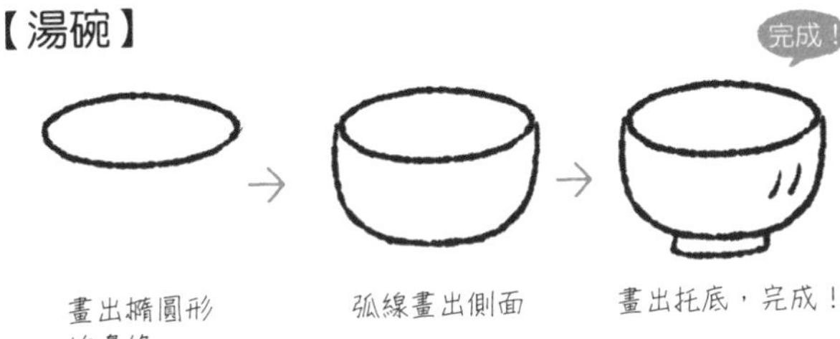

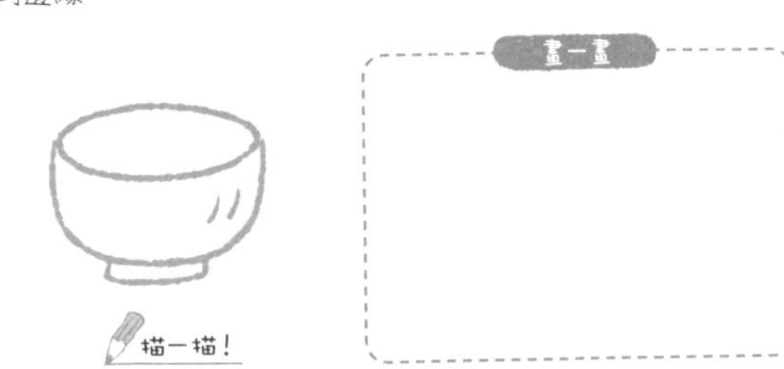

【淺盤】

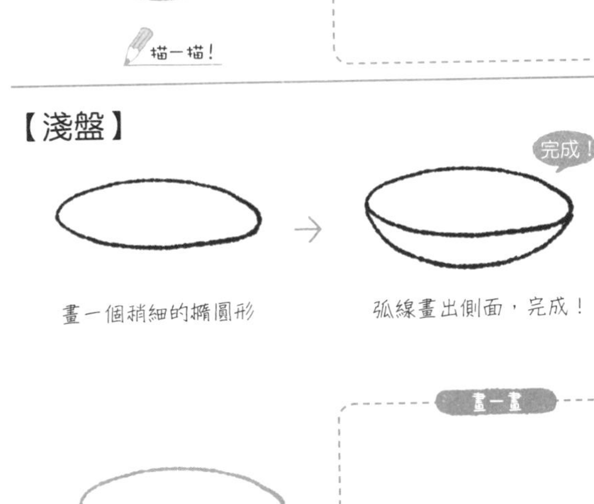

【圓盤】

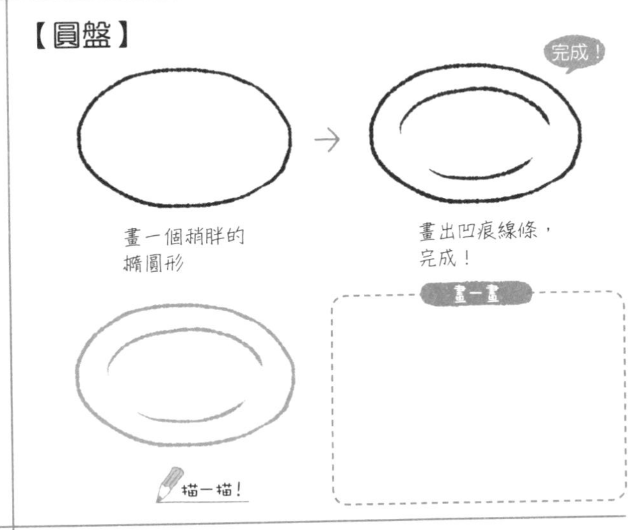

【小缽】

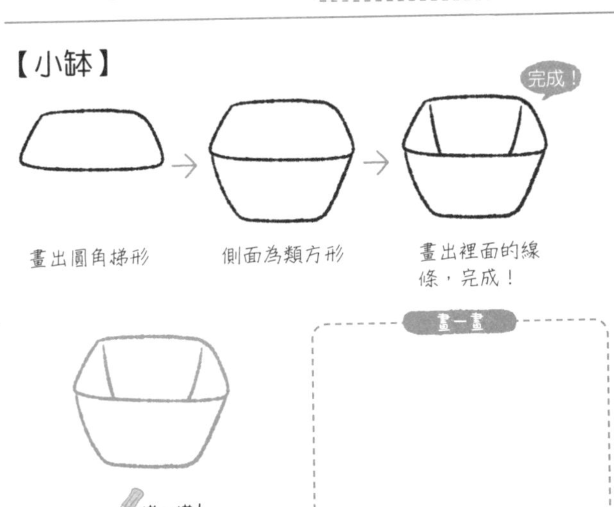

【魚盤】

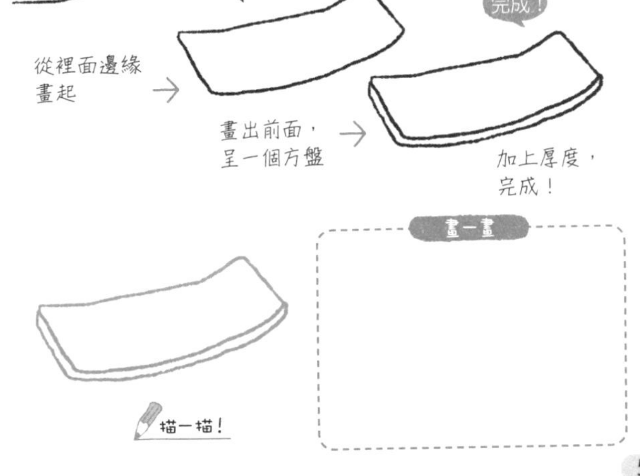

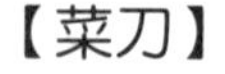

【菜刀】

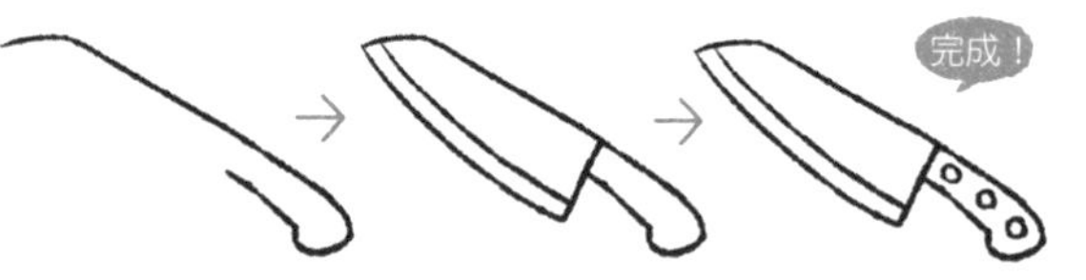

畫出刀背，加上刀柄

用雙重線畫出刀刃

畫出鉚釘，完成！

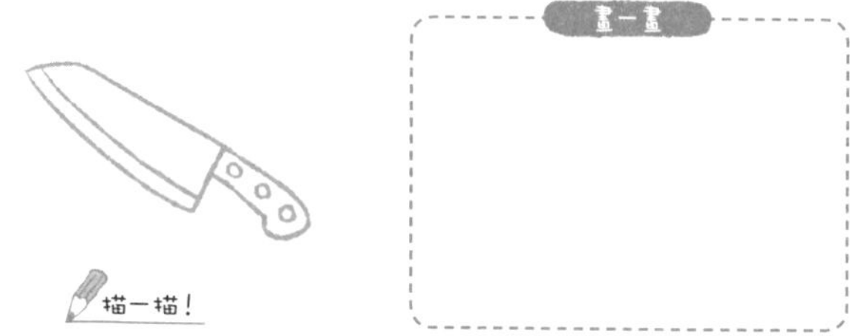

描一描！

畫一畫

【砧板】

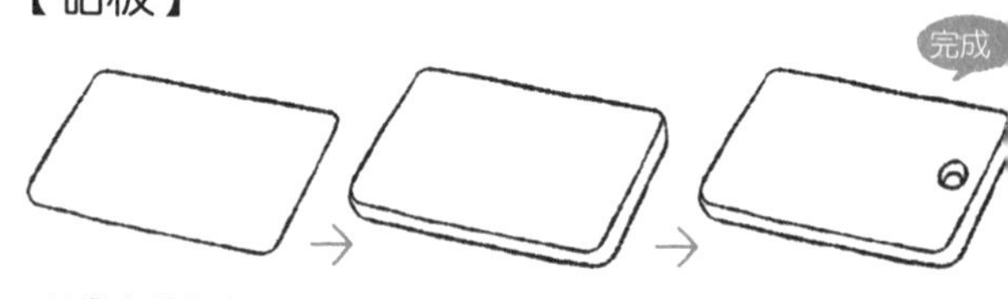

斜畫出圓角長方形

加上厚度

畫出孔洞，完成！

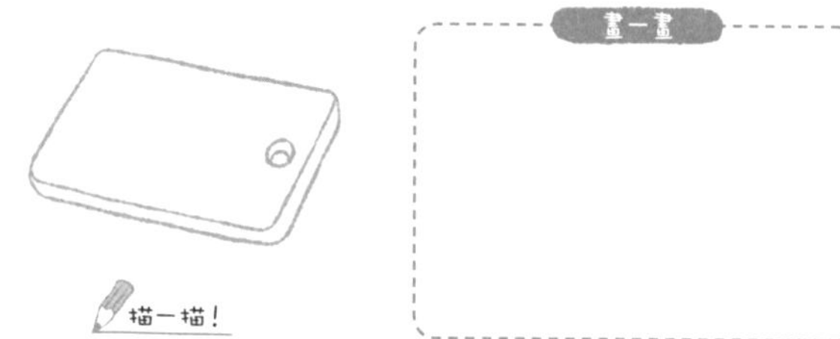

描一描！

畫一畫

【量杯】

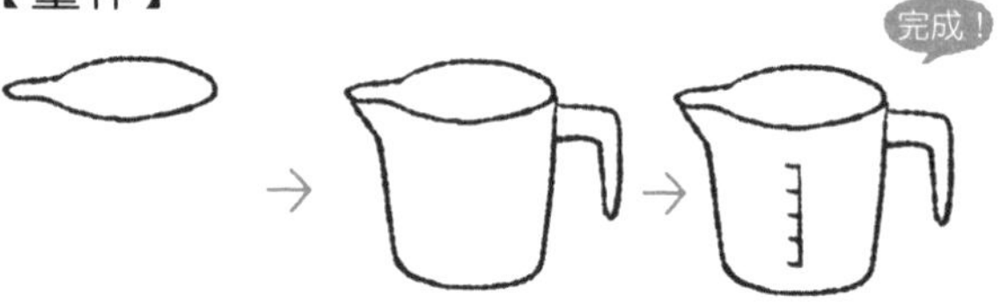

畫出有尖嘴杯口的邊緣

畫成立體狀，加上杯把

畫出刻度，完成！

描一描！

畫一畫

【秤】

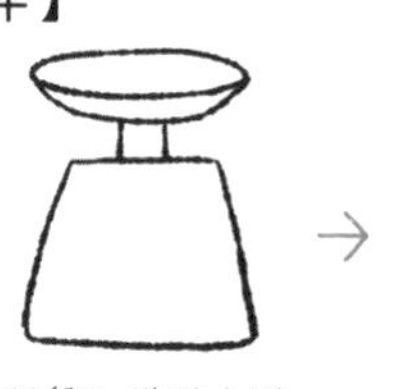

秤盤和梯形本體

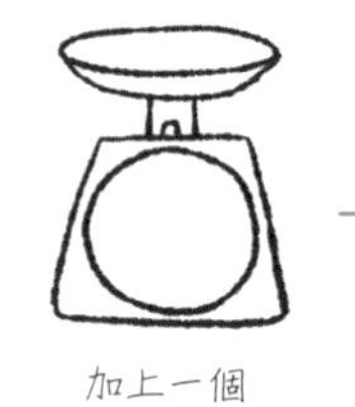

加上一個大圓和旋鈕

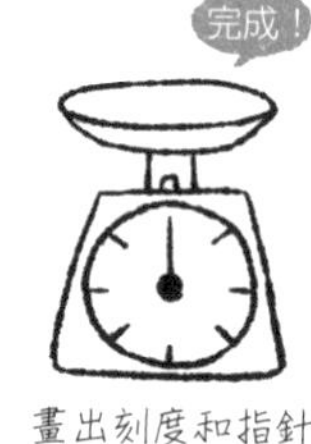

畫出刻度和指針完成！

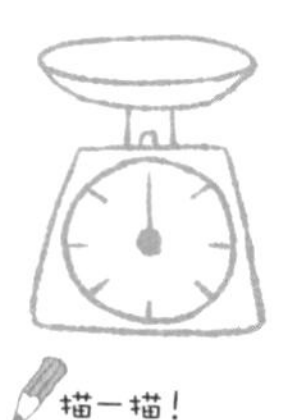

描一描！

畫一畫

【電子秤】

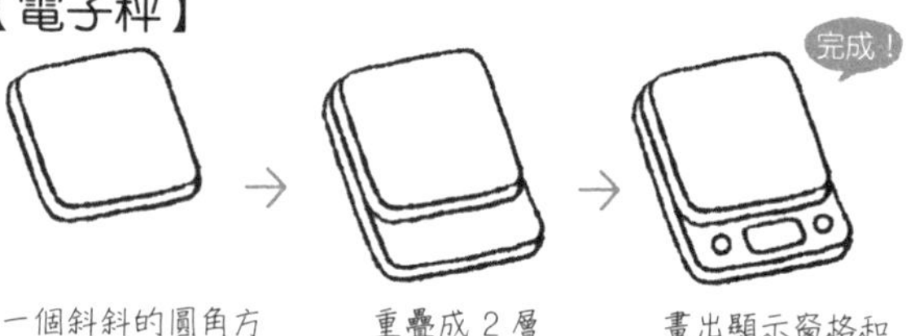

一個斜斜的圓角方形，加上厚度

重疊成 2 層

畫出顯示窗格和按鍵，完成！

描一描！

畫一畫

【量匙】

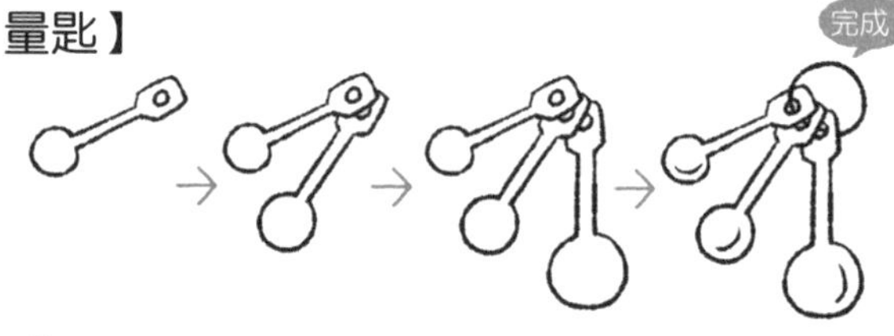

最小的湯匙

重疊上一個中湯匙

下面是最大的湯匙

將 3 個串連起來，完成！

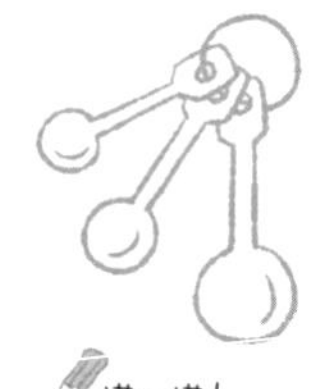

描一描！

畫一畫

【夾子】

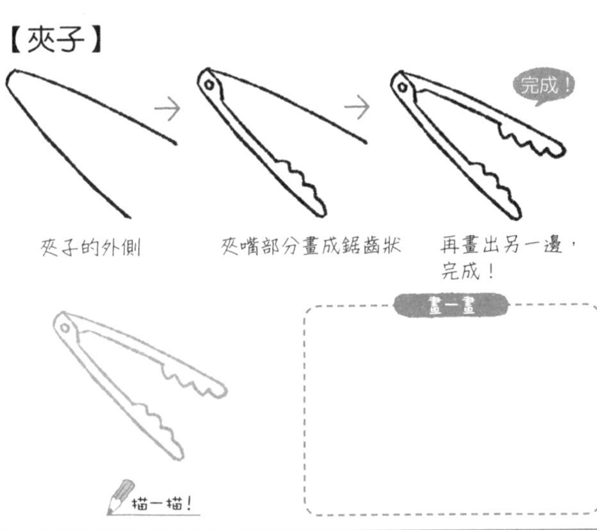

【橡膠刮刀】

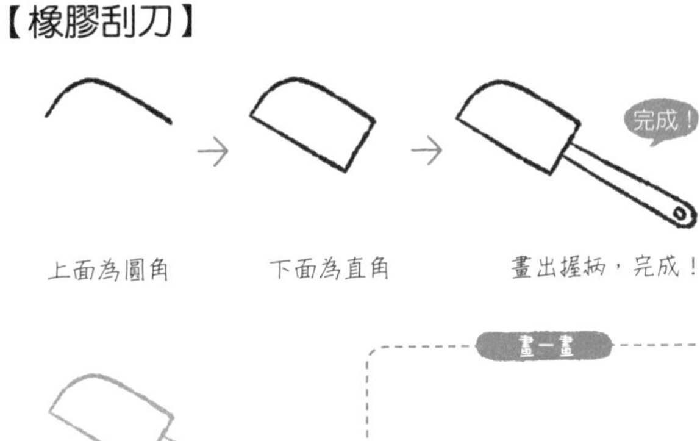

【打蛋器】

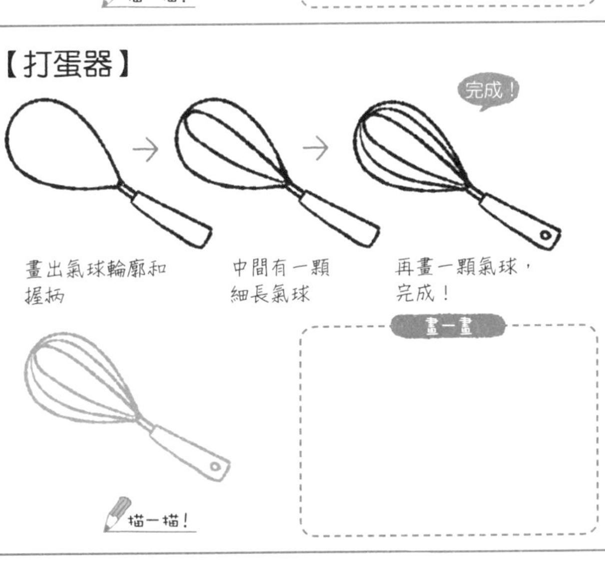

【削皮刀】

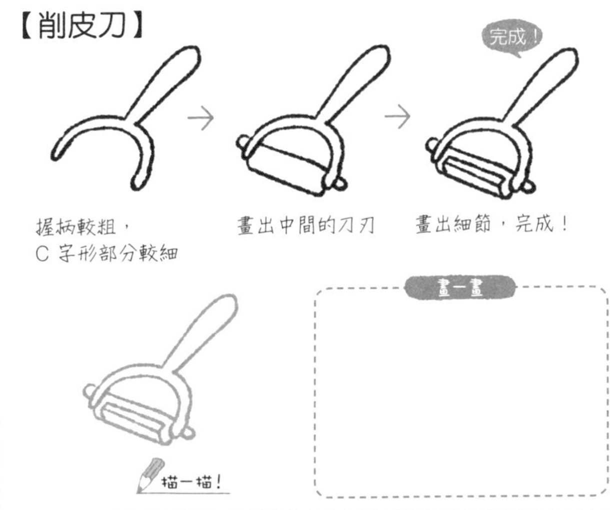

【勺子】

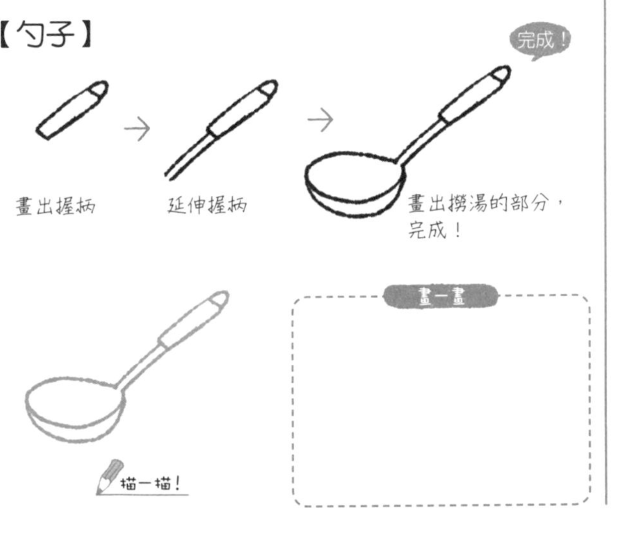

【鍋鏟】

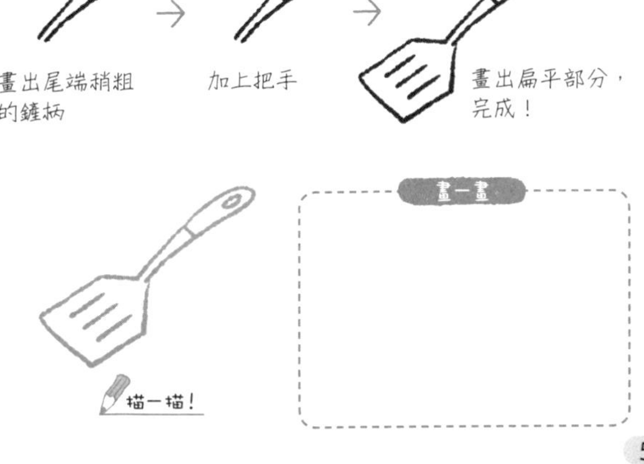

【雙柄鍋】

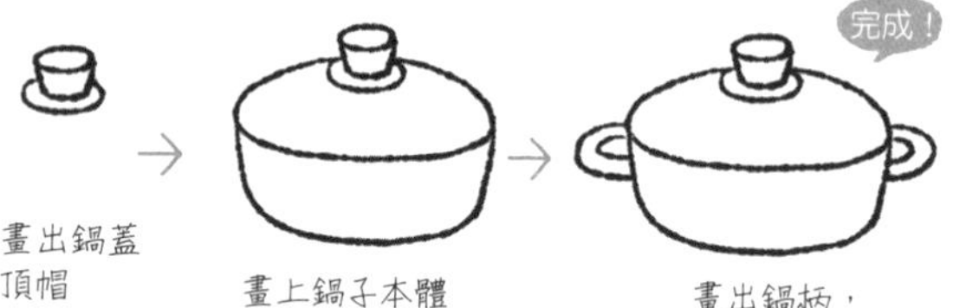

畫出鍋蓋頂帽

畫上鍋子本體

畫出鍋柄，完成！

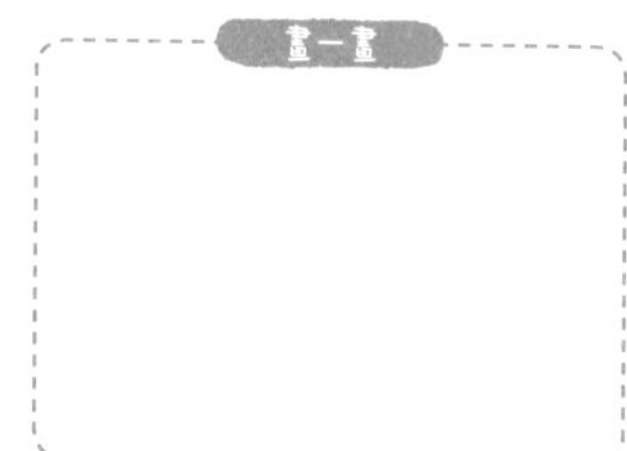

【平底鍋】

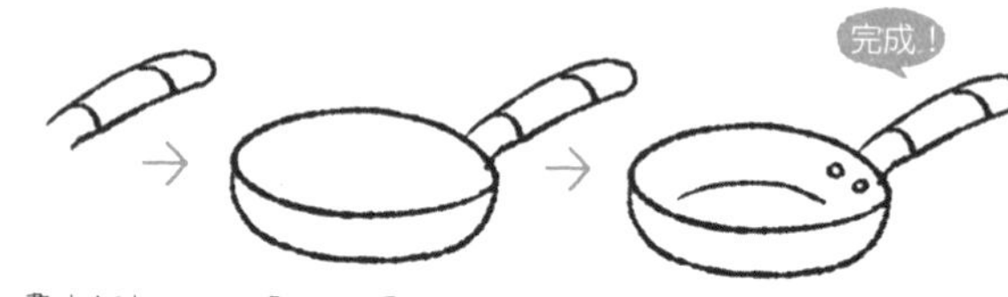

畫出鍋柄

畫出橢圓形的邊緣和側面

畫出底部線條，完成！

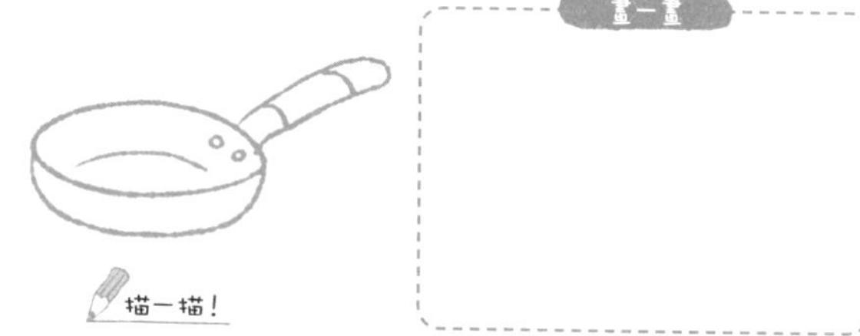

【單柄鍋】

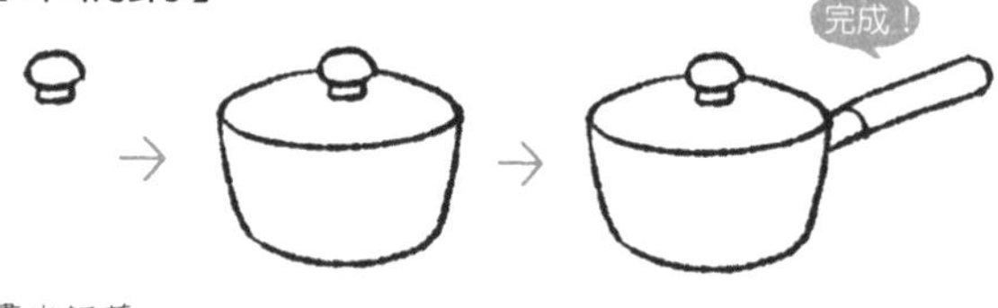

畫出鍋蓋頂帽

畫上鍋子本體

畫出鍋柄，完成！

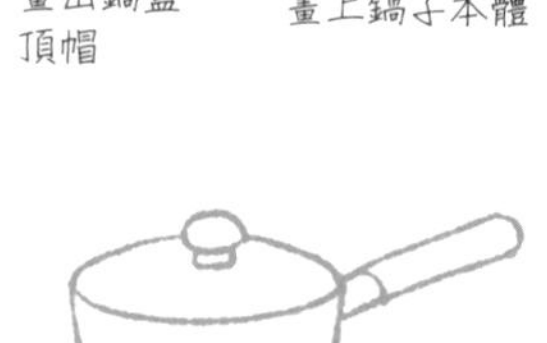

【玉子燒鍋】

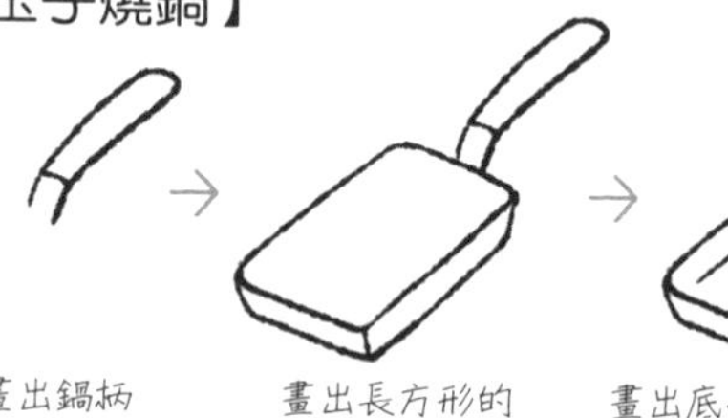

畫出鍋柄

畫出長方形的邊緣和側面

畫出底部線條，完成！

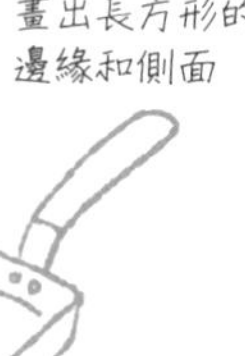

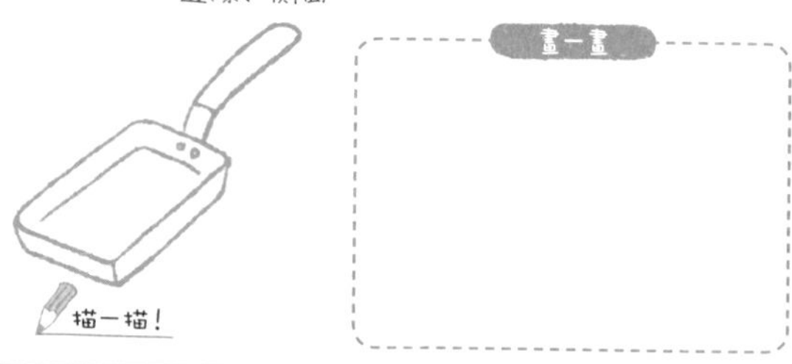

【蛋糕架】

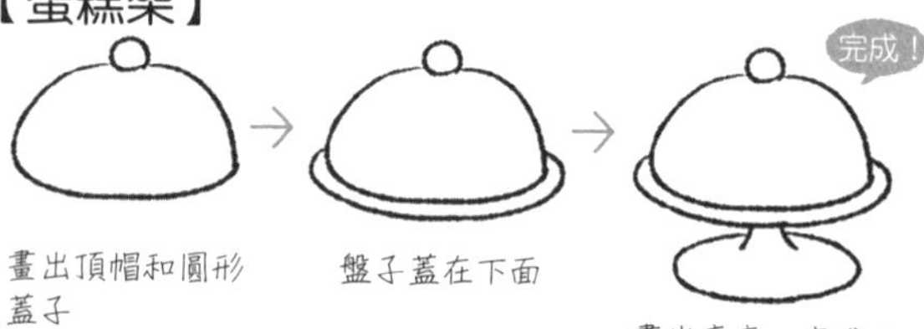

畫出頂帽和圓形蓋子

盤子蓋在下面

畫出底座，完成！

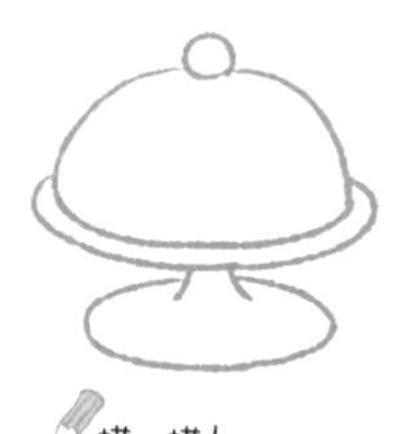

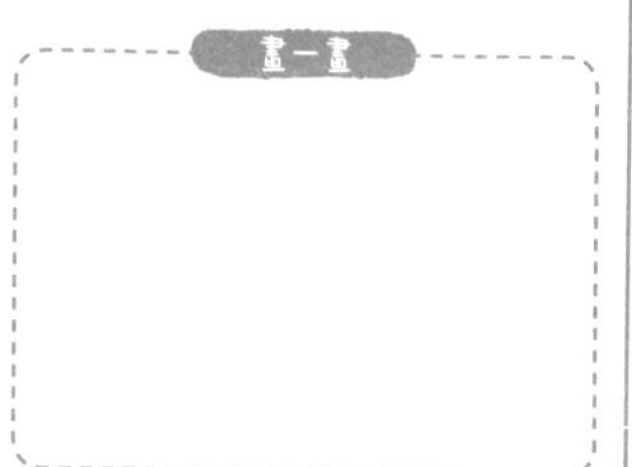

【燒水壺】

壺蓋和本體

加上尖嘴壺口

加上把手，完成！

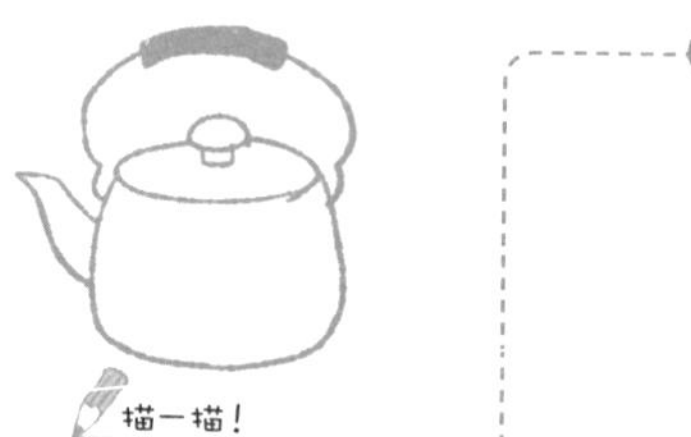

【開瓶器】

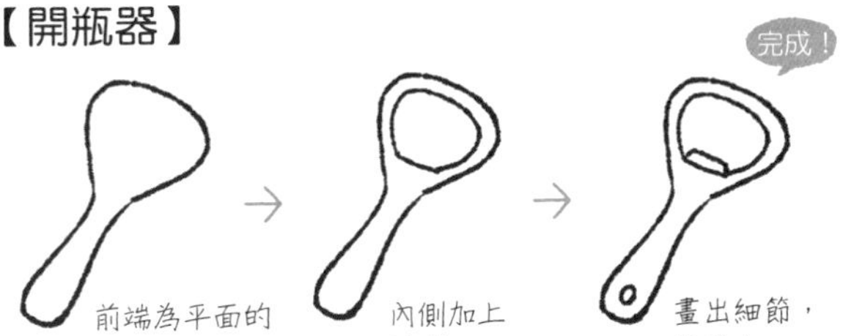

完成！

前端為平面的飯匙形 → 內側加上線條 → 畫出細節，完成！

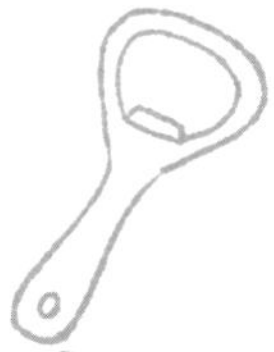

畫一畫

描一描！

【磨泥器】

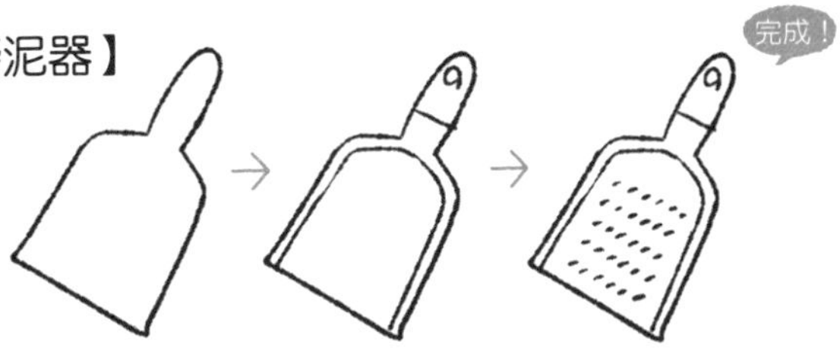

完成！

畫一個平面輪廓 → 畫出內側線條和握把 → 畫上點點，完成！

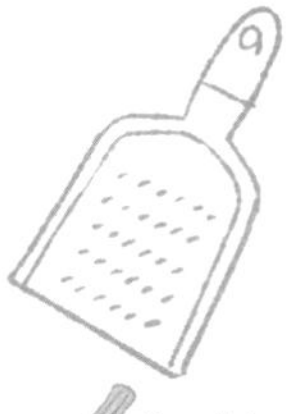

畫一畫

描一描！

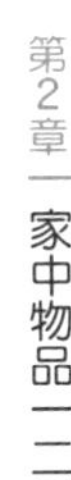

【廚房剪刀】

完成！

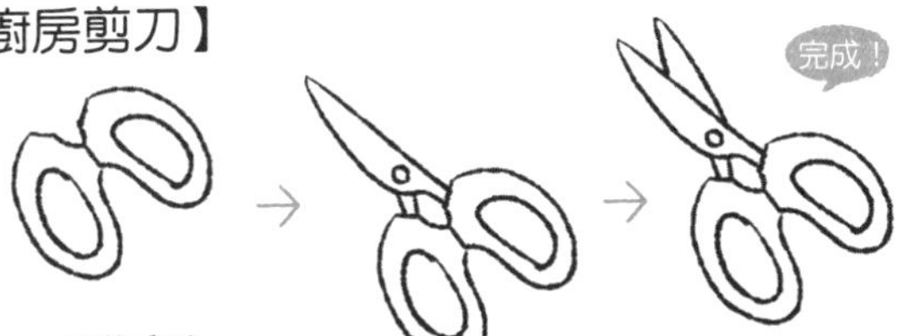

用雙重線畫出握把 → 先畫出前面的刀刃 → 畫出裡面的刀刃，完成！

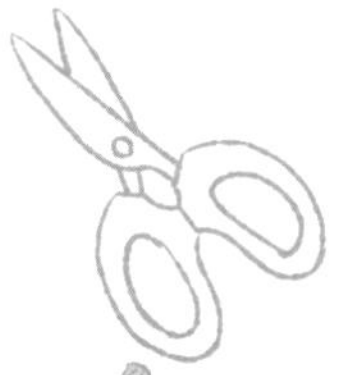

畫一畫

描一描！

【切絲器】

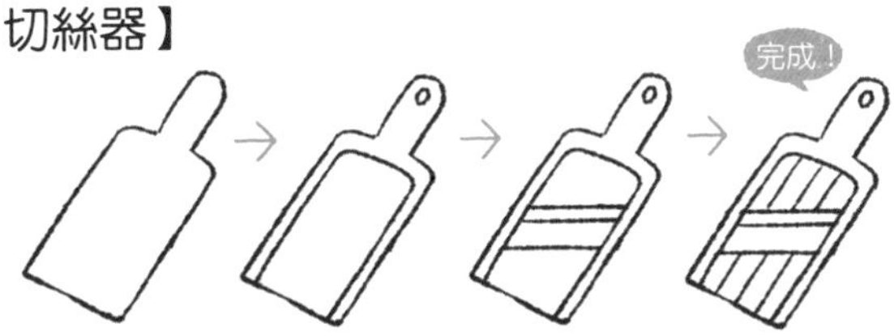

完成！

畫一個平面輪廓 → 畫出內側的線條和握把的孔洞 → 切絲器用斜線表示 → 加上圖樣，完成！

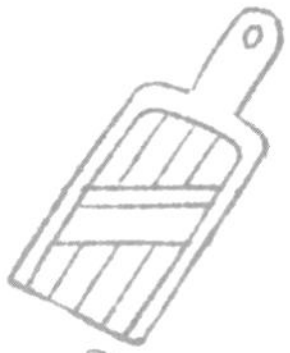

畫一畫

描一描！

【濾網】

完成！

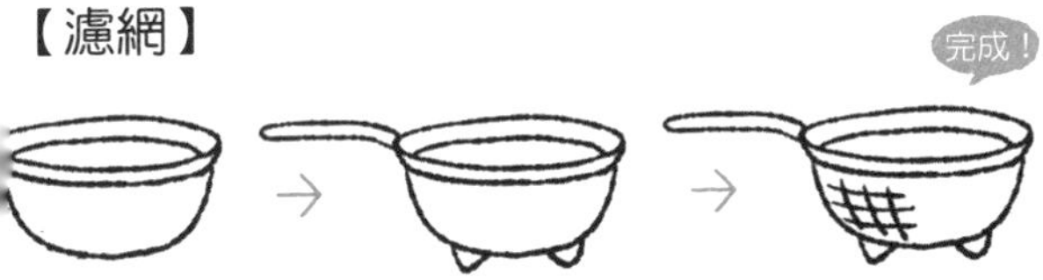

畫出邊緣的橢圓形和側面 → 畫出把手和濾網腳 → 畫出網狀圖樣，完成！

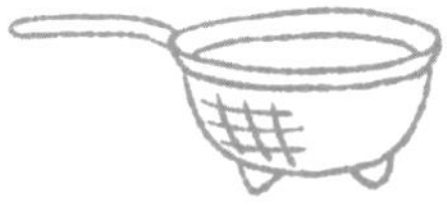

畫一畫

描一描！

【過濾網篩】

完成！

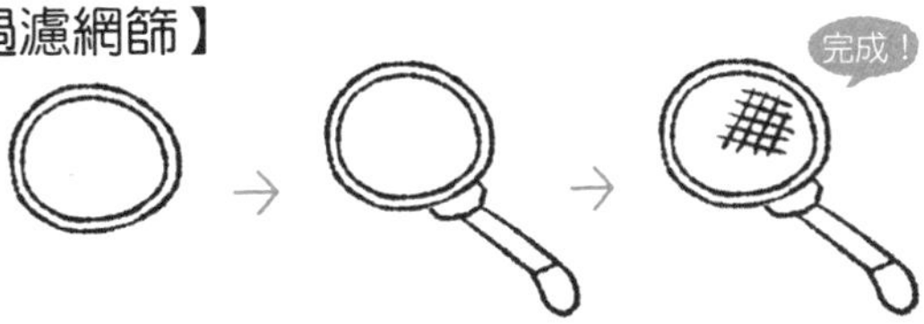

雙重圓上 → 畫出把手 → 畫出網狀圖樣，完成！

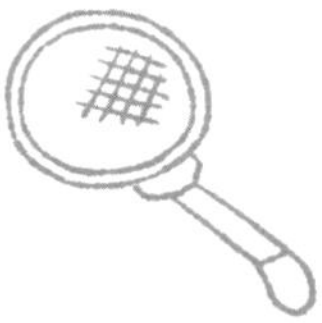

畫一畫

描一描！

【擀麵棍】

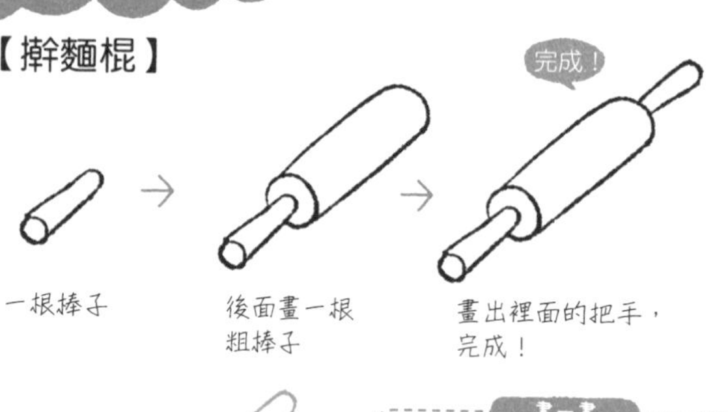

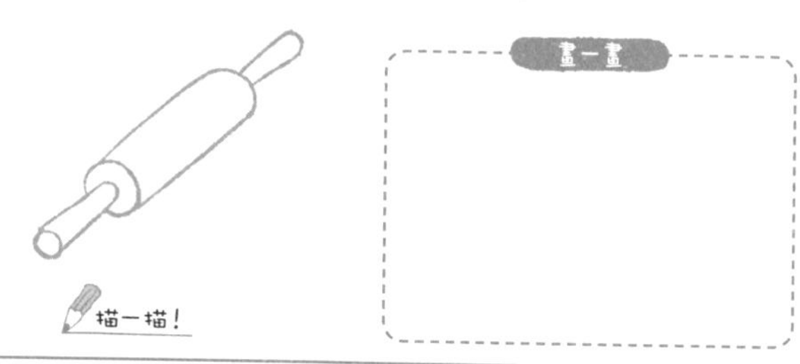

【戚風蛋糕模型】

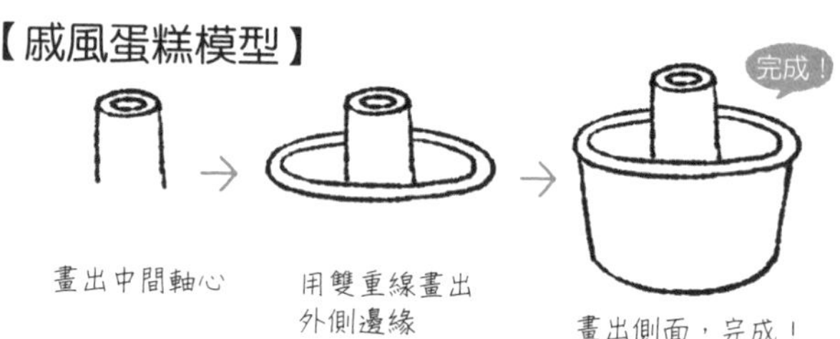

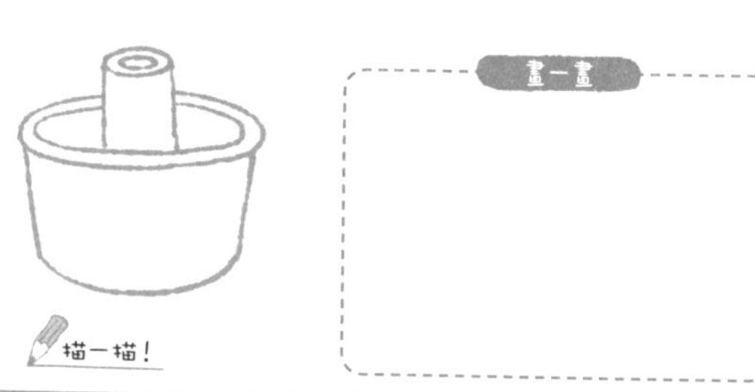

【刷子】

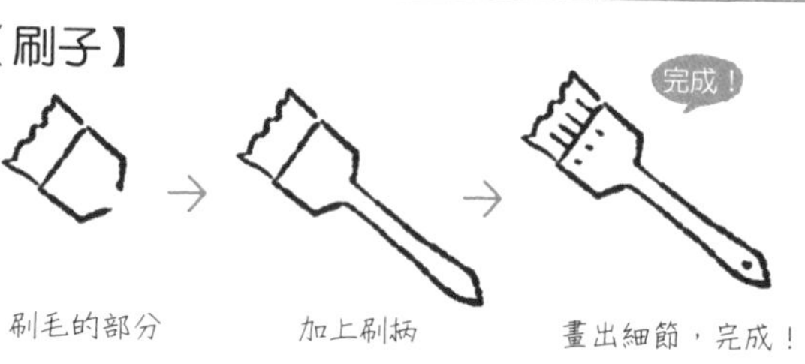

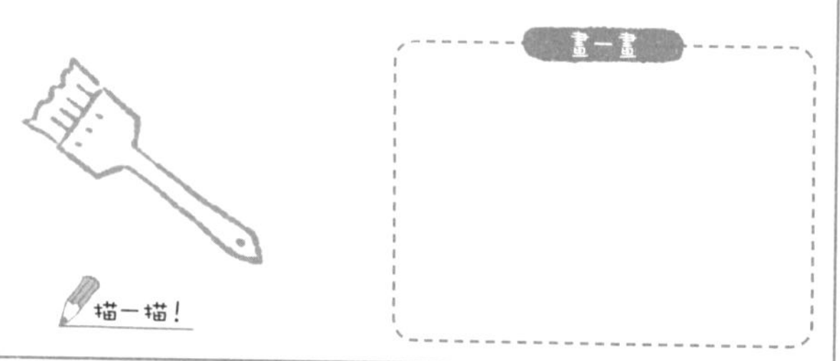

【手套】

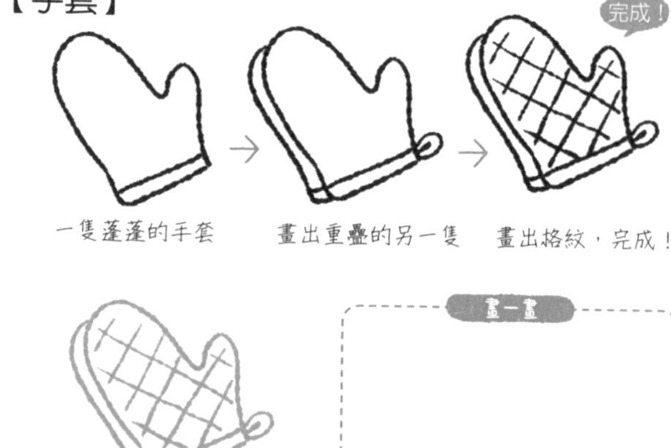

【塔派模型】

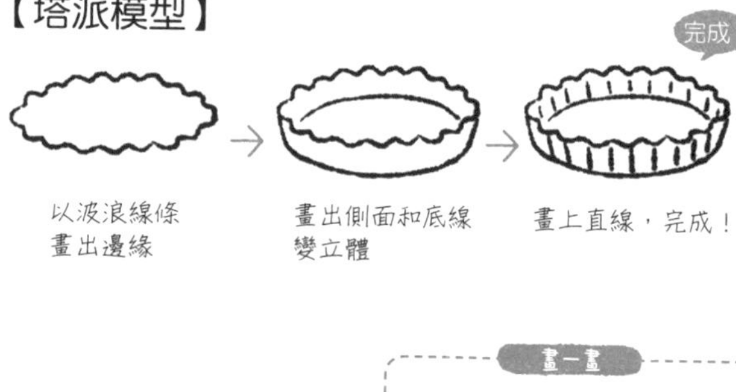

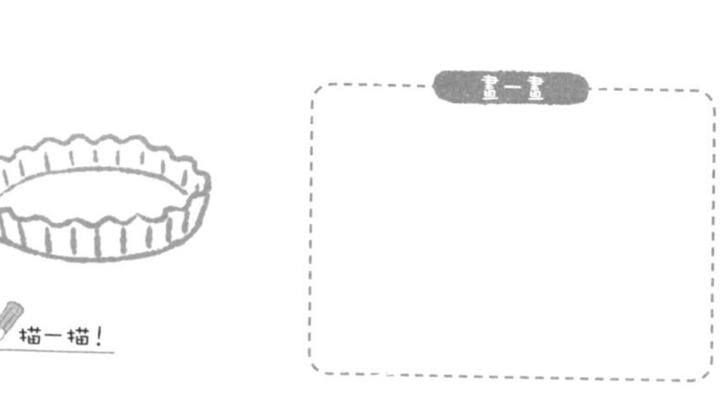

【磅蛋糕模型】

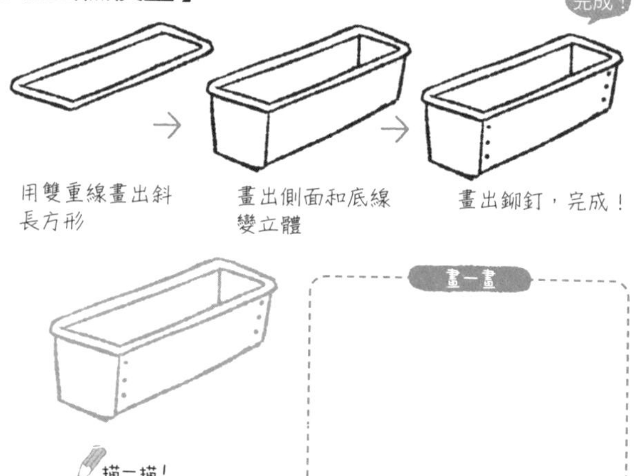

【美乃滋】

畫出瓶蓋

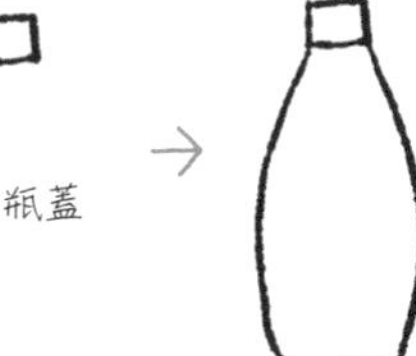

畫出瓶身鼓起的容器

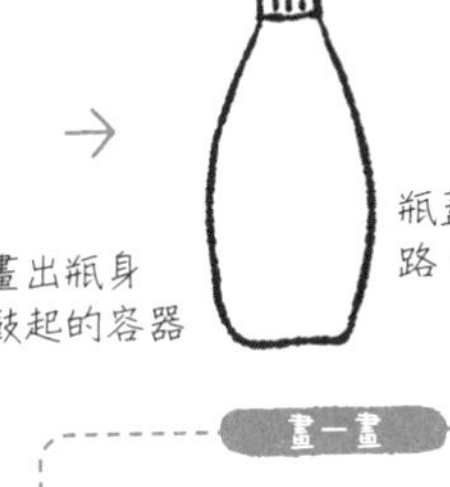

瓶蓋加上紋路，完成！

描一描！

畫一畫

【胡椒】

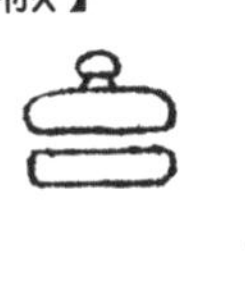

畫出突起部件

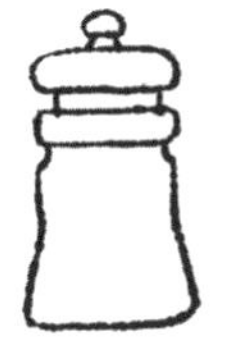

畫出瓶身微凹的容器

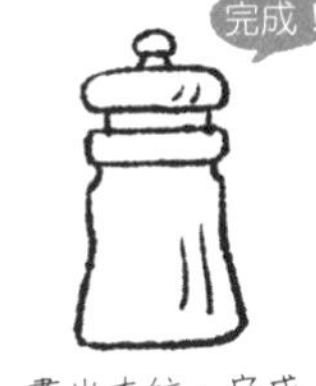

畫出木紋，完成！

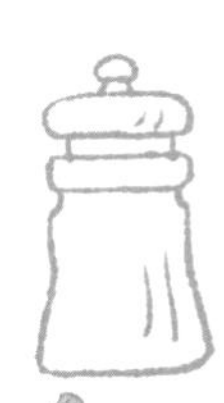

描一描！

畫一畫

【保存瓶】

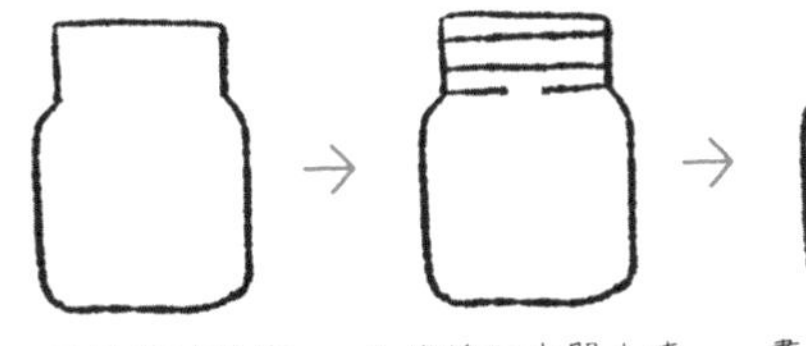

上面較窄的輪廓

2 條線和中間未連結的 1 條線

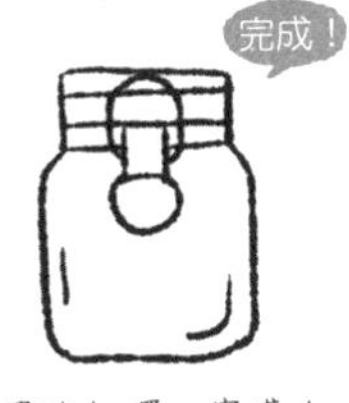

畫出扣環，完成！

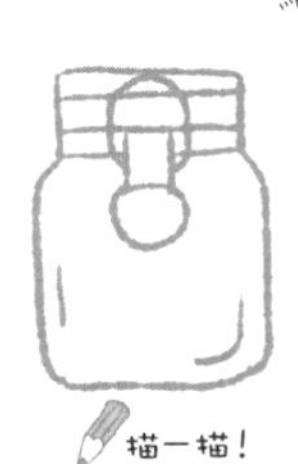

描一描！

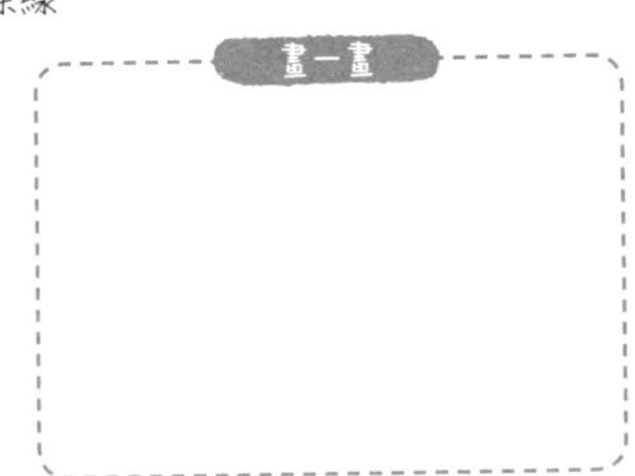

畫一畫

【果醬瓶】

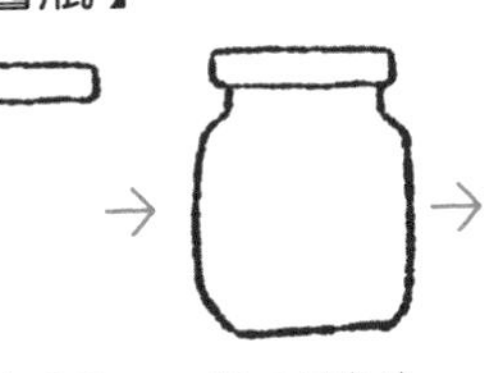

瓶蓋為扁平方形

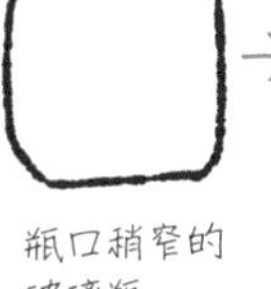

瓶口稍窄的玻璃瓶

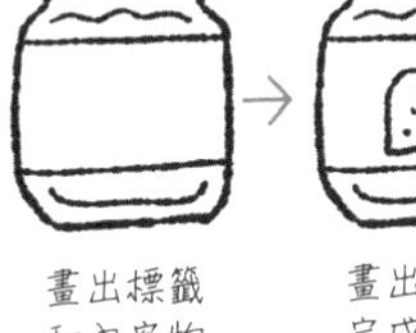

畫出標籤和內容物

畫出水果，完成！

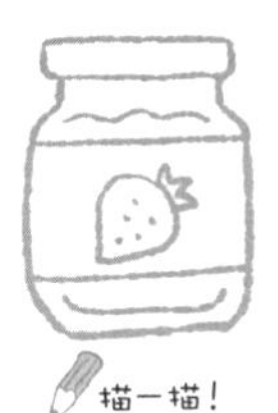

描一描！

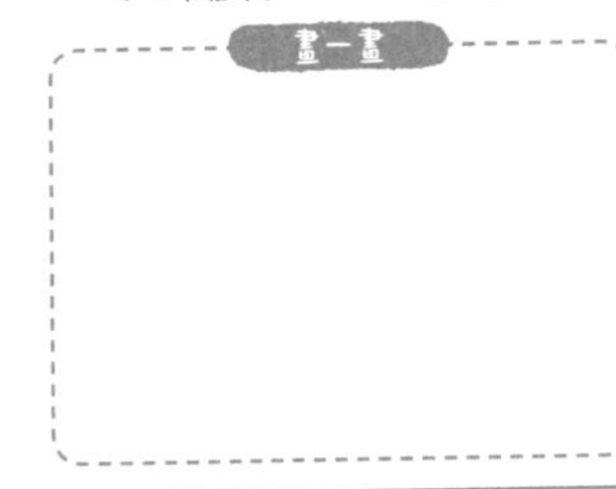

畫一畫

【蜂蜜】

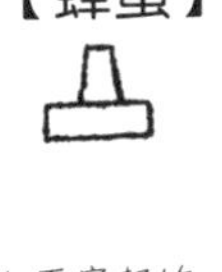

上面突起的瓶蓋

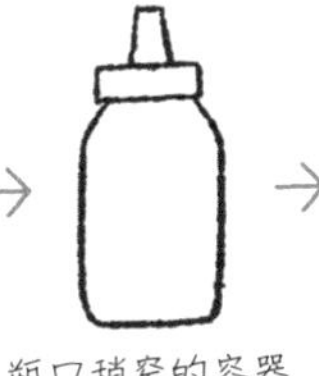

瓶口稍窄的容器

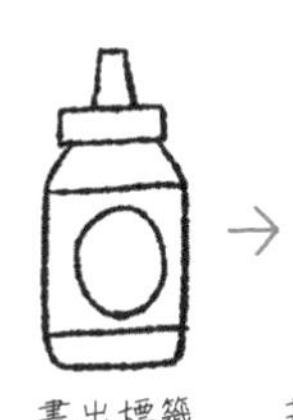

畫出標籤

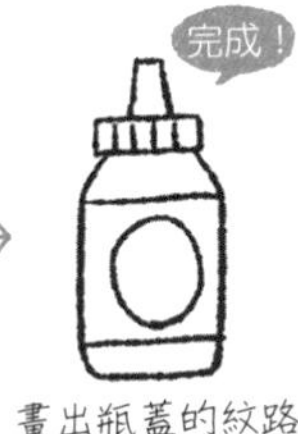

畫出瓶蓋的紋路，完成！

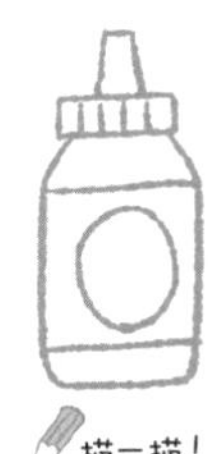

描一描！

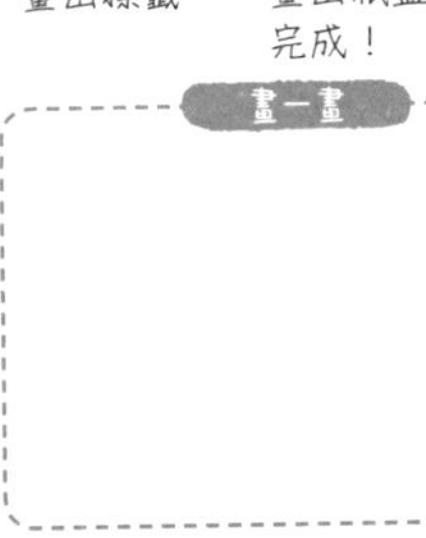

畫一畫

【調味瓶】

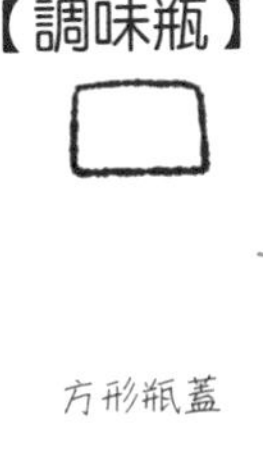

方形瓶蓋

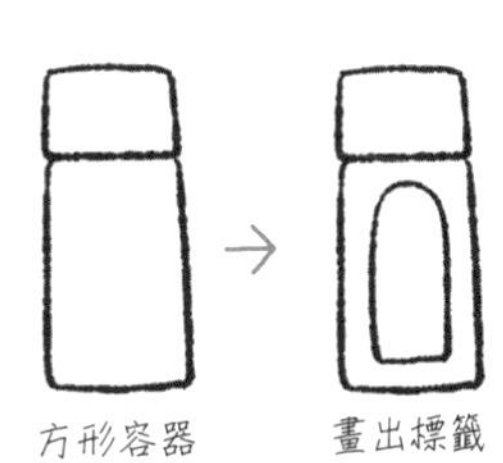

方形容器

畫出標籤

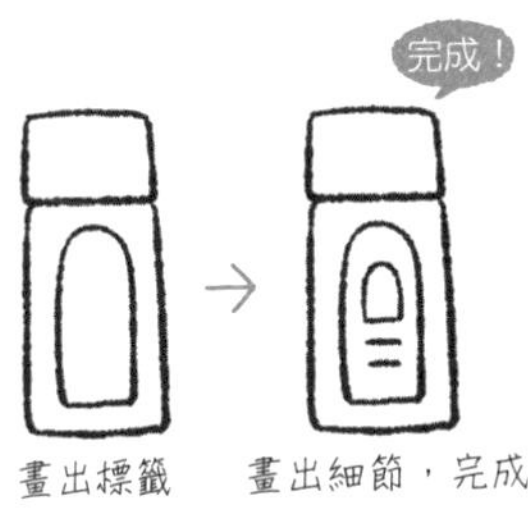

畫出細節，完成！

描一描！

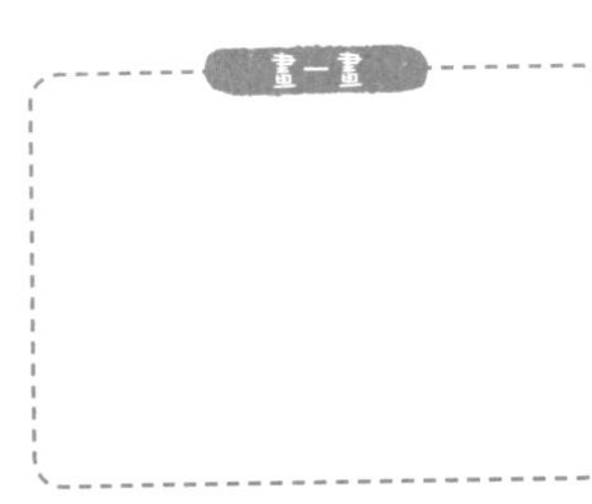

畫一畫

【咖啡壺】

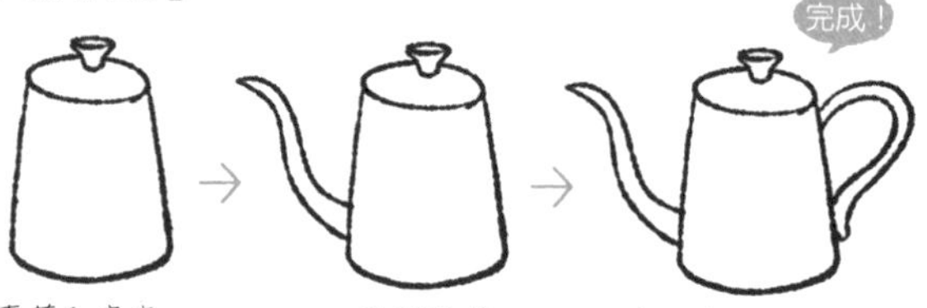

壺蓋和底座較寬的圓錐 → 長頸壺嘴 → 加上壺把，完成！

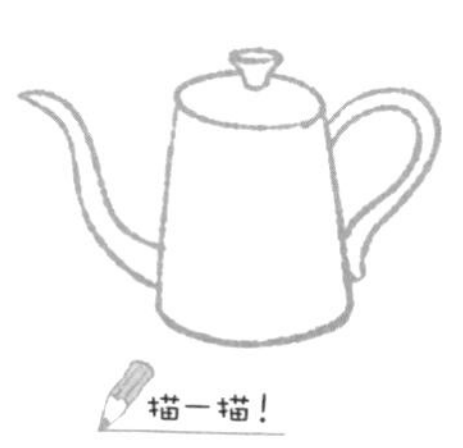

描一描！

畫一畫

【茶壺】

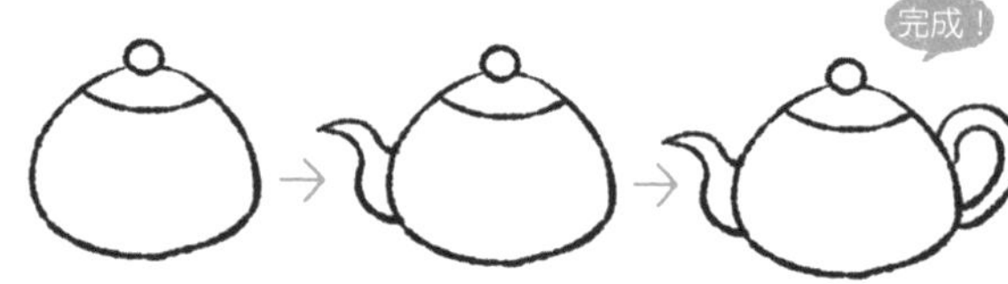

小壺鈕和圓本體 → 短頸壺嘴 → 加上壺把，完成！

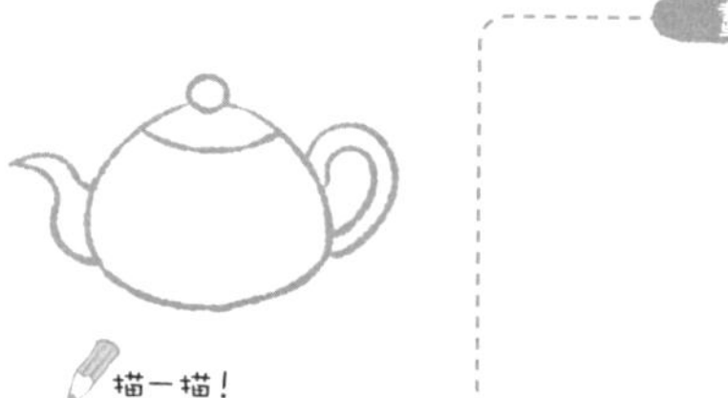

描一描！

【酒壺】

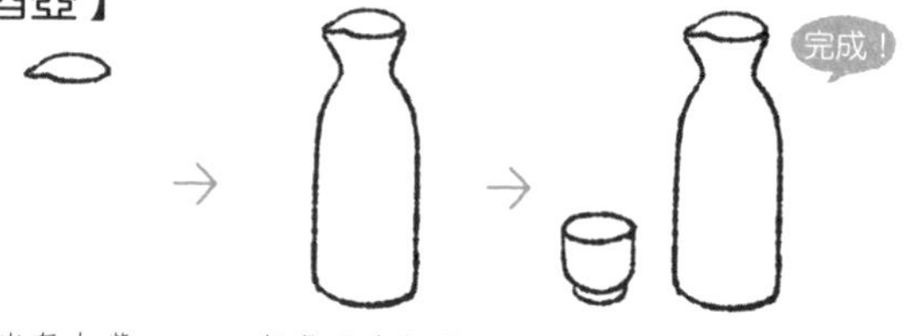

畫出有尖嘴壺口的邊緣 → 有壺頸的本體 → 加上一個小酒杯，完成！

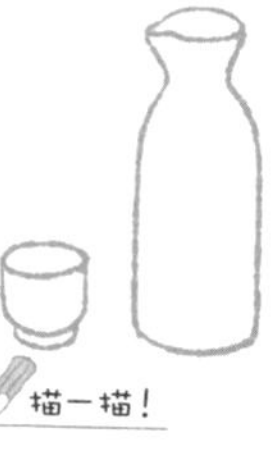

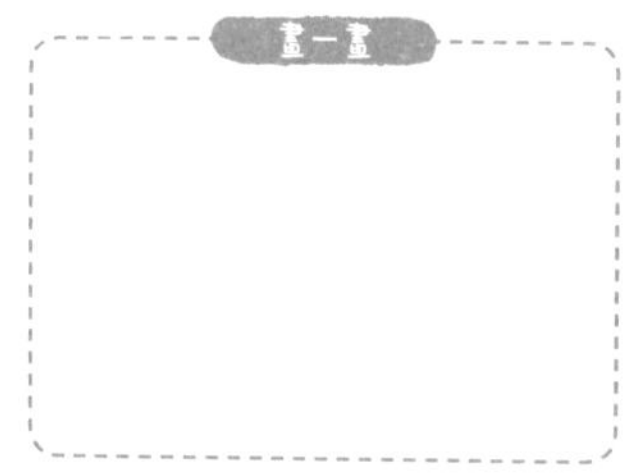

描一描！

畫一畫

【水壺】

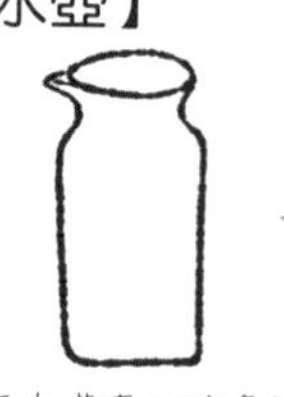

有尖嘴壺口的邊緣，和有壺頸的本體

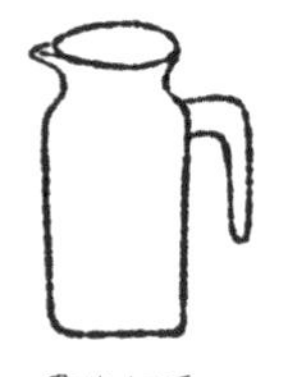

畫出把手

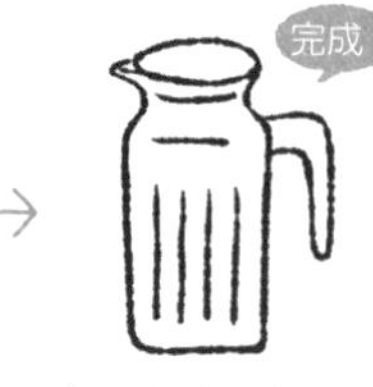

加上紋路，完成！

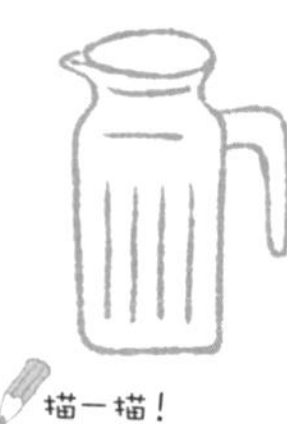

描一描！

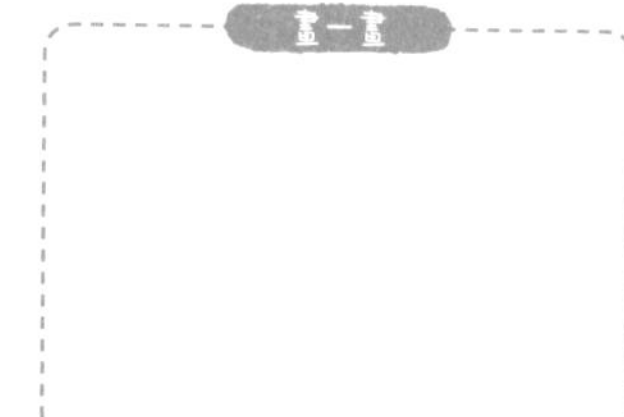

畫一畫

【泡茶壺】

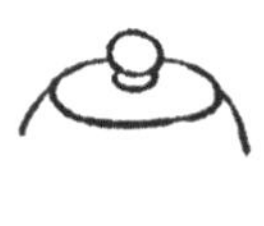

有壺鈕的壺蓋和本體的上面部分

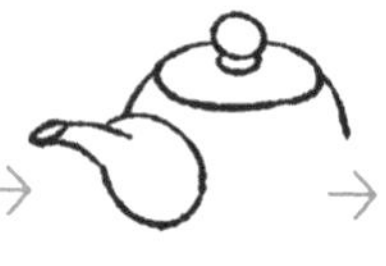

加上壺嘴部分

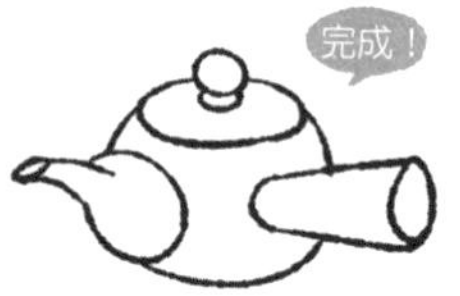

畫出壺把和本體下面，完成！

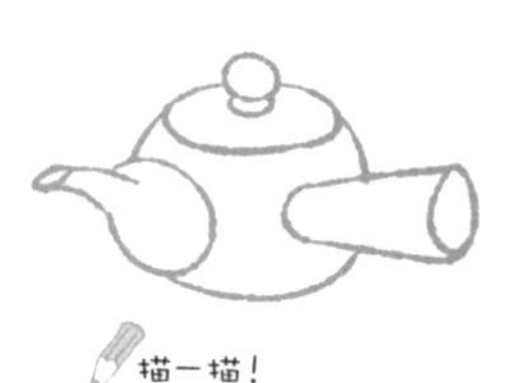

描一描！

畫一畫

【牛奶壺】

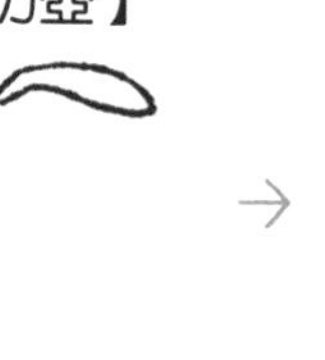

畫出尖嘴壺口朝下的橢圓形邊緣

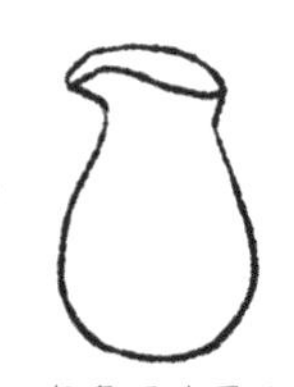

有壺頸的圓弧狀本體

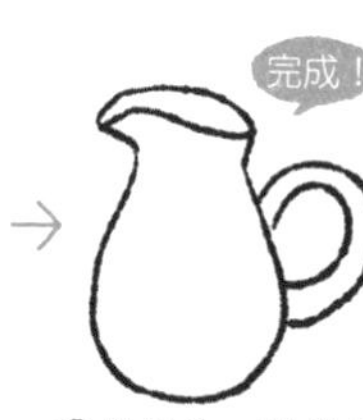

畫出把手，完成！

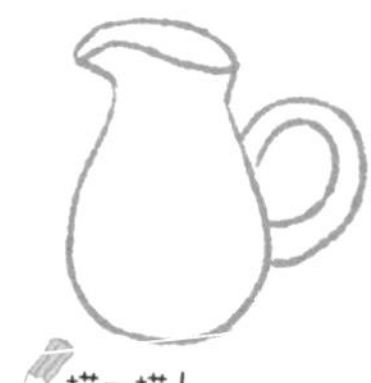

描一描！

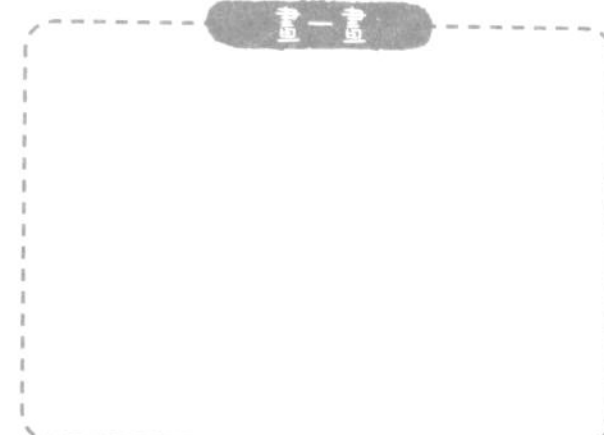

畫一畫

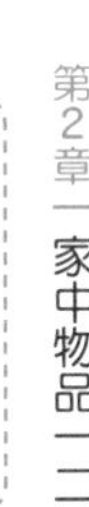

【烤土司機】

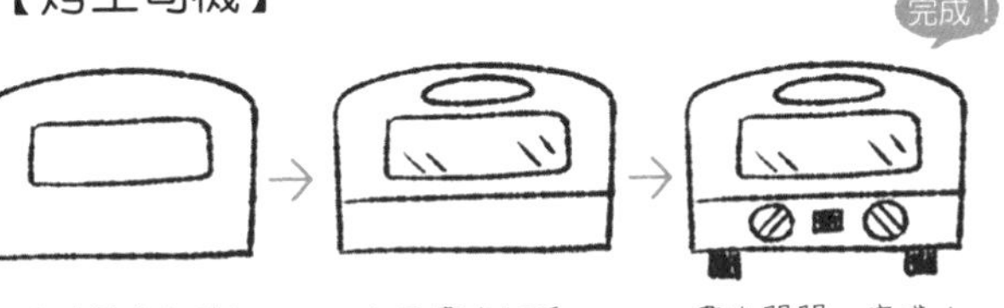
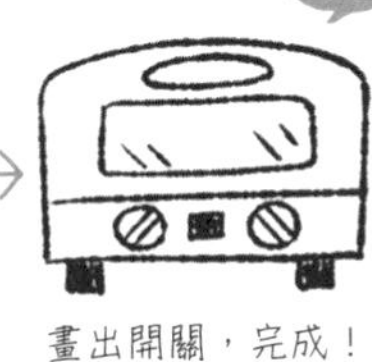

上面稍圓的方形和玻璃窗口 → 上面畫出把手，下面畫出一條線 → 畫出開關，完成！

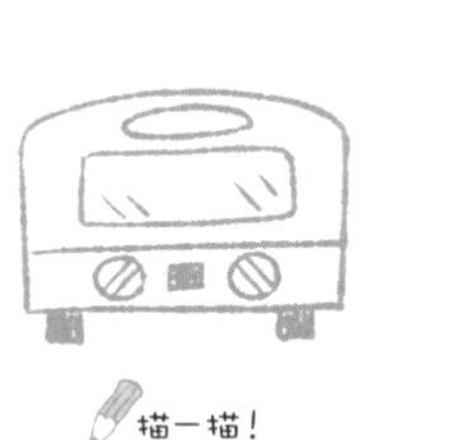

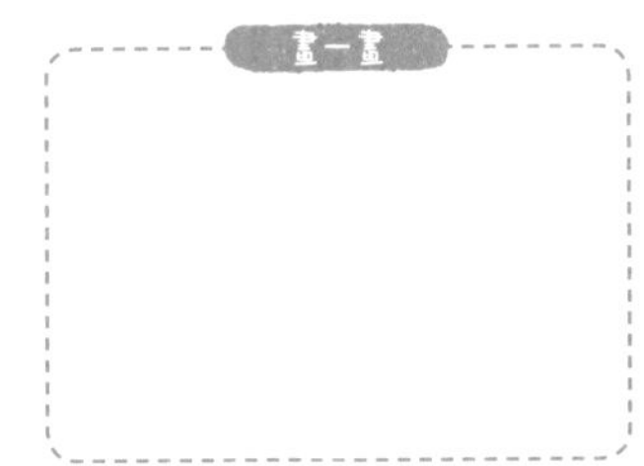

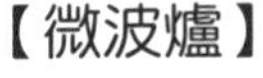

【微波爐】

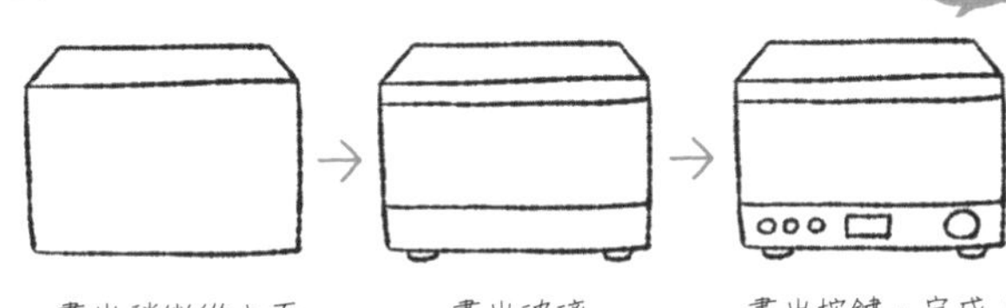

畫出稍微從上面俯視的方形 → 畫出玻璃表面和腳 → 畫出按鍵，完成！

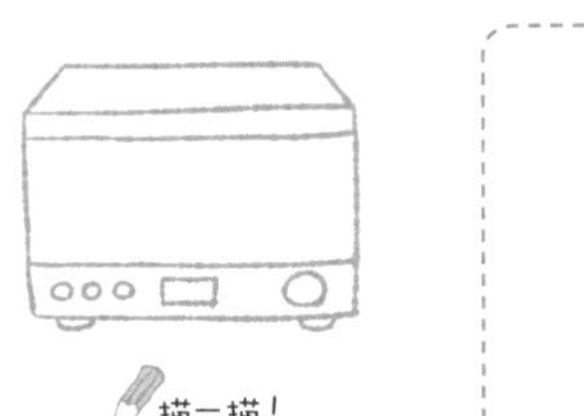

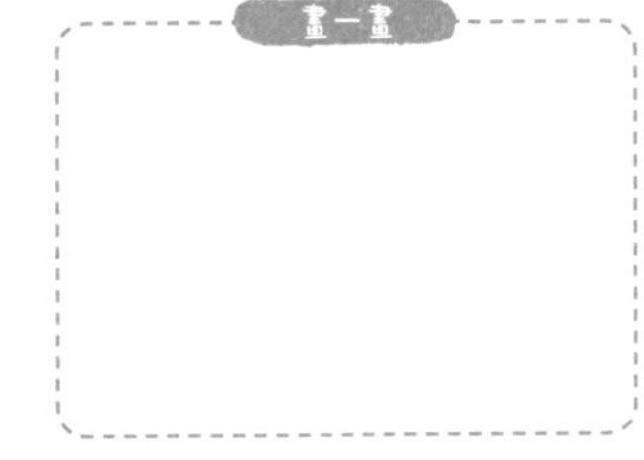

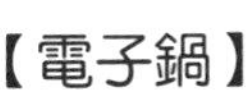

【電子鍋】

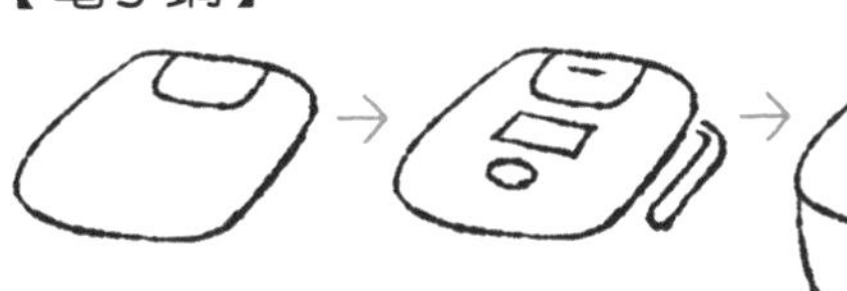

畫出鍋蓋 → 加上按鍵和把手 → 畫出本體，完成！

描一描！

畫一畫

【快煮壺】

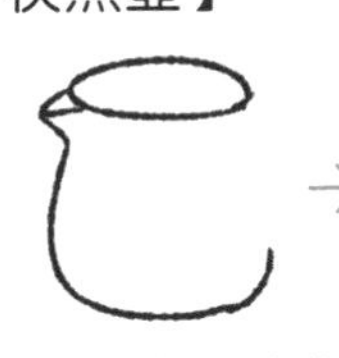
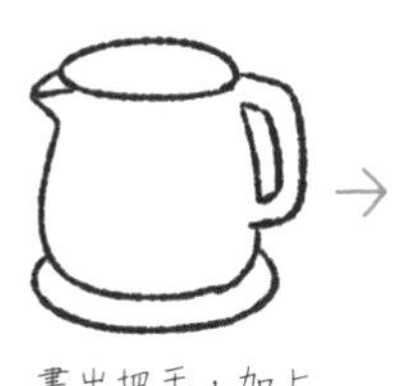
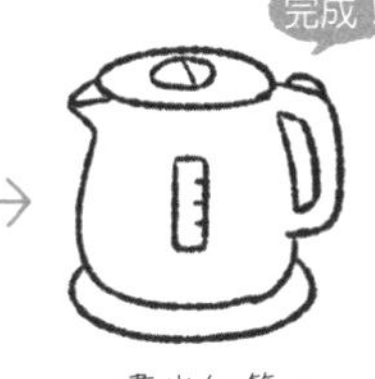

圓形壺蓋加上尖嘴壺口的本體輪廓 → 畫出把手，加上底座 → 畫出細節，完成！

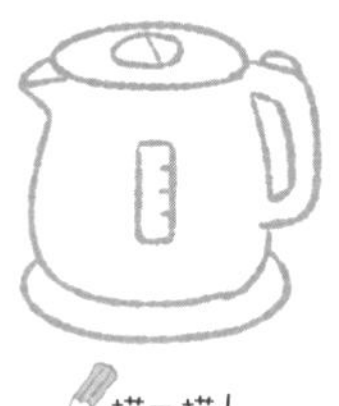

畫一畫

【電子鍋掀蓋】

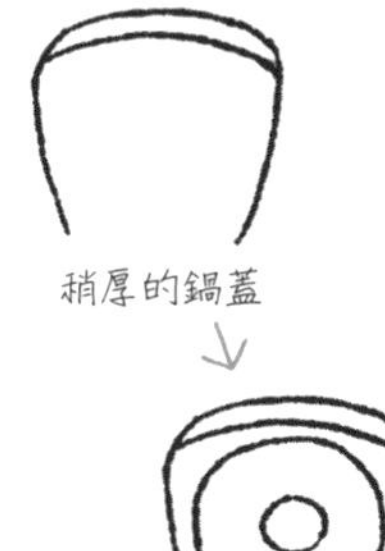

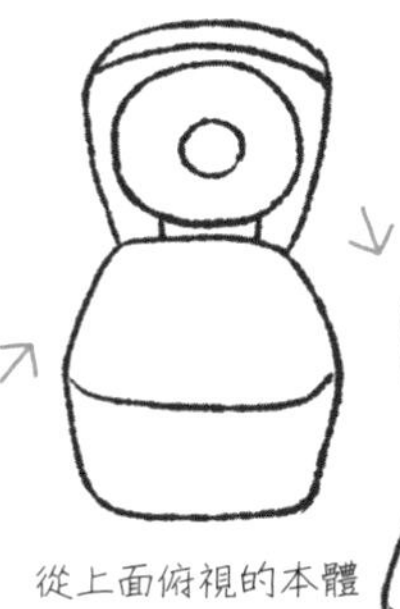

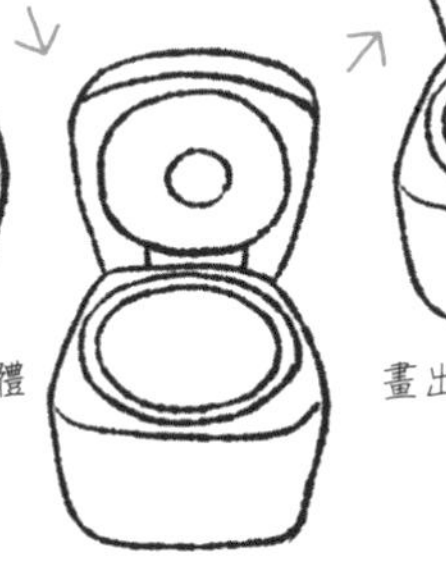

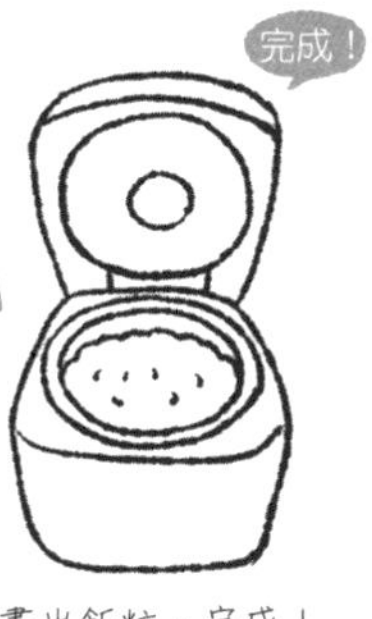

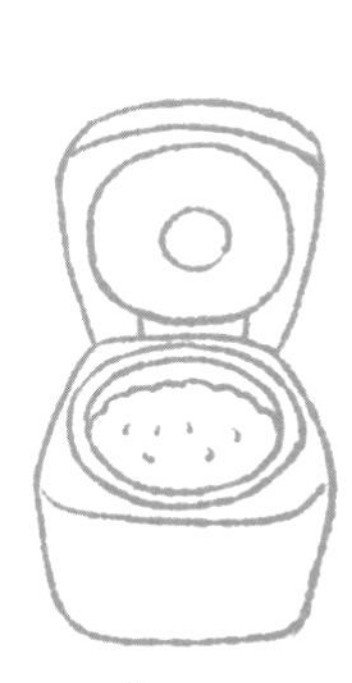

【熱水瓶】

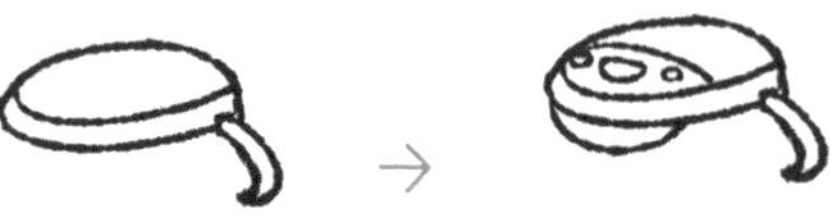

瓶蓋和把手 → 畫出按鍵

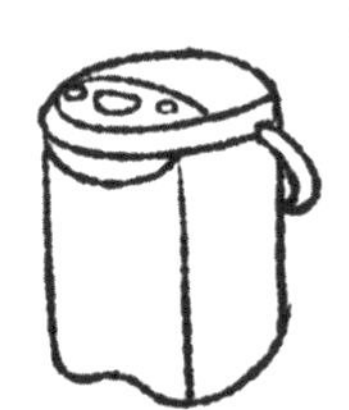

前面內凹的瓶身

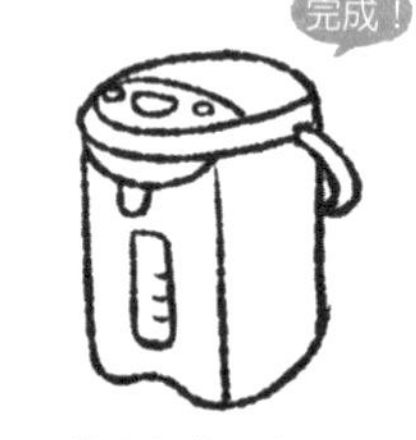

畫出細節，完成！

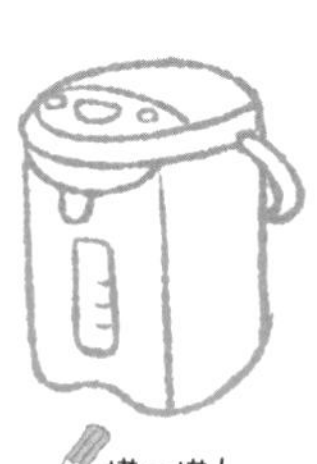

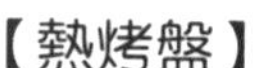

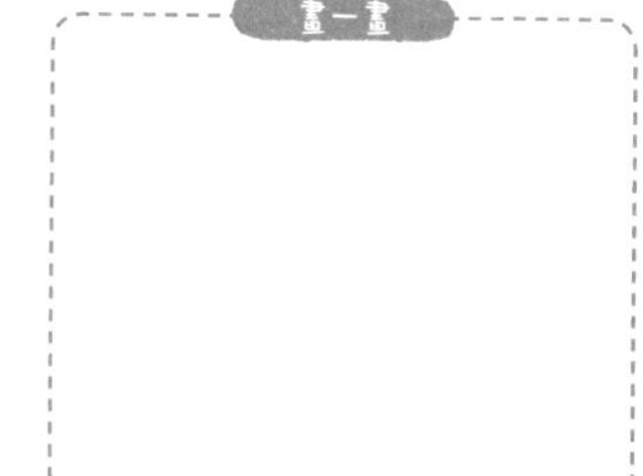

【果汁機】

上半部的杯子

畫出杯子線條和刀片

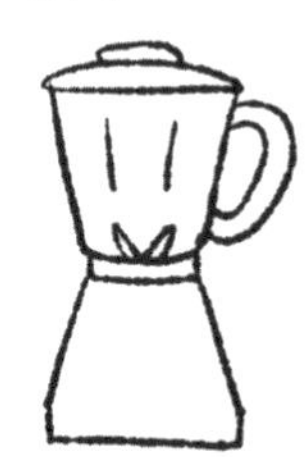

三角形機身

畫出細節，完成！

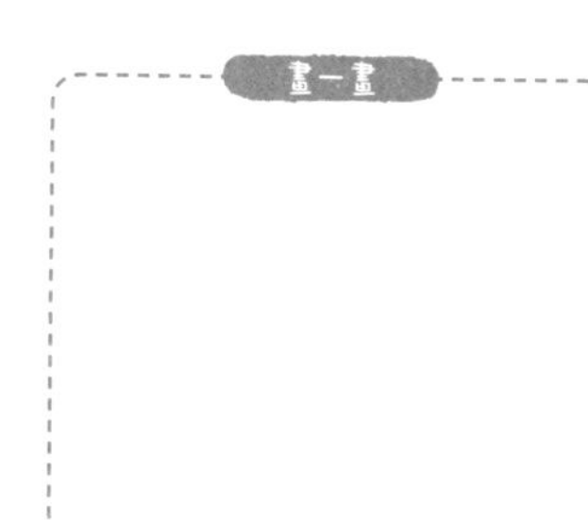

【熱烤盤】

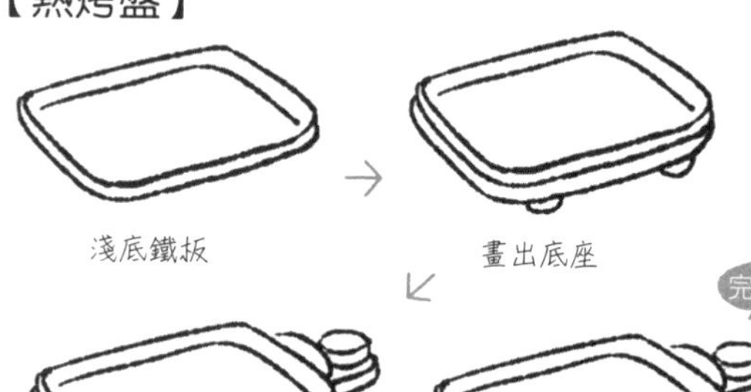

淺底鐵板 → 畫出底座

畫一個旋鈕式開關

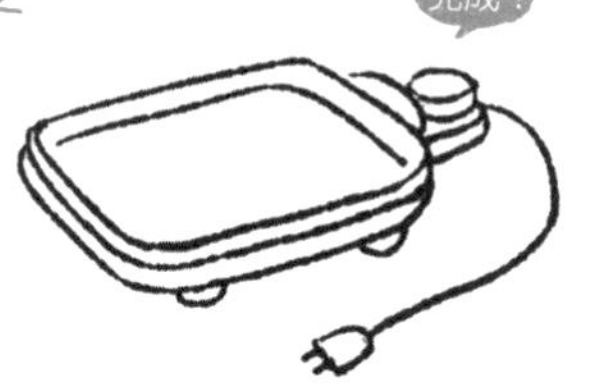

加上電源線，完成！

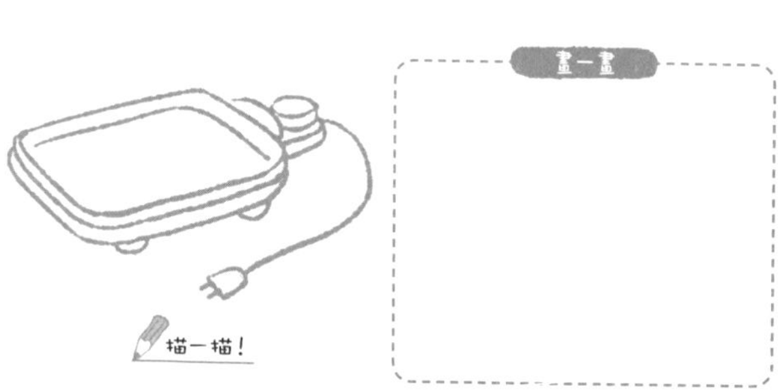

【咖啡機】 P.202 有另一種樣式的咖啡機。

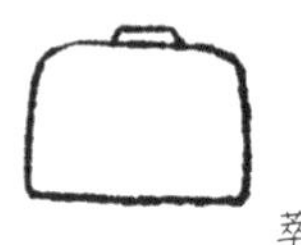

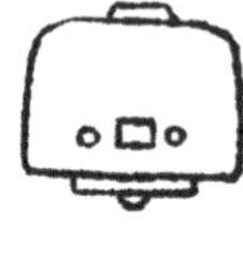

萃取咖啡的部分為方形組合

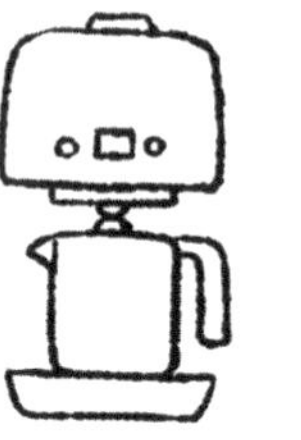

畫出杯子

畫出細節，完成！

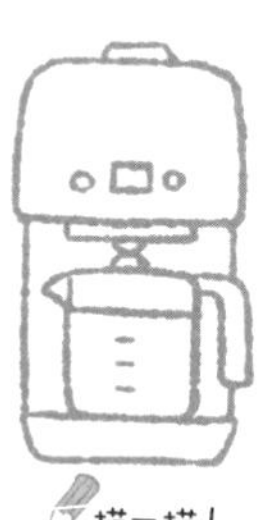

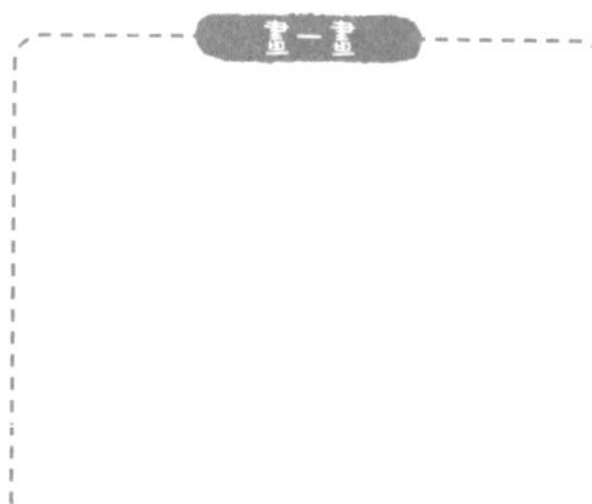

【電視】

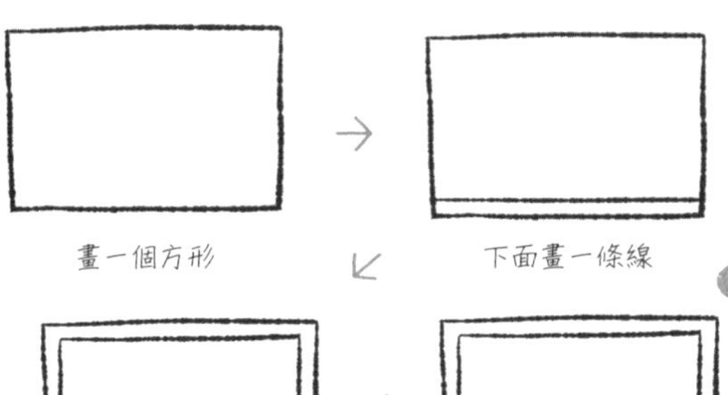

畫一個方形

下面畫一條線

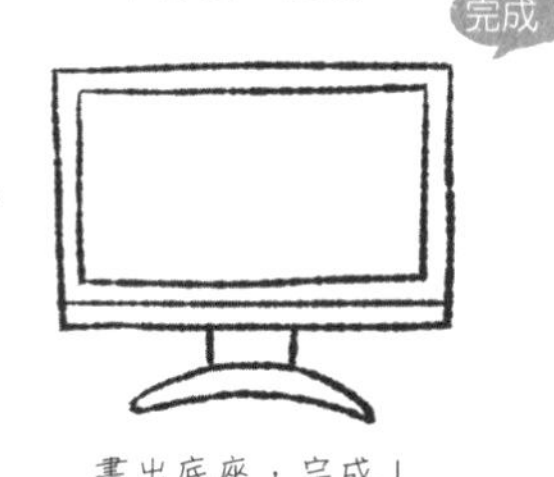

完成！

畫一個框

畫出底座，完成！

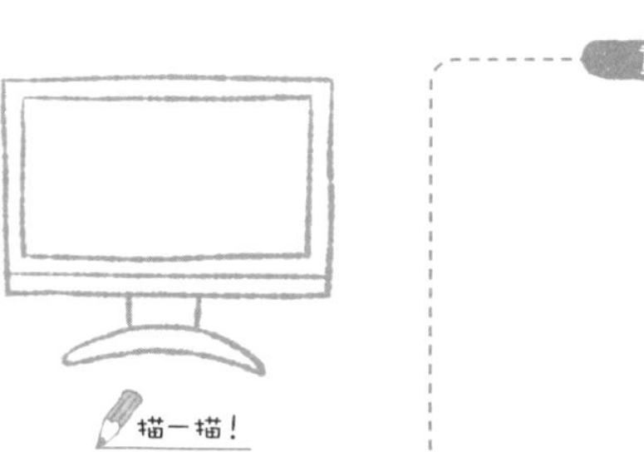

描一描！

畫一畫

【筆電】

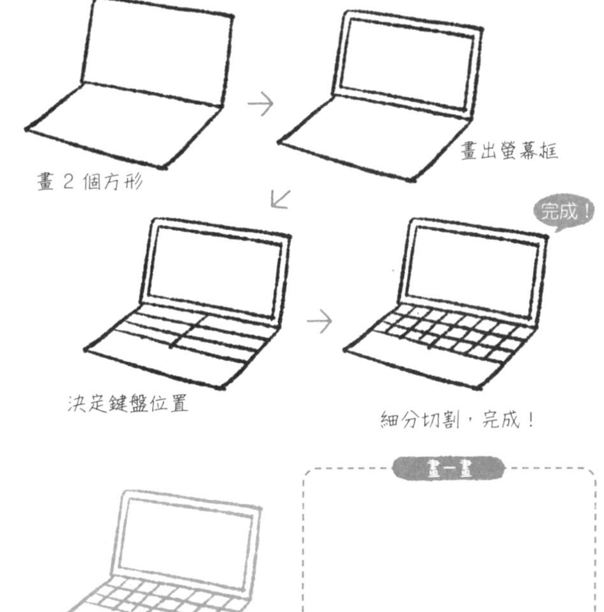

畫 2 個方形

畫出螢幕框

完成！

決定鍵盤位置

細分切割，完成！

描一描！

畫一畫

【耳機】

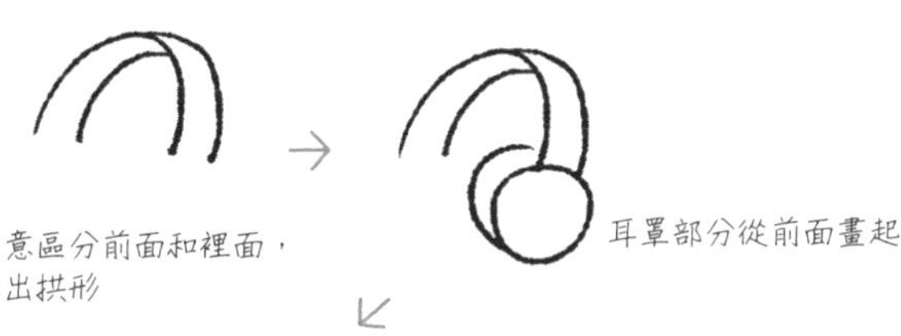

留意區分前面和裡面，畫出拱形

耳罩部分從前面畫起

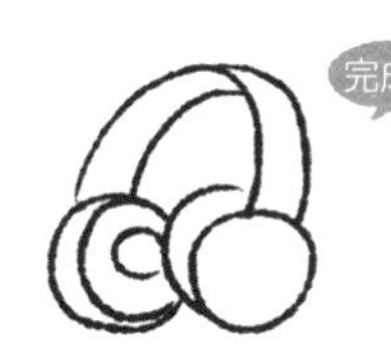

完成！

畫出裡面耳罩

畫出細節，完成！

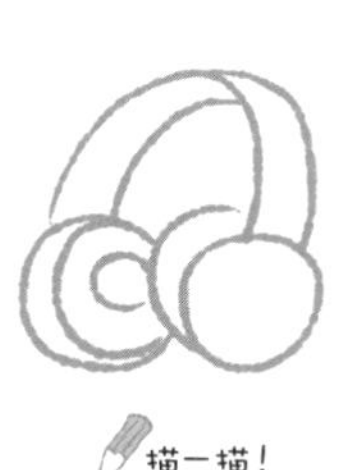

描一描！

畫一畫

【遊戲機】

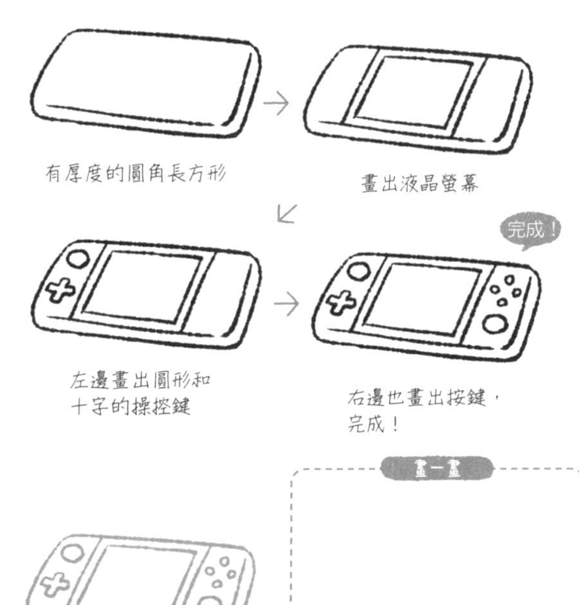

有厚度的圓角長方形

畫出液晶螢幕

完成！

左邊畫出圓形和十字的操控鍵

右邊也畫出按鍵，完成！

描一描！

畫一畫

【手機】

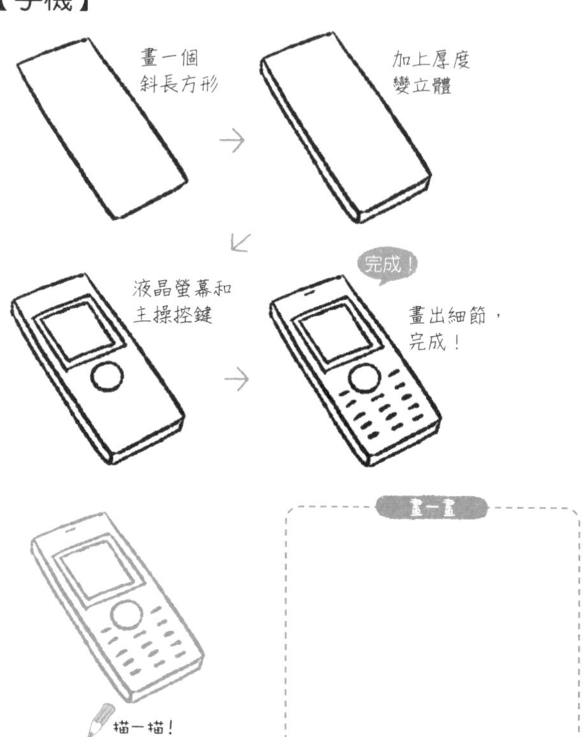

【智慧型手機】

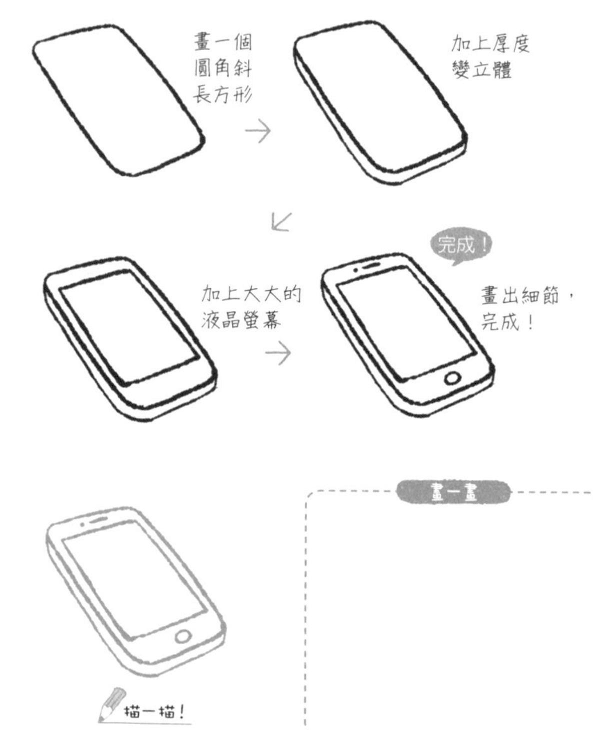

【吸塵器】

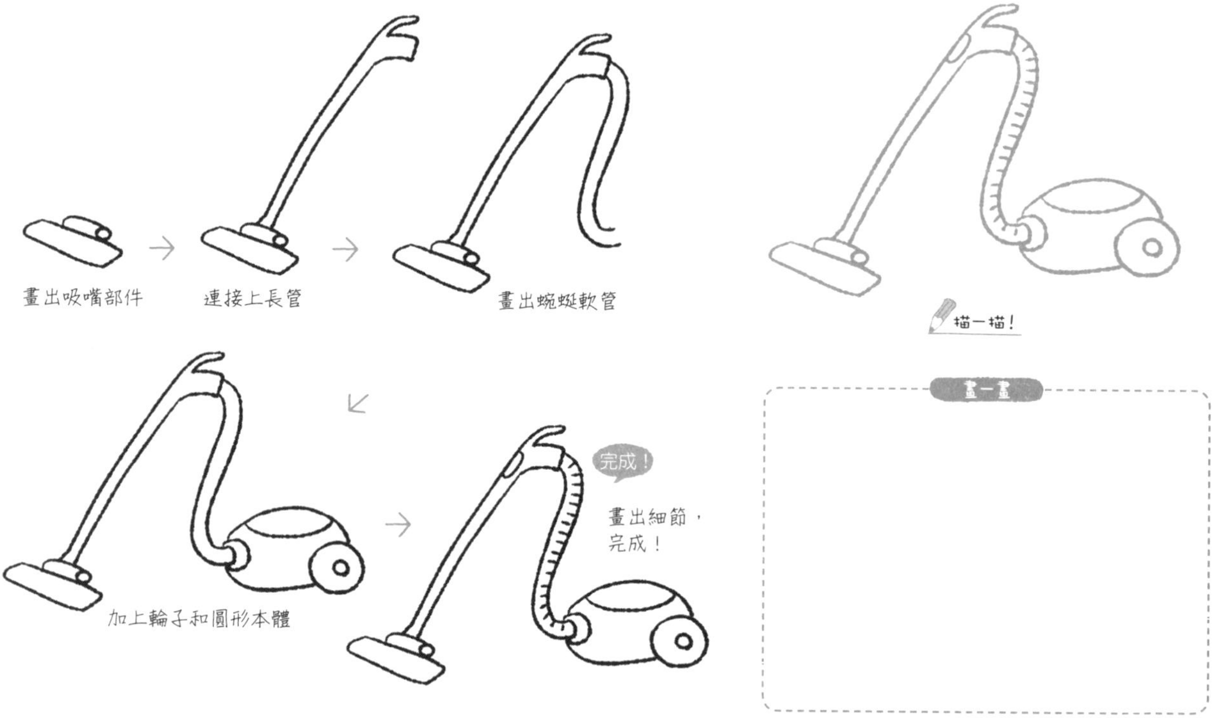

畫出吸嘴部件 → 連接上長管 → 畫出蜿蜒軟管

描一描！

畫一畫

加上輪子和圓形本體 → 完成！畫出細節，完成！

【直立型吸塵器】

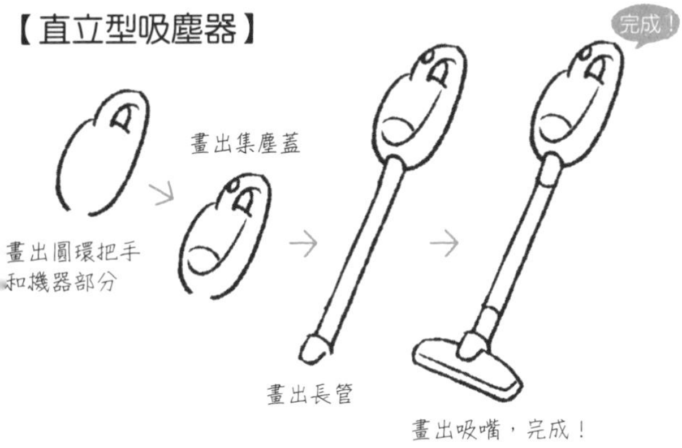

完成！

畫出圓環把手和機器部分

畫出集塵蓋

畫出長管

畫出吸嘴，完成！

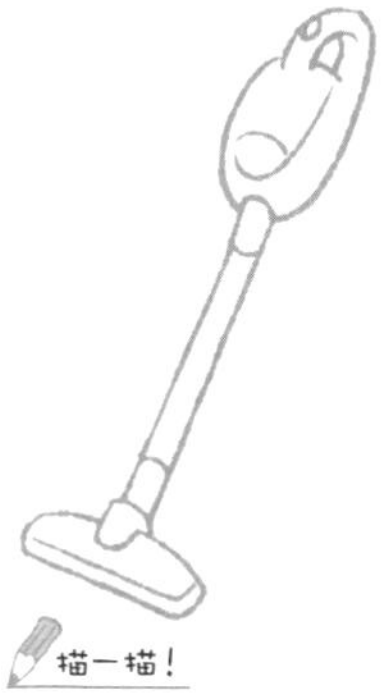

描一描！

畫一畫

【冰箱】

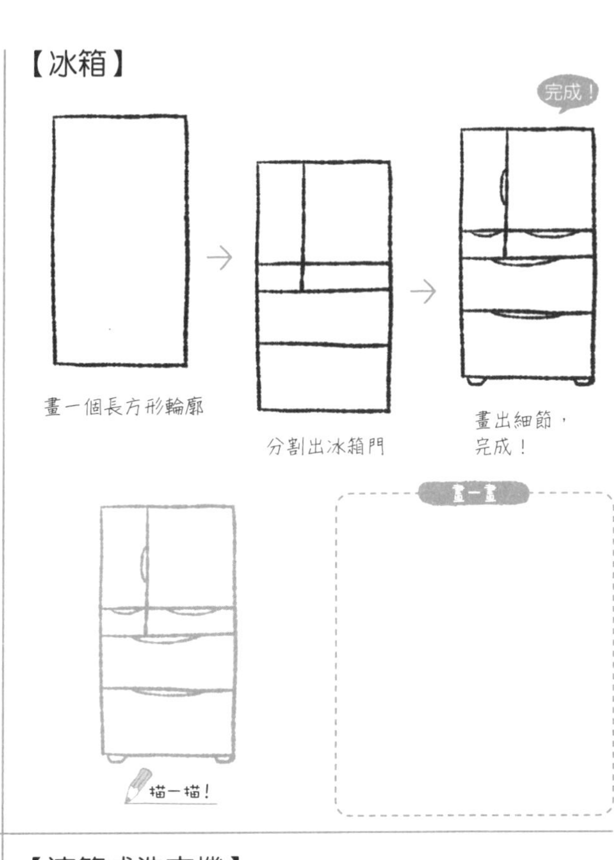

【洗衣機】

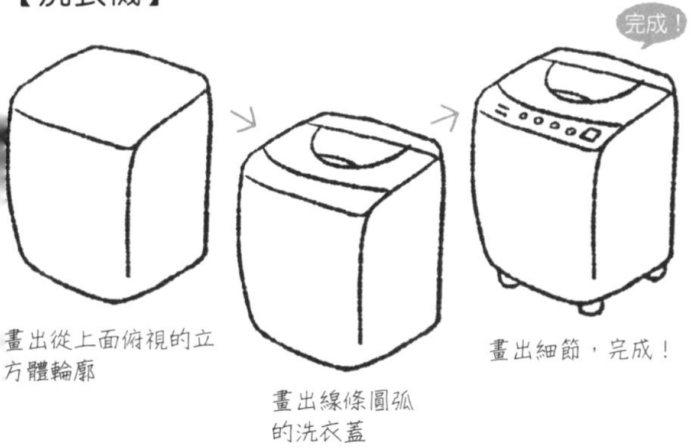

完成！

畫出從上面俯視的立方體輪廓

畫出線條圓弧的洗衣蓋

畫出細節，完成！

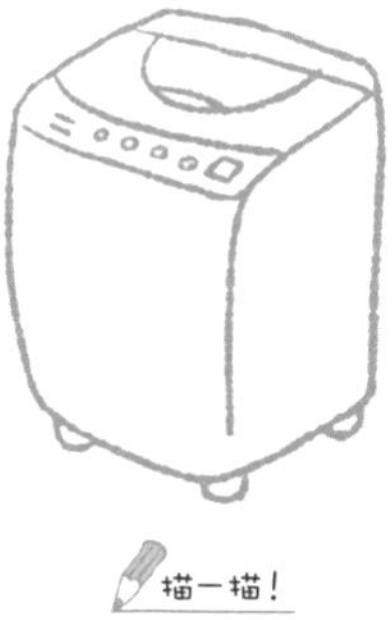

描一描！

畫一畫

【滾筒式洗衣機】

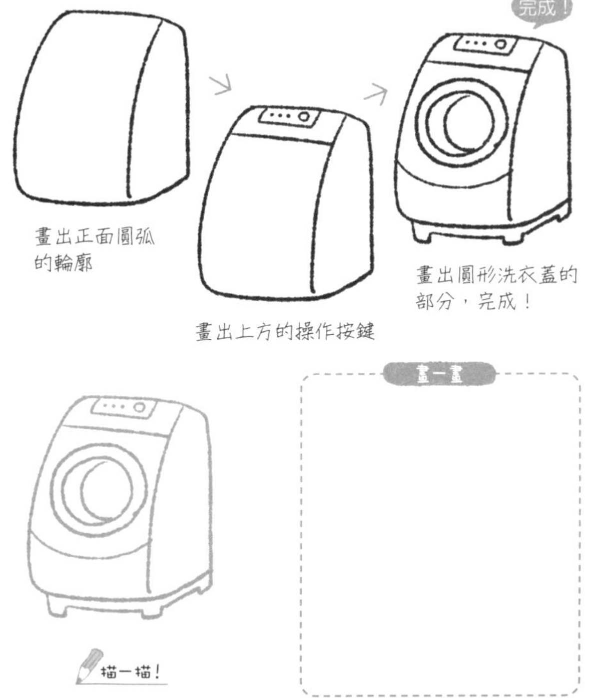

【冷氣】

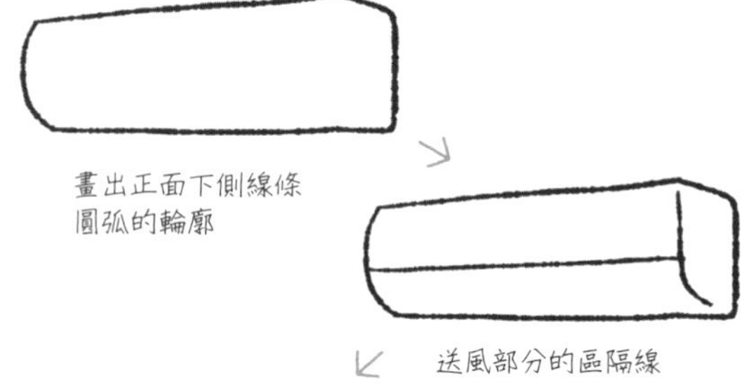

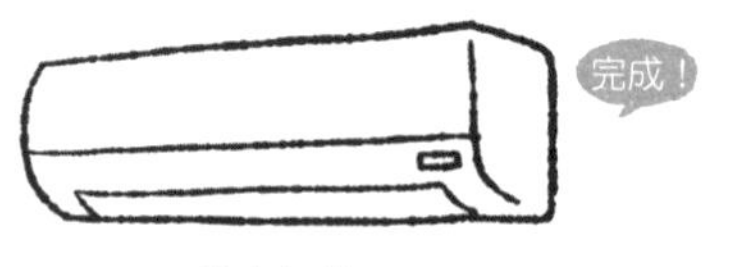

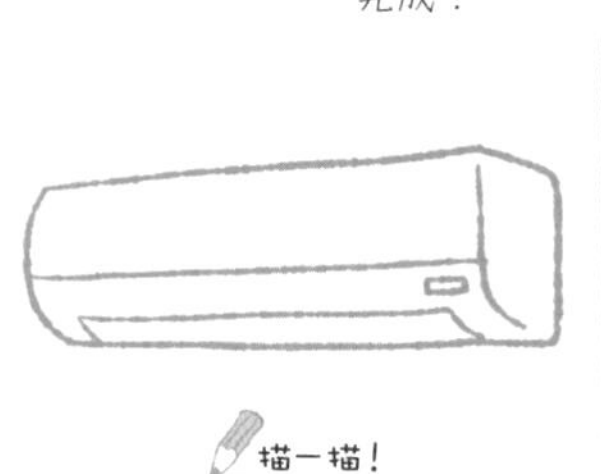

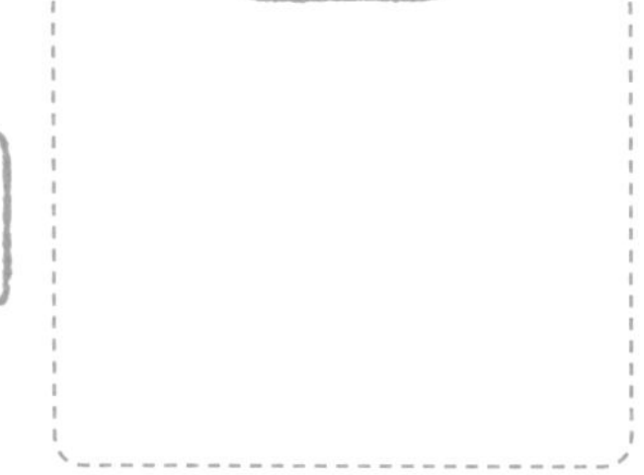

【電熱扇】

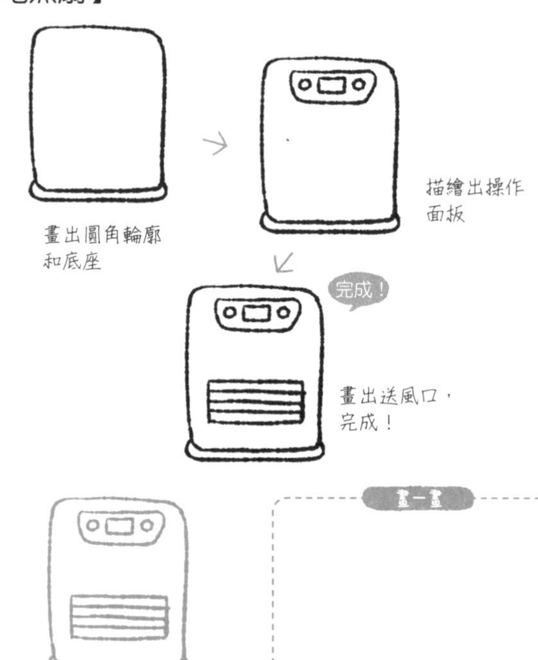

【電風扇】

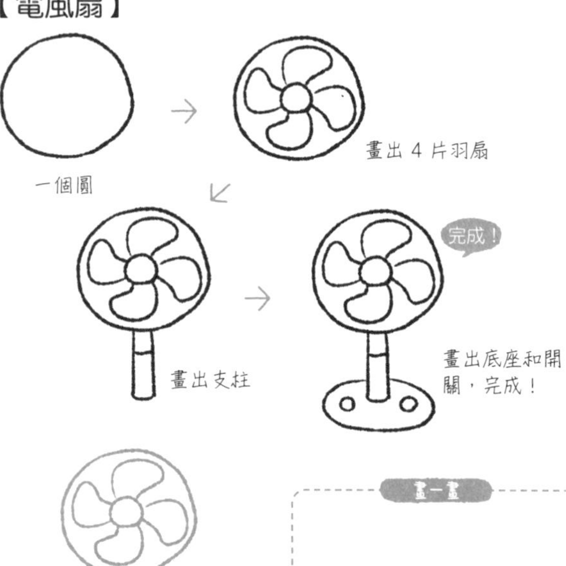

【煤油暖氣】

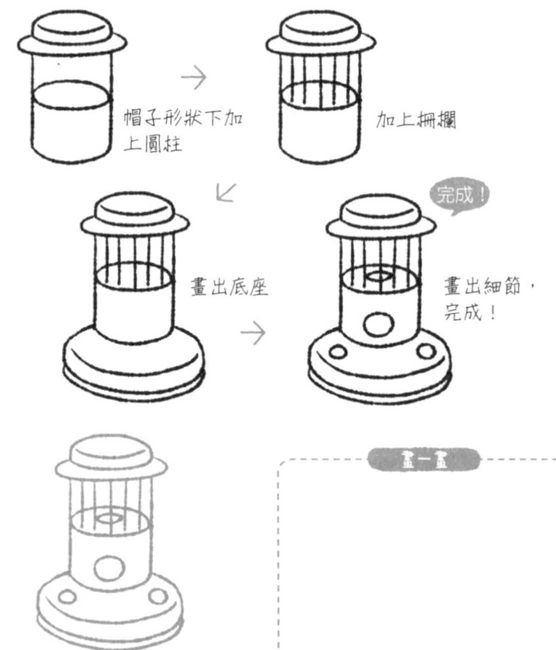

【吊燈】

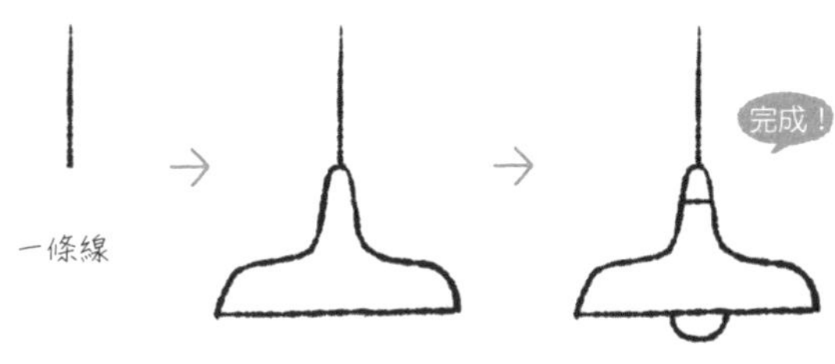

一條線

畫出下面平平的燈罩

加上燈泡，完成！

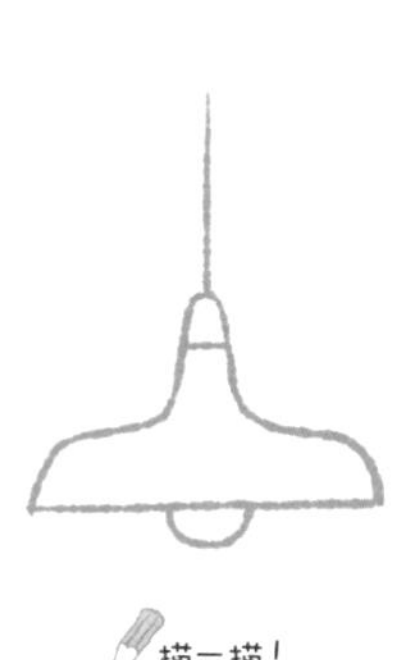

描一描！

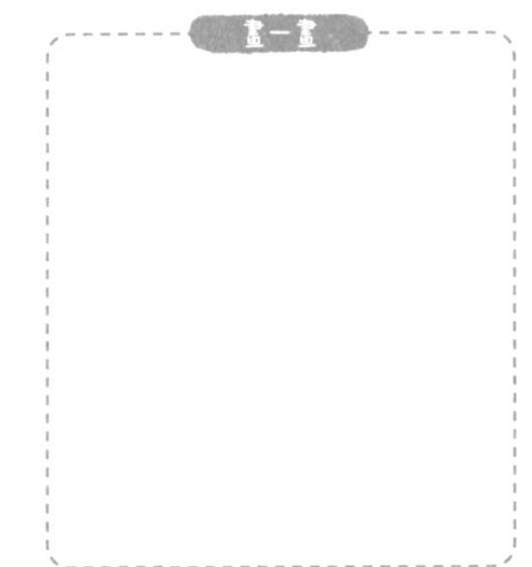

【立燈】

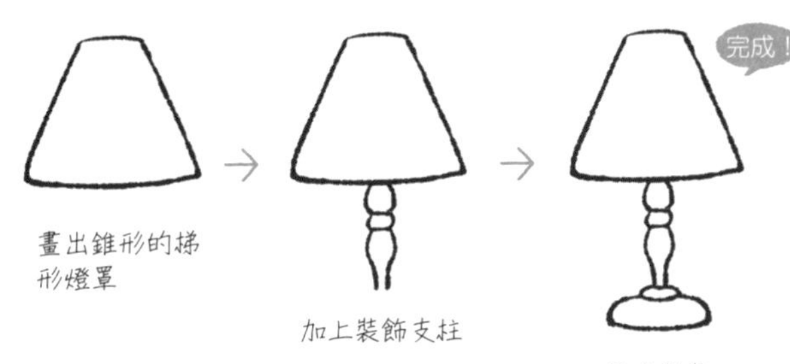

畫出錐形的梯形燈罩

加上裝飾支柱

畫出底座，完成！

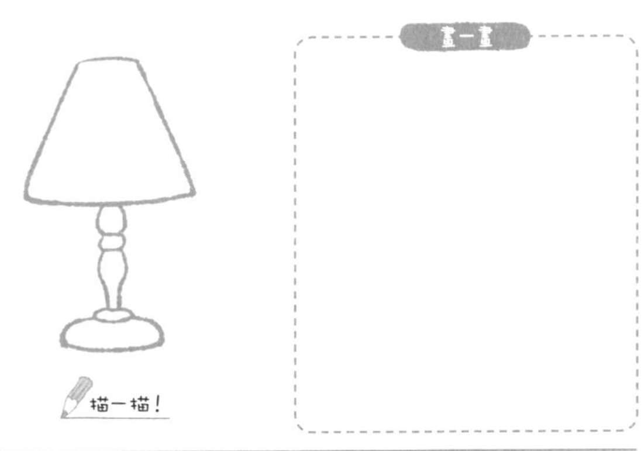

【桌燈】

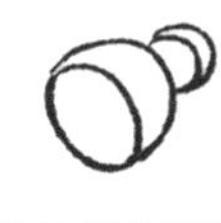

用 2 個半圓畫出往下照射的燈

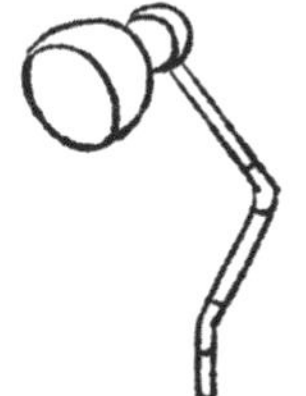

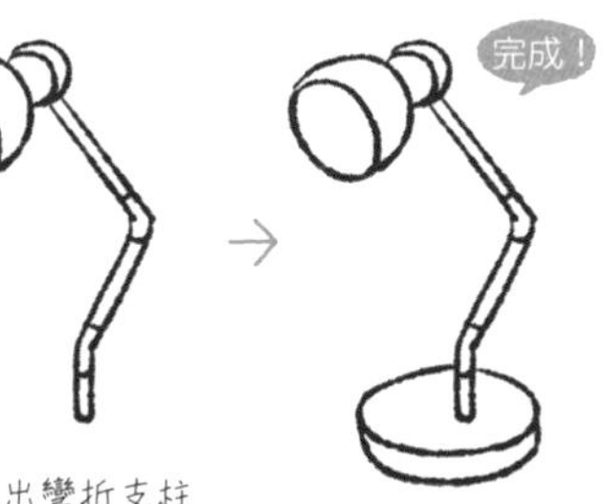

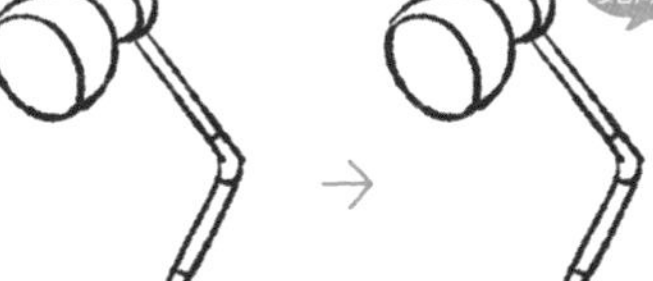

畫出彎折支柱

畫出底座，完成！

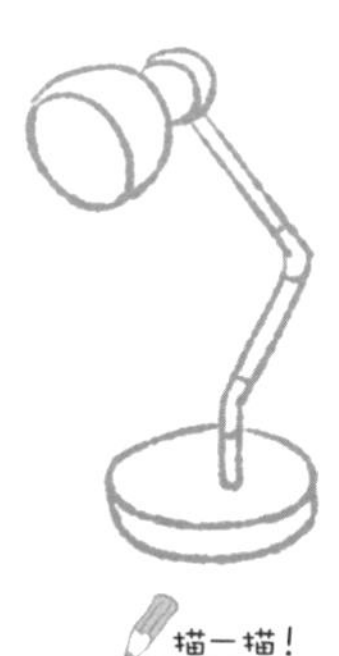

描一描！

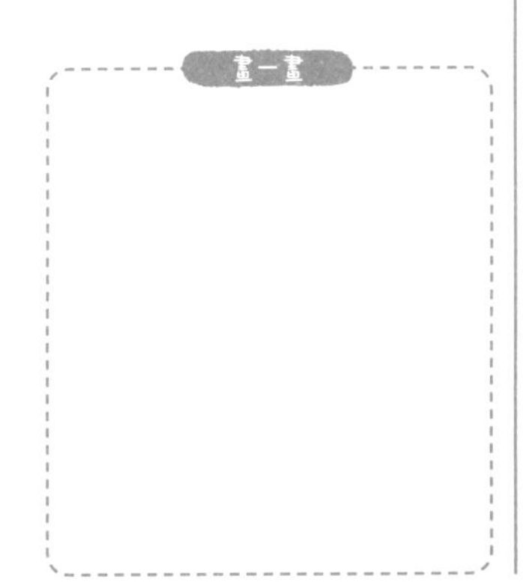

【投射燈】

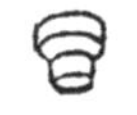

與天花板接合的部件

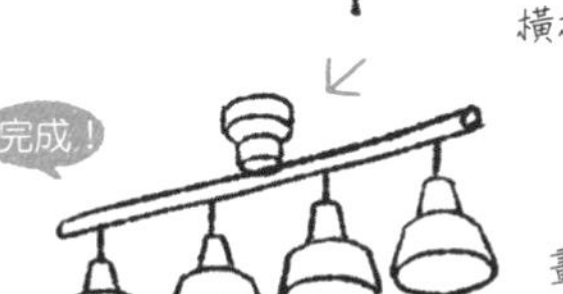

橫桿和 4 條吊線

完成！

畫出 4 盞燈，完成！

描一描！

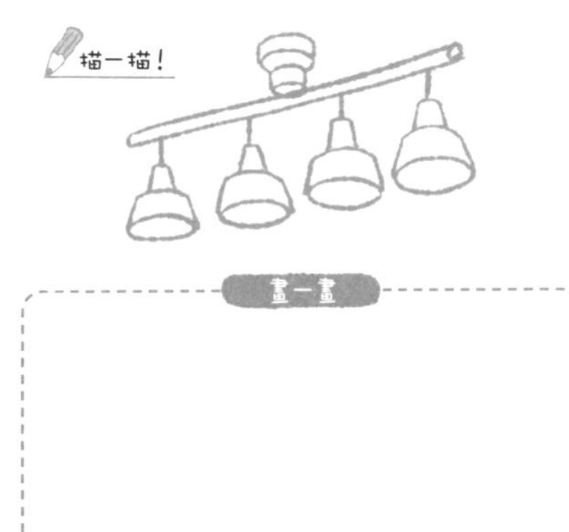

【邊桌】

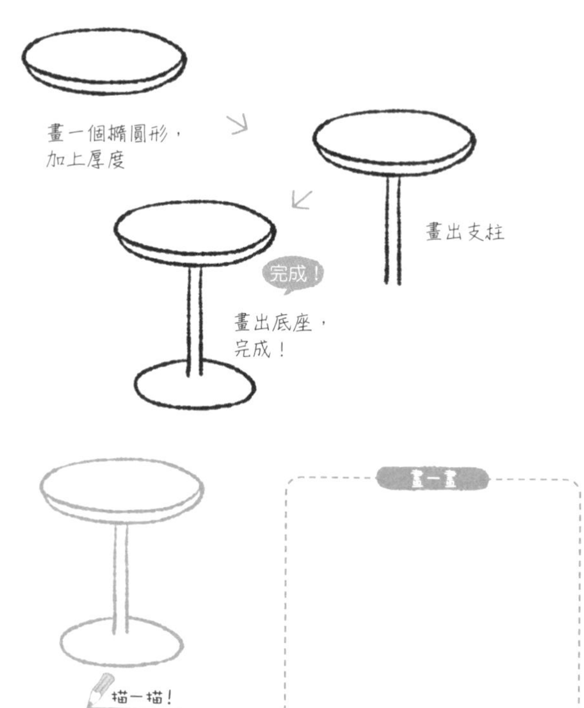
畫一個橢圓形，
加上厚度
畫出支柱
完成！
畫出底座，
完成！
畫一畫
描一描！

【圓桌】

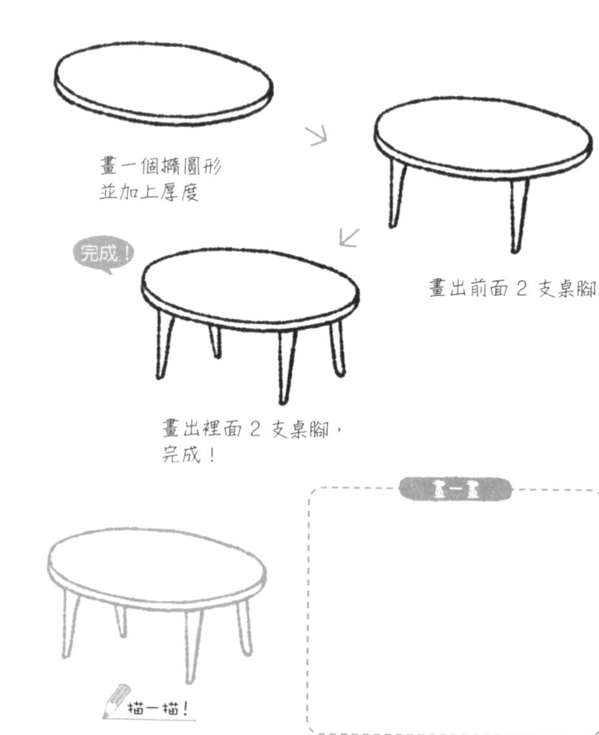
畫一個橢圓形
並加上厚度
完成！
畫出前面 2 支桌腳
畫出裡面 2 支桌腳，
完成！
畫一畫
描一描！

【方桌】

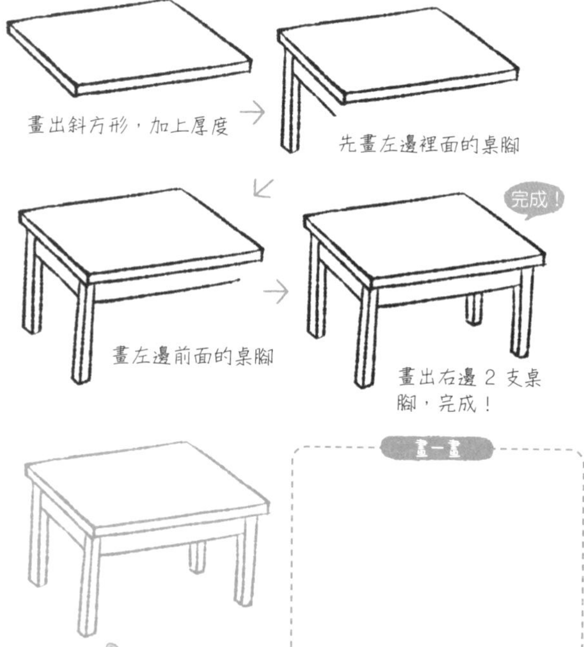
畫出斜方形，加上厚度
先畫左邊裡面的桌腳
完成！
畫左邊前面的桌腳
畫出右邊 2 支桌
腳，完成！
畫一畫
描一描！

【書桌】

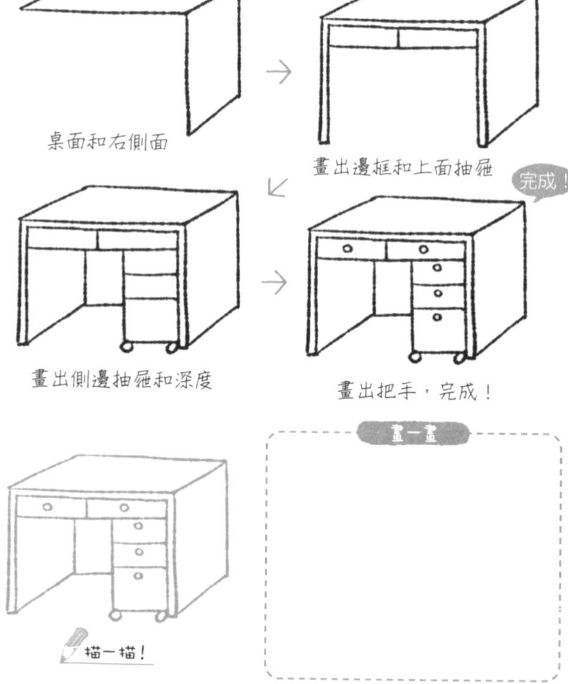
桌面和右側面
畫出邊框和上面抽屜
完成！
畫出側邊抽屜和深度
畫出把手，完成！
畫一畫
描一描！

【圓弧型椅】

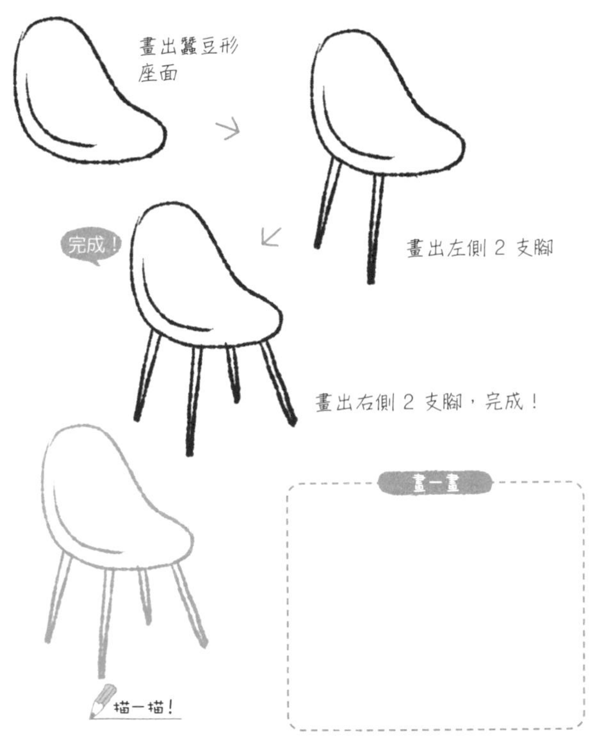

【兒童椅】

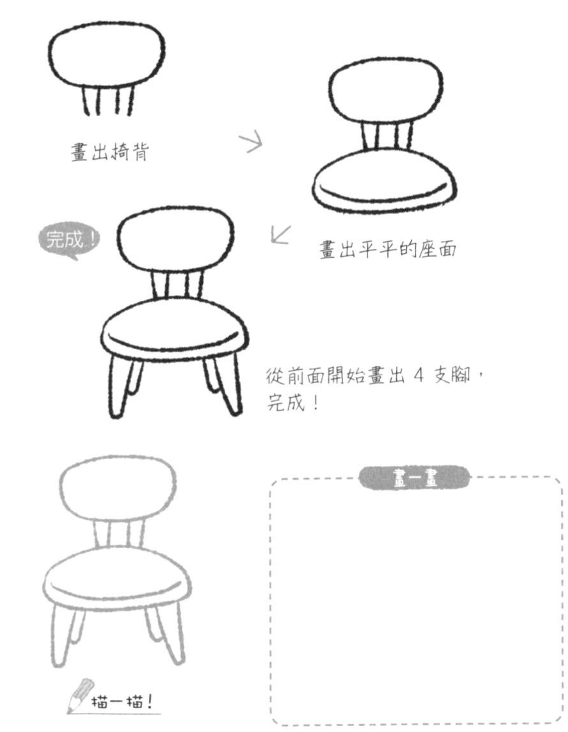

【方型椅】

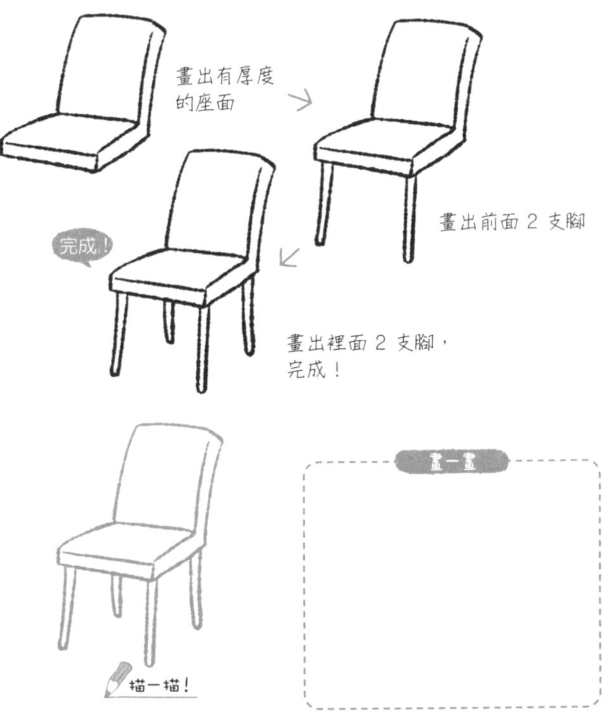

【辦公椅】

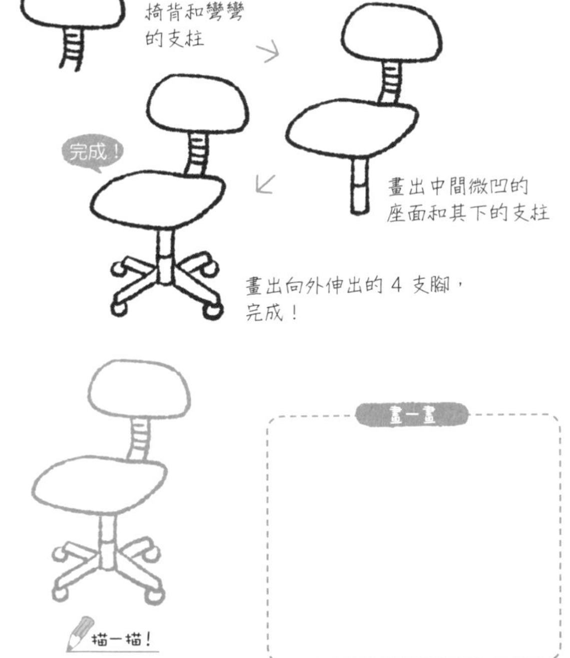

【床】

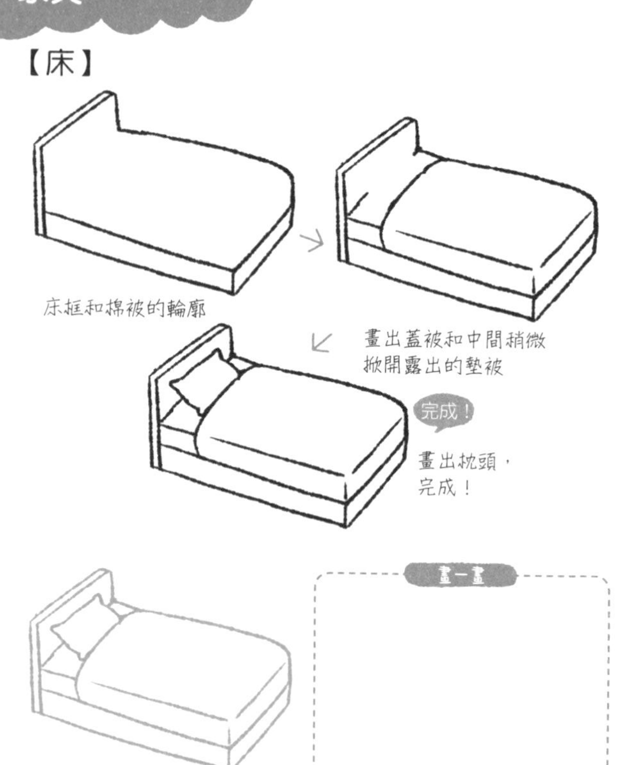
床框和棉被的輪廓
畫出蓋被和中間稍微
掀開露出的墊被
完成！
畫出枕頭，
完成！
描一描！
畫一畫

【床的正面】

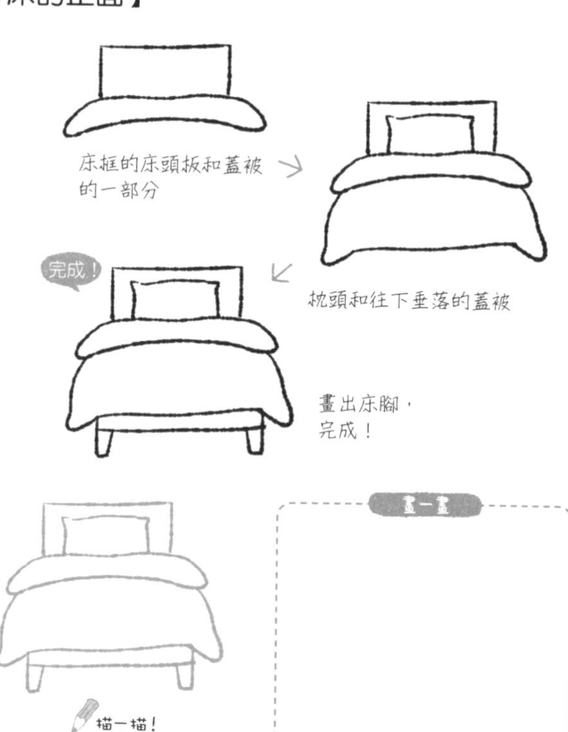
床框的床頭板和蓋被
的一部分
枕頭和往下垂落的蓋被
完成！
畫出床腳，
完成！
描一描！
畫一畫

【鏡子】

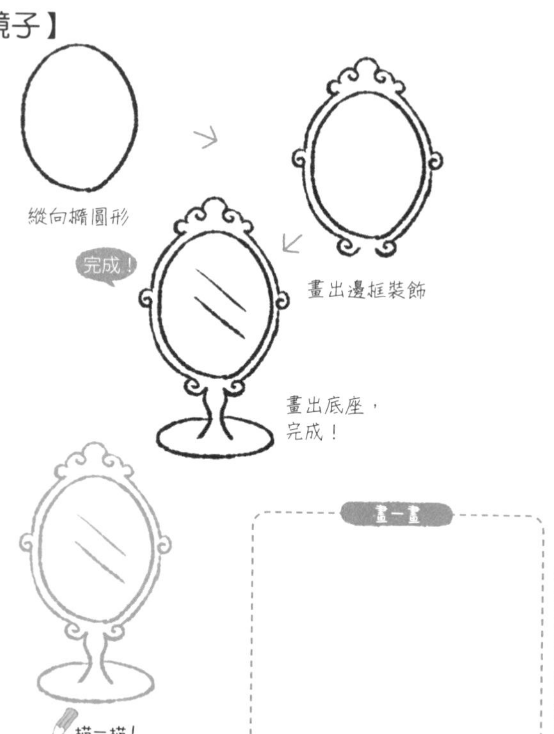
縱向橢圓形
畫出邊框裝飾
完成！
畫出底座，
完成！
描一描！
畫一畫

【沙發】

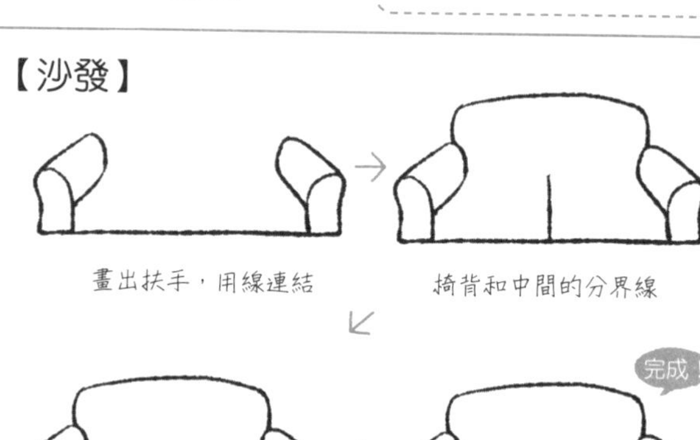
畫出扶手，用線連結
椅背和中間的分界線

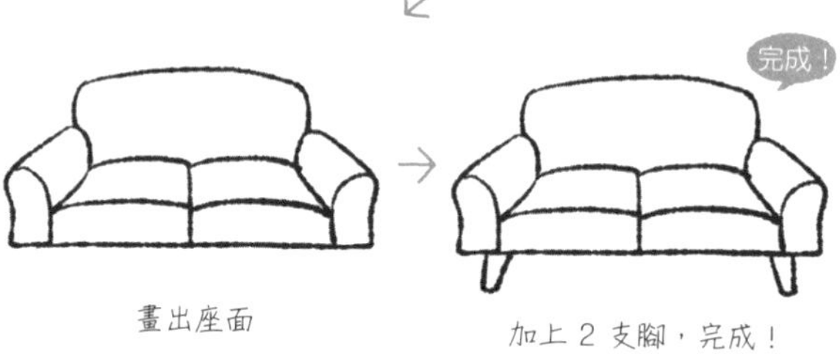
完成！
畫出座面
加上 2 支腳，完成！

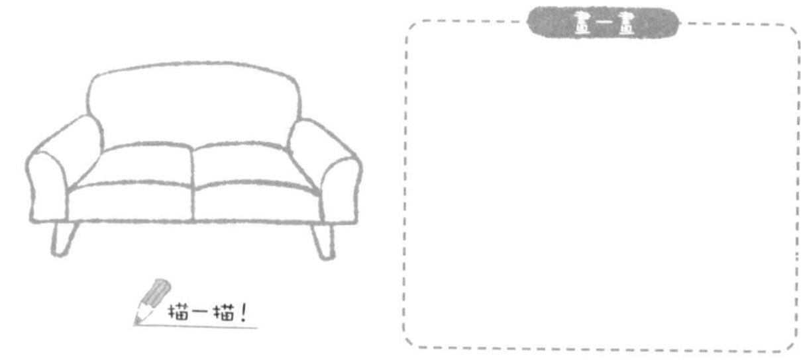
描一描！
畫一畫

【無腳櫃】

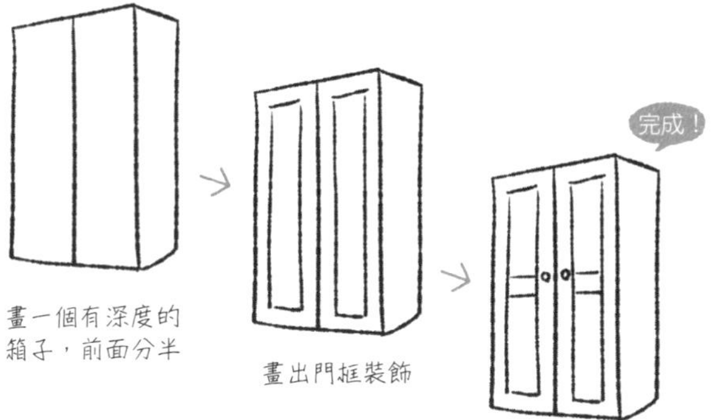

畫一個有深度的
箱子，前面分半

畫出門框裝飾

畫出細節，完成！

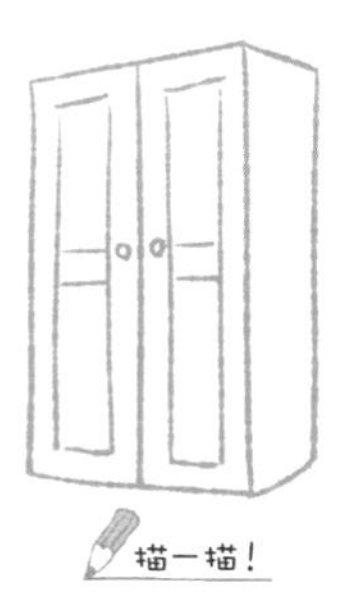

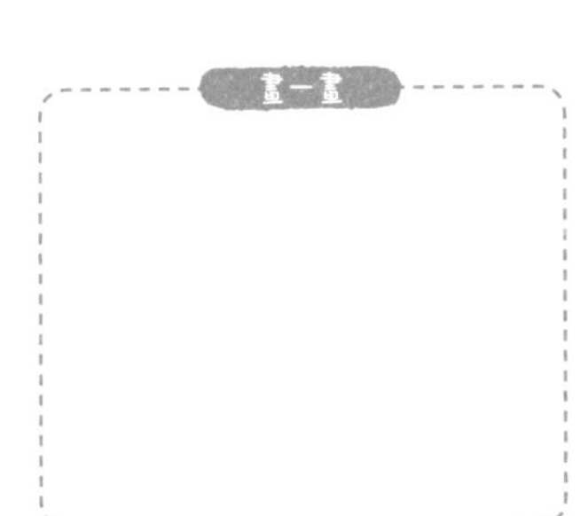

【有腳櫃】

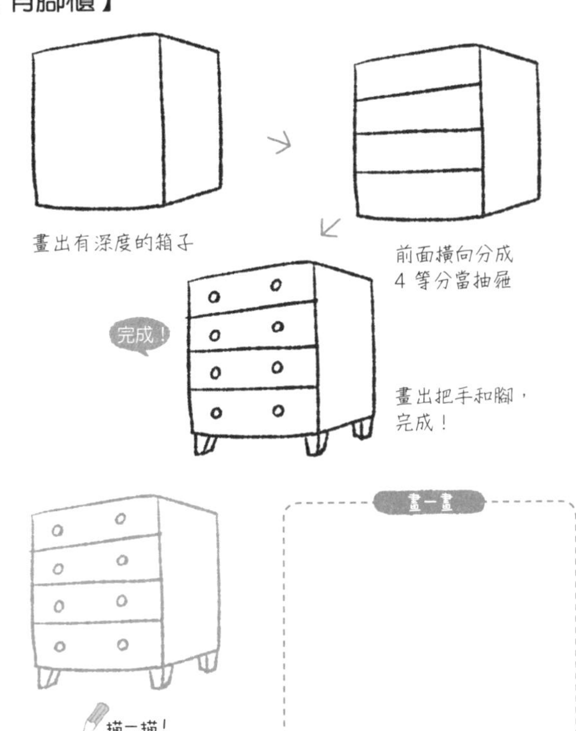

【時尚有腳櫃】

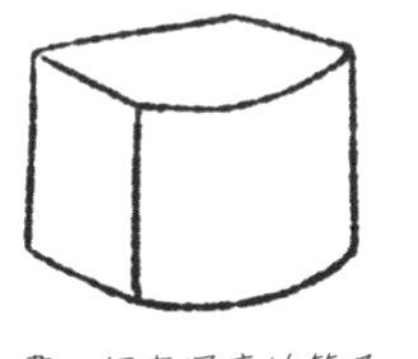

畫一個有深度的箱子，
前面微弧形線條

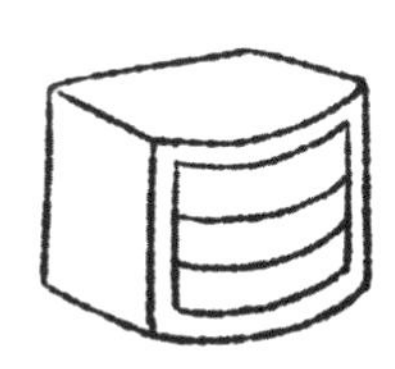

分成 3 等分當抽屜

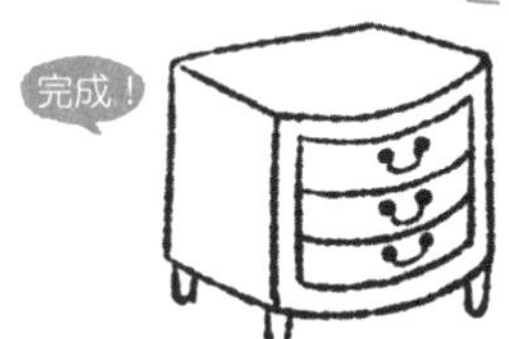

畫出腳和把手，完成！

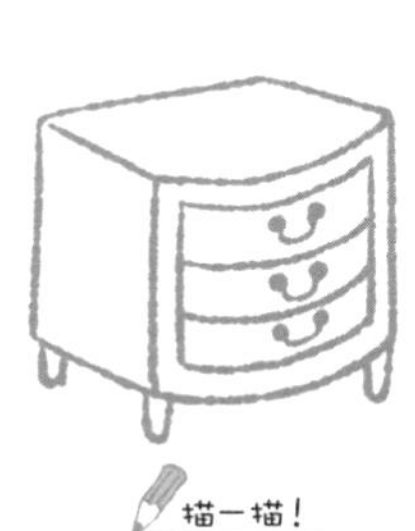

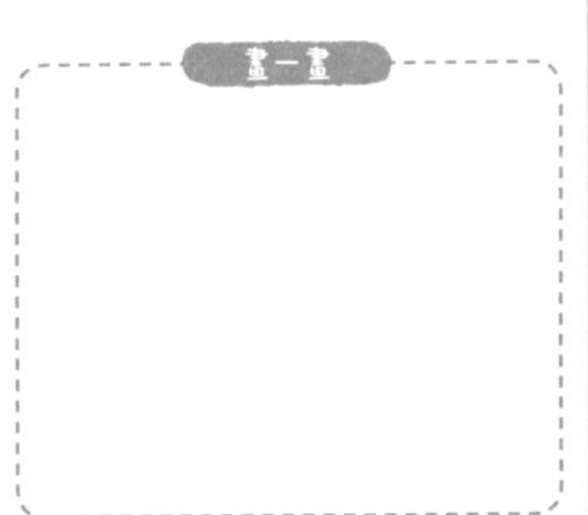

【掀蓋式書櫃】

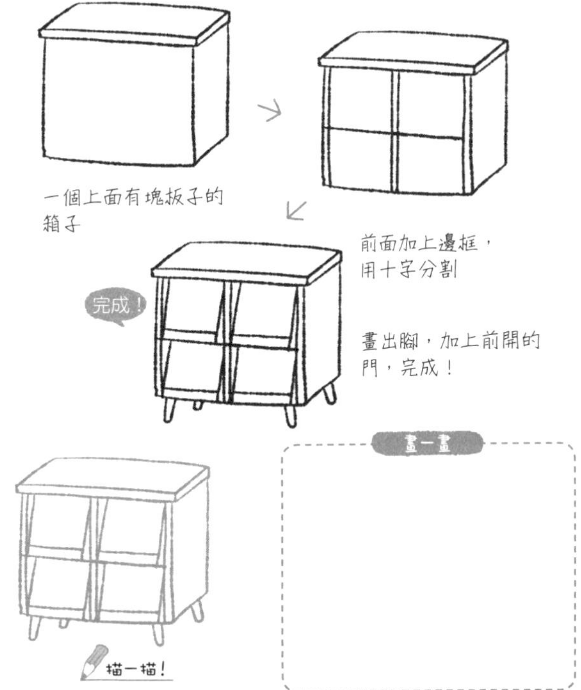

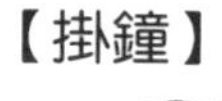

【掛鐘】

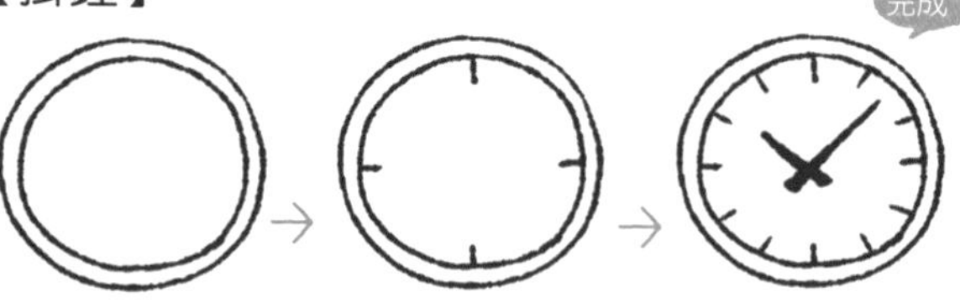

畫一個雙重圓　先分成 4 等分　中間再分成 3 等分，加上指針完成！

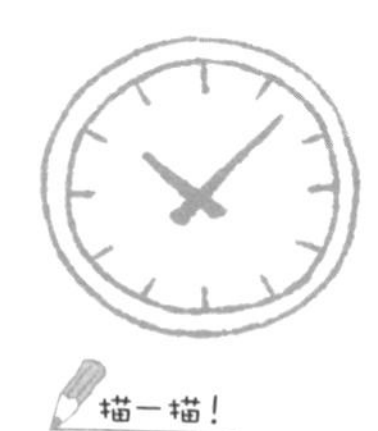

描一描！

畫一畫

【桌上鐘】

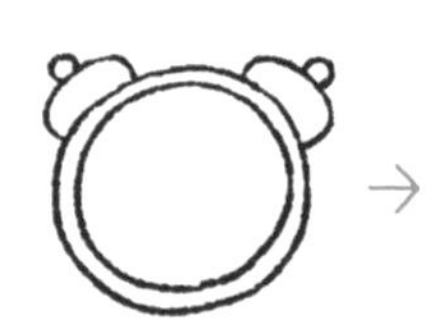

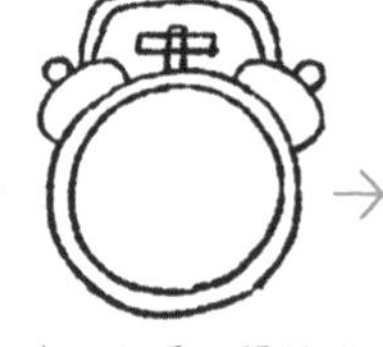

雙重圓加上 2 個鬧鈴　加上把手和關閉鍵　加上指針和腳，完成！

描一描！

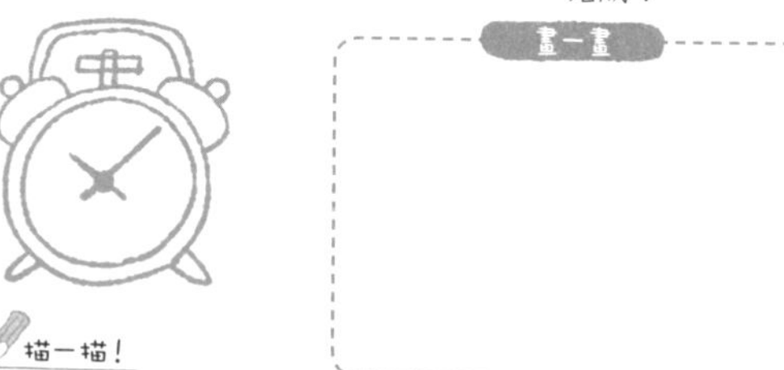

畫一畫

【熨斗】

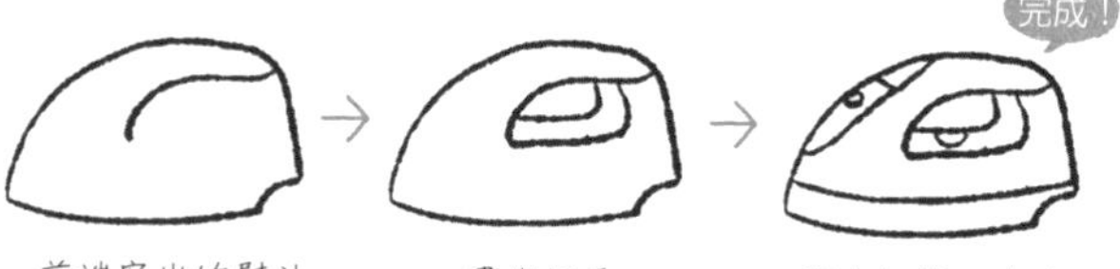

前端突出的熨斗本體　畫出把手　畫出細節，完成！

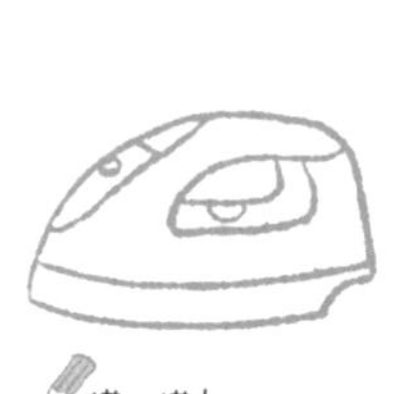

描一描！

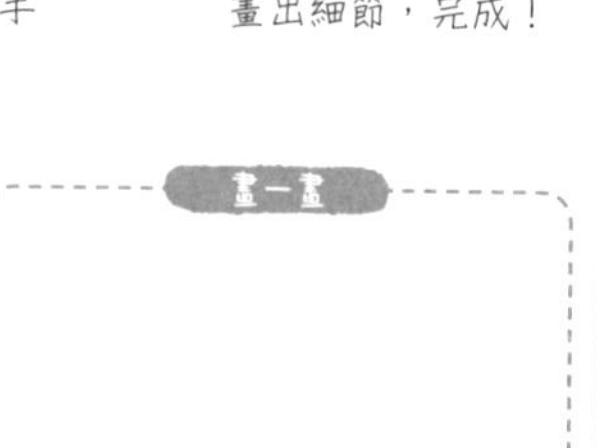

畫一畫

【裁縫機】

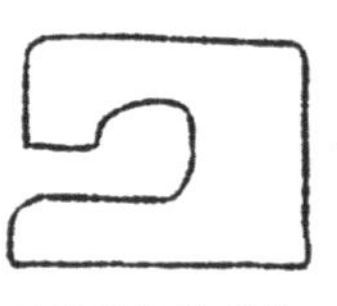

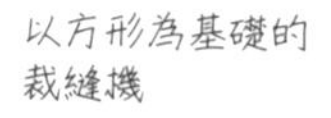

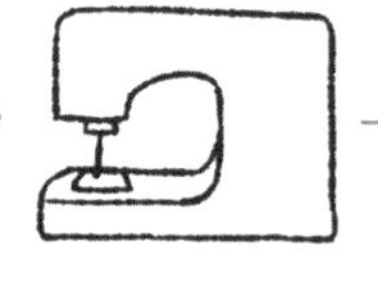

以方形為基礎的裁縫機　畫出作業面和針　畫出細節，完成

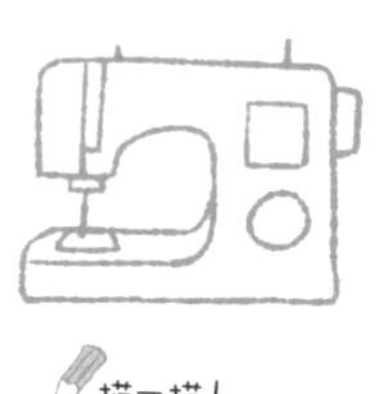

描一描！

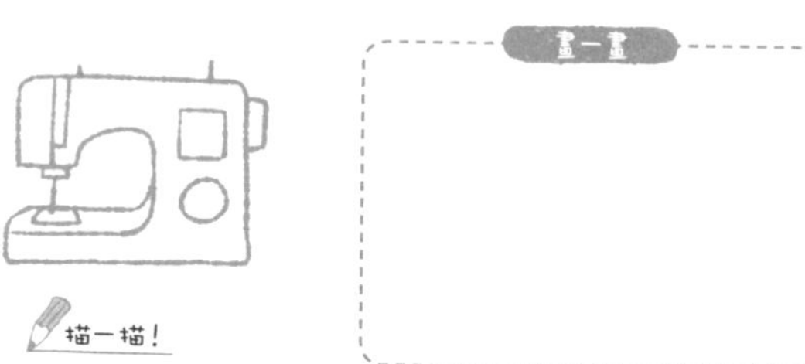

畫一畫

【衣架】

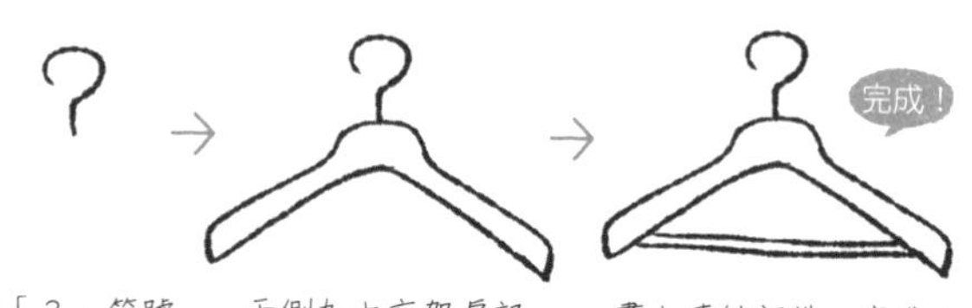

像「？」符號的彎鉤　兩側加上衣架肩部　畫上連結部件，完成！

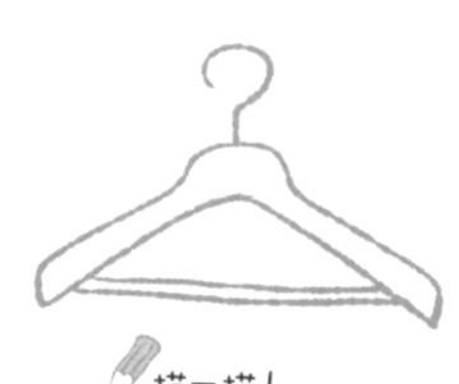

描一描！

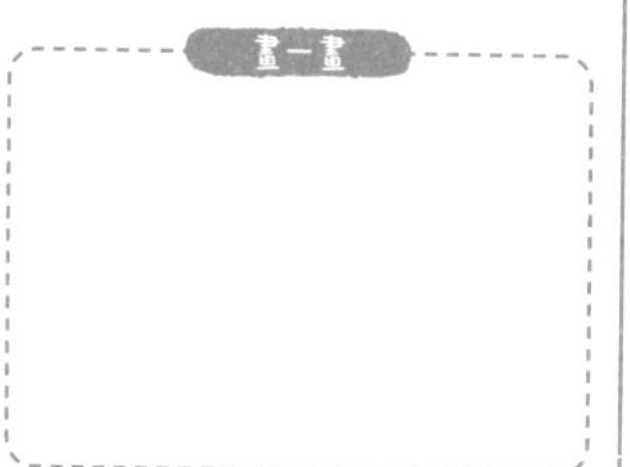

畫一畫

【手持除塵器】

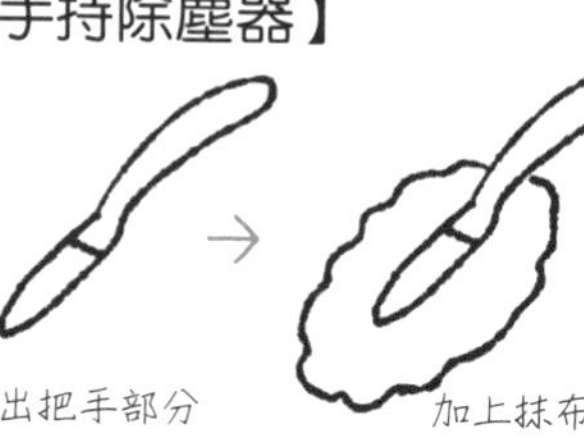

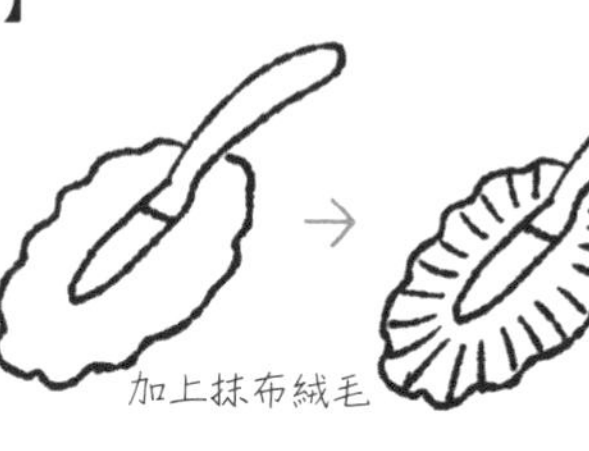

畫出把手部分　加上抹布絨毛　畫出向外擴散的線，完成！

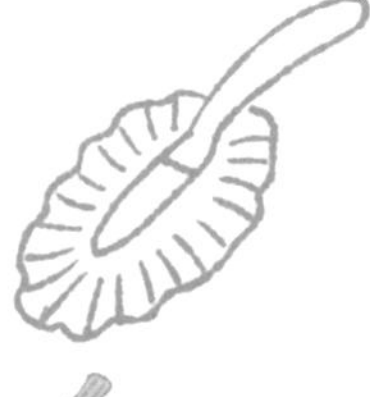

描一描！

畫一畫

【毛巾】

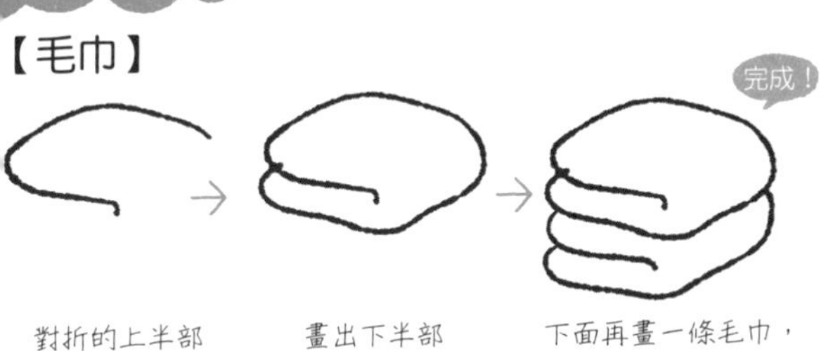

對折的上半部　畫出下半部　下面再畫一條毛巾，完成！

描一描！

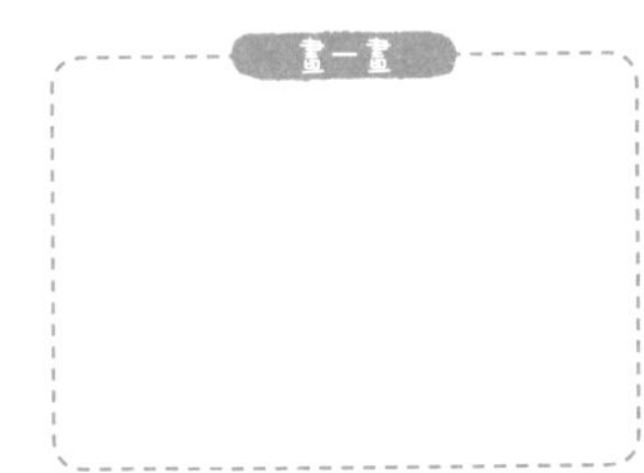

【肥皂】

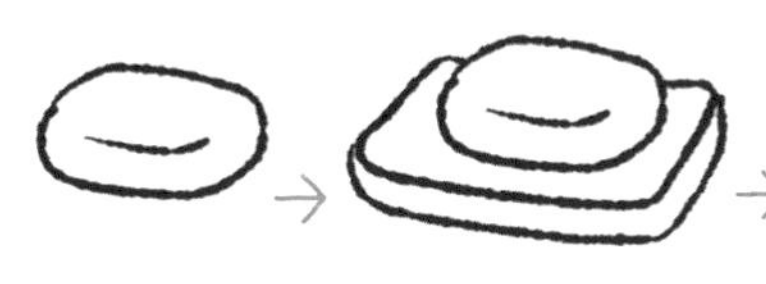

畫出有厚度的肥皂　下面畫出托盤　畫出腳，完成！

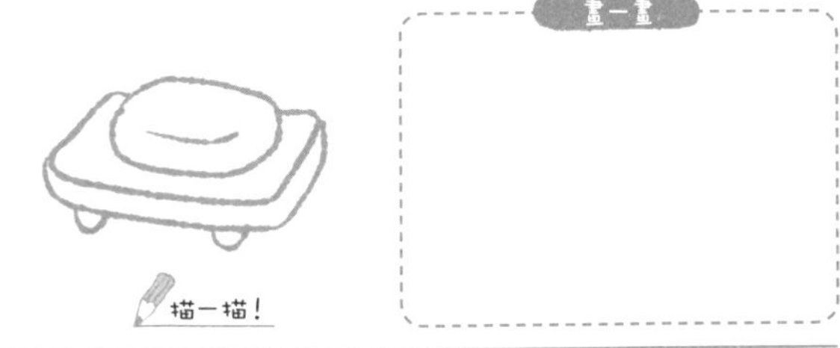

描一描！

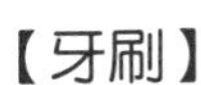

【牙刷】

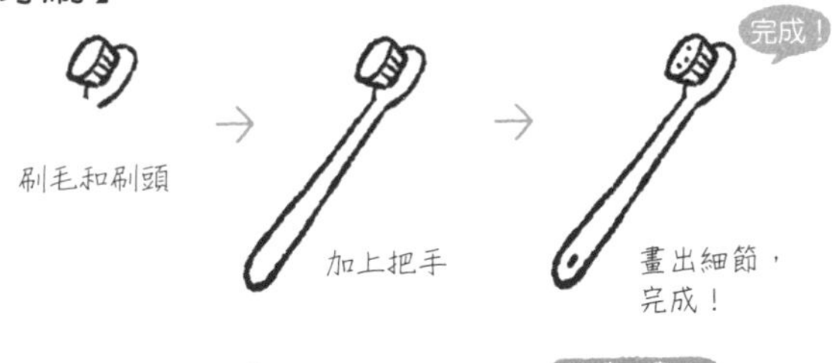

刷毛和刷頭　加上把手　畫出細節，完成！

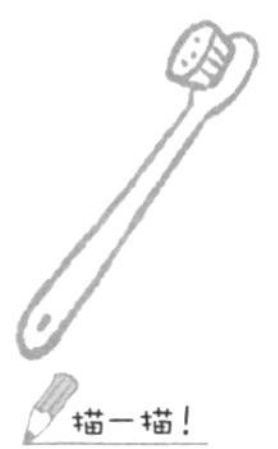

描一描！

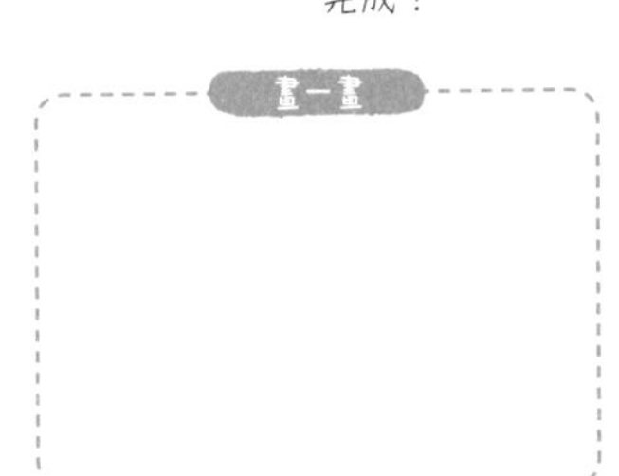

【牙膏】

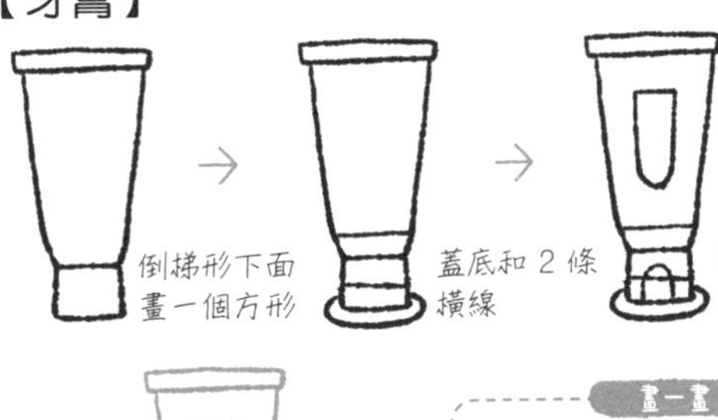

倒梯形下面畫一個方形　蓋底和 2 條橫線　畫出細節，完成！

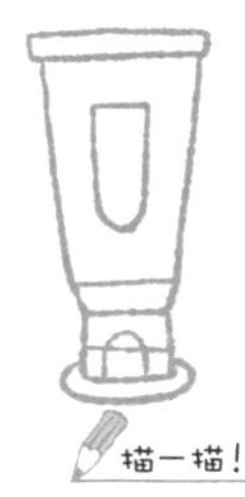

描一描！

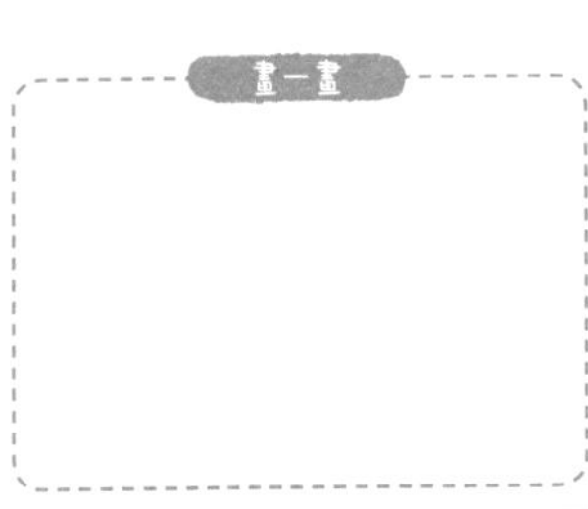

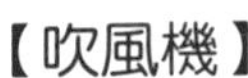

【吹風機】

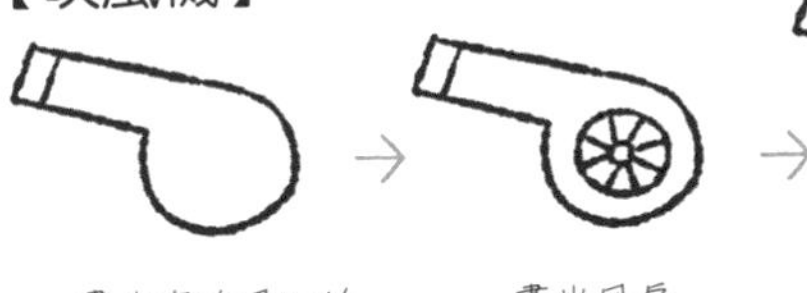

畫出有吹風口的本體　畫出風扇

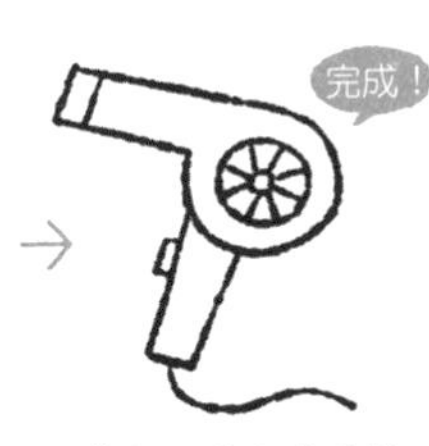

畫出把手和電源線，完成！

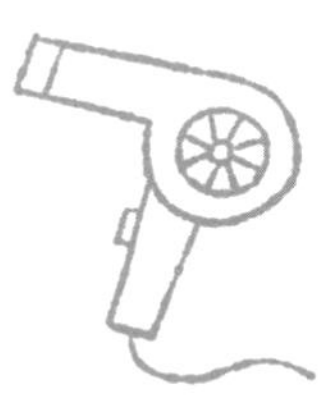

描一描！

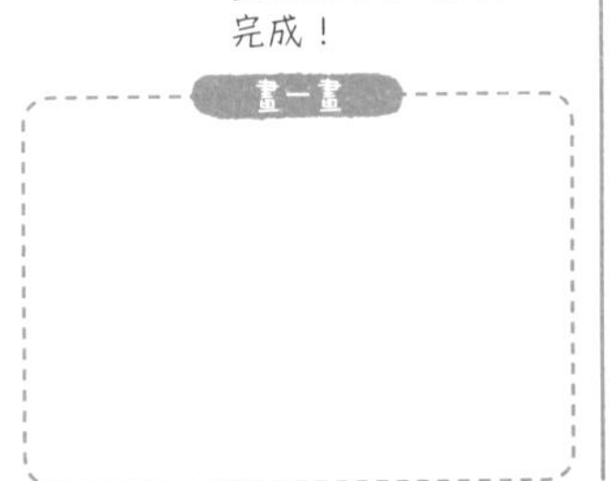

【電動刮鬍刀】

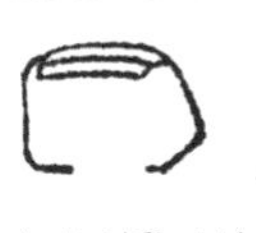

畫出有刮鬍刀的刀頭

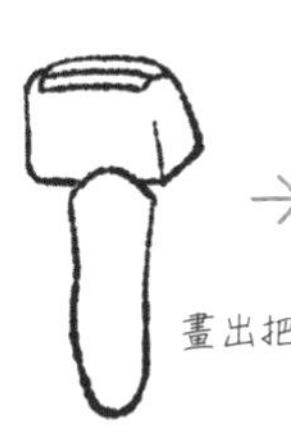

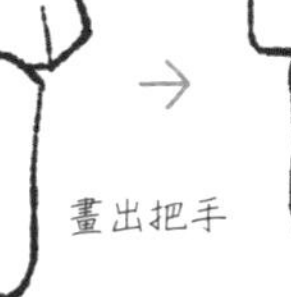

畫出把手

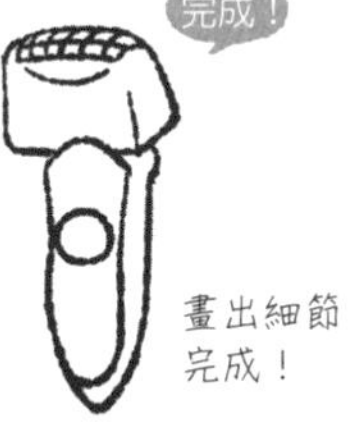

畫出細節，完成！

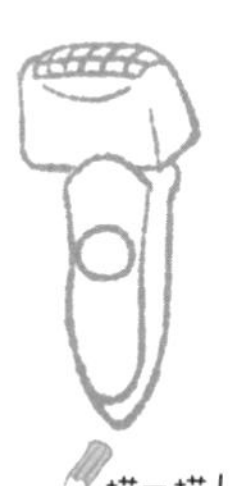

描一描！

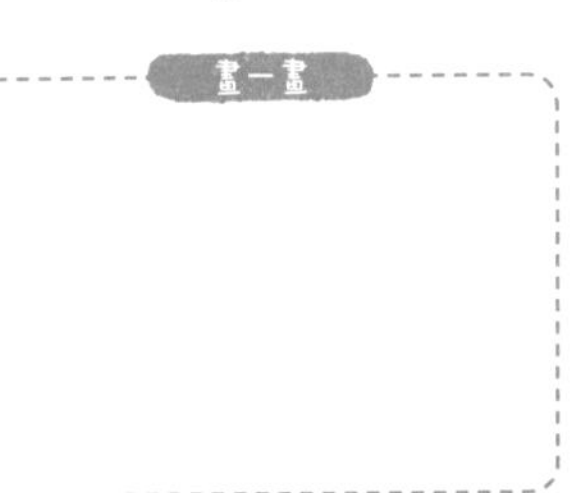

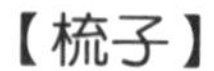

【梳子】

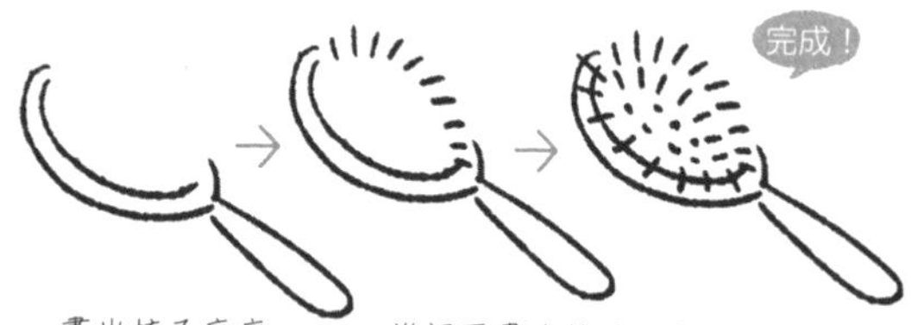

畫出梳子底座和把手

從裡面畫出梳子的鬃毛

慢慢畫至前面，完成！

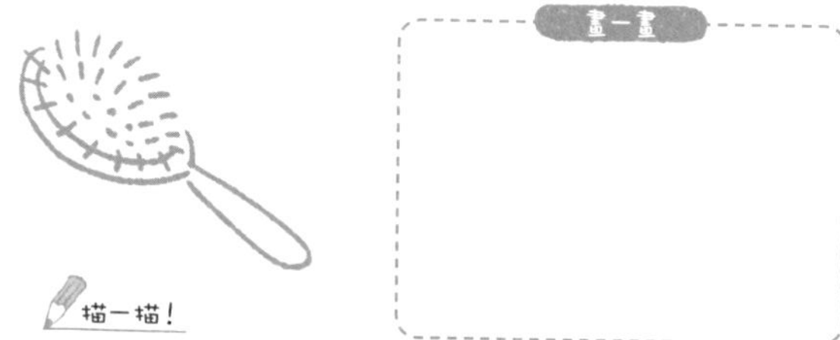

【扁梳】

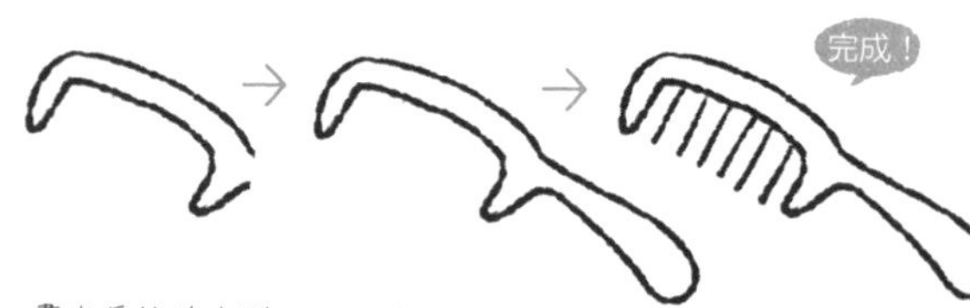

畫出扁梳的本體

畫出把手

畫出梳齒，完成！

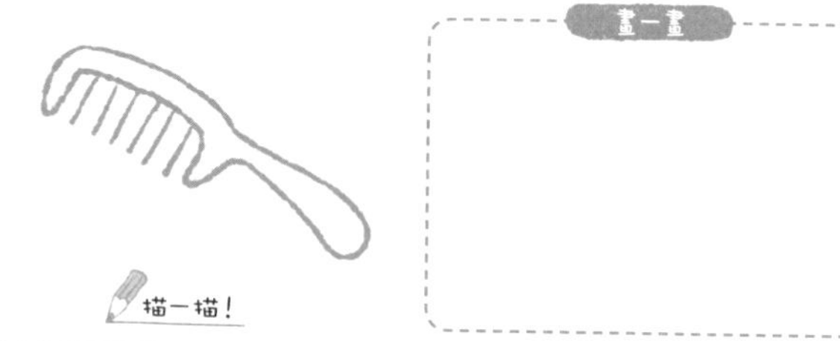

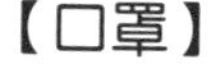

【口罩】

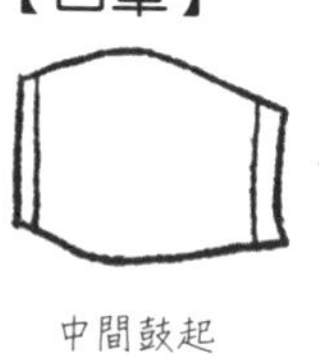

中間鼓起

加上掛耳的橡皮筋

完成！

畫出折痕，完成！

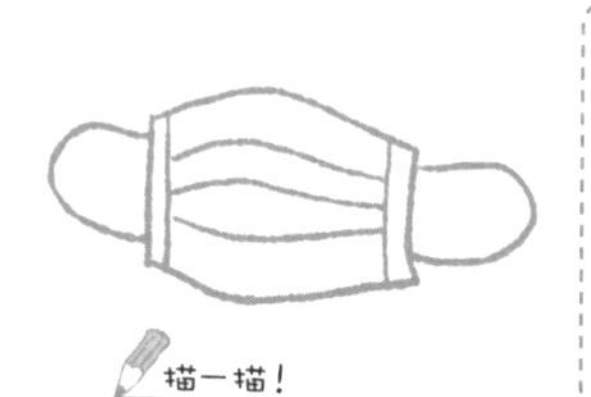

畫一畫

【急救箱】

完成！

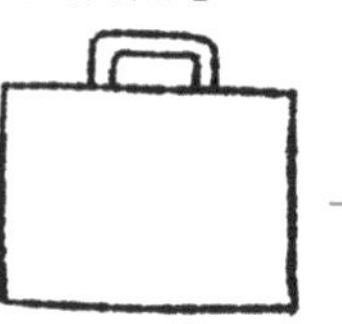

在長方形上加上把手

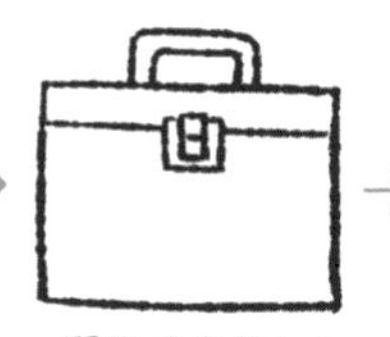

開啟的金屬扣和兩側線條

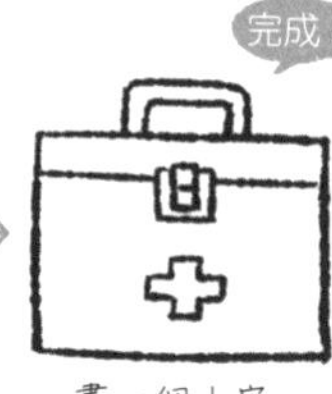

畫一個十字，完成！

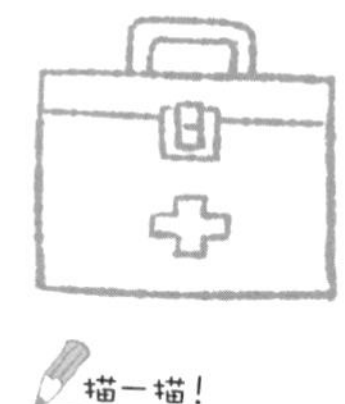

【體重計】

完成！

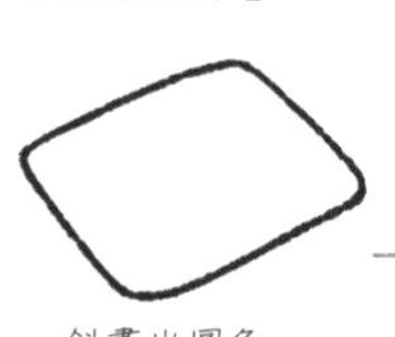

斜畫出圓角長方形

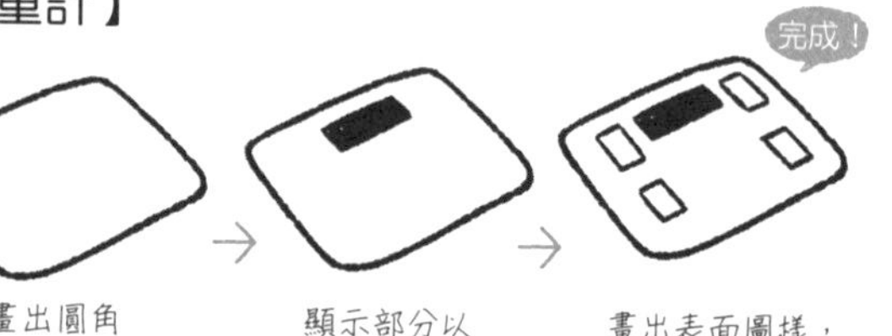

顯示部分以黑色表現

畫出表面圖樣，完成！

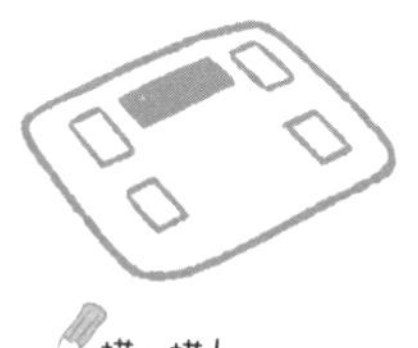

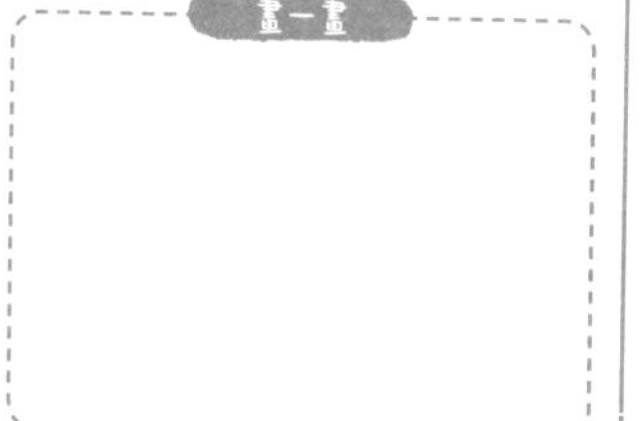

【洗衣籃】

完成！

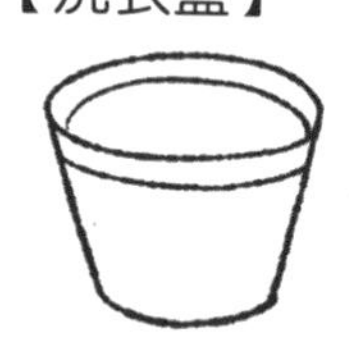

以橢圓形畫出邊緣，再畫出側面和邊緣裝飾

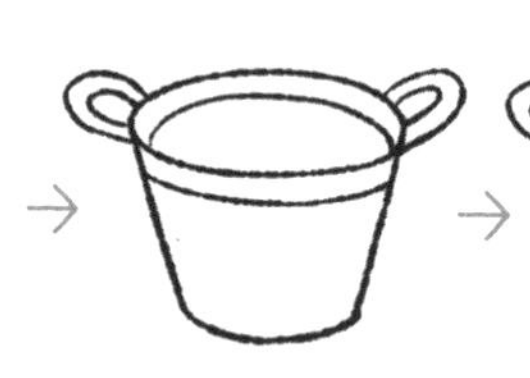

加上提把

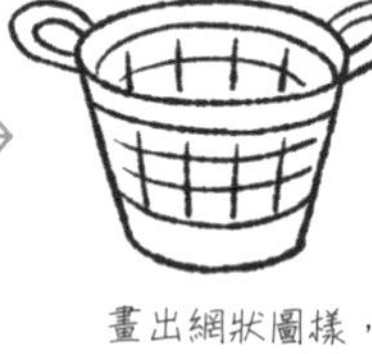

畫出網狀圖樣，完成！

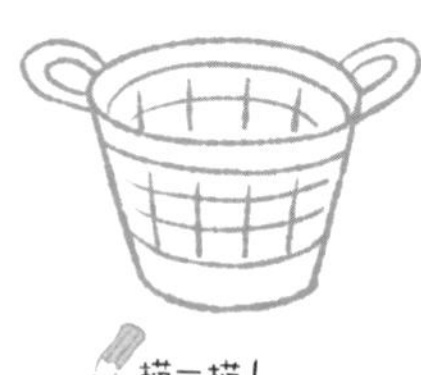

畫一畫

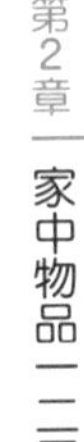

【抽取式衛生紙】

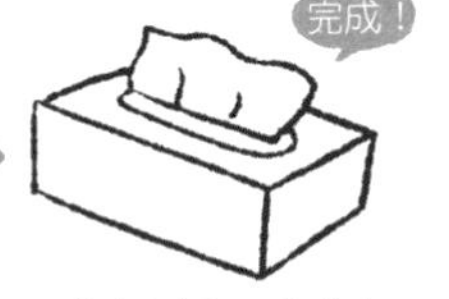

抽取口和一張衛生紙 → 畫出上面部分 → 畫出側面，完成！

完成！

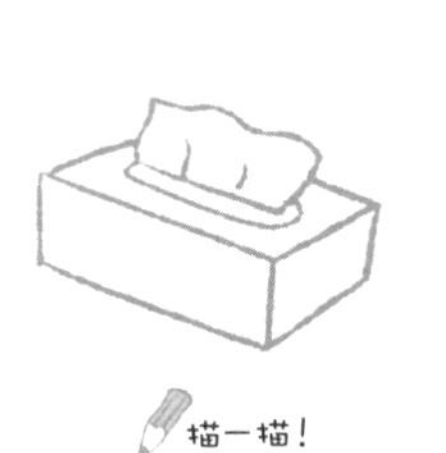

描一描！

畫一畫

【洗髮精】

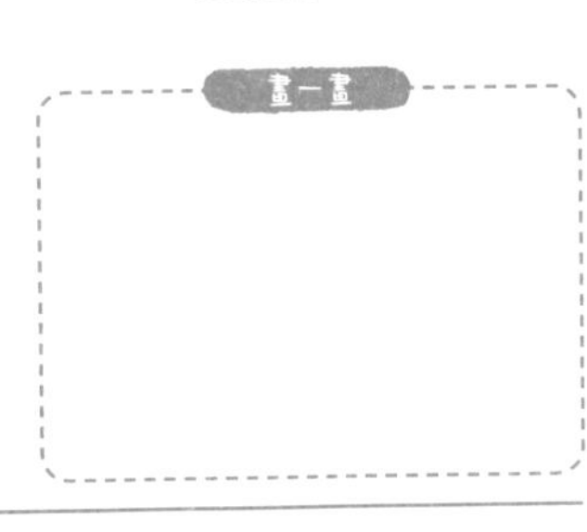

壓頭部分 → 畫好零件 → 畫出本體，完成！

完成！

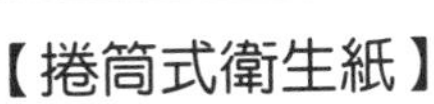

描一描！

畫一畫

【捲筒式衛生紙】

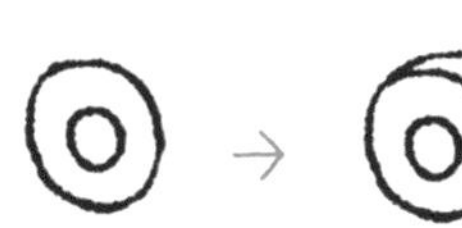
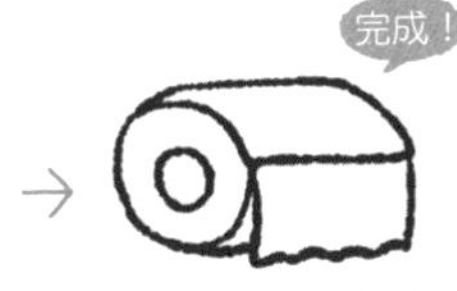
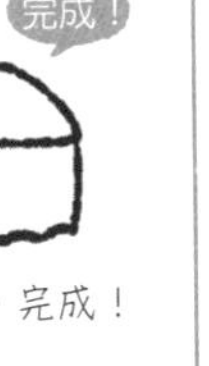

稍為變形的雙重圓 → 上面的部分 → 畫出衛生紙，完成！

完成！

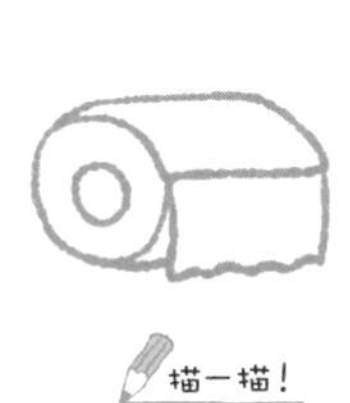

描一描！

畫一畫

【噴霧】

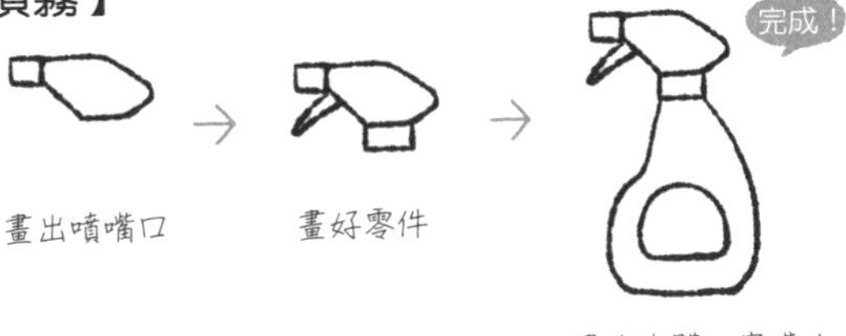

畫出噴嘴口 → 畫好零件 → 畫出本體，完成！

完成！

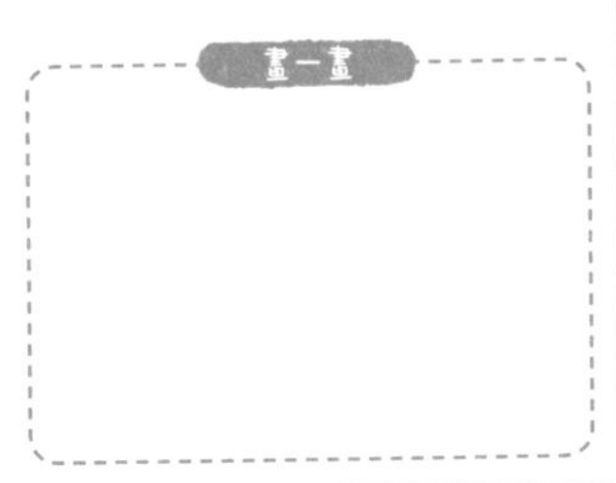
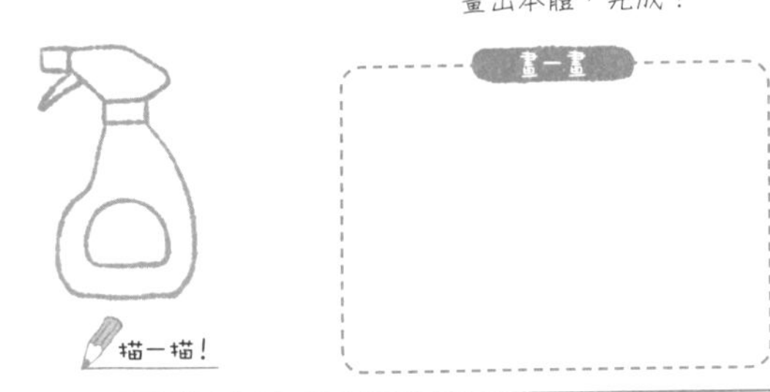

描一描！

畫一畫

【馬桶】

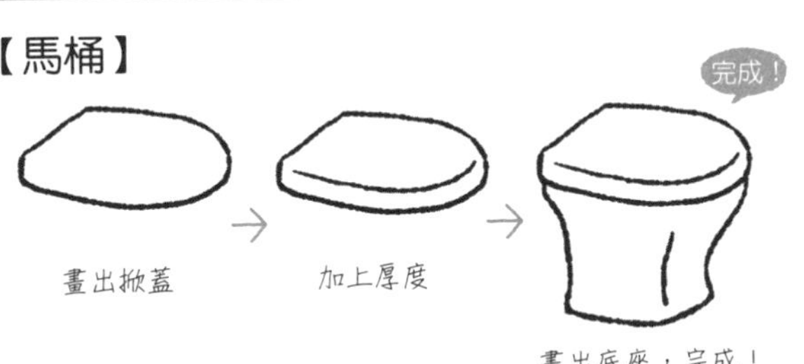

畫出掀蓋 → 加上厚度 → 畫出底座，完成！

完成！

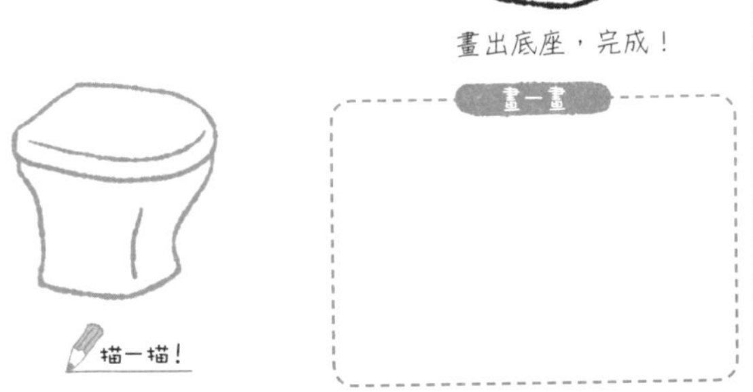

描一描！

畫一畫

【馬桶掀蓋】

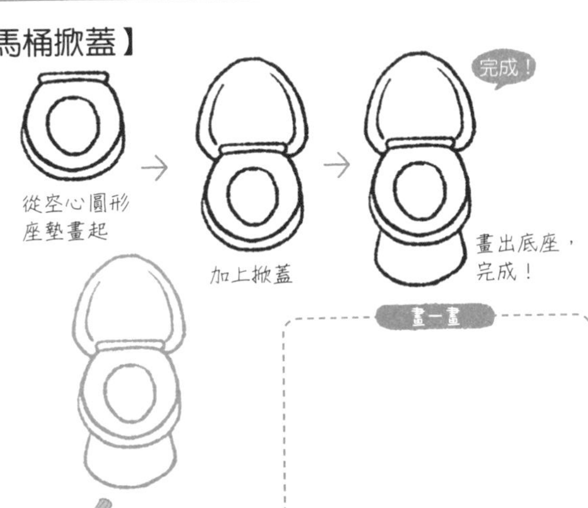

從空心圓形座墊畫起 → 加上掀蓋 → 畫出底座，完成！

完成！

描一描！

畫一畫

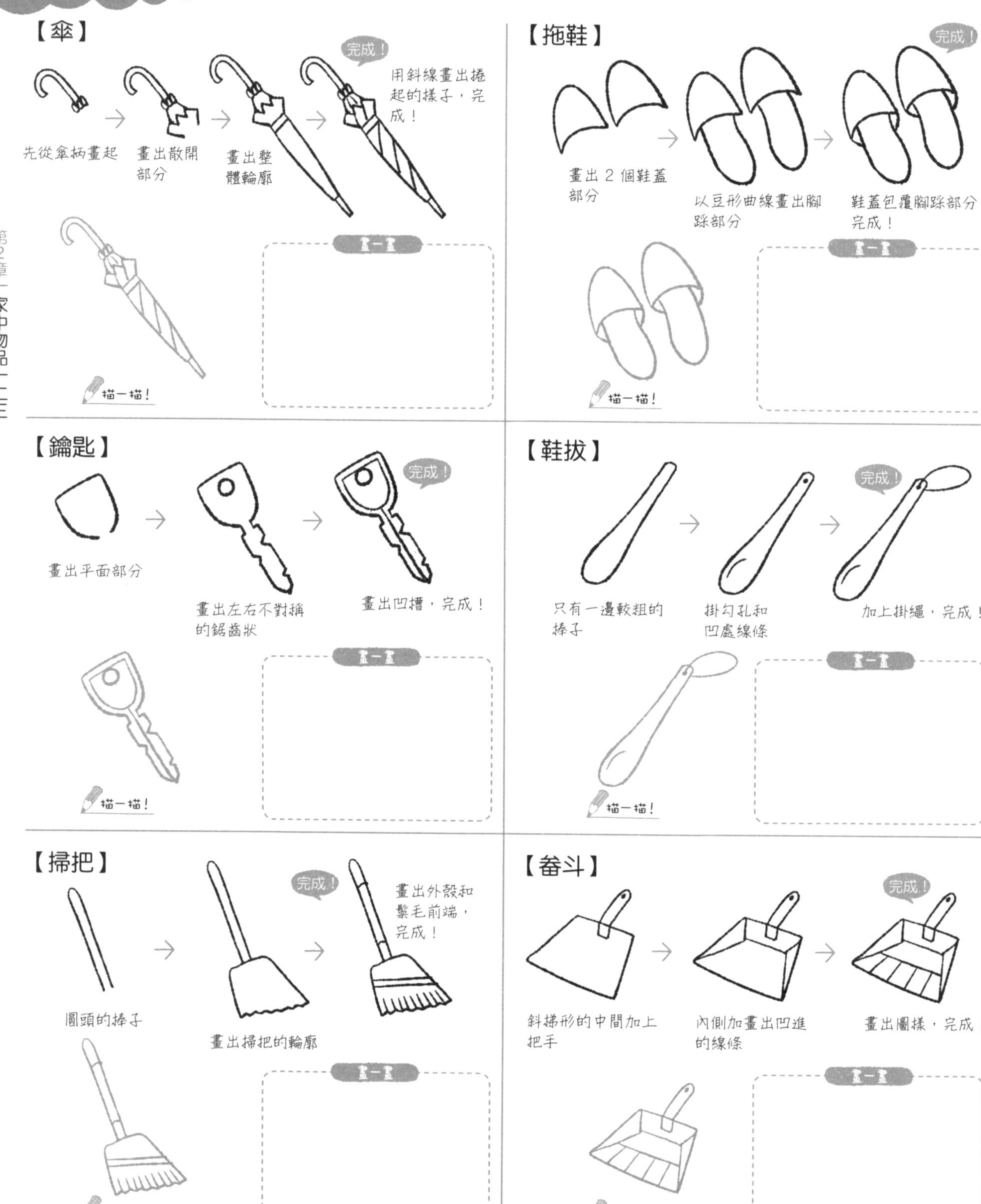

【傘】
完成！
先從傘柄畫起
畫出散開部分
畫出整體輪廓
用斜線畫出捲起的樣子，完成！
畫一畫
描一描！
【拖鞋】
完成！
畫出 2 個鞋蓋部分
以豆形曲線畫出腳踩部分
鞋蓋包覆腳踩部分，完成！
畫一畫
描一描！
【鑰匙】
完成！
畫出平面部分
畫出左右不對稱的鋸齒狀
畫出凹槽，完成！
畫一畫
描一描！
【鞋拔】
完成！
只有一邊較粗的棒子
掛勾孔和凹處線條
加上掛繩，完成！
畫一畫
描一描！
【掃把】
完成！
圓頭的棒子
畫出掃把的輪廓
畫出外殼和鬃毛前端，完成！
畫一畫
描一描！
【畚斗】
完成！
斜梯形的中間加上把手
內側加畫出凹進的線條
畫出圖樣，完成！
畫一畫
描一描！

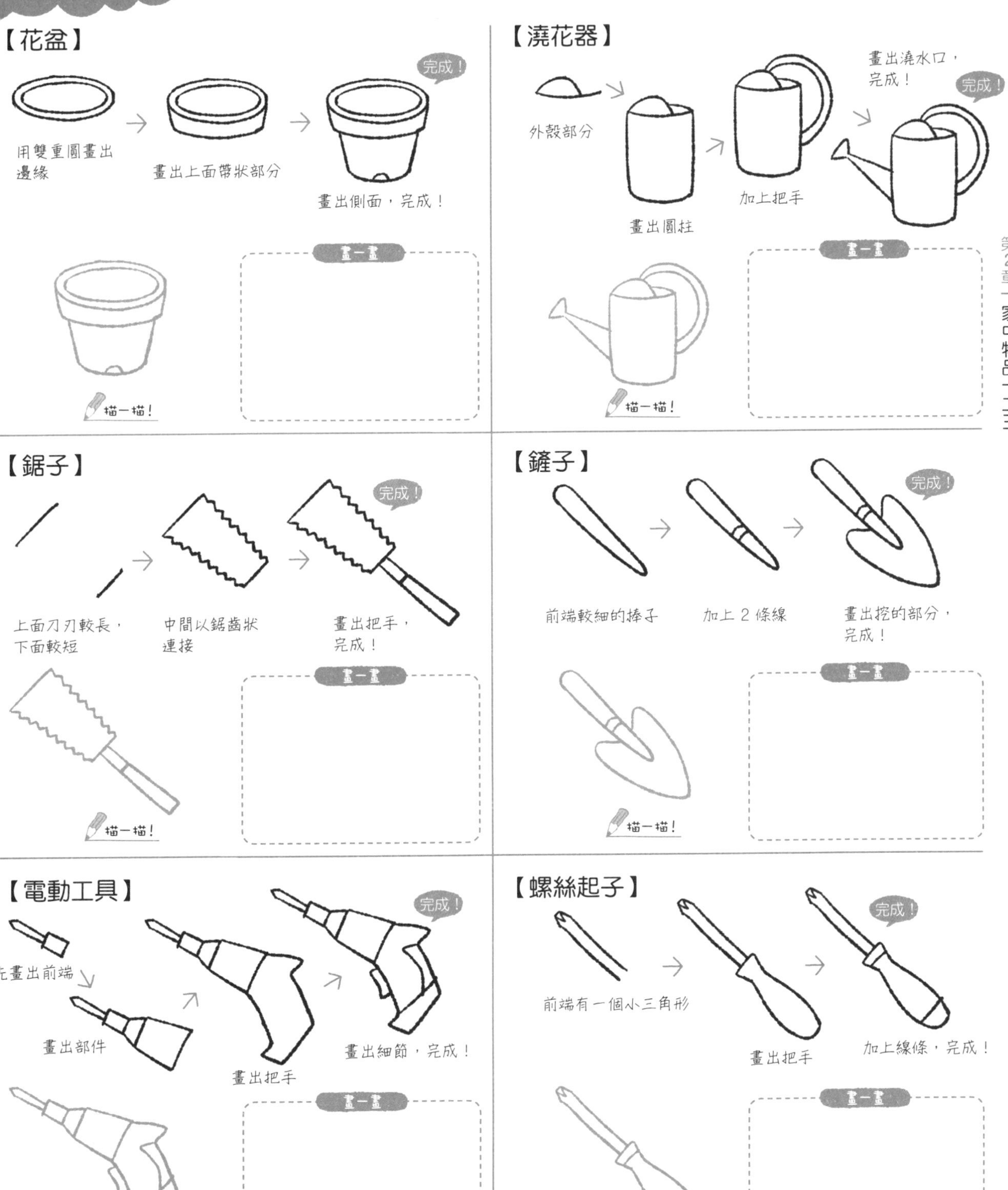
【花盆】
用雙重圓畫出邊緣
畫出上面帶狀部分
畫出側面，完成！
完成！
畫一畫
描一描！
【澆花器】
外殼部分
畫出圓柱
加上把手
畫出澆水口，完成！
完成！
畫一畫
描一描！
【鋸子】
上面刀刃較長，下面較短
中間以鋸齒狀連接
畫出把手，完成！
完成！
畫一畫
描一描！
【鏟子】
前端較細的棒子
加上 2 條線
畫出挖的部分，完成！
完成！
畫一畫
描一描！
【電動工具】
先畫出前端
畫出部件
畫出把手
畫出細節，完成！
完成！
畫一畫
描一描！
【螺絲起子】
前端有一個小三角形
畫出把手
加上線條，完成！
完成！
畫一畫
描一描！

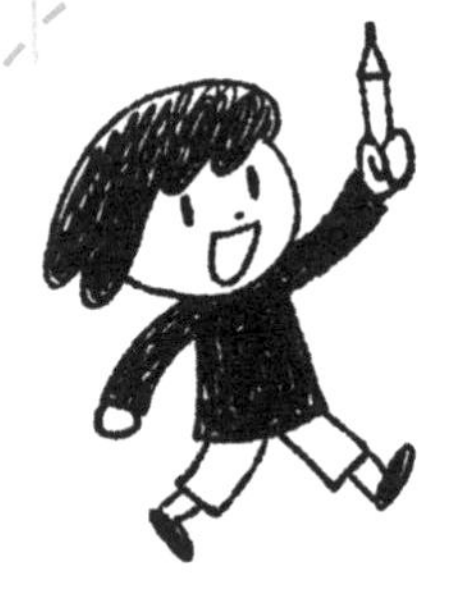

MEMO

喜歡的圖，再畫一次！

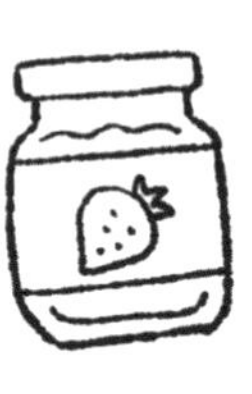

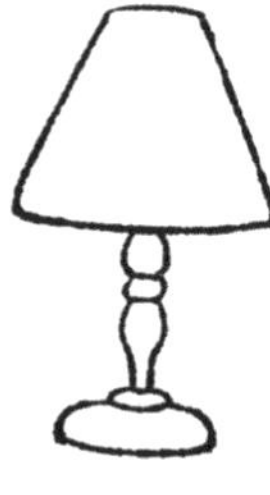

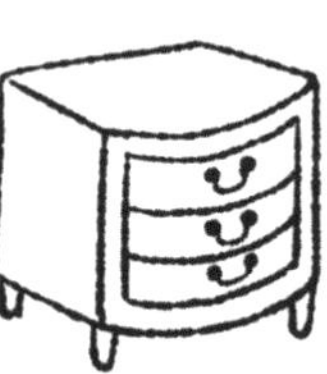

第3章
人物和寵物

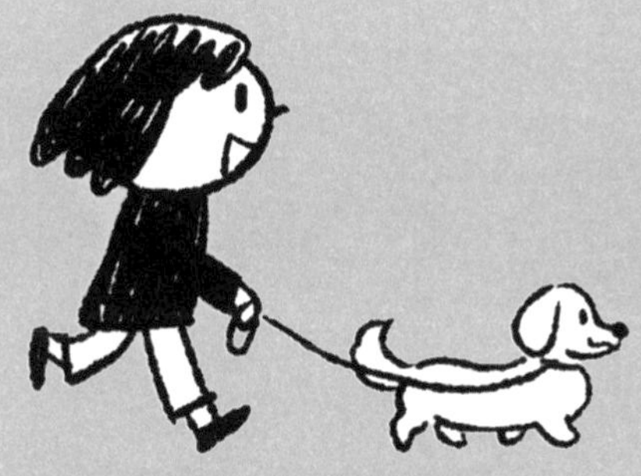
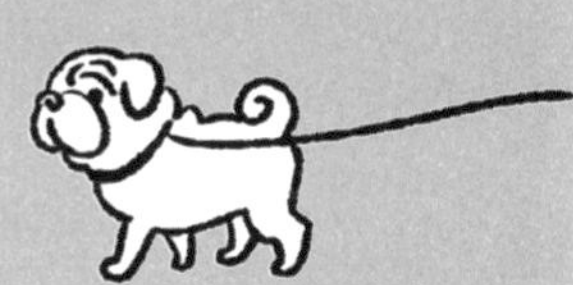

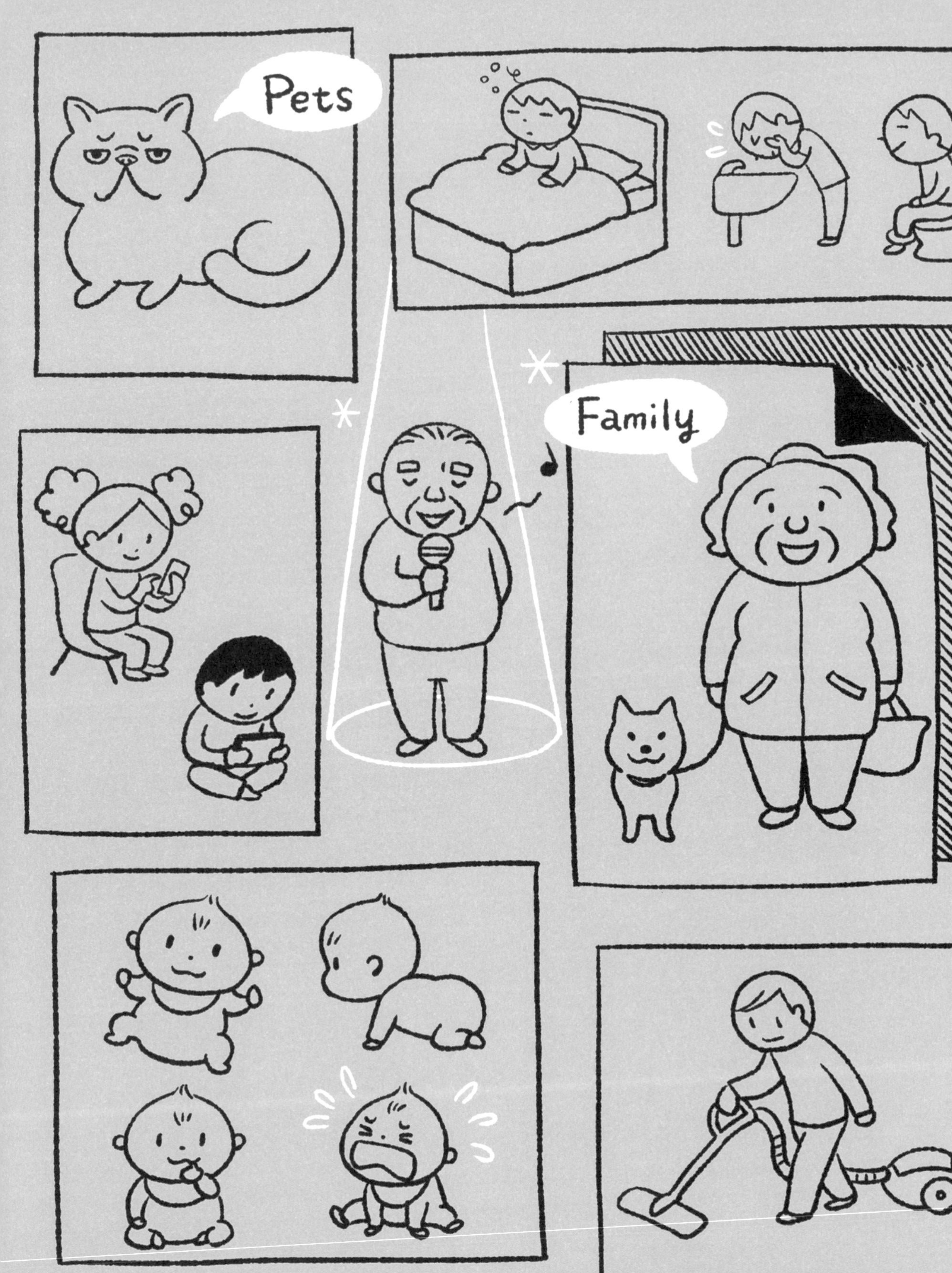

Pets
Family

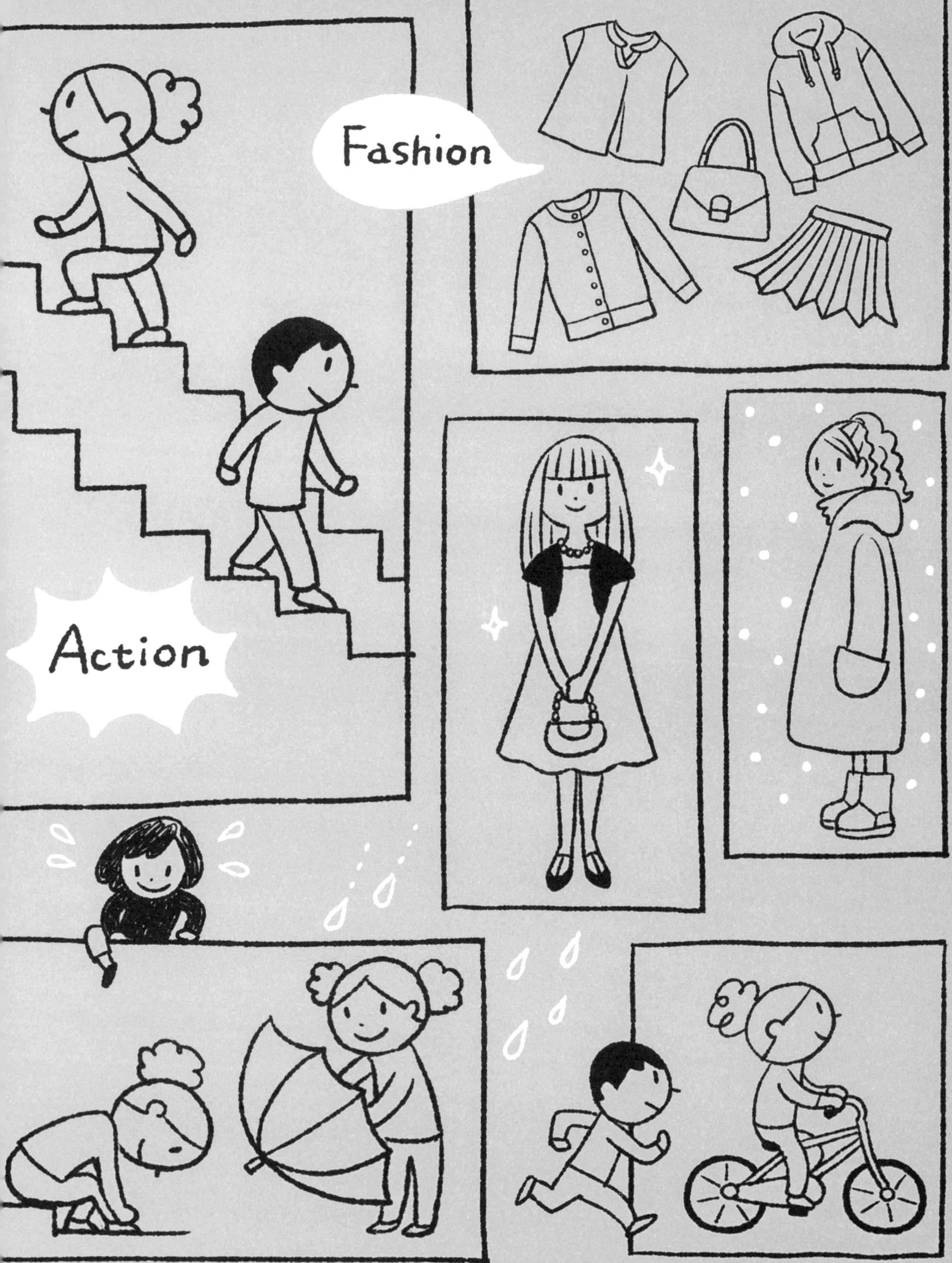
Fashion
Action

【走路 1】

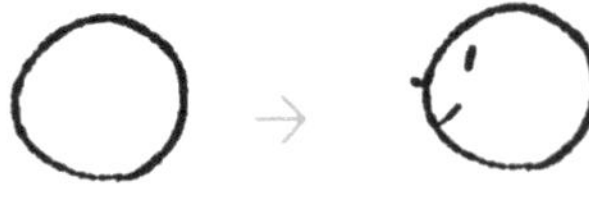

畫一個圓

側臉的眼睛、鼻子、嘴巴

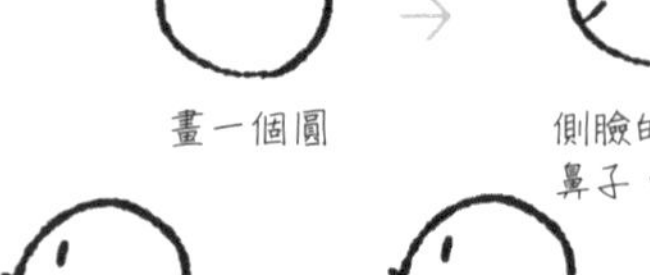

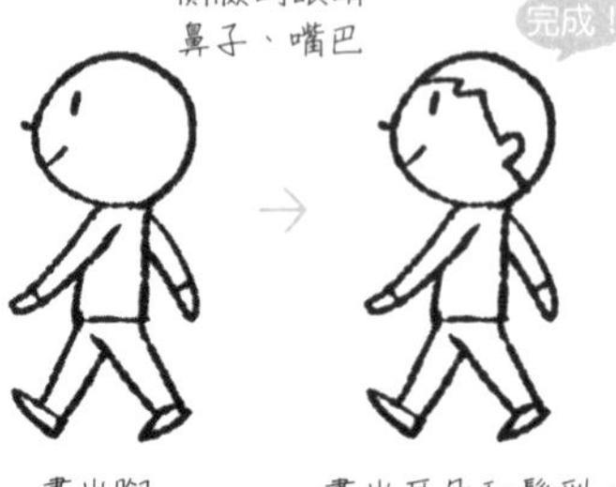

前面的手臂、身體、後面的手臂

畫出腳

畫出耳朵和髮型，完成！

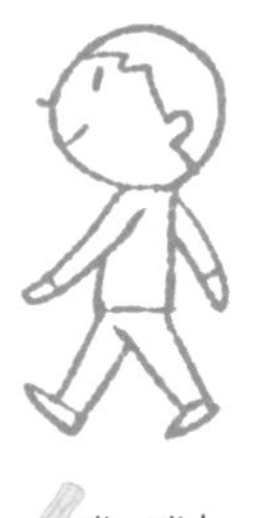

描一描！

【走路 2】

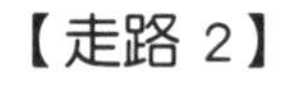

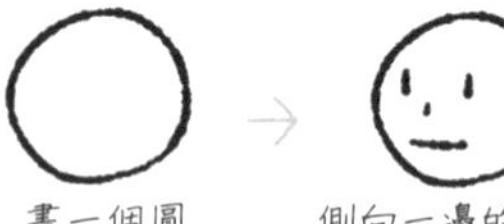

畫一個圓

側向一邊的眼睛、鼻子、嘴巴

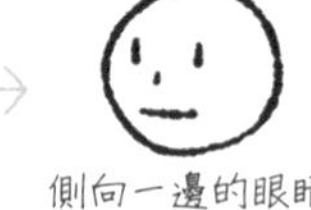

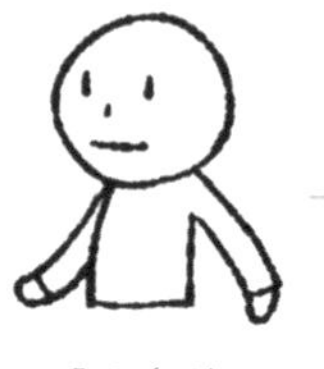

畫出身體和2隻手臂

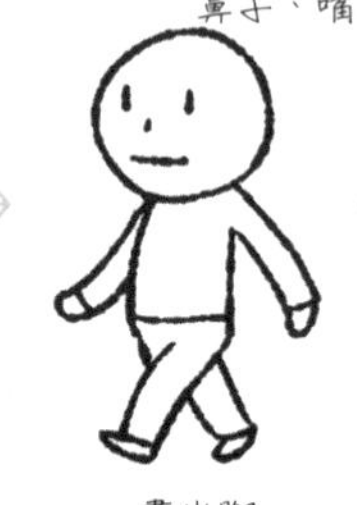

畫出腳

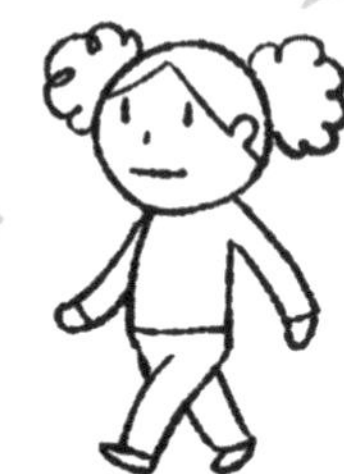

畫出耳朵和髮型，完成！

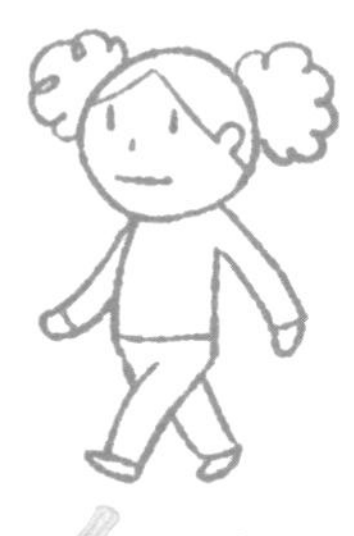

描一描！

畫一畫

【跑步 1】

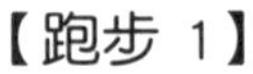

畫一個圓

側臉的眼睛、鼻子、嘴巴

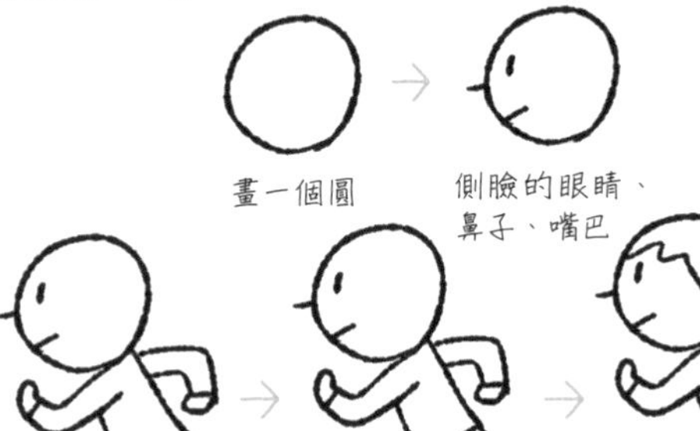

手臂和身體全力向前

畫出腳

畫出耳朵和髮型，完成！

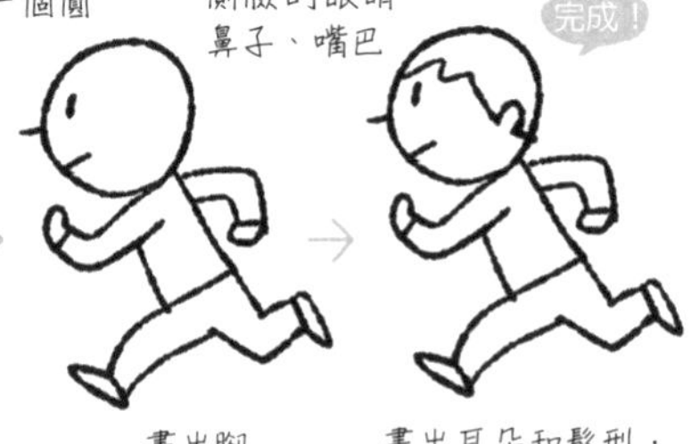

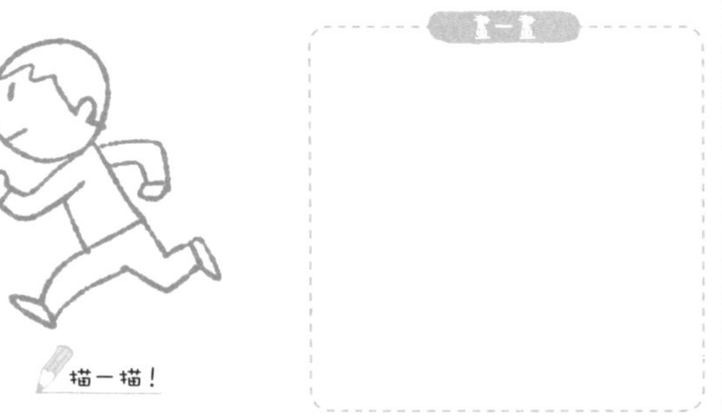

描一描！

【跑步 2】

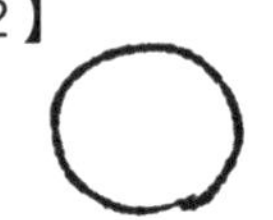

畫一個圓

側向一邊的眼睛、鼻子、嘴巴

完成！

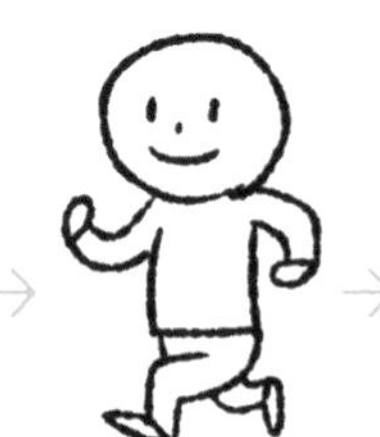

畫出身體和2隻手臂

畫出腳

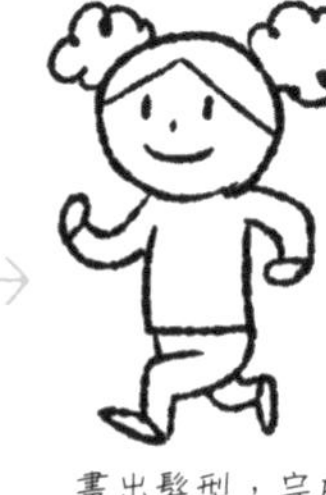

畫出髮型，完成！

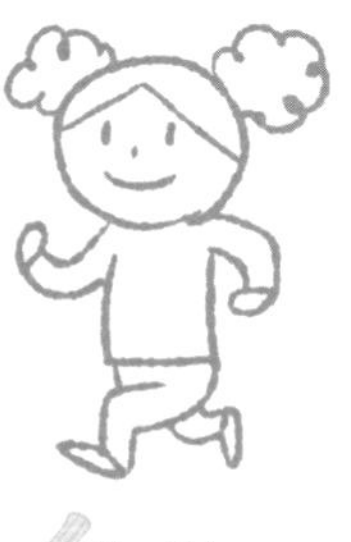

描一描！

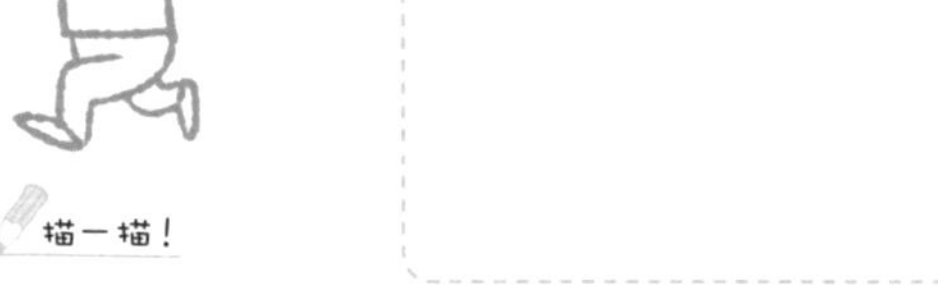

【側臥】

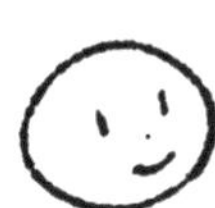

圓臉加上眼睛、鼻子、嘴巴

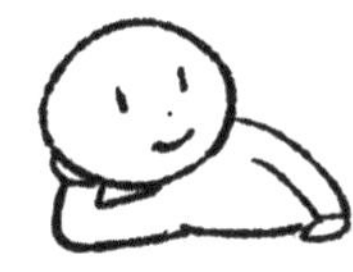

支撐住頭的手，碰地的手

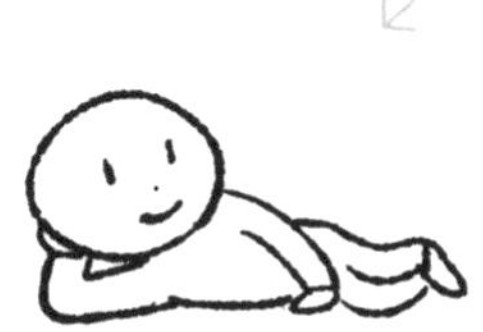

畫出側躺的身體

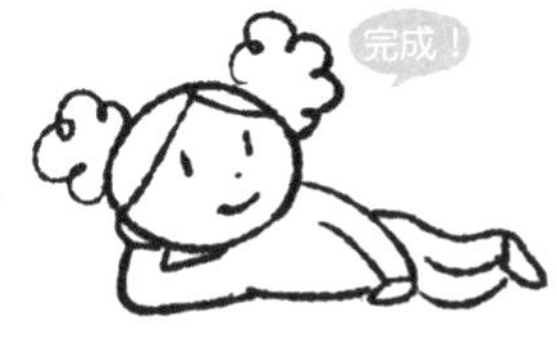

畫出髮型，完成！

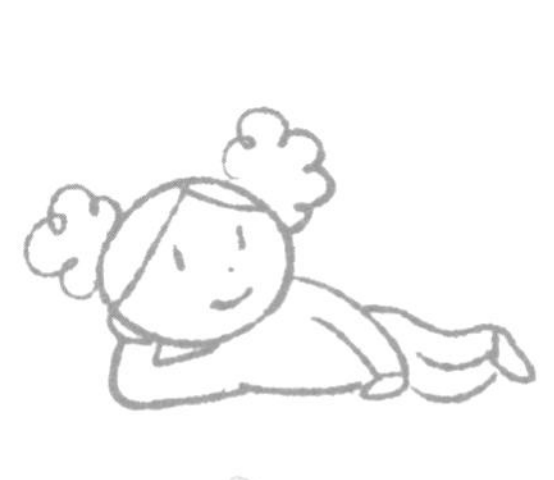

描一描！

【趴臥】

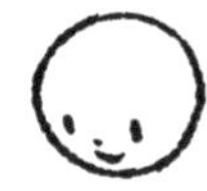

圓臉加上朝下的眼睛、鼻子、嘴巴

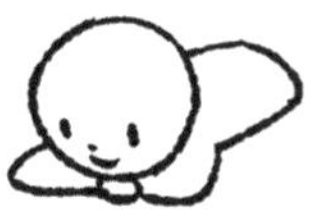

放在下巴下的手和身體

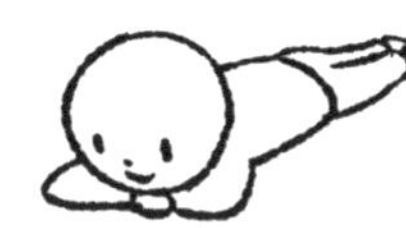

畫出越往裡面越小的腳

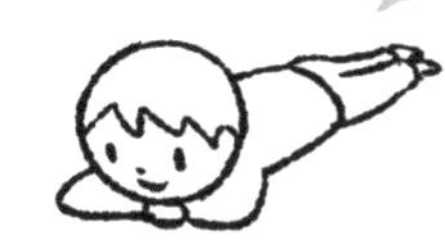

畫出耳朵和髮型，完成！

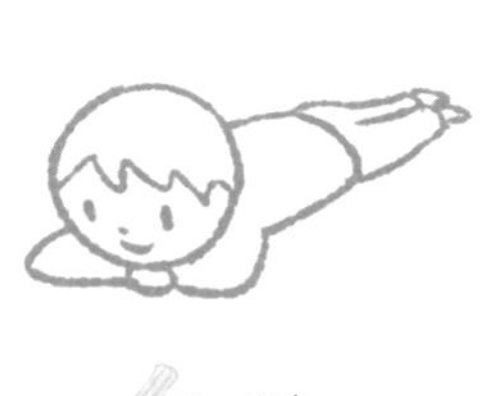

描一描！

【仰躺】

圓臉加上朝上的側臉眼睛、鼻子、嘴巴

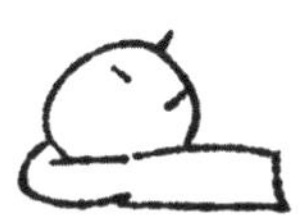

放在頭下面的手臂和身體

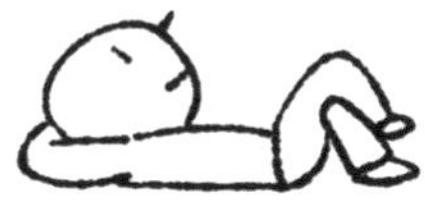

翹腳，左腳在下

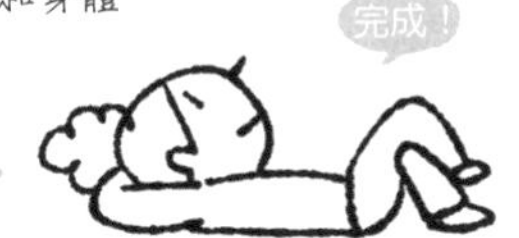

畫出耳朵和髮型，完成！

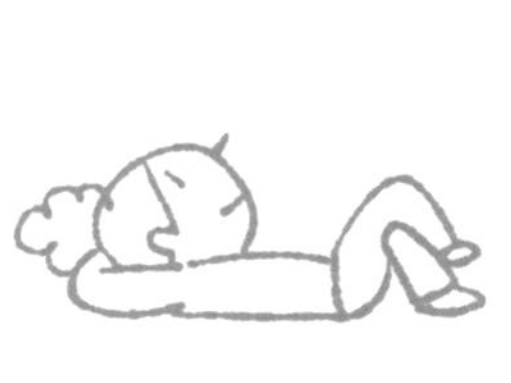

描一描！

【坐著】

圓臉加上眼睛、鼻子、嘴巴

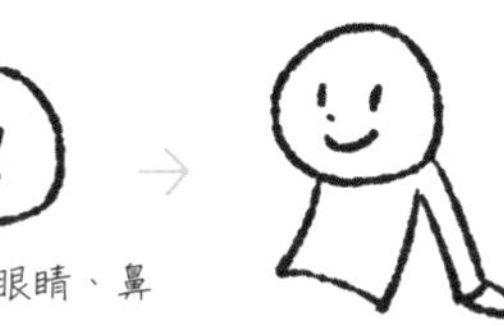

往後撐地的手和向前挺出的身體

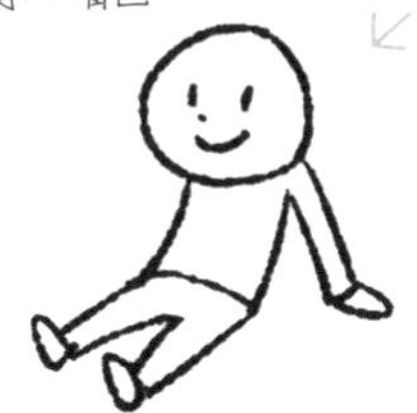

向前伸出的腳

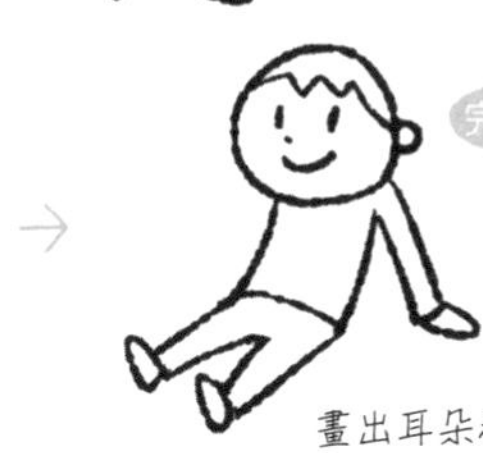

畫出耳朵和髮型，完成！

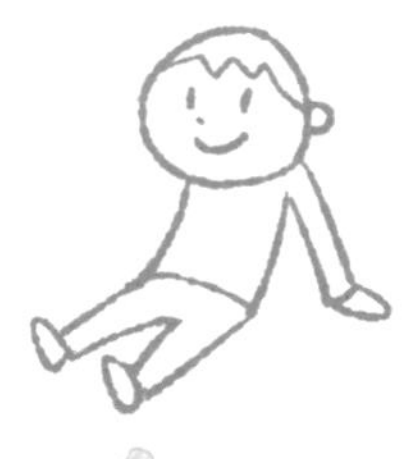

描一描！

【洗臉】

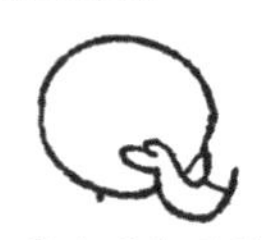

畫出手後再畫一張側臉

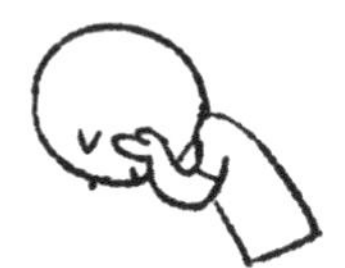

身體和臉部表情

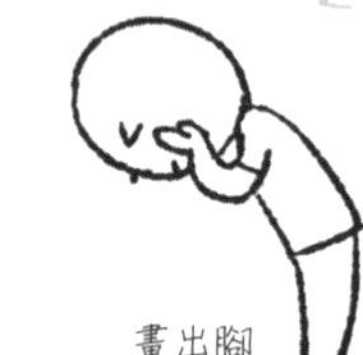

畫出腳

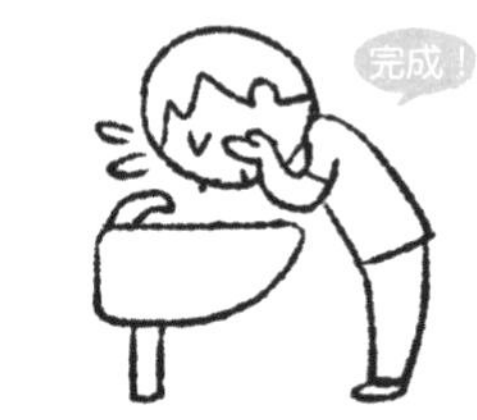

畫出洗臉台和細節，完成！

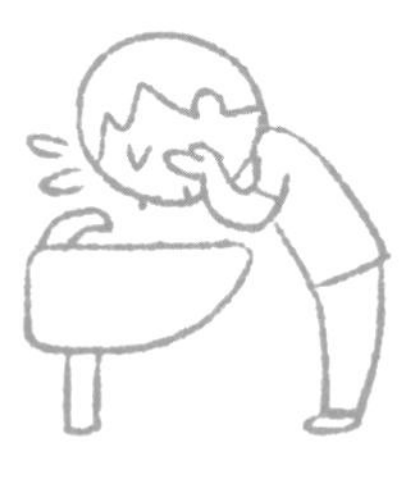

描一描！

畫一畫

【洗頭】

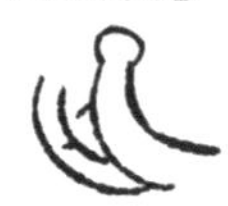

側臉和洗頭的兩隻手臂

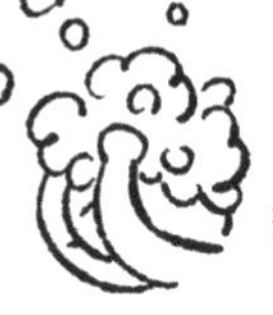

畫出泡泡

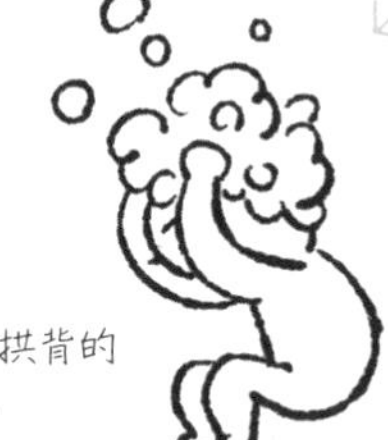

畫出拱背的身體

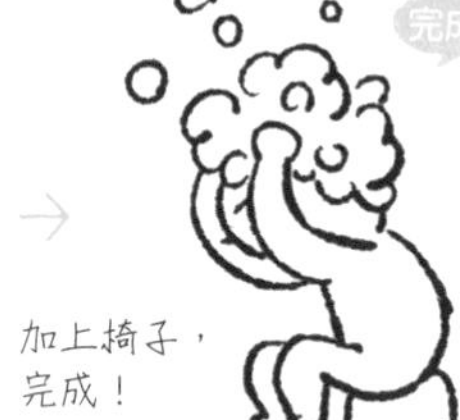

加上椅子，完成！

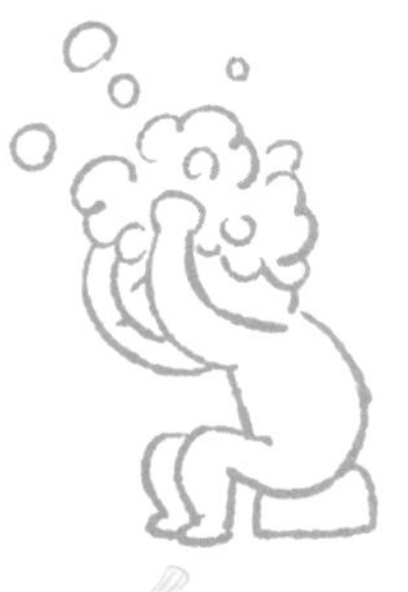

描一描！

畫一畫

【如廁】

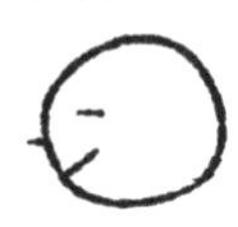

側臉和放鬆的表情

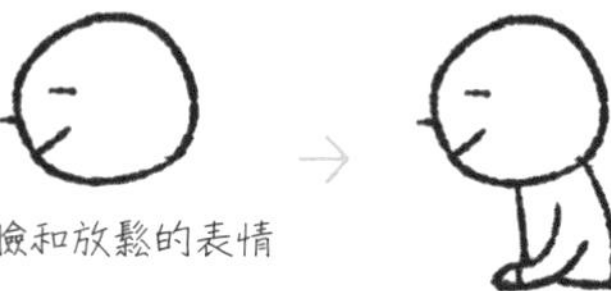

手和身體

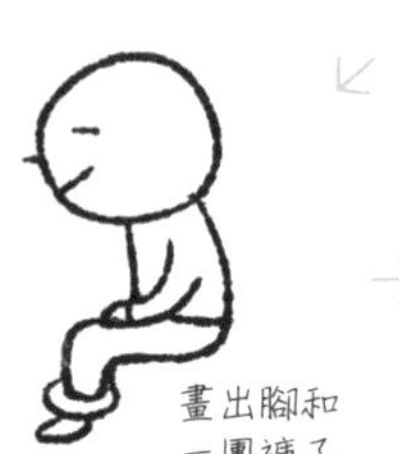

畫出腳和一團褲子

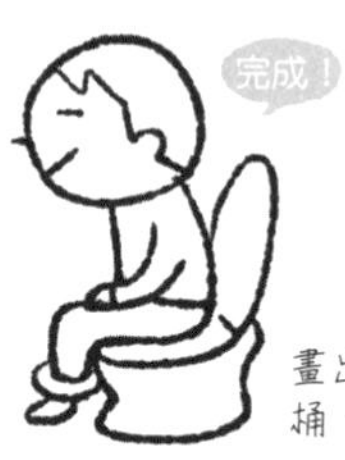

畫出髮型和馬桶，完成！

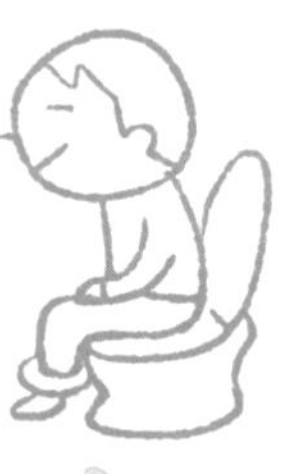

描一描！

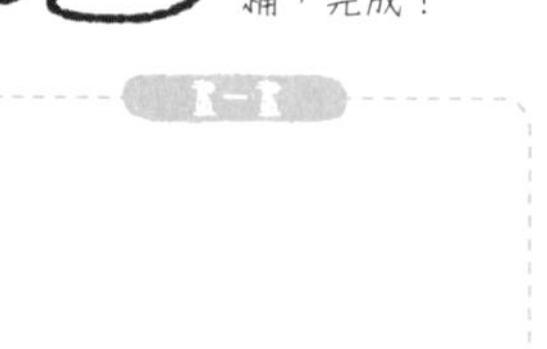

畫一畫

【淋浴】

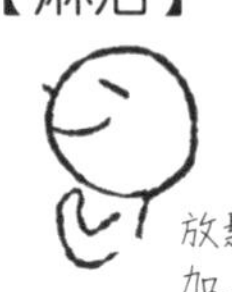

放鬆的表情，加上手

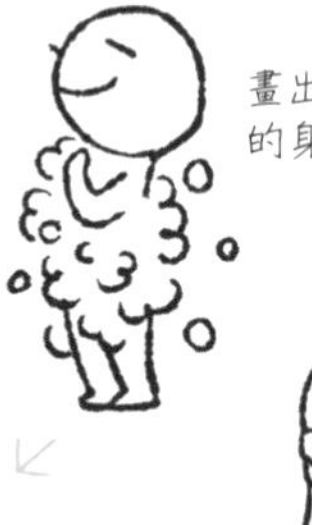

畫出抹滿泡泡的身體

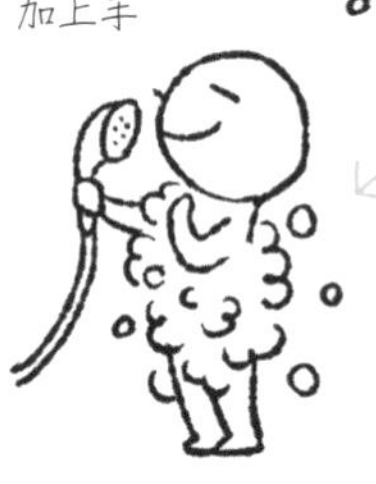

蓮蓬頭和裡面的手

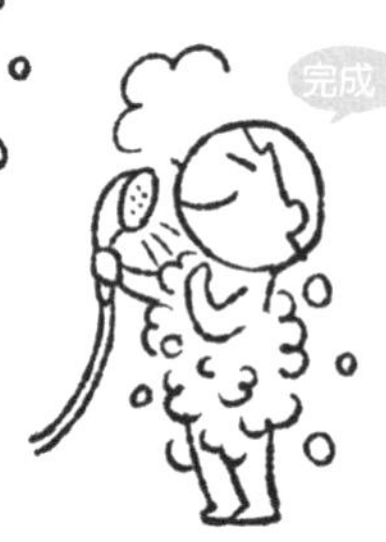

畫出熱氣和頭髮，完成！

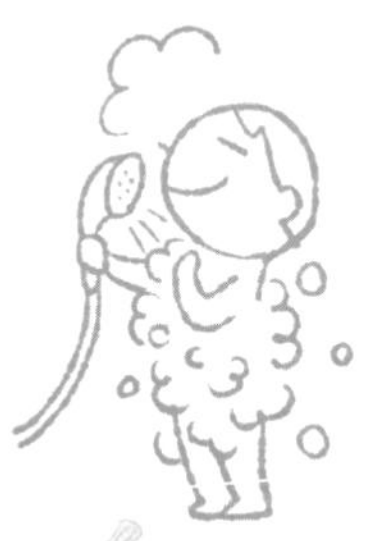

描一描！

畫一畫

【看手機】

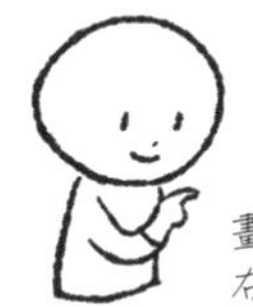

畫出操作的右手

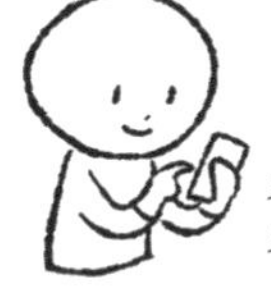

手持智慧型手機的左手

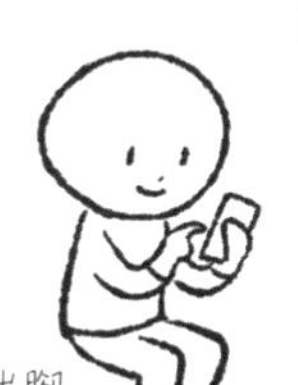

畫出腳

完成！

畫出椅子和頭髮，完成！

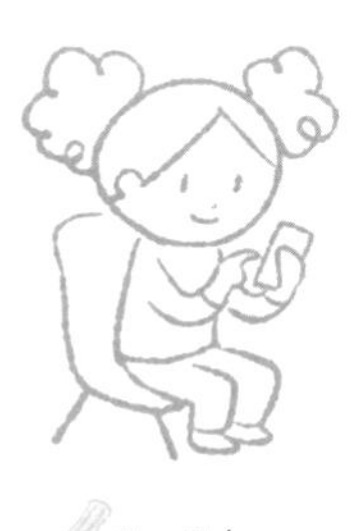

描一描！

【玩遊戲】

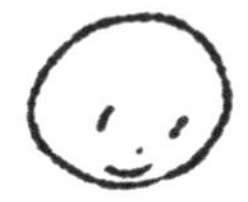

朝下的臉

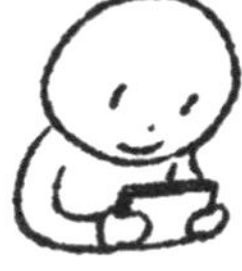

畫出駝背的身體和手

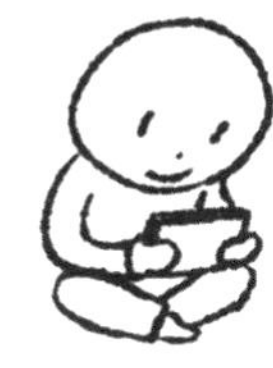

畫出盤腿的腳

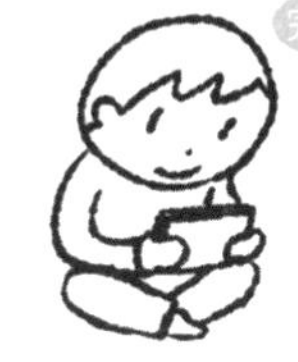

完成！

加上耳朵和髮型，完成！

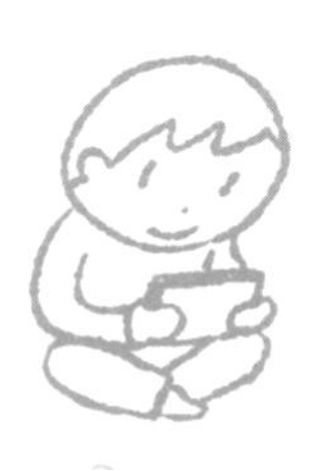

描一描！

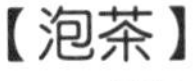

【泡茶】

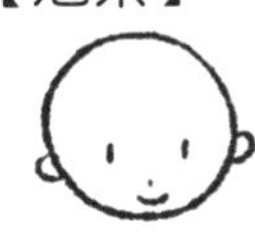

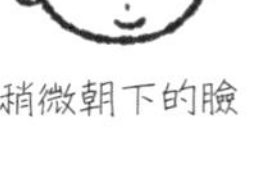

稍微朝下的臉

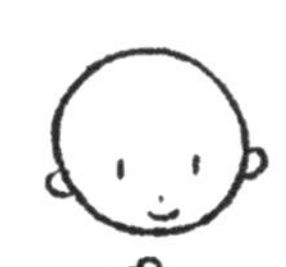

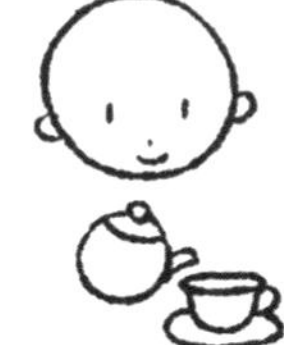

畫出前面的茶具組

加上倒出紅茶的身體

完成！

畫出髮型，完成！

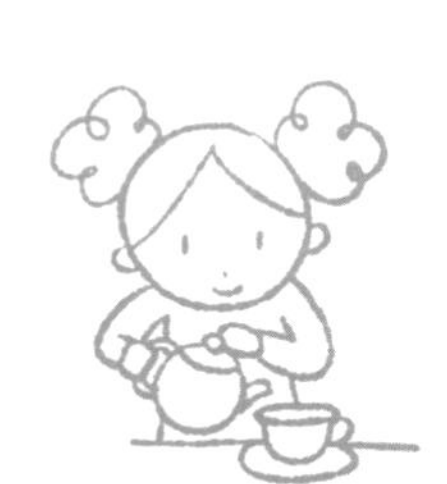

描一描！

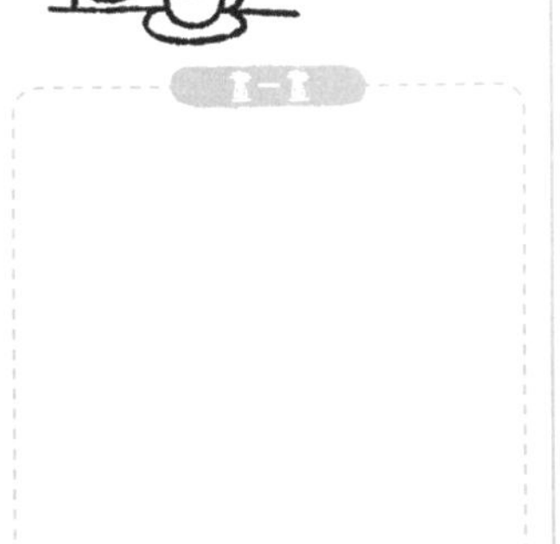

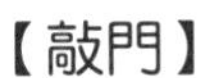

【敲門】

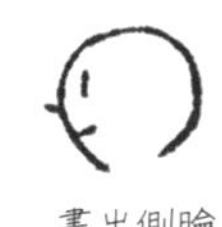

畫出側臉

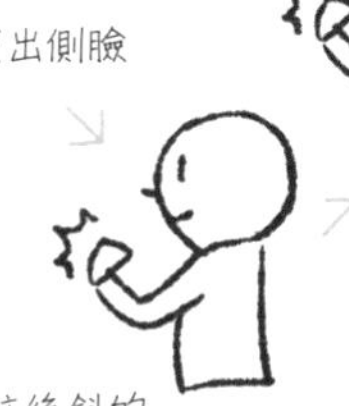

往後斜的身體和敲門的手

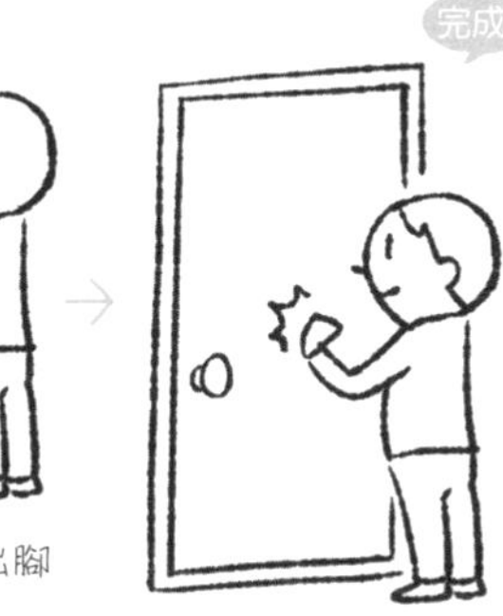

畫出腳

完成！

畫出門和髮型，完成！

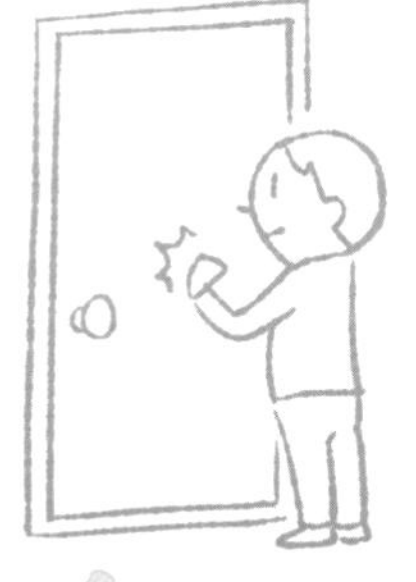

描一描！

【穿鞋】

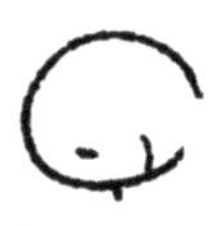

朝下的側臉

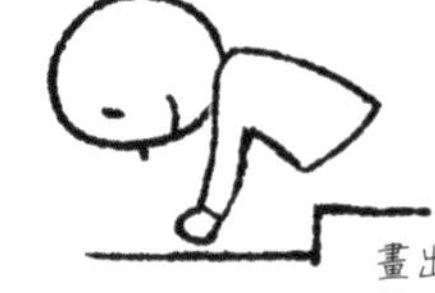

畫出往下伸的手臂、身體和樓梯

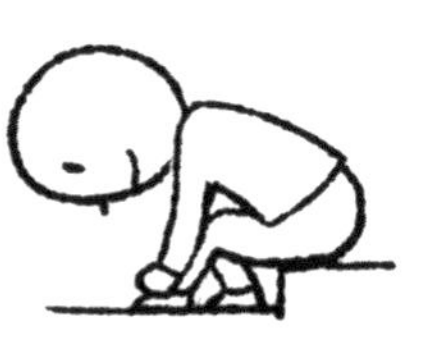

畫出左腳往前伸的腳

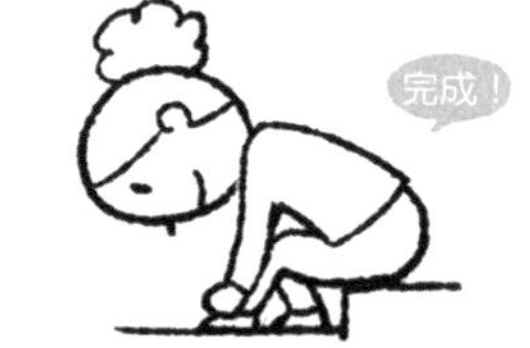

畫出髮型，完成！

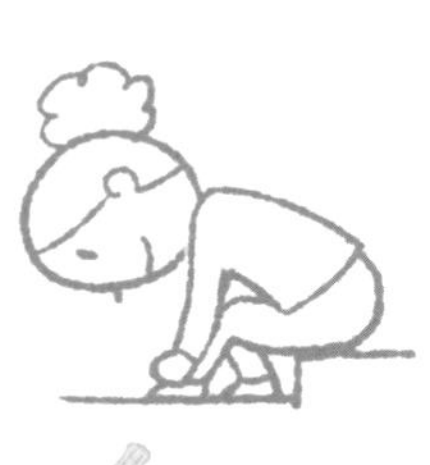

描一描！

【戴帽】

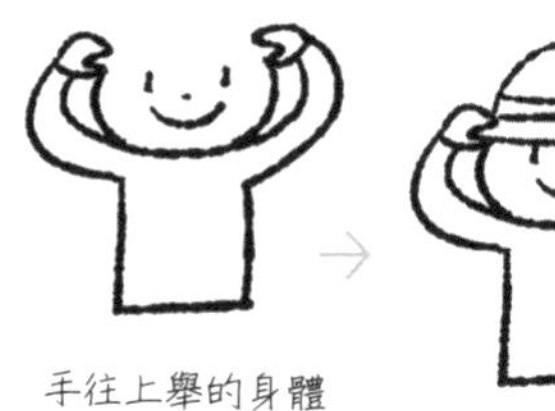

手往上舉的身體

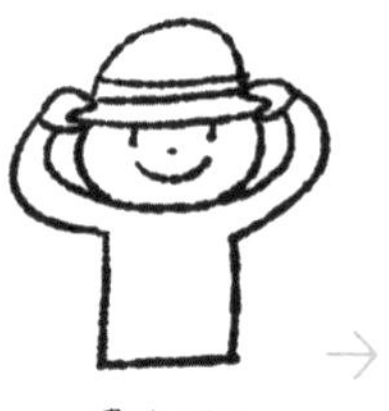

畫出帽子

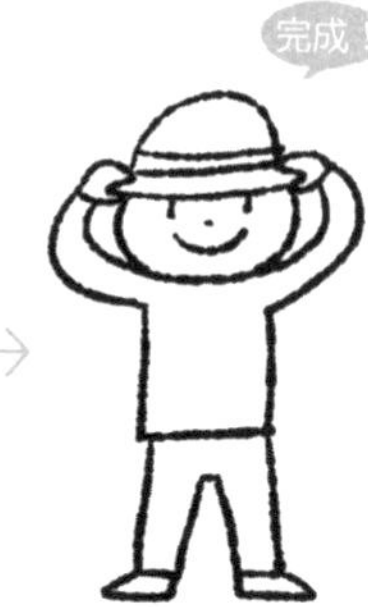

畫出腳，完成！

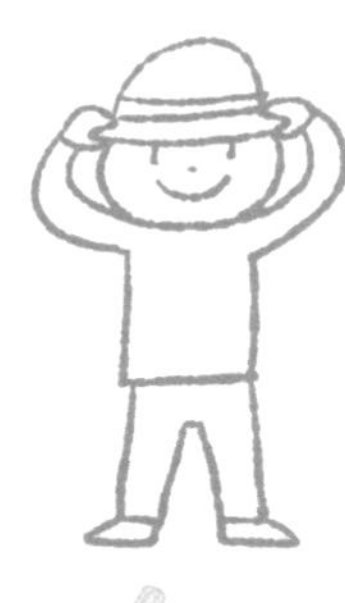

描一描！

【撐傘】

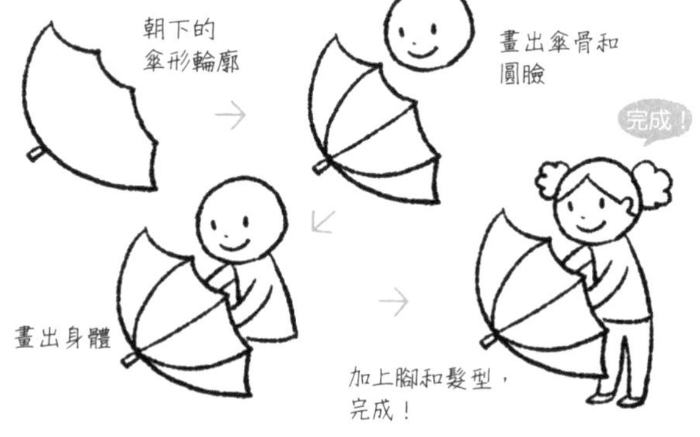

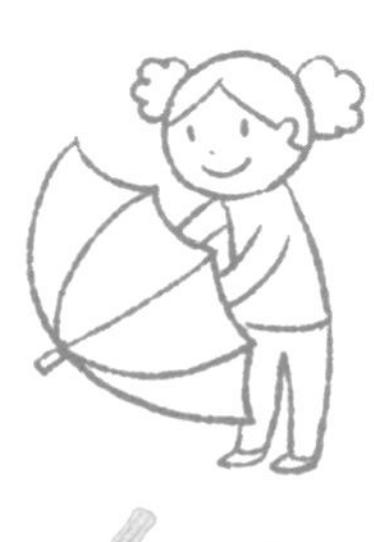

描一描！

【開門】

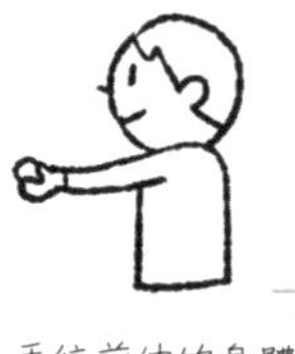

手往前伸的身體

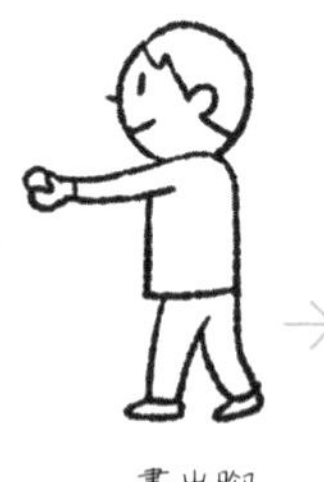

畫出腳

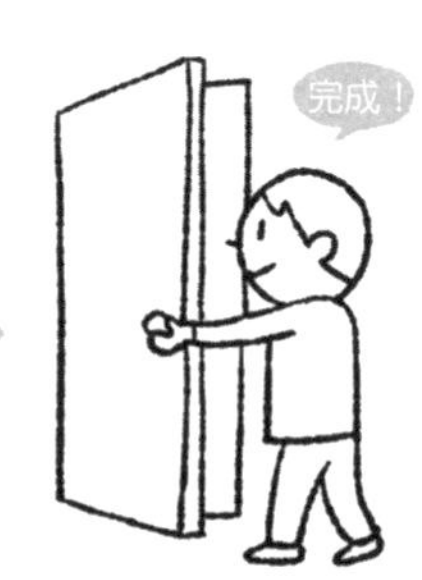

加上門，完成！

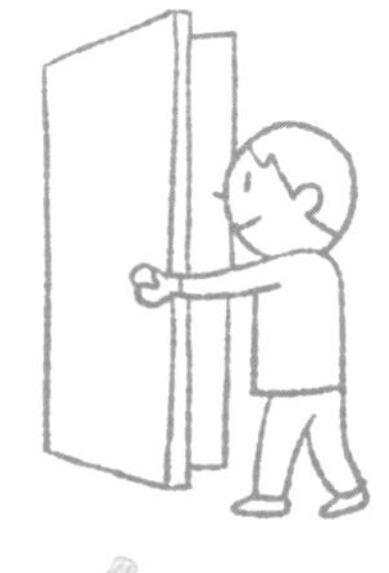

描一描！

【爬樓梯】

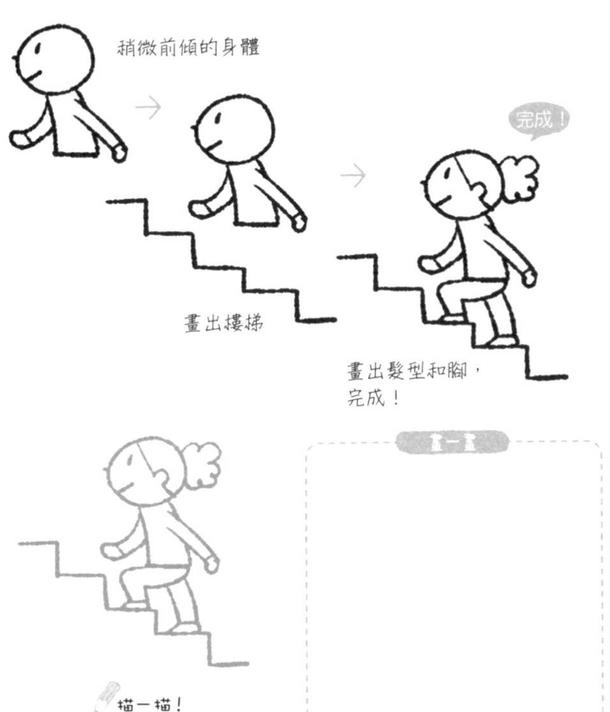

稍微前傾的身體
畫出樓梯
完成！
畫出髮型和腳，
完成！
畫一畫
描一描！

【下樓梯】

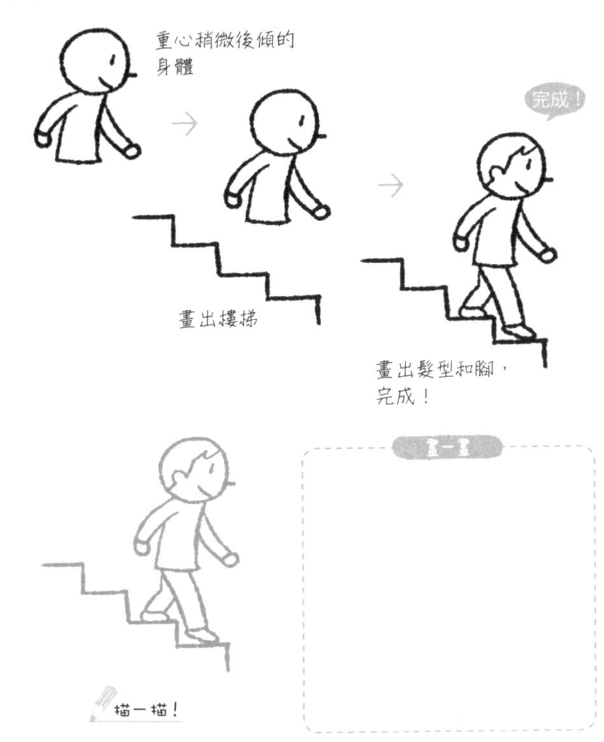

重心稍微後傾的
身體
畫出樓梯
完成！
畫出髮型和腳，
完成！
畫一畫
描一描！

【絆倒】

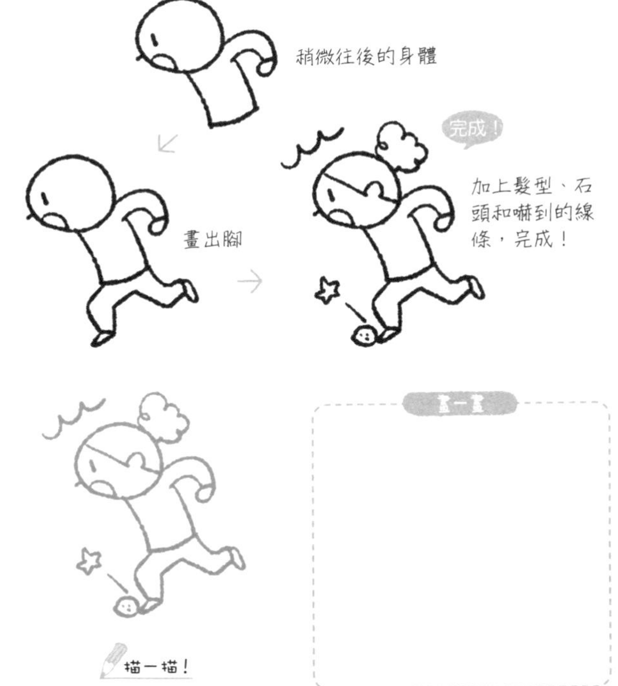

稍微往後的身體
畫出腳
完成！
加上髮型、石
頭和嚇到的線
條，完成！
畫一畫
描一描！

【跌倒】

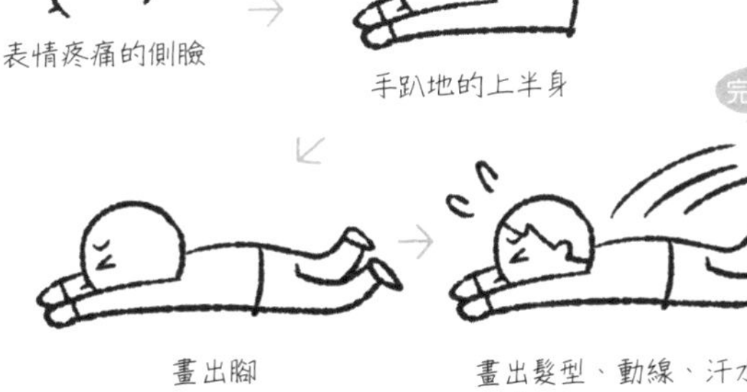

表情疼痛的側臉
手趴地的上半身
完成！
畫出腳
畫出髮型、動線、汗水，
完成！

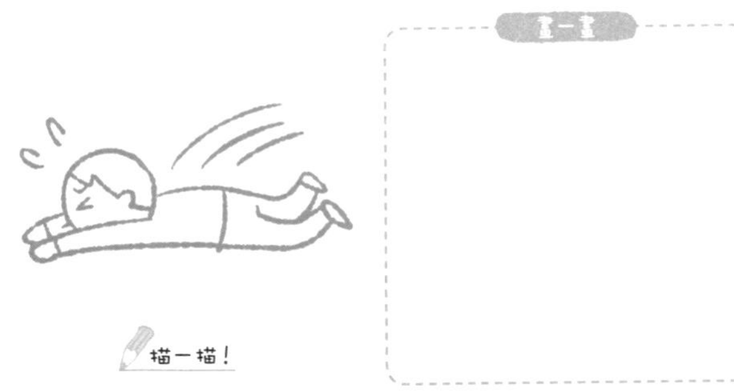

畫一畫
描一描！

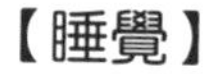

【睡覺】

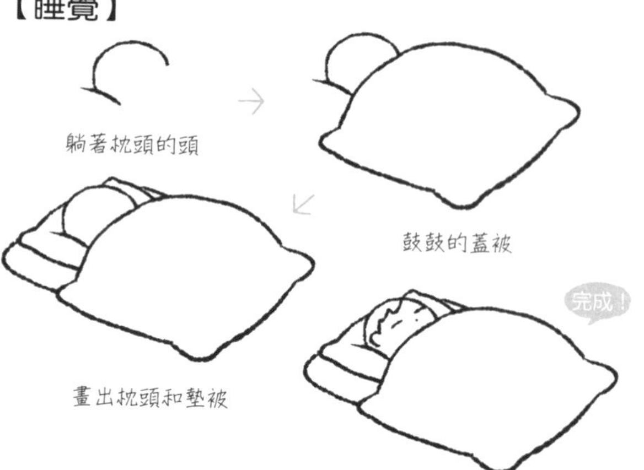

躺著枕頭的頭

鼓鼓的蓋被

畫出枕頭和墊被

畫出臉和髮型，完成！

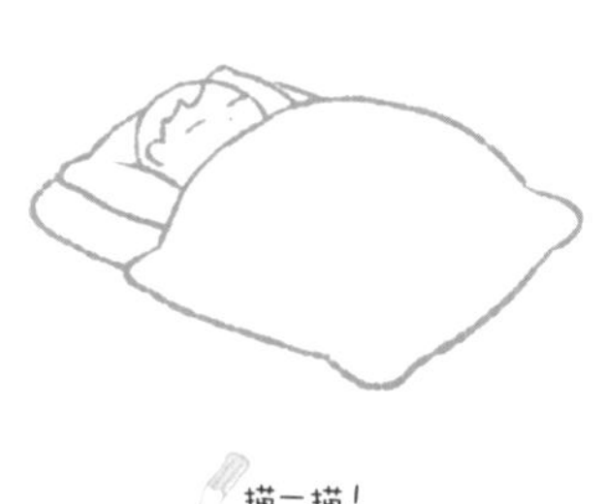

描一描！

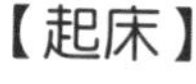

【起床】

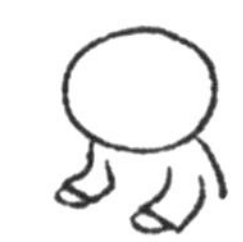

頭和坐起的身體

畫出蓋被

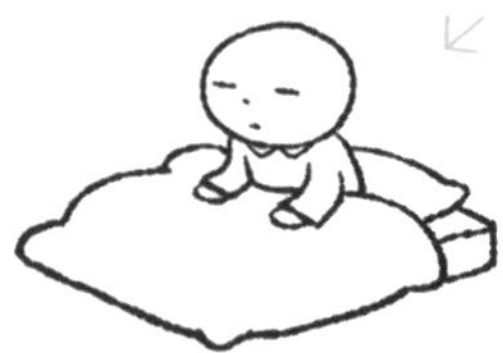

想睡的表情和枕頭等

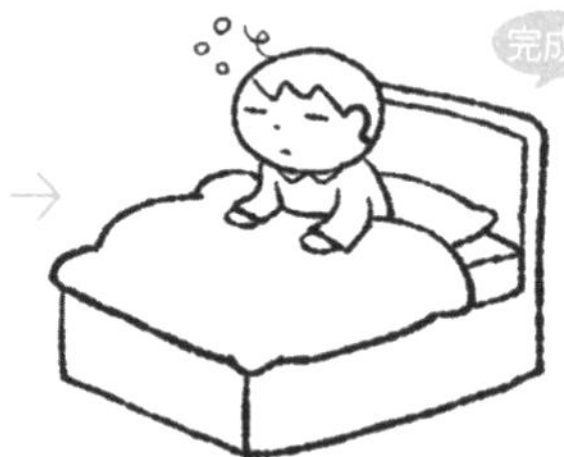

畫出髮型和床，完成！

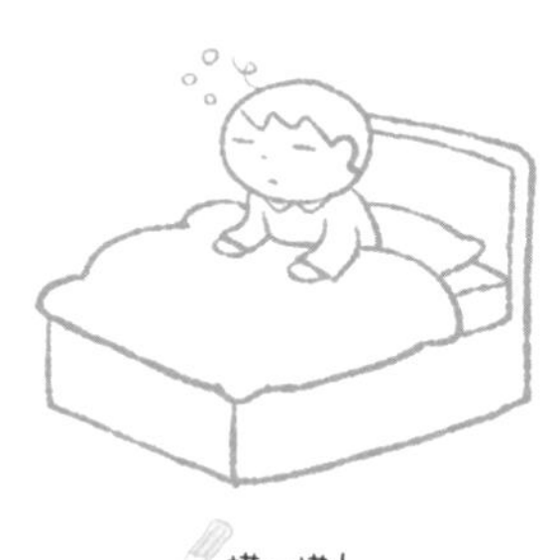

描一描！

【騎自行車】

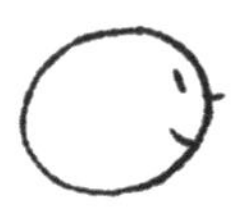

側面圓臉

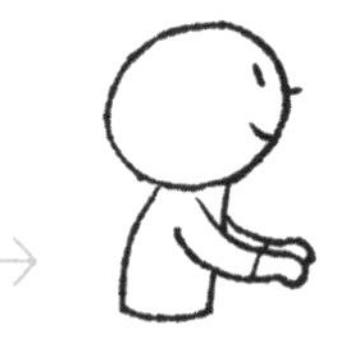

畫出稍微往後的身體

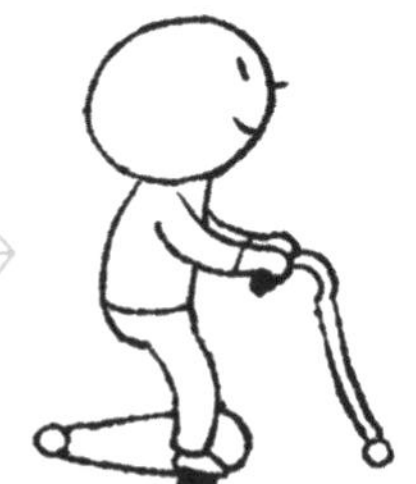

前面的腳和自行車的部件

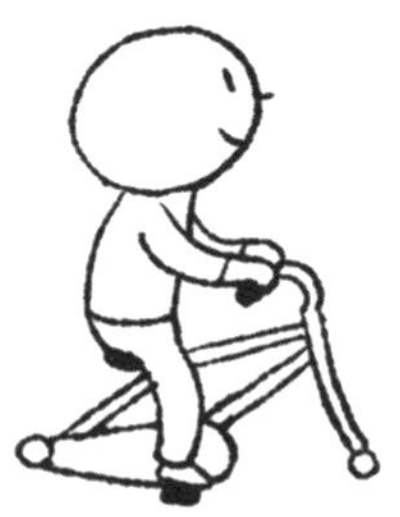

畫出車架

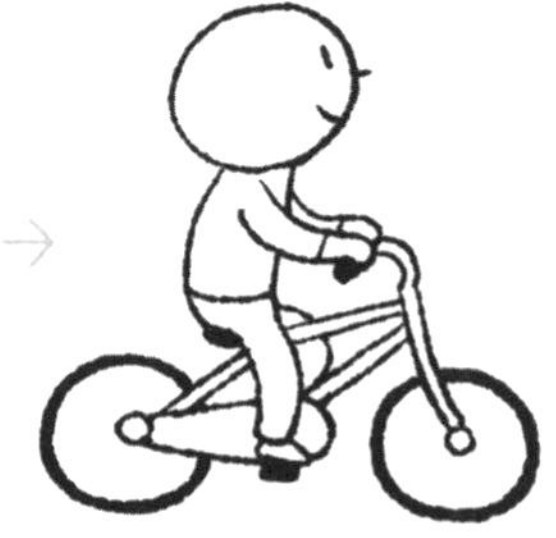

2 個車輪和裡面的腳

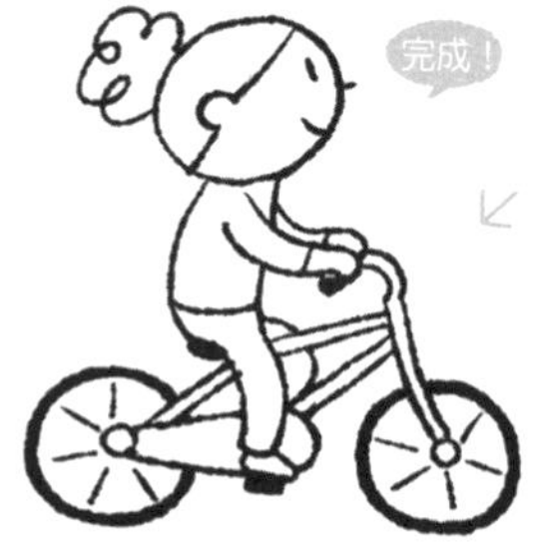

畫出輪圈和髮型，完成！

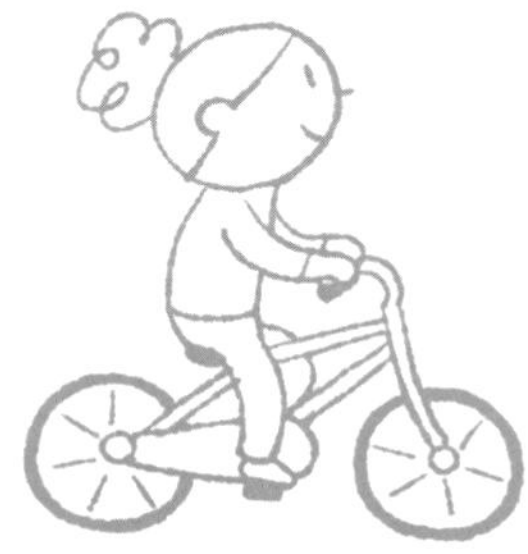

描一描！

【吃東西】

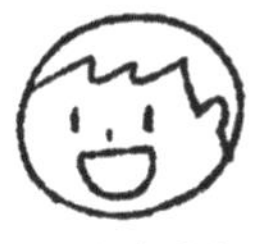
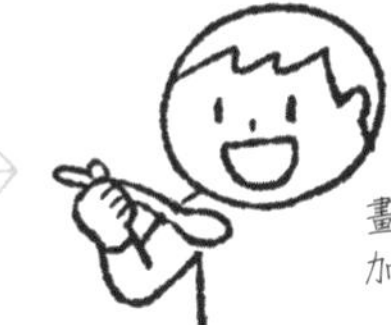
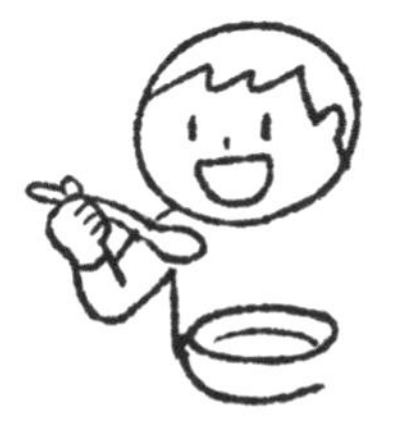
張嘴的男生

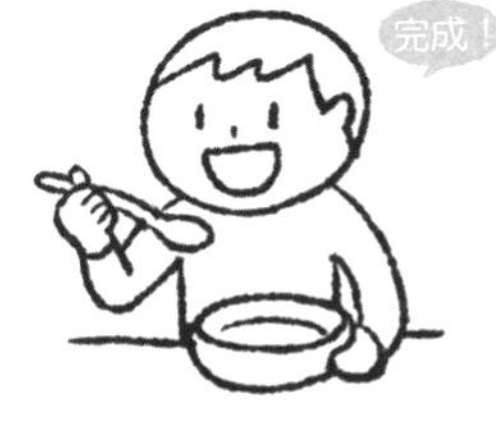
畫出手和湯匙後，加上肩線

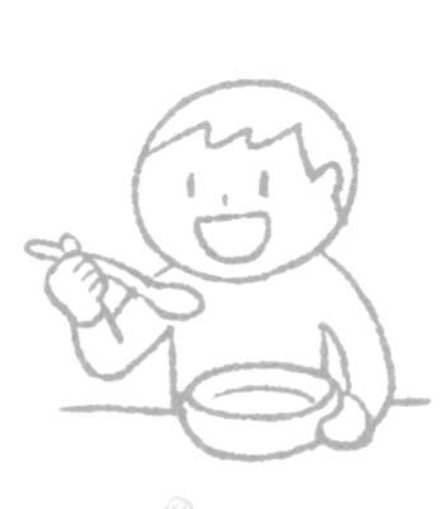
畫出盤子

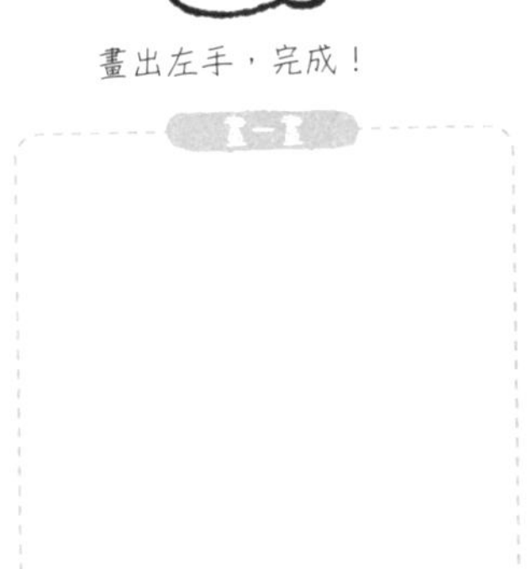

畫出左手，完成！

描一描！

【用筷子吃】

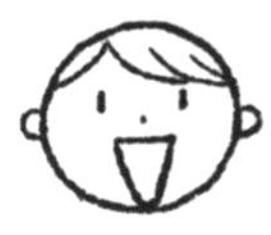
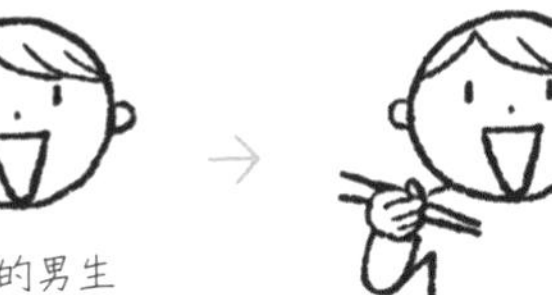
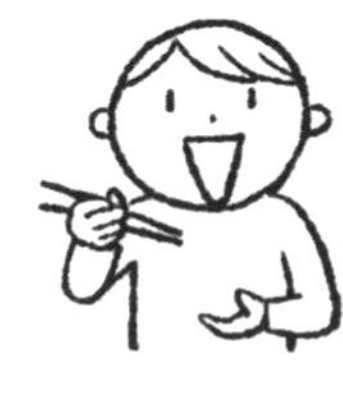
張嘴的男生

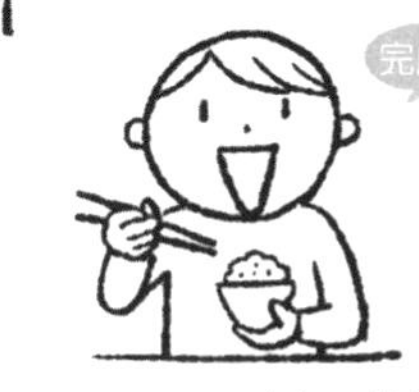
畫出手和筷子後，加上肩線

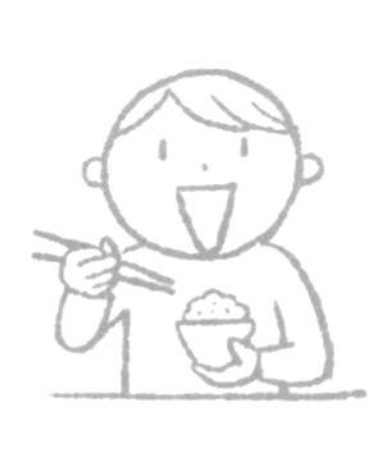
左手拿碗的姿勢

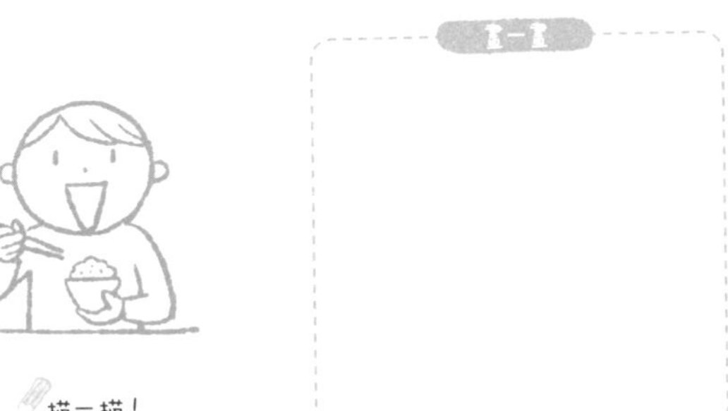

畫出裝滿飯的碗，完成！

描一描！

【用杯子喝】

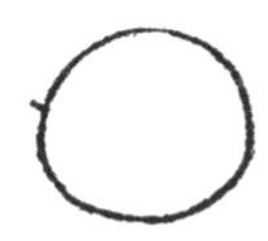
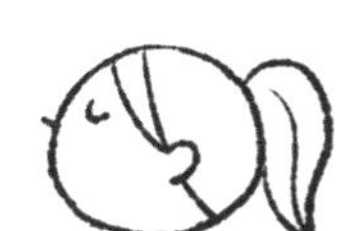
畫出側臉

閉上的眼睛和馬尾

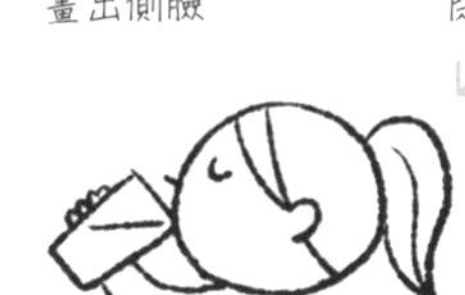
畫出杯子、裡面的手和手臂

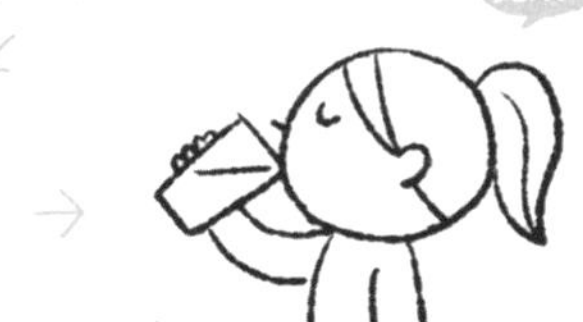
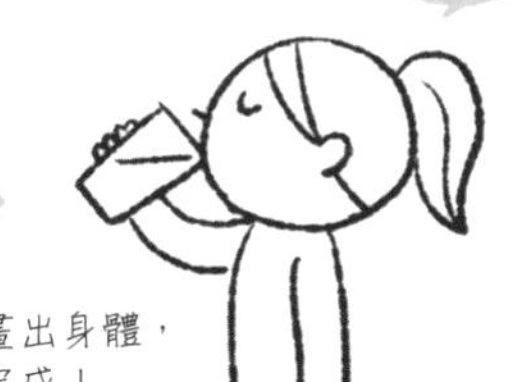

畫出身體，完成！

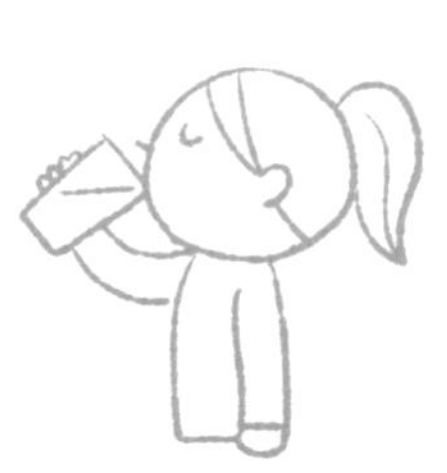
描一描！

【用吸管喝】

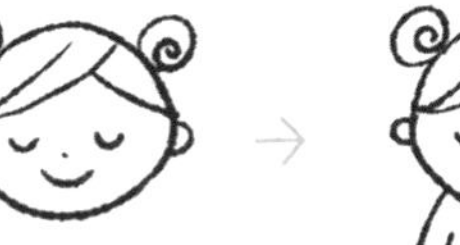
臉稍微朝下的女生

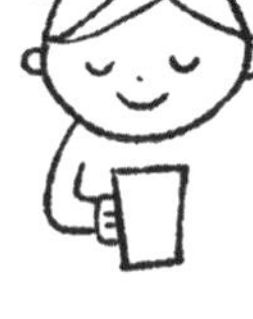
畫出杯子，加上右手

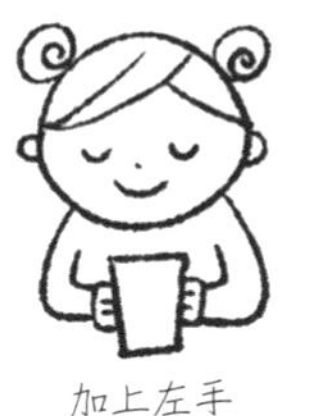
加上左手

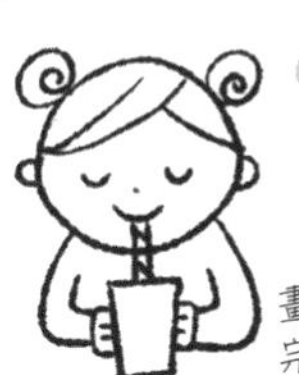

畫出吸管，完成！

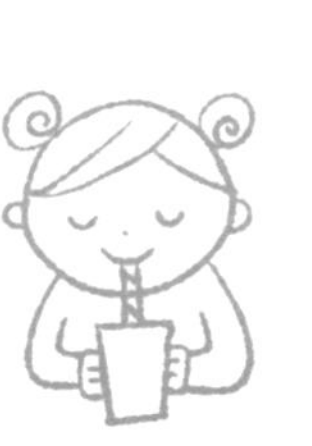
描一描！

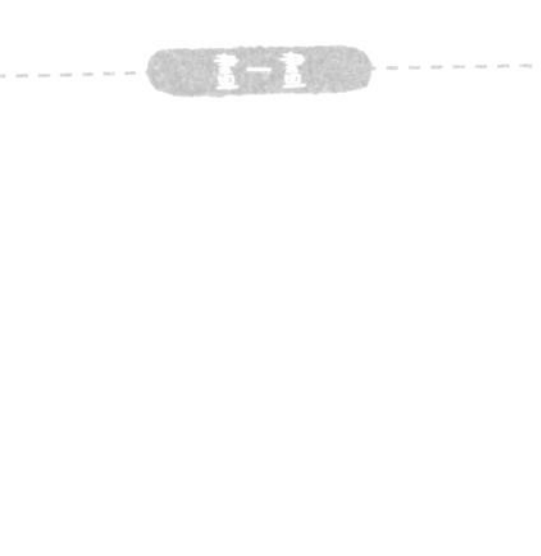

【燙衣服】

畫一個圓，加上髮型和表情

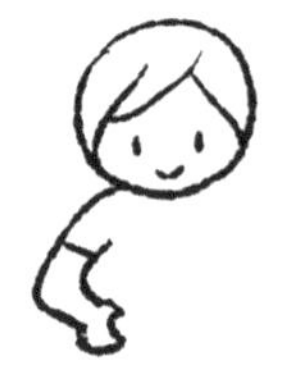

手拿熨斗的右手

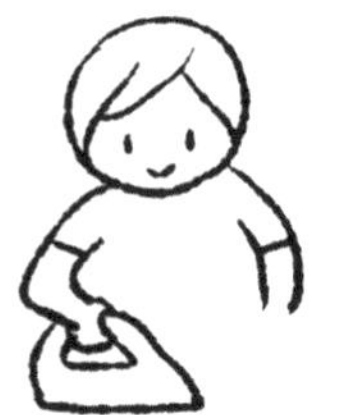

熨斗本體和左手

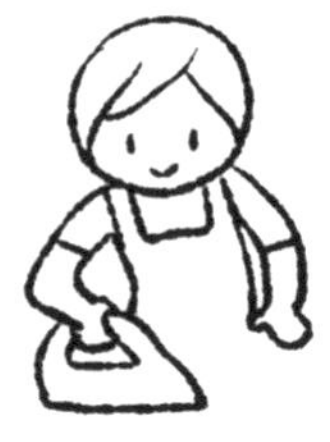

畫出圍裙

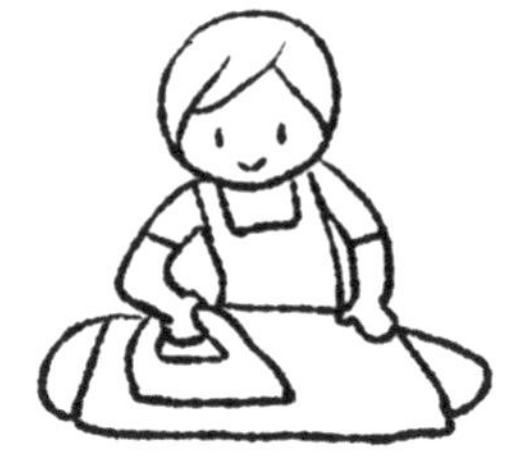

畫出布和一邊為圓形的燙馬

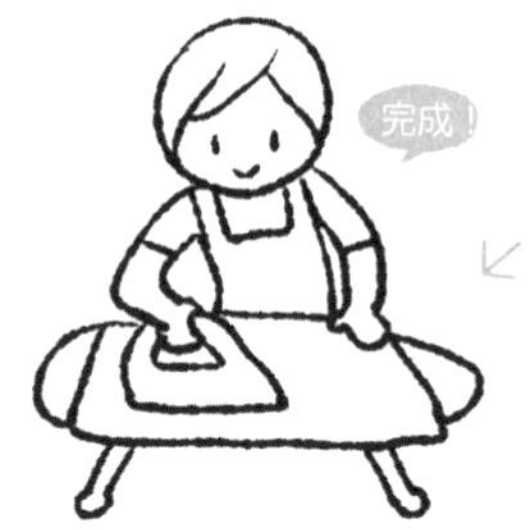

加上腳架，完成！

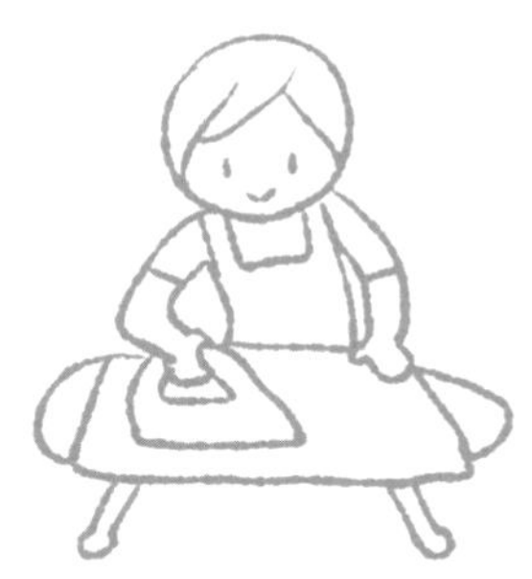

描一描！

【晾衣服】

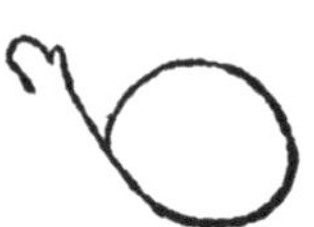

手臂線條加上側臉

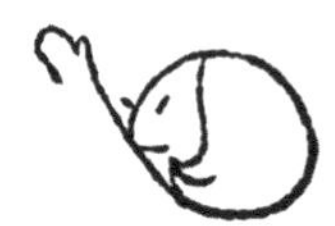

加上髮型和表情

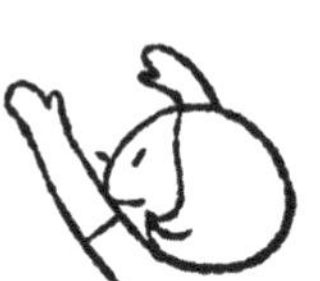

畫出裡面可見的手

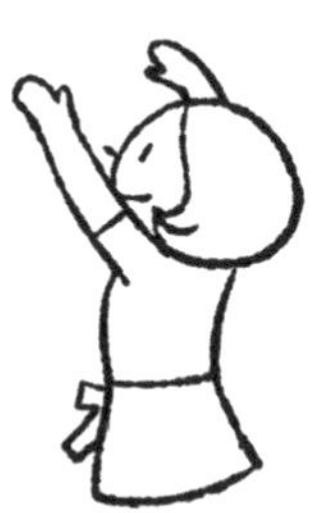

背往後伸的身體

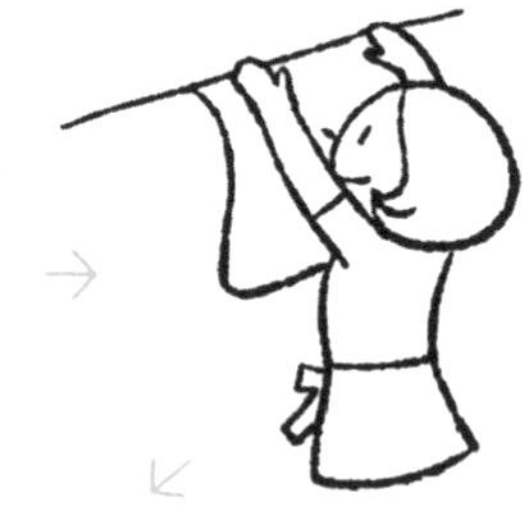

垂掛於前面、洗好的布

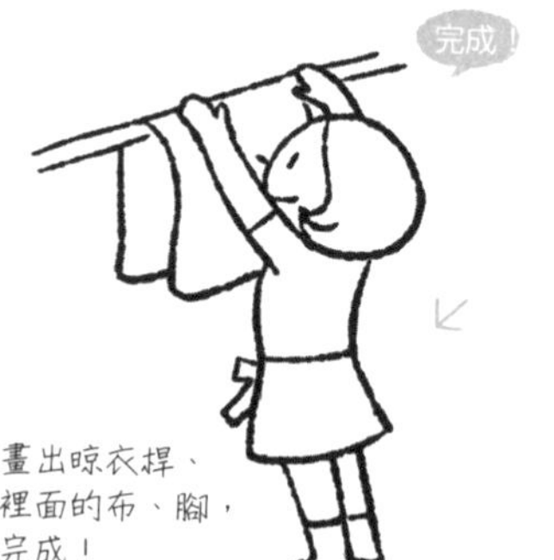

畫出晾衣捍、裡面的布、腳，完成！

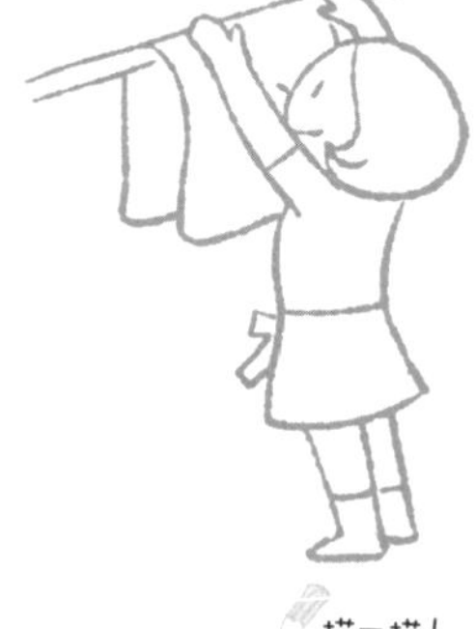

描一描！

【烹飪】

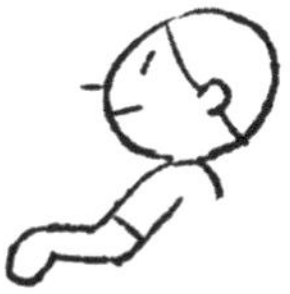

頭和手握平底鍋的左手

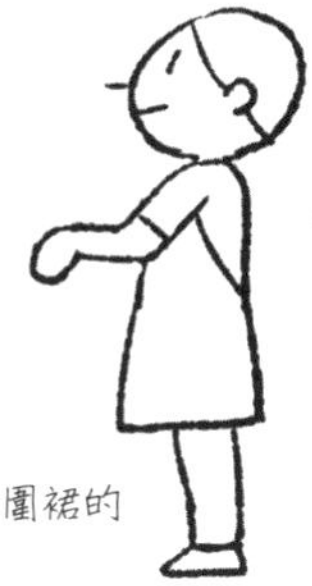

畫出穿圍裙的身體

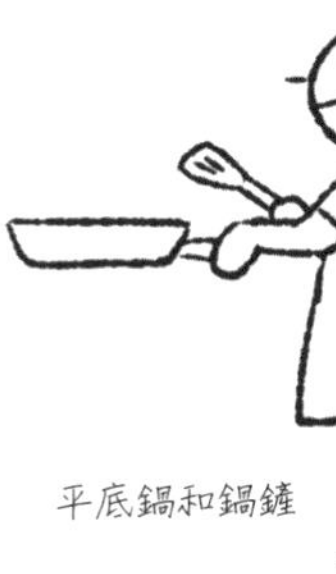

平底鍋和鍋鏟

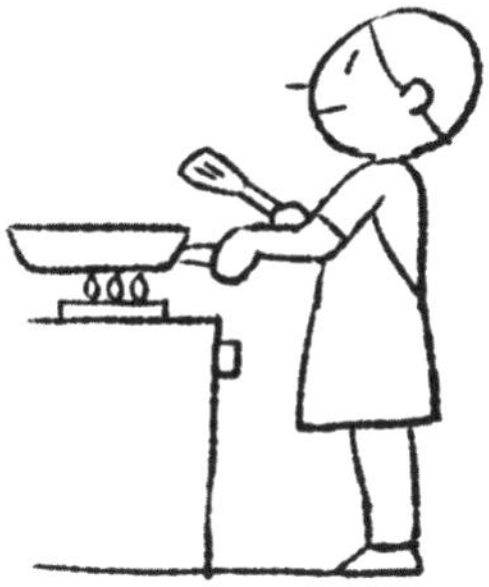

畫出瓦斯爐

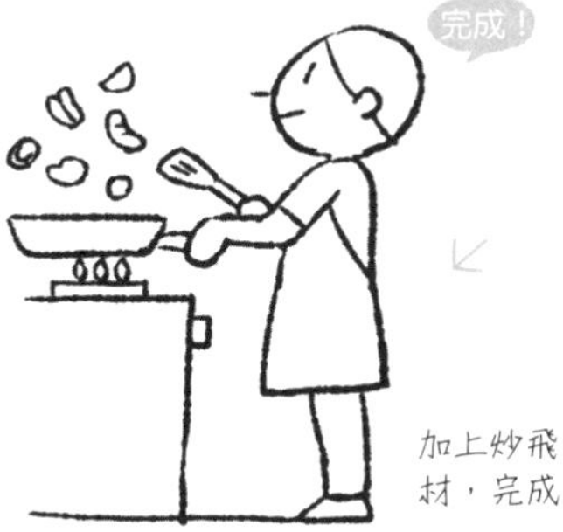

完成！

加上炒飛的食材，完成！

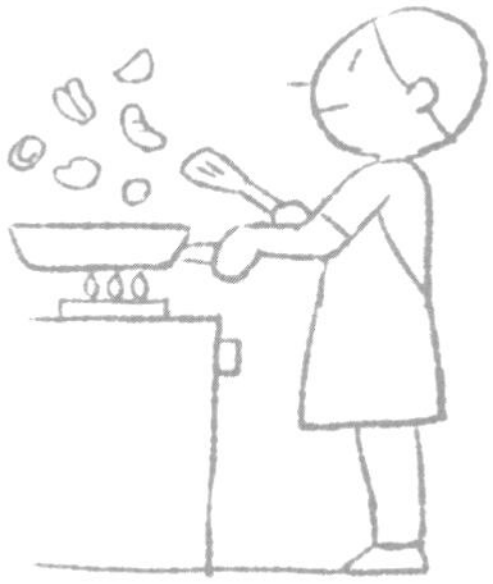

描一描！

畫一畫

【打掃】

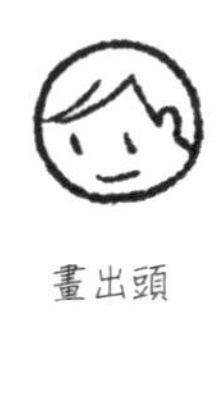

畫出頭

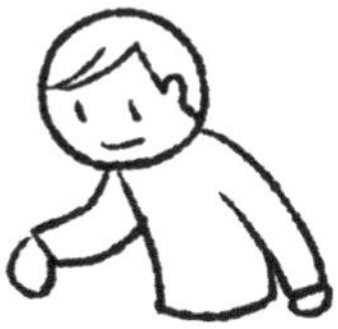

前傾的身體和雙手

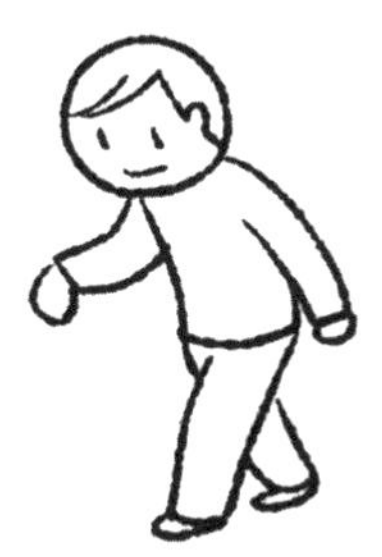

畫出前後交錯的腳

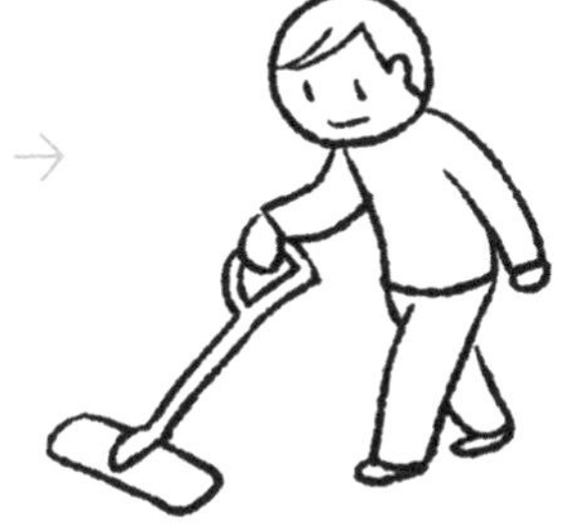

吸塵器的管子和頭

完成！

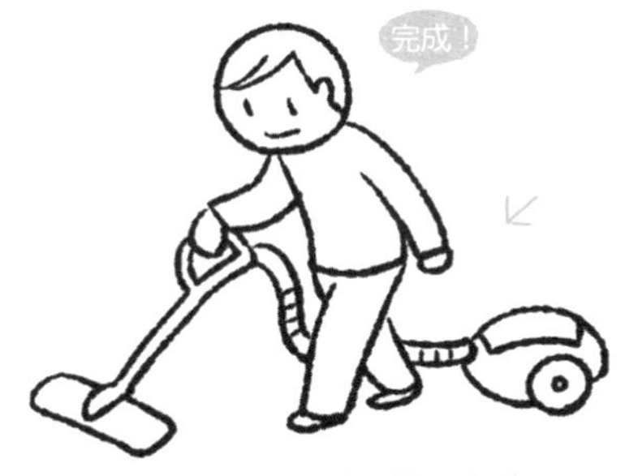

畫出裡面的軟管和本體，完成！

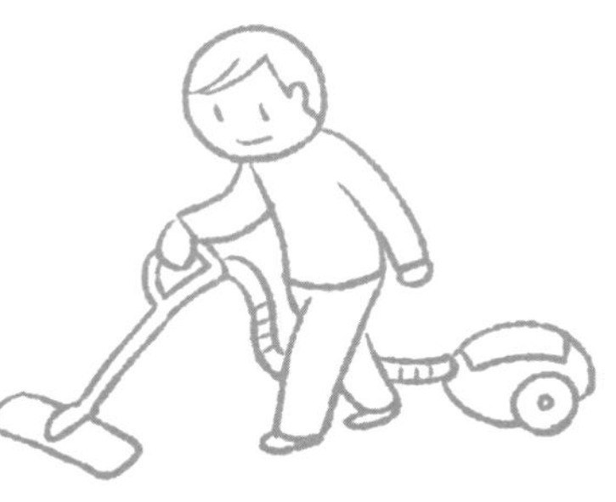

描一描！

畫一畫

【開心】

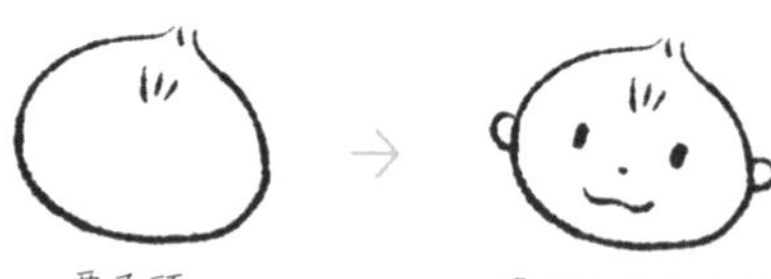

栗子頭

畫出耳朵和表情

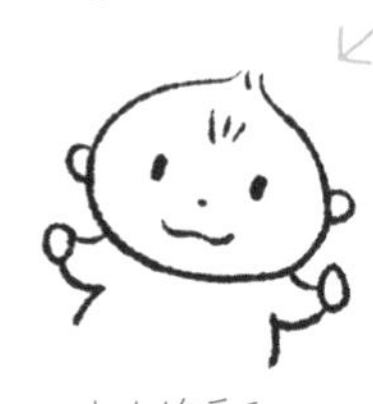

小小的手和
兩側線條

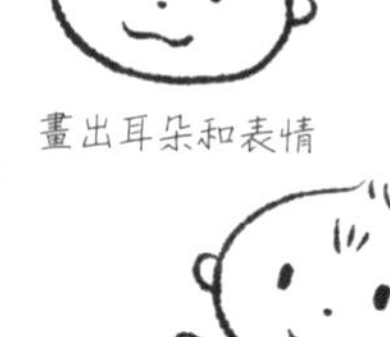

畫出彎起的腳和胖胖的屁股，完成！

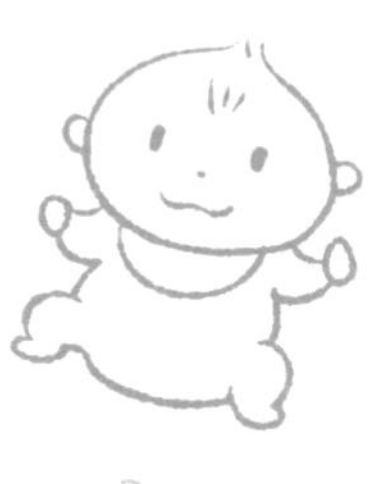

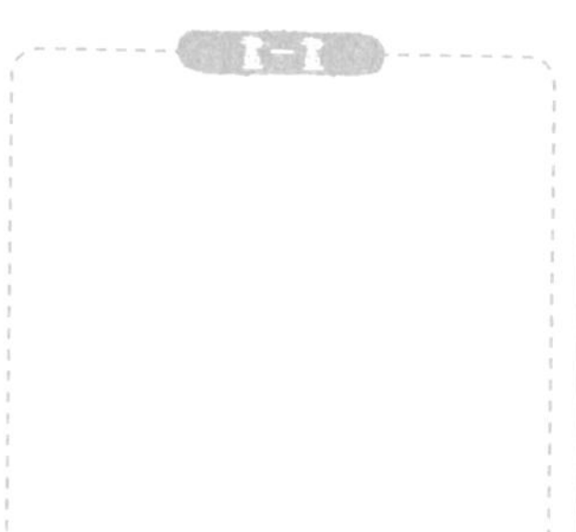

【爬爬】

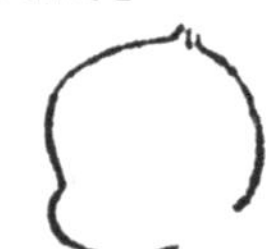

畫出臉頰鼓鼓的
側臉

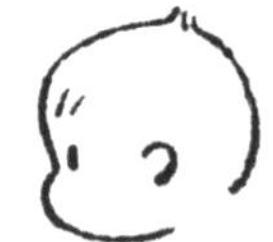

加上耳朵和眼睛

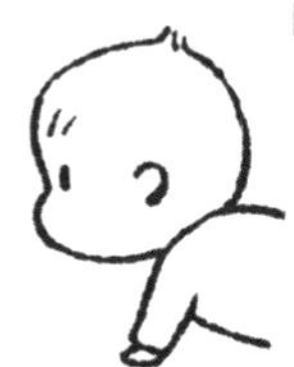

前面的手

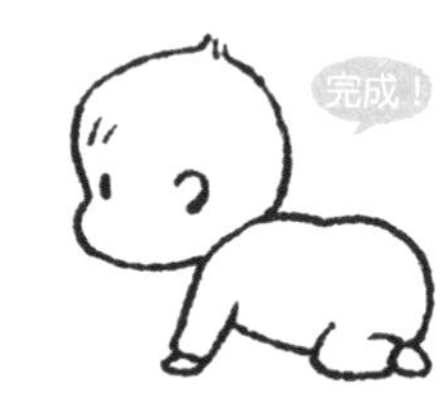

畫出爬爬的腳和胖胖的屁股
完成！

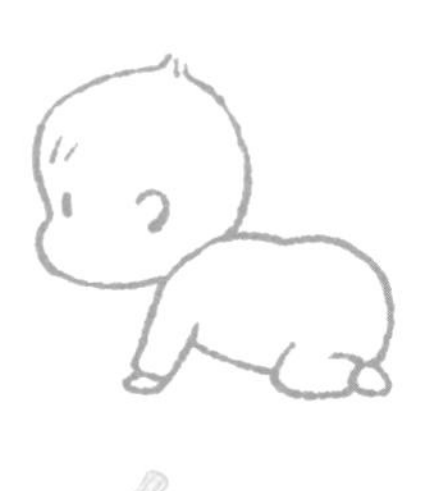

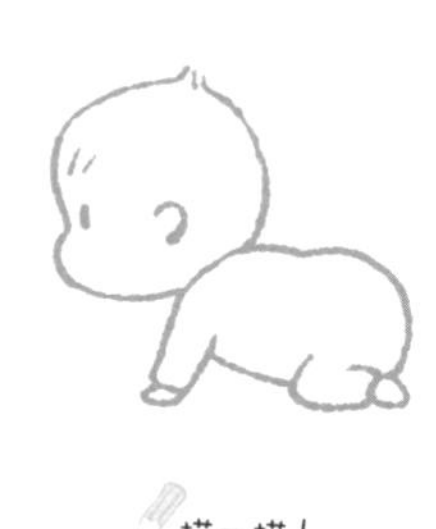

【吸吮】

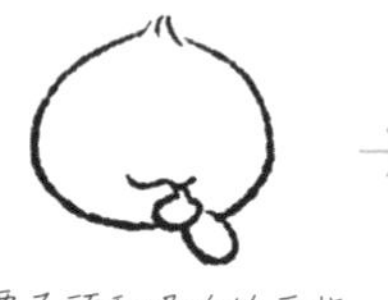

栗子頭和吸吮的手指

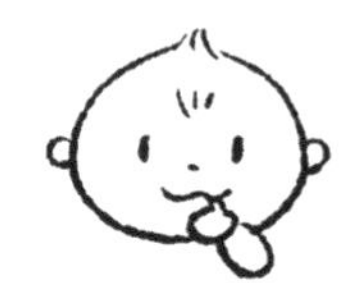

畫出耳朵和表情

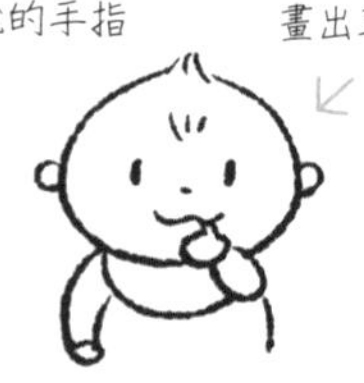

半圓的圍兜和垂落的手

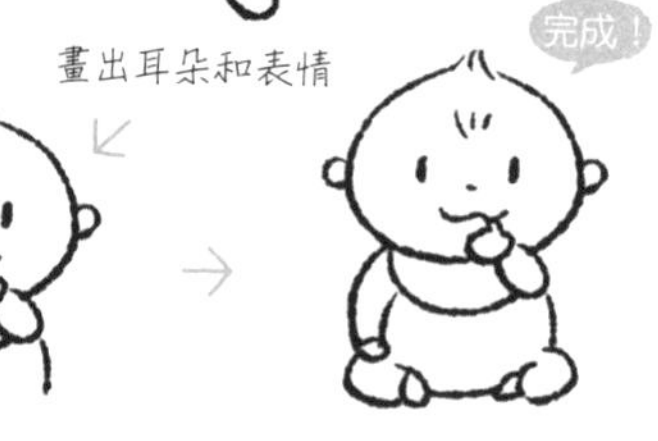

畫出彎起的腳，
完成！

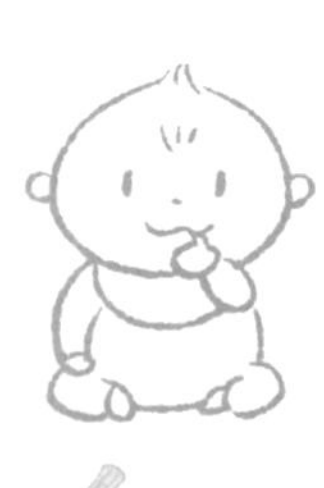

【大哭】

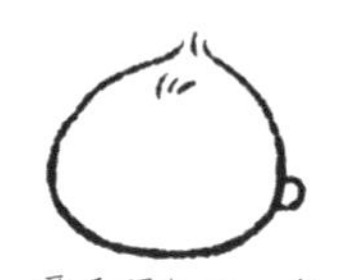

栗子頭加上一邊
的耳朵

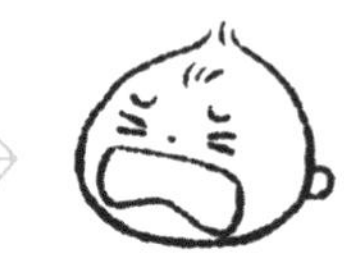

哇哇大哭的大嘴

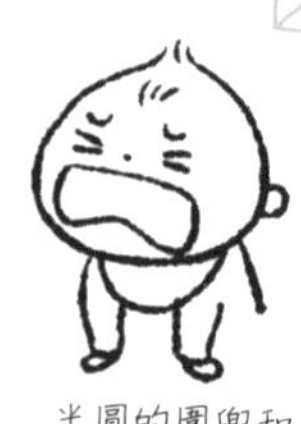

半圓的圍兜和
垂落的手

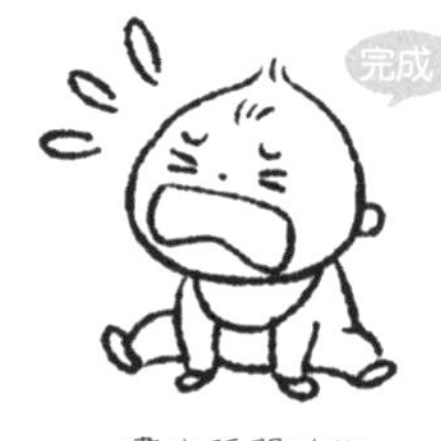

畫出張開的腳，
完成！

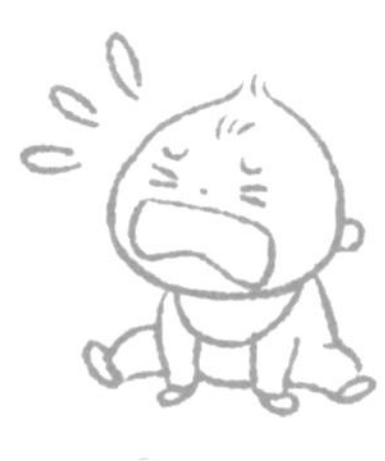

【男生 1】

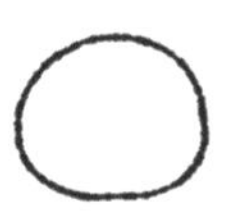

畫一個包子形的頭

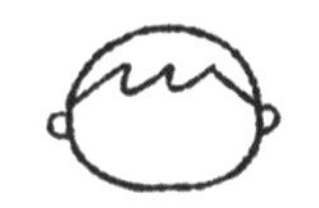

加上髮型和耳朵

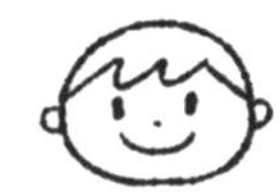

畫出微笑的表情

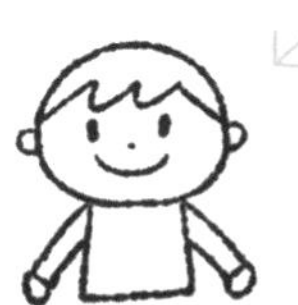

方形身體和敞開的雙手

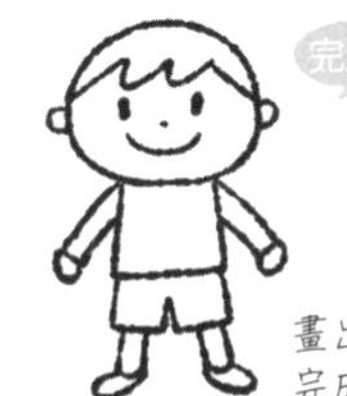

畫出褲子和腳，完成！

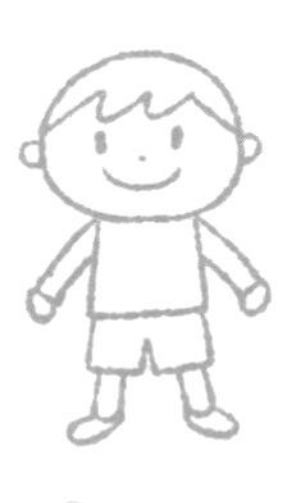

描一描！

畫一畫

【女生 1】

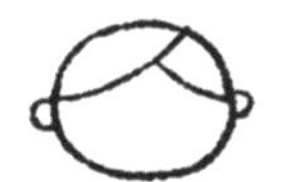

包子形的頭，加上髮型和耳朵

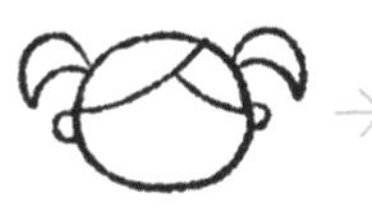

新月形雙馬尾

畫出微笑的表情

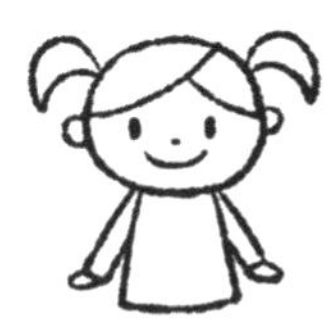

梯形身體和敞開的雙手

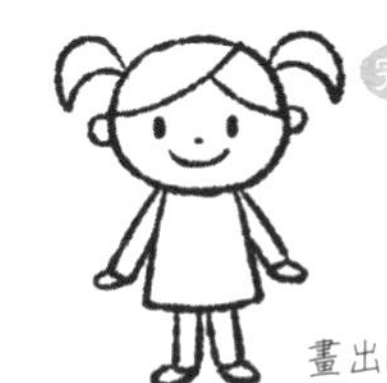

畫出腳，完成！

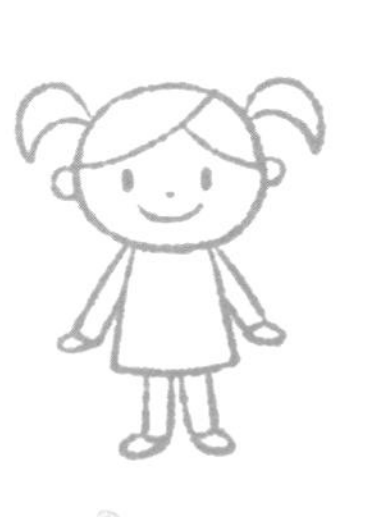

描一描！

畫一畫

【男生 2】

包子形的頭，加上髮型和耳朵

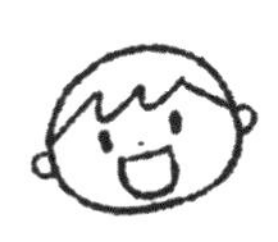

畫出笑咪咪的表情

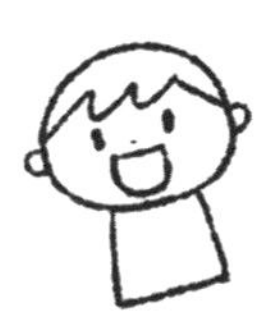

方形身體

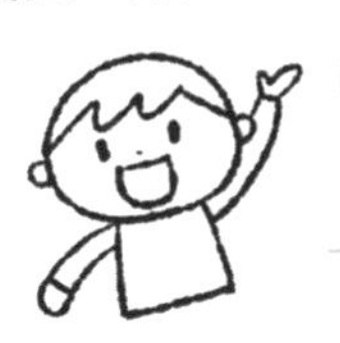

畫出舉在一邊耳朵後面的手

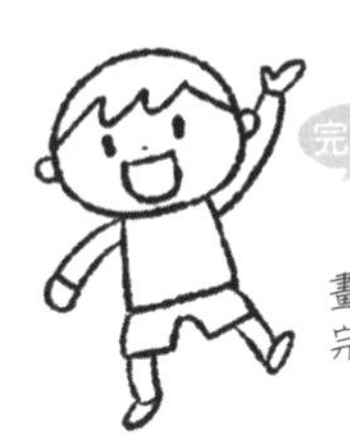

畫出褲子和腳，完成！

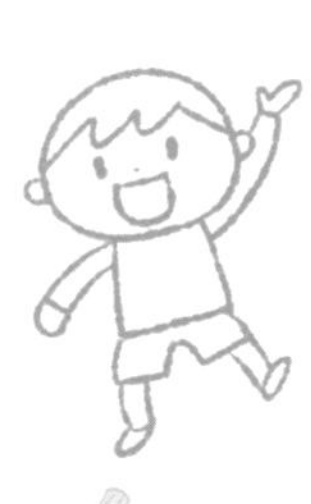

描一描！

【女生 2】

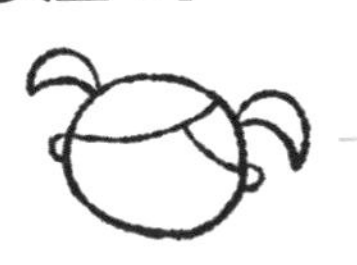

包子形的頭，加上雙馬尾

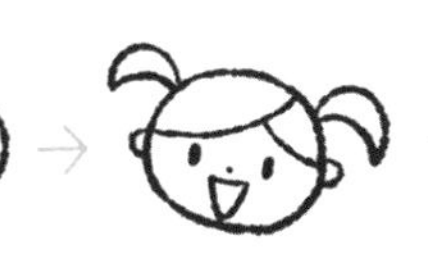

畫出笑咪咪的表情

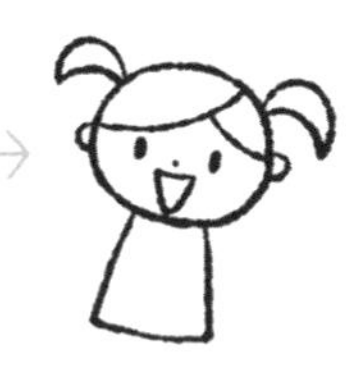

梯形身體

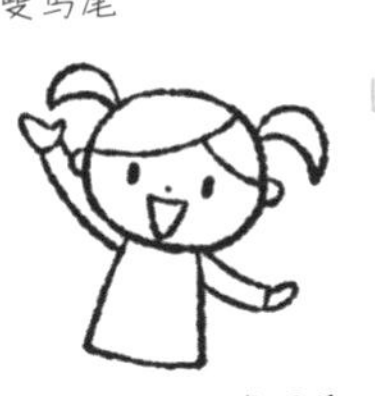

畫出舉在一邊耳朵後面的手

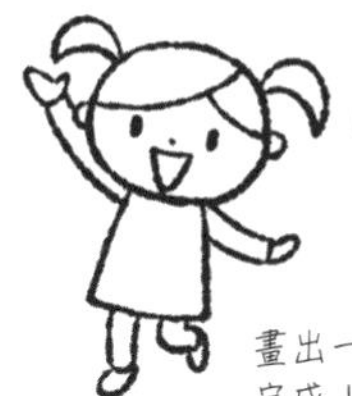

畫出一邊彎起的腳，完成！

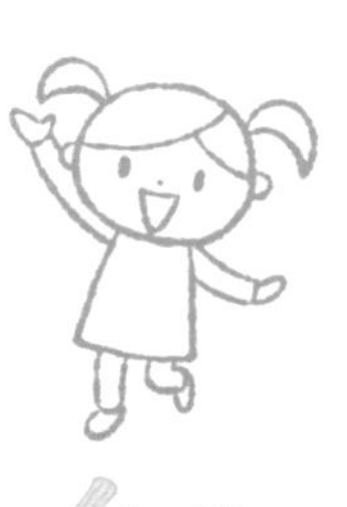

描一描！

【爸爸】

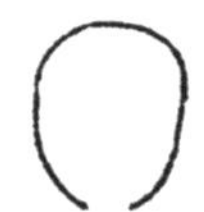
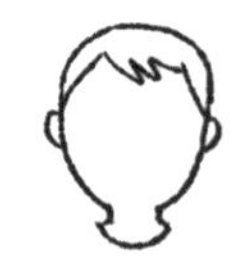
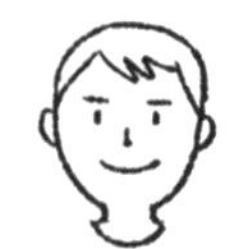
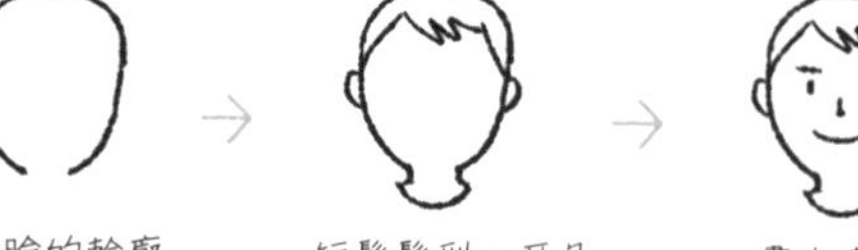

長形臉的輪廓 → 短髮髮型、耳朵和脖子線條 → 畫出表情

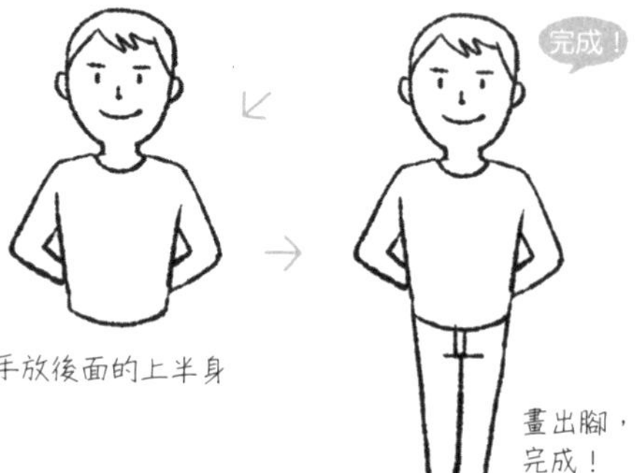

手放後面的上半身 → 畫出腳，完成！

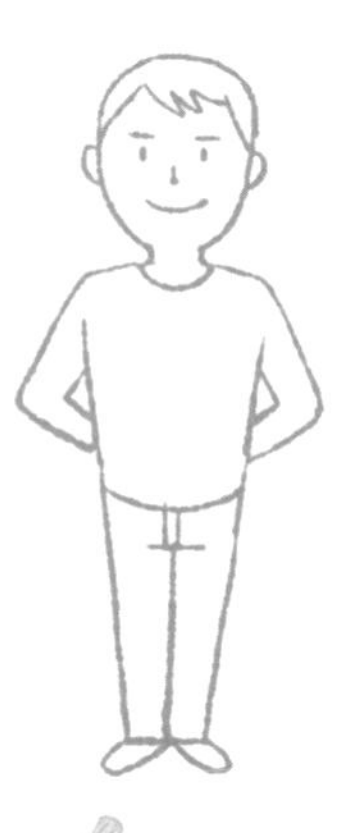

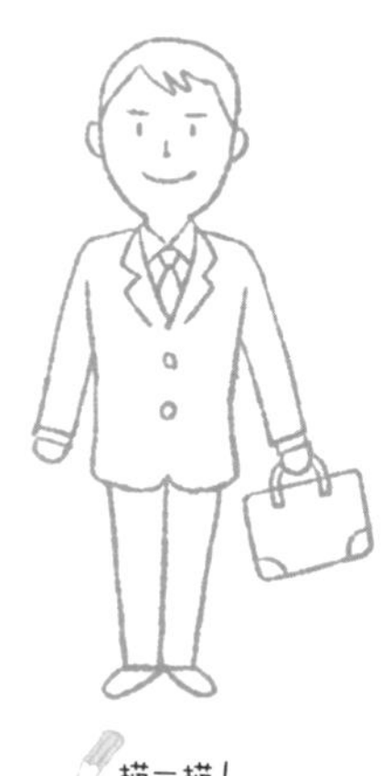

【媽媽】

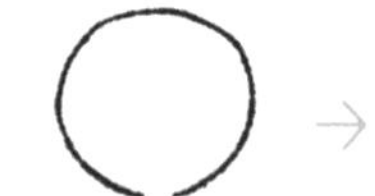
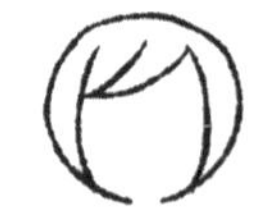
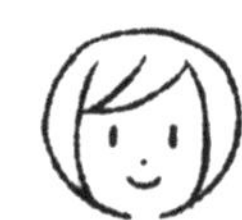

畫一個圓圓的頭 → 橫向瀏海的短髮 → 畫出表情

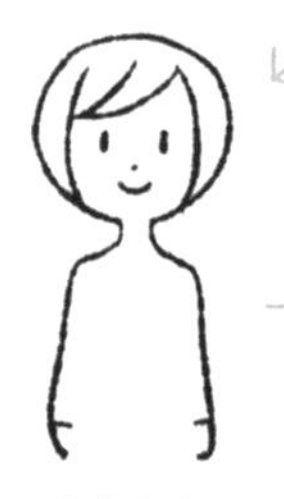
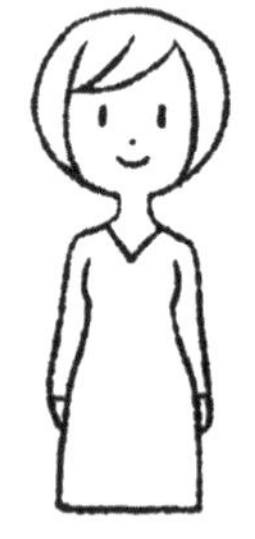
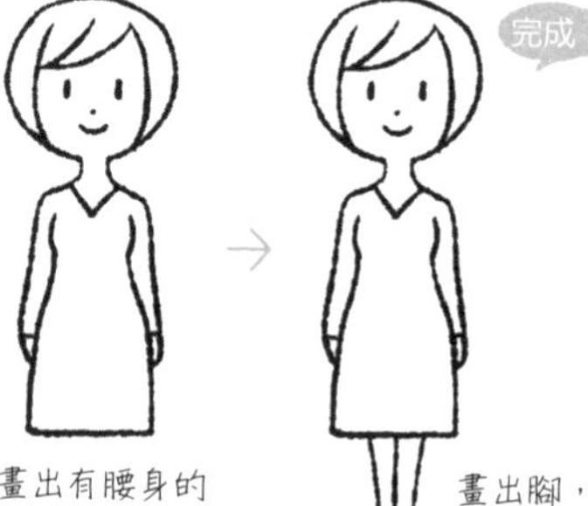

從脖子畫出雙臂線條 → 畫出有腰身的身體 → 畫出腳，完成！

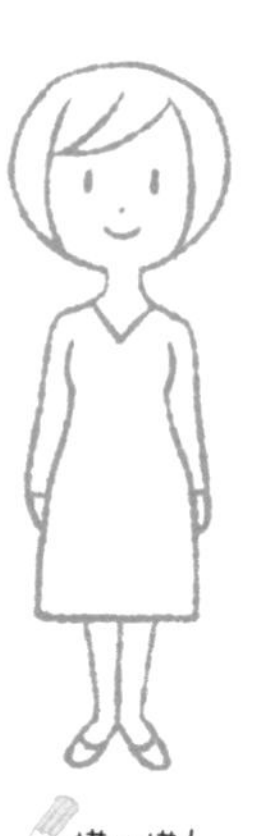

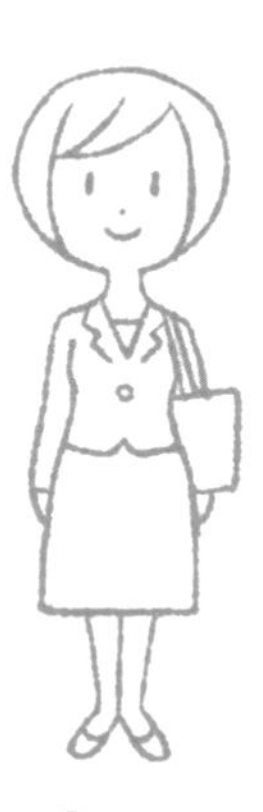
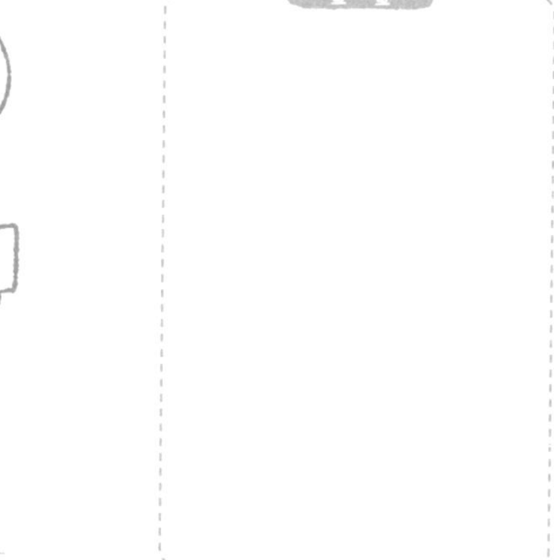

【爺爺】

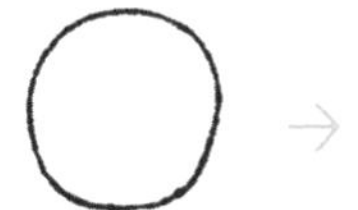

畫一個圓圓的頭

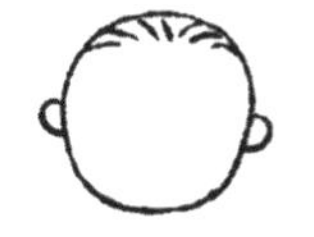

畫出往後梳的頭髮，加上耳朵

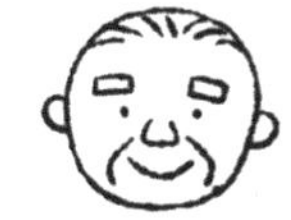

畫出粗眉表情

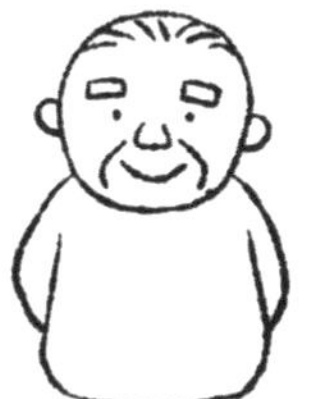

手放後面的胖胖上半身

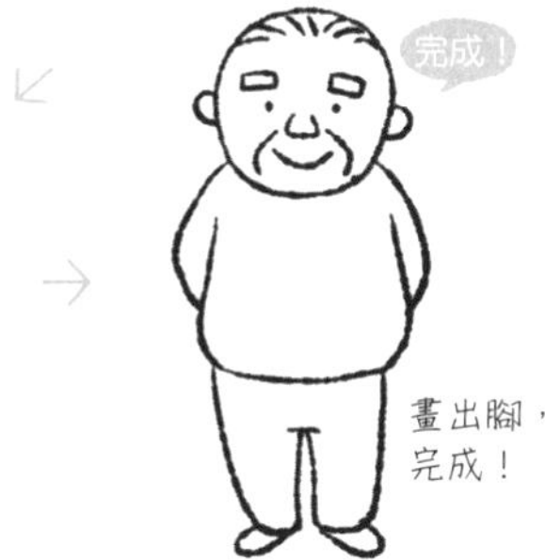

畫出腳，完成！

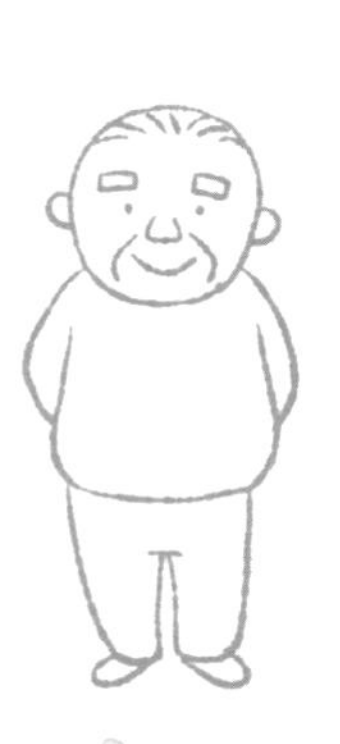

描一描！

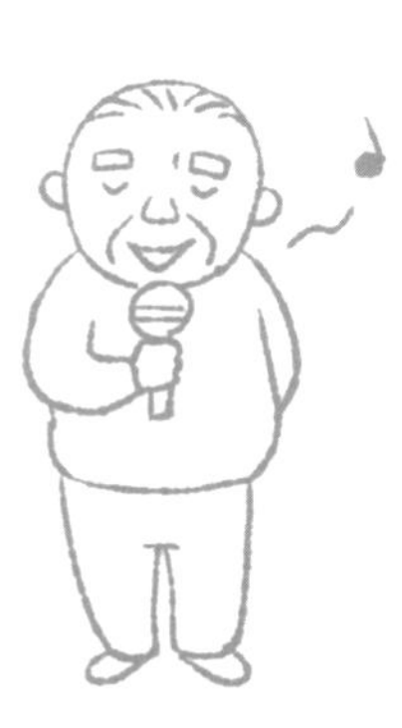

描一描！

【奶奶】

圓圓的頭，加上捲髮

畫出微笑的表情

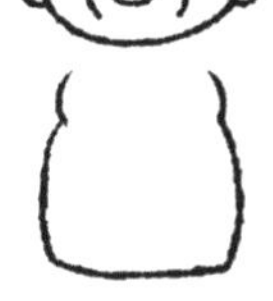

寬鬆身形的連身裙

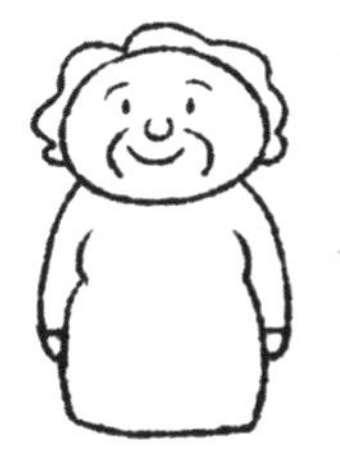

畫出手臂

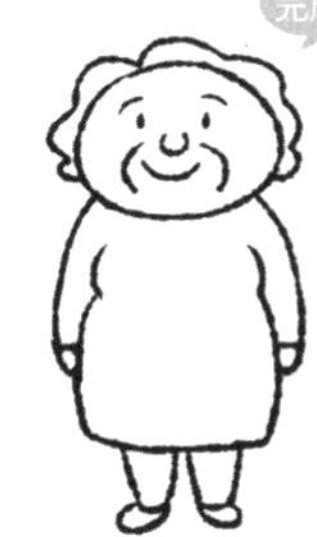

畫出腳，完成！

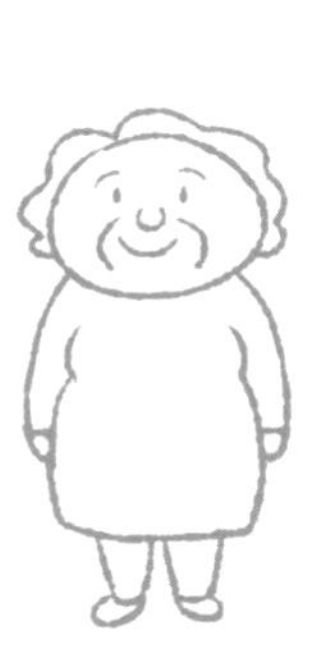

描一描！

描一描！

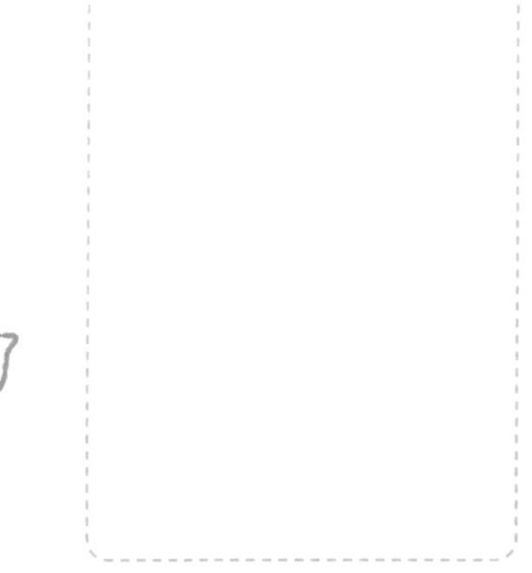

【開領套衫】

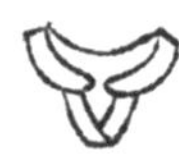

畫出衣領和開口

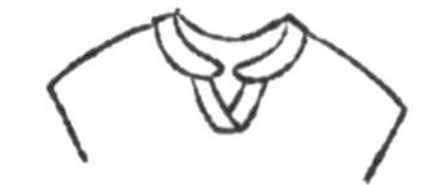

加上兩邊袖子

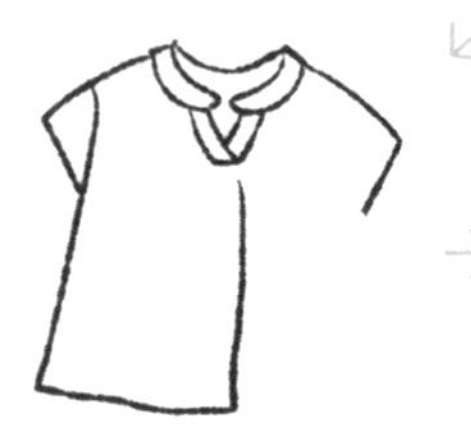

先畫出一邊，表現打褶

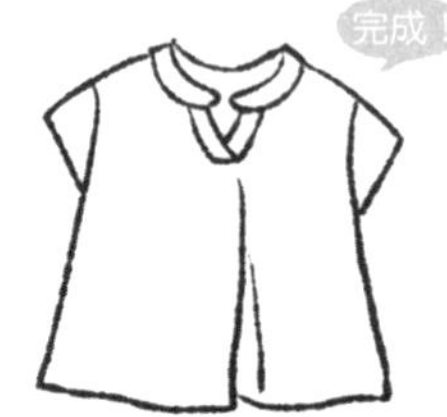

畫出剩下的另一邊，完成！

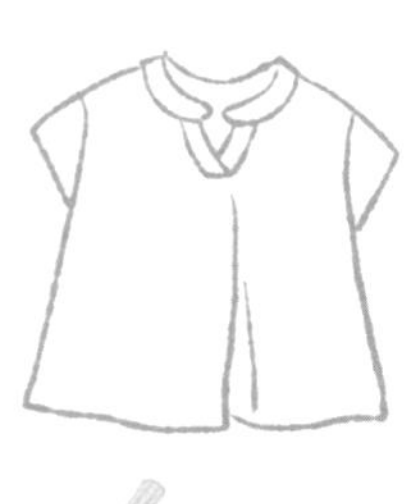

描一描！

【圓領開襟衫】

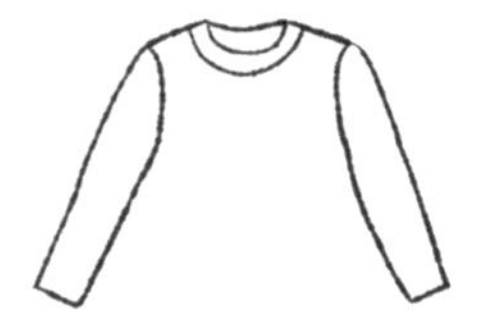

畫出圓領、肩線和兩邊袖子

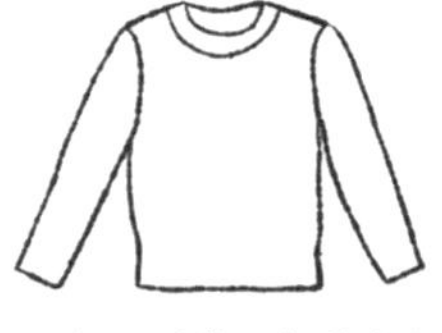

加上側邊和衣襬線條

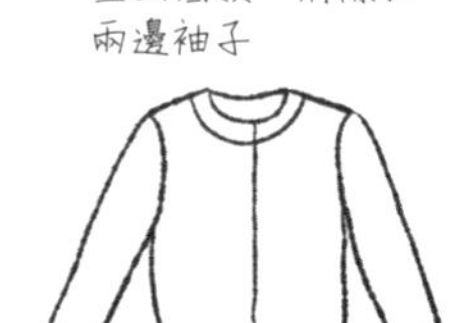

稍微偏移的中心線和羅紋

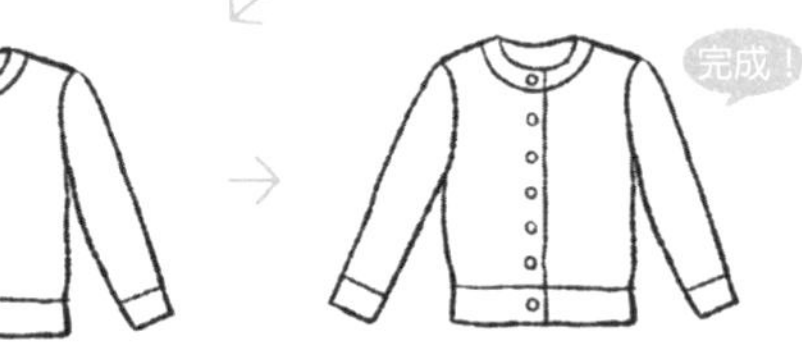

在中間畫出鈕扣，完成！

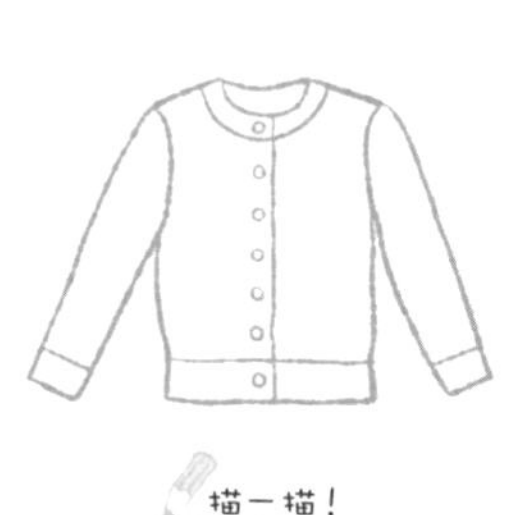

描一描！

【牛仔外套】

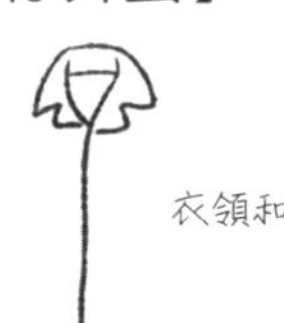

衣領和中心線

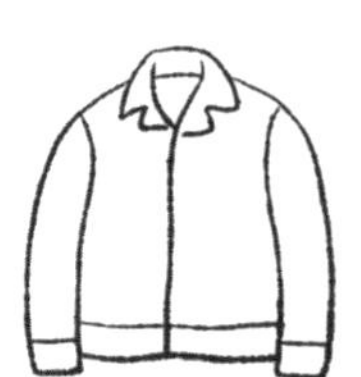

畫出兩邊袖子和衣襬

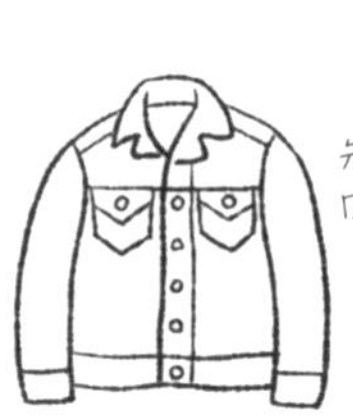

先畫出胸前口袋和鈕扣

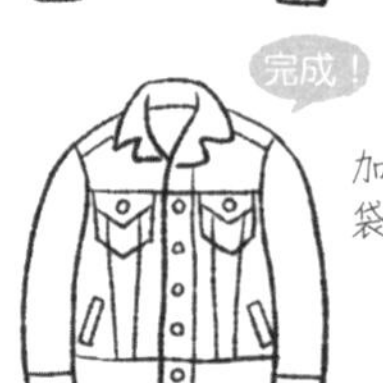

加上繡線和口袋，完成！

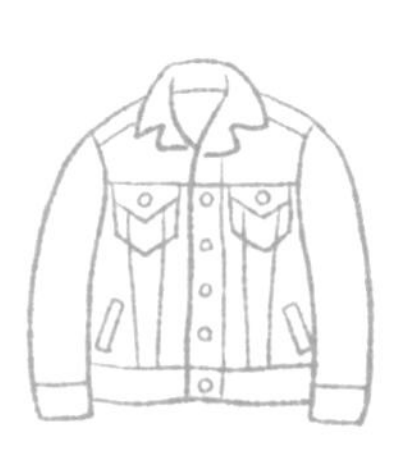

描一描！

【連帽衣】

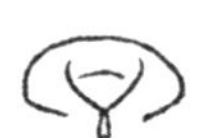

畫出有厚度的連帽

袖子和前上身

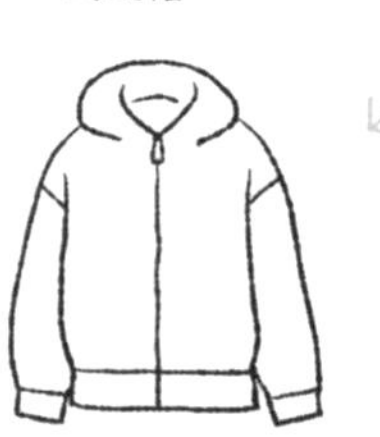

畫出肩膀、袖子、衣襬和拉鍊的線

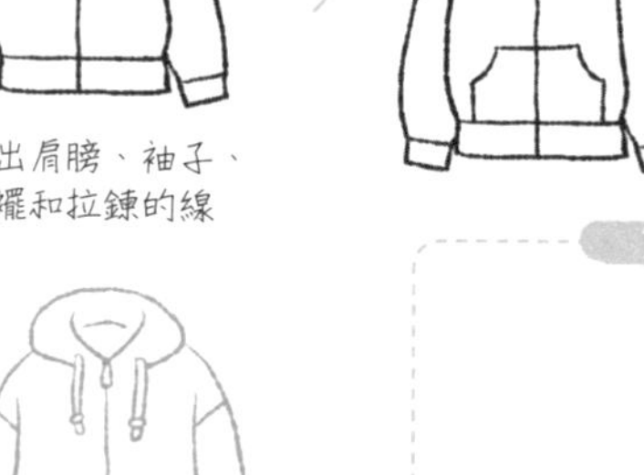

加上繩子和口袋，完成！

描一描！

【短褲】

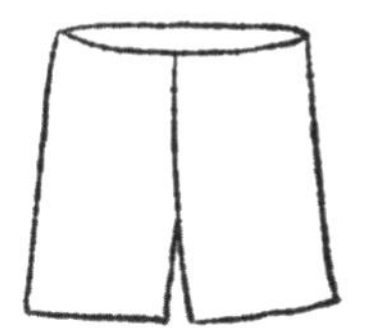

畫出腰部的橢圓形，
加上兩隻褲管

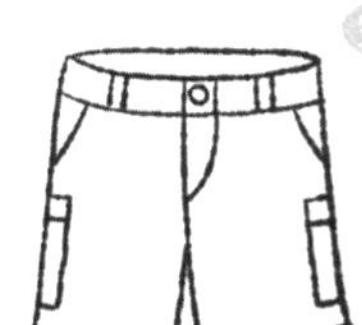

腰部皮帶部分

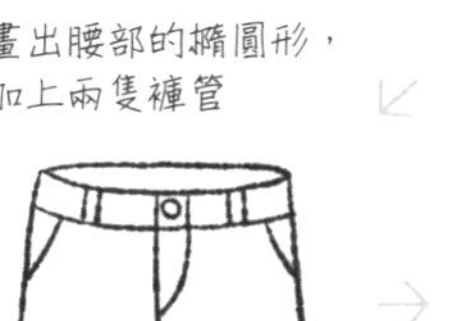

畫上口袋等細節

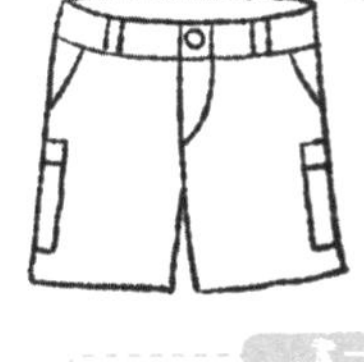

加上側邊口
袋，完成！

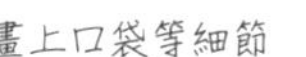

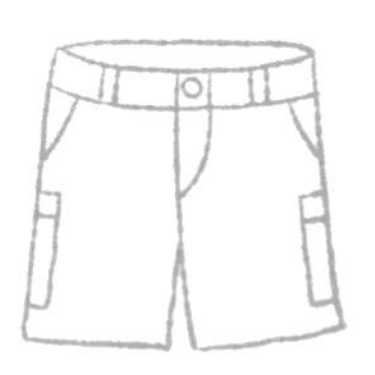

描一描！

【百褶裙】

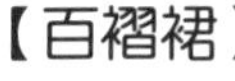

圓弧狀腰帶

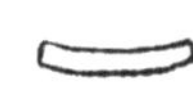

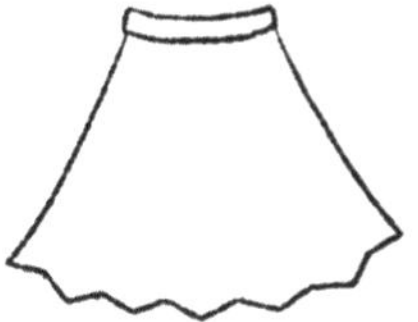

下襬為鋸齒狀的裙子

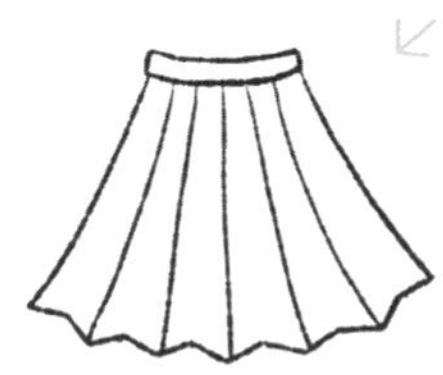

從鋸齒狀突出部分畫
出一條線

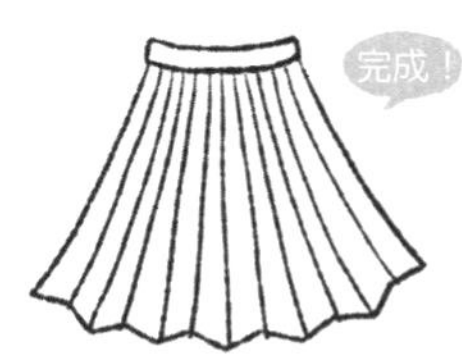

中間加上從鋸齒狀凹陷
部分畫出的線，完成！

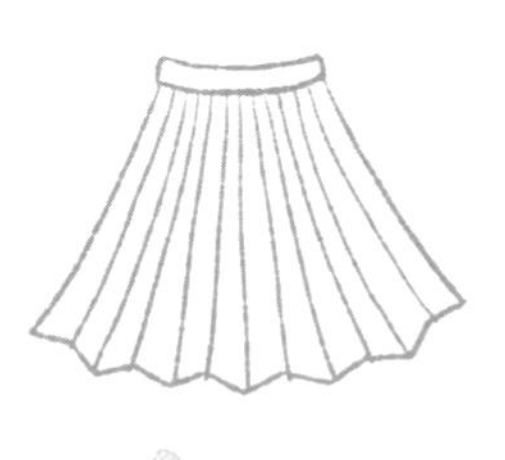

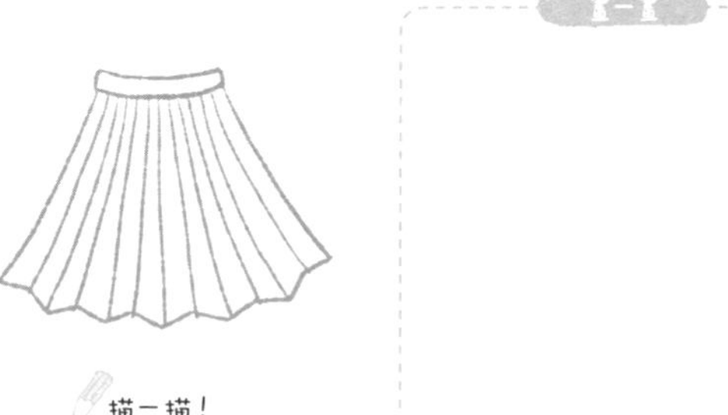

描一描！

【寬襬褲】

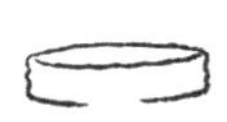

隋圓形和中間不連線
勺腰帶

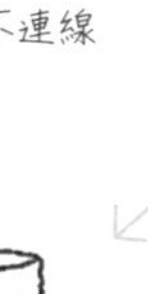

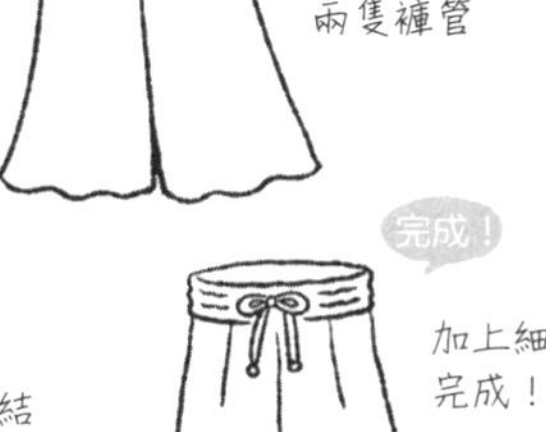

畫出呈傘狀的
兩隻褲管

加上
蝴蝶結

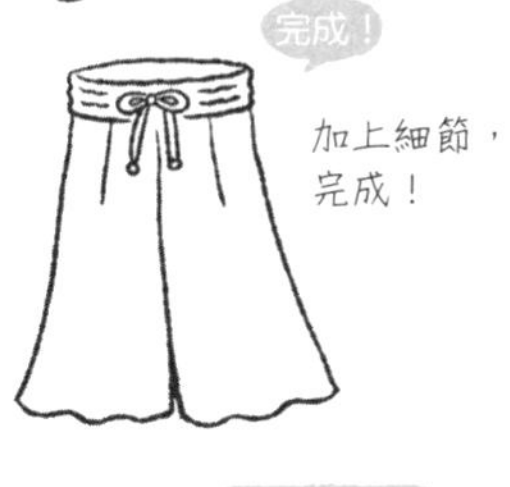

加上細節，
完成！

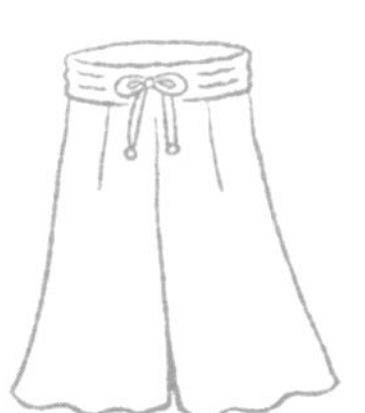

描一描！

【傘狀裙】

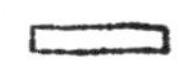

直條狀的腰帶

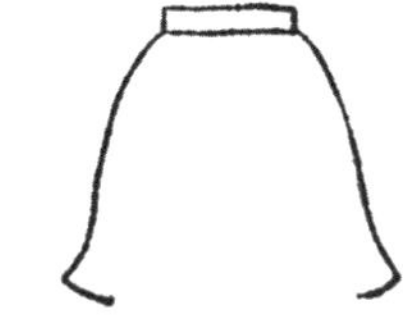

鐘形的
兩側線條

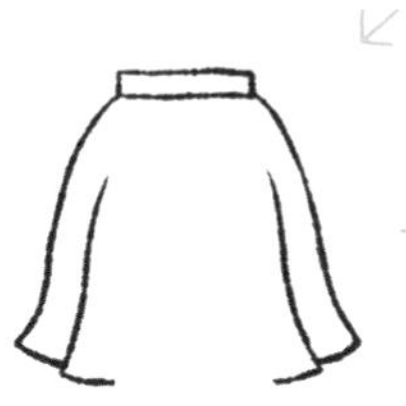

左右加上褶襬

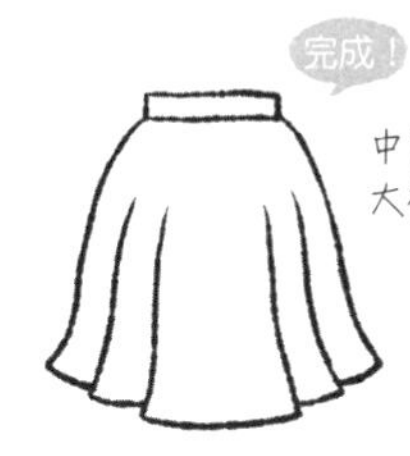

中間畫一個
大褶襬，完成！

描一描！

【Polo 衫】

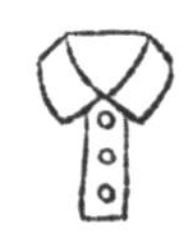

衣領和鈕扣

畫出袖口

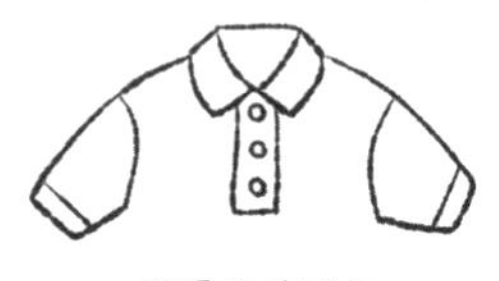

有羅紋的短袖

完成！

畫出側邊和衣襬，完成！

描一描！

畫一畫

【V 領毛衣】

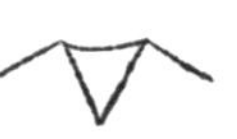

V 領和肩線

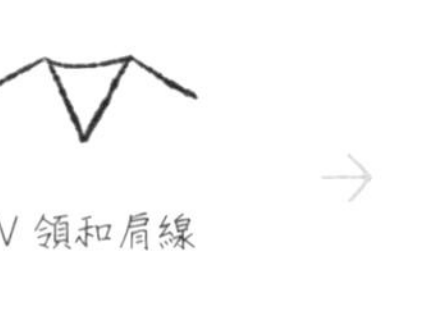

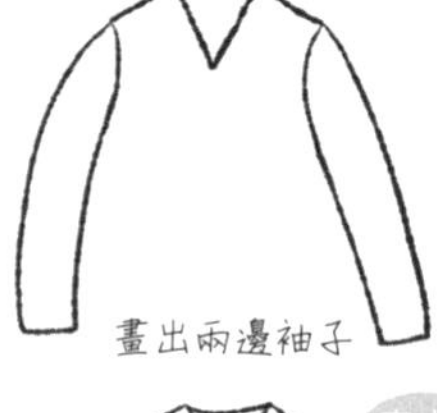

畫出兩邊袖子

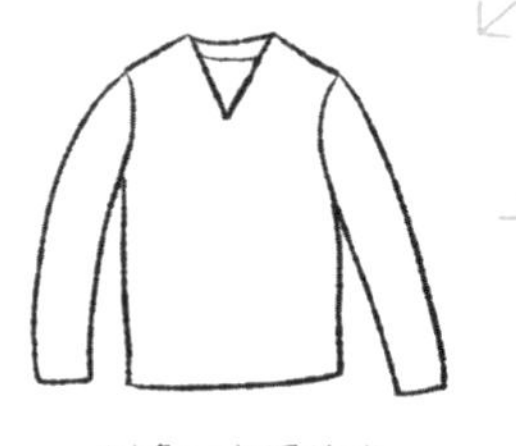

側邊和衣襬線條

完成！

畫出羅紋，完成！

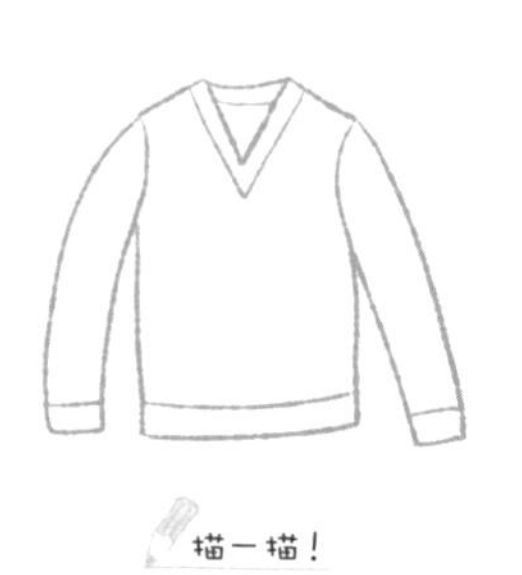

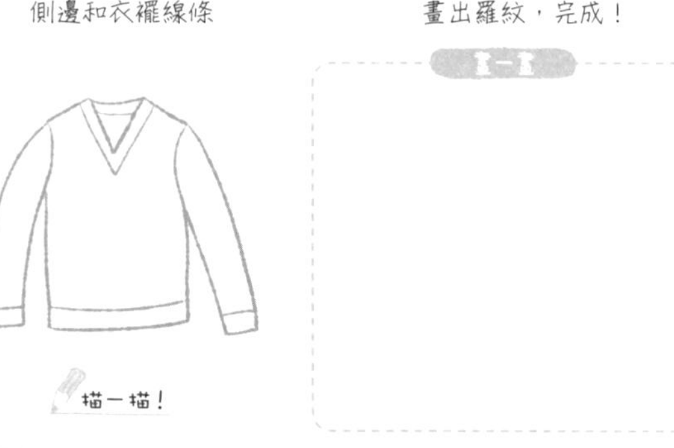

描一描！

畫一畫

【襯衫】

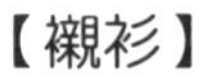

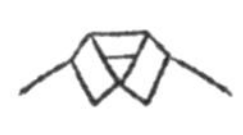

襯衫衣領和肩線

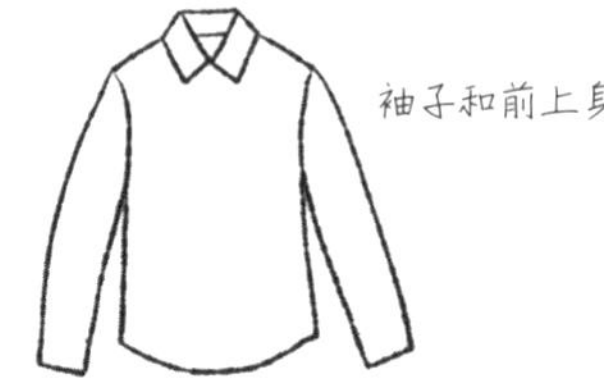

袖子和前上身

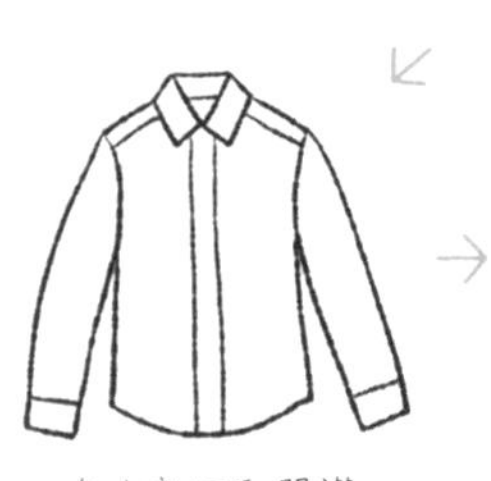

加上袖口和門襟的線條

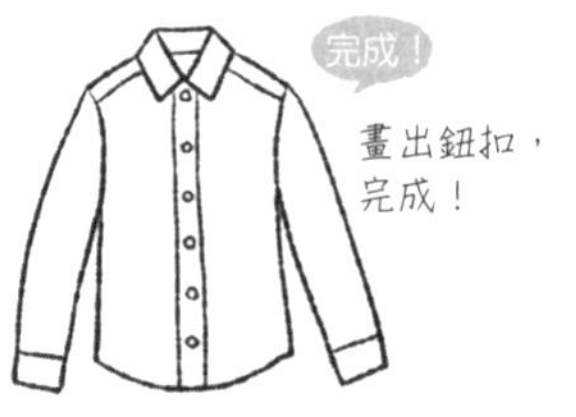

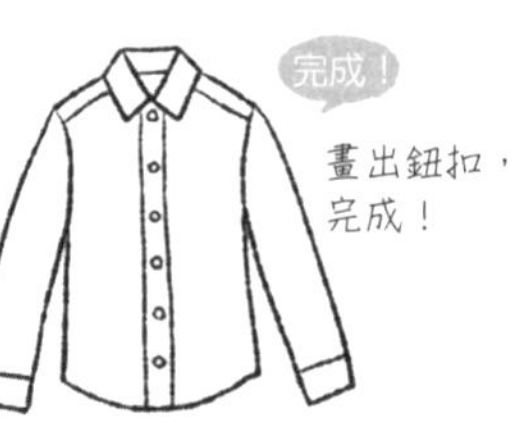

完成！

畫出鈕扣，完成！

畫一畫

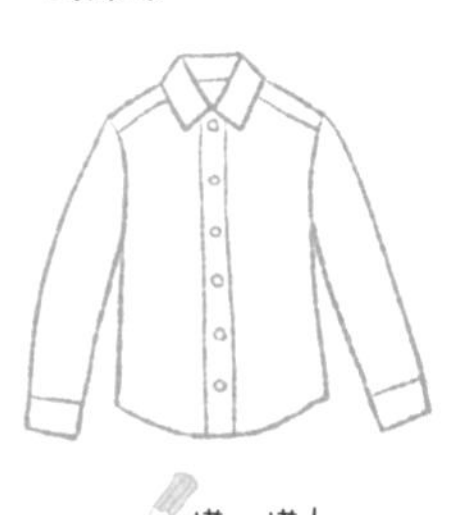

描一描！

【外套】

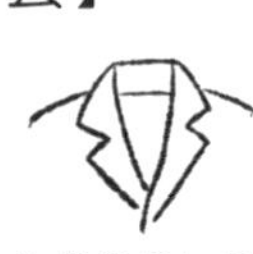

外套衣領和肩線

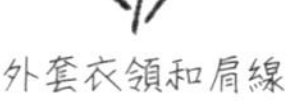

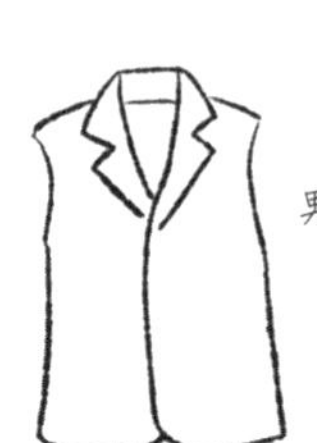

男生外套左邊在上

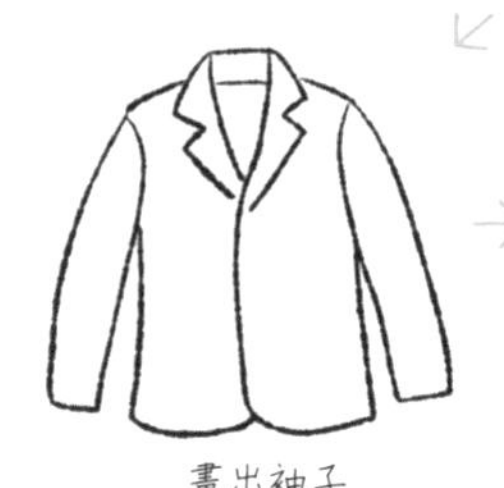

畫出袖子

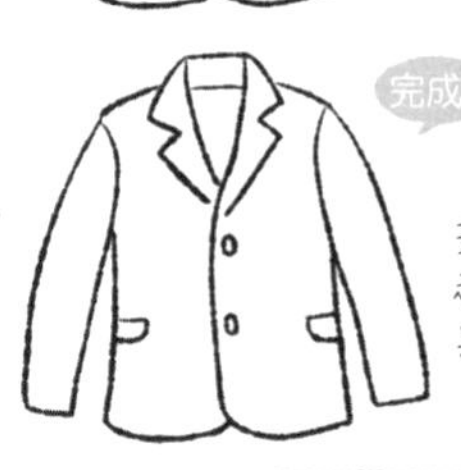

完成！

畫出鈕扣和口袋，完成！

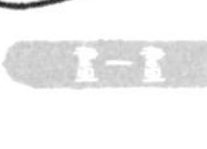

畫一畫

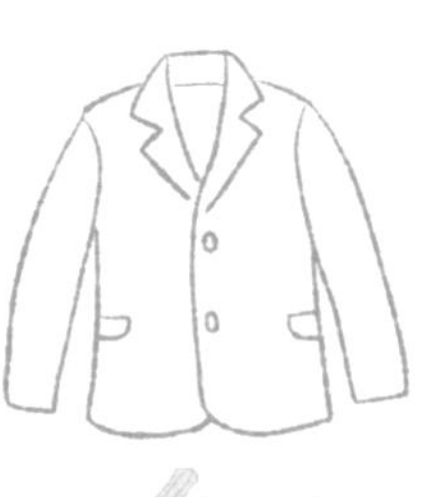

描一描！

【西裝褲】

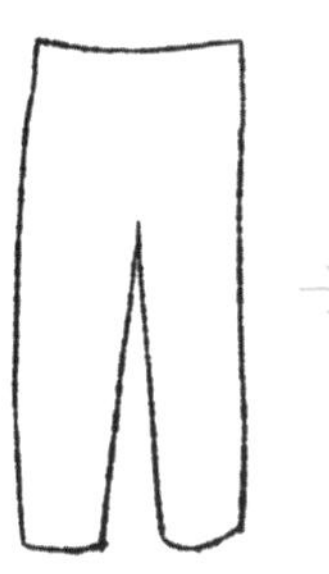

褲子輪廓

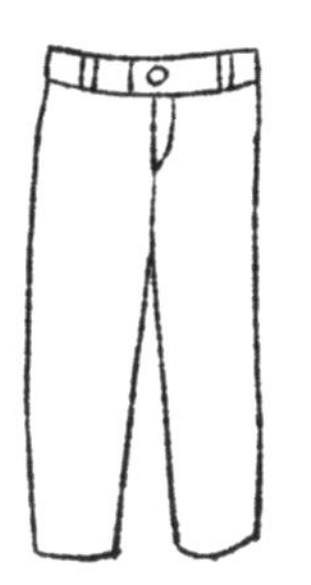

加上皮帶和拉鍊

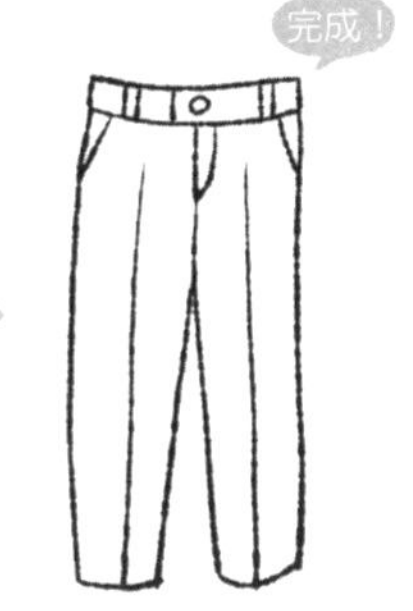

加上斜口袋和褶痕，完成！

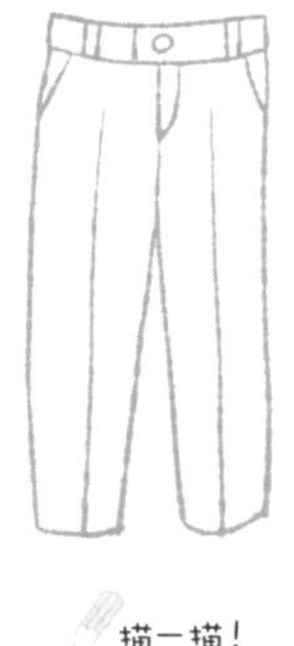

描一描！

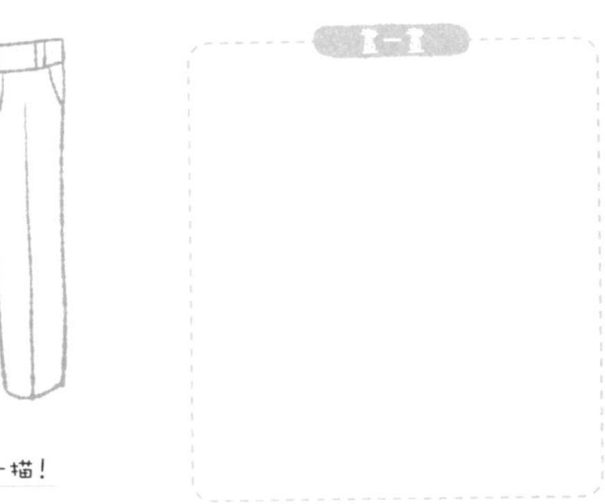

【牛仔褲】

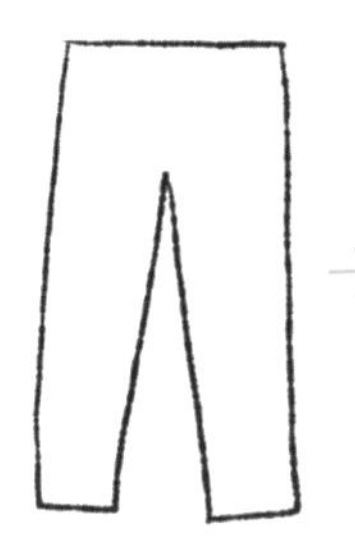

褲子輪廓

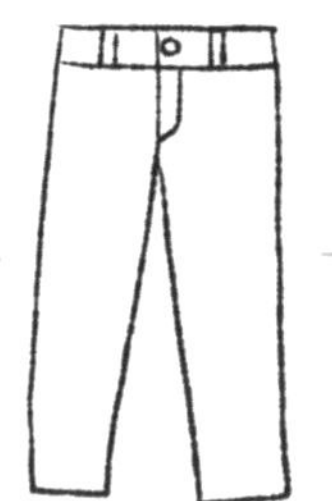

加上皮帶和拉鍊

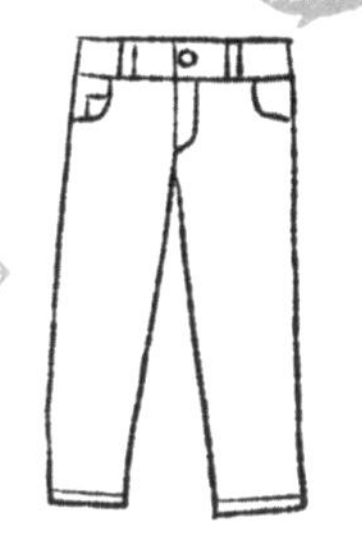

加上口袋和褲襬的繡線，完成！

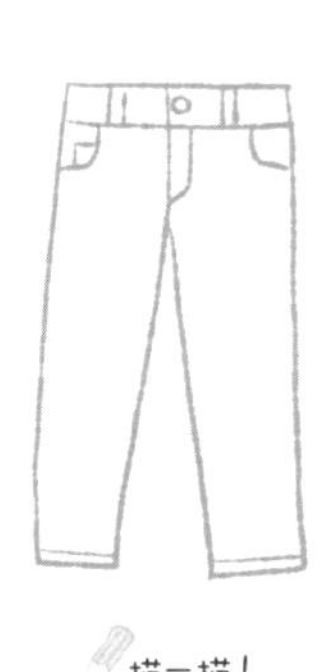

描一描！

【風衣外套】

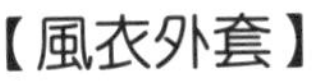

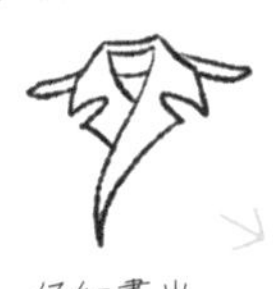

仔細畫出領子形狀

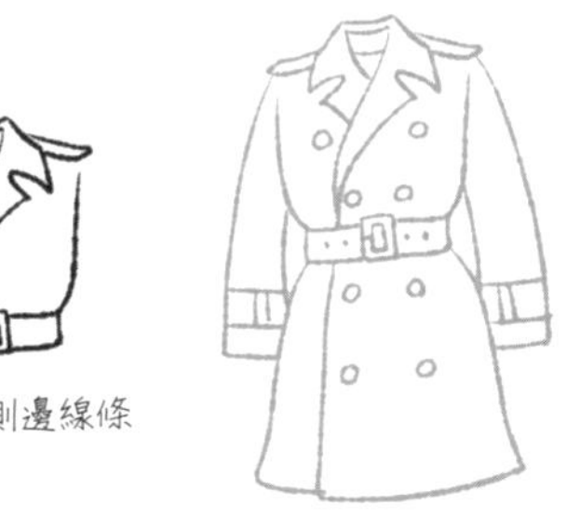

皮帶和側邊線條

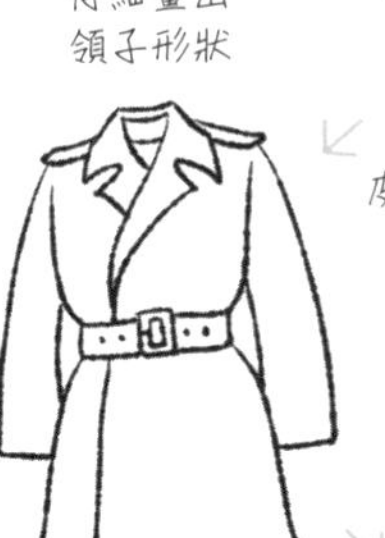

畫出袖子和皮帶以下部分

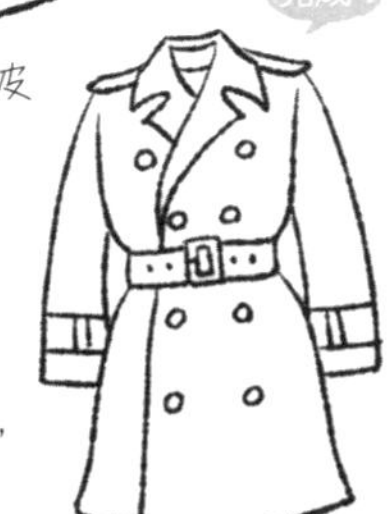

加上細節，完成！

描一描！

【牛角扣外套】

畫出連帽

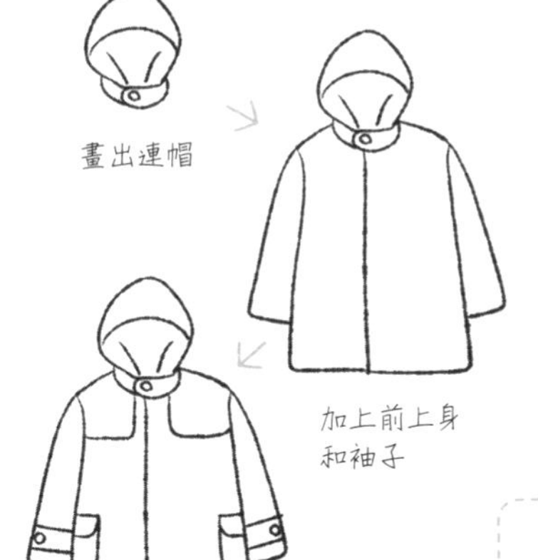

加上前上身和袖子

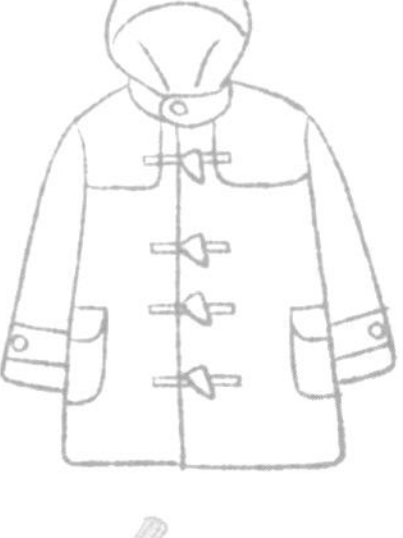

描一描！

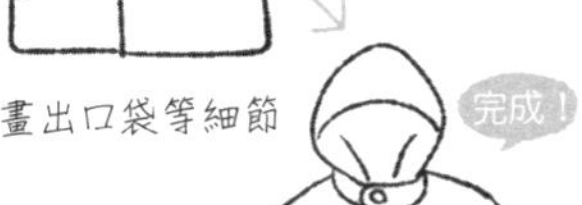

畫出口袋等細節

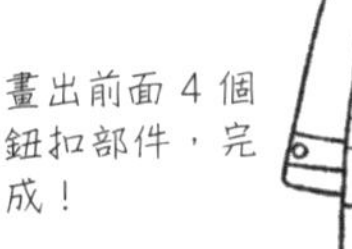

畫出前面 4 個鈕扣部件，完成！

【圍巾】

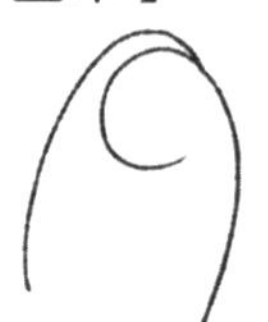

一邊圓弧的
2 條曲線

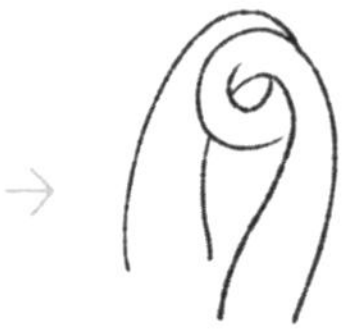

畫出連結的部分

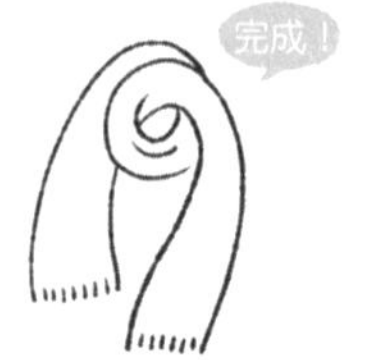
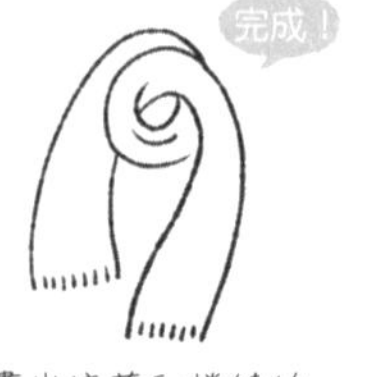

畫出流蘇和捲繞的
樣子，完成！

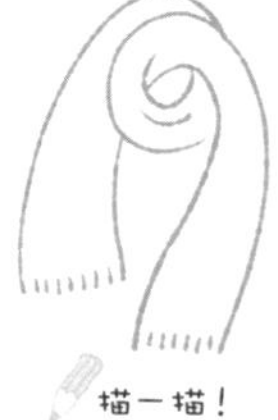

描一描！

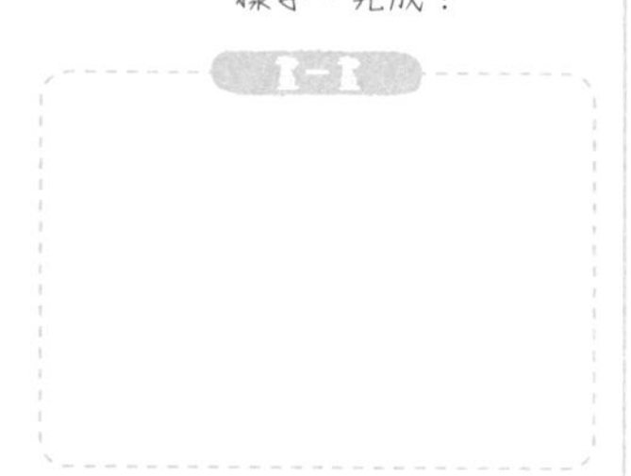

【肩背包 1】

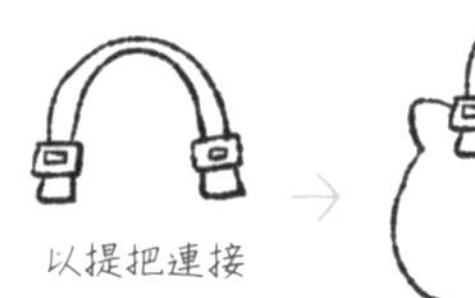

2 個金屬配件

以提把連接

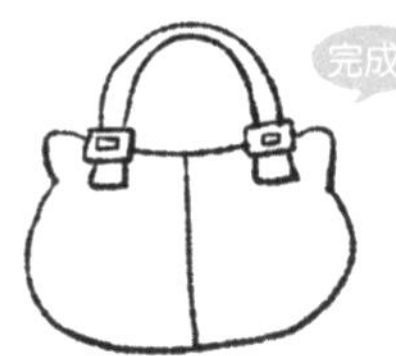

畫出包包本體，完成！

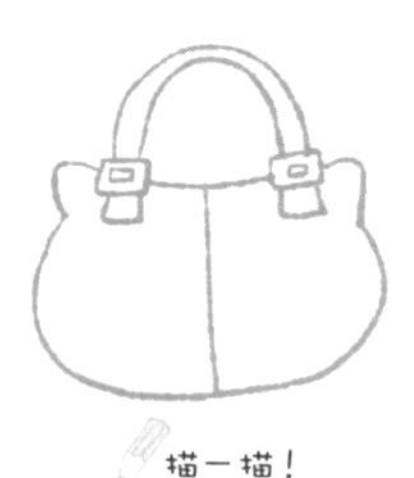
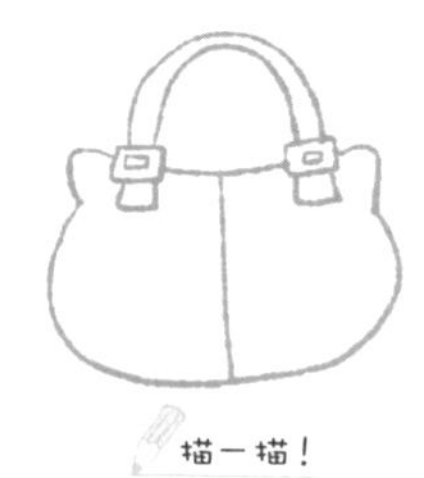

描一描！

【托特包】

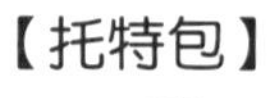
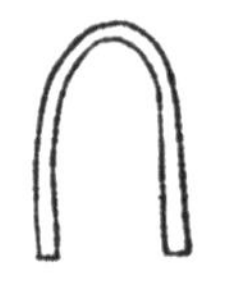

肩背的長提帶

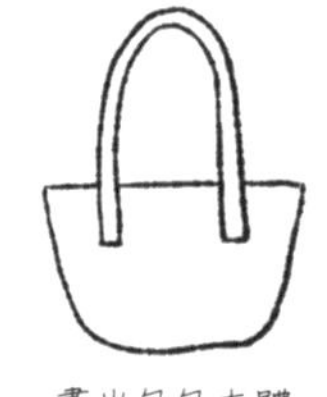

畫出包包本體

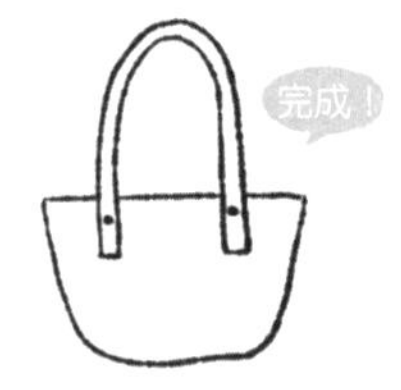

畫出鎖扣，完成！

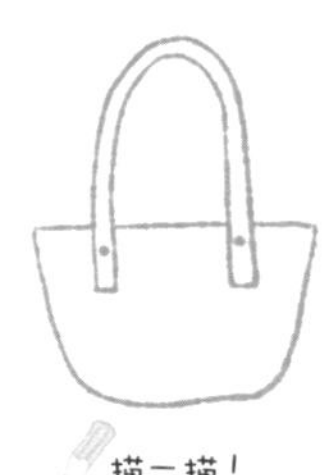

描一描！

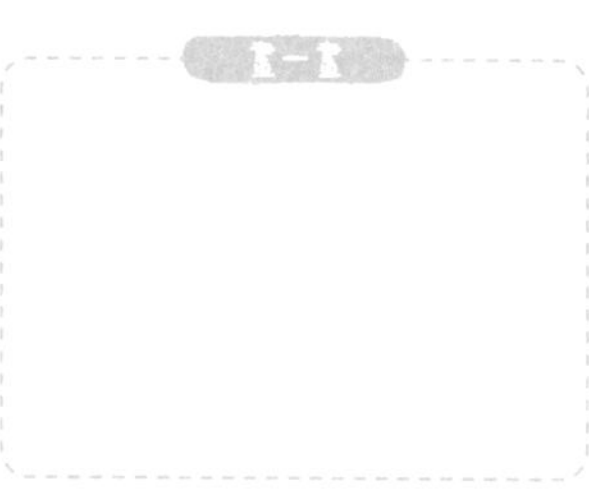

【肩背包 2】

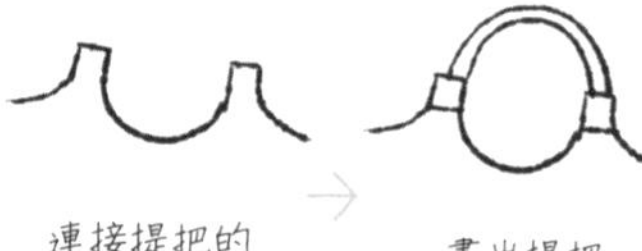

連接提把的
部分

畫出提把

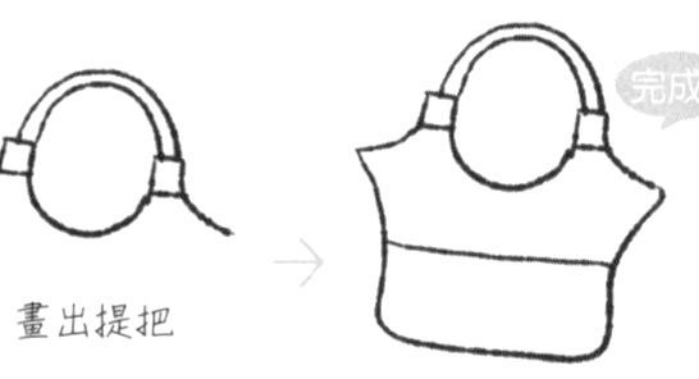

畫出橫向擴展的
本體，完成！

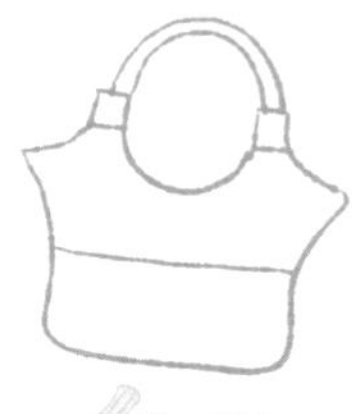

描一描！

【肩背包 3】

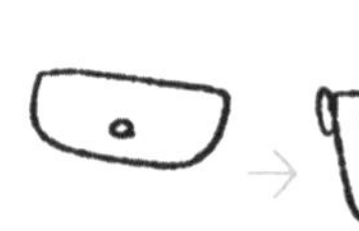

畫出掀蓋

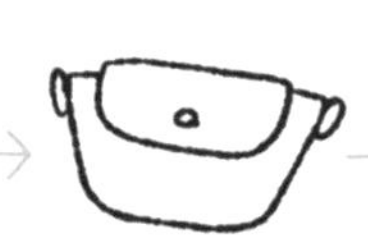

本體和鎖扣

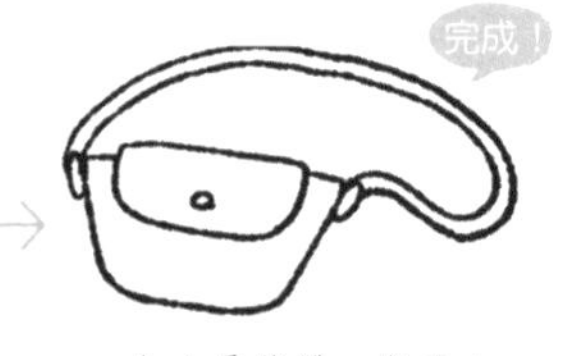

加上長背帶，完成！

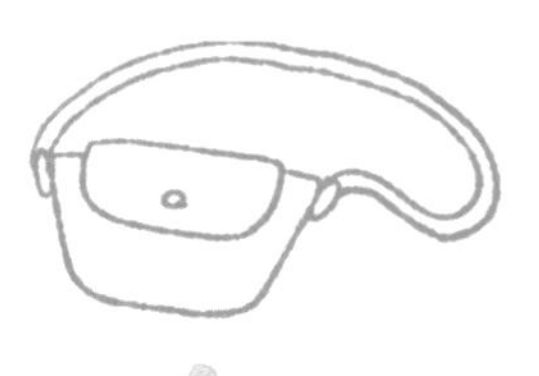

描一描！

【手提包】

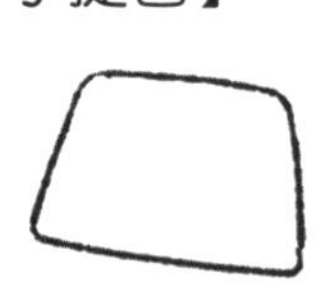

畫一個圓角梯形

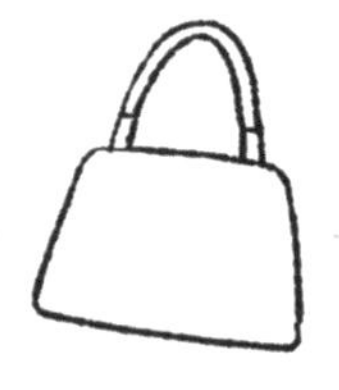

加上提把

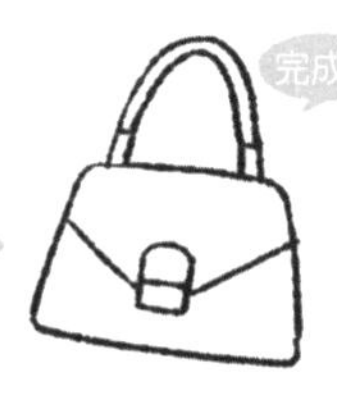

畫出包包開口，
完成！

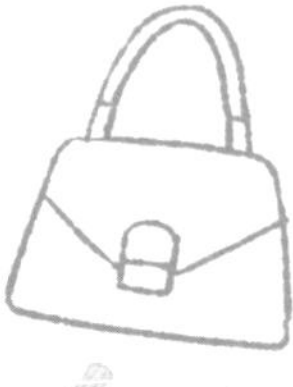

描一描！

【靴子】

完成！

側面長靴 → 裡面再一隻 → 畫出細節，完成！

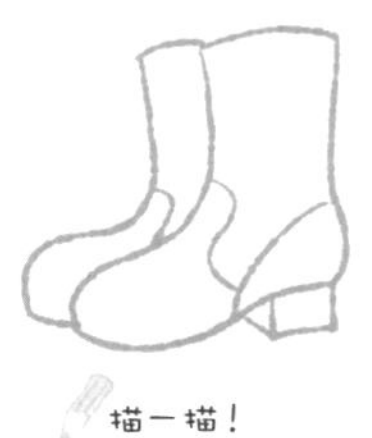

描一描！

【穆勒鞋】

完成！

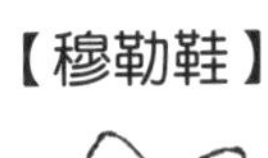

先畫一個緞帶蝴蝶結 → 畫出腳形與緞帶蝴蝶結連接 → 旁邊再畫一隻，完成！

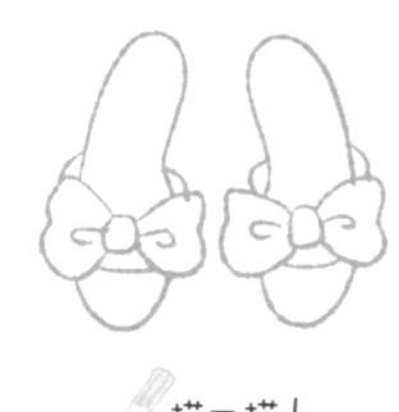

描一描！

【涼鞋】

完成！

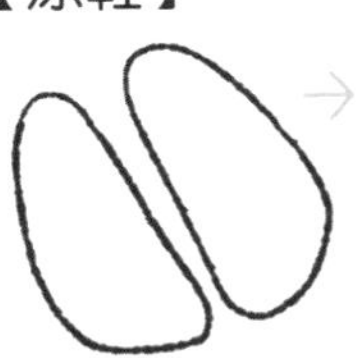

畫出左右腳形

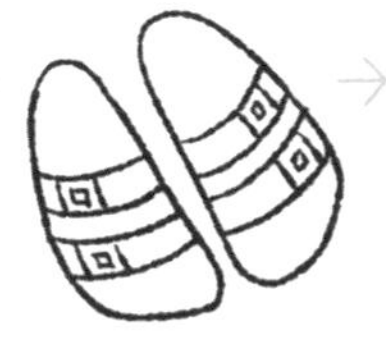

各加上 2 條鞋帶

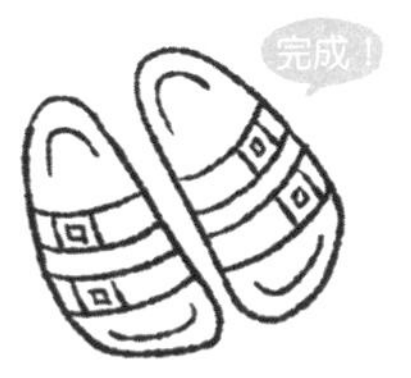

畫出凹陷處，完成！

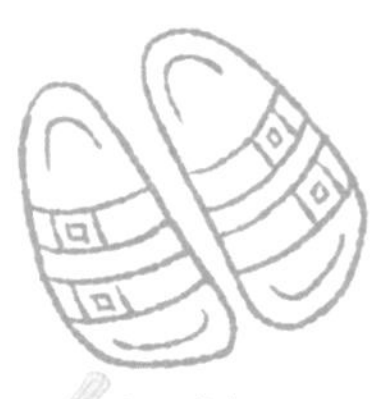

描一描！

【帆布鞋】

完成！

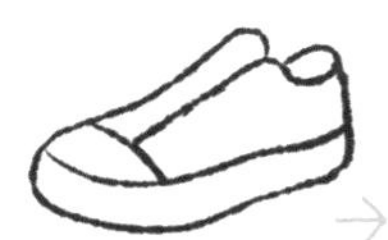

帆布鞋底

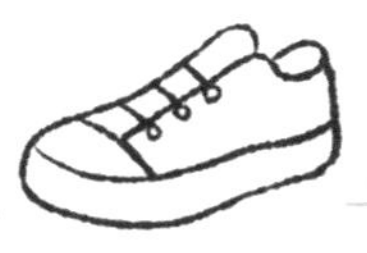

加上鞋繩

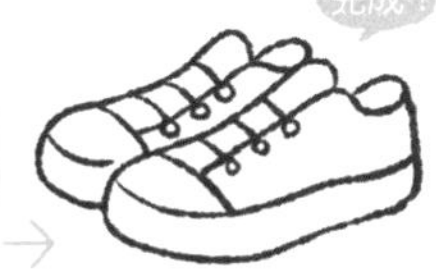

旁邊再畫一隻，完成！

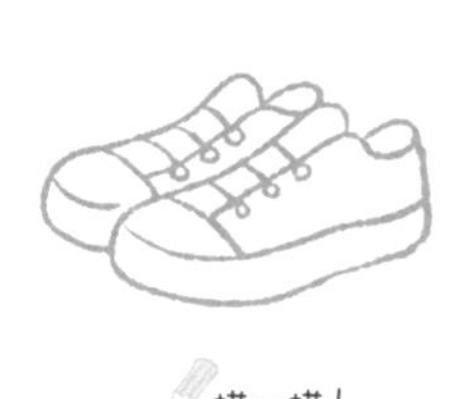

描一描！

【皮帶】

完成！

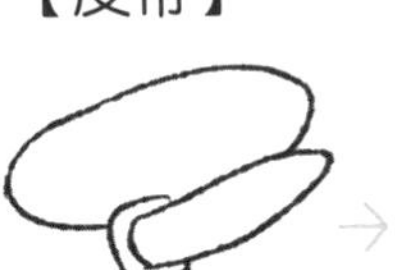

畫出皮帶前端後，圈成一個橢圓形

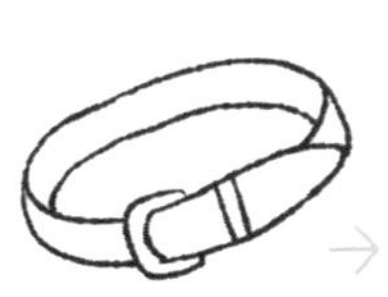

畫上內側和外側

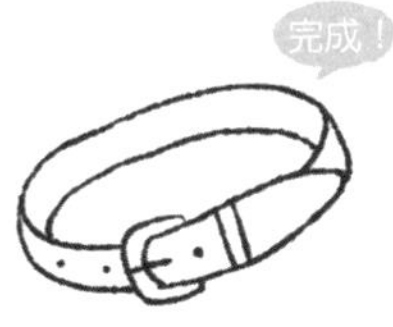

畫出皮帶孔洞和金屬配件，完成！

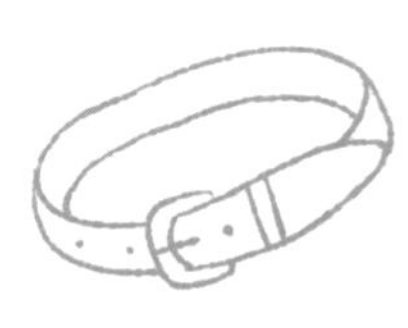

描一描！

【襪子】

完成！

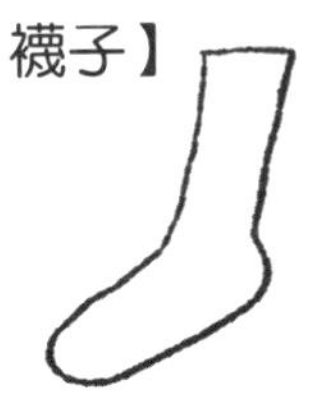

一個襪形

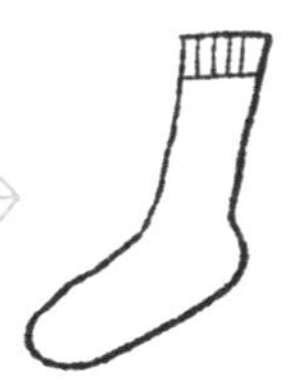

畫出襪口羅紋

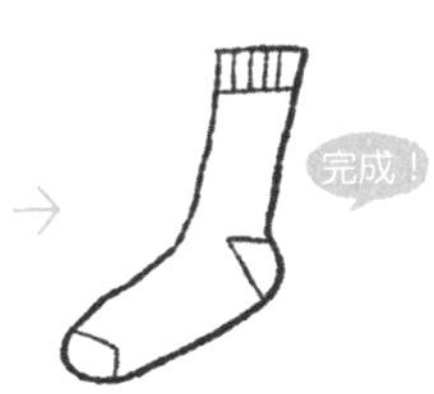

畫出腳尖和腳跟的線條，完成！

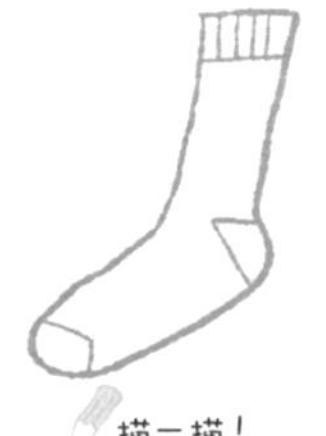

描一描！

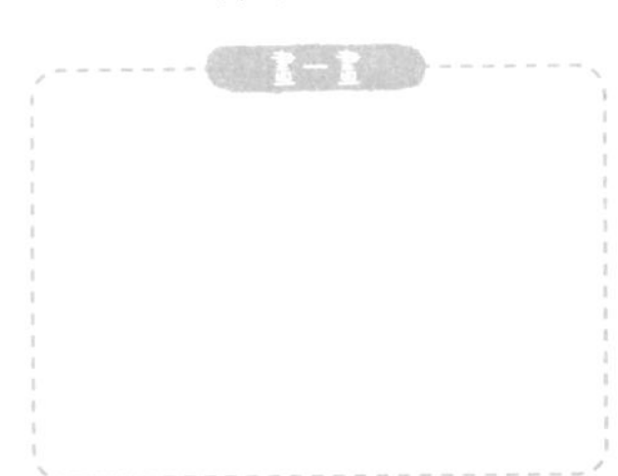

【春季穿搭】

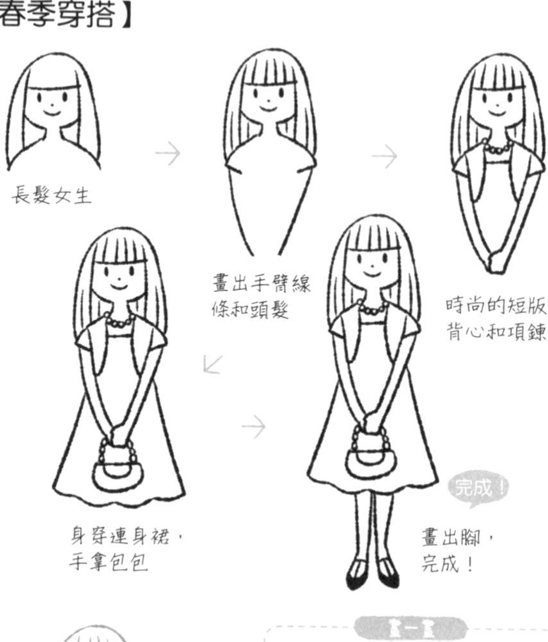
長髮女生
畫出手臂線條和頭髮
時尚的短版背心和項鍊

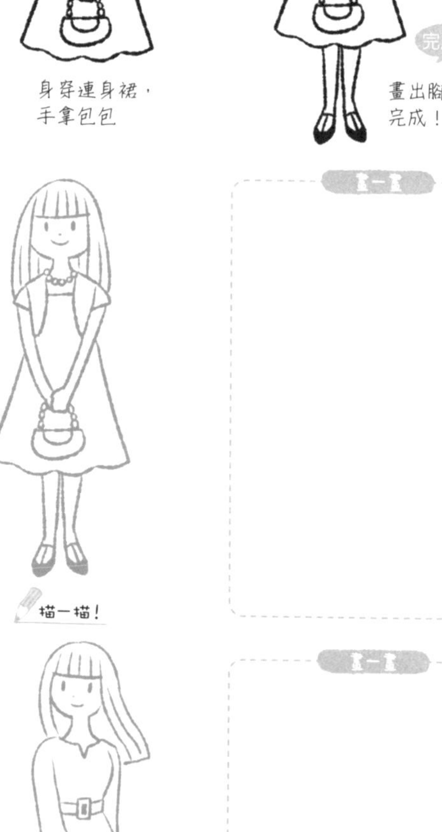
身穿連身裙，手拿包包
完成！
畫出腳，完成！
描一描！

描一描！

【夏季穿搭】

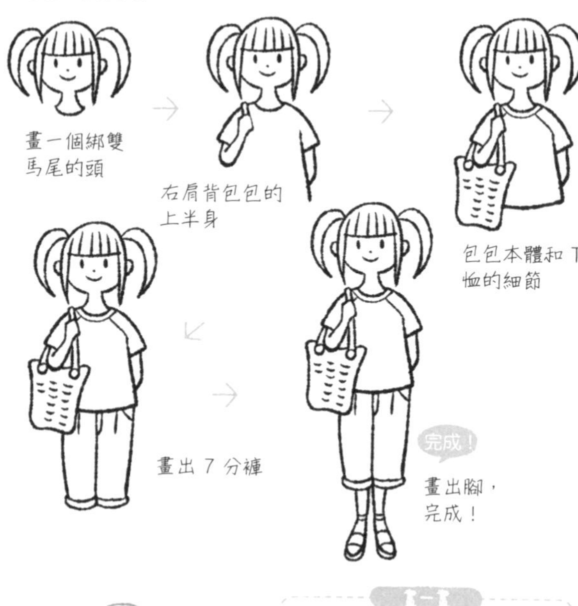
畫一個綁雙馬尾的頭
右肩背包包的上半身
包包本體和T恤的細節
畫出7分褲
完成！
畫出腳，完成！

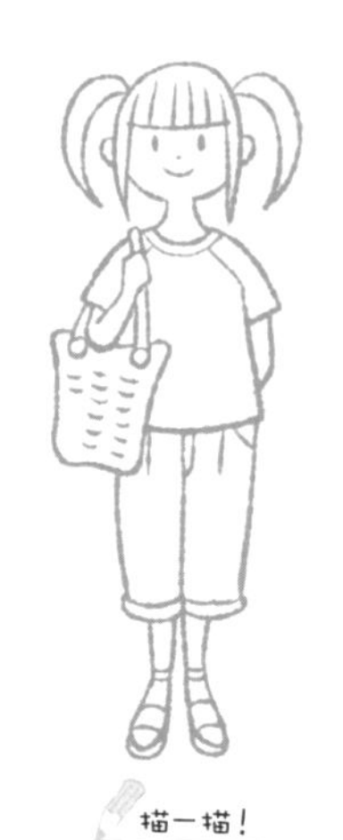
描一描！

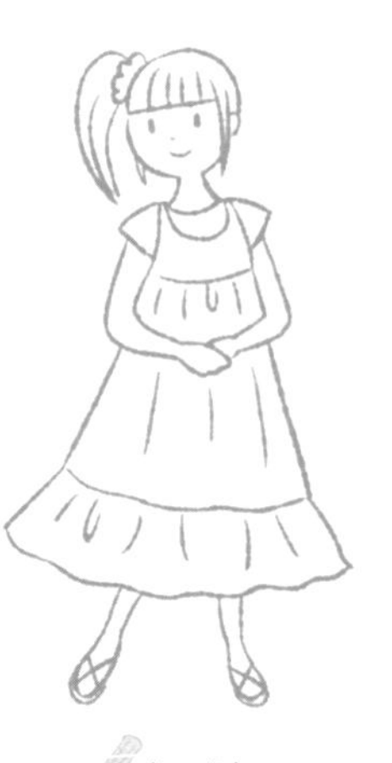
描一描！

【秋季穿搭】

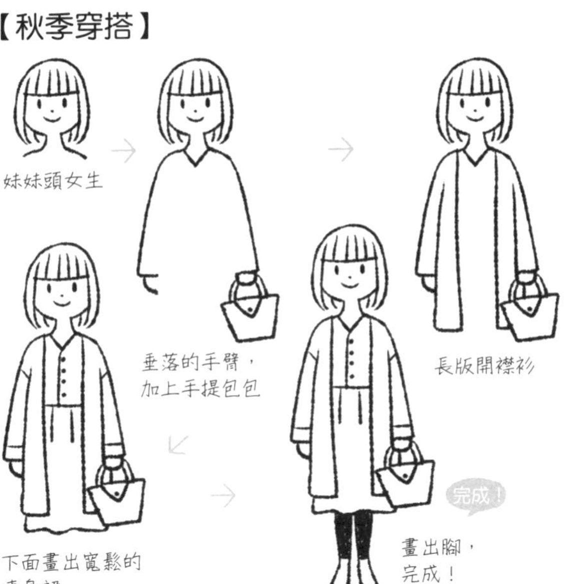
妹妹頭女生
垂落的手臂，
加上手提包包
長版開襟衫
下面畫出寬鬆的
連身裙
畫出腳，
完成！
完成！

【冬季穿搭】

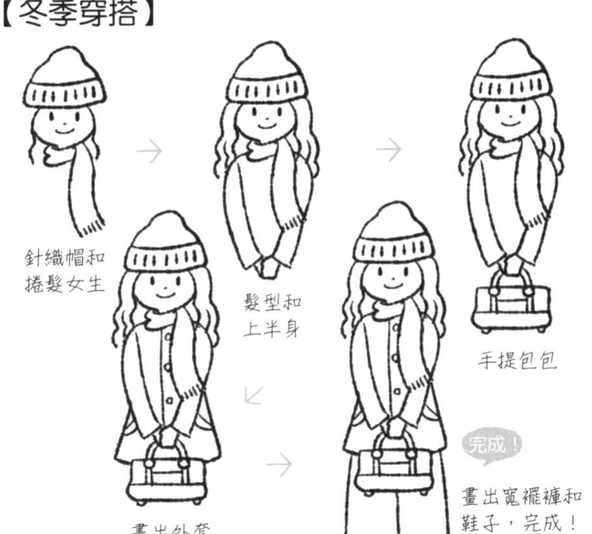
針織帽和
捲髮女生
髮型和
上半身
手提包包
畫出外套
畫出寬褲和
鞋子，完成！
完成！

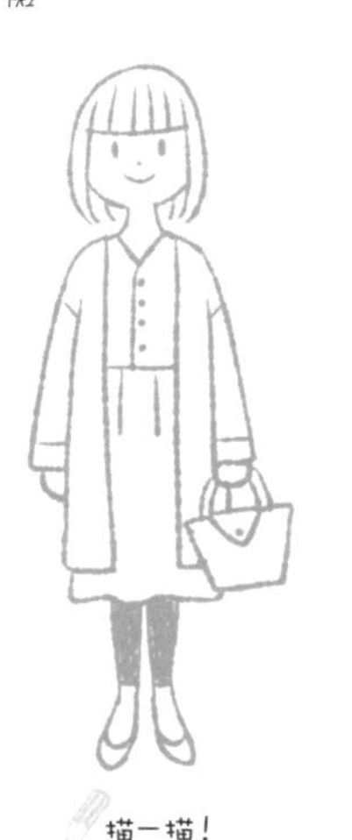
描一描！

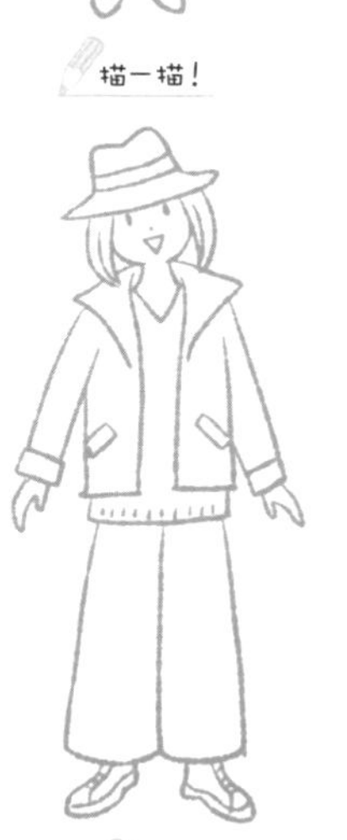
描一描！

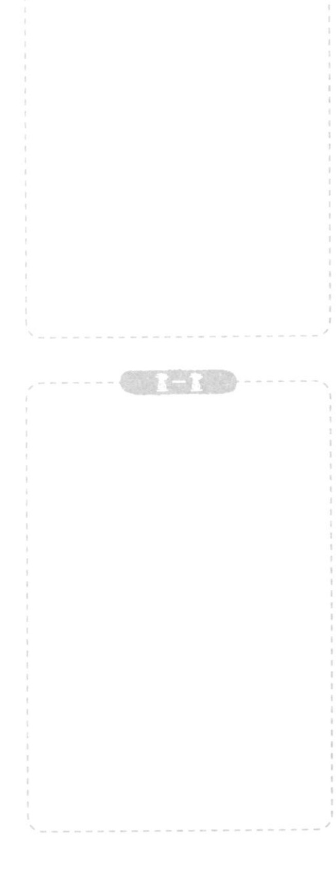

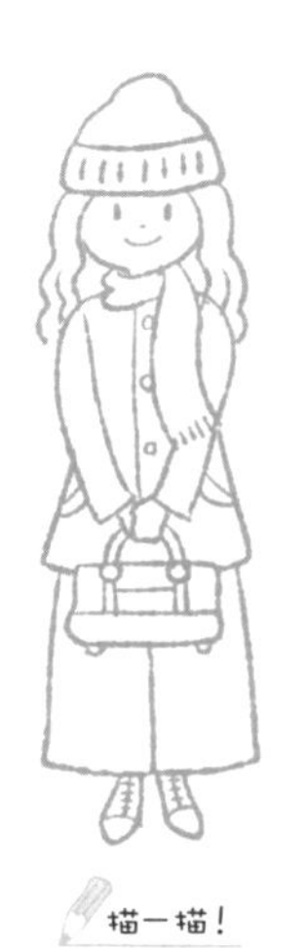
描一描！

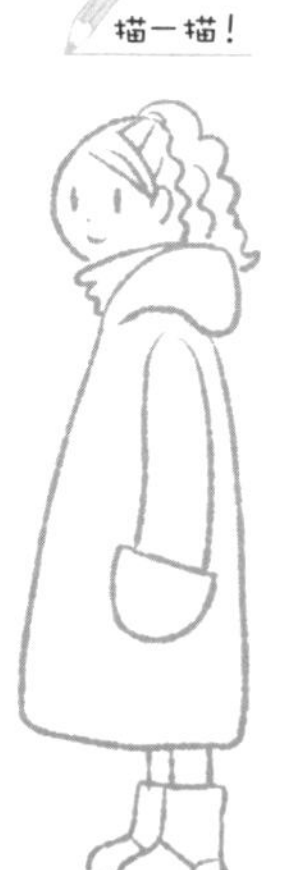

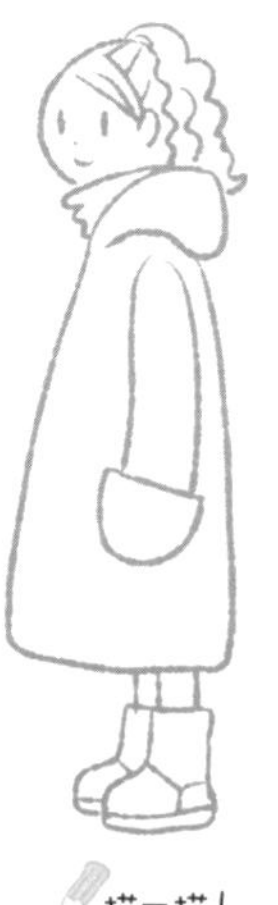
描一描！

【正面坐著】

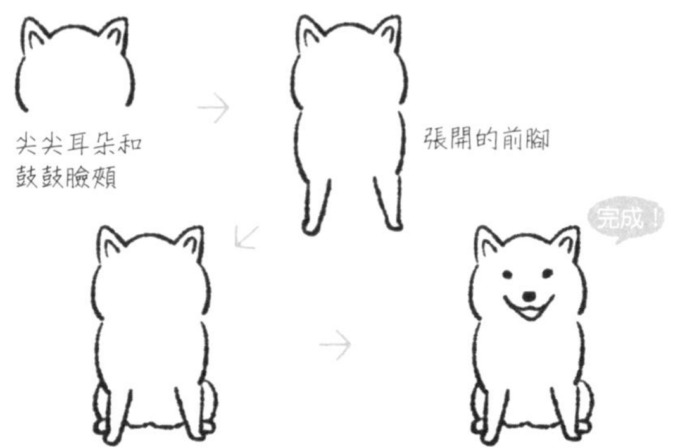

尖尖耳朵和
鼓鼓臉頰

張開的前腳

後面可見、坐著的腳

加上眼睛、鼻子、嘴巴，完成！

描一描！

【側面坐著】

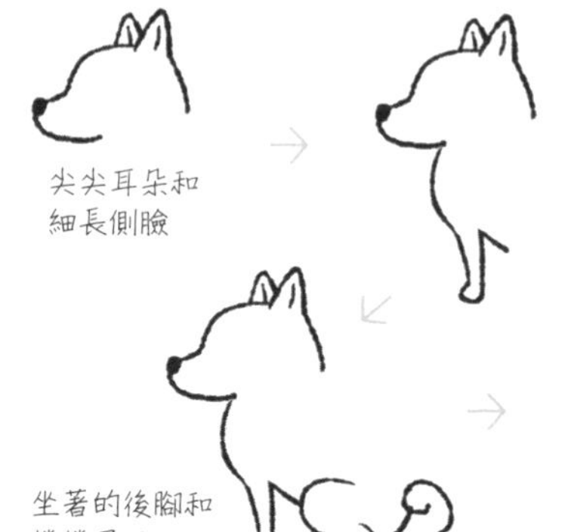

尖尖耳朵和
細長側臉

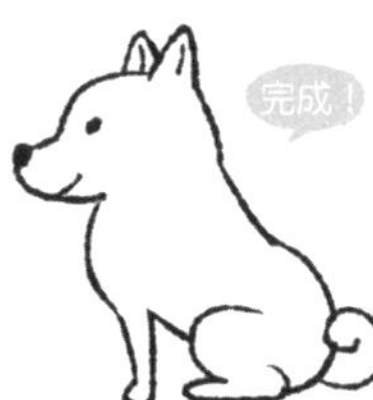

畫出胸部線條
和前腳

坐著的後腳和
捲捲尾巴

畫出背部線條和表情，
完成！

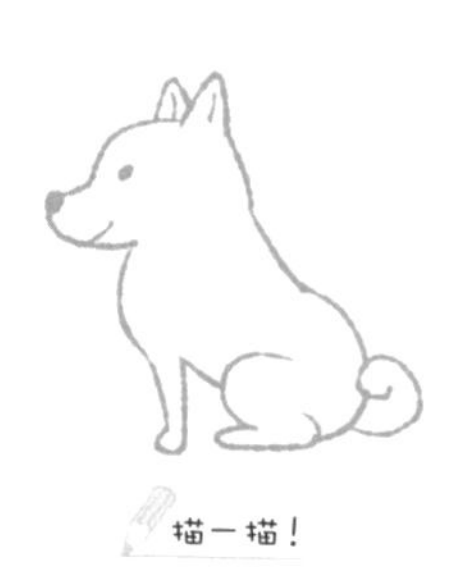

描一描！

【站著】

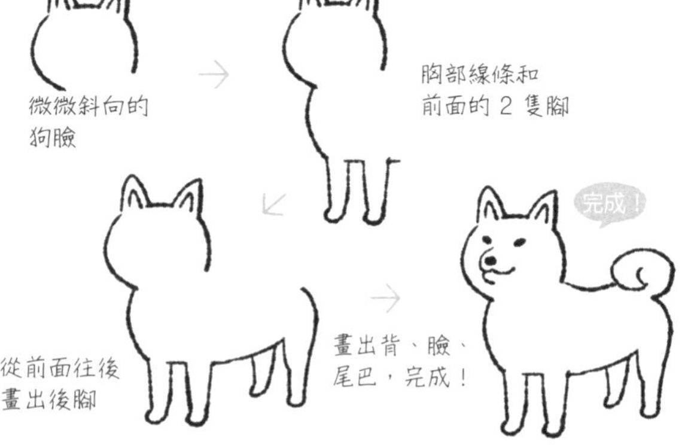

微微斜向的
狗臉

胸部線條和
前面的 2 隻腳

從前面往後
畫出後腳

畫出背、臉、
尾巴，完成！

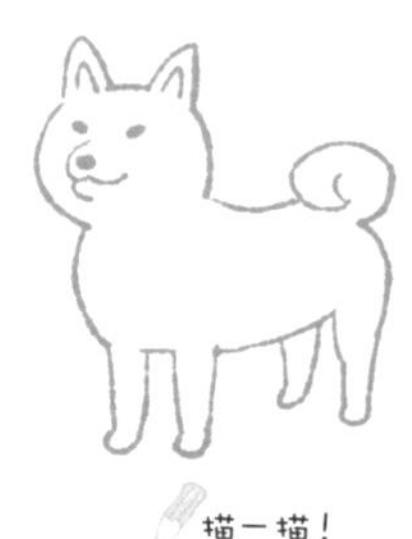

描一描！

【走路】

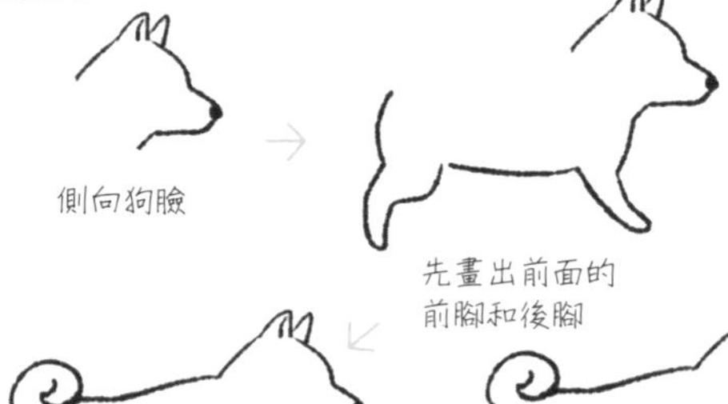

側向狗臉

先畫出前面的
前腳和後腳

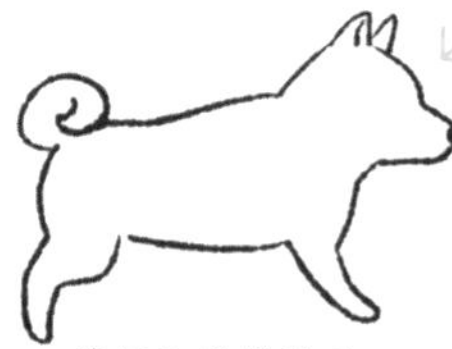

背部和捲捲尾巴

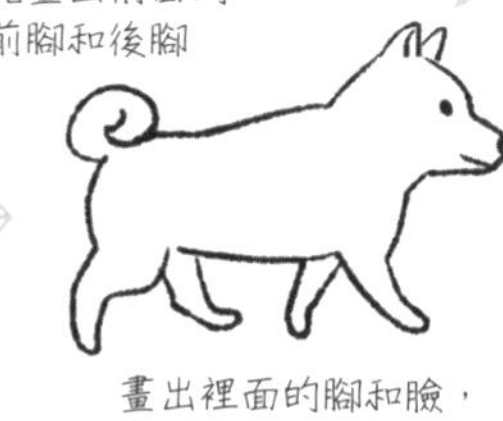

畫出裡面的腳和臉，
完成！

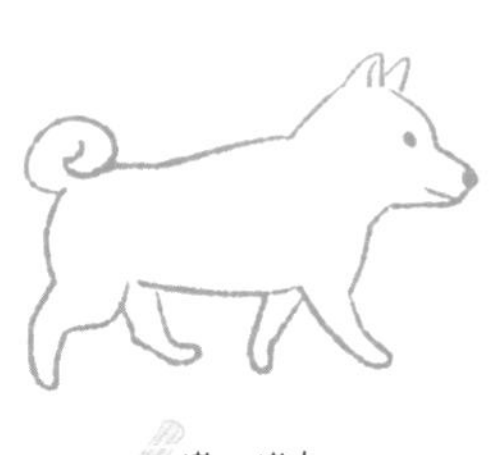

描一描！

【臘腸犬】

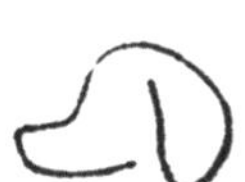

垂耳和細長的臉

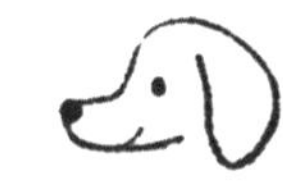

畫出眼睛、鼻子、嘴巴

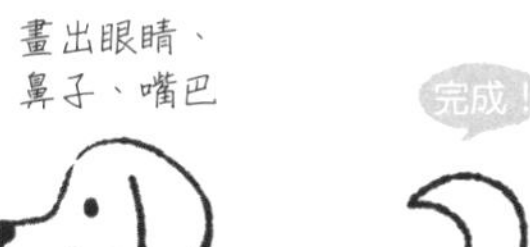

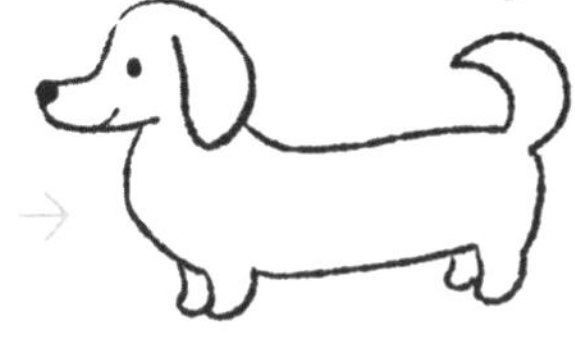

長長的身體和 4 隻短短腳

畫出背部和尾巴，完成！

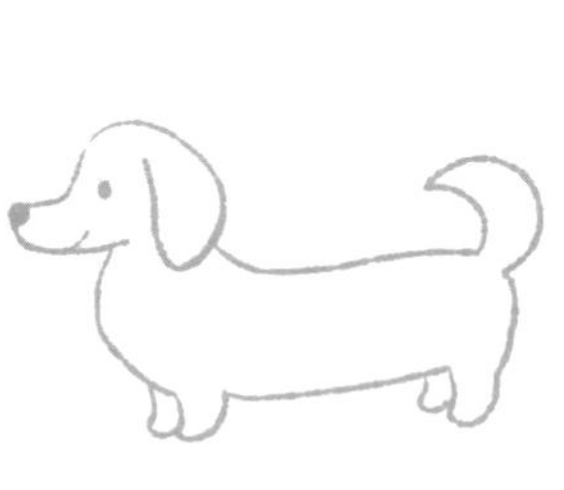

描一描！

【吉娃娃】

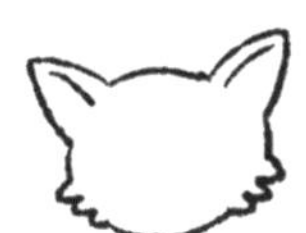

大耳朵和毛茸茸的臉頰

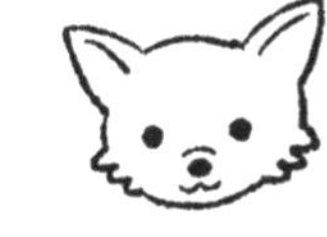

眼睛、鼻子、嘴巴畫在下面

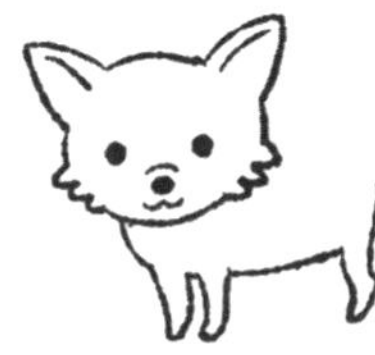

先畫出 3 隻腳

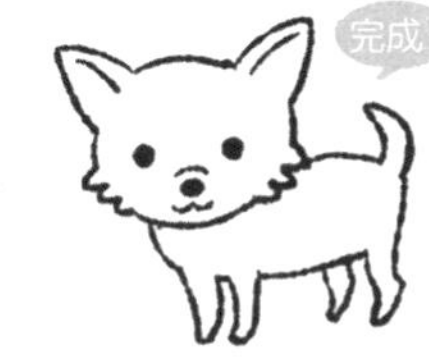

畫出背部、尾巴和裡面的腳，完成！

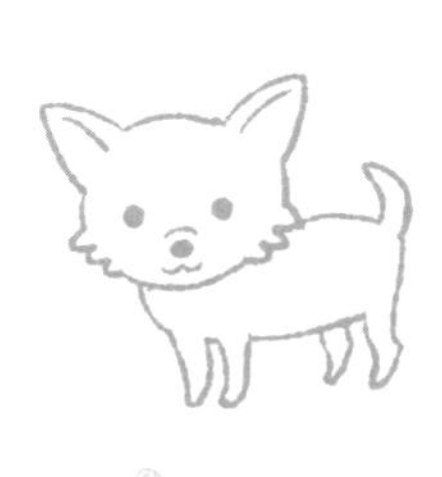

描一描！

【貴賓犬】

頭、耳朵、臉全都毛茸茸

畫出眼睛、鼻子、嘴巴

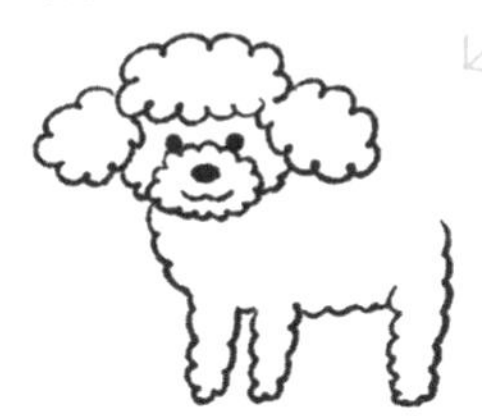

以毛毛的線條，先畫出 3 隻腳

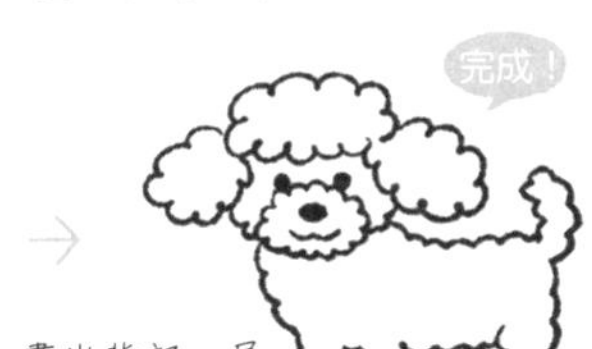

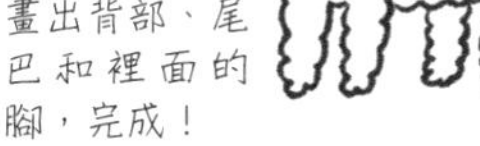

畫出背部、尾巴和裡面的腳，完成！

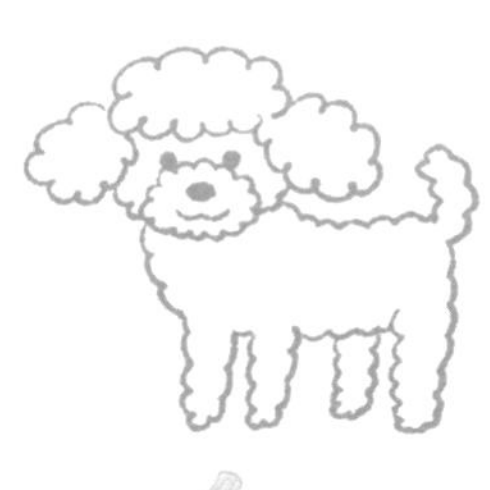

描一描！

【巴哥犬】

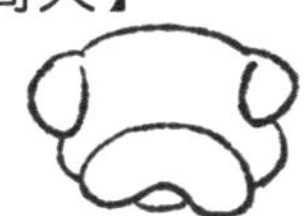

垂耳和寬臉

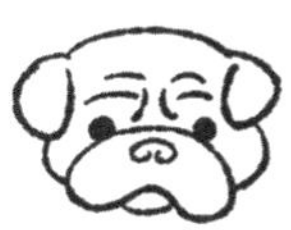

畫出皺皺的眉毛、眼睛、鼻子

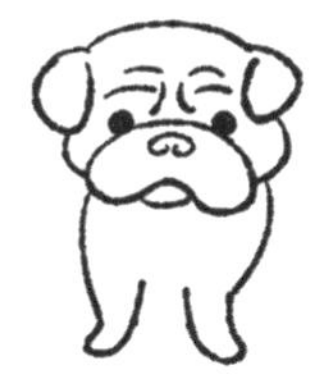

張開的 2 隻前腳

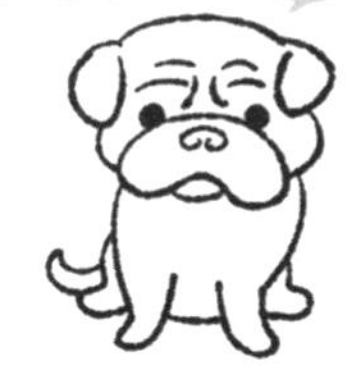

畫出裡面的後腳和尾巴，完成！

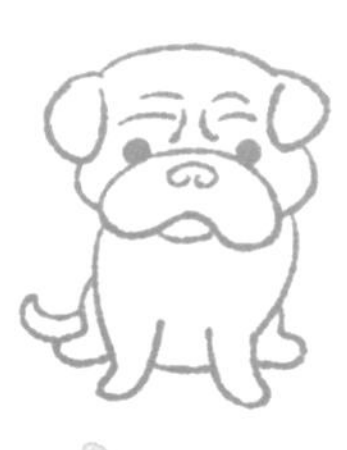

描一描！

【坐著】

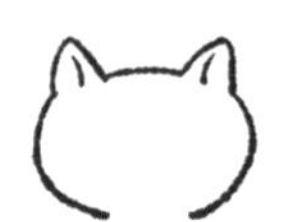

尖尖耳朵和寬臉

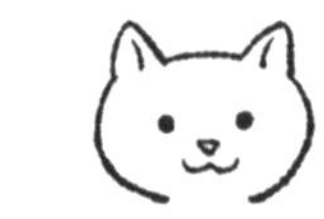

畫出表情

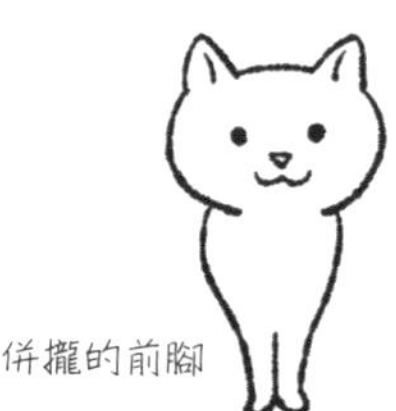

併攏的前腳

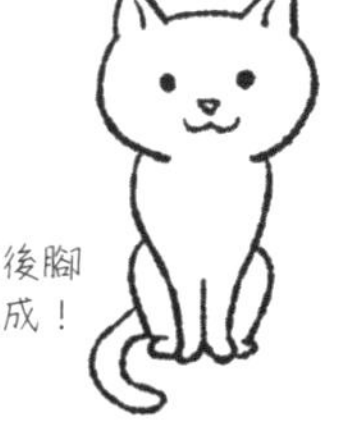

畫出坐著的後腳和尾巴，完成！

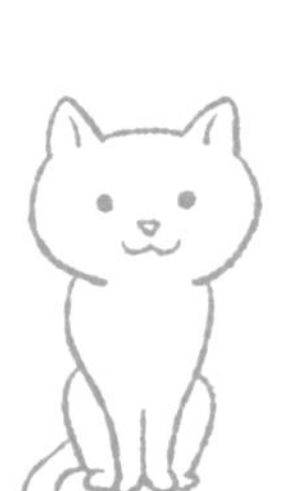

描一描！

【縮腳坐】

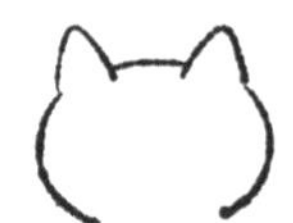

尖尖耳朵和寬臉

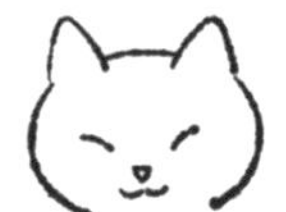

畫出心情很好的表情

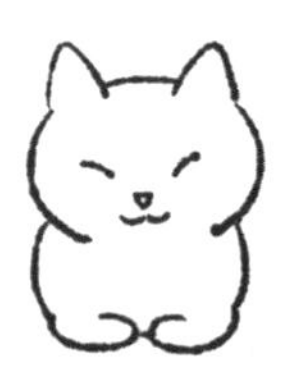

圓圓的前腳

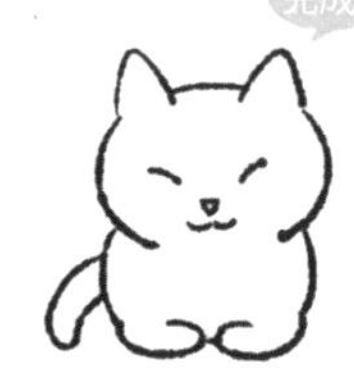

畫出尾巴，完成！

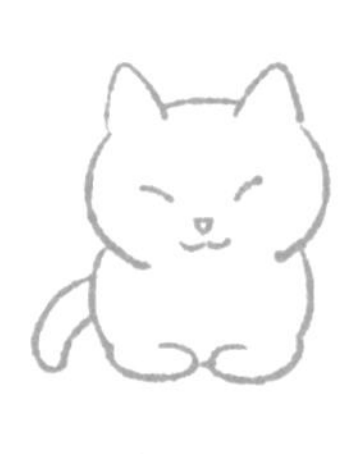

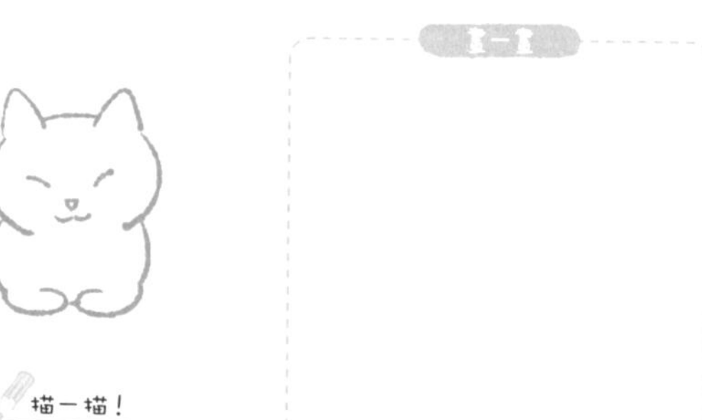

描一描！

【翻肚撒嬌】

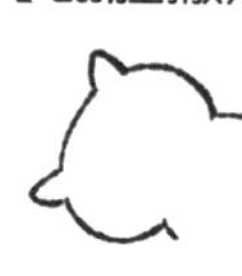

尖尖耳朵和寬臉

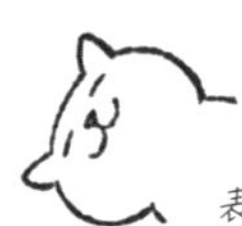

表情畫在上方

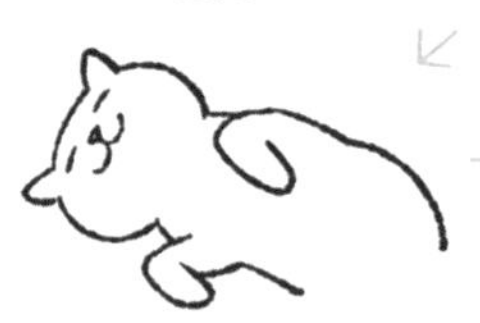

彎起的 2 隻前腳和背部

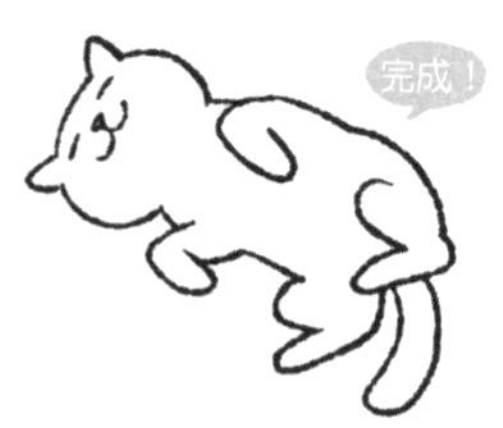

畫出後腳和尾巴，完成！

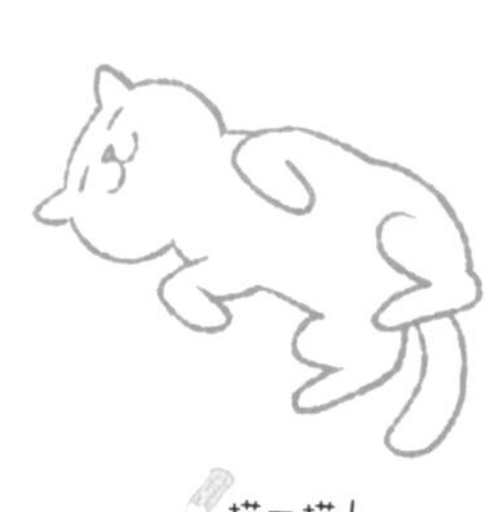

描一描！

【恫嚇】

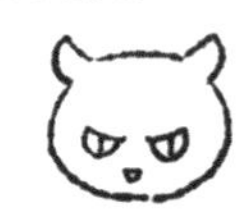

耳朵打橫，眼睛上揚

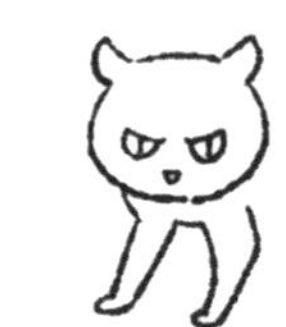

前踏的 2 隻前腳

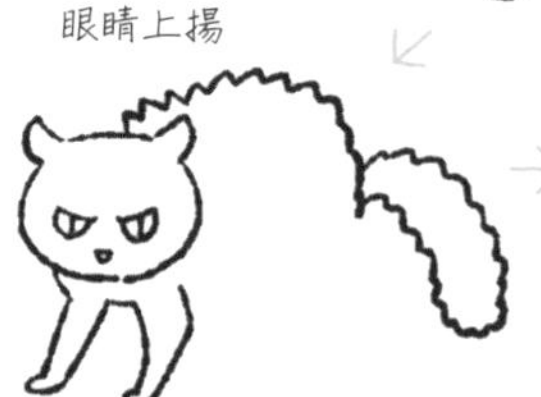

毛豎起的背部和尾巴

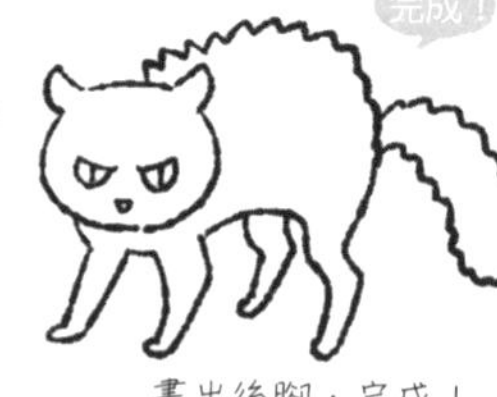

畫出後腳，完成！

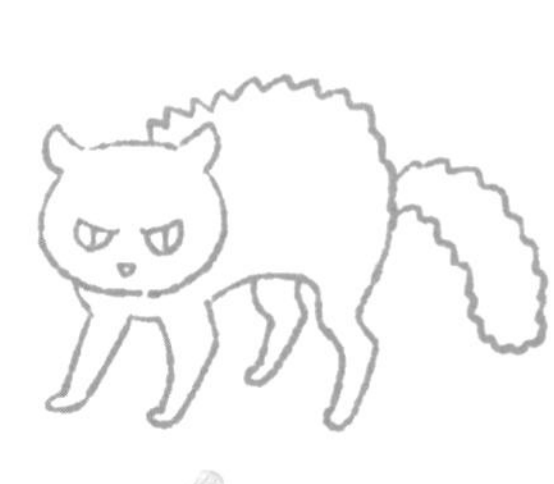

描一描！

【折耳貓】

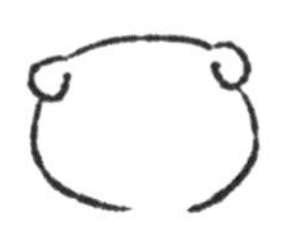

小小耳朵和寬臉

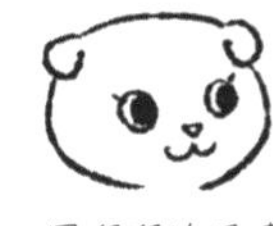

圓溜溜的眼睛

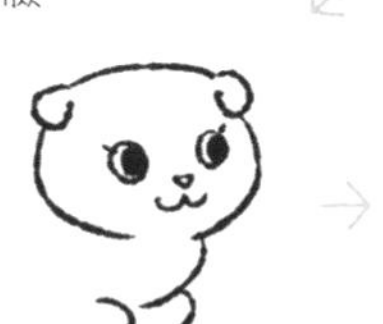

彎起的 2 隻前腳

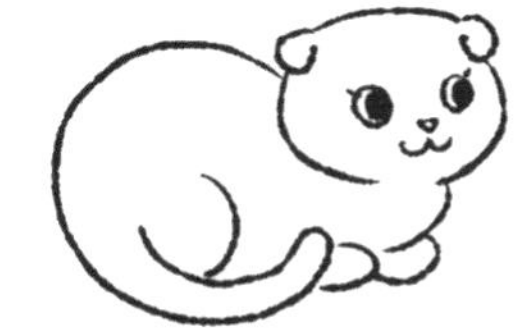

畫出圓圓的背部和尾巴，完成！

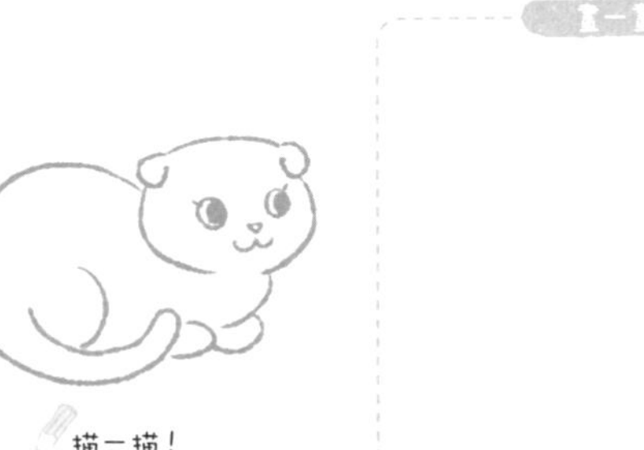

描一描！

【屹耳加菲貓】

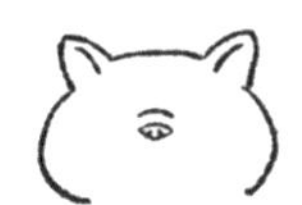

寬臉和朝上的鼻子

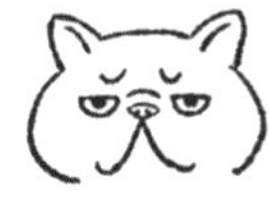

畫出呆萌的表情

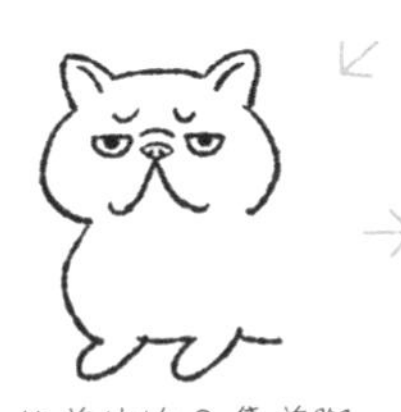

往前伸的 2 隻前腳

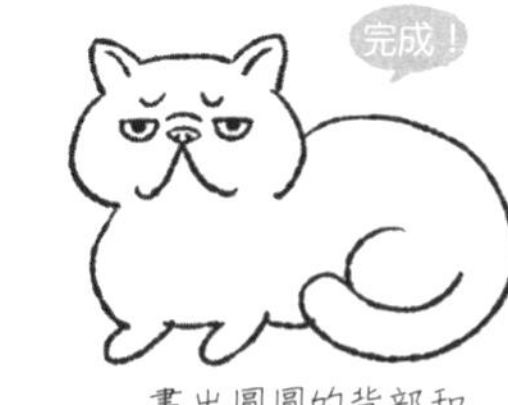

畫出圓圓的背部和尾巴，完成！

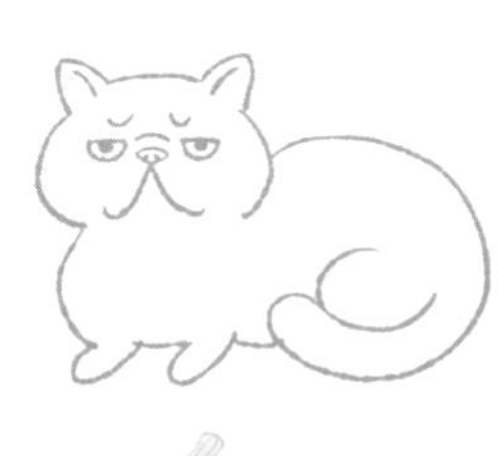

描一描！

【挪威森林貓】

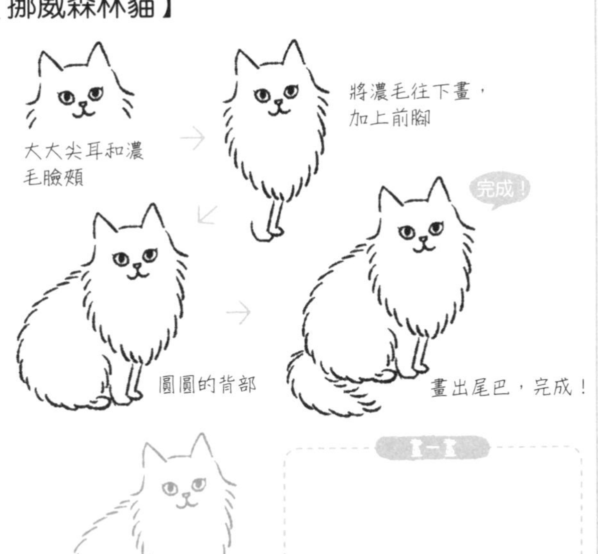

大大尖耳和濃毛臉頰

將濃毛往下畫，加上前腳

圓圓的背部

畫出尾巴，完成！

描一描！

【斯芬克斯貓】

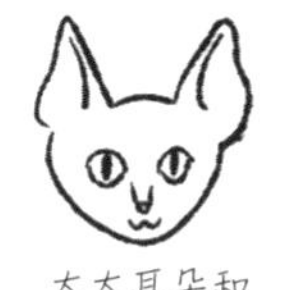

大大耳朵和瘦瘦的臉

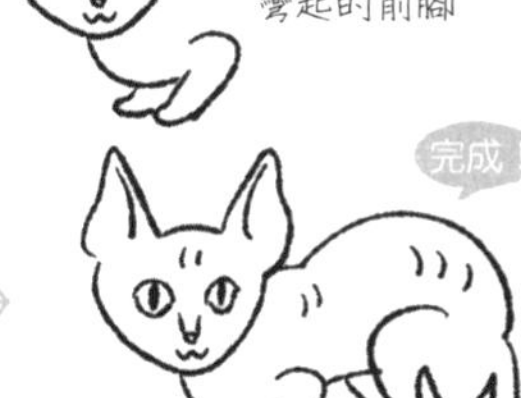

胸部線條和 2 隻彎起的前腳

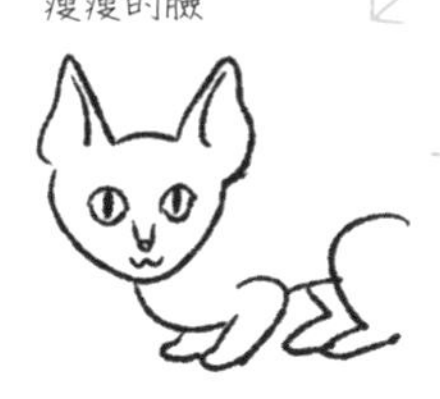

畫出後腳

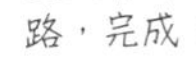

畫出背部、尾巴和紋路，完成！

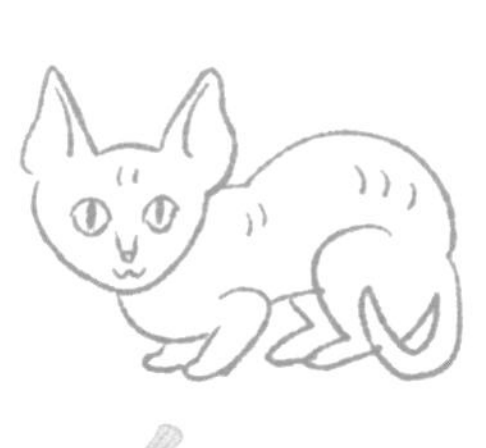

描一描！

【兔子 1】

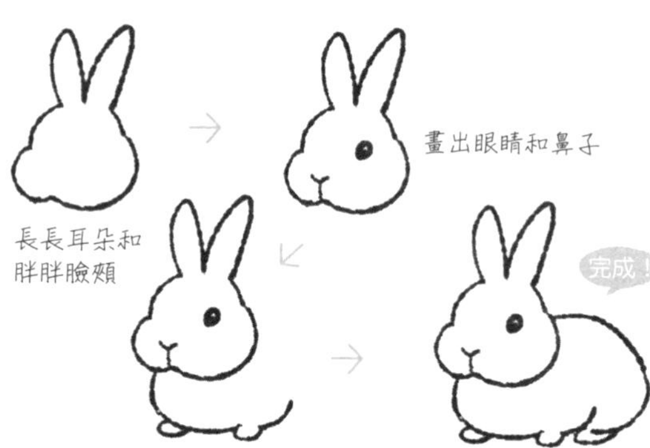

長長耳朵和胖胖臉頰

畫出眼睛和鼻子

胖胖肚子和小小前腳

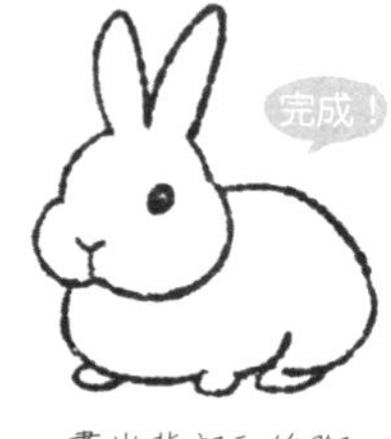

畫出背部和後腳，完成！

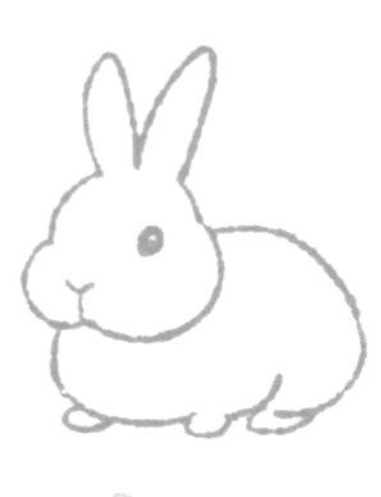

描一描！

【倉鼠 1】

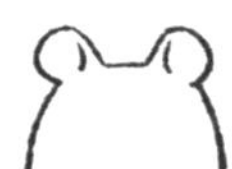

上面圓圓的耳朵

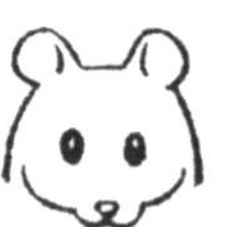

畫出下巴線條、眼睛和鼻子

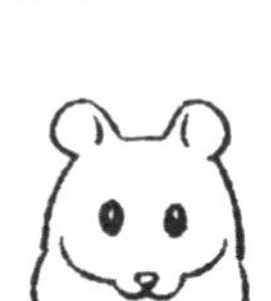

前面併攏的2隻手

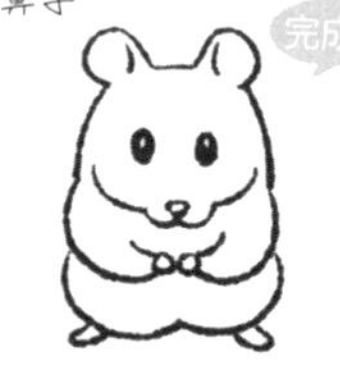

畫出胖胖的屁股和小小的腳，完成！

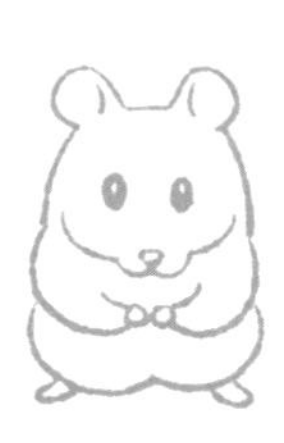

描一描！

【兔子 2】

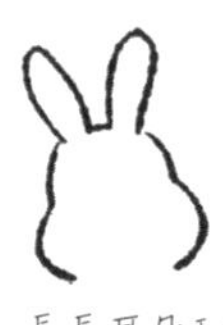

長長耳朵和胖胖臉頰

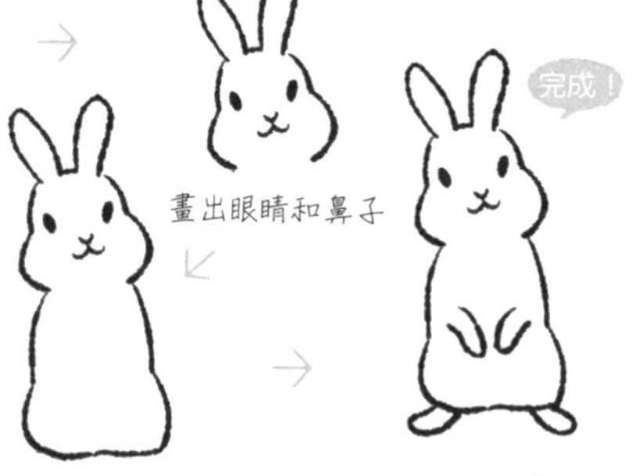

畫出眼睛和鼻子

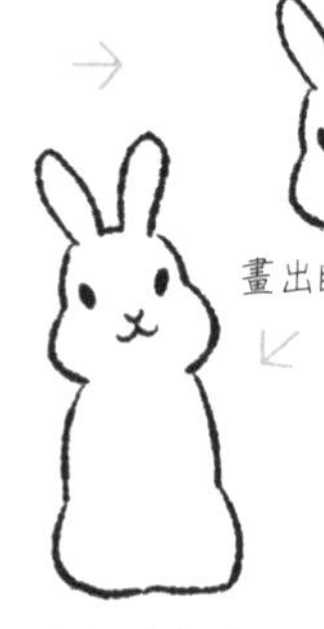

立起的身體

畫出4隻腳，完成！

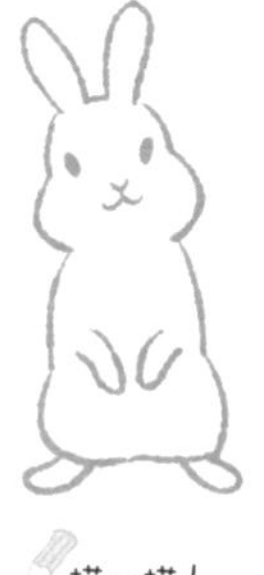

描一描！

【倉鼠 2】

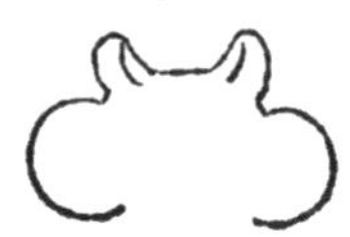

翻起的耳朵、鼓鼓的臉頰

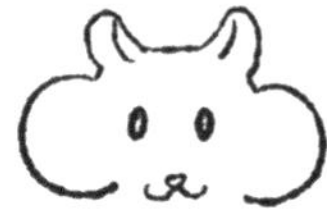

畫出眼睛和鼻子

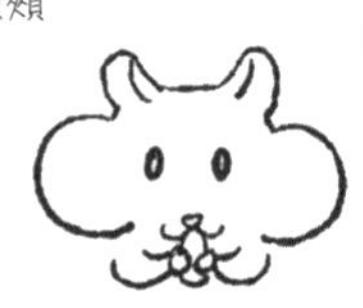

拿著堅果的小手

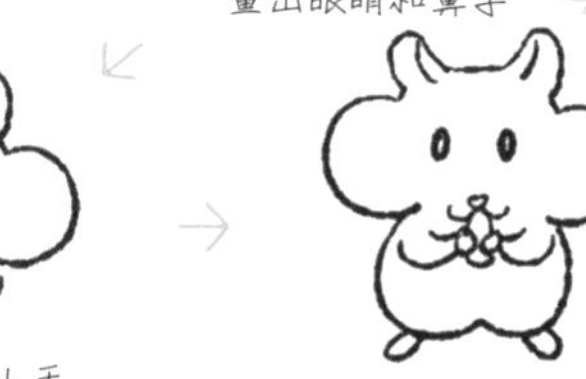

畫出身體和腳，完成！

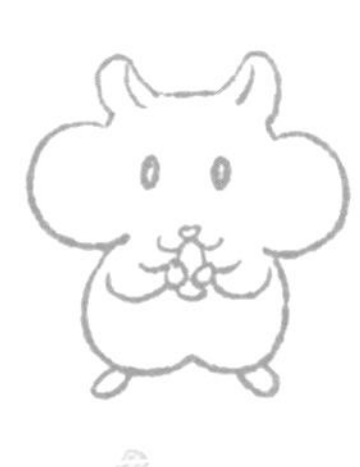

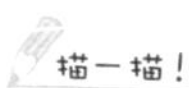

描一描！

【烏龜】

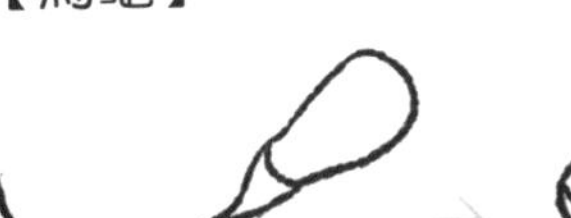

頭從龜殼下伸出

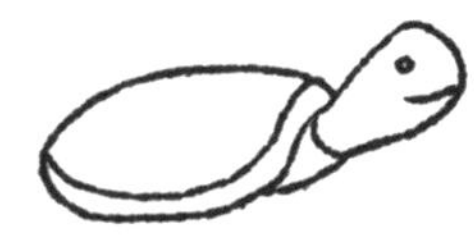

畫出龜殼上側和表情

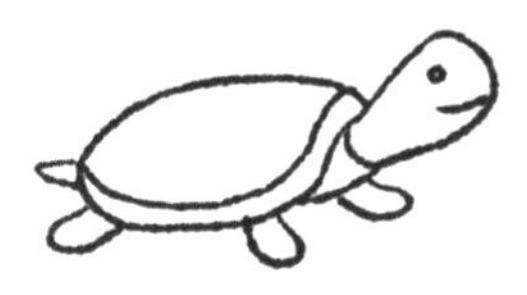

可見的 3 隻腳和
小小尾巴

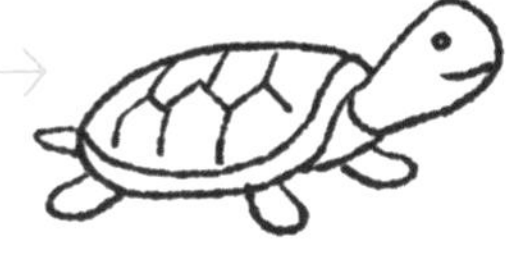

畫出龜殼紋路，
完成！

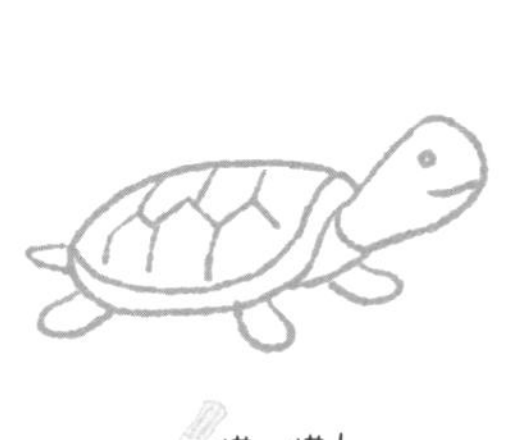

描一描！

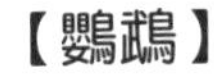

【鸚鵡】

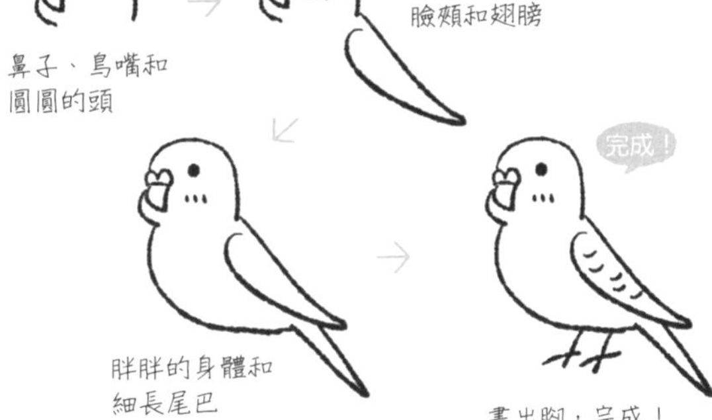

鼻子、鳥嘴和
圓圓的頭

畫出眼睛、
臉頰和翅膀

胖胖的身體和
細長尾巴

完成！

畫出腳，完成！

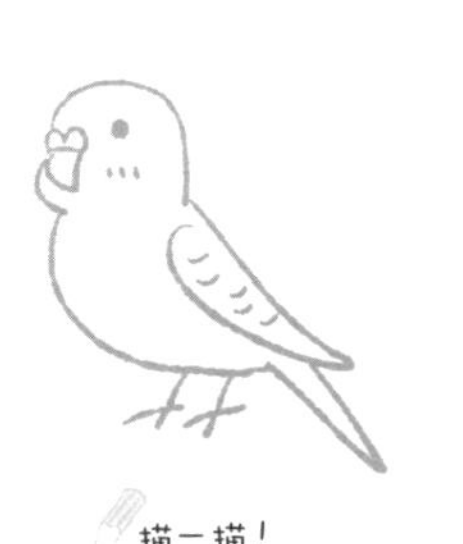

描一描！

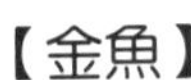

【金魚】

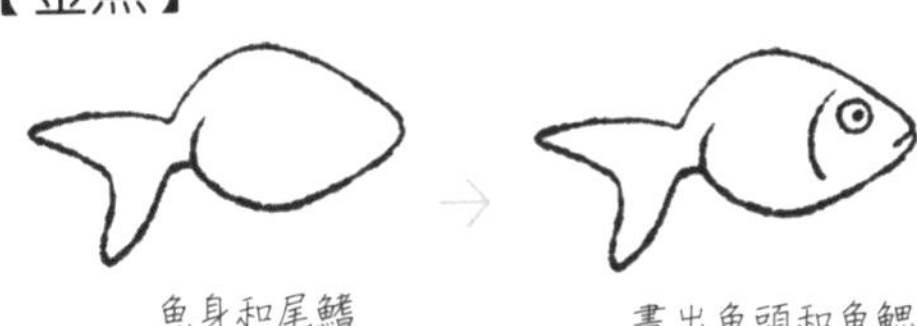

魚身和尾鰭

畫出魚頭和魚鰓

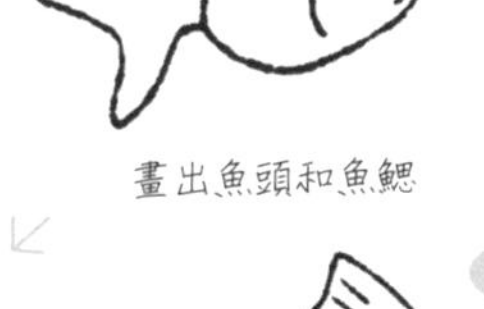

畫出背、胸、腹部的魚鰭

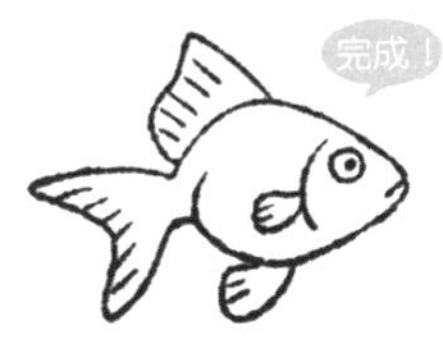

畫出紋路，完成！

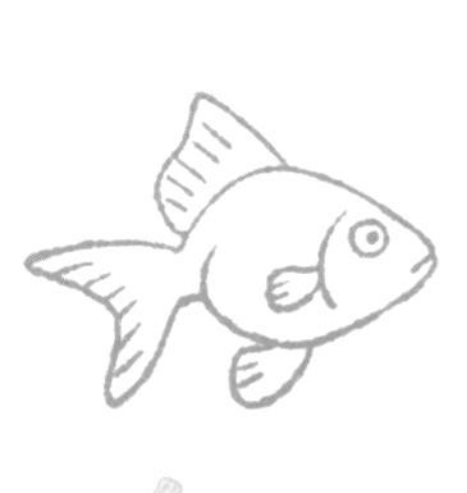

描一描！

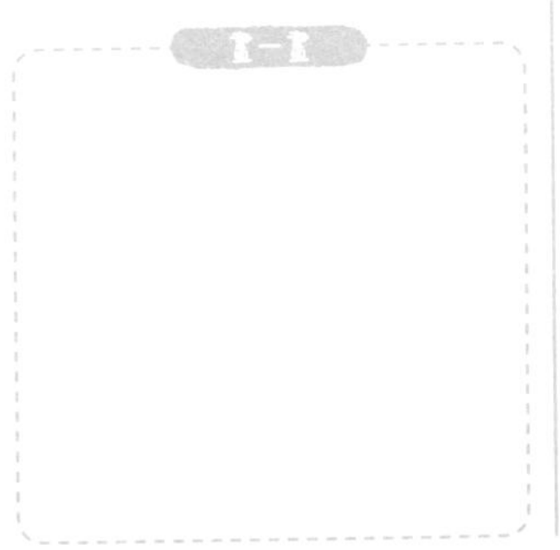

【玄鳳鸚鵡】

鼻子、鳥嘴和
漂亮的頭冠

眼睛、臉頰
和頭部線條

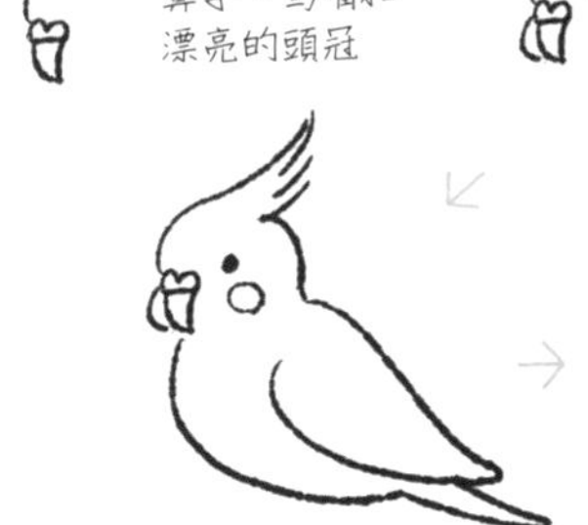

翅膀、尾巴和胖胖的身體

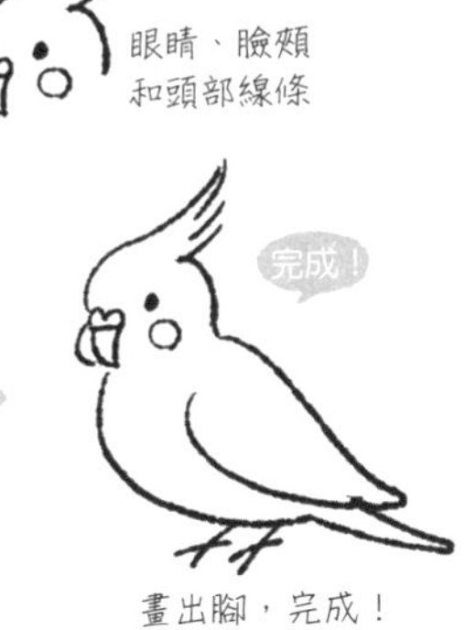

畫出腳，完成！

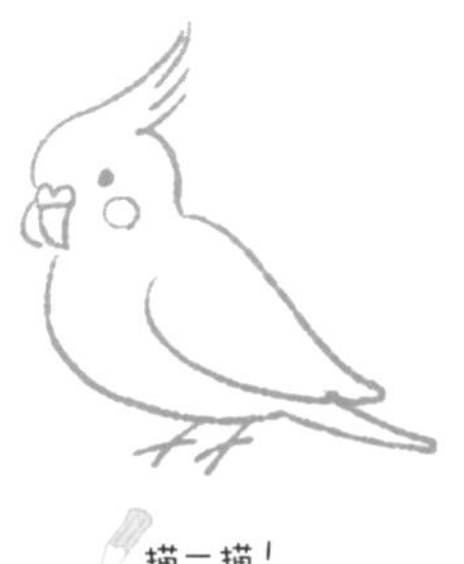

描一描！

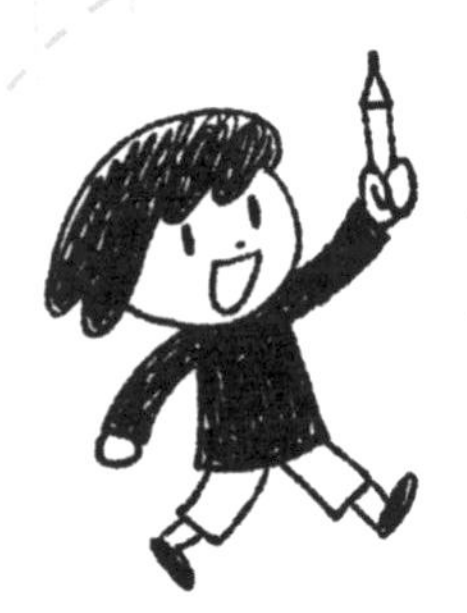

MEMO

喜歡的圖，再畫一次！

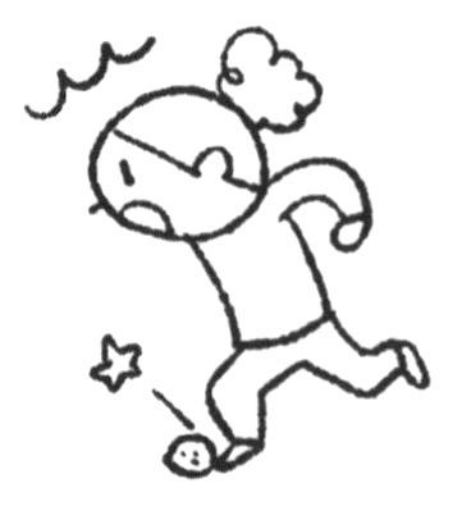

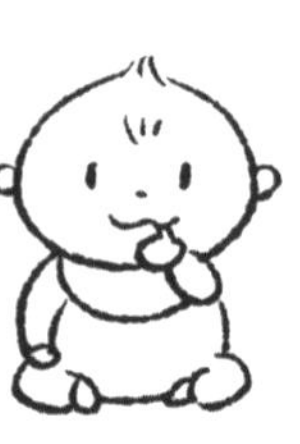

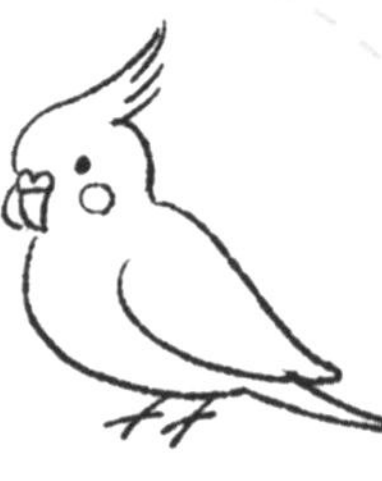

第 4 章
街道一二三

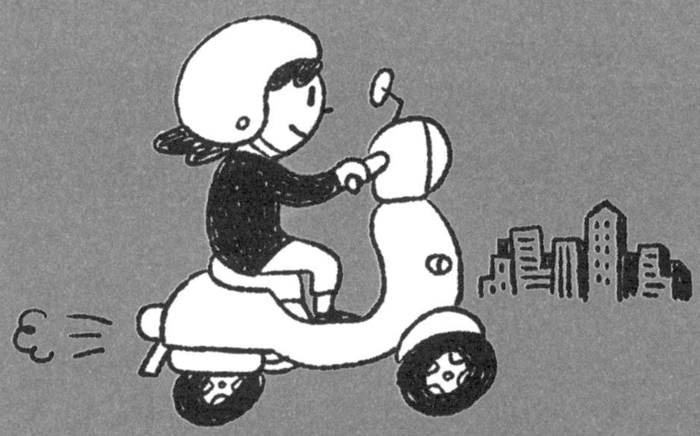

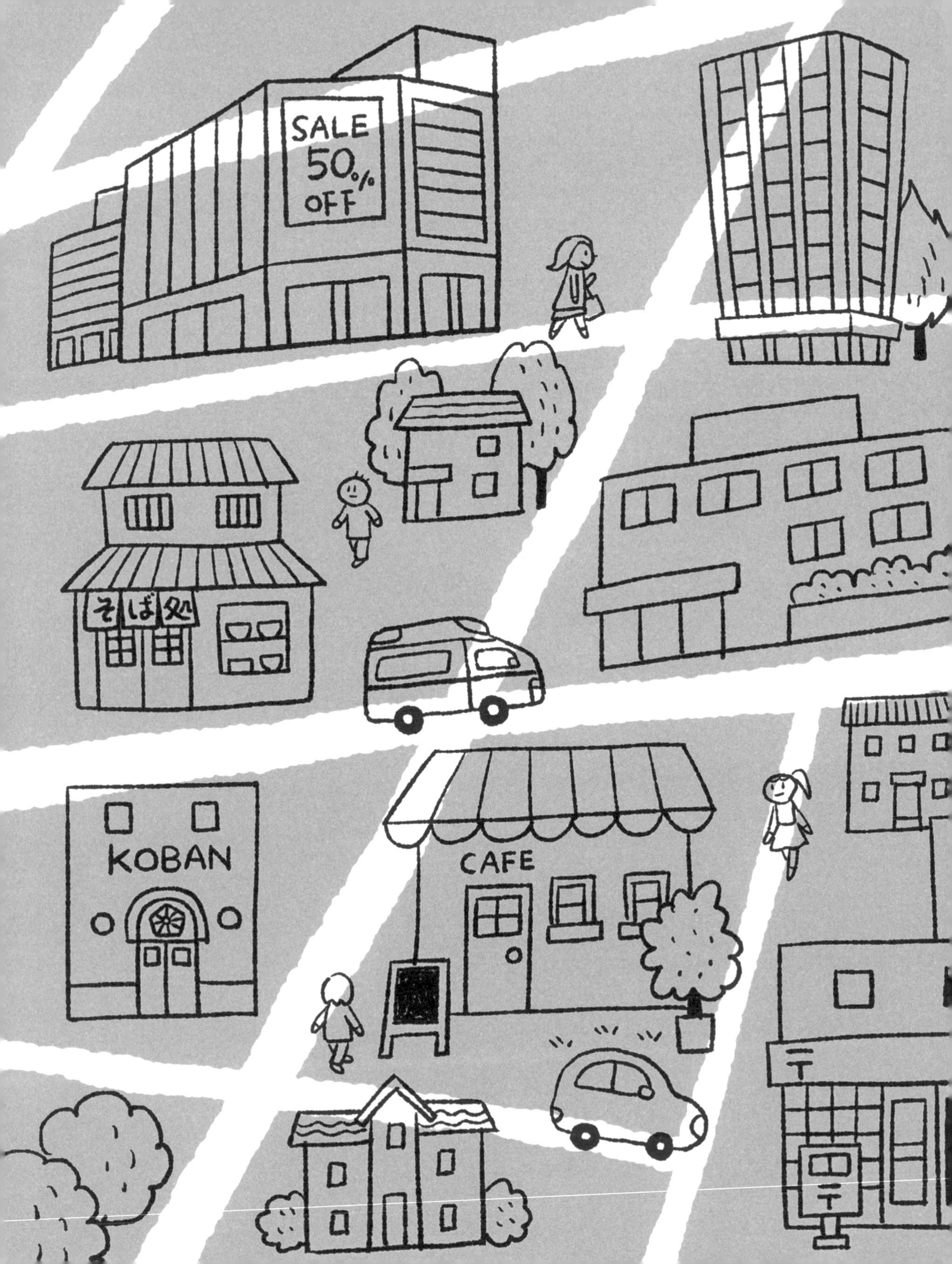
SALE
50%
OFF
そば処
KOBAN
CAFE

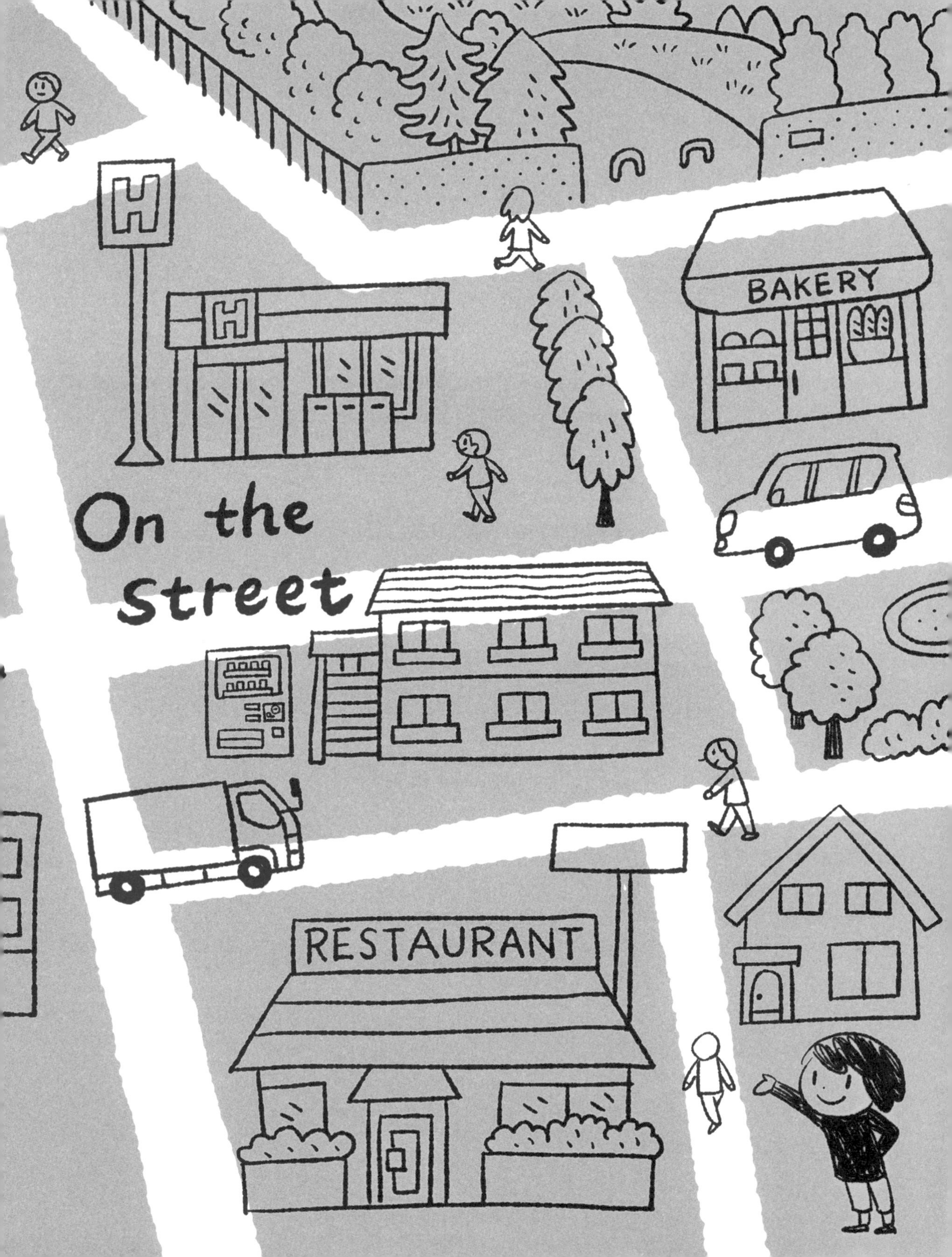
On the Street
H
H
BAKERY
RESTAURANT

【電車（正面）】

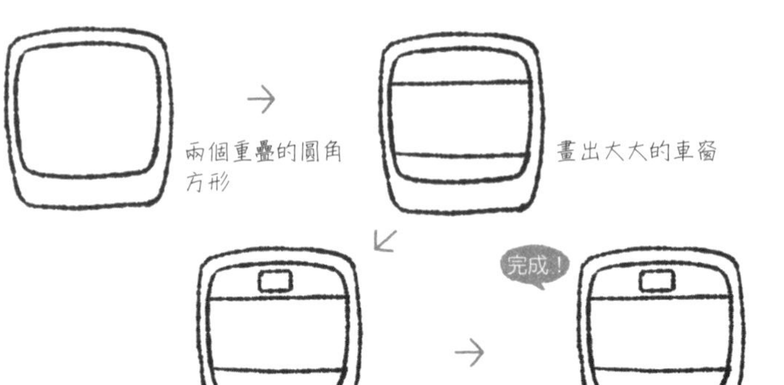

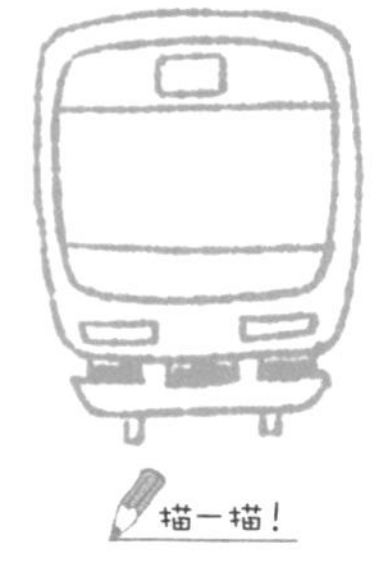

畫一畫

【電車（側面）】

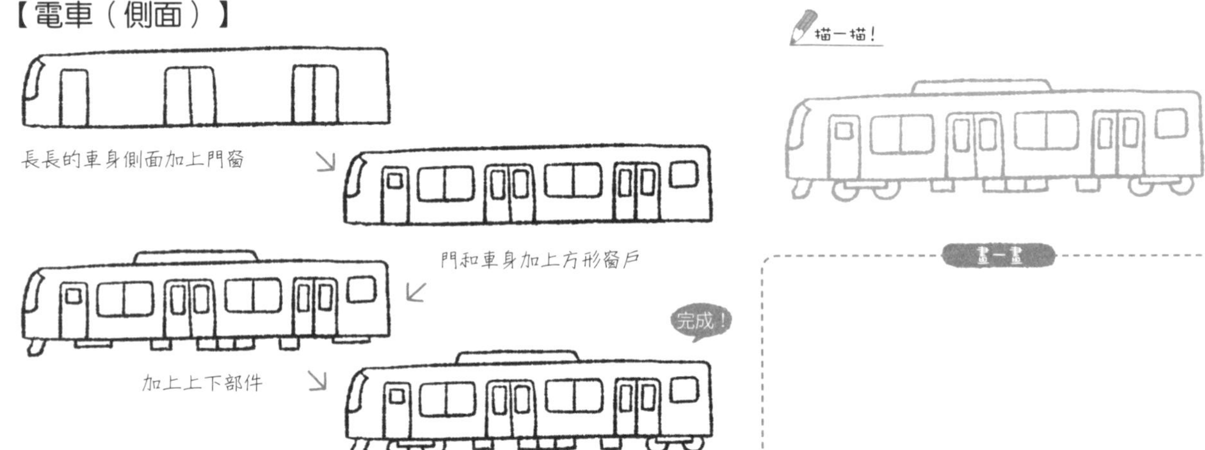

【新幹線】

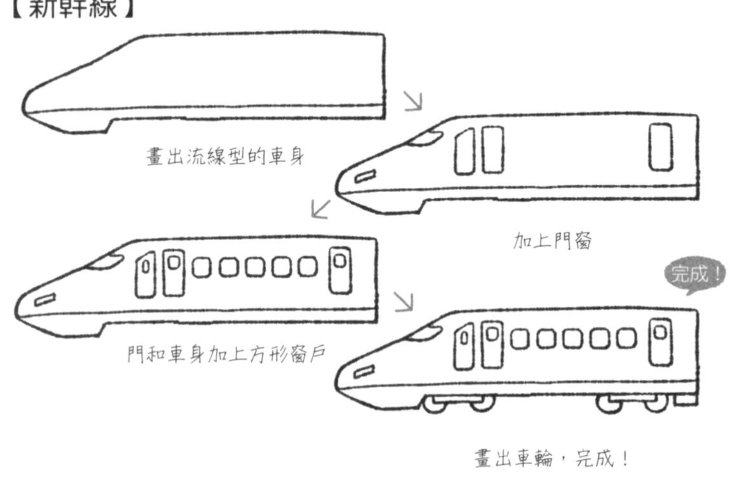

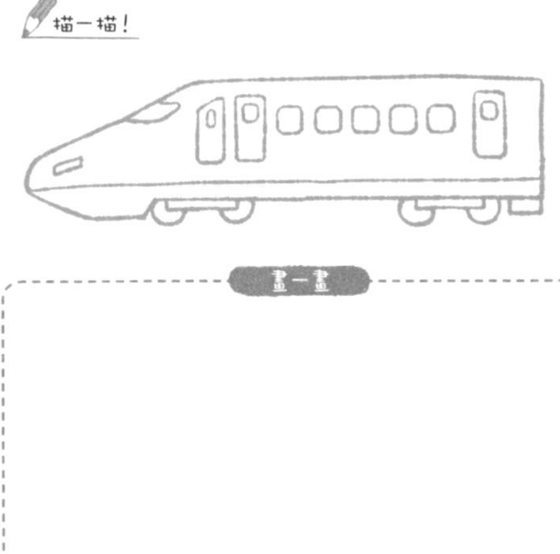

【平交道號誌】

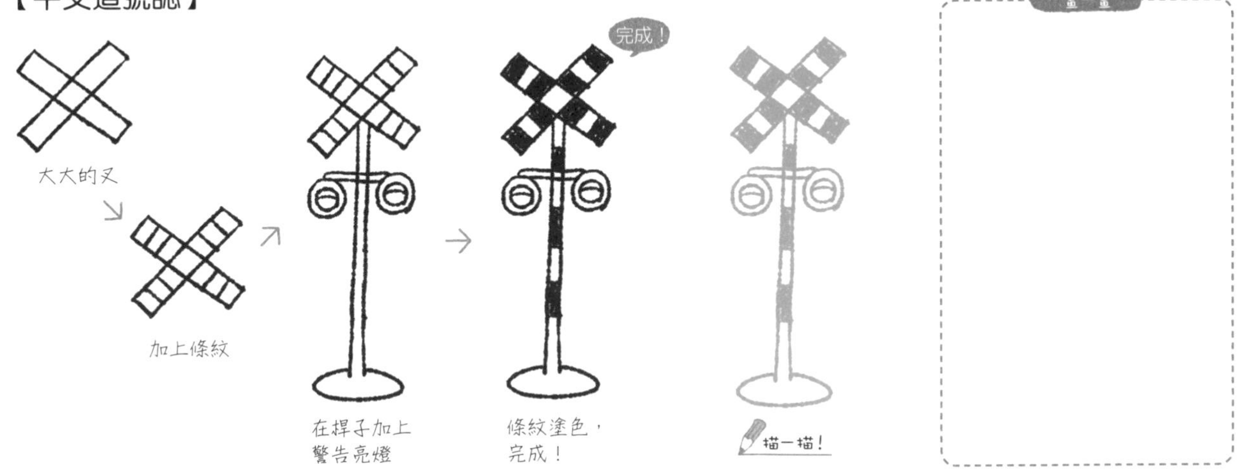

【售票機】

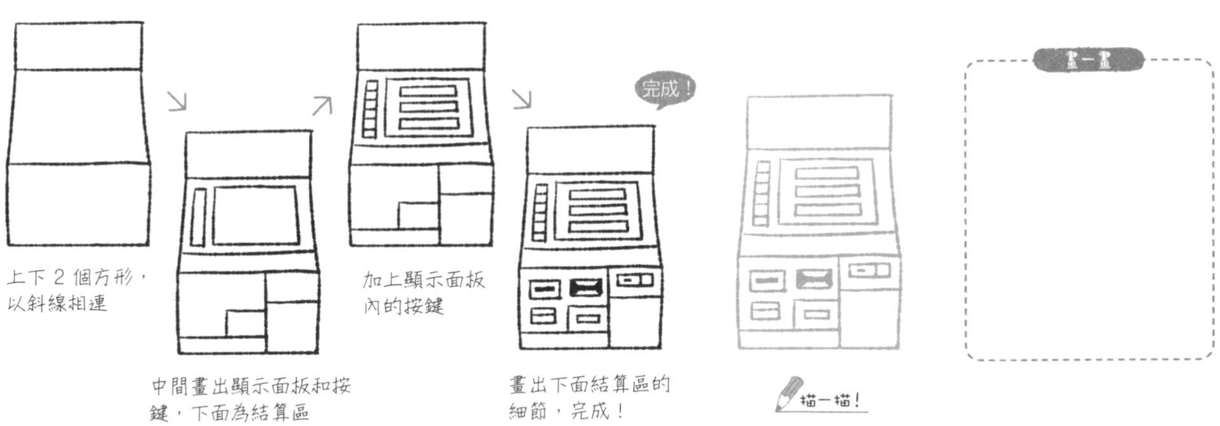

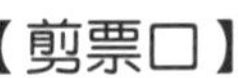

【剪票口】

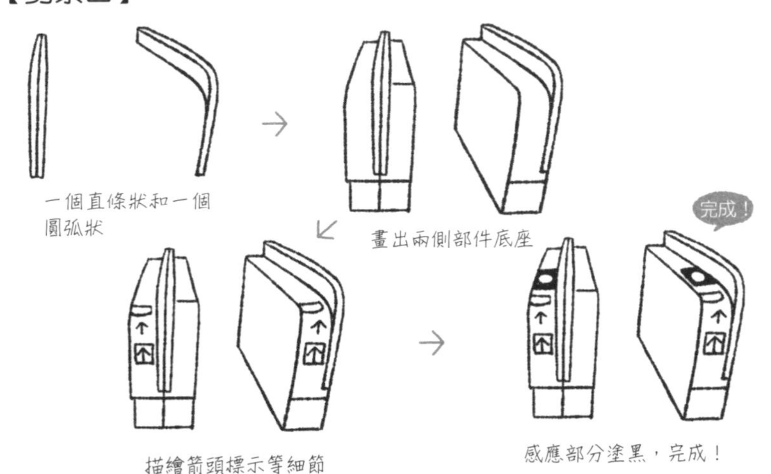

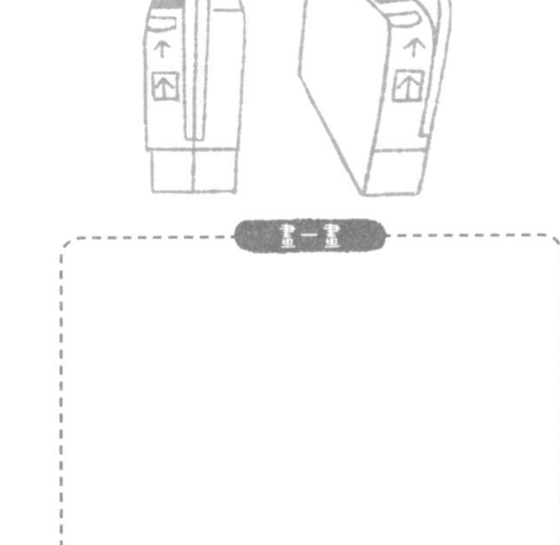

第4章 街道一二三

【一般汽車】

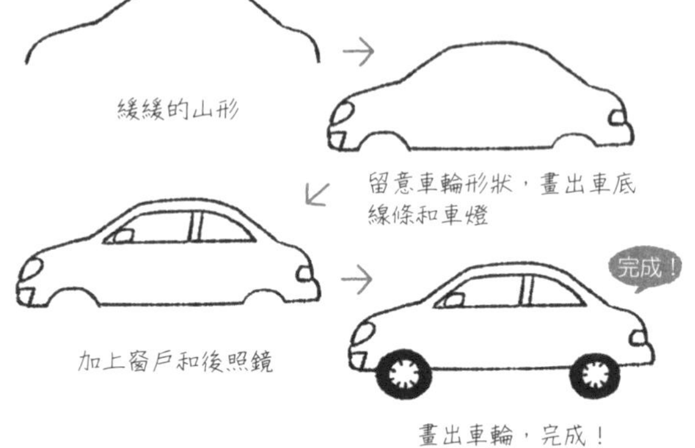

緩緩的山形

留意車輪形狀，畫出車底線條和車燈

加上窗戶和後照鏡

畫出車輪，完成！

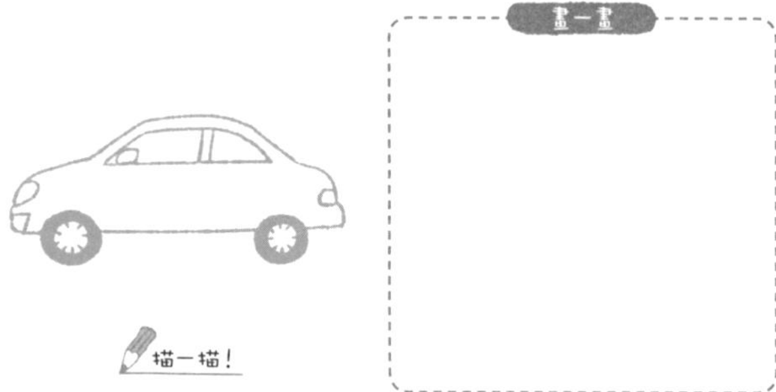

【四輪驅動車】

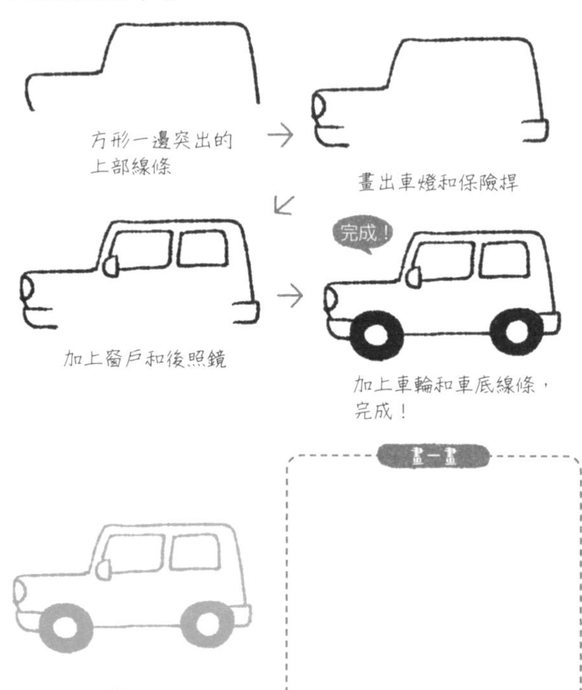

方形一邊突出的上部線條

畫出車燈和保險桿

加上窗戶和後照鏡

加上車輪和車底線條，完成！

【輕型汽車】

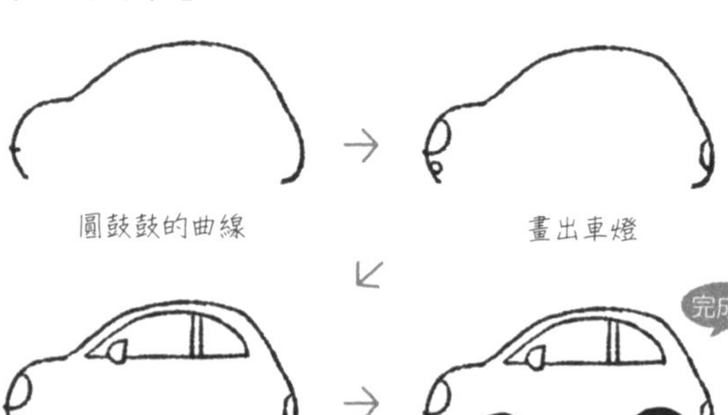

圓鼓鼓的曲線

畫出車燈

加上窗戶和後照鏡

加上車輪和車底線條，完成！

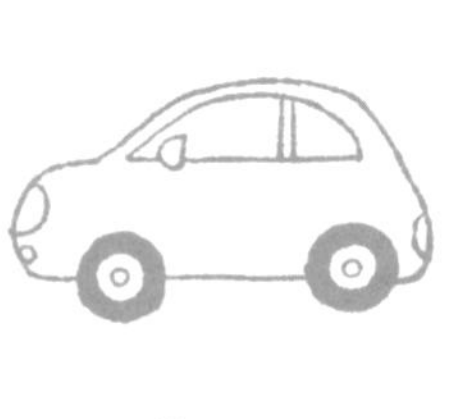

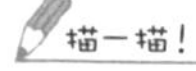

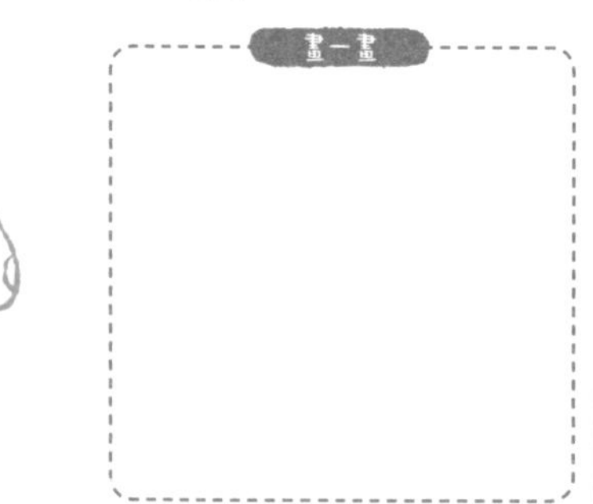

【小型廂型車】

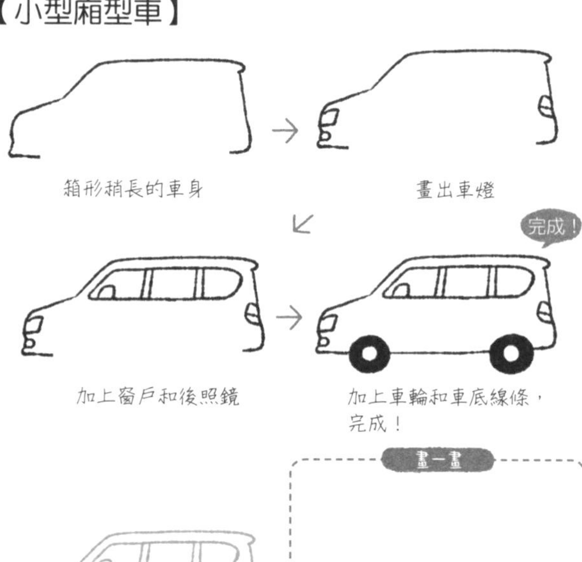

箱形稍長的車身

畫出車燈

加上窗戶和後照鏡

加上車輪和車底線條，完成！

【卡車】

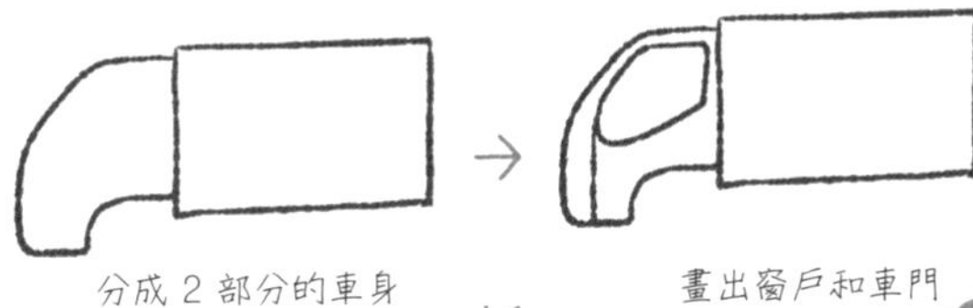

分成 2 部分的車身

畫出窗戶和車門

完成！

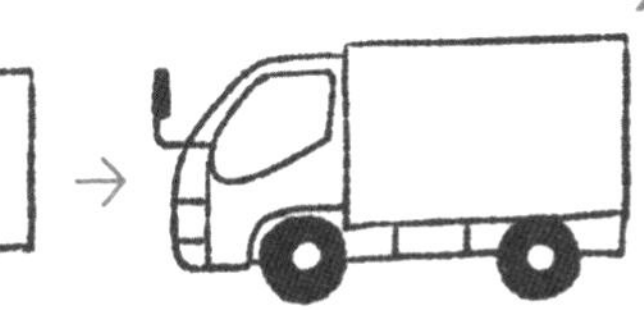

後照鏡和保險桿

畫出車輪，加上細節，完成！

畫一畫

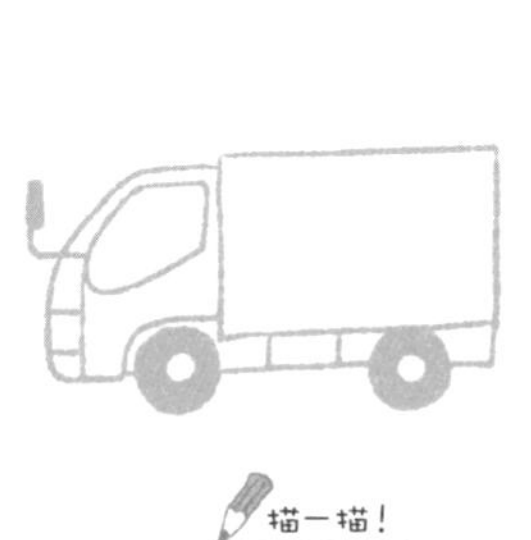

描一描！

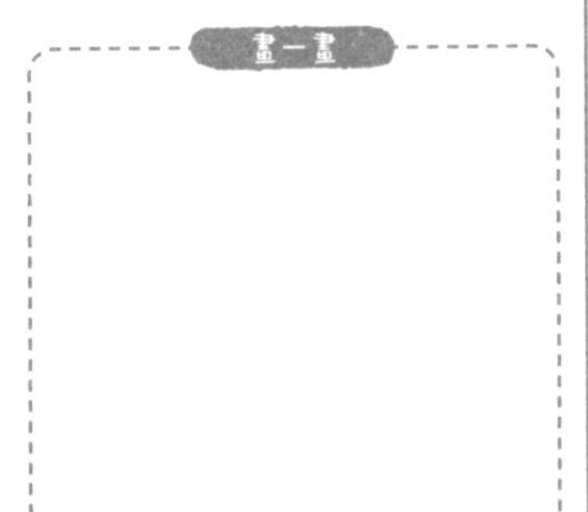

【救護車】

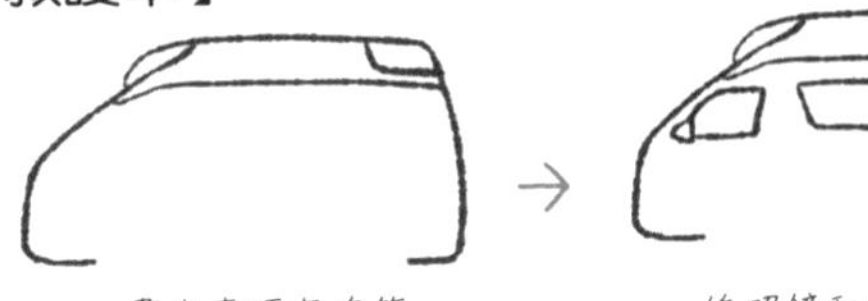

畫出車頂有鳴笛的車身

後照鏡和 2 扇車窗

完成！

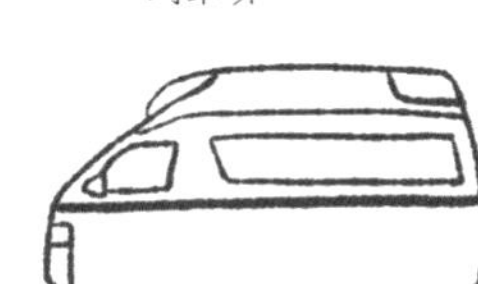

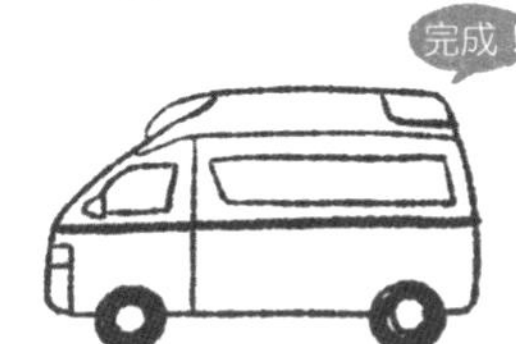

車燈等和側邊線條

加上車輪和車底線條，完成！

畫一畫

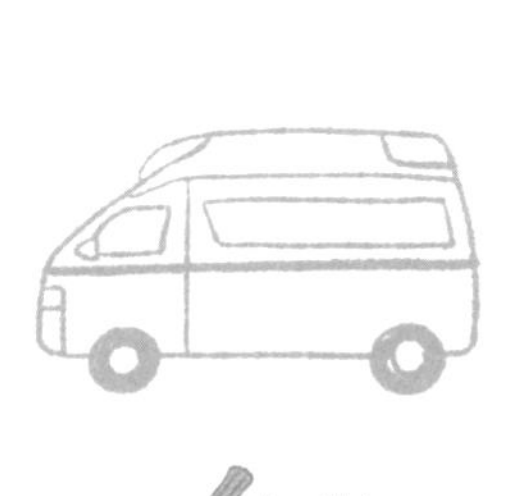

描一描！

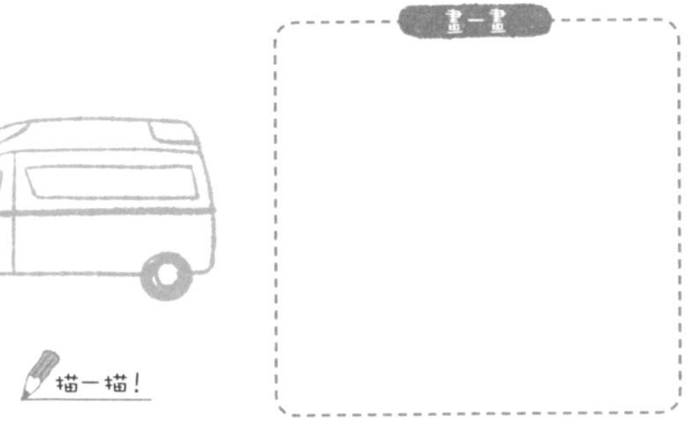

【清潔車】

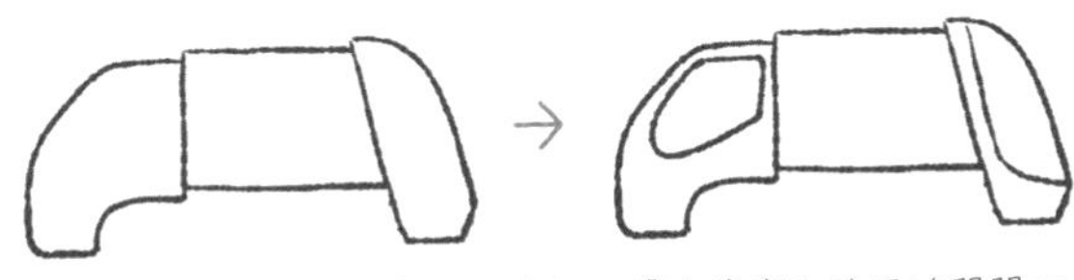

分成 3 部分的車身

畫出車窗和後面的開關口

完成！

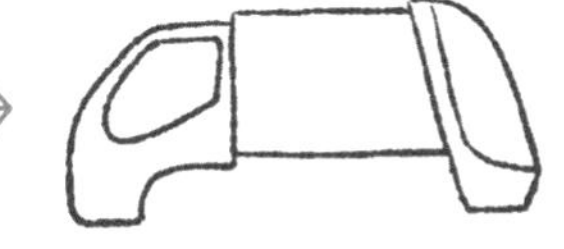

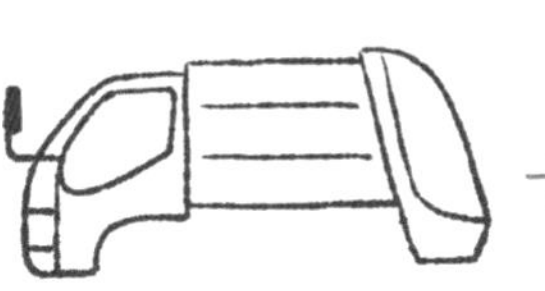

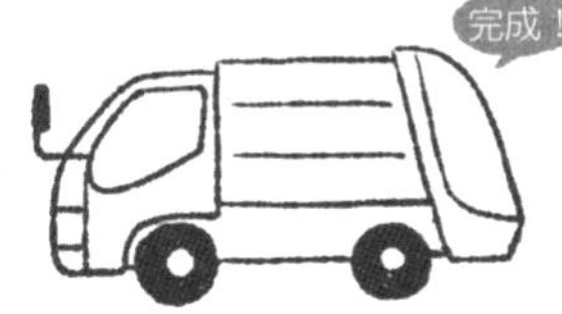

加上後照鏡、保險桿和橫線

加上車輪和車底線條，完成！

畫一畫

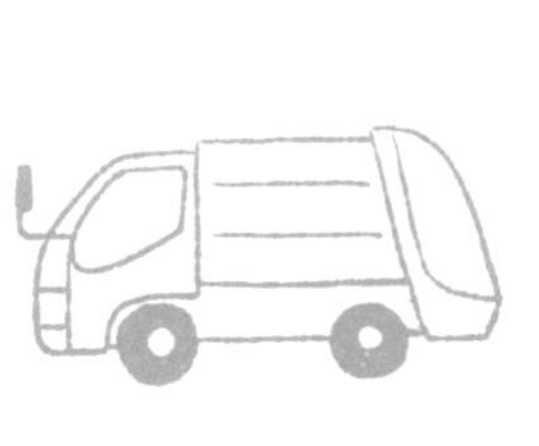

描一描！

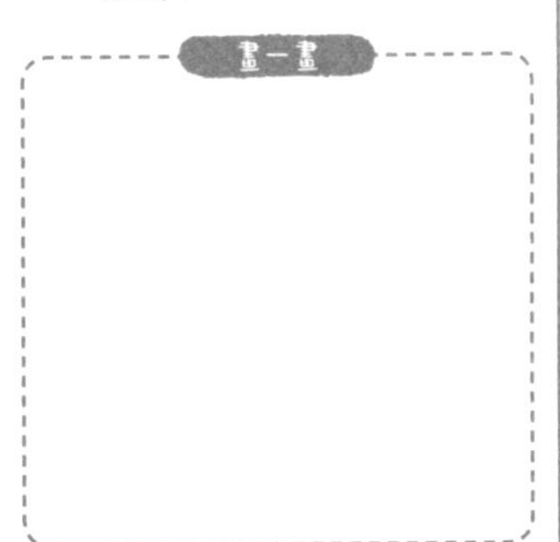

【消防車】

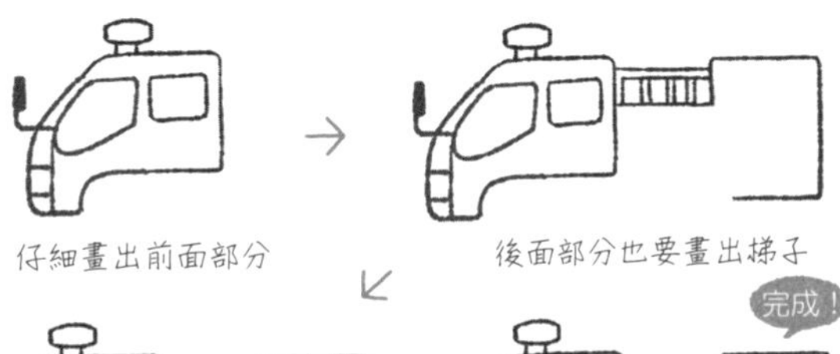

仔細畫出前面部分

後面部分也要畫出梯子

完成！

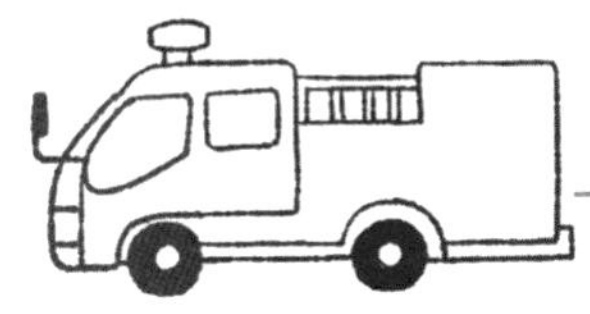

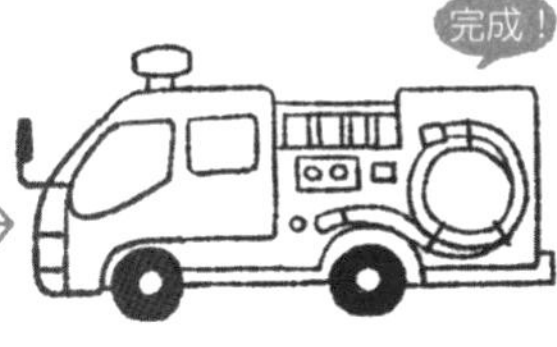

加上車輪和車底線條

加上軟管和細節，完成！

畫一畫

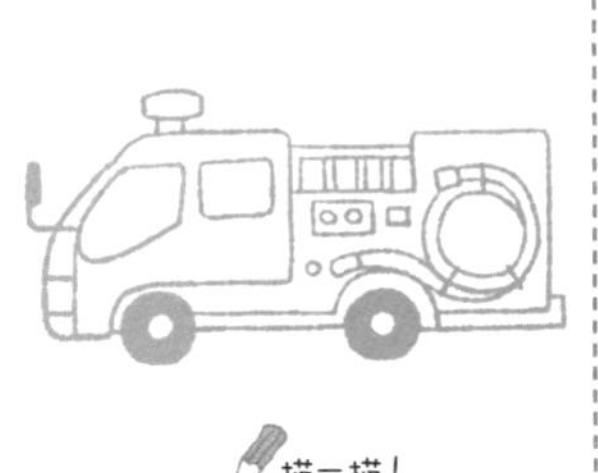

描一描！

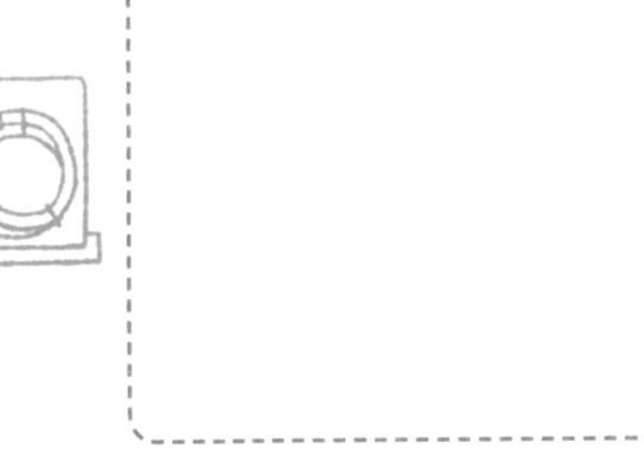

【公車】

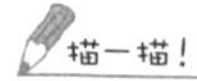

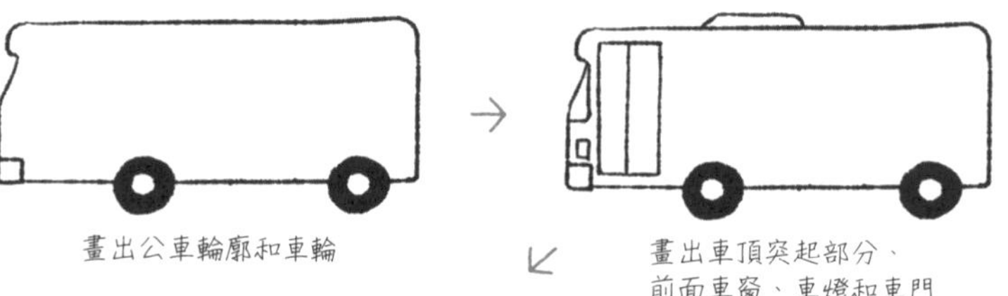

畫出公車輪廓和車輪

畫出車頂突起部分、
前面車窗、車燈和車門

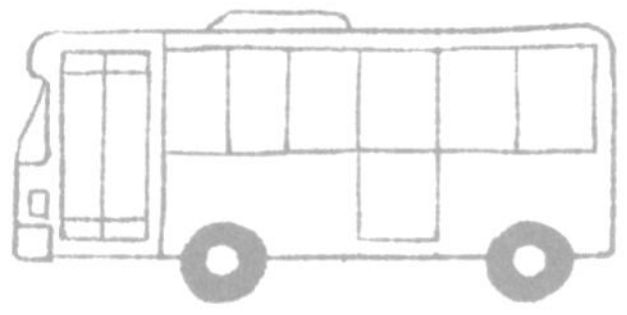

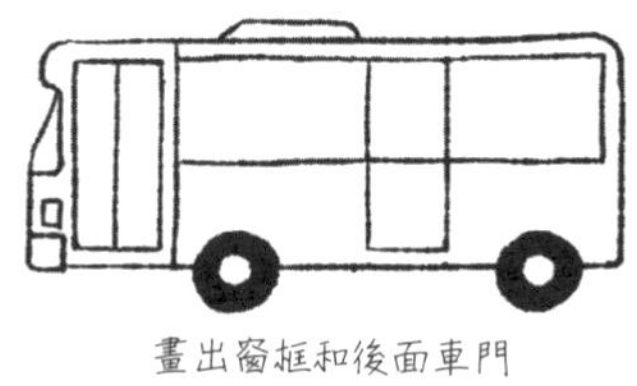

畫出窗框和後面車門

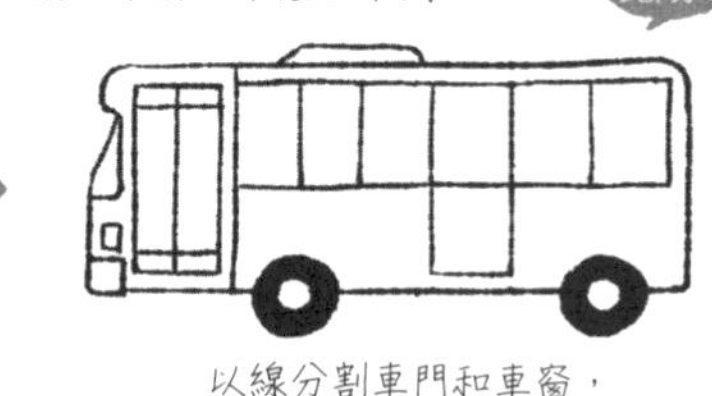

以線分割車門和車窗，
完成！

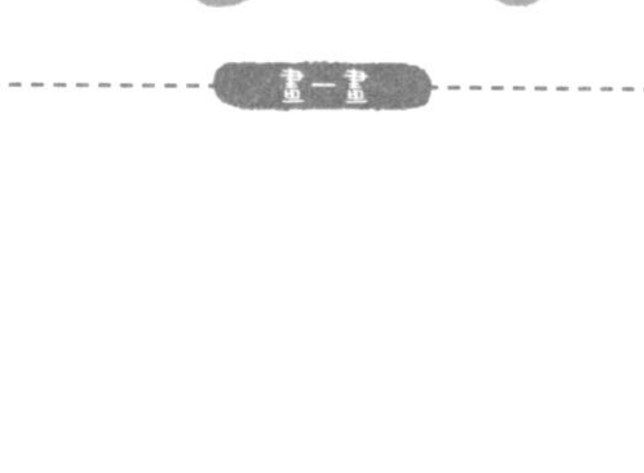

【計程車】

描一描！

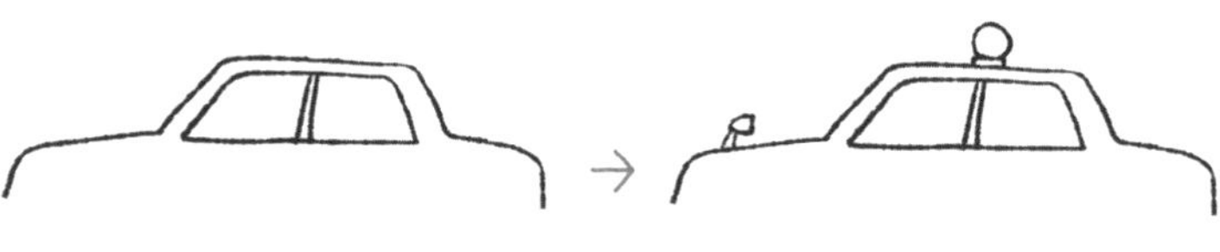

畫出車子上半部的輪廓和車窗

後照鏡和車頂顯示燈

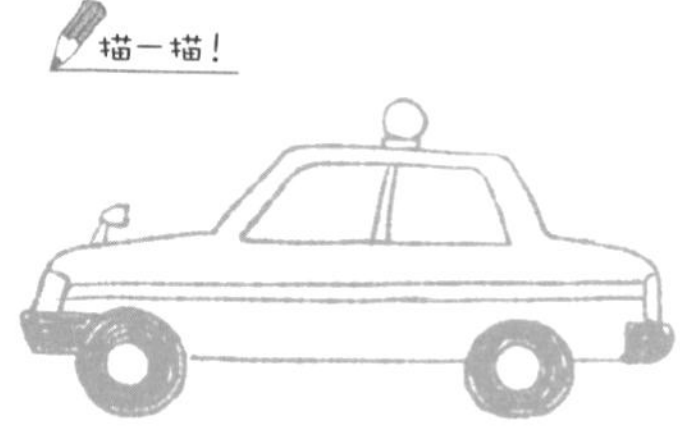

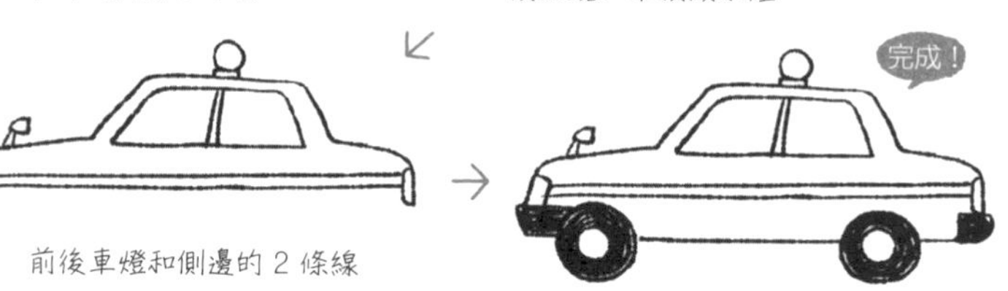

前後車燈和側邊的 2 條線

畫出車輪和保險桿，完成！

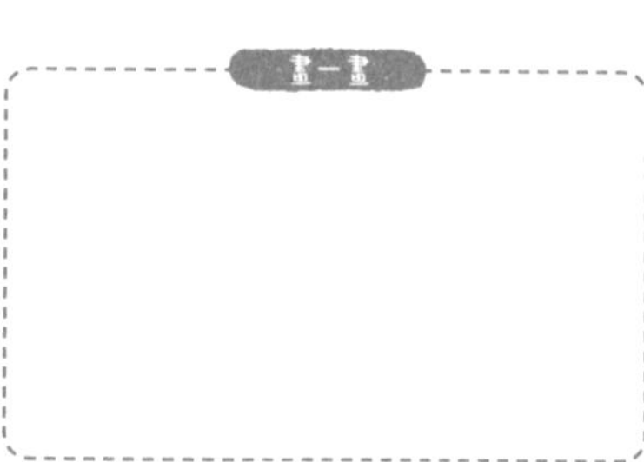

【警車】

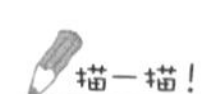

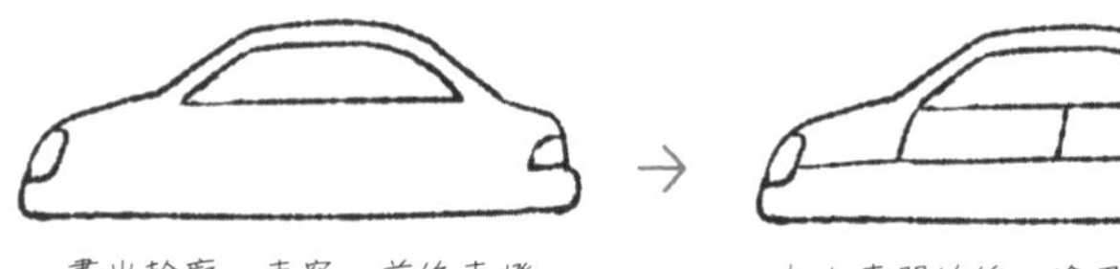

畫出輪廓、車窗、前後車燈

加上車門的線、塗黑部分的線條

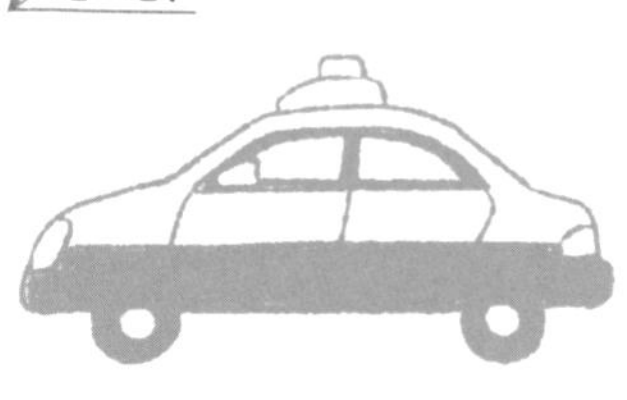

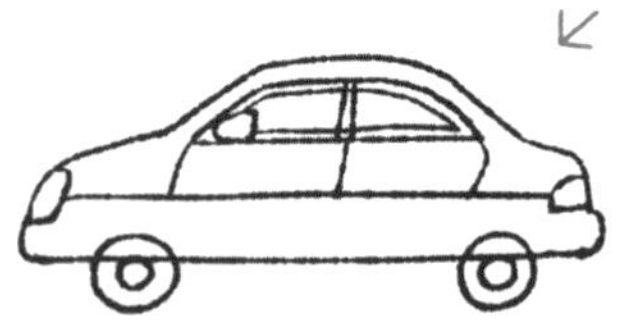

畫出窗框、後照鏡、車輪

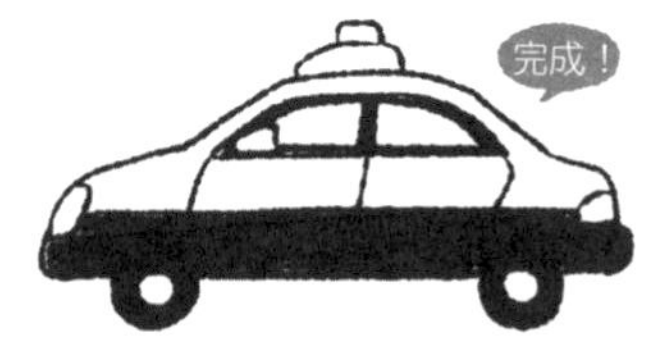

畫出鳴笛，車輪、窗框、車底
塗黑，完成！

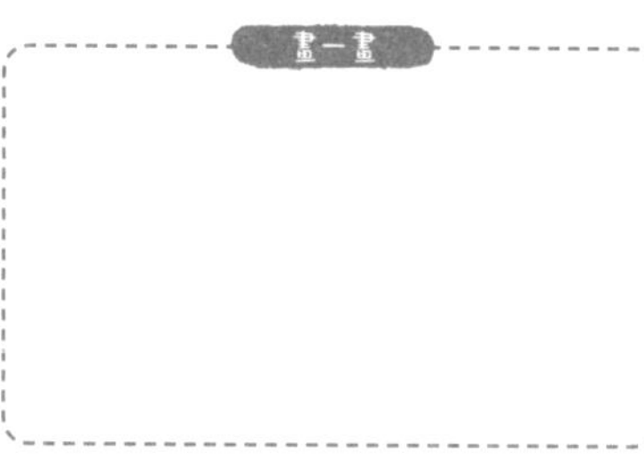

交通工具

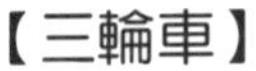

【三輪車】

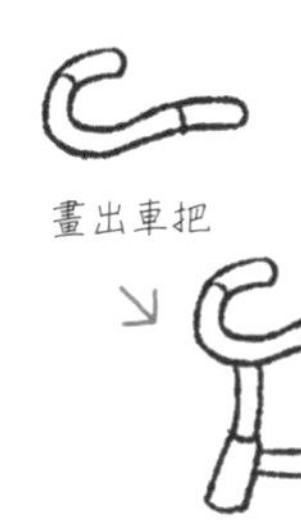

畫出車把

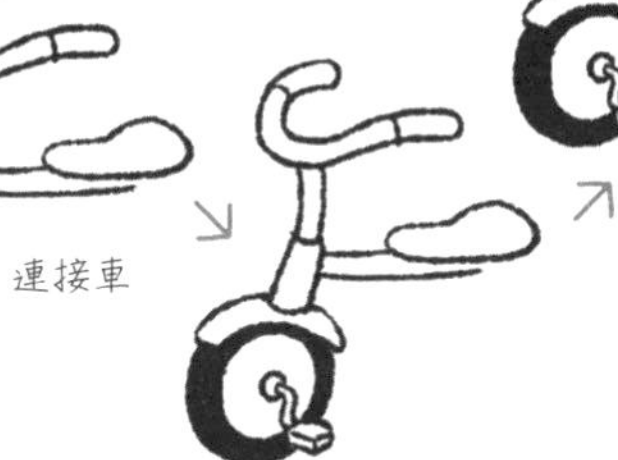

畫出管子，連接車把和座椅

加上擋泥板、前輪和踏板

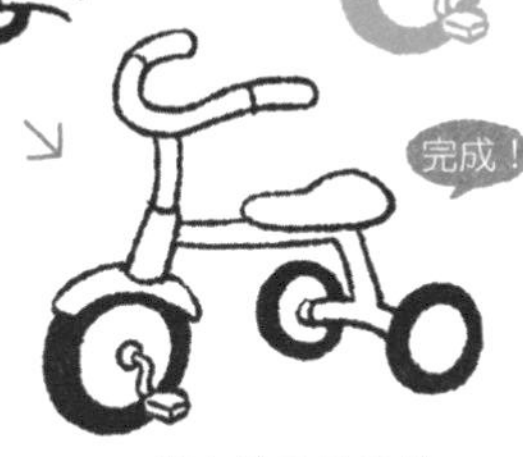

後面的支柱和裡面的車輪

描一描！

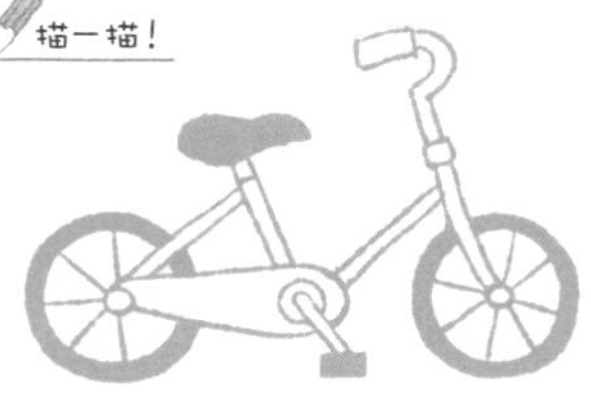

畫出前面的車輪，完成！

畫一畫

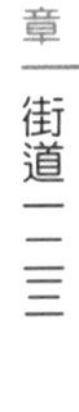

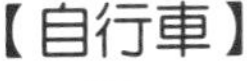

【自行車】

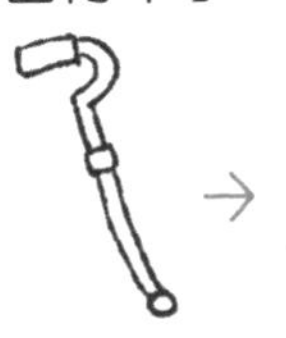

畫出車把和「？」型的管子

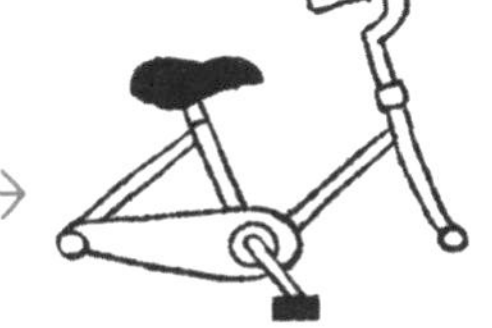

畫出踏板和車鍊罩，用管子相連

在三角管上加上坐墊

描一描！

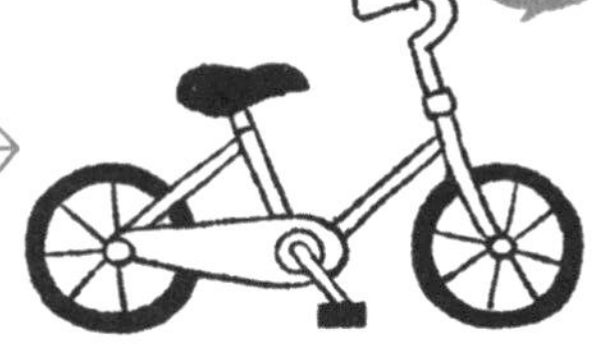

前後車輪

畫出輪輻，完成！

畫一畫

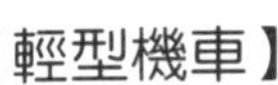

【輕型機車】

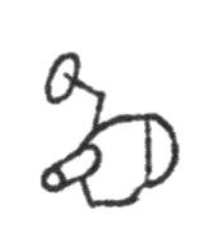

車頭燈加上後照鏡和車把

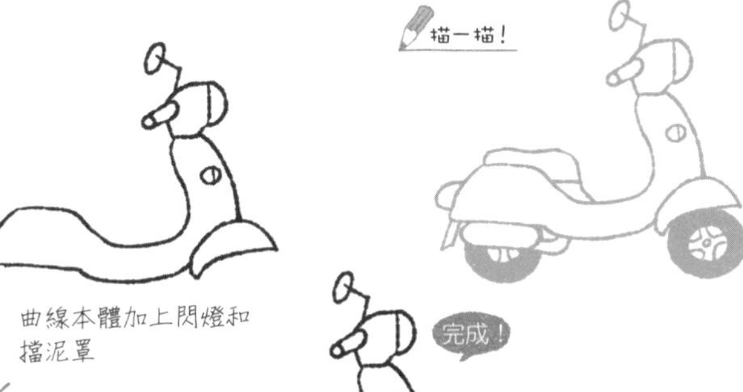

描一描！

曲線本體加上閃燈和擋泥罩

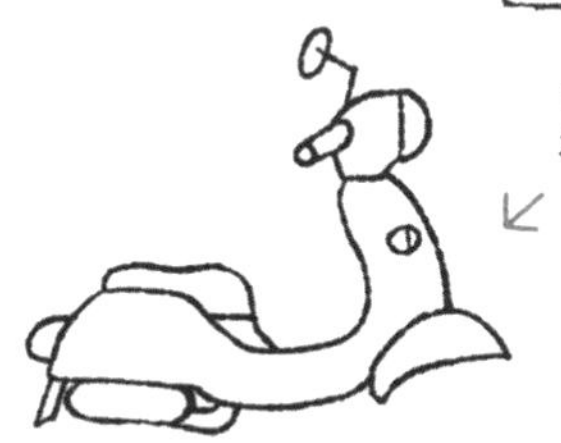

畫出座椅、引擎和車尾燈

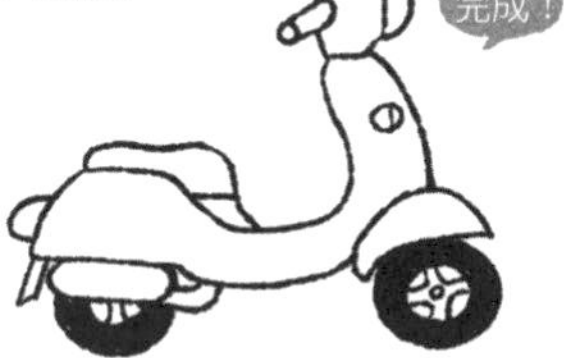

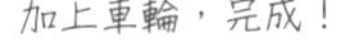

加上車輪，完成！

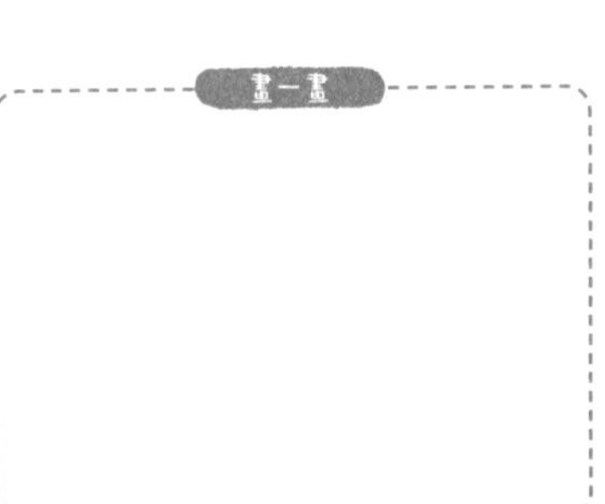

【公車站】

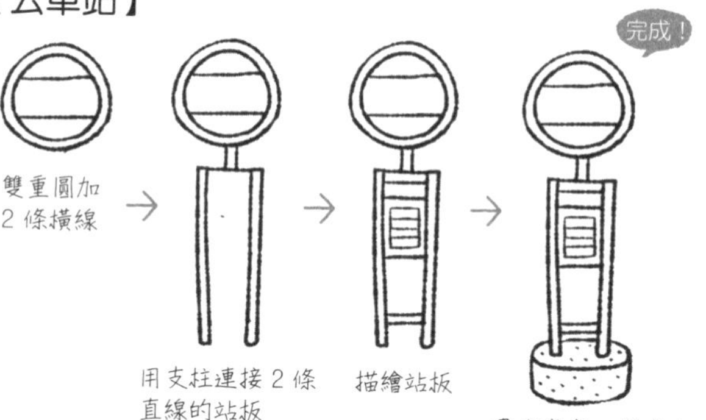

畫出底座，完成！

描一描！

畫一畫

【計程車搭乘處】

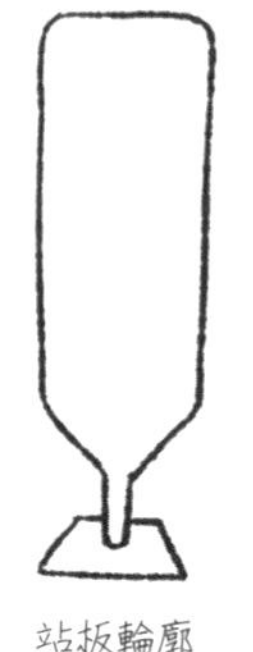

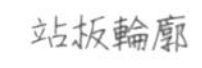

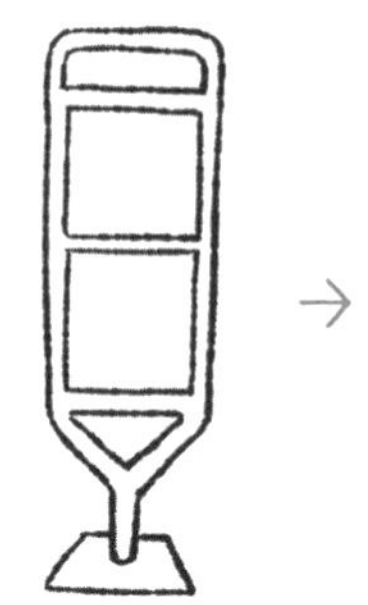

中間畫3個方形
和1個三角形

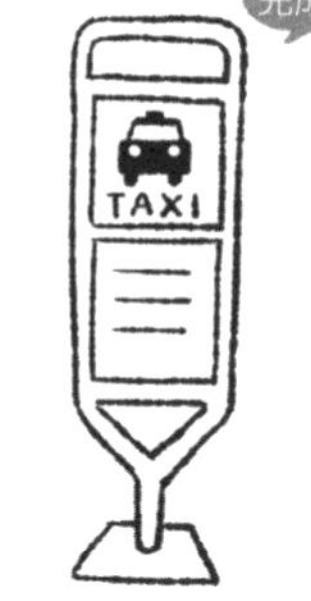

加上TAXI標誌和
細節，完成！

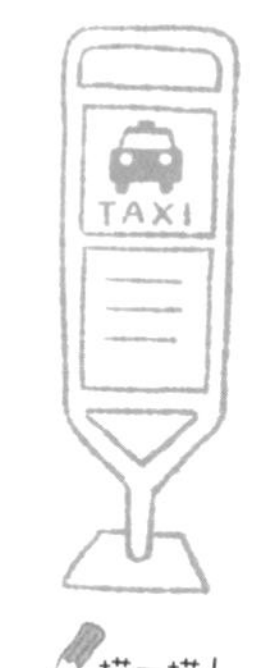

描一描！

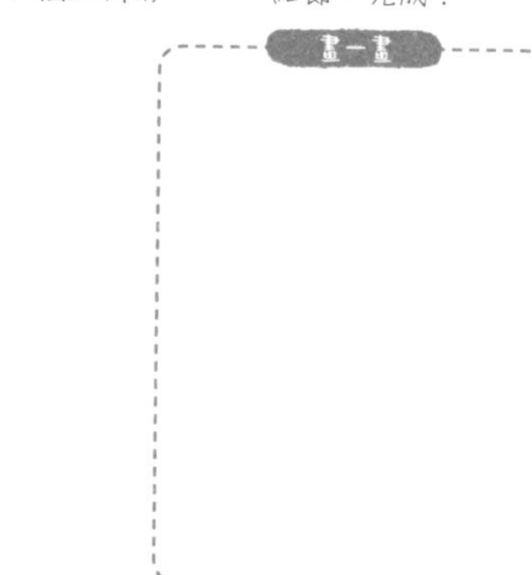

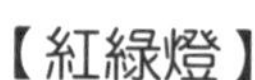

【紅綠燈】

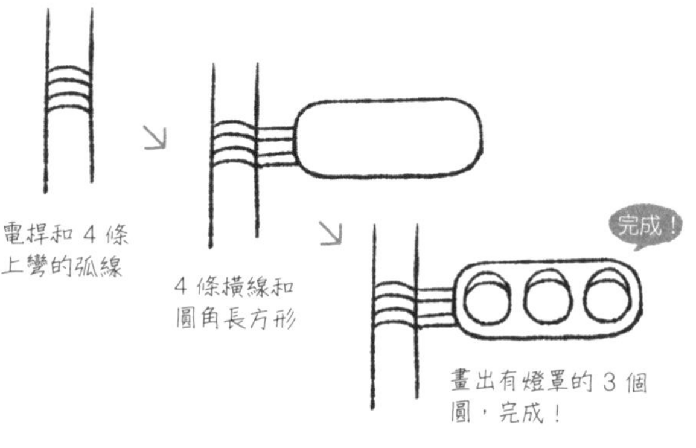

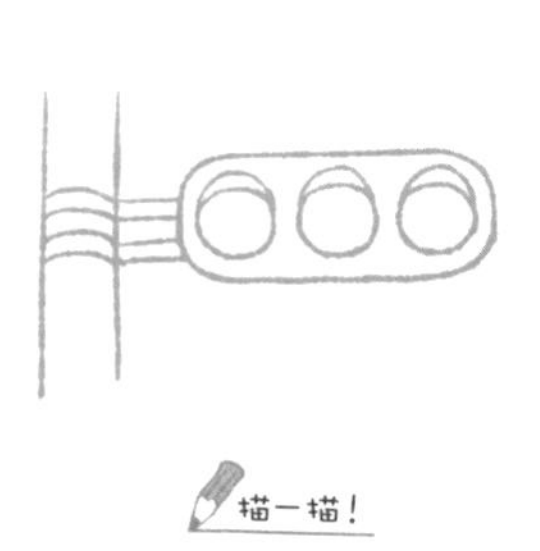

描一描！

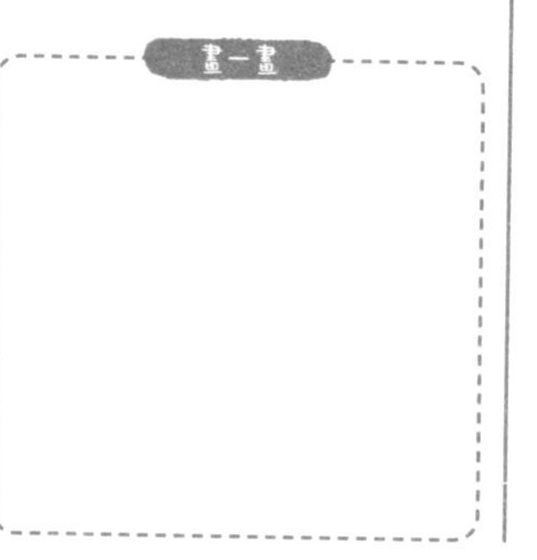

【行人紅綠燈】

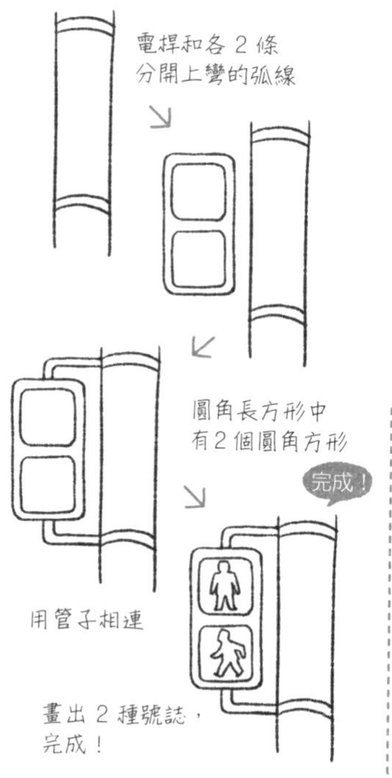

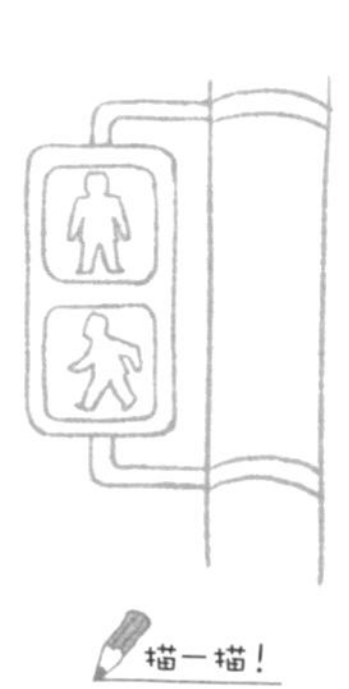

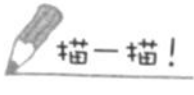

【天橋】

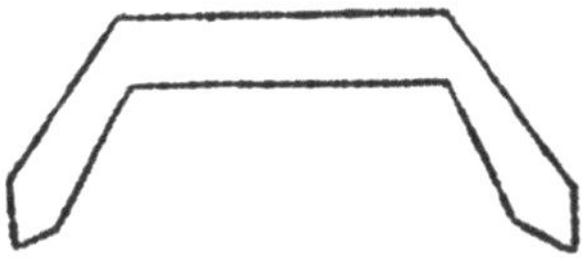

畫出橋的輪廓 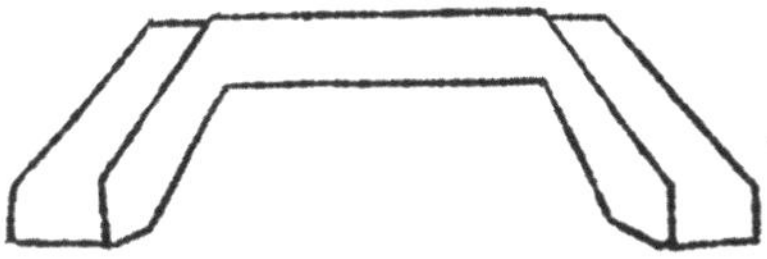 → 加上深度 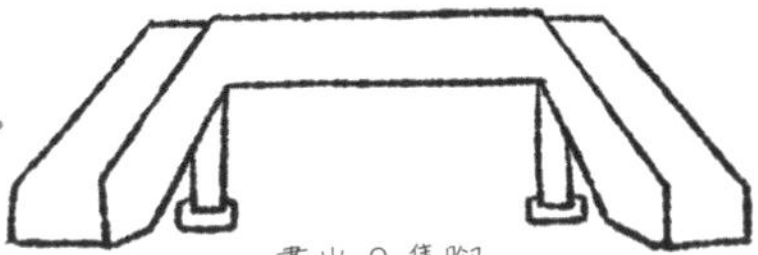 → 畫出 2 隻腳

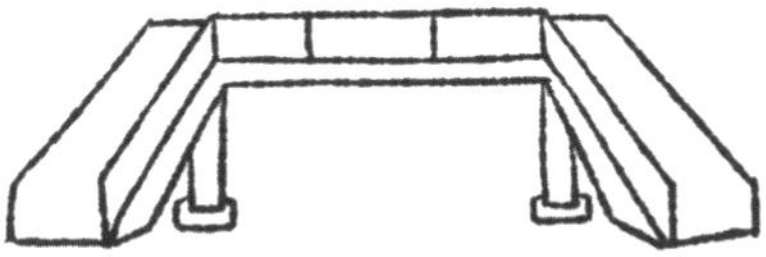

在內側加上線條，
畫出 4 條縱向分線 → 畫出兩側的樓梯，完成！

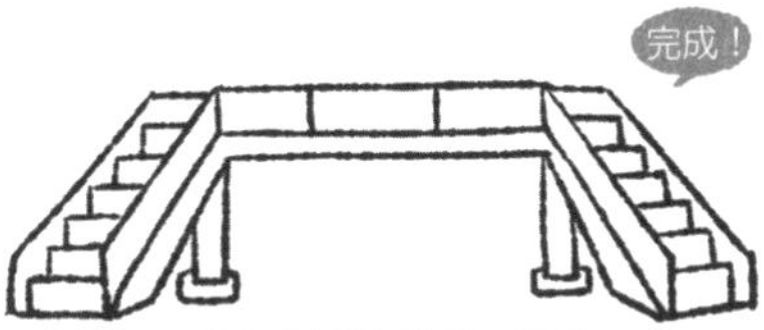

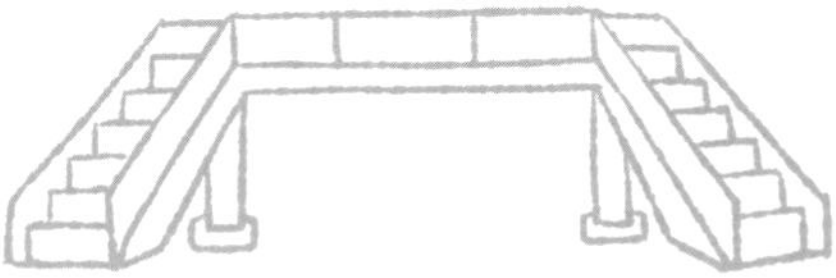

完成！

畫一畫

描一描！

【加油站】

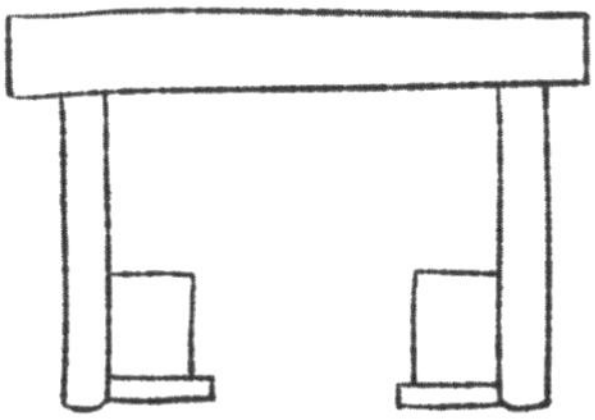

畫出頂端、2 隻腳和左右
內側的加油設備輪廓 → 裡面加上方形組合建築 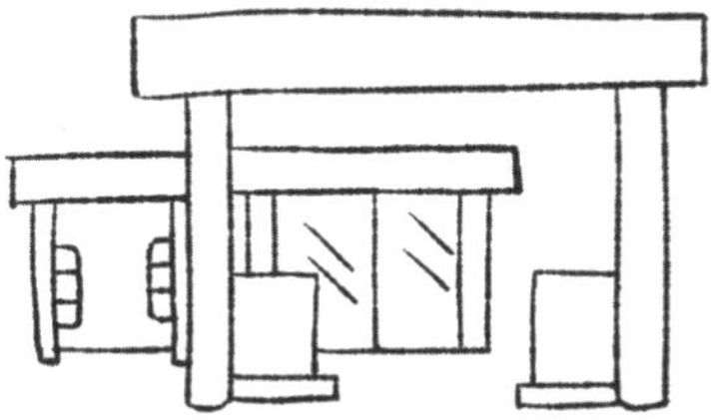 → 加上洗車設備的毛刷和
玻璃的線條

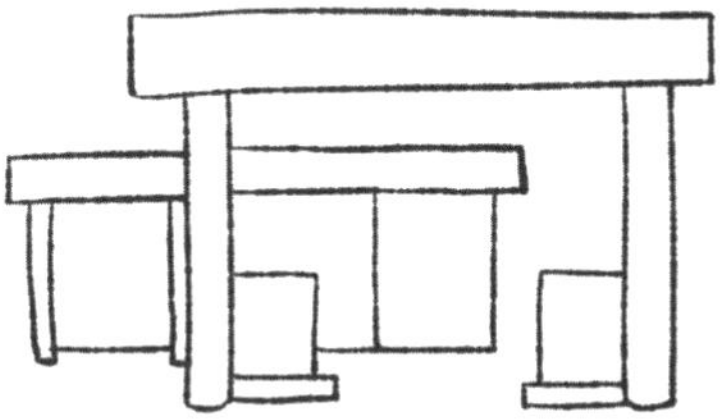

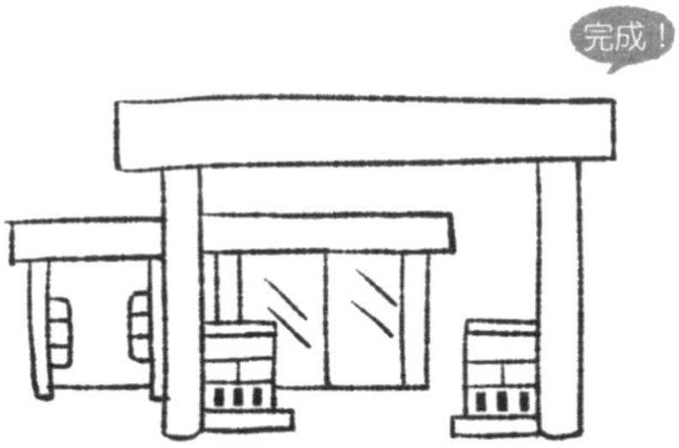

完成！

畫出加油設備的細節，完成！

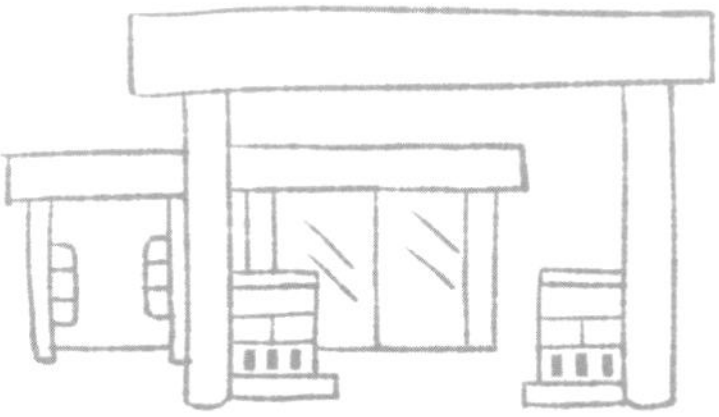

描一描！

畫一畫

【花店】

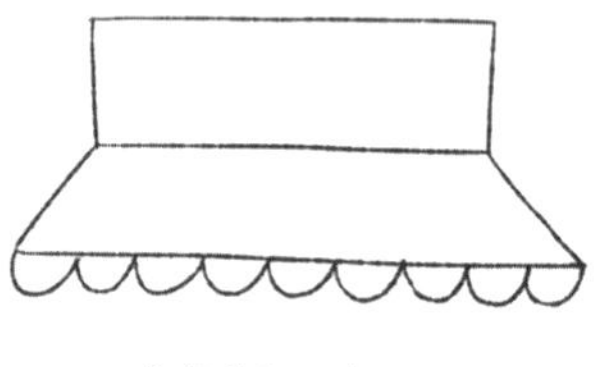

長方形加上遮陽棚

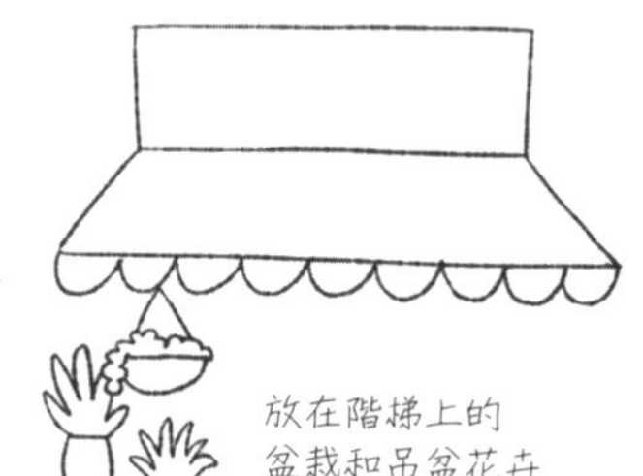

放在階梯上的
盆栽和吊盆花卉

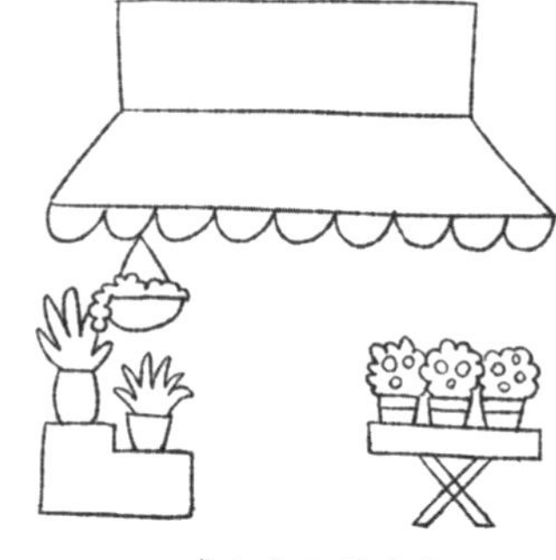

桌上有 3 種盆栽

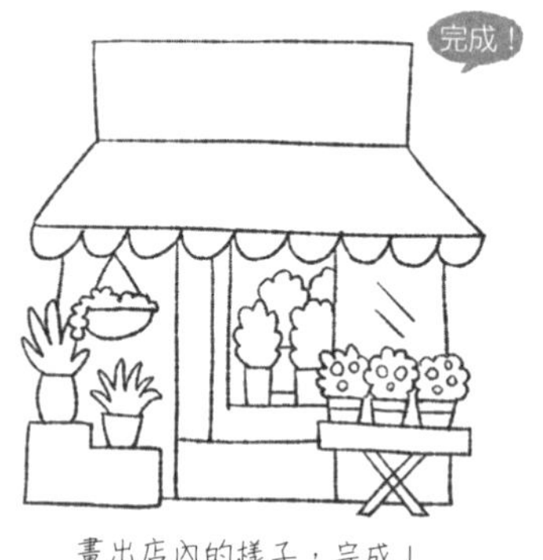

畫出店內的樣子，完成！

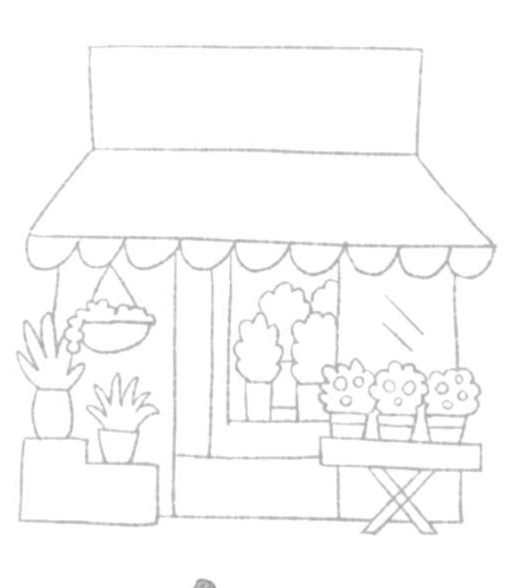

描一描！

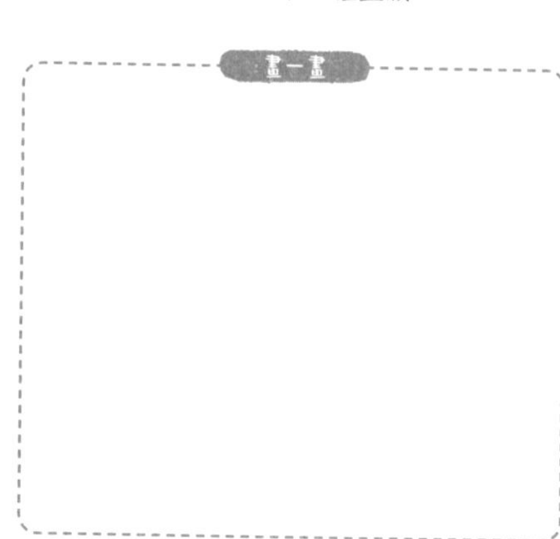

【花束】

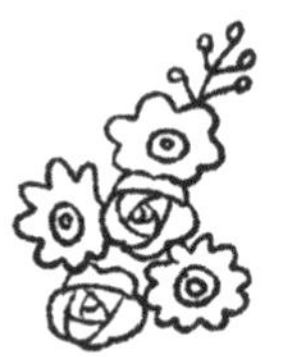

先畫中間的 5 朵花
和滿天星

畫出周圍的葉片

畫出包裝紙

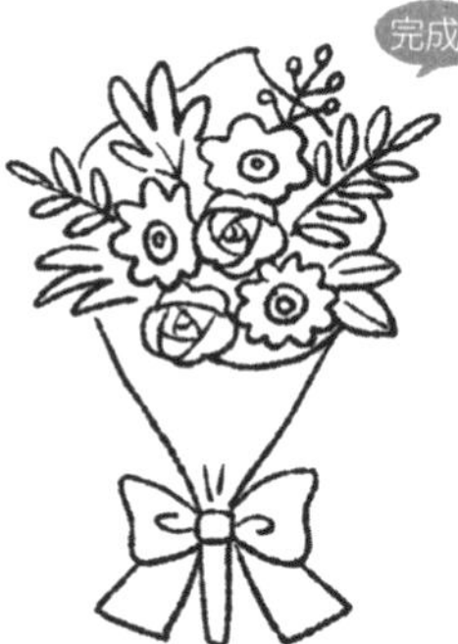

加上緞帶綁成的
蝴蝶結，完成！

描一描！

【玫瑰】

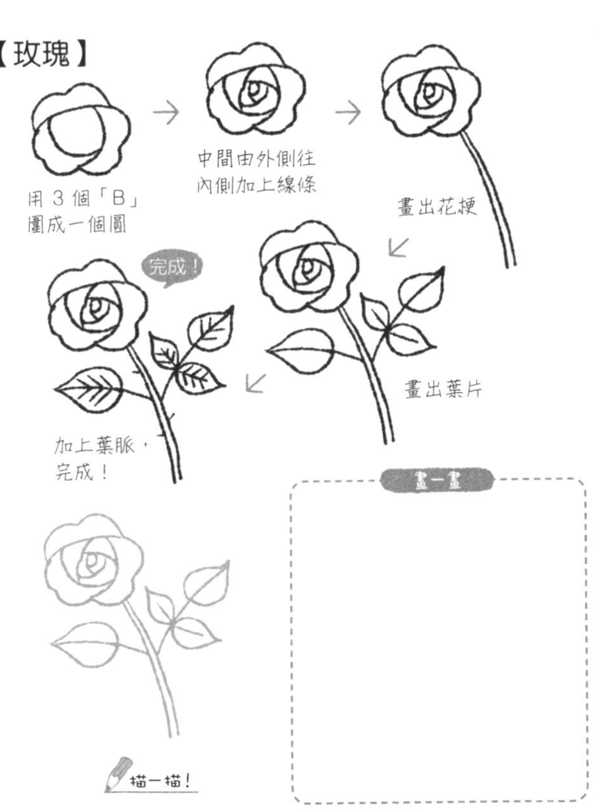

【玫瑰（花苞）】

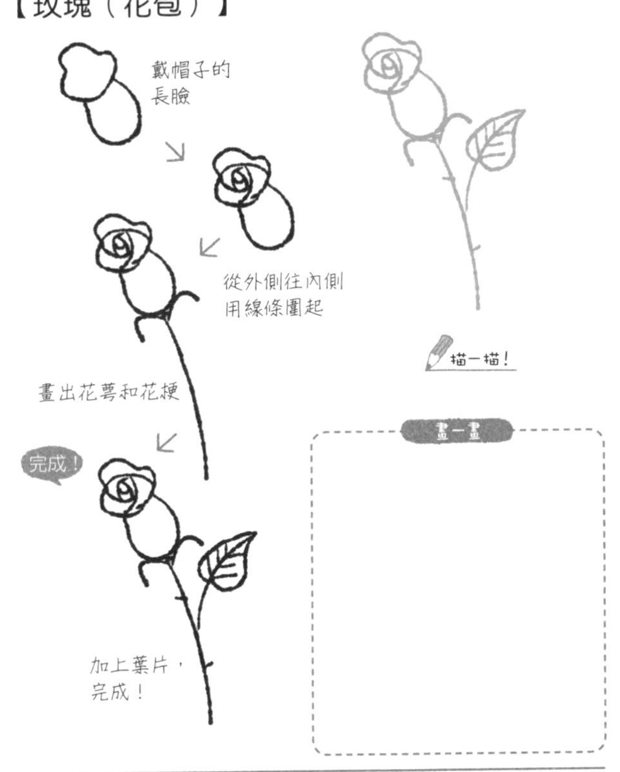

【鬱金香】

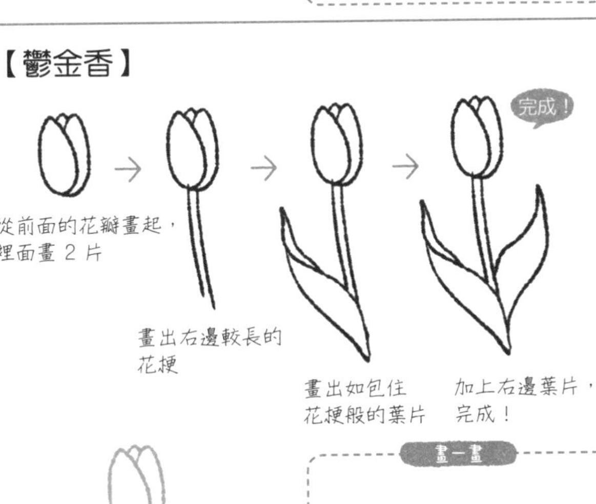

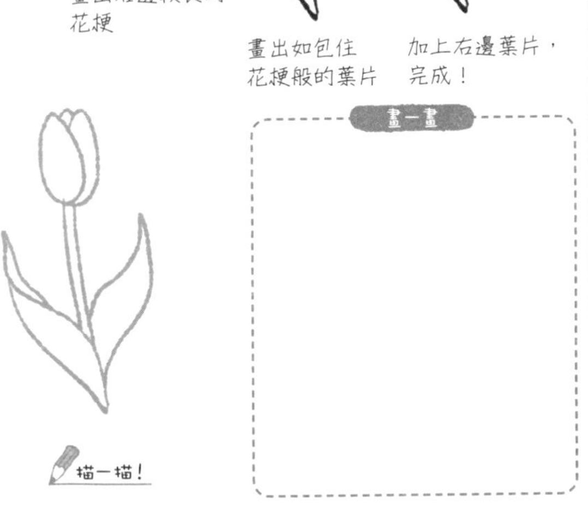

【非洲菊】

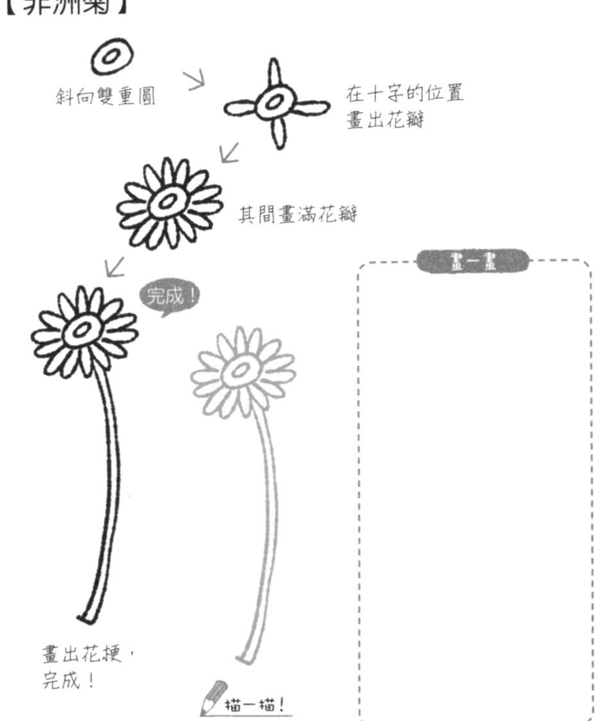

【火鶴】

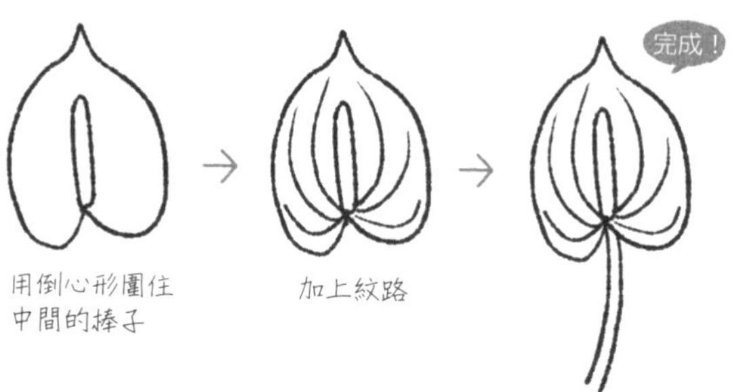

用倒心形圍住中間的棒子

加上紋路

畫出花梗，完成！

畫一畫

描一描！

【常春藤】

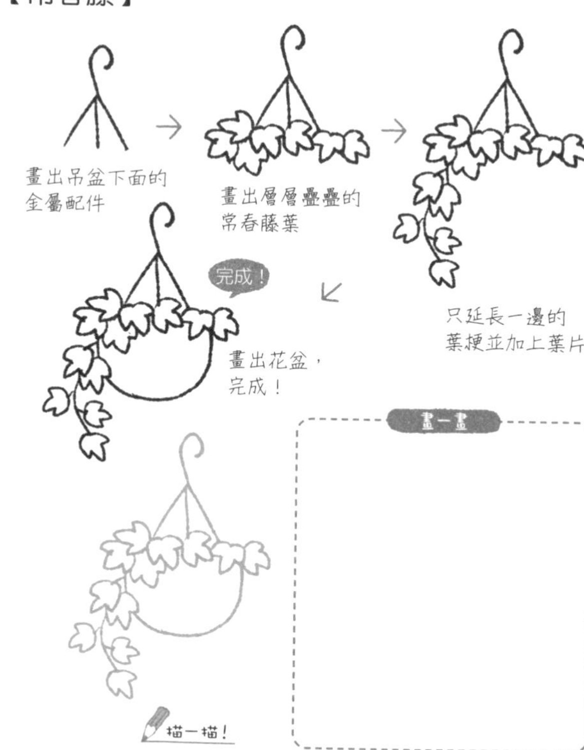

畫出吊盆下面的金屬配件

畫出層層疊疊的常春藤葉

只延長一邊的葉梗並加上葉片

畫出花盆，完成！

畫一畫

描一描！

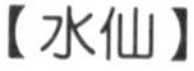

【水仙】

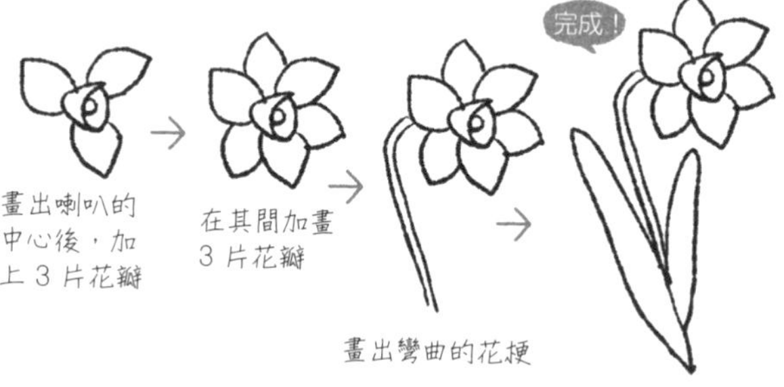

畫出喇叭的中心後，加上 3 片花瓣

在其間加畫 3 片花瓣

畫出彎曲的花梗

畫出葉片，完成！

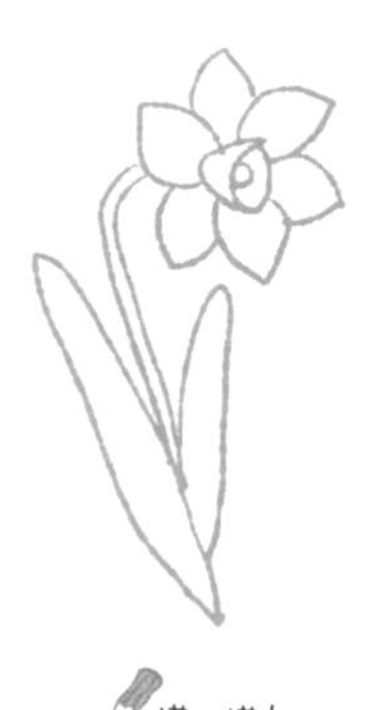

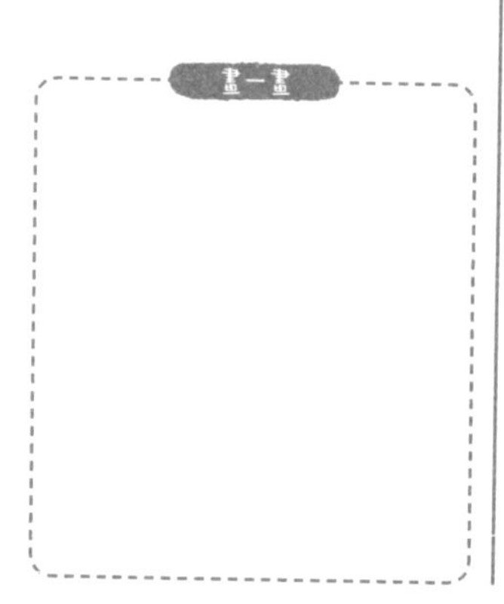

描一描！

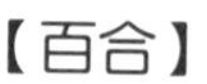

【百合】

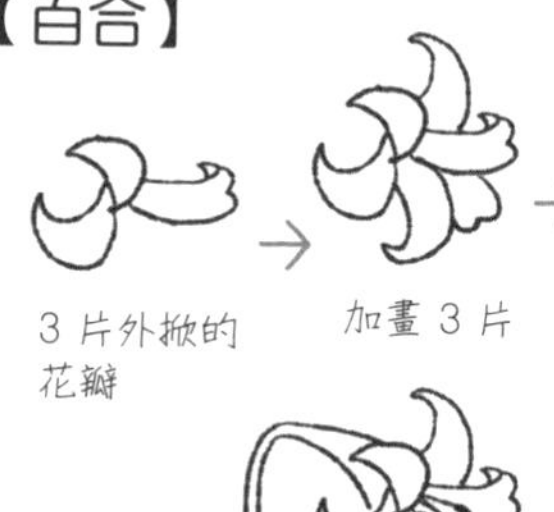

3 片外掀的花瓣

加畫 3 片

畫出突出的雌雄花蕊

畫出如喇叭的花朵底座和花梗

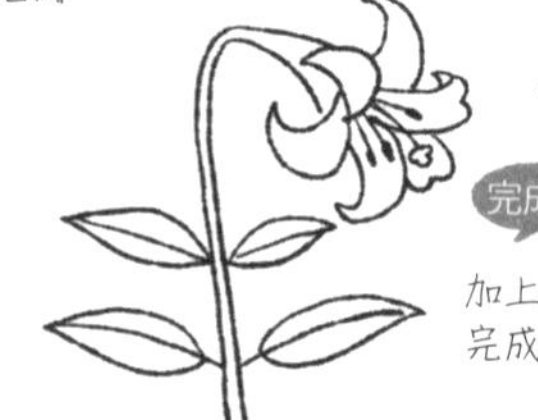

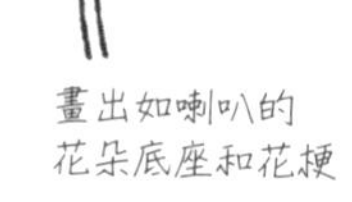

加上葉片，完成！

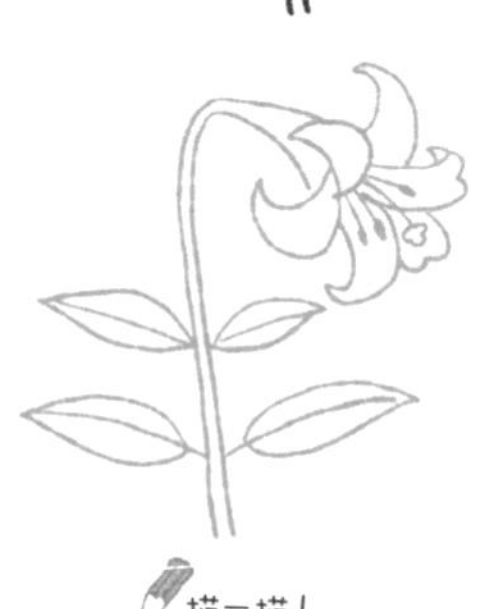

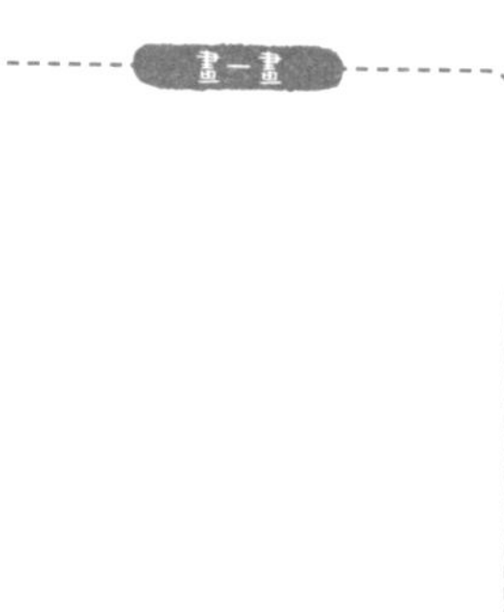

描一描！

【三色堇】

畫出中心後，加上
3片花瓣

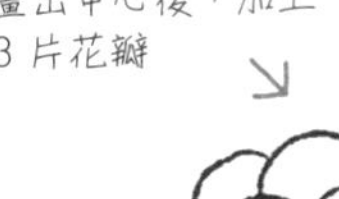

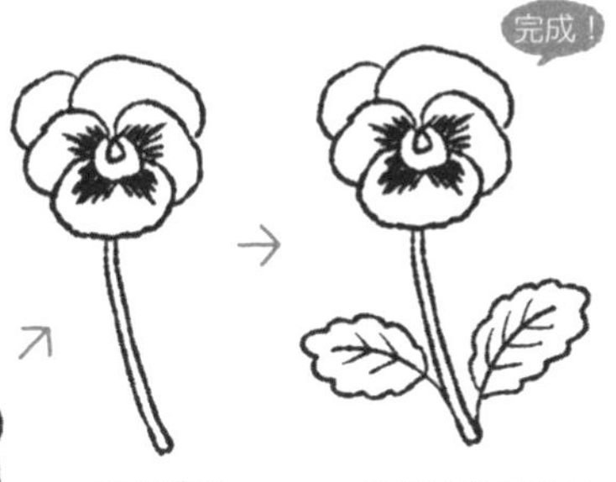

畫出黑色圖樣，裡
面加上2片花瓣

畫出花梗

畫出鋸齒狀葉片，
完成！

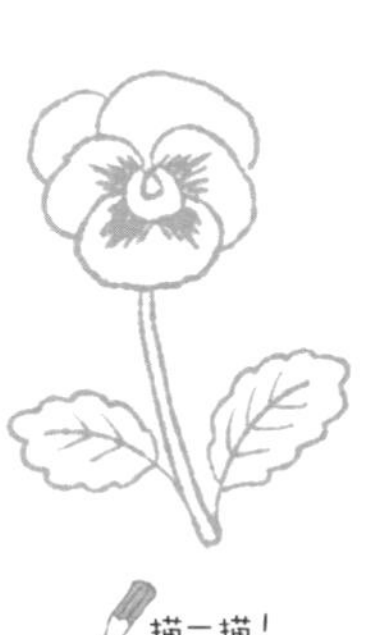

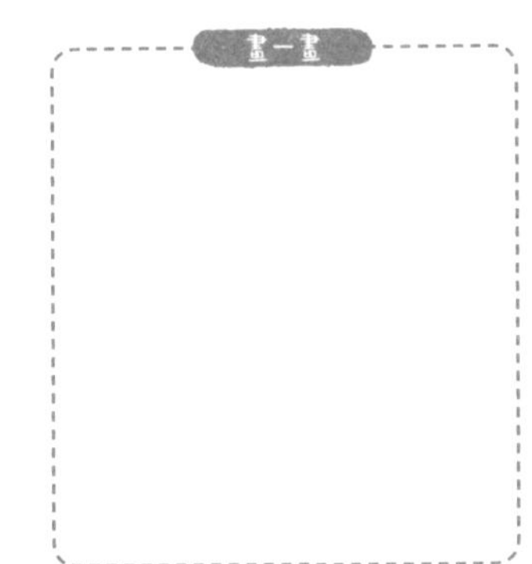

【仙人掌】

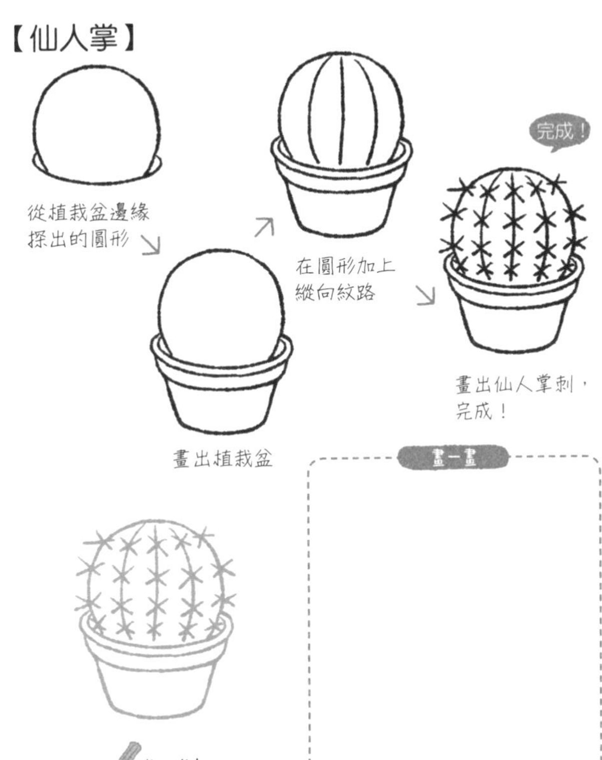

從植栽盆邊緣
探出的圓形

在圓形加上
縱向紋路

畫出植栽盆

畫出仙人掌刺，
完成！

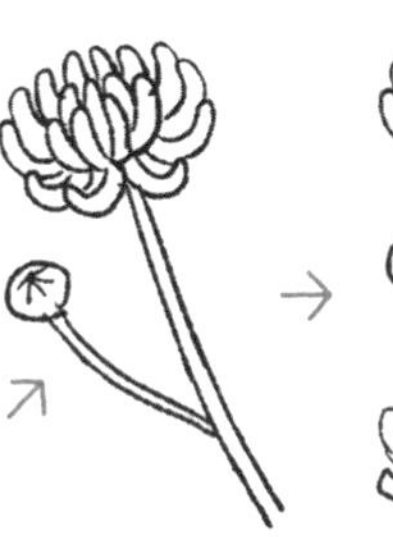

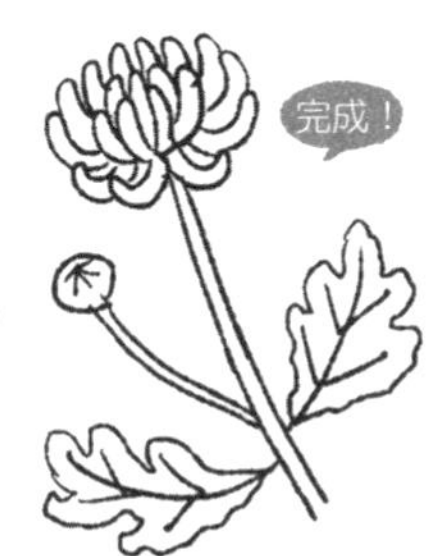

【虞美人】

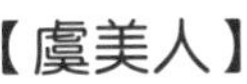

畫出中心後，加上
3片花瓣

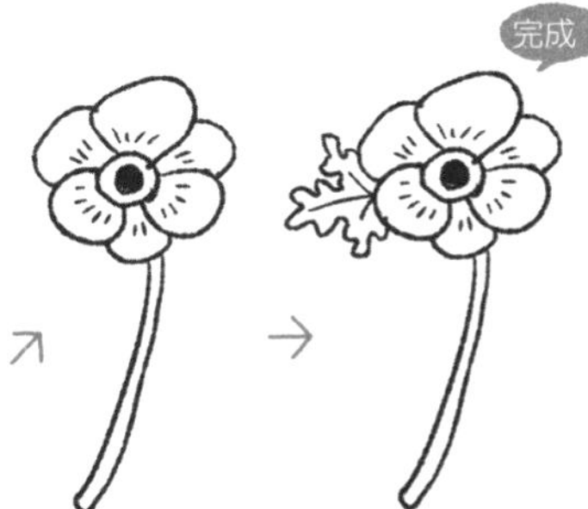

在其間加畫
3片花瓣

在花瓣加上
圖樣，畫出花梗

畫出葉片，完成！

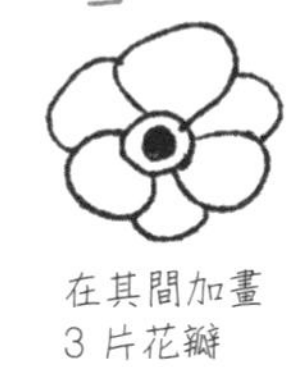

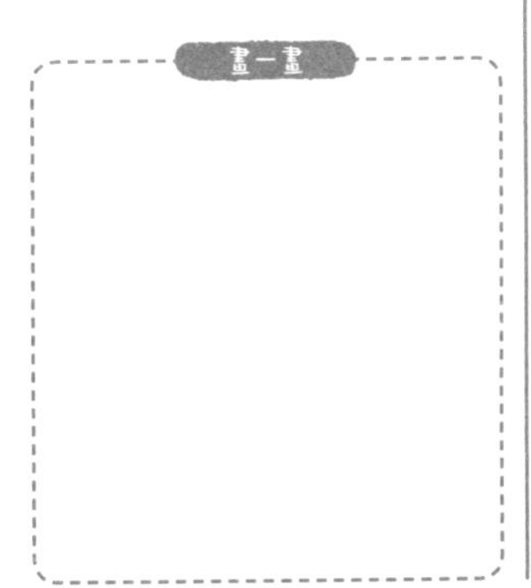

【菊花】

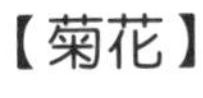

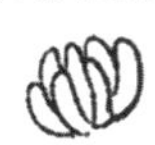

畫出聚集的
細花瓣

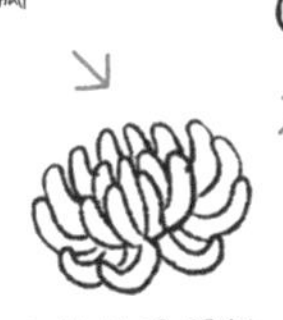

如往外展開般，
外側也加上花瓣

畫出花梗，
加上花苞

畫出葉片，
完成！

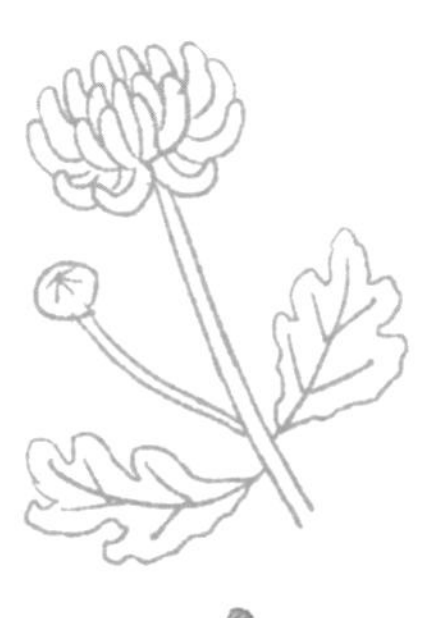

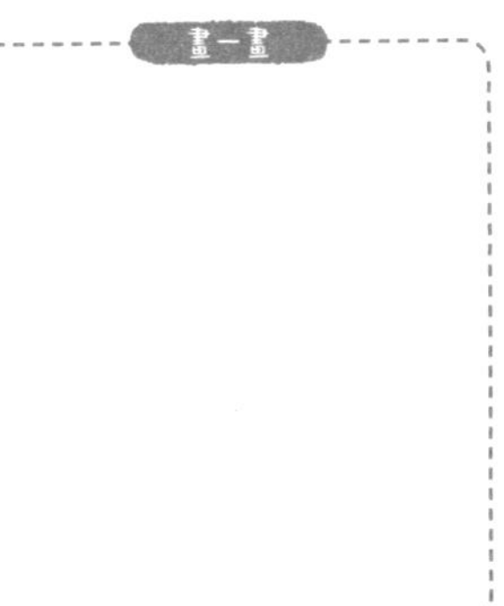

【玩沙場】

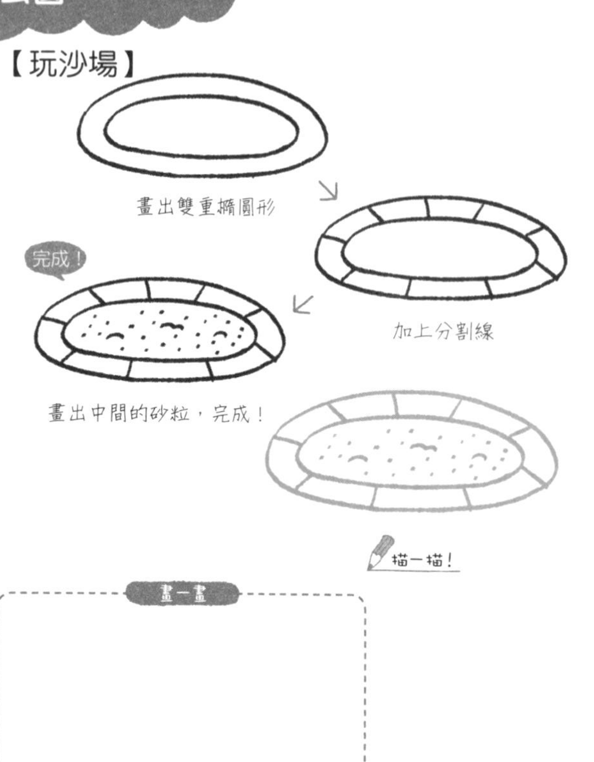

畫一畫

【玩沙用具】

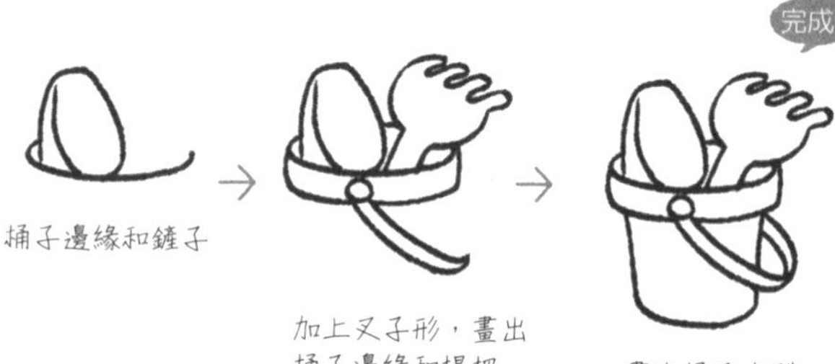

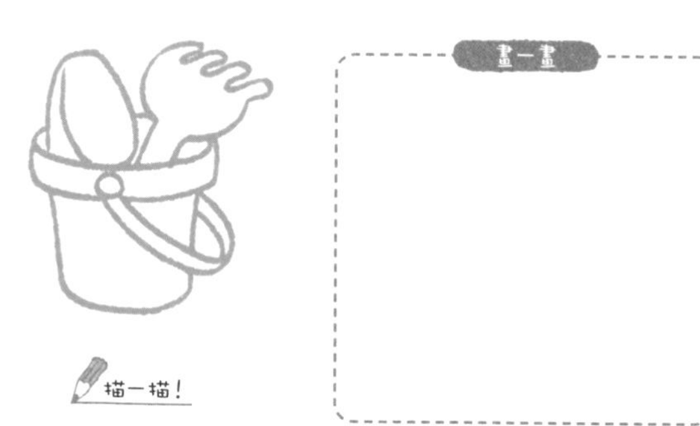

【蹺蹺板】

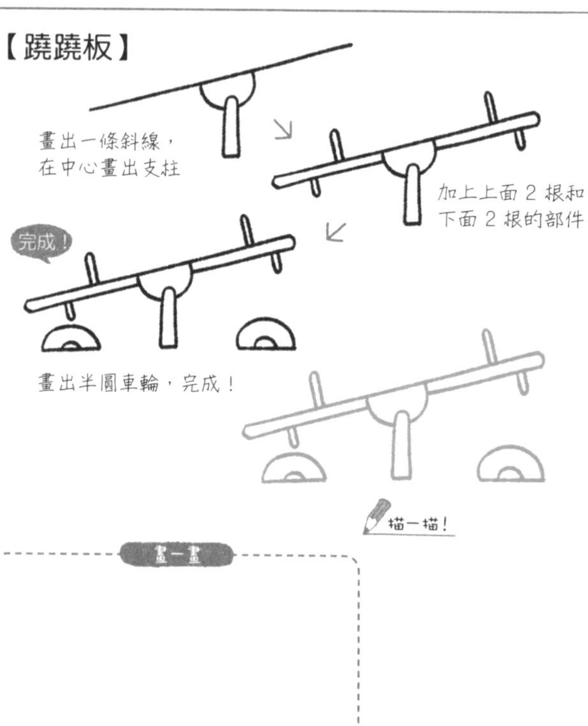

畫一畫

【單槓】

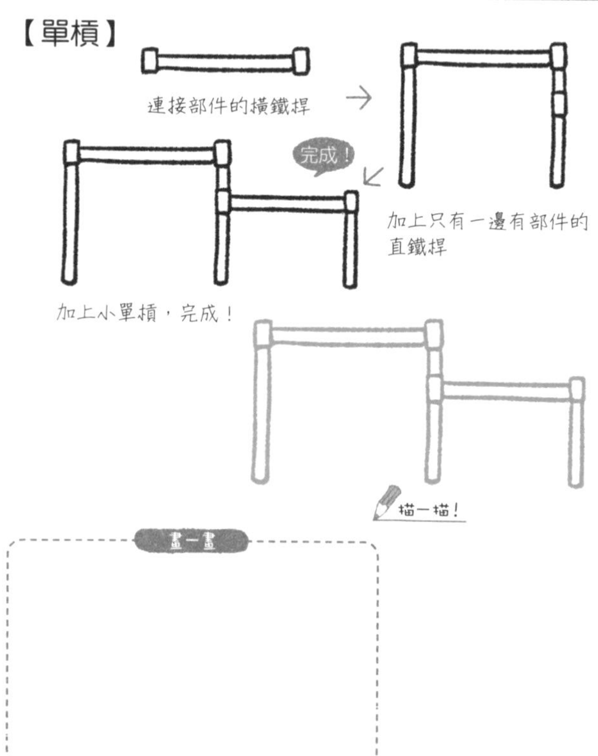

畫一畫

【盪鞦韆】

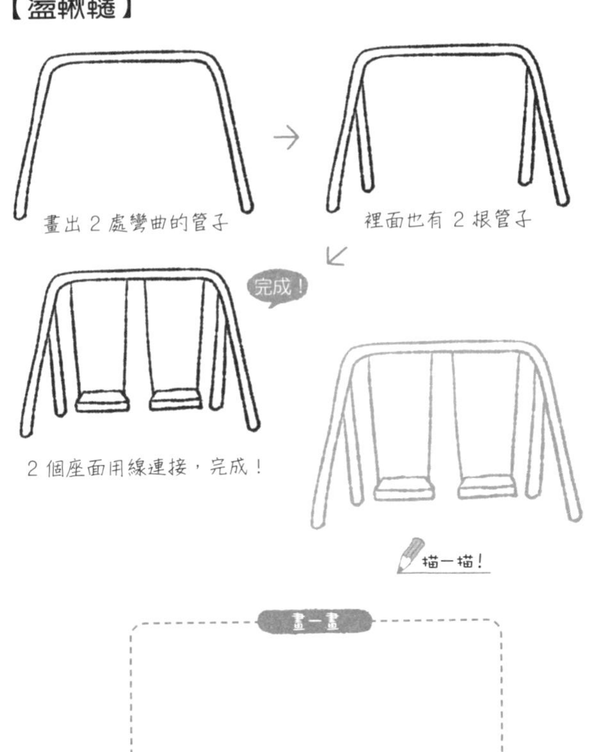

畫出 2 處彎曲的管子

裡面也有 2 根管子

2 個座面用線連接，完成！

描一描！

畫一畫

【溜滑梯】

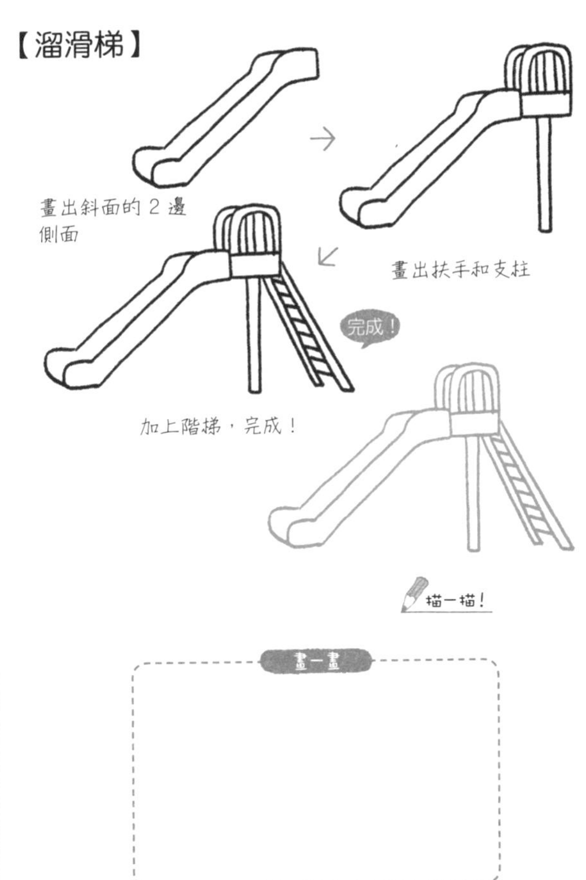

畫出斜面的 2 邊側面

畫出扶手和支柱

加上階梯，完成！

描一描！

畫一畫

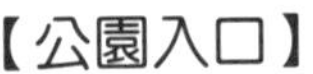

【公園入口】

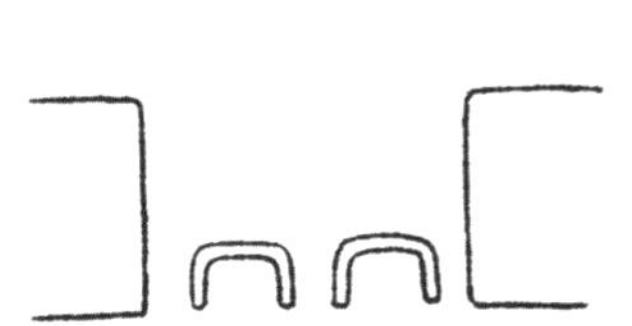

2 根ㄈ字形管子和兩側牆壁

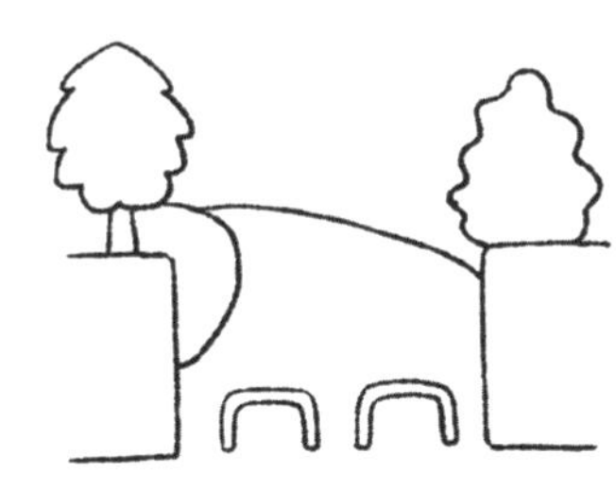

畫出連結到裡面的道路和樹木

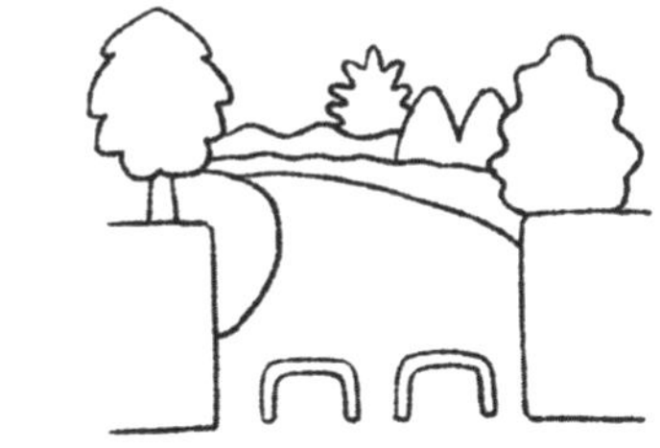

加上遠處可見的樹木和植披

畫一畫

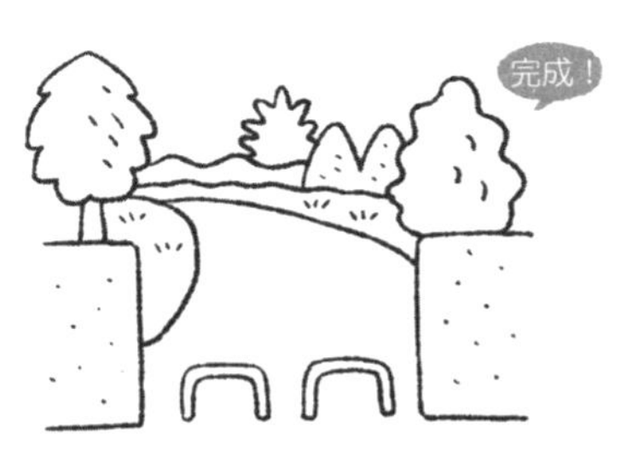

加上材質紋路，完成！

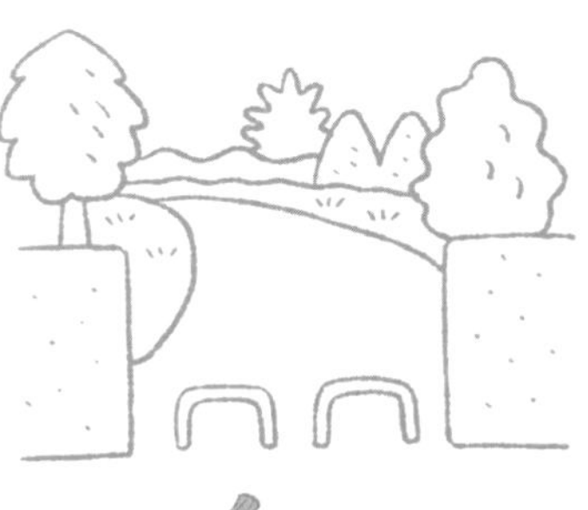

描一描！

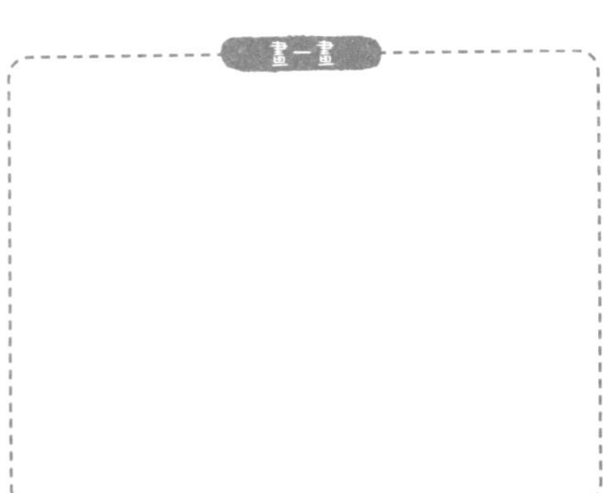

【公園椅】

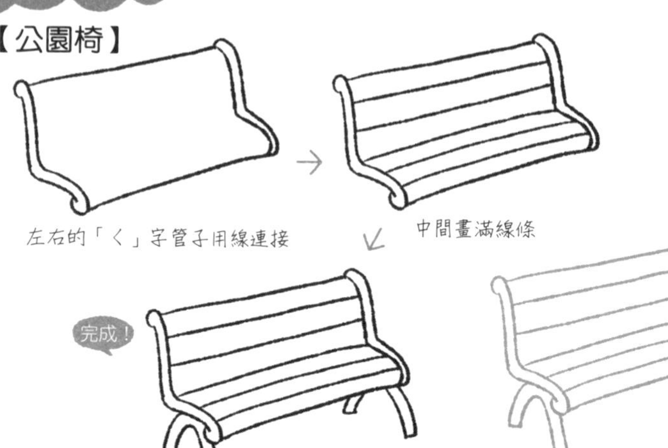

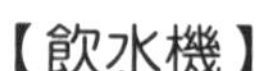

【飲水機】

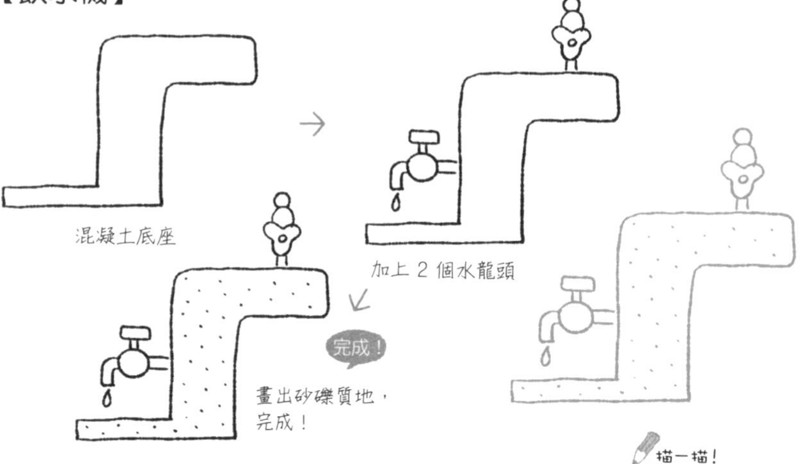

【噴泉】

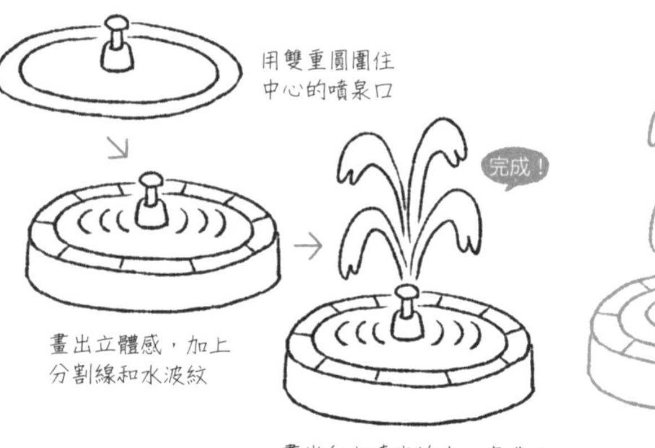

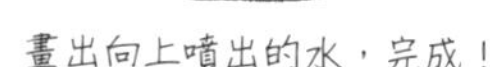

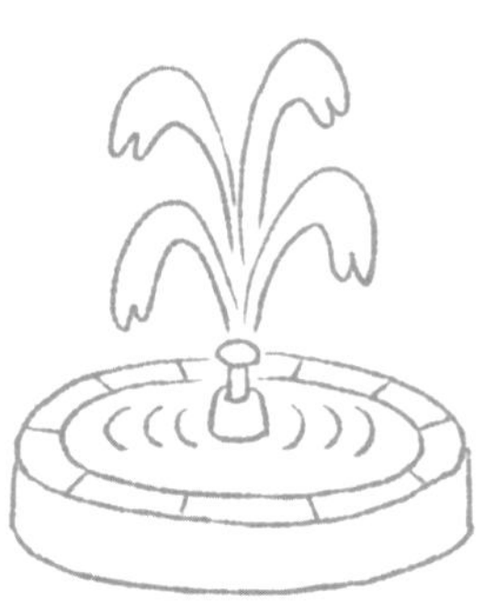

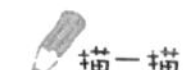

畫一畫

【麻雀】

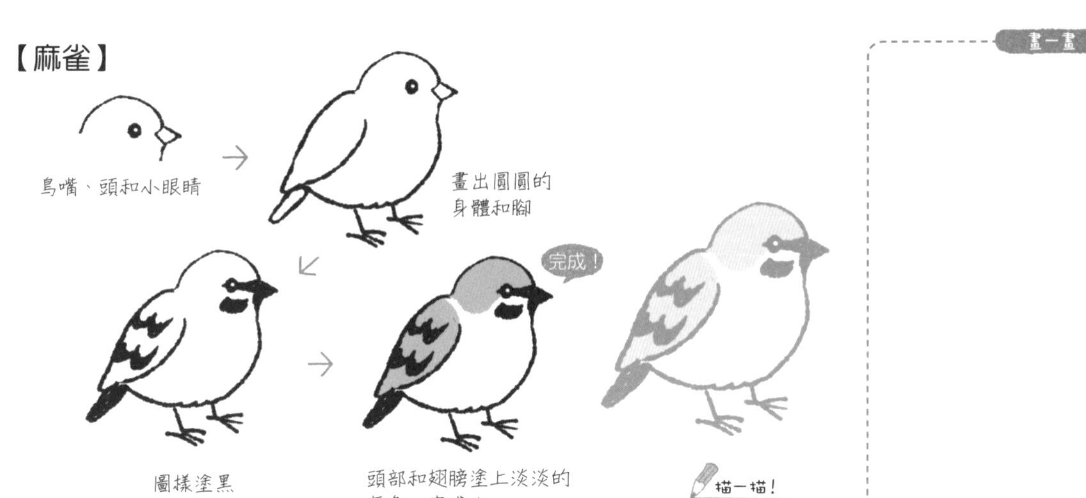

畫一畫

【綠頭鴨】

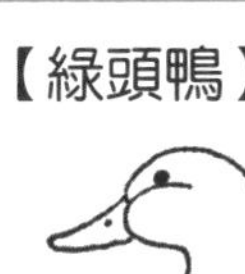

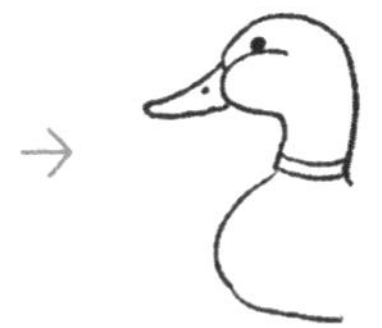

鼓鼓的臉頰，
加上鳥嘴和眼睛

頸部環狀和圓圓的胸部

描一描！

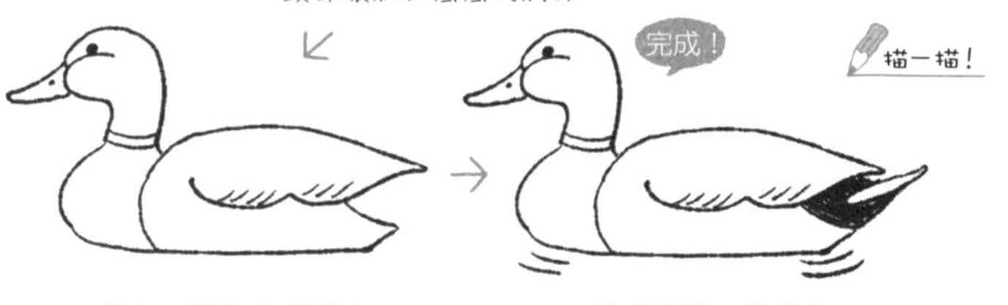

畫出如鬱金香的翅膀

尾巴塗黑，完成！

畫一畫

【烏鴉】

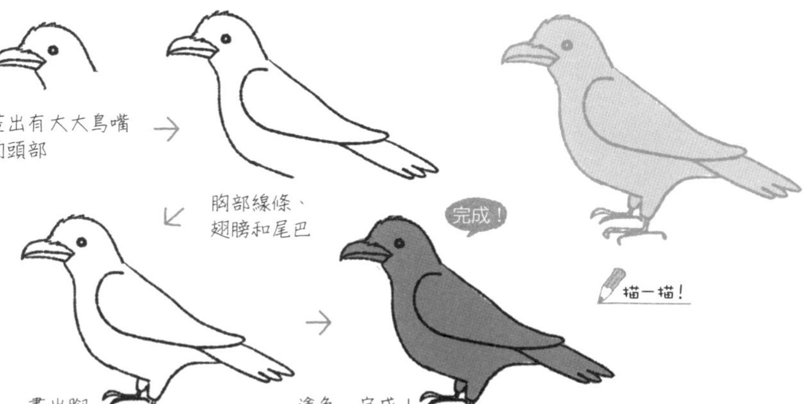

描一描！

畫一畫

【大樓公寓】

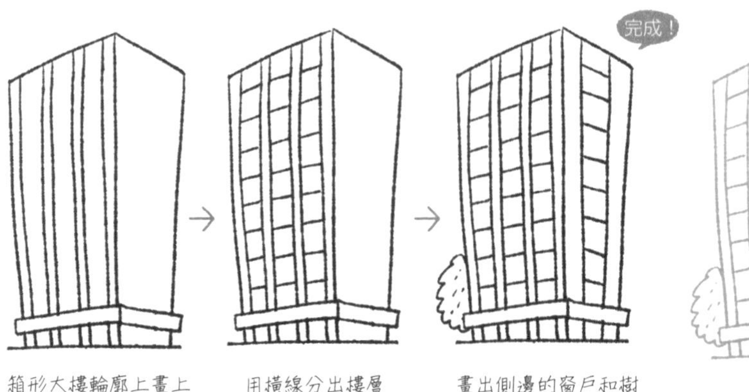

箱形大樓輪廓上畫上直線

用橫線分出樓層

畫出側邊的窗戶和樹木，完成！

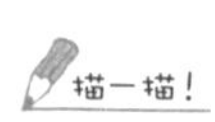

畫一畫

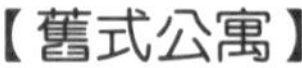

【舊式公寓】

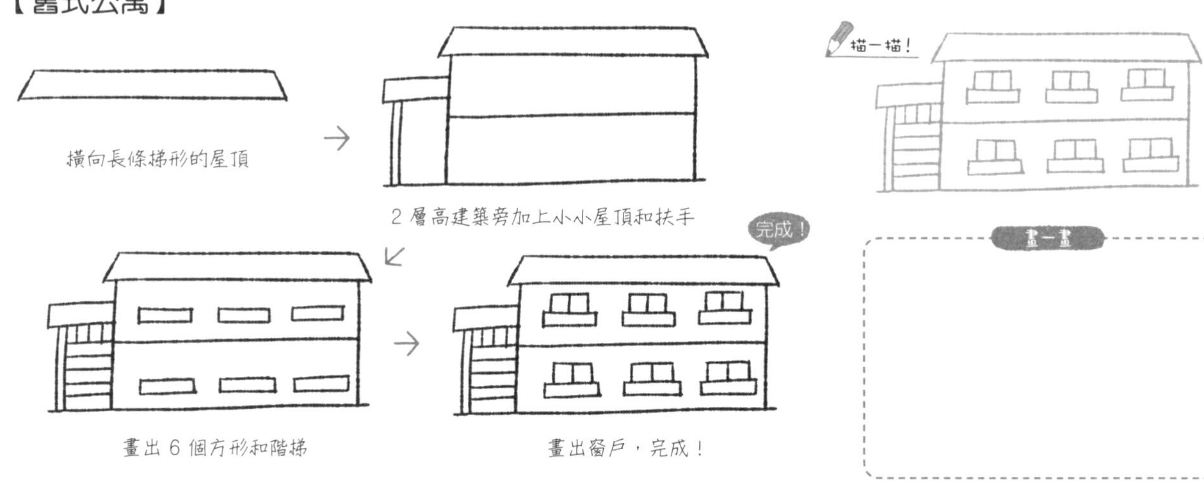

橫向長條梯形的屋頂

2 層高建築旁加上小小屋頂和扶手

畫出 6 個方形和階梯

畫出窗戶，完成！

【獨棟住家】

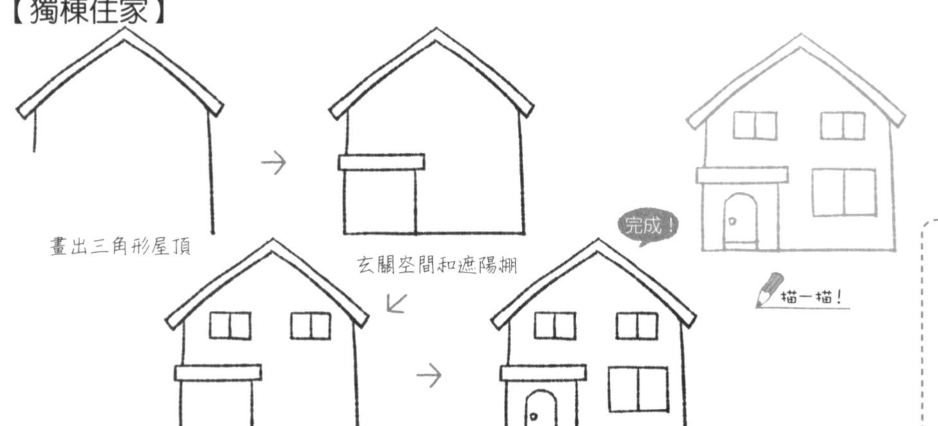

畫出三角形屋頂

玄關空間和遮陽棚

畫出 2 樓的窗戶

加上 1 樓窗戶和玄關的門，完成！

畫一畫

【咖啡店】

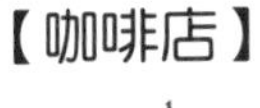
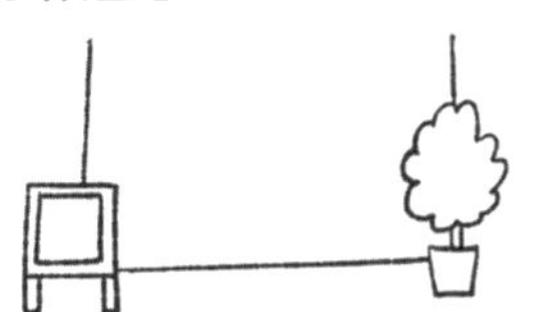
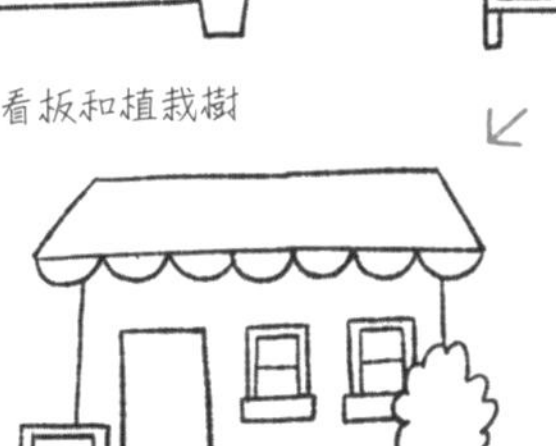
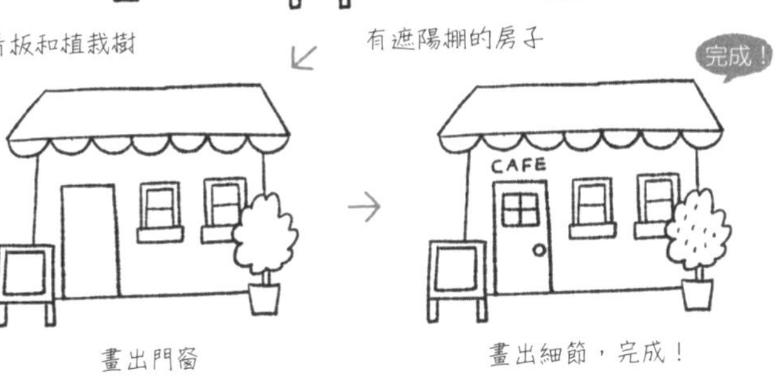
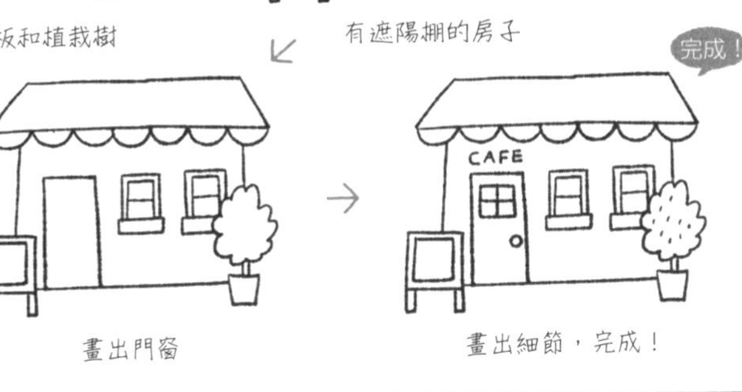

入口的菜單看板和植栽樹

有遮陽棚的房子

畫出門窗

畫出細節，完成！

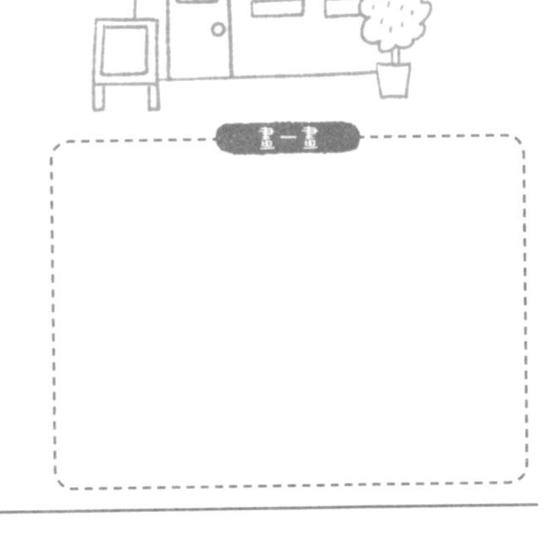

【咖啡店客人】

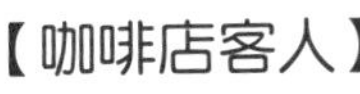
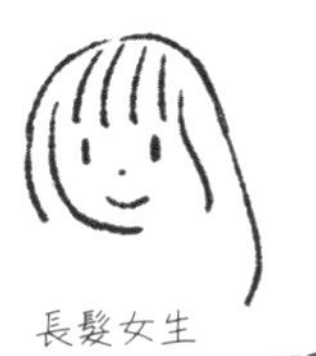

長髮女生

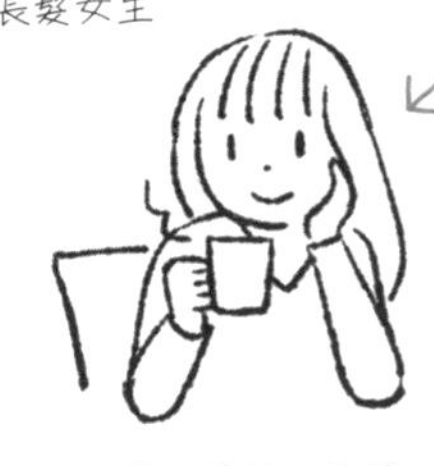
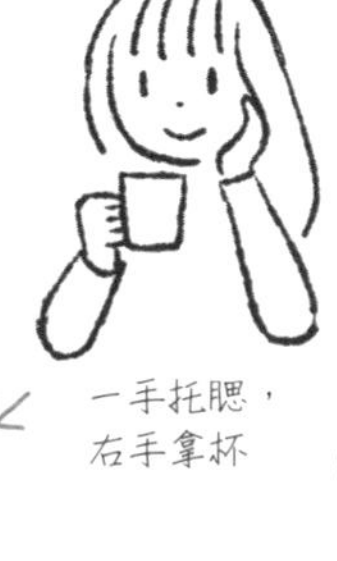

一手托腮，
右手拿杯

畫出肩線，後面
加上椅背

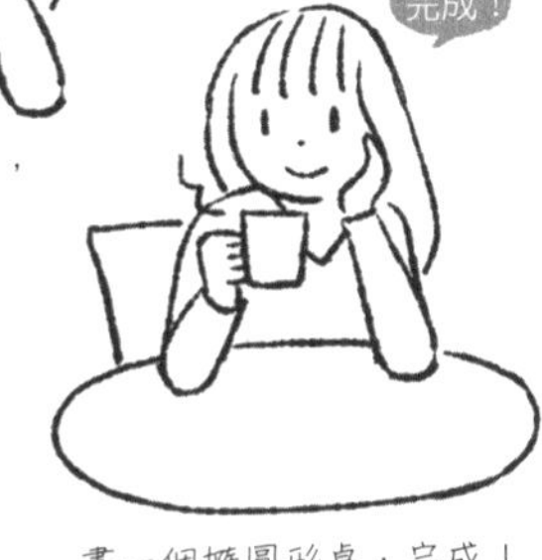

畫一個橢圓形桌，完成！

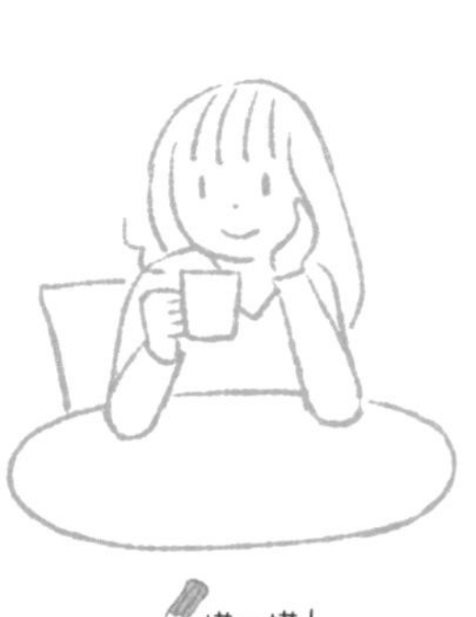
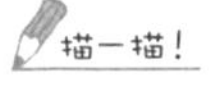

【咖啡師】

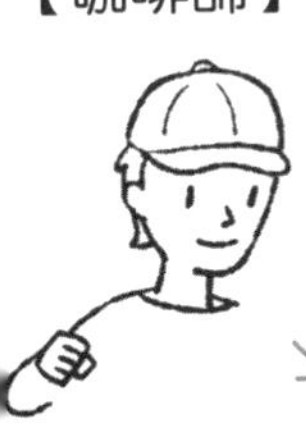

戴帽子和手持
水壺的右手

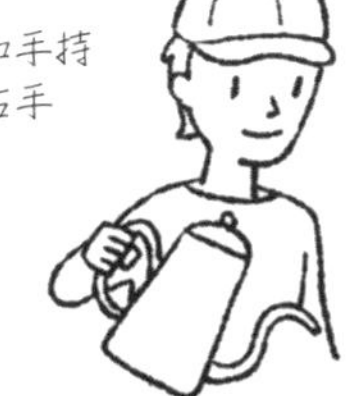

畫出水壺

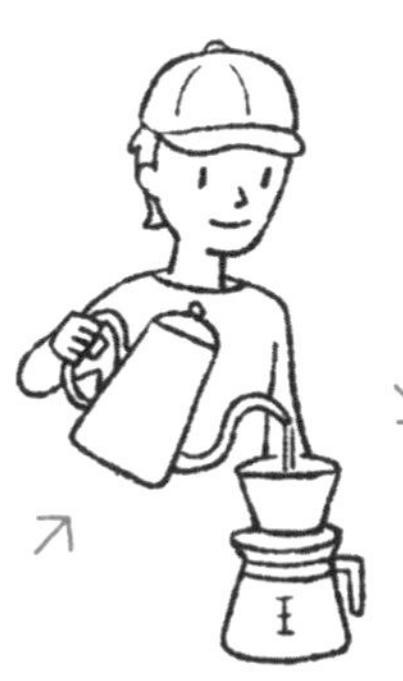

前面畫出咖啡組

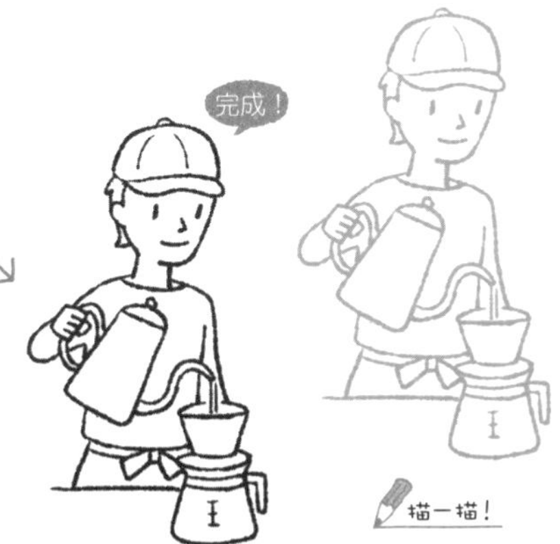

畫出桌面和細節，完成！

【便利商店】

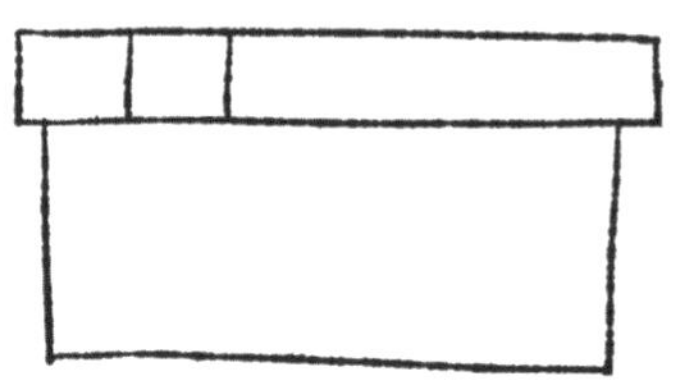

大方形加上橫向長條的屋頂

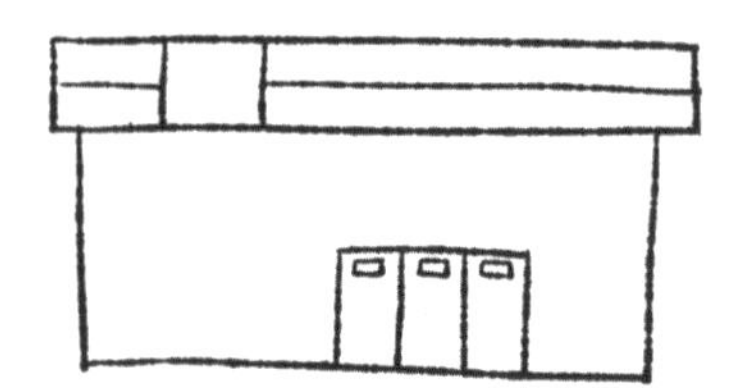

屋頂畫線，前面加上垃圾桶

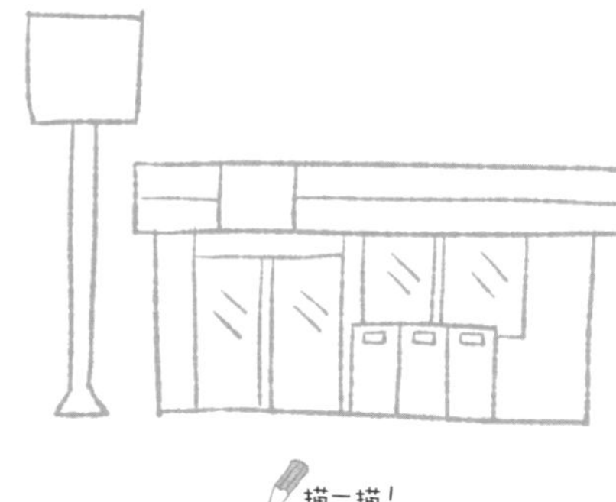

描一描！

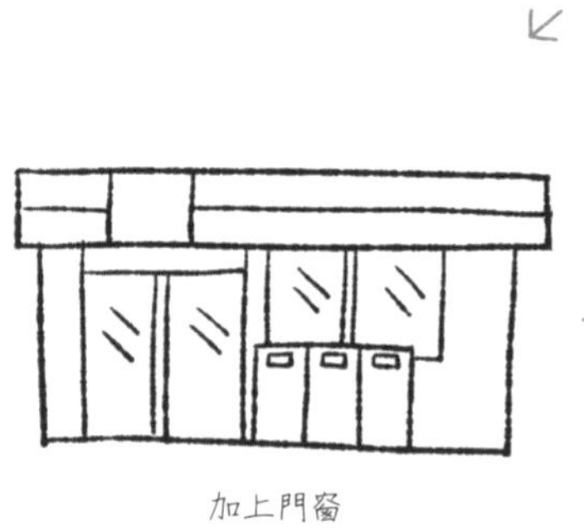

加上門窗

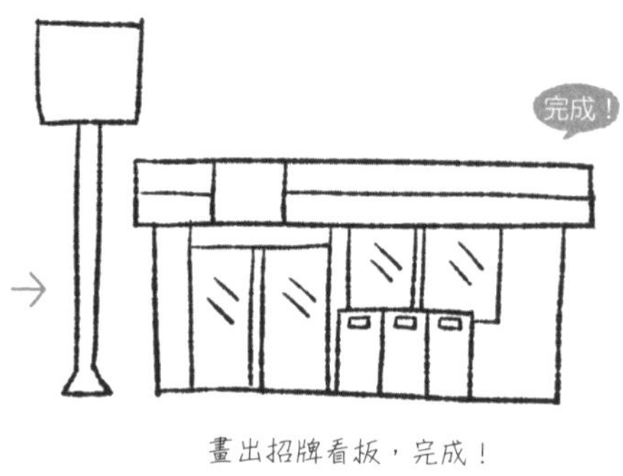

畫出招牌看板，完成！

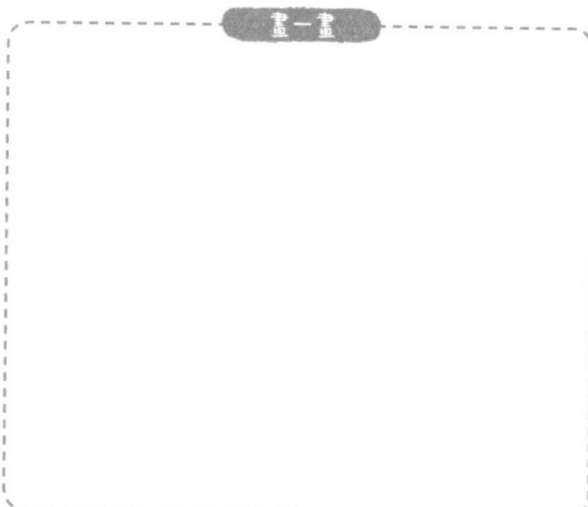

【便利商店店員】

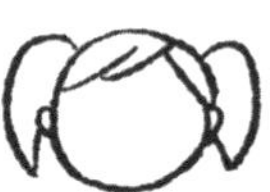

圓臉畫上
耳朵和髮型

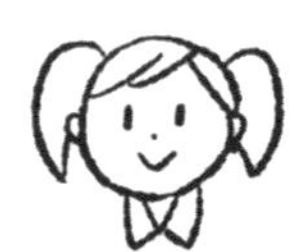

加上表情和衣領

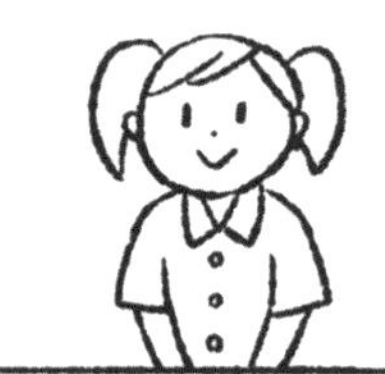

併攏在前的手臂和櫃台線條

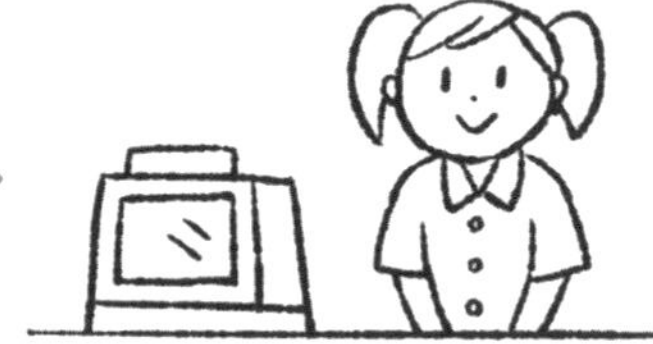

旁邊畫出收銀機

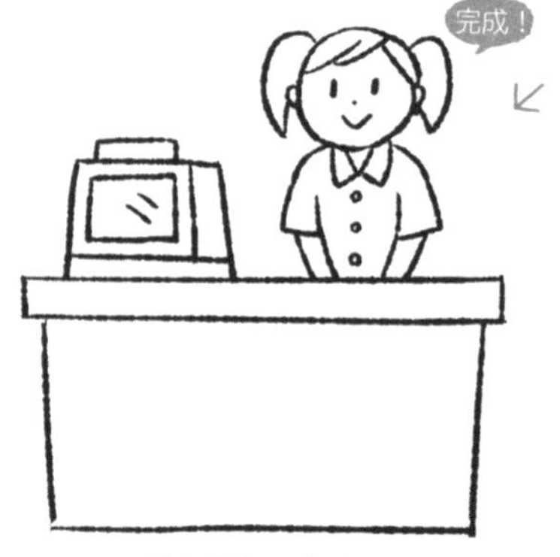

畫出櫃台，完成！

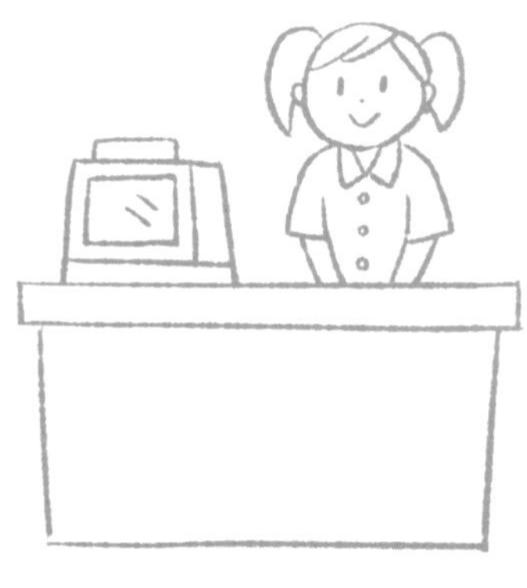

描一描！

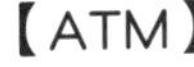

【ATM】

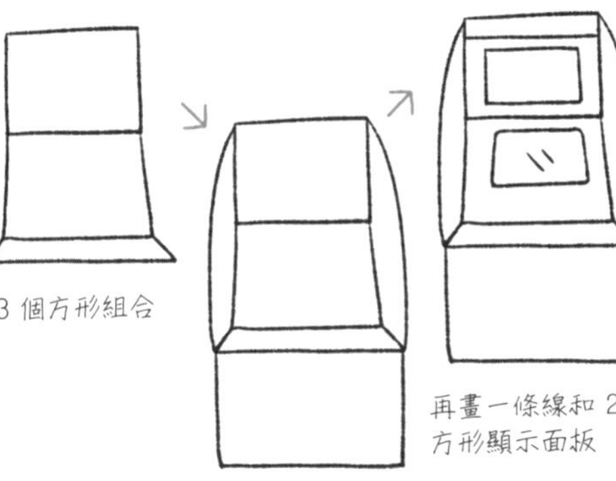

3 個方形組合

加上側板，下面再畫一個方形

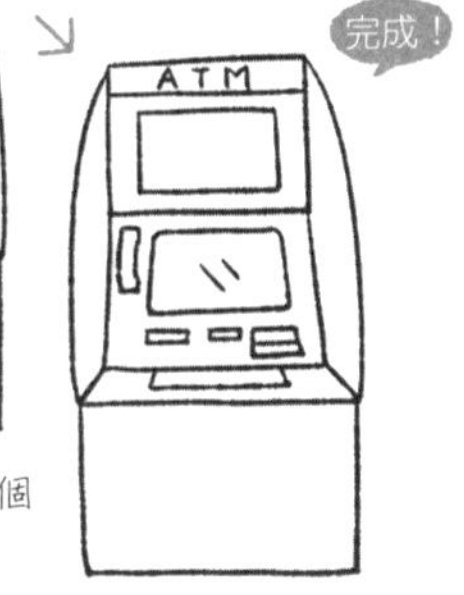

再畫一條線和 2 個方形顯示面板

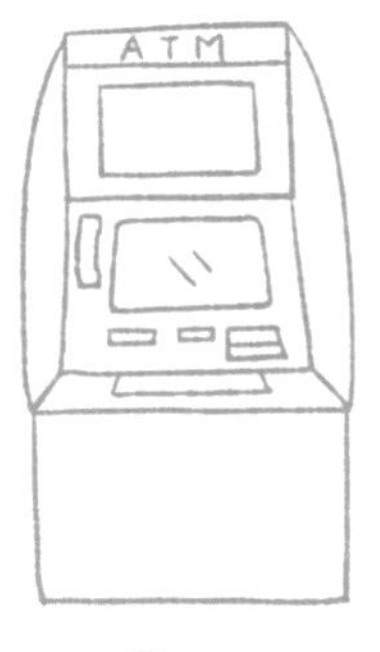

畫出細節，完成！

描一描！

畫一畫

【中式包子保溫箱】

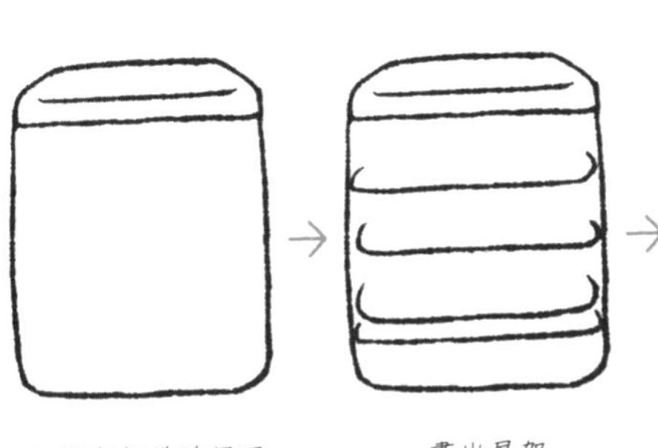

上面有部件的保溫箱輪廓

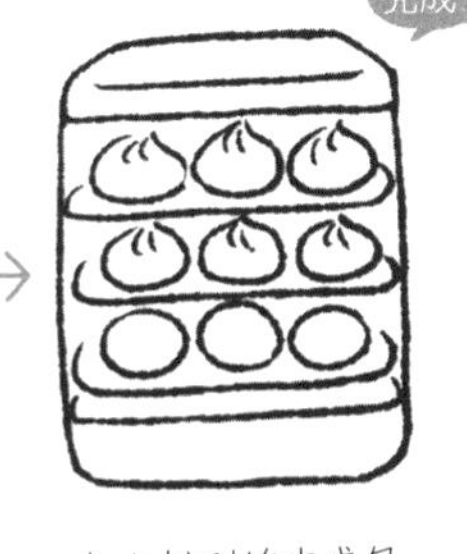

畫出層架

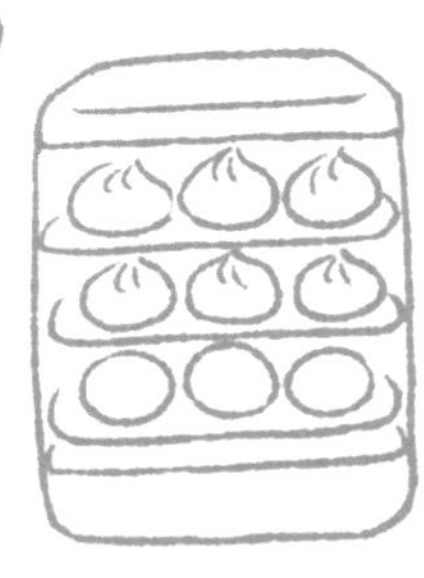

加上排列的中式包子，完成！

描一描！

【自動販賣機】

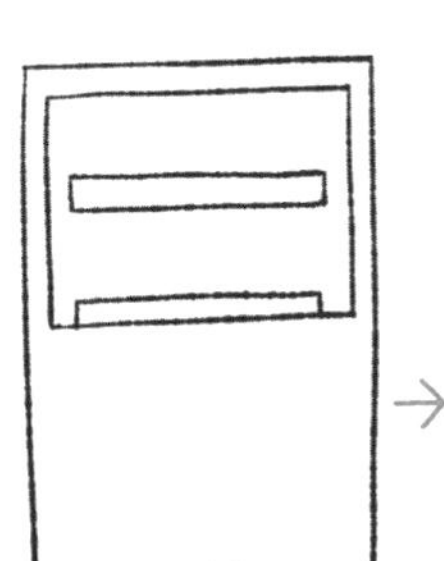

縱向長方形中畫出窗框和顯示板

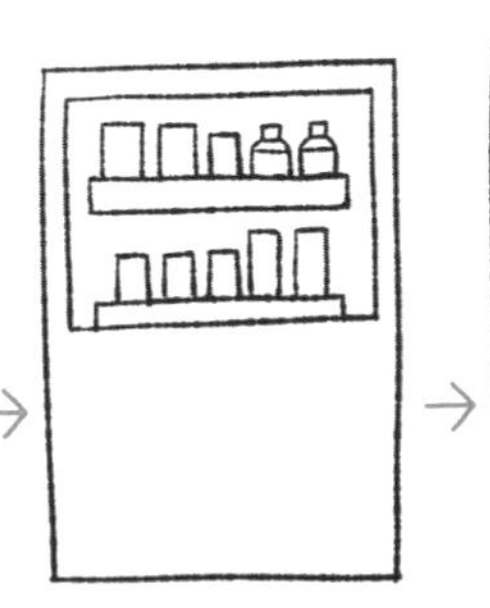

顯示板排列各種飲料

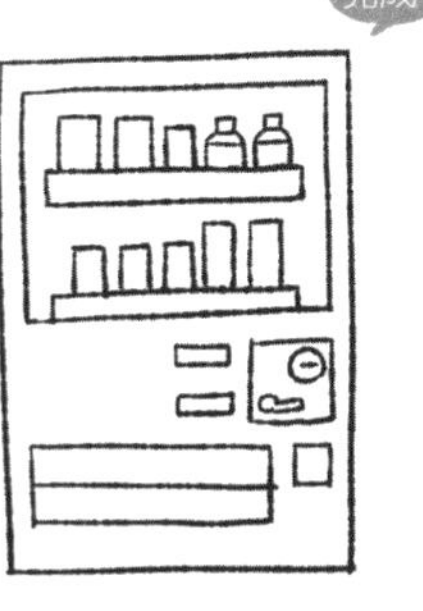

加上按鍵等，完成！

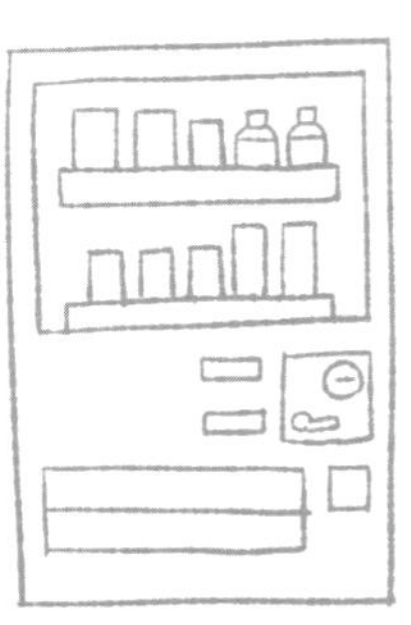

描一描！

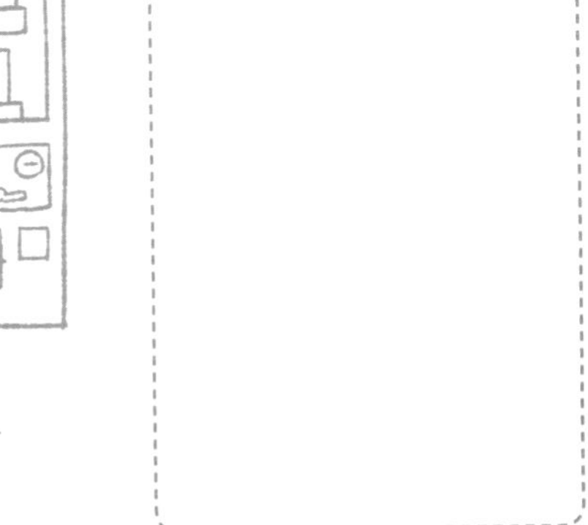

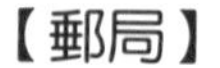

【郵局】

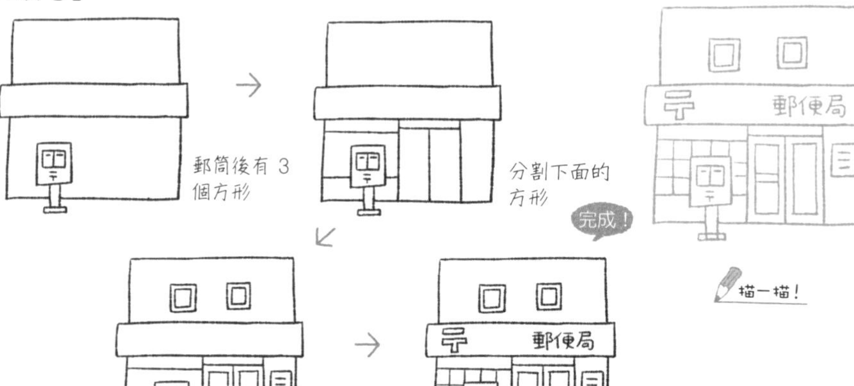

郵筒後有 3 個方形

分割下面的方形

畫出窗戶和門

畫出細節，完成！

描一描！

畫一畫

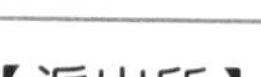

【派出所】

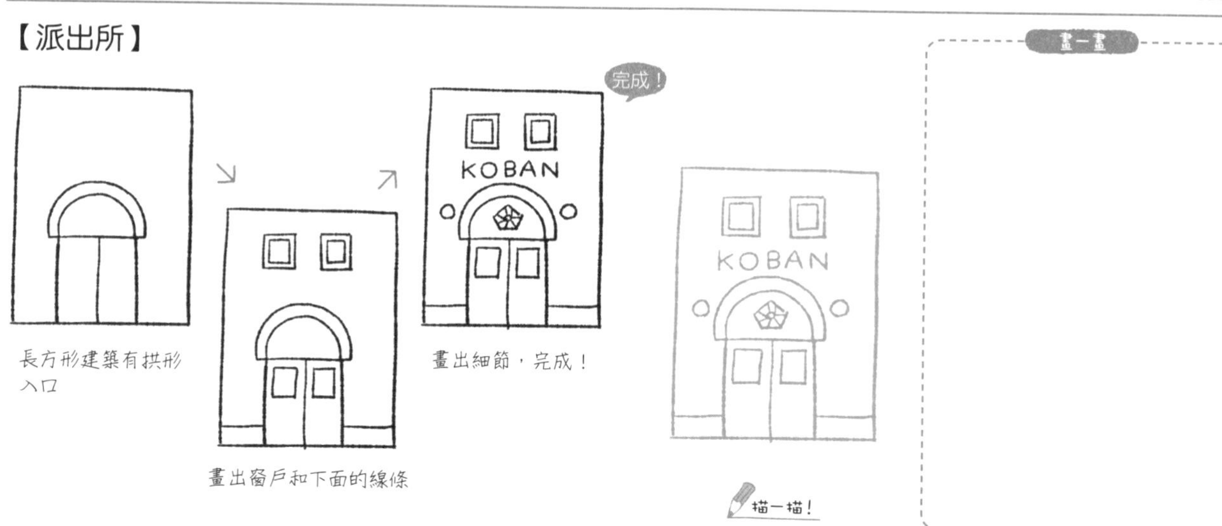

長方形建築有拱形入口

畫出窗戶和下面的線條

畫出細節，完成！

描一描！

畫一畫

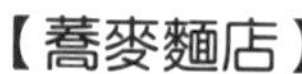

【蕎麥麵店】

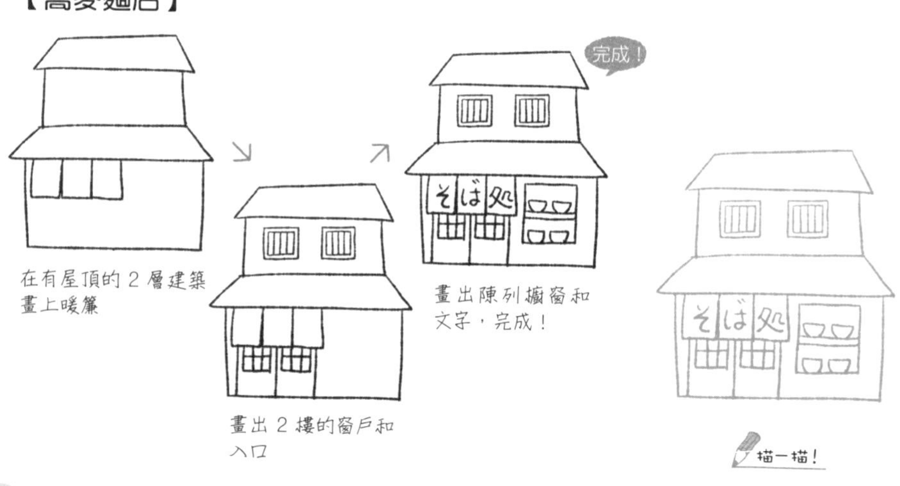

在有屋頂的 2 層建築畫上暖簾

畫出 2 樓的窗戶和入口

畫出陳列櫥窗和文字，完成！

描一描！

畫一畫

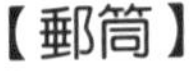

【郵筒】

畫一畫

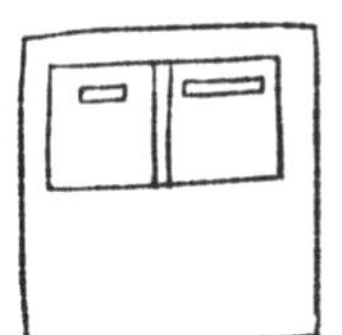

在方形組合上畫出投遞口

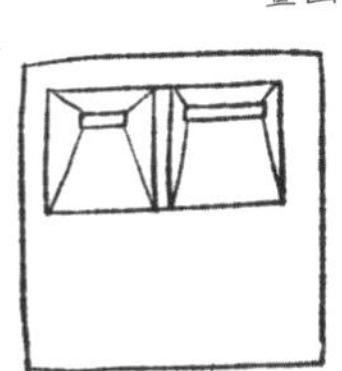

加上線條表現出內凹的樣子

畫出郵局標誌

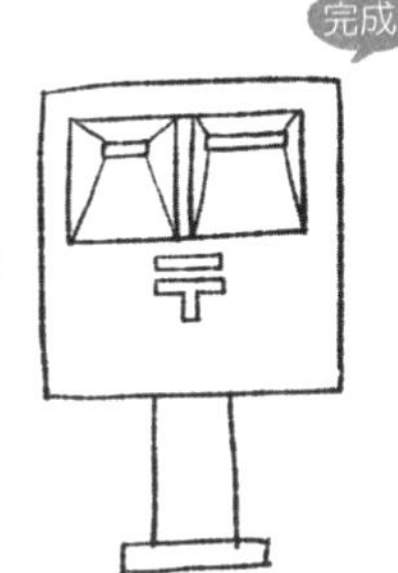

畫出支柱，完成！

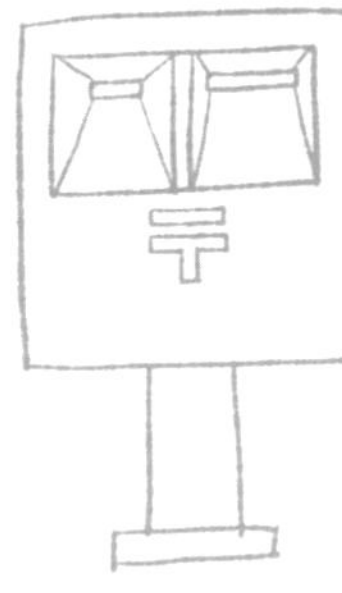

描一描！

【警察】

畫一畫

戴警帽的臉和領口

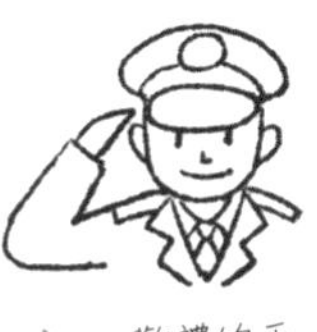

敬禮的手

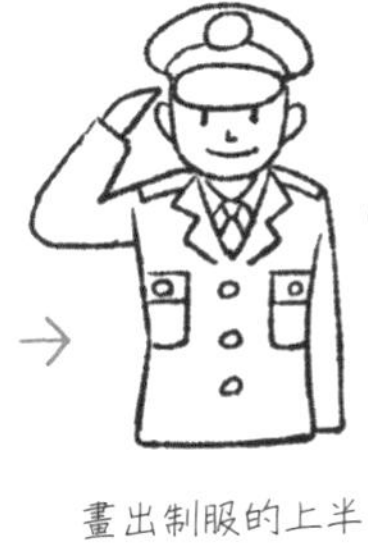

畫出制服的上半身

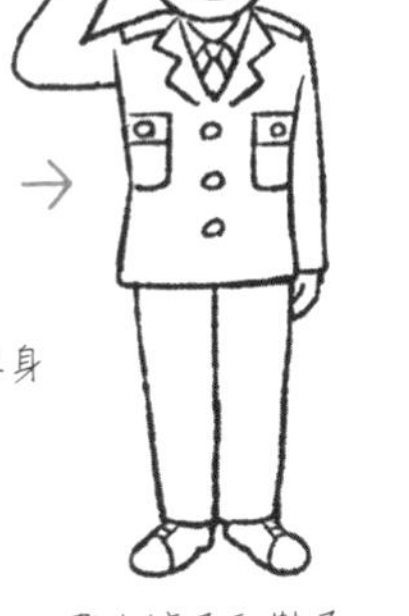

畫出褲子和鞋子，完成！

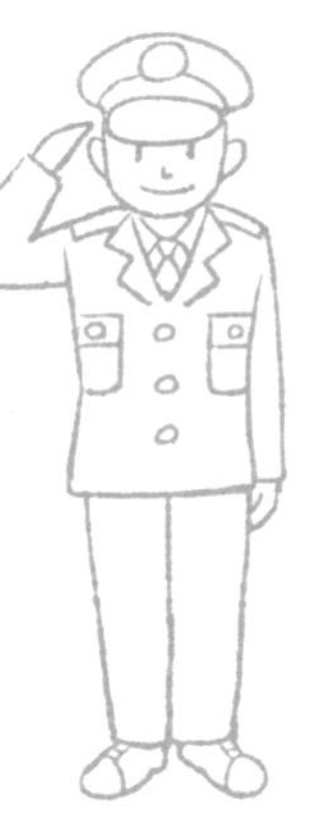

描一描！

【蕎麥麵師傅】

畫一畫

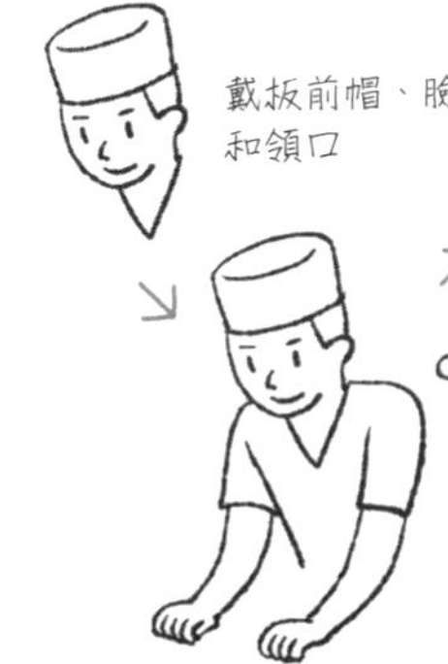

戴扳前帽、臉和領口

往前擀平麵團的手

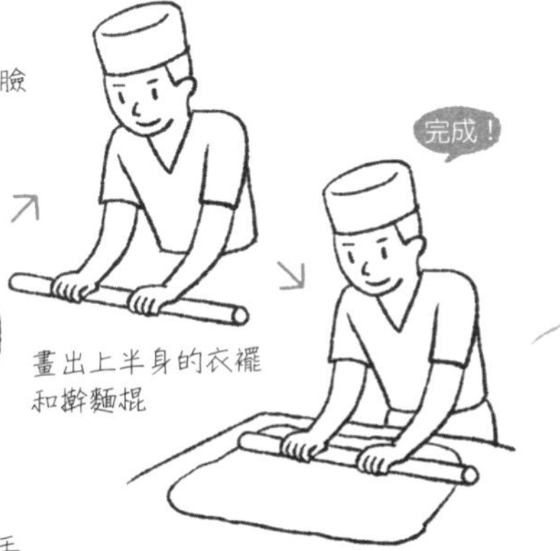

畫出上半身的衣襬和擀麵棍

完成！

畫出平台和麵團，完成！

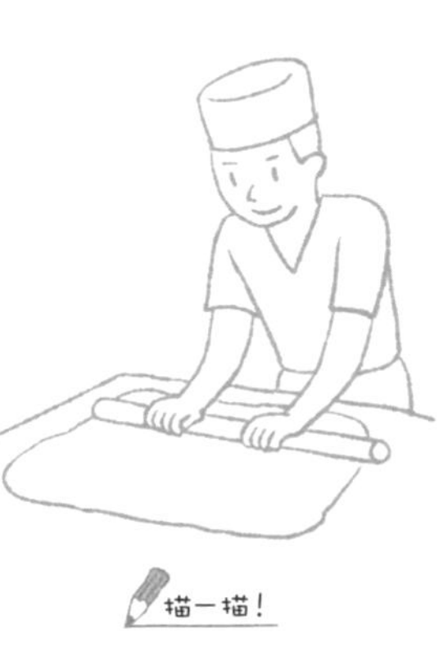

描一描！

【家庭式餐廳】

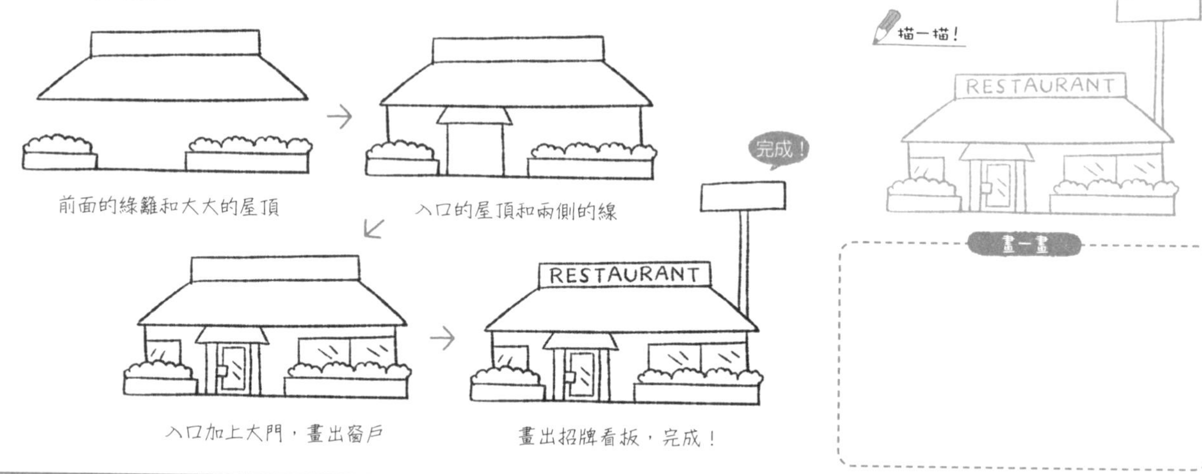

【百貨公司】

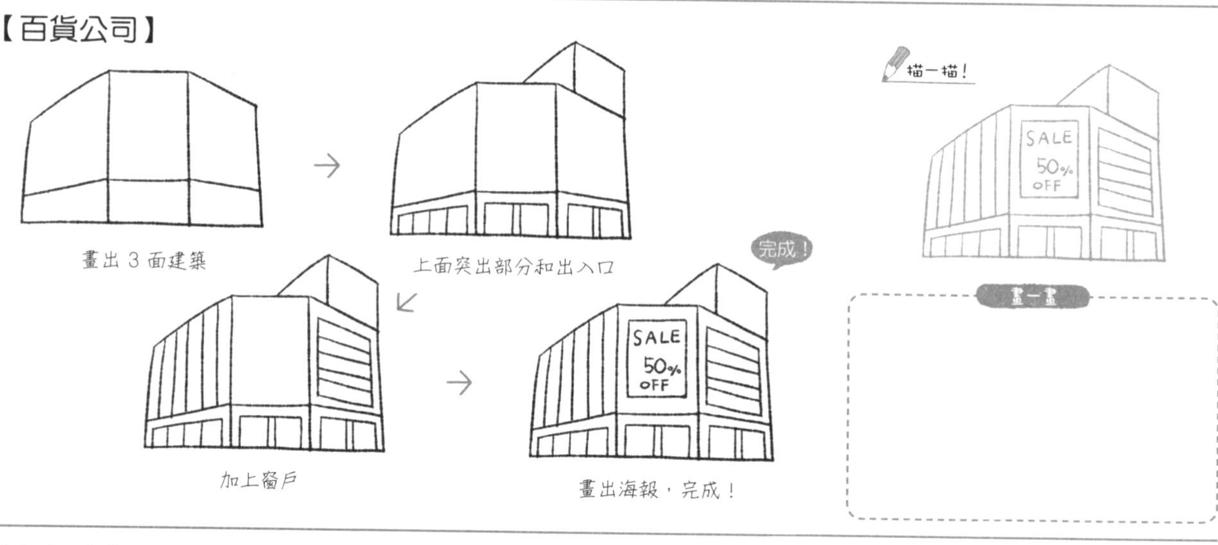

【麵包店】

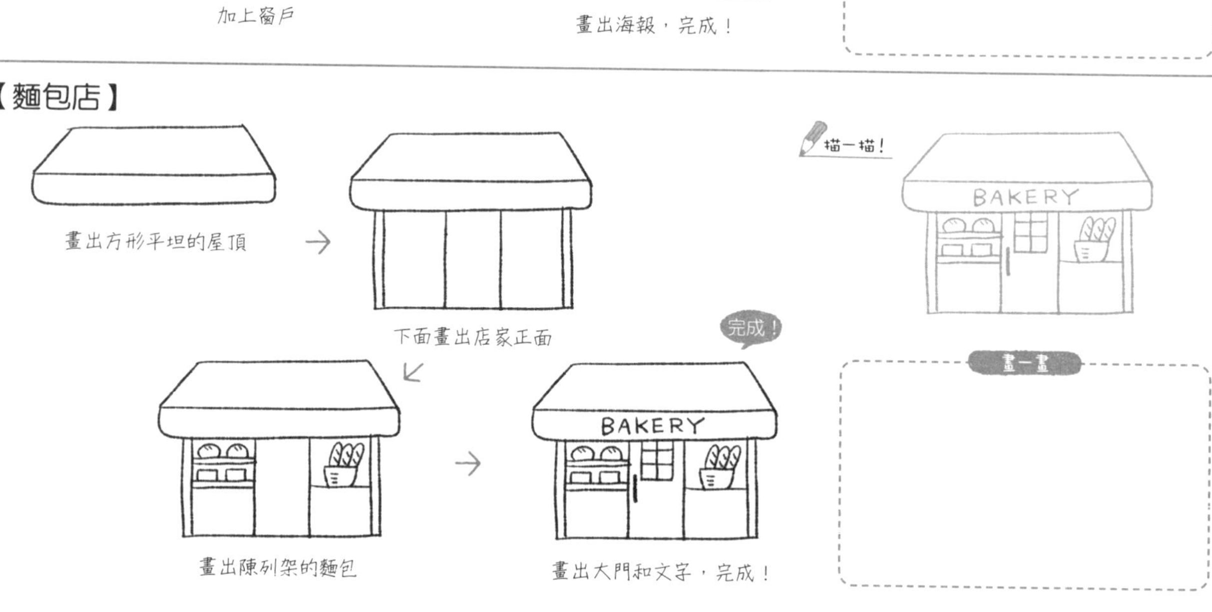

【女服務生】

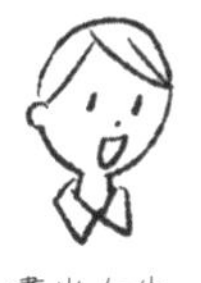
畫出女生的臉

右手向前伸出的上半身

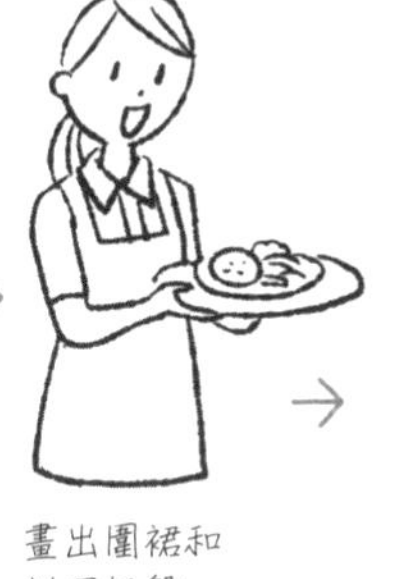
畫出圍裙和料理托盤

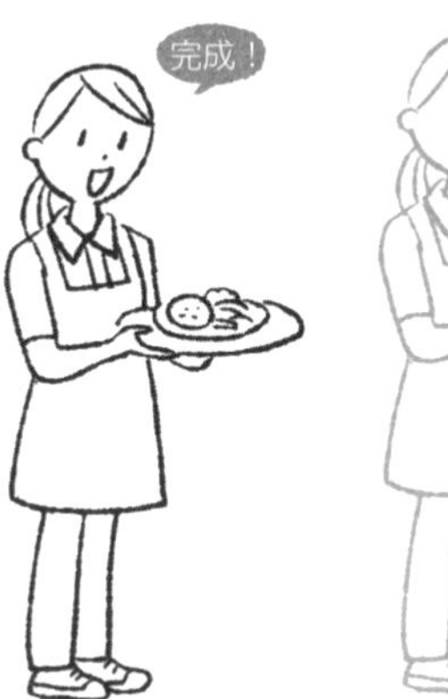

畫出褲子和鞋子，完成！

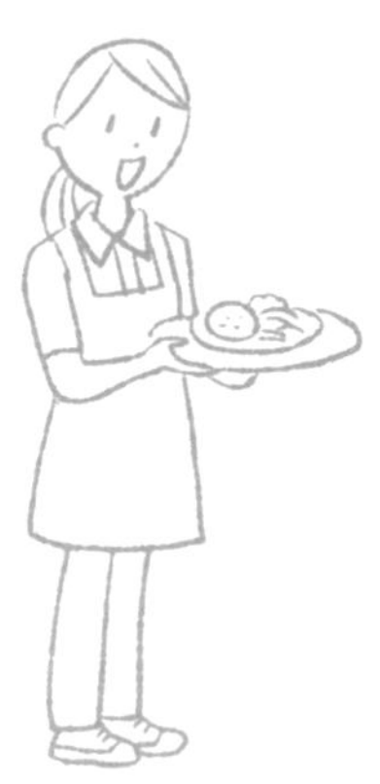
描一描！

畫一畫

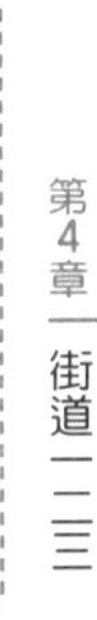

【禮賓人員】

戴帽子的櫃台女生

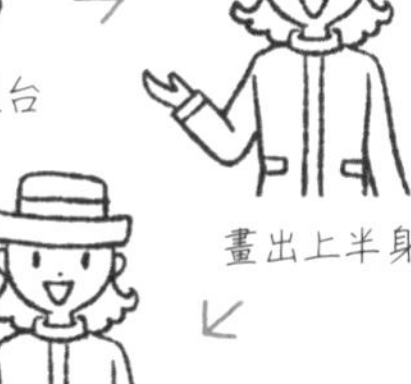
畫出上半身

ㄈ字形的桌台

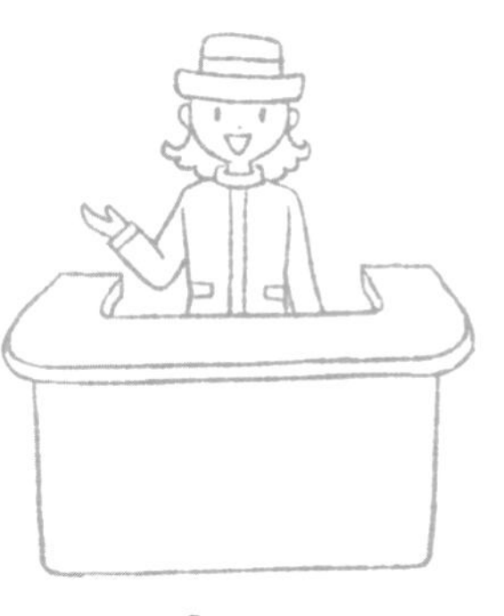

畫出櫃台，完成！

描一描！

畫一畫

【麵包師傅】

戴廚師帽的麵包師傅

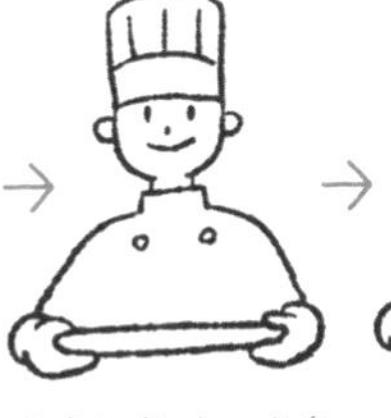
手拿托盤的上半身

烤好的麵包和圍裙綁繩

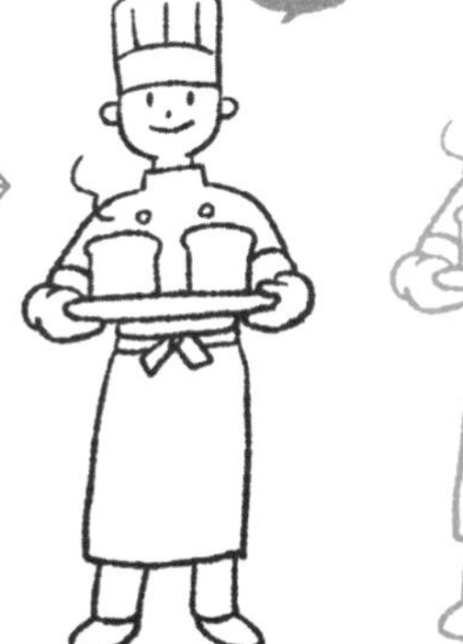

畫出圍裙和腳，完成！

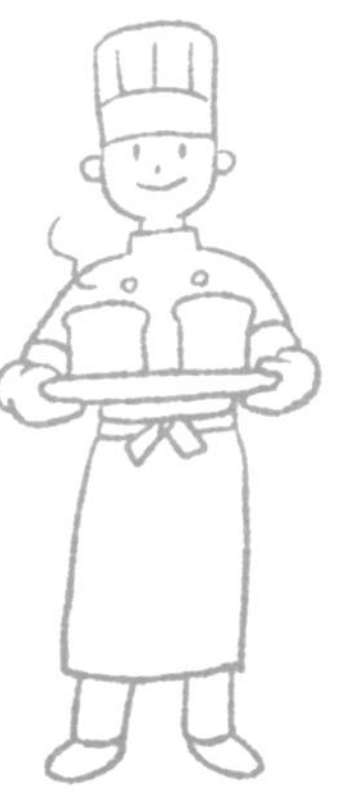

描一描！

畫一畫

【醫院】

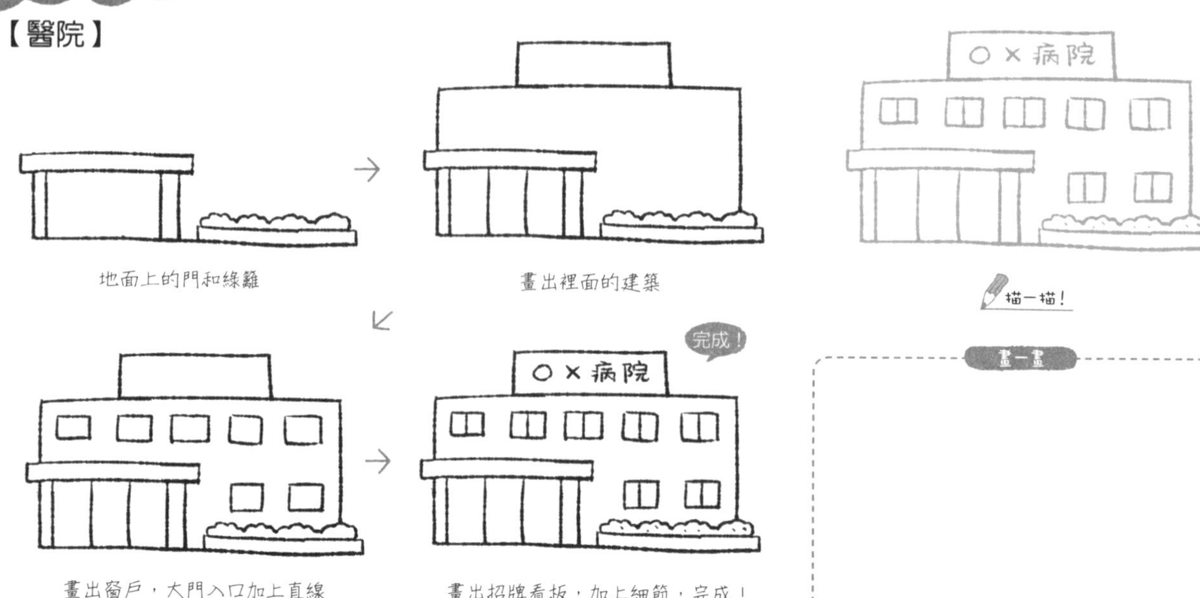

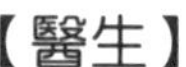

【醫生】

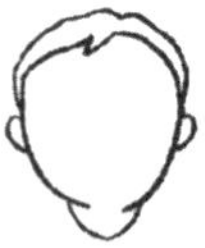

蛋形輪廓、耳朵和髮型

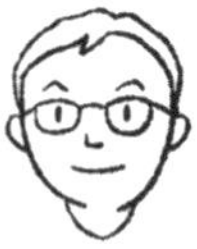

畫出臉部表情和眼鏡

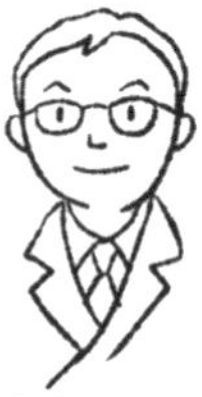

白衣衣領內畫出襯衫衣領和領帶

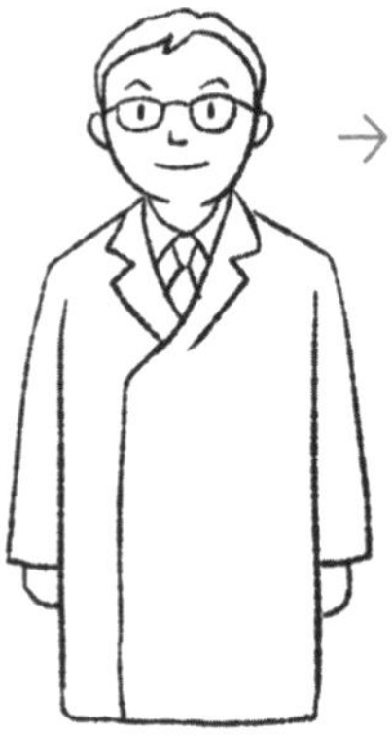

畫出白衣

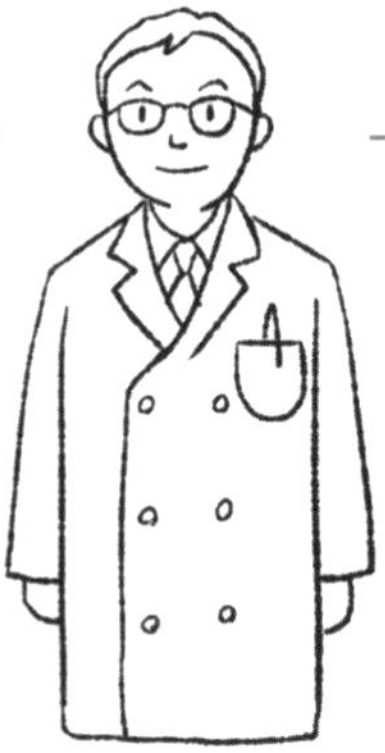

鈕扣和插在口袋的筆

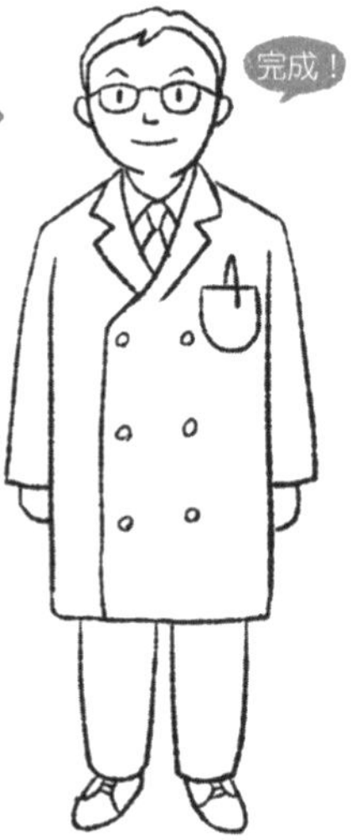

完成！

畫出褲子和鞋子，完成！

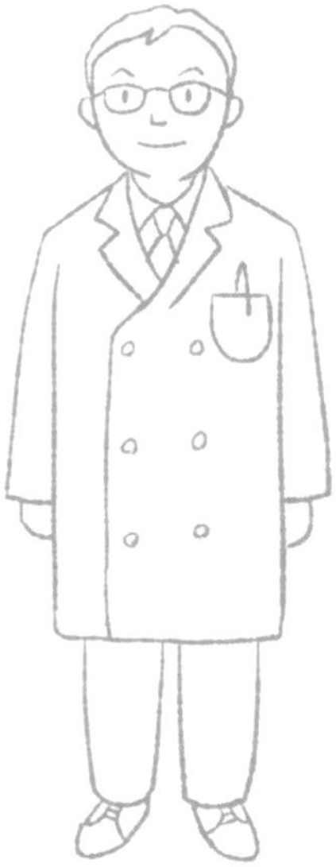

描一描！

畫一畫

【病床】

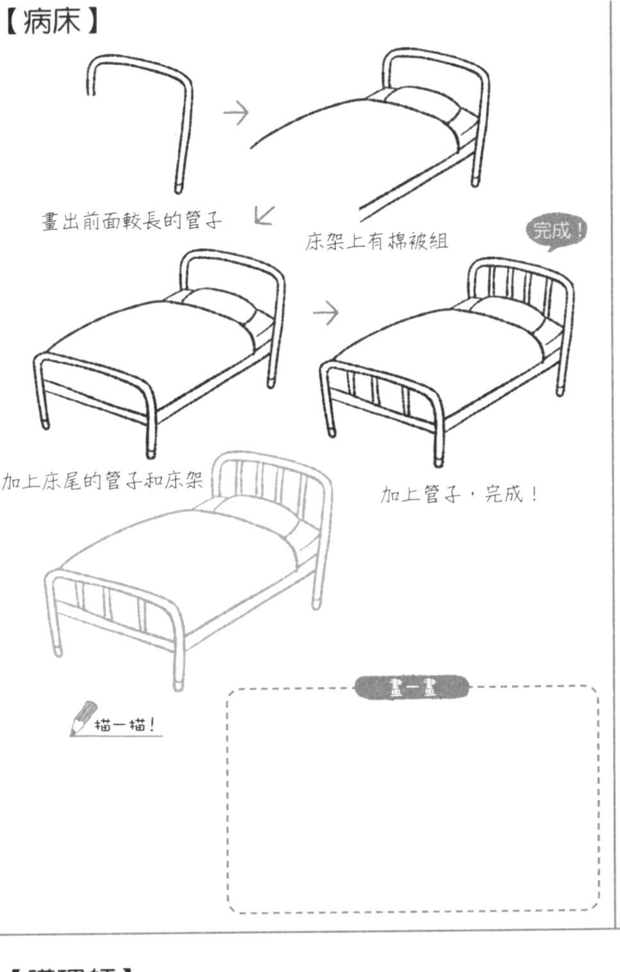
畫出前面較長的管子
床架上有棉被組
完成！
加上床尾的管子和床架
加上管子，完成！
描一描！
畫一畫

【拐杖】

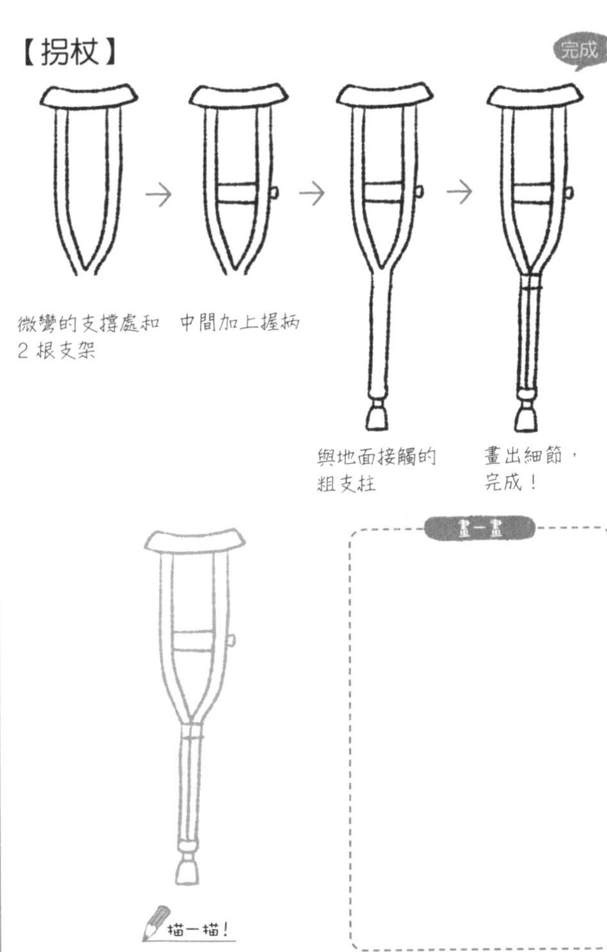
完成！
微彎的支撐處和
2根支架
中間加上握柄
與地面接觸的
粗支柱
畫出細節，
完成！
畫一畫
描一描！

【護理師】

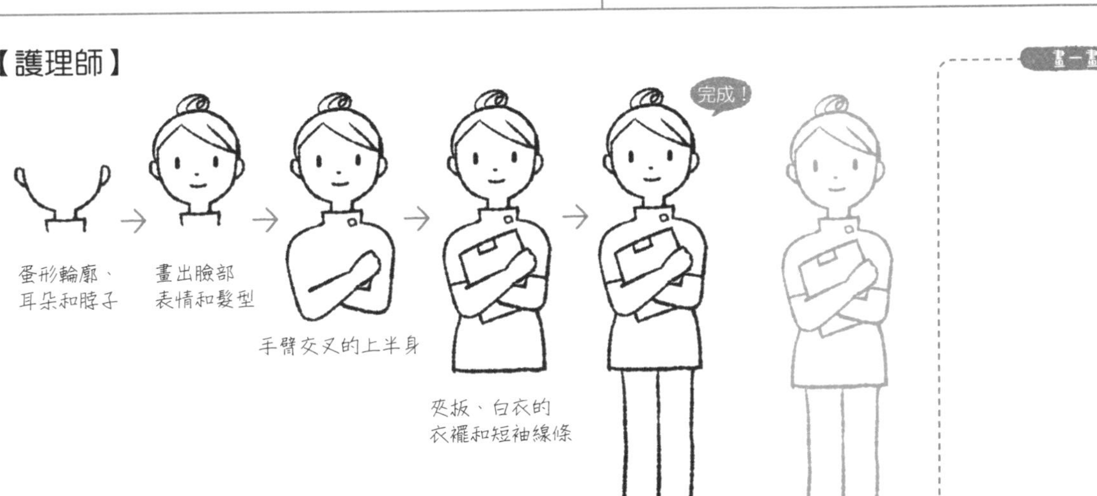
完成！
蛋形輪廓、
耳朵和脖子
畫出臉部
表情和髮型
手臂交叉的上半身
夾板、白衣的
衣襬和短袖線條
畫出褲子和鞋子，
完成！
描一描！
畫一畫

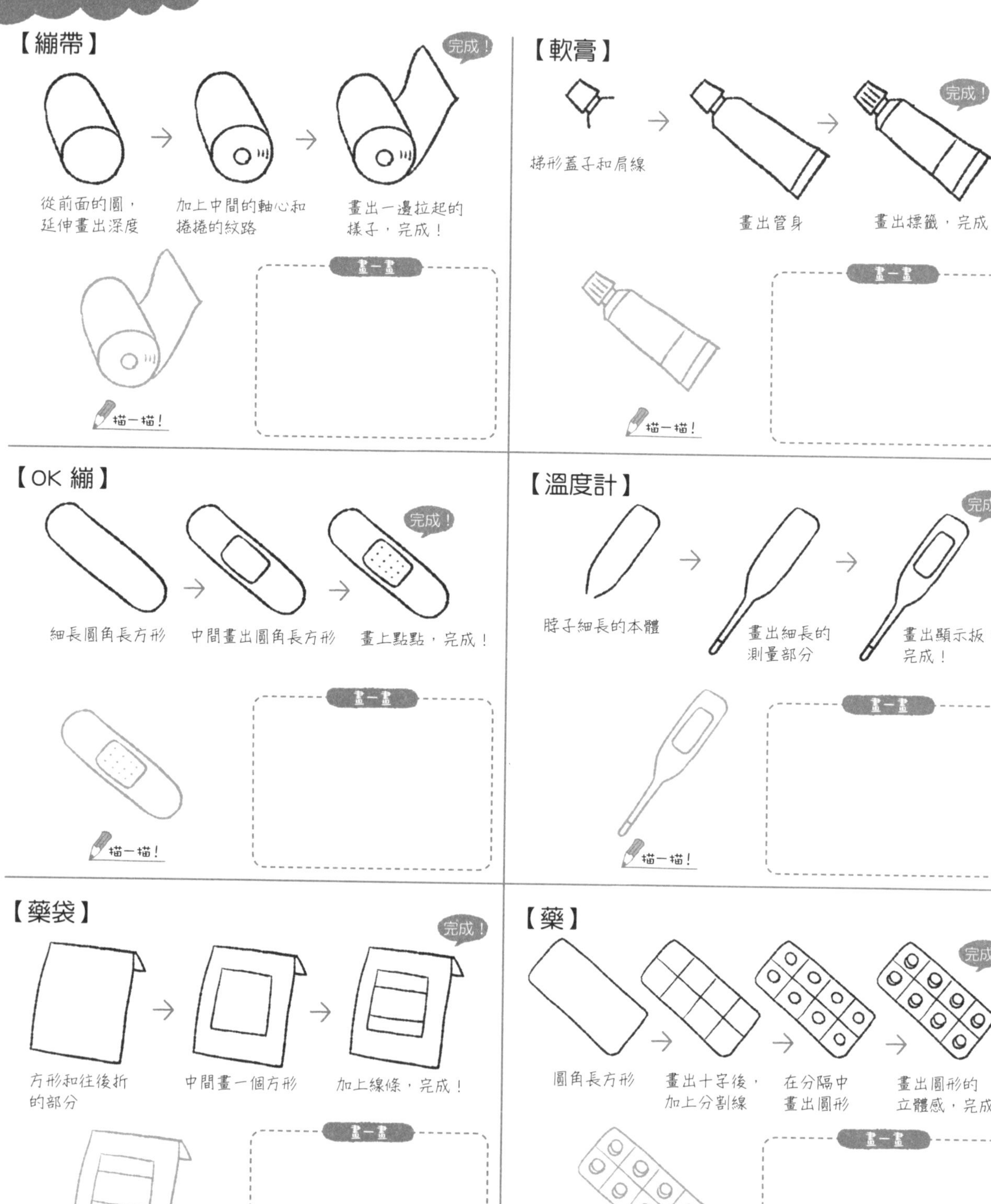
【繃帶】
完成！
從前面的圓，
延伸畫出深度
加上中間的軸心和
捲捲的紋路
畫出一邊拉起的
樣子，完成！
畫一畫
描一描！
【軟膏】
梯形蓋子和肩線
畫出管身
完成！
畫出標籤，完成！
畫一畫
描一描！
【OK 繃】
完成！
細長圓角長方形
中間畫出圓角長方形
畫上點點，完成！
畫一畫
描一描！
【溫度計】
完成！
脖子細長的本體
畫出細長的
測量部分
畫出顯示板，
完成！
畫一畫
描一描！
【藥袋】
完成！
方形和往後折
的部分
中間畫一個方形
加上線條，完成！
畫一畫
描一描！
【藥】
完成！
圓角長方形
畫出十字後，
加上分割線
在分隔中
畫出圓形
畫出圓形的
立體感，完成！
畫一畫
描一描！

【針筒】

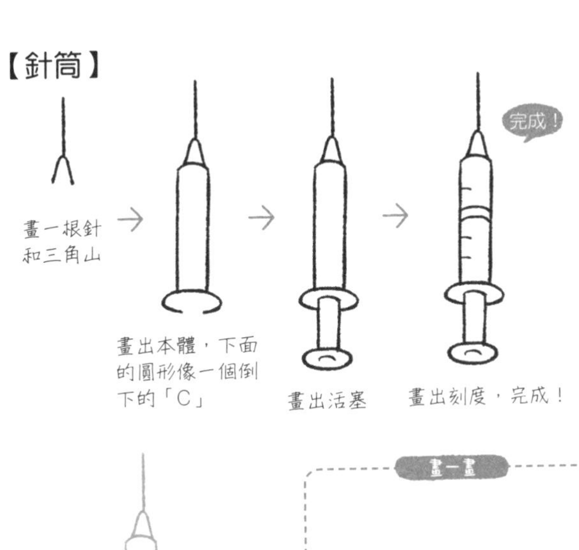
完成！
畫一根針和三角山
畫出本體，下面的圓形像一個倒下的「C」
畫出活塞
畫出刻度，完成！
畫一畫
描一描！

【聽診器】

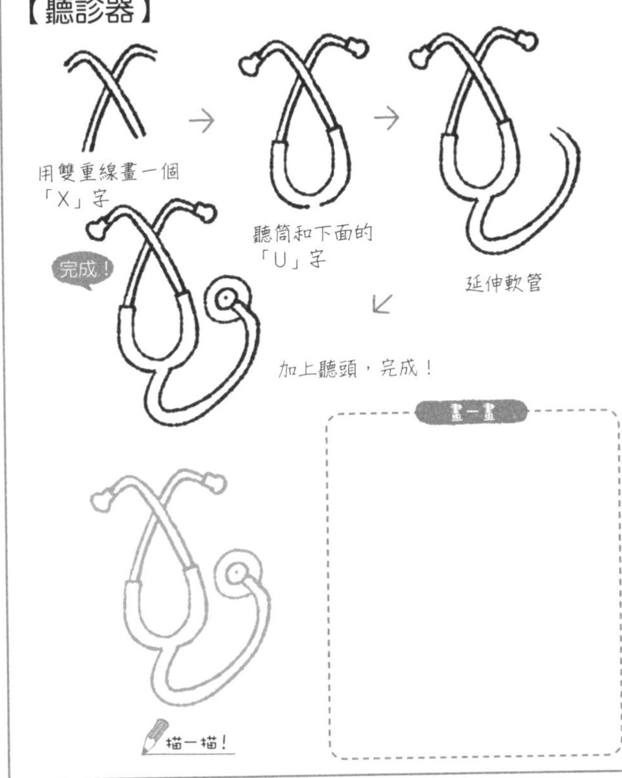
用雙重線畫一個「X」字
聽筒和下面的「U」字
延伸軟管
完成！
加上聽頭，完成！
畫一畫
描一描！

【點滴】

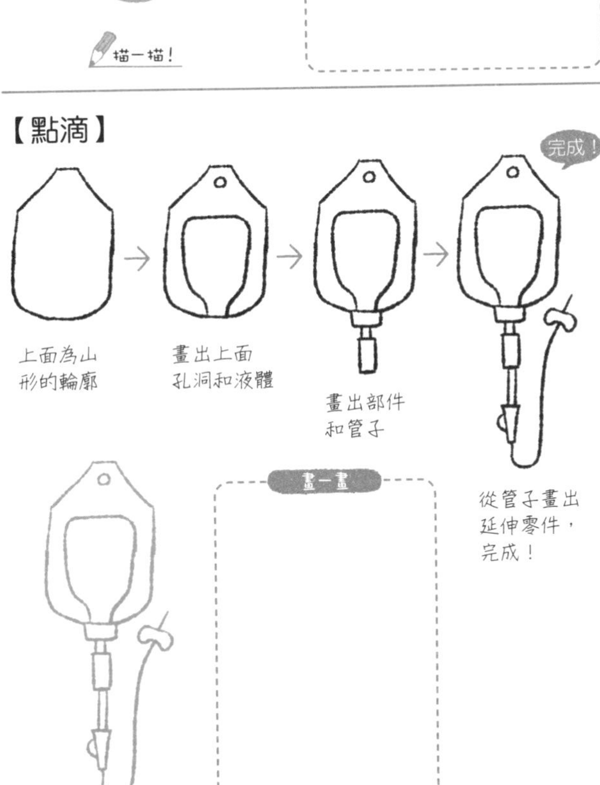
完成！
上面為山形的輪廓
畫出上面孔洞和液體
畫出部件和管子
從管子畫出延伸零件，完成！
畫一畫
描一描！

【點滴架】

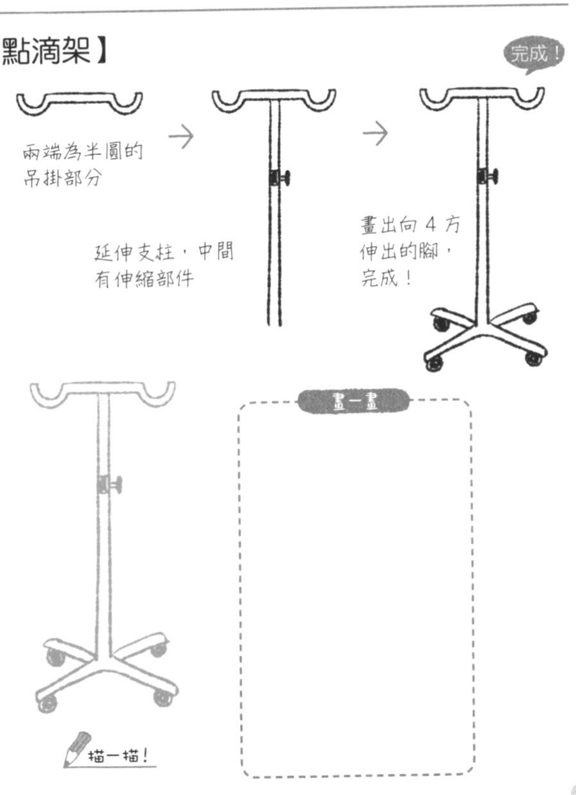
完成！
兩端為半圓的吊掛部分
延伸支柱，中間有伸縮部件
畫出向 4 方伸出的腳，完成！
畫一畫
描一描！

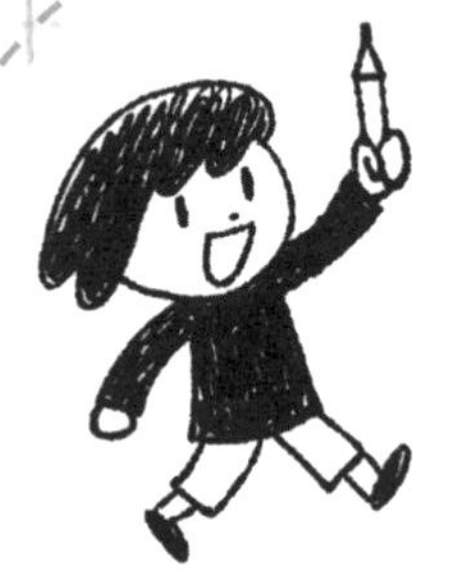

MEMO

喜歡的圖，再畫一次！

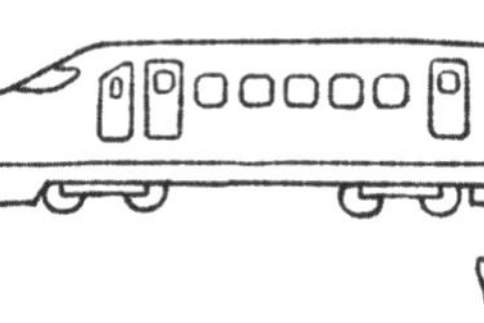

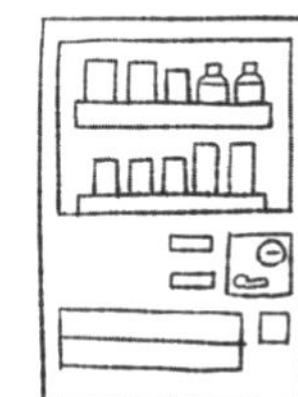

第 5 章
各種生物

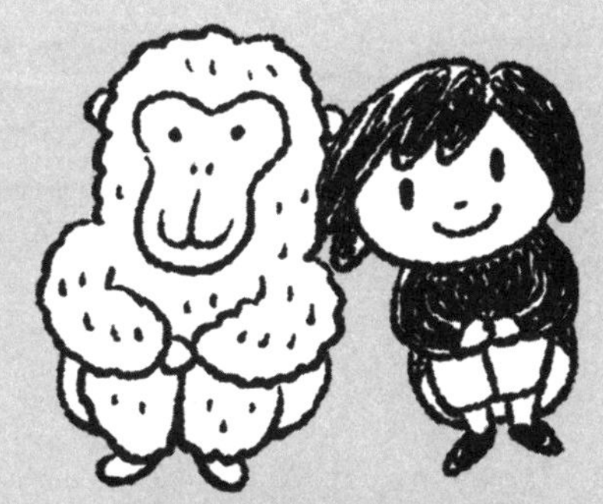

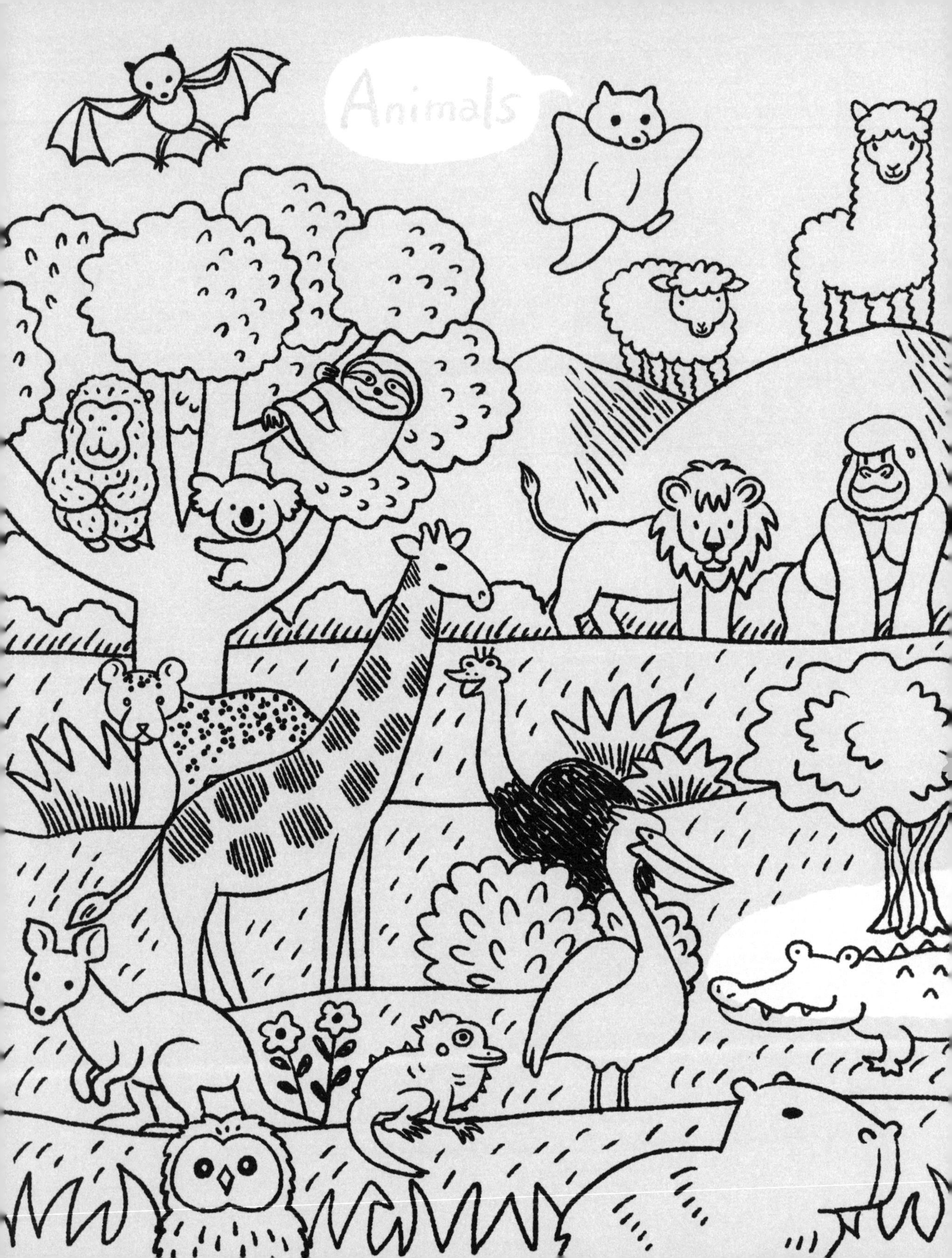
Animals

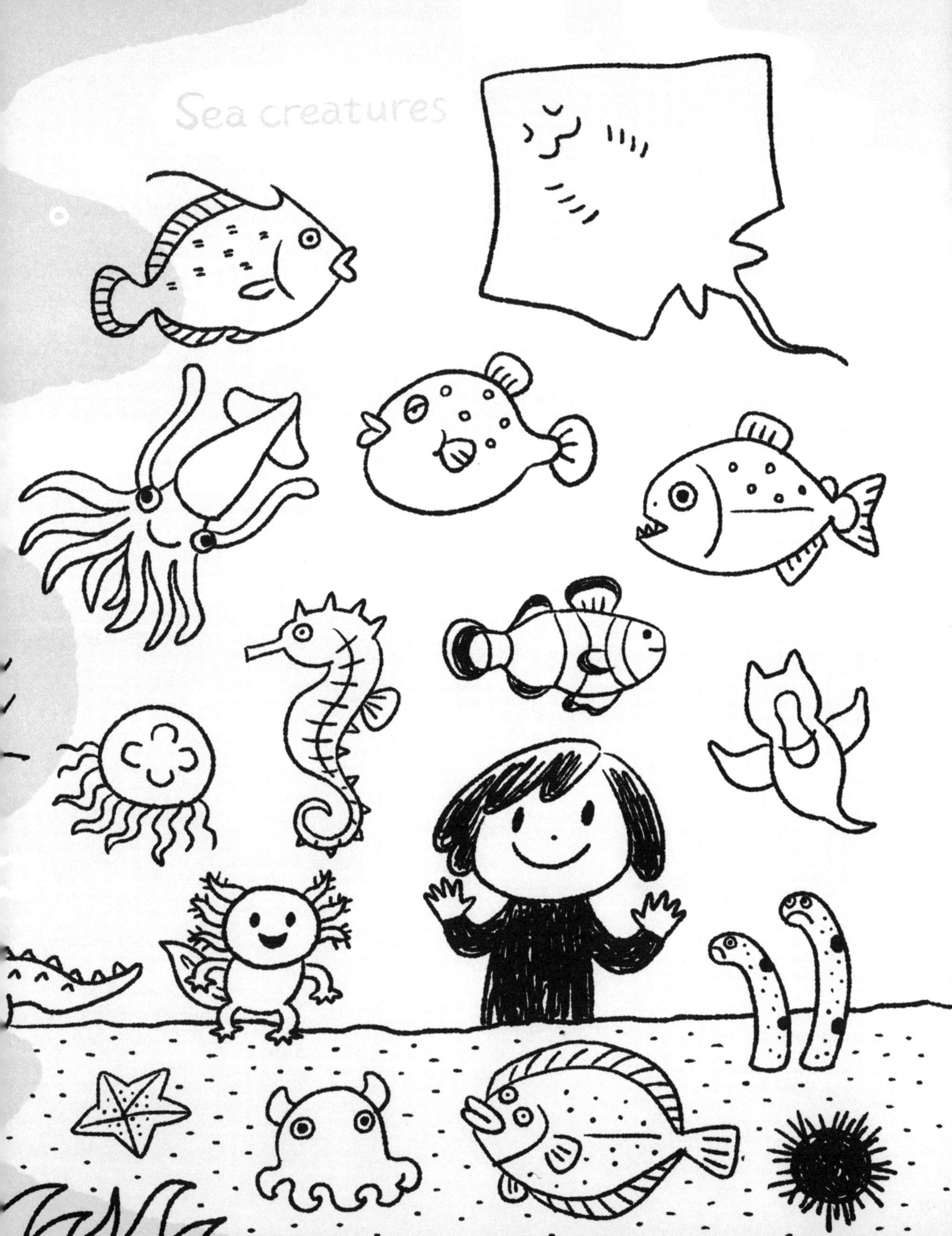
Sea creatures

【小雞】

臉頰鼓鼓的雪人

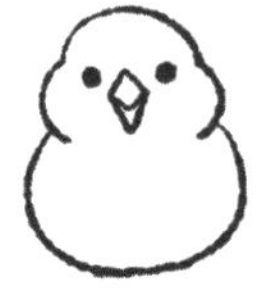

畫出眼睛和鳥嘴

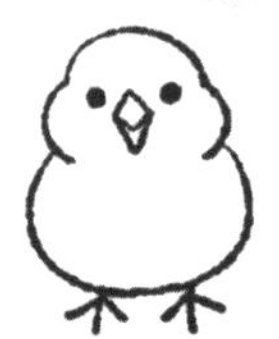

畫出腳，完成！

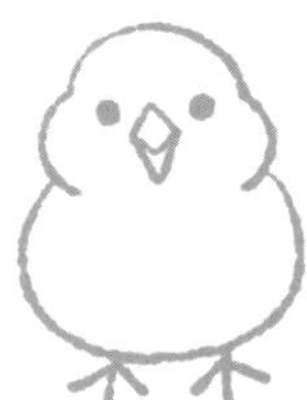

描一描！

【雞】

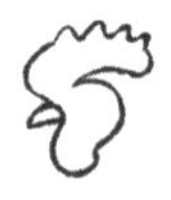

連接雞冠的臉和雞嘴

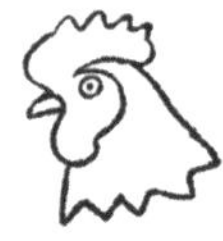

加上紅色肉垂

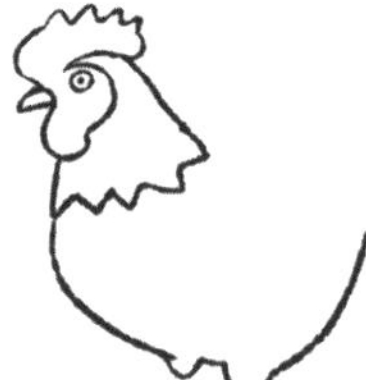

圓滾滾的肚子和腳的根部

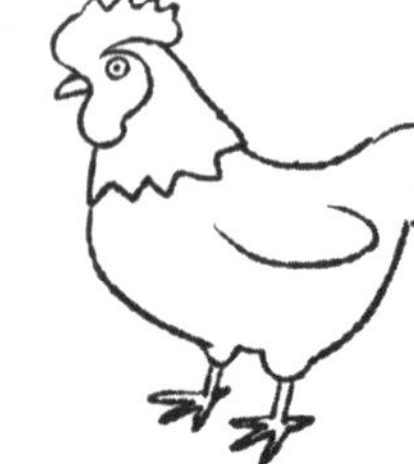

畫出雞尾、雞翅、雞爪，完成！

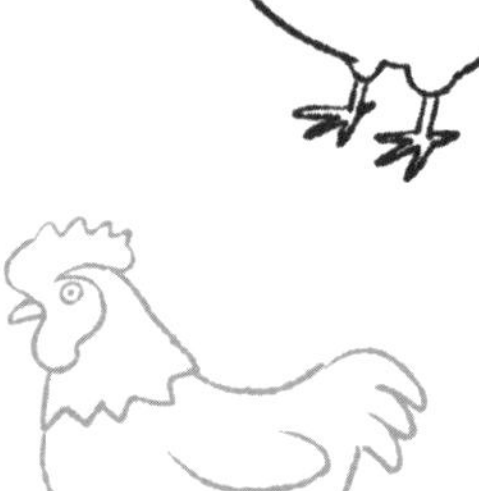

描一描！

【松鼠】

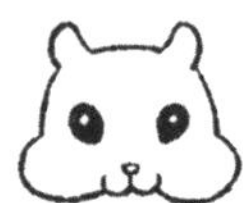

小小耳朵、鼓鼓臉頰和圓溜溜的眼睛

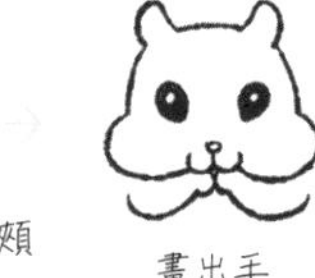

畫出手

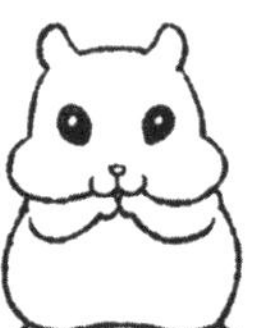

矮胖的身體和小小的腳

畫出尾巴

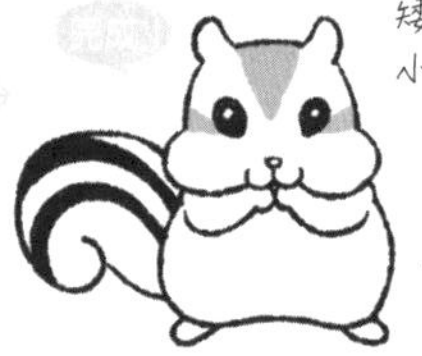

加上圖樣，完成！

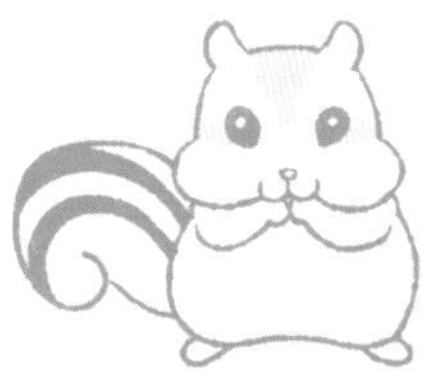

描一描！

【垂耳兔】

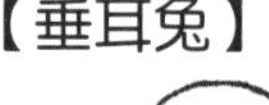

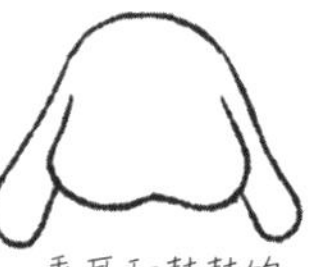

垂耳和鼓鼓的臉頰

畫出眼睛、鼻子、嘴巴

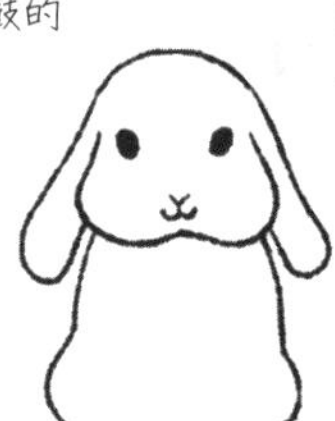

腳邊胖胖的身體

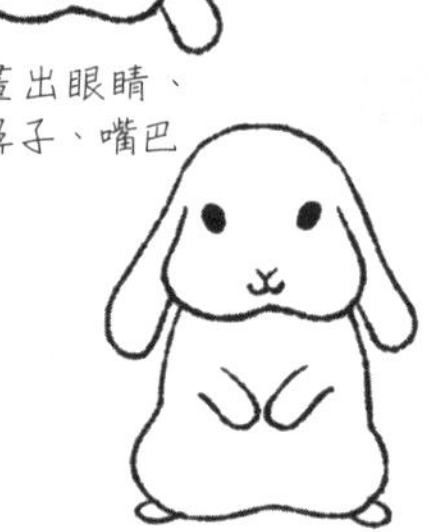

畫出手腳，完成！

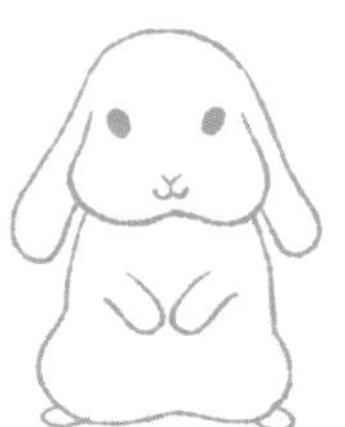

描一描！

【鼯鼠】

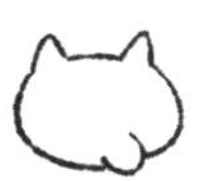

小小耳朵和
突出的鼻子

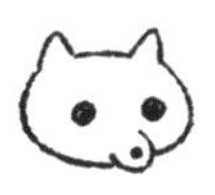

畫出眼睛

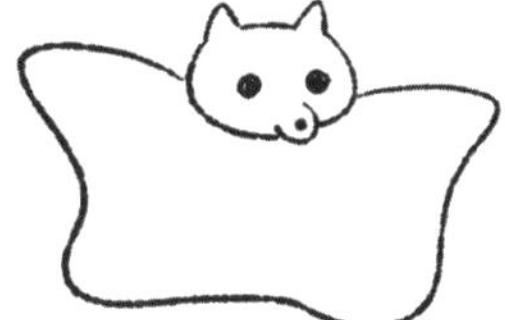

攤開的墊子

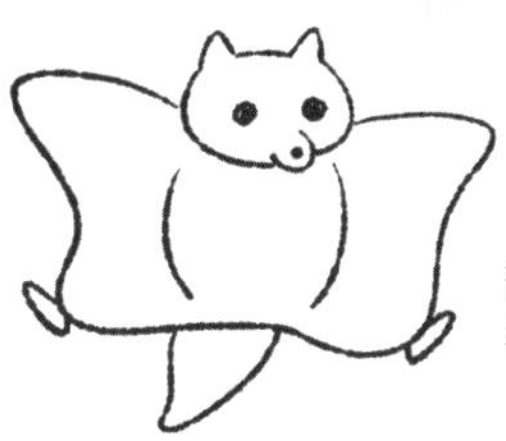

畫出身體、腳尖、
尾巴，完成！

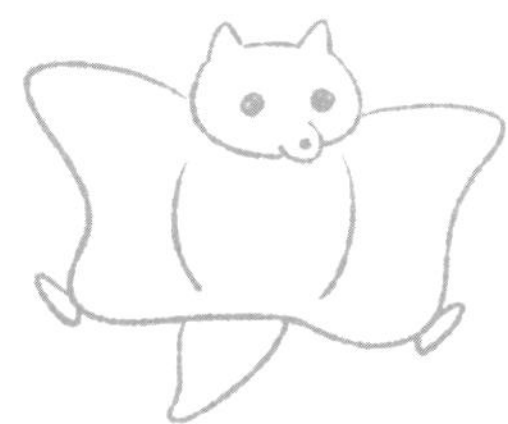

描一描！

【鼴鼠】

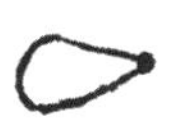

尖尖鼻尖

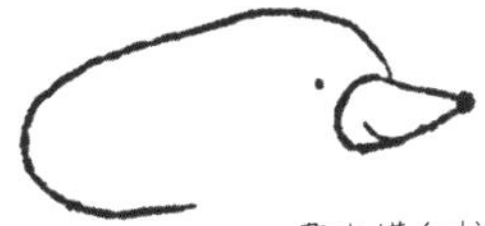

畫出橫向拉長的圓圓
身體，加上眼睛嘴巴

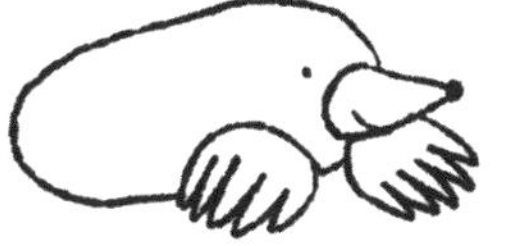

5 根指頭的大手

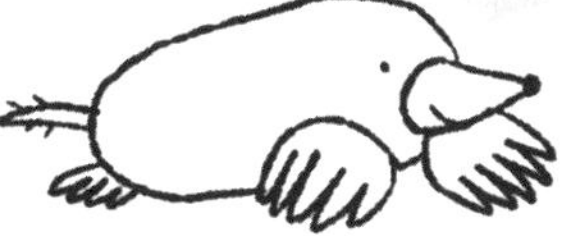

畫出後腳和尾巴，完成！

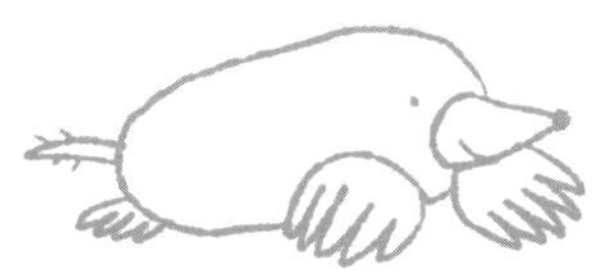

描一描！

【水豚】

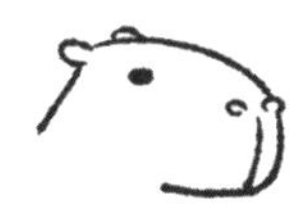

方形側臉、眼睛、
耳朵偏後

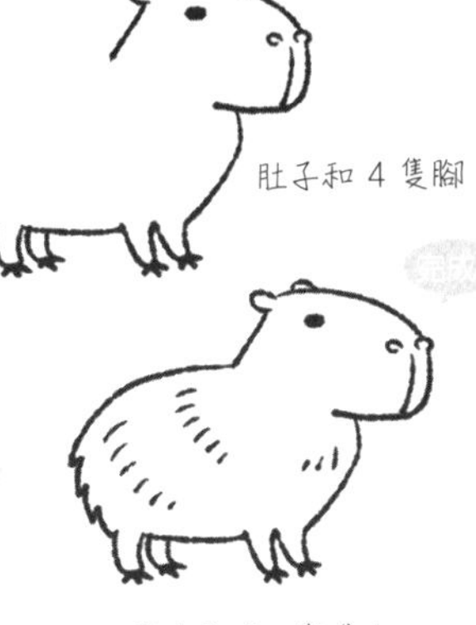

肚子和 4 隻腳

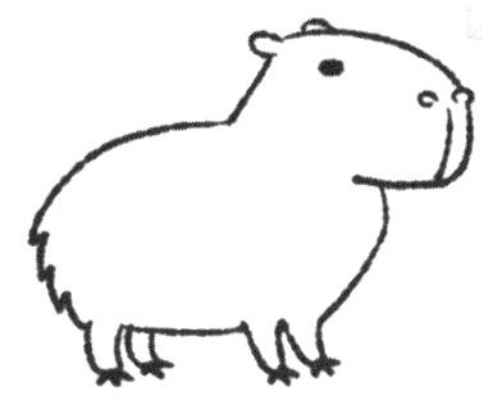

以鋸齒狀線條
畫出背部線條

畫出毛流，完成！

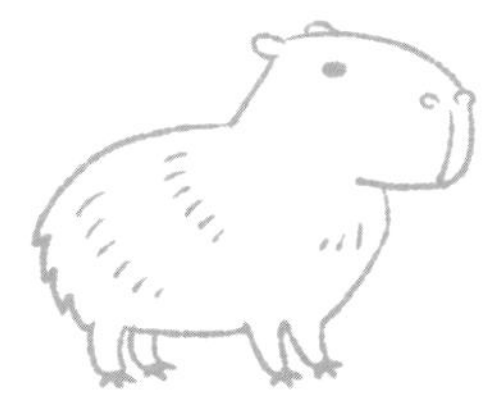

描一描！

【鴿子】

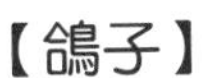

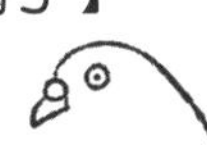

鳥嘴、眼睛和
頭部輪廓

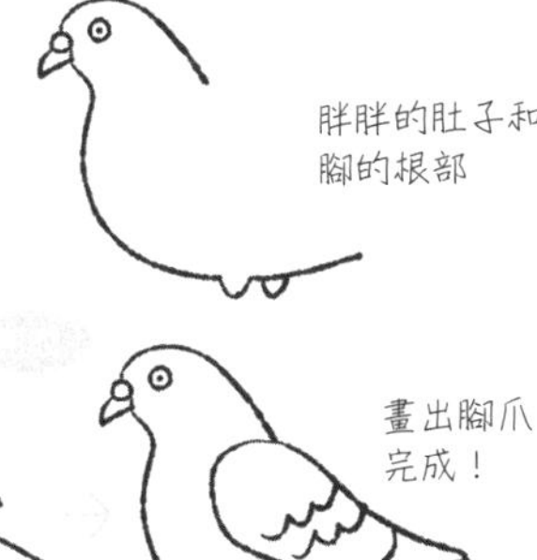

胖胖的肚子和
腳的根部

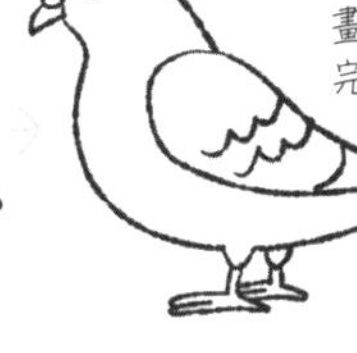

畫出翅膀和鳥尾

畫出腳爪，
完成！

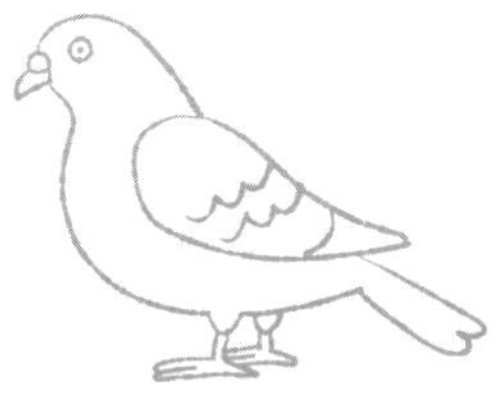

描一描！

【鴨嘴獸】

大大鴨嘴，用點點畫出眼睛和鼻子

畫出前腳

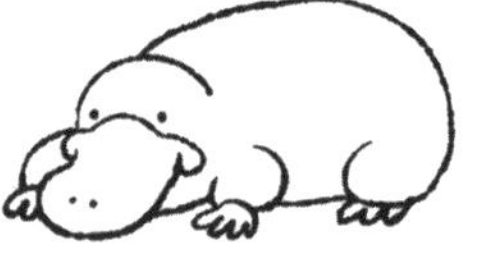

畫出後腳和身體

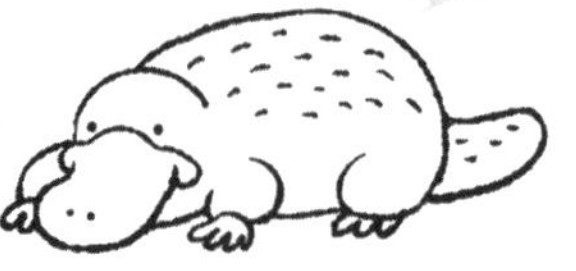

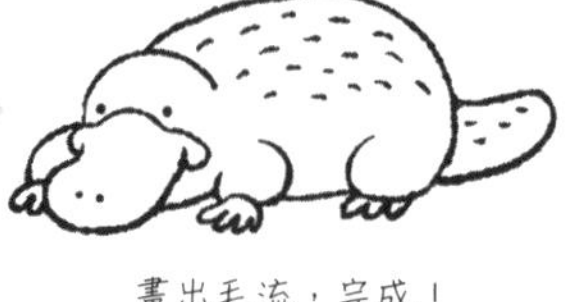

畫出毛流，完成！

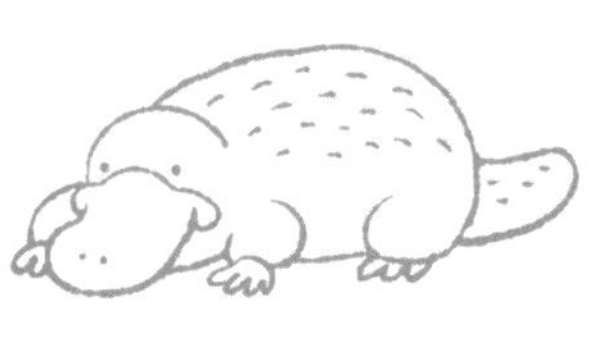

描一描！

【袋熊】

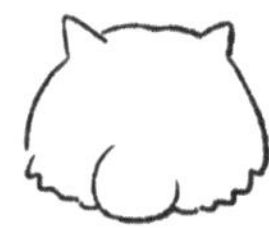

三角耳和輪廓

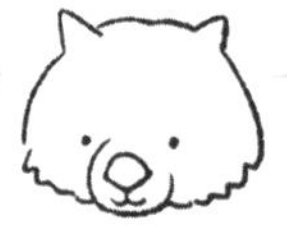

畫出小小眼睛、鼻子、嘴巴

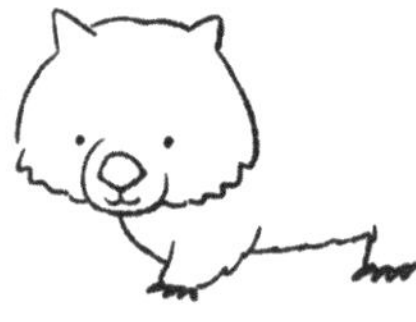

畫出腳和腹部線條

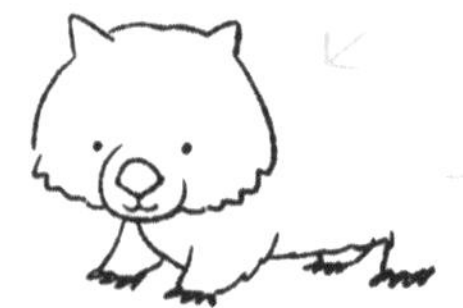

加上裡面的腳

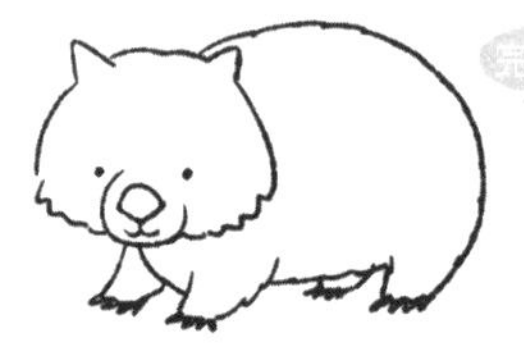

畫出圓圓的背部，完成！

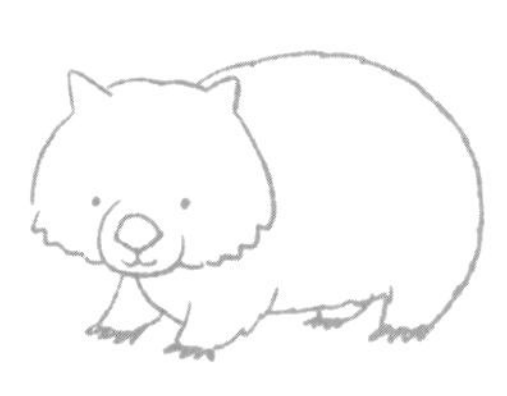

描一描！

【豬】

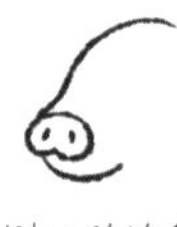

倒心形的鼻子和圓額頭

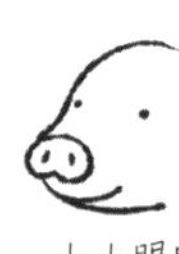

小小眼睛和下巴線條

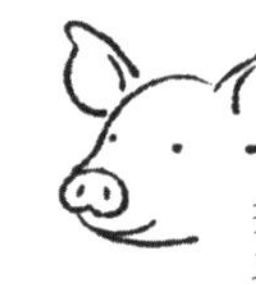

畫出擺動的耳朵

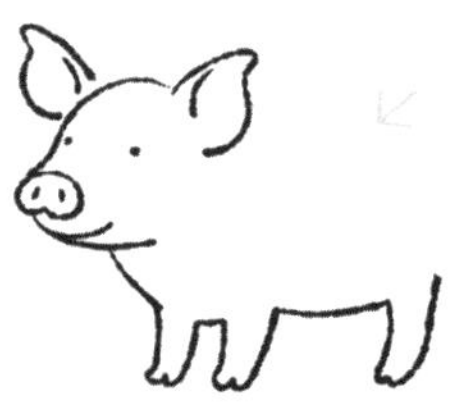

3 隻前端分指的腳

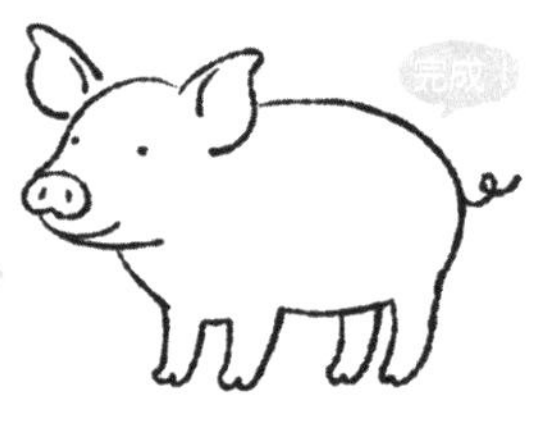

加上後面的腳，圓圓的背部加上捲尾巴，完成！

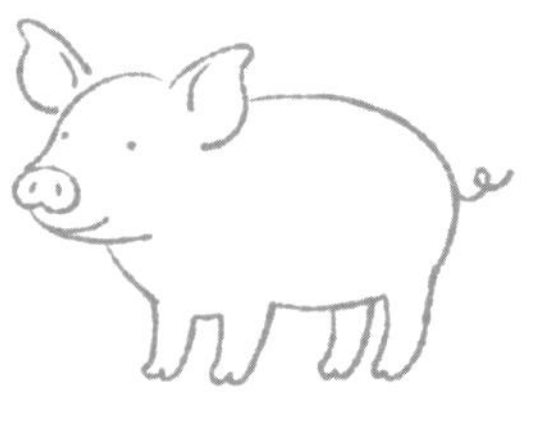

描一描！

【綿羊】

像倒反的鏡餅

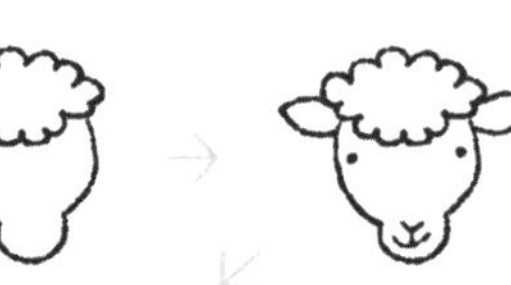

頭上有一朵蓬蓬的雲

分開的眼睛、耳朵、鼻子、嘴巴

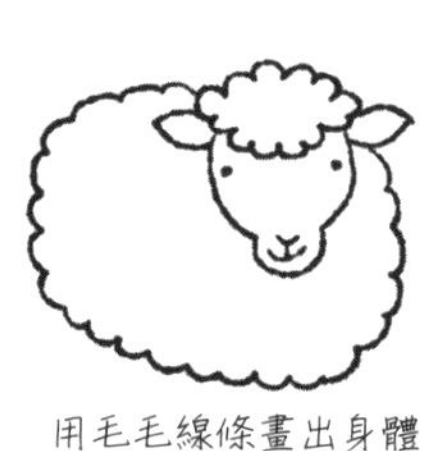

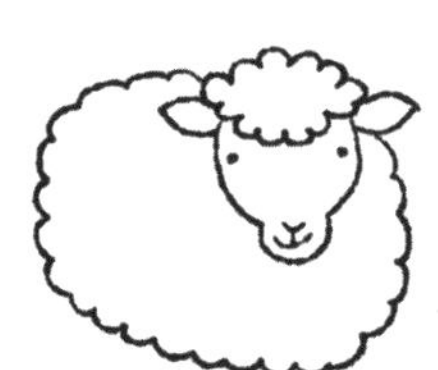

用毛毛線條畫出身體

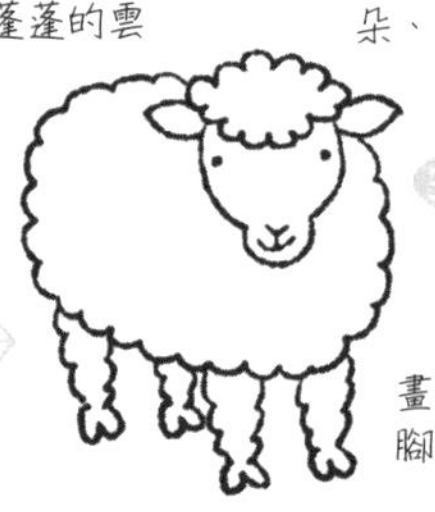

畫出 4 隻像炸蝦的腳，完成！

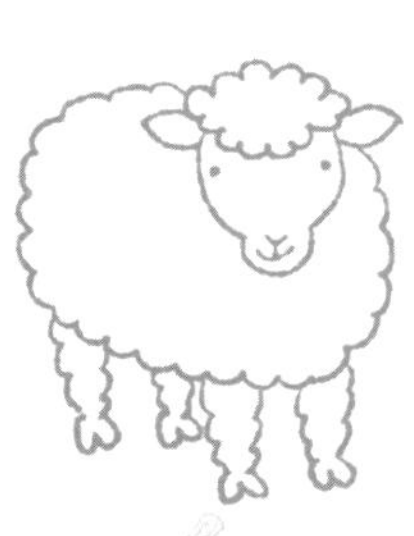

描一描！

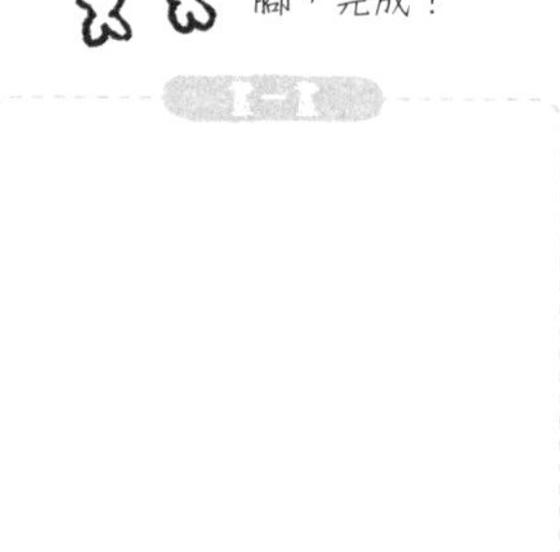

【熊貓】

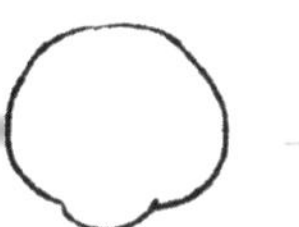

'出下面稍微突出、
鼓的圓形

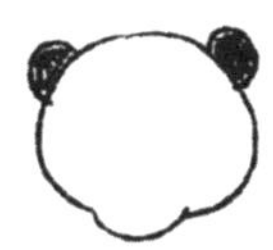

半圓的耳朵
塗滿顏色

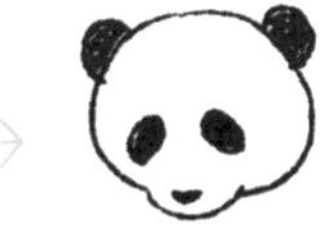

畫出垂眼和鼻子

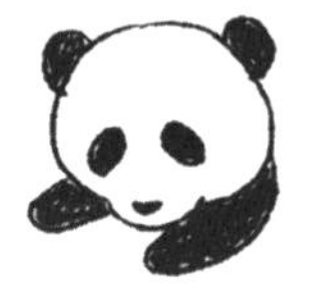

往前伸的 2 隻前腳

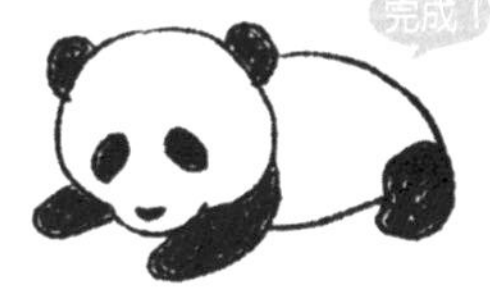

畫出身體和後腳，完成！

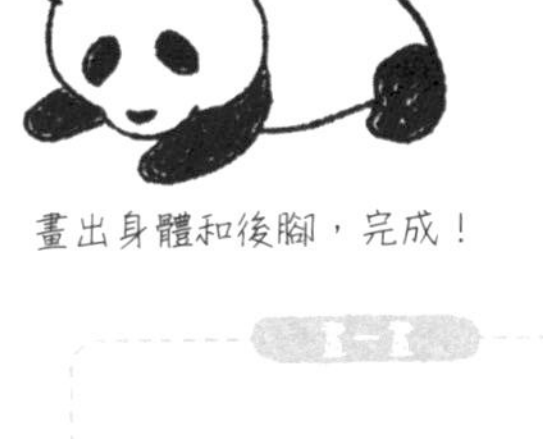

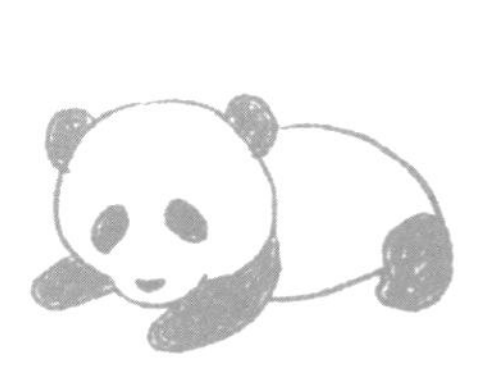

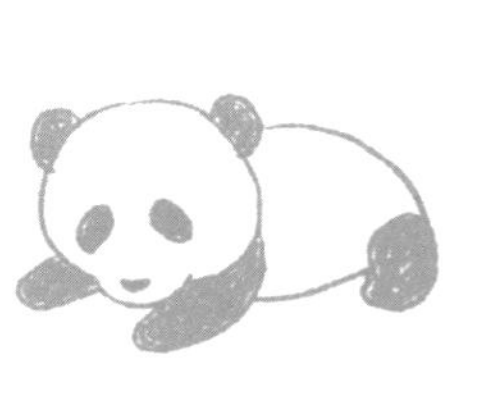

描一描！

【無尾熊】

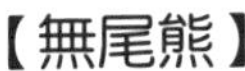

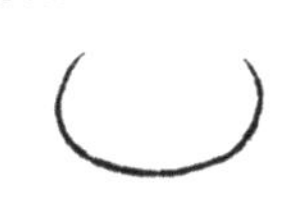

畫出臉頰胖胖的
輪廓

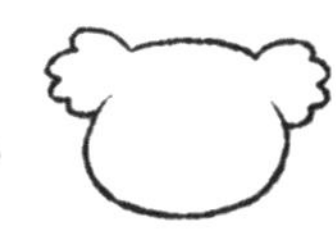

毛茸茸的耳朵
和頭部線條

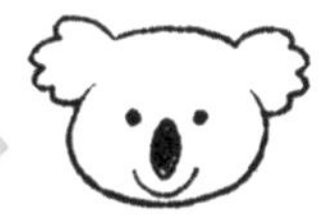

大鼻子、小眼
睛和嘴巴

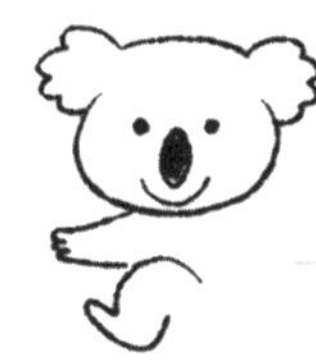

加上手腳

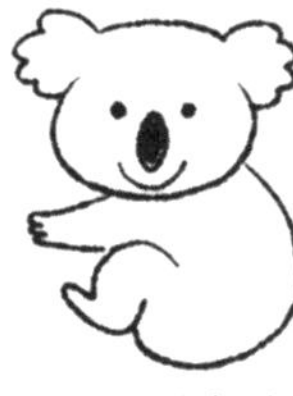

圓圓的身體

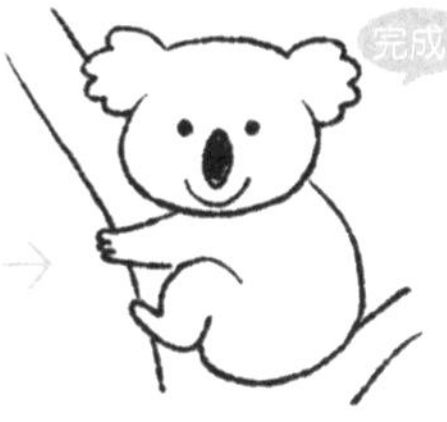

攀附在樹上，完成！

描一描！

【貓頭鷹】

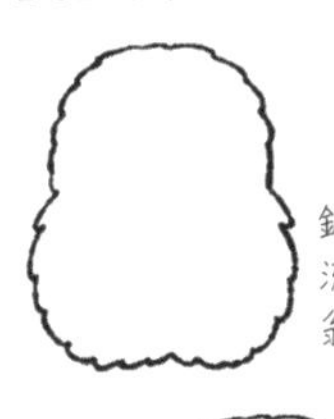

鋸齒狀毛
流的不倒
翁型

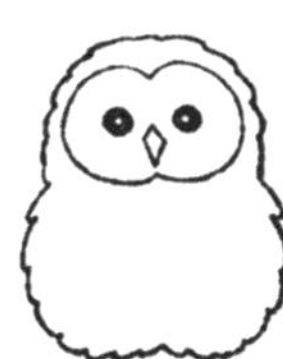

花生形的臉，畫上
眼睛和鼻子

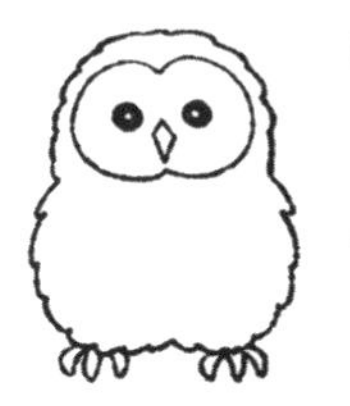

畫出 3 隻爪子的腳

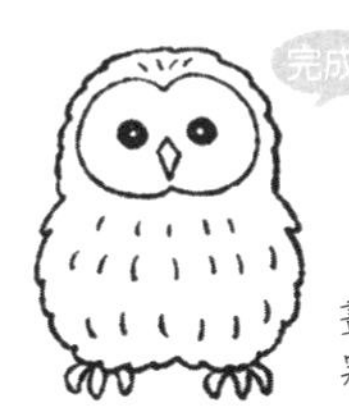

畫出毛流，
完成！

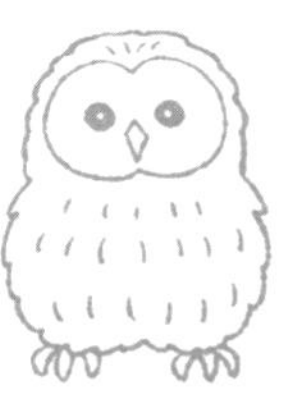

描一描！

【猴子】

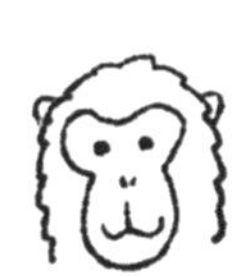

畫出鋸齒狀毛流
和臉

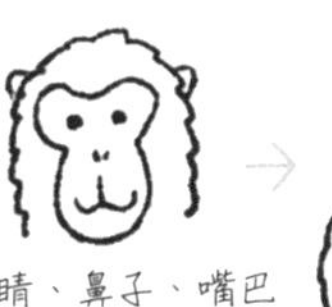

眼睛、鼻子、嘴巴

畫出毛流呈鋸齒狀
的手

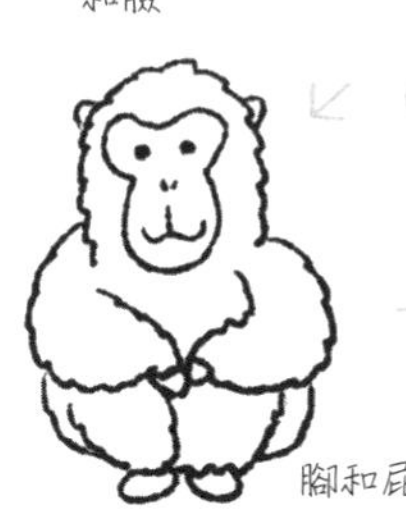

腳和屁股

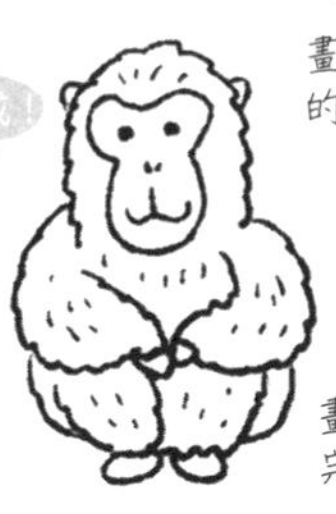

畫出毛流，
完成！

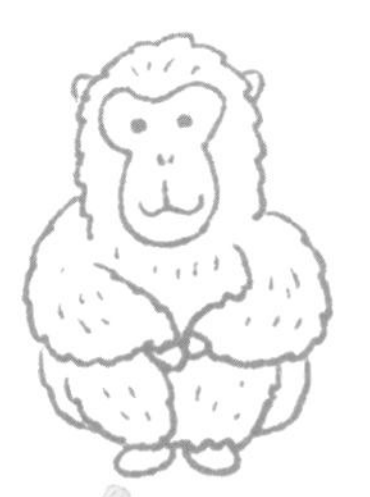

描一描！

【野豬】

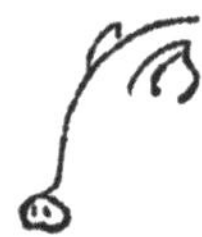

倒心形的鼻子，額頭加上耳朵

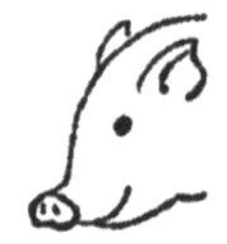

加上小小眼睛，畫出嘴巴和下巴線條

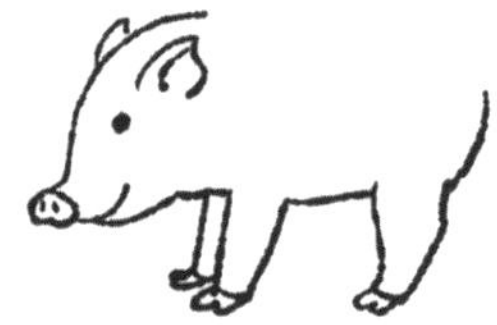

先畫 3 隻腳

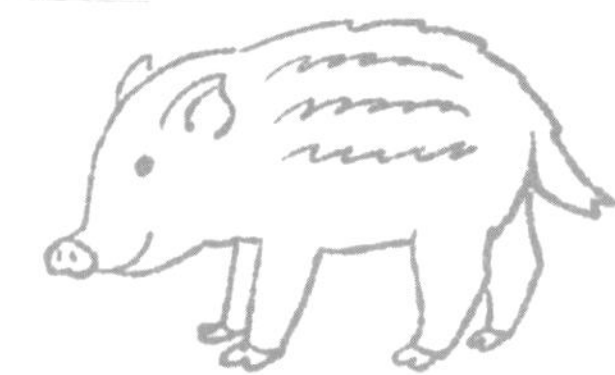

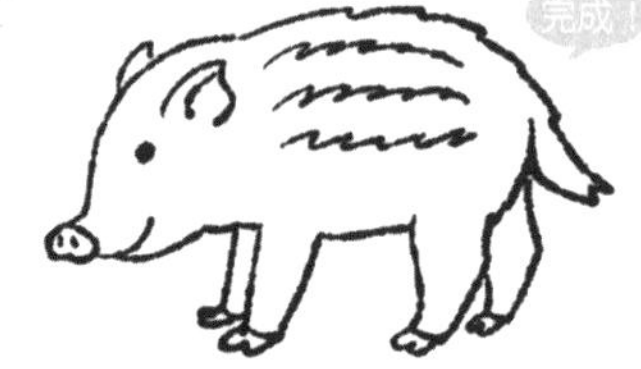

背部鋸齒狀毛流、尾巴和後面裡面的腳

完成！

畫出毛流，完成！

【犰狳】

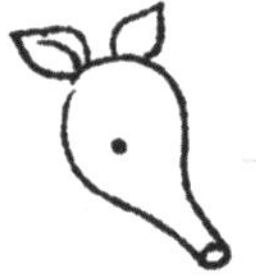

尖尖的鼻子和像葉片的耳朵

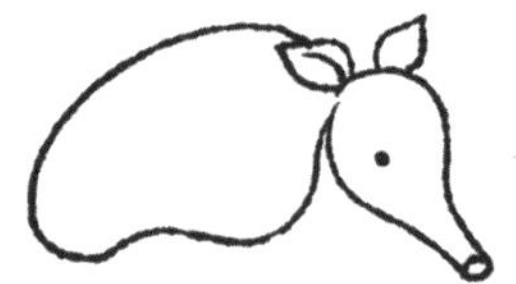

畫出身體

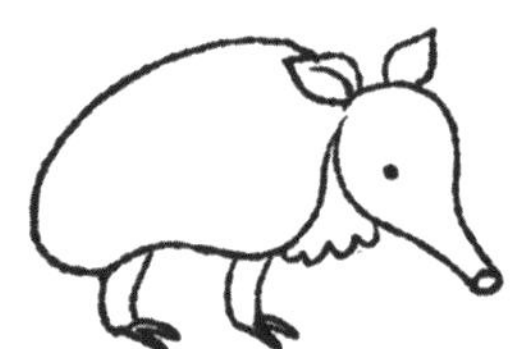

前面的 2 隻腳和胸前的毛

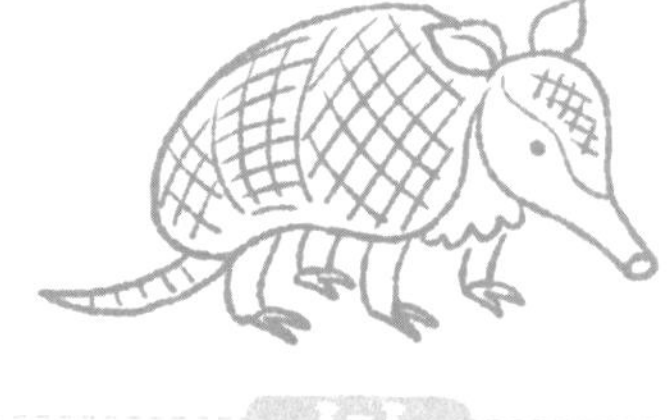

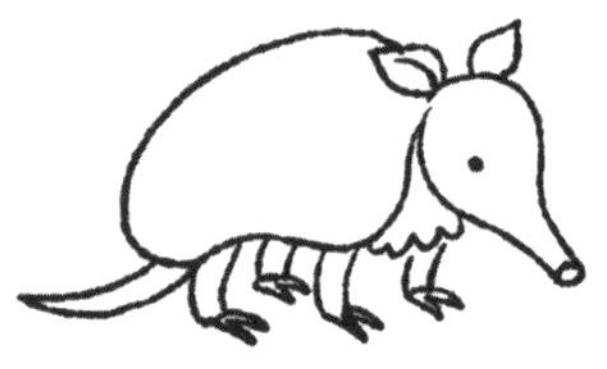

畫出裡面的腳和尾巴

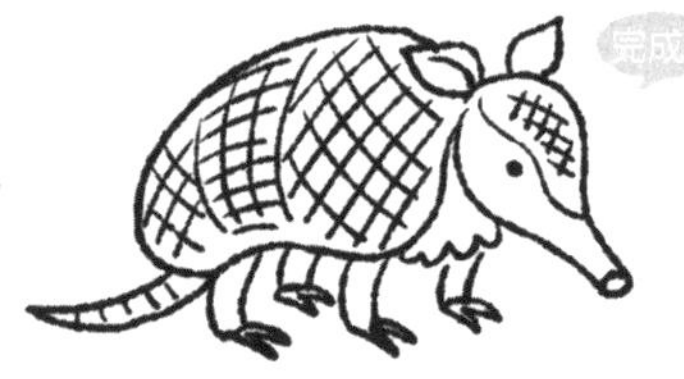

畫出格紋圖樣，完成！

【浣熊】

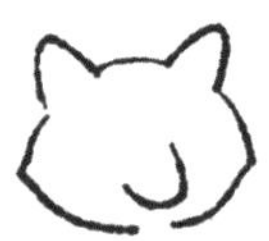

尖尖的耳朵和突出的鼻子

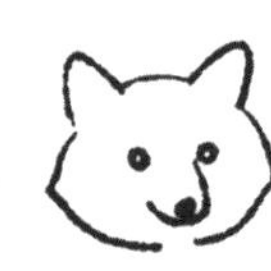

畫出眼睛、鼻子

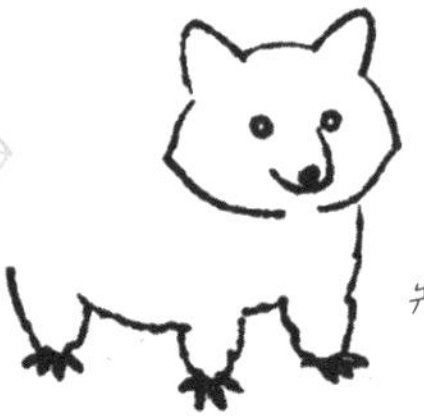

先畫 3 隻腳

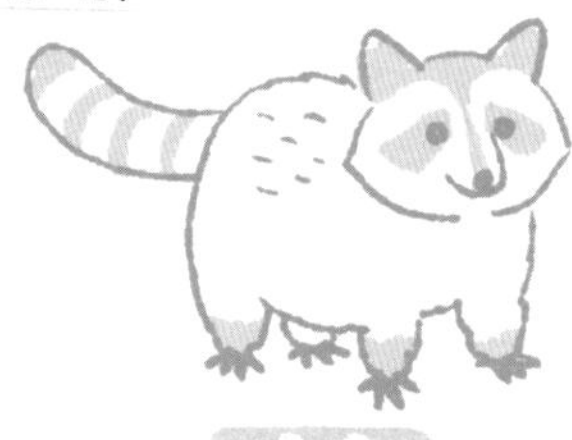

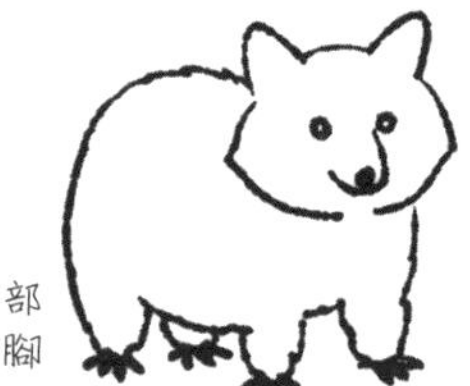

圓圓的背部和裡面的腳

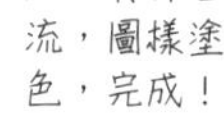

加上背部毛流，圖樣塗色，完成！

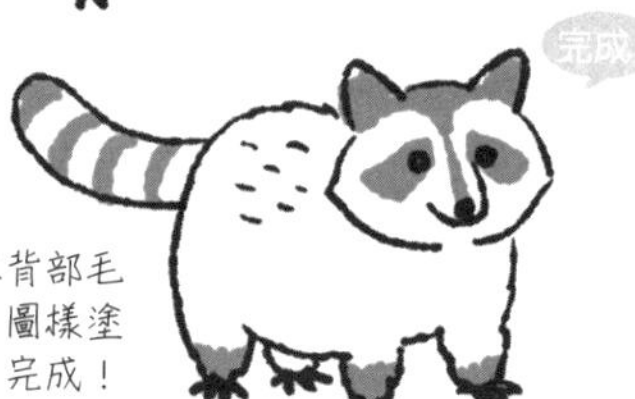

【刺蝟】

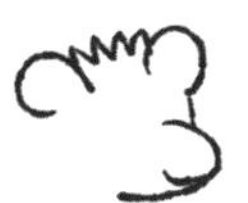
圓圓的耳朵和突出的鼻子

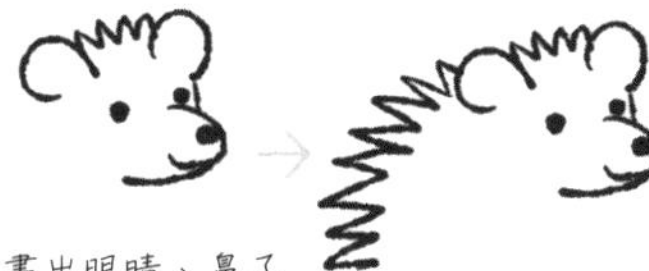
畫出眼睛、鼻子

鋸齒狀的針

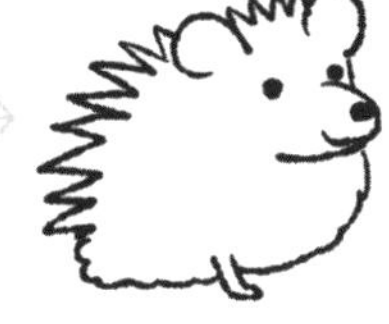
毛毛的肚子和前面的 1 隻腳

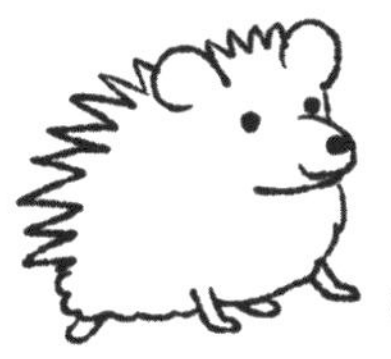
加上 3 隻腳

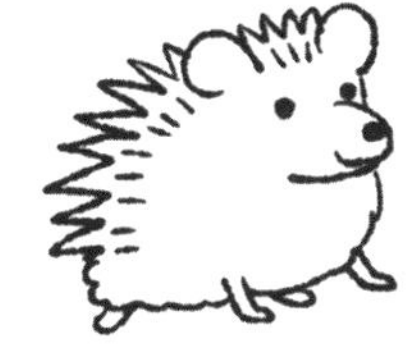
畫出刺刺的樣子，完成！

描一描！

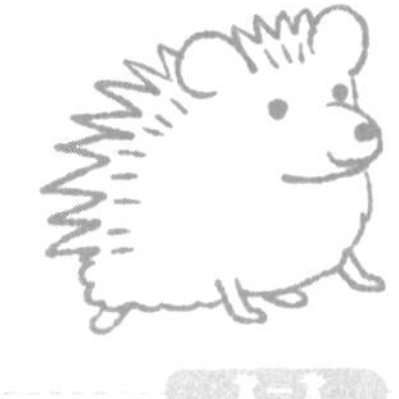

【熊】

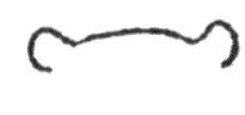
小小的圓耳朵

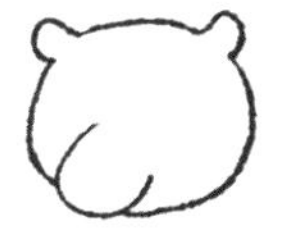
突出的鼻子和輪廓

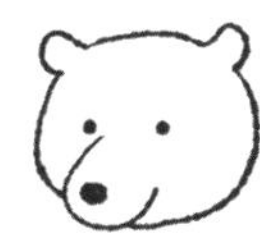
畫出眼睛、鼻子

先畫 3 隻腳

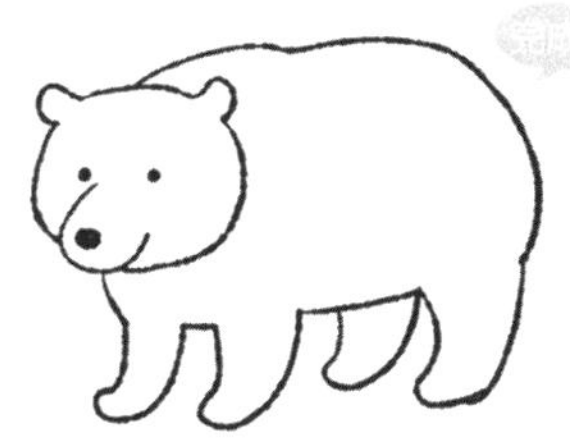
畫出背部和裡面的腳，完成！

描一描！

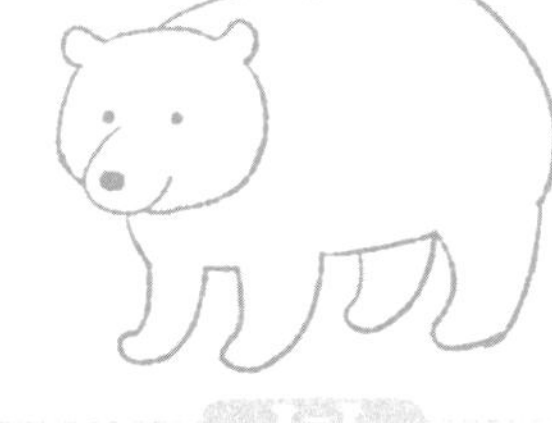

【北極熊】

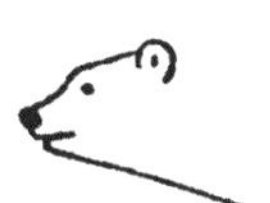
伸長脖子的側臉

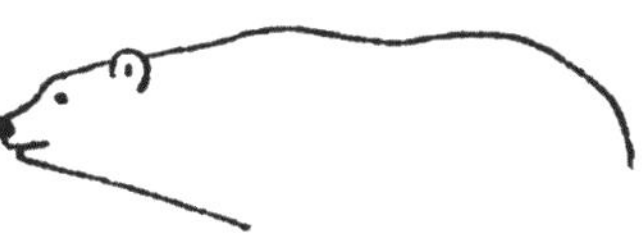
中間微凹的背部線條

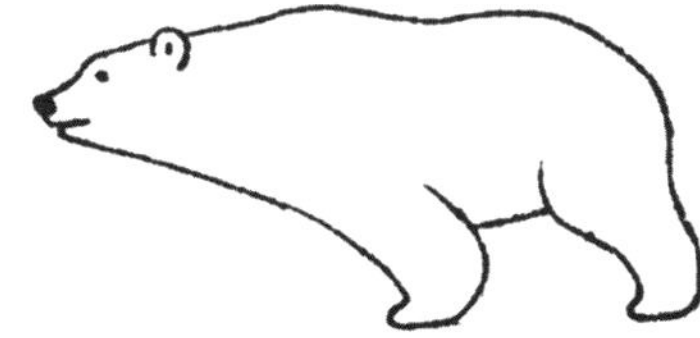
2 隻位置偏後的腳

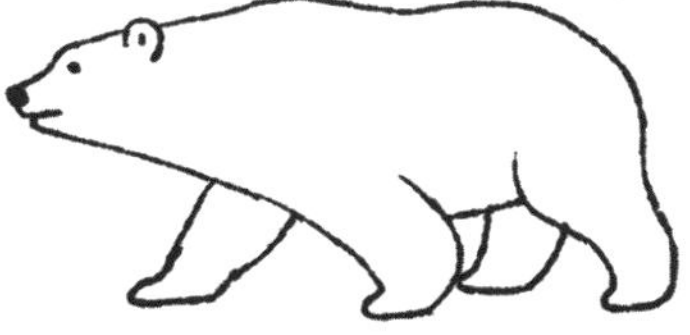
畫出裡面向前踏出的腳，完成！

描一描！

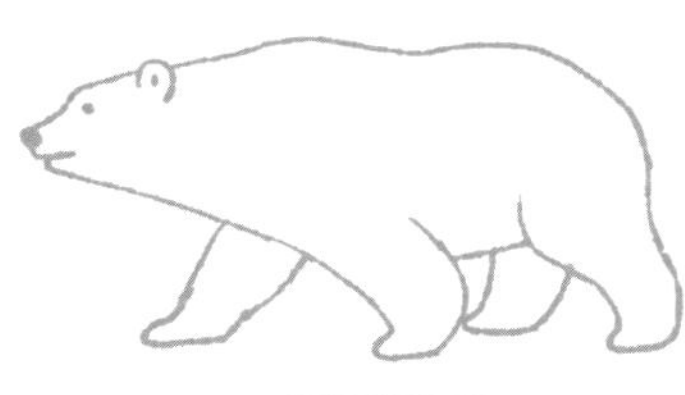

【蝙蝠】

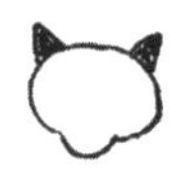
尖尖的耳朵和下面突出的輪廓

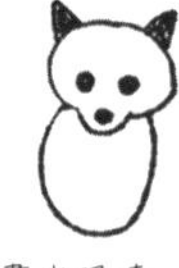
畫出眼睛、鼻子和身體

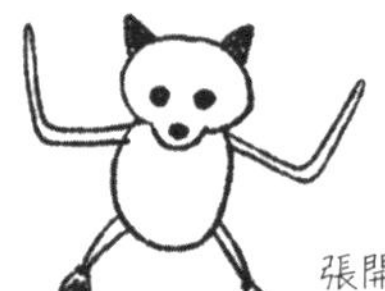
張開的手腳

描一描！

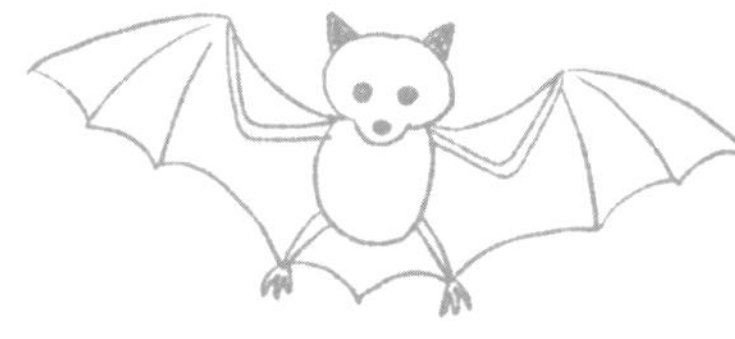

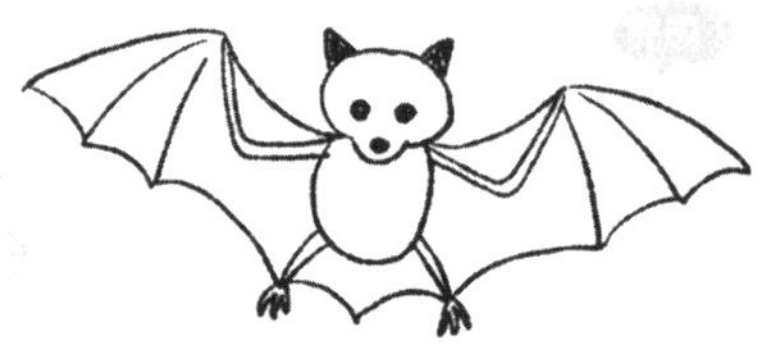
從手延伸的 3 條線

畫成張開的翅膀，完成！

【食蟻獸】

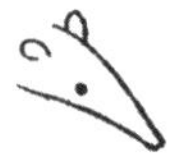
突出的鼻子、小小的眼睛和耳朵

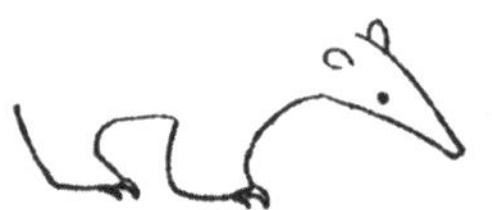
畫出前面的 2 隻腳和爪子

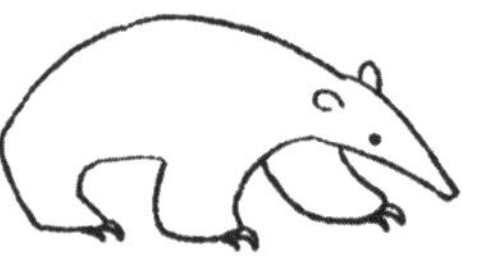
裡面的腳和山形的背部

描一描！

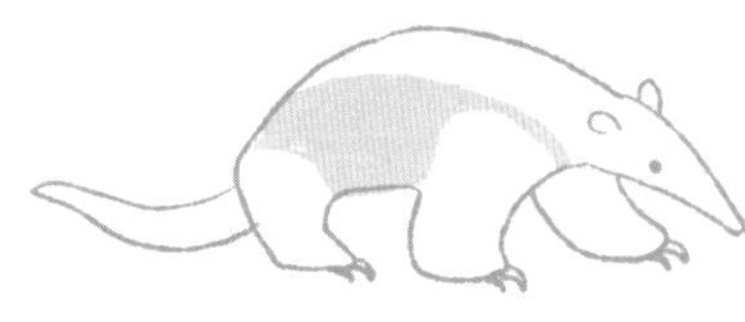

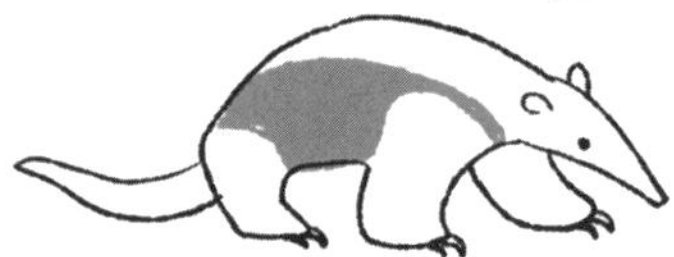
畫出尾巴

圖樣塗色，完成！

【變色龍】

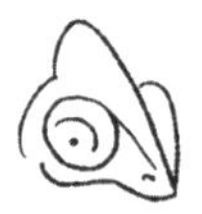
大大的頭冠和圓溜溜的眼睛

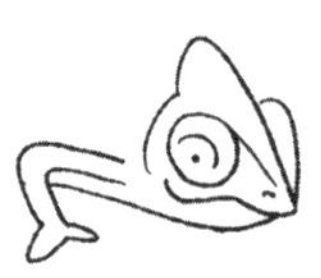
彎曲的前腳和分開的 2 指

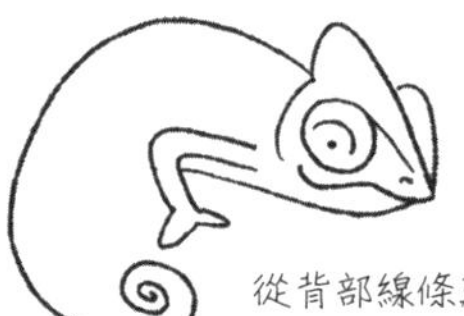
從背部線條延伸畫出捲曲尾巴

描一描！

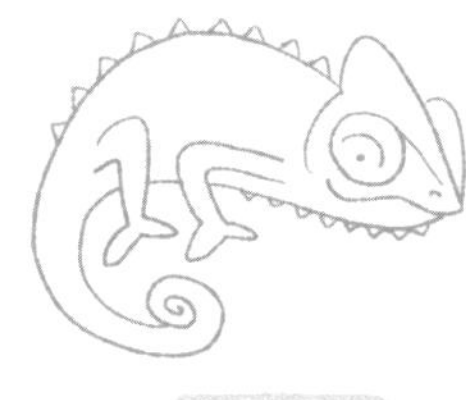

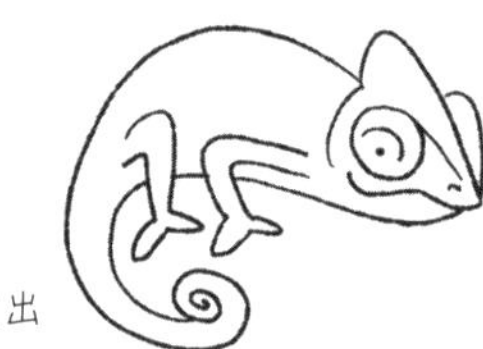
畫出後腳後，畫出腹部線條

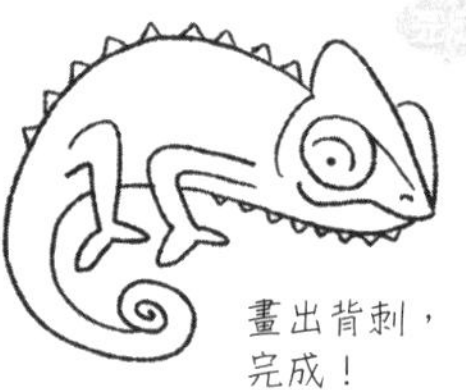
畫出背刺，完成！

【鬣蜥蜴】

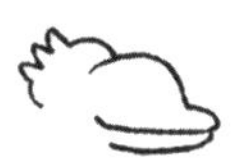

畫出頭部

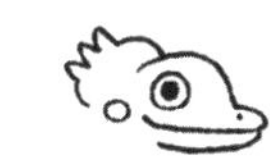

大大的眼睛和臉頰，
用點畫出鼻子

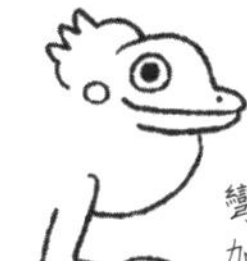

彎曲的前腳
加上爪子

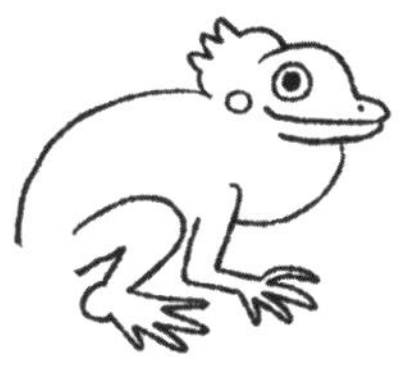

背部和後腳

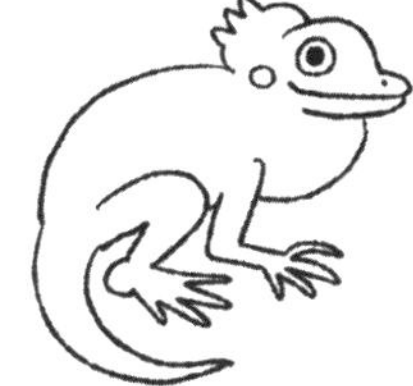

加上尾巴

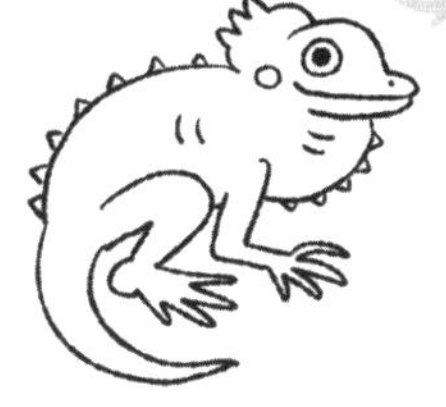

完成！

畫出背部和腹部的刺、
皺摺，完成！

描一描！

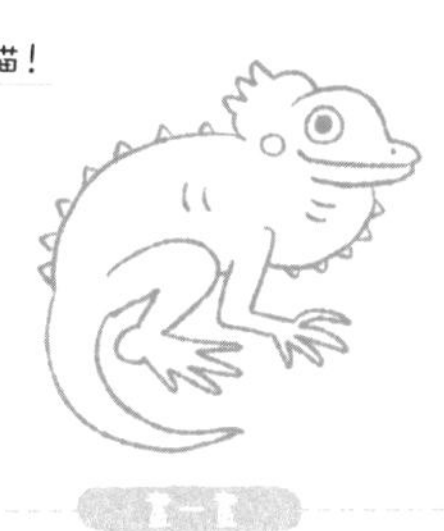

【貘】

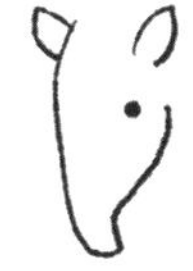

向下伸長的鼻子、
小小眼睛和耳朵

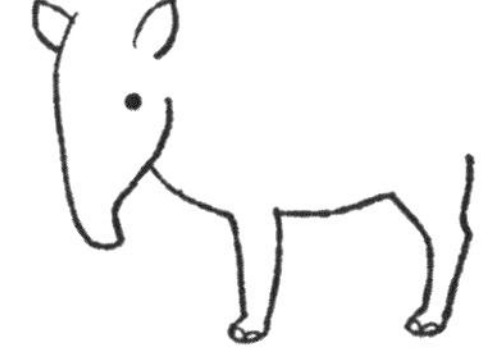

先畫 2 隻腳

畫出裡面的腳

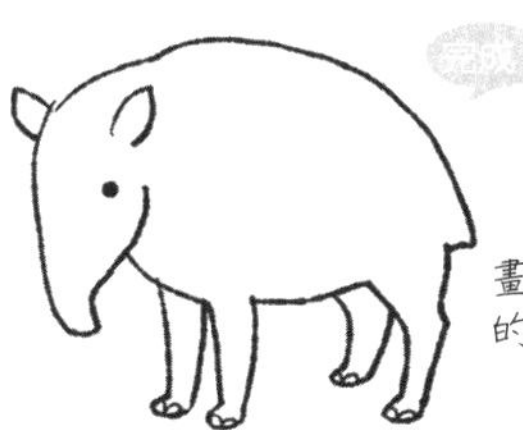

完成！

畫出背部和小小
的尾巴，完成！

描一描！

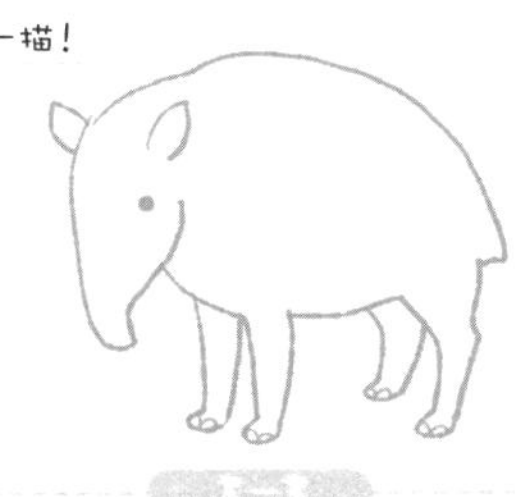

【鱷魚】

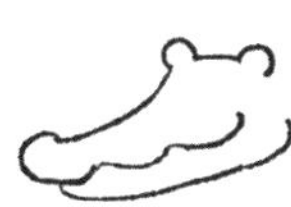

大大的嘴巴和
上面的小眼睛

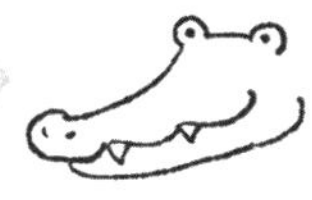

畫出眼睛、鼻子和牙齒

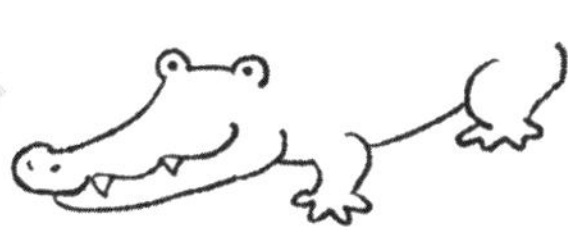

2 隻腳加上分開的指頭

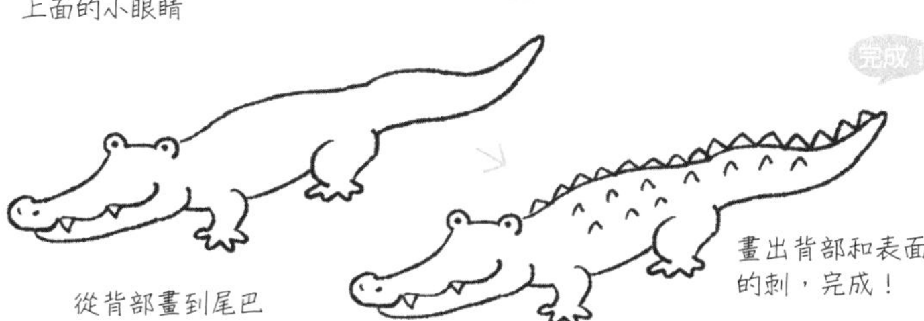

從背部畫到尾巴

完成！

畫出背部和表面
的刺，完成！

描一描！

【鹿】

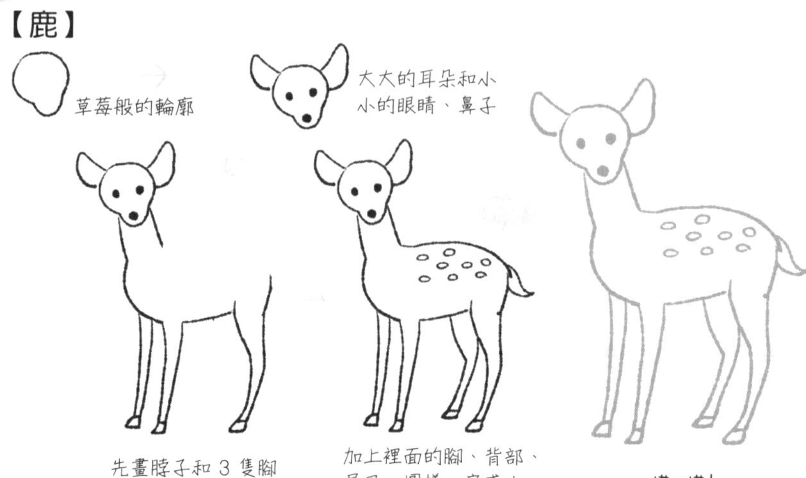
草莓般的輪廓
大大的耳朵和小
小的眼睛、鼻子
先畫脖子和 3 隻腳
加上裡面的腳、背部、
尾巴、圖樣，完成！
描一描！

【山羊】

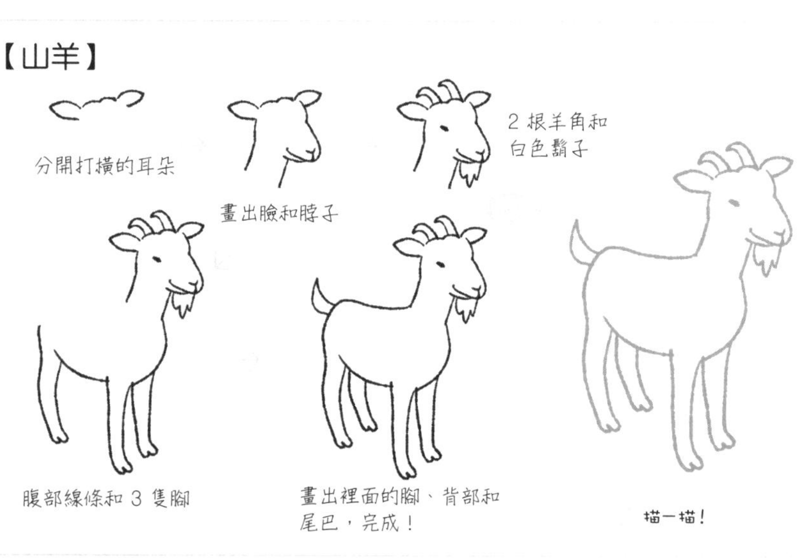
分開打橫的耳朵
畫出臉和脖子
2 根羊角和
白色鬍子
腹部線條和 3 隻腳
畫出裡面的腳、背部和
尾巴，完成！
描一描！

【獾㹢狓】

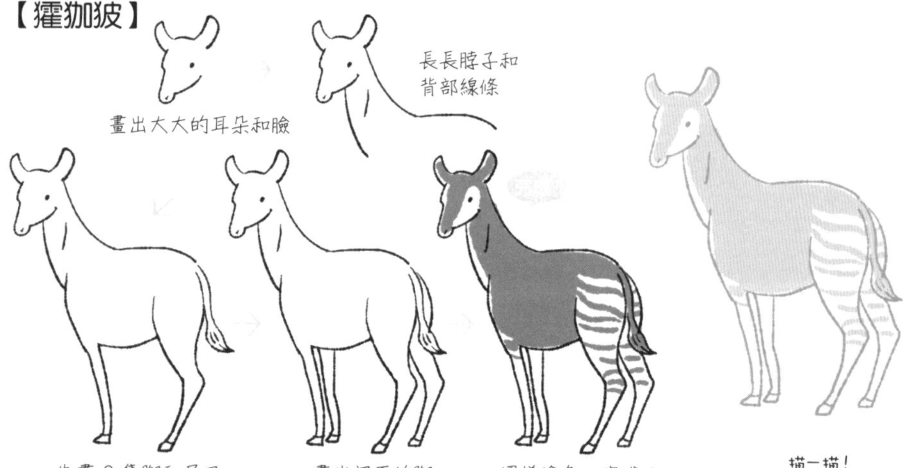
畫出大大的耳朵和臉
長長脖子和
背部線條
先畫 2 隻腳和尾巴
畫出裡面的腳
圖樣塗色，完成！
描一描！

【狐狸】

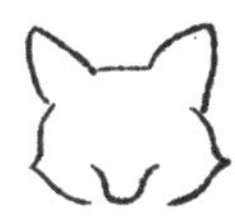

尖尖的耳朵和
有鬍子的輪廓

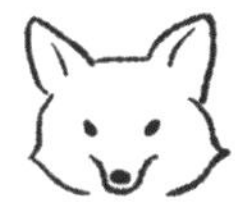

畫出眼睛、鼻子

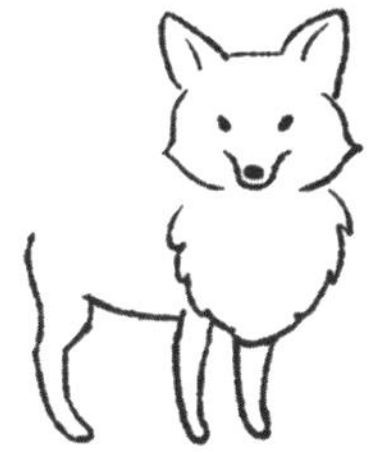

毛茸茸的胸前和 3 隻腳

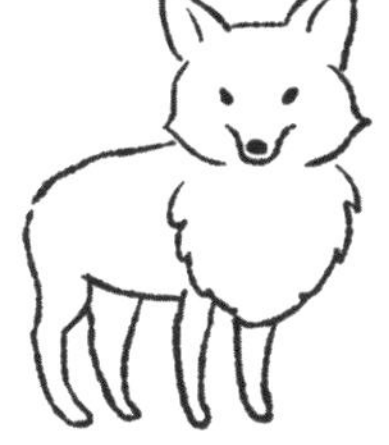

畫出裡面的腳和背部

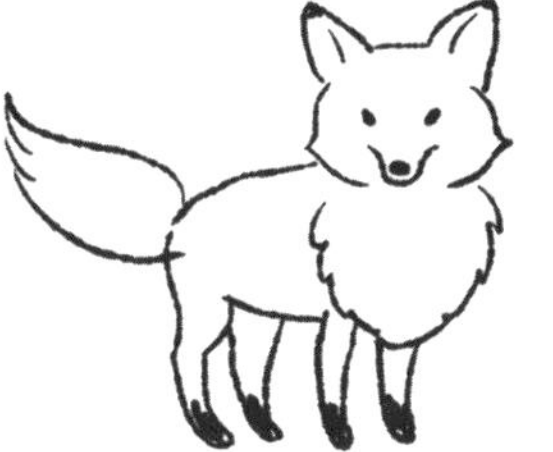

畫出濃密的尾巴和腳尖，完成！

描一描！

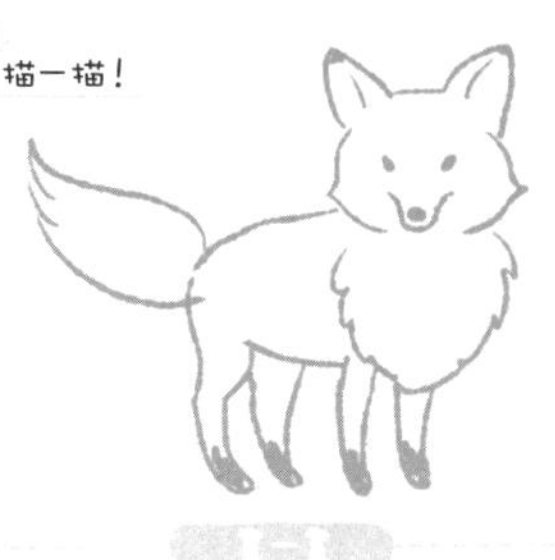

【小熊貓】

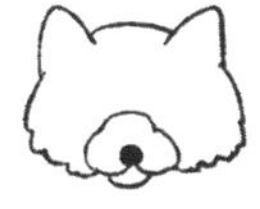

畫出耳朵、鼻子和
濃毛輪廓

加上眼睛和耳朵內側

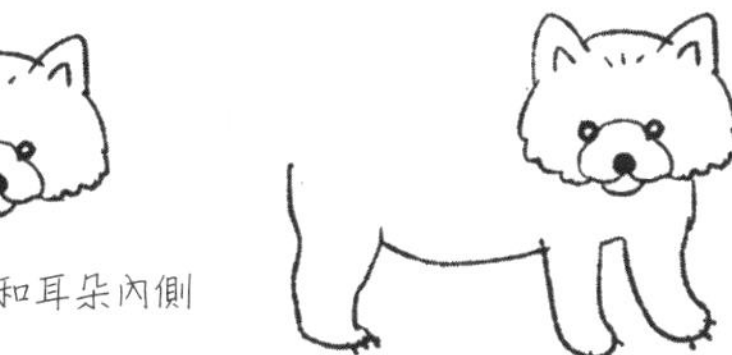

先畫出 3 隻腳

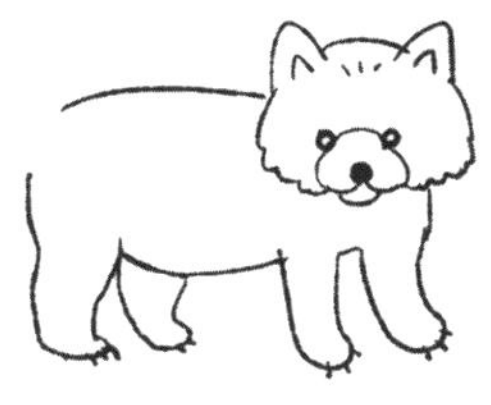

裡面的腳和背部

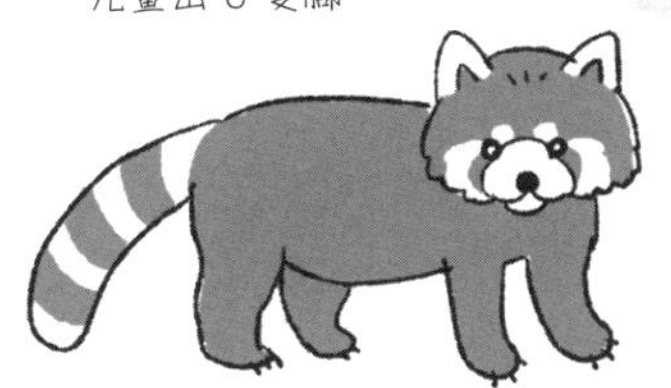

畫出尾巴，圖樣塗色，完成！

描一描！

【貉】

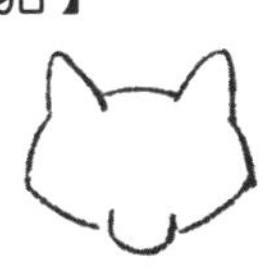

耳朵、鼻子和
寬臉的輪廓

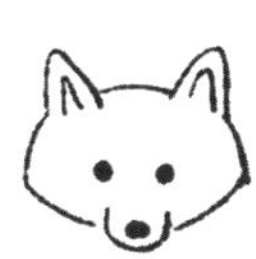

加上眼睛、鼻子和耳朵內側

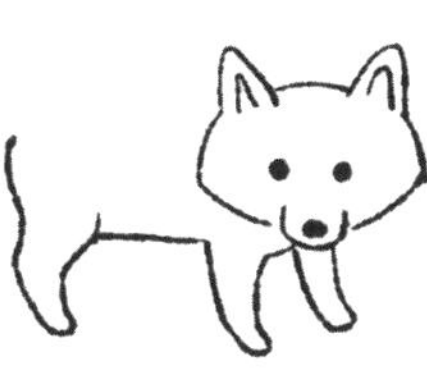

先畫 3 隻腳

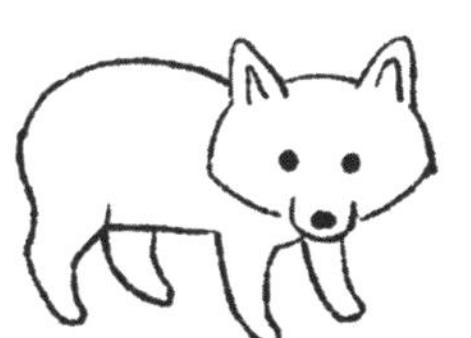

裡面的腳和背部

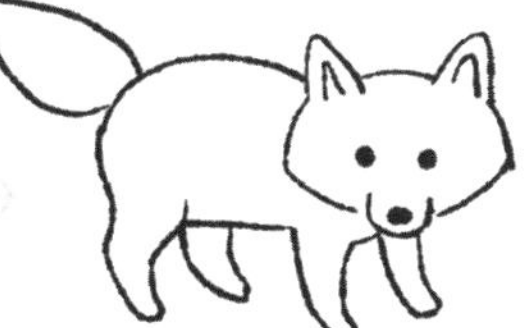

畫出尾巴

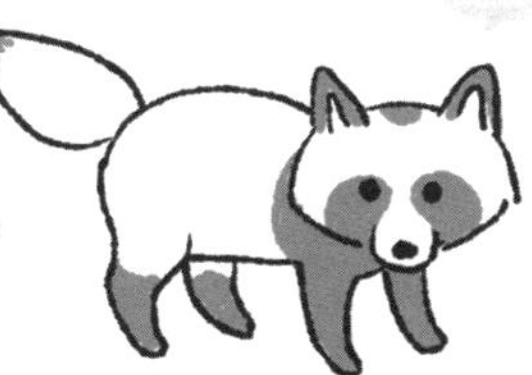

圖樣塗色，完成！

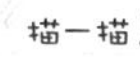

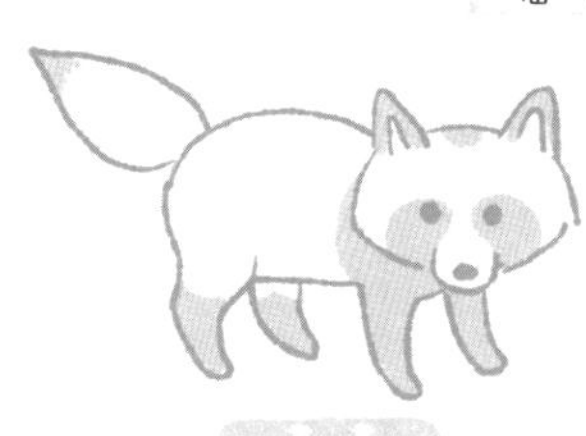

【羊駝】

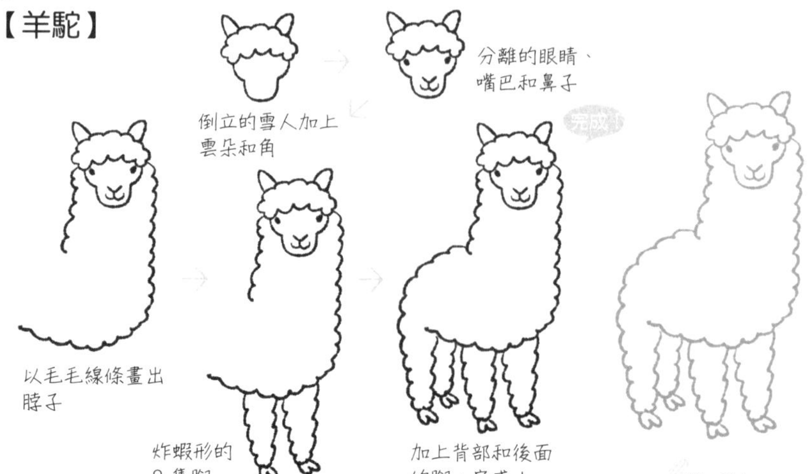
倒立的雪人加上
雲朵和角
分離的眼睛、
嘴巴和鼻子
完成！
以毛毛線條畫出
脖子
炸蝦形的
2 隻腳
加上背部和後面
的腳，完成！
描一描！

【馬】

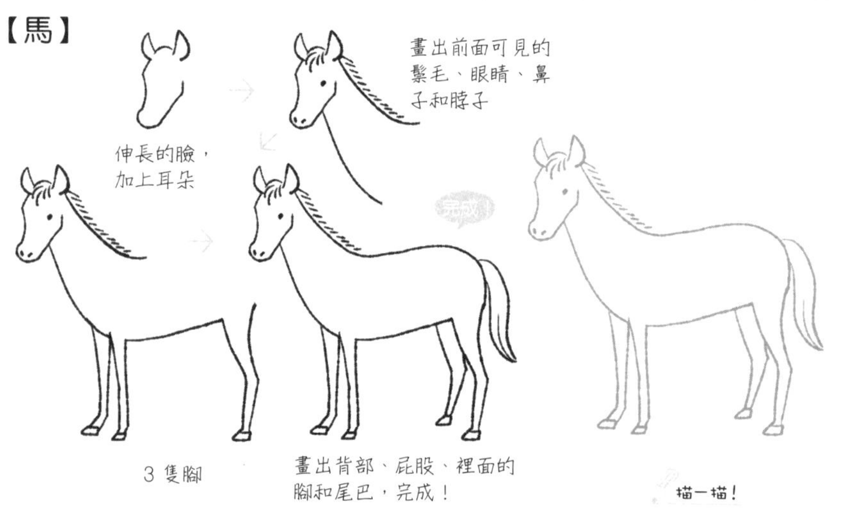
伸長的臉，
加上耳朵
畫出前面可見的
鬃毛、眼睛、鼻
子和脖子
完成！
3 隻腳
畫出背部、屁股、裡面的
腳和尾巴，完成！
描一描！

【鴕鳥】

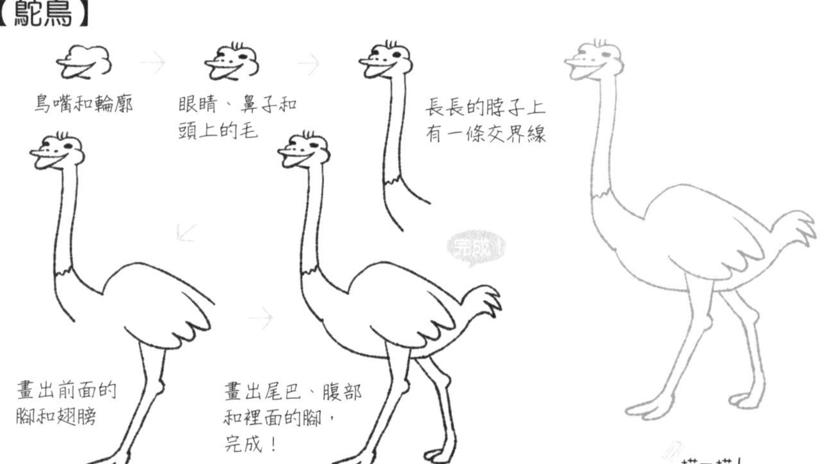
鳥嘴和輪廓
眼睛、鼻子和
頭上的毛
長長的脖子上
有一條交界線
完成！
畫出前面的
腳和翅膀
畫出尾巴、腹部
和裡面的腳，
完成！
描一描！

【袋鼠】

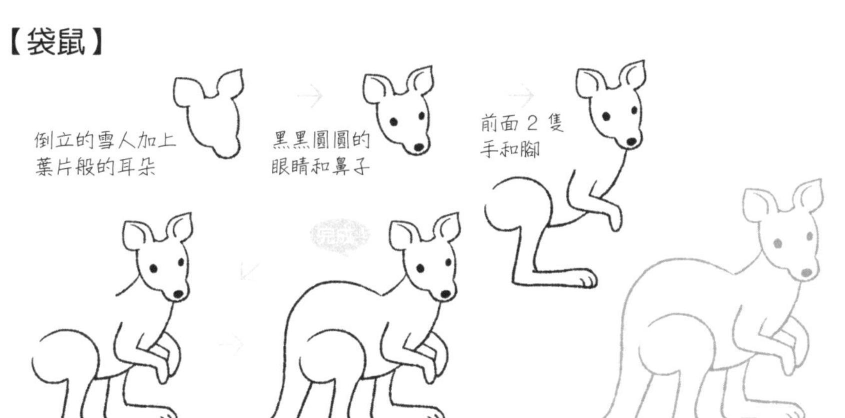

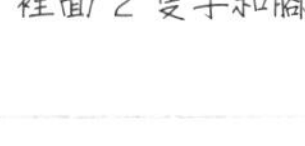

裡面 2 隻手和腳

畫出圓圓的背部和尾巴，完成！

描一描！

【駱駝】

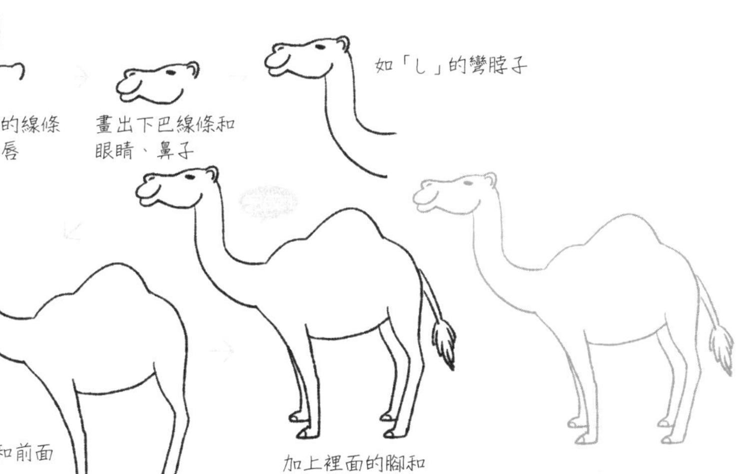

畫出駝峰和前面的腳

加上裡面的腳和尾巴，完成！

描一描！

【長頸鹿】

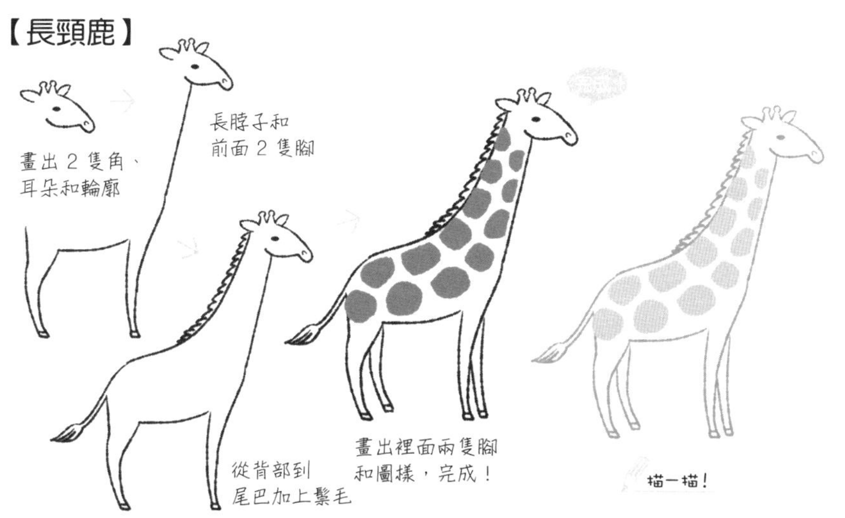

描一描！

各種生物

【鼬鼠】

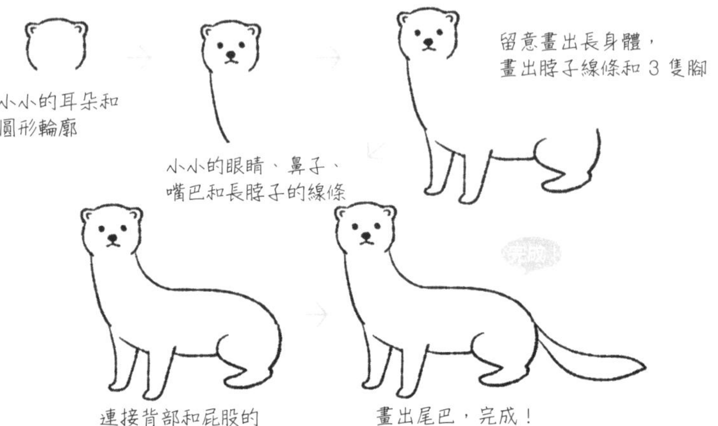

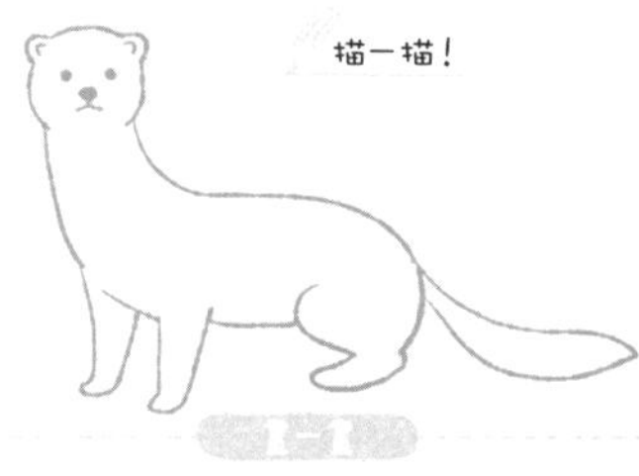

【老虎】

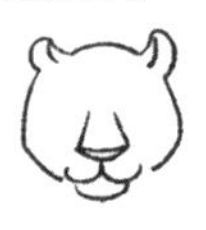

畫出特徵為
大鼻子的臉

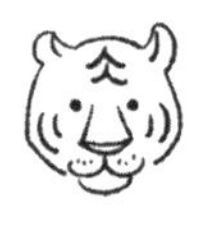

加上眼睛、鬍子
和臉部圖樣

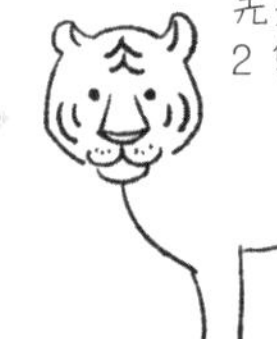

先畫出前面的
2 隻腳

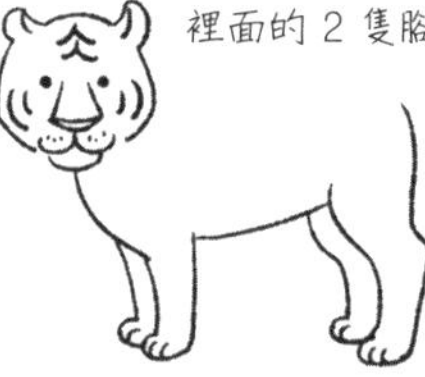

裡面的 2 隻腳

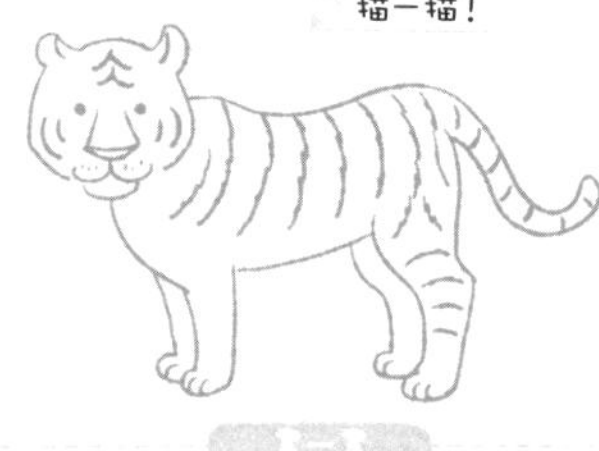

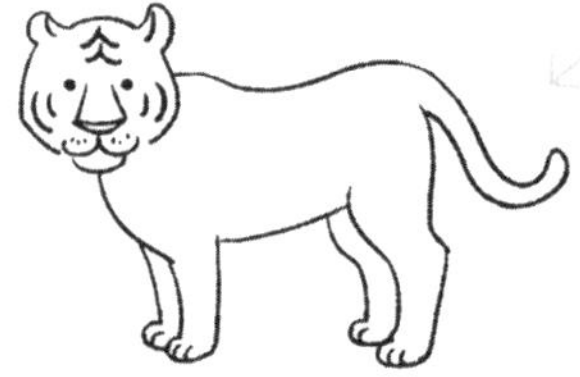

背部稍微凹陷，連接畫
至尾巴

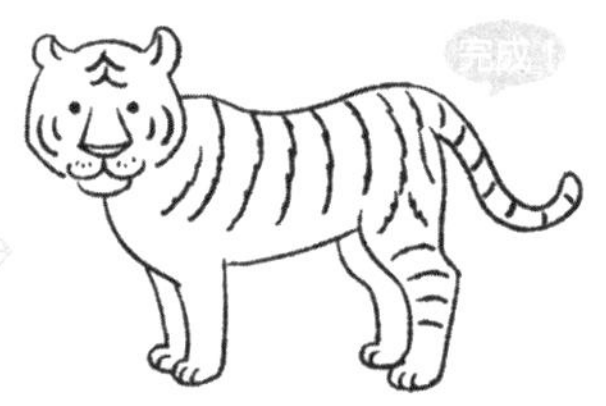

畫出老虎圖樣，
完成！

【大象】

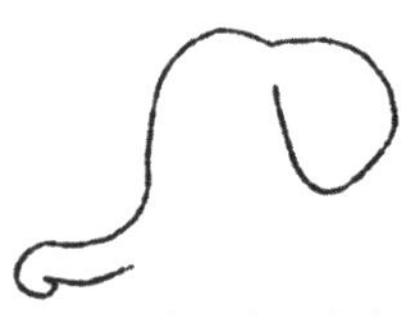

大大的耳朵和長長
的鼻子

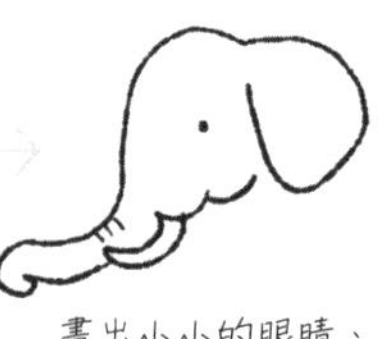

畫出小小的眼睛、
象牙和鼻子皺紋

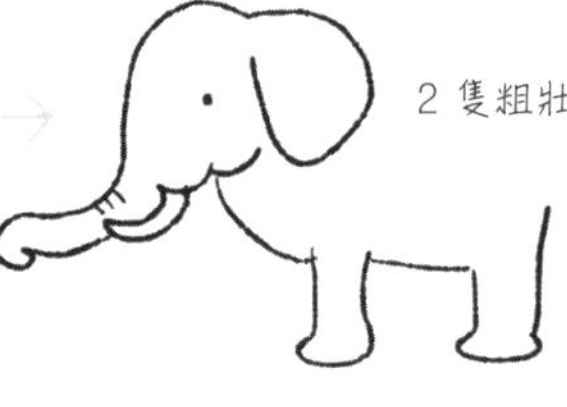

2 隻粗壯的腳

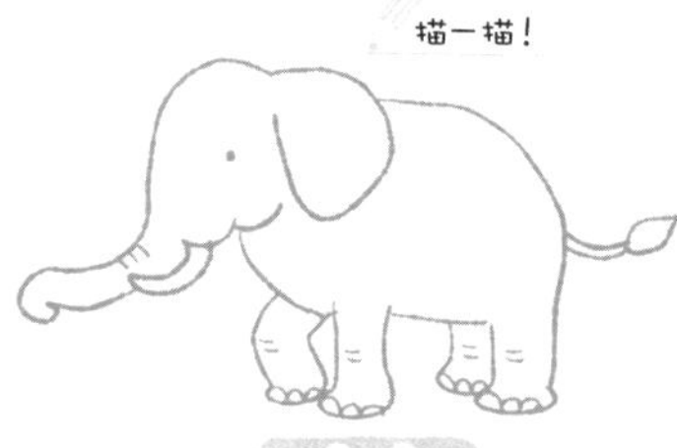

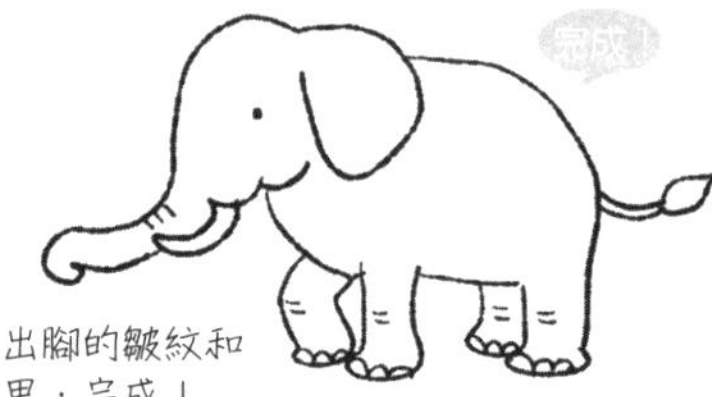

裡面的 2 隻腳、
圓圓的背和尾巴

畫出腳的皺紋和
指甲，完成！

【樹懶】

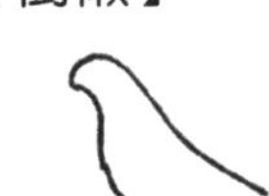
從抓樹的手畫起

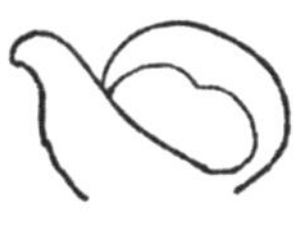
頭部和心形的臉

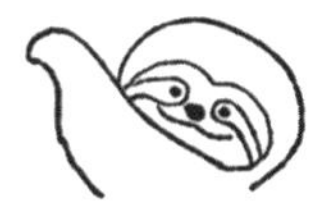
畫出垂眼、嘴巴和鼻子

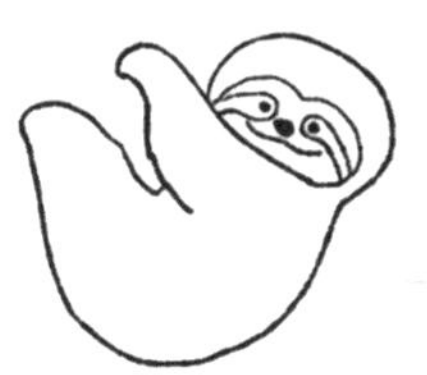
從背部畫到腳成一圈

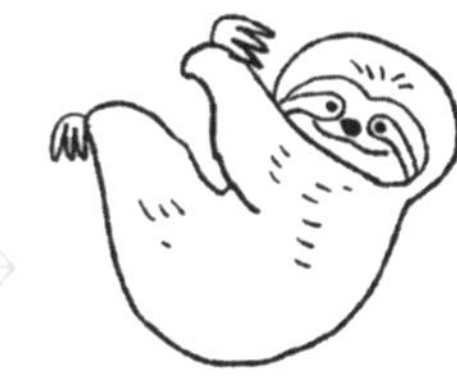
加上裡面抓樹的手指和毛流

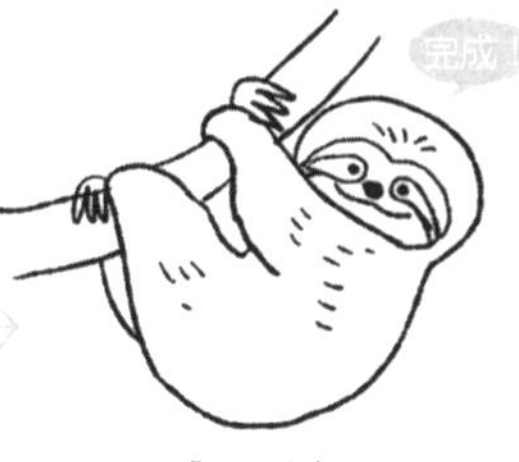

畫出樹木，完成！

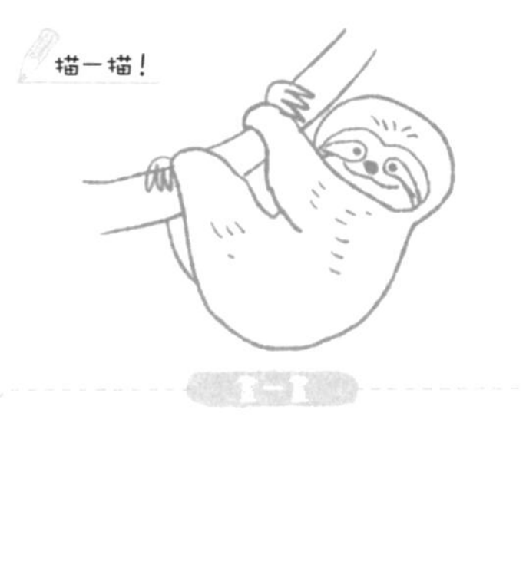

【河馬】

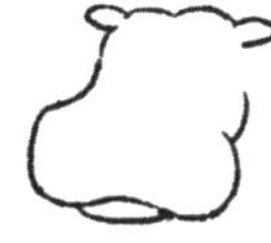
往前突出的大臉和小小的耳朵

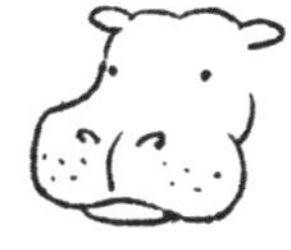
畫出分開的眼睛、鼻子和鬍子

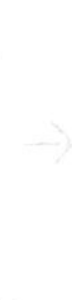
前面 2 隻腳

裡面 2 隻腳

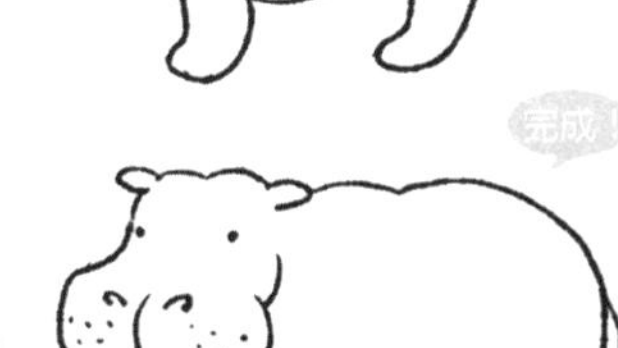

畫出背部、尾巴和指甲，完成！

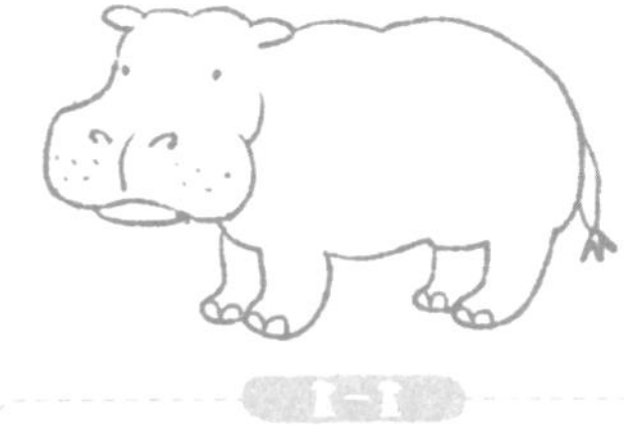

【犀牛】

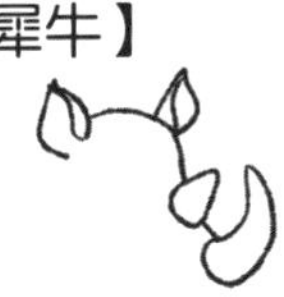
2 支犀牛角和 1 對耳朵

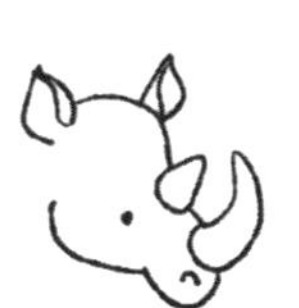
畫出下巴線條、眼睛和鼻子

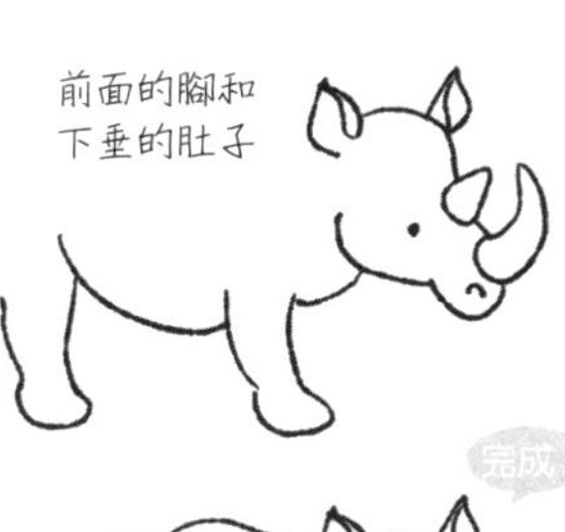
前面的腳和下垂的肚子

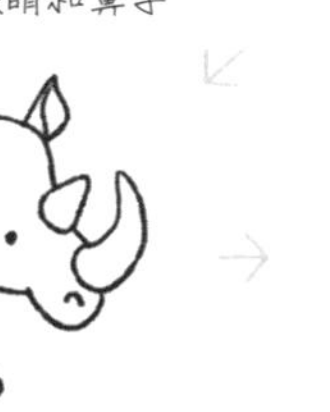
裡面的腳

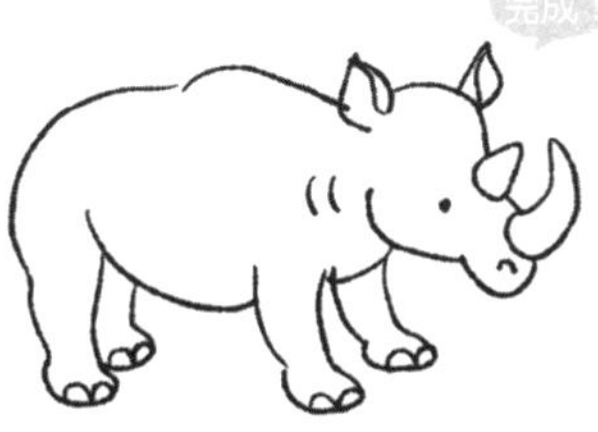

畫出隆起的背部、屁股線條和指甲，完成！

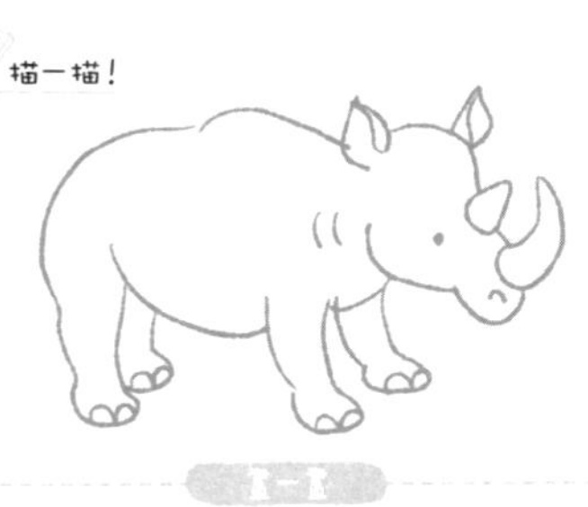

【斑馬】

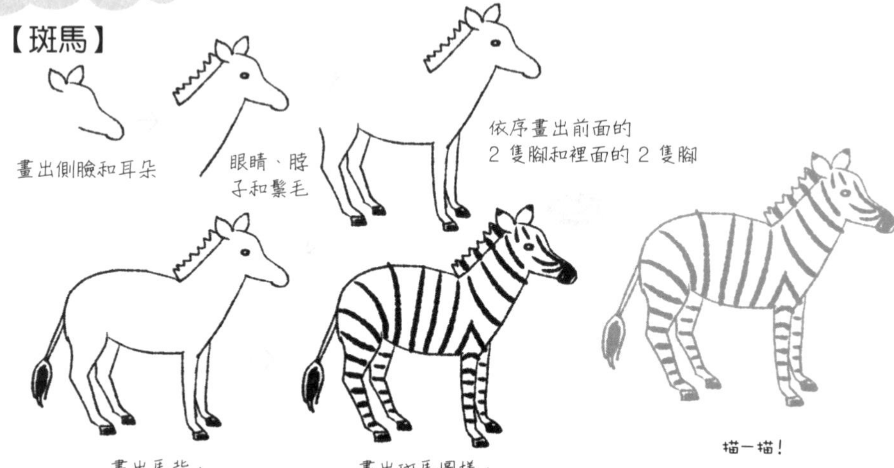

畫出馬背、
馬尾和馬蹄

畫出斑馬圖樣，
完成！

【獅子】

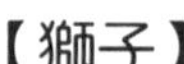

圓圓的耳朵和
頭上鬃毛

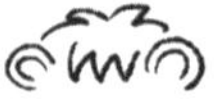

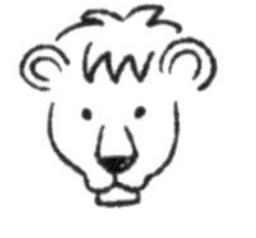

畫出輪廓、眼睛、
鼻子和嘴巴

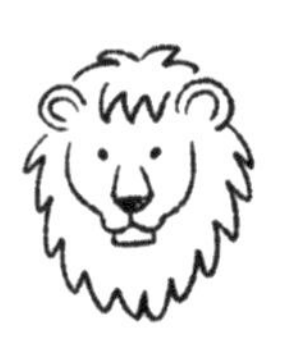

脖子周圍的鬃毛

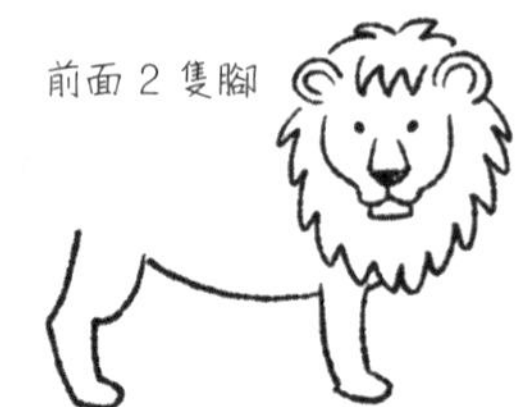

前面 2 隻腳

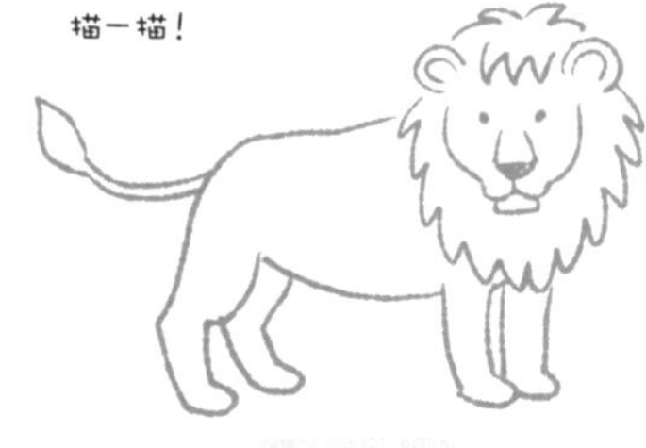

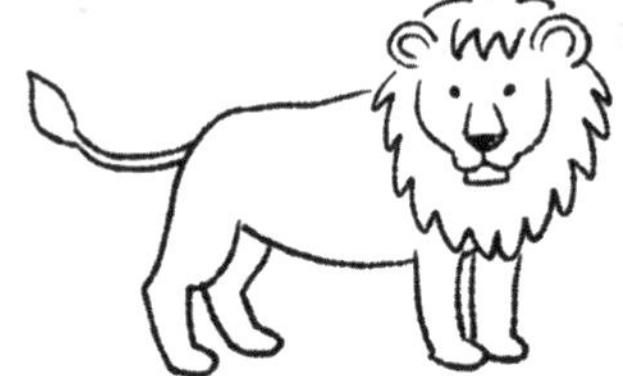

後面可見的 2 隻腳

畫出背部和尾巴，完成！

【狼】

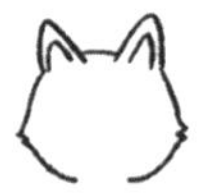

尖尖的耳朵和
有鬍子的輪廓

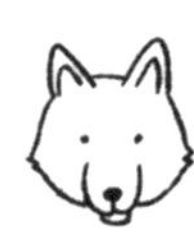

畫出眼睛、
鼻子和嘴巴

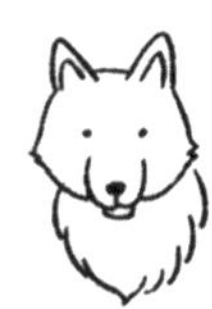

脖子周圍
毛茸茸的毛

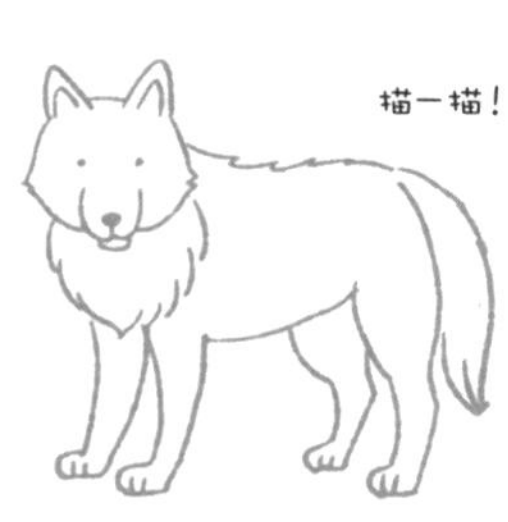

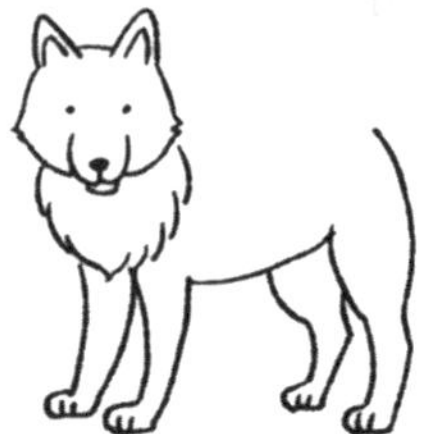

依序先畫前面 2 隻腳，
接著畫裡面 2 隻腳

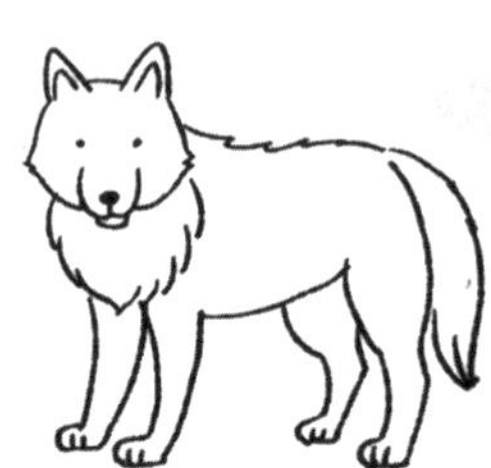

畫出背部和尾巴，完成！

【大猩猩】

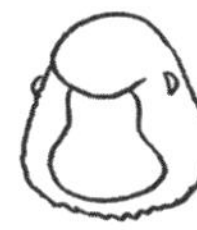

畫出飯糰型的頭、臉和耳朵

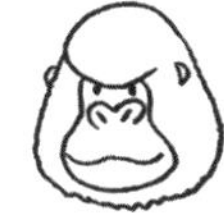

畫出眼睛、鼻子和嘴巴

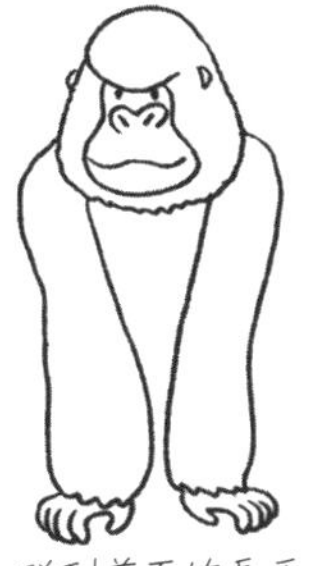

碰到前面的長手臂和 5 根手指

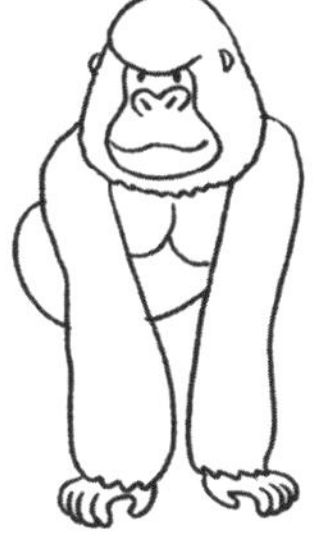

畫出後面的身體

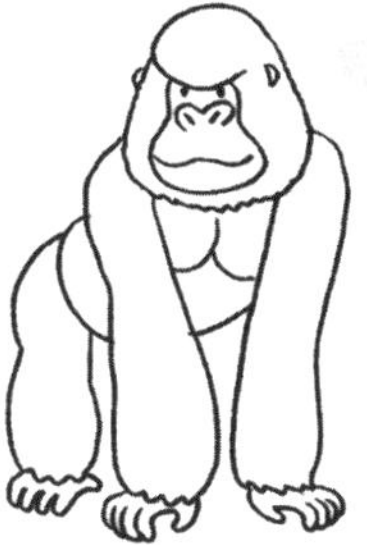

畫出腳，完成！

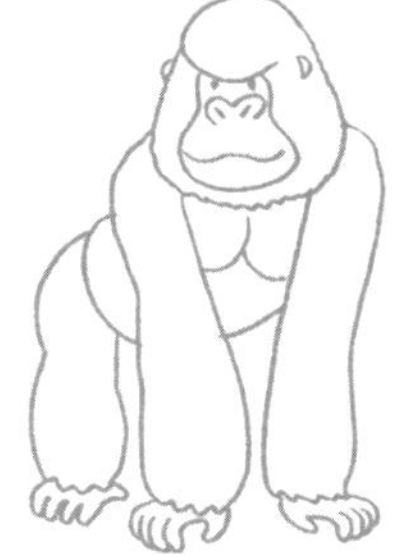

描一描！

【牛】

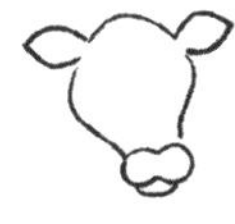

分開的耳朵和臉的輪廓

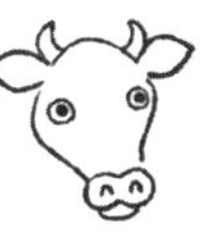

牛角和小眼睛、鼻子

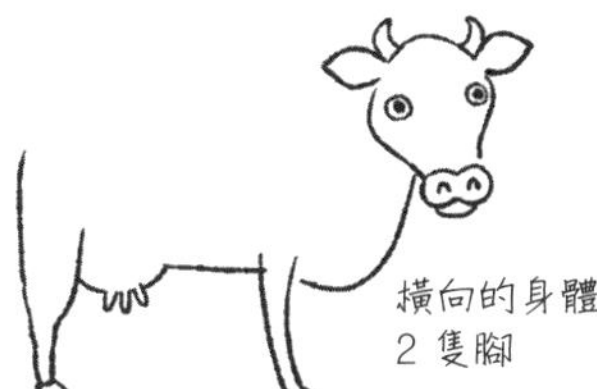

橫向的身體和 2 隻腳

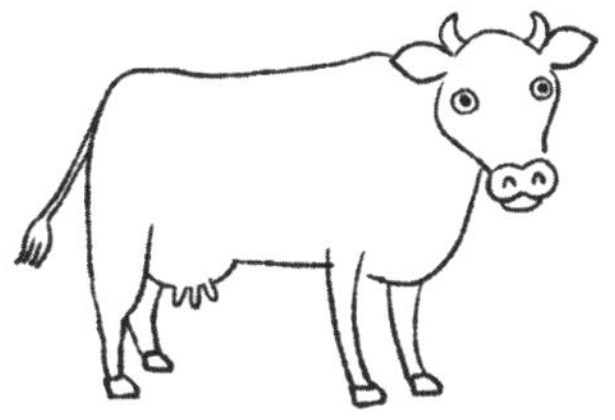

畫出背部、尾巴和裡面的腳

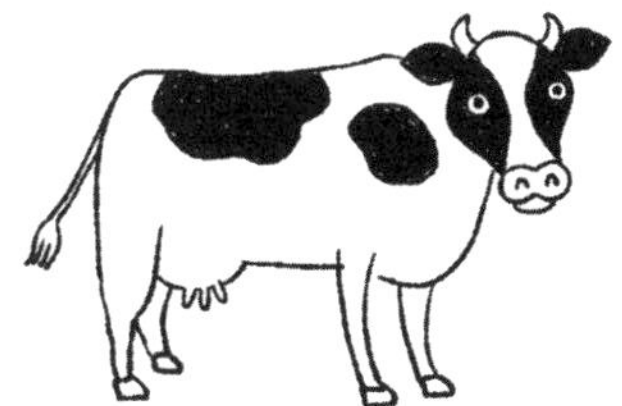

畫出黑色圖樣，完成！

描一描！

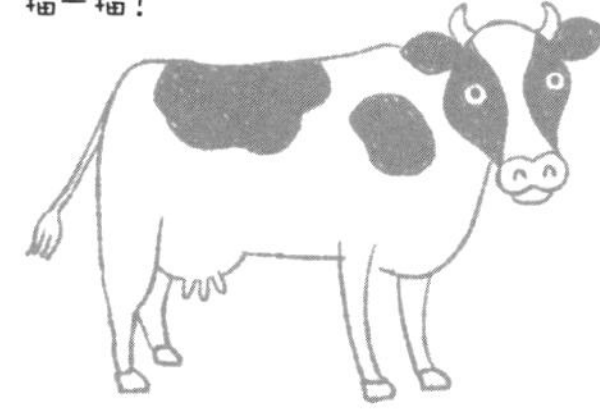

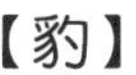

【豹】

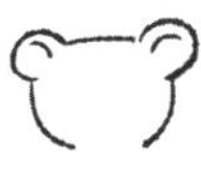

圓圓的耳朵和輪廓

畫出突出的鼻子和眼睛

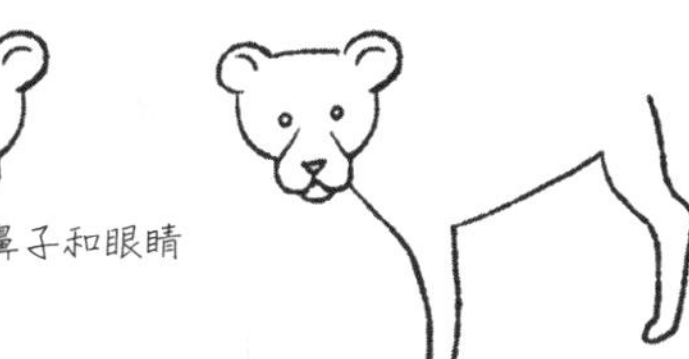

橫向的身體和 2 隻腳

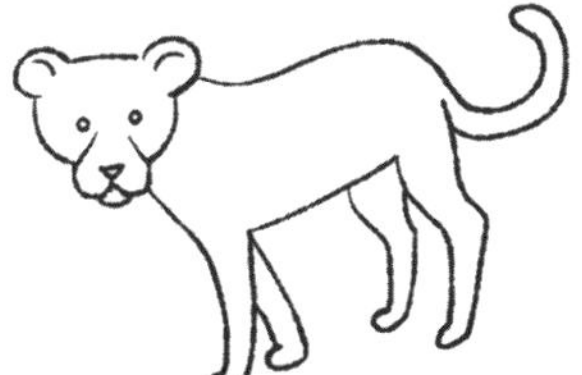

畫出背部、裡面的腳和尾巴

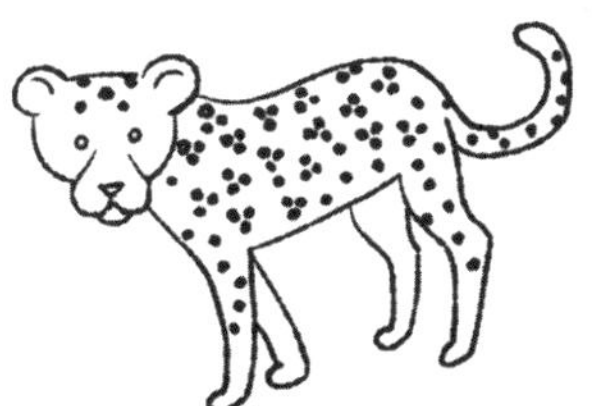

畫出圖樣，完成！

描一描！

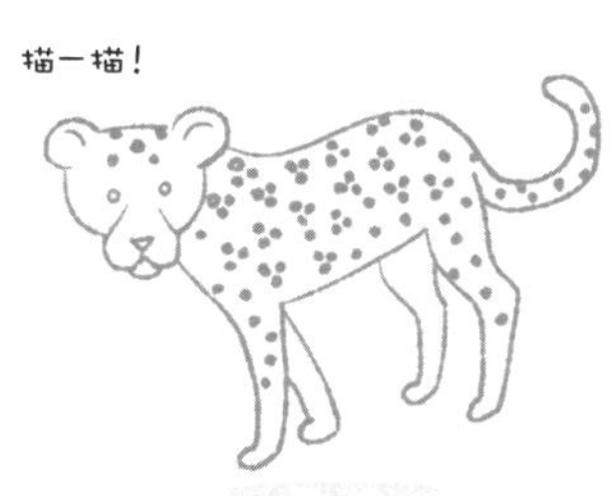

【白天鵝】

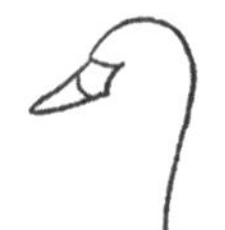

尖尖的鳥嘴和圓頭

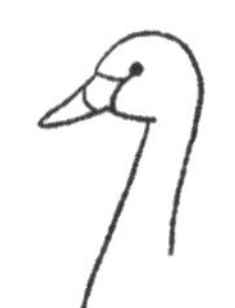

加上眼睛，畫出臉頰和脖子線條

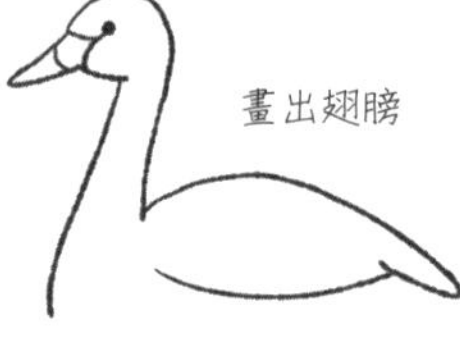

畫出翅膀

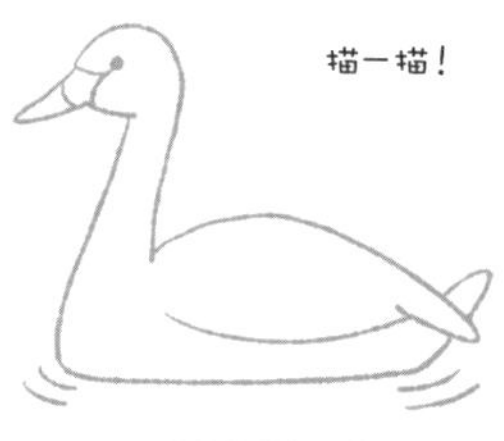

描一描！

畫出水面線條和尾巴

畫出水波紋，完成！

【鵜鶘】

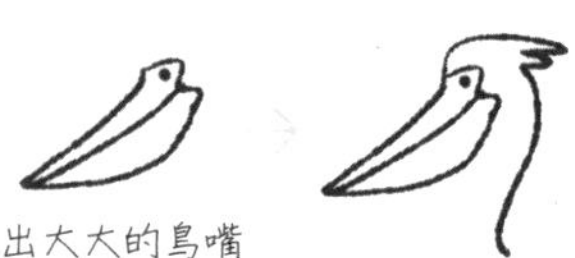

畫出大大的鳥嘴和眼睛

有羽冠的頭

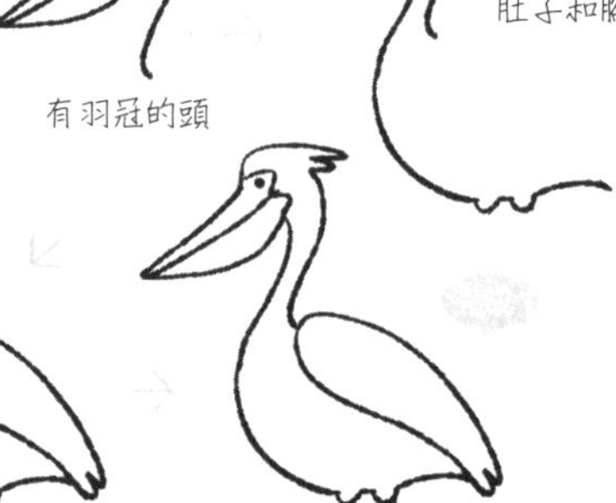

從脖子畫出肚子和腳的根部

加上翅膀

畫出腳，完成！

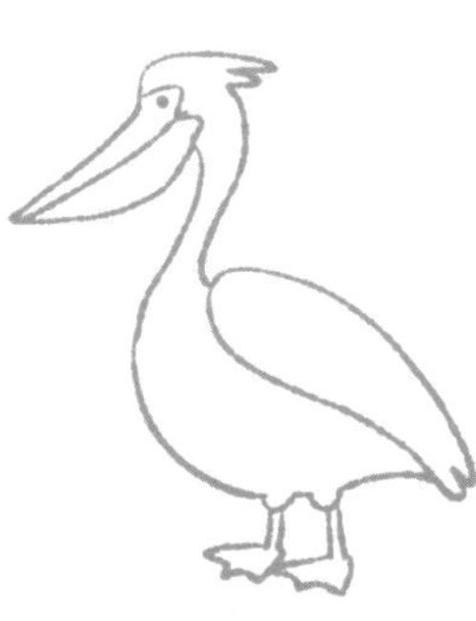

描一描！

【紅鶴】

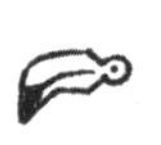

下彎的鳥嘴和眼睛

S 形的頭

從脖子畫出腹部線條

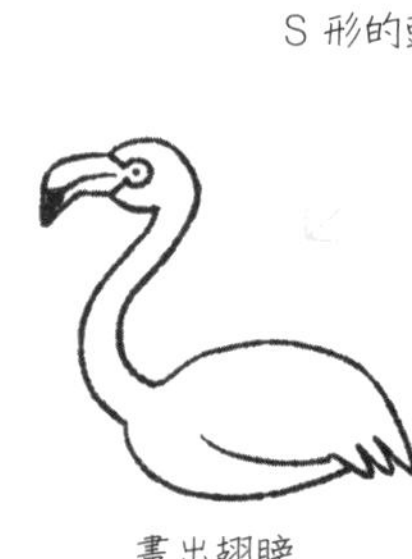

畫出翅膀

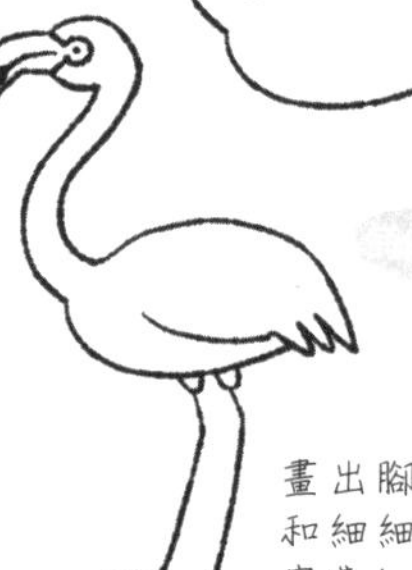

畫出腳的根部和細細的腳，完成！

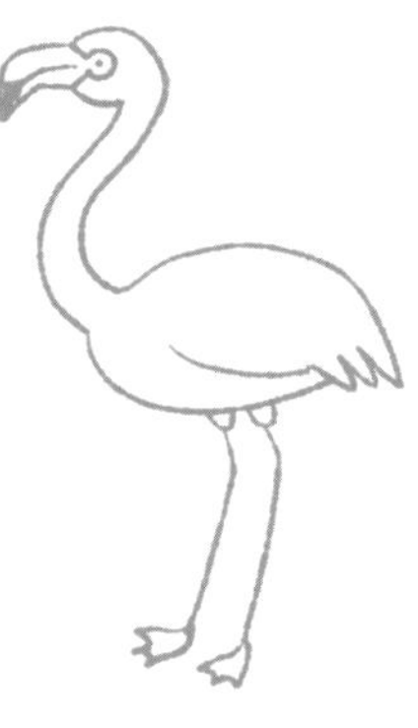

描一描！

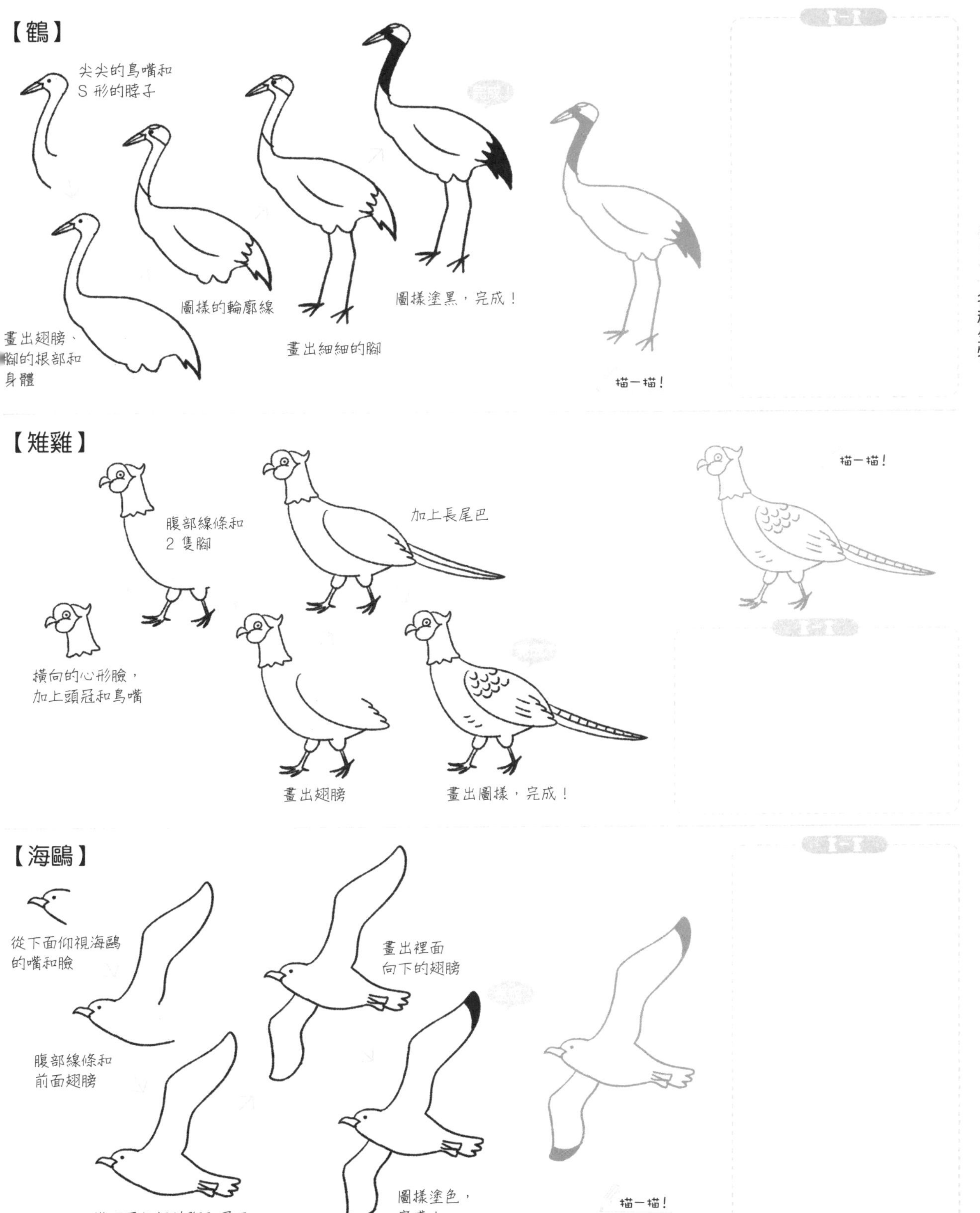
【鶴】
尖尖的鳥嘴和
S 形的脖子
畫出翅膀、
腳的根部和
身體
圖樣的輪廓線
畫出細細的腳
圖樣塗黑，完成！
描一描！
【雉雞】
橫向的心形臉，
加上頭冠和鳥嘴
腹部線條和
2 隻腳
加上長尾巴
畫出翅膀
畫出圖樣，完成！
描一描！
【海鷗】
從下面仰視海鷗
的嘴和臉
腹部線條和
前面翅膀
從下面仰視的腳和尾巴
畫出裡面
向下的翅膀
圖樣塗色，
完成！
描一描！

【剝皮魚】

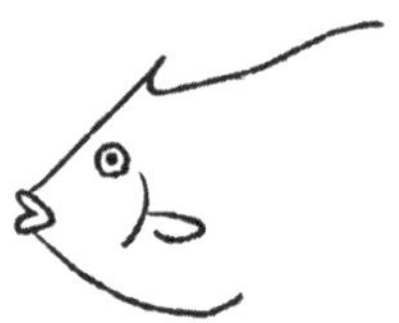

魚唇如鱈魚卵般的側臉

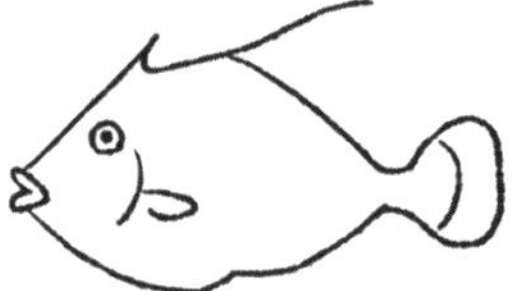

魚身和尾鰭

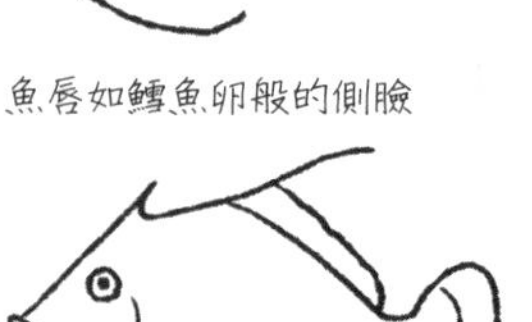

加上背鰭、腹鰭和臀鰭

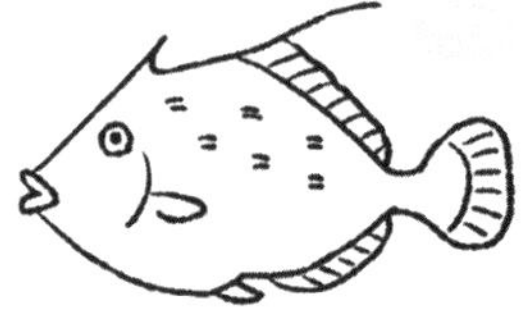

加上紋路和圖樣，完成！

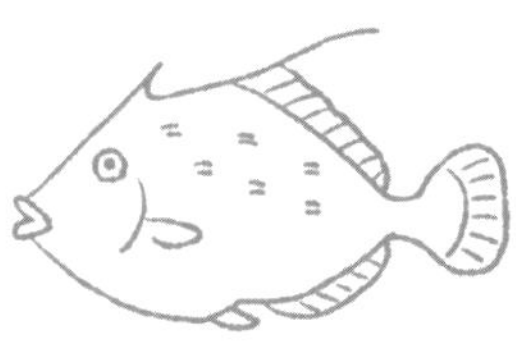

描一描！

【鯛魚】

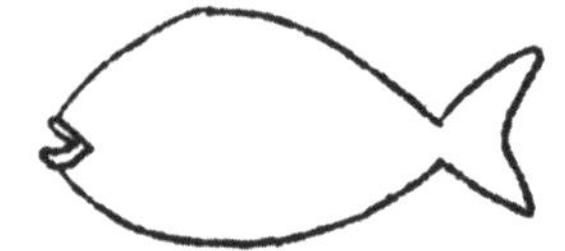

橫向魚身輪廓

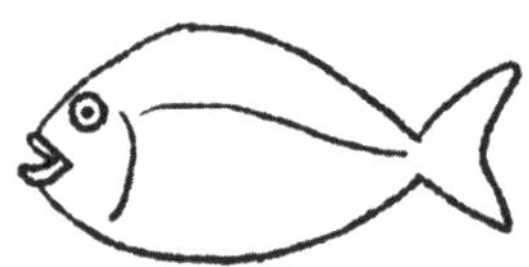

畫出眼睛和魚鰓

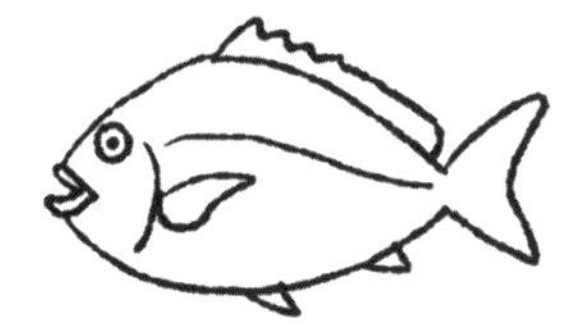

加上魚鰭

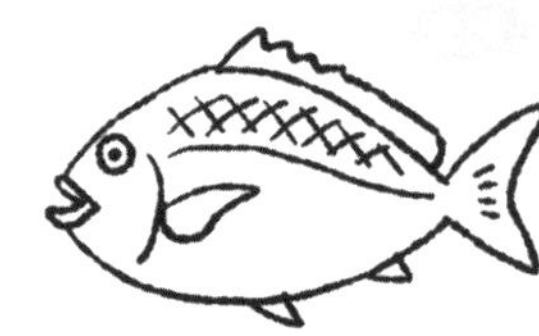

畫出細節，完成！

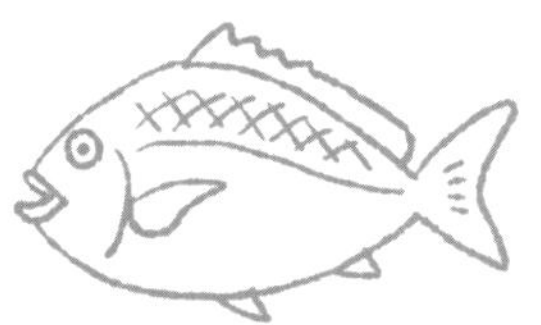

描一描！

【食人魚】

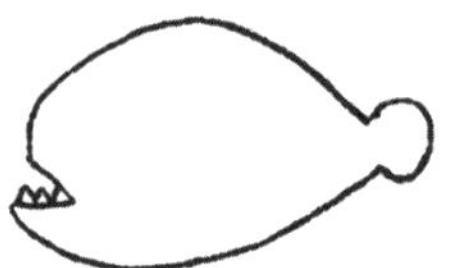

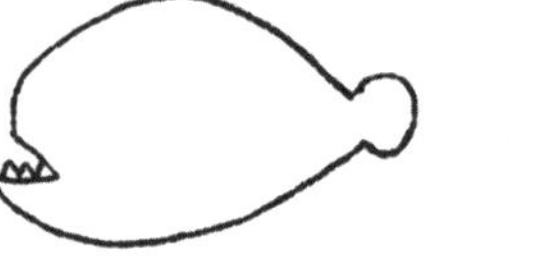

有牙齒的側向魚身

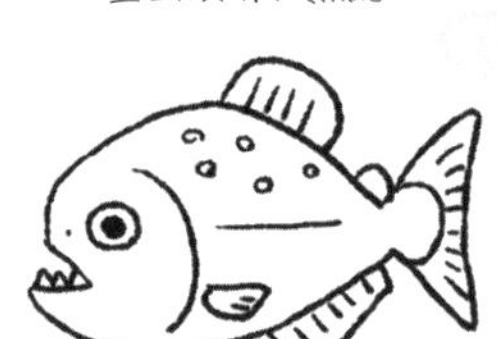

畫出眼睛和魚鰓

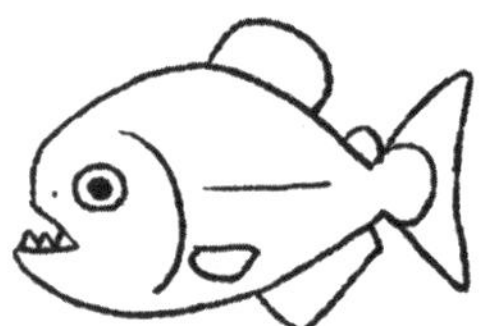

加上魚鰭

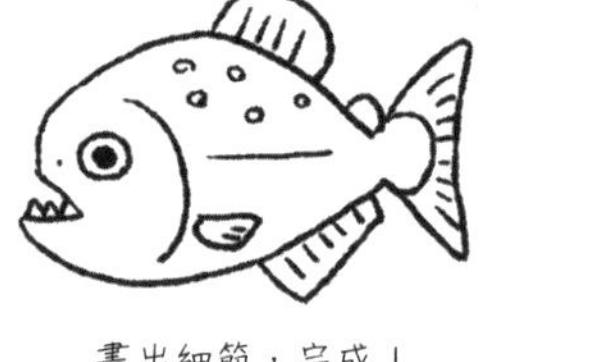

畫出細節，完成！

描一描！

【河豚】

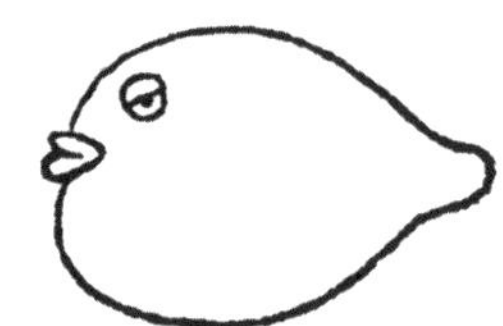

氣球般的側向
魚身和半張的眼睛

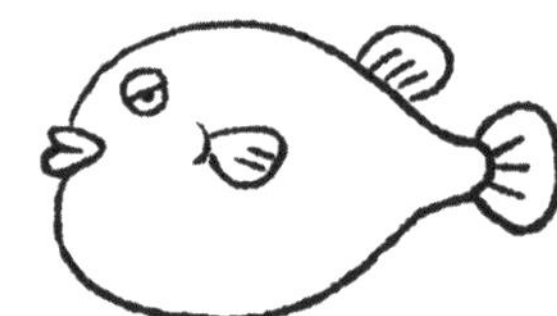

加上魚鰭

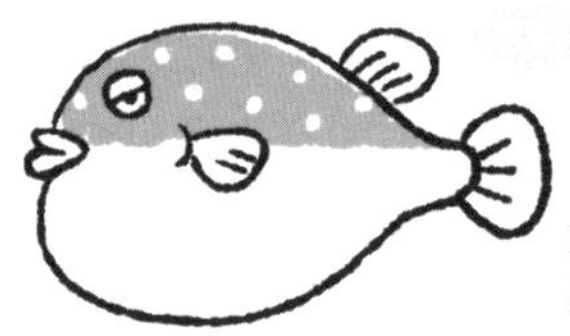

畫出圖樣，
完成！

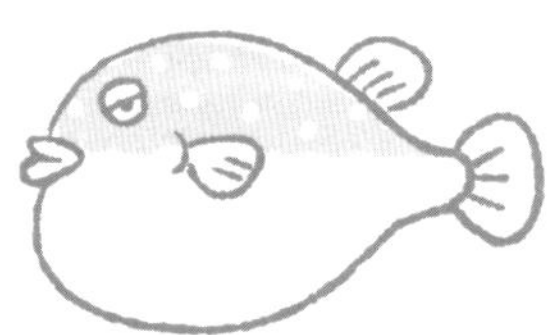

描一描！

【翻車魚】

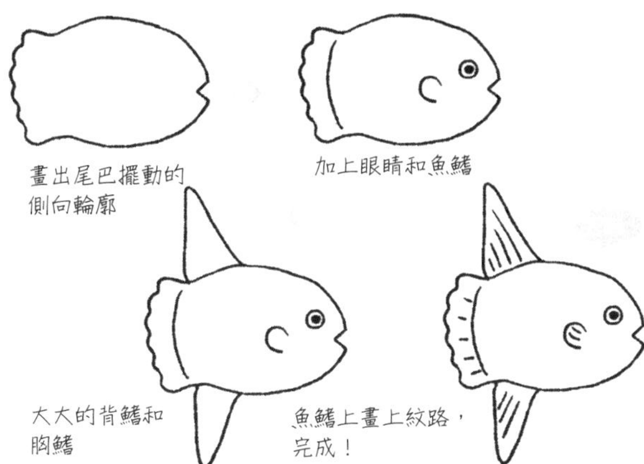

畫出尾巴擺動的側向輪廓

加上眼睛和魚鰭

大大的背鰭和胸鰭

魚鰭上畫上紋路，完成！

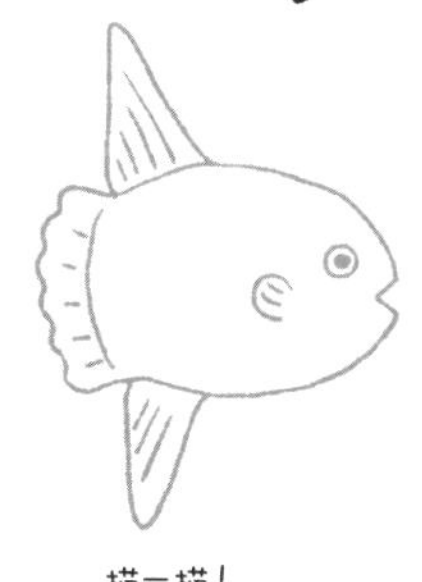

描一描！

【比目魚】

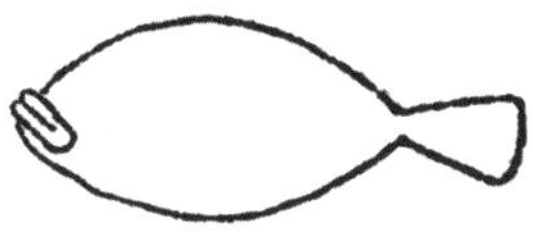

魚身和鱈魚卵般的魚唇

畫出 2 顆眼睛、胸鰭和紋路

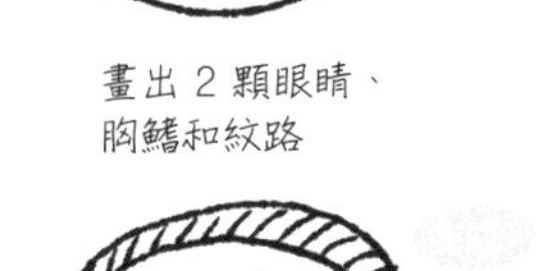

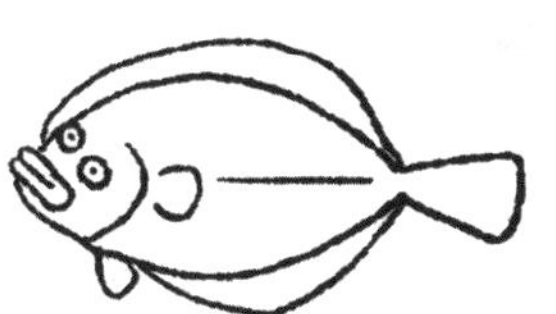

加上圍成圈的魚鰭和腹鰭

畫出紋路和圖樣，完成！

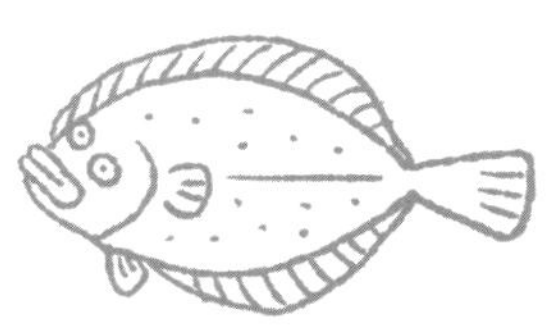

描一描！

【小丑魚】

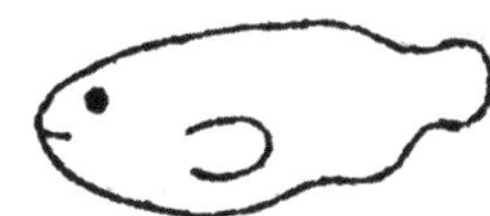

畫出側向魚身和胸鰭

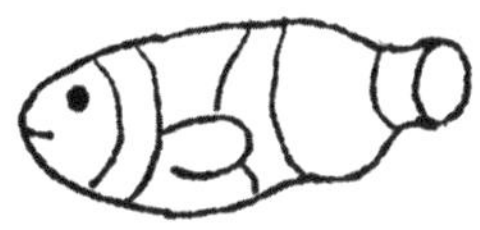

3 條帶狀圖樣

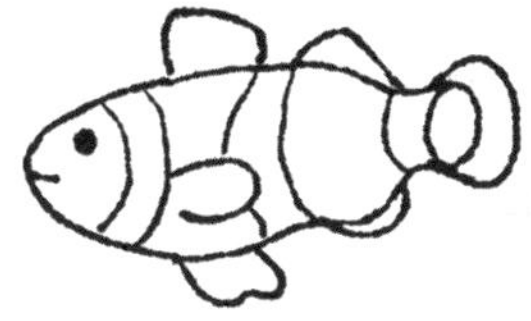

畫出魚鰭

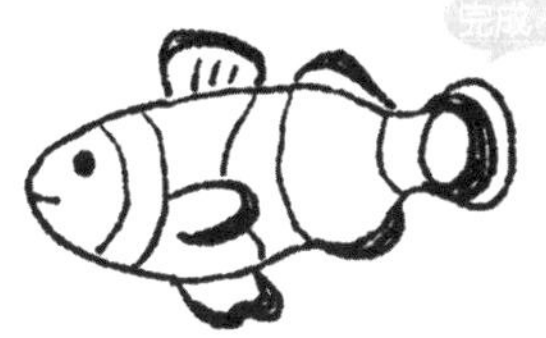

畫出圖樣，完成！

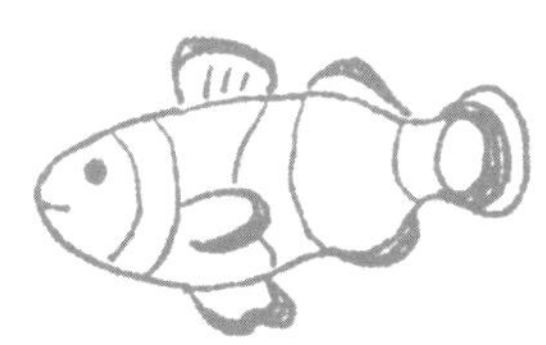

描一描！

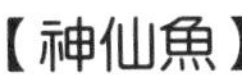

【神仙魚】

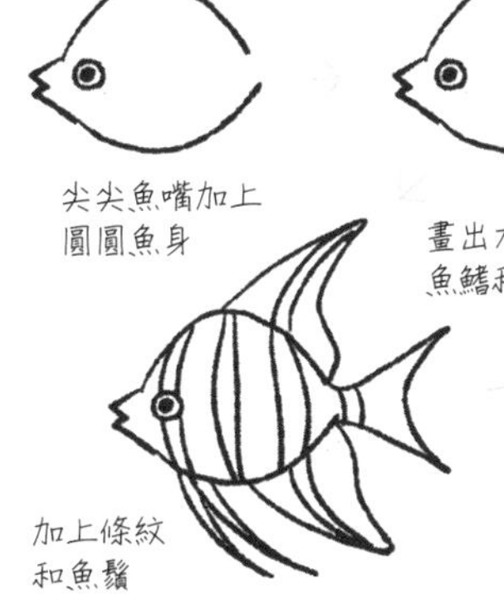

尖尖魚嘴加上圓圓魚身

畫出大大的魚鰭和尾巴

加上條紋和魚鬚

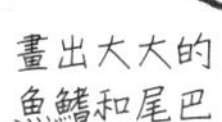

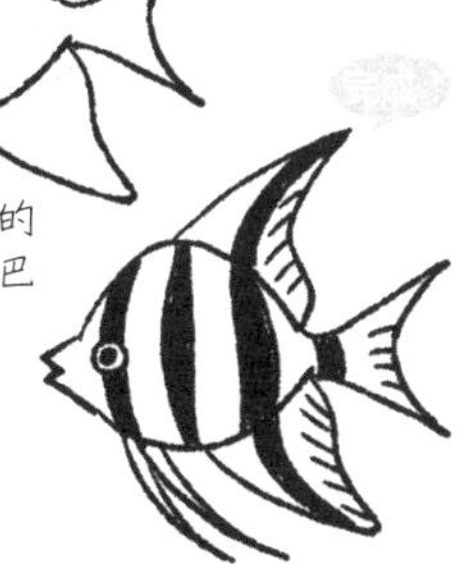

條紋塗色，加上紋路，完成！

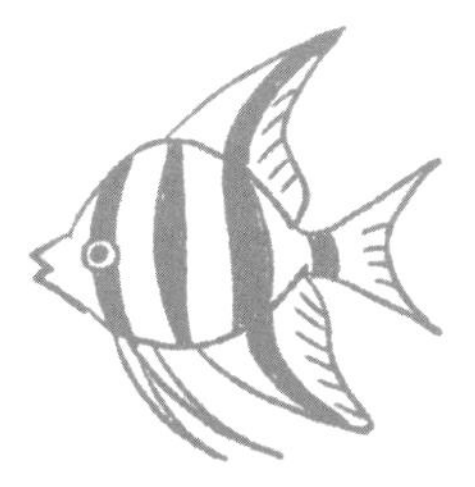

描一描！

各種生物

【海星】

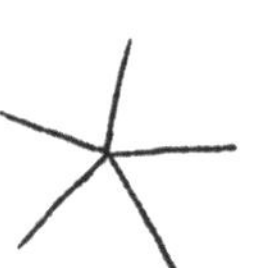
分成 5 等分的線條

外側畫成一個星形

加上點點，完成！

描一描！

【海膽】

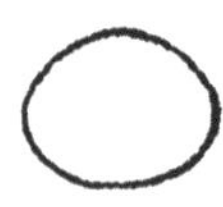
一個圓

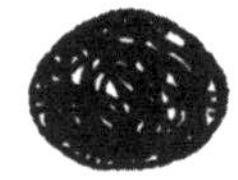
畫圈塗滿顏色

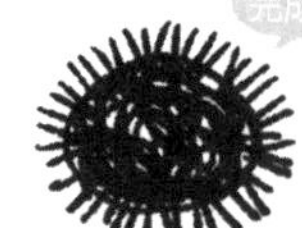

畫出尖刺，完成！

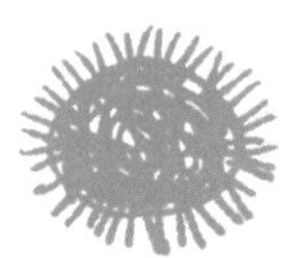
描一描！

【扇貝】

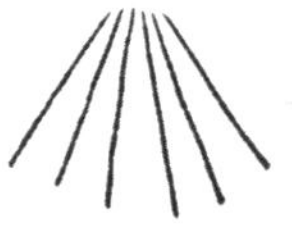
向下的 6 條扇形骨架

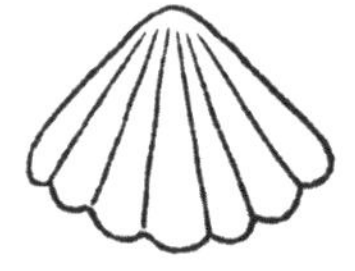
將骨架圈成貝殼輪廓

加上方形部分，完成！

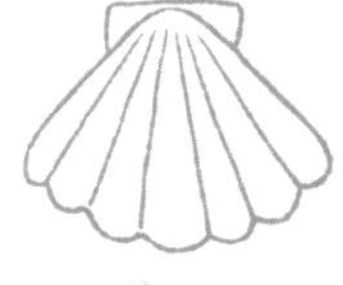
描一描！

【蛤蜊】

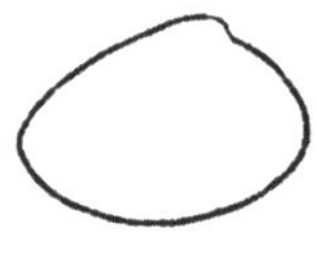
畫出連接處突起、下面較寬的貝殼輪廓

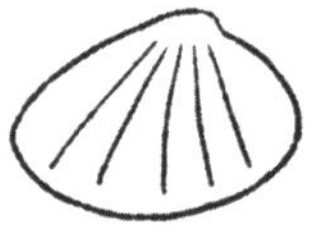
畫出 5 條扇形骨架

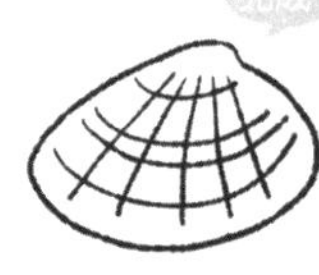

畫成格紋，完成！

描一描！

【水母】

包子形加上 4 個半圓

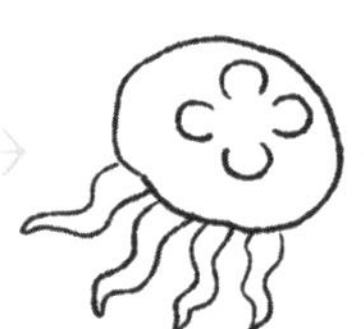
彎曲搖擺的 4 隻觸腳

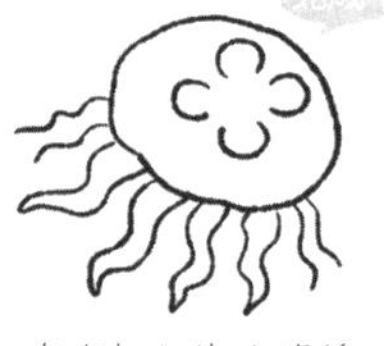

左右加上共 4 條線，完成！

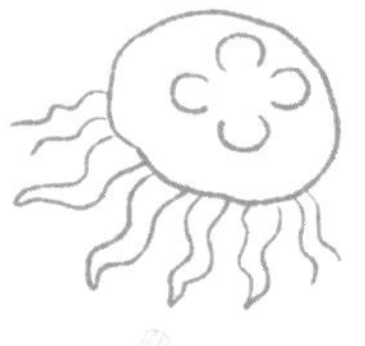
描一描！

【扁面蛸】

圓頭加上彎曲擺動的 5 隻觸腳

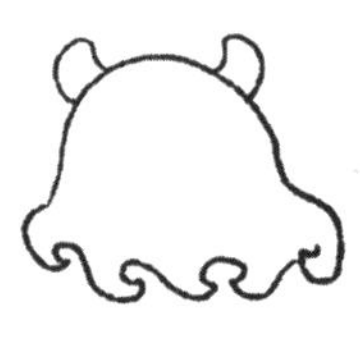
畫出角

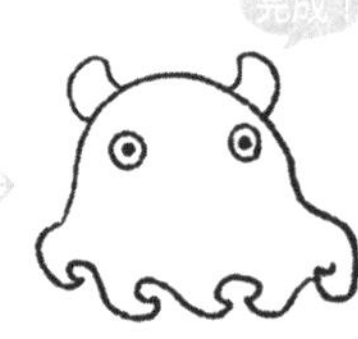

畫出圓溜溜的眼睛，完成！

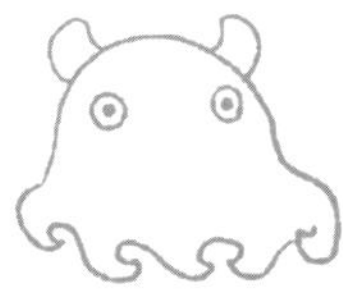
描一描！

【花園鰻】

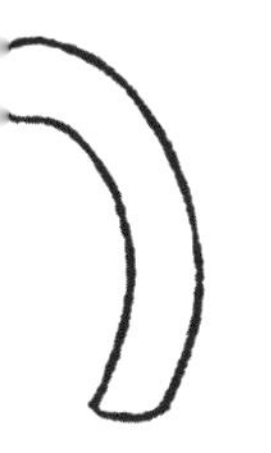

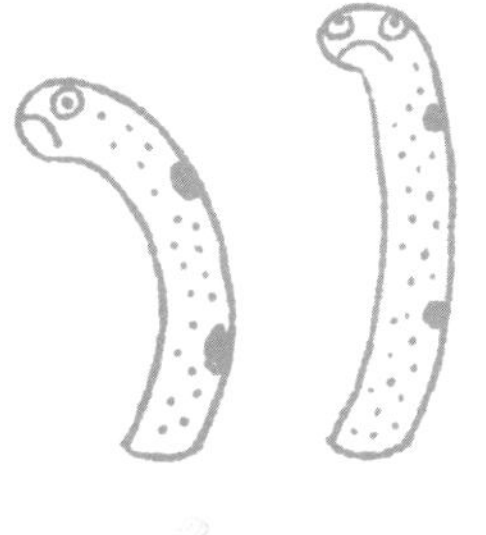

從沙地伸出的長長魚身　畫出眼睛和嘴巴　畫出圖樣，完成！

（也畫另一隻形狀不同的吧！）

描一描！

【寄居蟹】

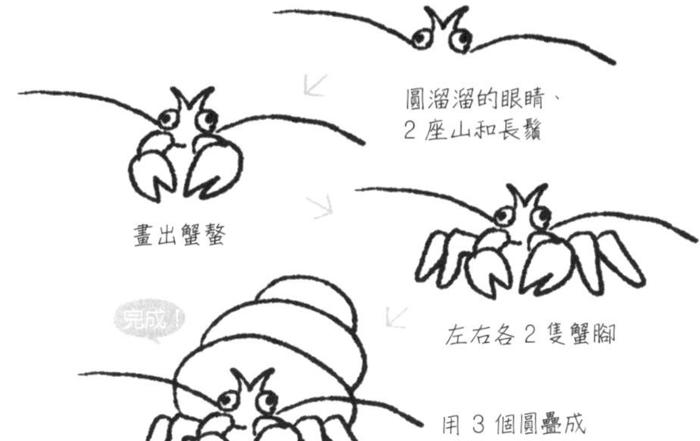

圓溜溜的眼睛、2 座山和長鬚

畫出蟹螯

左右各 2 隻蟹腳

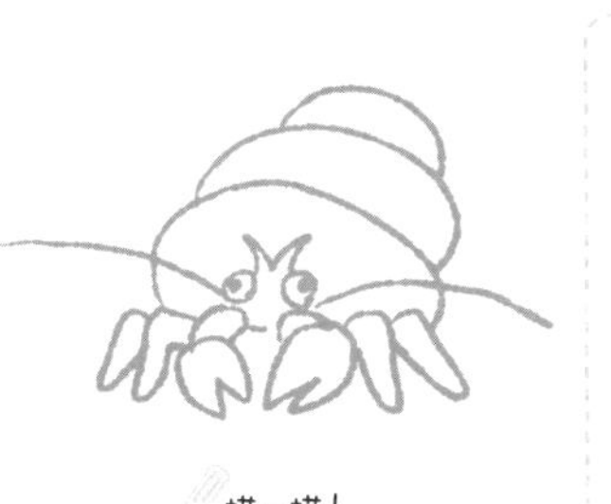

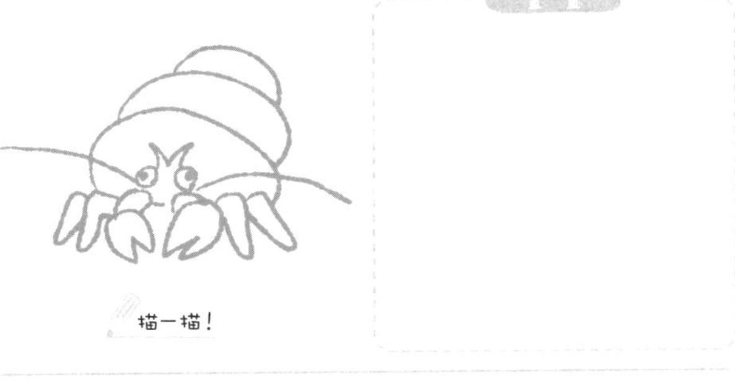

用 3 個圓疊成貝殼，完成！

描一描！

【海螺】

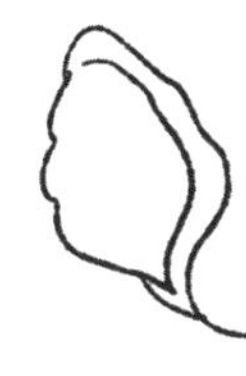

畫出如葉片的內側，外側加上邊緣

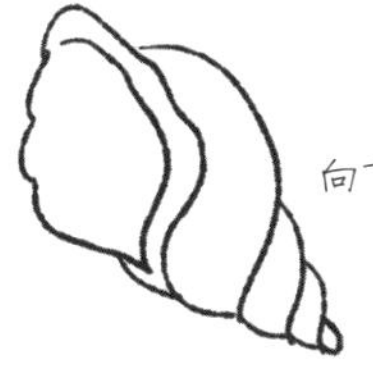

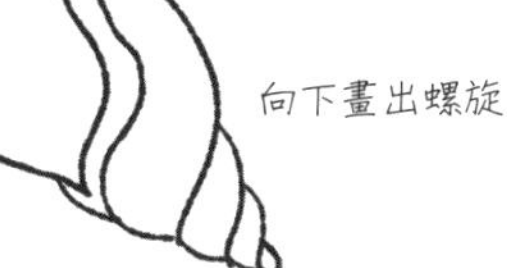

向下畫出螺旋

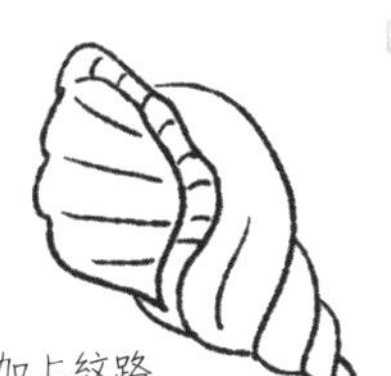

加上紋路

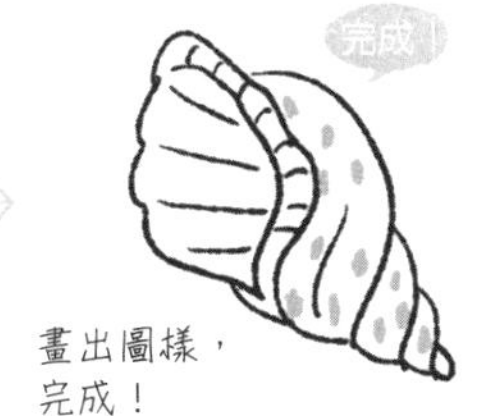

畫出圖樣，完成！

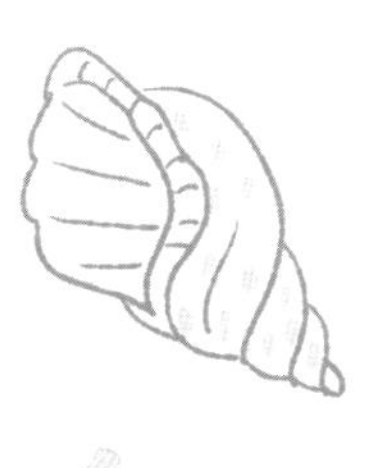

描一描！

【裸海蝶】

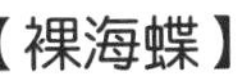

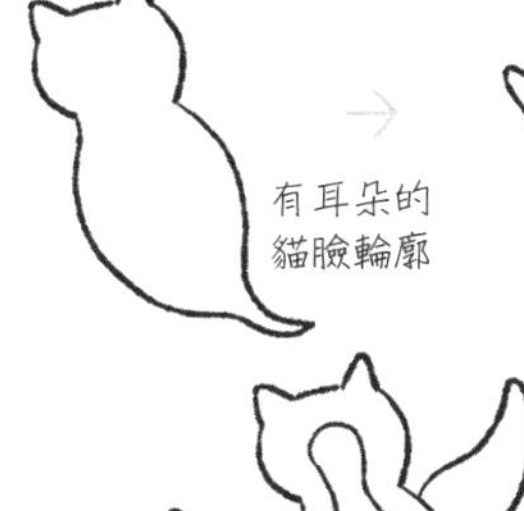

有耳朵的貓臉輪廓

左右加上鰭

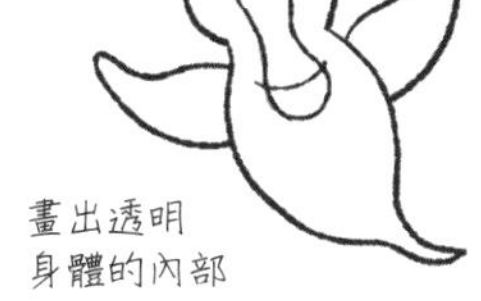

畫出透明身體的內部

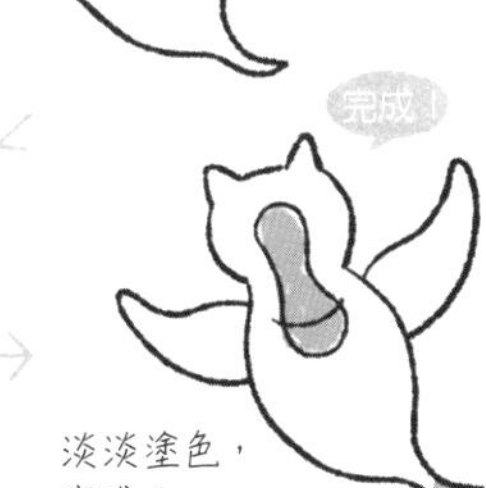

淡淡塗色，完成！

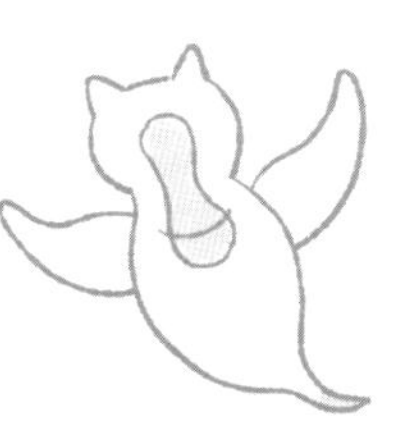

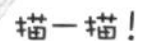

描一描！

【螃蟹】

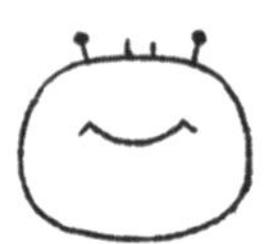

畫出圓角方形、眼睛和嘴巴

2 隻蟹螯

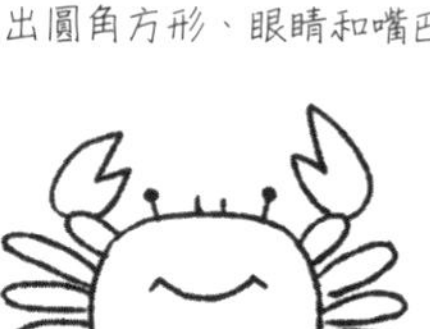

左右各 4 隻蟹腳

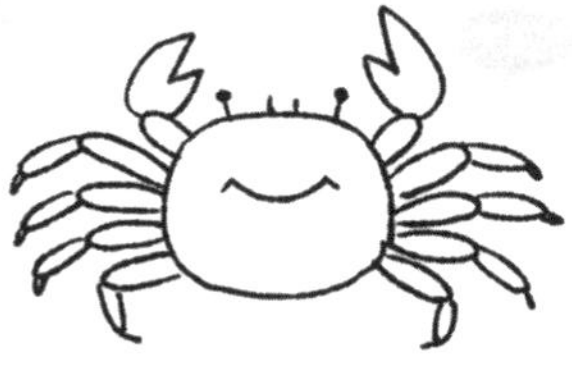

畫出腳尖，完成！

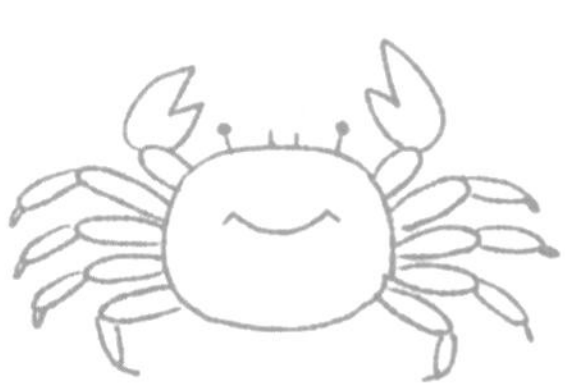

描一描！

【蝦】

有黑眼睛的臉和 2 條長鬚

彎彎背部和 5 節身體

畫出蝦尾

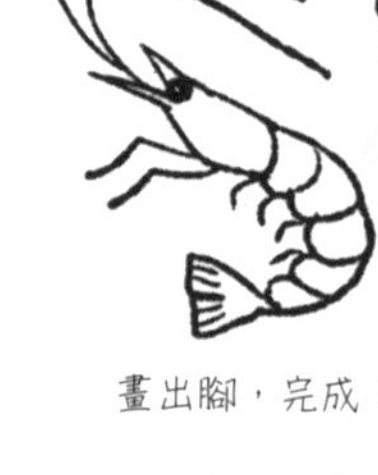

畫出腳，完成！

描一描！

【章魚】

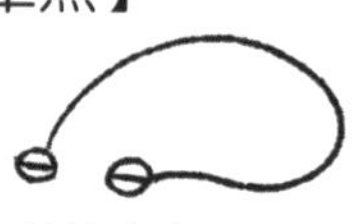

軟軟的頭部和好似閉起來的眼睛

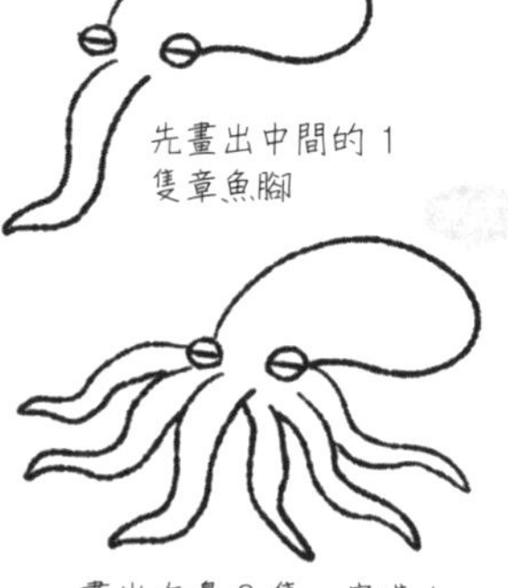

先畫出中間的 1 隻章魚腳

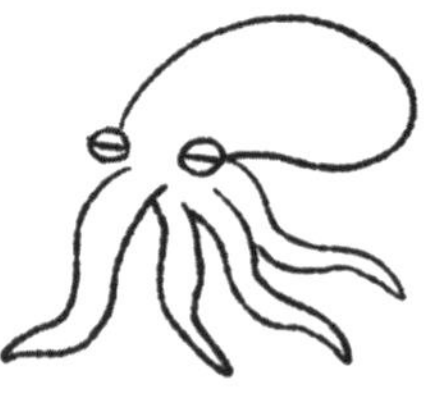

右邊 3 隻

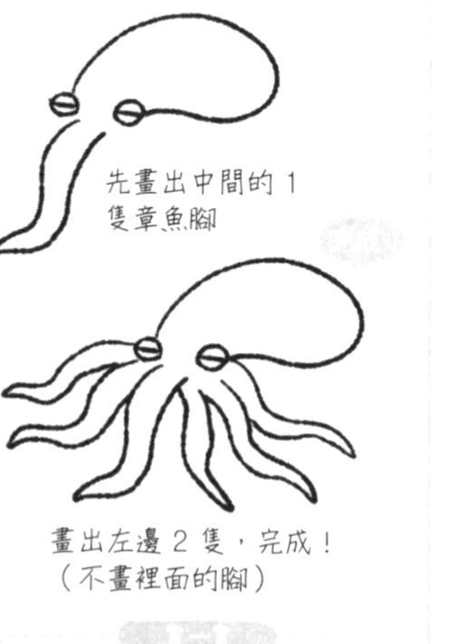

畫出左邊 2 隻，完成！（不畫裡面的腳）

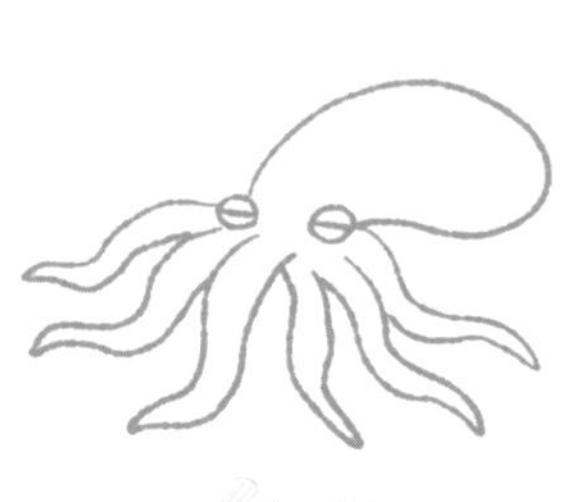

描一描！

【海馬】

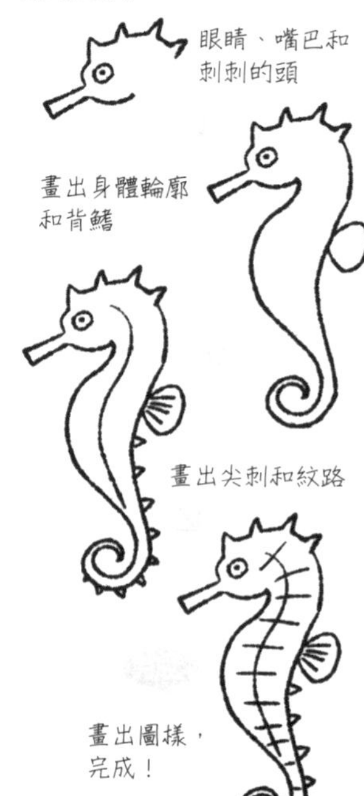

眼睛、嘴巴和刺刺的頭

畫出身體輪廓和背鰭

畫出尖刺和紋路

畫出圖樣，完成！

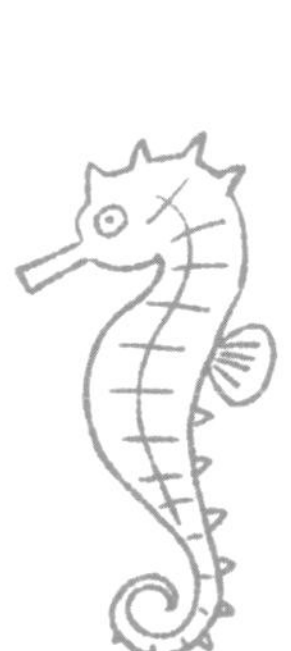

描一描！

【烏賊】

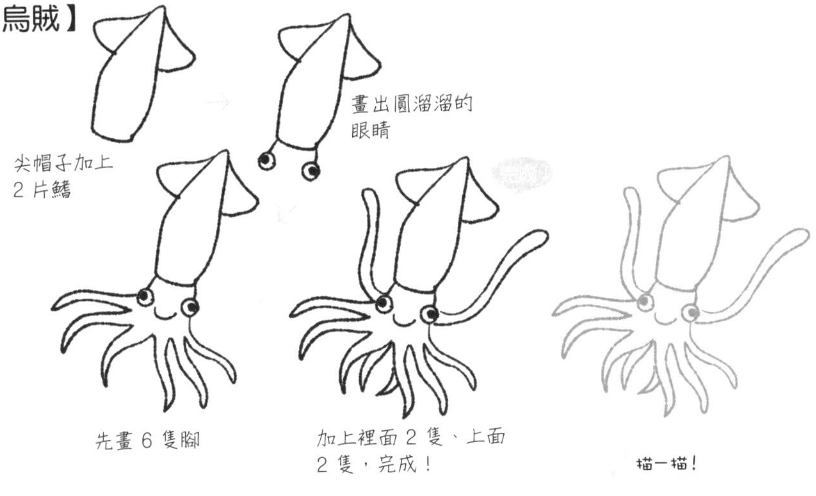

尖帽子加上
2 片鰭

畫出圓溜溜的
眼睛

先畫 6 隻腳

加上裡面 2 隻、上面
2 隻，完成！

描一描！

【大山椒魚】

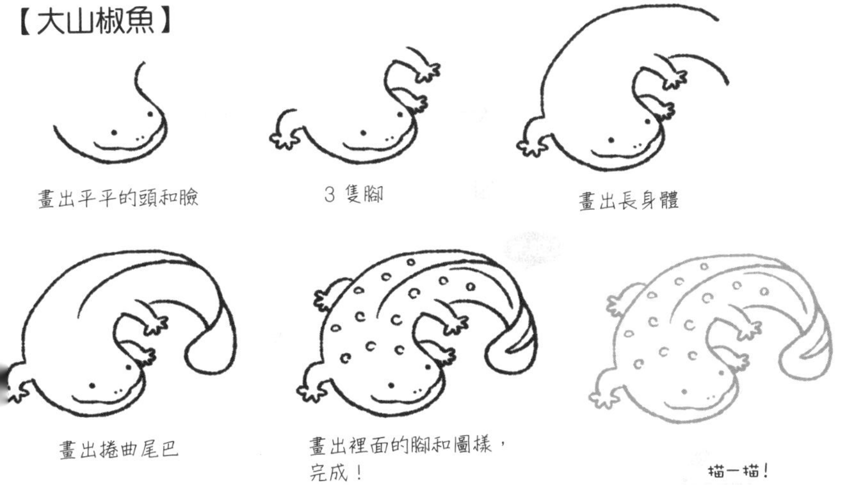

畫出平平的頭和臉

3 隻腳

畫出長身體

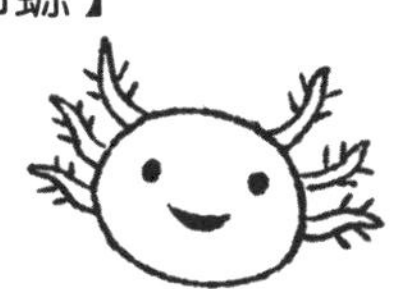

畫出捲曲尾巴

畫出裡面的腳和圖樣，
完成！

描一描！

【墨西哥鈍口螈】

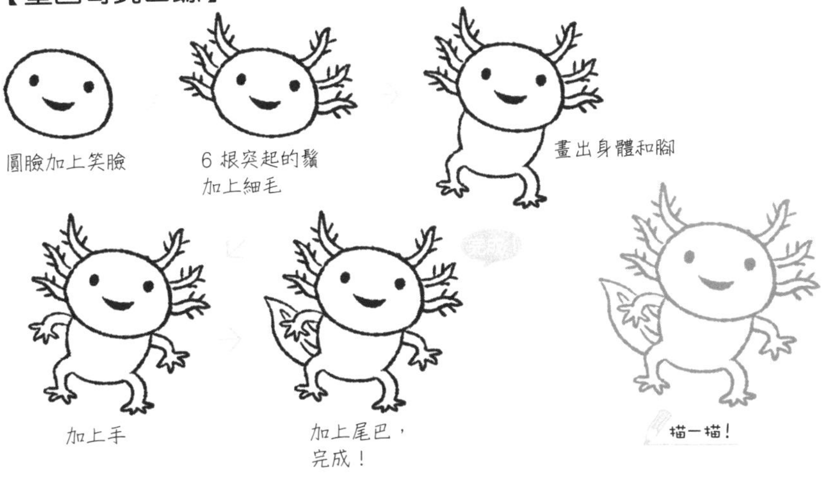

圓臉加上笑臉

6 根突起的鬚
加上細毛

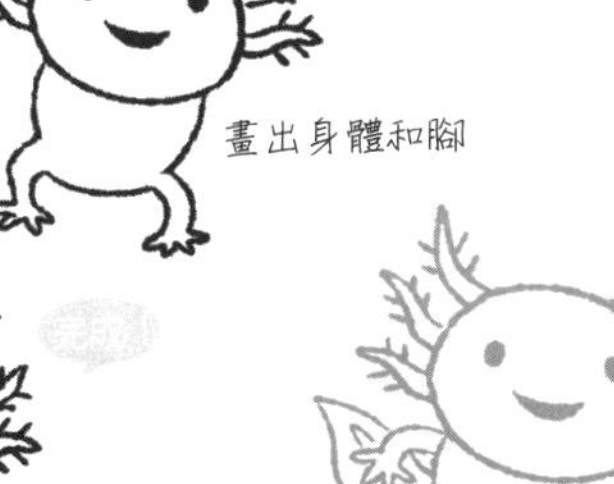

畫出身體和腳

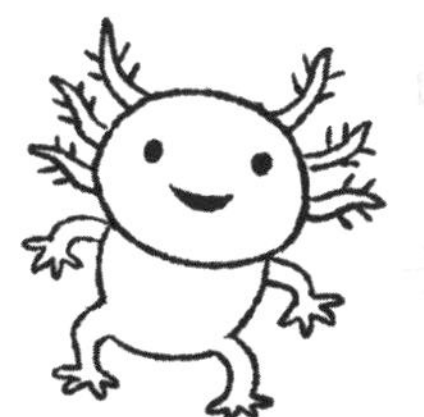

加上手

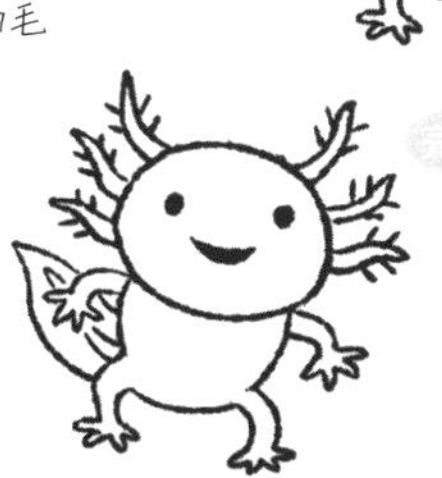

加上尾巴，
完成！

描一描！

【海豹】

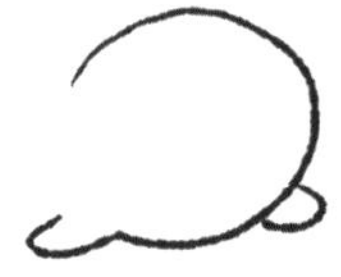

頭部輪廓和 2 隻手

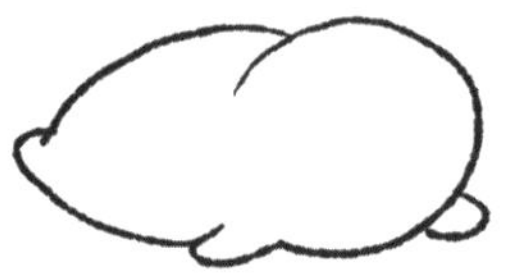

畫出橫躺的身體

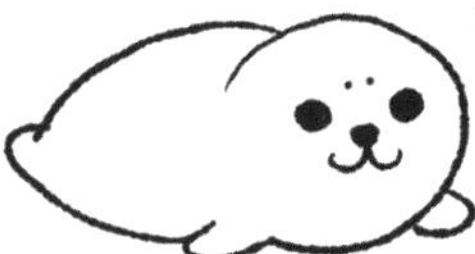

畫出眼睛、鼻子和嘴巴

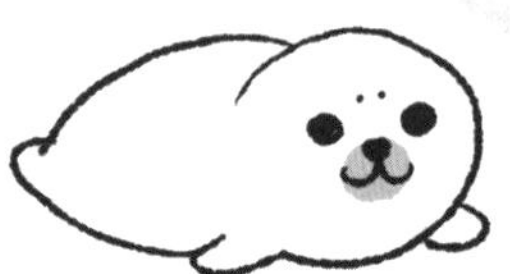

鼻子周圍薄薄塗色，
完成！

描一描！

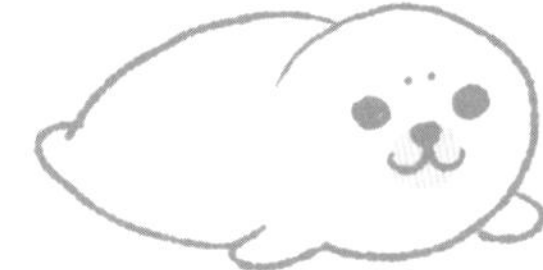

【海獺】

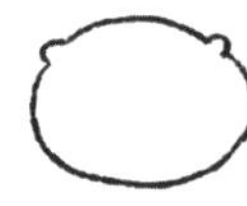

小小的耳朵和
臉的輪廓

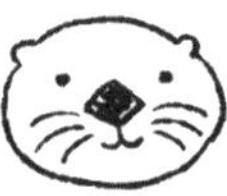

畫出大大鼻子、
眼睛和鬍鬚

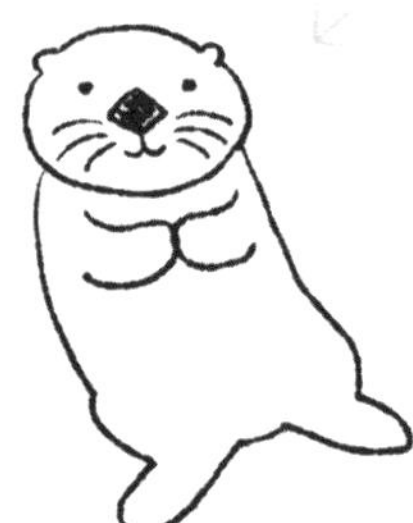

在胸張開的身體加上手

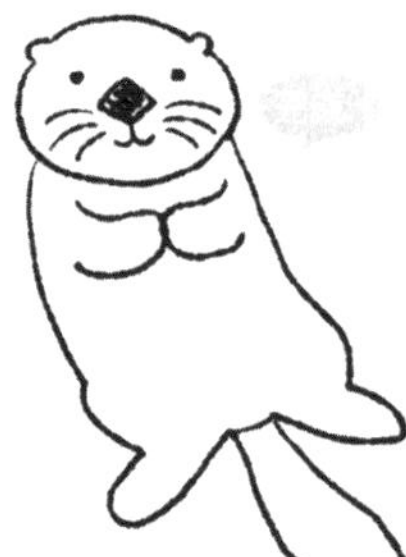

畫出尾巴，完成！

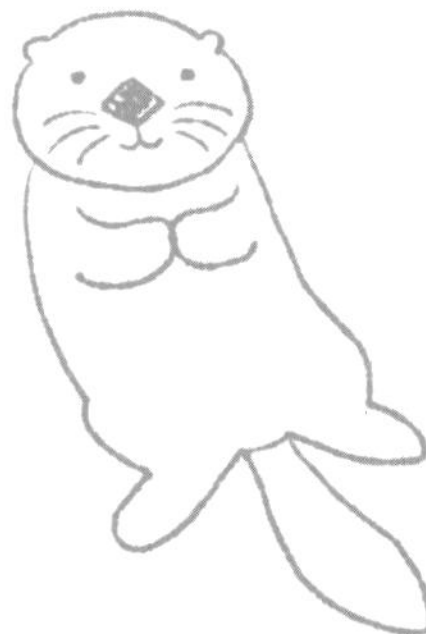

描一描！

【魟魚】

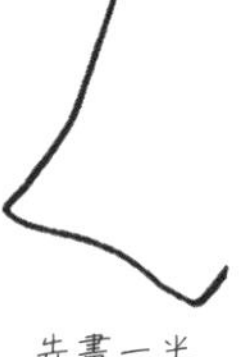

先畫一半

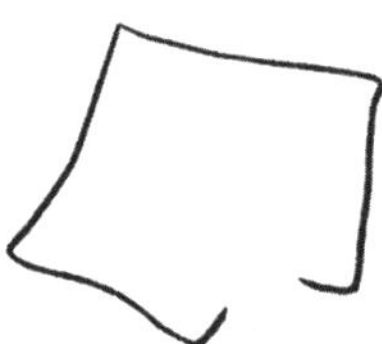

再畫一半的魚身

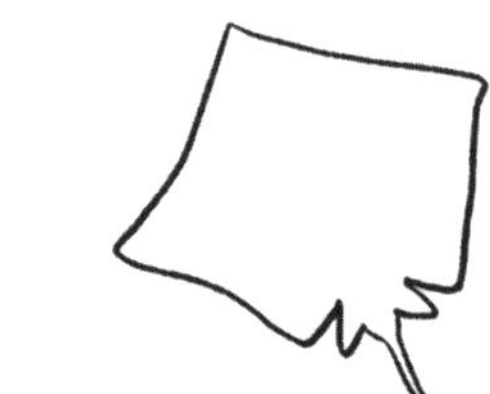

加上腳和像尾巴的鰭

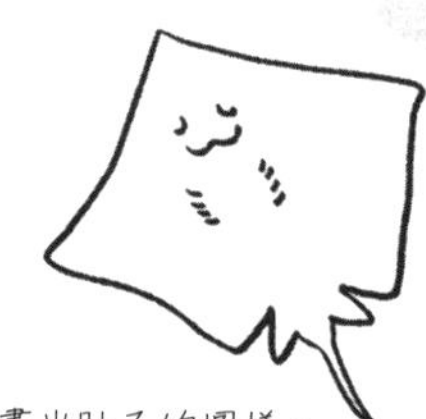

畫出肚子的圖樣，
完成！

描一描！

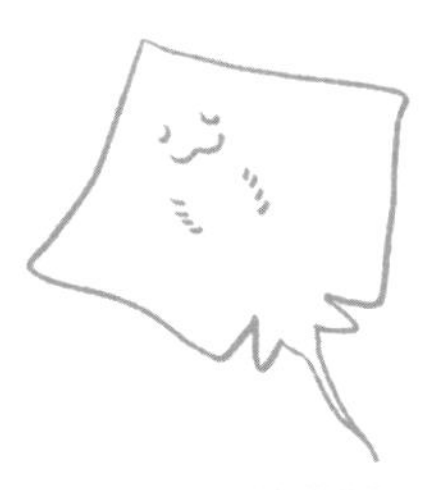

【海獅】

微笑的嘴巴、鼻子和耳朵

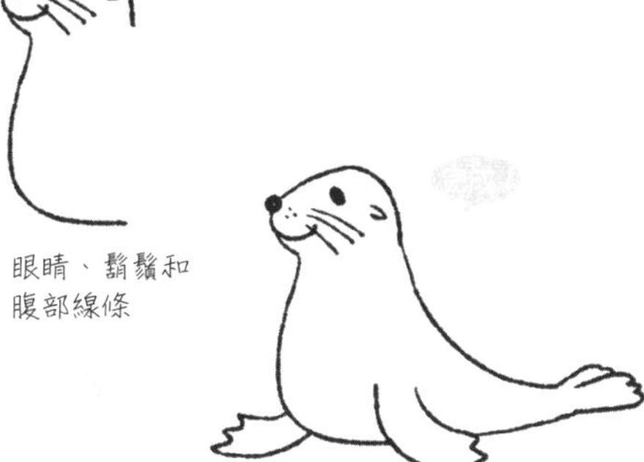

眼睛、鬍鬚和腹部線條

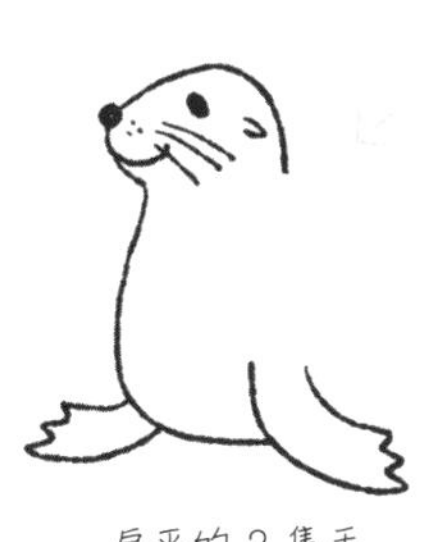

扁平的 2 隻手

畫出背部和尾巴，完成！

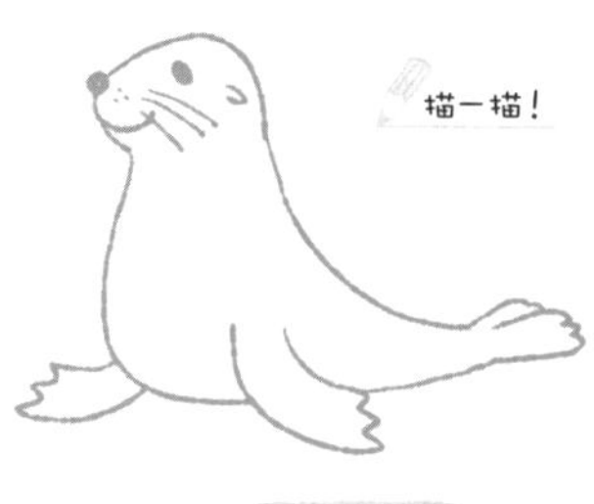

描一描！

【皇帝企鵝】

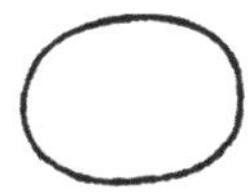

橢圓形的臉

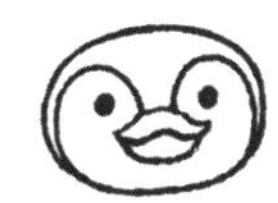

先畫企鵝嘴，加上臉的樣子和眼睛

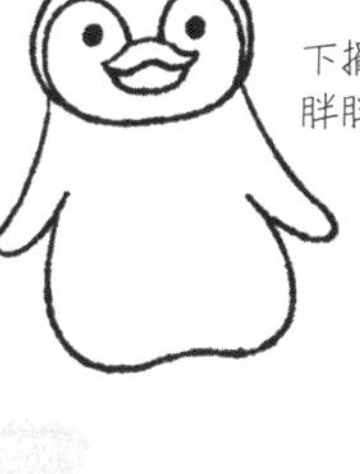

下擺的手和胖胖的身體

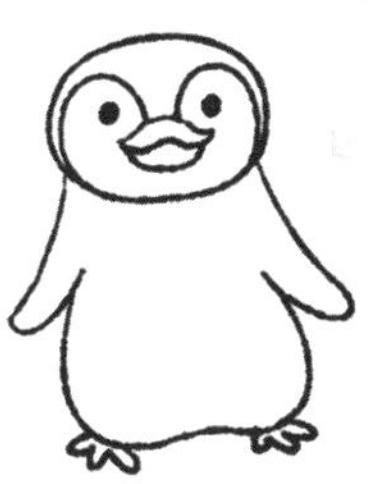

2 隻 3 指分開的腳

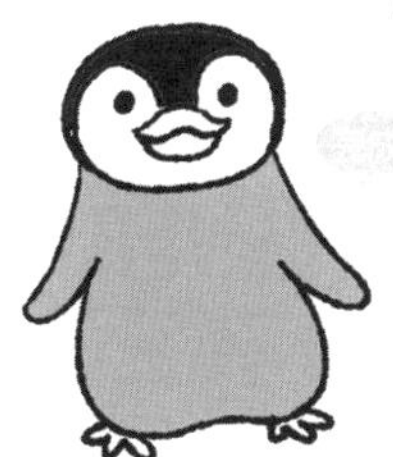

分區塗色，完成！

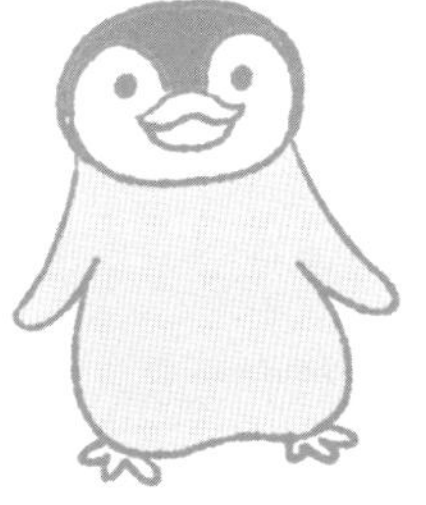

描一描！

【企鵝】

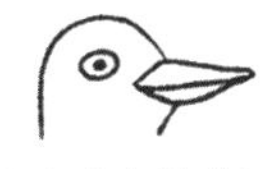

大大的企鵝嘴和長長的眼睛

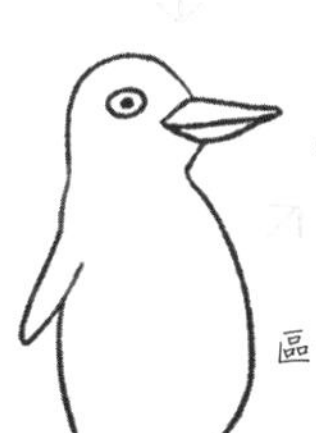

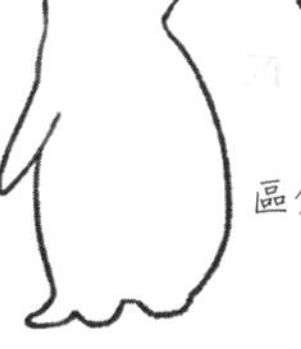

肚子大大的身體

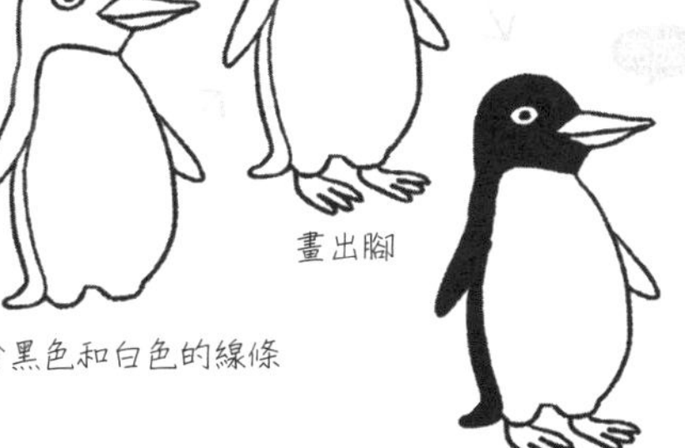

區分黑色和白色的線條

畫出腳

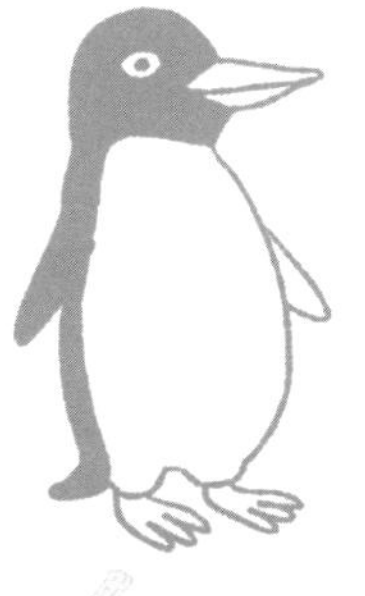

塗出黑色部分，完成！

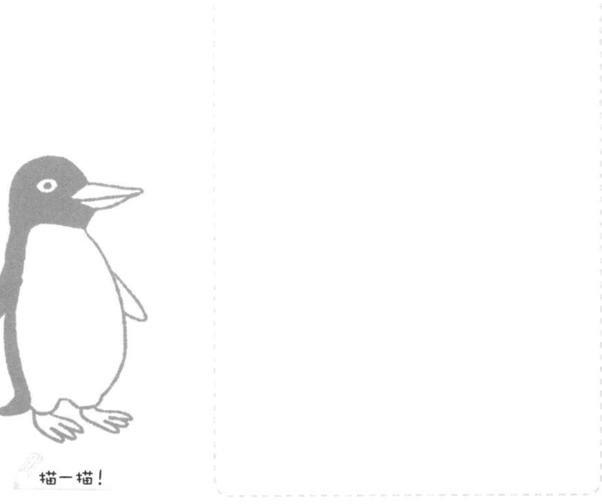

描一描！

【殺人鯨】

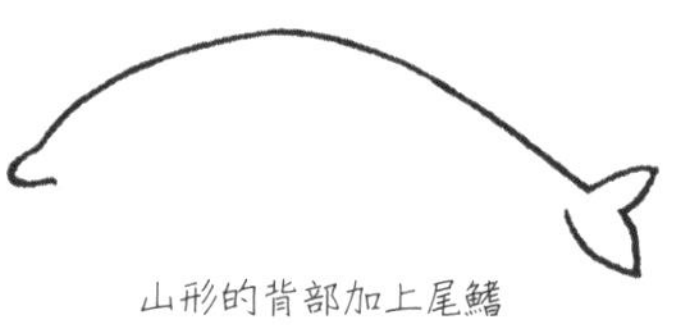
山形的背部加上尾鰭

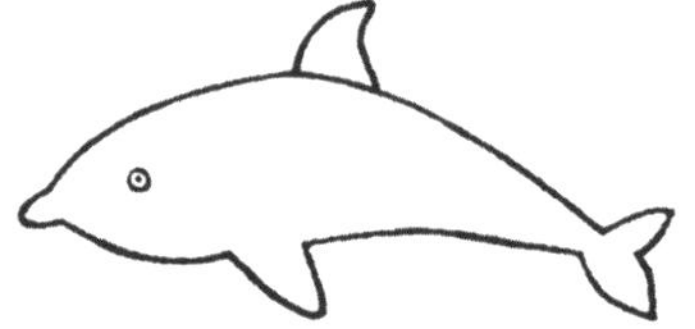
畫出眼睛、腹部線條和魚鰭

描一描！

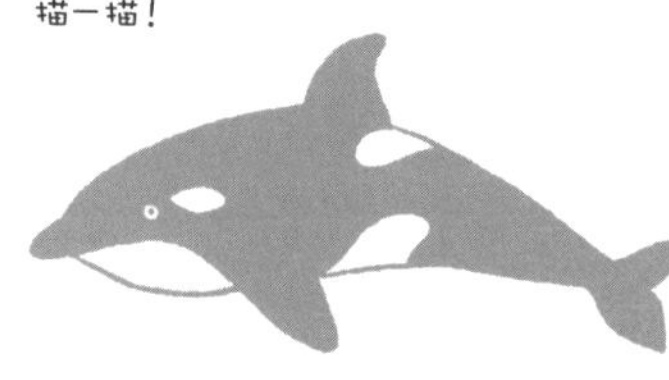

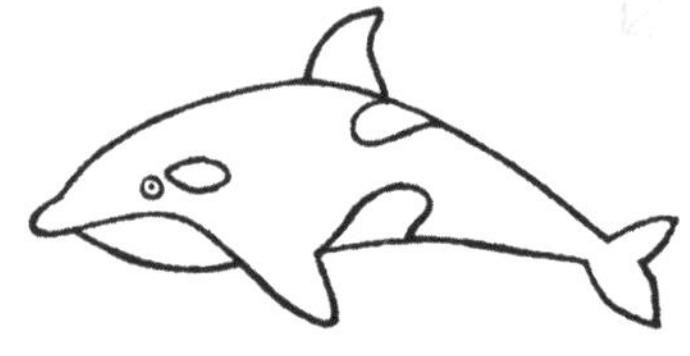
區分黑色和白色的線條

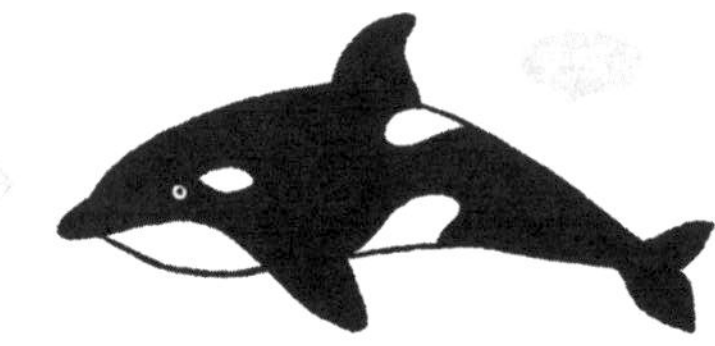
塗出黑色部分，完成！

【旗魚】

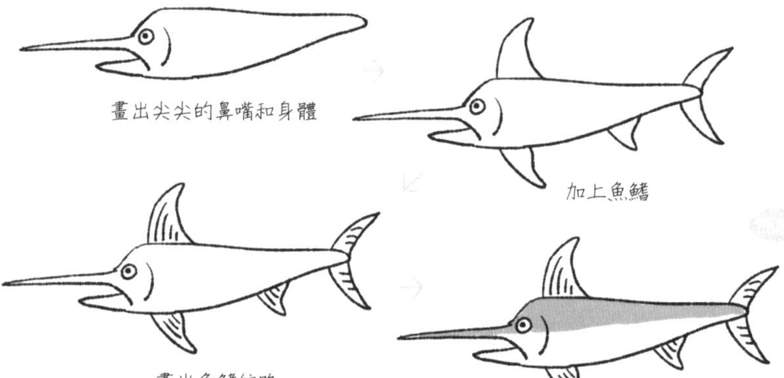
畫出尖尖的鼻嘴和身體

加上魚鰭

畫出魚鰭紋路

身體一半淡淡塗色，完成！

描一描！

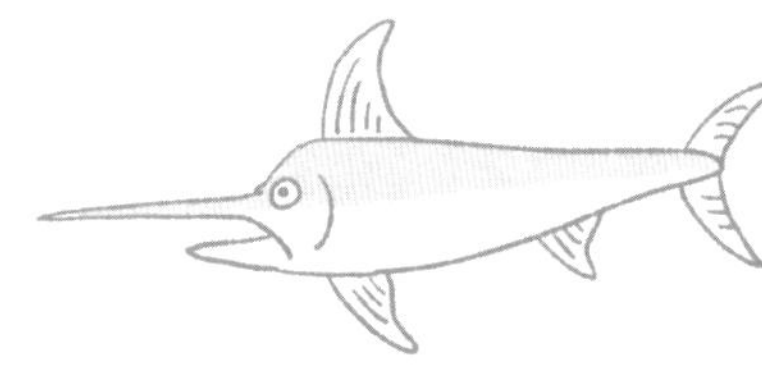

【儒艮】

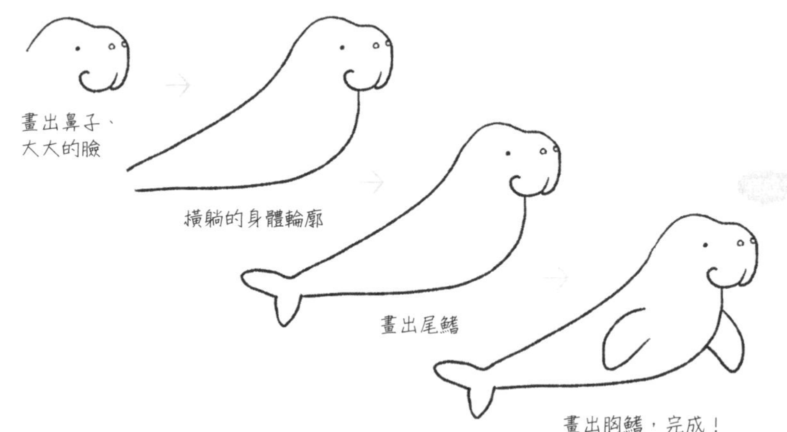
畫出鼻子、大大的臉

橫躺的身體輪廓

畫出尾鰭

畫出胸鰭，完成！

描一描！

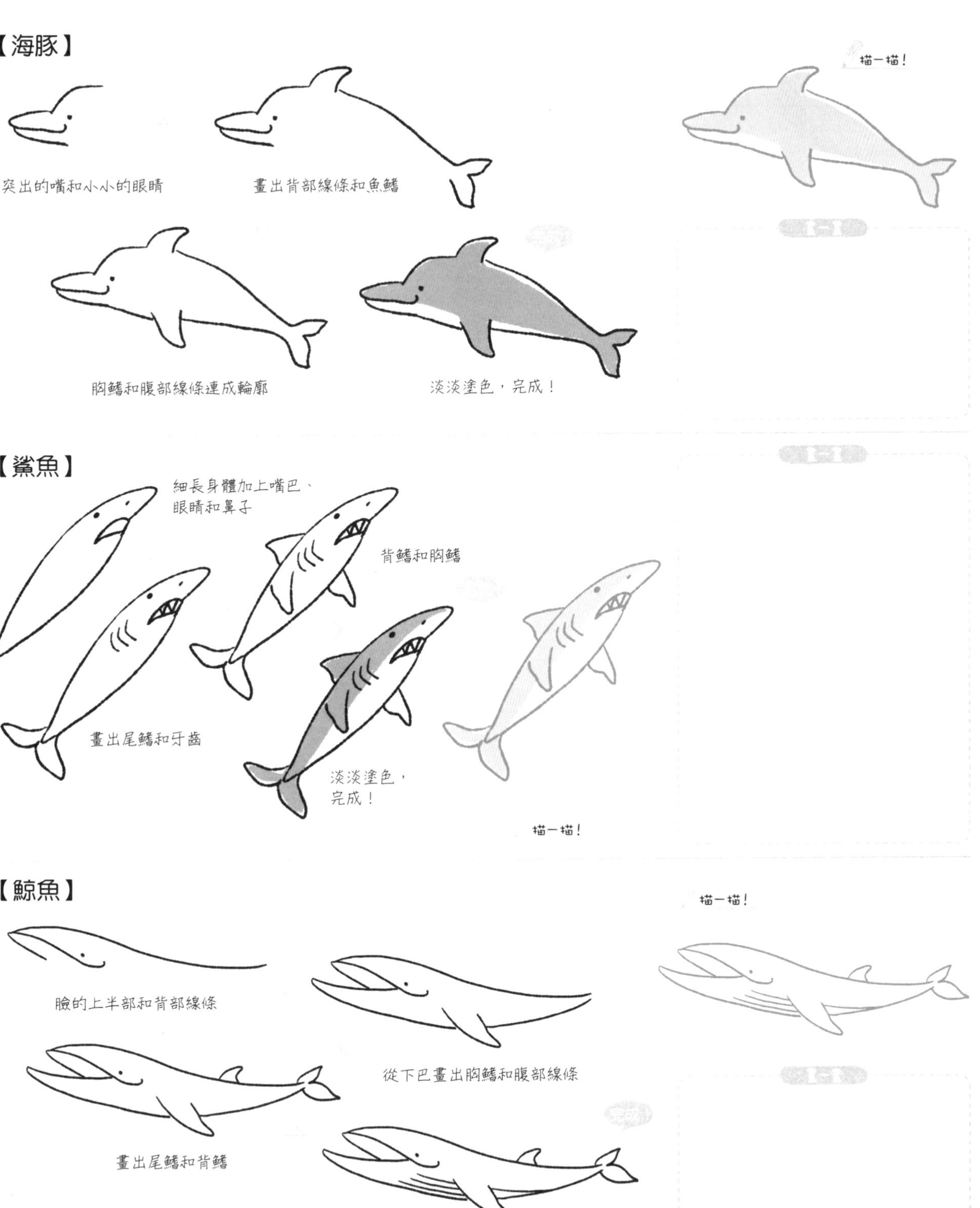
【海豚】
突出的嘴和小小的眼睛
畫出背部線條和魚鰭
描一描！
胸鰭和腹部線條連成輪廓
淡淡塗色，完成！
【鯊魚】
細長身體加上嘴巴、
眼睛和鼻子
背鰭和胸鰭
畫出尾鰭和牙齒
淡淡塗色，
完成！
描一描！
【鯨魚】
描一描！
臉的上半部和背部線條
從下巴畫出胸鰭和腹部線條
畫出尾鰭和背鰭
加上腹部紋路，完成！

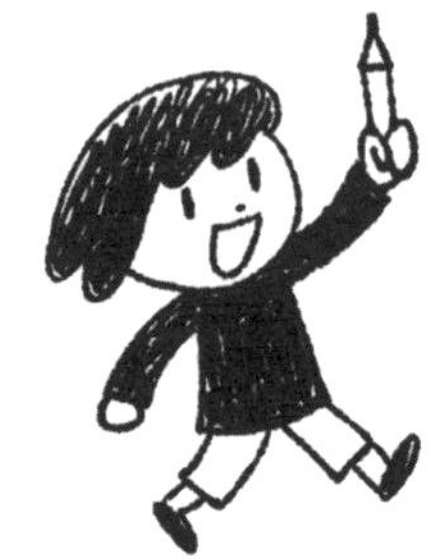

MEMO

喜歡的圖，再畫一次！

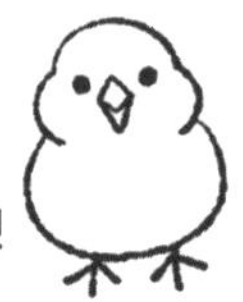

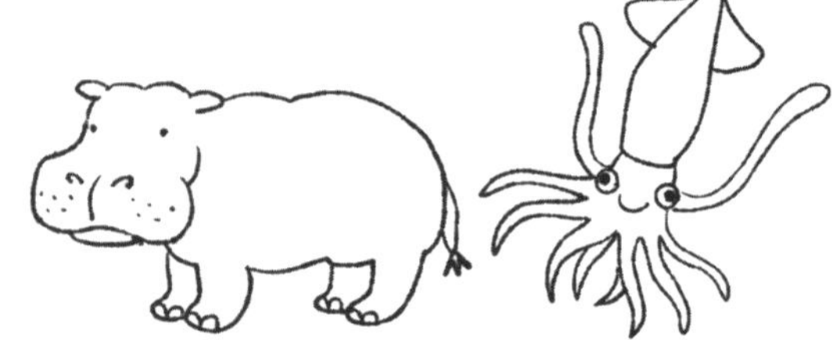

第 6 章
學校和辦公室

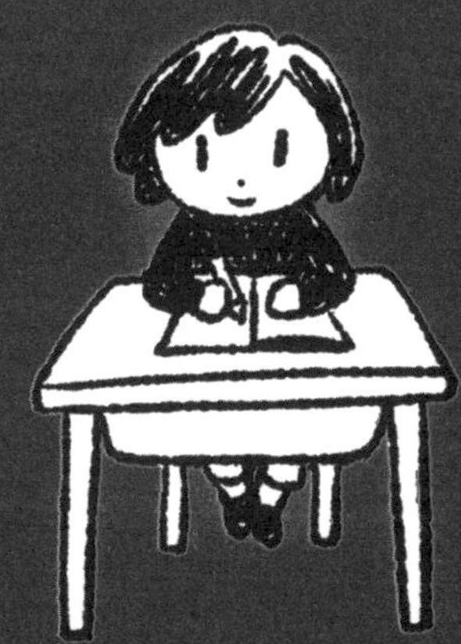

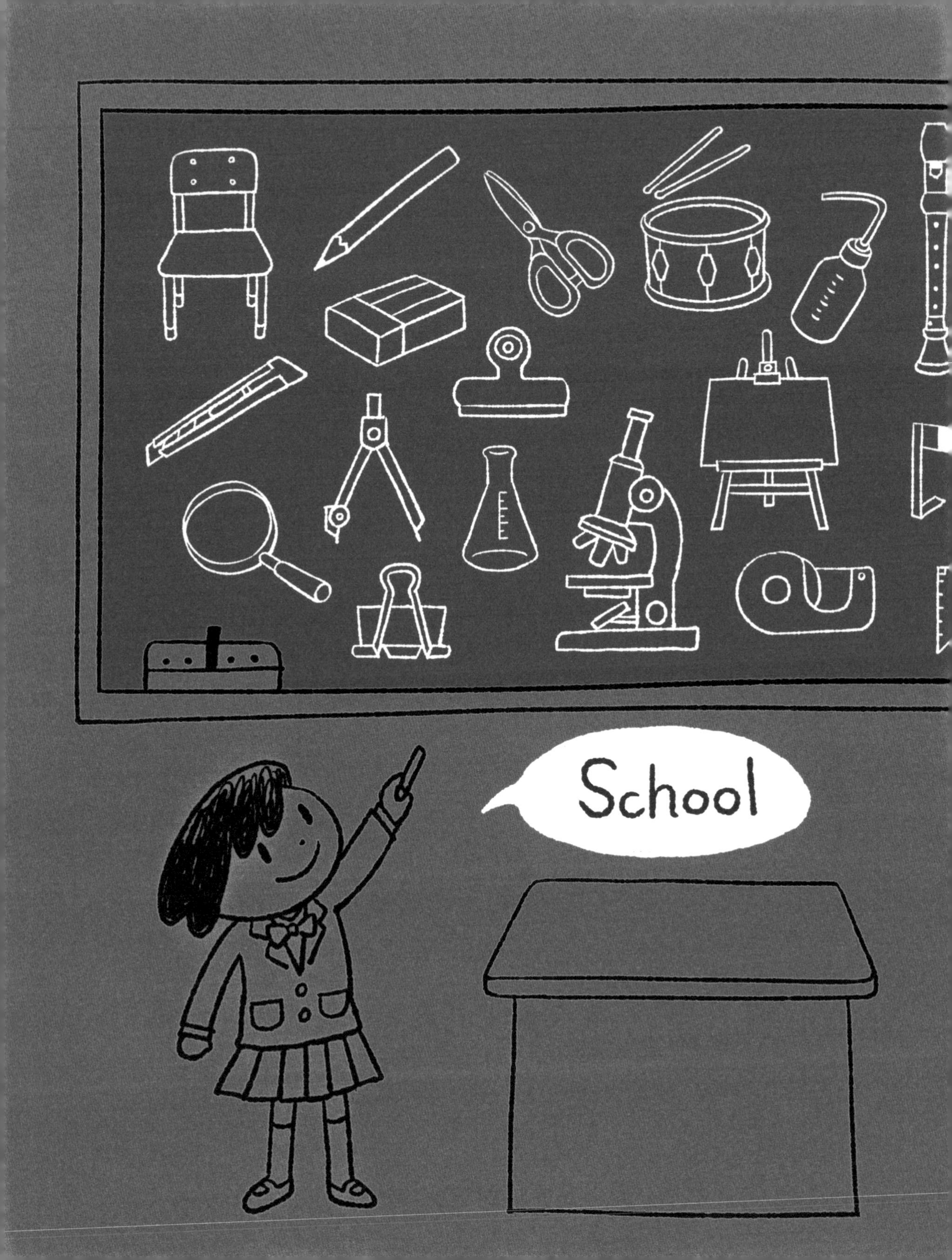

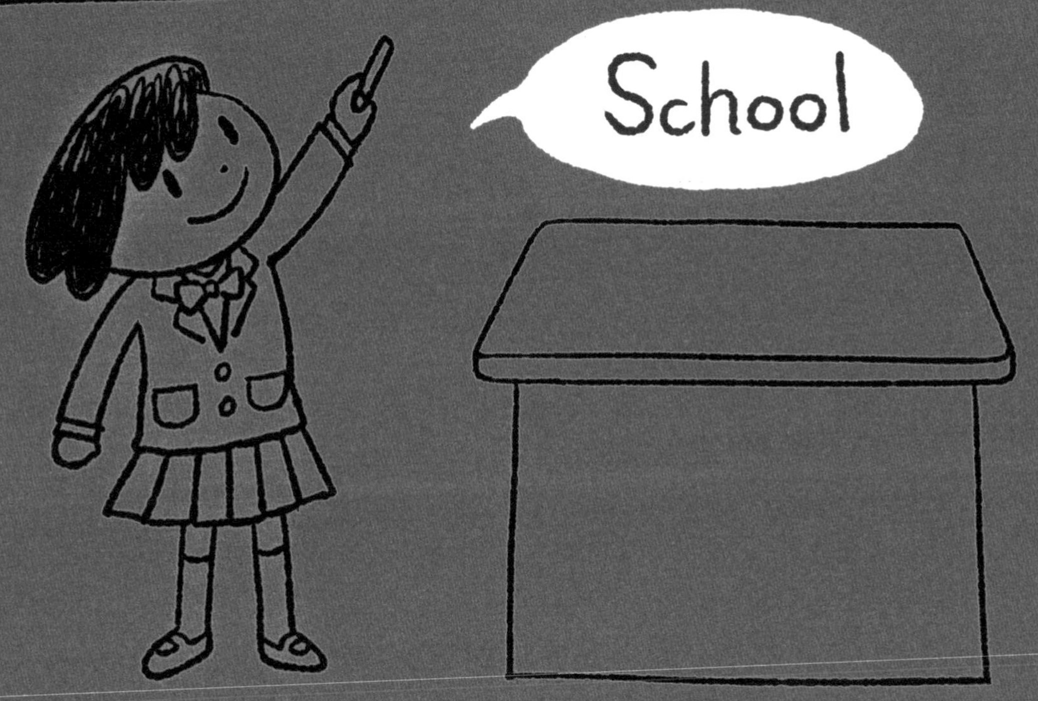
School

Office

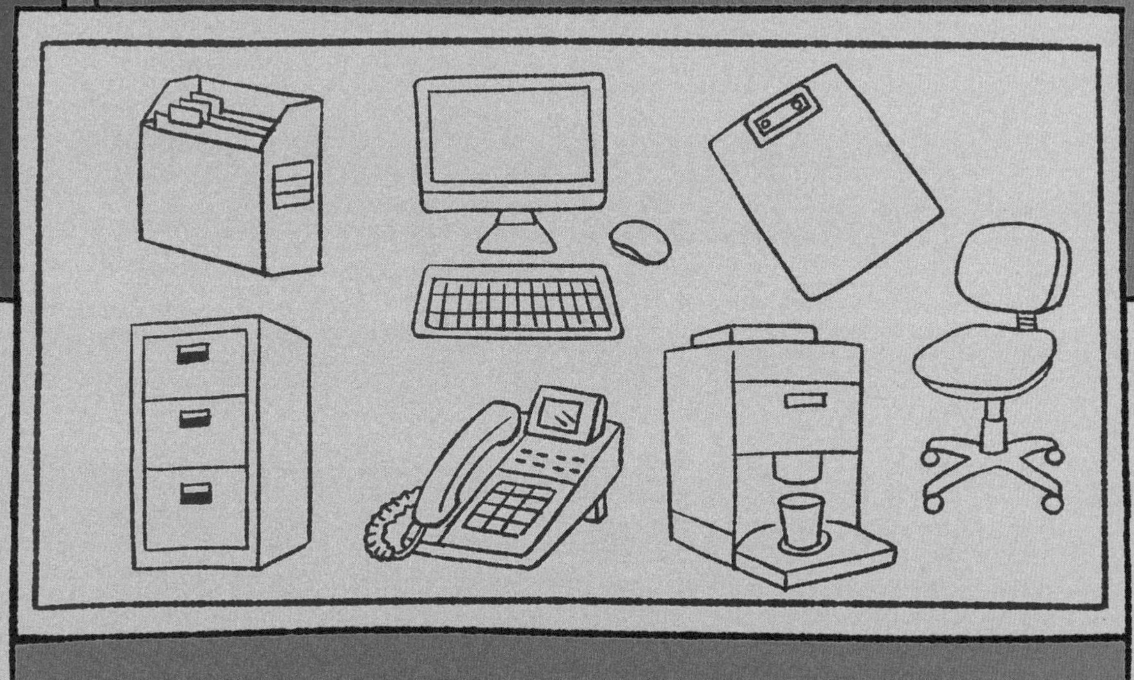

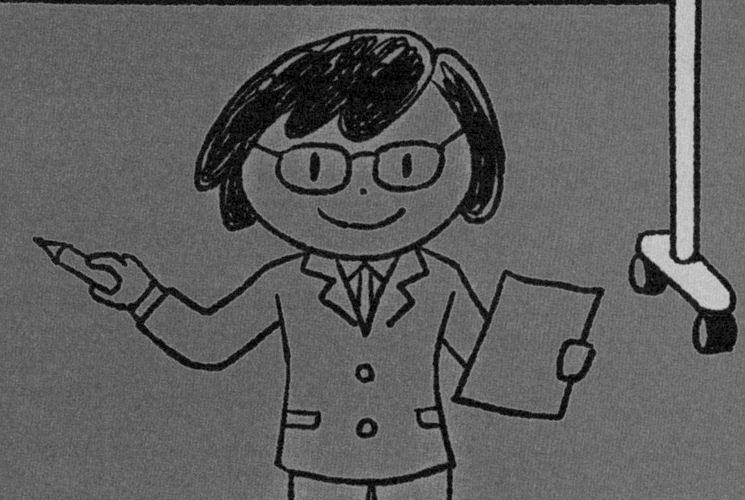

【校舍】

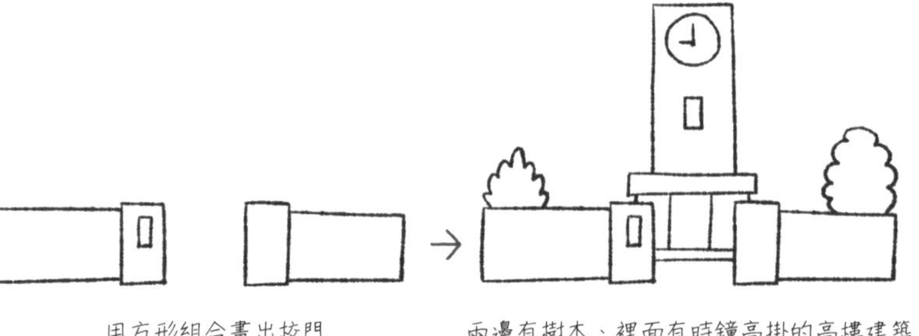

用方形組合畫出校門

兩邊有樹木、裡面有時鐘高掛的高樓建築

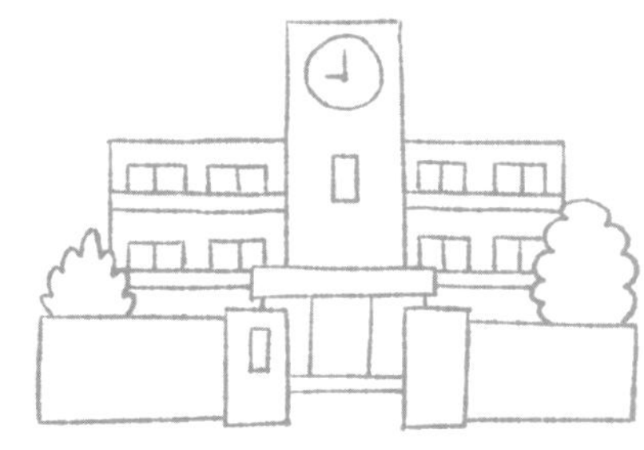

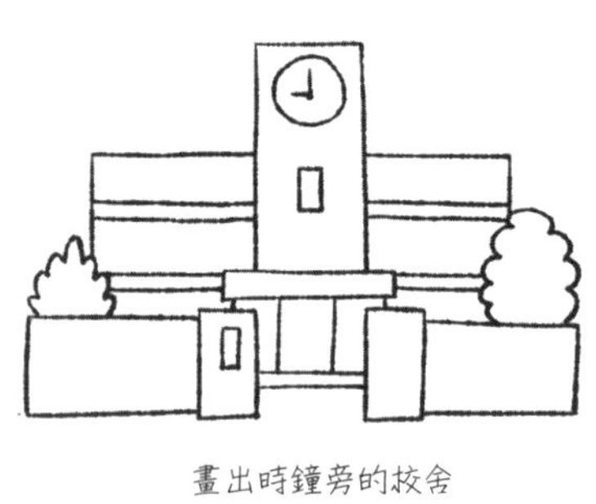

畫出時鐘旁的校舍

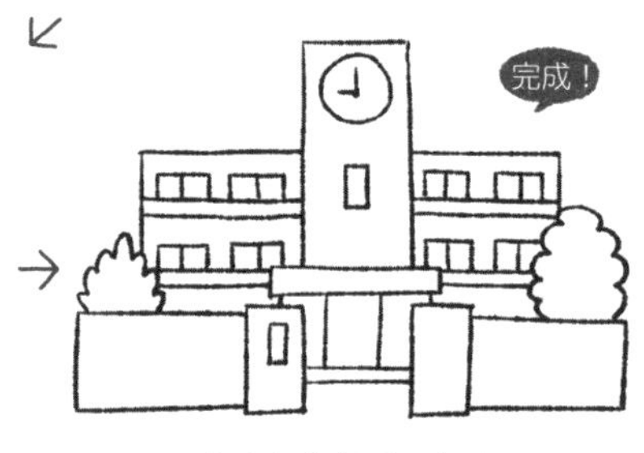

畫出校舍窗戶，完成！

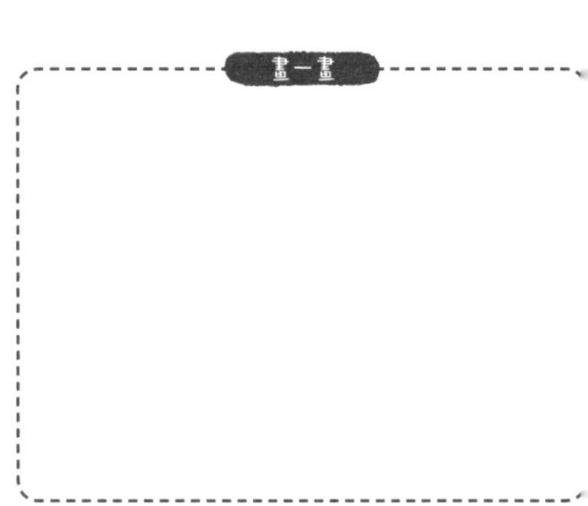

【體育館】

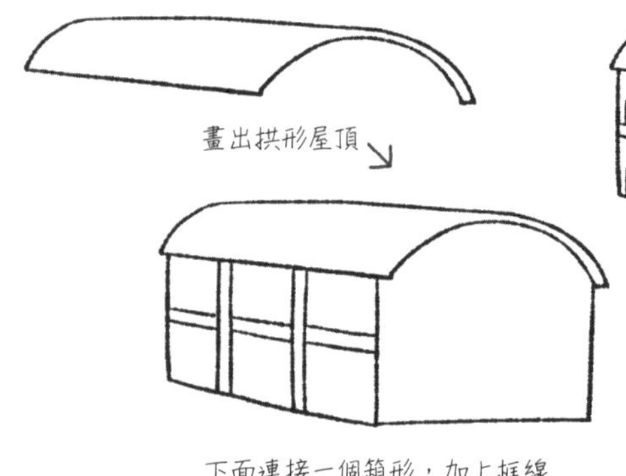

畫出拱形屋頂

下面連接一個箱形，加上框線

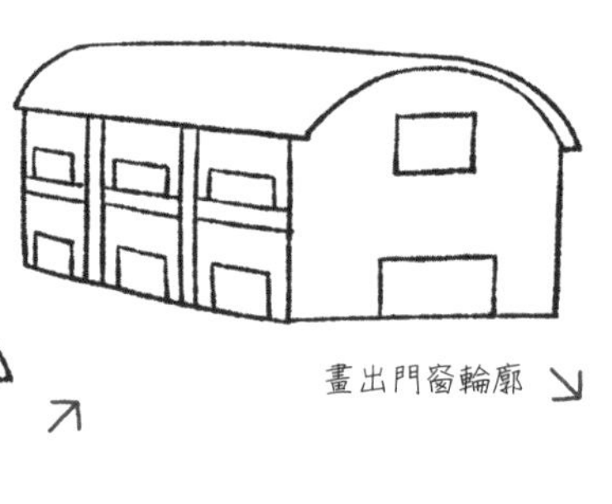

畫出門窗輪廓

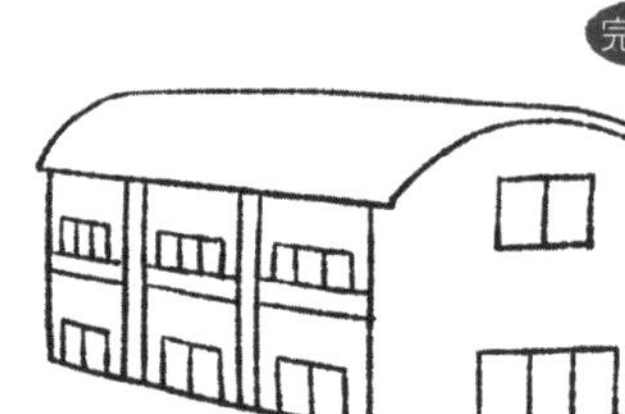

細分切割，完成！

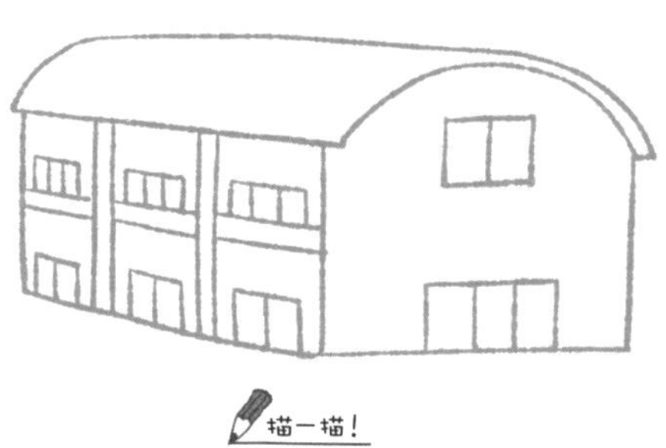

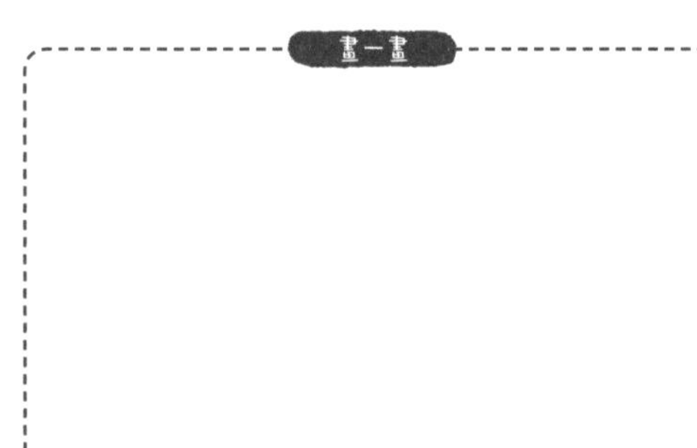

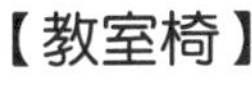

【教室椅】

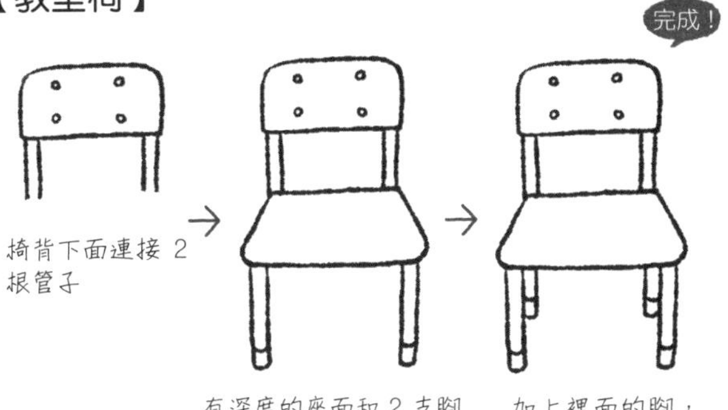

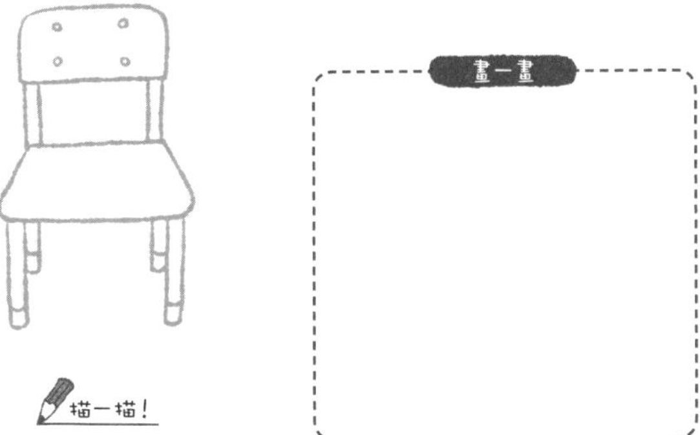

【教室桌】

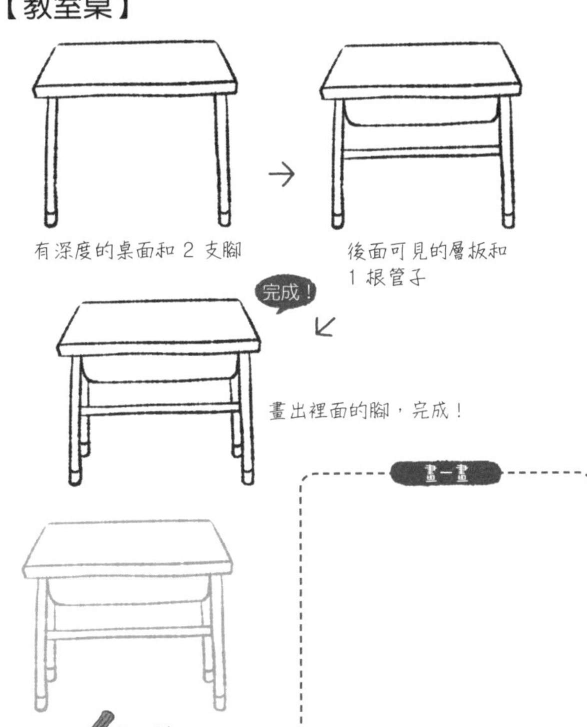

【黑板】

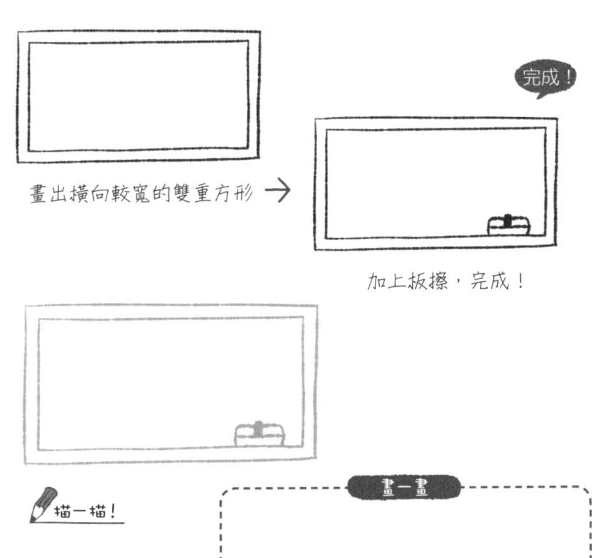

【置物櫃】

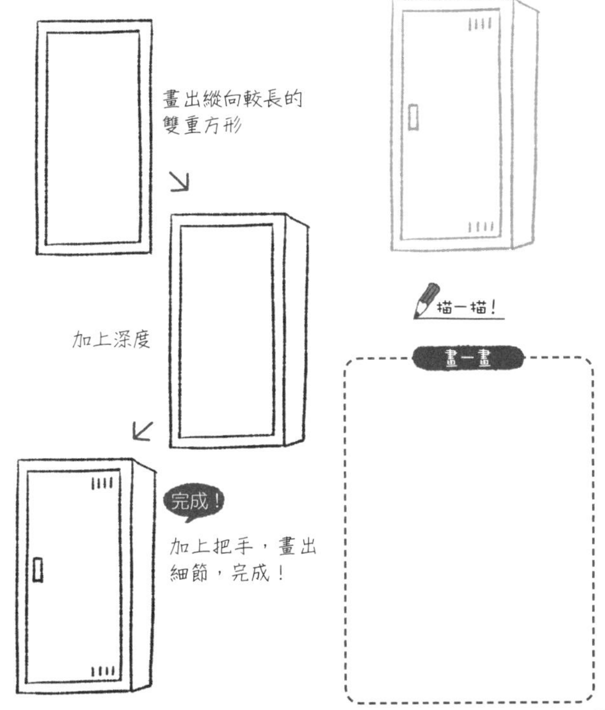

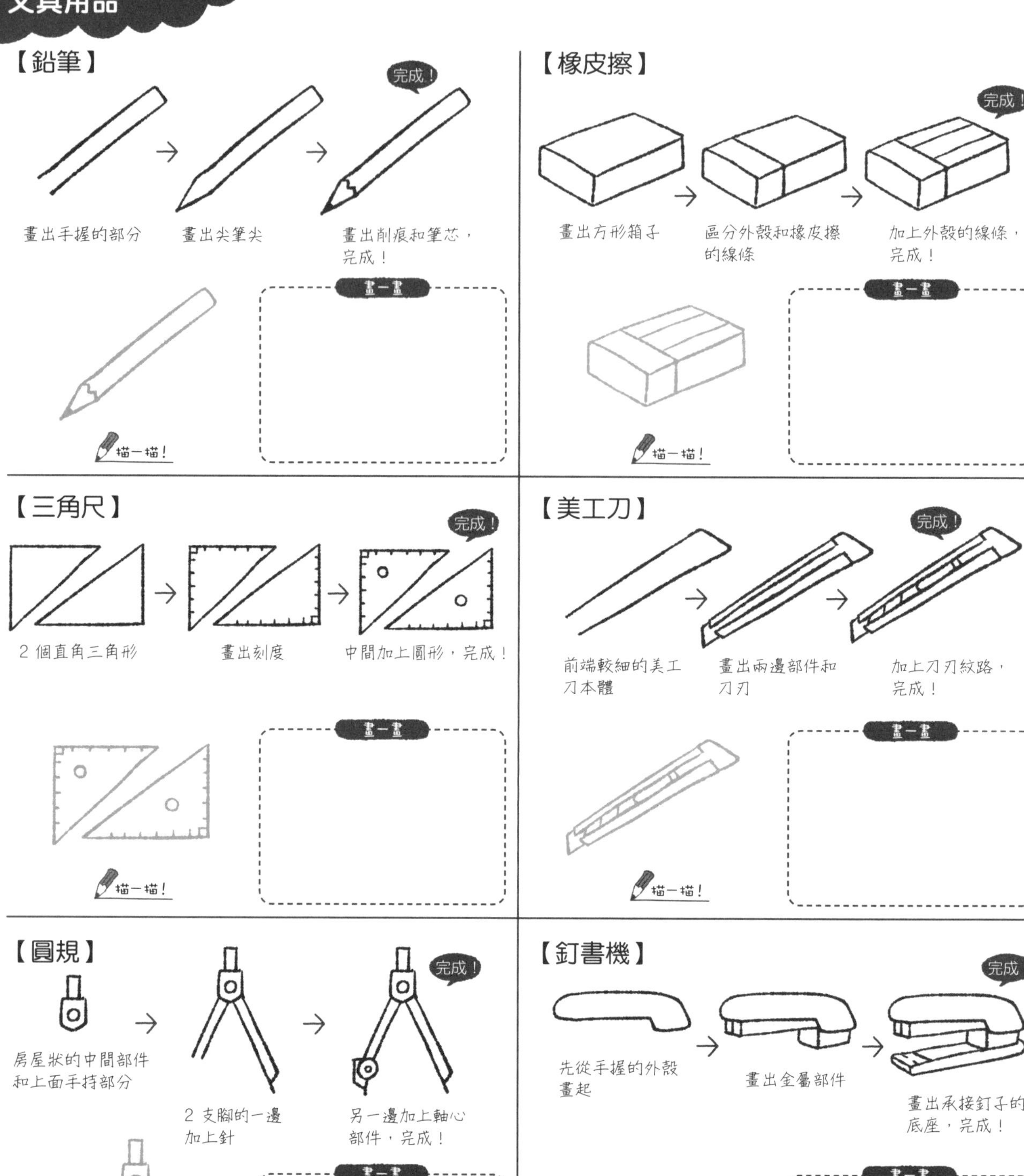

【鉛筆】

畫出手握的部分 → 畫出尖筆尖 → 畫出削痕和筆芯，完成！

【橡皮擦】

畫出方形箱子 → 區分外殼和橡皮擦的線條 → 加上外殼的線條，完成！

【三角尺】

2 個直角三角形 → 畫出刻度 → 中間加上圓形，完成！

【美工刀】

前端較細的美工刀本體 → 畫出兩邊部件和刀刃 → 加上刀刃紋路，完成！

【圓規】

房屋狀的中間部件和上面手持部分 → 2 支腳的一邊加上針 → 另一邊加上軸心部件，完成！

【釘書機】

先從手握的外殼畫起 → 畫出金屬部件 → 畫出承接釘子的底座，完成！

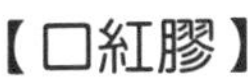

【口紅膠】

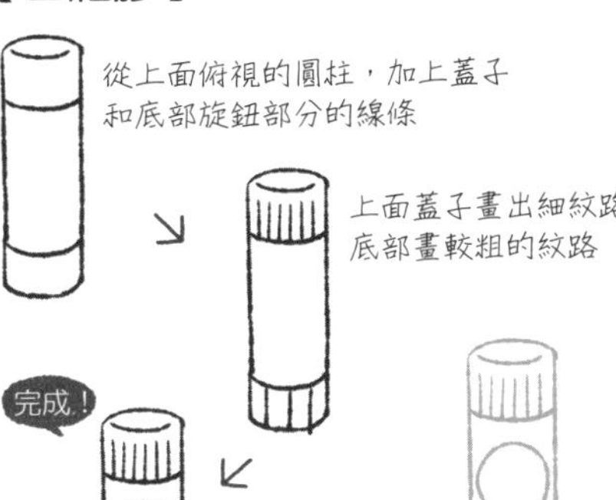

從上面俯視的圓柱，加上蓋子和底部旋鈕部分的線條

上面蓋子畫出細紋路，底部畫較粗的紋路

加上標籤，完成！

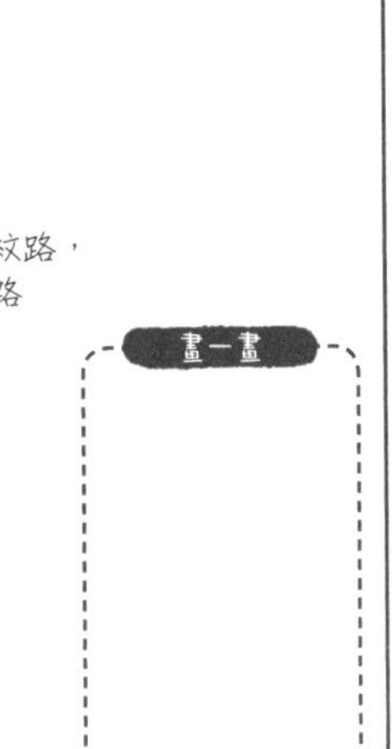

【剪刀】

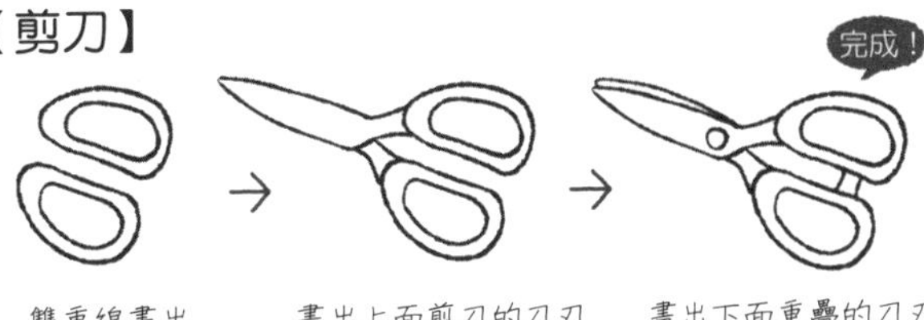

雙重線畫出的手握部分

畫出上面剪刀的刀刃

畫出下面重疊的刀刃和細節，完成！

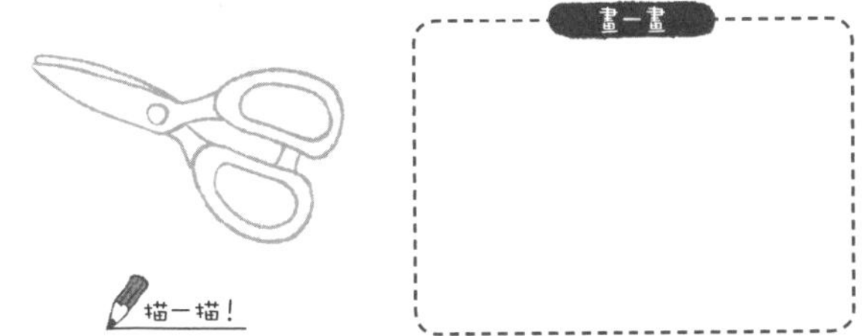

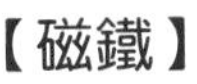

【磁鐵】

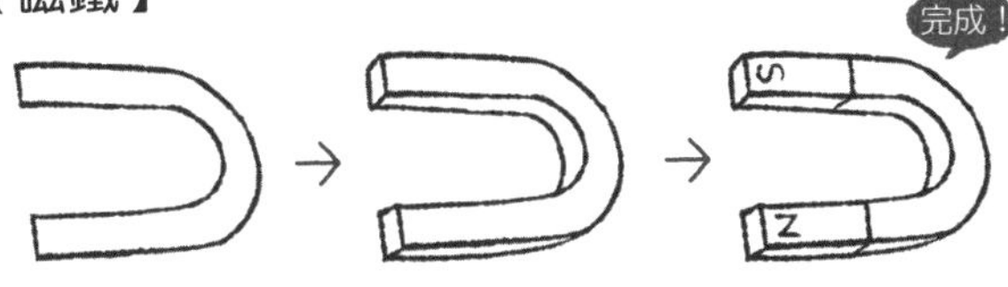

橫向畫出雙重線的「U」字

加上厚度

畫出交界線和文字，完成！

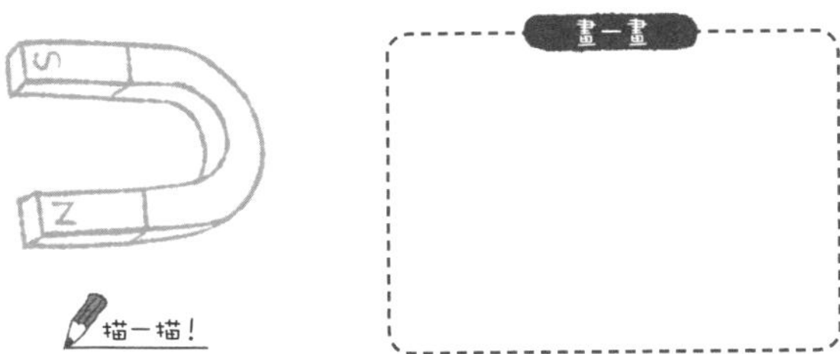

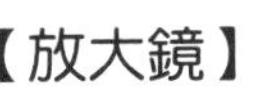

【放大鏡】

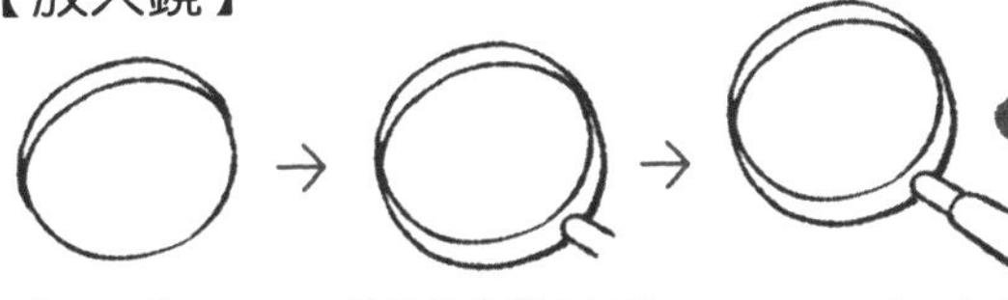

畫一個圓，加上裡面厚度

前面厚度畫出把手

加上把手，完成！

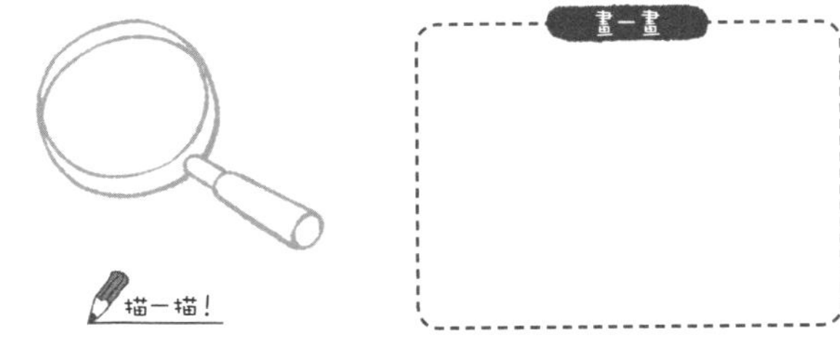

【捲尺】

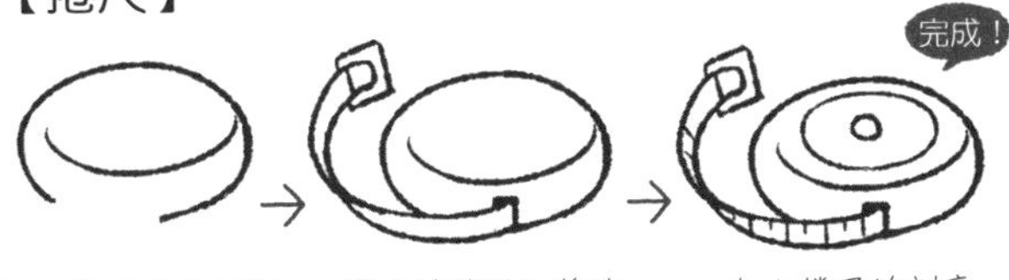

留下捲尺出來的部分，畫出本體

捲曲的捲尺和前端

加上捲尺的刻度，完成！

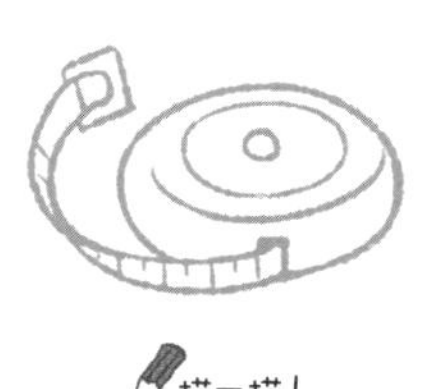

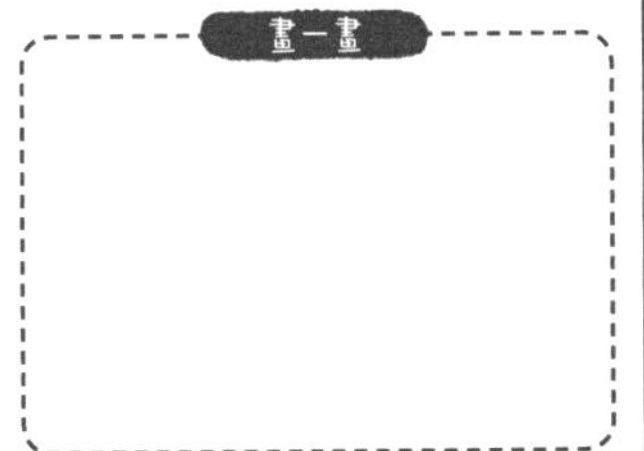

【鋼筆】

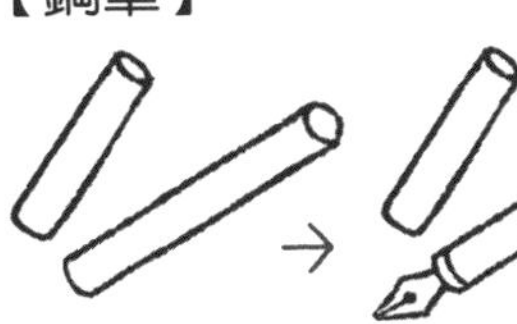

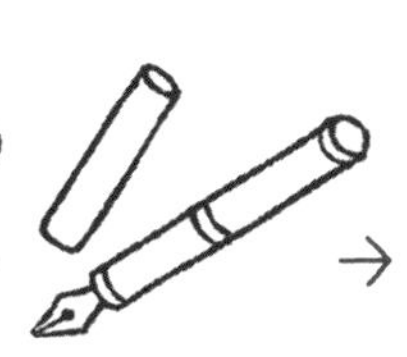

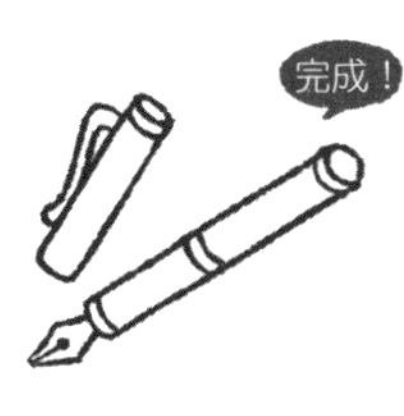

2 根長度不同的圓柱

較長的畫出筆尖和裝飾

較短的畫成筆蓋，完成！

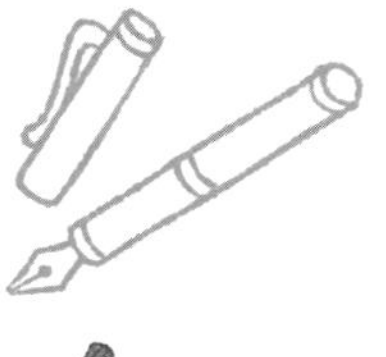

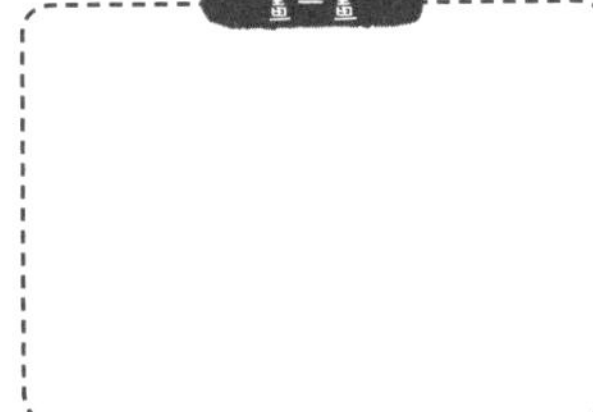

【美式圖釘】

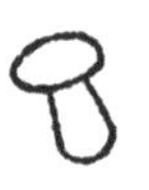

針頭部分

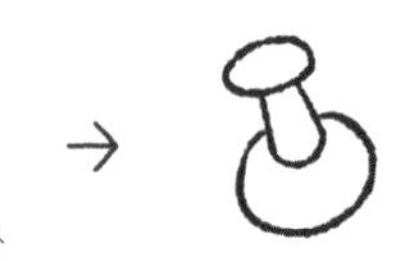

下面畫一個較大的部件

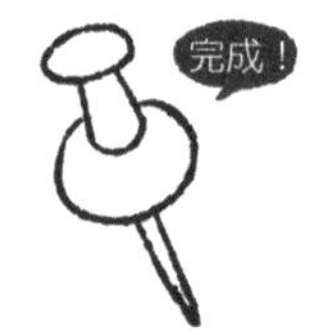

畫出針，完成！

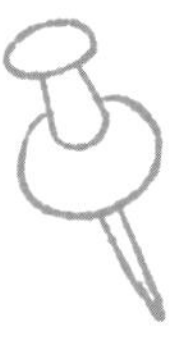

描一描！

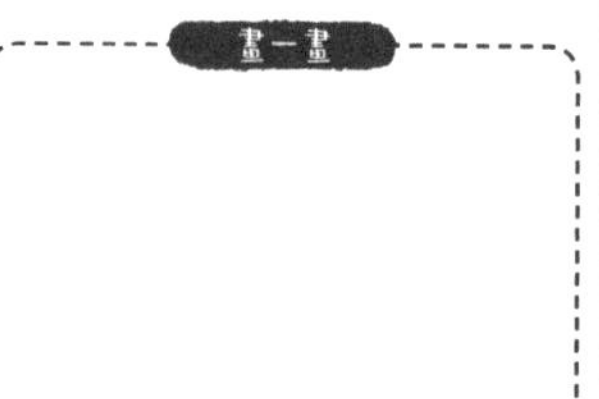

畫一畫

【扁式圖釘】

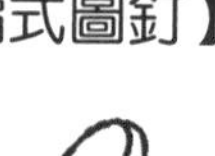

橢圓形加上厚度

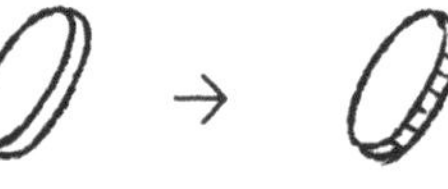

厚度部分加上紋路

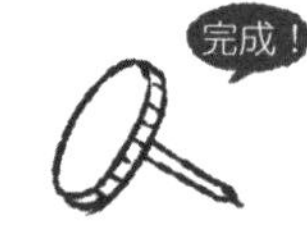

畫出針，完成！

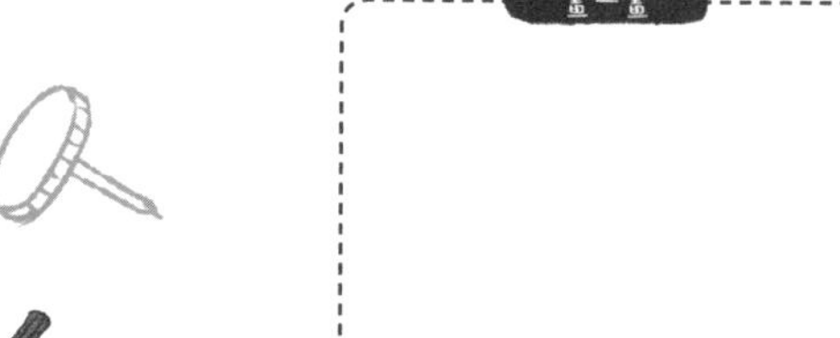

描一描！

畫一畫

【蝴蝶夾】

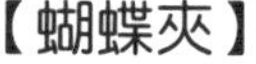

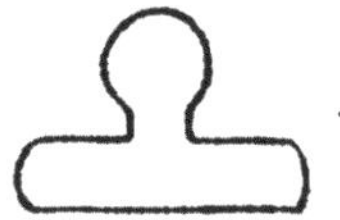

手拿部分和夾子部分

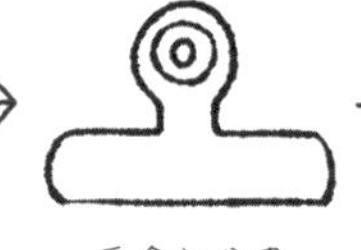

手拿部分畫一個雙重圓

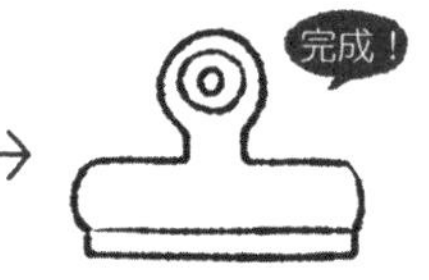

夾子部分加上一個平面，完成！

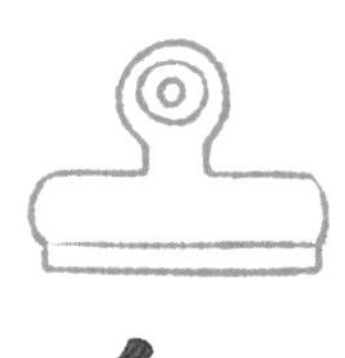

描一描！

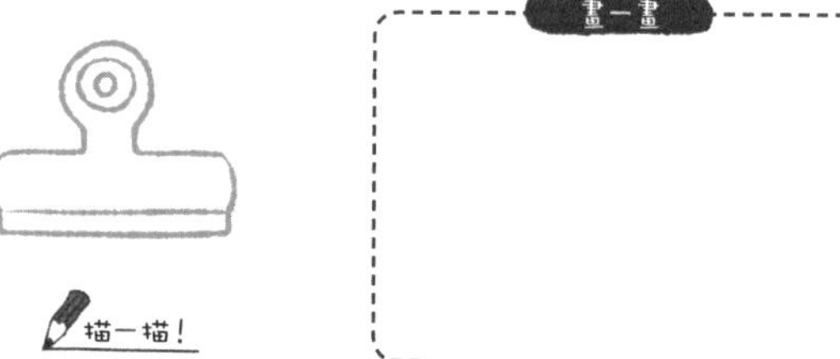

畫一畫

【自動鉛筆】

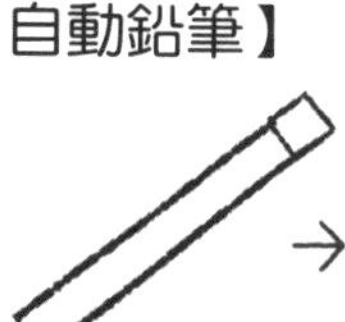

圓柱形前端加上方形

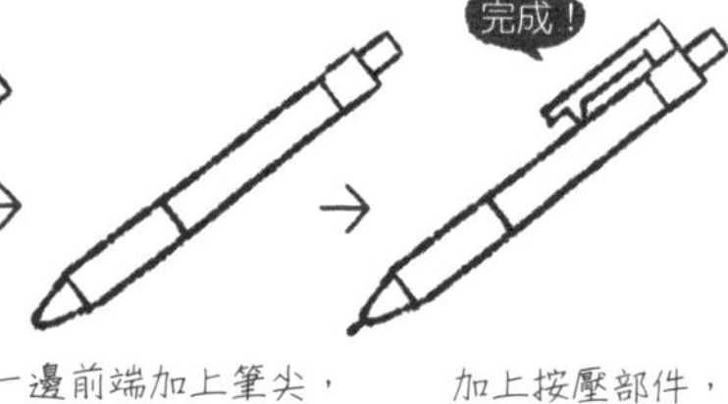

一邊前端加上筆尖，另一邊為按壓處

加上按壓部件，完成！

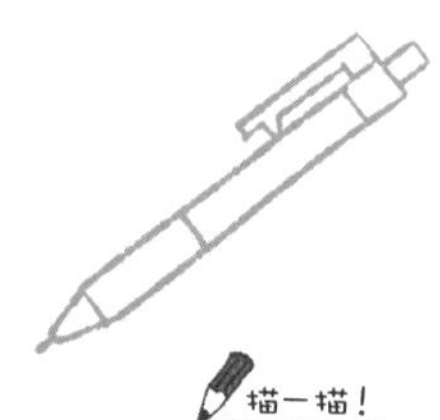

描一描！

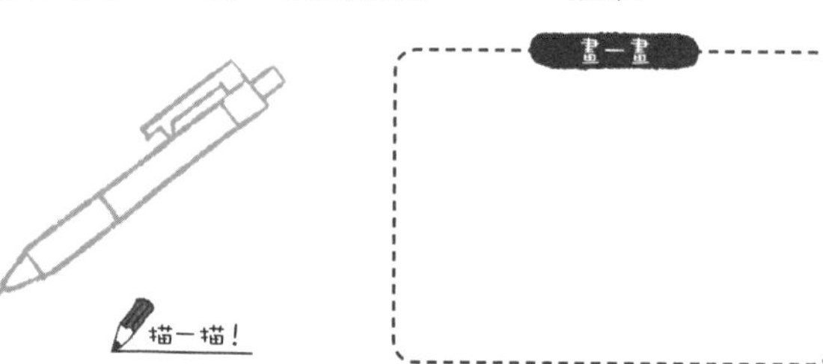

畫一畫

【燕尾夾】

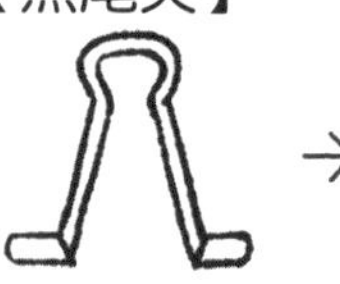

用雙重線畫出鐵絲，兩邊加上翻捲的部分

後面加上上方較寬的方形部件

中間再加一個翻捲的部分，完成！

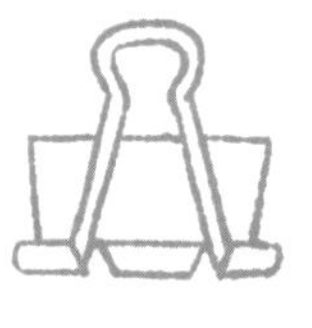

描一描！

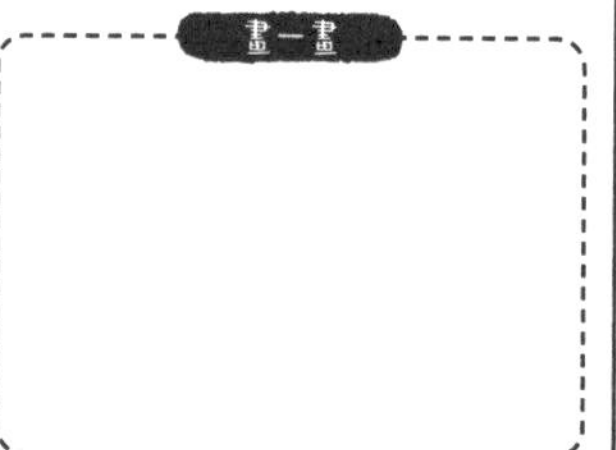

畫一畫

【透明膠帶】

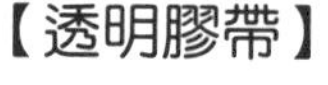

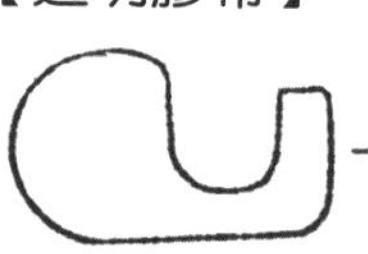

畫出透明膠帶的底座

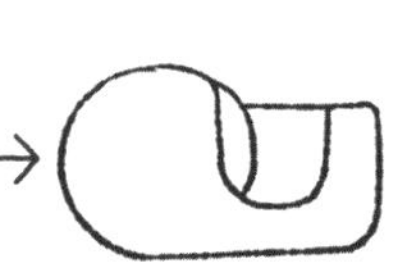

一點點可見的膠帶和拉出來的前段

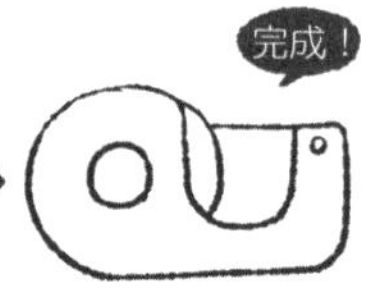

畫出細節，完成！

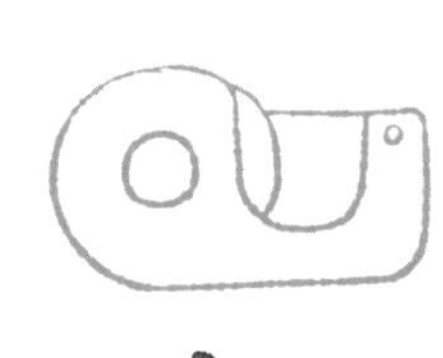

描一描！

畫一畫

【試管】

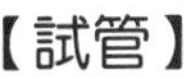

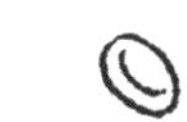

圓形小部件

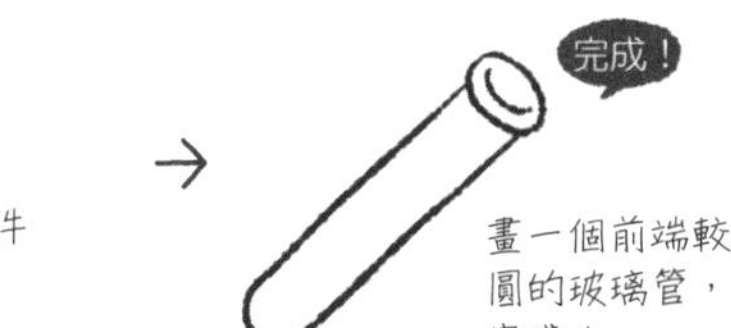

畫一個前端較圓的玻璃管，完成！

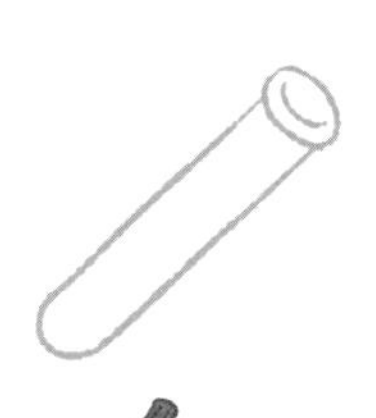

描一描！

畫一畫

【實驗量杯】

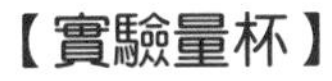

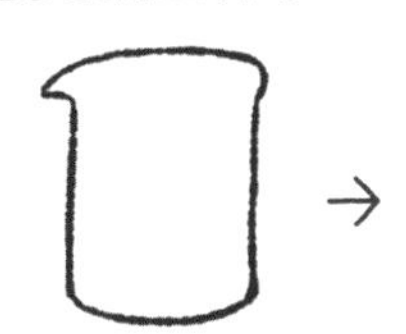

有尖嘴杯口的輪廓

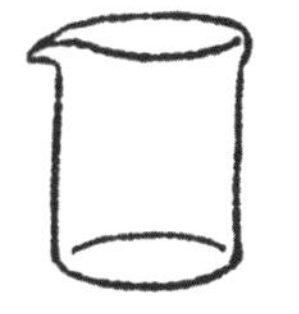

前面的邊緣和裡面的底部線條

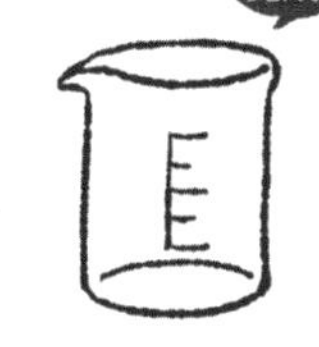

畫出刻度，完成！

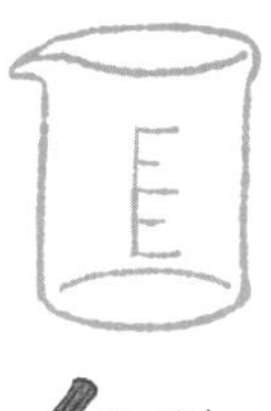

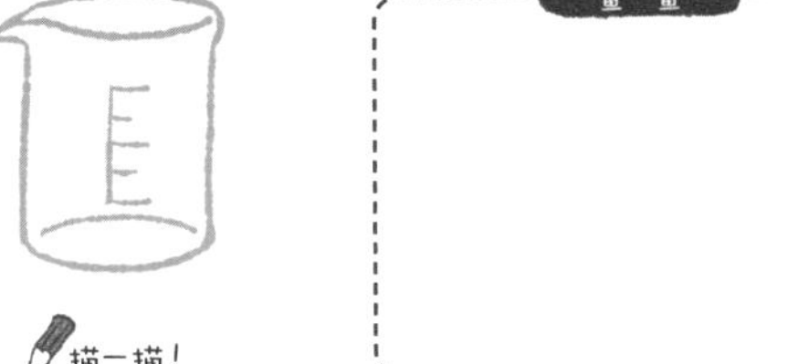

描一描！

畫一畫

【錐形瓶】

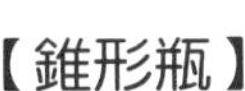

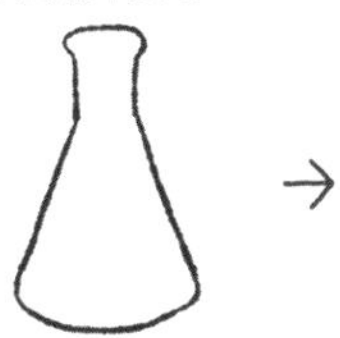

畫一個三角錐輪廓

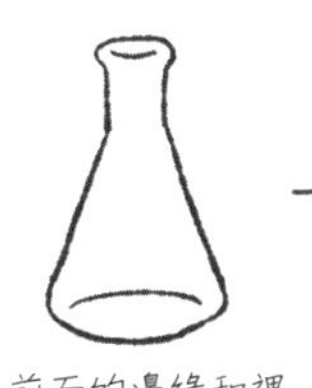

前面的邊緣和裡面的底部線條

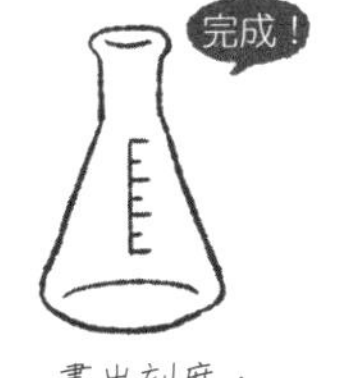

畫出刻度，完成！

描一描！

畫一畫

【帶噴嘴洗瓶】

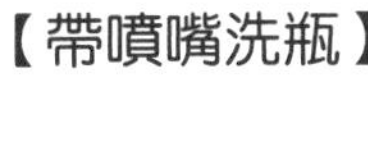

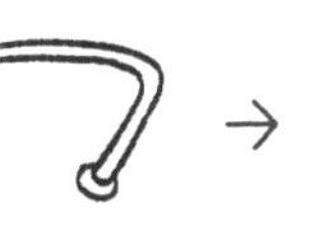

畫一個彎曲管子

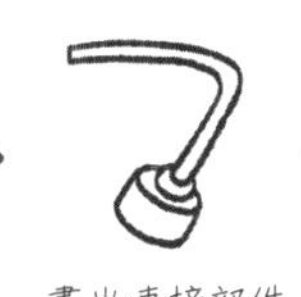

畫出連接部件

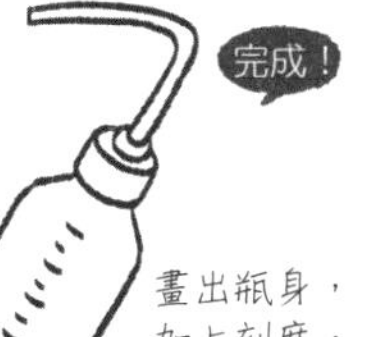

畫出瓶身，加上刻度，完成！

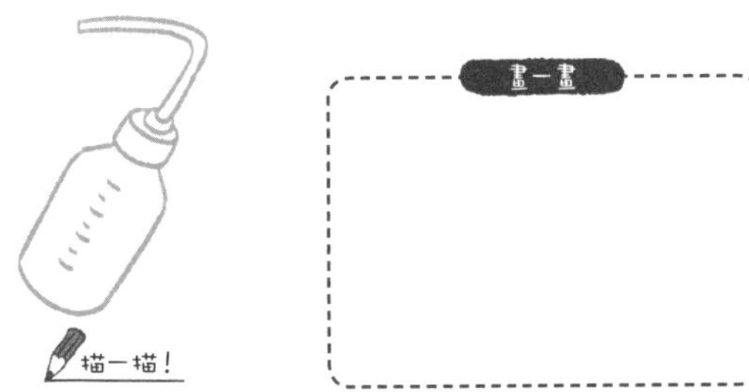

描一描！

畫一畫

【滴管】

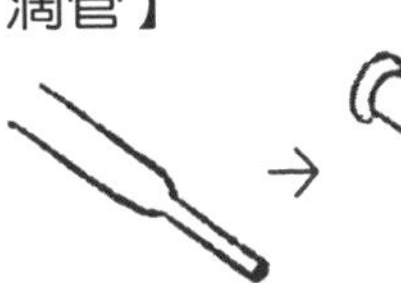

前端較細的滴管部分

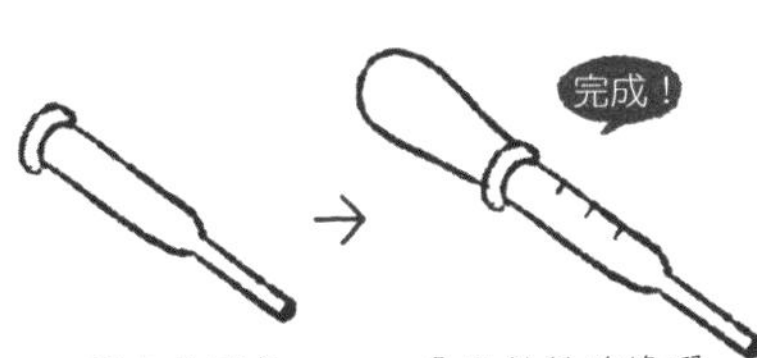

畫出連接處

畫出鼓鼓的橡膠部分，完成！

【藥瓶】

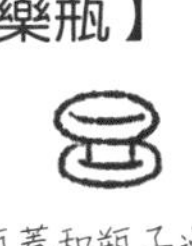

瓶蓋和瓶子邊緣

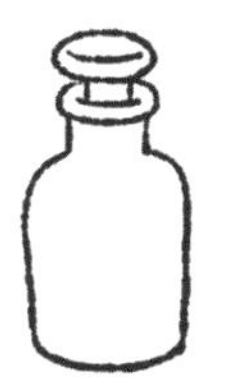

畫出瓶子

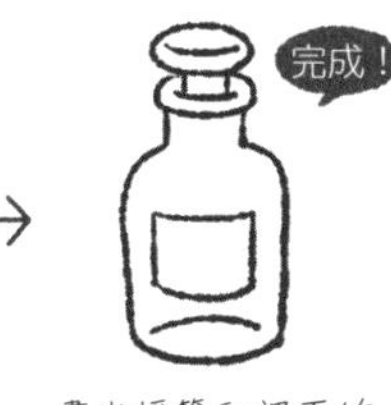

畫出標籤和裡面的底線，完成！

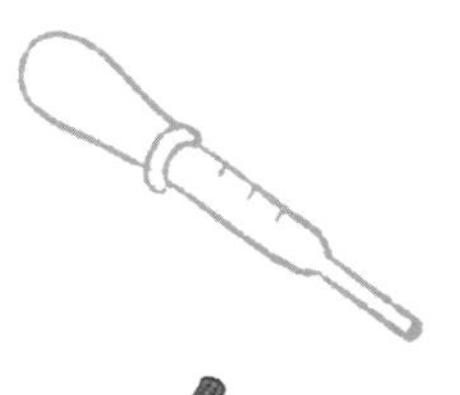

描一描！

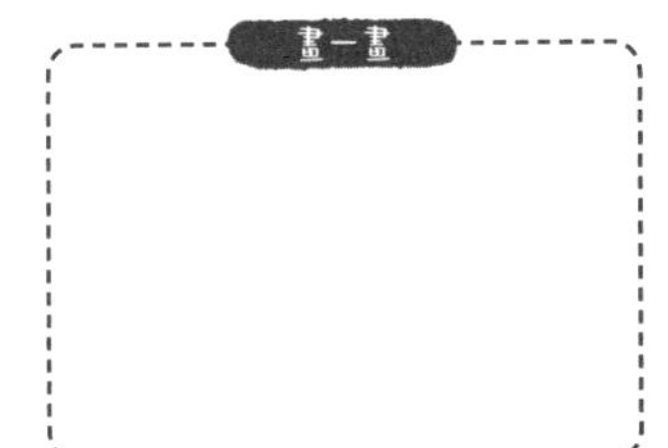

畫一畫

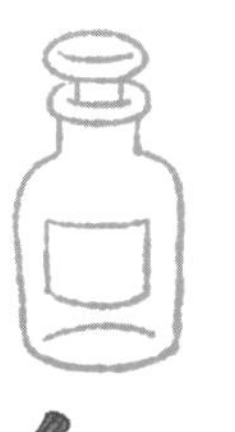

描一描！

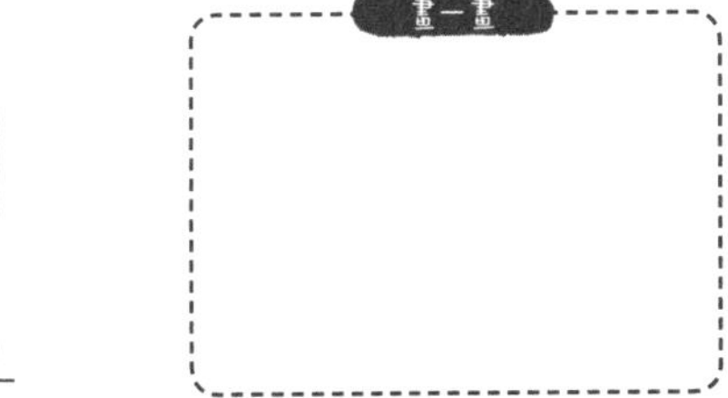

畫一畫

【砝碼】

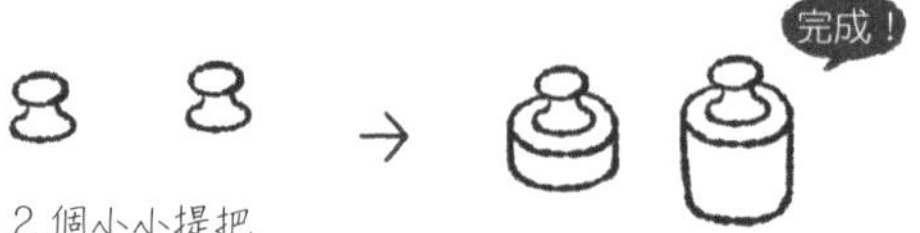

2 個小小提把

加上高度不同的
圓柱，完成！

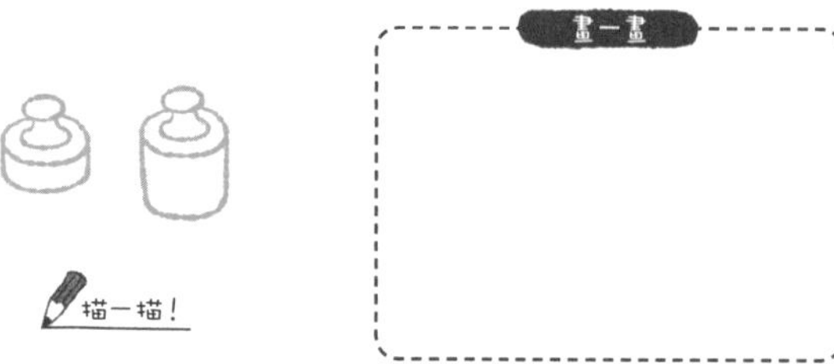

【鑷子】

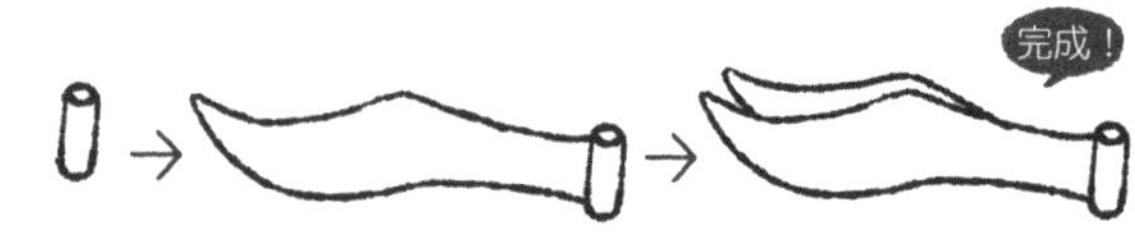

從連接處的
部件畫起

畫出前端較尖的
前面部件

畫出裡面部件，
完成！

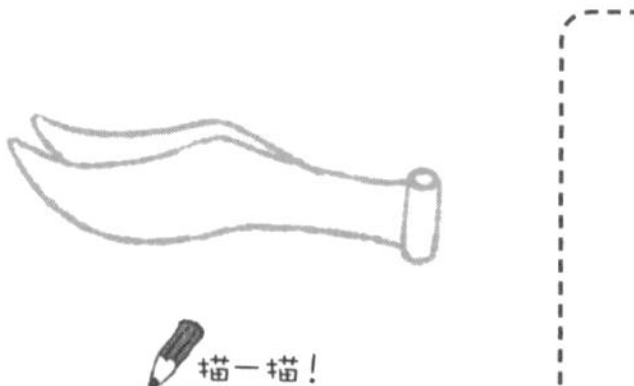

【天秤】

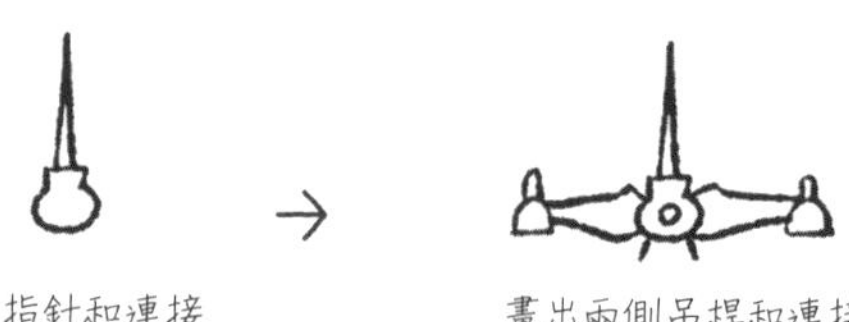

向上指針和連接
處部件

畫出兩側吊桿和連接
處部件

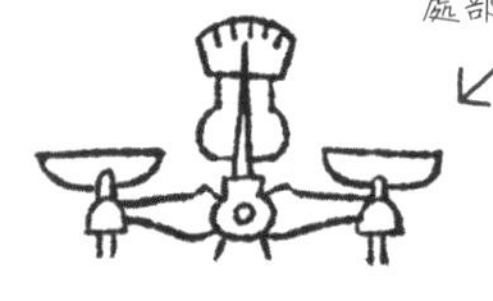

擺放在上的 2 個碟子

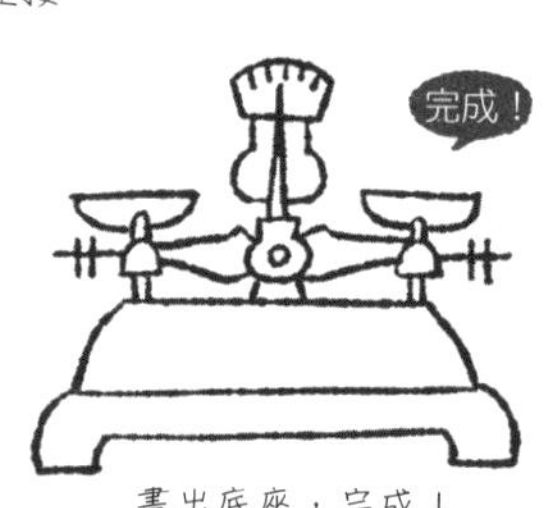

畫出底座，完成！

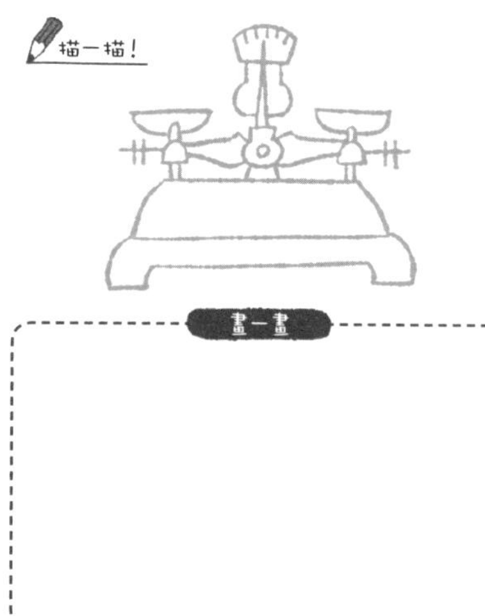

【顯微鏡】

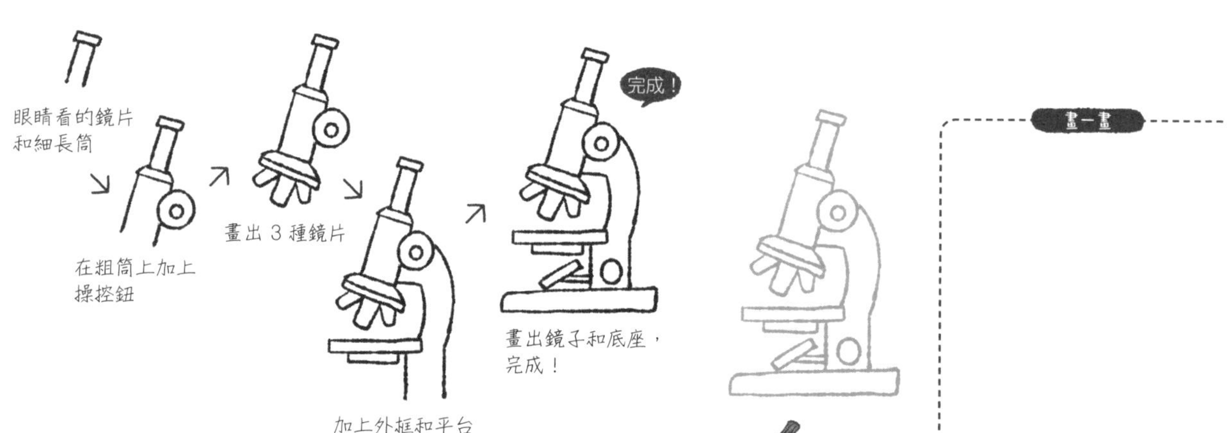

眼睛看的鏡片
和細長筒

在粗筒上加上
操控鈕

畫出 3 種鏡片

加上外框和平台

畫出鏡子和底座，
完成！

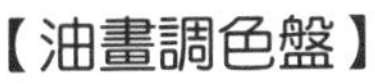

【油畫調色盤】

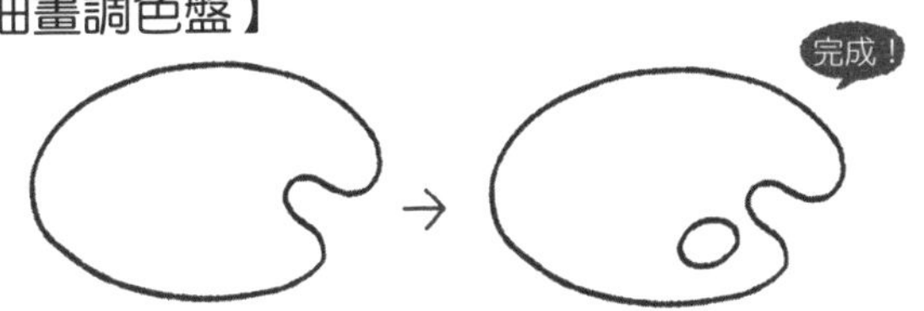

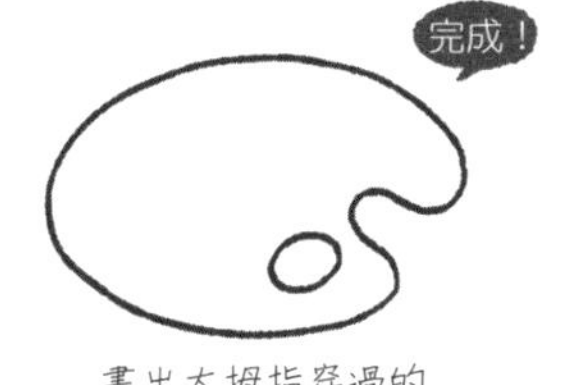

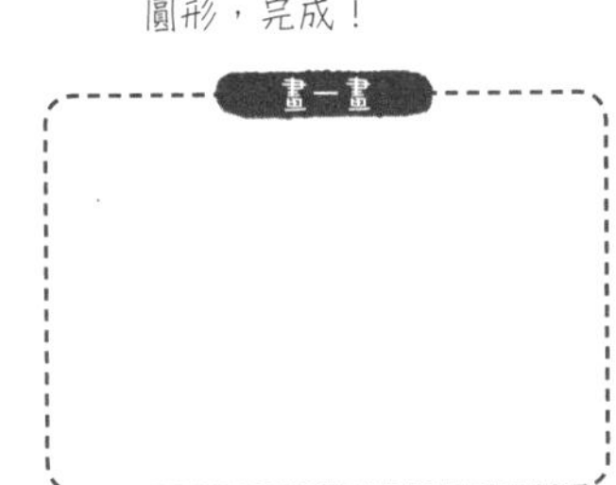

畫出一部分凹進的橢圓形

畫出大拇指穿過的圓形，完成！

描一描！

畫一畫

【顏料】

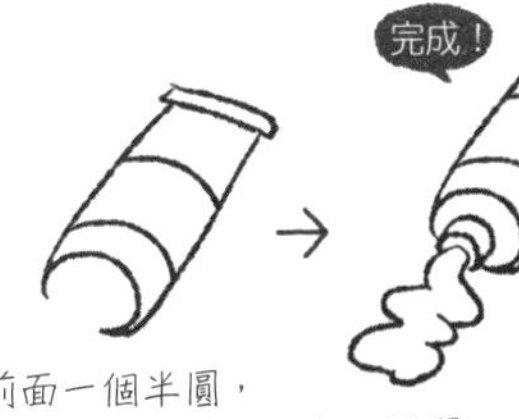

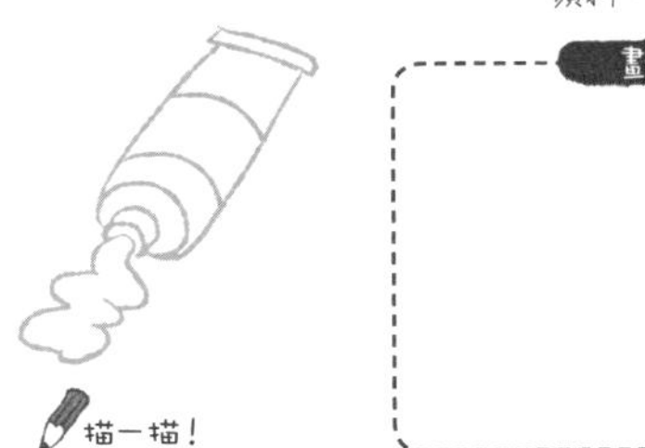

一端彎折，從兩邊畫出直線

前面一個半圓，裡面加上標籤線

加上從開口流出的顏料，完成！

描一描！

畫一畫

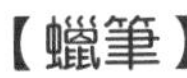

【蠟筆】

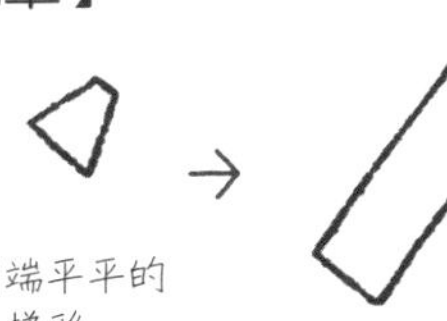

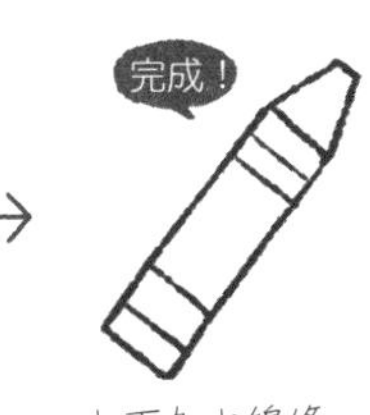

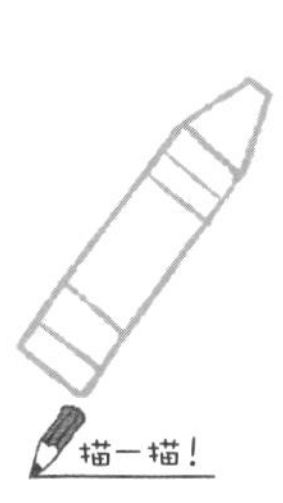

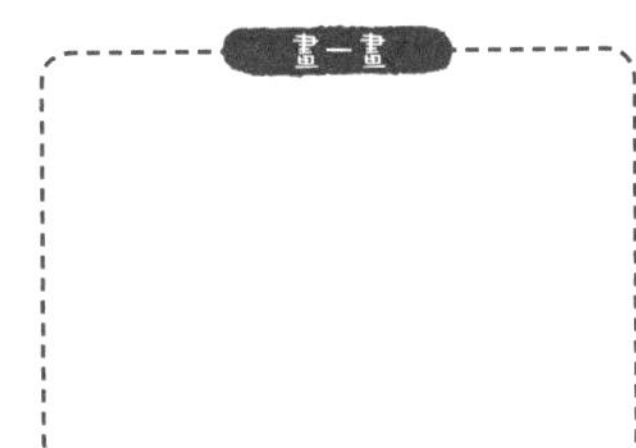

前端平平的小梯形

從側邊拉出線條

上下加上線條，完成！

描一描！

畫一畫

【畫筆】

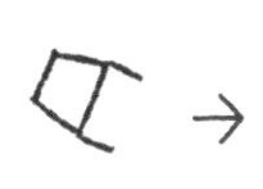

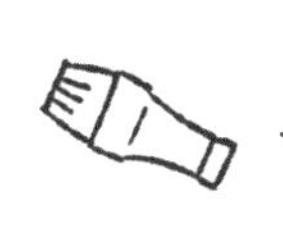

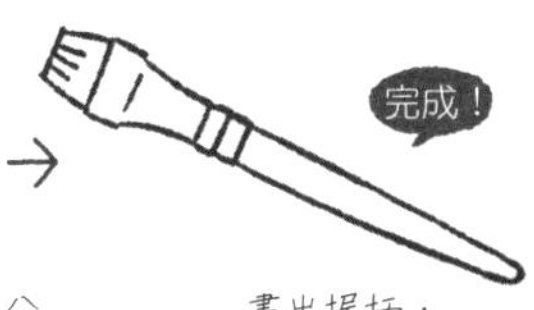

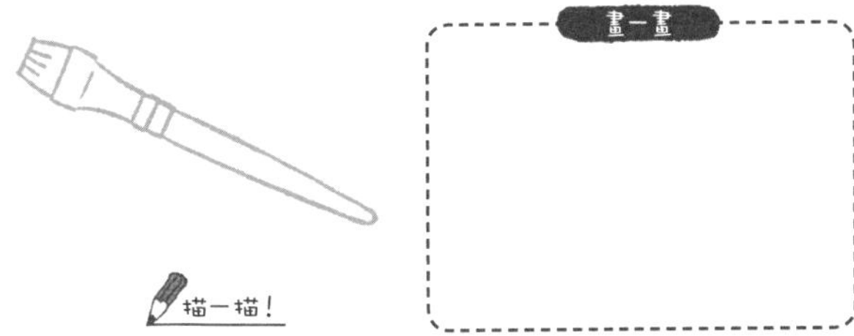

整齊的筆尖

畫完筆頭的部分

畫出握柄，完成！

描一描！

畫一畫

【水彩調色盤】

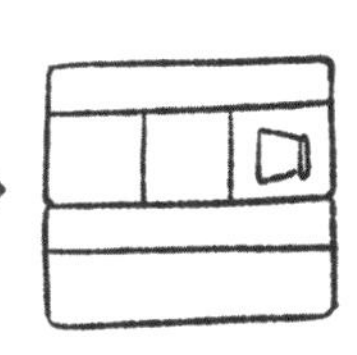

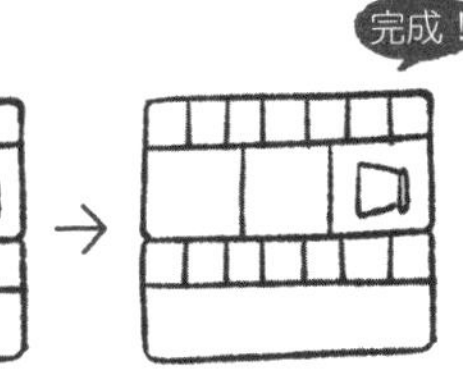

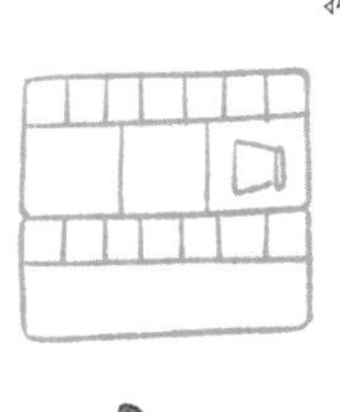

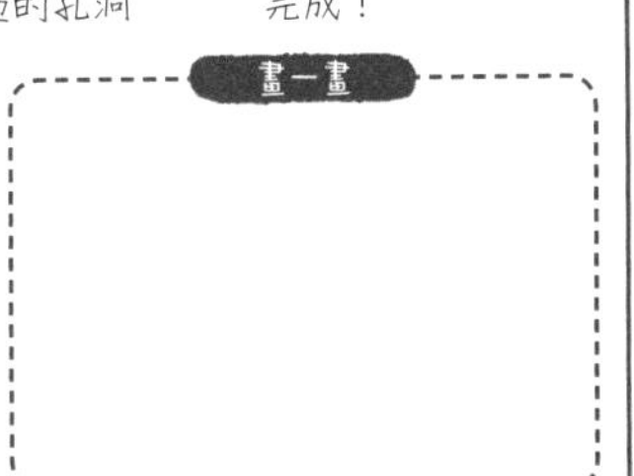

2個相連的長方形

畫出分格線和大拇指穿過的孔洞

再次細分切割，完成！

描一描！

畫一畫

【畫架】

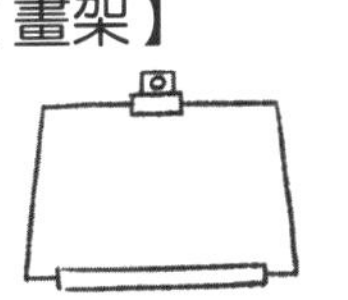

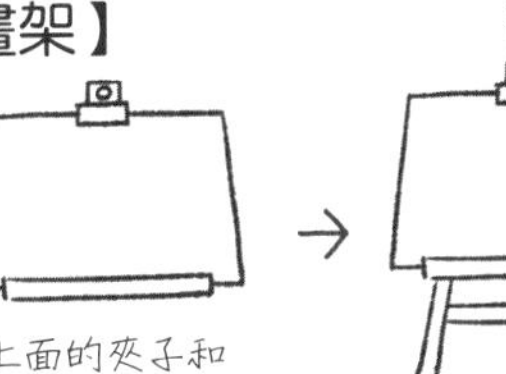

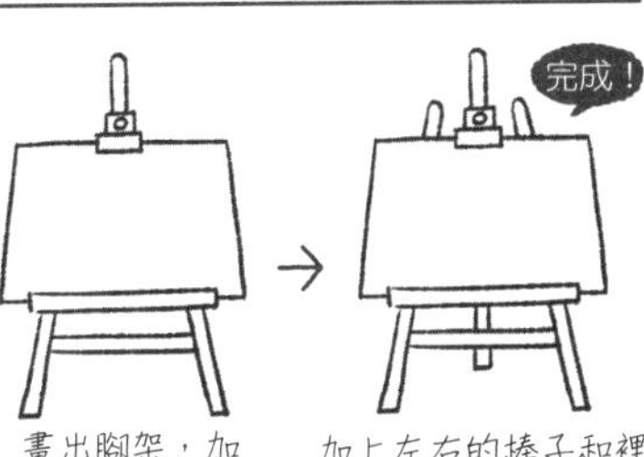

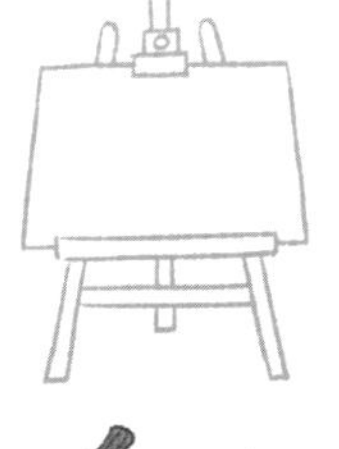

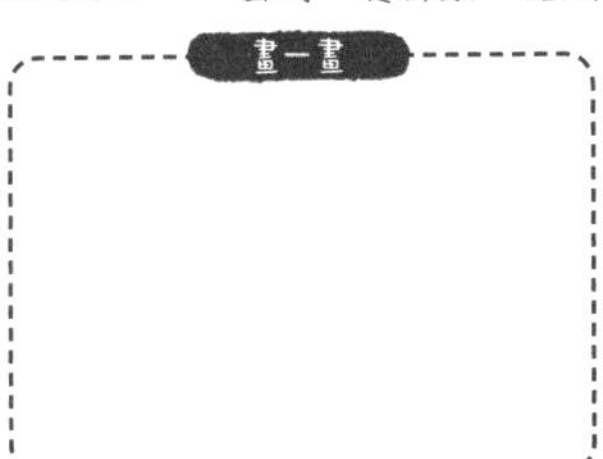

上面的夾子和下面的支架

畫出腳架，加上上面的棒子

加上左右的棒子和裡面的一隻腳架，完成！

描一描！

畫一畫

【直笛】

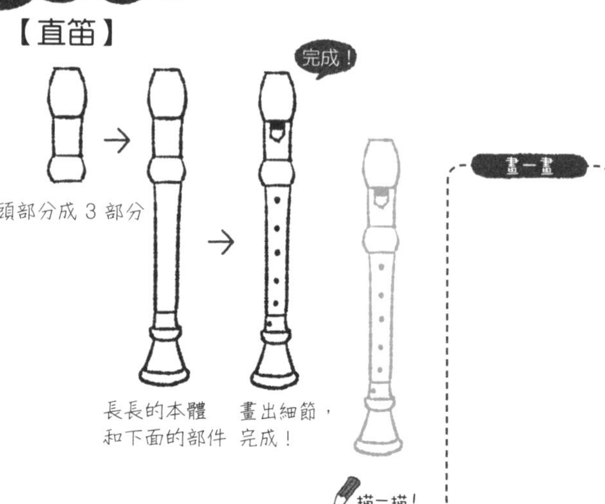

【口風琴】

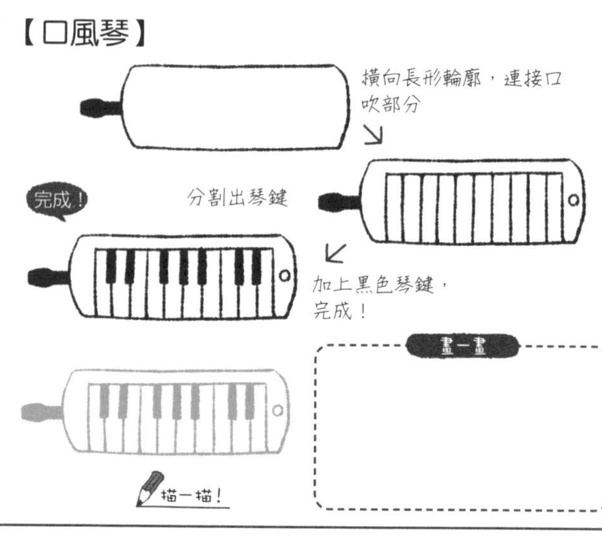

【鈴鼓】

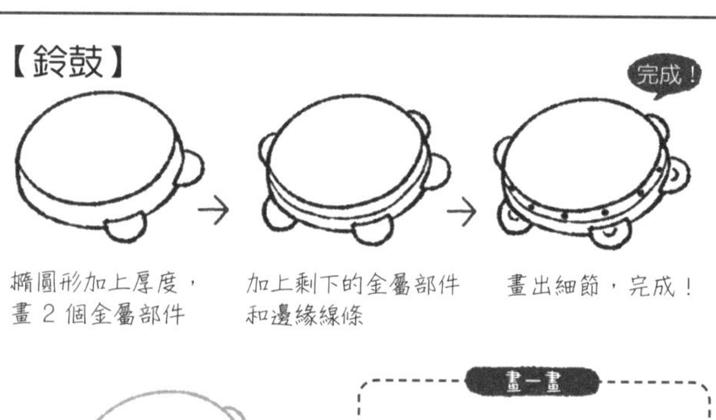

【小鼓】

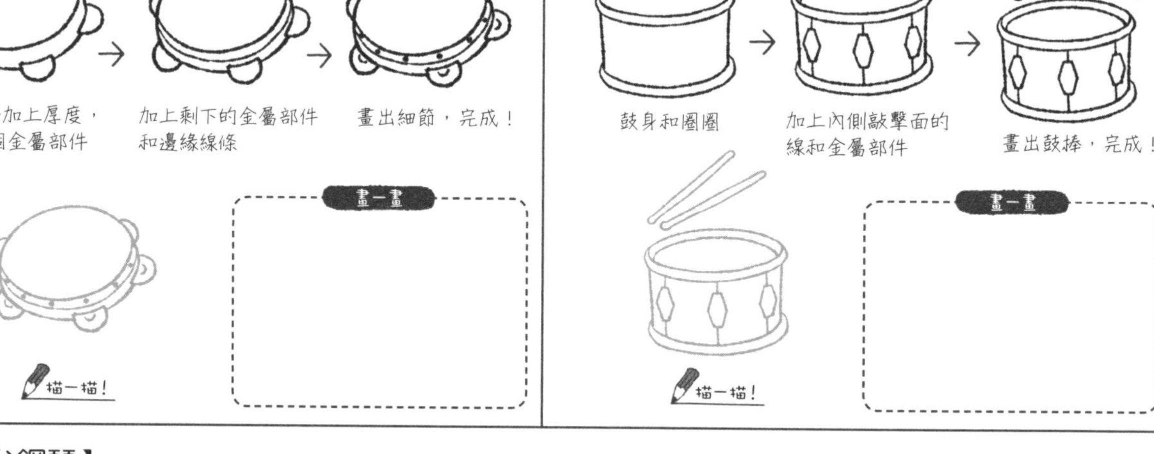

【平台鋼琴】

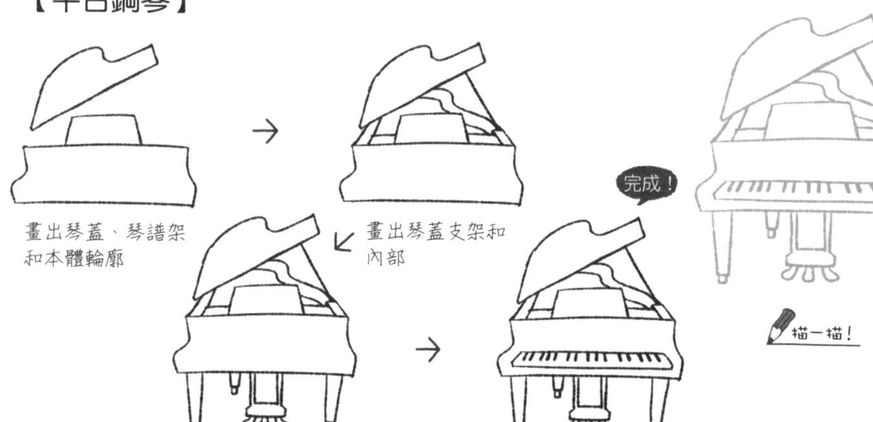

描一描！

畫一畫

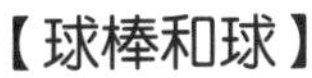

【球棒和球】

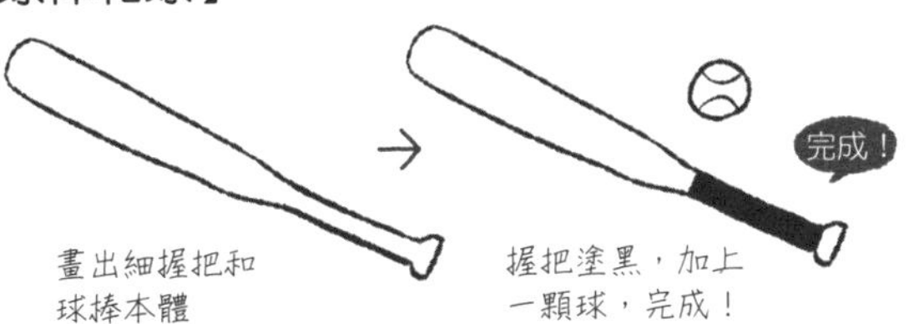

畫出細握把和球棒本體

握把塗黑，加上一顆球，完成！

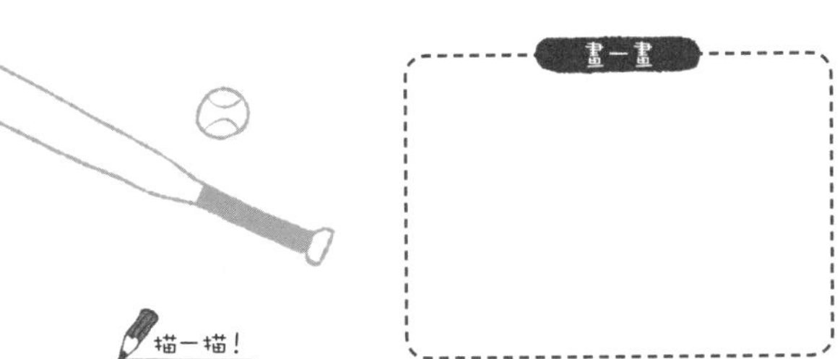

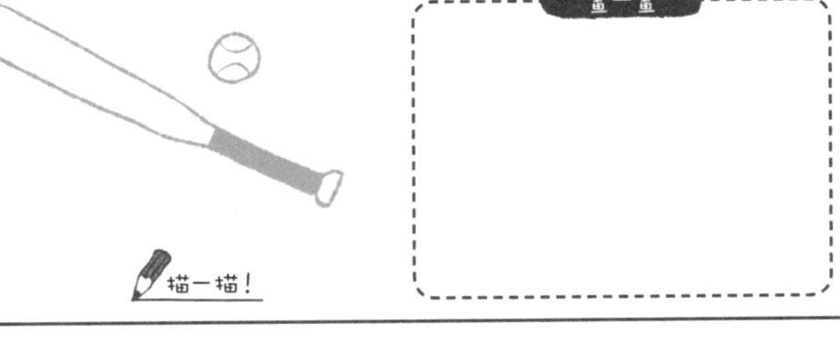

【桌球拍】

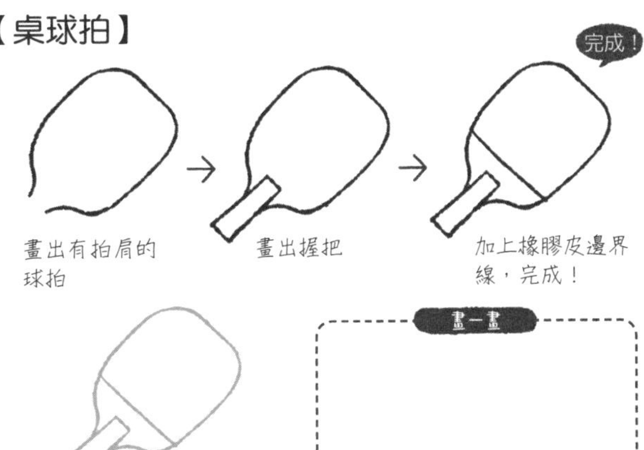

畫出有拍肩的球拍

畫出握把

加上橡膠皮邊界線，完成！

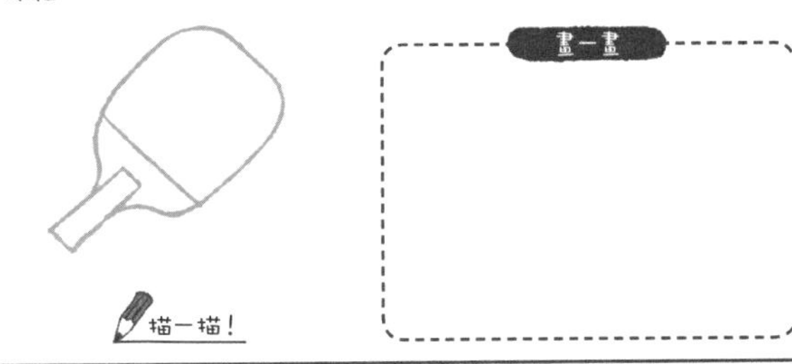

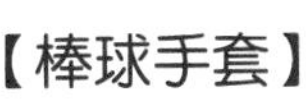

【棒球手套】

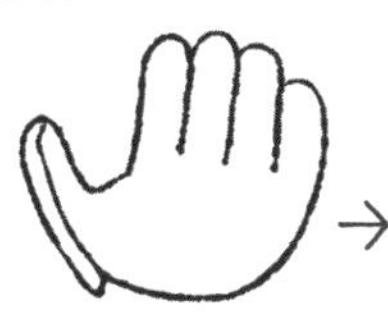

大大的掌形、兩個重疊的大拇指

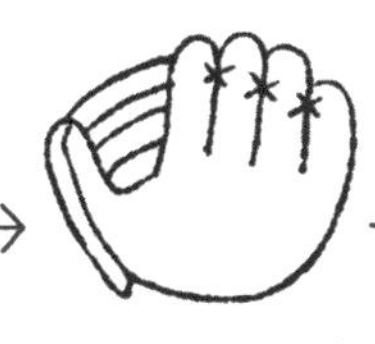

穿芯的線和叉形線繩

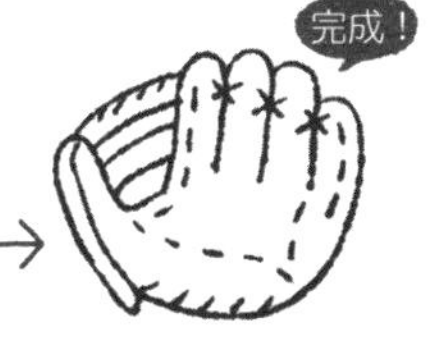

加上縫線，完成！

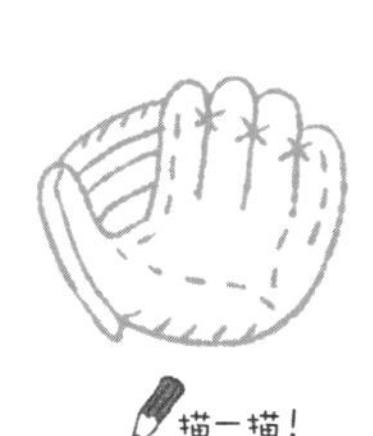

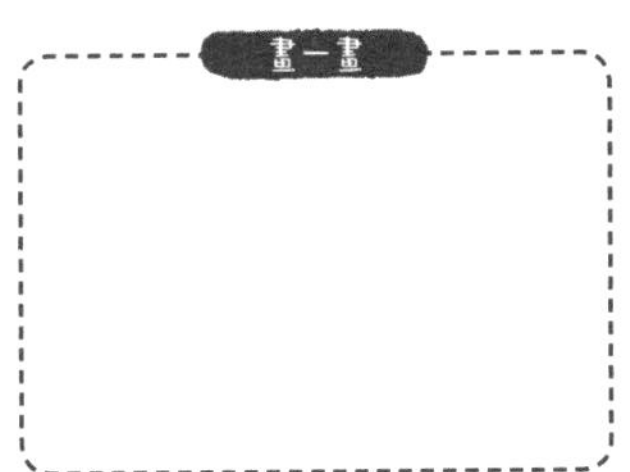

【網球拍】

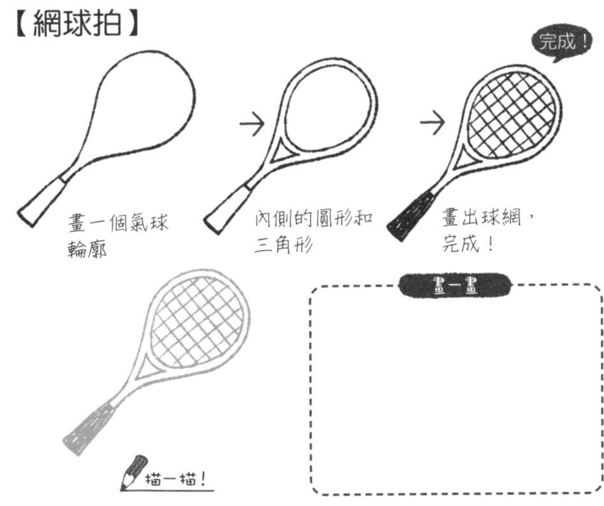

畫一個氣球輪廓

內側的圓形和三角形

畫出球網，完成！

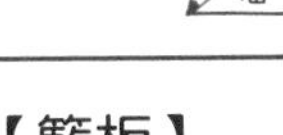

【籃板】

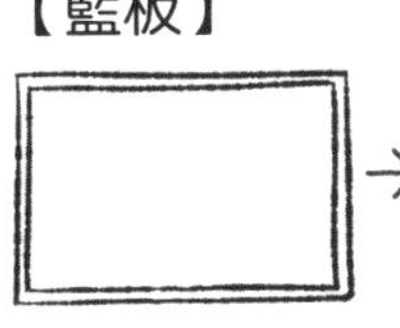

用雙重線畫一個長方形

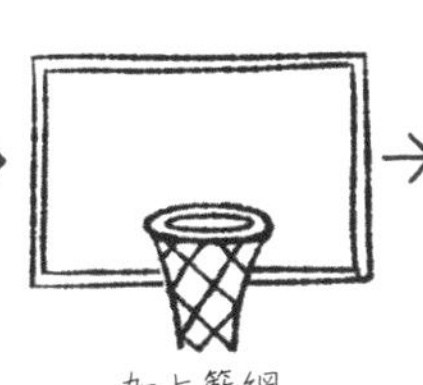

加上籃網

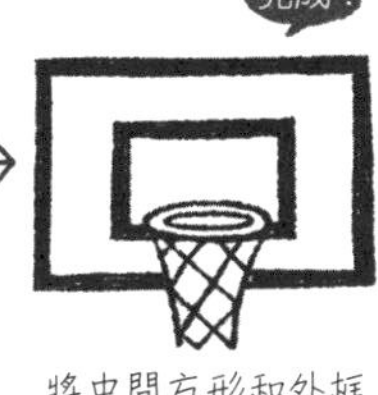

將中間方形和外框加粗，完成！

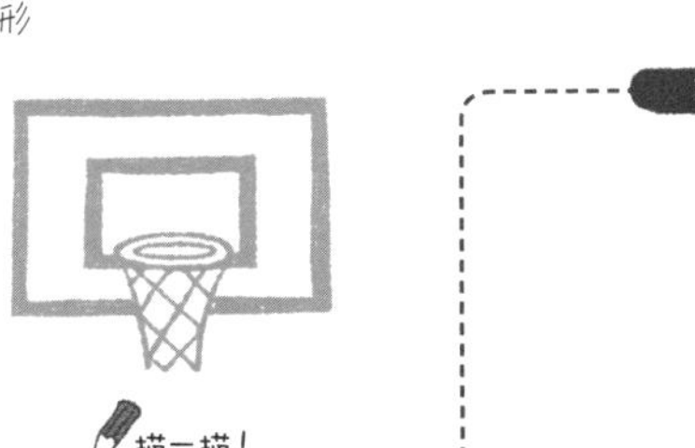

【跨欄】

畫出 2 支腳和板子

畫出支撐部分

板子加上圖樣，完成！

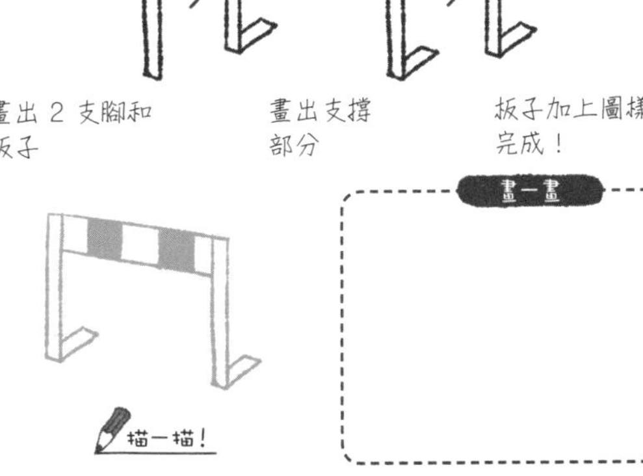

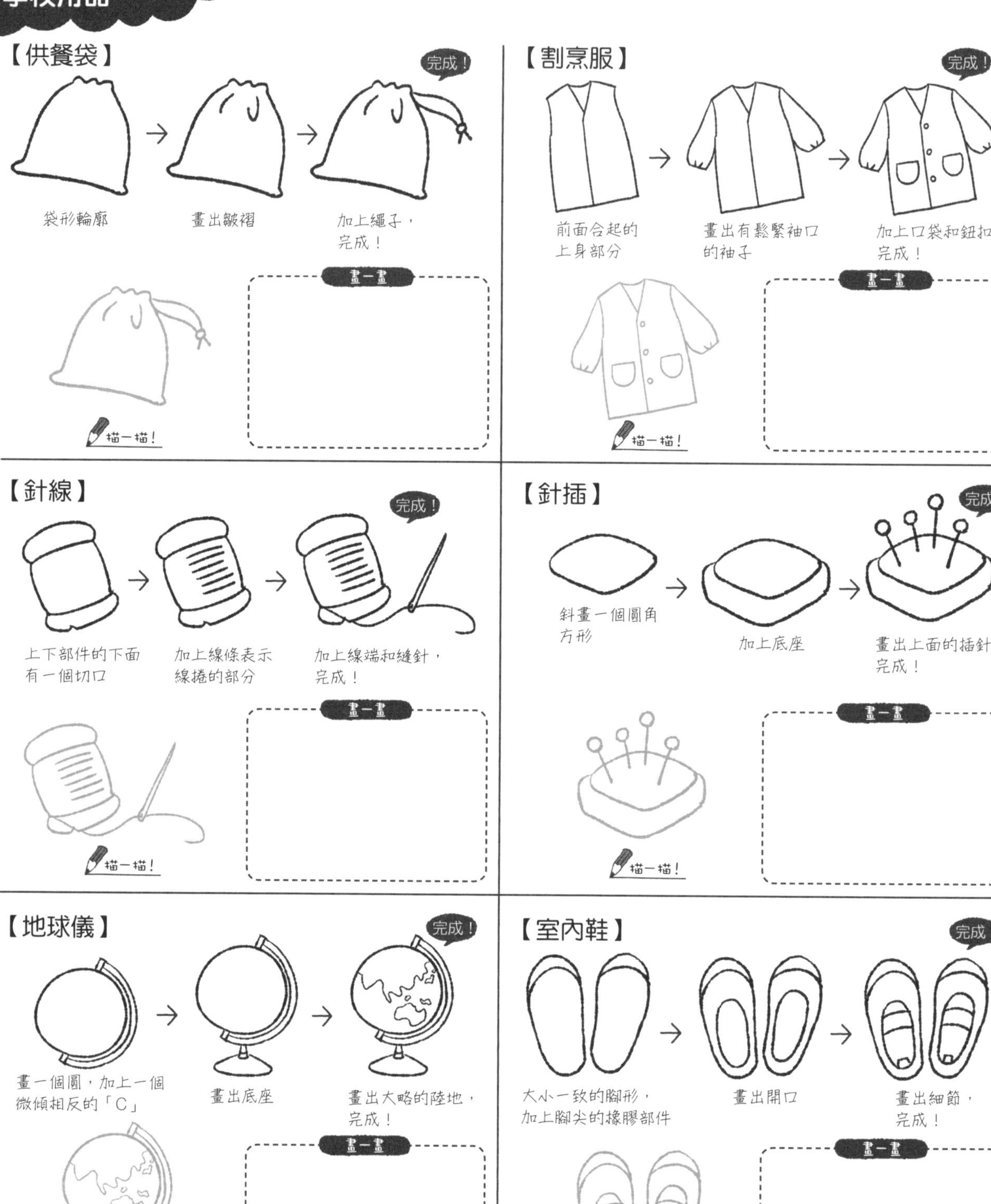
【供餐袋】
完成！
袋形輪廓
畫出皺褶
加上繩子，完成！
畫一畫
描一描！
【割烹服】
完成！
前面合起的上身部分
畫出有鬆緊袖口的袖子
加上口袋和鈕扣，完成！
畫一畫
描一描！
【針線】
完成！
上下部件的下面有一個切口
加上線條表示線捲的部分
加上線端和縫針，完成！
畫一畫
描一描！
【針插】
完成！
斜畫一個圓角方形
加上底座
畫出上面的插針，完成！
畫一畫
描一描！
【地球儀】
完成！
畫一個圓，加上一個微傾相反的「C」
畫出底座
畫出大略的陸地，完成！
畫一畫
描一描！
【室內鞋】
完成！
大小一致的腳形，加上腳尖的橡膠部件
畫出開口
畫出細節，完成！
畫一畫
描一描！

【上學去】

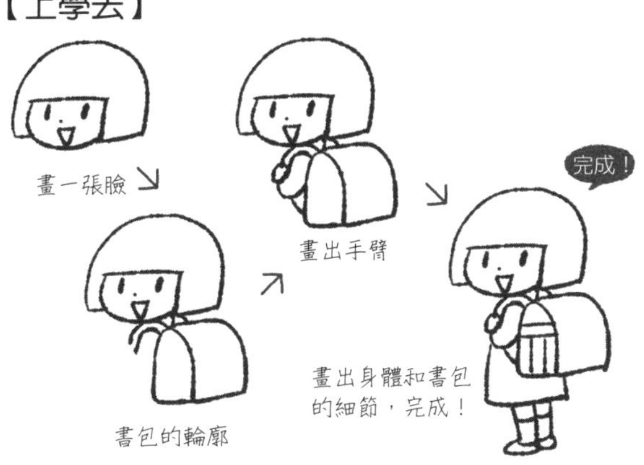

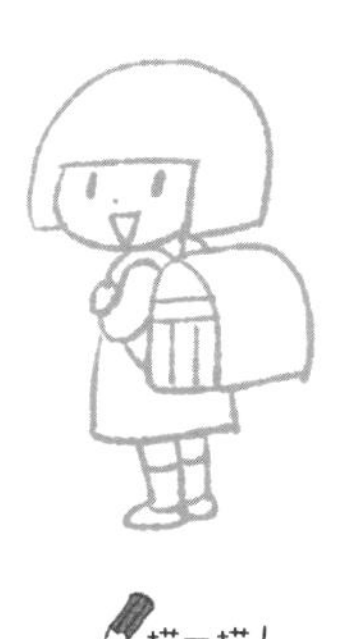

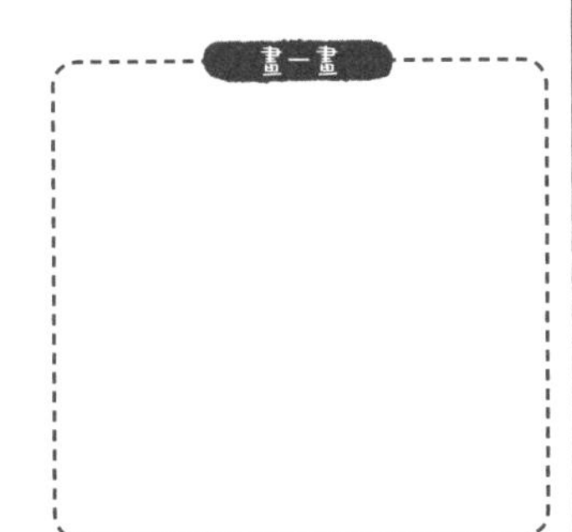

畫一畫

【雨天】

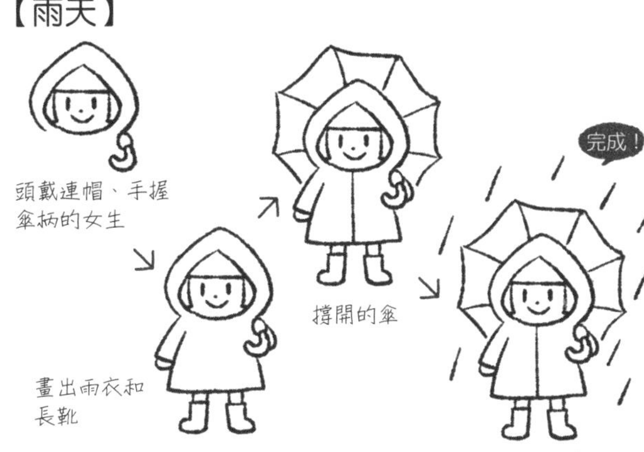

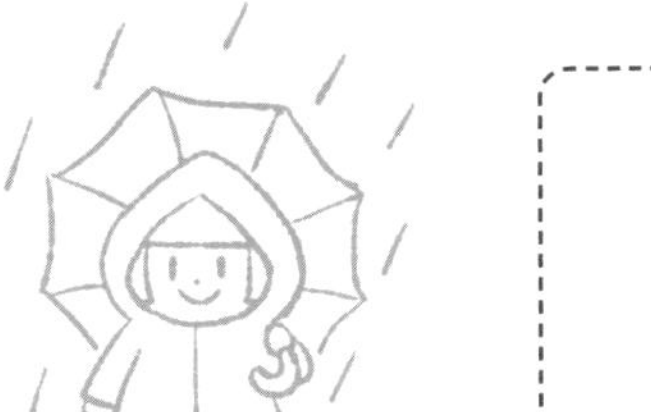

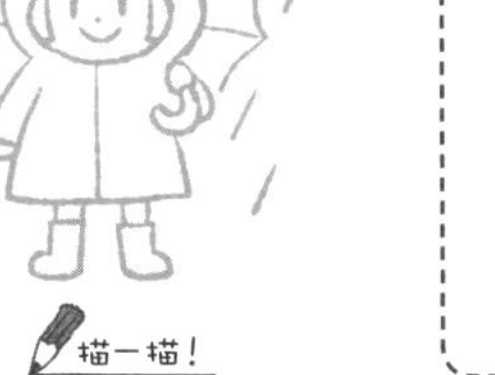

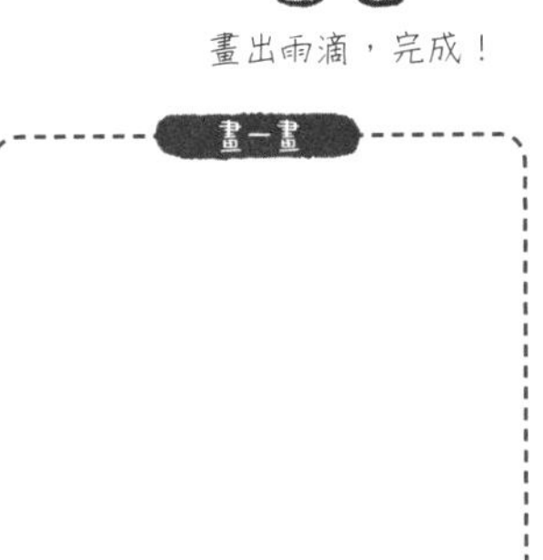

畫一畫

【合唱】

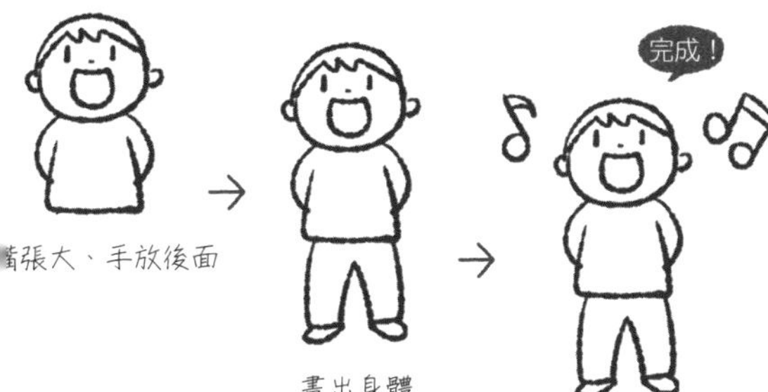

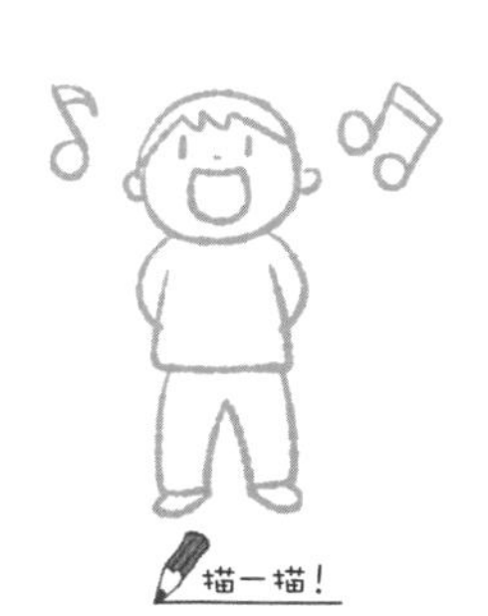

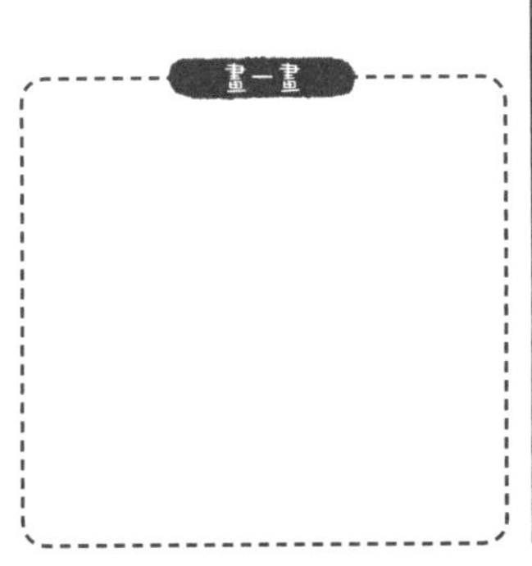

畫一畫

【鋼琴伴奏】

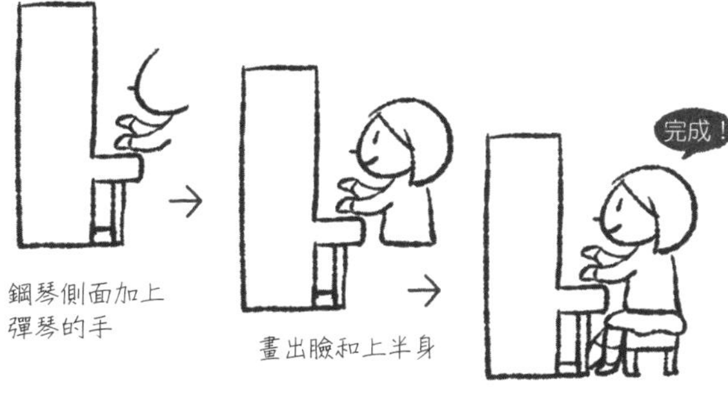

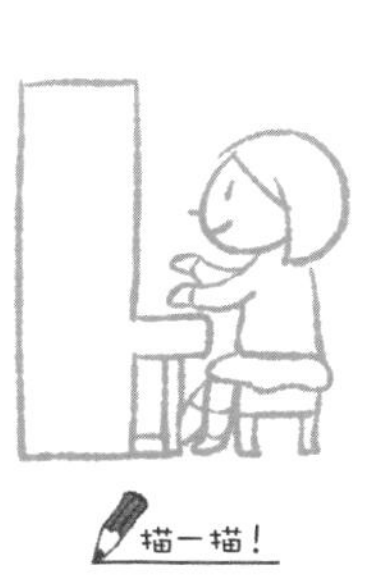

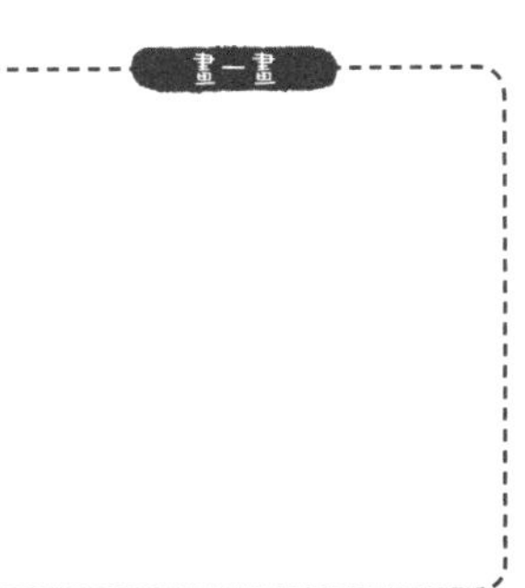

畫一畫

第6章　學校和辦公室

【供餐員】

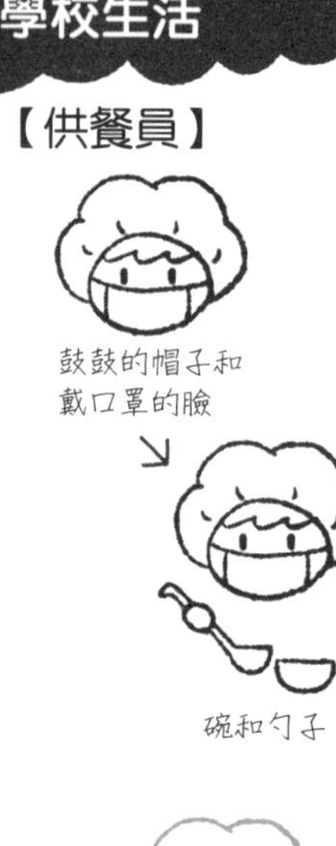

鼓鼓的帽子和戴口罩的臉

碗和勺子

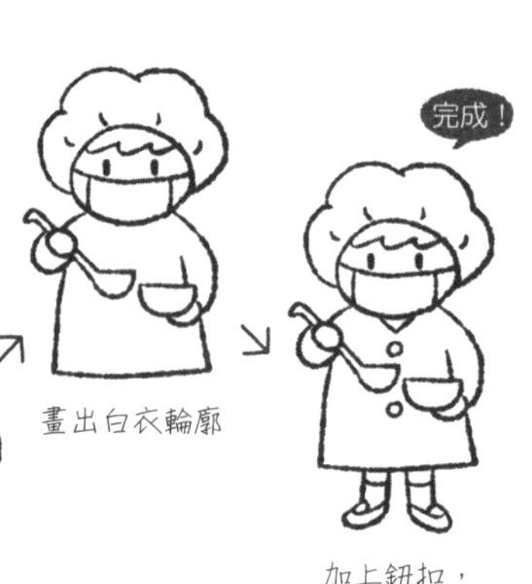

畫出白衣輪廓

加上鈕扣，畫出腳，完成！

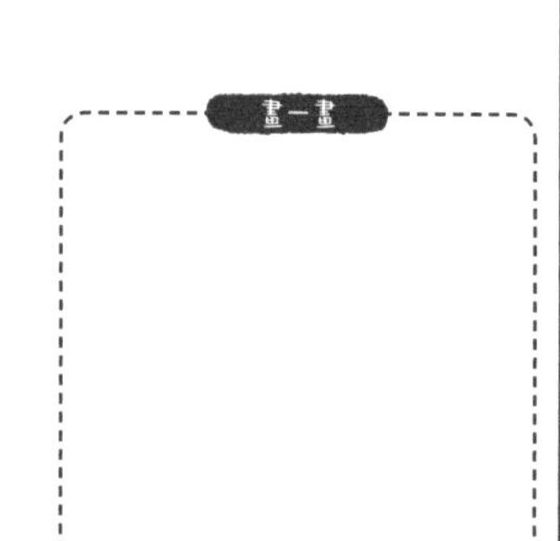

【供餐】

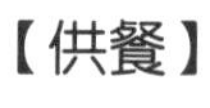

托盤上的盤子和牛奶盒

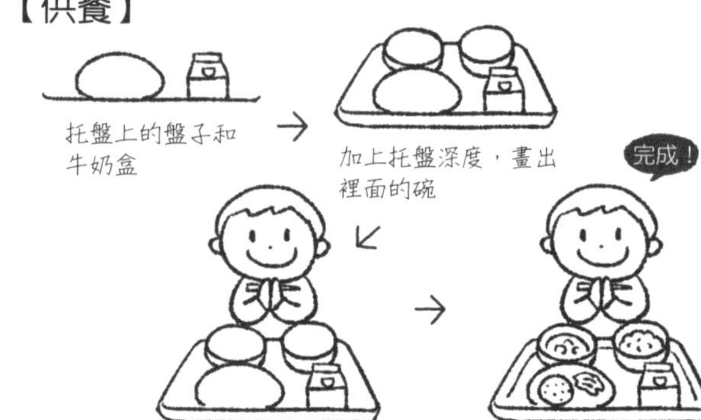

加上托盤深度，畫出裡面的碗

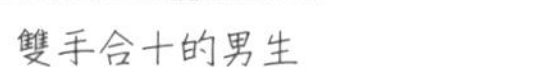

雙手合十的男生

畫出食物，完成！

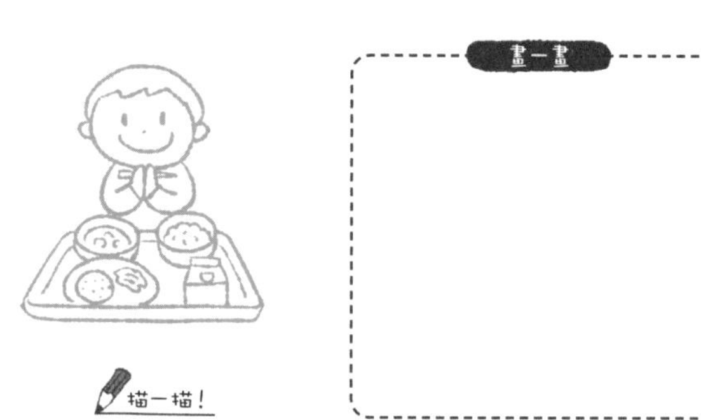

【投球】

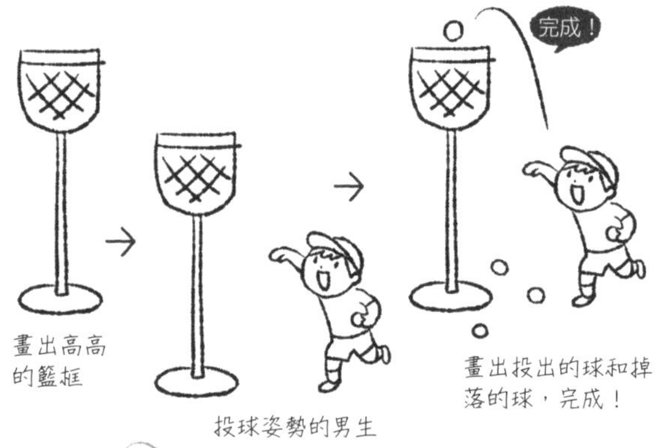

畫出高高的籃框

投球姿勢的男生

畫出投出的球和掉落的球，完成！

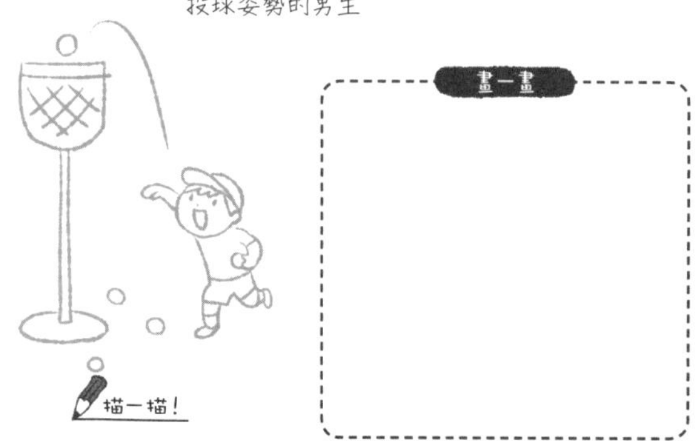

【最後一棒】

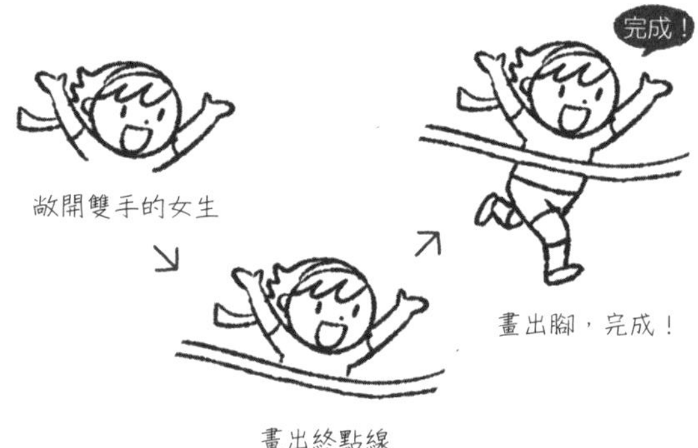

敞開雙手的女生

畫出終點線

畫出腳，完成！

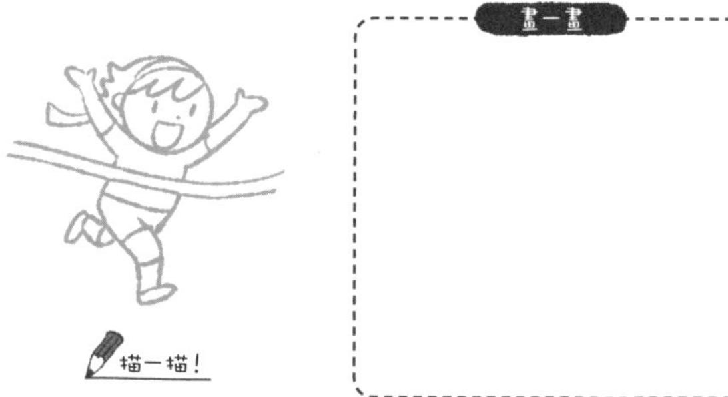

【前翻】

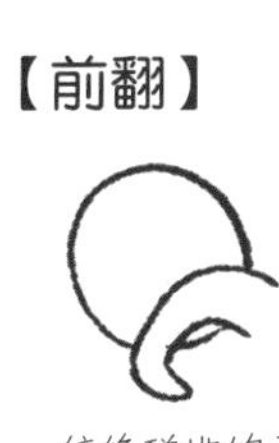

往後碰地的手和往後的頭

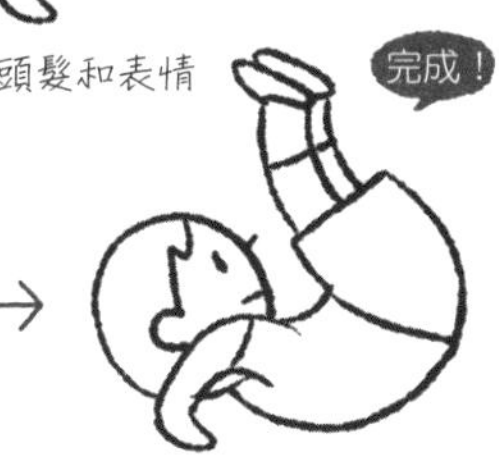

畫出頭髮和表情

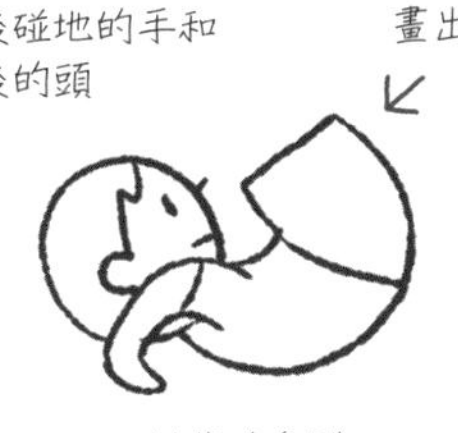

拱背的身體

畫出腳，完成！

完成！

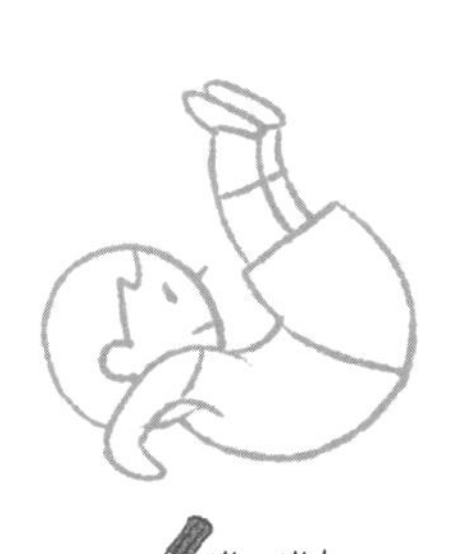

描一描！

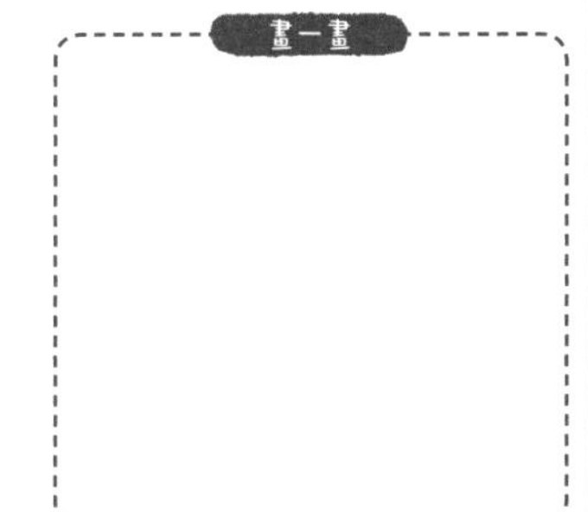

畫一畫

【跳繩】

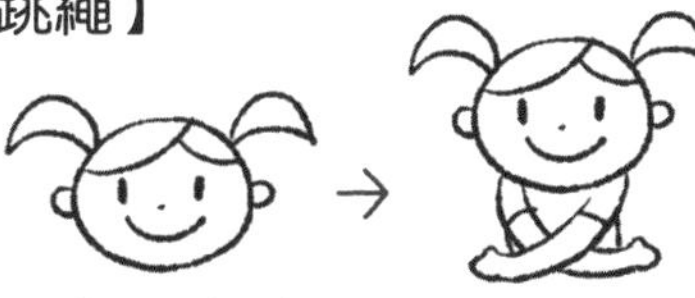

綁髮跳動的女生

手臂交叉

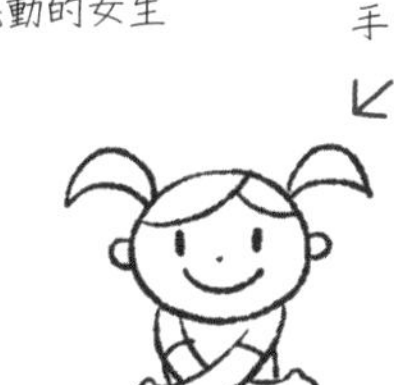

畫出腳彎起的身體

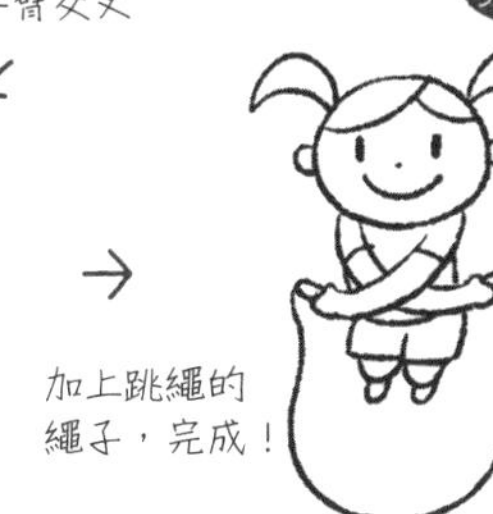

加上跳繩的繩子，完成！

完成！

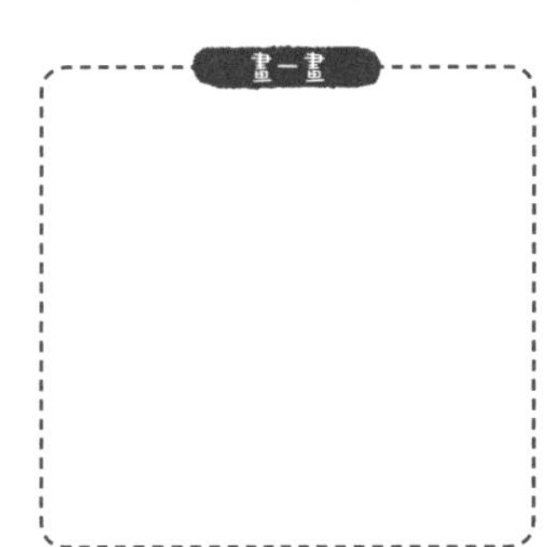

描一描！

畫一畫

【側翻】

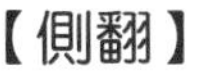

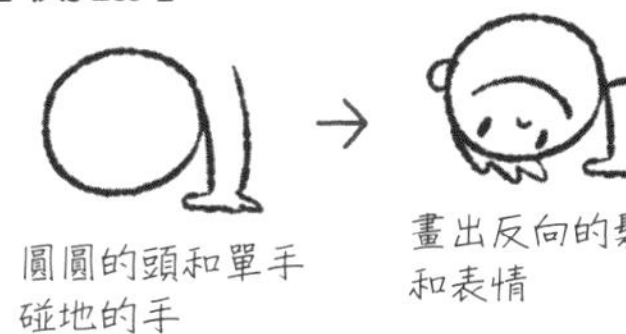

圓圓的頭和單手碰地的手

畫出反向的髮型和表情

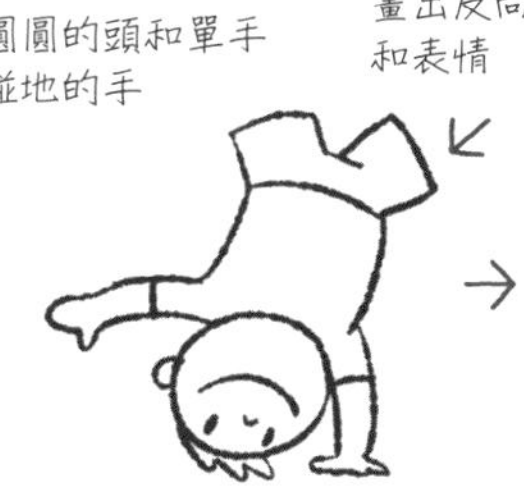

畫出身體

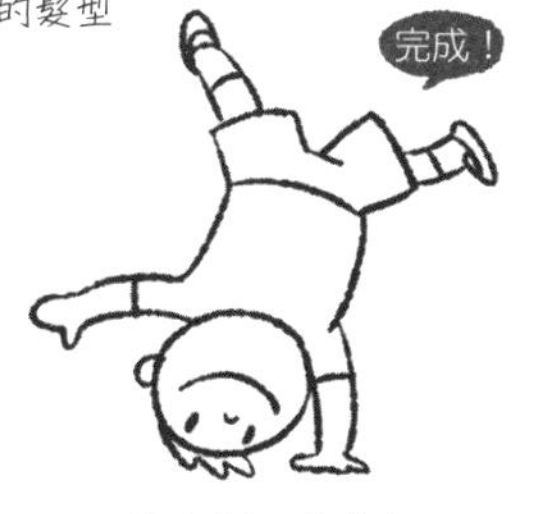

畫出腳，完成！

完成！

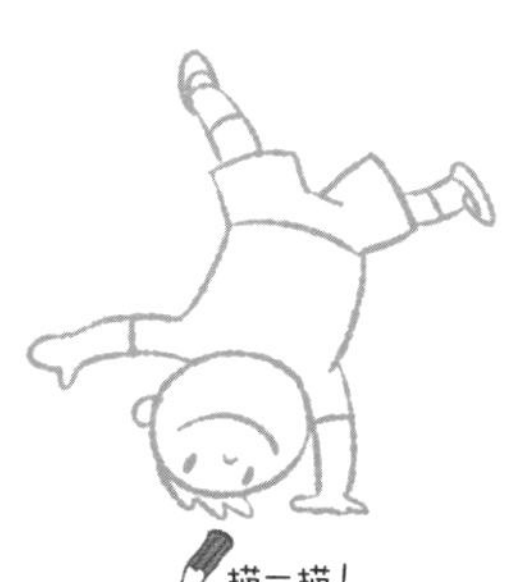

描一描！

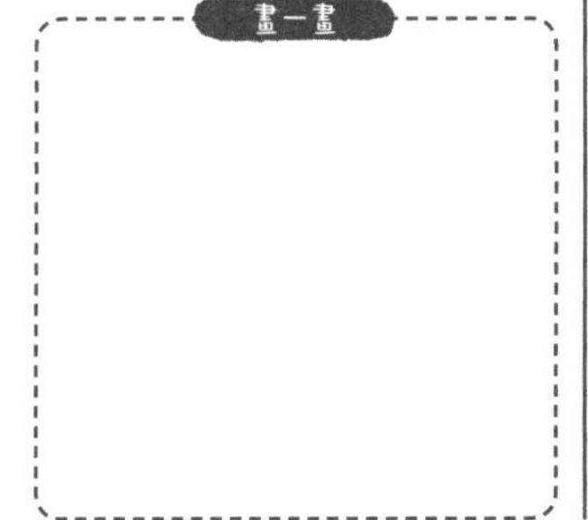

畫一畫

【跳箱】

戴帽子的男生

雙臂在前

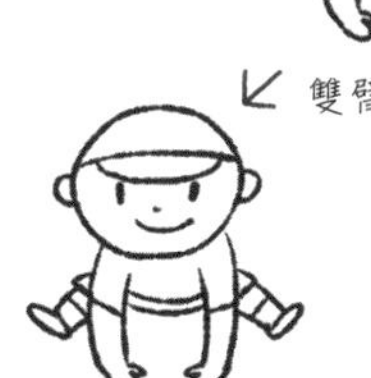

腳在兩側

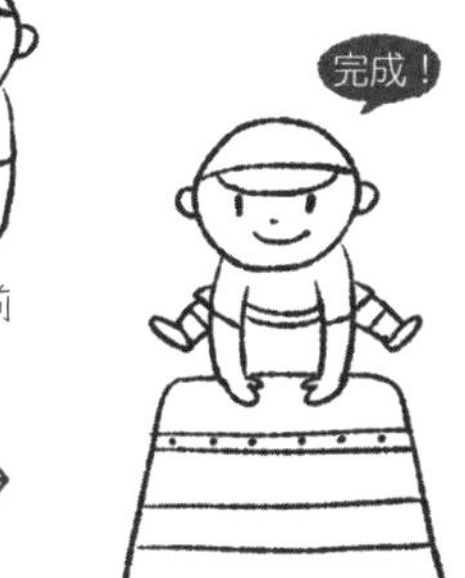

畫出跳箱，完成！

完成！

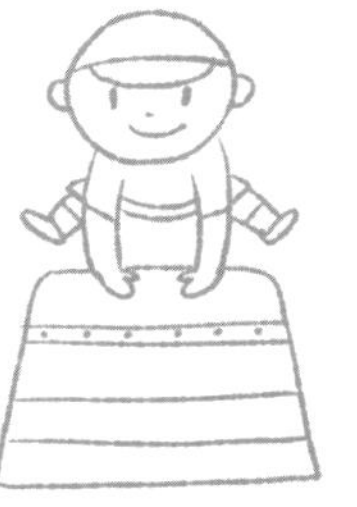

描一描！

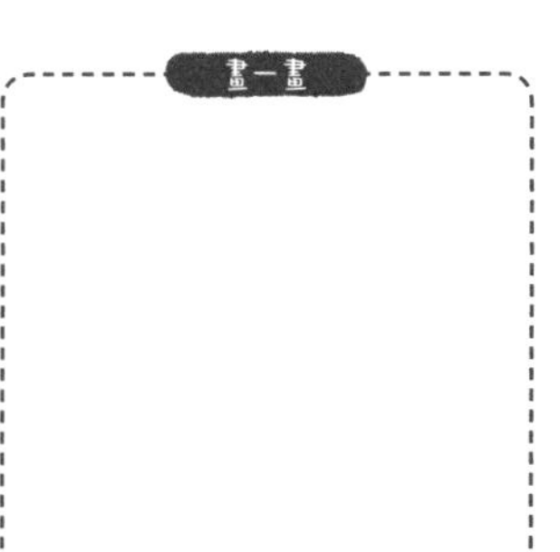

畫一畫

【浮板】

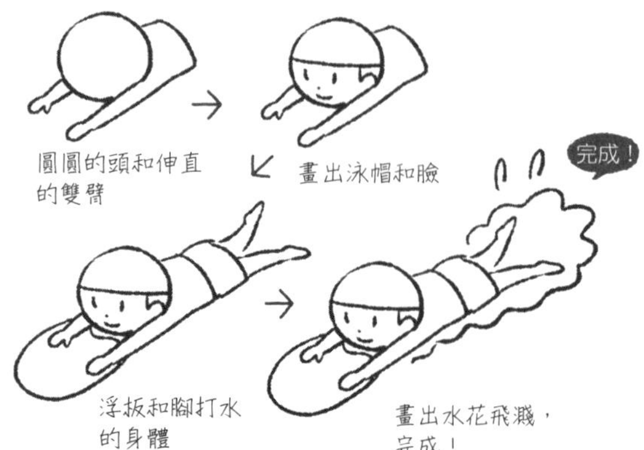

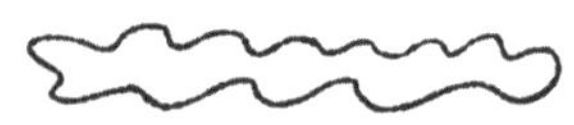

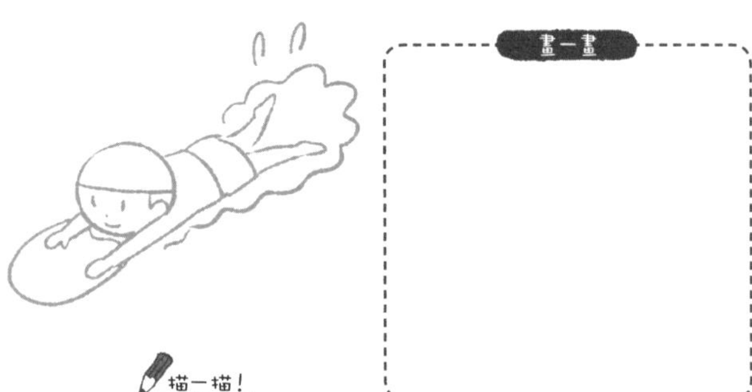

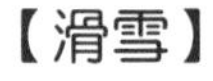

畫一畫

【自由式】

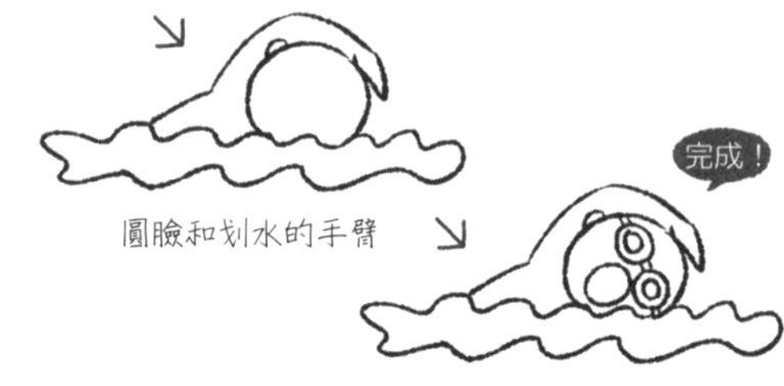

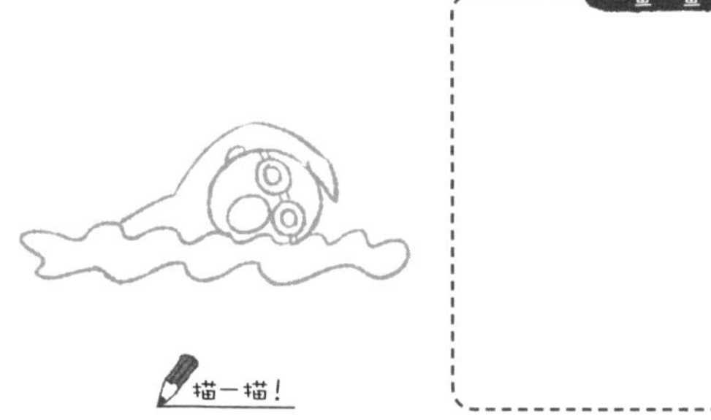

畫一畫

【滑雪】

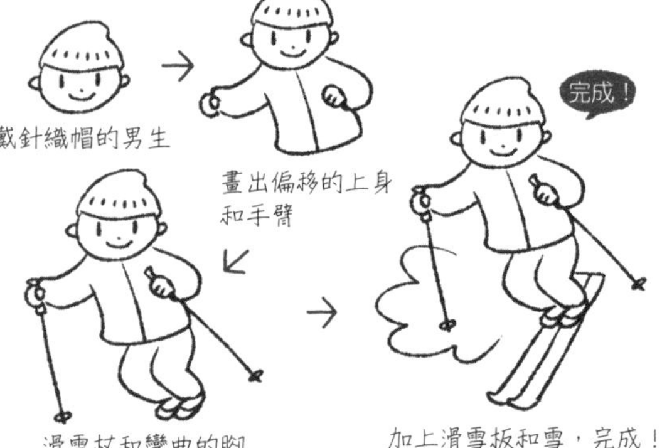

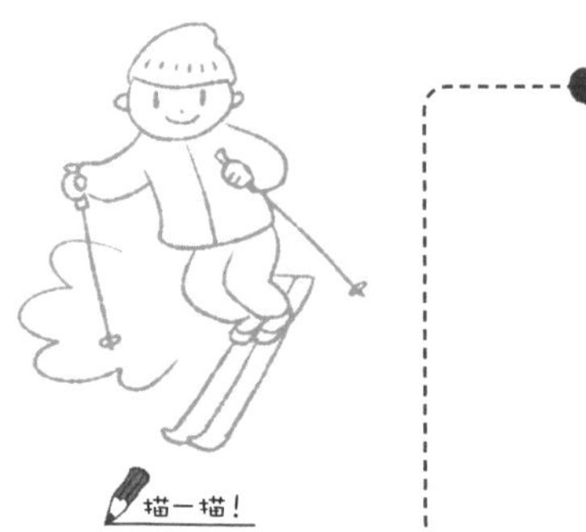

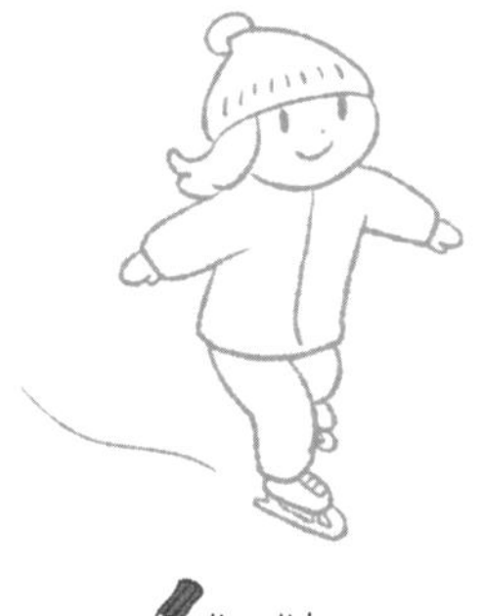

畫一畫

【溜冰】

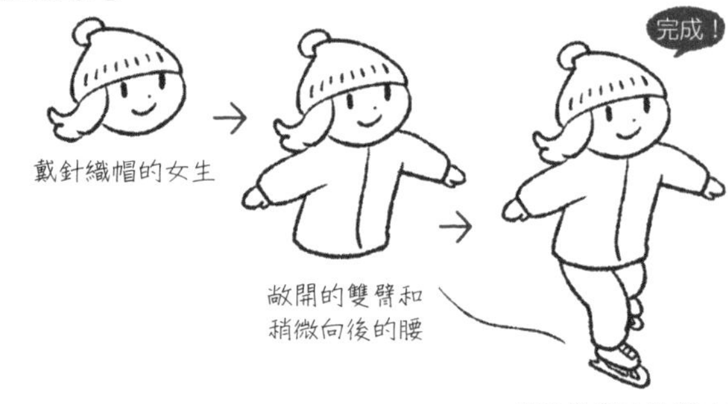

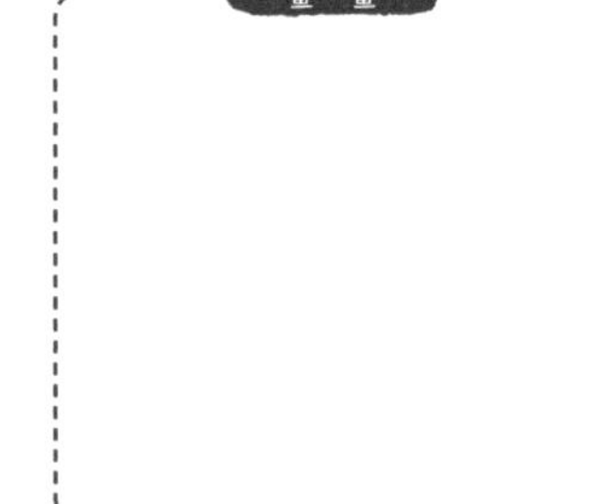

畫一畫

【擦拭打掃】

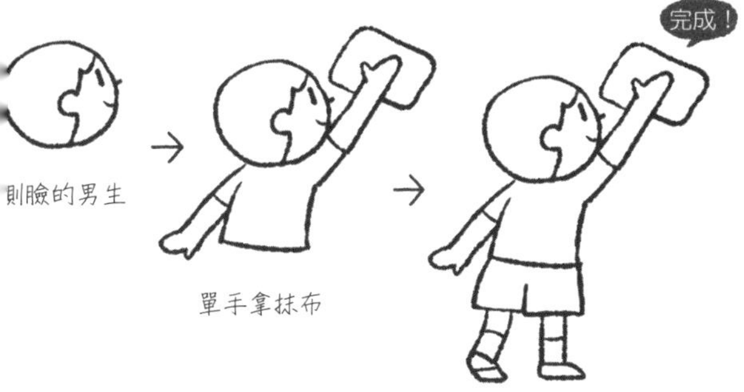

則臉的男生

單手拿抹布

畫出褲子和腳，
完成！

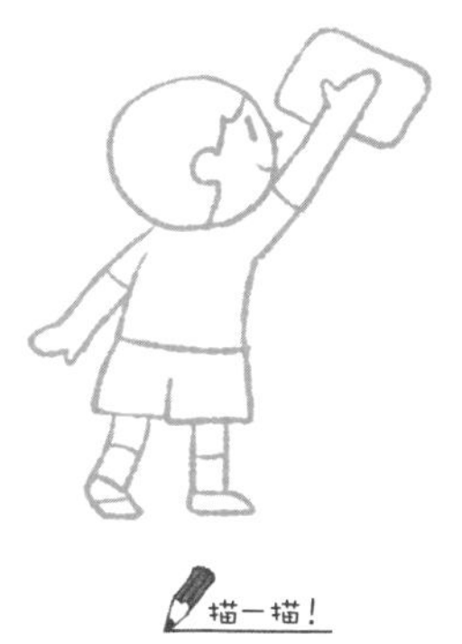

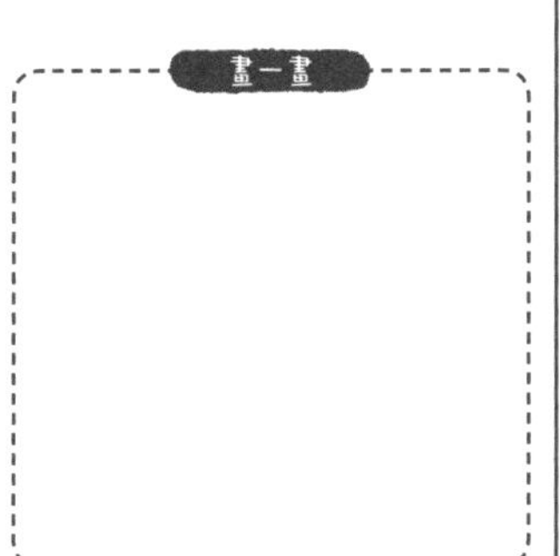

【拖地】

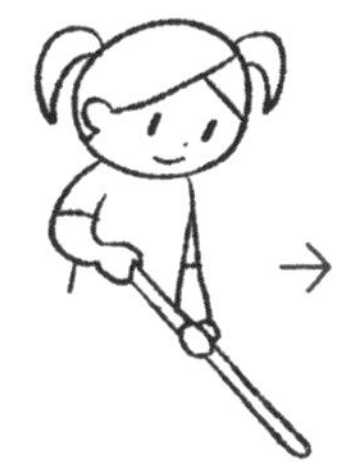

手持長棍的女生

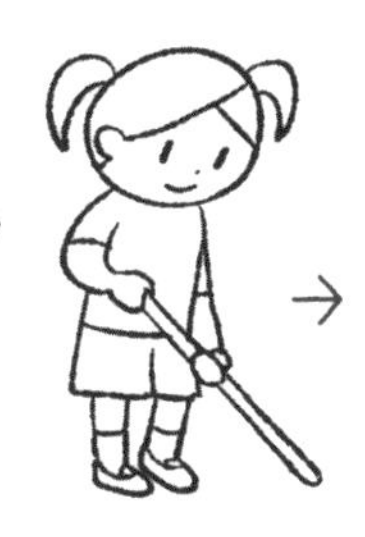

畫出到腳的身體

棍子前端加上抹布，
完成！

【洗手】

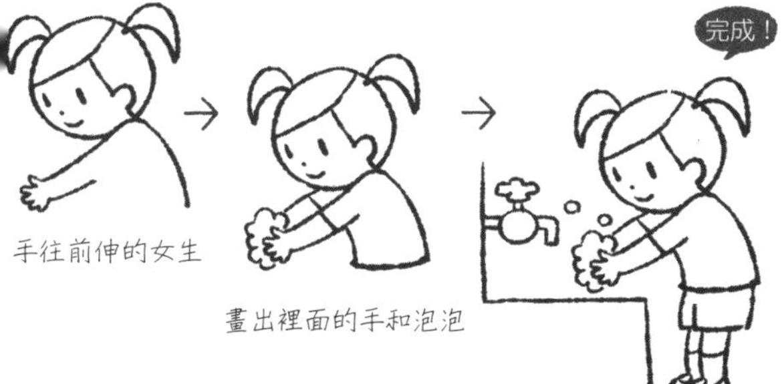

手往前伸的女生

畫出裡面的手和泡泡

畫出洗手台和腳，完成！

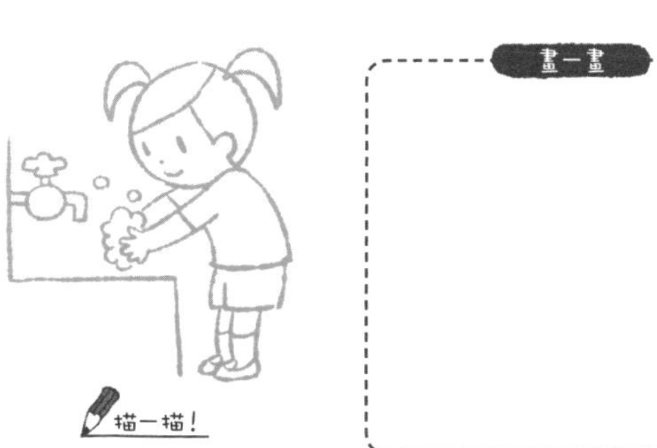

【漱口】

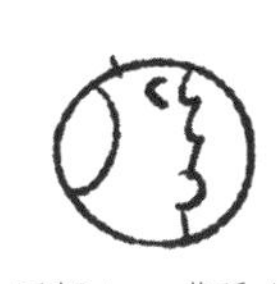

頭朝上、嘴張大
的男生

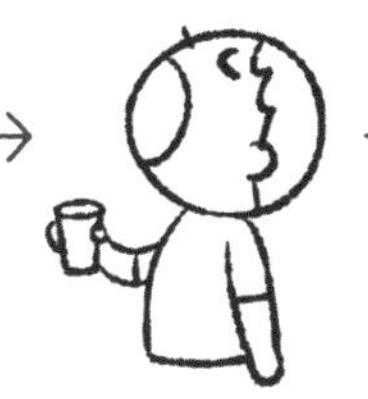

畫出手拿杯子的身體

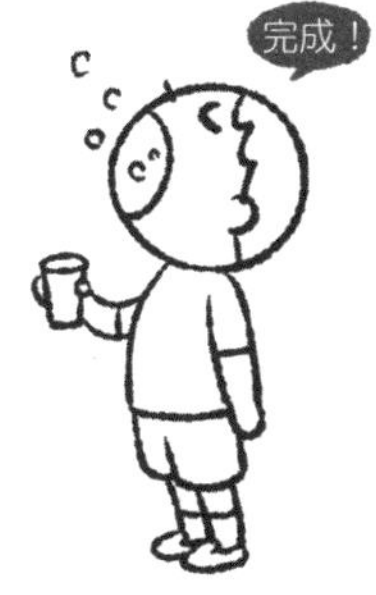

畫出腳，加上
泡泡，完成！

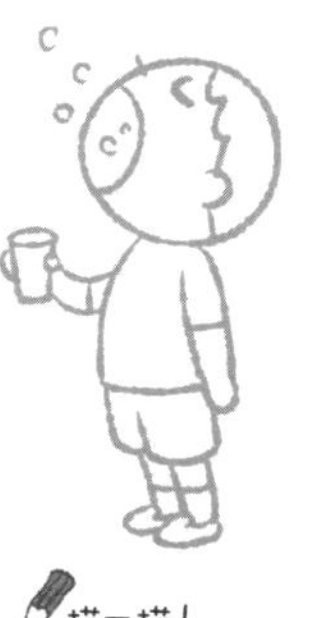

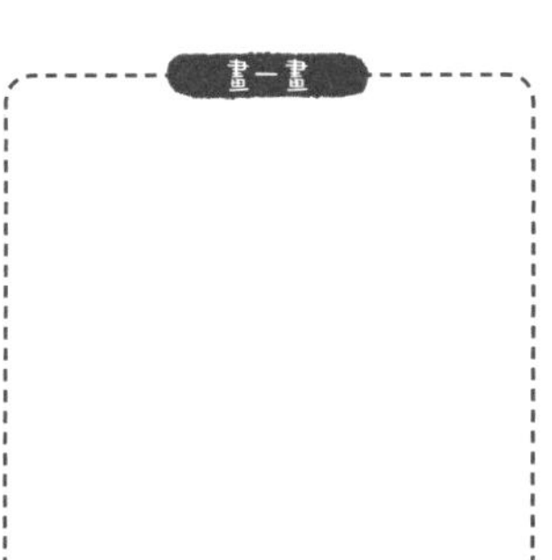

上課

【舉手】

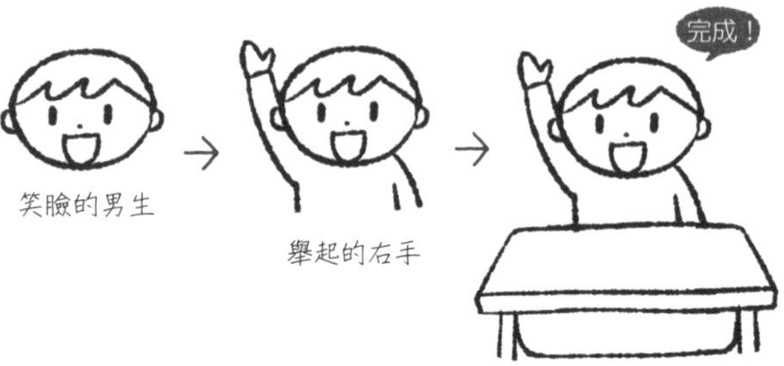

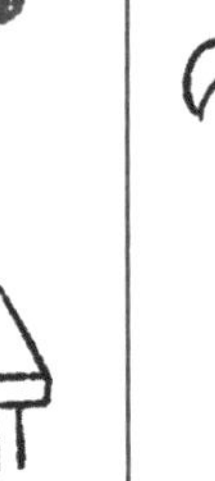

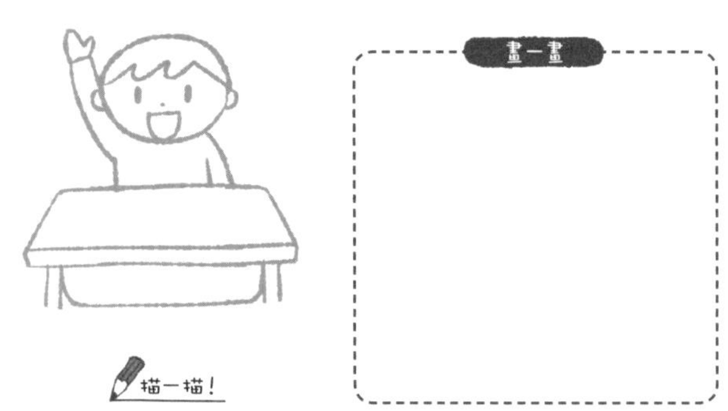

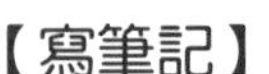

【看書】

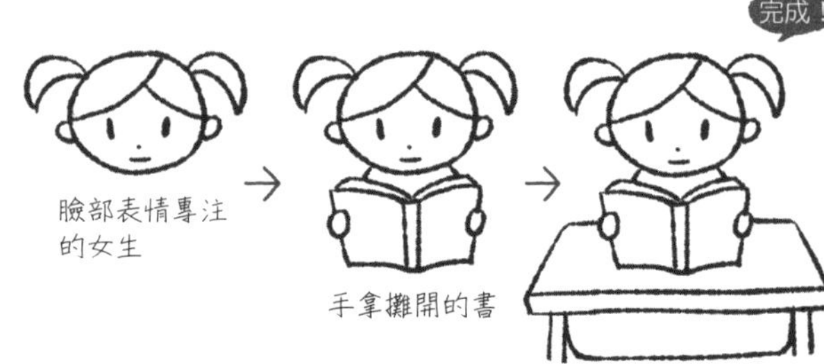

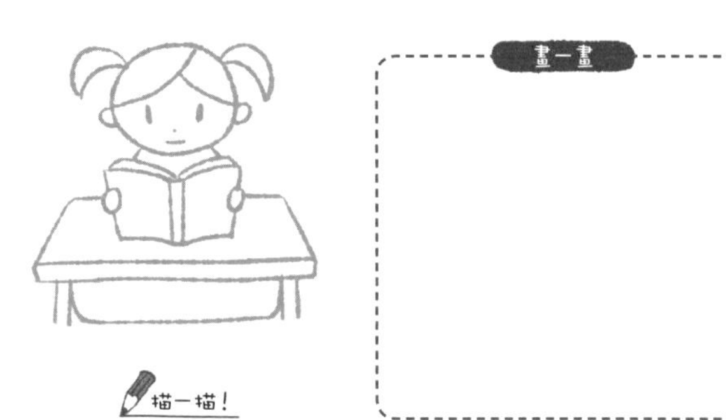

【寫筆記】

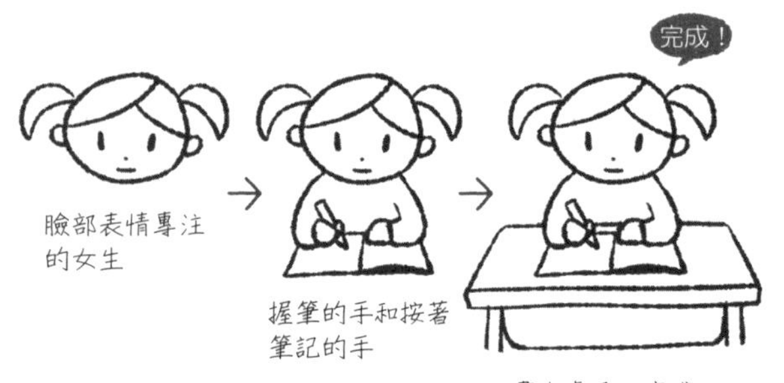

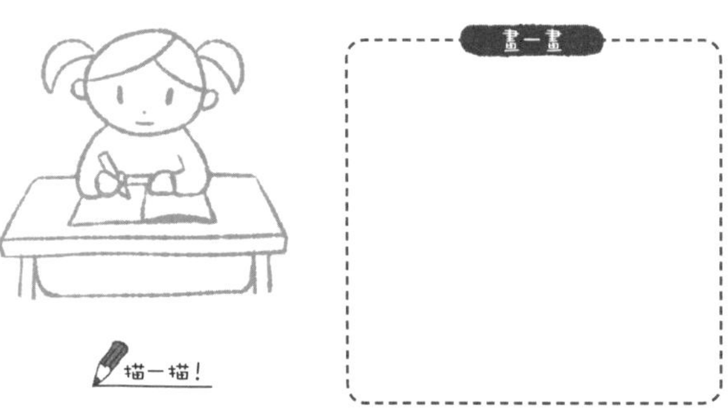

【看外面】

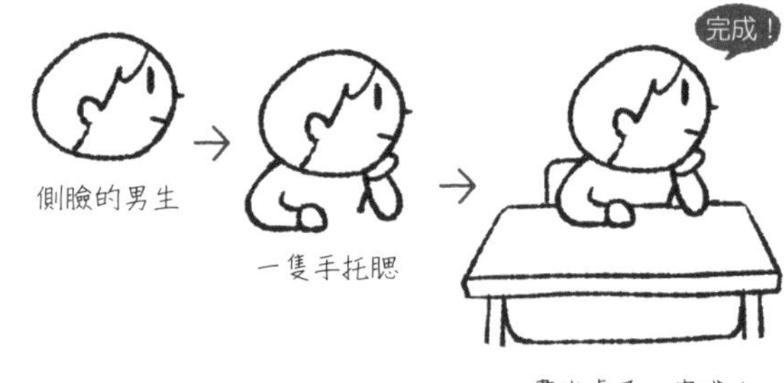

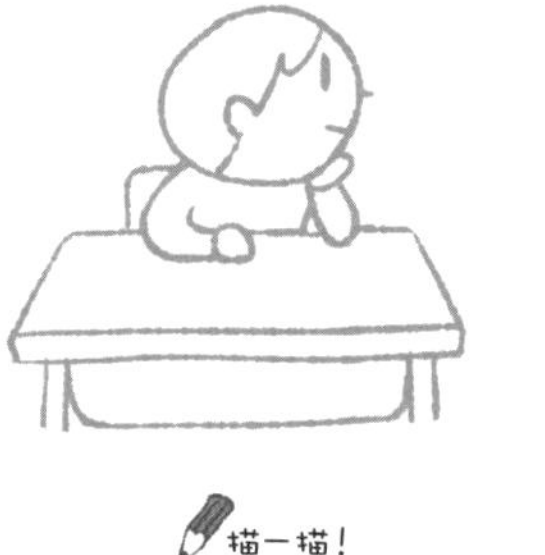

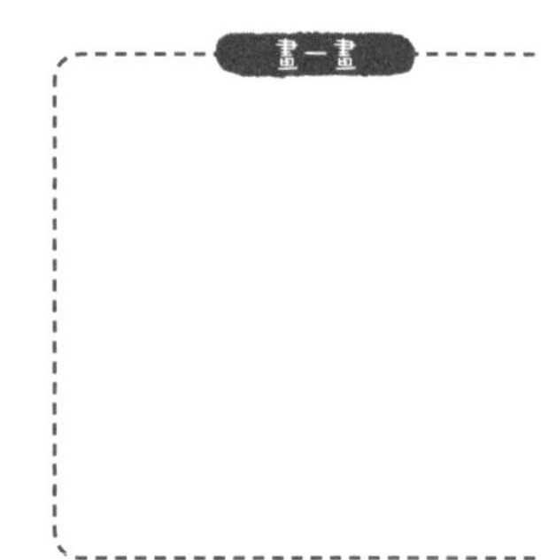

【講台】

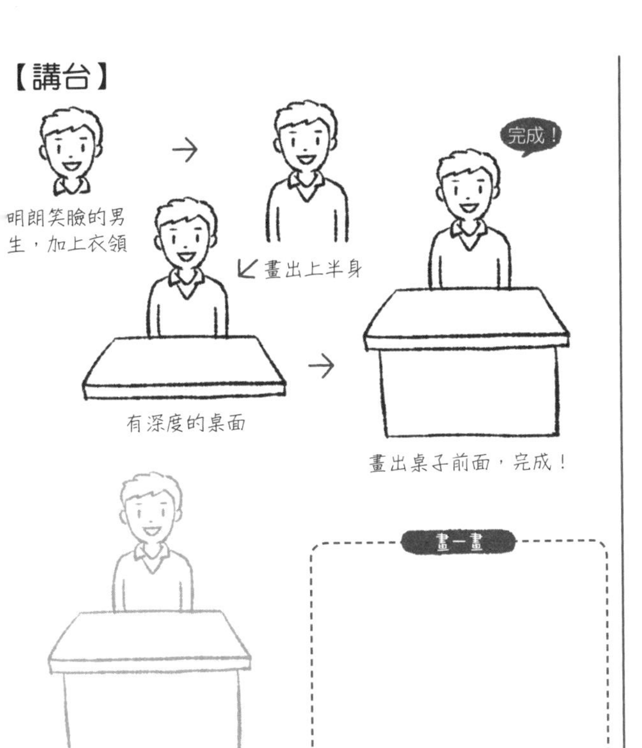

完成！
明朗笑臉的男生，加上衣領
畫出上半身
有深度的桌面
畫出桌子前面，完成！
畫一畫
描一描！

【寫黑板】

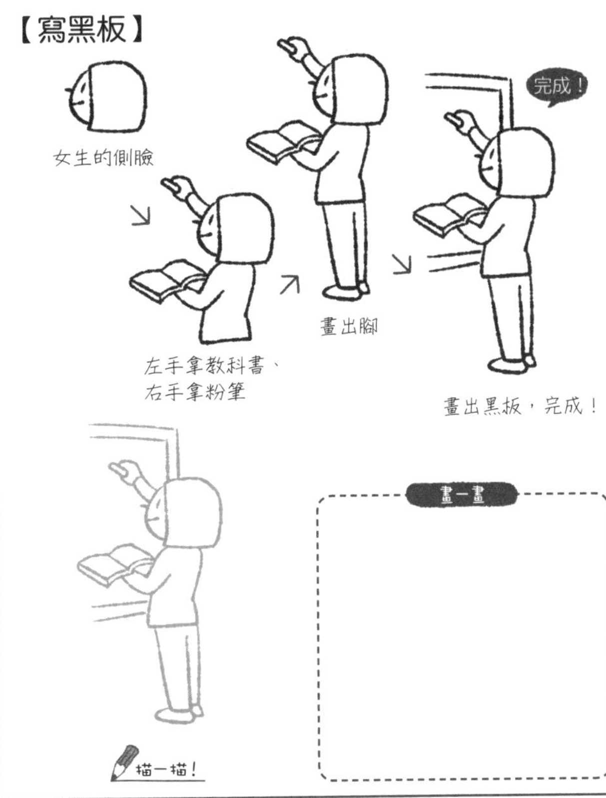

完成！
女生的側臉
左手拿教科書、右手拿粉筆
畫出腳
畫出黑板，完成！
畫一畫
描一描！

【擦黑板】

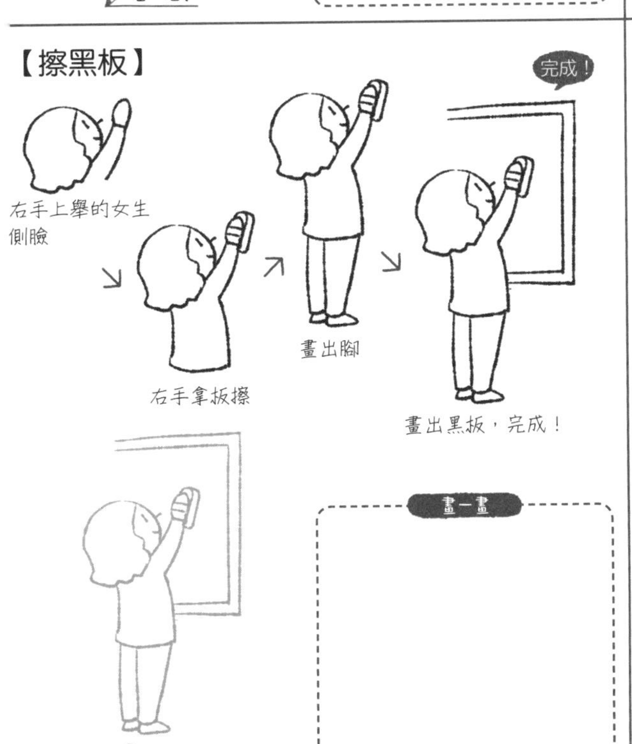

完成！
右手上舉的女生側臉
右手拿板擦
畫出腳
畫出黑板，完成！
畫一畫
描一描！

【體操】

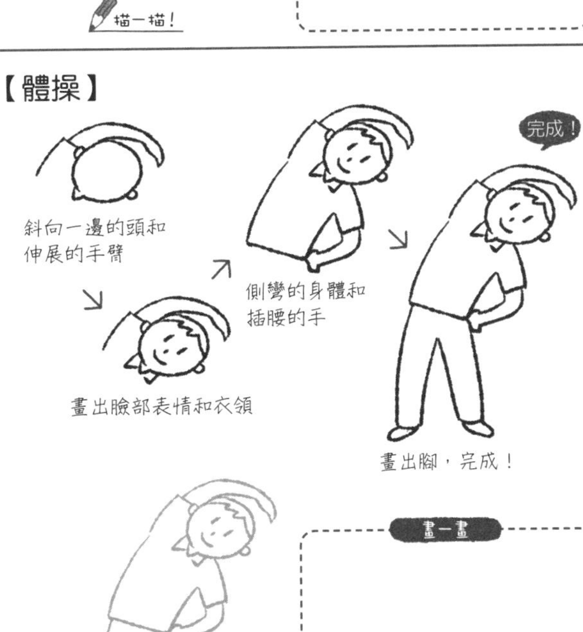

完成！
斜向一邊的頭和伸展的手臂
畫出臉部表情和衣領
側彎的身體和插腰的手
畫出腳，完成！

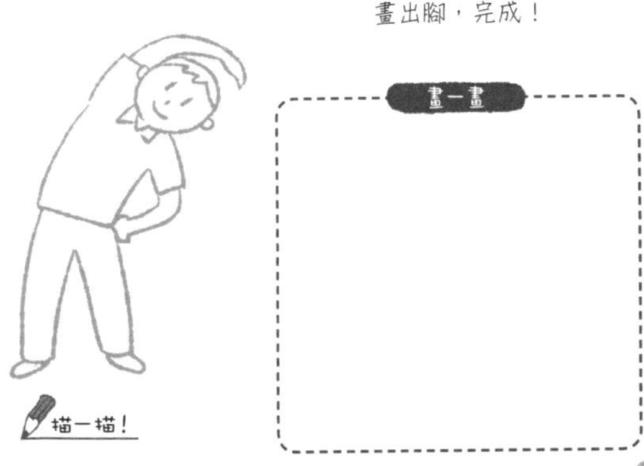

畫一畫
描一描！

【幼稚園】

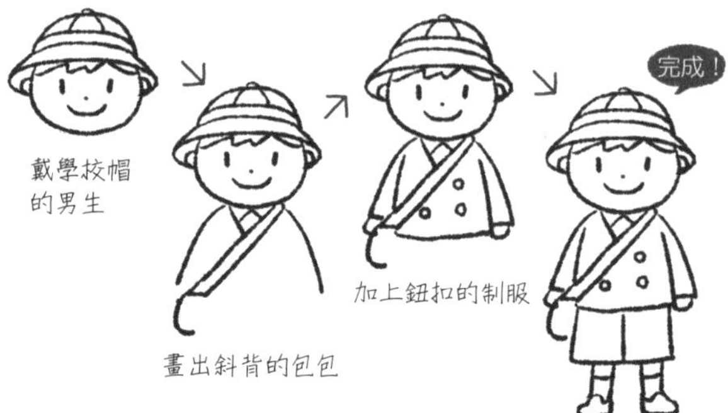

畫一畫

描一描！

【小學】

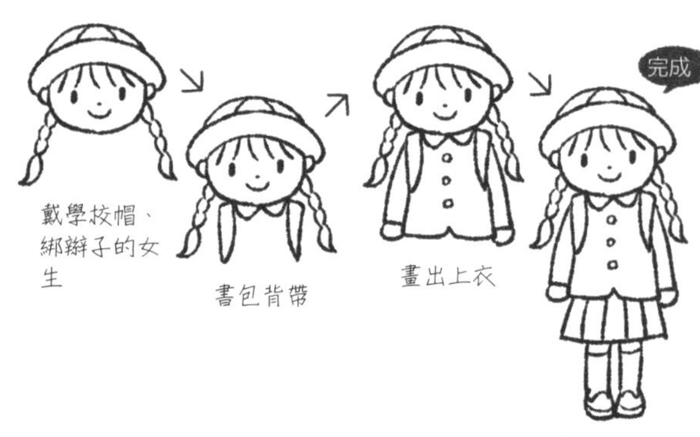

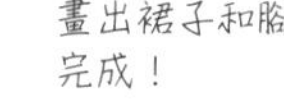

畫一畫

描一描！

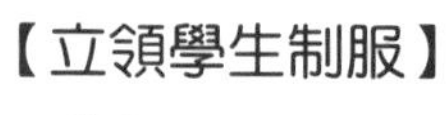

【立領學生制服】

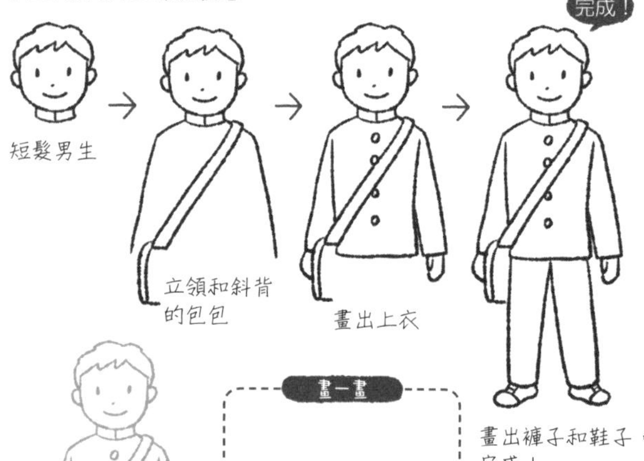

畫一畫

描一描！

【水手服】

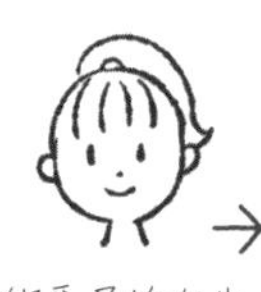

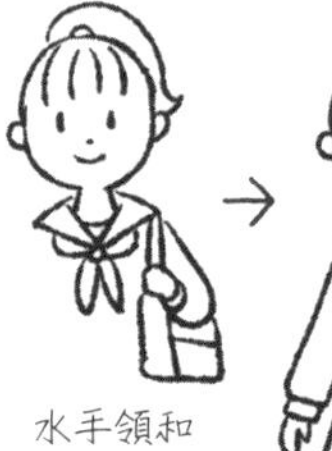

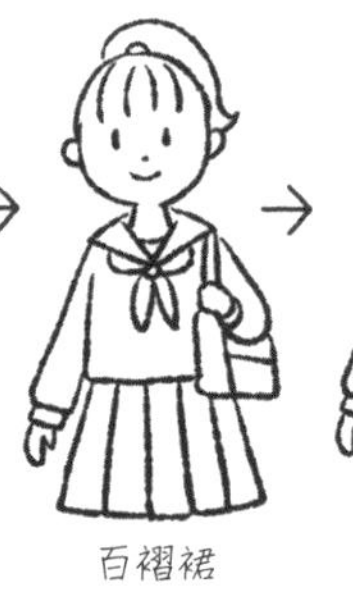

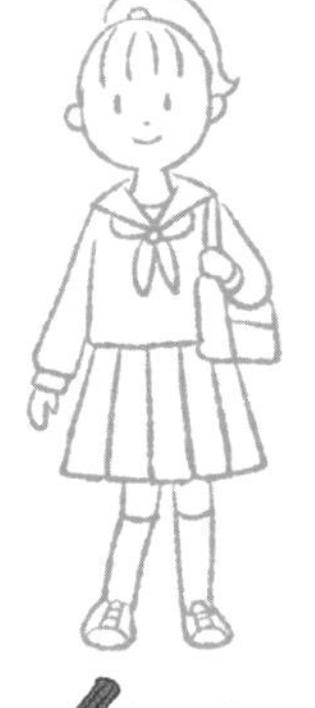

畫一畫

描一描！

【畢業典禮（女生）】

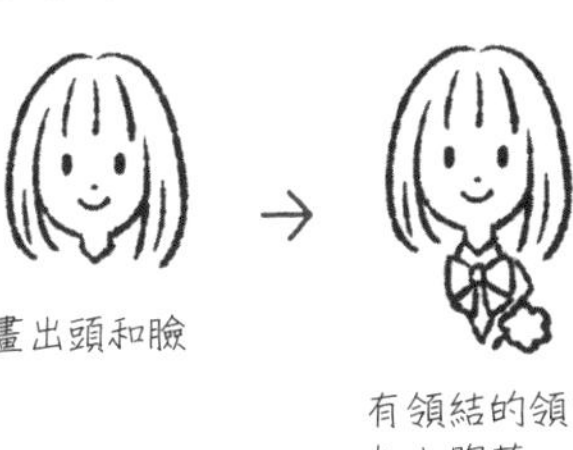

畫出頭和臉

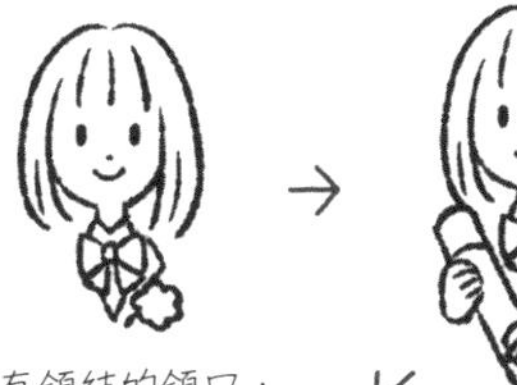

有領結的領口，
加上胸花

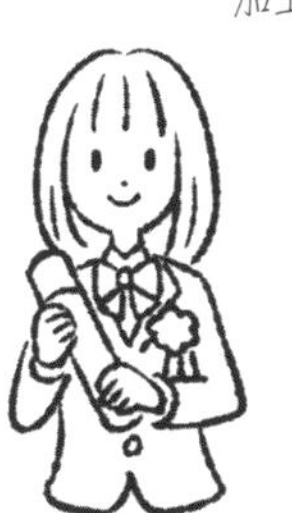

兩手握著
畢業證書筒

畫出上衣

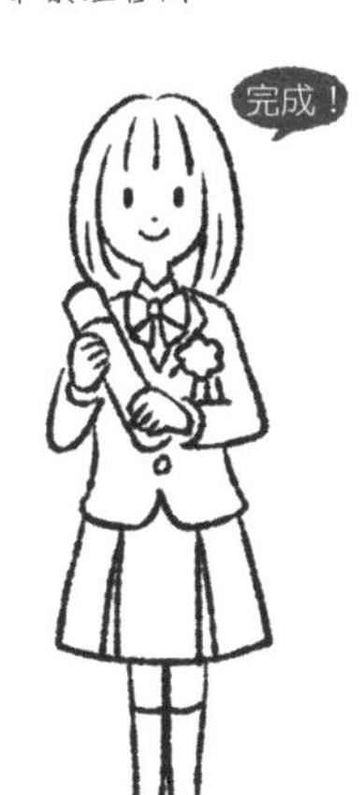

畫出裙子

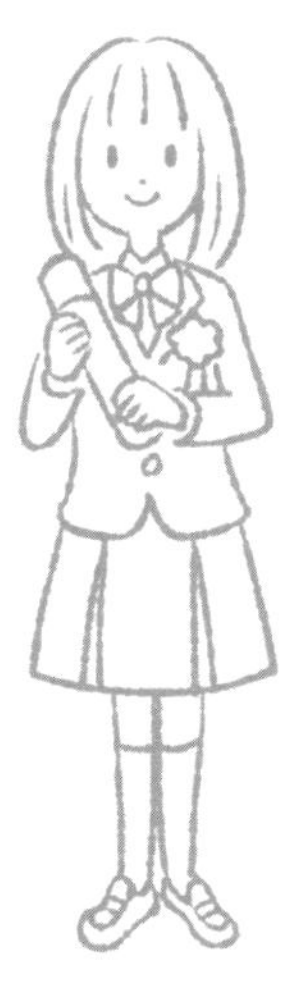

畫出腳和鞋子，
完成！

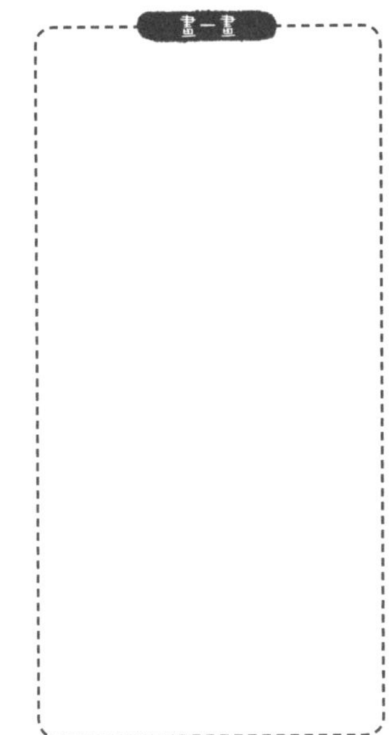

【畢業典禮（男生）】

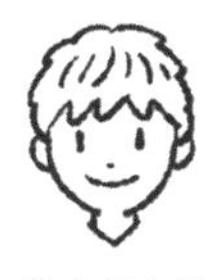

畫出頭和臉

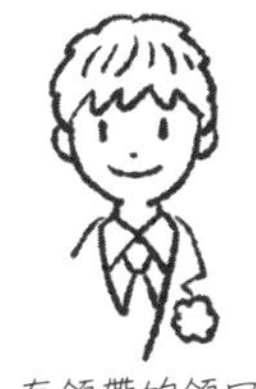

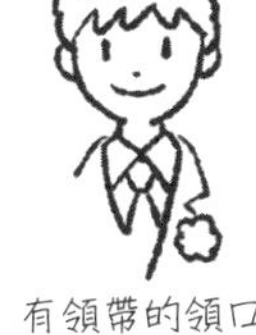

有領帶的領口，
加上胸花

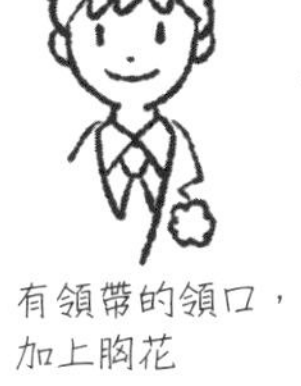

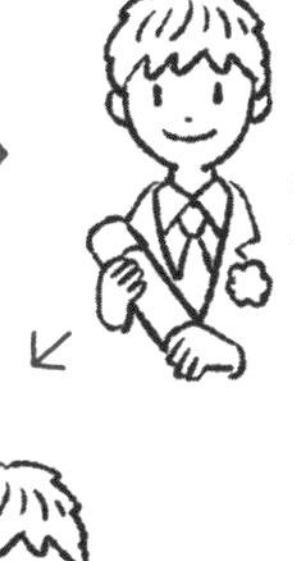

兩手握著
畢業證書筒

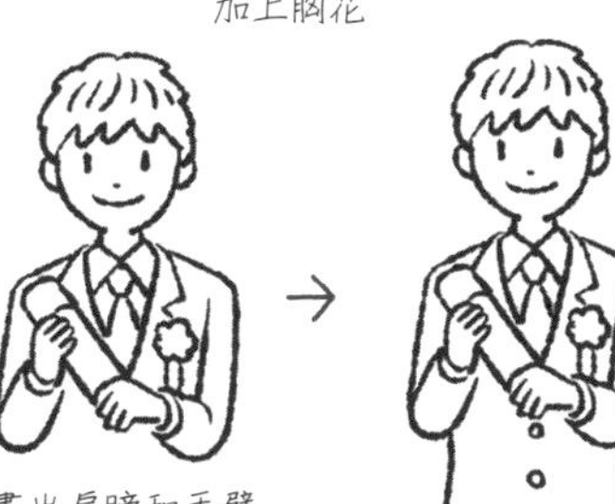

畫出肩膀和手臂

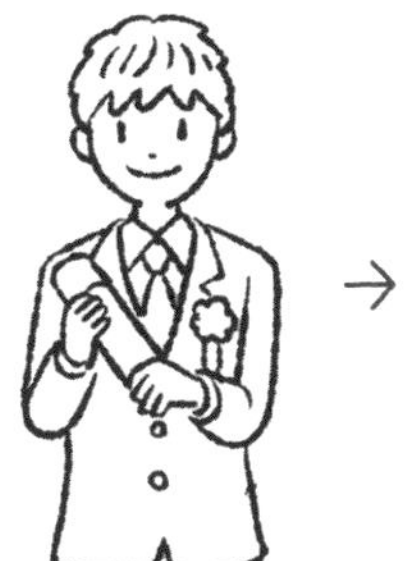

畫出上衣衣襬和鈕扣

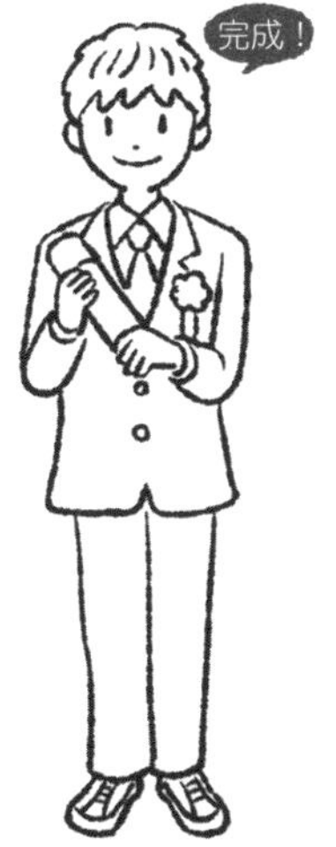

畫出褲子和鞋子，
完成！

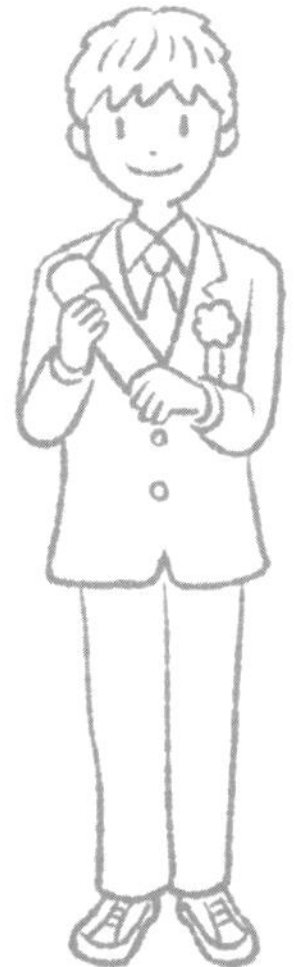

【辦公大樓】

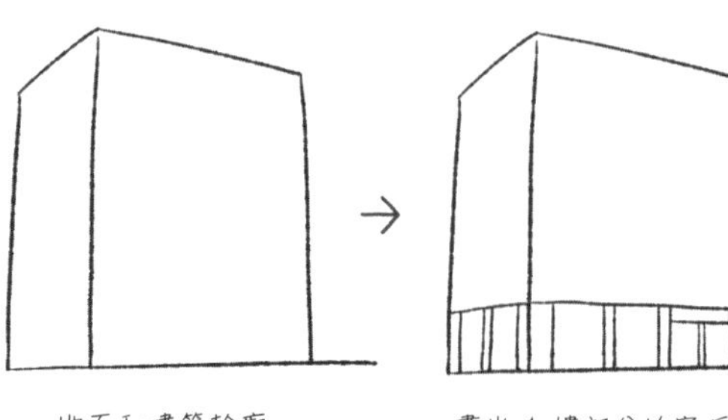
地面和建築輪廓

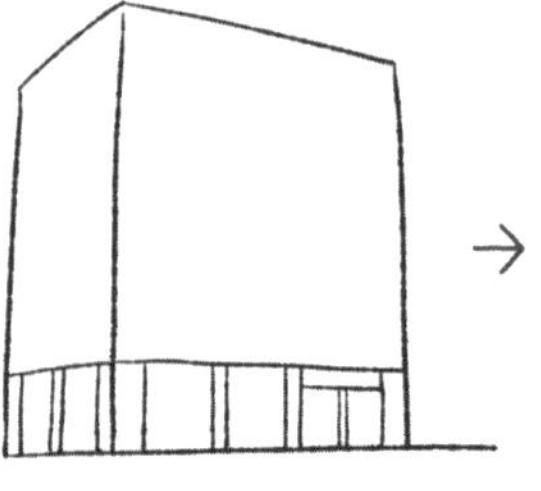
畫出 1 樓部分的窗戶等

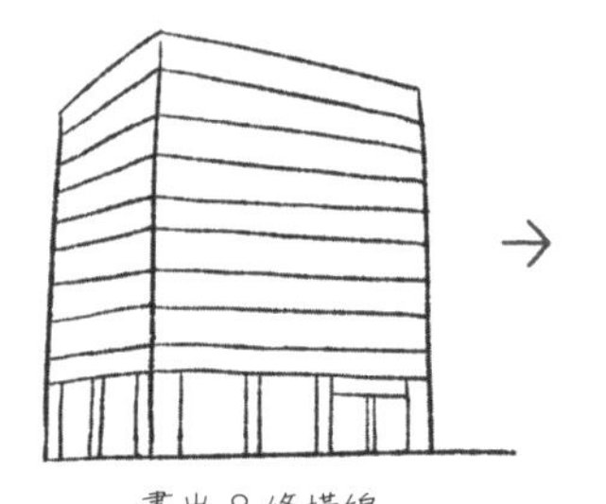
畫出 8 條橫線

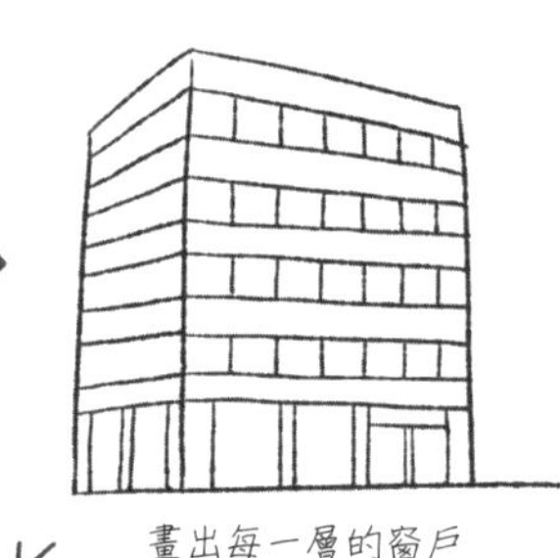
畫出每一層的窗戶

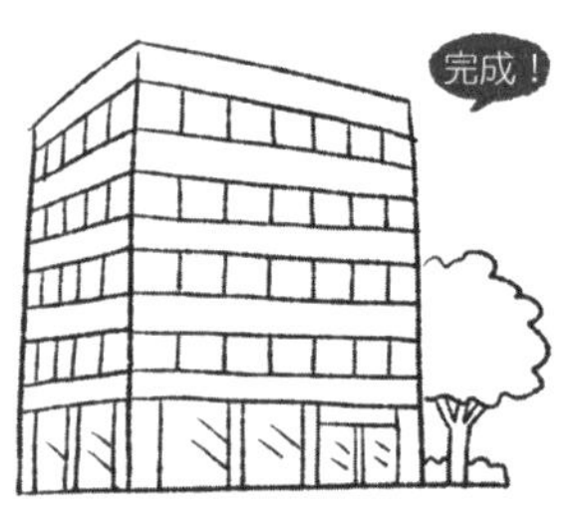

畫出樹木和玻璃表面，
完成！

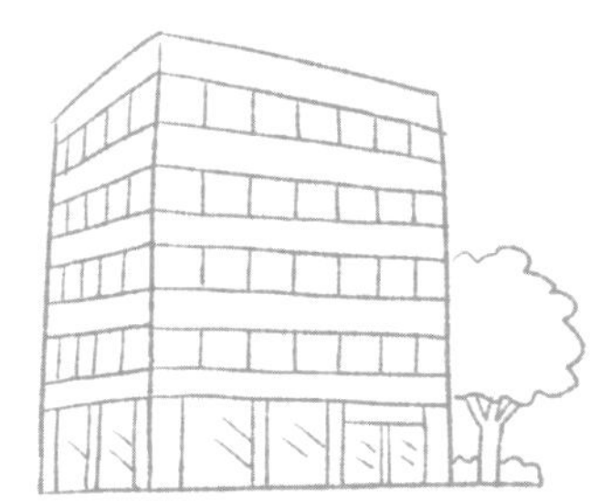
描一描！

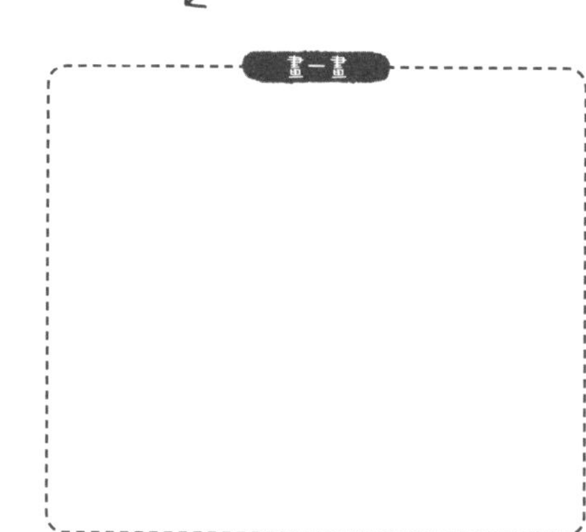

【夾板】

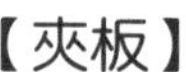

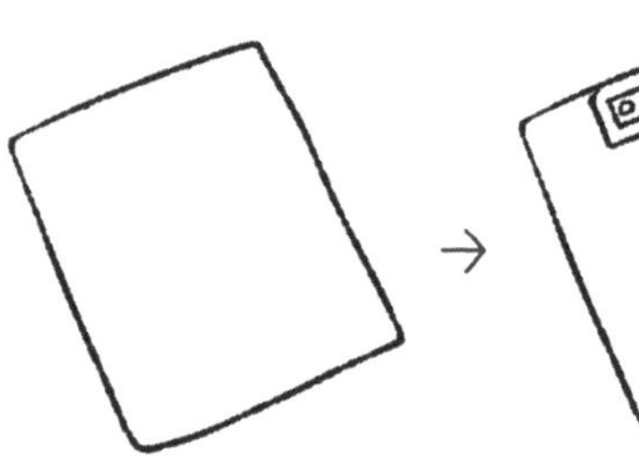
斜放的圓角方形

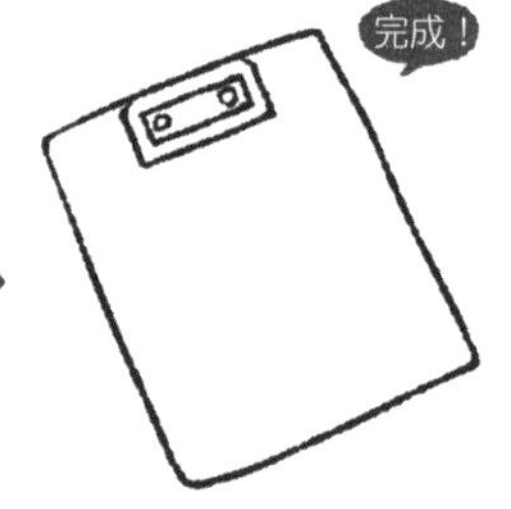

畫出零件，完成！

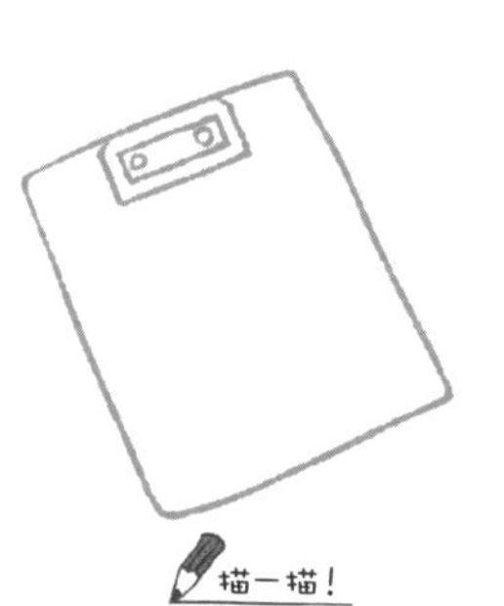
描一描！

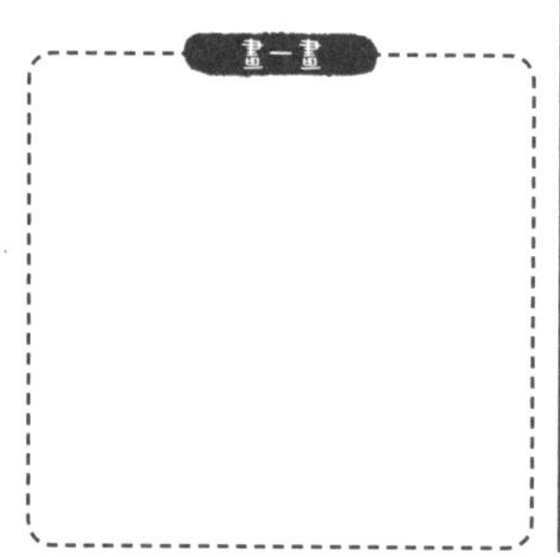

【檔案夾】

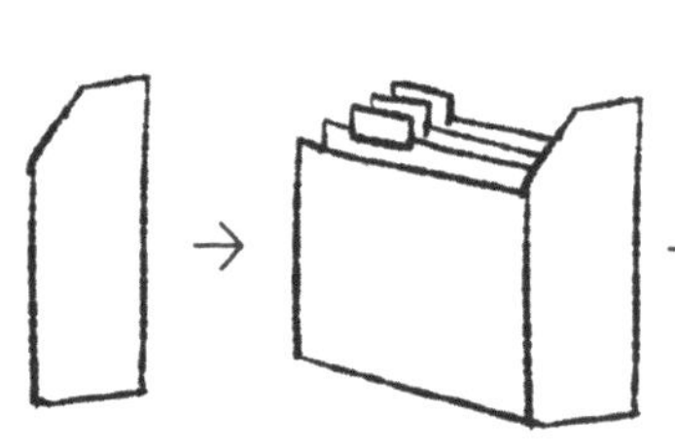
一角為斜邊
的長方形

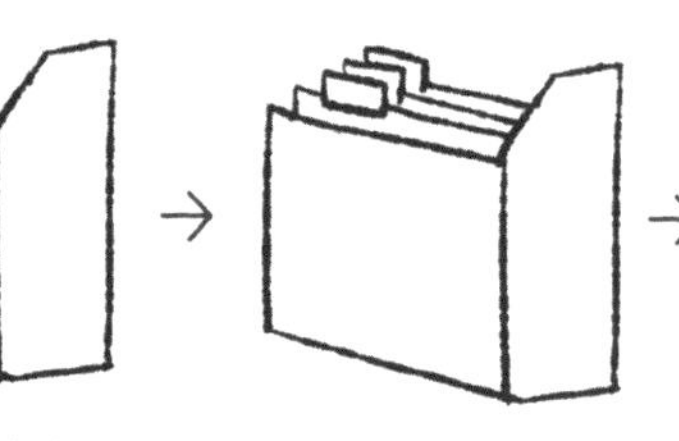
畫出前面的面和文件

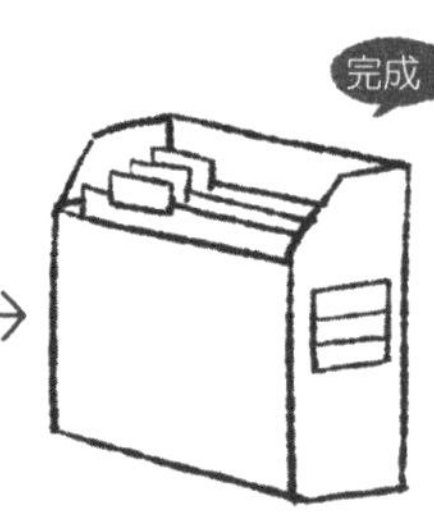

畫出裡面的面和標籤
完成！

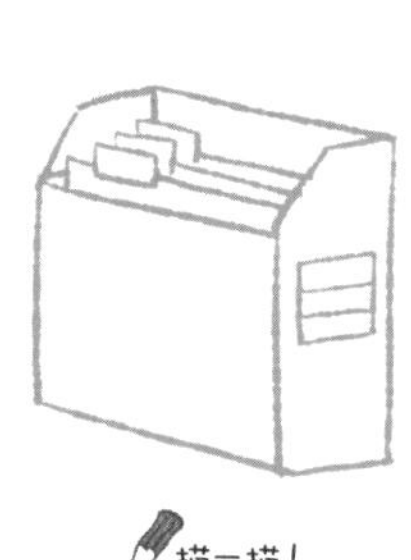
描一描！

【會議室】※P.71 有辦公椅。

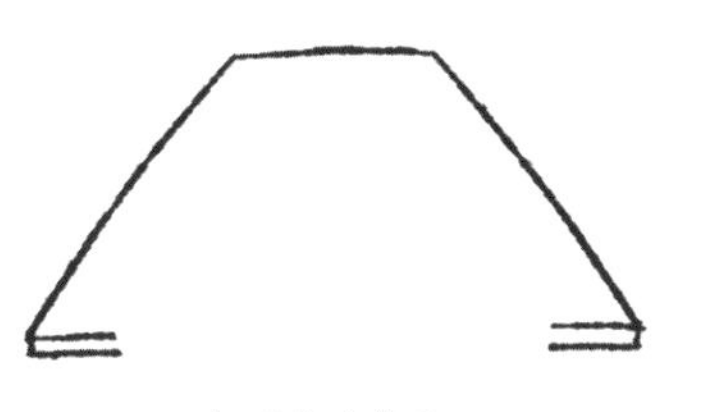

有深度的桌面

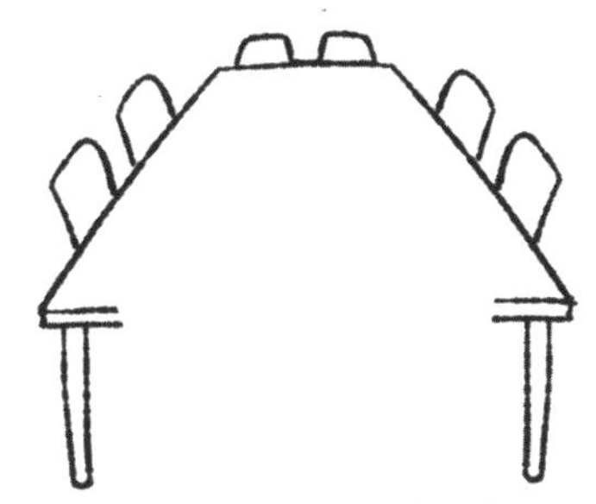

畫出桌腳、3 條線旁各畫 2 張椅子

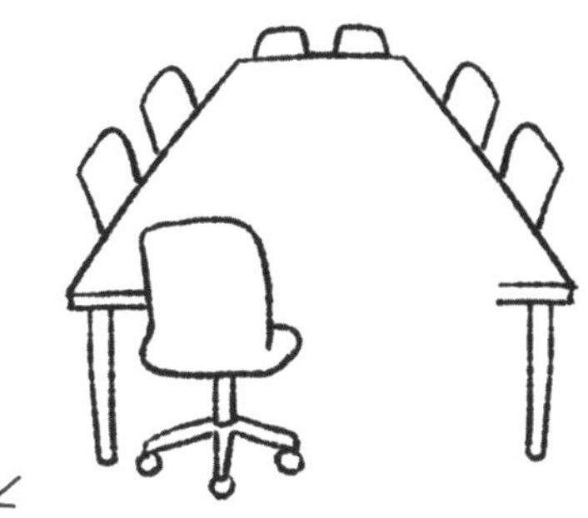

畫出前面的一張椅子

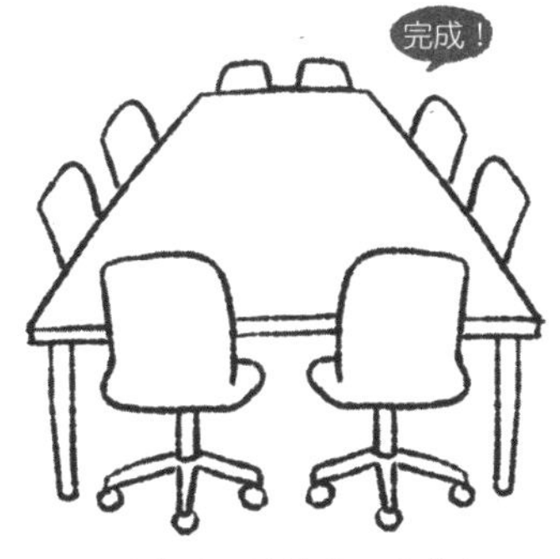

再畫另一張椅子，完成！

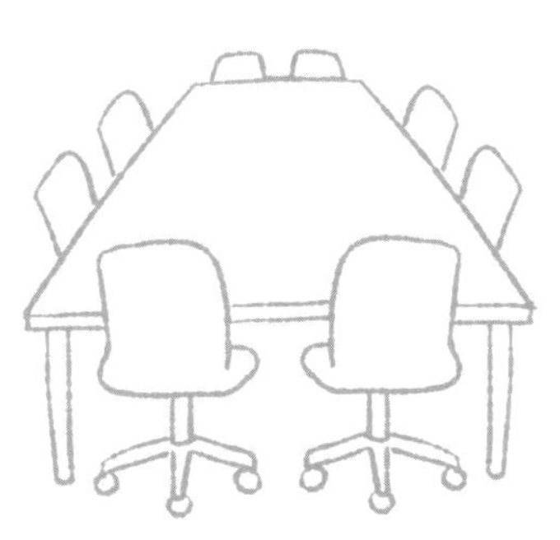

描一描！

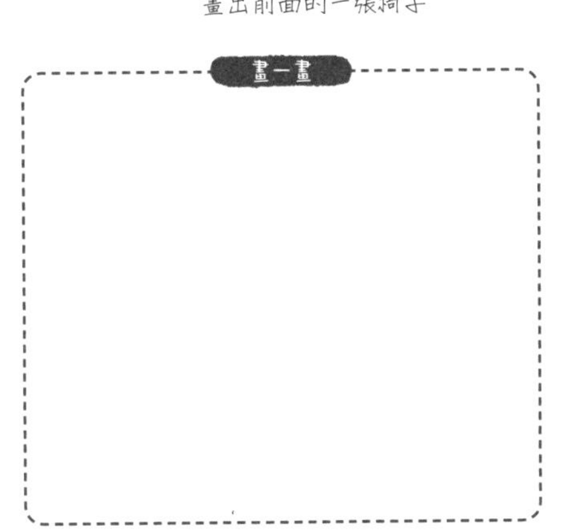

第6章 — 學校和辦公室

【文件櫃】

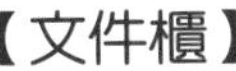

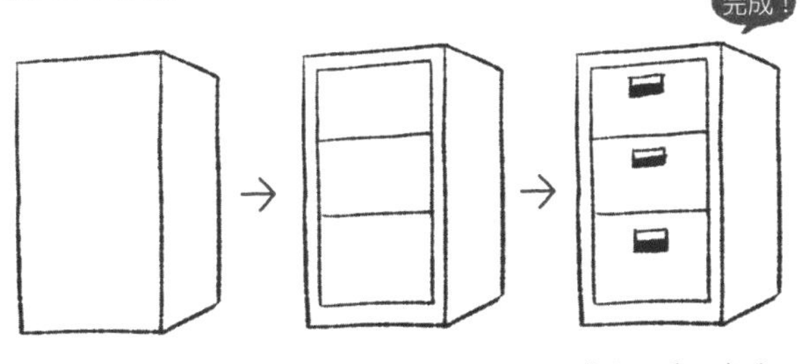

畫一個有深度的長方形箱子

內側再畫一個方形，分成 3 等分

畫出把手，完成！

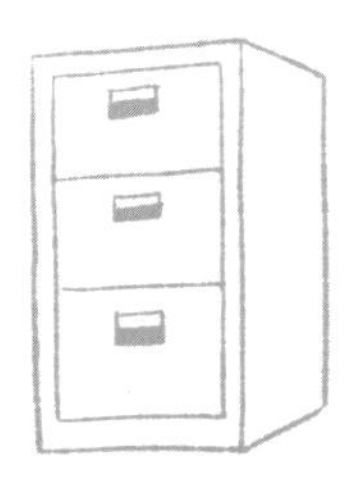

描一描！

畫一畫

【桌上型電腦】

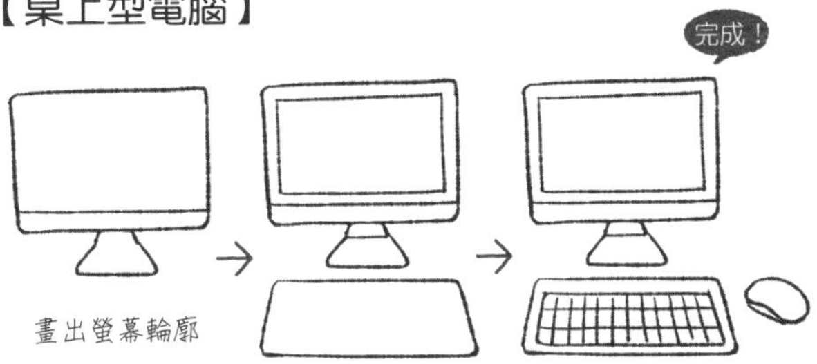

畫出螢幕輪廓

鍵盤輪廓和畫面

畫出鍵盤表面和滑鼠，完成！

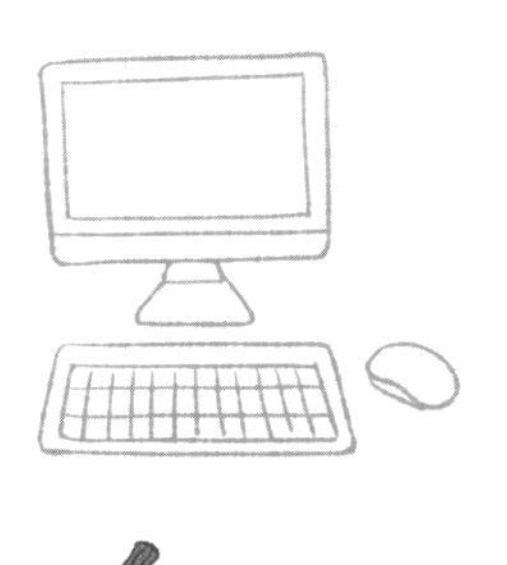

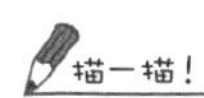

描一描！

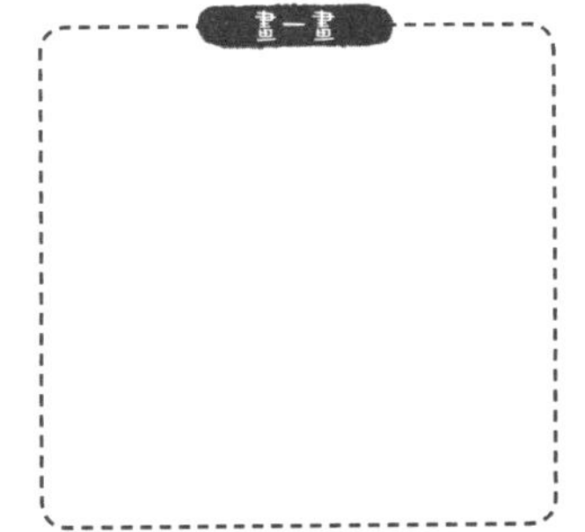

【辦公室電話】

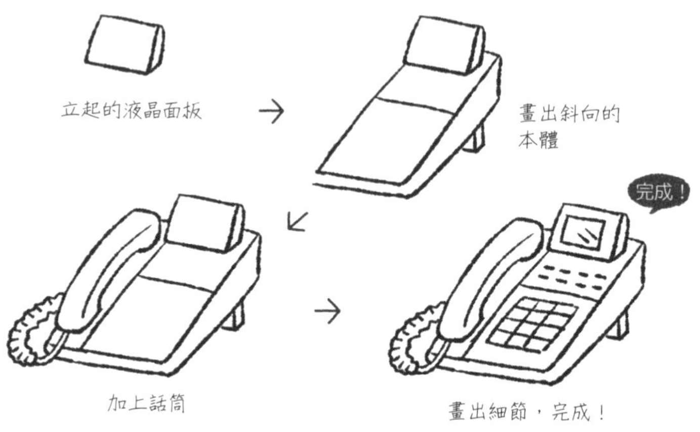

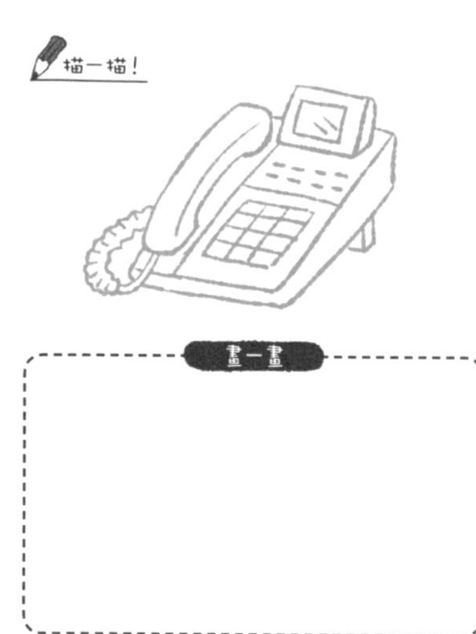

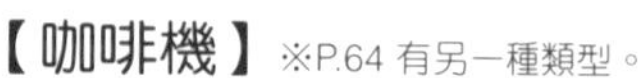

【咖啡機】 ※P.64 有另一種類型。

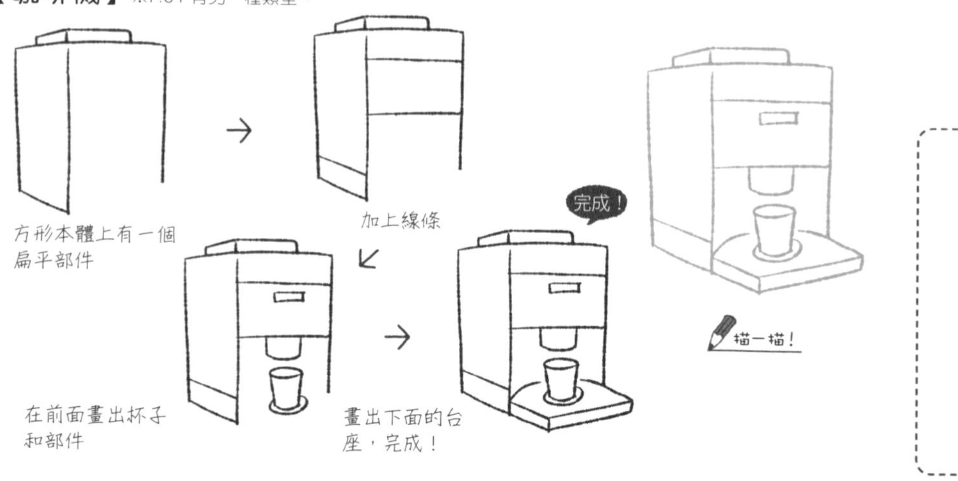

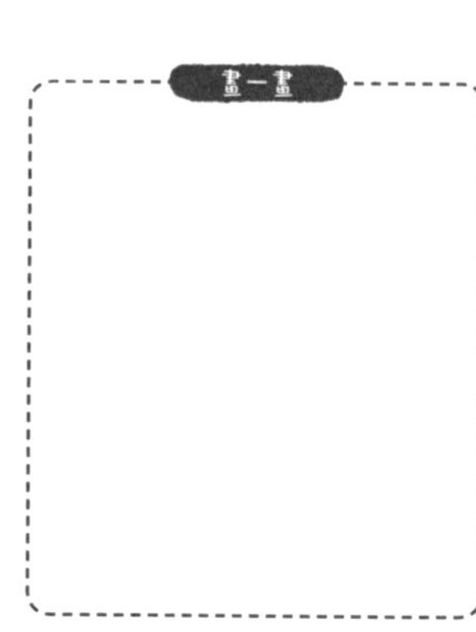

【電梯】

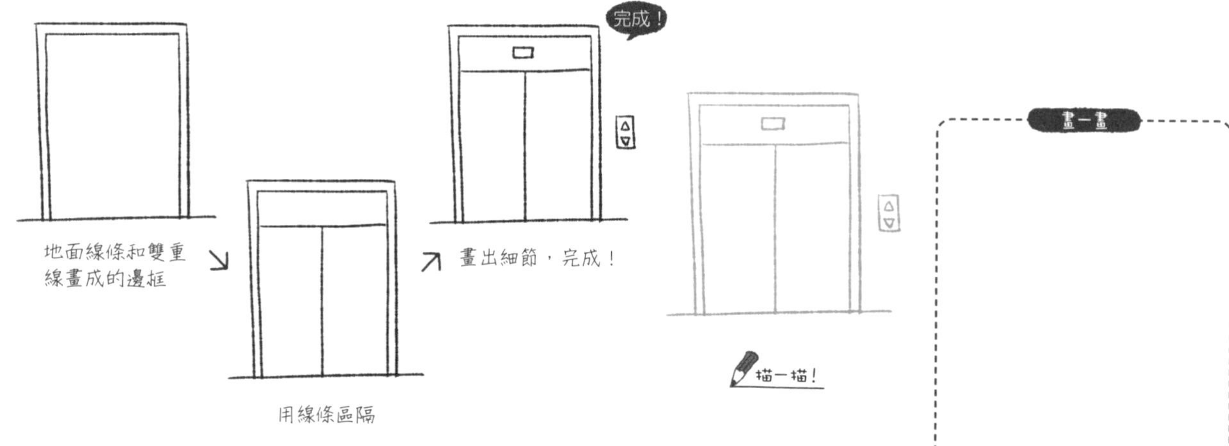

【手扶梯】

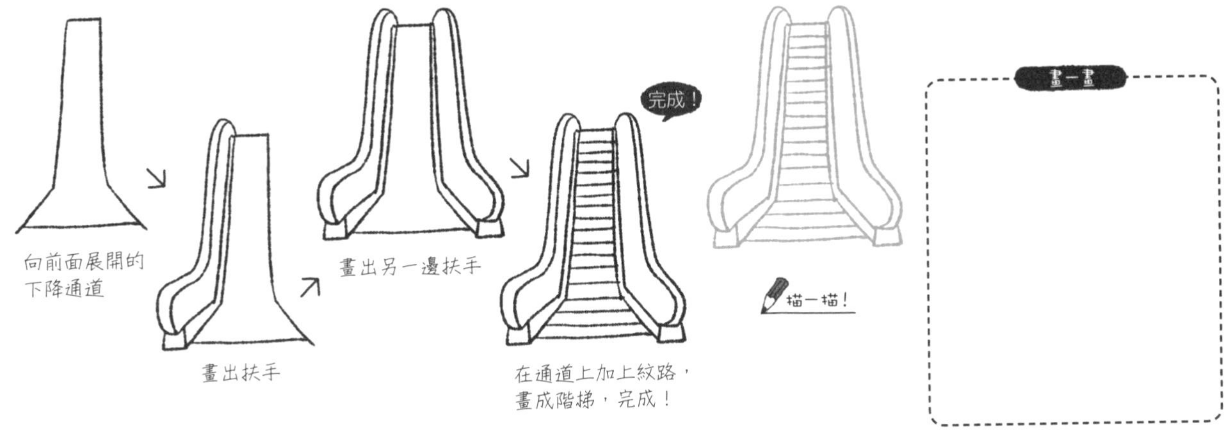

第6章 學校和辦公室

【影印機】

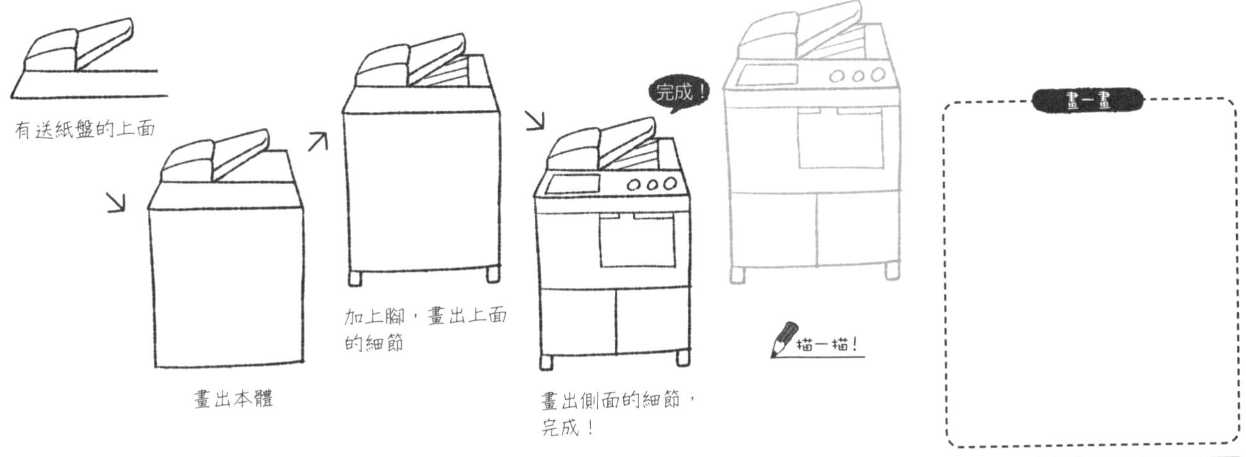

【高樓大廈】

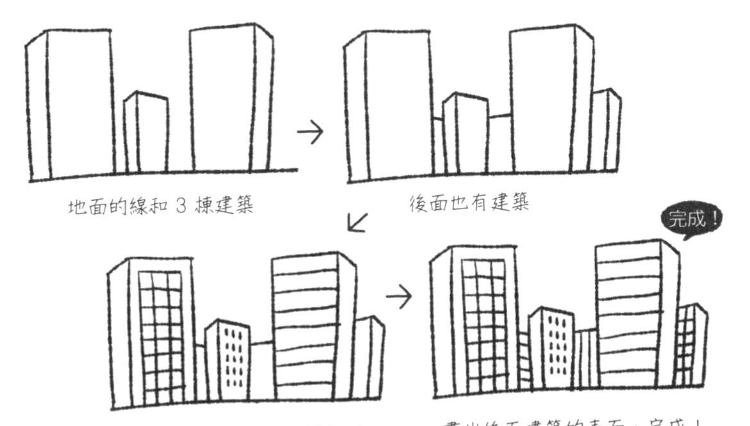

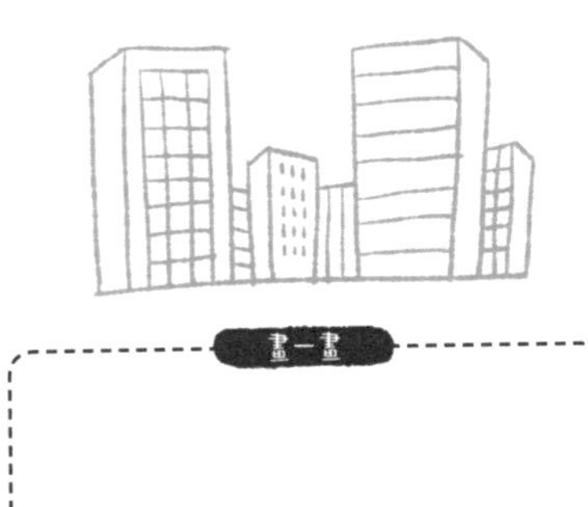

畫一畫

【行禮（正面）】

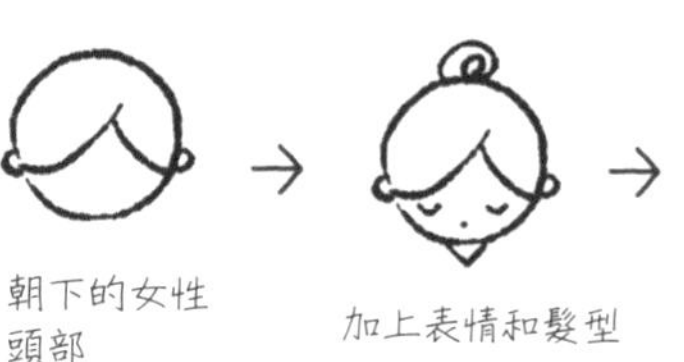

朝下的女性頭部

加上表情和髮型

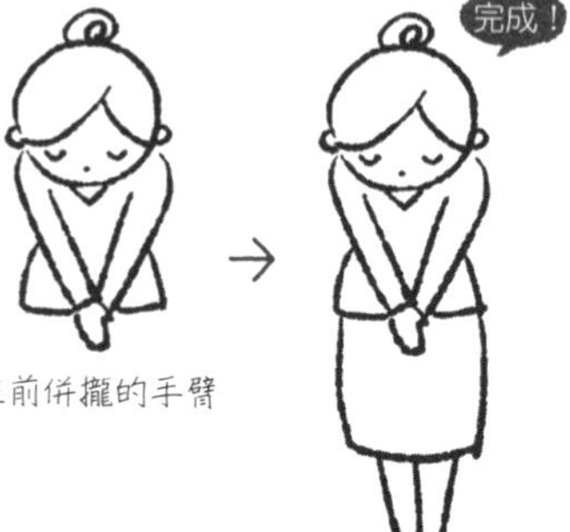

往前併攏的手臂

畫出裙子和腳，完成！

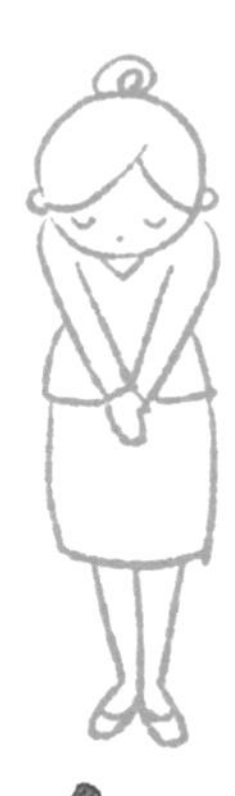

描一描！

畫一畫

【行禮（側面）】

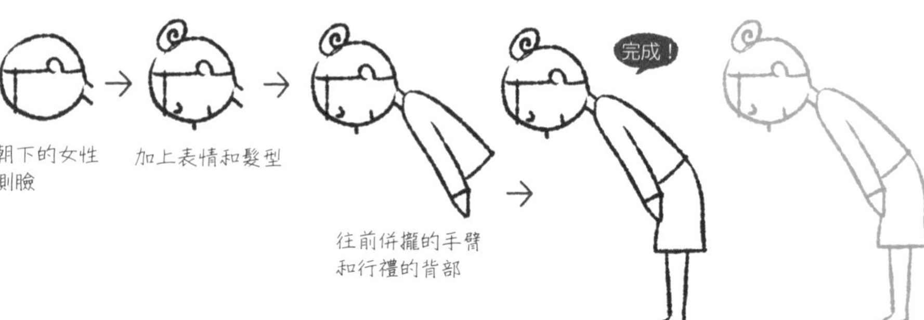

朝下的女性側臉

加上表情和髮型

往前併攏的手臂和行禮的背部

畫出裙子和腳，完成！

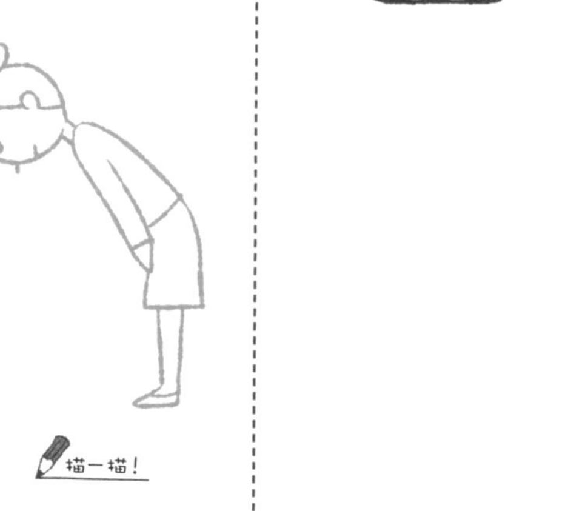

描一描！

畫一畫

【櫃台】

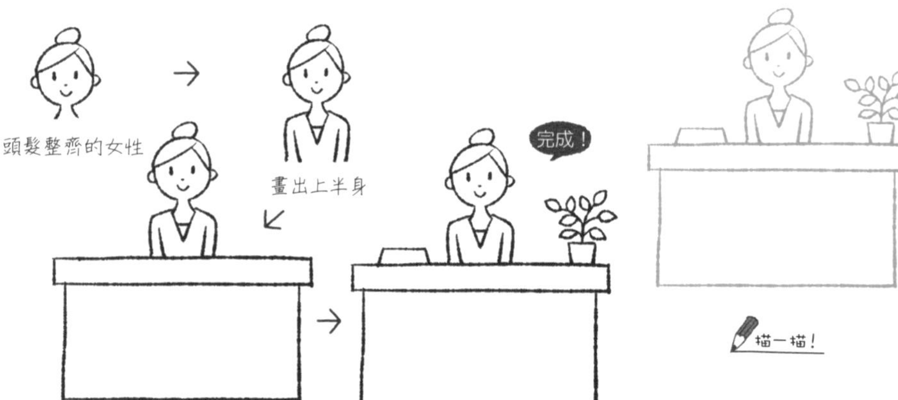

頭髮整齊的女性

畫出上半身

畫出櫃台

畫出植物等，完成！

描一描！

畫一畫

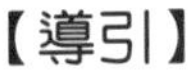

【導引】

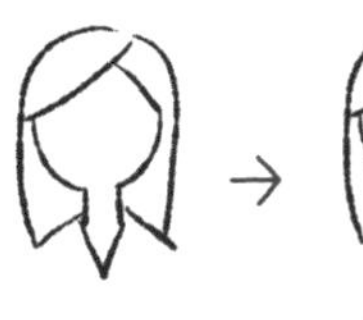

長髮女性

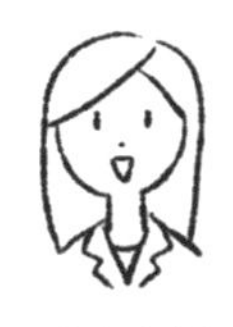

畫出衣領，
加上表情

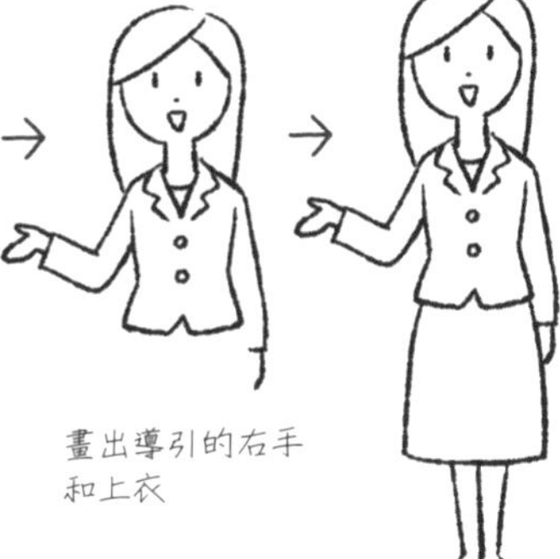

畫出導引的右手
和上衣

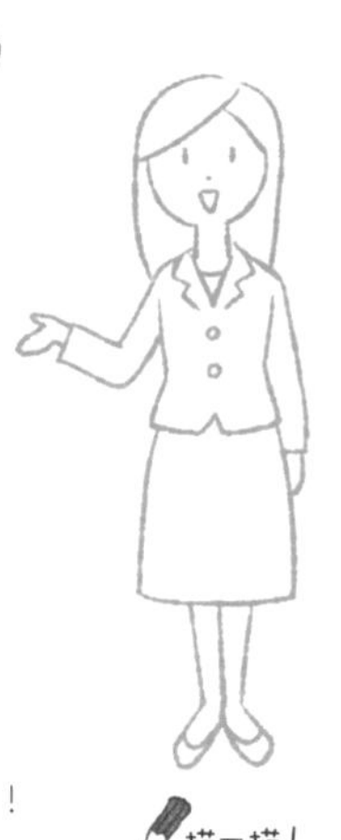

畫出裙子和腳，完成！

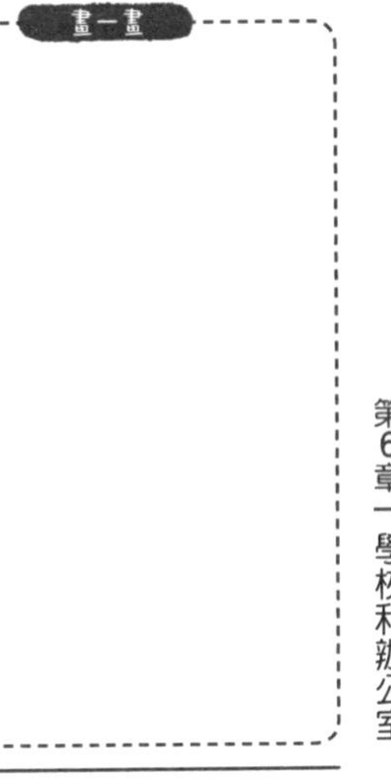

【面向電腦】

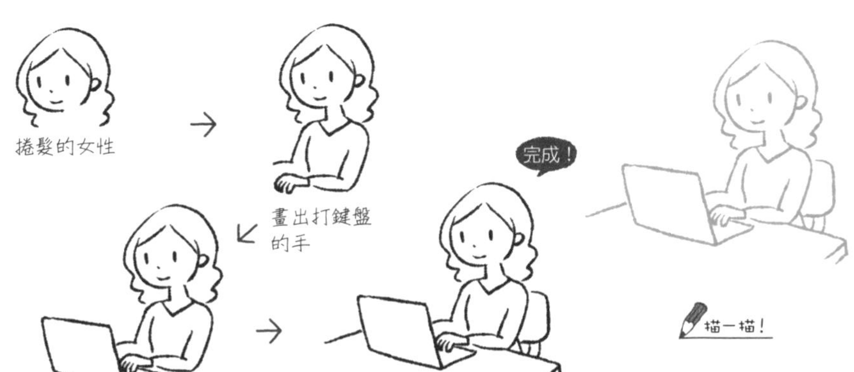

捲髮的女性

畫出打鍵盤
的手

後面可見的筆電

畫出桌椅，完成！

【員工餐廳】

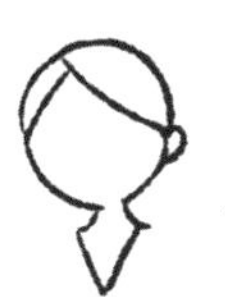

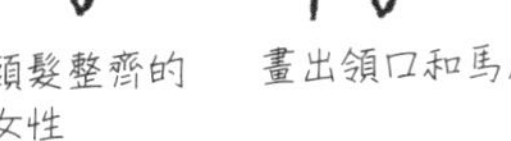

頭髮整齊的
女性

畫出領口和馬尾

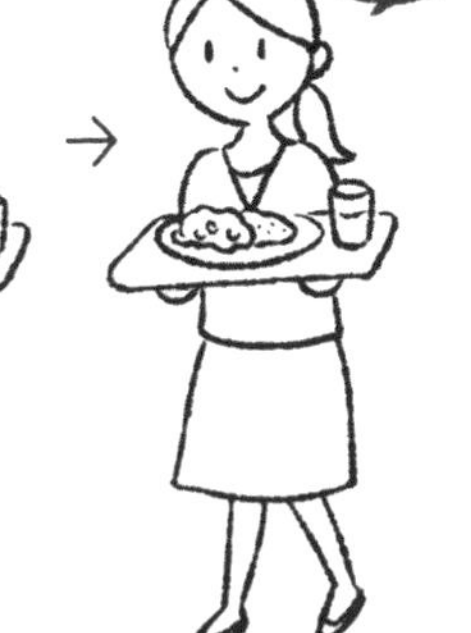

托盤上的
餐點和水

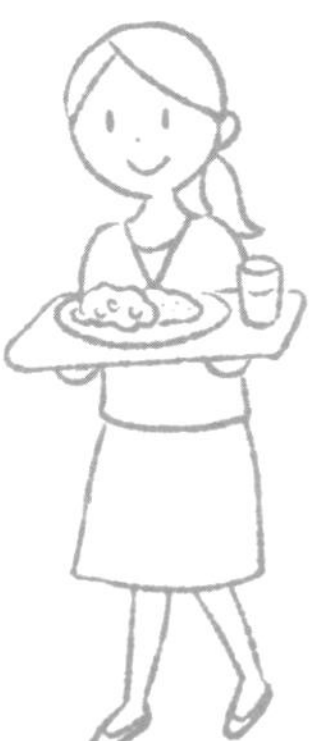

畫出身體，完成！

【交換名片】

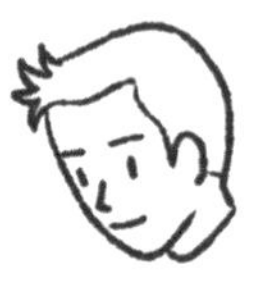

畫出稍微往下的頭

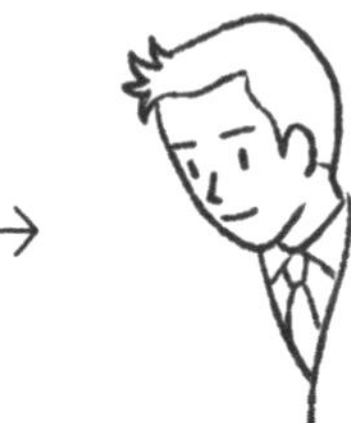

「V」字裡有襯衫衣領和領帶

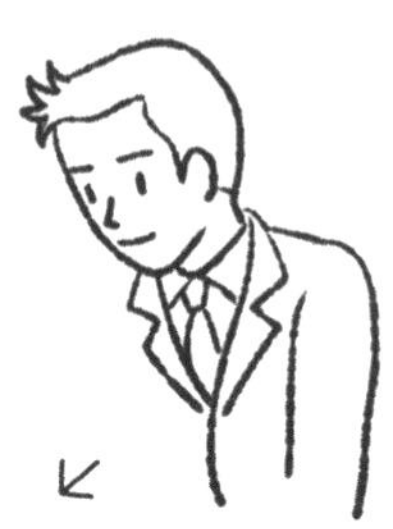

外套衣領和肩線

描一描！

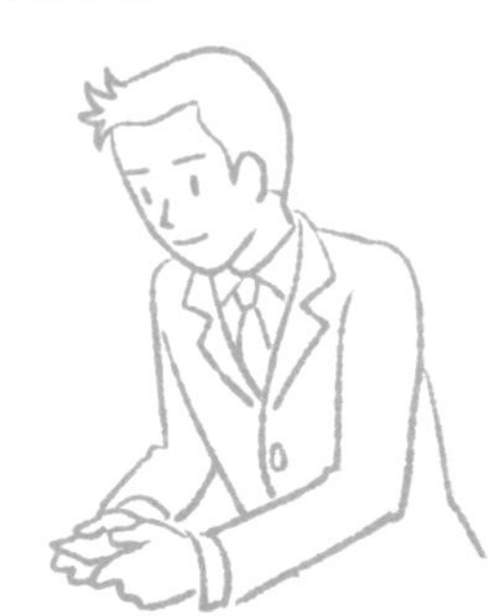

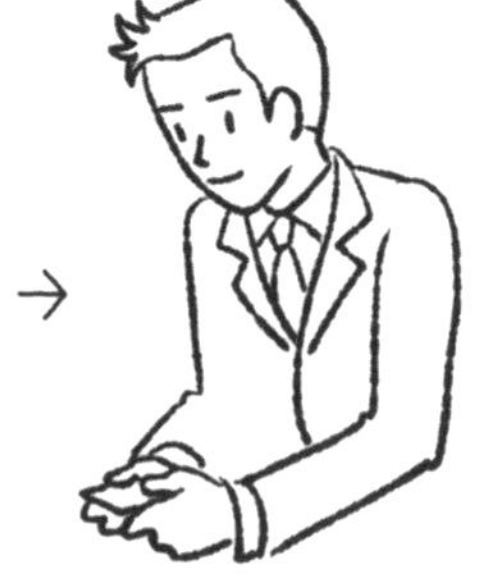

伸出的左臂

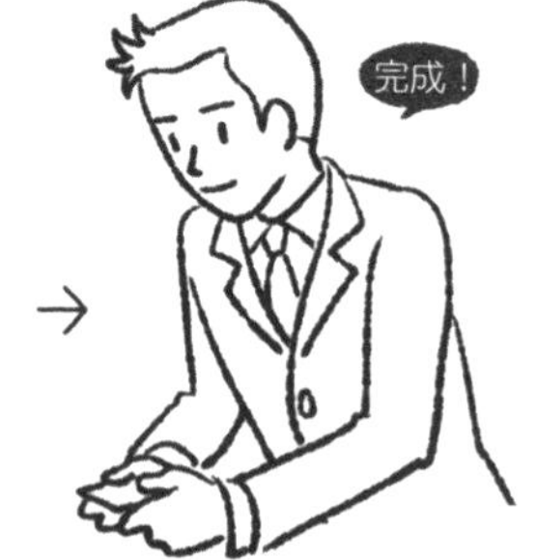

加上右臂，手拿名片

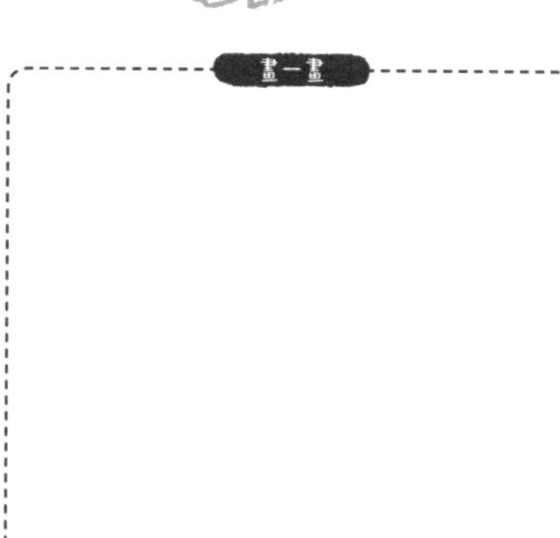

畫完外套，完成！

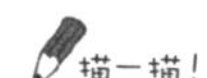

畫一畫

【打電話】

描一描！

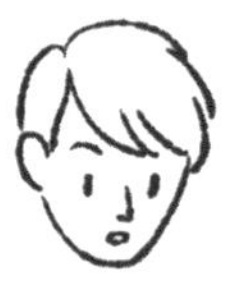

畫出稍微往下的頭

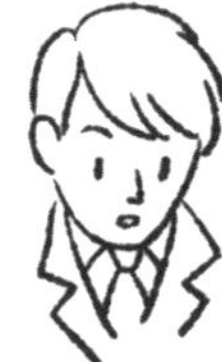

外套衣領內有襯衫衣領和領帶

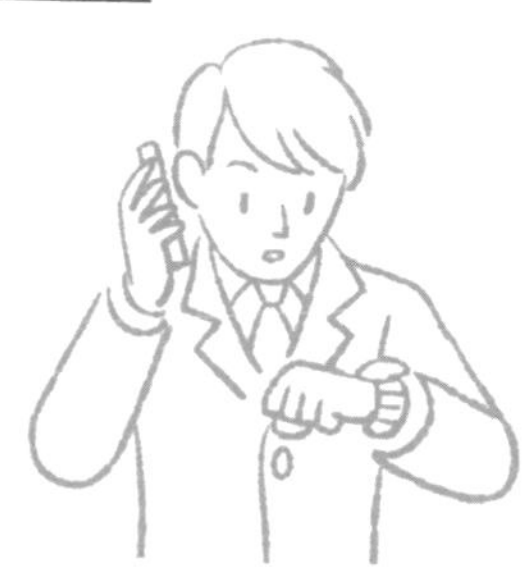

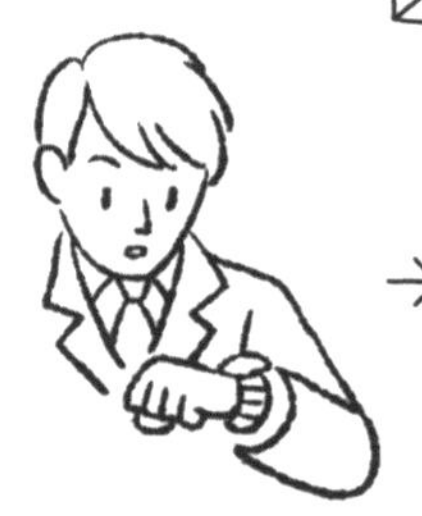

握拳的手有手錶，畫出肩線

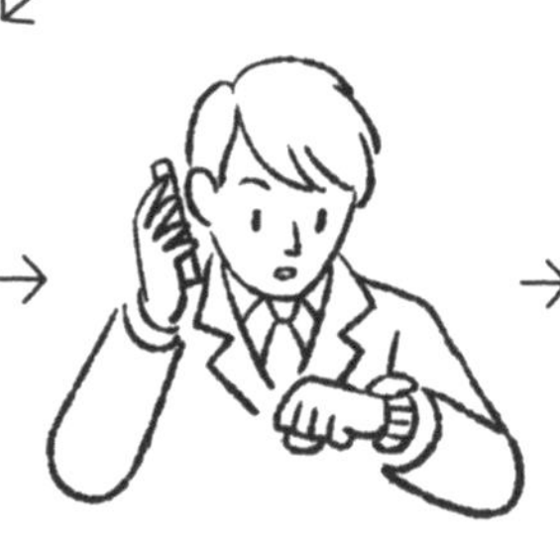

拿手機的右手

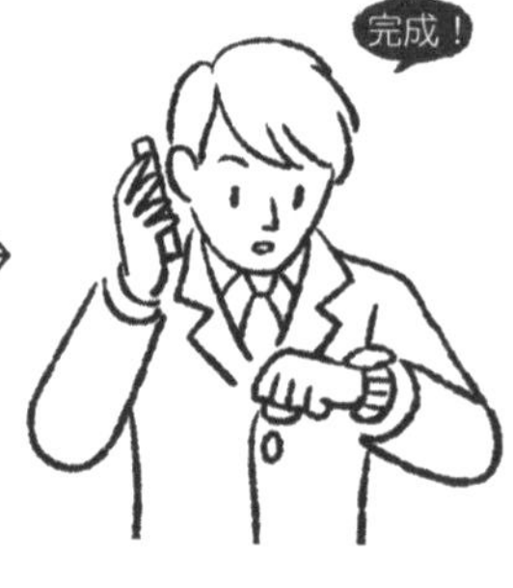

畫出外套兩側和鈕扣，完成！

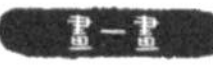

畫一畫

【勝利姿勢】

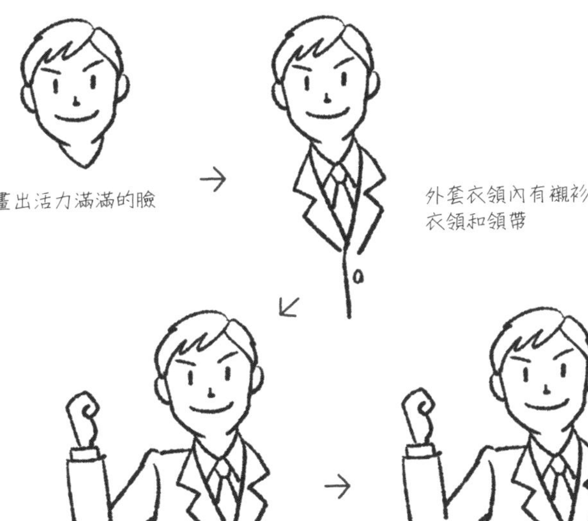

畫出活力滿滿的臉

外套衣領內有襯衫衣領和領帶

一手舉起的勝利姿勢

畫完外套，完成！

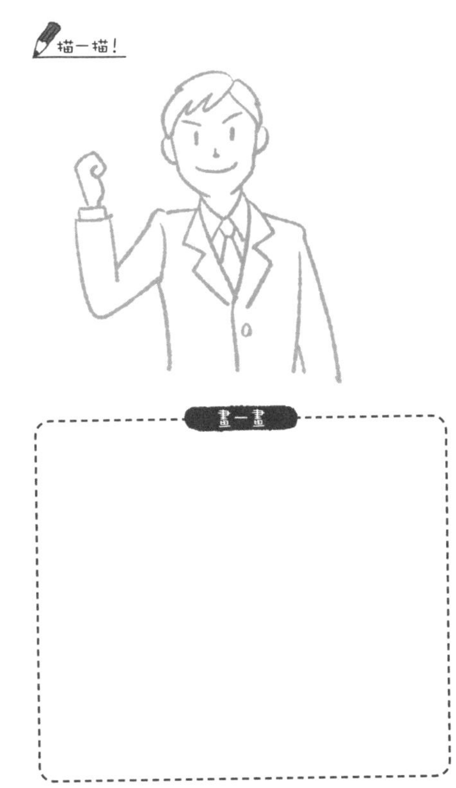

【喝咖啡】

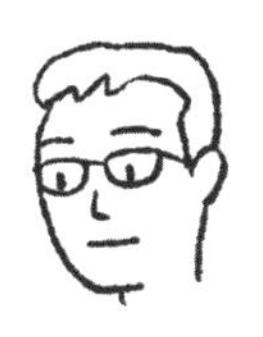

臉上戴眼鏡的
男性

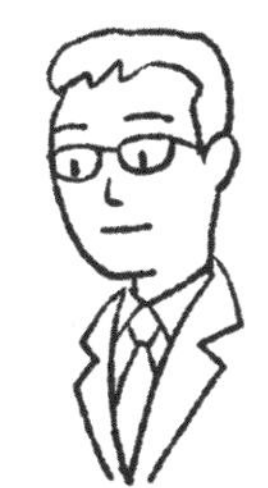

外套衣領內有襯衫衣領和領帶

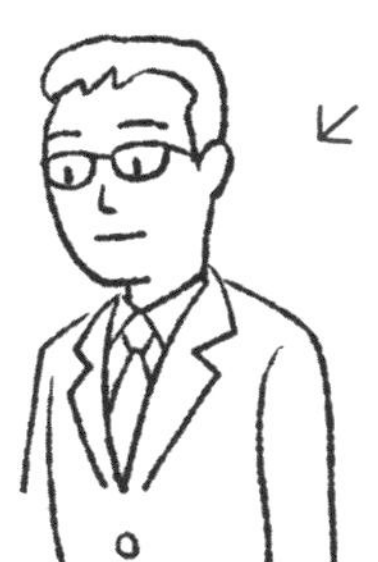

畫出外套

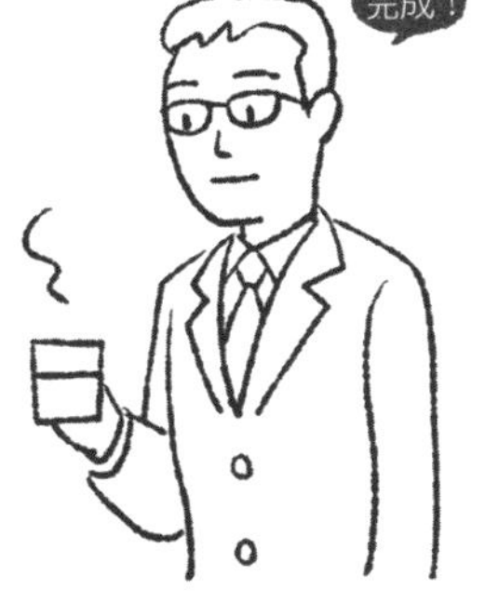

畫出拿杯子的手，完成！

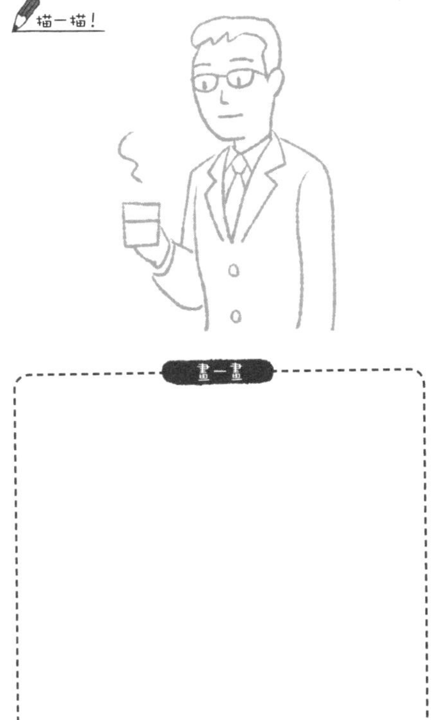

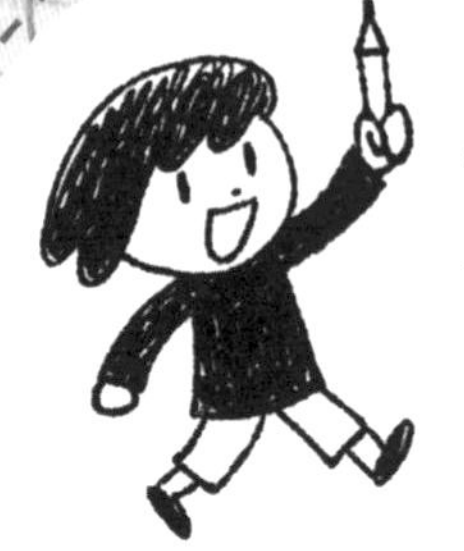

MEMO

喜歡的圖，再畫一次！

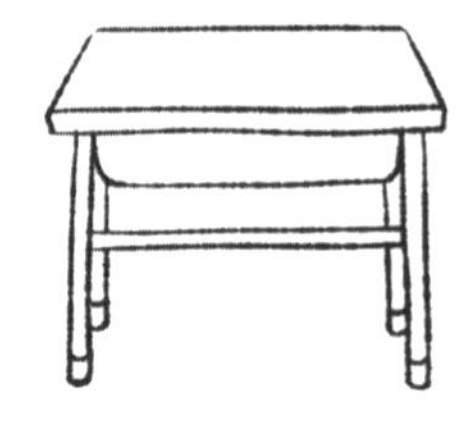
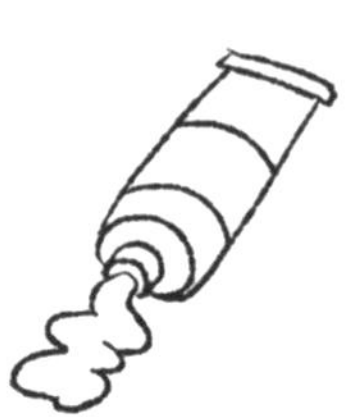
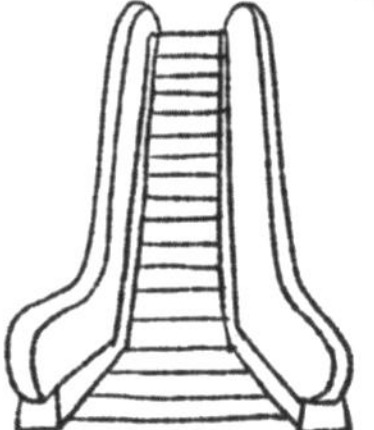

第7章
外出和活動

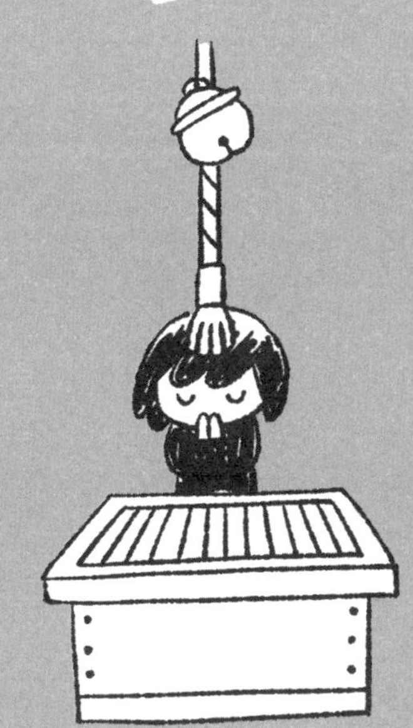

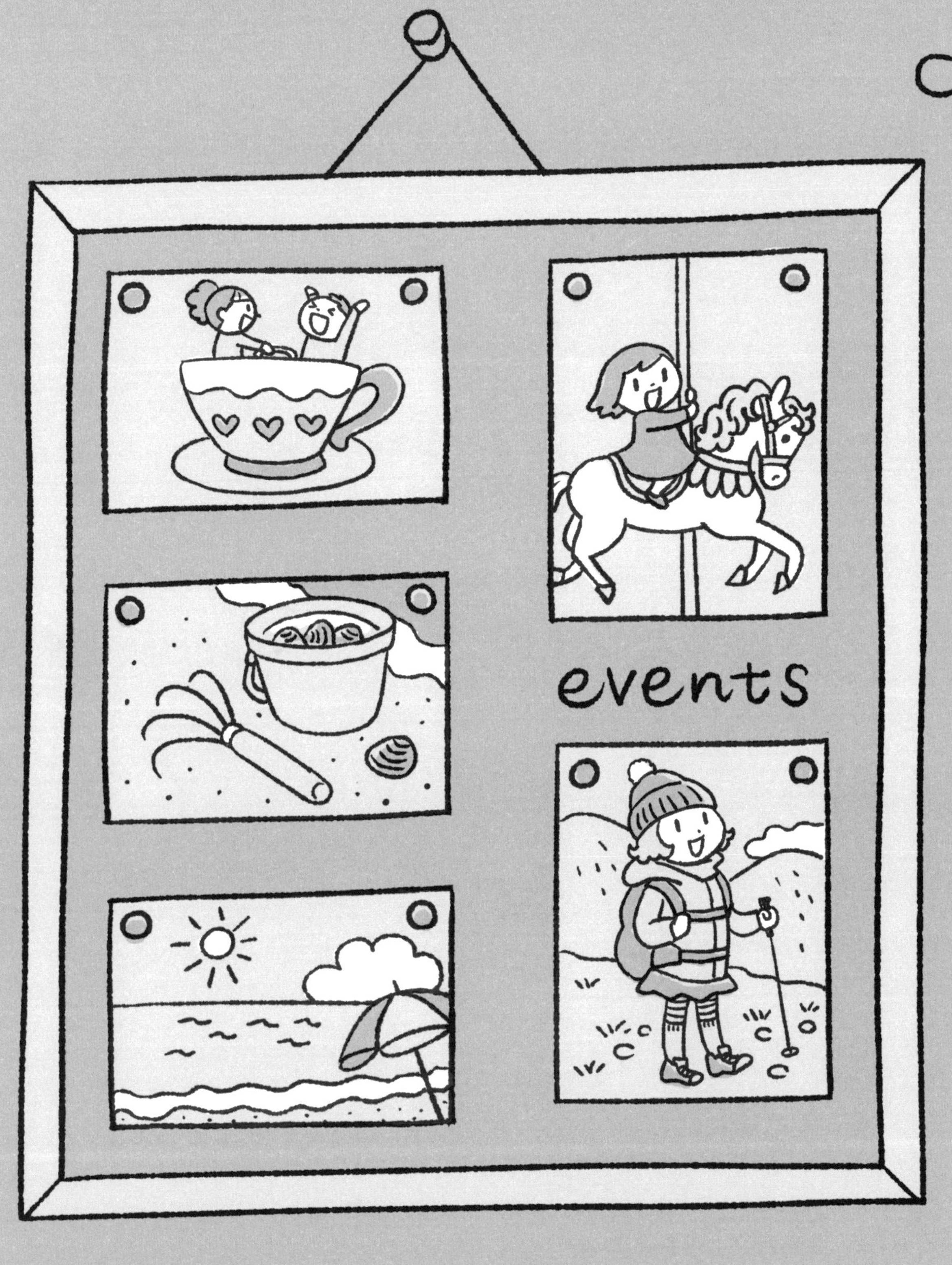
events

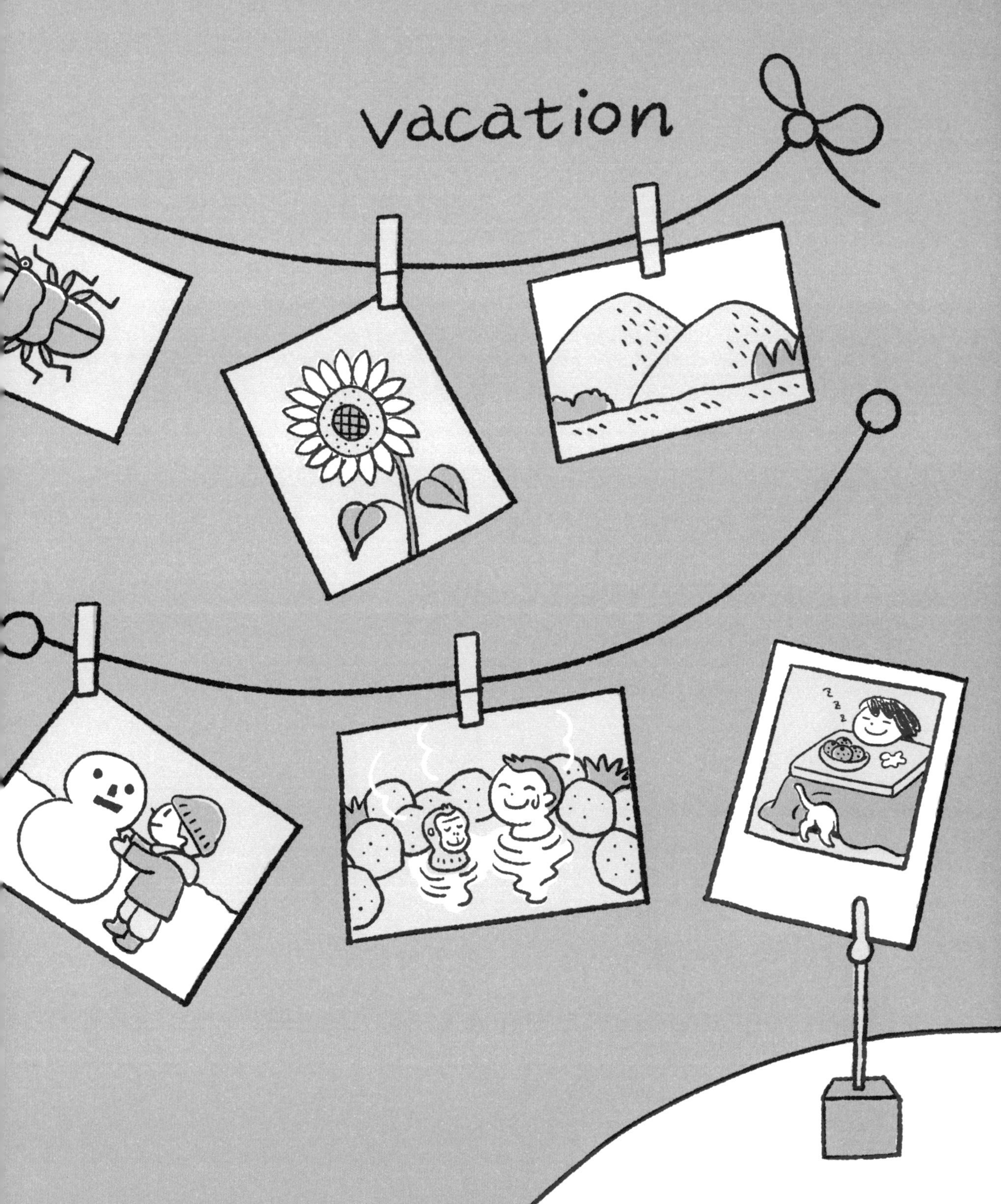
vacation

【飛機 1】

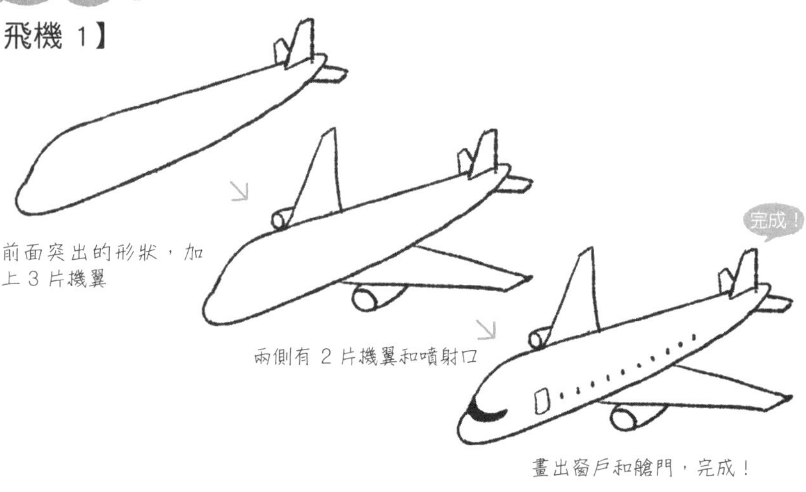
前面突出的形狀，加上 3 片機翼
兩側有 2 片機翼和噴射口
完成！
畫出窗戶和艙門，完成！

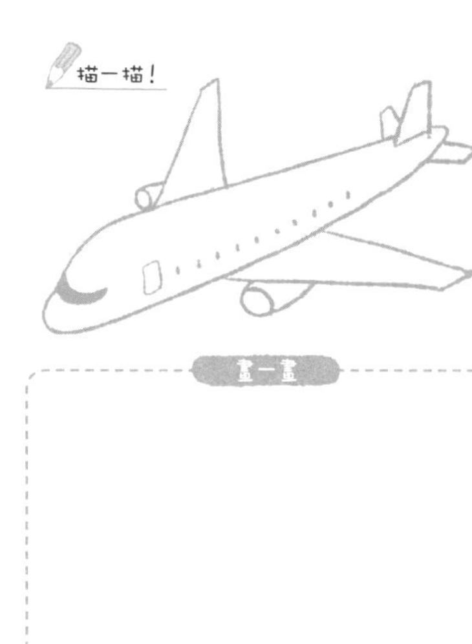
描一描！
畫一畫

【飛機 2】

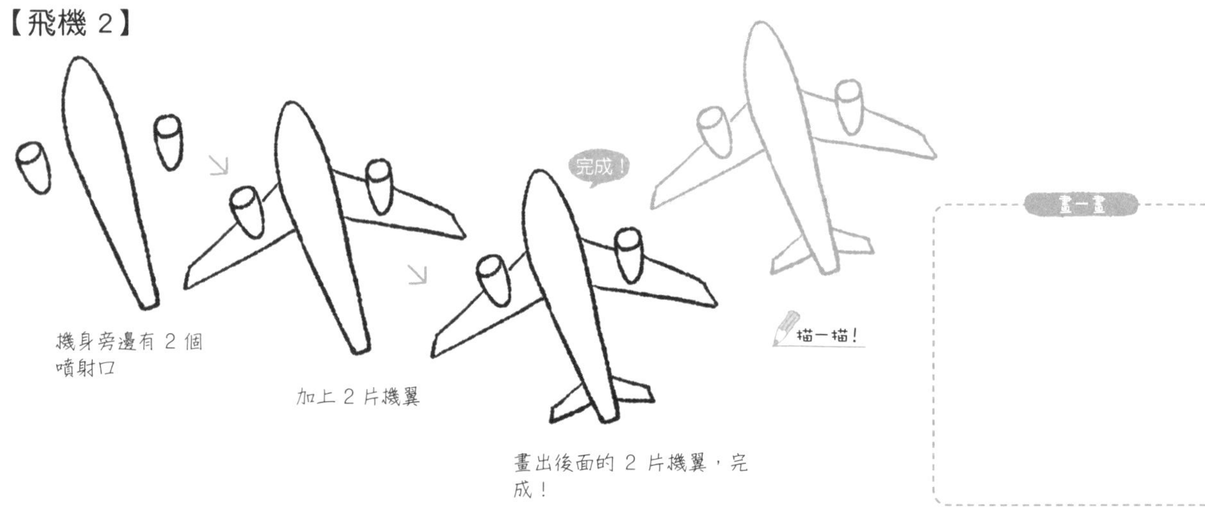
機身旁邊有 2 個噴射口
加上 2 片機翼
完成！
畫出後面的 2 片機翼，完成！
描一描！
畫一畫

【行李箱】

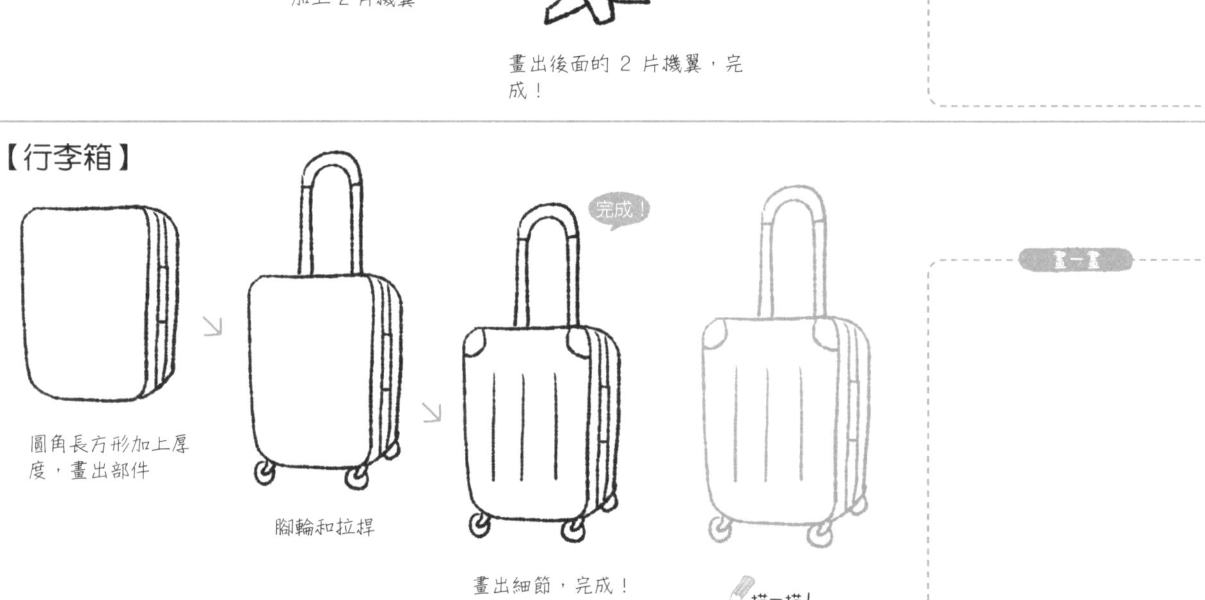
圓角長方形加上厚度，畫出部件
腳輪和拉桿
完成！
畫出細節，完成！
描一描！
畫一畫

【波士頓包】

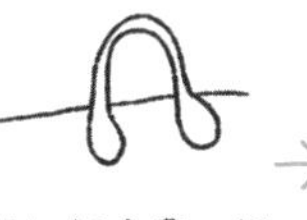

提把部分畫一個大提把

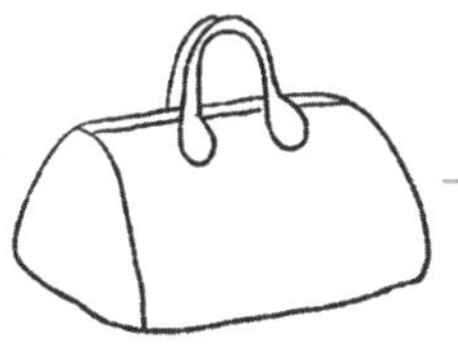

包包輪廓為一個長三角形握飯糰

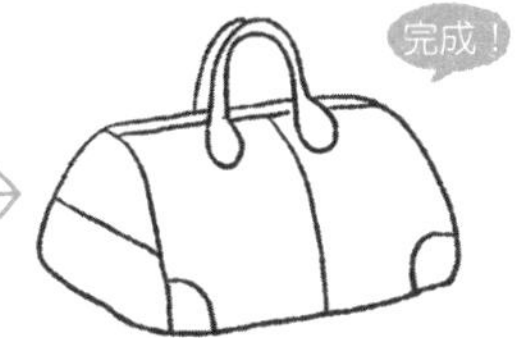

畫出細節，完成！

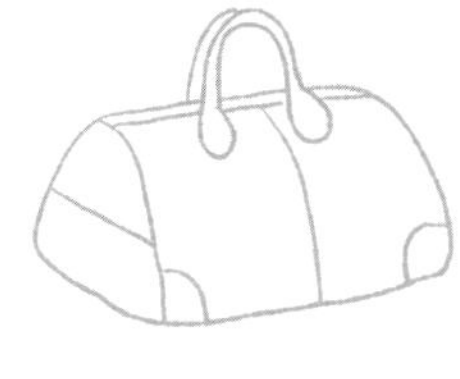

描一描！

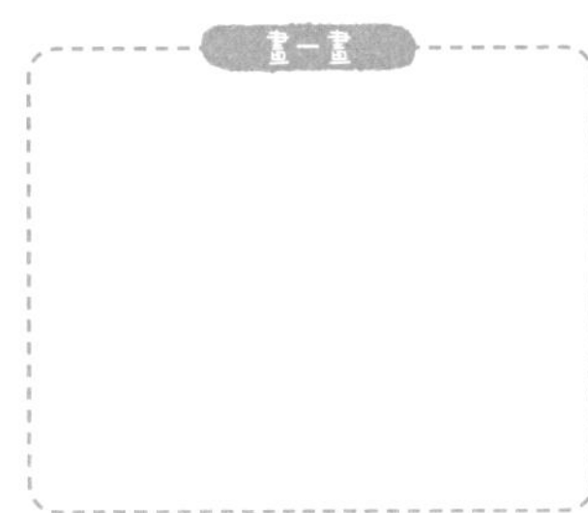

【空服員】

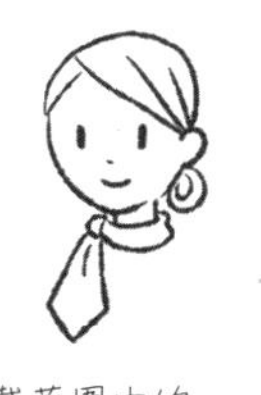

戴著圍巾的女性頭部

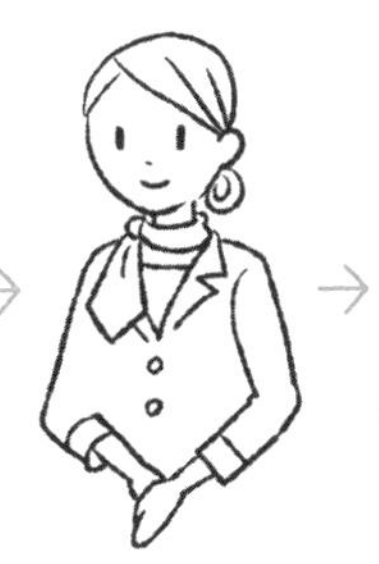

手併攏在前和外套的上半身

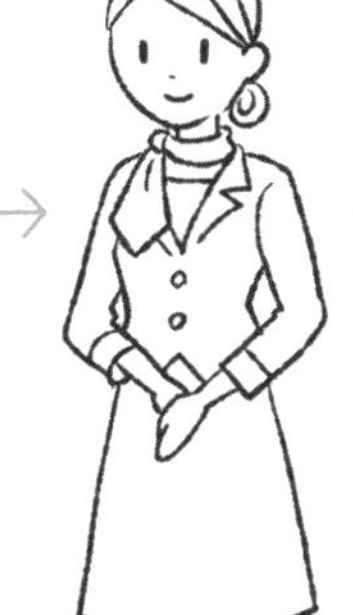

畫出裙子

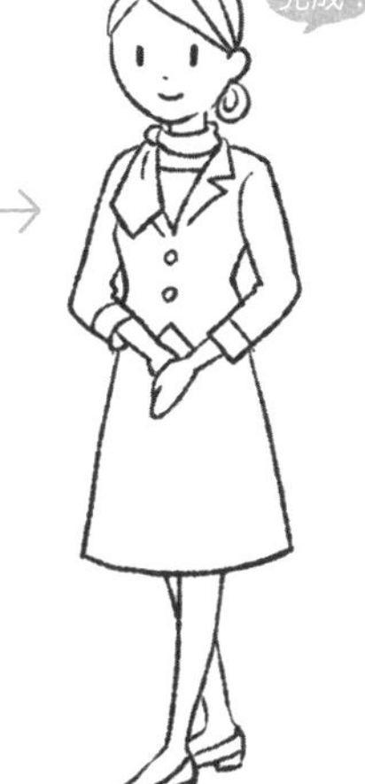

畫出穿淑女鞋的腳，完成！

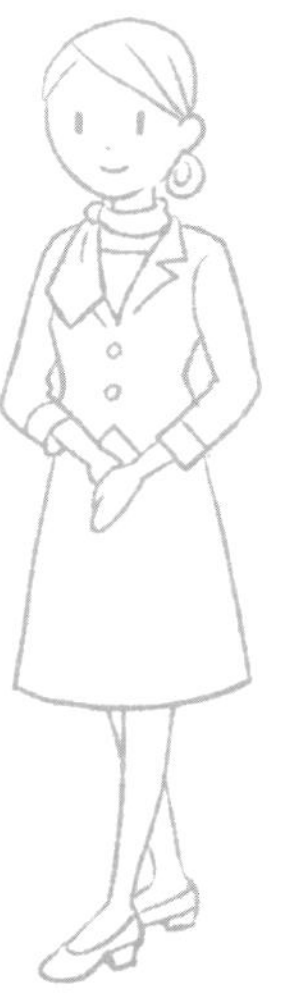

描一描！

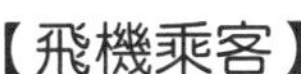

【飛機乘客】

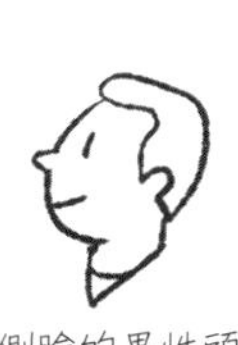

側臉的男性頭部

上半身前面畫有小冊子

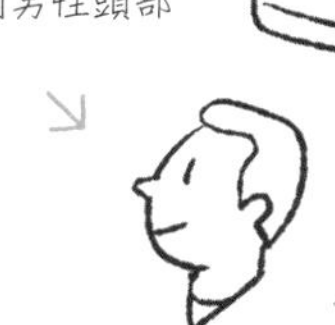

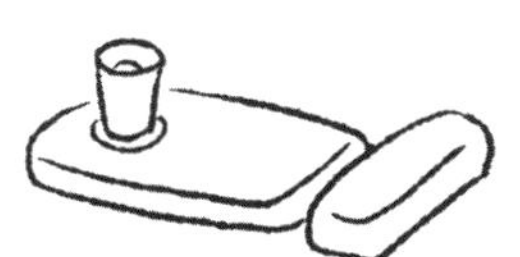

放在桌上的杯子和扶手

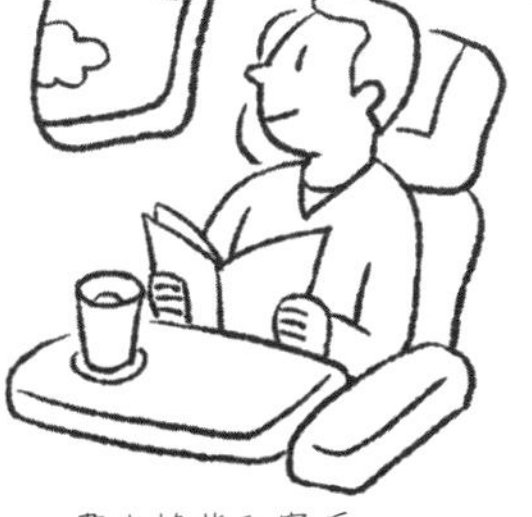

完成！

畫出椅背和窗戶，完成！

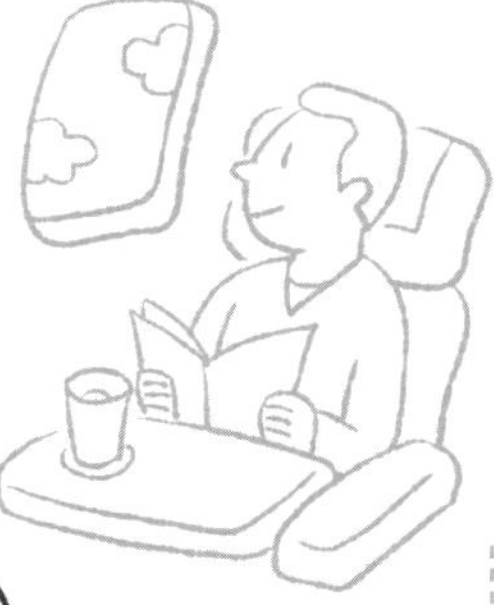

描一描！

第7章 外出和活動

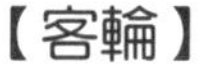
【客輪】

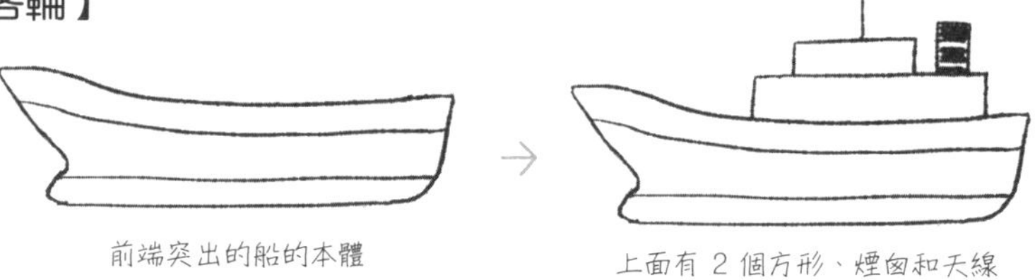
前端突出的船的本體
上面有 2 個方形、煙囪和天線

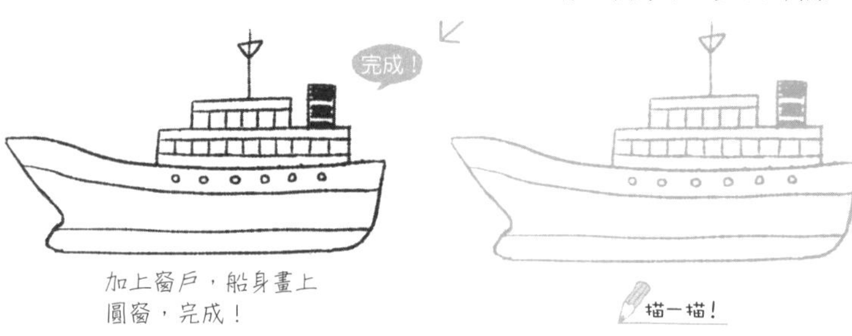
完成！
加上窗戶，船身畫上圓窗，完成！
描一描！

【帆船】

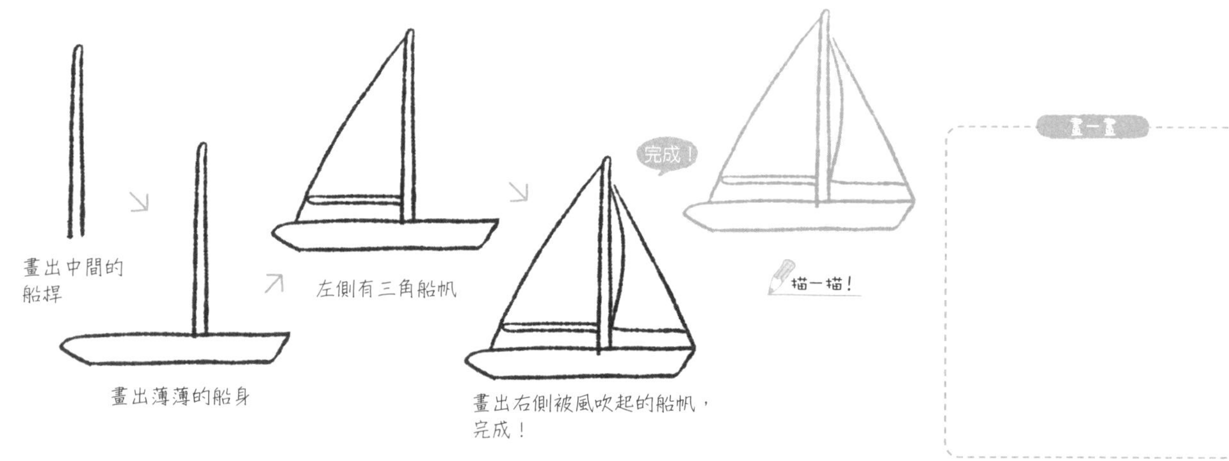
畫出中間的船桿
畫出薄薄的船身
左側有三角船帆
完成！
畫出右側被風吹起的船帆，完成！
描一描！

【燈塔】

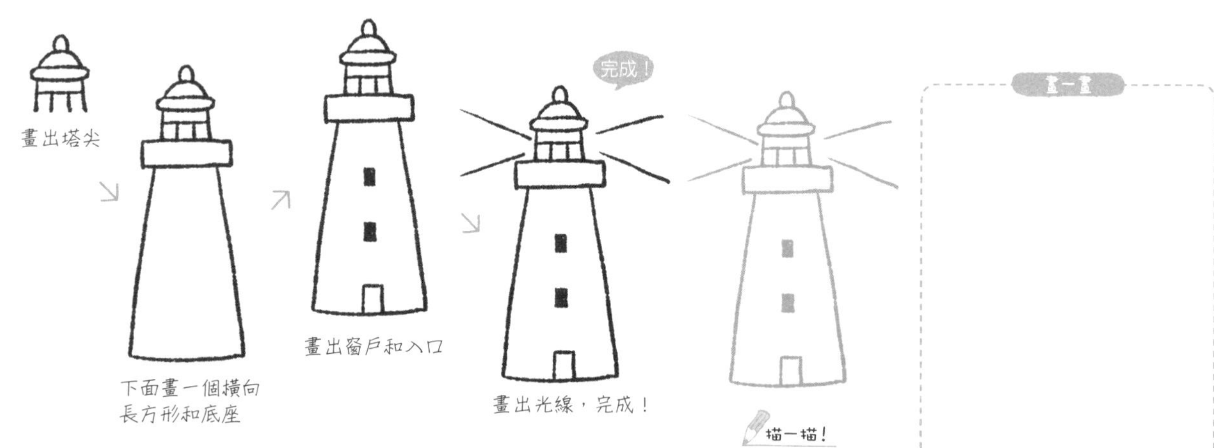
畫出塔尖
下面畫一個橫向長方形和底座
畫出窗戶和入口
完成！
畫出光線，完成！
描一描！

【船舵】

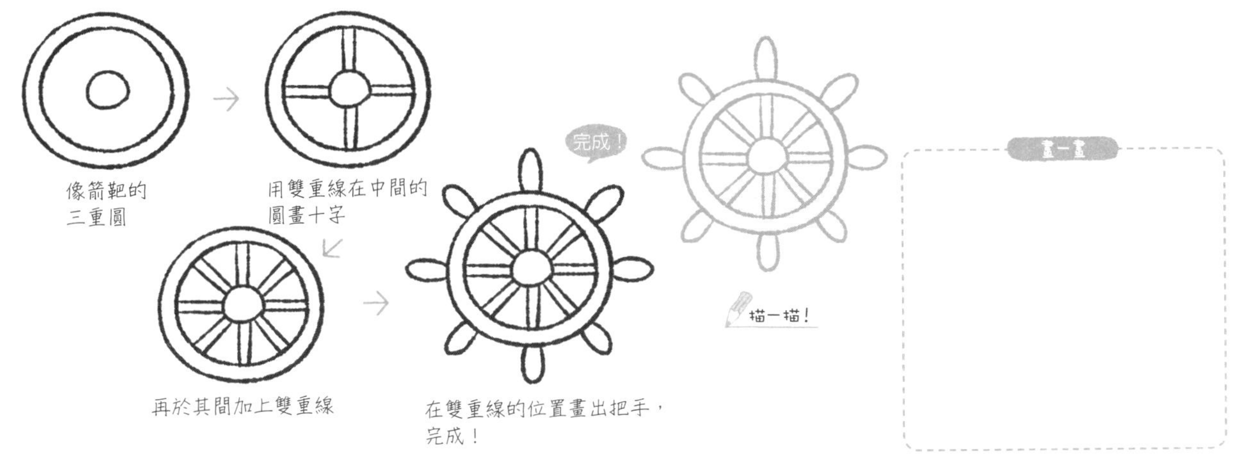

【船錨】

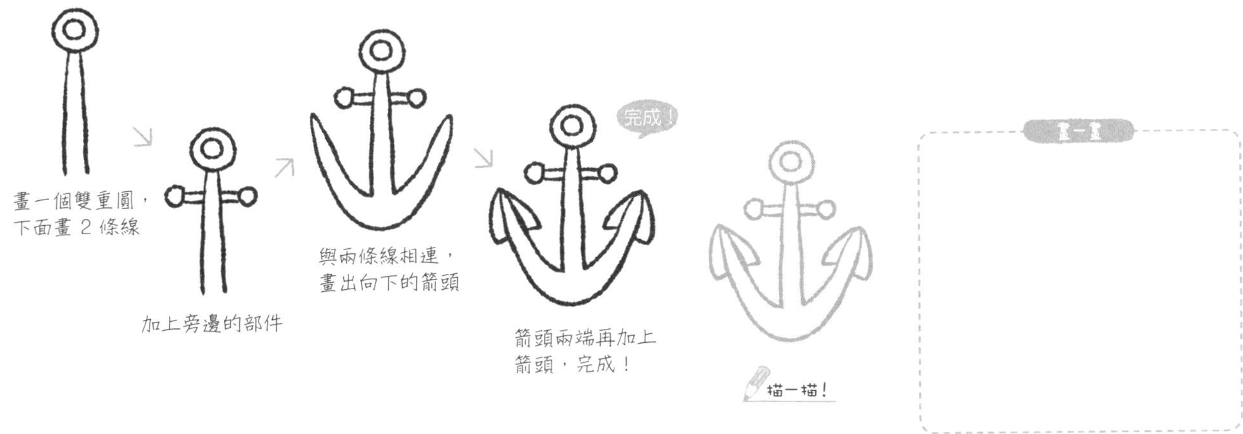

【救生圈】

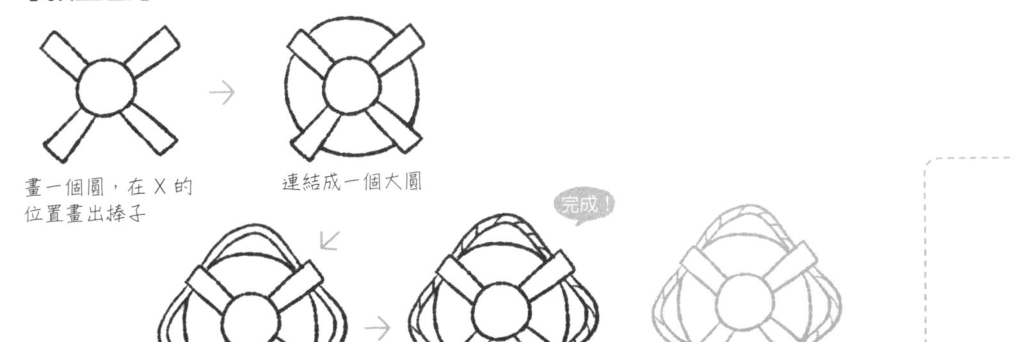

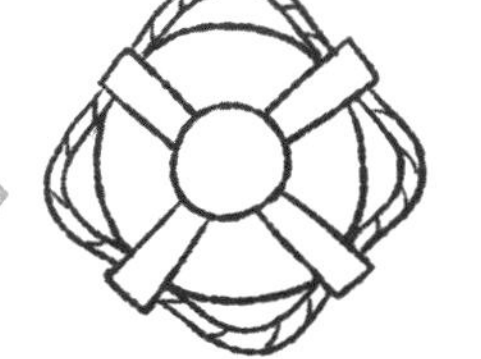

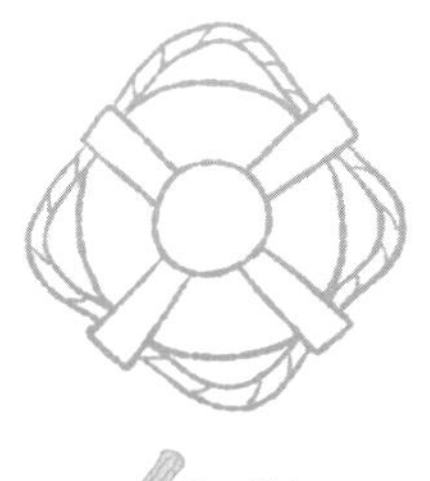

畫一條像穿過 X 棒
的繩子

畫出繩子的圖樣，完成！

描一描！

【樹木 1】

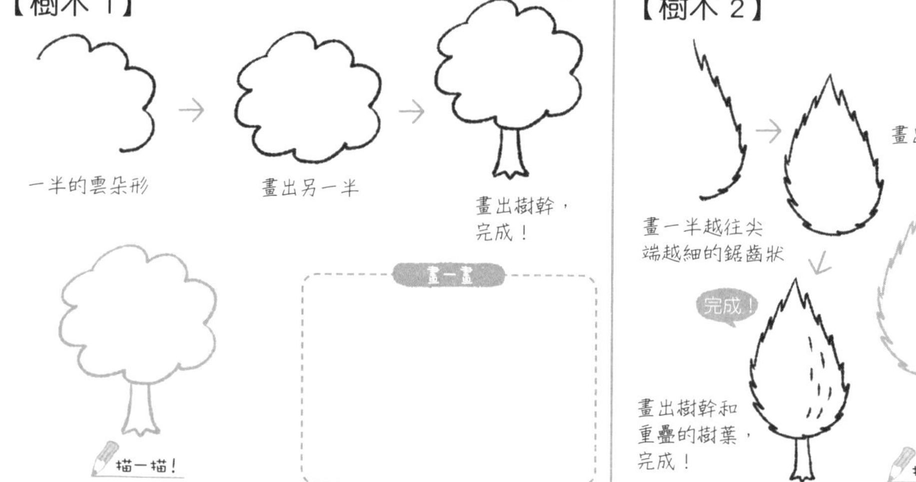

【樹木 2】

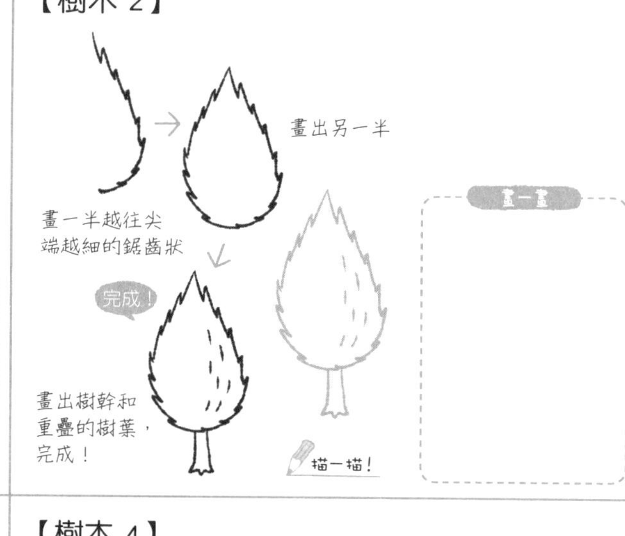

【樹木 3】

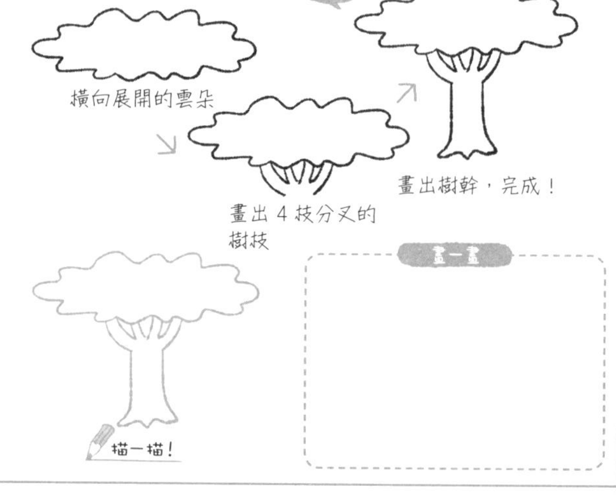

【樹木 4】

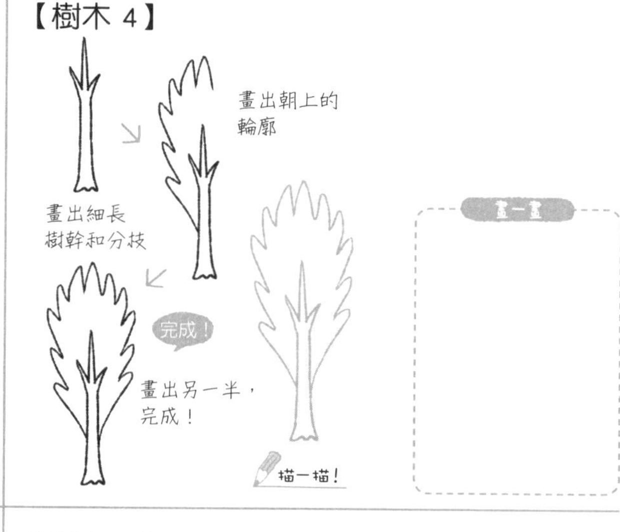

【樹木 5】

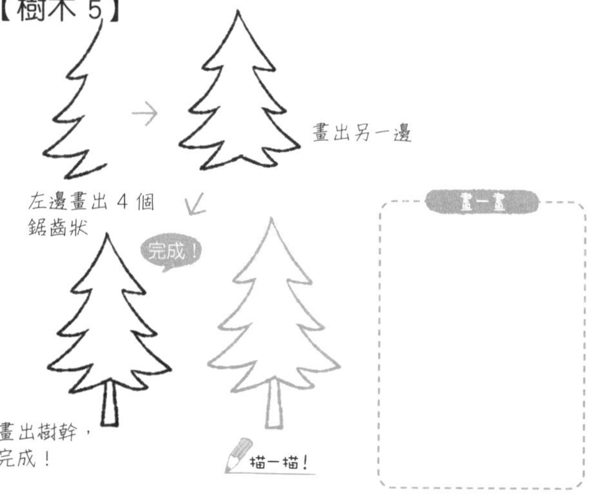

【樹木 6】

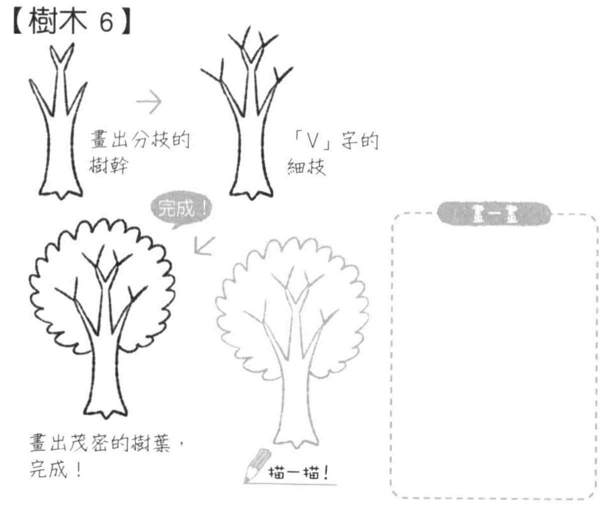

【向日葵】

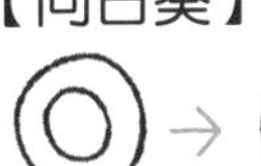

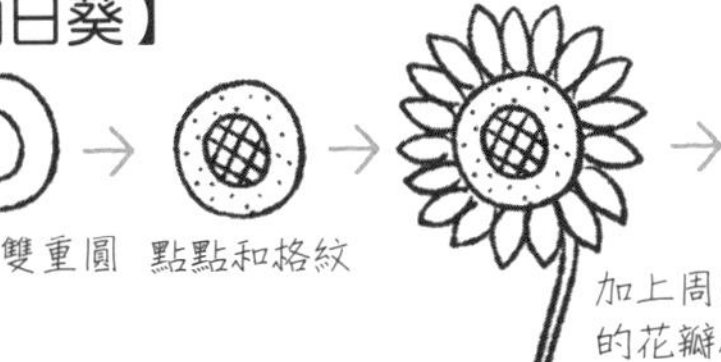

一個雙重圓　點點和格紋

加上周圍的花瓣和花梗

完成！

畫出葉片，完成！

畫一畫

描一描！

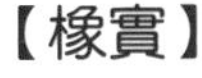

【橡實】

畫一頂貝雷帽

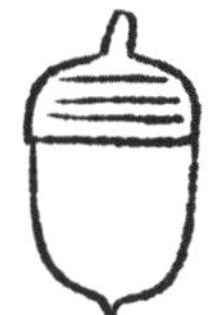

畫出頭尖尖的果實

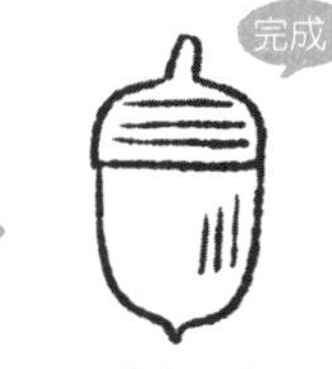

畫出紋路，完成！

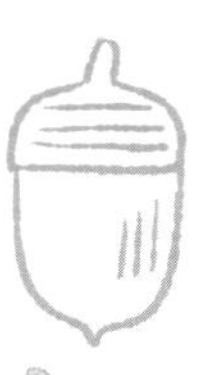

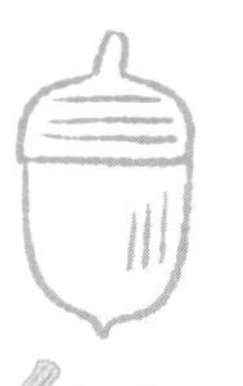

描一描！

畫一畫

【楓葉】

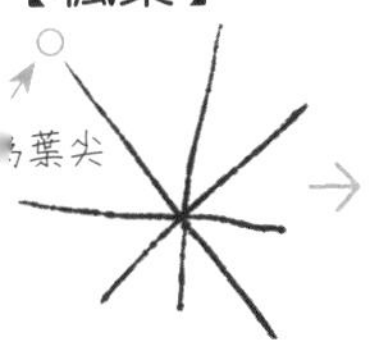

畫一個十字，再交疊上一個 X

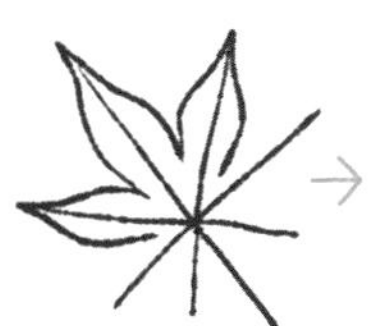

十字的前端和旁邊畫成葉片

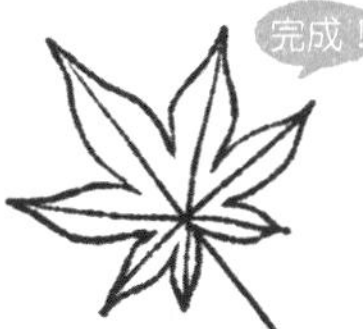

完成！

再畫出另外 4 片葉片，完成！

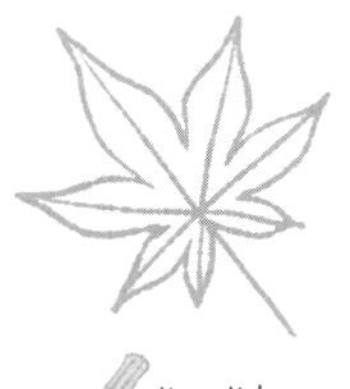

描一描！

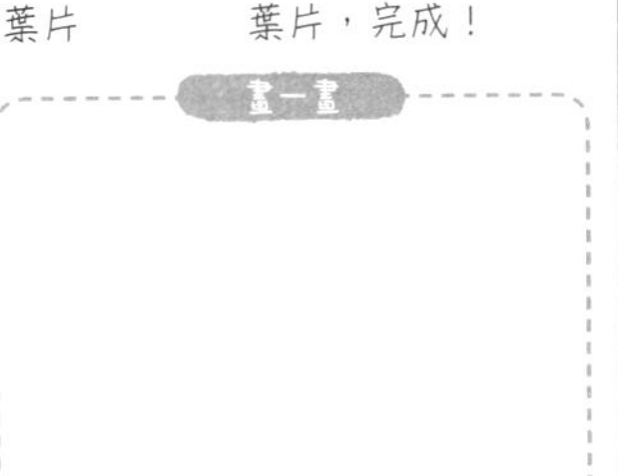

畫一畫

【銀杏葉】

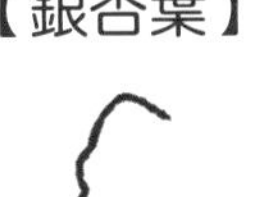

先畫一半

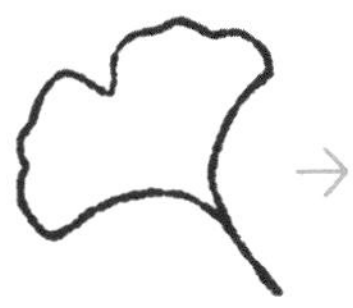

再畫另一邊

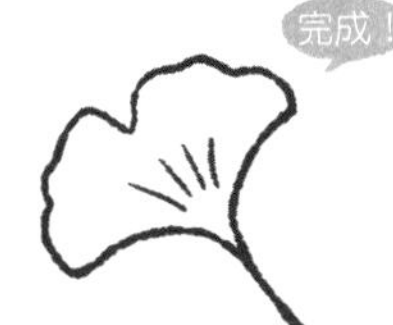

完成！

畫出紋路，完成！

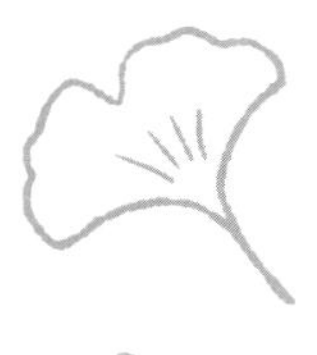

描一描！

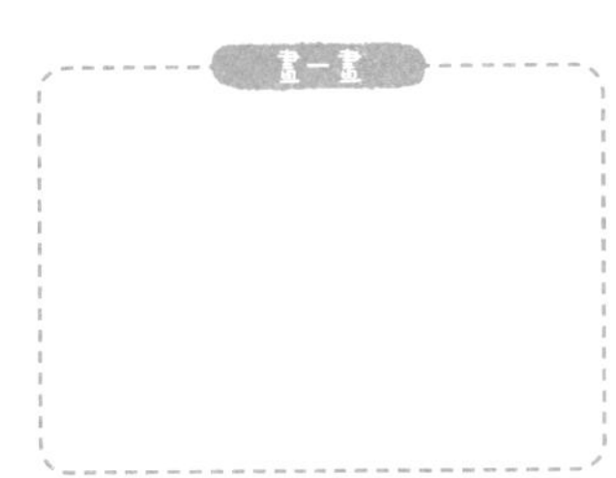

畫一畫

【幸運草】

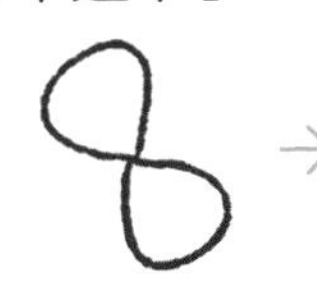

相向的 2 片葉片

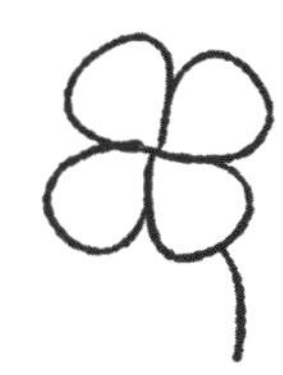

再畫出 2 片，加上葉梗

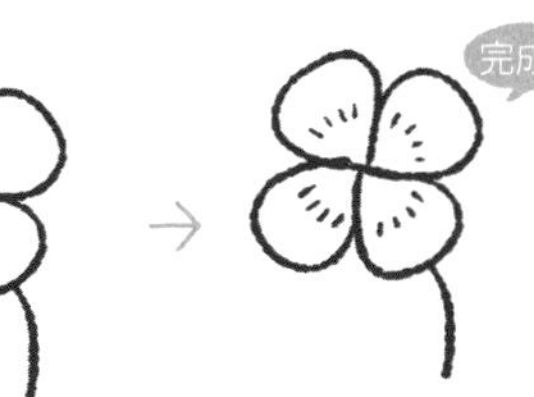

完成！

畫出紋路，完成！

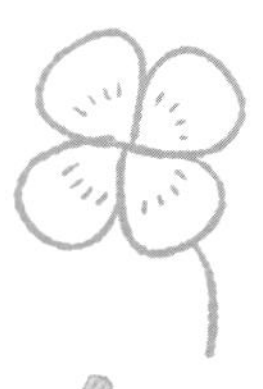

描一描！

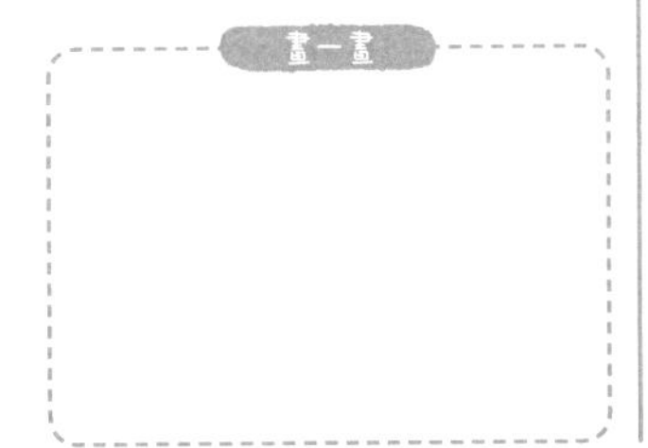

畫一畫

【蒲公英】

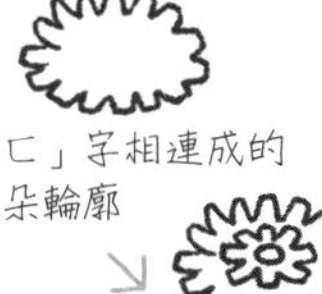

「匚」字相連成的花朵輪廓

中間也畫一朵

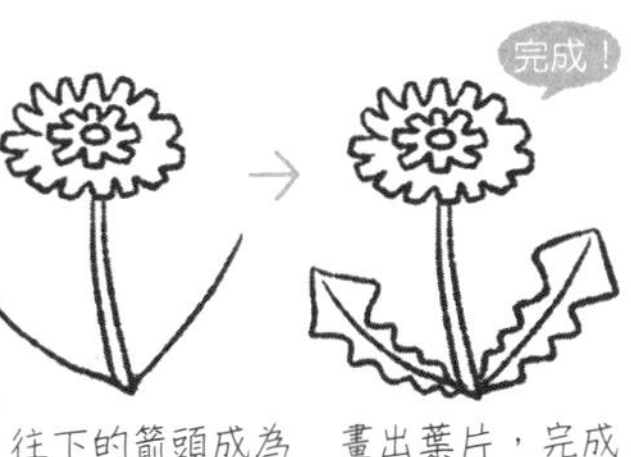

完成！

往下的箭頭成為花梗和葉片

畫出葉片，完成！

描一描！

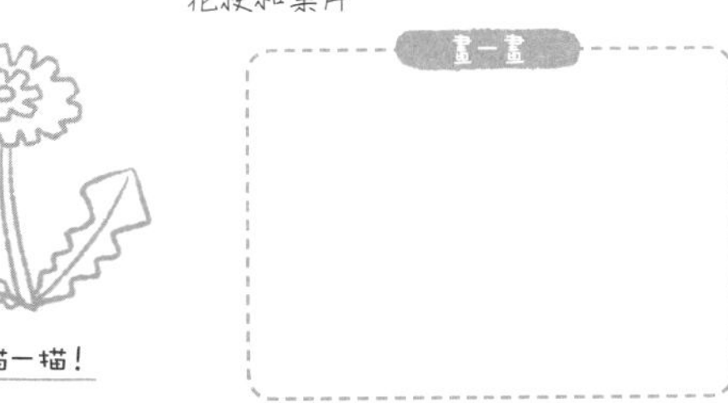

畫一畫

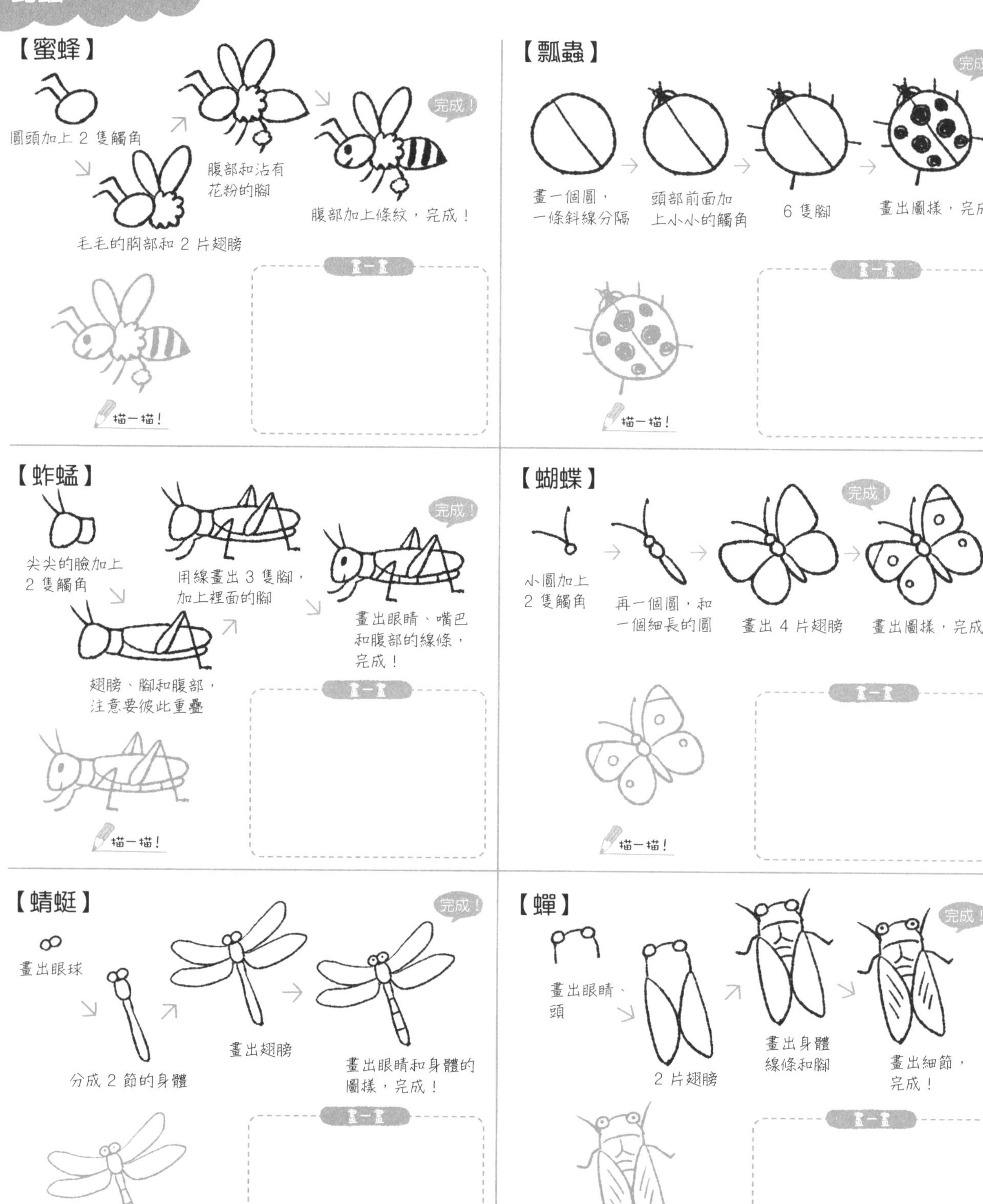
【蜜蜂】
圓頭加上 2 隻觸角
毛毛的胸部和 2 片翅膀
腹部和沾有花粉的腳
腹部加上條紋，完成！
完成！
描一描！
【瓢蟲】
畫一個圓，一條斜線分隔
頭部前面加上小小的觸角
6 隻腳
畫出圖樣，完成
完成
描一描！
【蚱蜢】
尖尖的臉加上 2 隻觸角
翅膀、腳和腹部，注意要彼此重疊
用線畫出 3 隻腳，加上裡面的腳
畫出眼睛、嘴巴和腹部的線條，完成！
完成！
描一描！
【蝴蝶】
小圓加上 2 隻觸角
再一個圓，和一個細長的圓
畫出 4 片翅膀
畫出圖樣，完成
完成！
描一描！
【蜻蜓】
畫出眼球
分成 2 節的身體
畫出翅膀
畫出眼睛和身體的圖樣，完成！
完成！
描一描！
【蟬】
畫出眼睛、頭
2 片翅膀
畫出身體線條和腳
畫出細節，完成！
完成！
描一描！

【鍬形蟲】

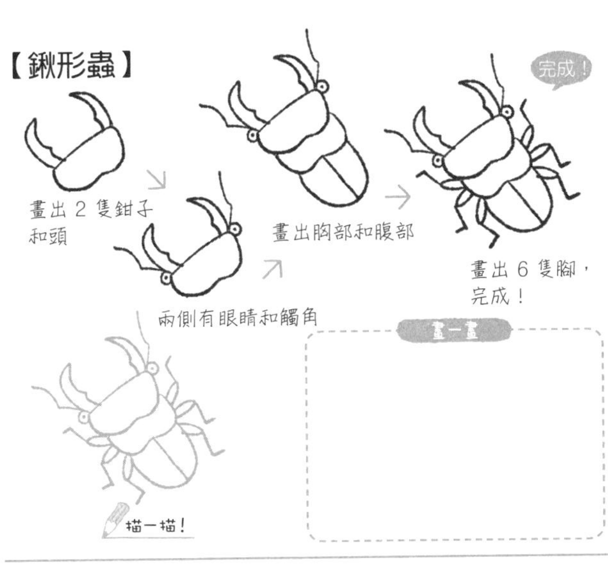

【獨角仙】

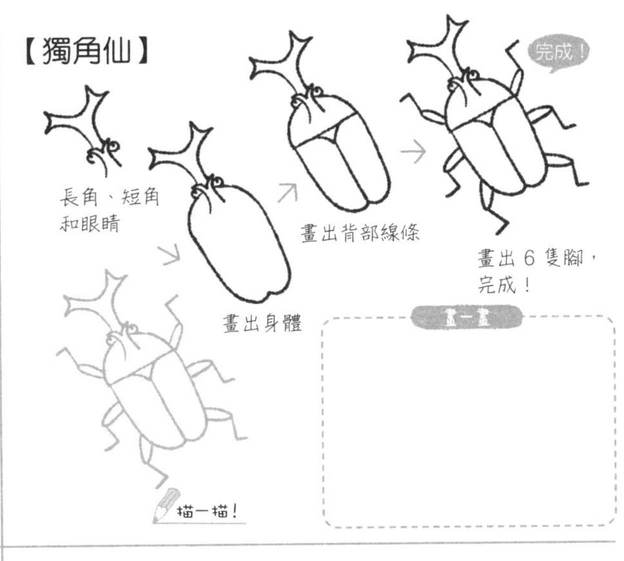

【蝸牛】

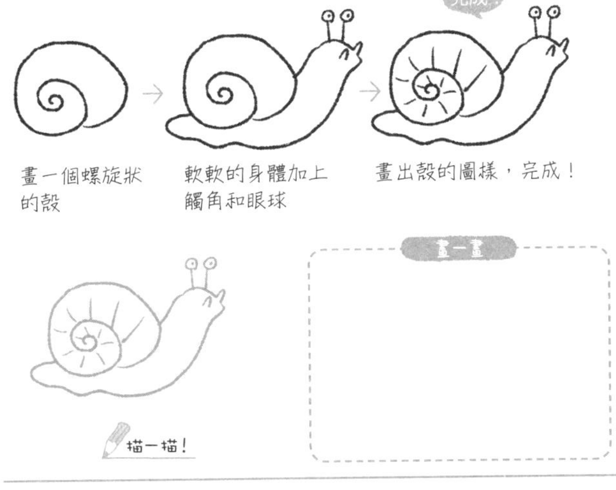

【螳螂】

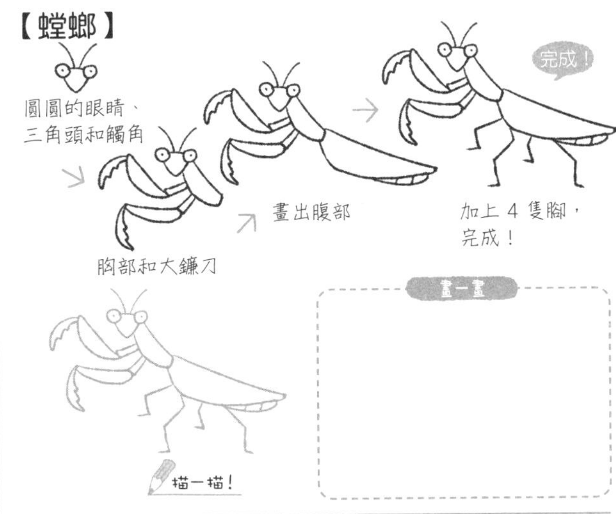

【捕蟲網】

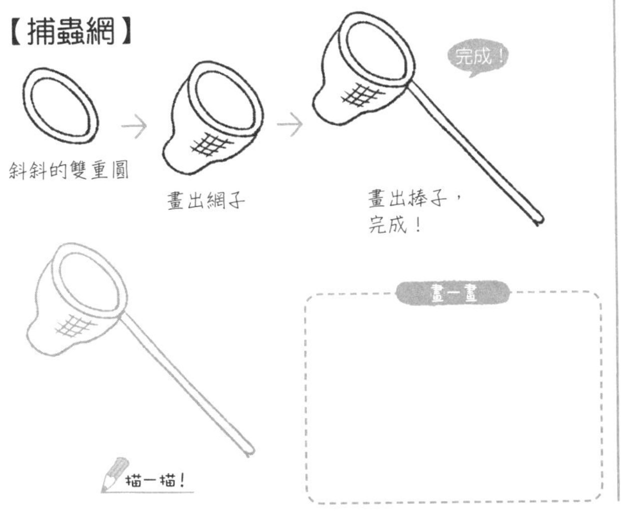

【昆蟲箱】

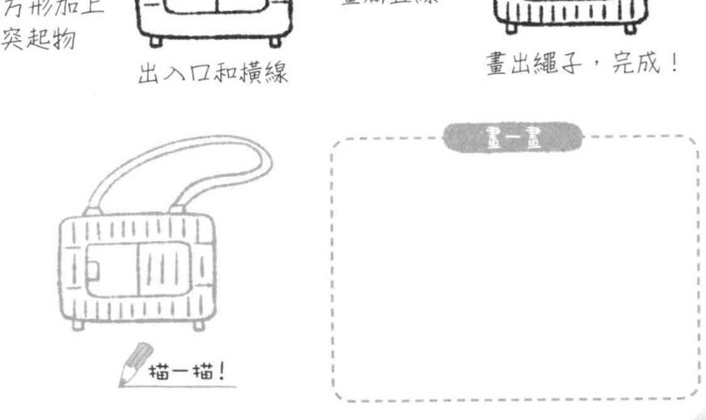

【群山】

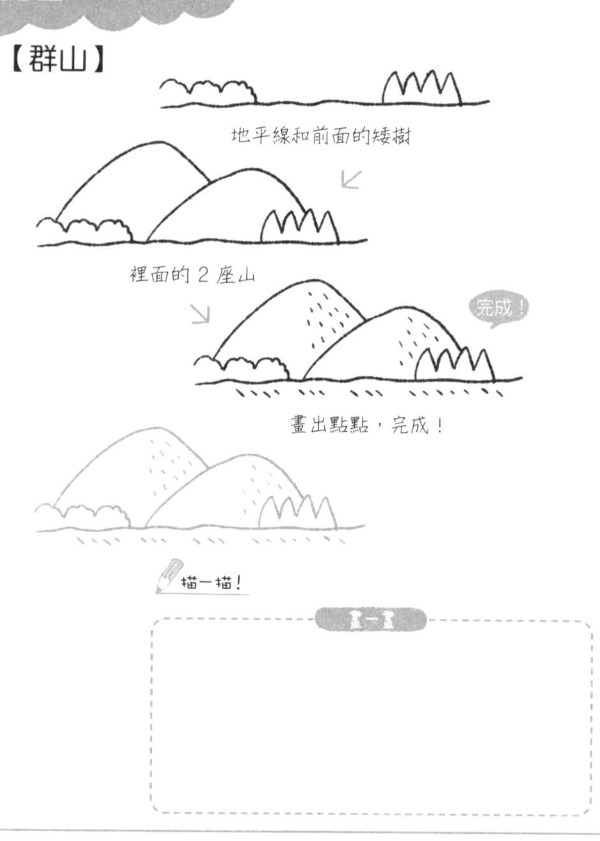
地平線和前面的矮樹
裡面的 2 座山
完成！
畫出點點，完成！
描一描！
畫一畫

【帳篷】

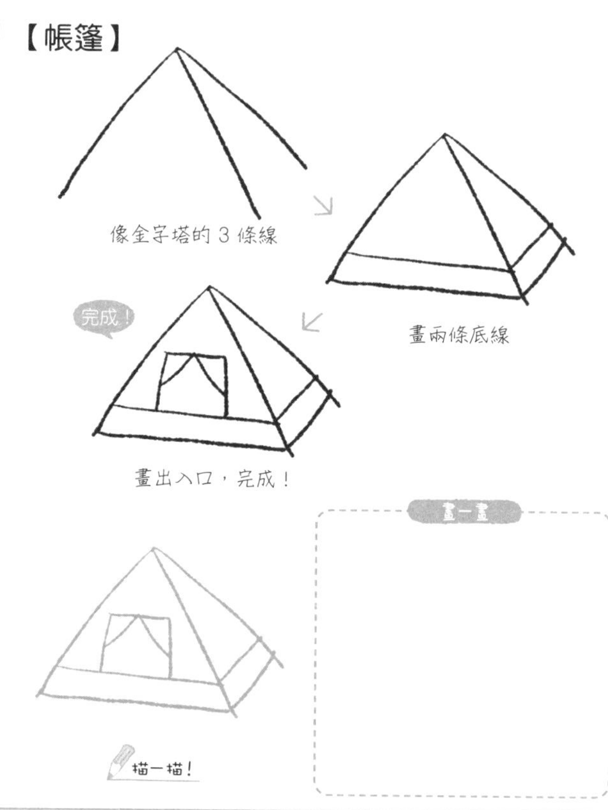
像金字塔的 3 條線
畫兩條底線
完成！
畫出入口，完成！
畫一畫
描一描！

【提燈】

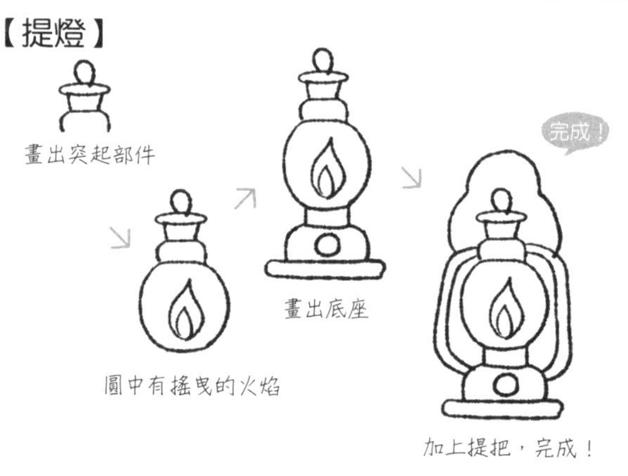
畫出突起部件
畫出底座
完成！
圓中有搖曳的火焰
加上提把，完成！

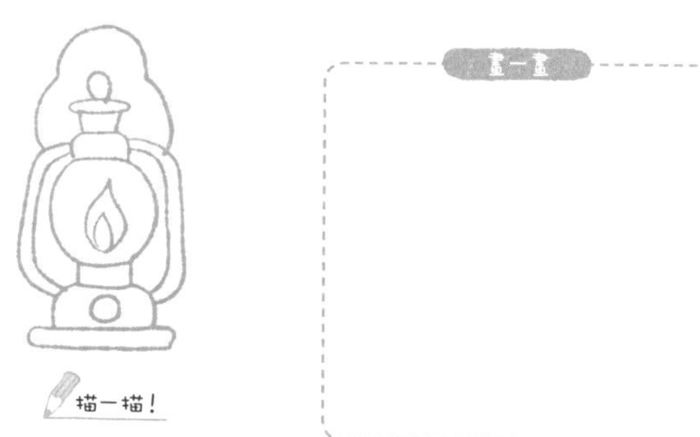
畫一畫
描一描！

【睡袋】

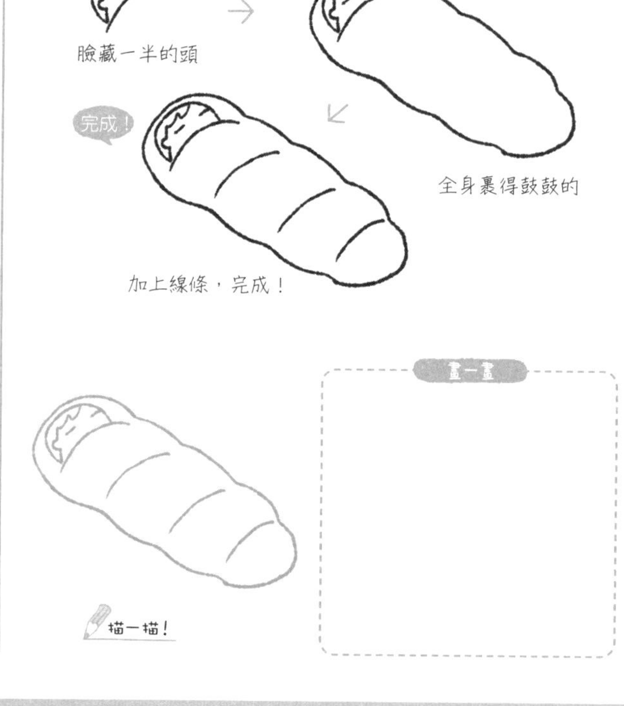
臉藏一半的頭
完成！
全身裹得鼓鼓的
加上線條，完成！
畫一畫
描一描！

【燒烤爐】

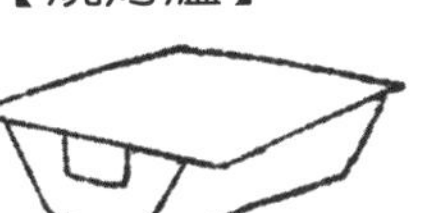

燒烤網下面連接
一個梯形部件

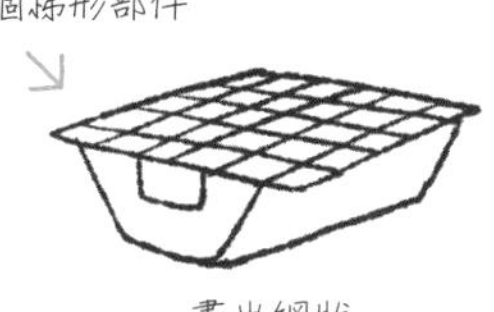

畫出網狀

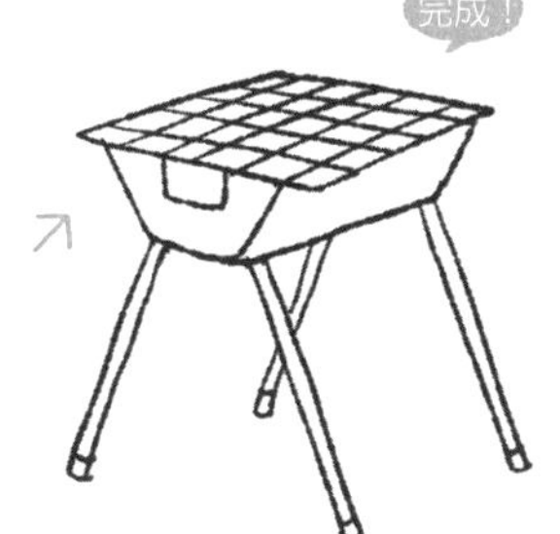

畫出 4 支腳架，完成！

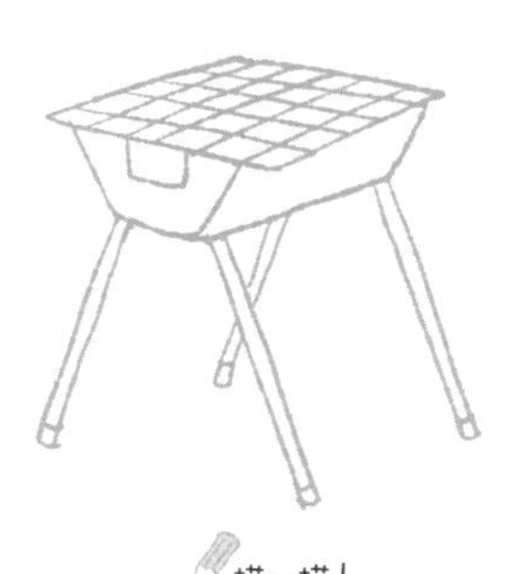

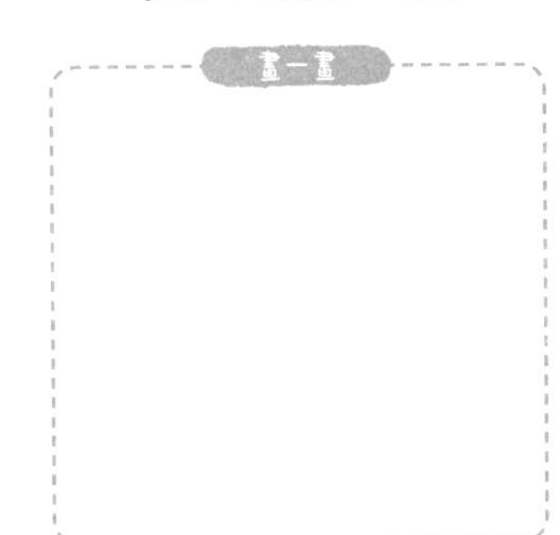

描一描！

【燒烤串】

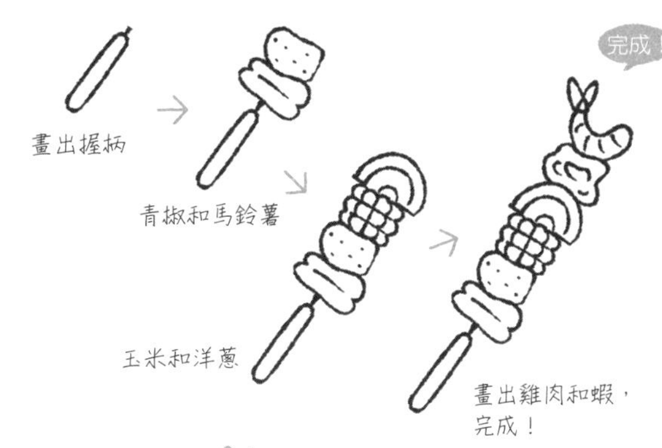

畫出握柄

青椒和馬鈴薯

玉米和洋蔥

畫出雞肉和蝦，
完成！

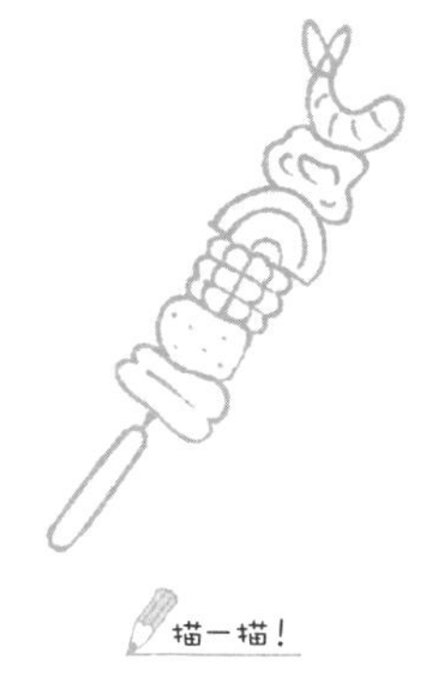

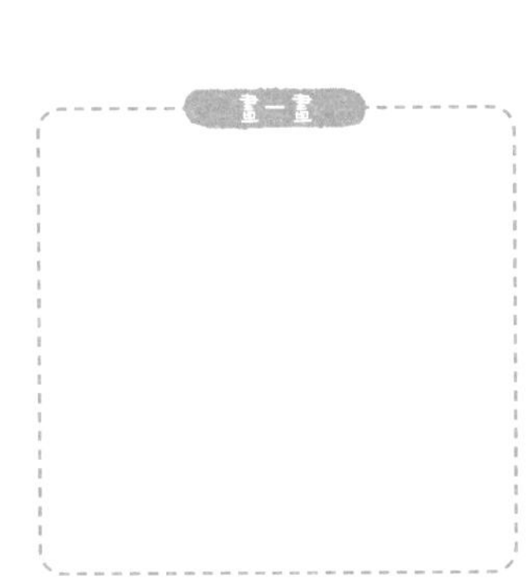

描一描！

【營火】

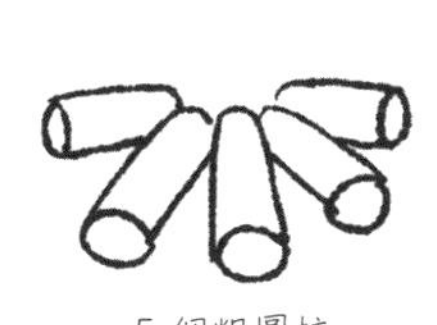

5 個粗圓柱

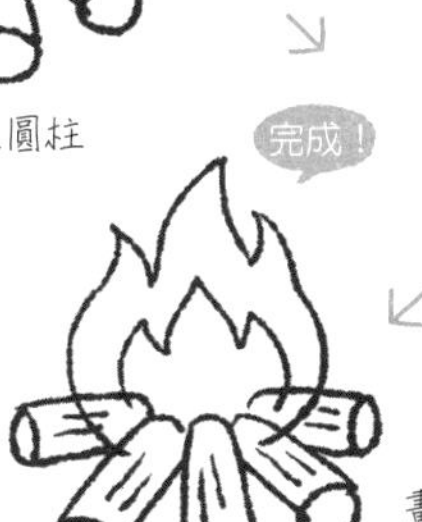

在上面畫出火焰

完成！

畫出木紋，
完成！

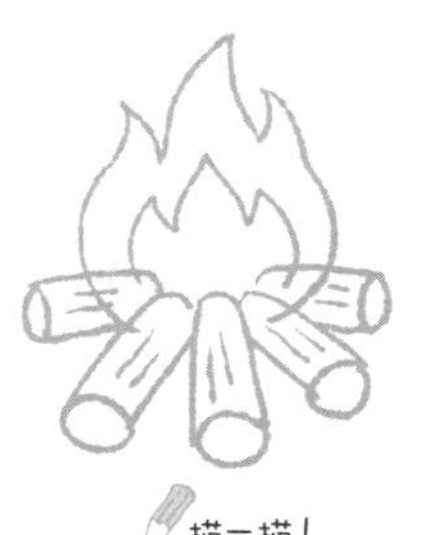

描一描！

【飯盒】

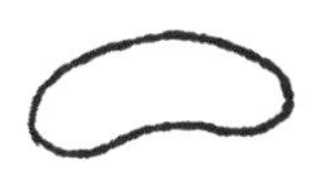

畫一個橡皮筋形狀

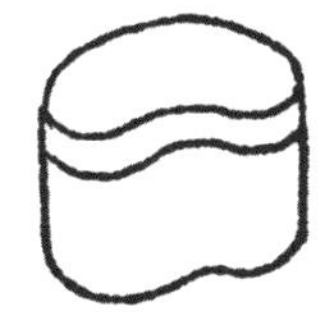

畫出立體感，
加上蓋子的線條

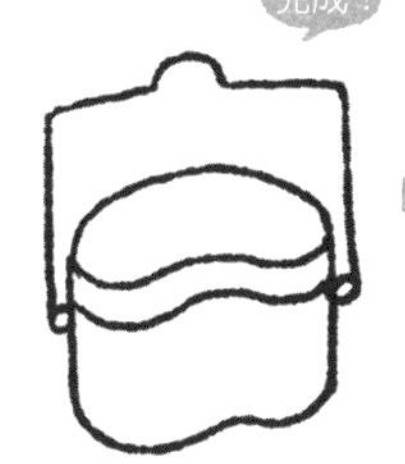

加上提把，完成！

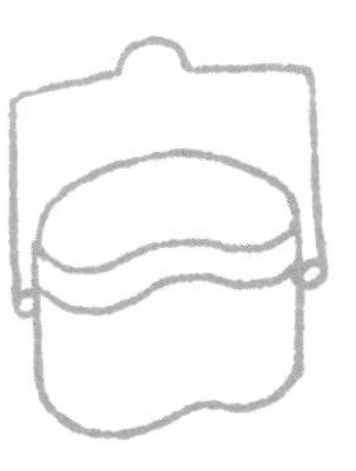

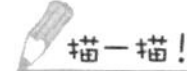

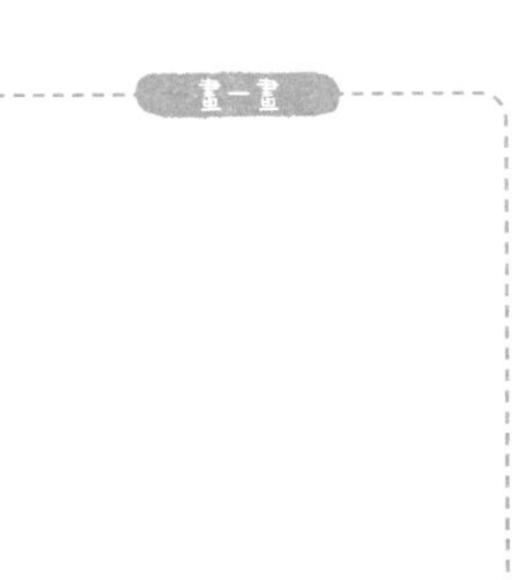

【登山女孩】

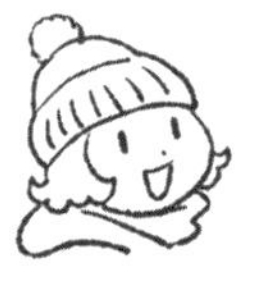

戴針織帽的女生

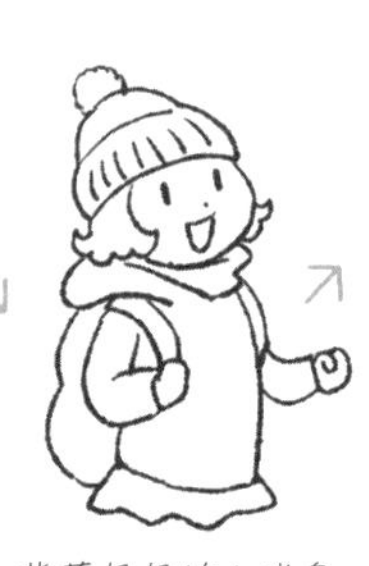

背著包包的上半身

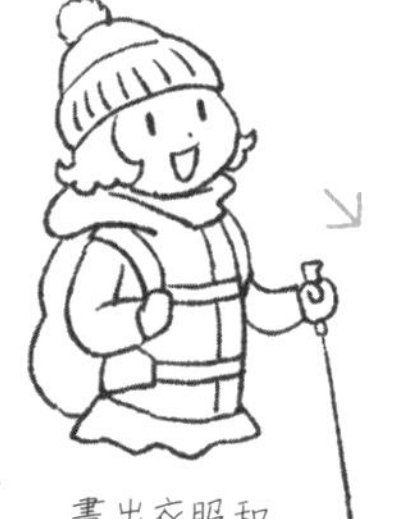

畫出衣服和包包的細節、登山杖

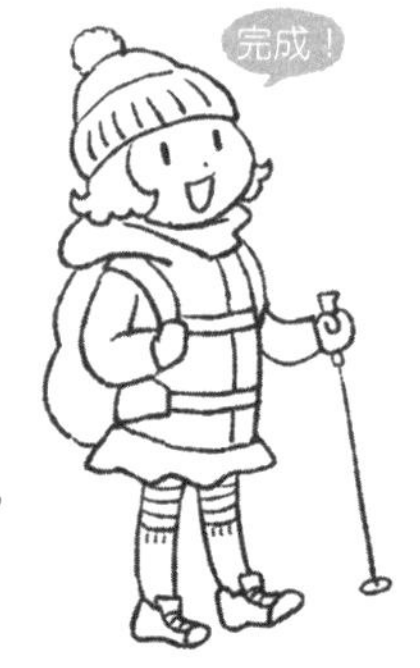

畫出腳和靴子，完成！

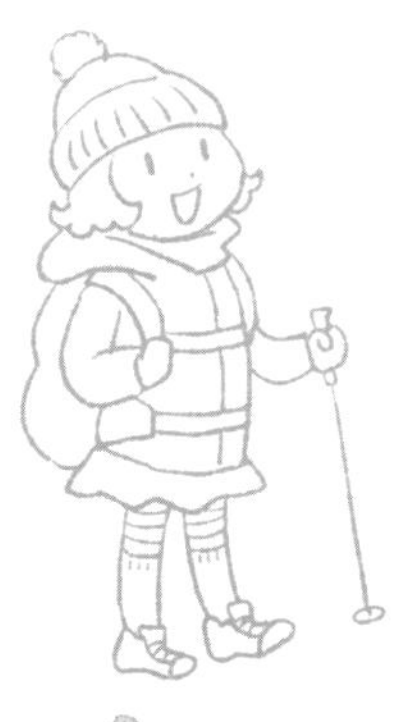

描一描！

畫一畫

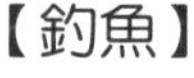

【釣魚】

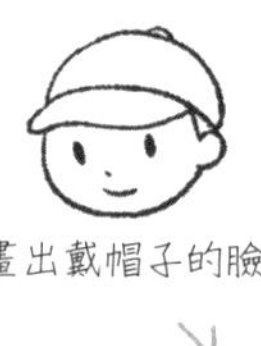

畫出戴帽子的臉

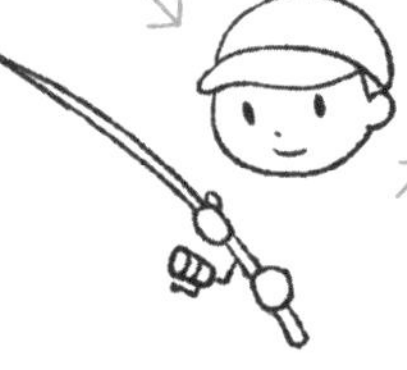

前面畫出釣竿和手

畫出上半身

畫出腳，完成！

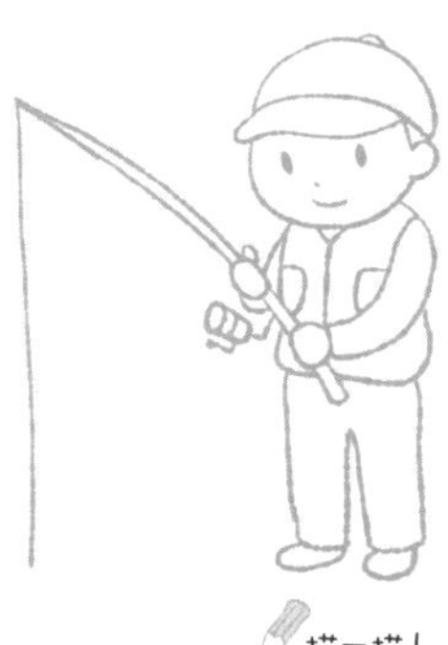

描一描！

畫一畫

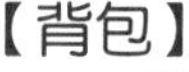

【背包】

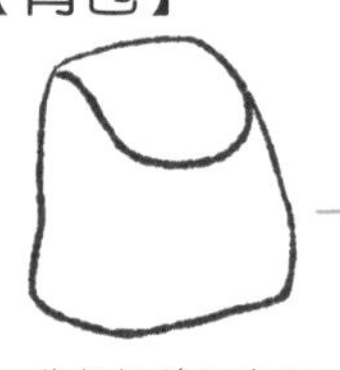

背包掀蓋和底部鼓鼓的本體

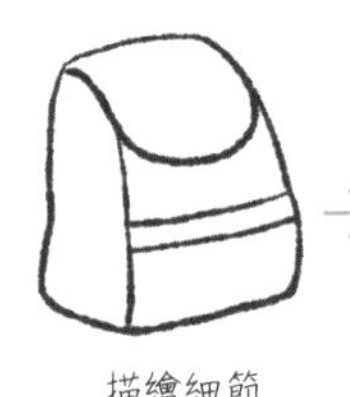

描繪細節

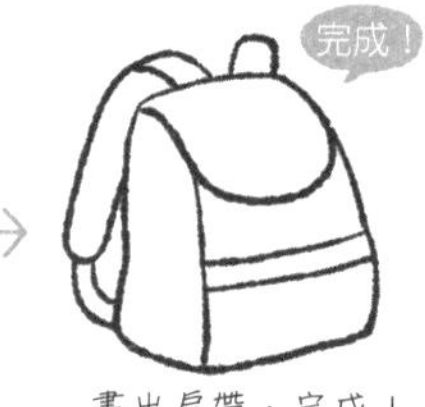

畫出肩帶，完成！

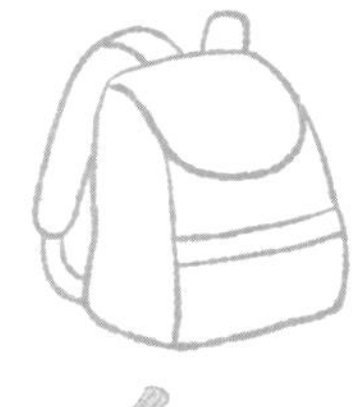

描一描！

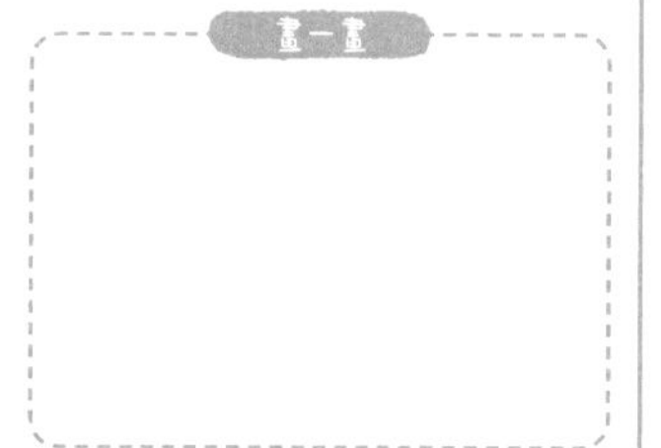

畫一畫

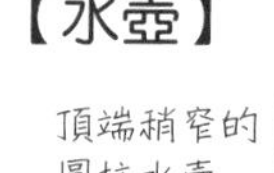

【水壺】

頂端稍窄的圓柱水壺

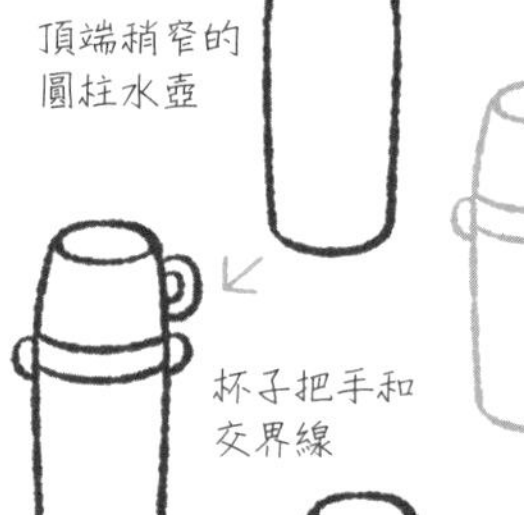

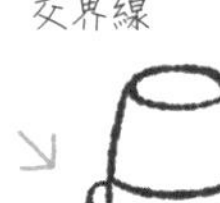

杯子把手和交界線

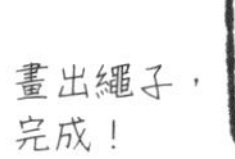

畫出繩子，完成！

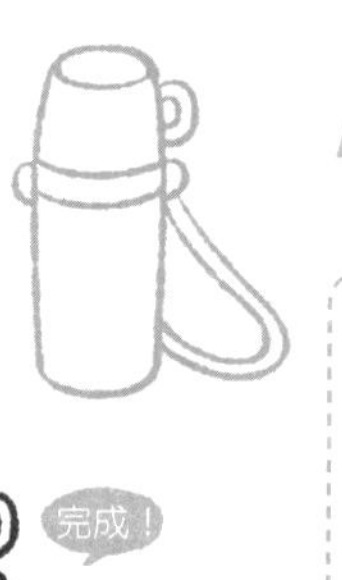

描一描！

畫一畫

【野餐 1】

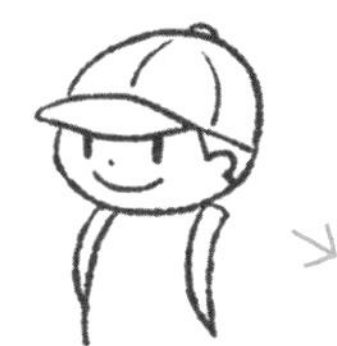

頭戴帽子的男生和
背包肩帶

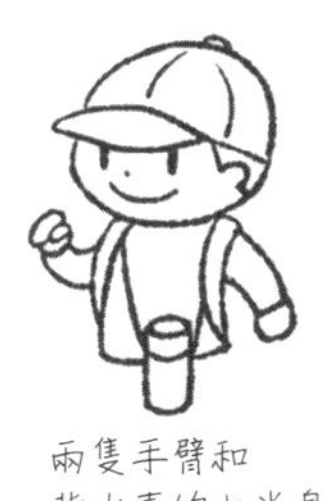

兩隻手臂和
背水壺的上半身

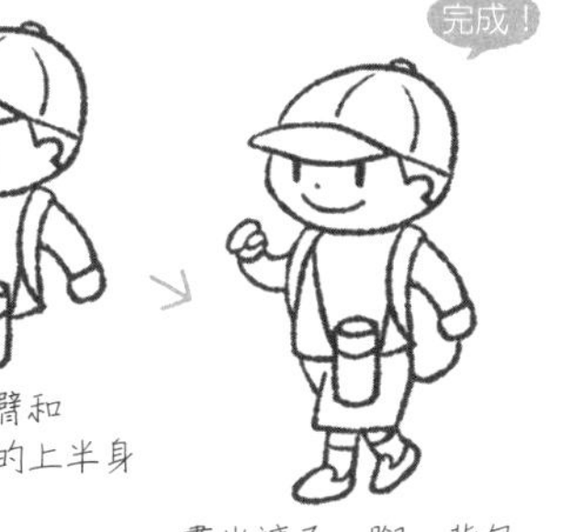

畫出褲子、腳、背包，
完成！

描一描！

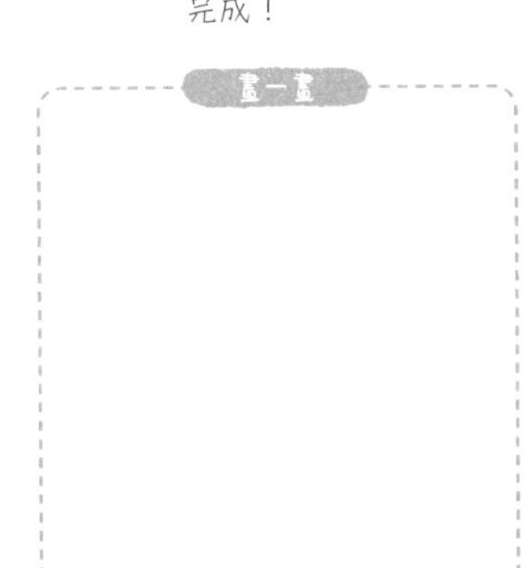

【野餐 2】

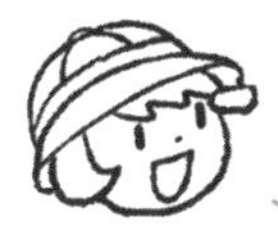

頭戴帽子的女生

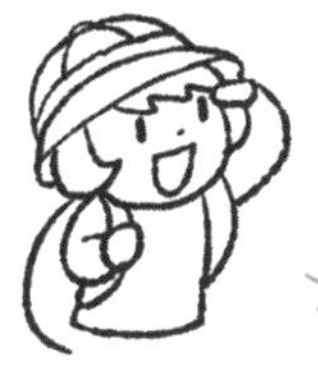

畫出遮陽的手和
背包

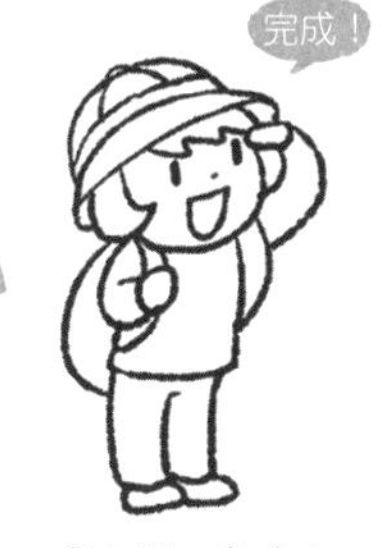

畫出腳，完成！

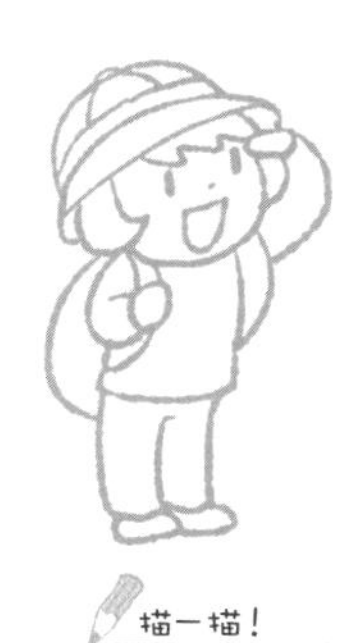

描一描！

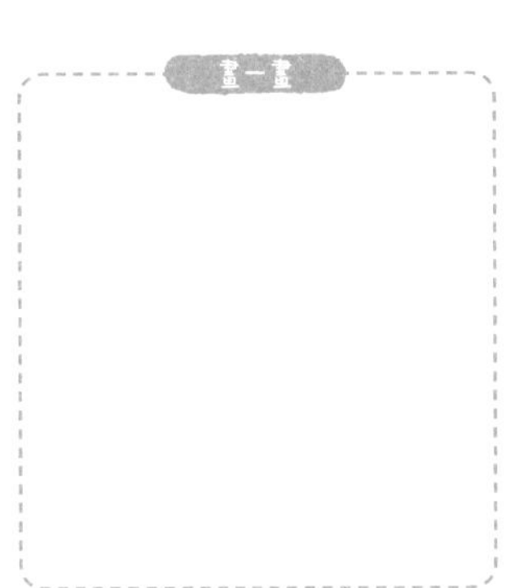

【便當】

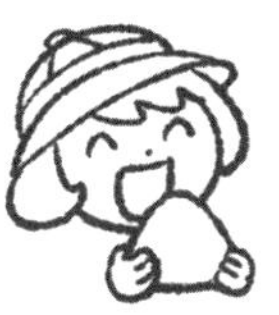

手拿握壽司的女生

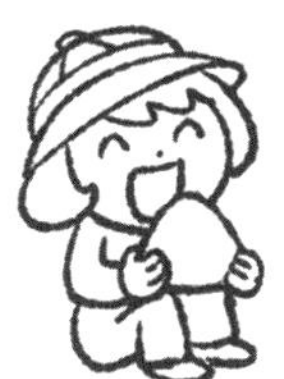

畫出坐著的全身

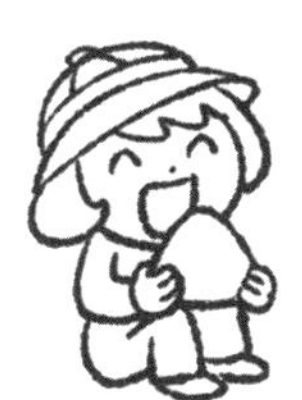

旁邊手拿握壽司的男生

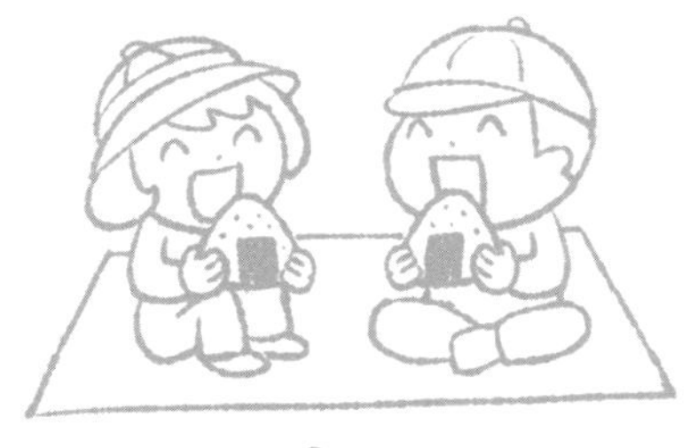

描一描！

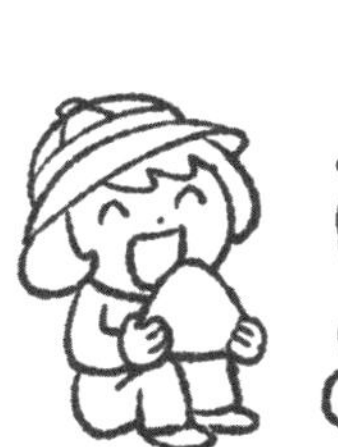

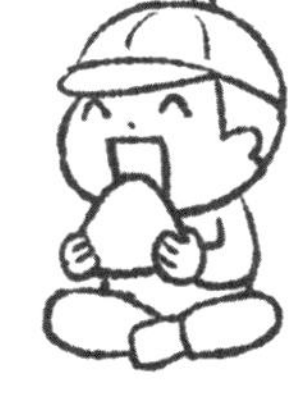

畫出坐著的全身

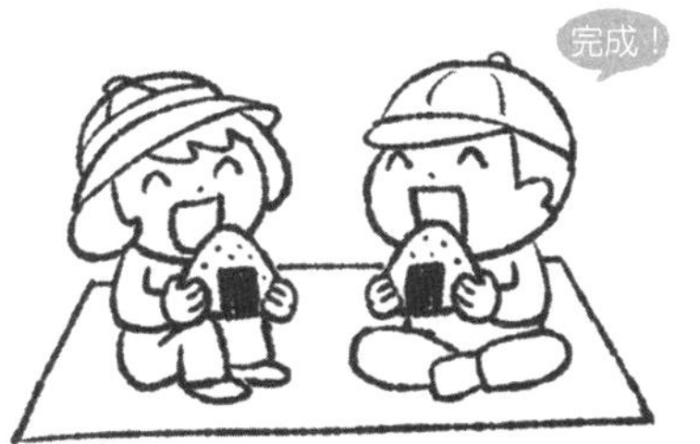

畫出野餐墊和握壽司表面，完成！

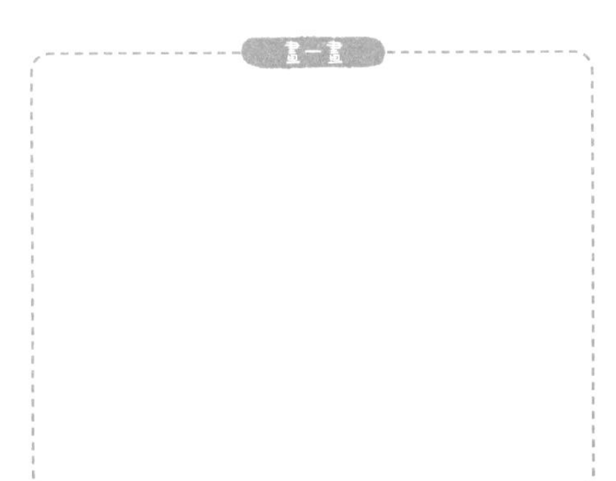

【祭典歡慶】

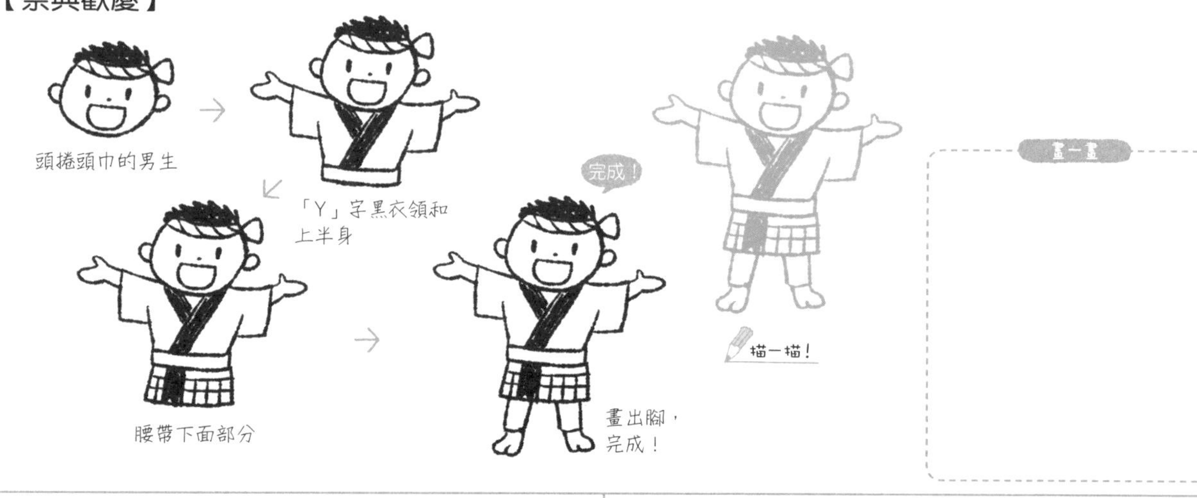

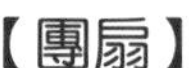

【團扇】

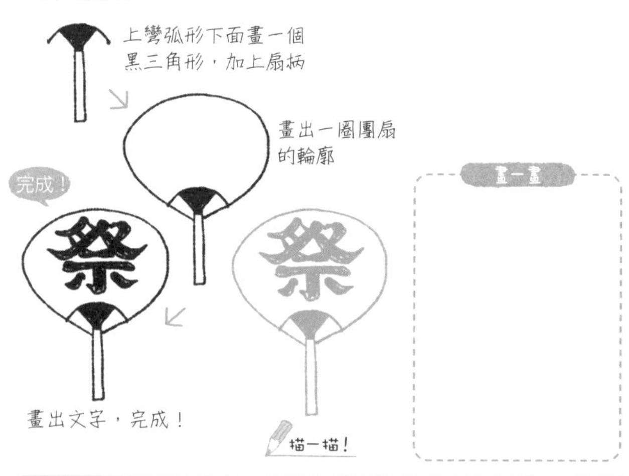

【水溜溜】

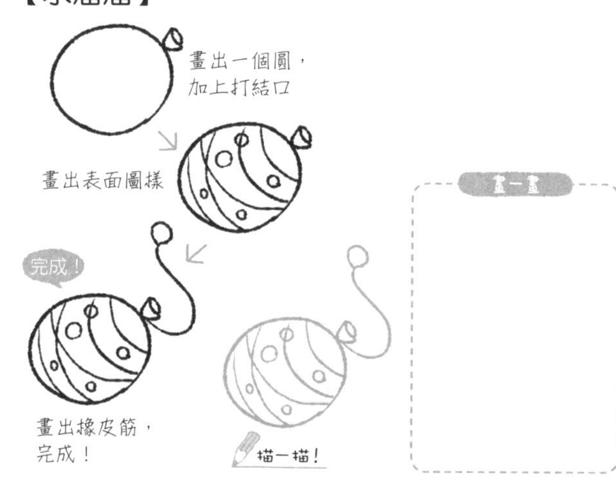

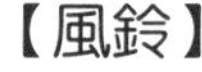

【彈珠汽水】

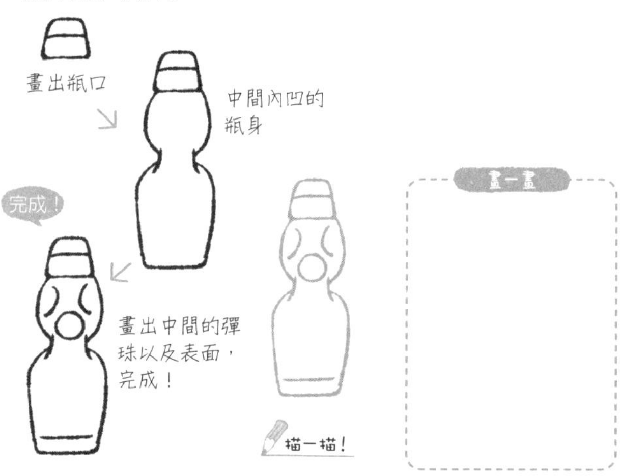

【風鈴】

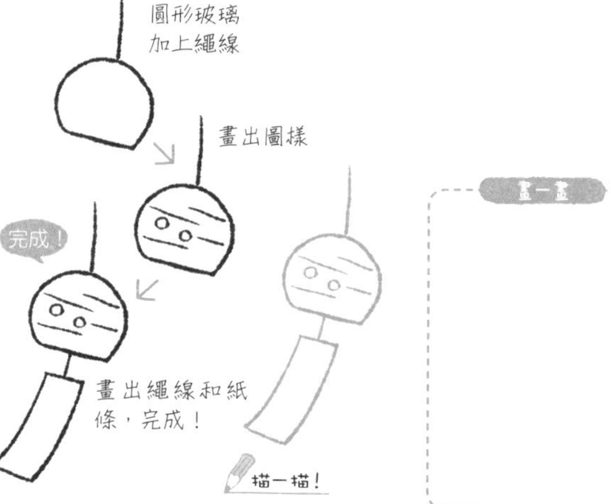

【海水浴場】

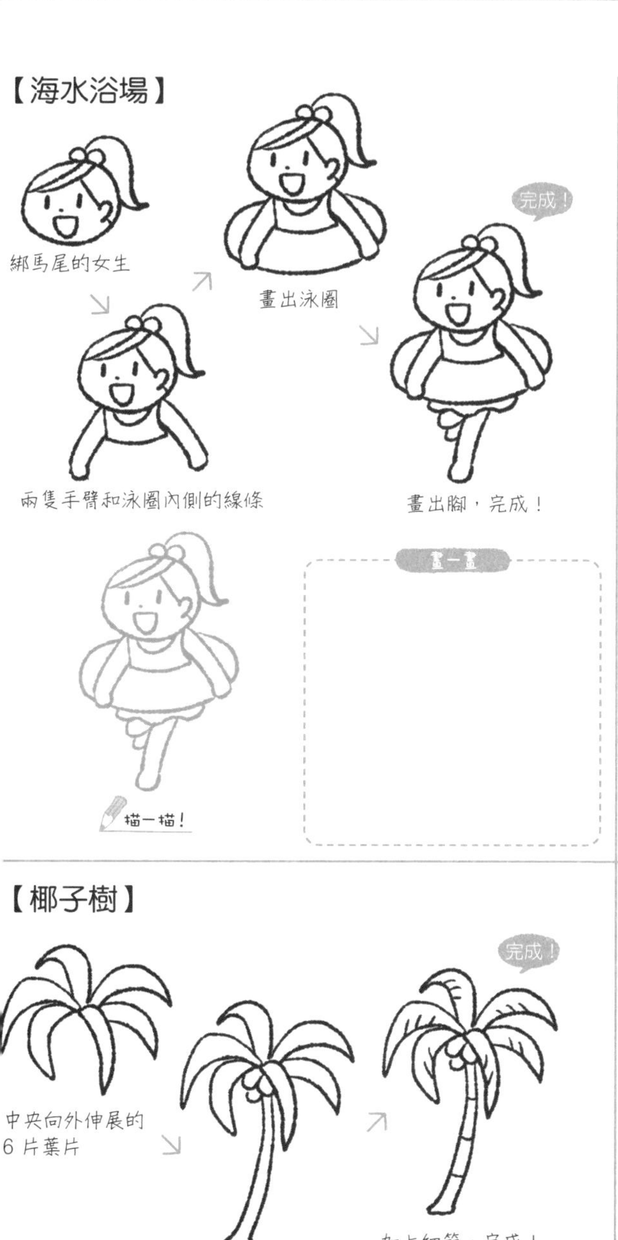

【海灘】

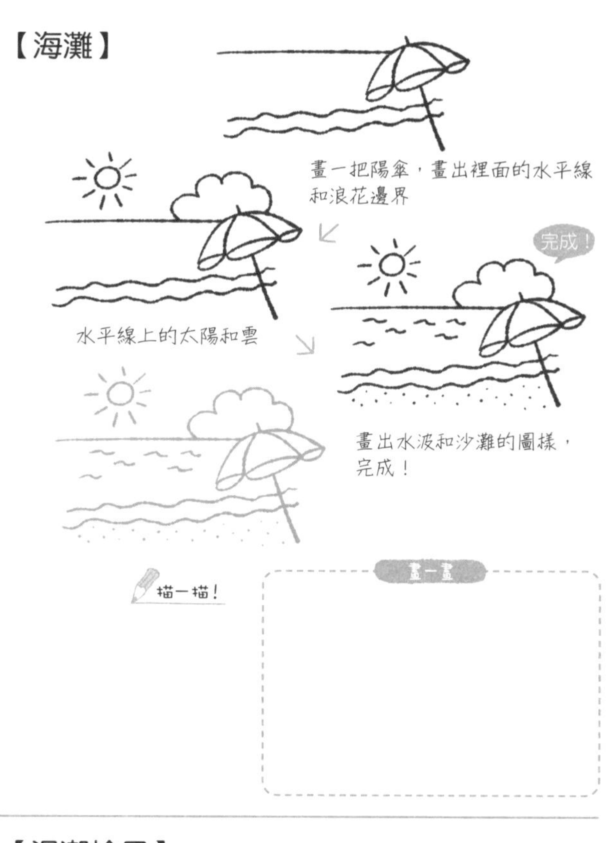

【椰子樹】

中央向外伸展的6片葉片

畫出果實和彎彎的樹幹

完成！

加上細節，完成！

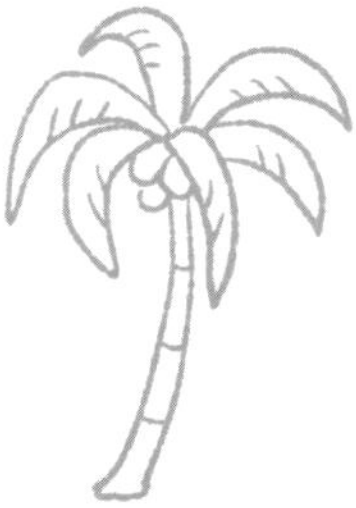

畫一畫

描一描！

【退潮拾貝】 P168 有蛤蜊

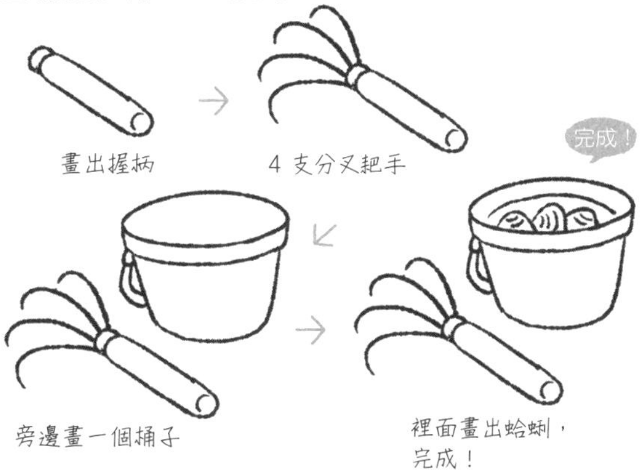

畫出握柄

4支分叉耙手

完成！

旁邊畫一個桶子

裡面畫出蛤蜊，完成！

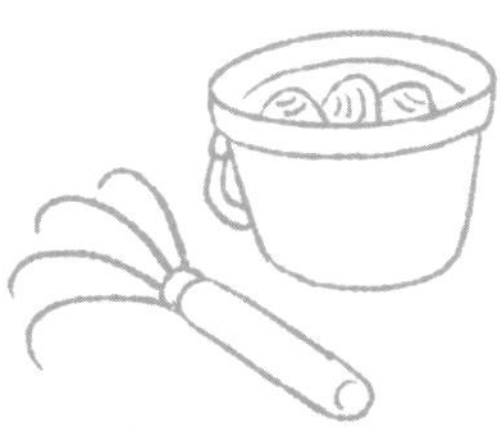

畫一畫

描一描！

【咖啡杯】

畫一個茶杯

裡面有握著扶手的女生

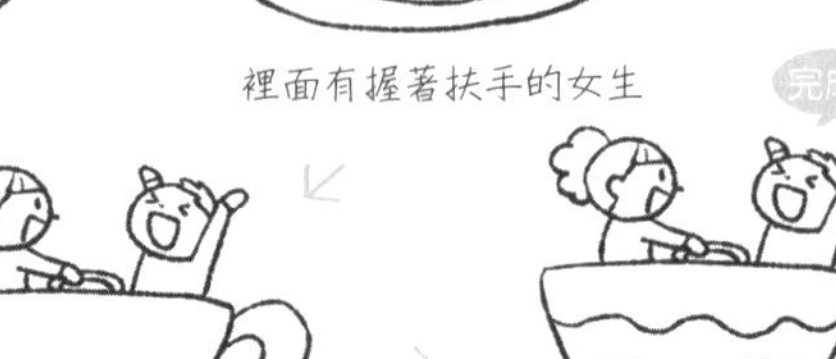

旁邊有雙手舉起的男生

畫出杯子圖樣，完成！

描一描！

【雲霄飛車】

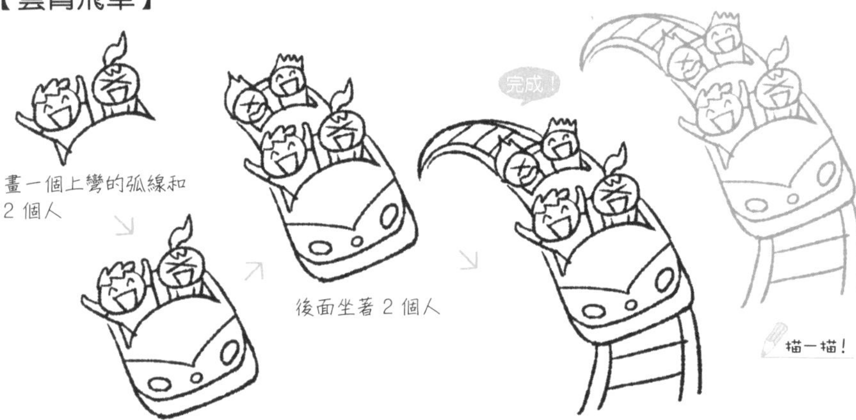

畫一個上彎的弧線和 2 個人

車子的樣子和側邊的線

後面坐著 2 個人

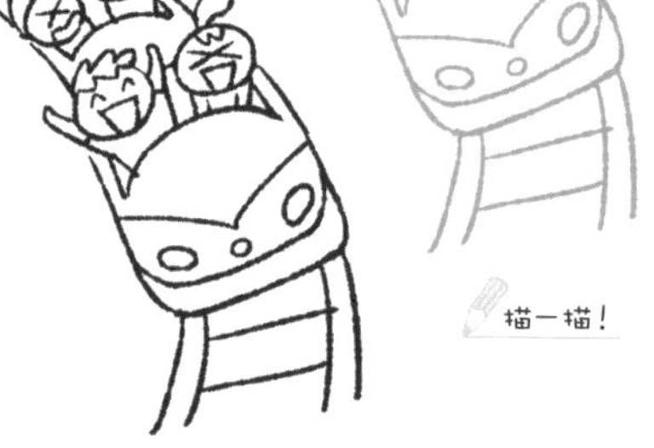

畫出軌道，完成！

描一描！

【天鵝船】

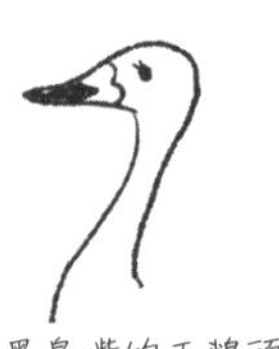

黑鳥嘴的天鵝頭

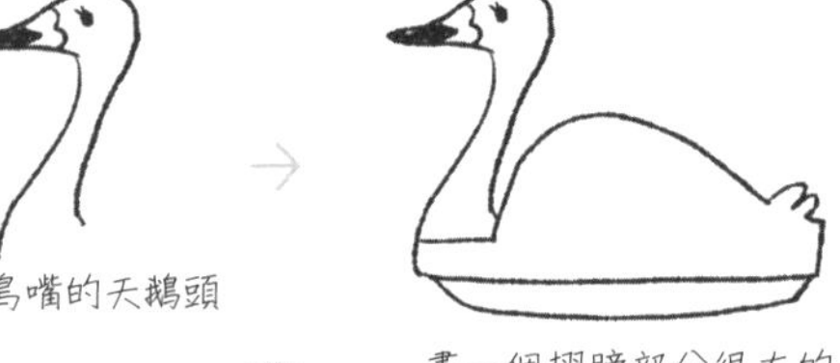

畫一個翅膀部分很大的本體

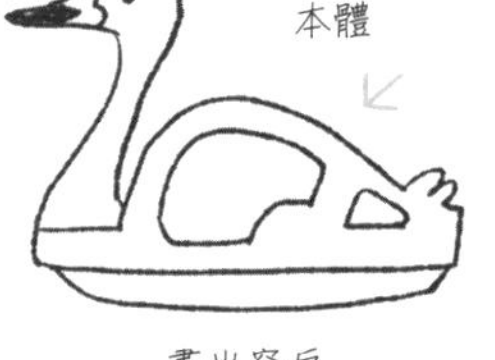

畫出窗戶

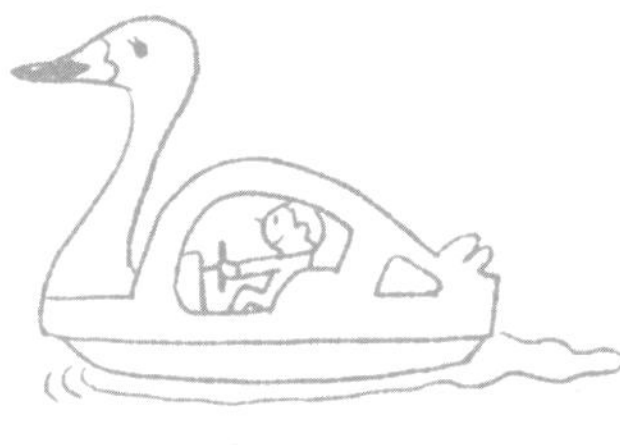

描一描！

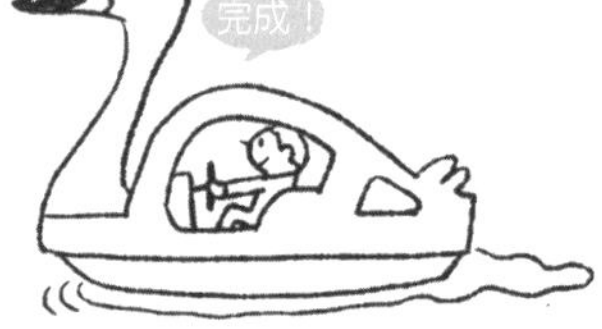

畫出裡面的人，完成！

【摩天輪】

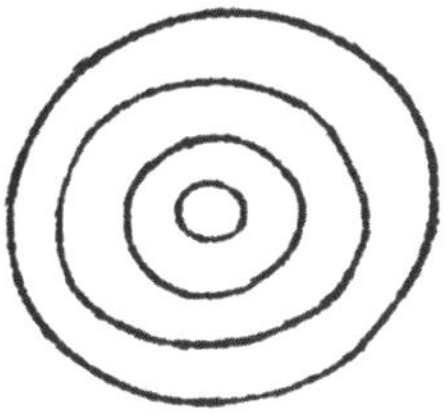

畫一個 4 重圓 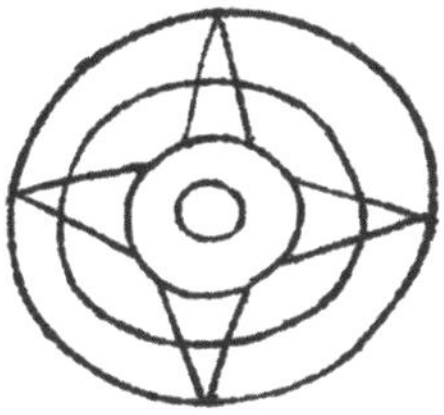 → 從裡面第 2 個圓為中心，畫出 4 個三角形 → 再畫出 4 個

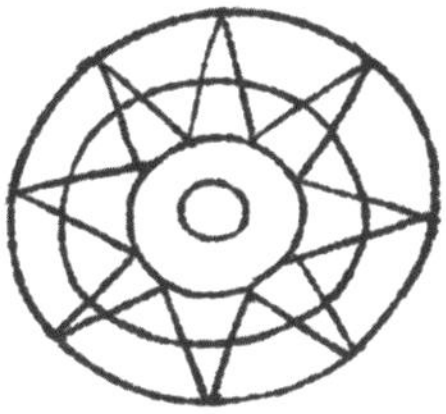

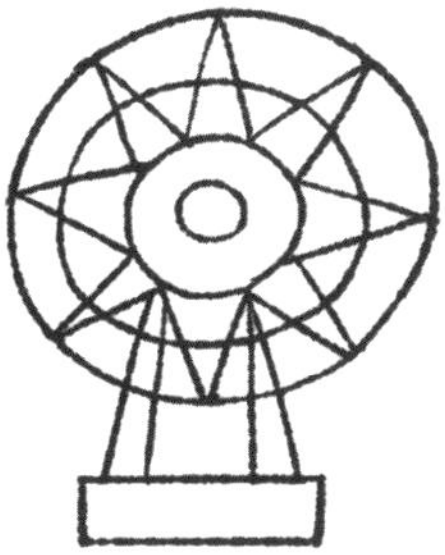

畫出底座 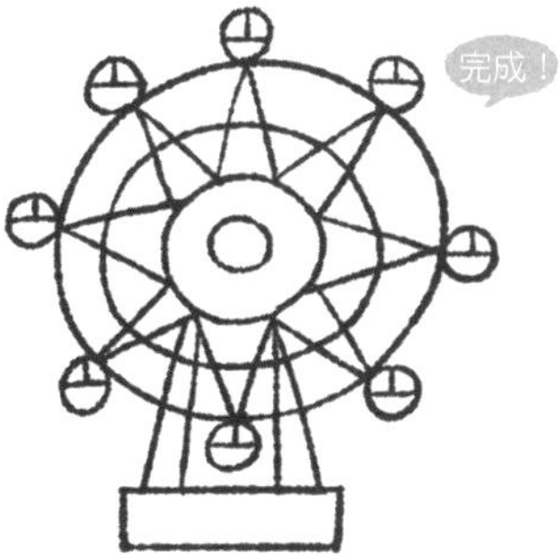 → 在三角形頂端畫出纜車，完成！

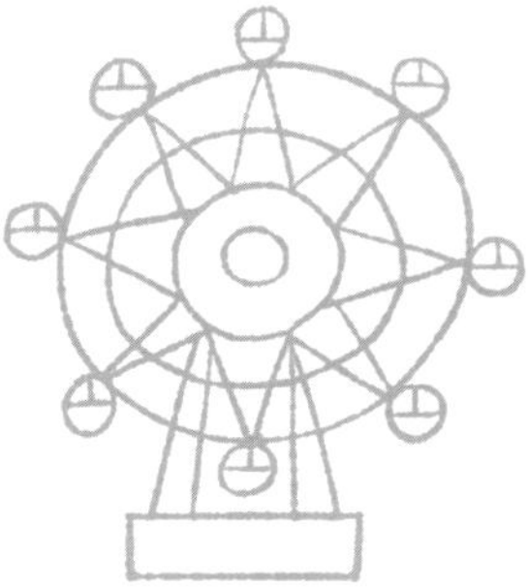

完成！

描一描！

畫一畫

【旋轉木馬】

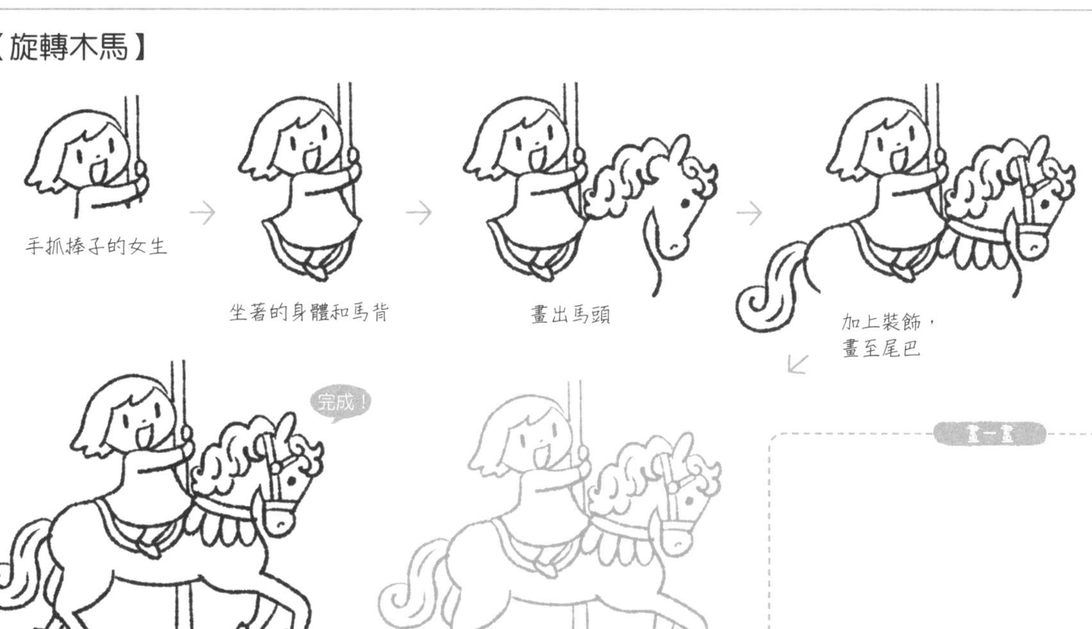

手抓捧子的女生 → 坐著的身體和馬背 → 畫出馬頭 → 加上裝飾，畫至尾巴

畫出馬腳和捧子，完成！

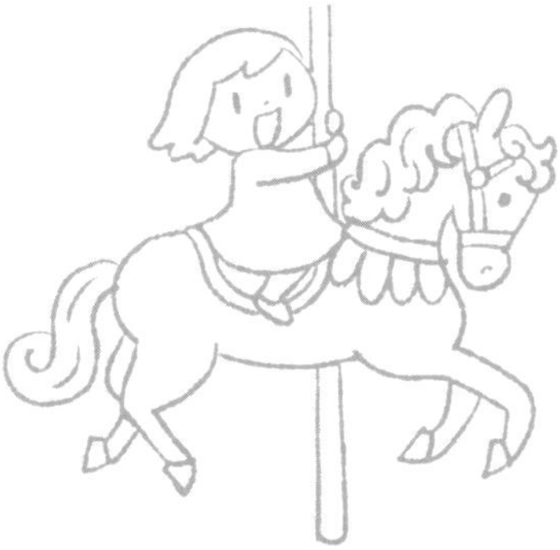

描一描！

畫一畫

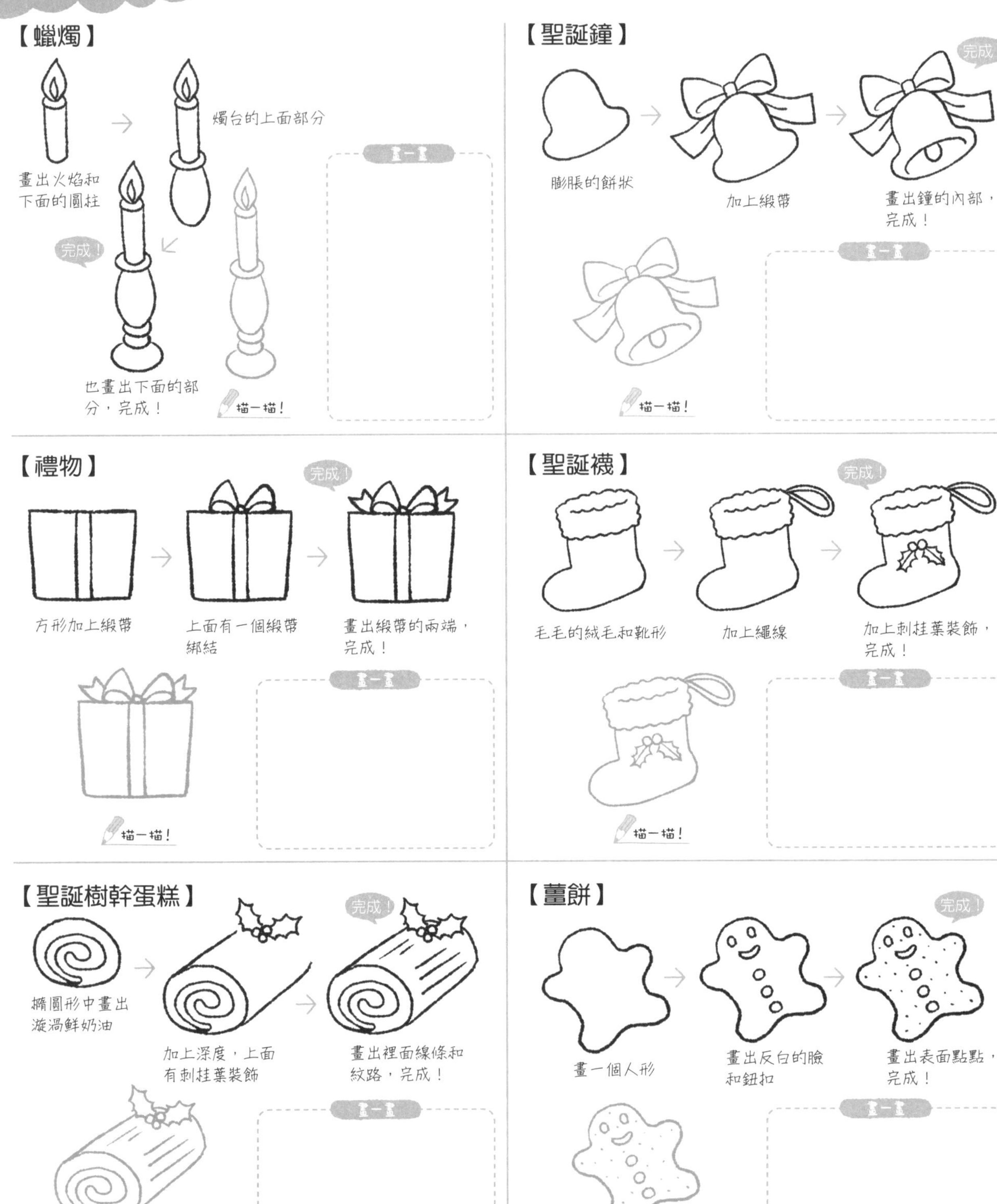
【蠟燭】
畫出火焰和下面的圓柱
燭台的上面部分
完成！
也畫出下面的部分，完成！
描一描！
畫一畫
【聖誕鐘】
完成！
膨脹的餅狀
加上緞帶
畫出鐘的內部，完成！
描一描！
畫一畫
【禮物】
完成！
方形加上緞帶
上面有一個緞帶綁結
畫出緞帶的兩端，完成！
描一描！
畫一畫
【聖誕襪】
完成！
毛毛的絨毛和靴形
加上繩線
加上刺桂葉裝飾，完成！
描一描！
畫一畫
【聖誕樹幹蛋糕】
完成！
橢圓形中畫出漩渦鮮奶油
加上深度，上面有刺桂葉裝飾
畫出裡面線條和紋路，完成！
描一描！
畫一畫
【薑餅】
完成！
畫一個人形
畫出反白的臉和鈕扣
畫出表面點點，完成！
描一描！
畫一畫

【聖誕花圈】

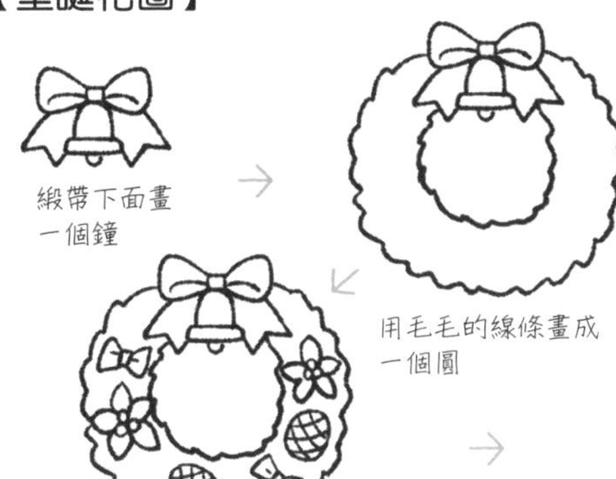

緞帶下面畫一個鐘

用毛毛的線條畫成一個圓

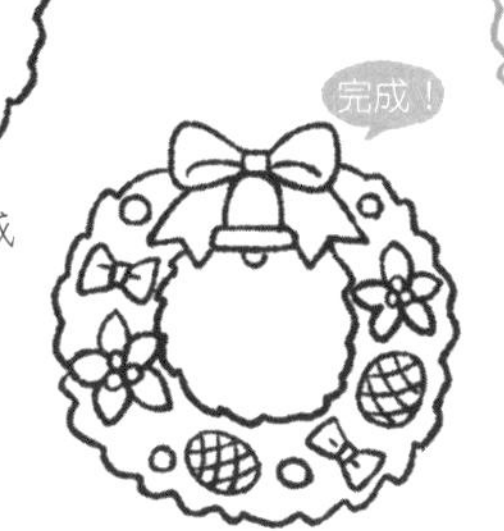

畫出圓上的裝飾

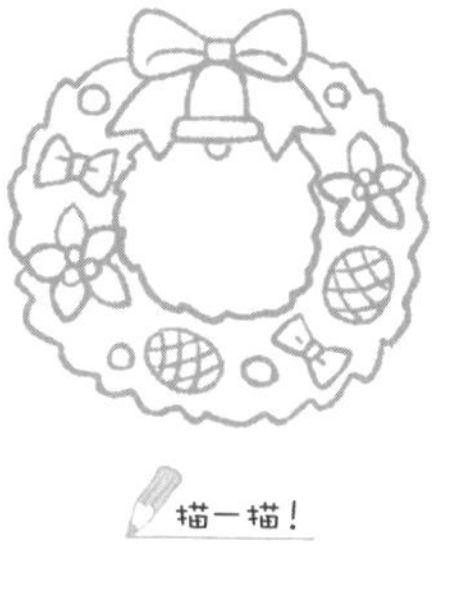

空白處畫上圓形裝飾，完成！

描一描！

畫一畫

【聖誕樹】

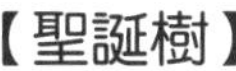

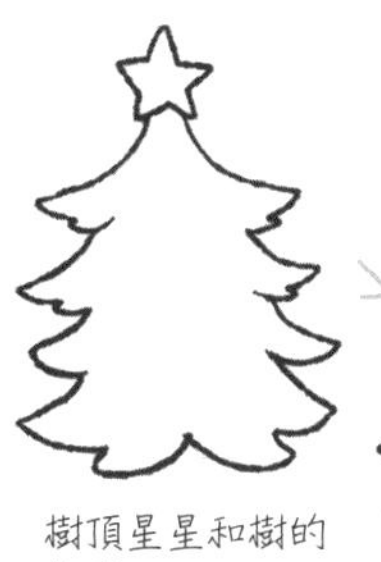

樹頂星星和樹的輪廓

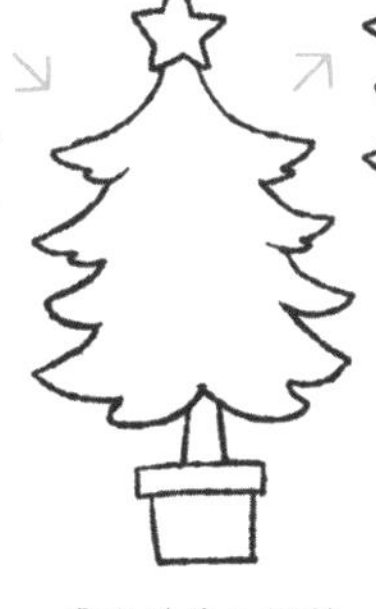

畫出花盆和樹幹

畫出彩帶和緞帶裝飾

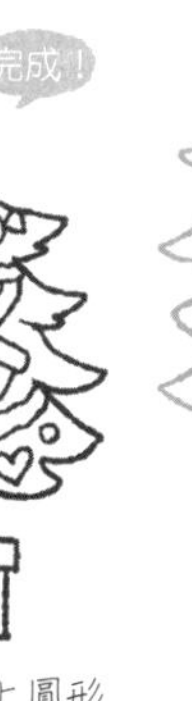

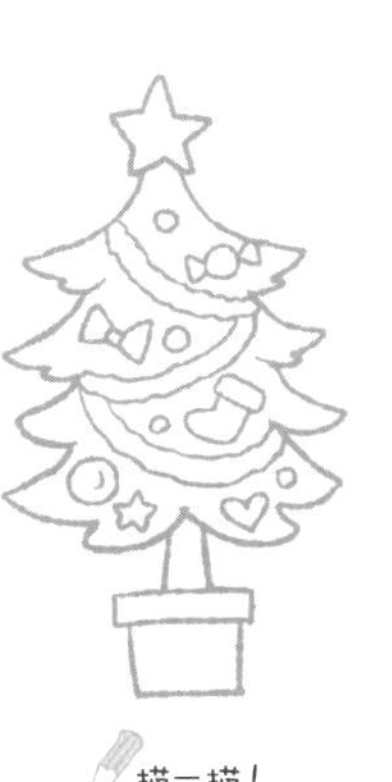

空白處畫上圓形裝飾，完成！

描一描！

畫一畫

【聖誕蛋糕】

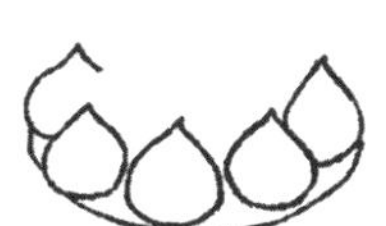

蛋糕上擠出 5 顆鮮奶油

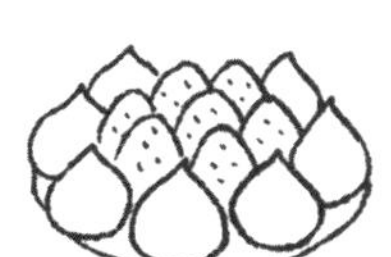

中間畫出草莓山，裡面也畫上鮮奶油

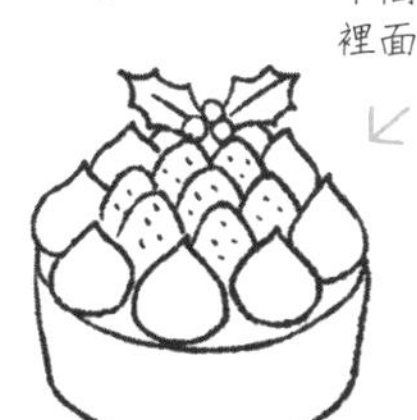

加上裝飾，畫完蛋糕

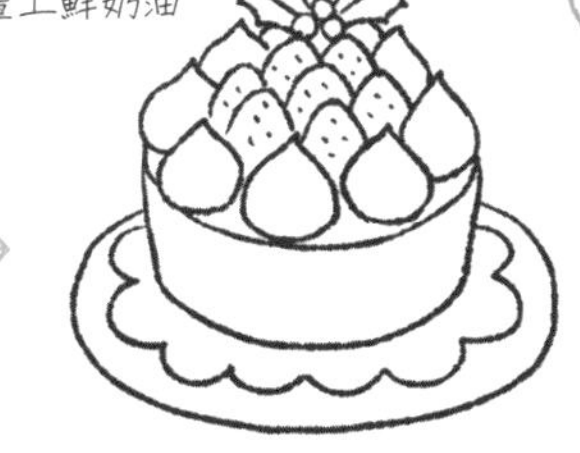

畫出盤子，完成！

描一描！

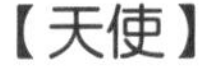

【天使】

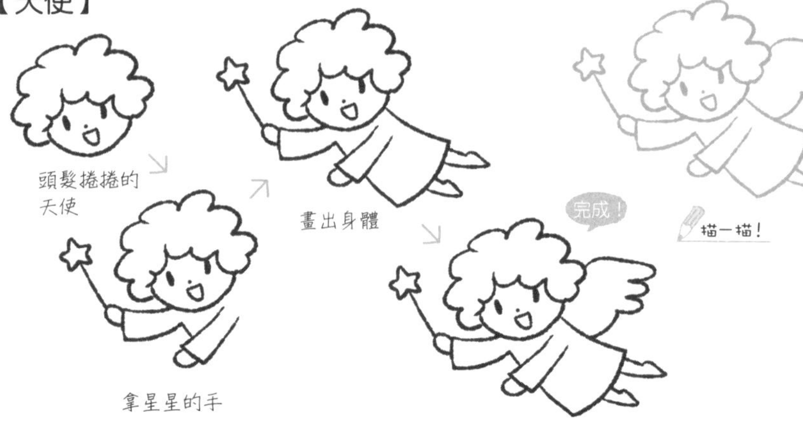
頭髮捲捲的
天使
畫出身體
拿星星的手
完成！
加上翅膀，完成！
描一描！

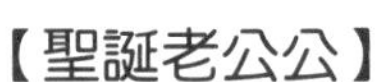

【聖誕老公公】

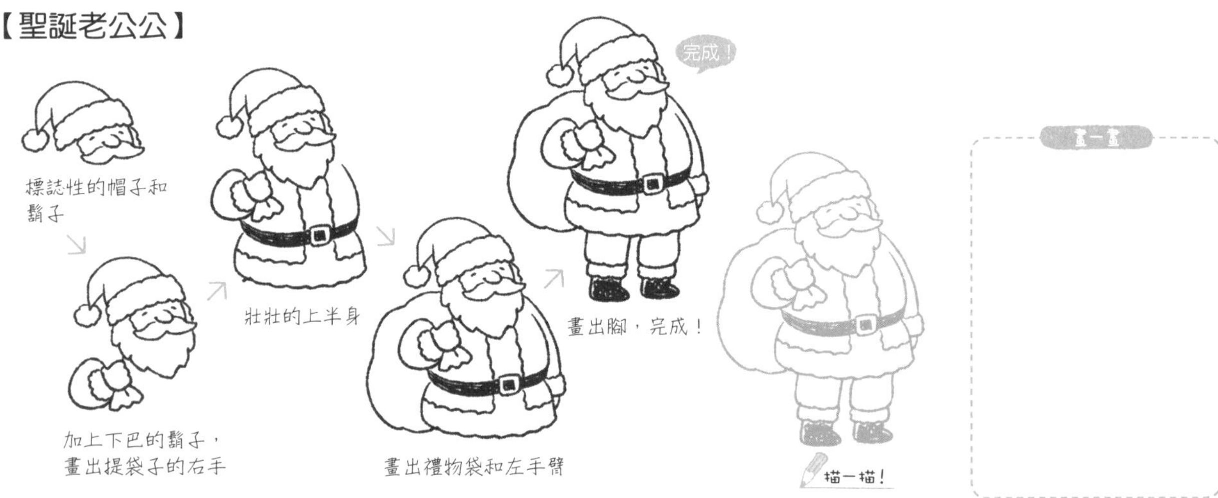
標誌性的帽子和
鬍子
加上下巴的鬍子，
畫出提袋子的右手
壯壯的上半身
畫出禮物袋和左手臂
完成！
畫出腳，完成！
描一描！
畫一畫

【教堂】

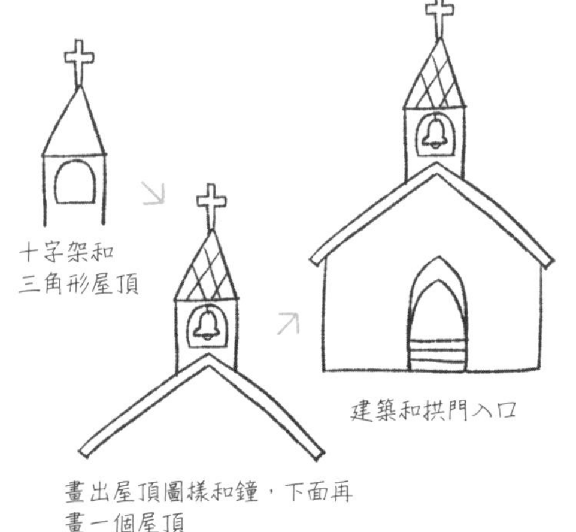
十字架和
三角形屋頂
畫出屋頂圖樣和鐘，下面再
畫一個屋頂
建築和拱門入口

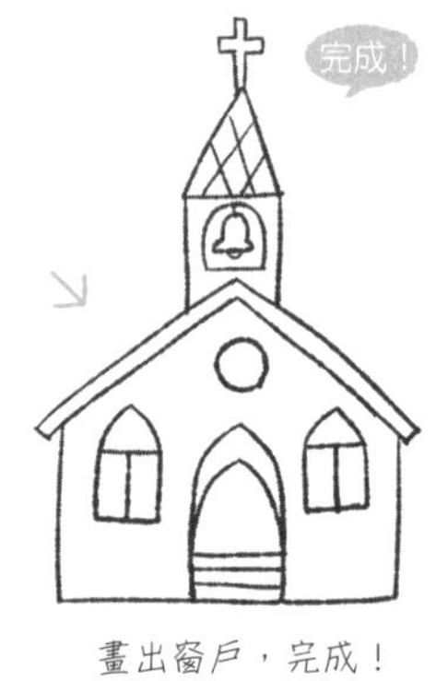

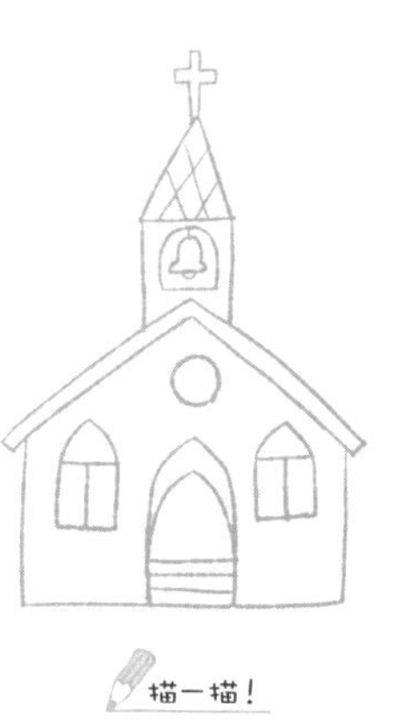
完成！
畫出窗戶，完成！

描一描！
畫一畫

【馴鹿】

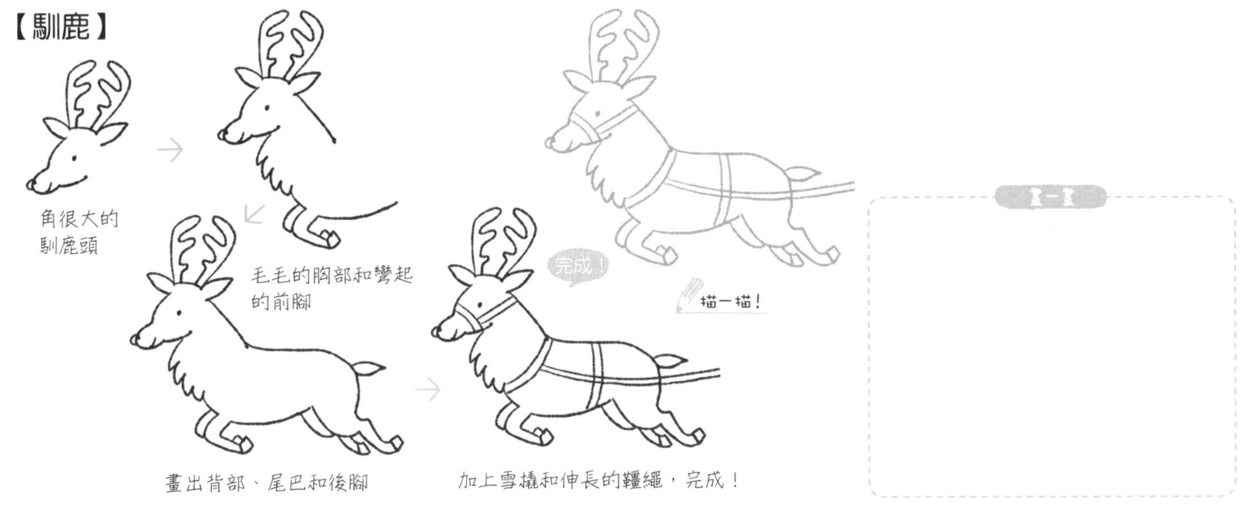

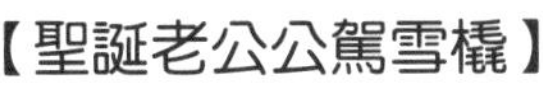

【聖誕老公公駕雪橇】

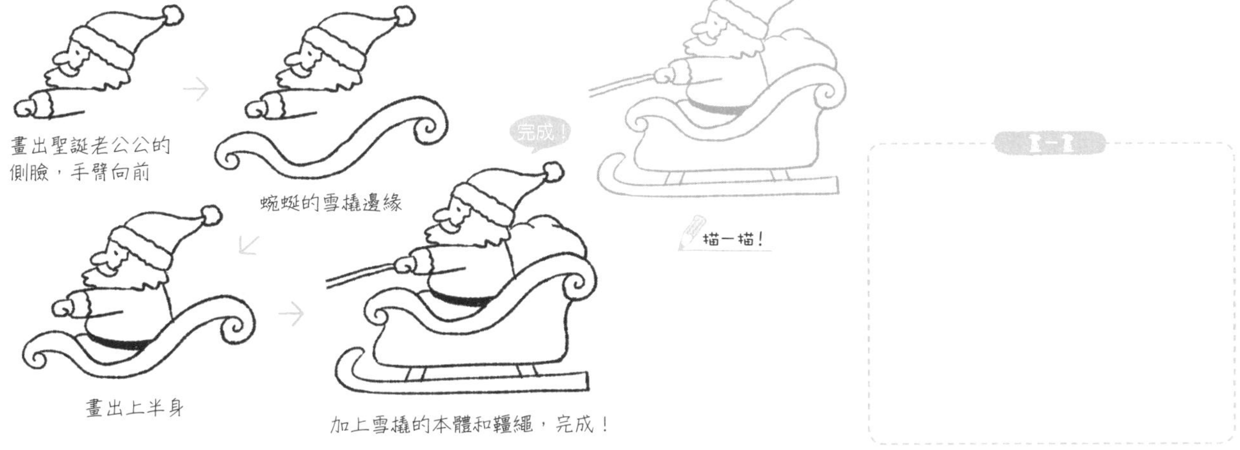

【連起來描一描】

將上面 2 個插圖連結畫出，就是一幅馴鹿和坐雪橇的聖誕老公公。

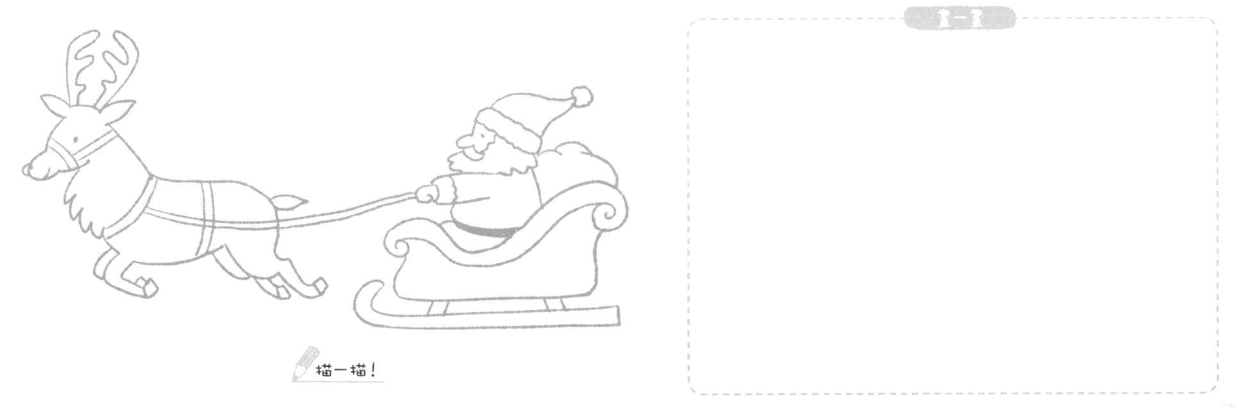

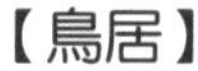

【鳥居】

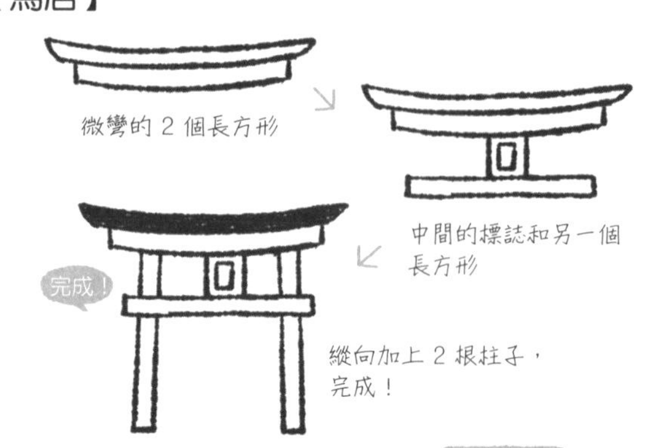

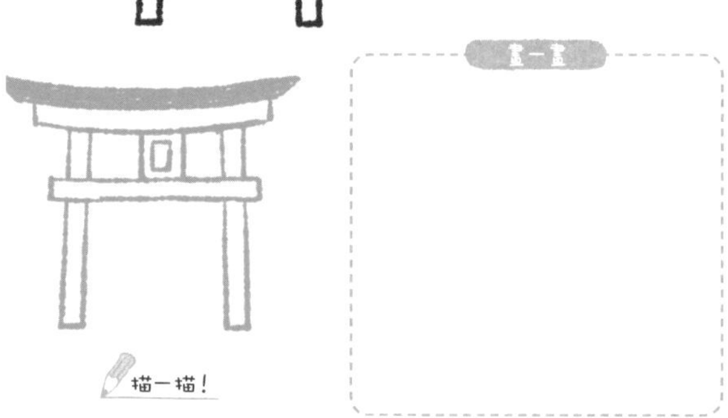

【不倒翁】

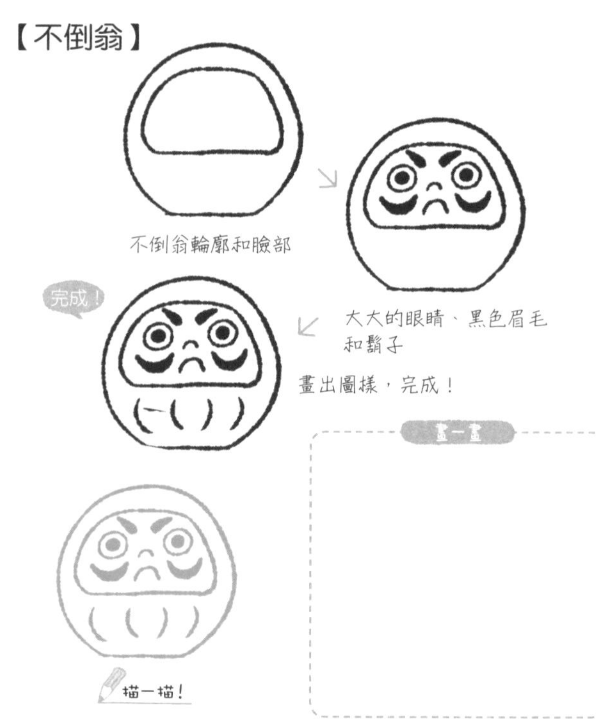

【神籤】

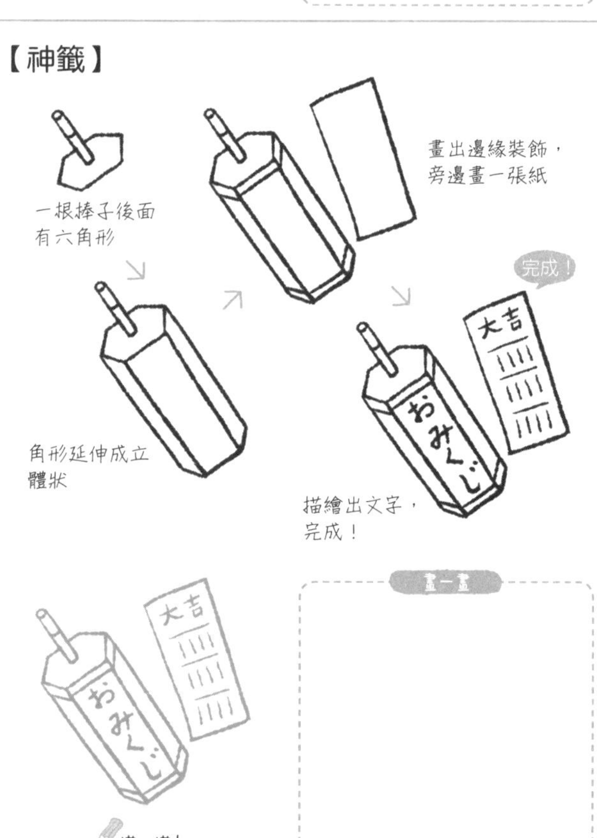

【鈴鐺和賽錢箱】

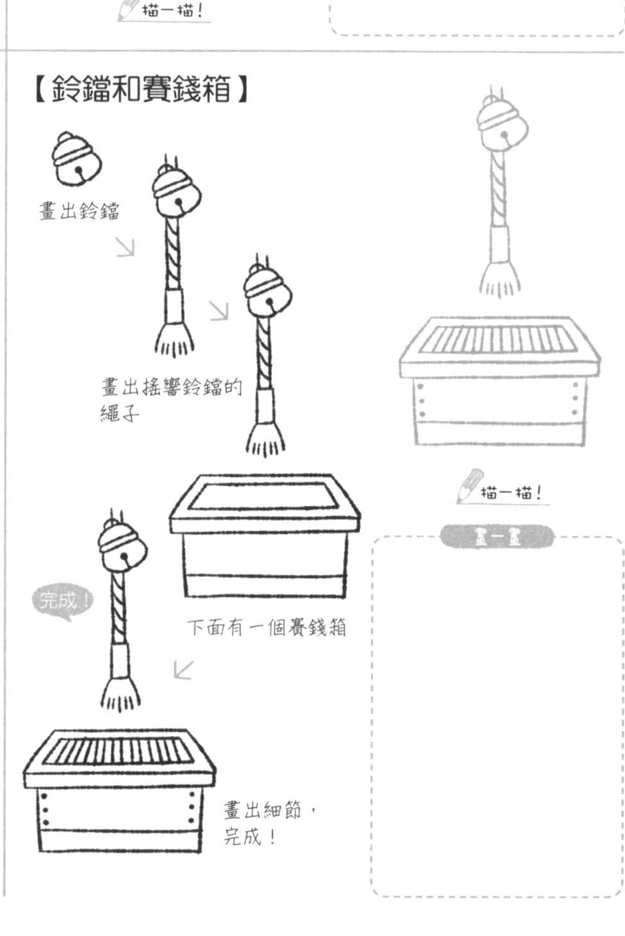

【和服】

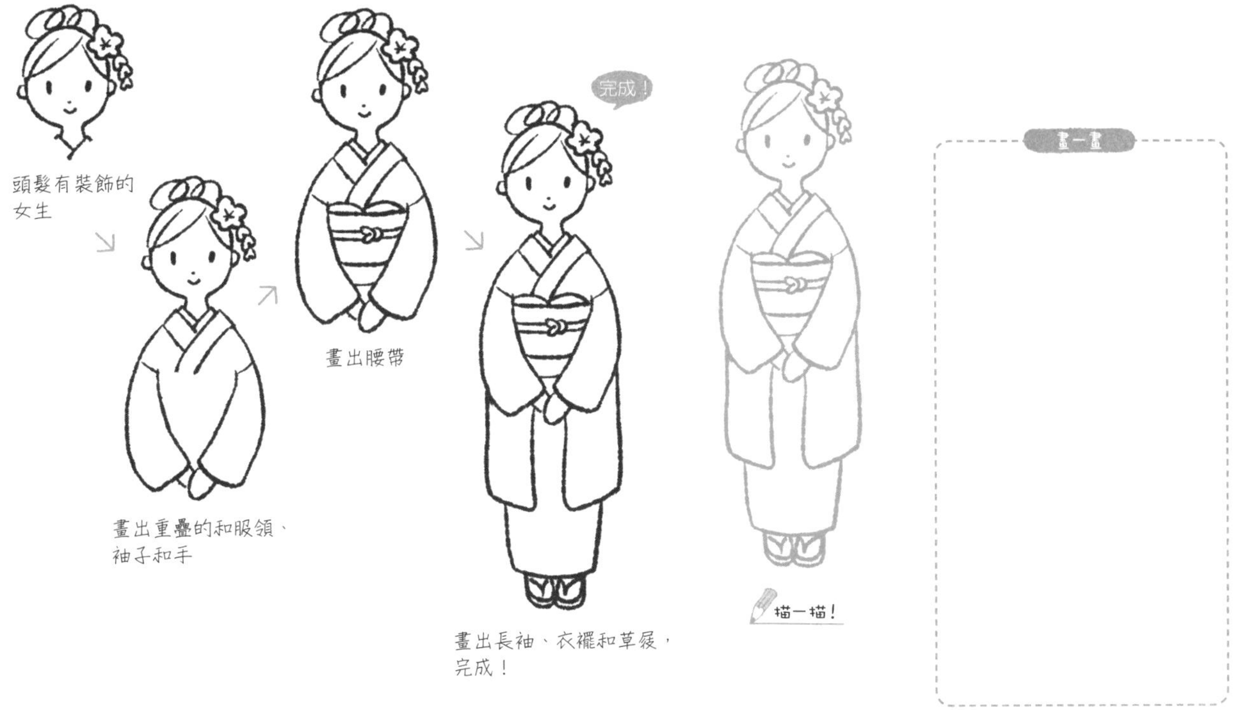

頭髮有裝飾的女生

畫出重疊的和服領、袖子和手

畫出腰帶

完成！

畫出長袖、衣襬和草屐，完成！

描一描！

畫一畫

【和服褲裙】

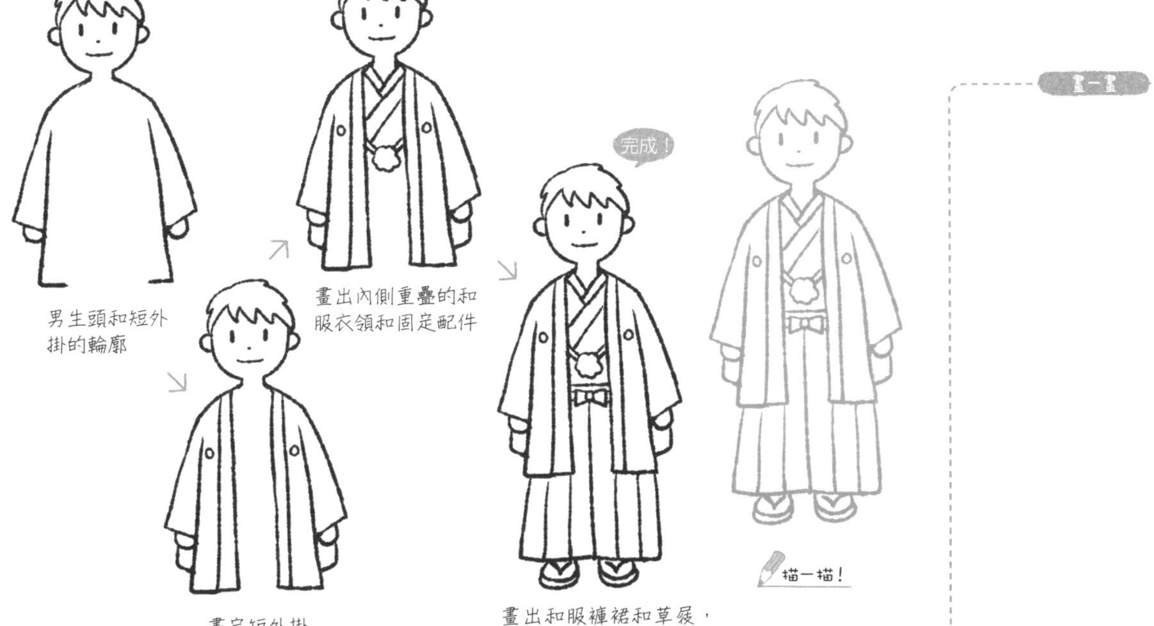

【陀螺】

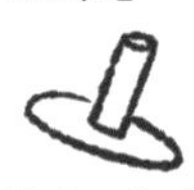

斜捧子，後面有一個小橢圓形

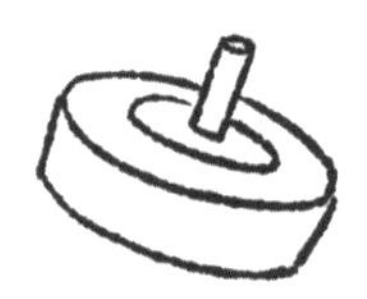

加一個大橢圓形，加上厚度

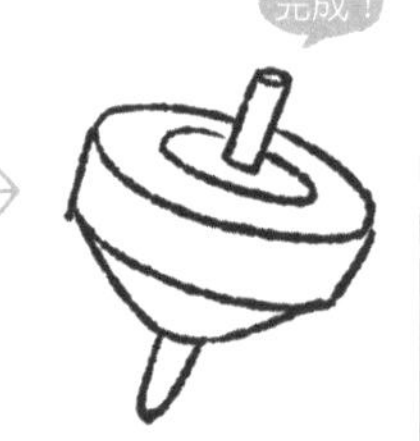

畫一個三角形和底部尖端，完成！

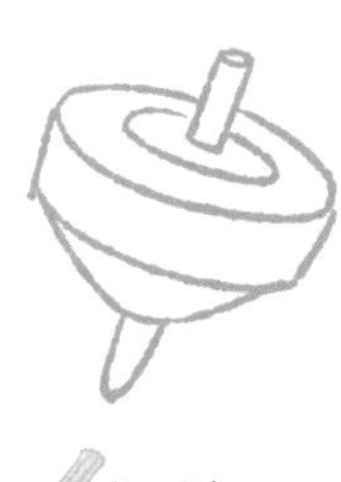

描一描！

【鏡餅】

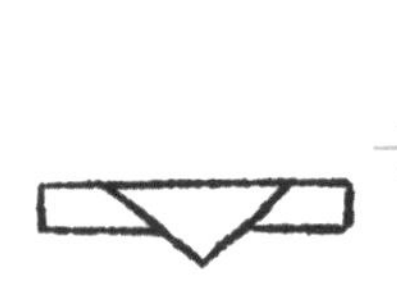

畫一個朝下三角形的扳子

疊起的餅，上面有一顆蜜柑

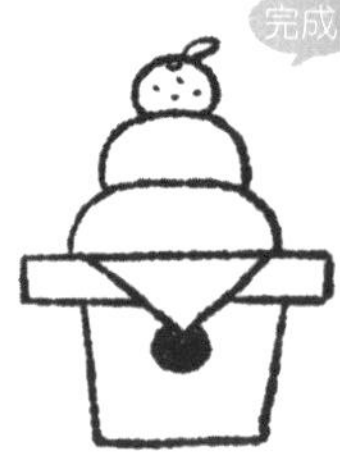

畫出底座，完成

描一描！

畫一畫

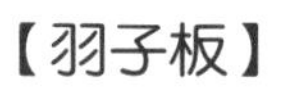

【羽子板】

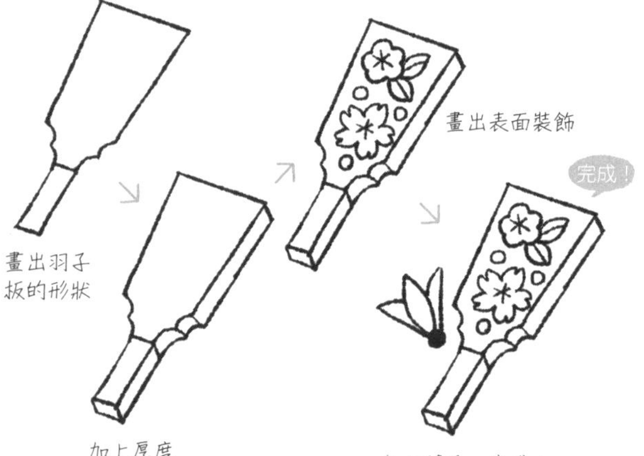

畫出羽子扳的形狀

加上厚度

畫出表面裝飾

加上毽子，完成！

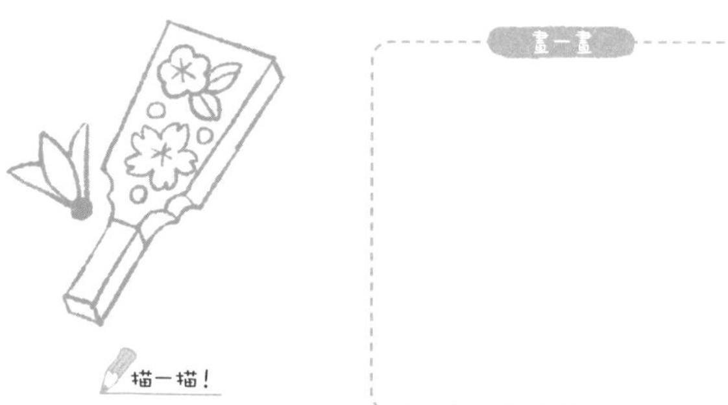

描一描！

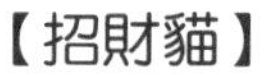

【招財貓】

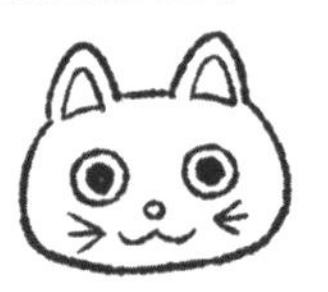

眼睛大大的貓臉

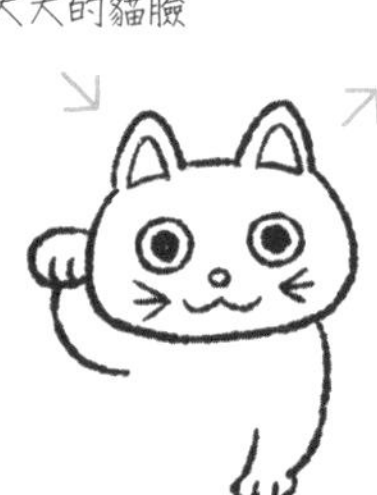

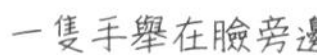

一隻手舉在臉旁邊

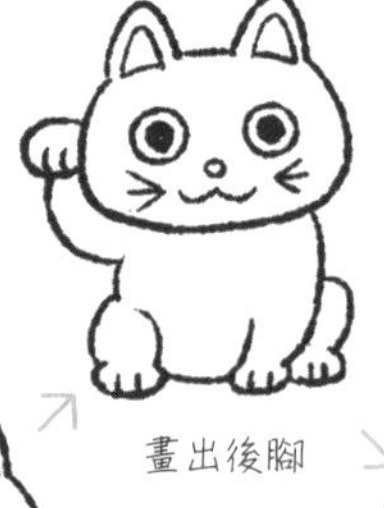

畫出後腳

完成！

畫出小判金裝飾，完成！

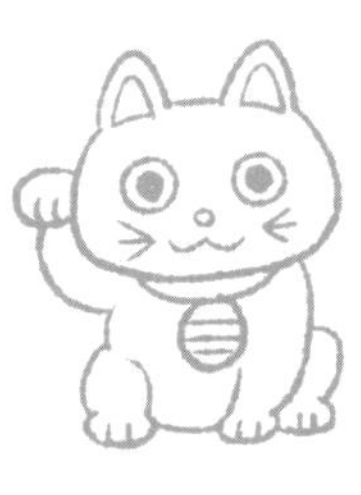

描一描！

【雪人】

戴針織帽的男生側臉

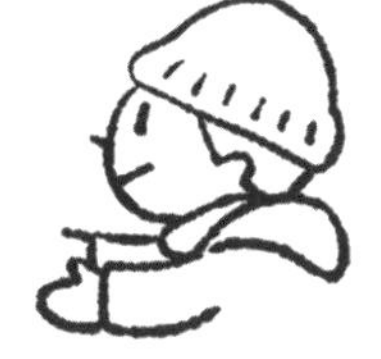

畫出連帽和手臂

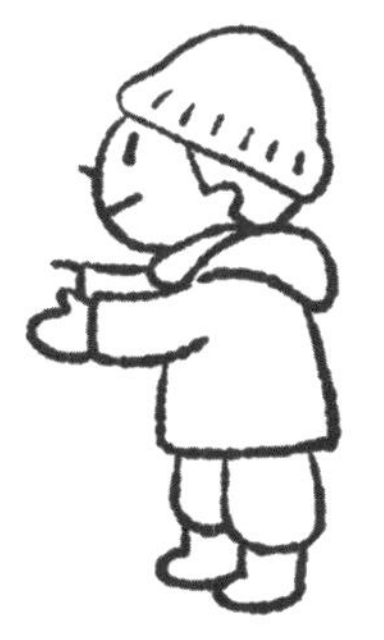

畫出身體和腳

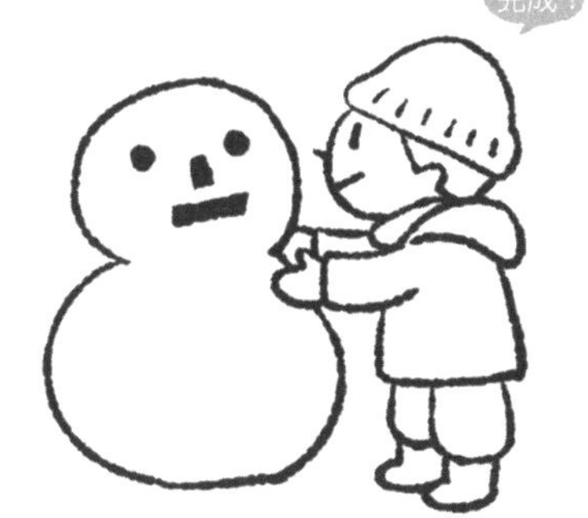

畫出雪人，完成！

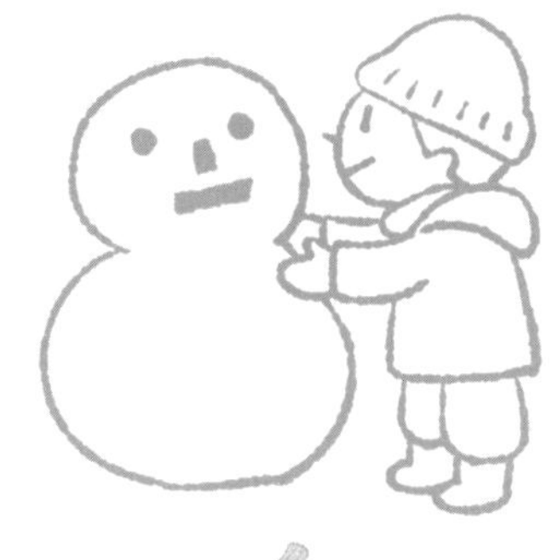

描一描！

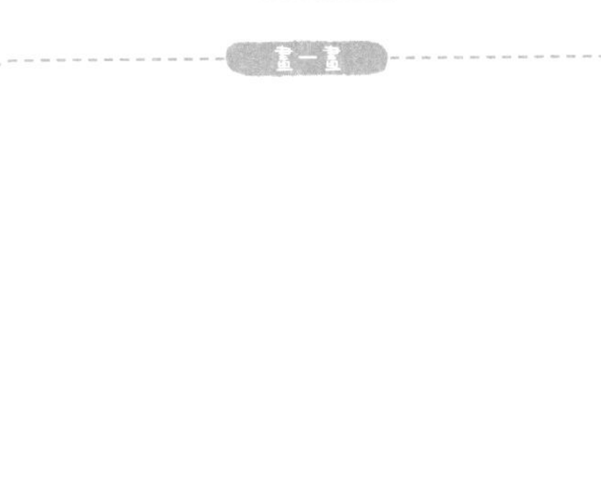

【滑雪橇】

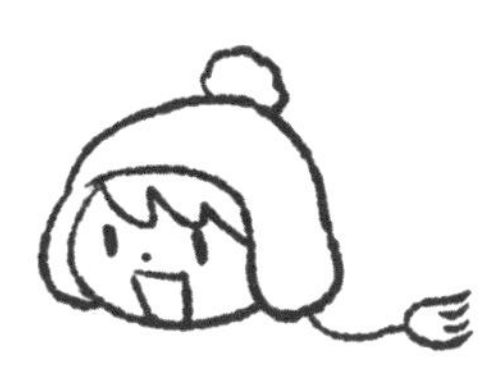

戴蓋耳帽的女生

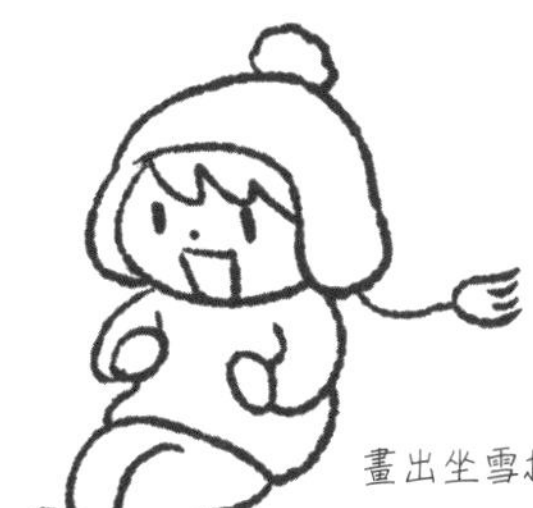

畫出坐雪橇的姿勢

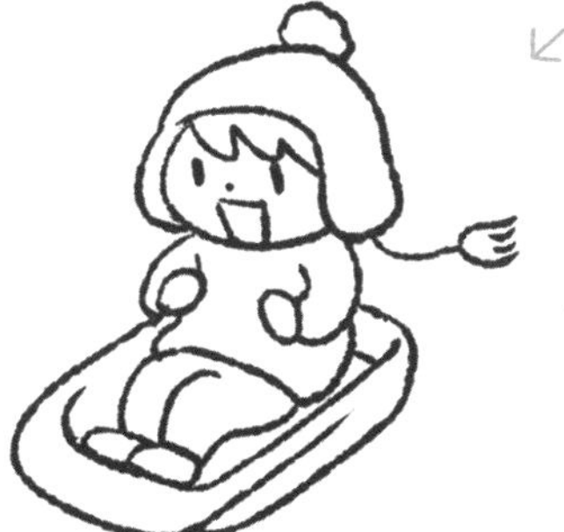

畫出用全身力氣控制的雪橇

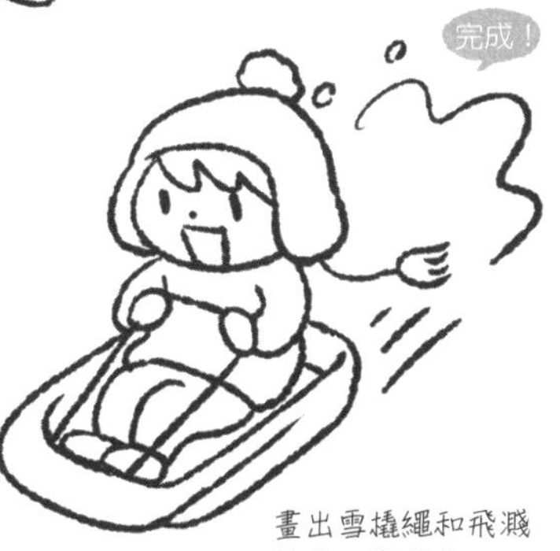

畫出雪橇繩和飛濺的雪，完成！

描一描！

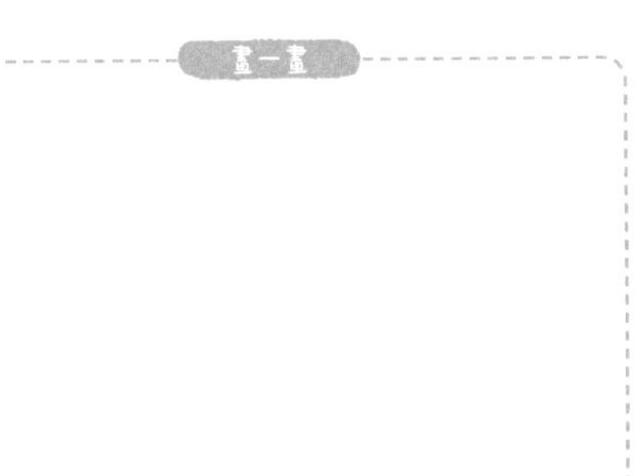

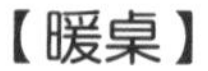

【暖桌】

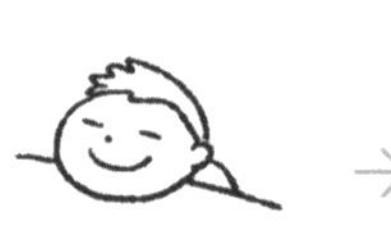

畫出臉和下巴下面的線條

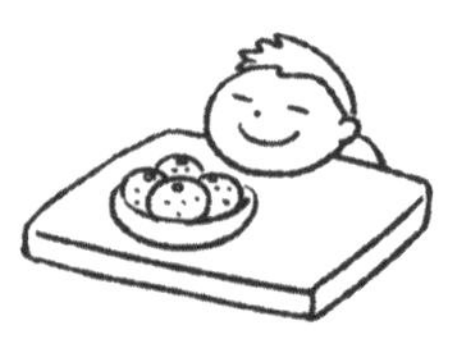

畫出桌面和蜜柑

一半的棉被

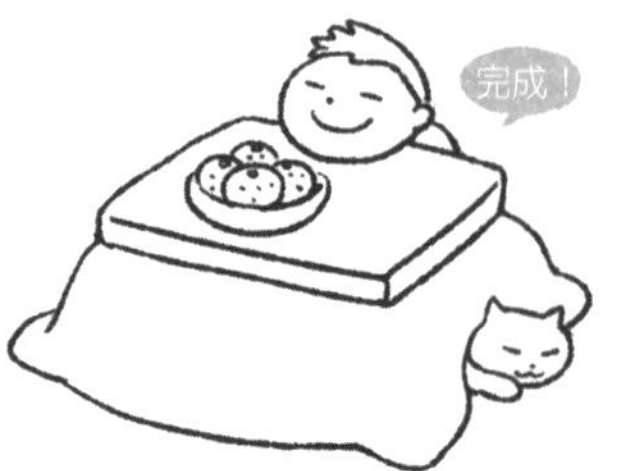

加上暖呼呼的貓，完成！

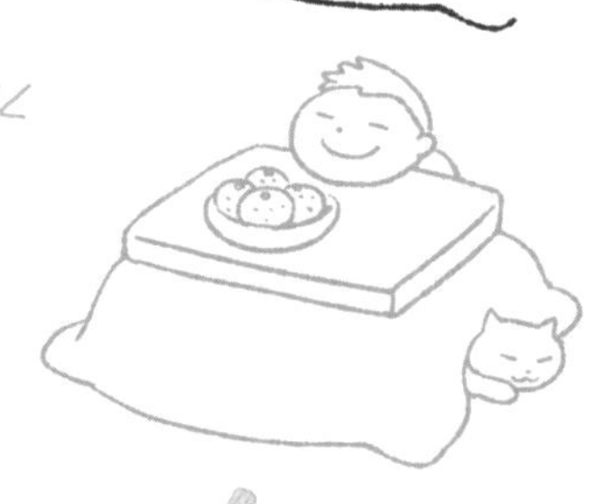

描一描！

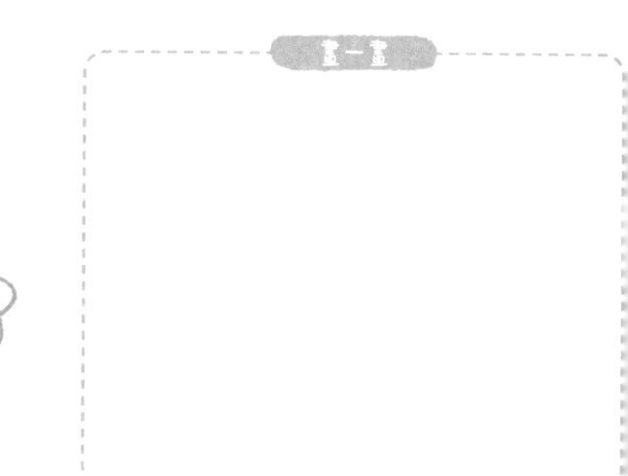

【打雪戰 1】

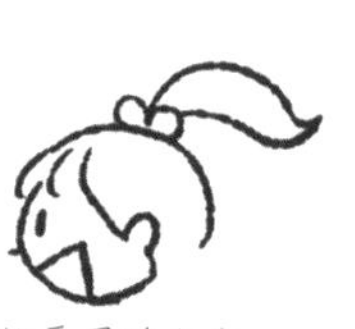

綁馬尾的女生

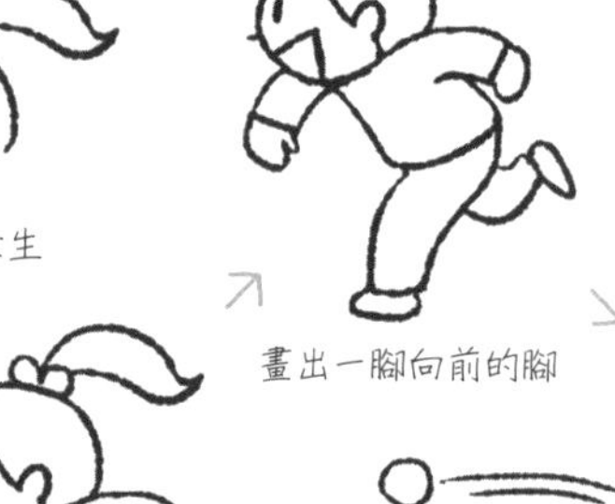

右手投球姿勢的上半身

畫出一腳向前的腳

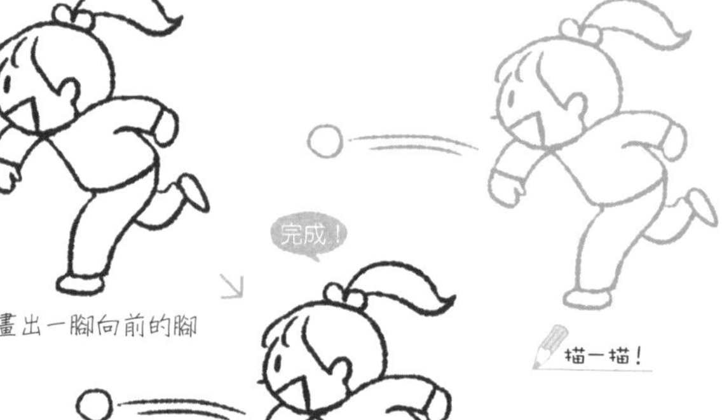

畫出雪球，
完成！

描一描！

【打雪戰 2】

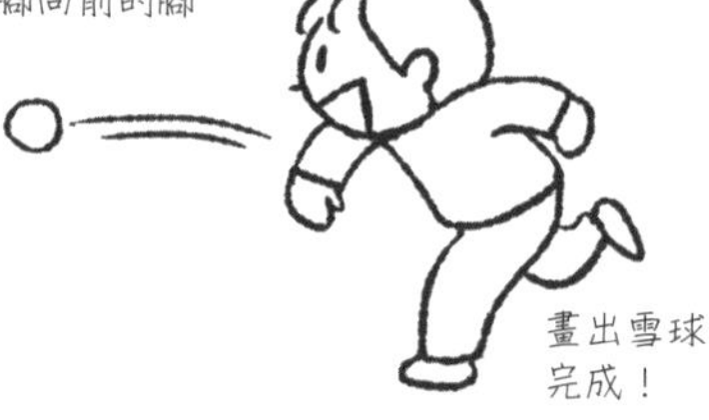

被雪打到，眼睛
變 X 的臉

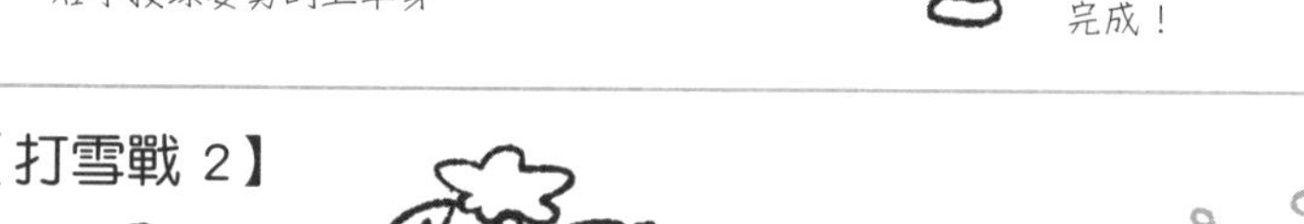

後仰的上半身

畫出腳

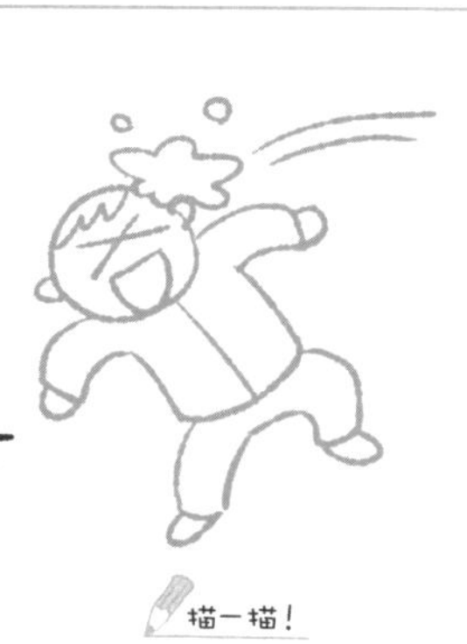

描一描！

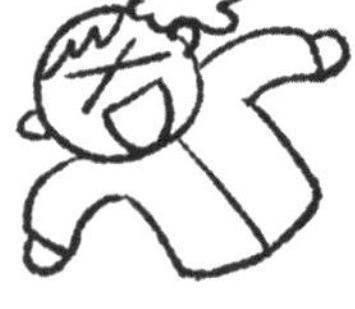

畫出表示速度的線條，
完成！

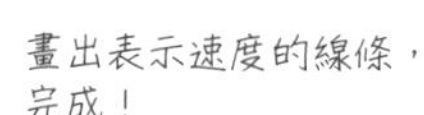

【滑雪板】

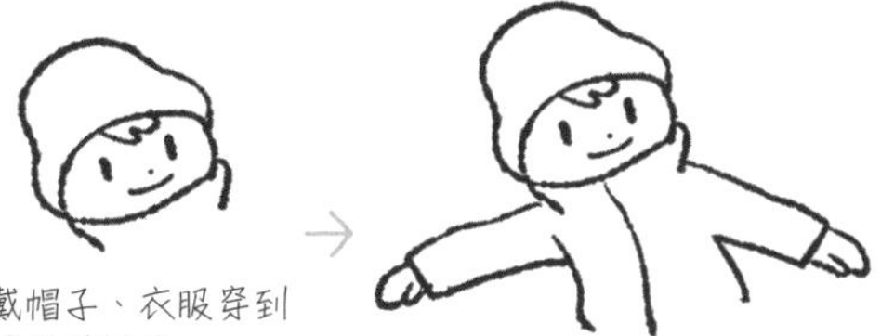

戴帽子、衣服穿到脖子的男生

平衡身體的兩隻手臂

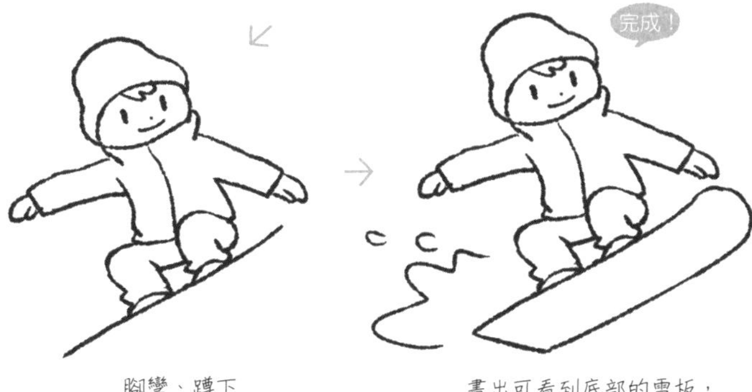

腳彎、蹲下

畫出可看到底部的雪板，完成！

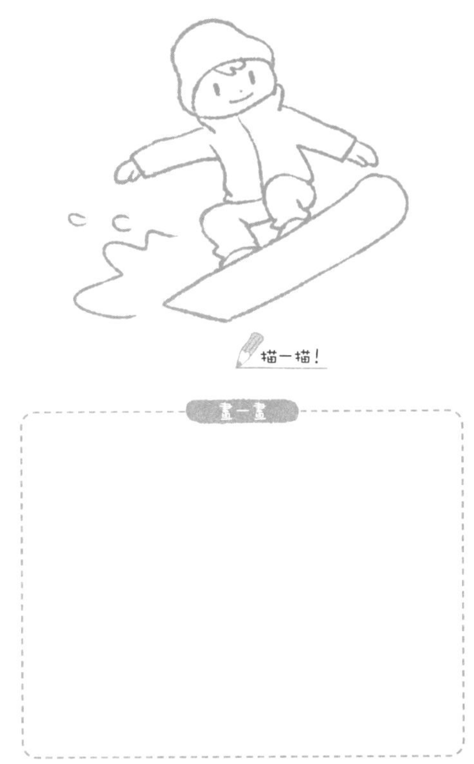

【溫泉】

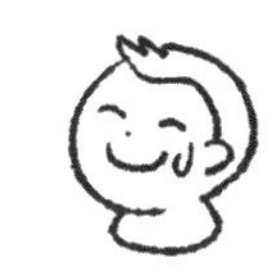

熱呼呼流汗的男生

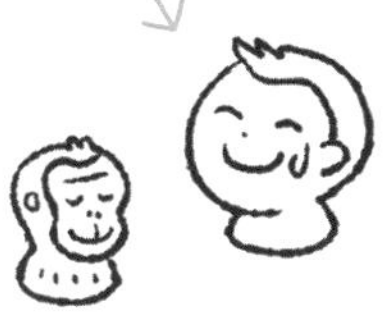

旁邊有一隻猴子

後面畫出石塊和草

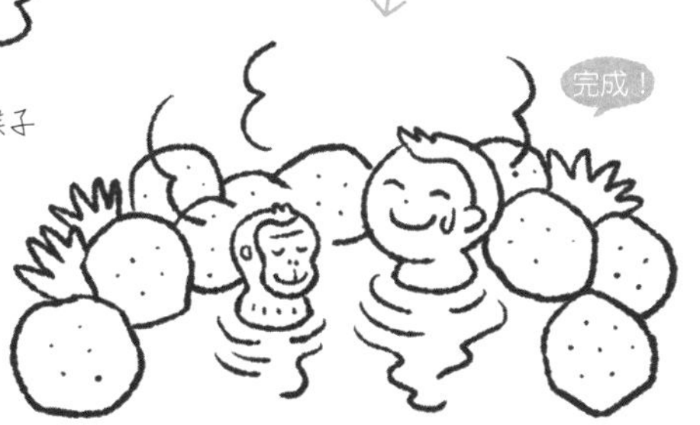

畫出水面和熱氣，完成！

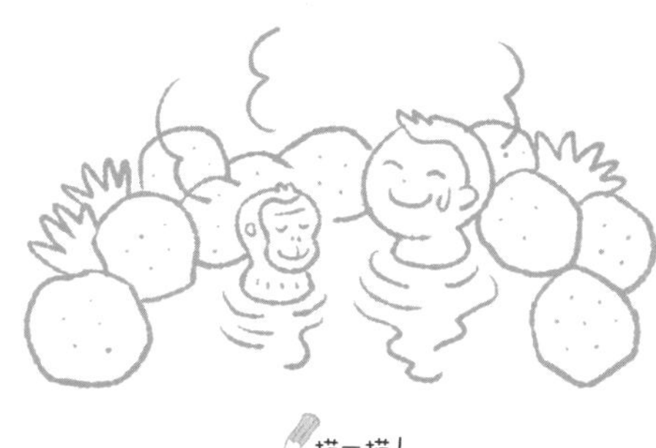

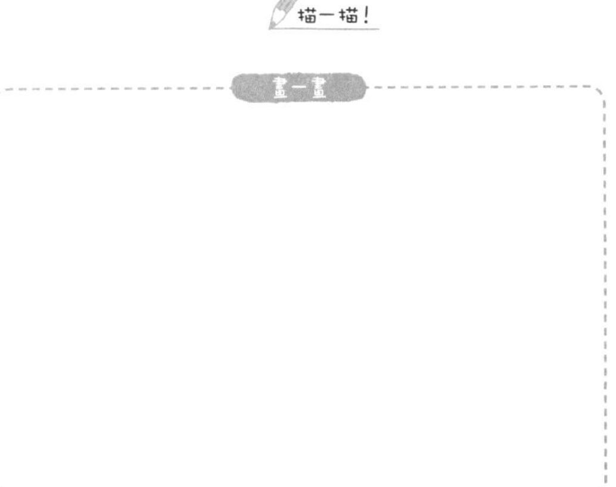

感謝大家將輕鬆畫插圖練習本翻閱到最後！

本書插圖是「挑出易懂的特點」並用心描繪出來，

這些不代表是「正確的」，

只是提供範例給大家。

請大家按照書中的步驟，

觀察、思考、感受生活中的各種事物，

畫出屬於自己風格的插圖吧！

另外，也希望之後有機會再與大家相遇。

Nazomi Kudo

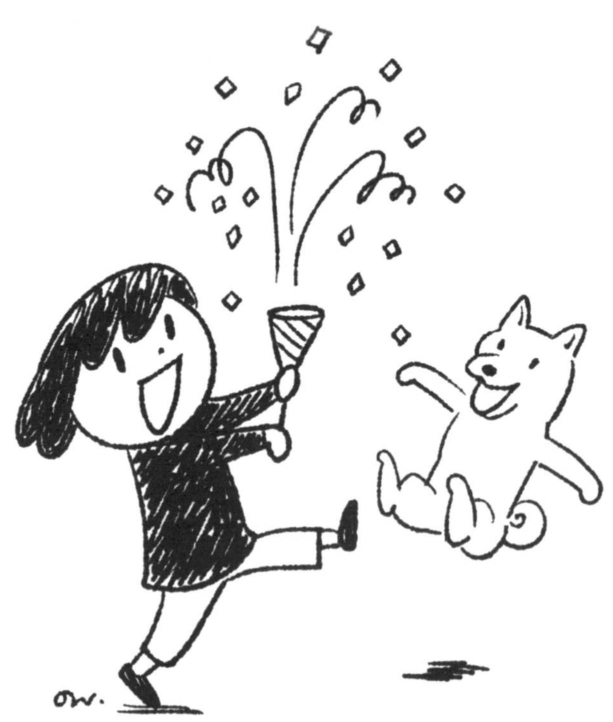

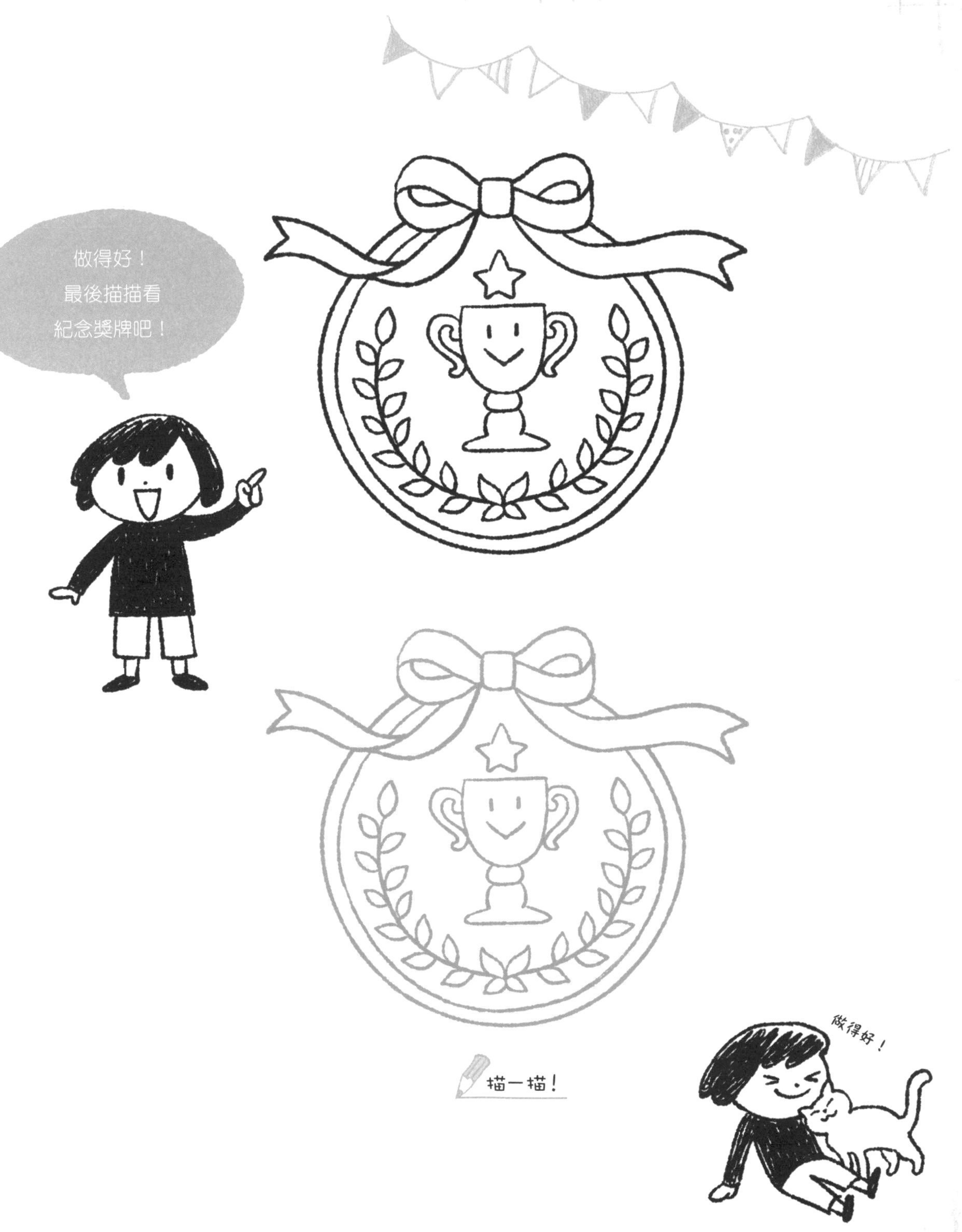
做得好！
最後描描看
紀念獎牌吧！
描一描！
做得好！

作者：Nazomi Kudo

插畫家，生於北海道。畢業於女子美術短期大學造形科。主要著作包括，『紅、藍、黑的 10 秒插畫秀！』、『環遊世界甜點著色本』（皆由廣濟堂出版）、『可愛 24 節氣插畫本』（PHP 研究所）、『每天畫一點，有趣簡單又可愛的原子筆插畫習帖』（Cosmic 出版）等。從事角色繪本、實用書、雜誌、漫畫、教科書等各領域的插畫工作。illustrators 通信會員。
官網https://room226.jimdofree.com/

【製作人員】
封面設計　澀谷明美
文字設計　石戶谷理敬〔Yard Seeds〕
企劃編輯　森基子〔Hobby JAPAN〕

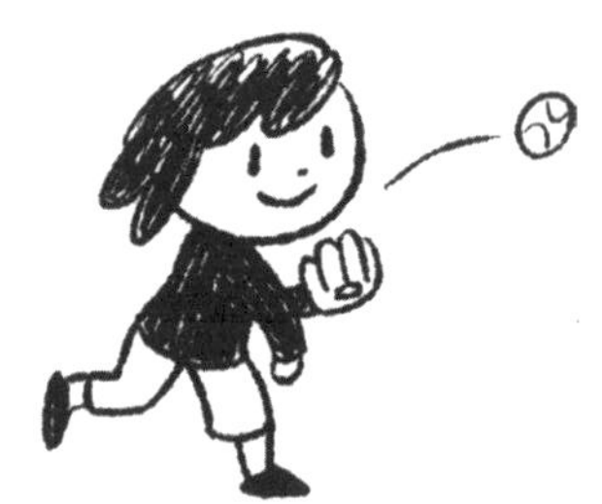

國家圖書館出版品預行編目（CIP）資料

1 枝鉛筆！輕鬆畫插圖練習本：「描圖→畫圖」學會畫更多插圖 / Nazomi Kudo作；黃姿頤翻譯.
-- 新北市：北星圖書, 2020.11
面；　公分
ISBN 978-957-9559-57-7（平裝）

1.鉛筆畫　2.插畫　3.繪畫技法

948.2　　109012344

1 枝鉛筆！輕鬆畫插圖練習本
「描圖→畫圖」學會畫更多插圖

作　　者／Nazomi Kudo
翻　　譯／黃姿頤
發 行 人／陳偉祥
發　　行／北星圖書事業股份有限公司
地　　址／234 新北市永和區中正路 462 號 B1
電　　話／886-2-29229000
傳　　真／886-2-29229041
網　　址／www.nsbooks.com.tw
E-MAIL／nsbook@nsbooks.com.tw
劃撥帳戶／北星文化事業有限公司
劃撥帳號／50042987
製版印刷／皇甫彩藝印刷股份有限公司
出 版 日／2020 年 11 月
I S B N／978-957-9559-57-7
定　　價／400

如有缺頁或裝訂錯誤，請寄回更換。

えんぴつ1本！ らくらくイラスト練習帳
「なぞる→描く」で描けるイラストがどんどん増える / HOBBY JAPAN

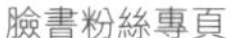

臉書粉絲專頁

LINE 官方帳號